JN197323

ルクリュの19世紀世界地理
第2期セレクション1

北アフリカ第一部

アフリカ総説、ナイル川流域：
大湖沼地方、エチオピア、スーダン、エジプト

（第10巻）

エリゼ・ルクリュ著
柴田匡平訳

古今書院刊
2019

Nlle Géographie Universelle, T. X, Pl. I. Hachette et Cie, Paris.

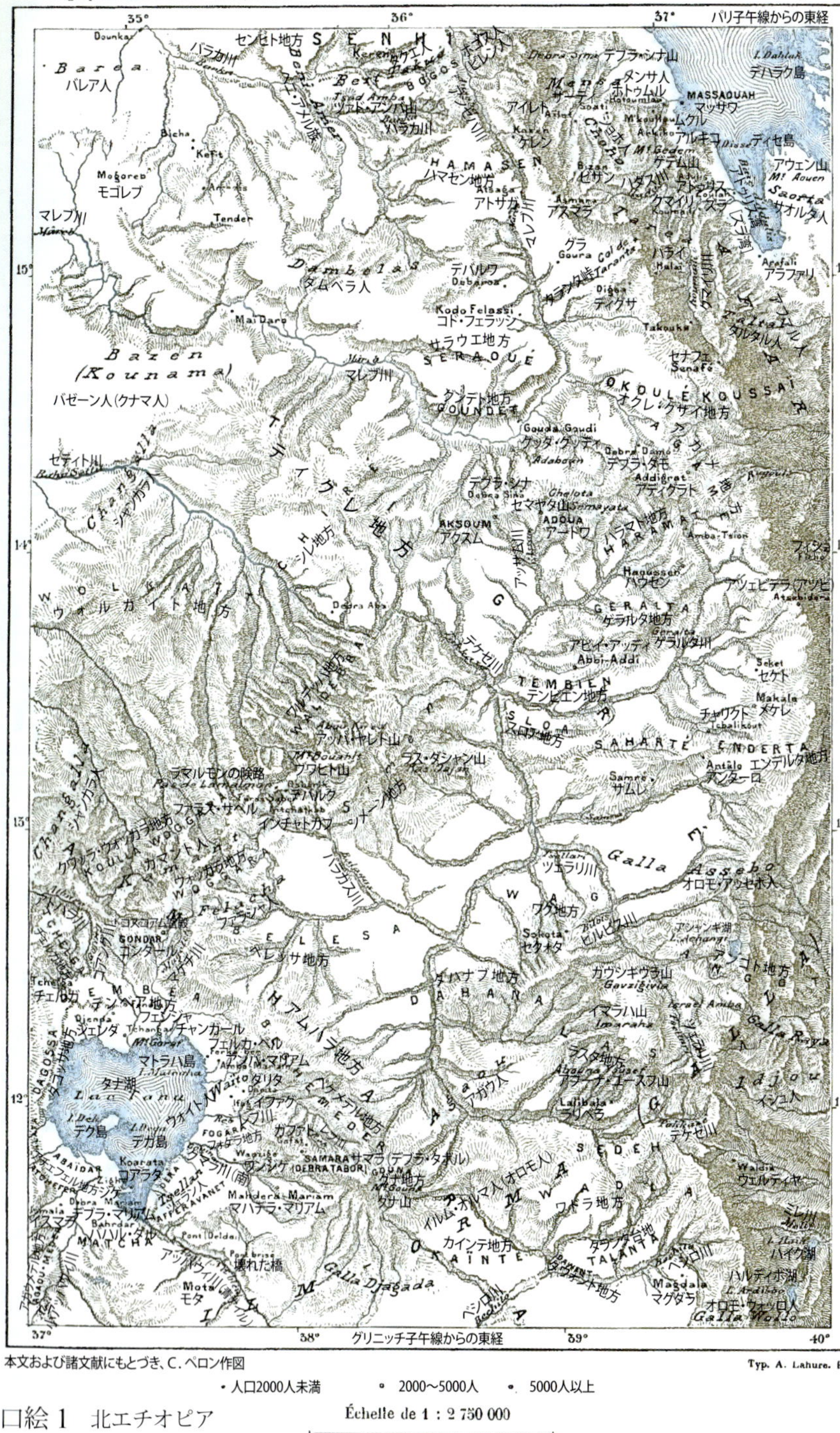

本文および諸文献にもとづき、C. ペロン作図

Typ. A. Lahure. Paris.

・人口2000人未満　◦ 2000〜5000人　• 5000人以上

口絵 1　北エチオピア

Échelle de 1 : 2 750 000

0　100 km

Nlle Géographie Universelle, T. X, Pl. II.　　Hachette et Cie, Paris.

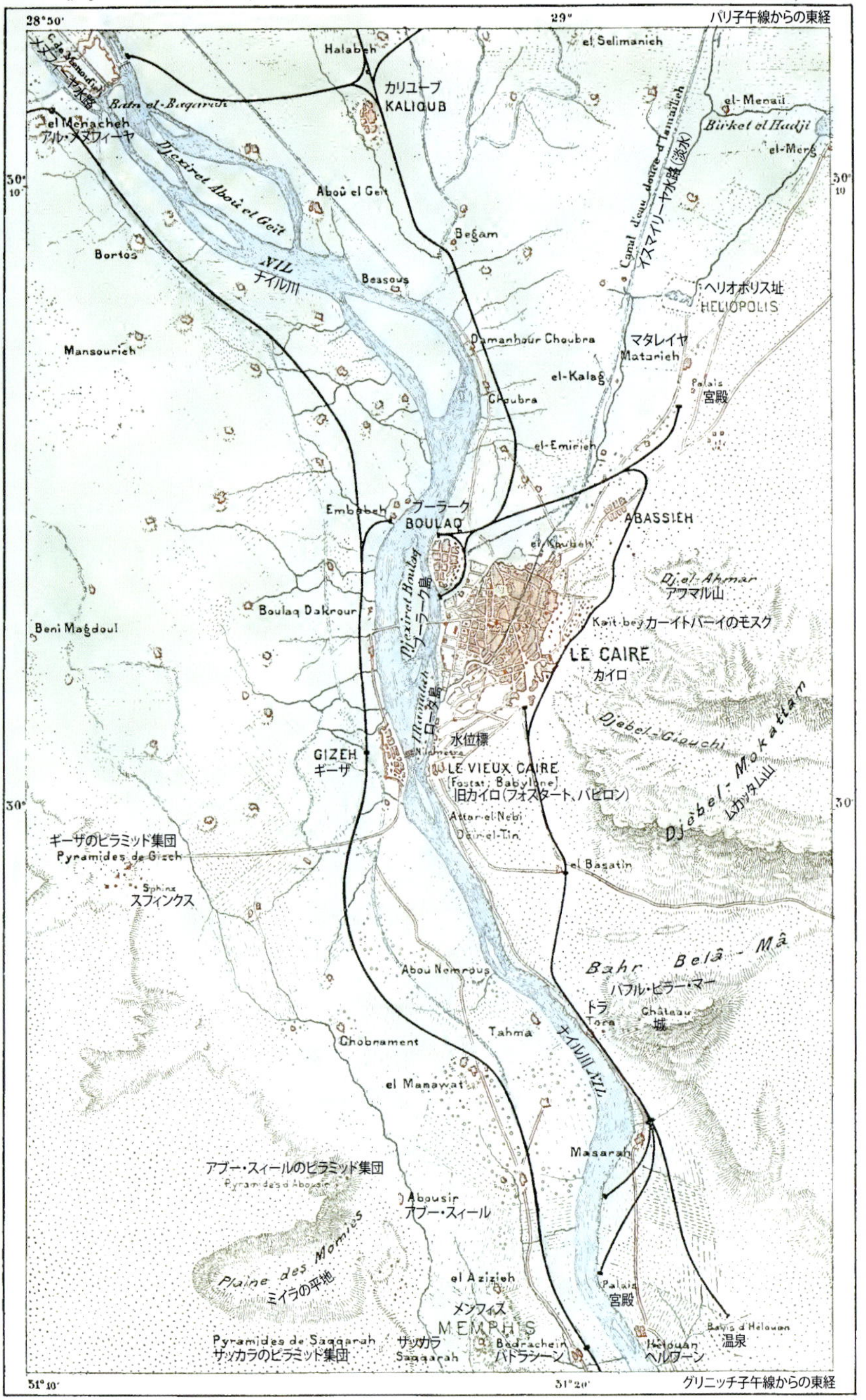

本文および諸文献をもとに、C. ペロン作図　　Typ. A. Lahure. Paris.

口絵2　カイロとその近郊

Échelle de 1 : 200 000

0　　10 km

Hachette et Cie, Paris.

Typ. A. Lahure. Paris.

水深

0～25 m　25～50 m　50 m～

縮尺 1：1 120 000

50 km

Nouvelle Géographie Universelle, T. X. Pl. III.

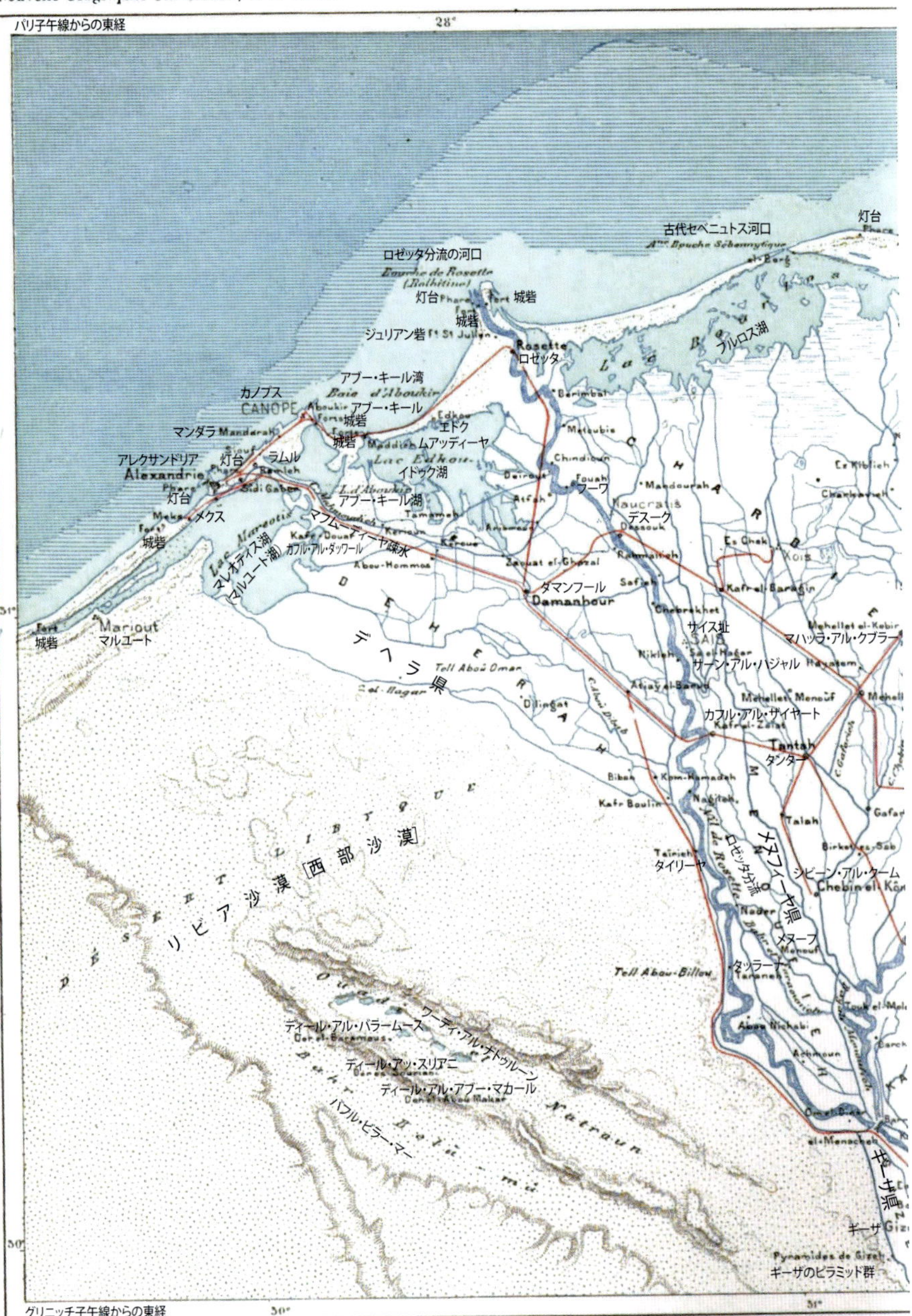

本文および諸文献をもとに、C. ペロン作図

都市

● 10万人〜 • 2万人〜 • 5000人〜 · 〜5000人

Échelle de 1

0

口絵3　ナイル川デルタとスエズ運河

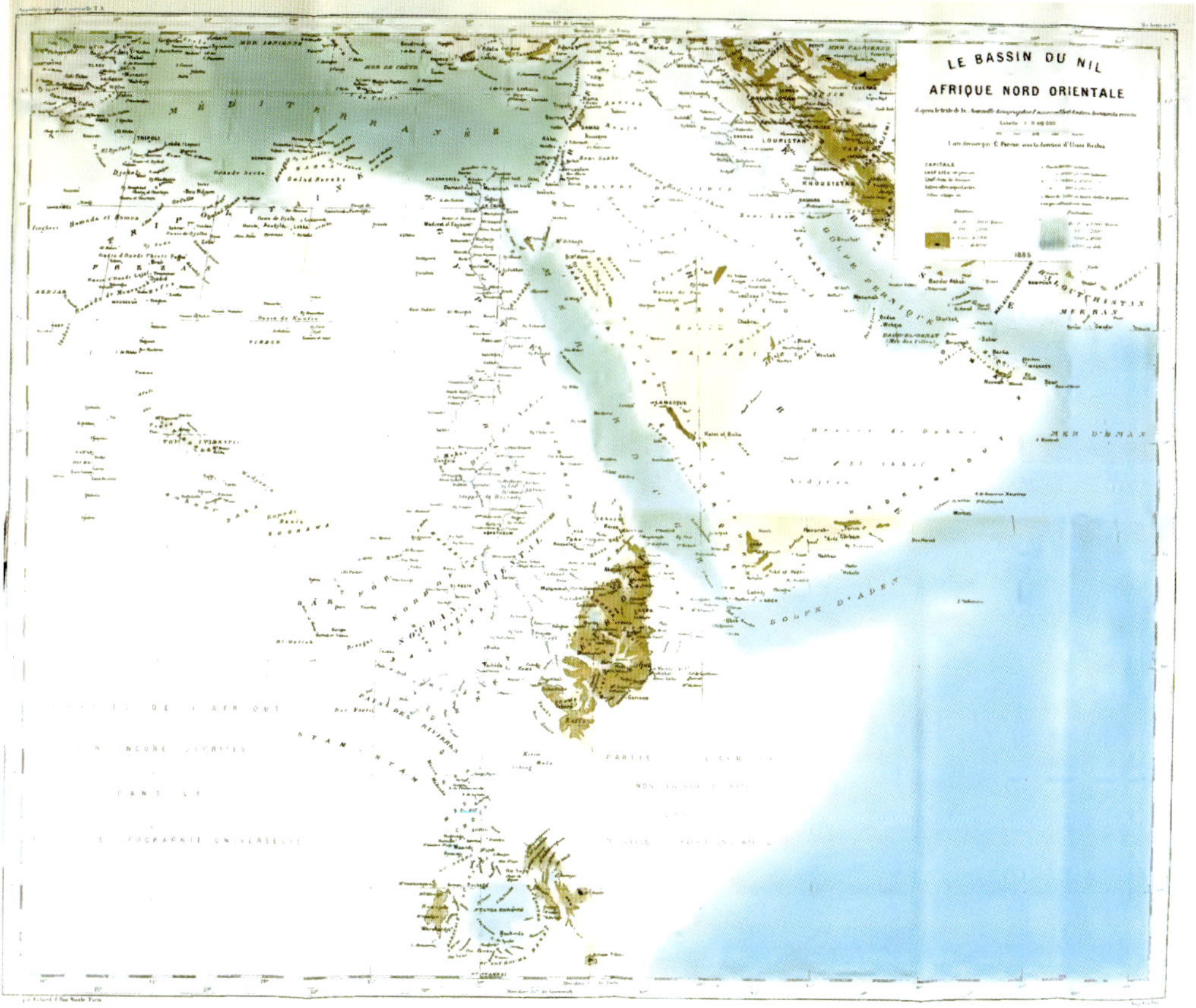

口絵４　ナイル川流域と北東アフリカ［本図は原著第 11 巻の末尾から転載］

口絵解説

原著各巻には、小縮尺の多色刷り地方図や主題図が綴じ込まれている。大きさと縮尺はさまざまで、頁番号は付されていない。第 11 巻『北アフリカ第二部』には 4 葉がみられるが、巻末にあるのは「ナイル川流域と北東アフリカ」のタイトルで、図版目次に「本図は第 10 巻にあるべきもの」と記載されているため、本巻に掲載する。

本シリーズはデジタル化されたファイル群をインターネット上で取得したものを底本とするが、これらの大型地図は必ずしも精細度が良好ではなく、また、経年変化による色焼けや退色もみられる。このため原寸再録ではなく、縮小した口絵の形で紹介するにとどめる。ただし本文中の地図類はほぼ原寸での再録を心がけた（訳者）。

古今書院創立百周年記念事業

ルクリュの19世紀世界地理第2期セレクション　▫印

柴田匡平訳

	巻	内容	原著刊行年	頁数
既刊	第1巻	南ヨーロッパ（シリーズ総説、ヨーロッパ総説）	1875年	1012頁
	第2巻	フランス	1881年	960頁
	第3巻	中部ヨーロッパ	1878年	982頁
	第4巻	北西ヨーロッパ	1879年	970頁
	第5巻	スカンディナヴィアおよびヨーロッパ・ロシア	1880年	944頁
▫4	第6巻	アジア・ロシア（アジア総説）	1881年	918頁
既刊	第7巻	東アジア	1882年	885頁
既刊	第8巻	インドおよびインドシナ	1883年	982頁
	第9巻	中近東	1884年	951頁
▫1	第10巻	北アフリカ第一部（アフリカ総説）	1885年	658頁
既刊	第11巻	北アフリカ第二部	1886年	915頁
	第12巻	西アフリカ	1887年	747頁
	第13巻	南アフリカ	1888年	878頁
▫5	第14巻	太平洋および太平洋諸島（オセアニア総説）	1889年	1004頁
▫2	第15巻	北アメリカ（アメリカ総説）	1890年	721頁
既刊	第16巻	アメリカ合衆国	1892年	846頁
	第17巻	メキシコ、中米、西インド諸島	1891年	932頁
▫3	第18巻	南米アンデス地域（南アメリカ総説）	1893年	846頁
	第19巻	南米アマゾン、ラプラタ地域	1894年	821頁

エリゼ・ルクリュ『新世界地理―地球と人間』

アシェット社、1875-94年　全19巻

▫は第2期セレクションの予定、後の数字は刊行順を示す

目次

第一章　アフリカ総説　1

第一節　位置と輪郭　1
名称1　アジア大陸との分断2　ヨーロッパ大陸とのつながり3
南米およびオーストラリアとの比較3

第二節　自然　5
大陸分水界5　地勢7　水系の特徴と水源の伝説7　水源の探査8　侵蝕9
ザンベジ川ほか11　ニジェール川12　閉鎖水系13　島嶼14　降水15
動植物の連続性18　固有の植物相19　特徴的な樹種19　ウェルウィッチア20
南アフリカの植物相20　動物相22　大型動物24

第三節　住民と沿革　26
アフリカの人口26　人種26　ベルベル人27　エジプト人28　黒人およびエチオピア人30
黒人種に関する医学的所見31　バントゥー系民族ほか32　エジプト文明とヨーロッパ34

アフリカ起源の作物と家畜34　アフリカ起源の工業35　交易36　イスラームの普及38
聖戦運動40　奴隷制41　奴隷交易42　アフリカ探検44　前近代のアフリカ発見史44
近現代のアフリカ探検46　探検と支配48　アフリカ貿易49

第二章　ナイル川流域　50

第一節　流路　50
地中海世界とナイル川50　ナイル川の延長、流域面積、流量50　ナイル川沿岸の地理的一体性52
源流52　カゲラ川54　ヴィクトリア湖55　名称56　景観57　湖中の島々58
湖上交通59　リポン滝60　キヴィラ川（ヴィクトリア・ナイル川）とキオガ湖60
キオガ湖からアルバート湖までの区間61　マーチソン滝62　アルバート湖62
アルバート湖の景観と湖上交通63　アルバート湖からの排水64　白ナイル川の浮島64
アスワ川65　遡上限界66　アッ・ゼラーフ付近の白ナイル川67　白ナイル川の閉塞地帯69
バフル・アル・ガザール川71　河川地方72　バロ - ソバト川72　白ナイル川と青ナイル川74
アッバウィ川77　タナ湖78　青ナイル川の流路と支流79　アトバラ川水系81
アトバラ川の河況83　カルトゥーム下流のナイル川84　第六、第五、第四瀑流85
第三瀑流86　第二瀑流88　第一瀑流（アスワン）の境界性88　第一瀑流の交通90
瀑流の移動90　スィルスィラ、テーベ付近92　ケナー付近92　バフル・ユースフ93
ファイユーム地方の地勢95　モイリス湖96　下エジプトのナイル川100
ナイル川デルタの由来100　デルタの変遷101　デルタの河川102　デルタの前進103

潟湖の形成105　マンザラ湖105　ブルロス湖ほか106　沖積107　ナイルの河況108
増水期の灌漑とワニ信仰111　渇水期の灌漑112　用水路の維持114　ナイルの沖積層114
第二節　アフリカ大湖沼の地方　116
第一項　ヴィクトリア湖地方の自然　116
ヴィクトリア湖の地理的位置116　地勢116　気候117　植物相118　動物相118
第二項　住民と社会　119
人口119　分類119　スクマ人120　ウケレウェ島121　ウ・ジンザ地方122　フマ人123
カラグエ地方124　カラグエ地方の住民125　カラグエ地方の集落と動物126　ルワンダ地方127
第三項　ウ・ガンダ地方　127
人口128　身体的な特徴と疾病128　食生活129　住居と衣服130　婚姻関係131　気質131
外来の事物の受容132　信仰133　交易134　王権134　首都135
第四項　カヴィロンド地方　137
位置と地勢137　住民138　集落139
第五項　ウ・ニョロ地方およびルール地方　139
位置と政情139　自然140　ニョロ人141　信仰142　ランゴ人、チョピ人143
集落とエジプト軍駐屯地144　ルール地方145
第三節　河川地方［現ウガンダ北部および南スーダン共和国］　147
第一項　自然ならびに現況　147

位置と気候147　名称と動植物148　奴隷狩り150　ムスリムによる蜂起151
第二項　住民と物産　152
総説152　シュリ人（アチョリ人）の身体装飾と女性の地位153
シュリ人（アチョリ人）の言語、物産、気質154　集落とエジプト軍駐留地155　マディ人156
ドゥフィレほかエジプト軍駐屯地156　バリ人の習俗157　エジプト軍駐屯地とバリ人の集落159
ラトゥカ人の習俗160　タランゴレほか、ラトゥカ人の集落162　ニアンバラ人162
ディンカ人の分布と生活類型163　ディンカ人の身体装飾と特徴164　ディンカ人の物産165
マカラカ人166　モル人167　アマディ168　ルンベクほか169　ボンゴ人の人口169
ボンゴ人の言語と身体的特徴170　ボンゴ人の気質170　ルオ人171　ワーウほか173
セレ人、ゴッロ人など173　デム・スレイマン175　シル人、マンダラ人176　ヌエル人178
第四節　ソバト川およびヤル川流域　179
位置と探査179　ソバト川流域の住民180　ガンビル人180　コマ人181　スロ人182
ソバト川下流部の概況182　シッルク人の人口184
シッルク人の入植とディンカ人に対する奴隷狩り185　シッルク人の習俗186　ファショダ187
第五節　エチオピア　189
五―一節　総説　189
名称189　範囲190　面積と人口190　エチオピアの独自性191　対欧関係史192

近代の踏査193

五—二節　狭義のアビシニア　195

第一項　地勢　195

東の縁部195　アンバ196　東西の勾配197　デガとクワッラ199　水蝕199　縁部山脈200
縁部山脈の北部区間（現エリトリアの沿岸山脈）201　デブラ・シナ山、ツァド・アンバ山202
ハマセン地方の地勢203　シメーン地方の地勢204　縁部山脈の南東区間206
ラスタ地方、ワデラ地方、ベゲメデル地方の地勢208　ゴッジャム地方の地勢209
タナ湖西方の高原縁部209　ゲデム山ほか210　エルタ・アレ山、エード山211　ダナキル低地211
沿岸島嶼と地震地形213

第二項　気候および動植物　214

寒暑214　ヴォイナ・デガの気候214　季節216　降水量と鉄砲水、カリフ217
植物相と農作物217　固有種ほか219　森林破壊220　山岳地方の動物相220
低地の動物相222　家畜223

第三項　住民　224

アガウ人224　ファラシャ人（ベタ・イスラエル）の起源と沿革224
ファラシャ人（ベタ・イスラエル）の社会225　カマント人、ウォイト人ほか226
ボゴス人（ビレン人）227　タクエ人ほか228　ハバーブ人229　ベニ・アメル族230
ショホ人231　シャンガラ人231　ティグリニャ語233　アムハラ語234
エチオピア人の身体的特徴234　疾病235　気質236

第四項　物産と社会　237
農業237　手工業238　エチオピア正教の沿革239　十九世紀の布教241　イスラームの宣教241
エチオピア正教の聖職階層242　教会の機能243　平民の宗教生活244　中央政権245　司法246
奴隷制247
第五項　都市と集落　248
タナ湖流域248　ゴンダールの遺跡248　ゴンダールの市街249　チェルガほか251
タナ湖東方の集落252　デブラ・タボル（サマラ）ほか252　マハデラ・マリアム254
コアラタほか255　バハル・ダルほか256　モタほか、アッバウィ川右岸の集落257
デンベシャほか、タルバ・ワハ山地の集落258　マグダラ（現アンバ・マリアム）259
インチャトカブほか259　ラリベラ260　セクォタ261　アードワ263　アクスム264
アンターロ（ヒンタロ）、メケレ266　セナフェほか267
グンデト地方、エジプト・エチオピア戦争269　デバルワ270　アスマラ、ケレンほか270
アイレトほか271　マッサワ周辺272　マッサワ273　ダフラク諸島274
アドゥリス湾（ズラ湾）沿岸276　ハワキル湾沿岸279
第六項　行政区分　279
五―三節　ショア地方、ダナキル人の地方、オロモ人の北部諸国　282
第一項　ショア地方の自然　282
ショア地方とダナキル地方282　シャッカ山脈と景観282　東リフト・ヴァレー東北部の火山地形283
ナイル・紅海分水界付近の山々284　カッファ地方の山々285　アファル地方の地勢285

アワシュ川286　気候と植物288　動物相289
第二項　ショア地方の非オロモ系住民　290
第三項　アファル人、ソマリ人、オロモ人　291
アファル人の身体的特徴と習俗291　部族構造292　物産293　ソマリ人の居住地域294
オロモ人の居住地域295　名称と出自296　オロモ語297　オロモ人の身体的特徴298
物産と気質299　部族構造と外来信仰300　在来信仰301　婚姻と葬礼302　部族の分布303
第四項　都市と集落　305
ショア地方の首府305　リチェ、テグレト、アンコベルほか305　紅海沿岸への経路306
ハラルの沿革308　ハラルの市街309　ハラルの文化と物産310
ゼイラ（現ソマリランド共和国内）311　アワッサ、サガル、アンバボ、タジュラ313
オボック（現ジブチ共和国内）315　アッサブ（現エリトリア共和国内）315
デブレ・リバノス修道院、ウォッロ人319　フィンフィネ（現アディスアベバ）ほか320
グラゲ地方の住民と集落321　ジンマ・ラガラマ山地付近322　ギベ地方の諸国323
インナルヤ地方（エンナレア地方）323　ヤンガロ地方（ヤンマ地方）324　カッファ地方325
ドッコ人326
第五項　政府と行政　327
第六節　上ヌビア地方　329
第一項　総説　329
位置329　沿革329　交通331

第二項　自然　332
グムズ人の山地（現ベニシャングル・グムズ州内）　332
インゲッサナ丘陵付近（現スーダン、ブルー・ナイル州）　332　ゲダレフ地方の山々　333
ナクファ方面の山々　334　気候　334　植物相　335　動物相　336
第三項　住民と物産　338
シャンガラ人　338　レガ人　338　ベルタ人　340　アガウ人ほか　343　フンジ人　344
タクルール人　346　クナマ人、バレア人　346　クナマ人とバレア人の身体的特徴と言語　347
クナマ人とバレア人の物産　348　クナマ人とバレア人の社会　348
クナマ人とバレア人の信仰と将来　350　ウォルド・アル・アラブ人　351　ザバラト人、ジャリン族　351
ベジャ人　352　ハデンドワ族ほかベジャ系の部族と言語　353　ベジャ人の身体的特徴　354
ベジャ人の物産　356　ベジャ人の婚姻関係　357　ベジャ人の社会制度　359
第四項　都市と集落、遺跡　360
エジプト支配下の行政区分　360　ファマカ　360　トゥマト川の採金　360　ベニ・ショングルほか　362
ロセイレス、カルコジ、スィンナール　362　ワド・メダニほか　364　両ナイルの合流点　365
ハルファヤ、カルトゥーム　367　シェンディ　369　ナガー遺跡、メロエ遺跡　369
ゴルグル、ドングル　371　メテンマ　372　ゲダレフほか　373　カッサラ　374　サブデラトほか　376
ベルベル　377　サワキン港　379　サワキン市街と周辺　379　アキク　382
第七節　コルドファン地方　384
第一項　自然　384

位置と人口 384　水系と地質 384　山系 385　水利用 386　気温と季節 387　植物相 387
動物相 388
第二項　住民と物産 389
ゴディアト人 389　ムサバト族、クンジャラ族ほかの外来民 389　ヌバ人、グヌマ人 392
テガリ人 392　カバビシ族、バッガラ族 394　バッガラ族の信仰 395　婚姻関係と死 396
第三項　都市と集落 397
アル・ウバイドの位置と交易 397　アル・ウバイドの市街 399　アル・ウバイド近傍 399
バラほか 400
第八節　ダルフール地方 402
第一項　自然 402
名称、位置、人口 402　探査 403　マッラ山地 404　諸峰と鉱物資源 405　水系 406
植物相 407　動物相 408
第二項　住民と物産 408
クンジャラ族ほか 408　ホムル人ほか 409　農業 410　交易 411
第三項　都市と集落 412
地方区分 412　アル・ファーシルほか 412　シャック・アル・カーディルほか 413
第九節　ヌビア地方 415
第一項　自然 415

名称と位置415　紅海の沿岸山脈415　標高416　エルバ地方の金山418　ヌビア沙漠の高地420
ヌビア沙漠の地形420　アトムル地方421　バユーダ地方423　ワーディ・ムカッタム以西425
砂の地形425　内陸の風向426　紅海沿岸の風向426　ヌビア地方の自然区分427
気温と疾病427　植物相428　動物相429
第二項　住民と物産　430
バラーブラ人の起源430　バラーブラ人の身体的特徴431　着衣と装身具432　出稼ぎ432
気質と信教433　生業433　ビシャリン人434　アバブデ人436　カバビシ族ほか437
第三項　都市と集落、遺跡　438
アブー・ハメド438　マラウィ遺跡438　ヌリ遺跡439　古ドンゴラほか440
新ドンゴラ（現ドンゴラ）440　ワーディ・カブのオアシス群441　ソレブ443　セムナ444
ワーディ・ハルファ444　アブシンベル遺跡445　サブワほかの遺跡447
第十節　エジプト　448
第一項　総説および地勢　448
位置448　エジプト文明の始原性448　年代の同定449　エジプト文明の後退期と遺跡450
発祥と発展、衰微451　ナイル川と社会階層453　十九世紀エジプトの地理的状況453
イギリス統治454　地理情報455　エジプト研究456　人口457　ナイル川の役割458
山系459　ワーディ・ハンマーマートほかの採石地址460
ガーリブ山ほか、シナイ半島対岸の山々と地質461　スィルスィラ山ほかの採石地址462
リビア沙漠463　砂の地質作用464　風解、結晶465　石化林465　石化林の形成過程466

クルクル・オアシスほか466　スィトラー湖468　シーワ・オアシス469　地下水470
ナトゥルーン湖群（ワーディ・アル・ナトゥルーン）471　オアシスの海抜473
オアシスのイメージ474　砂丘474　リビア沙漠の景観475
第二項　気候477
風向477　季節風478　降水量478　結露481　気候変化481　人為と気候変化482
第三項　動植物482
森林の欠乏482　植生の変化483　オアシスの植生484　哺乳類および鳥類485　魚類486
スカラベ487
第四項　住民488
コプト教徒488　コプト語489　ファッラーヒーンの習俗とコプト教徒の生業491
ヒクソス系の要素492　アラブ系の要素493　トルコ系、ヨーロッパ系ほかの要素496
呼吸器疾患498　伝染病、眼病499　皮膚病ほか499　信仰500　言語、婚姻502　奴隷502
土地所有503　ダーイラ・サニーヤ504　灌漑505　水路の浚渫507　堤防の保守507
近代技術とファッラーヒーン509　古代のスエズ地峡開削509　トラヤヌス帝の運河510
ル＝ペールの測量513　再測量513　スエズ・アレクサンドリア疎水計画515　スエズ運河工事517
地形の変化518　交通量519
第五項　都市と集落、遺跡521
集落の変化521　フィラエ島522　アスワン523　エレファント島525　オンボス526
エドフ526　カーブ527　イスナー527　古代テーベの位置528　ルクソール528　テーベ530
王家の谷533　キフト、ケナー535　ケナー‐クセイル鉄道536　クセイル536　デンデラ537

アビドゥ538　ギルガー、アシュートほか540　ハルガ・オアシス540　ダハラ・オアシス542
ファラフラ・オアシスとバハレイヤ・オアシス543　シーワ・オアシスの景観543
シーワ・オアシスの物産と住民544　ファレジャ・オアシス545　テル・アル・アマルナほか545
メニヤ547　ベニ・スエフほか547　ラーフーン548　マディーナ・アル・ファイユーム549
メイドゥーム・ピラミッドほか549　メンフィス551　セラペウム552　ギーザ553
大ピラミッド553　三大ピラミッドの結構555　構造556　スフィンクス557　カイロの立地558
沿革559　市内の水路560　市街560　住民の服装562　祭礼563　アズハルほか564
カーイトバーイのモスクほか565　学術機関、ブーラーク566　旧カイロ567
ヘルワーンほかカイロ近傍567　デルタ・バラージュ569　スエズ571　ザカーズィークほか572
タッル・アル・カビール、イスマイリーヤ、カンタラ573　ポート・サイード575
アリーシュ、サーン・アル・ハジャルほか576　ダミエッタ分流沿いの集落と遺跡577
ダミエッタ578　タンターほか580　タッラーナほか580　ロゼッタ（ラシード）581
ダマンフールほか583　アブー・キールほか583　旧ファロス島584　マルユート湖585
アレクサンドリア市街586　一八八二年の戦災588　アレクサンドリア港590
アレクサンドリア近郊591　アブー・スィール以西592

第六項　物産　592

農法592　綿花ほか593　農地開発594　灌漑と塩害595　工業596　交通597　貿易597
教育598

第七項　政府と行政　599

政体599　英国支配599　財政601　軍601　議会602　宗教602　行政階層603

図版一覧

図 1　中央アフリカの山地と高原　6
図 2　中世の地理学者たちによるアフリカの水系　9
図 3　スピークによるニヤンザ湖の流出路　10
図 4　アフリカ大陸の等温線　16
図 5　アフリカ大陸の降水量分布　17
図 6　アフリカ大陸の植物区　21
図 7　アフリカの諸言語　33
図 8　アフリカの宗教分布　39
図 9　アフリカ内陸における主な探検経路（1883 年現在）　47
図 10　ナイルの源流群とニヤンザ湖の高原　56
図 11　ドゥフィレからラドまでの区間　67
図 12　閉塞地帯［サッド地方］　69
図 13　マシュラ・アッ・ラックと河川地方　74
図 14　ナイル川の集水域　80
図 15　ハネクの瀑流［第三瀑流］　86
図 16　カイバルの滝　87
図 17　クセイルからの途次にあるケナーの谷　93
図 18　イブラヒミーヤ水路の取水地点　94
図 19　ファイユーム地方の入口　97
図 20　ファイユーム地方　98
図 21　ロゼッタ川の河口　103
図 22　ダミエッタ川の河口　104
図 23　マンザラ湖内のナイル分流　106
図 24　ナイル川の水位変動の推移　110
図 25　アシュートにおけるナイル河谷の断面　112
図 26　ウケレウェ島とウ・スクマ地方　122
図 27　カラグエ地方　125
図 28　ウ・ガンダ南部　129
図 29　ウ・ニョロ地方　140
図 30　ナイル川とコンゴ川の分水界　148
図 31　バフル・アル・ジャバル以東における旅行家たちの経路　160
図 32　河川地方における旅行家たちの主な経路　172
図 33　河川地方の住民の分布　177
図 34　ソバト川合流点とヤル川合流点　183
図 35　アビシニアの主な探検経路　194
図 36　エチオピアの東西断面　197
図 37　エチオピア北部［現エリトリア］の扶壁群　202
図 38　シメーン地方の山々　206
図 39　アビシニア東部の湖　208
図 40　アラルベド湖［クルム湖］　213
図 41　アビシニアの高原、谷、中間地帯　215
図 42　アビシニアの住民集団　232
図 43　ゴンダール　250
図 44　デブラ・タボル　253
図 45　マハデラ・マリアム　254
図 46　コアラタとタナ湖南岸　256
図 47　マグダラ　260
図 48　アードワとアクスム　263
図 49　アクスム　266
図 50　クマイリの谷　268
図 51　ボゴス人の郷国　271
図 52　マッサワ　275
図 53　アドゥリス湾［ズラ湾］　278
図 54　アワシュ川下流部の主な探検家の経路　288
図 55　エチオピア南部の主な探検家の経路　296
図 56　エチオピア南部の住民分布　304
図 57　東ショア地方の首府群　306
図 58　ハラル　309
図 59　ゼイラ　312
図 60　アワシュ川下流部　313
図 61　タジュラ湾とアッサル湖　314
図 62　オボック　316
図 63　アッサブ　318
図 64　タカ州および近隣地方への主な旅行家の経路　330
図 65　レガ人の郷国　340
図 66　青ナイル地方の住民分布　342
図 67　タカ州および近隣の住民分布　349
図 68　ファゾグル州の採金地帯　361
図 69　スィンナール　363
図 70　両ナイルの合流点　366
図 71　カルトゥーム　368
図 72　メロエのピラミッド群　371
図 73　カッサラ　375
図 74　ベルベル　378
図 75　1882 年のサワキン　380
図 76　サワキン付近の山地　383
図 77　コルドファン地方中央部　391
図 78　アル・ウバイド　398
図 79　フール地方中央部　404
図 80　エトバイ山地の鉱山地帯　417
図 81　ヌビアの金山［トリーノのパピルス地図］　419
図 82　コロスコ沙漠［アトムル地方］　422
図 83　バユーダのステップ地帯　424
図 84　ドンゴラと第三瀑流　442
図 85　エジプトの人口密度　458
図 86　エジプト西方に連続するオアシス　467
図 87　ナトゥルーン湖群［ワーディ・アル・ナトゥルーン］　472
図 88　エジプトの等温線と降水量　480
図 89　エジプトのアラブ系部族　494
図 90　エジプトの宗教分布　501
図 91　デルタ地帯のダーイラ地所　505
図 92　トラヤヌス帝の運河　512

図 93　1800 年当時のスエズ　514
図 94　スエズ - アレクサンドリア間の淡水運河計画　516
図 95　スエズ運河開削前のジスルとティムサーフ湖　519
図 96　旧世界の大陸間経路　520
図 97　鉄道建設前のアスワンと第一瀑流　524
図 98　テーベ遺跡　530
図 99　クセイル　537
図 100　ハルガ・オアシスとダハラ・オアシス　541
図 101　シーワ・オアシス　546
図 102　ナイル川の堰堤［デルタ・バラージュ］　568
図 103　スエズ　570
図 104　ワーディ・トゥミーラートの入り口、タッル・アル・カビール　571
図 105　ポート・サイード　574
図 106　サーンの沼沢地　576
図 107　ダミエッタ　579
図 108　アブー・キールとアレクサンドリア　582
図 109　アレクサンドリア　587
図 110　アレクサンドリアとマルユート湖　589
図 111　エジプトの鉄道　596

挿画一覧

挿画 I　フィラエ島からのナイル川の眺望　12
挿画 II　典型と衣服　ヌビア人の女性たち　29
挿画 III　典型と衣服　コロスコのビシャリ人ゴム商人たち　37
挿画 IV　ウ・ガンダ地方からのニヤンザ湖の景観、マーチソン湾からの眺め　58
挿画 V　カルトゥームのナイル川　75
挿画 VI　カルトゥーム全景　76
挿画 VII　ナイル川の第二瀑流　89
挿画 VIII　メムノンの巨像　108
挿画 IX　ナイル河畔のシャードゥーフ［跳ねつるべ］　113
挿画 X　ウ・ガンダ地方ルバガにあるムテサ一世の王宮　136
挿画 XI　典型と衣服　ウ・ニョロ地方の現地住民　141
挿画 XII　マーチソン滝　144
挿画 XIII　シュリ人の楽師　155
挿画 XIV　バリ人の鍛冶屋　158
挿画 XV　典型と衣服　マカラカ人の集団　167
挿画 XVI　デム・スレイマンの全景　175
挿画 XVII　シルック人の典型　185
挿画 XVIII　サマラ（デブラ・タボル）近くのダヴェズト滝　198
挿画 XIX　シメーン地方の山地、ラマルモンの険路からの眺め　207
挿画 XX　エチオピア人女性とシャイキーヤ人アラブ。いずれもカルトゥームの奴隷階層　230
挿画 XXI　ゴンダールのギンプ［ファジル・ゲビ］　249
挿画 XXII　ティグレ地方の首府アードワ　264
挿画 XXIII　マッサワ遠景　274
挿画 XXIV　ソマリ人の男女　295
挿画 XXV　ソマリ人の少女　295
挿画 XXVI　オロモ人の少女　299
挿画 XXVII　アンコベル全景　307
挿画 XXVIII　オボックの泊地　317
挿画 XXIX　ファゾグル地方の処女林　336
挿画 XXX　典型と衣服　カルトゥームのカーディ［イスラーム法の裁判官］と、ハデンドワ族のシャイフ［族長］　355
挿画 XXXI　ベジャ人シュクリーヤ族　357
挿画 XXXII　メロエのピラミッド、南方集団 372
挿画 XXXIII　サワキン遠景　382
挿画 XXXIV　アイン山　390
挿画 XXXV　ヌビア地方の北の戸口、アスワン　416
挿画 XXXVI　コロスコからアブー・ハメドへの道の入り口　423
挿画 XXXVII　ラクダの隊列のビシャリン人案内人　435
挿画 XXXVIII　イブサンブル［アブシンベル］の巨像　446
挿画 XXXIX　第二、第三、第四ピラミッド　452
挿画 XL　アスワンの放棄された古代の石切り場　461
挿画 XLI　リビア沙漠、地平線の蜃気楼　476
挿画 XLII　エジプト人の典型　テーベにあるシャイフ・アブド・アル・クルナの墳墓の浮彫　490
挿画 XLIII　典型と衣服、カイロのアラブ人　495
挿画 XLIV　フィデミン・アル・ファイユームにおけるバフル・ユースフからのセイフィー分水路　506
挿画 XLV　セラペウム付近のスエズ運河　517
挿画 XLVI　テーベ遺跡、北の塔門　531
挿画 XLVII　テーベ遺跡、ラメセウム神殿の巨像　532
挿画 XLVIII　王家の谷の入り口　534
挿画 XLIX　アビドゥ、セティ一世神殿の浮彫（崇拝の情景）　539
挿画 L　ヌビア地方、マハッラカ近くのメヘンディの地下道　542
挿画 LI　メイドゥーム・ピラミッド　551
挿画 LII　大ピラミッドの登攀　554
挿画 LIII　スフィンクス　558
挿画 LIV　カイロ旧市街の通り　561
挿画 LV　カイロ、カーイトバーイのモスク　564
挿画 LVI　アレクサンドリア遠景　586
挿画 LVII　カイロのシタデル地区　600

第一章　アフリカ総説

第一節　位置と輪郭

名称

アフリカは、その名称そのものが、つい最近まで既知の世界に属さなかったことを示している。古代ギリシャ人にとってはリビュアで★、南と西へ果てしなく伸びる陸地だった。ギリシャ人はほかにも神話や詩歌のなかで多くの名を冠している。エスカティア、すなわち「世界の果て」という茫漠とした呼称もあれば、ヘスペリア、すなわち「西の土地〔夕辺の国〕」というものもあり★★、これはイタリア、ついでスペインを指し示す言葉になったのち、アラビア語では「マグリーブ」の語形のもと、いまはマウレタニアを指す〔原著はローマ時代の属州名マウレタニアを地方名として頻用するが、本訳では多く現呼称マグリブを当てる〕。だが、現在この大陸全体に適用される「アフリカ」の語源は未知である。古代カルタゴの「分離した土地」すなわち「植民地」を意味する呼称で、フェニキア系ティロスの宗主権のようすがだろうか★★★。それともベルベル人を総括的に★★★★、あるいはそのうちの一個の民★★★★★、アウラーゲン人ないしアウリーガ人の卓越を示す呼称だろうか。いずれにせよ、第二次ポエニ戦争〔前二一九―前二〇二〕の前にエンニウス〔共和政ローマ著作家 Quintus Ennius 前二三九―前一六九〕がアフリカと名付けた

★ これはセム系であるヘブライ語のループ Loub の派生語で、複数形はルビム Loubim である。

★★ Marie-Armand de Castera-Macaya D'Avzac, *Esquisse générale de l'Afrique et Afrique ancienne*, Paris:Firmin Didot frères, 1844, *p*.4. ［ヘスペリアと呼ばれた土地の変遷については本シリーズ『南ヨーロッパ』9 頁および 665 頁］

★★★ Suidas; D'Avezac, *op.cit.*; Duveyrier, *Notes manuscrites*.　セム語の語根 faraga は「分離する」「分割する」を意味する。

★★★★ Heinrich Barth, *Reisen Und Entdeckungen in Nord- Und Central Afrika, in Den Jahren 1849 Bis 1855*, vol.I; Johann Jakob Egli, *Etymologisch-Geographisches Lexicon*, 1880.

★★★★★ Paul Gaffarel, *L'Algérie: Histoire, Conquête et Colonisation*, Paris: Firmin Didot frères, 1883, *p*.332.

土地は、当初はローマ人にとりイタリアの隣にあるリビュアのみを指した。すなわち現チュニジアのテル地方で、いまも「フリガ」と呼ばれる★。この名前が少しづつ大陸名になった。それはカイストロ川の流れるアジア〔アジア属州〕が広がってインド、シベリア、中国を包含し、ヨーロッパではイル・ド・フランスがゴール〔ガリア〕全体の呼称になったのと同様だ。そして神話の英雄で「黒い人」あるいは「野蛮な人」と呼ばれたヘラクレスの息子〔不詳〕が「アフリカ」と似た名前であったことも、「怪物たちの国」として、かくも長きにわたり知られざる恐怖の地方を、この名称で指し示すのに一役買ったかもしれない。

アジア大陸との分断

だがアフリカ大陸は全周が知られており、その意味では旧世界のうち最も輪郭が明瞭であって、一個の巨大な島にも比せられる。唯一、幅一五〇キロの花茎部〔スエズ地峡〕が、アフリカの一部であるエジプトを、アジアの領域であるアラビア半島およびパレスティナ地方につなぐ。この地峡じたい、古代の川底と海底にほかならない。北側の土壌は地中海の堆積層、南側は紅海の堆積層であり、そのあいだには古代ナイル川デルタ〔三角州〕の残土が広がる。動物相の類似から判断すると、当時のナイル川はヨルダン川につながっていたらしい。第三紀にはまだスエズ地峡はなかったが、大陸から腕のように伸びる土地が、エジプトをキプロス島およびシリアに結んでいた。スエズ湾とガザの湾ほど近くにありながら、これほど動物相が異なる例は地球上にみられない★★。始新世以後のインド洋は、完全に地中海から分離したままだった。第四紀には浅い入江があったかもしれないが、最近になり人間の営為により、ふたつの海は連絡した。近代工業のいたすところ、ふたつの海水はティムサーフ湖内の港〔イスマイリーヤ港〕で混じり合い、最大級の船舶も、アフリカ大陸を周航する必要は皆無である。これほど輪郭が明瞭なこの南の大陸にくらべ、旧世界の残りふたつ〔アジアとヨーロッパ〕は一体にみえる。オビ湾からカスピ海まで延びるウラル山脈も、カスピ海と黒海を隔てるマニチ地峡も、スエズからポート・サイードにいたる海の溝ほどはっきりした分離線の様相はまったくそなえない。

★ Duveyrier, *Notes manuscrites*.
★★ Neumayr, *Zur Geschichte des östlichen Mittelmeerbeckens*.

ヨーロッパ大陸とのつながり

今日のアフリカ大陸は明瞭な形状だが、海岸線の輪郭をみて考えるほどヨーロッパやアジアから別個なわけではない。いくつかの地方は、地中海の向こうと直接につながってさえいた。ジブラルタル海峡がまだなかったころ、アトラス山脈は梯団形の山脈群でもって、シエラ・ネバダの並走する山稜に連結していた。チュニジアは、鮮新世の末になっても一個の幅広な陸地により、シチーリア島とイタリアにつながっていた。マルタ諸島はこの陸地のわずかな残余である。いっぽうギリシャは広い平野群をそなえる一体で、そこを流れる川ではゾウ〔象〕が水を飲み、カバ〔河馬〕が水浴びしていた★。現在の北西アフリカはスペイン、イタリアから分離したとはいえ、地質や自然史、気候からみれば本質的に地中海性の土地であり、対岸のヨーロッパ沿岸とともに、ひとつの画然とした地域をなす。地中海をはさむ両岸の古い岩層には同一種の化石が見出されるし、現在の動植物相も類似する。マグリブ地方の沿岸部は、大きな水域の向こうにあるプロヴァンス地方との違いよりも、沙漠がへだてるニグリシア地方〔ブラックアフリカ地域、いわゆる歴史的スーダン。現スーダンを含むため、以下明らかに現スーダンを指すばあいはスーダンとも訳出する〕との相違のほうがはるかに大きい。サッルスティウス〔共和政ローマ政治家、歴史家 Salluste, Gaius Sallustius Crispus 前八六—前三五〕が述べたように、マウレタニア属州に限った意味でのアフリカは、ヨーロッパの一部なのだ。東でも、紅海に面するエチオピア沿岸部は、対岸と同一の地形々成にかかる。その玄関口にあるマンダブ海峡をはさむエチオピアとイエメンは、気候と物産、住民がよく似ている。

南米およびオーストラリアとの比較

鈍重な輪郭をそなえる点で、アフリカの全般的な海岸線はふたつの南の大陸、すなわち南米とオーストラリアに似る。だが新世界の相方〔南米〕ほど多くの切れ込みはなく、オーストラリアのように、北と東の海上へ星団のように散らばる大小の島々もない。同大陸の巨大さも、重苦しい相貌に一役買っている。面積は三〇〇〇万平方キロ近くと推定され★★、ヨーロッパの三倍以上、ノヴァ・ホランディア〔オーストラリア大陸旧称〕の四倍に達する。だが、

★ Ramsay; Zitterl; Neumayr, etc.
★★ Behm & Wagner によれば、2982 万 3250km²。

海岸総延長はヨーロッパよりもかなり短い。ヨーロッパ大陸の海岸総延長は、スカンディナヴィア半島のフィヨルド〔fjord 峡湾〕やスコットランドのファース〔firth 同前〕といった無数のぎざぎざを除外しても、三万一九〇〇キロだが、アフリカは二万八五〇〇キロしかなく、一個の入江をなして湾曲する箇所さえ皆無だ。アフリカは、全体として南北を長軸とする楕円形である。そしてボン岬からギニア湾を結ぶ線の西に、もうひとつの半楕円形が接合するが、その海岸線はさらになだらかだ。この単調かつ長大な輪郭を打ち破る特徴はふたつで、ひとつは西岸の引っ込み部〔ギニア湾〕であり、大西洋の東西幅を倍にしている。もうひとつは東岸のとがった半島〔ソマリア半島〕で、いったんグアルダフイ岬〔カセイル岬〕で終止したのち、沖合のソコトラ島で再び陸地になる。アフリカが東に突き出すこの箇所は、アデンの水道がハドラモート地方の砂浜から隔てるが、方向はアラビア半島の南東端とまったく同一だ。そうした形状のみならず、気候の点でも、このアジアの半島はアフリカに属するようにみえる。アラビア半島は、同時にふたつの世界に属する遷移地帯なのだ。

第二節　自然

大陸分水界

アフリカ大陸のすこぶる規則正しい形状は、全体の結構も単純な一体だと思わせるかもしれない。しかし事実は異なる。ヨーロッパは幾多の切れ込みがあるにせよ、一本の背骨と四肢をそなえた体にも比しうる。広大なアジアは「世界の屋根」と呼ばれる最高の分水界と、それを取り巻く平野や半島が均衡する。南北アメリカは西に山脈を、東に広大な沖積平野群をそなえ、平野と平野のあいだの分水界は低い屋根である。これらの大陸にくらべ、アフリカはまだ形が整わぬ始原的な組成で、中央山塊も、規則正しい流域もない。ただし、インド洋岸と並行して東アフリカに立ち上がる沿岸山地は、脊梁山脈ではないにせよ、いくつかの観点からは、大陸分水界の縁部山脈とみなしうる。リンポポ川［上流はボツワナ、モザンビーク、南アフリカの国境で、下流はモザンビーク内］、ザンベジ川、ジューバ川［現ソマリア領内］といった大型河川が通る広い裂開にもかかわらず、ケープ地方に始まりエチオピアの山塊［エチオピア高原］まで北上する山岳集団は、ひとつの壁の残余であることが認められる。同大陸の最高峰、おそらく古代人の呼んだ「月の山々」であるキリマ・ンジャロ山［以下キリマンジャロ］やケニア山といった死火山がそびえるのが、この山岳地帯である。両峰の西の高原にも、並行する一条の火山群があり、いくつかはなお噴煙を上げているらしい。ニヤンザ湖［ヴィクトリア湖］の先には三番目の山列があり、ムフンビロ［ヴィルンガ山地］やガンバラガラ［ルウェンゾリ山地スピーク山］などの尖峰が睥睨《へいげい》する。これが上ナイル川とコンゴ川［ザイール川］の支流群との分水嶺で、西側の縁部をなすようだ。この高原地帯の幅は九〇〇キロ近く、北方でアビシニア地方の山岳集団［エチオピア高原。以下、ときに現呼称で訳出する］に終止する。これは城塞のような岩山の地帯で、その台座の規模は、アフリカ大陸の山系随一だ。エチオピア高原はイエメンの高地［アシール山地］に正対し、対岸の山地と同様に、喜望峰からホーン岬までの四万キロ、すなわち地球

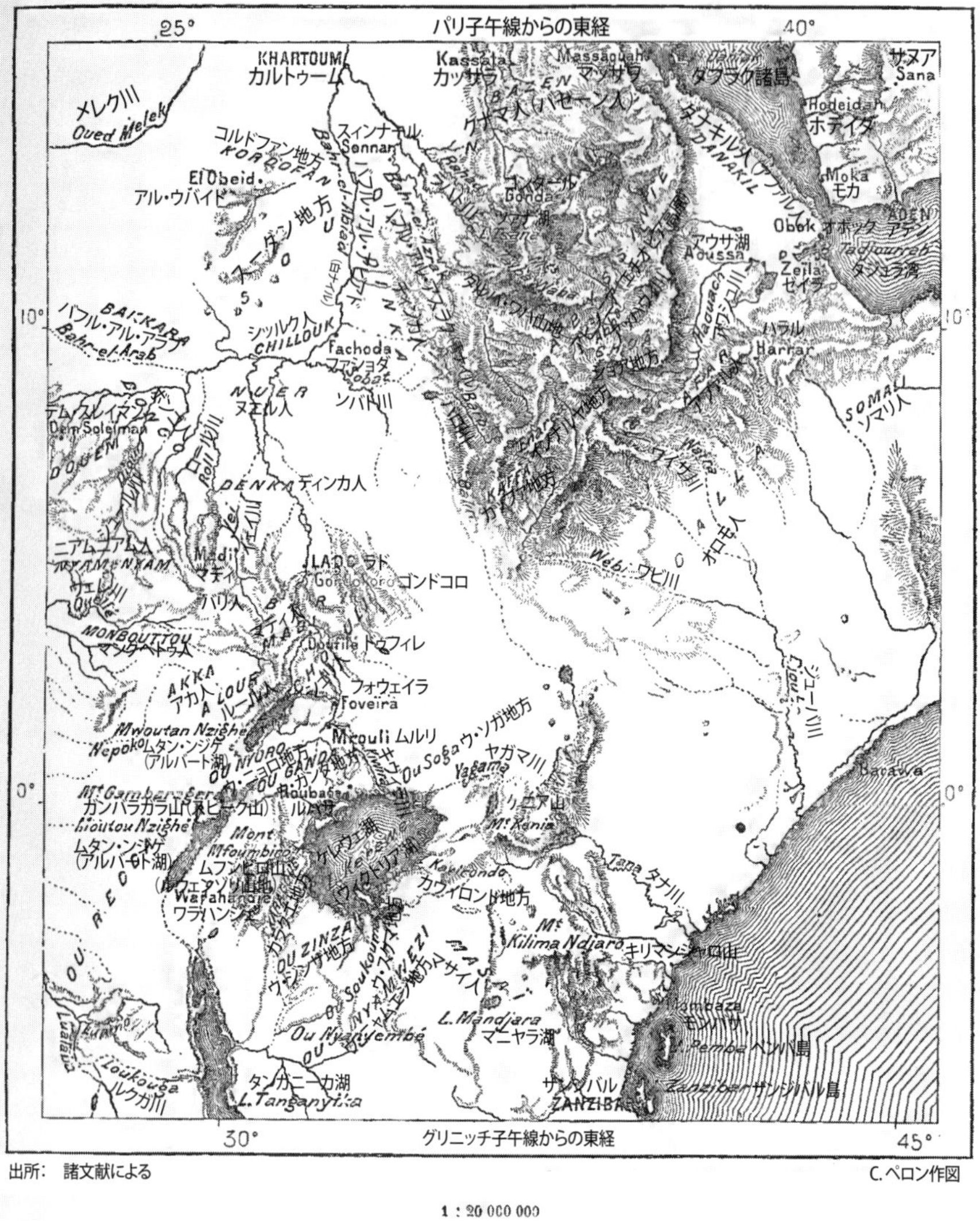

出所：　諸文献による　　C.ペロン作図

1 : 20 000 000
0　　500 km

図1　中央アフリカの山地と高原

の全周に等しいインド洋や太平洋の半円に沿って発達する沿岸山脈の断片である。

地勢

全域の踏査は未了だが、主な地勢を描けるほどには、アフリカは知られている。世界の他地域よりも量感があり、輪郭の出入りが少ないこの「暗黒大陸」は、水流による侵蝕が内陸で遅れている。大アルプスやカフカス山脈に匹敵する高山は少なく、ヒマラヤに肩をならべる山地が皆無なのに、土地の平均標高はヨーロッパやアジアよりも高い。アフリカを均《なら》し、垂直面と水平面のかたまりとみなした場合の標高をシャヴァンヌ〔オーストリア人地理学者、旅行家、気候学者 Josef Chavanne 一八四六—一九〇二〕は五八〇メートルと推定するし★、最大の見積もりでは六六〇メートルと★★、アジアの平均標高をしのぐ。大西洋に面するルアンダの海岸から、紅海に臨むサワキンとマッサワのあいだへ斜めの線を引けば、標高一〇〇〇〜一五〇〇メートルの台座をなしてほぼ連続する高原であり、その上に山塊群が載る。面積はアフリカ大陸のほぼ三分の一に及ぶこの高原は、西をコンゴ川、北をナイル川の流域が画するが、いくつかの支流のあいだの屋根は不明瞭で、流域が錯綜する。アフリカ中央の沈降部〔コンゴ盆地〕の向かい側にもふたたび高地が立ち上がるが、南部や東部の山岳地帯よりも起伏がとぼしく、はるかに分断されている。そうした突起のひとつが立ち上がるのが、コンゴ川とニジェール川のあいだである〔アダマワ高原〕。もうひとつは、ナイル川とチャデ湖、ないしチャド湖のあいだである〔マッラ山地］。サハラのどまんなかには、ティベスティとアハガル［ホガルとも］の両山塊が島状にそそり立つ。西には、高原と山地の縁が発達し、北ギニアとセネガンビア地方の海岸に並走する。そして最後がマグリブ地方の山地、かのアトラス山脈で、昔話では、天空の重みを肩に担う神とされた。これははっきり別個の山系で、かつては南ヨーロッパの山脈群につらなった。ゆえに、スペインの山々に向き合うアトラス山脈の南側のリビュア〔アフリカ〕は、北西に傾いた平面をなすと言ってよい。

水系の特徴と水源の伝説

アフリカ大陸の特徴である粗い形態は、しかし水系には見出されない。アフリカの大型河川の流路は、かなりの

★ Josef Chavanne, *Afrika, im Lichte unserer Tage*, Wien: W. Hartleben, 1881.

★★ *Mittheilungen der geographischen Gesellschaft in Wien*, 1881.

区間がぶあつい高原にはめ込まれ、大半は不規則で未完成の様相をそなえる。早瀬や瀑流が分断し、谷は狭く、単純な峡谷の箇所が多い。水量が豊富な河川も、他の大陸にくらべ比較的に船舶の利用に向かない。この点でアフリカと南米という、しばしば比較される両大陸は、完全に対照的である。新世界の南半分では、河口部は湾になり、そこに注ぐ強大な流れはアンデスの山裾まで大きく開く。航行できる水流が比較的に短いことは、沿岸の島々の乏しさや、港の少なさ、そして沙漠の広大さとあいまって、すべての交易民族の全般的な動きがアフリカを迂回する原因になった。流路延長からみた三大河川、すなわちコンゴ川、ディオリ・バないしニジェール川、そしてナイル川のいずれも、瀑布や急湍が中断するため、河川の分流による灌漑が数億ヘクタールにおよぶ人口稠密な地方からの接近を拒絶する。うちコンゴ川とナイル川は、ともに傾斜が不明瞭な高原地帯に端を発し、上流区間はアフリカ大湖沼を通過する。かつては、巨大な一個の内海があるとぼんやり言い伝えられた地帯だ。十六世紀のポルトガル人探検家たちもそうした水系が念頭にあったらしく、アフリカの真ん中に大湖の群れを描いている★。だが、多くの著述家が考えるように、湖の輪郭は実証的な情報に基づいたのだろうか。それとも――こちらのほうがありそうなことだが――古地図を単に写しただけだったのだろうか★★。いずれにせよ、これらのポルトガル人も、中国やインド、カルデア地方［メソポタミア］の大河は水源を共有するという神秘的な観念に従い、ナイル川、コンゴ川、さらにザンベジ川にすら同一の水源、ないし錯綜した泉群が存在すると信じていた。ただし、これらの水流は広域にわたり地下を流れるとも考えられていた。十五世紀半ばのイタリアで版刻された地図［図2］では、ナイル川は三本の発端をそなえるが、それらは水源の泉の排水路から大きく離れている★★★。それに加え、このナイル川はアフリカ大陸を南北に縦断し、エジプトの小さなデルタに対し、南端のデルタははるかに大型だ。

水源の探査

現代の探検家はこの地方を渉猟したものの、それでもこうした伝統的な観念に影響されたままだった。ス

★ Luciano Cordeiro, *L'Hydrographie africaine au seizième siècle d'après les premières explorations portugaises*, Lisbonne: Imp. De J.H. Verde, 1878.

★★ A.-J. Wauters, "Quelques mots à propos de la doctrine portugaise sur la découverte de l'Afrique centale au seizième siècle," *Bulletin de la Société belge de Géographie*, 1879, *pp.*94-131.

★★★ Joachim Lelewel, *Géographie du moyen âge*, Bruxelles: Ve et J. Pilliet, 1852.

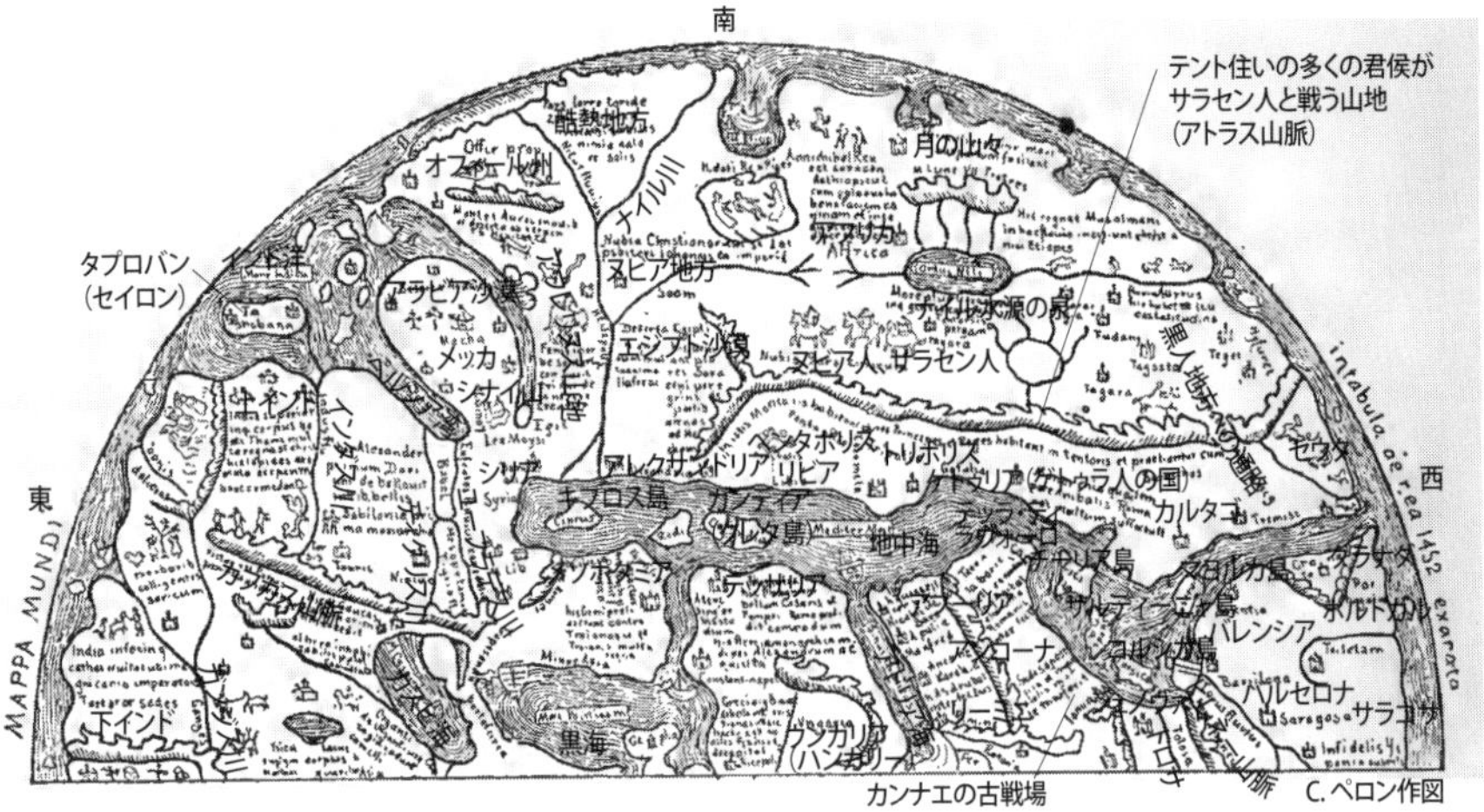

図 2　中世の地理学者たちによるアフリカの水系
［訳注　右外に「1452」とあるが、「ボルジアの世界地図 Mappa mundi Borgia」（ヴァティカン図書館所蔵）の上半分を切り出した図で、1410 〜 1458 年頃のものである。なお元図に円の外側の文字はない］

ピーク［イギリス軍人、探検家 John Hanning Speke 一八二七―一八六四］はニヤンザ湖［ヴィクトリア湖］のあちこちから流れ出る四本の水流がナイル川を形成する地図を描いたし、スタンリー［イギリス人探検家、ジャーナリスト Henry Morton Stanley 一八四一―一九〇四］はタンガニーカ湖からの二筋の溢流のひとつが北上してナイル川方面に向かい、もうひとつが西流してコンゴ川に向かうとした。だが、地中海に下る大河と、大西洋に向かう大河が、同一の流域から流れ出ることは全然ない。ただし、両河の分水界になる屋根の立ち上がりが微弱で、起伏のわずかな変動により、多くの支流の方向が変わることはあり得る。あるいはこの分水界上に湖か沼地があって、両側に排水する可能性も存在する。

侵蝕

アフリカ中央部の河川が未完成で、瀑流が流れを中断し、高原に湖沼が散在することは、スカンディナヴィアなど、北方の土地と一定の類似性をもたらしている。だが北方諸国は最近の地質年代にもまだ氷に覆われていたため、河川による侵蝕と沈泥のふたつの作用は、まだほとんど終わっていないことが知られている。いっぽう、中央アフリカの気象現象はスカンディナヴィア半島とまるきり異なる。た

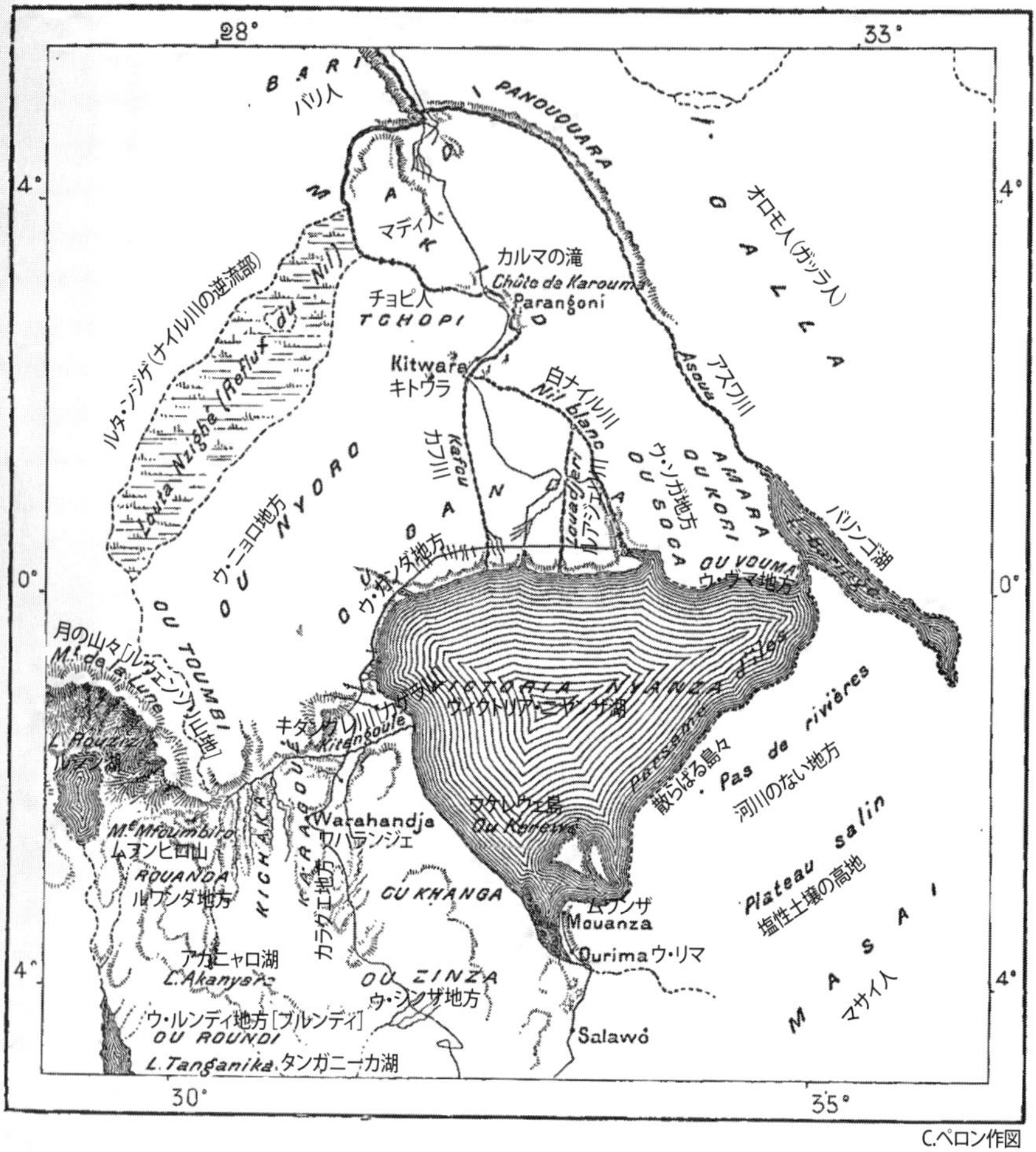

図3　スピークによるニヤンザ湖の流出路

とえいくつかの指標が、熱帯にさえ太古に氷河期があったことを示すにもせよ、それから長い時が流れ去り、氷河や堆石の痕跡をほぼすべて消し去ったに違いない。したがって、河川が原初的な形態なのは、まったく別の原因によると思われる。つまり、かつてサハラの気候がはるかに湿潤だったのに対し、アフリカ東部、ニヤンザ湖の高原は現在よりも乾燥していた可能性がある。雨はサハラやカラハリの沙漠並みに希少だったので、岩山に雨谷はまったく形成されず、谷も広がらなかった。ゆえに、今日の湖沼群が占める窪地が、沖積作用により埋め立てられることもなかった★。地球の地質年代のサイクルを通じ、気候圏は常に移動し、かつてよりも多雨な地方もあれば、雨が少なくなった地方もある。北西アフリカのイガルガル川流域も、乾燥化した地方のひとつだ〔本シリーズ『北アフリカ第二部』三三二 - 三三五頁〕。

ザンベジ川ほか

ナイル川と大湖沼地方の東の高原と山岳の斜面は狭小で、大型の水流は発達できない。紅海がエジプトの山々から受け取るのは、季節的な流れであるワーディ〔涸れ川、ワジ〕の群れに限られる。またモザンビークの南まで四千キロにおよぶ沿岸を洗うインド洋への水流も、沈水した木の幹のあいだを船舶が苦労して進む河川ばかりだ。ジューバ川、タナ川〔現ケニア内〕、ルフィジ川〔現タンザニア内〕、ルヴマ川〔現タンザニア・モザンビーク国境〕がそうである。湖沼が散在するアフリカ中央の大高原地帯の南になると、西岸近くに端を発するザンベジ川が、推定面積一四三万平方キロ、すなわちフランスの三倍近い広大な流域の余剰水を、海に運び込む。水量はアフリカ第三位だが、流路延長は第四位だ。さらに南のリンポポ川もかなりの水量だが、流域面積が一〇〇万平方キロを上回るオレンジ川〔南アフリカ共和国内、下流部は同国とナミビアの国境。アフリカーンス語ではウランニェルフィ川〕は、上流域の雨谷地帯に降った雨のうち、ほんの一部しか南大西洋に運ばない。南から北の順でクネネ川〔現アンゴラ内、下流部はモザンビーク国境〕とクアンザ川〔現アンゴラ内〕は、流域面積の割に微弱な水流である。赤道ギニアの東〔南東〕、コンゴ川の大屈曲が形成した半島部に誕生するオゴウェ川〔ほぼ現ガボン内〕も同様だ。

★ Albrecht Penck, *Einfluses des Klima auf die Gestalt der Erdoberfläche.*

挿画Ⅰ　フィラエ島からのナイル川の眺望
一葉の写真をもとに、テイラー筆
［同島はのちアスワン・ダムにより半水没したため、遺構はアギルキア島に移設され、現在はそちらをフィラエ島と呼ぶようになっている］

ニジェール川

ニジェール川、ないし「黒人のナイル川」は、ナイル川、ザンベジ川、コンゴ川とならぶアフリカの四大河川の一角だ。今世紀［十九世紀］の初頭になってさえ、デュロー＝ド＝ラ＝マル［フランス人地理学者、博物学者、歴史家 Adolphe Jules César Auguste Dureau de la Malle 一七七七―一八五七］は、ニジェール川とナイル川がアフリカ大陸を貫いて合流すると信じる理由を列挙している★。多くの古地図も「黒人のナイル川」を、東にあるナイル川と同一の湖から誕生するように描いたが、実際の主たる水源は全然アフリカ中央部にはなく、西岸に近いロケレ山［不詳］がある山岳地帯のロマ山［現シエラレオネ内］だ。ナイル川源流からは少なくとも四五〇〇キロ離れ、最も近い支流どうしでも、一二〇〇キロを隔てる。ニジエール川はナイル川水系につながるどこ

★ Adolfe Dureau de la Malle, *Géographie de la mer Noire, de l'intérieur de l'Afrique et de la Méditerranée*, Paris: Dentu, 1807, *ch*.10.

ろか、高地の形状も、配置も、東アフリカとは完全に別個の地方に属する。ニジェール川とその最初の西側支流群が生まれる山地の反対側では、ポンゴ川［現ギニア内］、リオ・グランデ［現ギニアビサウ内］、ガンビア川が沿岸の三角江に注ぐ。さらに北方のセネガル川は、ニジェール川とおなじ斜面に端を発し、岩場の屋根を瀑流でもって越えつつ、山地を回り込んで大西洋に注ぐ。これはアフリカ沿岸で北上する最後の豊かな河川で、その後は、サン・ルイ［現セネガル内、ンダール］の砂洲からロゼッタ［ラシード］の砂洲まで約八〇〇〇キロにわたり、モロッコ南部のドラー川のような涸れ川や、マグリブ地方のムルウィーヤ川、シェリフ川、メジェルダ川といった貧弱な川ばかりである。このため、アフリカ大陸の縁辺における水の分布はすこぶる不均等だ。コンゴ川だけで他のアフリカすべての河川の合計よりも水量は大きい。ギニア湾をはさみコンゴ川の向かい側で大西洋に流れ込むニジェール川は第二位である。ナイル川の流量は第四位にすぎない。

閉鎖水系

大陸内のいくつかの地方は恒常的、あるいは一時的な閉鎖水系で、水分は海への出口が見つからぬままに失われてゆく。こうした窪地のうち最大なのが北ではチャド湖、南ではマカラカリ湖［マカディカディ塩湖］とンガミ湖で、コンゴ川下流部からほぼ等距離にあり、赤道を軸に対称をなす。北アフリカに属するチャド湖のほうが大きく、集水域も広い。集水域の面積は、海に流出する周囲の地方の面積に比例するが、チャド湖は常に変わらぬ閉鎖水系だというのが本当ならば★、歴史的経過は同じではない。往古の地質年代におけるマカラカリ湖とンガミ湖は、リンポポ川およびザンベジ川につながっていたからだ。アフリカ大陸は中央に沈降部があるが、それに加え、南北に沙漠をそなえる。沙漠の内部には二次的な水盆やオアシスが散らばり、水流はほぼいつも干上がったワーディにより砂地に消えてゆく。アフリカ大陸のうち、降った雨水がまったく海に流れ込まない土地の面積は、シャヴァンヌの推定では七五〇万平方キロだが、うち赤道以南の分はその五分の一ほど、一四〇万平方キロである★★。排水路のない空間のなかには、北アフリカにおける海水面以下のいくつかの窪地もある。おそらく、太古の地質時代に地中

★ Henri Duveyrier, *Notes manuscrites.*

海および紅海に属した湾や峡谷の残余だが、うち最大級の低地部は、チュニジアの小シルテ湾〔ガーベス湾〕からアルジェリアの南方に連続するようにみえる。ここを流れたのが、今は涸れてしまったイガルガル川で、かつてリンポポ川をしのぐ一三〇〇キロの延長があった。ナイル川と大シルテ湾のあいだ、キレナイカの台地部〔バルカ・アル・ハムラ〕の南方にも、海水面以下の低地がいくつかある。エチオピア高原の紅海側の麓にも、隣の湾よりも低くまで表層水が蒸発した深い水盤がいくつかある。ところが南アフリカには、このように蒸発した沿岸湖が皆無だ。

島嶼

アフリカ大陸は、突出や切れ込みがすこぶる少ないだけでなく、補完的な島嶼もほぼ全周にわたり欠落する。地中海の島々は、海底地形からみてアフリカよりもはるかにヨーロッパに属する。クレタ島は小アジア〔アナトリア半島〕とギリシャに連なるし、シチーリア島、コルシカ島、サルデーニャ島はイタリア半島に属する。バレアレス諸島は、海面下の屋根によりバレンシアとつながる。唯一アフリカの海岸からこぼれ落ちたのは、小シルテ湾のジェルバ島〔チュニジア領〕と、同湾およびマグリブ沿岸のいくつかの小島に限られる。西の海岸線は大西洋が洗うS字形だが、岩礁や砂洲、低い陸地など、島というよりも、その断片しかない。ビジャゴ諸島〔現ギニアビサウ内〕ないしビシュラオ諸島などがそうで、薄い堆積かわずかな隆起でもあれば、大陸にふたたびくっついてしまうだろう。沖合の島々、すなわちマデイラ諸島、ポルトサント島、カナリアス諸島〔カナリア諸島〕、カーボヴェルデ諸島は、いずれも深さ一〇〇〇メートルを超える海溝によりアフリカ大陸から隔てられる。これらは火山性の集団で、アフリカ大陸全体が載る海底の台座〔大陸棚〕の縁の深淵から立ち上がる溶岩と、火山灰の堆積だ。ギニア湾のアノボン島〔現赤道ギニア領〕、サントメ島、プリンシペ島、フェルナン・ド・ポー島〔現赤道ギニア領ビオコ島〕、そしてカマロインシュ半島〔カメルーン山、ファコ山〕も、海底の床面〔大陸棚〕と、その斜面に

前頁★★　アフリカ大陸における閉鎖水系（km²）

北アフリカ	チャド湖流域（フェデ湖［不詳］の分を含む）	182万0000
	イガルガル川流域	81万6500
	その他沙漠など	336万2600
南アフリカ	ンガミ湖流域	78万5000
	その他沙漠など	64万2400

ある一筋の裂け目に並んだ火山である〔のちルクリュの死後一九〇九年に「カメルーン火山列」として確定された〕。アンティル諸島、スンダ列島、アリューシャン列島といった火山列とおなじく、軽微に凹線をなして並んでおり、アフリカ大陸の形成以後の、副次的な現象の産物だ。エジプトおよびエチオピアの紅海沿岸には小さな島嶼があるが、海岸をふちどるサンゴ礁にすぎず、ぽつりぽつりとみおろすにすぎない。インド洋で唯一、正真正銘のアフリカの陸地はソコトラ島のみで、いまは鈍い輪郭のグアルダフイ岬〔カセイル岬〕で終止する半島の、折れた穂先である。沿岸と平行にならぶペンバ島、ザンジバル島、マフィア島は、波浪が破壊した昔の海岸線のようにみえる。コモロ諸島は火山性の起源だ。大型の島嶼マダガスカルは、アフリカの陸地とみなすにはモザンビークから離れすぎ、最も大陸に近い岬でも三〇〇キロをへだてる。潮流は速く、南方に流されずに海峡を横断するのは不可能なため、両者の距離〔時間距離〕をかなり拡大する。通常の航海によるマダガスカルは、海が静謐なばあいにくらべ、いわば二倍ほども遠くインド洋に所在する。そもそもこの大きな島の動植物は、自然史的にみてまったく別個の領域の一部であることが証明されている〔原著シリーズではこのゆえに第一四巻でマダガスカル島を扱う〕。ジョフロワ＝サン＝ティレール〔フランス人博物学者 Étienne Geoffroy Saint-Hilaire 一七七二—一八四四か〕は、マダガスカルをまったく独自の世界の一部であるとみたし、以後の大半の動物学者も、古代大陸レムリアの断片だと考えた。レムリア大陸は花崗岩質のセイシェル諸島、おなじく結晶岩からなるロドリゲス島、そしておそらくセイロン島とモルディヴ諸島を含み、南洋州〔オーストラレーシア〕のセレベス島まで延びていたのである★。

降水

世界のうち、アフリカは平均して気象現象が最も規則正しい。原因は塊状の形姿と、赤道にまたがるその位置である。南北の回帰線に最も近い地方では、通年にわたり雨が降る。貿易風と反対貿易風が相殺しあうせいで、大気はしばしば静謐なので、局地的な水蒸気は遠くまで移動せずに凝固する。赤道の北、つまり北半球では、北緯一五度まで、雨季が二回の地帯が広がる。夏は、南半球からの貿易風が大西洋からぶあつい巨大な雨雲を運び込むため、

★ Alfred Russel Wallace, *The Malay Archipelago*, London: MacMillan, 1869; Oscar Peschel, *Neue Probleme der vergleichenden Erdkunde*, Leipzig: Duncker & Humblot, 1876.

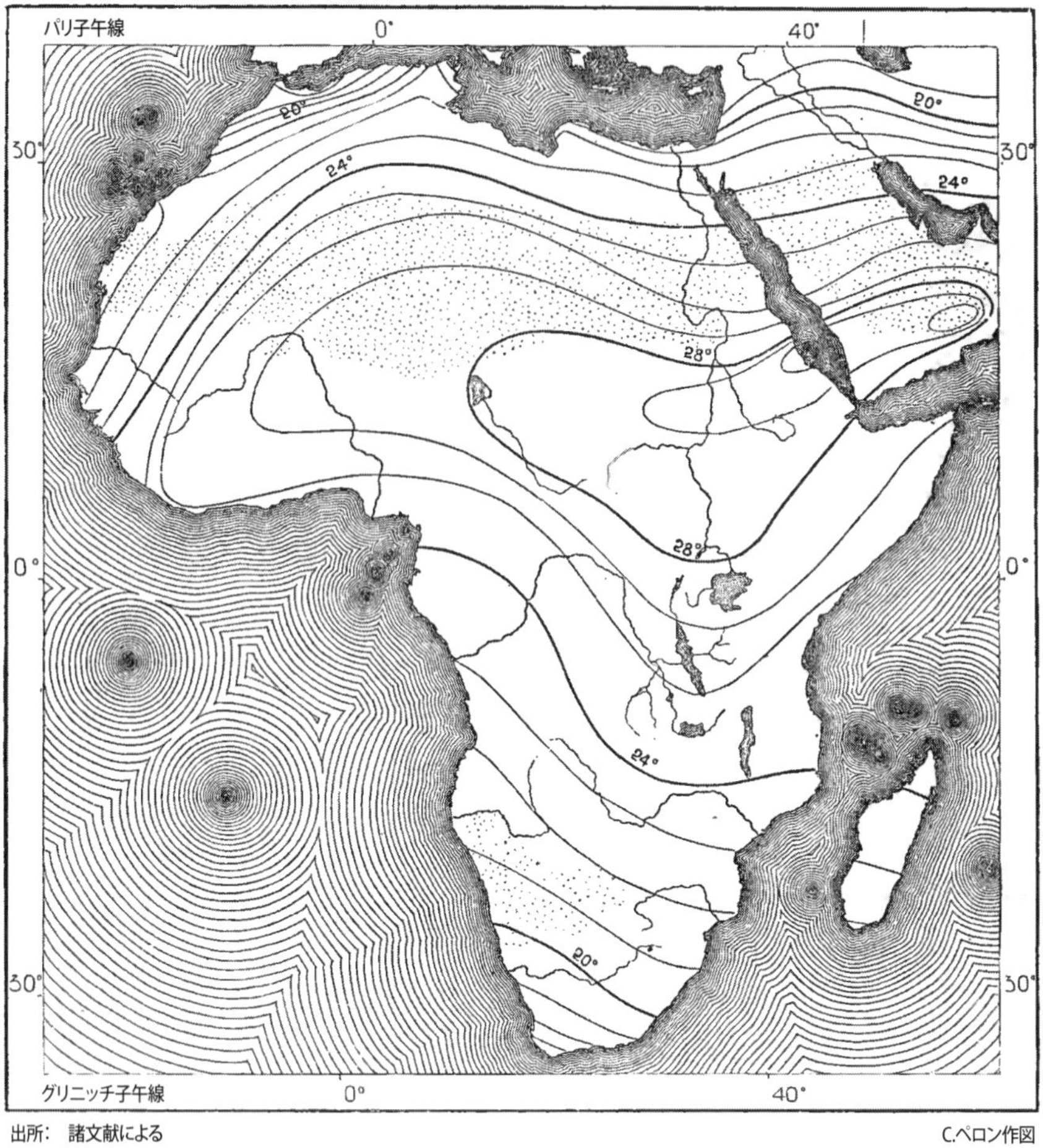

出所： 諸文献による

C.ペロン作図

図4　アフリカ大陸の等温線

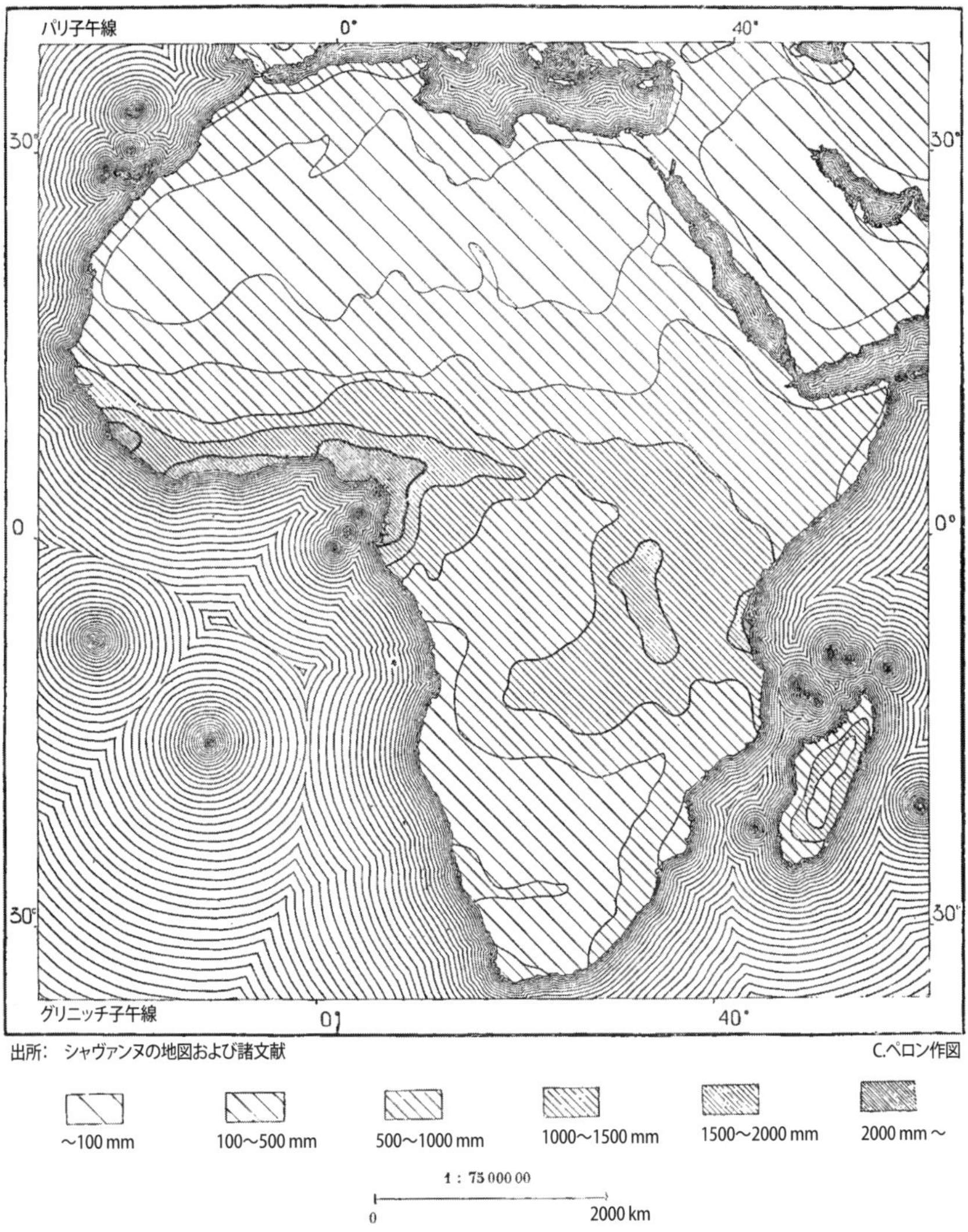

出所：シャヴァンヌの地図および諸文献
C.ペロン作図

図５　アフリカ大陸の降水量分布

豪雨になる。その半年後、北は冬に入るが、南は夏を迎えるので、こんどは北東の貿易風が南半球に入り込み、嵐の雲海を呼び寄せるのだ。熱帯はアフリカ大陸の七割を占めるが、その両側では、風の構制が違うため、降水量も対照的な結果になる。北半球では北東風、南半球では南西風が、一時的にわずかな偏向はあるにせよ、つねに尋常な方向に吹き続ける。両者は途次の水蒸気をすべて赤道方向に運んでしまうので、空は澄み、大地は干上がる。こうしてアフリカは岩や礫、泥灰土、粘土、砂からなる完全に不毛なふたつの圏域をそなえる。北がサハラとリビア沙漠、南がカラハリ沙漠ほかの無人地帯だ。マグリブ地方と喜望峰の地方［ケープ地方］では、風と雨が規則正しく交代し、気候は対称性をそなえる。どちらも亜熱帯の雨の地域に属し、南北の半球のそれぞれの冬に降雨がみられるからだ★。ゆえにアフリカは北から南にかけ、灰色の帯と、濃淡のある緑色の帯が交互に切り分ける。おそらく他の星の住民からは、われわれが木星の縞模様を眺めるのとおなじように映るだろう。これらは湿度が異なる帯域で、ところどころ等温線と一致しつつ、かなり規則的に大陸を横切るので、シャヴァンヌ氏は地図化することができた。アフリカは、幅の広い入海よりも、はるかにはっきりと沙漠に分断されている。住民の分布はほぼもっぱら気候帯に即し、つまりは雨と緑の量に比例する。

動植物の連続性

北アフリカは、地質や気候とおなじく、動植物においても、ヨーロッパとアジアの遷移地帯である。単一の塊のような大陸の外観は、生命現象には反映されない。キレナイカと、アトラス山脈の斜面からなるマグリブ地方沿岸はスペイン、プロヴァンス地方、イタリア、バルカン半島、小アジアおよびシリア沿岸とおなじ地中海性の植物区に属する。北回帰線に沿ってのびるサハラ圏はアフリカ大陸を横断し、アラビア半島をへてペルシャ湾、さらにはインド［英領インド］のバローチスターン地方沿岸、タール沙漠［大インド沙漠］、ラン島［カッチ大湿地］、カーティヤワル半島［カチャワル半島］にいたる。またイエメンとハドラモート地方の植物相はニグリシア［スーダン］に似る。狭いアラビア海［ママ、紅海］は、種子がアフリカから簡単に越えられるものだったのだ。

★ Josef Chavanne, *Afrika's Ströme und Flüsse*, Wien: Hartleben, 1883.

固有の植物相

アフリカに固有な植物区はスーダン地方と、赤道直下の諸地方である。これは大西洋からインド洋まで海から海へ、そしてサハラからカラハリの沙漠から沙漠まで広がるが、インドやスンダ列島といった酷暑の地はおろか、小アジアなどの多くの亜熱帯地方にくらべ、はるかに種が少ない。だが中央部のいくつかの地方には、極めて豊富に植物種がみられる。ナイル川とコンゴ川の分水界から遠くないジュール川の涵養する一帯がそうで、植物学者シュヴァインフルト［ドイツ人植物学者 Georg August Schweinfurth 一八三六―一九二五］は五か月で七〇〇種近くを採集した。ヨーロッパの最も豊かな地区でも、これだけ集めるのは不可能だろう。熱帯アフリカの大半は季節的な降雨のもとにあり、植物は長い乾季に耐えねばならない。このため、南米並みに繁茂する木本植物の相はまれで、ナイル川とコンゴ川のあいだの平地とか、おおいかぶさる緑陰が流れを隠すほど厚い河川のほとりや、内陸よりもはるかに湿潤なベナン湾の近傍に限られる。スーダン地方は、かなり広大なサバンナが占める。禾本科植物ほかの草本植物があまりに密生し、動物の入り込めない土地も、いくつか存在する。ナイル川湿地のスズメガヤ属の仲間は、茎が木質でないにもかかわらず、丈が六メートルを超え★、キリン［麒麟］が首を伸ばしたまま猟師から姿を隠せるほどだ。中央アフリカには種々の禾本科植物があるが、ヨーロッパの草原のように混じり合って育つことはなく、数百平方キロにわたり、たった一種だけが生育する。遠望すると巨大な茎の小麦畑に見間違えるが、植物学者は色や風にそよぐさまだけで種を見分ける★★。

特徴的な樹種

イバラ［茨］の類はスーダンの林では他地域にくらべ非常に多いが、伐採すると南アメリカのように簡単には森林が再生しないと言われる。黒人が放棄した土地は長いあいだ森林植生が回復しない。ヤシ［椰子］の種類も他の熱帯地方にくらべ少なく、アメリカ大陸とアジア大陸はいずれもアフリカの十倍以上の種をそなえる。ただしアフリカでは、卓越的な種の生育域がかなり広く、個体数も多い。他の赤道地方は、マラバール海岸に

★ Ferdinand Werne, *Expedition zur Entdeckung der Quellen des Weissen Nil*, Berlin: G. Reimer, 1848.

★★ Adalbet von Barnim und Robert Hartman, *Reise des Freiherrn Adalbet von Barnim durch Nordost Afrika*, Berlin: Georg Reimer, 1863.

せよ、セイロン島、カリブ海の沿岸にせよ、ヤシの林はめったにないが、スーダンでは幹が二股に分かれるエジプトドームヤシ［*hyphene thebaica*］や、幹が胴ぶくれするデレブ［オウギヤシ（扇椰子）*borassus flabelliformis*］が群生する。北サハラのオアシスになると、ナツメヤシ［棗椰子 *phœnix dactylifera*］も同様だ。数百平方キロにわたりヤシが占拠する土地は各地にある。スーダン地方は植物種が多く、それに比例したかたちで幹や葉、果実が異常なほど大きな樹種が豊富だ。幹の巨大さできわだつのがバオバブで、カボチャのような形［徳利形］に幹がふくれあがる。ノウゼンカズラ科の一種であるキゲリア［ソーセージノキ *Kigelia africana*］の実は長さ二フィートにも達する★。バショウ［芭蕉］の一種であるエンセーテ［*Ensete ventricosum*］が広げる葉は巨大で、植物界随一の面積である。アフリカ東部、ナイル川沿いでは、陽光による損傷を受けていない木はめったにみられない。たいていは幹の片側や枝、葉が干からびている。

ウェルウィッチア

こうした熱帯植物の地帯の南方、カラハリ沙漠の植物相はサハラに似るが、オアシスはなく、まれな涵養地帯にもヤシの樹陰はみられない。特徴的なのは、棘のあるアカシア［原文 acacias à épine。*Vachellia drepanolobium* などか］やミモザ類で、スーダン北部とおなじく、禾本科植物の種類はすこぶる豊富だ。カラハリ沙漠の北限近くの乏水地帯では、ウェルウィッチア［*Welwitschia mirabilis* だが、今日呼ぶところのカラハリ沙漠ではなく、西岸のナミブ沙漠北部に分布する］という奇妙な樹木がみられる。多くの旅行家がかたわらを通り過ぎても気づかなかったほど丈が低く、円錐をさかさまにした形で、直径一メートルもない節くれだった上面をみせ、そこから左右に二枚の子葉［ママ。本葉］を地上に伸ばす。子葉は革製の前掛けを裂いたような形で、長さ五メートルになることもあるが、それには何と百年を要する。

南アフリカの植物相

カラハリ沙漠［ナミブ沙漠］がだしぬけに熱帯地方を終わらせる西岸にくらべ、アフリカ東岸における植物の移り変わりはゆるやかである。東岸では北がリンポポ川流域、南がナタル川［不詳］流域を経て、変化がほとんど感じられぬままに遷移してゆく。モザンビークからの暖流が沿うインド洋岸では、ヤシの木の南限は大西洋岸よりも一六度南

★ Georg Schweinfurth, *Au cœur de l'Afrique*, Paris: Hachette, 1875.

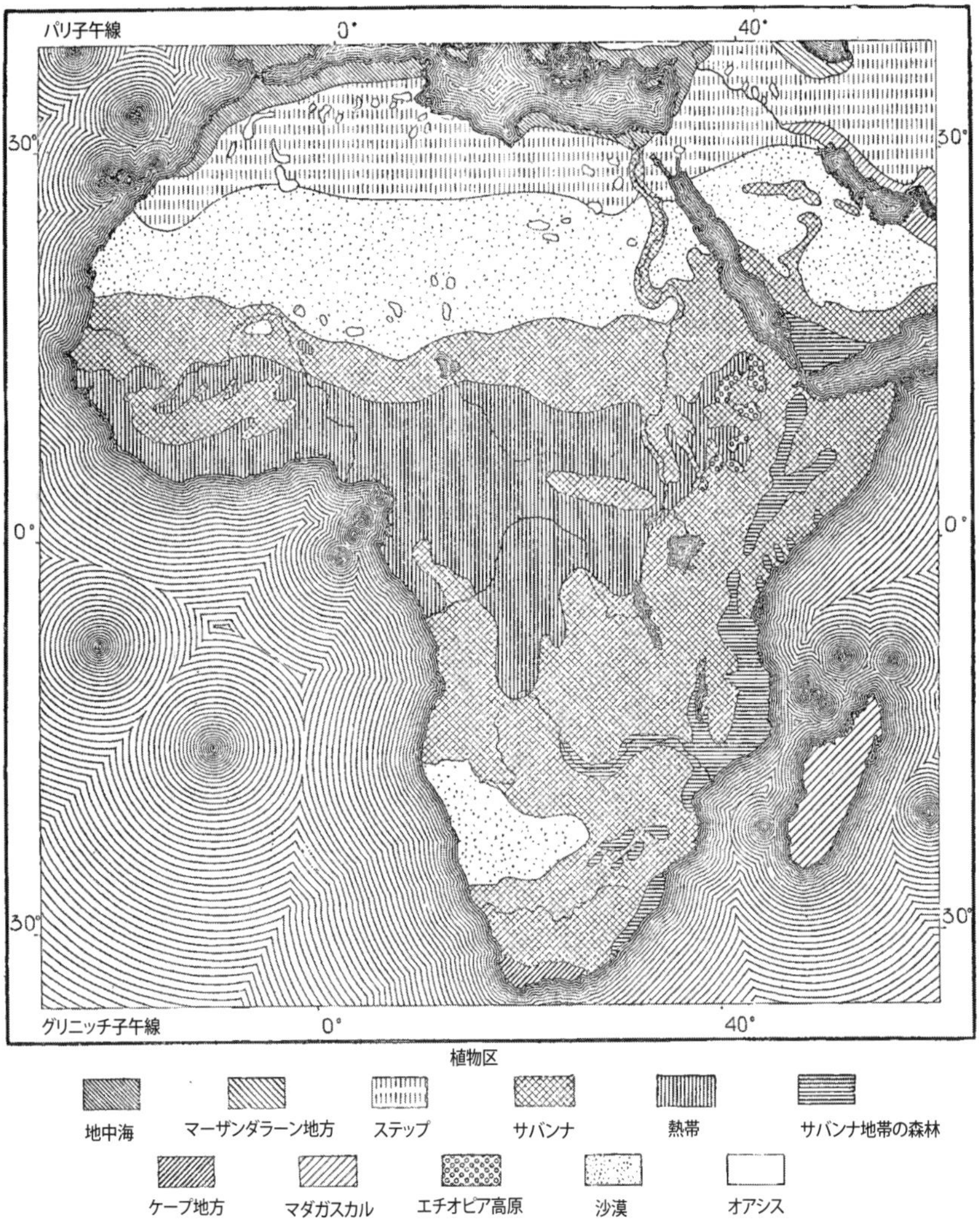

図6 アフリカ大陸の植物区

にある★。オレンジ川以南の南アフリカの植生は、形態的に他の地域とはっきり異なる。多雨地帯ではないし、地質の組成も変化にとぼしいが、にもかかわらずケープ地方の植生（おもに草地や藪、小灌木地）は、混在する種の多様さが世界独特である。この点では、ヨーロッパで最も豊かな地方でもくらべものにならない。高度に沿う帯状に、これほど多くの植物種がみられる山肌は他の箇所にない。まるで海に呑み込まれたもっと広い陸地の植物が、オレンジ川流域の北にある狭いケープ地方に避難してきたかのようだ。マダガスカル島の植物相は、まさに大半が古代レムリア大陸からのもので、四〇科以上の固有種がある。ヨーロッパ人やセム人によるアフリカ大陸の「発見」と侵略は、おびただしい新種の導入をもたらし、各地で在来種の駆逐、さらには絶滅にもいたった。だが、人間の介入なしに生息域を変えたらしい植物もみられる。パピルスがそうで、三千年前にはナイル川エジプト地方に特徴的な植物のひとつだったが、シュヴァインフルトによると、今はわずかに赤道近くの上流部でしか見いだされない。バラ色のハス［蓮 *nelumbium speciosum*］はかつて生命の源たるナイルと、土地を肥沃にする太陽、それを嘉する女神の象徴だったが、もはやエジプトの水域にはみられない。上エジプトの墳墓のミイラの首飾りには、ヒナゲシ［雛芥子、虞美人草］やヤグルマギク［矢車菊］など、今日では現地に自生しない花々が添えられている。異国の植物として庭園で育てられていた可能性もあるが、それでも、現在では生育しない土壌に植わっていたのである★★。

動物相

動物相のほうでは、アフリカには、植物相のように明瞭な区域が全然ない。動物は植物よりも容易に移動するので、気候条件が植物に課す限界を随所で踏み越えてきた。ただし、地中海性の植物区が動物にもあてはまるのは本当である。おなじくサハラ沙漠も、固有の動植物の区域をなす。だがスーダン地方の全域と、ケープ植民地の北に卓越する動物種は同一で、アフリカ南端からセネガル川の河畔まで、多くの哺乳類と鳥類が入り混じる。この一帯には、動物が旅する障壁になるほどの高原や、山岳が皆無だからだ。アフリカにおいて動物相を分離す

★ *Petermann's Mittheilungen*, 1858, carte no.7.

★★ Schweinfurth, *Nature*, jan. 31, 1884; François Lenormant, *Histoire ancienne de l'Orient jusqu'aux guerres médiques*, t.II, Paris: A. Lévy, 1869.

るのは山列の壁ではなく、だだっぴろい沙漠である。マスカレーニュ諸島〔マスカリン諸島とも〕や、とりわけマダガスカル島には固有種が多く、生命の独立した中心地だ。オヴァ人〔不詳〕やサカラヴァ人が住むこの大きな島には、他地域にはまったく見いだされない百種ほどの動物がいる。いっぽう、アラブ人やヨーロッパ人による移住と征服は、いくつかの動物の絶滅と引き換えに、新種を追加する結果になった。ラクダ〔駱駝〕は、いまは乾燥したサハラにおいて、それなしに横断する隊商を想像できぬ動物だが、導入されたのは有史以後である。古代エジプトの建築や、古代ベルベル人の「書かれた石」には、まったくその姿が描かれていないからだ。サハラはずっと沙漠だったわけではない。貴重ないくつかの碑銘は、フェッザーン地方からハウサ人の郷国にいたる旅程で筆頭の駄獣はウシ〔牛〕とゼブー〔コブウシ（瘤牛）〕であるというヘロドトス〔古代ギリシャ歴史家 Hérodote, Hērodotos 前四八五頃—前四二〇頃〕の記述を裏付ける★。いまでは人間のお供をするのは、少なくとも気候に順応できる地方では、犬や馬といったおなじみの動物だ。アメリカ人シャイエ＝ロング〔軍人、法律家、探検家、外交官、著作家 Charles Chaillé-Long 一八四二—一九一七〕が上ナイル地方の高地にあるウ・ガンダ〔ウガンダ。ただし本書でいうウ・ガンダは現ウガンダ共和国よりもかなり狭く、中南部にあったブガンダ王国を指す。なお接頭詞「ウ」は地方を表す。128頁註★〕の王宮に騎乗して姿をみせたとき、黒人たちはちょうどスペイン人騎士を目にしたメキシコ先住民とおなじ錯覚に陥った。すなわちケンタウロス〔ギリシャ神話における半人半馬の怪物〕だと思い込み、シャイエ＝ロングが馬から降りると、ふたつの生き物に分かれたというので、恐怖して逃げ散ったのである★★。アフリカの人口増加に最大の障碍はツェツェ〔tsétsé, *glossina morsitans*〕というちっぽけなハエ〔蝿〕で、刺されると牛馬、ラクダ、イヌにとり致命的だが、人間や仔牛、ヤギ〔山羊〕および野生動物には無害である〔この記述は不正確で、いわゆるアフリカ睡眠病は致死性がある〕。動物を刺すさいに炭疽を媒介するのではないかと考えられているが、当否は不明だ〔病原体トリパノソーマが確定するのは一九〇三年〕。ツェツェバエは南アフリカおよび中央アフリカのいくつかの地区で非常に一般的だが、バフル・アル・ガザール川★★★とスィンナール地方★★★★〔現スーダン東部〕が北限であり、アフ

★ H. Duveyrier, *Notes manuscrites*.
★★ Charles Chaillé-Long, "Ugunda and the White Nile", *Journal of the American Geographical Society of New York,* vol. VIII, 1878, *pp*.285-304.

リカ北西部では知られていない。おなじく双翅目であるドンデロボ〔ツェツェバエの一種かと思われるが不詳〕はキリマンジャロ山の南に生息し、ウシは大丈夫だが、ロバ〔驢馬〕やヤギ、ヒツジ〔羊〕に害を及ぼす★。

大型動物

諸大陸のうち最も重量感のあるアフリカ大陸は、動物も最大級で、ゾウ〔象〕や各種のサイ〔犀〕、カバ〔河馬〕、キリン〔麒麟〕といった強力な草食性の哺乳類が、禾本科植物や樹木の葉を食べて生育する。南米が植生により際立つのに対し、アフリカは動物種のおびただしさが特徴である。うちいくつかはまだ飼いならされていないし、他大陸の類似する仲間にくらべ、図体が大きい。ただしアフリカゾウは、頭部のこぶや耳の大きさをはじめとする身体的特徴がインドゾウと違い、もっと小柄で、気性も穏やかである。だがめったに飼いならされない。これを飼いならして軍用にしようとゴードン〔イギリス軍人、エジプト領スーダン・エクアトリア州総督（在任一八七七―一八七九）、同スーダン総督（在任一八八四―一八八五）Charles George Gordon 一八三三―一八八五〕は試みたが、成功しなかった。この点では、ヒンドゥーが保持し、またすでに古代人も知っていた秘法をヨーロッパ人は見出していない。デュヴェリエ氏〔フランス人探検家 Henri Duveyrier 一八四〇―一八九二〕によると、マグリブ地方の南、西サハラのワコレー人〔ソニンケ族〕といったアフリカ人部族も、このすべを心得ているらしい。アトラス山脈のライオン〔バーバリーライオン〕はバビロニア地方のものより獰猛だ。ゴリラはサル〔猿〕のうち最も力が強く、恐るべきものである。シマウマ〔縞馬〕は単蹄類のうち最も気性が荒い。アフリカのワニ〔鰐〕の図体には、アメリカのカイマンもヒンドスタンのガビアルも及ばない。そしてアフリカのダチョウ〔駝鳥〕は、走鳥類のうち最も攻撃力が大きい。アフリカ大陸は、種の豊富さと体格の大きさが筆頭なだけでなく、個体数も最多だ。中央部では、広大な平地に見渡すかぎり反芻動物の群れがみられ、リヴィングストン〔スコットランド人探検家、宣教師、医師 David Livingstone 一八一三―一八七三〕が語るには、手でもってアンテロープをかきわけて道をたどらねばならぬ

前頁★★★ Charles Thomas Wilson and Robert William Felkin, *Uganda and the Egyptian Sudan*, London: Sampson Low, Marston, Searle, & Rivington, 1882.

前頁★★★★ Robert Hartmann, *Naturgeschichtlichmedicinische Skizze der Nilländer,* Berlin: F. Schulze, 1865.

★ H. Duveyrier, *Notes manuscrites*. 〔本註は原著本文に該当番号が見当たらず、訳者の推定によりこの箇所に挿入する〕

ほどだった。だが絶滅的な狩猟により、すでにナイル川河畔や南部には多くの空白地が生じている。イギリスが年七〇〇トンの象牙を輸入すると、五万頭のゾウを殺さねばならないと算出されている★。マグリブ地方の小型のゾウや、インド洋のマスカレーニュ諸島のいくつかの動物種が姿を消したのと同様に、アフリカ大陸の動物種のいくつかは絶滅の脅威にさらされている。かつてサイ〔犀〕の生息域はモロッコ南西まで達していたのに★★。

★ *Afrique découverte et civilisée*, no.1, juillet 1879.
★★ Henri Duveyrier, “Sculptures antiques de la province marocaine de Soûs”, *Bulletin de la Société de Géographie de Paris*, août 1876, *pp*.129-146.

第三節　住民と沿革

アフリカの人口

今世紀前半のヨーロッパ人地理学者がリビュアの大陸を知っていたのは、人煙まれな沿岸の沙漠地帯にかぎられたので、沙漠の面積を大きく見積もりがちになり、地図上の空白もすべて無人だとみていた。このため、アフリカに住むのは五〇〇〇〜六〇〇〇万人、最大でも一億人と考えていたのである。だが以後になると、沿岸部のヨーロッパの植民地や領土では精確な統計が実施されるようになり、海港から遠くないいくつかの地方の人口が、大雑把にではあるが、合理的に推計できるようになった。また年代を経るごとに内陸を歩きまわる旅行家も増え、全般的な印象を持ち帰ったので、人口の粗密にしたがい各地方を分類できるにいたった。それによると、ベルギーなみに人口稠密な地方が存在するのであって、村落と村落がくっつきあって数リーグ〔一リーグは四キロ〕も伸びる地区もある。チャド湖およびディオリ・バ、すなわちニジェール川の流域と、サハラ沙漠南方のニグリシア地方〔ブラックアフリカ〕は全域がすこぶる稠密である。またアフリカ大湖沼とナイル川沿いのうち、シッルク人の郷国〔現南スーダン上ナイル州〕と、コンゴ川およびその主な支流群の一帯も同様だ。アフリカ大陸の総人口は少なくとも二億人と推定せねばならないが、一世紀近く前には、ピンカートン〔スコットランド人古代史家、地図作成家、古銭学者 John Pinkerton 一七五八―一八二六か〕やヴォルニー〔フランス人哲学者、東洋学者 Constantin François de Chassebœuf, comte de Volney 一七五七―一八二〇〕は三〇〇〇万人としかみていなかった。のちバルビ〔イタリア人地理学者、統計学者 Adriano Balbi 一七八二―一八四八〕は六〇〇〇万人という数値を得、これが長いあいだ最も蓋然的なものとして受け入れられた。しかしこれらの概数が前提にした仮説群は、旅行家たちの探査によって追い追い小さくなるだろう★。

人種

★ Behm & Wagner による 1882 年のアフリカの推定人口は 2 億 0582 万 3260 人。

アフリカはまるで全住民が狭義の黒人であるかのように、しばしば「暗黒大陸」の名で呼ばれる。黒人の典型は、赤道直下の大西洋岸の住民に類似するので、ブレド・アッ・スーダーンすなわち「ニグリシア」という呼称も、大陸全体に拡張しうるかもしれない。だが正真正銘の黒人は、おそらく総人口の過半におよぶにもせよ、土地の半分も占めない。北アフリカ、南アフリカ、東アフリカといったそれ以外の土地は、外貌がまったく異なる種々の民族や部族に属し、人種や、その下位集団ごとに合同している。アフリカの民、すなわち「ハム〔旧約聖書ノアの息子〕の息子たち」は、ベルベル人からホッテントット人〔コイコイ人〕にいたるまで、同一の基層からの末裔だとしばしば想定され、種々の違いは、いろいろな環境への適応により緩慢に生じたとされてきた★。だがこの仮説はまったく支持されない。本来的なものであれ、派生的なものであれ、アフリカ南北のさまざまな民族的な対照性は甚大だからである。黒人に限ってみても、内部の多様な集団の骨格や筋肉系統、容貌、肌の色合いは千差万別であり、言語の多様さもあいまって、相互の断絶はヨーロッパの白人種と東アジアの黄色人種のあいだにおとらない★★。身体面の類似性や、言語の類縁性をもとに民族学者たちが提示するいろいろな分類も、まだ便宜的かつ暫定的なものにすぎない。名称のほかはほとんど知られていない民も多く、あるときはこちら、あるときはあちらの集団に分類される。また、アフリカ各地で旅行家が採集する民族名や部族名、氏族名は混乱をきわめ、ときにお手上げの状態になる。まるきり別な二集団に同一名称が冠されることもあれば、同一の集団が、別の地図ではふたつの民に適用される別個の名称で呼ばれるといった具合なのだ。

ベルベル人

リビュアの大陸の地中海地方の住民は、地質史や地形、動植物とおなじく、他のアフリカと違う。基層をなすベルベル人(イマジゲンあるいはイモーハグ人)は、他のアフリカ人よりもはるかにヨーロッパの住民に似ている。いくつかの部族では青い目とブロンド、ないし栗色の頭髪の人物をみるのもまれではなく、しばしばヨーロッパ人による植民地の痕跡と考えられたが、明らかに誤りである。ベルベル人は原初のエジプト人の兄弟分である可

★ Antoine d'Abbadie; Robert Hartmann, *Les Peuples de l'Afrique*, Paris: Germer Baillière et Cie, 1880.

★★ H. Duveyrier, *Notes manuscrites*.

能性が高く、先史時代には、地中海の両岸でひとつの同一な民族的基層が、南ヨーロッパとベルベル地方沿岸に落ち着いた可能性すらある。両者の動植物と同様に、住民も、部分的に共通の出自なのかもしれないからだ。マグリブ地方の南でも、ベルベル人はオアシスや、沙漠のまんなかの山岳の谷筋に住んでおり、サハラ以南のセネガル川右岸に暮らすのに「ムーア人」と呼ばれる部族さえある。ベルベル人内部の多くの民、すなわちイモーハグ人や、アハガル地方とアッジャール地方［タッシリ・ナジェール地方］のトゥアレグ人、そして主にモロッコに分布するカビル人、すなわち「部族の民」は純系らしいが、平地部とくに都市では無限に混交が進み、千差万別に変化した混血の住民が暮らし、その名称も種々雑多である。ヨーロッパのアンダルシア人、ムルシア人、バレンシア人、アルガルヴェ人に「ムーア」の血［遺伝形質］がいまも流れているのと同様に、アフリカ大陸ではフェニキア人、ローマ人、ヴァンダル人、スペイン人、プロヴァンス人、イタリア人、フランス人が、奴隷であれ、はたまた征服者としてであれ、通り過ぎて行った痕跡を残している。それ以外にも、サハラ沙漠の黒人系の原住民族と、サハラ以南からマグリブ各地に輸入された黒人が、ベルベル系部族と多様な混交をとげた。東から到来し「アラブ」と呼ばれた征服民は、シリア人やあらゆる出自のオリエント系との混血で、すでに大きく撹拌されていたベルベル人種に対し、あらたな諸要素を追加したのである。ヨーロッパ人はこの「アラブ人」という名称を大半のマグリブ住民に冠するに至っているが、本来は、家系は少々怪しいにもせよ、言語と征服の伝統、そして信教をともにする人々にのみ用いるべきものだ。

エジプト人

ナイル川流域でも人種はすこぶる混交しているが、トルコ人のせいで、ヨーロッパ人の要素は非常に小さな役割にとどまるいっぽう、アラブ人ほかのセム系要素が、北東アフリカの多くの住民の形成に卓越的な役割を果たした。多くの歴史家が、エジプト人と、瀑流地方よりも上流の沿岸住民との原初の出自は絶対的に違うと見なしたがったのは、文明史上にあれほど注目すべき三州のエジプト人をセム系、すなわちアーリア系に分類するか、あるいはまったく別個の人種と考えるべきだと思われたせいである。そこで歴史家たちは、下ナイル地方の古代エジプト住民だったレト

挿画 II　典型と衣服　ヌビア人の女性たち
D. エロン氏の寄せた一葉の写真をもとに、ヴイエ筆

ゥ人（ロトゥ人）を原セム系の基層に結び付け、アラブ人もこの後裔であるとの説を立てた★。言語学に依拠するこうした主張は必ずしも絶対的に正しいわけではないが、古代エジプト語やガッラ語［以下オロモ語］、ベルベル語★★を含む「ハム語族」の構造が、セム系諸語との遠い類縁性をもつことは、一般に認められている。だが、古代エジプト語とその現在の派生語であるコプト語と最も確実に類縁なのは、ベルベル諸語である★★★。レトゥ人の典型は、時のなかでのあらゆる混交や変化にもかかわらず、現代のファッラーフ［エジプト人農民。フェッラーフとも］に再現されているが、全然セム系ではない。ただし内陸の黒人とも結びつかないのであって、おそらくシャンポリオン［ロゼッタ・ストーンを解読したフランス人古代エジプト学者 Jean-François Champollion, *dit* Champollion le jeune 一七九〇—一八三二］がすでに注目したように、多くのエジプト人はヌビア地方のバラーブラ人に似ている。ところがバラーブラ人じたい、ベジャ人とほとんど変わりがない★★★★。ナイル川を遡上する旅行家は、北部のエジプト人農民の典型が、それと気づかぬほど遷移しつつ、南部の住民に似通ってゆくことを認めるが、これは人種間の混交における必然的な現象だ。通婚や移住、征服、奴隷の運送、食餌、もろもろの社会条件が原初の典型を千差万別に変容したのであり、混血の民を形成することもあれば、隣接する民のあいだに身長や肌の色、習俗、言語、政体など、さまざまな対照性をもたらすこともあった。

黒人およびエチオピア人

アフリカ大湖沼とナイル川の西側上流の支流の地方に住むフンジ人、シッルク人、バリ人、ディンカ人は、本来の「黒人」の代表的存在である。お定まりのてらてらした黒い肌、ぶあつい唇、突き出した顎、扁平な顔面、ぺしゃんこの鼻梁と広い鼻孔、縮れ毛は、アフリカ人すべてに天賦のものと想像しがちだが、大多数の黒人はこのイメージからほど遠いものである。ニアムニアム人［ザンデ族ないしアザンデ族］の南、上ナイルの流域とコンゴ川流域のあいだに暮らすマングベトゥ人は明るい肌できわだち、あごひげは濃

★ De Rougé; Ebers; Maspeco.

★★ Fred. Müller; Fr. Lenormant, *Histoire ancienne des peuples de l'Orient* [Lenormant, *op.cit.*?]; Robert Needham Cust, *A Sketch of the modern languages of Africa*, London: Trübner, 1883.

★★★ Ernest Renan, *Histoire générale et système comparé des langues sémitiques*, Paris: L'imprimerie Impériale, 1863; H. Duveyrier, *Notes manuscrites*.

★★★★ Hartmann, *op.cit.*

く、鼻梁はまっすぐか鉤鼻で、灰色がかった金髪の人物をみかけることも多い。シュヴァインフルトは、こうした金髪の黒人の割合はマングベトゥ人のばあい二〇人にひとりを上回ると見積もっている。おそらく肉食の生活（人肉を含む）は、こうした先住民の肌が相対的に明るいことに寄与していると思われる。というのも、アントワーヌ＝ダバディ［バスク人探検家、地理学者、民族学者、言語学者、天文学者 Antoine Thomson d'Abbadie d'Arrast 一八一〇―一八九七］によるエチオピアの諸部族の観察は、多くの旅行家の補強するところとなり、肉を摂取する住民は、暑い平地に住んでいるばあいでも、もっと高い標高の山岳地方の高原や斜面に暮らして穀物を摂取する人々よりも、はるかに肌の色が明るいことが確認されている［ルクリュは食生活が原因で肌の色素に変化がおよぶという説を採るが、北方由来の遺伝形質をもつ人種が肉食に傾斜するという逆の論理もありうる］。劇場などで伝統的に通俗化されてきた典型に最も近い黒人は、大西洋岸に暮らす人々だ。彼らの部族社会ほど奴隷交易が食い荒らしたところはなく、主人つまり白人が奴隷に向けた憎しみは、醜悪さの典型像を生んだが、その大部分は幻想である。

黒人種に関する医学的所見

生理学者たちによると、黒人の血は白人よりも高濃度だが、赤みはより薄く、凝固速度はより大きく、脈はもっとゆっくりしているとされる。アジアの黄色人種とおなじく、ヨーロッパ人よりも痛みに鈍感で、外科手術によく耐え、外傷による発熱のおそれも少ない［痛みに対する反応差があるからといって、痛覚に生理学的な違いがあるとは限らない］。神経はヨーロッパ人ほどこまやかではなく、震えたりはしない。ヨーロッパで猛威を振るういくつかの疾病は知られていないか、あるいは少なくともアフリカ大陸では頻度が小さい。がん［癌］、尿路結石、クループ性喉頭炎、虫歯、マラリア、チフスはまったく黒人のあいだにみられない。だが胆石や皮膚病を患う者は多い。破傷風は黒人にとり恐るべきものであるほか、少しでも違う風土のもとでは、肺疾患に見舞われる。プランテーション農園のように白人と黒人が隣り合って生活する場所では、伝染病の死亡率に差がみられる。黄熱病は白人をなぎ倒すが、コレラではアフリカ人がやられる。また黒人種にとっては望郷病《ノスタルジア》も致死性が高い病気のひとつだ★。いかに多くの奴隷が、かつて母があやしてくれた故国の方角に目を向けて死んでいったことか。

バントゥー系民族ほか

アフリカ大陸のうち南半球にある部分はとくにバントゥー系諸民族が占め、すでにリヒテンシュタイン［ドイツ人医師、探検家、動物学者、植物学者 Martin Hinrich Carl Lichtenstein 一七八〇―一八五七］が今世紀初めに認めたように、同一の基層から派生した諸語を話す。ナタール地方とケープ植民地のカフル人は、この愛すべき民族のうち最も美貌で、毅然とした物腰といい、優美な所作といい、ナイル川地方のバラーブラ人に何ら遜色ない。ところが、この堂々たるアフリカ人のすぐ近くには、高貴さにおいて大きく劣るまったく違う先住民も見出される。それはコイコイ人ないしホッテントット人［以下、コイコイ人］で、黄ばんだ肌、洋梨のような体格で、背が低く、筋肉の発達もすこぶる小さい。バントゥー系からは、中国人とアーリア人ほども異なっており、おそらく征服された民族で、侵略者たちによりだんだん大陸の南に押しやられたのであろう。この仮説がさらに適合するように思われるのが「ピグミー」と呼ばれるもろもろの民で、大陸各地に散在する。オランダ人がボッシェスマネンすなわち「叢地のひとびと」、イギリス人がブッシュマンと呼ぶ南アフリカのサン人や、カッファ地方［エチオピア南西部］のドッコ人［バスケト人］、ウエレ川沿いのアカ人ないしティキティキ人、オゴウェ川河畔に暮らすオボンゴ人［不詳。あるいはバカ・ピグミーか］がそうである。人類学者たちはこれらの小柄な民、とりわけブッシュマンに関する言説において、アフリカはゴリラやチンパンジーといった大型類人猿の大陸であるだけでなく、最も猿に近い人類の大陸でもあるとみてきた。霊長類のふたつの分類目のあいだの推移がこれほど僅少な場所は世界にない、というのである［現在ではヒトはサル目に分類される］。そしてこれらの小柄な人々は、もっと強力な民族に領域支配を奪い取られた原住民族のかすかな名残だと考えている★。いっぽうマダガスカル島の住民は、アフリカ人とのつながりが小さく、部分的にはマレー系の出自であり、動植物とおなじく、同島の地理学的独立性を示している。ただしコモロ諸島の言語は

前頁★ Arthur Bordier, *Géographie médicale*, Paris: C. Reinwald, 1884.［当時は医学的疾患とされた］

★ Oscar Lenz, *Skizzen aus Westafrika*, Berlin: A. Hofmann & Co., 1878; Robert Hartmann, *Die Völker Afrikas*, Leipzig: F. A. Brockhaus, 1879.

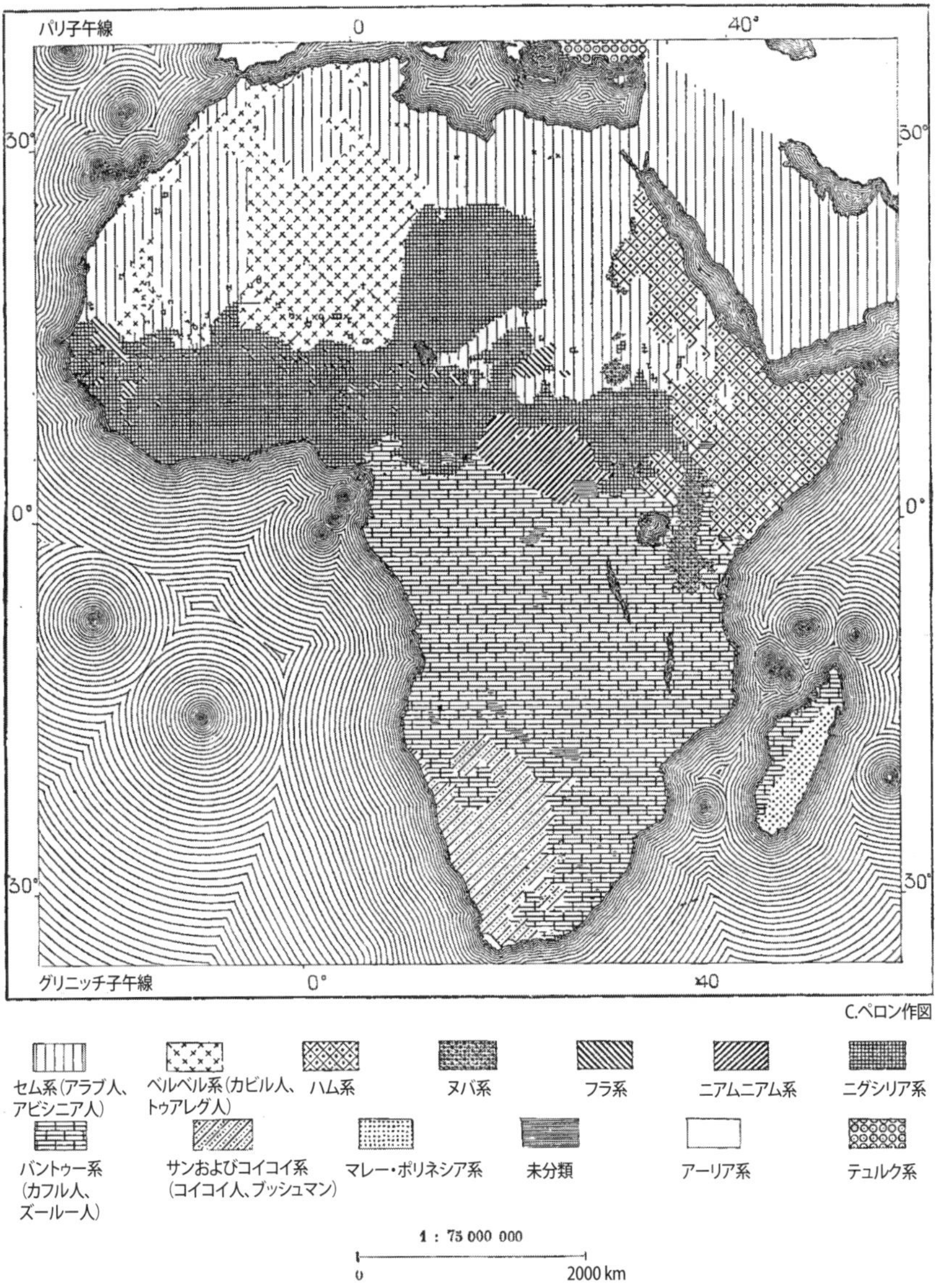
パリ子午線
0
40°
30°
30°
0°
0°
30°
30°
グリニッチ子午線
0°
40
C.ペロン作図
セム系（アラブ人、アビシニア人）
ベルベル系（カビル人、トゥアレグ人）
ハム系
ヌバ系
フラ系
ニアムニアム系
ニグシリア系
バントゥー系（カフル人、ズールー人）
サンおよびコイコイ系（コイコイ人、ブッシュマン）
マレー・ポリネシア系
未分類
アーリア系
テュルク系
1 : 75 000 000
0
2000 km

図7　アフリカの諸言語

アフリカ系である。

エジプト文明とヨーロッパ

歴史家たちは人種的なおごりから十分に脱却せぬまま、アフリカ人は文明のいわば総体的な営みに対し、なんら資するところがなかったという、広く人口に膾炙する偏見を生み出した。すぐに思い浮かぶのは、ダホメーの王が「大いなるしきたり」を祝うにあたり、大量の人間の喉を掻き切って血の池を満たすという話や、マングベトゥ人の大軍が戦さに際し歯をむきだし、「肉だ！肉だ！」と絶叫しながら殺到する情景である。だが身の毛もよだつこうした絵柄は、アフリカ史の縮図ではない。その正反対に、われわれ自身の進歩についての研究は、すぐれてアフリカの地であるナイル川流域にわれわれを立ち戻らせるのではないだろうか。まさにヨーロッパ的な文化が生まれたギリシャの英雄時代のはるかに以前を、何世紀もさかのぼれば、ピラミッドがそびえ、ナイル川が退いた沃地を最初の犂が耕した時点に至るからだ。最古の精確な歴史文書が見いだされるのはエジプトである。この大河のほとりの住民が文明の先手を称する権利はすでに確立していたのであり、古代ギリシャ人自身も、ナイル川の土地を人類共通のゆりかごとみなした。われわれ〔西洋人〕の知的淵源にさかのぼる民を構成した様々な要素のうち、どれほどなのかは別にしても、その民の文明がアフリカを起源とするのは確実である。それは乾燥した岩山地帯と、さらに乾燥した沙漠地帯のあいだの、狭いながらも豊かなナイル河谷で生まれたものだ。大陸の深奥から流れ出るこの大河は、旧世界各地との交易と、相互に対する影響を樹立した。西方の北アフリカは、とくにラクダ〔駱駝〕がアフリカ大陸に導入される以前には、仲介機能がほぼ皆無だった。人口稠密な〔歴史的〕スーダンとは巨大な沙漠により隔てられていたからである。

アフリカ起源の作物と家畜

アフリカ人ははるか昔から、エジプト以外の土地でさえ、自然に対する人類の征服に、家畜の飼育や農耕でもって一翼を担ってきた。多くの貴重な植物や家畜は彼らに負うものである。アフリカ大陸から到来したのがモロコシ〔蜀黍〕で、現地では「ドゥッラ」と呼ばれるが、ナイル河畔からオーストラリア大陸沿岸まで栽培され、穀物としての経済的重要性はコムギ〔小麦〕やコメ〔米〕と肩を並べる。アフリカはもうひとつの主食であるナツメヤシもわれわれに与えた。自生していたこのヤシの習性を最初に研究し、雌株の受粉を学んだのは、たぶんベルベル人か〔歴史的〕スーダン人であろう。またシュヴァインフルトによれば、植物学者にムサ・エンセーテ★の名で知られるエチオピアのバショウ〔芭蕉〕は、アメリカ大陸の各国で果実〔ママ、茎や葉のでんぷんがパン原料になる〕がパンになる数百の栽培種の原種だ。モロコシ、ナツメヤシ、エンセーテはいずれも人類の食生活にとり第一級の効用をそなえるが、さらに第四として、カッファという木本植物〔コーヒーノキ〕が付け加わる。その漿果は活力を与え、精妙な芳香を放つ素晴らしい作物とみなす者は、人類の三分の一におよぶ。文明世界はいくつかの家畜もアフリカに負う。数種のイヌ〔犬〕、ネコ〔猫〕、スィンナール地方のブタ〔豚〕、シロイタチ〔白鼬、フェレット〕はアフリカ人が家畜化し、人間のお供をするようになった。ヤギ〔山羊〕やヒツジ〔羊〕、ウシ〔牛〕もおそらく黒人が手なずけたのである。疲れ知らずの召使であるロバ〔驢馬〕がアフリカ由来なのは確実だ。最近でも、ポルトガル人がアフリカで手に入れたホロホロチョウは、以前にはギリシャ人やローマ人がアフリカから得たもので、ヨーロッパでは中世にほぼ野生に戻り、失われていた家畜なのである。

アフリカ起源の工業

アフリカは工業面でも人類の共通財産に一定の貢献をなした。エジプトの歴史建造物や道路、運河や堰堤事業、豊かな布地、家具や宝飾品、木工品や金属細工、また墳墓から発掘された大量の品々は、レトゥ人のみならず、近傍の文明化したセム系アフリカ人の作である。古代エジプトの工芸には、ヌビアやアビシニア、さらにはスーダンにも見いだされる形がしばしば認められる★★。鉄の熔解と鍛鉄という最も有用な治金術は、小アジアのカリボイ人とならんで、ニグリシア地方の住民のあいだに誕生した★★★。また河川地方〔現南スーダン共和国の白ナイル川以西。本書二章三節〕のボンゴ人をはじめ、いくつか

★（訳注）原文 “*musa ensete*” ムサはアラビア語のバナナ（マウズ mauz）に由来する。現在は単にエンセーテ *Ensete ventricosum*。*Cf.* 石川博樹「16 ～ 18 世紀のエチオピアにおけるエンセーテ栽培に関する史料訳注」アジア・アフリカ言語文化研究 No.84、2012、*p.*172 註 17。なお姿は本書挿画 X にある。

★★ Hartmann, *Die Völker Afrikas*, *op.cit.*

★★★ Gabriel de Mortillet, “Sur les origines de fer”, *Bulletins de la Société d’anthropologie de Paris*, 1877, vol.12, no.1, *pp.*338-342; Hamy, *Congrès du Havre*, 1er sept. 1877.

の未開部族はすこぶる精妙な炉をしつらえる。器具こそ大半は原始的だが、溶鉱工や鍛冶師の手際はすばらしい。オゴウェ川地方のファン人が製する鉄は、ヨーロッパの工場も及ばぬ優品だ★。だがアフリカの部族の大半で鍛冶師は特殊なカーストであり、魔術を心得ているとしてはなはだ怖れられる。エチオピアのスィンナール地方では、鍛冶師は夜になるとハイエナほかの猛獣に変身し、村外れをうろついて死体を掘り起こすと非難される。

交易

こうしたわけで、農工の両面にわたりアフリカ人は文明史に役割をもった。だが世界交易における彼らの直接的な影響は、エジプトとマグリブ地方、すなわち地中海岸にしか看取されなかった。交易流動はアフリカ大陸の端から端まで及んだが、速度が低く、幾多の仲介を経るものだった。交易は一個の定常的な流れに成立せず、近場をつなぐもので、部分的な逆流の動きさえあった。それはちょうど水中の分子が少しづつ混じり合う際に、何ら目に見える水の動きがないのとおなじだったのである。中央アフリカの産物がヨーロッパに届いても、消費者は産地を知ることがなかった。またニジェール川の沿岸住民が、マンチェスターの糸やバーミンガムの釘を購入はしても、目の前の大河が海に注ぎ、自分たちの大陸の外側に他の世界があることは、まったく知らぬままだった★★。だが、大陸内部の交易が数千年前からすこぶる盛んだったのは間違いない。ごく最近にいたるまで、隊商は聖なるもので、不可侵であり、干戈を交える両軍のあいだでも危険なく通行できた★★★。マグリブ地方や上ナイル、〔歴史的〕スーダンの多くの部族には、ユダヤ人やアルメニア人のような商人気質がみられる。どの商売人も明敏かつ吝嗇で、底なしの気遣いの良さという、商人カーストに必須の長所をそなえるのだ。いつとも知れぬ昔から、モルディヴ諸島のカウリ〔caouri, *cyprea moneta* キイロダカラ（黄色宝）。本シリーズ『インドおよびインドシナ』五九一頁および五九五頁に原産地の記述がある〕は西アフリカ方面まで浸透し、ドゥッラ〔モロコシ〕ほかの種子による交換手段を代替している。流入するのはカル

★ A. Wörmann, *Mittheilungen der Geographischen Gesellschaft in Hamburg*, 1880-1881.

★★ Winwood Reade, *The Martyrdom of Man*, London: Trübner, 1872.

★★★ Antoine d'Abbadie; Raymond Thomassy, "Caravanes de l'Afrique septentrionale", *Bulletins de la Société de de Géographie de Paris*, sept. 1843, *pp*.141-159.

挿画 III　典型と衣服　コロスコのビシャリ人ゴム商人たち
D. エロン氏が寄せた一葉の写真をもとに、ロンジャ筆

カッタ［現コルカタ］やロンドン経由、あるいはベナン湾のザンジバル経由で、そこからチャド湖の市場に仕向けられる★。だが大半の民はもはやこの貝を装飾品に用いるのみだ。マリア・テレジア銀貨などの貿易銀は、ヨーロッパ人旅行家に先んじて知られざる内陸諸地方に入り込んでいる。しかし以前から貨幣を知り、鋳造さえしたボンゴ人のような民も存在する★★。オゴウェ川地方のファン人は食料とひきかえに長さ一〇センチほどの鉄片を差し出すが、立派な通用力をそなえる。だが、海上交易にアフリカ人が果たした役割はほとんどない。インドからヨーロッパへの途次に位置するアレクサンドリアは、本質的に大陸間の港なので、これを除外すると、アフリカ大陸で取扱量が大きくなり得たのは、ヨーロッパの方向に突き出す半島にあったフェニキア人の植民地、カルタゴ［チュニス近郊］に限られる。アフリカ沿岸には海の民もめったにいない。大陸東端のソマリ人や、大西洋岸のクラー人ないしクルメン人［以下クルメン人］がそう呼ばれたりするが、前者は貿易風の方向しだいでどちらかの岸辺に押し流されるアデン海峡をめったに越えず、クルメン人も、末無し川や三角江の近くまでしか漕ぎ出さない。

イスラームの普及

カルタゴの転落と、エジプト文明の衰退後のアフリカ史で最大の出来事は、イスラーム勢力の侵略だった。ムハンマドの伝道師たちによる熱心な宣教が、最も多くの信者を獲得したのが暗黒大陸である。統一と、神の全能性と正しさのみを語る簡明な神学と、まずもって祈祷と、魂の清浄を象徴する身体の清潔さを求める戒律、さらに使徒たちの熱誠と、勝利者としての威光は、エジプト人、ビシャリ人、ベルベル人、そして黒人を魅了した。世紀を経るごとにムスリムの領域は広がり、今日ではスエズ地峡からニジェール川源流、さらにベナン湾まで、大陸の半分近くにいたる。征服初期の数世紀には、イスラームはビザンツ帝国から移ってきた諸科学をともなったこととて、エジプトとマグリブ地方をいわば再活性化し、あらたな文明期をもたらした。モロッコはムスリム化したスペインへの中継地になり、その隊商は、ニジェール川沿いのトンブクトゥを、商業と知的運動の都市た

★ John E. Hertz, *Mittheilungen der Geographischen Gesellschaft in Hamburg*, 1880-1881.
★★ Schweinfurth, *Au cœur de l'Afrique*, *op.cit.*

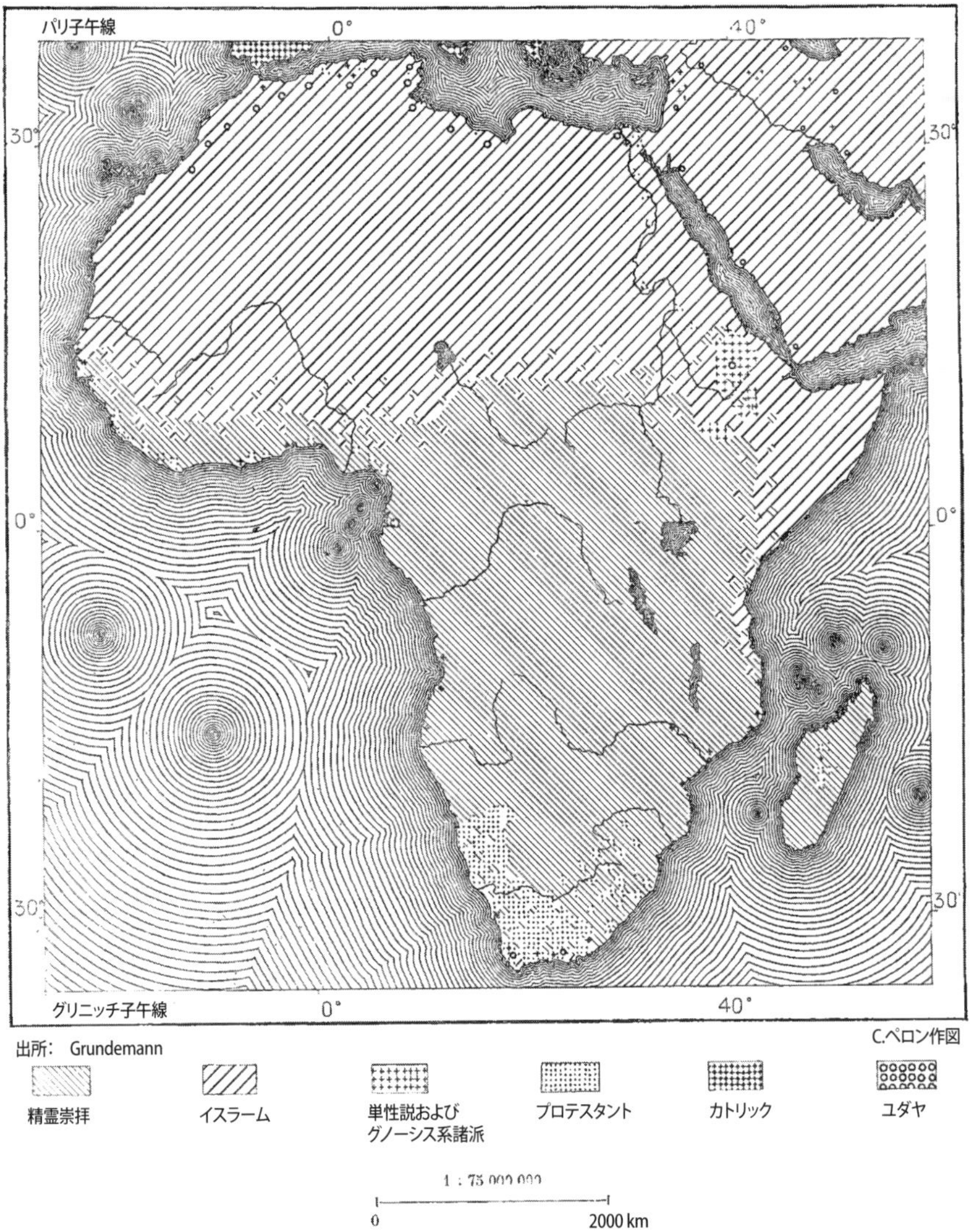

図8　アフリカの宗教分布

らしめたのである。ニグリシア地方［ブラックアフリカ］でのイスラームの広がりは、政治、社会面の大きな変容と軌を一にした。数百の部族が間断ない戦乱のもとにあった諸地方に大型国家群が樹立され、習俗は穏和になり、反目してきた諸民族のあいだに、ひとつの連帯感が生まれた。イスラームは、他の信教を奉じる住民のただなかに信者が散在し、無人地帯や海峡により分断されるヨーロッパやアジアにくらべ、アフリカ大陸に最も強い物理的な凝集性をそなえる。紅海から大西洋まで、ヨーロッパに等しい広さのひとまとまりの空間がイスラームに帰依し、その教条により、アラブ人の諸観念や習俗、習慣、言語が広まりつつある。現在はキリスト教が、イスラームの宣教の向こうを張ってアフリカの民を獲得しようと試みており、プロテスタントは南アフリカをはじめ、一定の成功をおさめている。しかし、イスラームにくらべキリスト教には大きな不利がある。それは改宗者の兄弟を称することを、比喩的にしかできないからだ。「善き知らせの使者［プロテスタント伝道師］」は自分の娘を、たとえキリスト教に改宗した者にさえ、現地住民に嫁がせない。白人として、黒人の血との混交によるけがれを忌避するからであって、別人種にして別カーストにとどまり続けるのである★。

聖戦運動

イスラームの勝利により、信仰の地になったアフリカは、聖戦を布告するほど強力な予言者たちも生んだ。前世紀の末に共和政の軍隊［ナポレオンによるエジプト遠征］がエジプトを侵略するや否や、ひとりのマフディー、すなわち古えの予言が説く「導かれた者」が、外国人の根絶を同宗者たちに呼びかけた。近年にも別のマフディーたちが、西ではセネガル地方のフランス人、東ではエジプトのトルコ人とイギリス人に対し、諸部族を決起させた。北のアルジェリアやトリポリタニア［現リビア］諸地方では、サヌーシー教団が密使を仕立て、モスクからモスクを訪れ、不信心者に対する憎悪を涵養している★★。メッカで最もしばしば恍惚のトランス状態におちいる篤信の巡礼は、タクルール人ないしタカリル人［テクルール人とも呼ばれ、現在はセネガル川下流に

★ Wilfrid Scawen Blunt, *Fortnightly Review*, 1881. [compiled and published later as *The future of Islam*, London: Kegan Paul, Trench & Co., 1882]

★★ Henri Duveyrier, *La Confrérie musulmane de Sîdi Mohammed ben 'Ali es-Senoûsî*, Paris: Société de Géographie, 1884.

暮らす民の歴史的呼称］である。「タクルール」は一般には西アフリカの黒人住民の謂いと理解されているが、より限定的には、ワダイ地方からボルヌー地方にかけての部族民と★、エチオピア北西のメテンマ地方の住民を指す。苦難の旅をものともせず、毎年数千人のタクルール人がこの聖なる巡礼に参加する。だが西アフリカのイスラーム宣教は、アフリカ大陸における最大の文明語である預言者の言葉［アラビア語］が用いられるにもかかわらず、種々の部族の黒人が担う。彼らは商人や手工業者として、ガンビア川沿いの部族のあいだを渡り歩き、アシャンティ人の国［現ガーナ内陸にあったアシャンティ王国］やダホメー、黄金海岸［ギニア湾一帯］、ベナン湾にも姿をみせる。ごく最近に改宗した黒人のムスリム商人の大半は、自分が収奪する気の毒な相手を何ら勧誘する気にならないにもかかわらず、東アフリカでも、インド洋沿岸の布教活動ははなはだ盛んである。相手が異教徒であれば心置きなく憎み、盗む権利を得るからで、改宗させれば兄弟として遇する義務が生じるのだ。だが「清浄な手★★」によらずに屠られた動物の肉を口にする危険を避けるためだけにもせよ、これらの布教者が相手を斎戒させれば、それだけでムスリムの聖なる軍勢の一員を自称できるのであって、イスラーム勢力は拡大してゆく。そもそも、コーランの教えを心底から奉じ、奴隷の解放に努める篤信のムスリムには事欠かない。フェルキン［イギリス人医師、探検家、著作家 Robert William Felkin 一八五三―一九二六］が語るには、バフル・アル・ガザール州のある商人の息子は、父の死にともない、数百人の黒人奴隷の主人になると、すぐに彼らを解放したという。

奴隷制

だがキリスト教徒商人とともに、アラブ人商人にとっても人間は、象牙や綿織物、ラッカセイ［落花生］、パーム油とはくらべものにならない大事な取扱品目のひとつだった。気の毒なことに黒人は、召使としては最も従順かつ主人思いである。人類学者はニグリシア地方の住民を白人に比較し、典型は本質的に女性的だと主張してきた。全般に黒人の声はやさしく、髭は薄く、きゃしゃな関節で、指は長く、爪はピンク色、肌はなめらかで、筋骨は丸みをおびる★★★。体力はともかく、歩き方や動作も女性全般に似ているのである。臆病だが好奇心は強く、

★ Cheykh Mohammed Ebn-Omar El-Tounsy, *Voyage au Darfour*, Paris: Benjamin Duprat, 1845.
★★ John Hanning Speke, *Journal of the Discovery of the Source of the Nile*, New York: Harper & Bros, 1864.

媚を売るが嫉妬深く、おしゃべりで、いろいろな内緒話が好きで、惚れっぽいが拗ねてみせ、仲直りしやすい。黒人はまた多くの女性とおなじく、言いつけに従い、自分を抑圧し軽蔑する相手のために身を捧げることをもって善しとする大きな欠点がある。事実、太古の昔から黒人は奴隷のうち最も珍重され、捕らえたアフリカ黒人を随伴することは、ヨーロッパやアジアの君侯に対する貢物あるいは贈り物として、最も歓迎されたのである。暗黒大陸の内部では、奴隷制を保持せぬ民はめったになく、多くの部族で人口の半分が残り半分に隷従する。戦争捕虜は商品とみなされ、最も高値を提示する相手に売り飛ばされる。それを神々や祖霊への生贄として喉を掻き切る地方もあれば、マングベトゥ人の郷国のように、御馳走として焼いて細切れにする地方もあるが、通常の奴隷の生活条件は何ら残酷なものではない。飢えをまぬかれるため奴隷に身売りする例も多く、主人の扱いが良くなければ、主人を替えることも慣習的に認められている。自らの自由を放棄するのと引き換えに、奴隷はあらたな家族に迎えられるのであり、もしも自由民の妻と結婚して子を儲ければ、子供は母親とおなじく自由民である。

奴隷交易

アフリカ人奴隷の条件を最も悪化させたのがヨーロッパ「文明」の影響によるものであることは、指摘せねばならない。白人がギニア湾岸を発見し、ヨーロッパ諸国が新世界の植民地を領有するはるか以前から、奴隷市場はセビーリャとリスボンで催されていた。のちにポルトガルは、大供給源である黒人地方のあるじになる一方で、アメリカ大陸を征服したスペイン人、ポルトガル人、イギリス人、フランス人、オランダ人が、これら遠隔の領土で絶滅させた現地住民に代わる頑健な労働力を必要とするようになった。そしてアフリカ大陸の広大な部分が人間の狩り場に変容し、「白人」という言葉は「人食い人種」の類語になった。オロモ語では現在もそうである★。アフリカ大陸の全周にわたり、人間の肉体の中継集積地が立ち並んだ。ポルトガル人はアンゴラに集めた黒人をブラジルへ送ったし、ジャマイカ、バルバドス諸島、ヴァージニアはケープ地方から黒人を受け取った。仏領ルイジアナとアンティル諸島の漕手は、セネガルと奴隷海岸［現トーゴからナイジェリア西部］で掻き集められた。

前頁★★★ G. d'Eichtal; Reade.

★ Léon des Avanchers, "Vicariat Apostolique des Galles, lettre de 10 sept. 1857", *Annales de la Propagation de la Foi*, 1858, *pp*.39-47.

エルミナ［現ガーナ内］はニウェ・アムステルダム［ニューヨーク］にとり、オランダ人が連行する奴隷の商館だったし、アメリカのプランテーション農場にはかならずギニアの狩小屋が対応したのである。奴隷商人は上陸すると手近な族長に注文する。たちまち一帯で狩り出しが始まる。まもなく手錠と鉄の首輪につながれた壮丁たちが注文通りに商人の前に連れてこられ、布地だの、小銃だの火薬、ビーズ玉と交換される。奴隷貿易船による航海の恐ろしさはよく知られている。空間効率を高めるため、奴隷商人は棚に棺桶を並べるような具合に人体を並べたが、チフスやのどの渇き、暑熱、ときには自死により、数日のうちに大きな隙間が生じるのだった。奴隷貿易がアフリカ沿岸各地に引き起こした戦乱や、奴隷交易により流行した伝染病の数々、そして反抗と、それに続く虐殺により、いったいどれだけの人命が失われたか、推定する方法もない状態である。新世界には数百万人が運ばれたが、ほぼ男性に限定されたため、新世界における有色人種の人口拡大は鈍足だった。流刑にされたこの人種の男女比がようやく均衡するのは、今世紀になってからである。今日、ニグリシア地方住民を先祖とする純系、あるいは混血のアメリカ人［南北米大陸住民］は二五〇〇万人を超えるが、未解放の者がうち一五〇〇万人を数える。だが、凄惨な南北戦争が黒人奴隷解放により終結したのち、古来の奴隷制ははっきりと罪悪になり、ブラジルやキューバといった最後の牙城でも、奴隷は日々減少中である。アフリカにおいても、海外市場の閉鎖にともない、奴隷の駆り集めは死罪とされた。インド洋沿岸ではアラビア船ほかによる奴隷輸出が、種々の封鎖措置をかいくぐって行われていると耳にすることはあるが、その数はわずかである★。ただし紅海では、アデンのイギリス人、オボック［現ジブチ］のフランス人、アッサブ［現エリトリア］のイタリア人をものともせず押し渡る多くの奴隷船があるし、アフリカ内陸の人間狩りの犠牲者は毎年数万人に上る。奴隷交易の隆盛期における奴隷商人の富貴は、毎年少なくとも五〇万人の人命をともなった。これが遠い昔となった現代は、たしかに進歩したのである。沿岸の小屋に被害者がすし詰めにされることはもうないし、新世界と同様に、奴隷商人が引き起こした数々の戦乱は、最後には、彼らの非道な商売の破滅にいたった。

★ アフリカ東岸において拿捕、訴追された奴隷船の推移

1867-1877 年	27 隻	運送する奴隷	438 人
1877-1878 年	15 〃	〃	60 〃

アフリカ探検

それ以後のアフリカの貿易は奴隷以外の品目で駆動され、仲介人が内陸に進み入って世界とつなぐのも容易になった。また探検家が用いる種々の道具は、先人にくらべ格段に進歩している。旅行家の大軍勢はアフリカの全周のあらゆる地点を起点に選び、よく知られていない地方、あるいは未発見の土地をめざし、進軍してゆく。これら勇敢な志願者は今世紀初めからアフリカで引きも切らず、もっぱら科学の進展のみを目的に、身命を捨ててかかる者が何百人もいる。名を挙げる者もいれば、名の残らぬ者もいるが、いずれもわれわれの地図に些細な線を付け加えたり、地理学にいくつか山名や河川名、民族名を付け加えるため、その身を捧げるのであって、これほど多くの英雄を生んだのは今世紀の栄光のひとつだ。非業の死を遂げた勇者は何と多いことか。地理学の宝物庫に追加するところが最も多かった大胆不敵な探検家のひとり、アンリ＝デュヴェリエ氏は、「アフリカ死亡者一覧」の表を作成した★。一八〇〇年から一八七四年にかけて、狂信的なムスリムに殺害されたり、自らの不用意の犠牲になったり、疲労や風土の影響に斃れたおもなヨーロッパ人探検家の氏名が列挙されている。以後もこのリストは大幅に追加されてきた。フラッテル［サハラ縦断鉄道のための調査探検の途次トゥアレグ人に殺害されたフランス軍人、探検家 Paul Flatters 一八三二―一八八一。本シリーズ『北アフリカ第二部』七九四‐七九六頁］とその同行者たち、シューヴァー［オランダ人探検家 Juan Maria Schuver 一八五二―一八八三。スーダンでディンカ人部族に襲われ死亡］、サッコーニ［イタリア人商人、探検家 Pietro Sacconi 一八四〇―一八八三か］をはじめ、科学に殉じた多くの人々がいるのだ。

前近代のアフリカ発見史

人類によるあらゆる征服と同様に、アフリカの発見史はいささかも連続性がなかった。探検は一連のとびぬけた成果と、ときに一時的な後退をともないながら行われてきたのである。エジプト王ネコ［第二六王朝ファラオ・ネカウ二世 Pharaon Necho, Necho II, Nekau 在位前六一〇―前五九五］の治世下で達成されたとヘロドトスが語るアフリ

★ Henry Duveyrier, “L’Afrique nécrologique”, *Bulletin de la Société de Géographie de Paris*, déc. 1874, *pp.*561-624.

次頁★ Hérodote, livre IV, 42.［ヘロドトス『歴史（中）』松平千秋訳、岩波文庫、1972 初版、28 頁。なお松平訳では「ネコス」］

カ大陸初の周航から★、ヴァスコ＝ダ＝ガマ〔ポルトガル人航海者、探検家 Vasco da Gama 一四六〇頃―一五二四〕による周航までは、二一〇〇年の時間が流れたため、途中の多くの発見は忘却されてしまっていた。十五世紀の地理学者が、リビュア内陸の探検成果について知るには、プトレマイオス〔帝政ローマ数学者、天文学者、地理学者、地図製作者 Ptolémée, Claudius Ptolemaeus 八三頃―一六八頃〕の不正確な一覧しかなく、それも写本師たちのずさんさや、註釈家たちの想像のせいで、さらに不正確になっていた。航海者ハンノ〔カルタゴ人航海者 Hannon 前四五〇頃〕はポルトガル人に一九〇〇年先立ってセネガル南方、シエラレオネ方面まで赴いたので★★、フェニキア人はすでに沿岸を知っていたが、それは再発見されねばならなかった。ダ＝ガマによる周航と、沿岸の大半がポルトガル人の手に落ちた後でさえ、訪れた諸地方の知識は一再ならず不分明になった。征服者になった諸国民が、航海の成果を自分たちだけで占有しようとお互い欲したからである。現在の学者たちも愛国心に駆られ、忘却されてしまったアフリカの地を最初に見出したのは自分の国だと主張するための研究を行っている。ポルトガル人にはるかに先んじたのがイタリア人航海者で、北西アフリカ沿岸の大半と、さらには外海に群れる島嶼も、すでに知っていたのは確実なようである。ヴェネツィア人マルコ＝ピッツィガーニ〔十四世紀のイタリア人地図作成家 Marco Pizzigani 生歿年不詳〕が一三六七年に著し、パルマ図書館が収蔵する航海案内の、ボジャドール岬までのアフリカ沿岸の全般的な境界線は、現代の船員による厳密な測量に遜色ない★★★。いっぽうディエップ人は、一三六四年にギニア湾沿いの「小ディエップ」を創建したのは自分たちの先祖であり★★★★、一四〇二年には航海者ジャン＝ド＝ベタンクール〔フランス人探検家 Jean de Béthencourt 一三六〇頃―一四二五〕の指揮下、カナリアス諸島を植民地化したと主張する。また「入り込めぬ海」に初めて進み入り、「暗黒の大洋」に光明をもたらしたポルトガル人も、アフリカ内陸で最近発見された主な成果は、すでに十六世紀のポルトガル人宣教師たちが先んじていたという。だが、これらの宣教師たちよりもはるかに後年のアフリカ地図には「舌のない人々」だの「鼻のな

★★ Louis Vivien de Saint-Martin, *Histoire de la Géographie et des découvertes géographiques depuis les temps les plus reculés jusqu'à nos jours*, Paris: Hachette, 1873.

★★★ Federico Bonola, *Société de Géographie du Caire*, séances du 20 mars et du 26 mai 1876.

★★★★ Estancelin, *Recherches sur les voyages des navigateurs normands en Afrique au delà de la Sierra Leone* [L. Estancelin, *Recherches sur les voayges et découvertes des naviagteurs normands en Afrique, dans les Indes orientales et en Amérique*, Paris: A. Pinard, 1832?]; D'Avzac, *op.cit.*

い人々」、「指が裏返し」のオピストダクティル人、「鶴と食物を奪い合うピグミー人」といった名称が読み取れた。

近現代のアフリカ探検

今日の地理学文献は十分に精確で、暗黒大陸を渉猟する旅行家たちの経路にあやふやな点は皆無であり、われわれの知の蓄積を増やしてくれた経路網を、多少とも近似的に辿ることが可能だ。一七八八年にイギリスでアフリカ探検協会が設立され、ドイツ人ホルヌマン〔探検家 Friedrich Conrad Hornemann 一七七二―一八〇一行方不明〕とスコットランド人ムンゴ＝パーク〔探検家 Mungo Park 一七七一―一八〇六〕が「最初の英雄にして最初の犠牲者★」になって以後のここ百年のあいだに、アフリカは海岸から海岸まで何度も縦走された。リヴィングストン、キャメロン〔イギリス人旅行家 Verney Lovett Cameron 一八四四―一八九四〕、スタンリー、セルパ＝ピント〔ポルトガル人探検家、植民地行政官 Alexandre Alberto da Rocha de Serpa Pinto 一八四六―一九〇〇〕、マッサーリ〔イタリア人探検家 Alfonso Maria Massari 一八五四―一九五〇か〕、ヴィスマン〔ドイツ人探検家、植民地行政官 Hermann Wilhelm Leopold Ludwig Wissmann 一八五三―一九〇五〕、ブオンファンティ★★が縦断を成し遂げた。だが彼らほど幸運ではなくとも、下船した港から数千キロの内陸に到った者は数十人に達する。そもそも探検行の重要性は距離にあらず、短い旅程でも、アフリカ大陸の地理学史に足跡を残すものは少なくない。喜望峰、ナイル川デルタ、チュニジア、そしてアルメリア〔アンダルシア地方〕の海峡を越えて山から山へと光信号によりヨーロッパにつながったアルジェリア〔本シリーズ『北アフリカ第二部』三〇六―三〇七頁〕など、アフリカ全周の多くの地方の詳細な地図がすでに作成された。天測により確定された地点の地名は数千に達し、かつ日々増加中で★★★、何らかの地理学的な征服のニュースが届かぬ週はめったにない。探検家たちの経路は地図上で交差し、ある程度の広さをそなえる空白地はだいぶ少なくなった。未知の地方であっても、少なくとも谷や川、稜線の端部は知ら

★ Émile Banning, *L'Afrique et la conférence géographique de Bruxelles*, Bruxelles: Librairie Europóene C. Muquardt, 1877.

★★（訳注）架空のフィレンツェ生まれイタリア人侯爵 Maurizio Buonfanti. ルクリュは実在の人物とみているが、誤りである。 *Cf.* Giuseppe Finaldi, *A History of Italian Colonialism, 1860-1907: Europe's Last Empire*, Abingdon and New York: Routlege, 2017, *pp.*25-26.

★★★ Henri Duveyrier, *Liste des positions géographiques en Afrique (continents et îles)*, Paris: Société de Géographie, 1884..

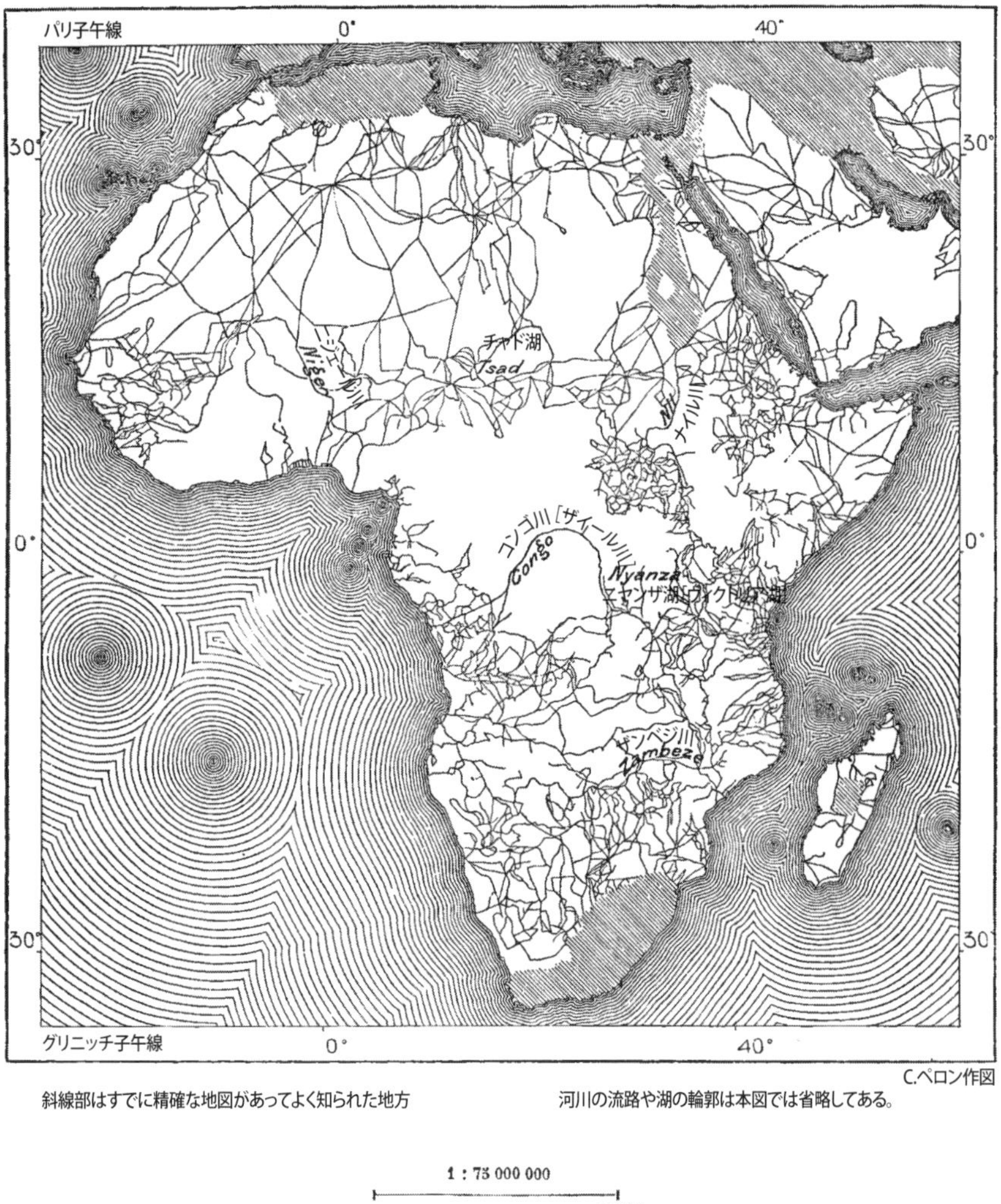

C.ペロン作図
斜線部はすでに精確な地図があってよく知られた地方
河川の流路や湖の輪郭は本図では省略してある。

図9　アフリカ内陸における主な探検経路（1883年現在）

れており、将来の探検に向けた下準備を容易にしている。現在では、発見を待つ「知られざる土地」のうち最大の空間は、オゴウェ川とコンゴ川の北方、赤道に並走してセラ・ド・クリスタルから、ナイル川とコンゴ川にはさまれるムフンビロ［ヴィルンガ山地］およびガンバラガラ［ルウェンゾリ山地］に到る箇所だ。広さは少なくとも一〇〇万平方キロ、すなわちフランスの一・五倍、アフリカ大陸全体のほぼ三〇分の一である。だがこう記している現在でさえ［原著発刊は一八八五年］、旅行家たちは数方向からこうした土地に挑んでおり、一八八三年十二月には、大西洋岸からインド洋岸までのびる宿泊施設の連鎖が、コンゴ川経由でつながったばかりだ。アフリカ大陸を貫く一本の探検経路が完成したのである。

探検と支配

これまで入り込んだ白人すべてが現地住民に対し公正で、後続の者の範たりうるすべを心得ていたなら、アフリカ全域がとうに発見されていたのは確実である。バルト［ドイツ人探検家 Heinrich Barth 一八二一—一八六五］、スピーク、リヴィングストン、ピアッジャ［イタリア人探検家 Carlo Piaggia 一八二七—一八八二］、ジェッシ［イタリア軍人、地理学者、探検家 Romolo Gessi 一八三一—一八八一］、シュヴァインフルト、エミン＝ベイ［ユダヤ系ドイツ人医師、博物学者、オスマントルコ行政官 Emin-bey, Mehmed Emin Pasha, Isaak Eduard Schnitzer 一八四〇—一八九二］らの振る舞いは、まさに後続者すべてを保護するものだった。逆に現地住民を威嚇したり、殺害したりする輩は、転じては、自分の後にやってくる者の首が落ちるように仕向けているのである。しかし、未知の土地に対する科学面の征服に挺身する人々がいかに無私であれ、土着の民は異邦人を警戒し、派遣軍の先触れとみなすのであって、それはまったく正しい。現地住民を愛し、また彼らに愛されるヨーロッパ人であっても、ある点では敵であるというのは、まったく真実なのだ。クラール［コイコイ人の家屋］で歓待される真率な旅行家が、自分を受け入れてくれた人々の将来に対し、実は自分が何を準備しつつあるのか、一種の呵責の念をもって考えたことは、どれほど多いだろうか。たとえ自分は望まずとも、彼の後には商売人やら兵士やらがついてくるのであって、彼は自分を受け入れ、抱擁してくれる人々を、前もって彼らに引き渡しているのだ。そこで自らを慰めるため、旅行家は自らに言い聞かせるに違いない。征服戦争と力づくの併合は、民と民が納得のうえで平和的に合同する前段階なのだと。

アフリカ貿易

すでにアフリカの沿岸の過半はヨーロッパ諸国の征服地として併合され、内陸に新たな探査が実施されるたび、兵士や雇人、収税吏はさらに奥地に進み入る。貿易は年々拡大しているが、エジプト一国だけで、前世代のアフリカ大陸の総額を上回る貿易規模に達している★。海際から内陸の高原に向かう道路が敷設され、将来の軍事派遣を容易にするだけでなく、海港どうしを結ぶ鉄道路線は谷に入り込み、階崖を登攀しつつ、アフリカ大陸中央部を目指しており、いつかそこで交差するだろう。初期の幹線はエジプト沿岸、チュニジア、アルジェリア、セネガル、ケープ地方、ナタールを起点とするが、城を囲む寄せ手の塹壕のように、おいおい他の路線も付け加わるだろう。アフリカは攻囲された大きな城のようなものだが、守兵にあたる二億人は無数の集団に分断されており、お互いを知ることもないため、開城せねばならなくなるのは自明である。つまりヨーロッパ人を征服者あるいは主人として迎え入れざるをえないだろう。内陸を手中にする者が、海洋ないし沿岸のあるじになるのも不可避に違いない。たとえ中央アフリカの何らかの国家が運よく沿岸を取り返すことがあっても、君主制国家の国力のいたすところ、すぐに何らかのヨーロッパ海洋国家にその沿岸の保護を求めざるを得なくなるだろう。だがそうした同盟関係じたい、内陸の自国領への浸透を容易にするのだ。まだ全域が発見されていないとはいえ、政治的観点からみたアフリカは、すでに単なるヨーロッパの属地になっている。スエズ運河の開通と、それにともないアフリカ沿岸の封鎖がいっそう容易になったことで、アフリカは二重の意味でアジアから切り離された。アフリカの民に新たな文明を手ほどきするのは、いまやヨーロッパ人だが、それは彼らが自身がナイル川の沿岸住民から受け取ったこの文化を、別の形で黒人にお返しする番なのだ。

★ 1860年におけるアフリカの対外貿易額は9億4302万5000フラン。*Cf.* Ernst Georg Ravenstein, "Introduction" in Lewis Krapf, *Travels, researches, and missionary labours, during an eighteen years' residence in Eastern Africa*, London: Trübner and Co., 1860.

第二章　ナイル川流域

第一節　流路

地中海世界とナイル川

南から北に下り、下流部では広く開けた田園を涵養するナイル川は、いわば北東アフリカ全域を地中海流域に傾斜させるはたらきがある。同河のデルタは、形状こそ異なるものの、海洋的でもあれば河川的でもある出口だという点で、ダーダネルス海峡とボスフォラス海峡に似ている。両海峡は、東ヨーロッパの大河の群れが流れる諸地方を、おなじく地中海に向け傾斜させるからだ。このため、円の中のもうひとつの円のように、旧世界の中央にはひとつの沿岸地帯が発達し、まったく別個の小宇宙が形成された。そこにはメンフィス、アレクサンドリア、エルサレム、ティロス、アンティオキア〔現シリア領〕、エフェソス〔現トルコ領エフェス〕、ミレトス〔現トルコ領ミレト〕、スミルナ、アテナイ〔現アテネ〕、コンスタンティノープル〔現イスタンブル〕といった多くの都市が、綺羅星のように歴史に輝く。

ナイル川の延長、流域面積、流量

流路延長においてナイル川は地球上で最大級の河川のひとつだ。河畔の民のなかには、同川は世界を二分する神秘的な蛇であり、地球に巻きついて自分の尾を咥えていると信じる者もいた★。諸大陸の東側にある他の大河にくらべナイルが図抜けているのは確実で、揚子江も、シベリア地方の三大河川も、ナイルには及ばない。アマゾン川

★ Wilson and Felkin, *op.cit.*, vol.II, *p*.43.

よりさえ長大なのであって、おそらくミズーリ・ミシシッピ川水系に一歩を譲るのみであろう〔ミズーリ川とミシシッピ川の関係については本シリーズ『アメリカ合衆国』三二〇頁〕。大型湖ニヤンザ〔ヴィクトリア湖〕に流入する最大の川はナイル川上流部をなすわけだが、まだ絶対的な確実さでは知られていない。おそらく想像されてきたよりも大型で、河川敷が蛇行するため、それを含む南アフリカから地中海の岸辺までの延長はミシシッピ水系を上回るだろう。ニヤンザ湖からのナイル川の延長は、六二七〇キロと測量されている★。ナイル川河谷は左右にふれ動くが、子午線でみればニヤンザ湖から海までの南北差は三一・五度、およそ三五〇〇キロだ。しかし源流は恐らくさらに南に五度、東に二度ほど動いたところにあると思われる。また河床の蛇行により、直線距離よりも四分の三ほど長くなるであろう★★。だが流域面積でみたナイル川はアマゾン、ミズーリ・ミシシッピの南北米大陸の大河に劣る。現在のアフリカの諸地図におおざっぱに描かれたところでは、ナイル川の流域面積はコンゴ川にほぼ等しい。マクラカ人〔ザンデ人〕の郷国とエチオピアにはさまれた中流部を別にすると、ナイル川の横手の流域は狭い★★★。最後に、ナイル川が流れる大半の地方は乾燥地のため、流量は世界の大水脈にくらべるべくもない。おおざっぱな計算による流量の一覧表では、地球上の大河のうち、ナイルは第二七位らしい。技術者たちによる推定では、パナマ地峡の近くでカリブ海に注ぐアトラト川〔コロンビア内〕がナイル川といわば対をなし、ほぼおなじ流量である。だがアトラト川の流域面積は、ナイル川の一〇〇分の一にすぎない。

★ 世界の大河の流路延長（km）

ミズーリ・ミシシッピ川	7052
ナイル川（ニヤンザ湖上流の支流を含む）	7000
アマゾン川（アプリマク川を含む）	6000
イルティーシュ・オビ川	5685
セレンガ・アンガラ・エニセイ川	5500
ヴィティム・レナ川	5465
揚子江	4650

★★ Elia Lombardini, *Essai sur l'hydrologie du Nil*, Paris: Challamel, Milan: T. Laengner, 1865.

★★★ いくつかの大河の流域面積（km^2）

アマゾン川	700 万 0000
ミシシッピ川	349 万 6000
ナイル川	335 万 0000
コンゴ川	320 万 0000

ナイル川沿岸の地理的一体性

大陸中央部の高原地帯から地中海沿岸までの全般的な陸地の勾配は、ナイル川河谷と一致する。しかし、ナイルが流れ下る諸地方の地理的単一性は、かかってこの大河による。湖沼が散在する内陸奥地、南西からの主な支流群が白ナイル川に合する湿地帯、エチオピア人が占拠する山塞のような山岳地帯、無人の土地が囲むコルドファン地方、ヌビアの沙漠地帯、曲がりくねる上エジプトの河谷地帯、そして最後に、地中海に合する前に水流が分岐する緑の田園と、これらすべては、お互いはっきりと別箇の地理学的領域〔自然地域〕である。蛇行しつつ銀の糸のようにそれらをつなぐナイル川とその支流がなかったら、歴史はまったく局地的なものばかりだっただろう。下流部の河畔がヌビア人の入植地になったのも、古代エジプト文明がメロエ〔前六世紀から前四世紀にかけ、現スーダン内にあった黒人系の古代王国〕とその上流へさかのぼったのも、流路の保持をめぐりエチオピア人と平地住民が頻繁に干戈を交えたのも、そして今世紀にはカイロの副王やヘディーウが、大湖沼と大陸分水界を含む上ナイル全域を支配下におさめようと、あくことなく試みたのも、すべてナイル川があればこそである。その瀑流が越える屋根や、支川の合流点は、もろもろの民の自然境界である。ゆえに、まずはこれらの地方の歴史を作り上げたこの大河を検討せねばならない。

源流

ナイル源流は「月の山々」にありと古代人は言い慣わしたが、じっさいスピークがナイルの流れ出す湖沼体系の最も南にある支流群を目にしたのは、ウ・ニャムウェジ、すなわち「月の地方〔ニャムウェジ人つまり「月のひと」の郷国、現タンザニア北西部〕」においてだった。だがこれらの支流のうち、流路延長はともかく、水量の点でナイルの主流とみなせる川はあるのだろうか。人々はなお「ナイル川の発端」を探しており、ルカヌス〔帝政ローマ詩人 Lucain, Marcus Annaeus Lucanus 三九―六五〕の時代そのままに、まだ生まれたてのナイル川を目にした者はいない。あるいは、少なくともその河畔に暮らす人々は、自分たちの歴史的な役割をまだ知らずにいる。スタンリー、ピアソン、スミス、およびフランス人宣教師たちの経路をもとに作成した一群の地図によると、北緯五度線の南に端を発して北上し、ついで北西に転じてニヤンザ湖方面に向かうするムワル川（リウンバ川、ルワンベ川〔いずれも不詳〕）が、少なくとも流路の長さからみて、本当の「月のナイル」かもしれない。だが探検家ピアソンの報告する気圧測定高度が正確ならば、同川はニヤンザ湖よりも低く、同湖に流れ込むのは不可能である。標高一五〇〇メートルほどの屋根により隔たるタンガニーカ湖に向け、西に流れることはできるかもしれないが★、そのばあいには、途中でこれを渡河した旅行家は多いはずである。したがって、同川は何らかの水盆で蒸発して消えてしまうのであろう。現地住民はスピークに対し、ニヤンザ湖と沿岸の高い山地のあいだにあるこの一帯には、湖や塩性のくぼ地が散在すると語っている。さらに北方では、デンハルト〔ドイツ人探検家 Gustav Denhardt 一八五六―一九一七ないしその兄 Clemens Andreas Denhardt 一八五二―一九二八〕、エルハルト、ウェイクフィールド〔イギリス人聖職者 Thomas Wakefield〕に対するアラブ人情報提供者たちも、類似の言を述べている。最近までは、ニヤンザ湖の東四〇〇キロに銀白の双頂がそびえるアフリカきっての巨峰、キリマンジャロの西麓から豊かな河流が下ると信じられていた。しかしこの巨大な火山の雨谷から流れ出す水の多くは東と南を指向し、インド洋に注いでしまう。西麓にはわずかな水量の小川の群れがあるだけで、高原のくぼ地のなかに姿を消す。スタンリーほかの旅行家がニヤンザ湖の東岸で認めた水流群も大きなものではなく、キリマンジャロ山よりもさらに遠方で誕生する。いっぽう、インド洋への流域と、ナイル川のそれとの分水界は、東側の諸峰ほど高くなく、一個の斜面の縁のような具合で、東側は急に断ち切られるが、西側はゆるやかに下る。この高い崖の上には間を置いて火山が点々と立ち上がり、アラブ人によればいくつかがなお活動の兆候をみせるという。最近それは旅行家フィッシャー〔ドイツ人探検家 Gustav Adolf Fischer 一八四八―一八八六〕によっても確認された。じっさい噴火した可能性があり、「空の山」を意味するドゥニエ・ンガイという火山錐〔タンザニア北部オルドイニョ・レンガイ、ないしレンガイ山〕のほか、ドゥニェ・ムブロ、つまり「煙の峰」という名をもつ山がふたつあり、亀裂からは豊富な温水が湧き出る〔いずれも不詳〕。崖の標高は約一三〇〇メートルで、「空の山」ほかの縁部の火山群はそれに載っている。崖の東部の麓には一個の温水湖があり、周囲にのびる沼沢地にはソーダ〔曹達〕が沈殿する〔ナトロン湖か〕。ここは例の火山群とキ

★ E. G. Ravenstein, *A Map of Eastern Equatorial Africa*, [Royal Geographical Society].

リマンジャロ山にはさまれた深い沈降部［東リフト・ヴァレー（大地溝帯）］で、温水湖の標高は六四〇メートルしかない★。

カゲラ川

ニヤンザ湖［ヴィクトリア湖］への流入河川のうち、少なくとも水量の点で確実に随一を称しうるのはタングレ川、ないしカゲラ川［現呼称。原著はタングレ川の名称を用いるが、以下カゲラ川と訳出する］★★、すなわちキタングレの河川である。湖の西岸のほぼ中間点に注ぐ河川で、初期の探検家たちはアレクサンドラ・ナイルの名を冠した。端を発するのは赤道の南一〇〇キロほどの山岳地で、地中海からの直線距離は三九〇〇キロに近い。ムフンビロの山塊［ヴィルンガ山地］から下る渓流群と合したのち、北東への尋常な方向に流れる。これもナイル川の上流部で、スタンリーはその河谷のうち、アカンヤル湖［現在は河川名］からの排水との合流点よりも下流まで入り込んだ。アカンヤル湖は、西洋人がじっさいに訪れる以前には、アレクサンドラ湖と呼ばれていたものだ。スタンリーが踏査したあたりのカゲラ川はいくつかの湖沼を通り抜け、沈降部に散在する他の湖の集水域からの支川も受け取る。平均水深は一五メートルで、岸辺にパピルスが高い壁のように茂り、地平線はまったくみえない。このナイル上流部を最初に目にしたスピークとグラント［スコットランド人探検家 James Augustus Grant 一八二七―一八九二］が渡渉したのはかなり下流、モロンゴの滝よりも下流で、ニヤンザ湖への流入地点から徒歩で一〜二日の箇所だった。カゲラ川は強力な河川で、雨季になると左右数キロに広がる。グラントはシヤンデルナゴル［現チャンダンナガル］とカルカッタ［現コルカタ］のあいだを流れるフーグリ川を思わせると述べている。スピークが渡河したのは一八六二年一月、すなわち低水位期で、川幅は七五メートルしかなかったが、アシ［葦］の壁に挟まれた人工の運河を思わせる様子だった。しかし流れが深すぎて爪竿が届かず、一行は漕いで渡らねばならなかった。流速はすこぶる大きく、少なくとも時速六キロはあったため、遡上はたいへんな苦労だった。湖への出口は三角江状になっており、幅一五〇メートル、水深は二五〜四〇メートルまで深

★ Gustav Adolf Fischer, *Hamburger Correspondent*, 21 Dec. 1883; “Dr. Fischer’s Journey in the Masai Country”, *Proceedings of the [Royal] Geographical Society*, Feb., 1884, *pp.*76-83.
★★ 本シリーズにおける外国地名の「g」はつねに剛音［ガギグゲゴ］である。

浅がある。だが流れは相変わらず早く、「暗い鉄色」を呈する河水と、青い湖水の境が湖中数キロに眺められた★。現地住民ははなはだこの川を尊崇し、渡し守たちは乗船に際し靴を脱ぐよう求めたため、スピークは長時間にわたり言い争わねばならなかった。渡し守たちは、この異邦人の無礼な振る舞いが災厄を呼ぶのを恐れたのである。また彼らは、聖なる川の水深をグラントが測定するのも許さなかった★★。川沿いの住民が同川に冠した名称じたい、ナイル川の主支流ではないかという仮説を支持するもので、スタンリーによると、「岩場の流れ」の「母」と呼んでいる。「岩場の流れ」はウ・ガンダ地方の排水路［現ヴィクトリア・ナイル川］を指すからだ。なおニヤンザ湖の北西隅には、カトンガ川という別の水量豊富な河川が流入する。これは西のムタン・ンジゲ［アルバート湖］近くに端を発し、二〇〇キロ以上の流路をそなえるが、水量がカゲラ川に及ばないのは確実だ。

ヴィクトリア湖

こうした流入河川を受け取り、大ナイル川に排水するニヤンザ、すなわちずばり「内海」、ないしウ・ケレウェは、アフリカ最大の湖面だ。スタンリーによる仮の地図は、もっと時間をかけて研究したマッケイ［スコットランド人宣教師 Alexander Murdoch Mackay 一八四九—一八九〇］の地図がまもなく取って代わるだろうが★★★、湖面の広さをしのぐのは、世界でもカナダ連邦のスペリオル湖のみだ★★★★。ミシガン湖、ヒューロン湖はどちらも数千平方キロ［ママ］ほど小さい。アラル海は、ニヤンザとおなじく「海」の名称をそなえるが、塩分濃度というより、その寸法によるものだ。しかしアラル海もニヤンザ湖ほどの広さはない。だが、このアフリカの内海が諸大陸のくぼ地の大型

★ Henry Morton Stanley, *Through the Dark continent: or, The sources of the Nile around the great lakes of equatorial Africa, and down the Livingstone river to the Atlantic ocean*, New York: Harpar & Bros, 1878.

★★ J. A. Grant, Henry M. Stanley and F. J. Pocock, “On Mr. H. M. Stanley’s Exploration of the Victoria Nyanza”, *Journal of the [Royal] Geographical Society*, 1876, *pp*.10-34; John Hanning Speke, *Journal of the discovery of the source of the Nile*, Edinburgh and London: William Blackwood, 2nd ed. 1864 .

★★★ A. M. MacKay, “Boat Voyage along the Western Shores of Victoria Nyanza, from Uganda to Kageye; And Exploration of Jordans Nullah”, *Proceedings of the [Royal] Geographical Society*, Vol.6, No.5, May 1884, *pp*.273-283.

★★★★世界の主要な湖の面積（km^2）

スペリオル湖	8万3000	ヒューロン湖	6万1340
ニヤンザ湖	6万6500	ミシガン湖	3万9072
アラル海	6万5780	エリー湖	2万8400

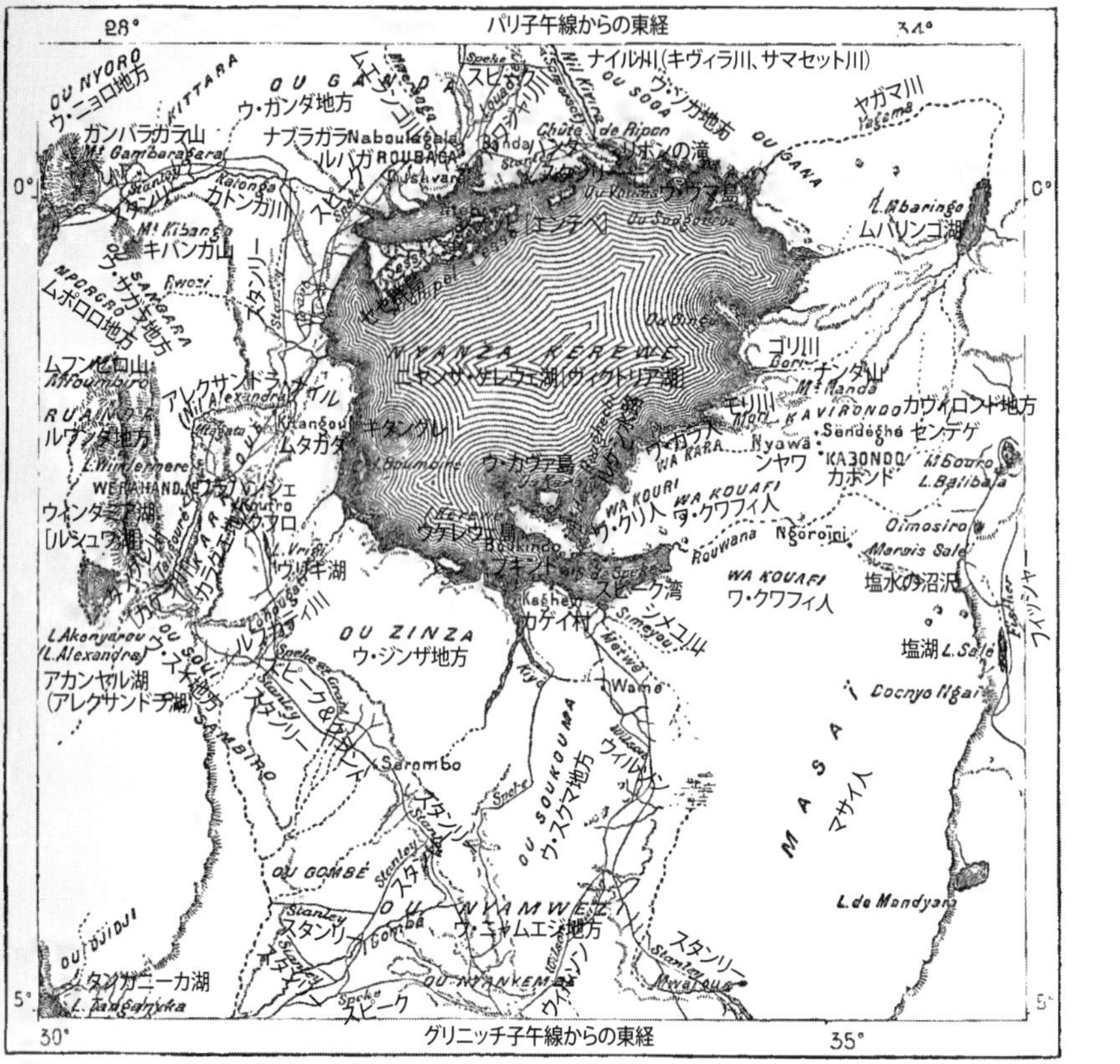

図10　ナイルの源流群とニヤンザ湖の高原

湖と肩を並べるのは、面積のみならず、水深が深いせいである。同湖の東岸近く、大小の島々から遠くないあたりの測深結果は一七七メートル［ママ、一七七フィートの誤記か］であり、岸辺から遠い中央部の水深はかなりのものと思われる。もしそうなら、ニヤンザ湖は淡水湖のうち最大の貯水量である。湖面の標高は探検家たちにより種々の推定があるが、これは利用する器具によっても異なる。いまのところは海抜一二〇〇メートルが事実に近い値として暫定的に受け入れられている［一一三四メートル］★。

名称

このアフリカの内海を発見したスピークはイギリスの慣習にのっとり、主君の名を付けた。すなわちヴィクトリア湖、つまりヴィクトリア・ニヤンザである。だが周辺の民はてんでに異なる名称で呼ぶ。インド洋沿岸のスワヒリ人にとってはバハリ・ヤ・ピラ、すなわち「第二の海」である。ほかにも種々の史書には、明らかにこの高原湖を指すあまたの名前が言及される。「ケレウェ」は南岸にある最大の島ウ・ケレウェ［以下ウケレウェ島］が由来である。同島は幅数メートルの水路（ルゲシ水路）でもって湖岸から離れているものの、パピルスほかの水生植物により、ほとんど閉塞している。ウィルソンによれば同湖は一般にニヤンザ、すなわち「内海」として指し示されているようである。ウケレウェ島の南には一個の深くえぐれた湾入がある。スタンリーは中央アフリカ探検の先人スピークの名をこの湾に冠した［スピーク湾］。湾を縁どる沼沢地には巨大なワニ［鰐］が棲息するが、カゲラ川の分流付近の葦原にうようよするワニ達は、同川の精霊の権化として半神扱いされる★。いくつかの島はカバ［河馬］が我が物顔に占拠し、群れや家族ごとに暮らすが、すこぶる好戦的で、他の大型動物が入り込むのを絶対に許さない。現地住民はこの大型獣を退治するため、舷側に穴がいくつも開いている特殊な船を作った。カバがそれに突進すると頭部を突っ込んでしまい、その隙に槍を突き刺すというものだが、もちろん命がけである★★。

景観

湖岸の延長は細かい出入りを捨象しても一二〇〇キロに及び、景観は千変万化である。岸はほぼどこも岩がちで、片麻岩や花崗岩、玄武岩である。波打ち際は随所が平地で、樹木もないが、それ以外は高い丘や、場所によっては山岳が岸辺から立ち上がる。山々には緑が散在し、そのあいだに集落がみられる。カトンガ川からカゲラ川までの湖畔は大半が低地で、爪竿で筏をあやつ

前頁★ 諸探検家によるニヤンザ湖の標高（m）

スピーク（1858）	1140	ピアソン（1879）	1231
〃　（1862）	1008	ウィルソンおよびフェルキン（1871）	1293
スタンリー（1875）	1237	マッケイ（1881）	1006
スミス（1876）	1138		

★ Mackay, *op. cit.*
★★ Wilson and Felkin, *op.cit.*

挿画 IV　ウ・ガンダ地方からのニヤンザ湖の景観、マーチソン湾からの眺め
スタンリーをもとに、スロム筆

る漁師が沖合五キロまで出漁する。南はむきだしの岩山で、赤やオレンジ色の地衣類のせいで錆びた鉄塊のようにみえるが、実際にも鉄分を含む岩塊がみられる★。最も優美な景色が展開するのは北西のウ・ガンダ、すなわちガンダの郷国である。湖岸にならぶ入り江は大小さまざまで、森の岬が切り分け、巨大な緑塊のあいだに水面が銀色に輝くのがどこからも眺められる。小さな谷間から流れ出る小川のほとりに丈の高い草木が茂り、その上から大木が枝をさしかける。ウ・ガンダほど肥沃で安定した気候の土地は、おそらく中央アフリカには他にないと思われ、ヨーロッパ人が導入した温帯植物は完全な成功をおさめた★★。

湖中の島々

ウ・ガンダ地方の沖合と沿岸の入り江地帯のあいだには、四〇〇あまりの島嶼からなる群島があり、うち最大の集団はセセと呼ばれる。この島国世界の景観はウ・ガン

★ Mackay, *op.cit.*
★★ Wilson, *Proceedings of the [Royal] Geographical Society*, May 1880.

ダ地方よりもさらに変化に富み、植物相も豊富で、パピルスの縁どる波打ち際まで巨木が茂る。西にあるのが玄武岩のブケレベ島、スタンリーのいうアリス島で、湖面から一〇〇メートル以上の黒々とした崖が立ち上がる。ニヤンザ湖の沿岸を縁どる岩の島々のうち最も奇妙なのが、スタンリーの呼ぶ「橋の島」だ。これは湖の北東隅にほど近い岩場の島で、玄武岩のふたつの基台からなり、四メートルほどゆるやかに上に反ったアーチでつながる［ルシンガ島か］。岩の亀裂に樹木が根を張り、岩場を隠すため、みえるのは湖水に垂れ下がる二つのツタ［蔦］の塊だけである。ツタが湖面に触れている箇所からはさざ波が広がる。花綱が縁どるアーチを透かし、沿岸の山々がかすんで眺められる。

湖上交通

湖上を往来する舟はときにかなりの船団をなし、ニヤンザ湖の美景をいっそう高める。帆船を所有する者もおり、商人はザンジバル地方のアラブ人のダウ船［アラブ世界に伝統的な木造帆船］に似た大型船を仕立てる。ヨーロッパ人宣教師たちはイギリス船をひながたに短艇を建造した。だが小舟の大半は原始的な作りで、艫《とも》が丸く、舳《へさき》の尖った丸木舟にすぎない。前半分は完全に水から離れ、アンテロープの二本の角と羽飾りの装飾をほどこした船首がゴンドラのように高く持ち上がって進むので、遠目には何かの動物が水から首を突き出し、餌を探しているようにみえる。マストも帆もない舟に一〇〜四八人が乗り組み、もっぱら漕いで進む。粗雑な板材をしなやかな枝でもってつなぎあわせ、泥でこねた樹皮を填隙《てんげき》しただけなので、水圧に弱く、ひんぱんに事故が起きるため、岸から遠くには乗り出さない。かつてガンダの船団はウ・ヴマ島［ブヴマ島とも。以下ウヴマ島］には近づかなかった。島民は刀を携えて船団に近づき、潜って船底の枝材を切ってしまう。すると数秒で舟は波に呑まれてしまい、漕手たちはあっぷあっぷする寸法だった★。湖上の往来にともなう種々の危険は、沿岸住民すべてがニヤンザ湖の精霊群に抱く尊崇の念を強めたのである。神々は湖中の島嶼に住むとされ、人間とは仲介者をとおしてのみ意を通じるのであって、人々はこれらの仲介者に対し、手一杯の贈り物をもって伺いを立てる★★。蒸気船があれば、

★ Ernest Linant de Bellefonds, *Bulletin de la Société de Géographie du Caire*, 1876 [“Itinéraire et notes”, *Bulletin trimestriel de la Sociiété de géographie Khédiviale du Caire*, 1876-77, série 1, *pp*.1-104?].

★★ Speke, *op.cit.*

とうの昔にこれらの神々は権威を失墜し、単なる人間に仲間入りしていたはずだ。アメリカ人シャイエ＝ロングが湖上に乗り出そうとした際、ウ・ガンダ王［ブガンダ王］は七人の呪術師を断首したが、彼らは敬愛されると同時に、湖の悪霊として憎まれてもいた。そこで王は客人の旅の安穏を祈願して彼らを処刑したわけである★。ニヤンザ湖では嵐や竜巻もひんぱんだ。ウィルソン氏は、スピーク湾で岸に平行し西から流れる定常的な潮流の存在を感じたが、ほぼ通年にわたり吹く南東からの貿易風が原因である。

リポン滝

この内海の余剰水は、ウヴマ島の北に大きく開いた北岸の広い湾から、ゆっくりと流れ出す。その後だんだん幅が狭くなって河川の様相を呈し、急湛として流れ下る。これがナイル川の最初の姿だ［ヴィクトリア・ナイル川］。河流らしさをそなえてすぐ、一個の滝口に差し掛かり、滝になってなだれ落ちるのが「岩場の流れ」と呼ばれる箇所である。川幅四〇〇メートルほどのほぼ中央に一群の岩があって、多少の樹木が生えている。それ以外の岩場はもっと低く、その左右を水が流れる。下流には岩の河床が散在し、河水は泡立って渦を巻く。これがジンジャ、すなわちウ・ガンダ地方の住民がこの滝の区間を指す「岩場」の由来だ。スピークはリポン滝と命名し、あらかたの地図もそう表示する。滝の高さは四メートルだが、奔騰する滝壺には魚が群れ、遡上しようと数百尾が一度に跳ねる。ジンジャの少し上流は流れが穏やかなので、一艘の渡し船がある。ひとつの森の半島部がニヤンザ湖への眺望をさえぎるが、別の低い半島部にあるヤシノキの小さな木立が、ニヤンザ湖の湾と河流との境界である。その先［上流］になると、緑の島々が陸地の丘のように連なる［リポン滝は一九五四年に下流に竣工したナルバーレ水力発電ダムにより水没した］。

キヴィラ川（ヴィクトリア・ナイル川）とキオガ湖

ナイル川はこの一帯ではキヴィラ川と呼ばれるが、ニヤンザ湖への最大流入河川であるカゲラ川よりも三割がた大きいようである。平均の川幅は五〇〇メートルで、はじめ北西に流れ、いくつか早瀬がある。その下流では左右へ葦原の湿地に広がるが、中央の河床は尋常な深さをたもつ。湿地の向こうの両側の谷の斜面は草原や林、小谷になって

★ *Petermann's Mittheilungen*, 1875, no.XI.

いる。滝の区間を過ぎて一〇〇キロほど下ると、ナイル川はギタ・ンジゲという別の湖に注ぐ［キオガ湖］。一八七五年［ママ、一八七四年］に同湖を発見したアメリカ人シャイエ＝ロングはイブラヒム湖と呼んだ。中央アフリカの淡水湖のなかでは小さいほうで、五〇〇平方キロほどらしい［一七二〇平方キロ］。このあたりでナイル川はいくつか水流を受け取るが、とりわけルワジャリ川はニヤンザ湖岸からほど近いウ・ガンダ地方の丘陵地帯に端を発するため、スピークは同湖から流出する河川と考えた。スピークはさらに第三の排水河川としてカフ川を地図に描きこんでいる［図3］。これは二〇〇キロほど流れたのちナイルに合流するとされたが、三つの川がおなじ湖から流れ出して、起伏のはげしい土地を経たのちに合同するというのは、ふつうは考えられない現象である。じっさいカフ川は、ルワジャリ川とおなじくニヤンザ湖の近くに端を発するものの、同湖とつながってはいない。

キオガ湖からアルバート湖までの区間

シャイエ＝ロングによると、イブラヒム湖から出たナイル川はほとんど狭い水路に戻らず、またもや広大な湿地になる。深さは三〜四メートルしかなく、樹木や葦原に覆われる。この湿地がキオジャないしカペキで、イタリア人ピアッジャが発見した［キオガ湖。ルクリュはシャイエ＝ロングのいう「イブラヒム湖」とピアッジャのいう「キオジャ湖」を別個に記述するが、どちらも現キオガ湖である。図29参照］。その少し下流でナイル川は大きく曲がり、西からカフ川を受け取る。さらに下るといったんは東、ついで北に曲がったのち、急に西流しはじめ、あとはムタン・ンジゲ［アルバート湖］までその方向を維持する。この区間はイギリスの地図だとサマセット川という名称で示される。川幅は平均四〇〇メートル以上なので、勾配がゆるやかなら完全に航行可能であろう。だが旅行家たちのおおざっぱな推定でも、一五〇キロにわたるこの区間のナイル川の高低差は六九五メートル、すなわち一メートル当たり四・五センチに達する。最初の滝であるカルマはむしろ早瀬で、河流はまるで人造ダムの放水路のようにまっすぐな閃長岩の岩壁のあいだをすり抜け、水面は泡立つ。高低差はおよそ三メートルだ。さらにタダ、ナコニ、アッサカ、カディア、ワデ、ケトゥトゥといった滝が続くのであって、ここでナイル川は高原地方からの屋根を越える。三〇キロにわたり激流に次ぐ激流であって、岩場にぶつかる流れは空気を飛沫で満たし、川岸の樹木に雨のように降り注ぐ。現地住民の丸木舟もあえてここには入り込まない。河流はいわば鋸のように岩を挽き切り、水位はだんだん低下してゆくので、南岸は奔騰する水面から四〇～五〇メートルも垂直に立ち上がる横壁である★。

マーチソン滝

このサマセットと呼ばれるナイル川の急湍区間が終わるのは、ひとつの堂々たる滝においてである。この滝の上流二〇キロほどは早瀬につぐ早瀬で、ナイル川は少なくとも一キロ当たり一〇メートルもの大勾配である★★。それから流れは急に幅五〇メートルそこそこに狭まり、黒々とした急崖にはさまれた棚のような箇所から三五メートル落下し、泡立つ波が渦をなす滝壺に飛び込んでゆく。虹色に光る霧がわき上がり、そよ風にたゆたう。怒涛の上方一〇〇メートルにヤシノキの葉がそよぐ［挿画XII］。この飛瀑を訪れた初のヨーロッパ人であるベイカー［イギリス軍人、探検家、博物学者、狩猟家、著作家、奴隷制反対運動家、エジプト領エクアトリアル州総督（在任一八六九―一八七三）Samuel White Baker 一八二一―一八九三］は「マーチソン滝」と命名したが、最も近い村の名をとってショア・モル滝に変えてもよいかもしれない。滝壺のすぐ下流は穏やかな流れで、川幅は一五〇～二五〇メートルに広がり、まるで静止しているかのようだ。岩場の急湍が連続する区間を目にした後ならば、ムタン・ンジゲ湖の逆流ではないかとさえ思うだろう。リナン＝ド＝ベルフォン［フランス人土木技術者、探検家 Louis Maurice Adolphe Linant de Bellefonds, Linant Pasha 一七九九―一八八三］ほかの探検家によると、ムタン・ンジゲには北西に向かう一本の排水路があり、より下流でナイル川に合流するが、この河川のせいで流れがゆるやかなのだという。この排水河川こそ正真正銘のナイル川かもしれない［白ナイル川］★★★。

アルバート湖

ベイカーが発見した湖は彼によりアルバート・ニヤンザと名付けられたが、東岸の住民にはムタン・

★ Linant de Bellefonds, *op.cit.*

★★ C. G. Gordon, “Notes to Accompany a Survey of the White Nile from Lardo to Nyamyungo”, *Journal of the* [*Royal*] *Geographical Society*, Vol.46, 1876, *pp*.431-432.

★★★ Chippendall; C. G. Gordon, “Voyage sur le haut Nil”, *Bulletin de la Société de Géographie de Paris*, nov. 1875, *pp*.514-605; — *Bulletin de la Société de Géographie du Caire*, 1876 [J. A. Letronne, “Lettres de ... Gordon Pacha sur le cours du Nil dans la région des grands lacs”, *Bulletin de la Société Khédiv. Géographie* 1 (1876-1877)?].

ンジゲ、すなわち「バッタ〔飛蝗〕の海」として知られる。それ以外の住民は「大海」と呼ぶが、ニヤンザ湖よりもかなり小さく、南西から北東までの長さは約一五〇キロ、平均の幅は三〇キロ以上だ。メイソン〔アメリカ出身エジプト軍人、行政官 Alexander Macomb Mason, Mason Bey 一八四一―一八九七〕がざっと推定した面積は四六五〇平方キロ、標高七〇〇メートルである。したがってナイル川はニヤンザ湖からこの下流湖に到るあいだに、高原部から地中海までの勾配の半分近くを下る。死海とおなじく、ムタン・ンジゲは地表の割れ目に水が溜まったもののように見え、左右から急崖の山々が見下ろす一方で、南北の両端はゆるやかな斜面の入り江で終止し、低い浜になっている。東岸の崖は花崗岩や片麻岩、赤い斑岩からなり、ウ・ニョロ地方〔ウニョロ、ブニョロとも〕とウ・ガンダ地方の高原に登ってゆく段々の一段目を形成する。これらの高地の沼沢から下る河川は、まだ高地の外縁に尋常な河床を形成するにいたらず、ナイル川のマーチソン滝のような瀑布になって流れ落ちる。水量はナイル川に及ばないが、落差は大きく、暗い峡谷の岩場の棚からなだれ落ちる高さは三〇〇メートルほどもあると推定される。

アルバート湖の景観と湖上交通

リヴィングストンほかの中央アフリカ探検家は、タンガニーカ湖をナイル川の流域内とみなし、余剰水が北東に流れてムタン・ンジゲになると考えた。しかし最近の探査により、両湖はまったく通じていないことが証明されている。アルバート湖を周航したジェッシや、彼に続いたメイソンも、南岸で同湖に流れ込むのは一条の浅く弱々しい水流にすぎず、草で閉塞していることを確認した。南岸は湿地帯で、浮遊する植物塊や、半ば水没したアンバチ、ないしアンバジ〔*ambatch, ambadj*〕と呼ばれる荳科植物ヘルミニエラ・エラフロキシロン〔*herminiera elaphroxylon*〕に覆われる。丈は五～六メートルで星形の葉が生え〔楕円形の葉身が互生するのみだが、ルクリュ原文に則す〕、エニシダ〔金雀枝〕のような黄金色の花が咲く。コルク樫と似た材質で、人間の知る最も軽い木材であり、八人乗りの筏でも一人で楽々と持ち運べる★。だが泥の水底に根が盤根錯節するこの叢には、現地住民の平底舟でも入り込めない。マストに登ったジェッシは、森林の向こうに、沿岸山脈が続く両側の山並みにはさまれた広大なサバンナを目にした。湖の南端は暗い泥水で、東岸のあちこ

★ *Petermann's Mittheilungen*, 1860, no.11; Schweinfurth, *loc. cit.*, 1868, no.1.

ちにはウ・ニョロ地方の住民が利用する塩水の泉がある。だがナイル川の水が不断に湖水を更新するので、ムタン・ンジゲは清らかな淡水湖である。嵐のとき以外には、風に押される潮流はまったく認められない。ただし岬周りや隘路から吹く突風のせいで、湖上の往来はかなり危険だ。あぶなっかしい舟で乗り出す現地住民は必ず大事な品を湖に投げ入れ、この「母なる海」の精霊たちへの供え物とする。ベイカーの友人になったある族長は、ガラス器をいくつかくれるよう求め、それを湖に捧げてこの異邦人の安全をはかった。だがこうした初期の訪問の以後、ムタン・ンジゲは一時エジプト副王領に併合され、種類の違う船舶も湖上に姿をみせるようになった。二隻の蒸気船が同湖を四方八方にわたり馳駆したのである。ナイル川は瀑流の区間でもって流れが寸断されているため、これらの船の搬入にあたっては、まずすっかり分解し、部品を運水陸路運搬せねばならなかった。ヘディーウ号を組立地点まで運ぶのに四八〇〇人を要し、六〇〇人の黒人が湿地や叢地、岩場をこえて汽罐を引っ張ってきたのである。東岸の崖は西岸よりもかなり高いので、西岸からは容易に対岸を望見するが、東岸からの湖面はまるで果てしなき海原のようにみえる★。

アルバート湖からの排水

湖に流入し、少し離れた箇所から出てゆく他の河川もそうだが、ナイル川はムタン・ンジゲの湖水と混じり合うことなく同湖を貫流すると述べる向きがあり、これは誤っている。河水と湖水のふたつの水塊には温度差があり、もし河水のほうが温かければ、湖面の表層にうすく広がり、それを風が撹拌する。あるいは河水のほうが冷たければ、湖底に下ってゆき、もっと軽い［比重の小さい］湖水を代替する。従って、たとえ流入地点が排水地点から二〇キロほどしかなくとも、ムタン・ンジゲから北方に出てゆくナイル川の水は、マーチソン滝をなす水とはまったく別物である。流入水はこの「大いなる水」に混じり込み、排水河川はこの巨大な溜池の余剰水からなるのである。ふたつの漏斗口のあいだの水深は浅く、小島や砂州の群れが湖岸の前方に散在する。

白ナイル川の浮島

ムタン・ンジゲの出口からのナイル川［白ナイル川。アルバート・ナイル川とも］の区間は、河畔の住民の言葉が色々

★ Mason, *Bulletin de la Société de Géographie du Caire*, no.5, 1878.

なのに従い、キル、メリ、バフル・アル・ジャバルすなわち「山々の河」など様々な名で呼ばれる。川幅が二〇〇～五〇〇メートルの静かな流れで、緑の両岸のあいだを長大に蛇行する。川央の水深は五～一二メートルなので、湖の下流二〇〇キロにわたり、大型船による通年航行も可能だろう。岸の近くには大小の川中島が森やパピルスの束のように水面から立ち上がる。とくに増水期のはじめには、流れをたゆたう浮島がみられる。もともとは、丈の高い水生植物の群落が引っ掛かけた枝葉や葦の帯が、船の錨鎖のようにぴんと張って、群落を引き留めるのがきっかけである。そのうちこうした植物の塵埃は分解し、浮島の最初の地層ができると、たちまち植物がそれを覆う。その側根や主根がからみあい、この緑の絨毯はある程度まとまりを保持する力を得る。こうしたぷかぷか浮かぶ庭園の植生は五～六年ほど更新を続けるが、そのうち根毛の網目もほどけ、大小の円形の塊に分かれてくるくると流れ下る★。しかし、植物の残滓が積み重なった結果、浮島の根が川底に達することもよくある。形を変えながら動き回るこれら板状の塊が川面を覆いつくし、その上を隊商が渡るのさえ目撃されている。草の浮島の成長が早いことは、この区間のナイル川がしばしば閉塞し、そのたびに新たな河道が形成された原因に違いない。現在の流路の西にある平野には、旧河道の痕跡があまたみられる。さて、西岸の平野の端にあってナイル川とコンゴ川の分水界をなす山脈〔ルウェンゾリ山地〕は、「探検家たちの山脈」とも名付け得るものだ。南から北に連なる諸峰はシュヴァインフルト、ユンケル〔ロシア人探検家 Wilhelm Junker 一八四〇―一八九二〕、チッペンダル、スピーク、エミン、ベイカー、ゴードン、ジェッシの名を冠する。

アスワ川

標高六〇〇メートルにあるドゥフィレの砦の下流でナイル川は大きく屈曲する。この箇所はナイル川流域の水文にとり非常に重要だ。アスワ川〔スーダンでの現呼称〕、ないしアシャ川〔ウガンダでの現呼称アシュワ川〕をはじめ、豊かな河川がいくつか本流に合するからである。何人かの地理学者は同川を、かつてスピークがニヤンザ湖〔ヴィクトリア湖〕の北東湾と考えたムバリンゴ湖、ないしバリンゴ湖〔現呼称〕（バフル・インゴ）からの排水路とみなした。だが一度は独立した水盆とされたムバリンゴ湖の存在は、最近になって疑問が呈されてきた。おそらく、バフルすなわち「海

★ Romolo Gessi, *Esploratore*, 1877.

［アラビア語］」という名称はたくまざる語呂合わせにすぎず、由来は、合戦にあたり豹の皮をまとう「豹の人々」すなわちバ・リンゴかもしれない★。この一帯を渉猟したばかりの旅行家トムソン［スコットランド人地質学者、探検家 Joseph Thomson 一八五八―一八九五］の報告は一八八四年八月時点でまだ公表されていないが、侃々諤々《かんかんがくがく》の議論の種であるこのバリンゴ問題につき、おそらく決着をつけるものだろう。いずれにせよ、アスワ川の発端はまったく湖ではなく、サマセット・ナイル川［白ナイル川］の東にある山岳地帯を源流とするのは確実と思われる。ではムバリンゴ湖から流れる川はといえば、たぶん直接にニヤンザ湖へ流れ込んでいる。同湖の北西の湾に流入するヤガマ川がそれかもしれない［バリンゴ湖には明瞭な流出河川はない。図10および14にヤガマ川の位置が示されているが不詳］。さてナイル川とアスワ川の合流点は左右を山々が囲み、岩場が立ちふさがるため、航行は困難である。その上流のナイルも斜面を泡立って流れるため、まったく渡渉できない★★。これはフォラの早瀬で、ウィルソンによると「第八瀑流」だ。上ナイルを航行する船舶はその下流で停船し、貨客を積み換えねばならない。ここで船は行き止まりになることが、例の急湛区間よりも上流のナイル川の水運を諦めねばならなかった理由のひとつである。ニヤンザ湖をめざす隊商は、ドゥフィレの大屈曲から南東に向かい、カルマの急湛の下手にあるフォウェイラないしファウェイラで再びサマセット・ナイル［白ナイル川］に再会する。現代のエジプト派遣軍も進軍したこの直線経路は、蜿々と蛇行する河谷を辿るよりも半分の距離で済む。

遡上限界

アスワ川との合流点よりも下流になっても、ナイル川には岩場がところどころ突き立ち、交通は困難である。イェルボラでは岩塊のあいだを分流になって下るし、マケドでは二メートル近く切り立った二つの滝をなしたのち、テレモ・ガルボとジェンコリ・ガルボの早瀬を急進する★★★。だが高水位期には、こうした滝口のうち通過不可能なものはなく、アルノー［フランス人探検家、地図作成家 Théodore Louis Joseph-Pons d'Arnaud,

★ Mackay, *Afrique explorée et civilisée*, 5 mai 1884, *p*.105.

★★ Gordon (1876), *op.cit*.

★★★ Alfred Peney, "Le Dr Alfred Peney et ses dernières explorations dans la région du haut fleuve Blanc. 1860-1861, extraits de ses papiers et de son journal de voyage, mis en ordre et accompagnés de notes par M. V. A. Malte-Brun", *Bulletin du la Société de Géographie de Paris,* juil.-déc. 1863, *pp*.5-96.

Arnaud-Bey〔一八一一―一八八四〕が一八四一年に行った記念すべき探検で到ったのがここまでである。「第七瀑流」をなすこの早瀬の下流は、ラガートないしレジャフ〔現呼称〕までと、ベッデンの蛇行部まで、年のうち九か月は蒸気船が遡航可能だ。だが低水位期には有名なイスマイリーヤないしゴンドコロの拠点が終点になる。これは長い間エジプト領スーダンの上流諸州の首府だった。火山錐のような姿のレジャフ山という砂岩の丘が高さ一〇〇メートル以上に立ち上がる。姿は完全な円錐で、頂部は塔状の岩であり、船員たちにとってはナイル遡上の長い旅の終点を知らせるものだ。現地に暮らすバリ人がこれをログヴェク、すなわち「振動するもの」と呼ぶのは、一帯で地震がひんぱんだからである。フェルキンによると、レジャフを起点とする地震地帯は南東に伸びており、大湖沼の全域を含む★。

アッ・ゼラーフ付近の白ナイル川

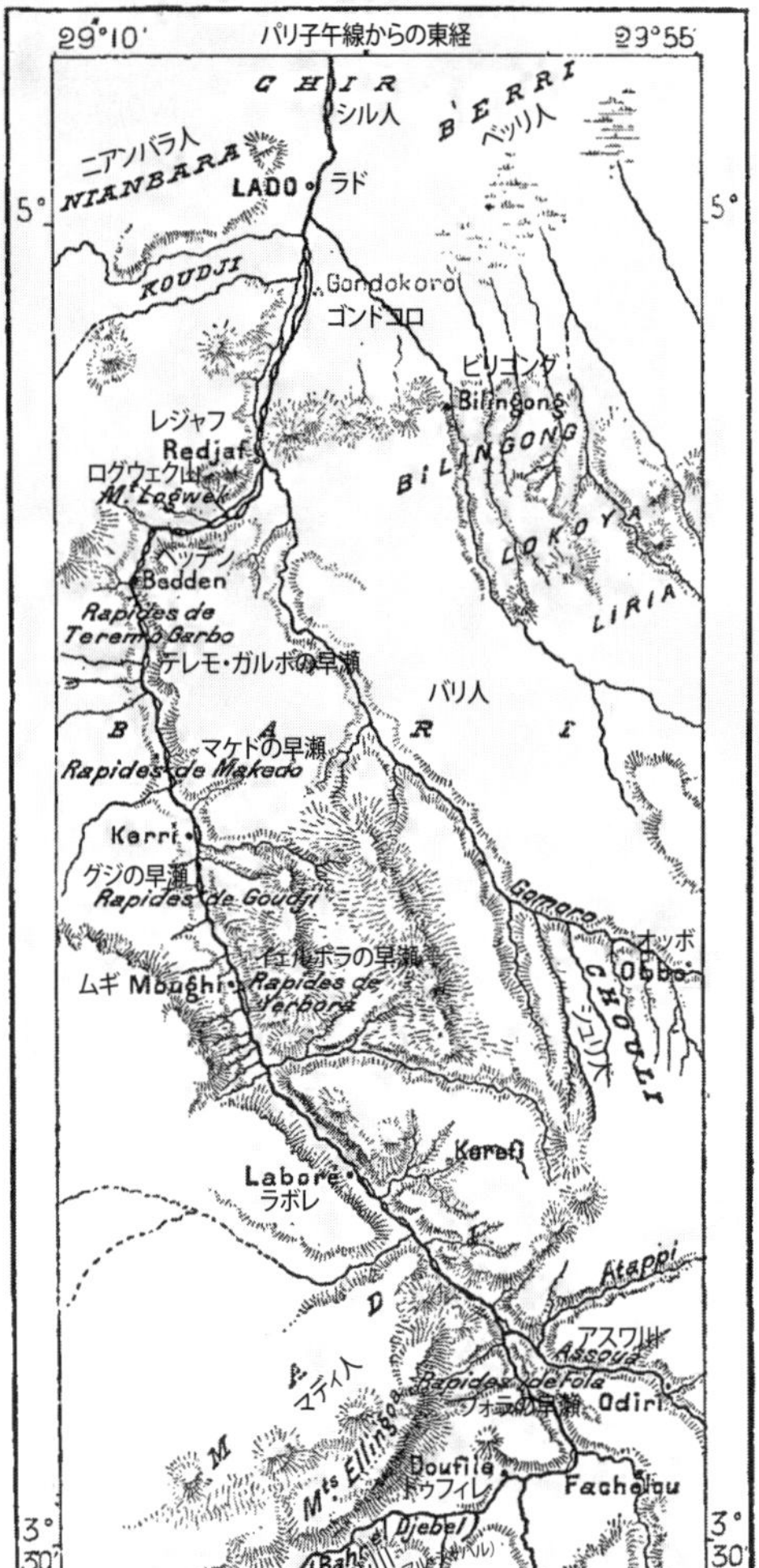

図11　ドゥフィレからラドまでの区間

★ Wilson and Felkin, *op.cit.*

レジャフやゴンドコロといった中流部の遡上限界における通常期の流量は、ドゥヴャクとペネー〔フランス人医師 Alfred Peney 一八一七—一八六二〕の推定をもとにしたロンバルディーニ〔イタリア人水利技術者 Elia Lombardini 一七九四—一八七八〕の計算によると毎秒五五〇〜五六〇立方メートルと思われる。ニヤンザとムタン・ンジゲという大型湖の調整機能により、渇水期にも三〇〇立方メートル、増水期には九〇〇立方メートルまで流量は上下する★。雨水はゴンドコロと、赤道州〔エジプト領スーダンの一州、現スーダン中赤道州〕の新都ラドないしラルドでナイルに集まるため、かなり水量は増えるが、きわめて勾配の小さい平地を流れるので、多くの水流に分岐する。バフル・アル・ジャバル、ないしディンカ人がキル川と呼ぶこの区間のナイル川〔白ナイル川〕は二次的な水流を左右に派し、それらは湿地の中にまぎれてゆく。本流さえ完全にふたつに分岐してしまう。うち狭義のナイル川ははじめのうち北西方向を維持するが、もう一方のバフル・アッ・ザラーフ、すなわち「麒麟《ジラフ》の河」は北上し、約三〇〇キロにわたりサバンナや湿地〔現アッ・ゼラーフ野生動物保護区〕を通り抜けてふたたび本流に合する。マルノ〔オーストリア人探検家 Ernst Marno 一八四四—一八八三〕が述べるところでは、これは川というようなものではなく、コール〔khôr〕すなわち「ちょろちょろの流れ」にすぎず、年々訪れるのが困難になっている。船が入り込めるのは数か月、あるいは数週間の高水位期だけである★★。あきらかに、バフル・アル・ジャバルおよびバフル・アッ・ザラーフと両河の多くの分流、そして両河に合流する支川群が蛇行する低地は、かつて広大な湖面だったのであり、沖積によりゆっくりと埋め立てられたのである。この形成中の平地のただなかには、岸がはっきりと分かる固められた陸地の基台に、いくつかの岩礁が載っている。この古代の内海の北岸が始まる地点は、ナイル川が急に曲がってバフル・アル・ガザール川、すなわち「羚羊《ガゼル》の河」と合流することで明瞭だ。この屈曲部は「諸川のくびき」と呼ばれ、本流もこまごました流れも、全水系がコルドファンの高原に沿って東に曲がるのを余儀なくされる。ノ〔現呼称〕、ノウ、ないしビルカ・アル・ガザールと呼ばれる湖の残余が、太古のくぼ地にまだ水を湛えるが、湖岸は湿地で、増水や土砂の運

★ Elie[Elia] Lombardini, *Essai sur l'Hydrologie du Nil*, Paris: Challamel ainé, Milan: Théodorre Laengner, 1865.

★★ Marno, *Petermann's Mittheilungen*, 1873, no.4; Ernst Marno, *Reisen im Gebiete des blauen und weissen Nil*, Wien: C. Gerold, 1874.

搬といった水流の作用により、湖の輪郭はしょっちゅう変化する。移動したり、分裂したり、合同するかと思えばまたもや分裂するといった具合のため、現地で作成された地図はどれも輪郭が異なる。だが現在はナイルほかの河川による不断の運搬物質のせいで沈泥し、縮小中らしい。一八四〇年にアルノーが作成した地図では、かなり大きな湖面に描かれているからだ★。

白ナイル川の閉塞地帯

「諸川のくびき」はナイル川の流路のうち、植物の残骸が閉塞することが最もひんぱんな区間である。本流や分流、

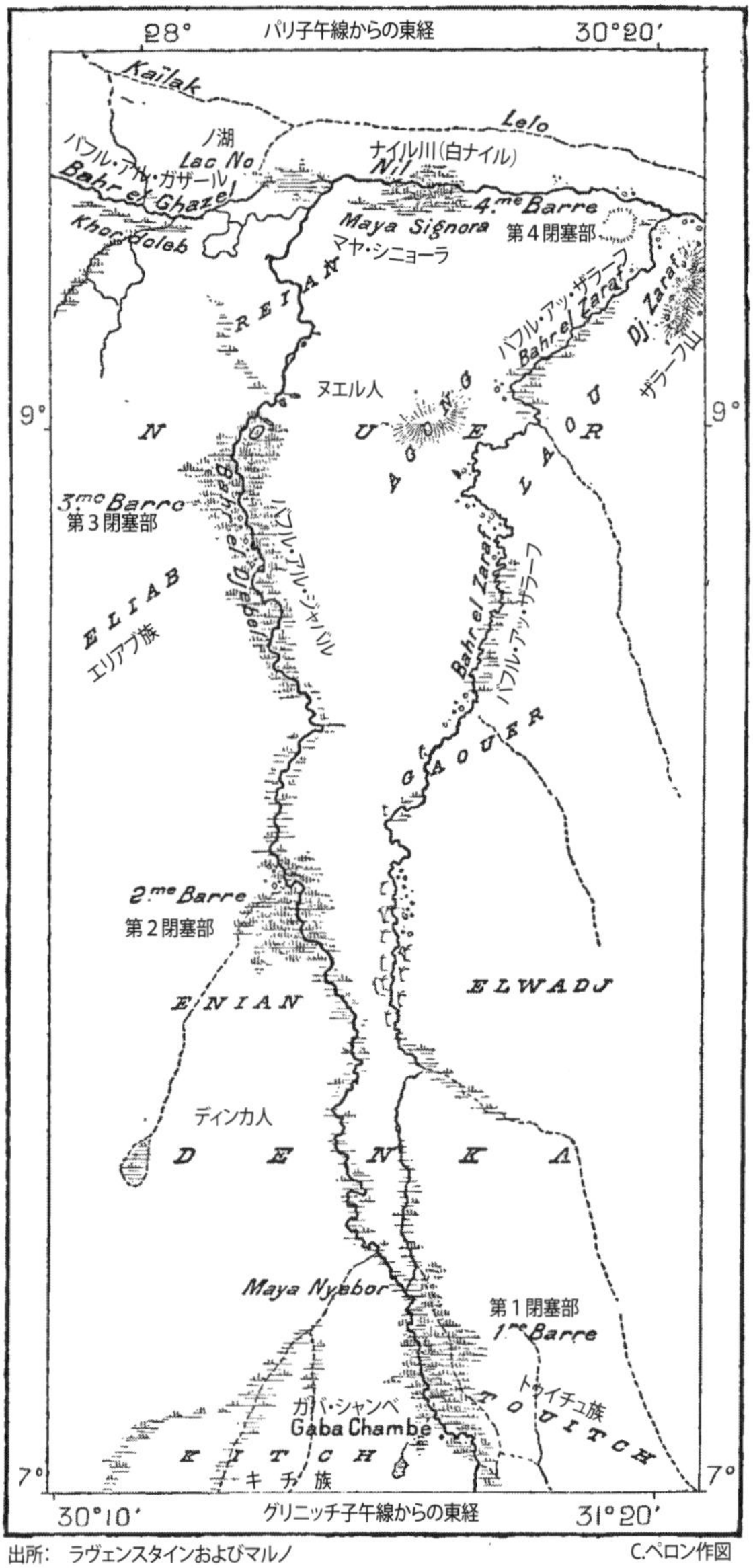

出所：ラヴェンスタインおよびマルノ
C.ペロン作図

図 12　閉塞地帯［サッド地方］

★ *Société de Géographie de Paris*, séances du 3 déc. 1880 et du 20 juin 1884.

横手のバイユー〔小河川〕が運び込む浮島が急な曲がり角にひっかかり、筏のように両岸をつないでしまう。流れを邪魔されたナイル川は流路を変えるが、アンバチの叢に押しとどめられた別のセッド〔sedd アラビア語で壁。サッド〕すなわち種々の草の塊がそちらも閉塞する。ルイジアナ州のレッド川沿いのクレオール住民〔現地生まれフランス系アメリカ人〕が呼ぶ「アンバラ〔embarras 英語ではラフト。本シリーズ『アメリカ合衆国』三五〇―三五二頁〕」、すなわち草や葦、枝がからまって出来た障害物が、二〇キロほどもふさいでしまう。植物の残骸が固まると土の層になり、パピルスや、さらには木本植物さえ生えて森が成長するが、その下には川が隠れ、ゆっくりと流れ続ける。こうした浮島の上にはヌエル人〔ナース人、ヌアー人とも〕の多くの家族が定着する。食糧はもっぱら土を貫いて採る魚と、スイレン科のいろいろな植物の種子である★。川や沼の岸辺にはところどころ膨大な蟻塚が集まるが、どれも冠水時の水位を上回る高さをそなえる。水位の上下にともない、蟻は内部の層を登り降りする★★。この水浸しの地方で最も興味深い住人のひとつはアラブ人が「スリッパの父」と呼ぶ鳥で、くちばしの形が名の由来だ。博物学者のいうバラエニセプス・レクス〔*balæniceps rex*〕で、脚は長く、灰色がかった羽毛で、頭でっかちな奇妙な姿のため、蟻塚の上にとまっているのを遠くからみると、鳥なのか、それとも灰を体に塗ったヌエル人の漁師なのか、見分けがつかないことがある★★★。

ネロ帝〔帝政ローマ第五代皇帝 Nero Claudius Caesar Augustus (Drusus) Germanicus 三七―六八〕がナイル川の源を発見するために送った使節団が、草の海にはばまれて止まらざるをえなかった時代このかた、同川の閉塞がしばしば探検家を押しとどめたことはよく知られている。今世紀前半に上ナイルをさかのぼった旅行家も、大半はからみあう草を押し分けて航行せねばならなかった。ティネ嬢〔オランダ人旅行家 Alexandrine Tinne 一八三五―一八六九〕の蒸気船が通過した流路はいまも「マヤ・シニョーラ」の名を保持する。一八七〇年から七七年までの七年間にわたり、ナイル川は完全に閉塞し、航行はバフル・アッ・ザラーフを利用するしかなかった★★★★。遡上するには数週間、ときには数か月も、蚊が雲霞のように湧く不健康な水の上での生活

★ Wilson and Felkin, *op.cit.*
★★ Samuel W. Baker, *The Albert Nyanza*, Philadelphia: J. B. Lippincott & Co., London: Macmillan, 1868.
★★★ Marno, *op.cit.*; Schweinfurth, *Au cœur de l'Afrique*, *op.cit.*
★★★★ Marno, *op.cit.*

を余儀なくされた者は多い。一八八〇年のジェッシも、五〇〇〇人の兵士と多数の解放奴隷とともに身動きがとれなくなり、彼の蒸気船も、それ以外の船も通路を切り開けなかった。オーストリア人マルノが指揮するエジプトの小船隊が、下流から閉塞部を除去して航路を開いたのは三か月後である。虫や熱病にやられ、食糧は草や斃れた仲間の肉しかない状況で、閉じ込められた人々の大半はこの湿地が終焉の地になったし、助かった者も衰弱し、大半が間もなく死亡した。ジェッシ自身もこのあと数か月を生き延びたのみである。カイロで六月初旬、ときにはもっと長く二〇〜三〇日間にわたりみられる「緑色の河水」はノ湖の湿地を原因と考えねばならない。植物性の細胞が満ちた河水は沼臭く、不潔なので、川沿いの住民は飲もうとせず、あらかじめ貯めておいた水で渇きをいやす。エチオピアからの諸流が増水を始めると、こうした植物の滓は沈んでしまったり、灌漑用水路に押し流されてゆくので、ようやくナイル川はあれほど絶賛された数々の長所を取り戻す★。

バフル・アル・ガザール川

ノ湖の流域でナイル本流に合する「羚羊の河《バフル・アル・ガザール》」は「バフル［アラビア語］」すなわち大河ないし海で、ナイル上流部と直角、すなわちぴったり西から東に流れる。合流点よりも上流の水を集めた河川で、ナイル川が形成するアンバラ、すなわち一時的な閉塞を破壊し、流路をすっきりさせる。バフル・アル・ガザールには規模まちまちな百あまりの河川が合流し、その点で、もっと北方［下流］のナイル川流域の河川が貧弱か、あるいは皆無であるのと強い対照をなす。ナイル支流群は全体としてすこぶる不均一に分布し、いわば機構の対照性を具現する。この一帯の降水量は源流の高原地帯では、ニヤンザ湖［ヴィクトリア湖］もサマセット・ナイル川も東西から水流を受け取る。源流の高原かなりのものなので、貯水機能をもつ湖には四方八方から河川が集まるのだ。ところがムタン・ンジゲ［アルバート湖］以北のナイル川の支流群は、左右両岸から代わりばんこに流れ込む。ノ湖の湿原を終点とする区間では、支川群は西から到来するのに、その北になると、東にあるエチオピアの山岳部からの水流を受け取るのだ。さらにその下流になると、一二五〇〇キロにわたりナイル川は左右どちらからも河川が合流しない。ナイル河谷に口を開く雨谷には、

★ Schnepp, *Bulletin de l'Institut égyptien*, 1861, 1862; Lombardini, *op.cit.*

まれな豪雨の際しか流水がなく、たちまち干上がる。暑熱地方のナイル川は、二束の枝だけが火をまぬかれた一本の樹木のようなものだ。地球上の水流のうち、集水域のない部分が最も長大なのはナイル川ではないかと思われる。大雨のときよりも長く存続する西側支流を見出すには、河口から三七〇〇キロをさかのぼらねばならないが、対照は鮮烈である。気候の移り変わりは地表に再現され、不毛の平地や岩山に続くのは、ありあまる水流の地方である。

河川地方

バフル・アル・ジャバル［白ナイル川］、ナイル‐コンゴ分水界、フール地方［ダルフール地方］の高原が囲む三角形の地方は、全域に河川が縦横に走り、ほぼどの川も植物の残骸が埋め立てた旧湖面に向かって収束する。その支川や、さらに下位の支流群とともに巨大な迷宮をなし、旅行家は現在地を知るのにえらく難渋する。ナイル川もそうだが、どの水流も、その河谷や近傍に暮らす部族とおなじ数だけ呼び名があるからだ。主な河川だけでも、ナイル河畔の湿地に姿を消すイェイ川、バフル・アル・ガザールに合するロール川、トンジ川と合流してアパブ川になるロア川、マシュラ・アッ・ラックすなわち「ラックの桟橋」でバフル・アル・ガザールと合流し、他の支川合計よりも大量の水を供給するジュール川、ジュール川の支流パンゴ川、そしてファミカム川がある。ファミカム川はバフル・アル・アラブ、すなわち「アラブ人の川」の名のほうがよく知られており、北方流域の限界をなし、バフル・アル・ガザールを経て、ナイル川を東流させる河川だ［現呼称ロル川］。これらの川の大半は河川勾配がきわめて小さい。ムタン・ンジゲ［アルバート湖］に隣接する山中に端を発する渓流群は流速が高いが、全流路が平野地方にあって、源流部からコンゴ川流域へ向かっても屋根［分水界］を見出せないような川もある。ロール川、ジュール川ほかのナイル支流は、草で閉塞したナイル川に流入できるほどの流速がなく、同川とともに溢流するため、冠水期には一帯の数千平方キロが湿地帯になり、まったく通過できなくなる。ナイル川流域のこの地方の降水は、ナイルに到達する前にかなりの部分が蒸発する。年間降水量はカイロ手前のナイル川の流量を上回る。

バロ‐ソバト川

閉塞地帯の下流でナイル川は曲がり、尋常な北への方向を取り戻すが、そこで東の支流ソバト川を受け取る。ソバト川も色々な名で呼ばれる川だ★。ソバト川の集水域はすこぶる広く、ルッセガー〔オーストリア人地質学者 Joseph Ritter von Russegger 一八〇二―一八六三〕はこれこそナイル本流と信じたが、エチオピアの山々からの水を一部に含む初の支流で、じっさいしばしばバフル・アル・ジャバル〔白ナイル川〕を上回る水量をそなえる。最高水位になると、ナイル本流は合流点の手前で停滞し、運んできた水草は逆流する★★。ソバト川の流れは白っぽく、それがナイル川の黒々とした水流に消えてゆくが、河水の色からみれば、同川こそバフル・アル・アビアド、すなわち「白い河」の名称にふさわしい★★★。その支流にはナイル川東方に広がる低地に誕生するものもあるが、最大支流はそのはるか東、地中海とインド洋の分水嶺をなすゲシャ山地〔不詳。Amba Geshen か〕の高地河谷に端を発する。ソバト川はバロ川とも呼ばれ〔バロ川とピボル川が合流してソバト川を形成する〕、この流域のあらゆる河川とおなじく一〇余りの種々の名称をもつが、平地への入り口で湿原の湖を貫流する。この湖をアラブ人はベハイルと呼ぶが、シューヴァーは母国の思い出として「ハールレム海」と命名した。雨季になると、バロ川は大量の水をソバト川に運び込む。一八六二年六月十五日にプリュスネレ〔ベルギー人旅行家 Eugène Jacques Marie de Pruyssenaere 一八二六―一八六四〕がナイルとの合流点から一二〇キロの地点で測定した流量は、毎秒一二〇〇立方メートル超だった。したがっ

★ 上ナイル川と支流の名称［図 14 参照］

ナイル川	（ニヤンザ湖 - ムタン・ンジゲ間）キヴィラ、サマセット。メリ（マディ人）。カレ（バリ人）。キル（ディンカ人）。イェル（ヌエル人）。バフル・アル・ジャバル（ムタン・ンジゲ - ノ湖間、アラブ人）。バフル・アル・アビアド（ソバト川との合流点下流、アラブ人）
イェイ川	アイ、ドグルグル、ジェミド、ロディ、バフル・ラウ
ロール川	ナム・ロール、フェリアル、ウェリ、ヤボ、ナム・ゲル
ロア川	メリッディ、バフル・ジャウ
トンジ川	レッシ、ドッゴル、クワン
ジュール川	ヘレ、ニエナム、バフル・ワウ、ウグル、レラバ
パンゴ川	ジ、ディシ、オンガカエル、バフル・アル・ホムル
ファミカム川ないしバフル・アル・アラブ川	リアルイ、ロル、ロッロ、コムコム
ソバト川	バフル・アル・モカテ（アラブ人）。ワイク、ワー、ター（シッルク人）。ピンイン、ティルフィ（ヌエル人）。ビエル、キエティ、キディ、キラディド（ディンカ人）。

★★ Samuel White Baker, *Ismaïlia*, Paris: Hachette, 1875.
★★★ Russegger; Hansal; Charles T. Beke, *Sources of the Nile*, London: James Madden, 1860.

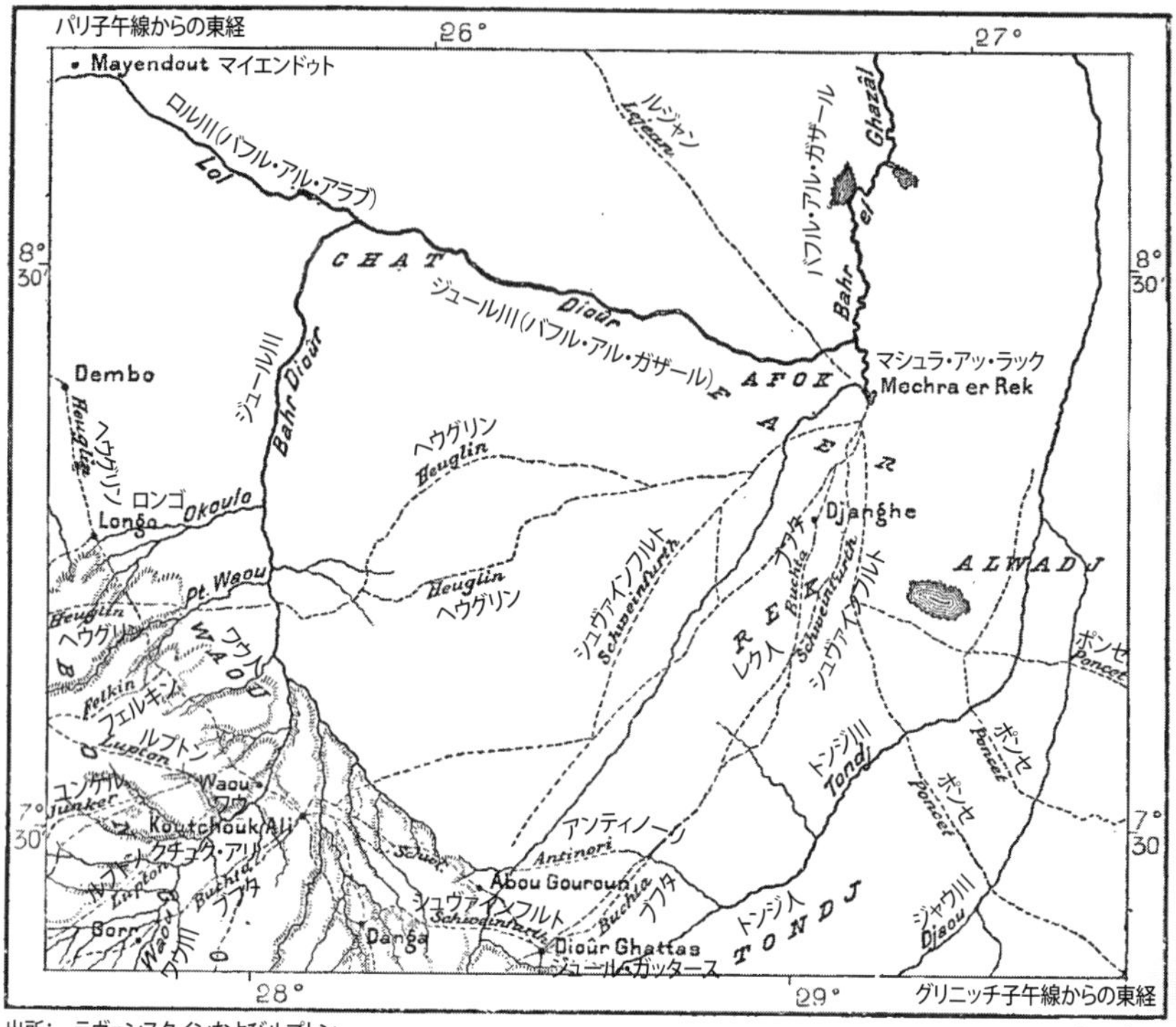

出所：　ラヴェンスタインおよびルプトン　　C.ペロン作図

1 : 2 200 000

0　50 km

図 13　マシュラ・アッ・ラックと河川地方

てソバト川下流部では高水位期の航行が容易だが、撤収の時期を誤ると、砂州につかまる危険がある。商人アンドレア＝デボノ〔マルタ人商人、探検家 Andrea Debono 一八二一—一八七一〕がそうで、十一か月も閉じ込められた。

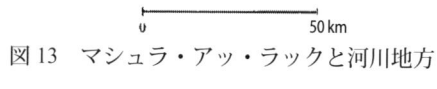

白ナイル川と青ナイル川

ソバト川との合流後、ようやくナイル川はバフル・アル・アビアド、すなわち「白ナイル川」の通称を得る。ヨーロッパ人は一般に白ナイルをカルトゥーム〔ハルトゥームとも〕よりも上流の名称とする〔現在は国際的にはアルバート湖までの全区間、すなわちルクリュのいうバフル・アル・ジャバルとサマセット川（サマセット・ナイル）を一括して白ナイルと呼ぶ〕。カルトゥームではもう一本のナイル川であるバフル・アル・アズラク、す

挿画Ｖ　カルトゥームのナイル川
R. ブシュタ氏の一葉の写真をもとに、テイラー筆

なわち「青ナイル川」と合同する。じっさい色合いは対照的で、白ナイルが有機物の残滓が混じって白濁しているのに対し、岩山地帯から下る青ナイルは一般にもっと澄んでいる。だが最大の違いは季節の流量だ。カルトゥームから白ナイル川の未知の源流までの距離は、同市から地中海までよりも遠いため、流量は青ナイル川よりも一定である。大湖沼の群れや、ノ湖付近の湿地により流量が平準化されるため、通年にわたり定常的だ。すなわち青ナイル川よりも渇水期の水量は多く、増水期の水量は少ない。いっぽうのバフル・アル・アズラクは荒れ川の性格をもち、エチオピア高原に大雨が降ると、たちまち増水して白ナイル川を上回る。この威圧的な増水は、ブルース［スコットランド人旅行家、著作家 James Bruce 一七三〇―一七九四］に倣った旅行家た

挿画 VI　カルトゥーム全景
R. ブシュタ氏の一葉の写真をもとに、スロム筆

ちが、長きにわたり青ナイル川を筆頭と主張した理由である。しかしスピークやグラント、ベイカーによる諸発見からのちは、同川はバフル・アル・アビアドの支流以上のものとは考えられない。平均流量はもっと小さいし、渇水期には平底舟さえ航行できない。かつて言われたように、海までの流れを作るのは白ナイルだが、人間の糧をもたらす洪水を持ち込むのは青ナイルなのだ。白ナイルなくしてエジプトは無かったであろう。だが青ナイルなくしては、エジプトのすばらしい豊饒さも無かったのだ★。エチオピアからの河川群はデルタの田園部に養分に富んだ水を流し込むだけでなく、絶えず土壌を更新する土を運び入れ、変わらぬ芽吹きを保障する。毎年増水し、見たところ理由もないまま溢水しては退

★ Samuel W. Baker, *The Nile tributaries of Abyssinia*, London: Macmillan, 1867; Winwood Reade, *Martyrdom of Man*, London: Trübner, 1872.

次頁★カルトゥームにおけるおおざっぱな流量（Linant による。m^3 ／秒）

バフル・アル・アビアド［白ナイル］	増水期	5005	渇水期	297
バフル・アル・アズラク［青ナイル］	〃	6104	〃	159

ふたつのナイル川の神秘は、エチオピアの山々により説明される。ふたつのナイル川の流量が定期的に測定されてこなかったのは遺憾だ★。カルトゥームの水位標は青ナイルの流量推定にしか役立たない★★。

アッバウィ川

ふたつのナイルの合流点に到れば、すでに古代人も知っていた地域である。バフル・アル・アズラクはプトレマイオスのいうアスタピュス川だ。同川の発端［タナ湖］についてはローマ人すら知っていた可能性がある。というのも源流をコロエ・パリュスという湖としているからだ。ただし実際よりも一二度南方に描いている。タナ湖、ないしツァナ湖はアッバウィ川の水源と考えられているが、さらに二五〇キロ東を源流とするバシロ川［原文 Bechto すなわち Beshitta だが、現通称で訳出する］のほうが、流路の長さだけからみれば本流とみなさねばならない★★★。だがタナ湖から流出する川は、流量を調節する湖のおかげではるかに定常的という長所をそなえる。増水は緩慢だし、乾期にも気づかぬほど徐々に水位が低下する。湖面の年間変動はやっと一メートルを上回るかどうかにすぎない。この流域で筆頭の河川であるアッバウィ川が生まれるのは、タナ湖から一〇〇キロほど離れたデングイヤ山★★★★［不詳］の北東の麓にあるギーシュ・アッバイである［現在はタナ湖まではアッバウィ川と呼ばれる］。十六世紀末にこの地方に入植したポルトガル人がアッバウィ川の源流を訪れたのは間違いないが、初めて記述したのはイエズス会士パエス［スペイン人宣教師 Pedro Páez Jaramillo 一五六四―一六二二］である。彼によればアッバウィ川の発端は、とある湿原の底からにじみ出て小さな澄んだ湖を形成する。現地住民は槍が底に届かぬため「深さは知れぬ」という。その湖から小川が流れ出るが、川面を覆ってそよぐ草の帯が流路を教えるのみである。しかし二キロ下流になると水流が地表に戻る。ポルトガル人やブルースはこれをナイル川と呼んでいた★★★★★。いっぽうアッバウィ川源流の湧き水地帯の上方には燃える蒸気がみられたといい、おそらく鬼火の類いだが、現地住

★★ Mason, *Bulletin de la Société de Géographie du Caire*, 1882.

★★★ Martin Theodor von Heuglin, *Reise nach Abessinien*, Jena: Hermann Costenoble, 1868.

★★★★ Antoine d'Abbadie, *Géodésie d'Éthiopie*, carte no.5.

★★★★★ W. Desborough Cooley, "Notice sur le père Pedro Paez suivie d'extraits du manuscrit d'Almeida intitulé Historia de Ethiopia e alta", *Bulletin de la Société de Géographie de Paris*, ser.6, 3, 1872, *pp*.532-553.

民が尊崇する由縁になった。現在なお、同川の精霊に動物が供えられる★。アッバウィ川は幅一〇メートルほどの流れになってタナ湖南西の入江に注ぐ。河水はしばしば濁り、長い沖積性の半島を湖中に突き出し、デルタは移動する河口群に切り分けられている。だがタナ湖から出てゆくほうのアッバウィ川は澄んだ青い水流で、バフル・アル・アズラクの名にふさわしい。最大の流入河川と流出する河川がともに同名の湖であるすべての例とおなじく、現地住民も旅行家たちも、アッバウィ川、すなわち青ナイル川は湖水と混じり合うことなくタナ湖を通り抜けると口をそろえて繰り返すが、それはあり得ない。水温差のせいで、流入するアッバウィ川は湖面の遠くまで広がるか、あるいは湖底に潜り込むはずである。ただし、流入口から流出口まで一筋の流れはみてとれるらしい。この流れを形成するのは湖水だが、遠くからも水面の反射で判別できる★★。

タナ湖

タナ湖はアフリカ中央の大型湖群に仲間入りできる広さがない。シュテッカー［オーストリア人探検家 Anton Stecker 一八五五―一八八八］の測量による湖面は二九八〇平方キロで、ニヤンザ湖の二〇分の一以下だ。だが主に北方に沖積平野が広がるところをみると、かつてはもっと大きかった。南は流出路が三角江状に口を開ける湾になって伸びるが、それを除けば、タナ湖の全般的な輪郭は火口湖に似ており、著作家のなかには、一個の巨大な火口湖ではないかという仮説を提出した者もいた。だが、地下深くに炉心［マグマ溜まり］をそなえる他の多くの土地にみられるのと同様に、崩落したくぼ地である。周囲は数百メートルの高さにそそり立つ玄武岩の丘陵地で、岬状に湖をとりかこむ。湖面に突き出す島々は火口丘のようにもみえる。湖の中央部はかなり深い可能性があり、ロシェ＝デリクール［フランス人商人、探検家 Charles-Xavier Rochet d'Héricourt 一八〇一―一八五四］は東岸近くのマテラハ島ないしマトラハ島［現呼称ミトラハ島］付近で水深一九七メートルとしているが、その後におなじ水域で行われた測深結果からみると、彼の測定には誤りがあるようだ。シュテッカーによる最大水深は七二メートルにすぎない。ただしシュテッカーが測深したのは島が多い北湖面ではなく、南にある湾である。

★ Charles T. Beke, "Abyssinia, Being a Continuation of Routes in That Country", *Journal of the [Royal] Geographical Soceity*, vol.14, 1844, *pp*.1-76.

★★ Stecker, *Mittheilungen des Afrikanischen Gesellschaft in Deutschland*, 1881, Bd III, s.32.

湖水はきわめて澄んでおり、ナイル川の水とおなじくらいに飲める。イグサ〔藺草〕が生えるのは南西の岸辺に限られるが、地中海性のダンチク〔暖竹〕という丈の高い軽い種で、住民はそれを藁苞《わらづと》状に組み、タンクワ舟を作る。隙間のある筏舟だが、中央に高い台をしつらえ、荷物が濡れないようになっており、二～四人の漕ぎ手が乗り組む。だが湖岸のあいだの交易はすこぶる低調である。美しい湖面をめぐる木立には色とりどりの蔓植物がからみつき、それを透かして見えるのは遠い山々と、きらきら輝く青い湖水の囲む円錐形の島々だ。カバ〔河馬〕の群れは長い航跡を引いてひんぱんに泳いでゆく。湖中にワニ〔鰐〕はいないが、アッバウィ川の滝の区間よりも下流には多い。タナ湖には現地住民がアイラ〔aila〕と呼ぶ小型のジュゴン目がいるらしいが★、それを目撃したヨーロッパ人旅行家はいない。魚はきわめて豊富で、大半がコイ〔鯉〕科だが、ナイルとは異なる独特な動物相である。岸近くの湖底には、外観も身の味もカキ〔牡蠣〕に似た双殻類がいる。だがこうした湖の幸を獲ることにいそしむ漁師はずいぶん少ない。

青ナイル川の流路と支流

タナ湖の標高は一八六〇メートル〔一七八〇メートル〕で★★、流れ出すアッバウィ川ないしバフル・アル・アズラクは最初ゆったりと南東に向かうが、湖から八キロにあるウオレブになると、最初の飛瀑を形成する。その下流は幅二〇〇メートルほどの流れが樹蔭のもと、プレイリーのなかを蛇行するが、とつぜん岩棚から二五メートルを落下する。これがティス・エサトすなわち「水煙」の滝で、ふつうは隣接する渓流の名をとりアラタの滝と呼ばれる。滝壺から水煙が立ち昇り、滝の中央にあるピラミッド状の岩のうえにぽつんと立つ一本の樹木が、ひっきりなしに風に揺れるのが見え隠れする。渦巻く滝壺の下流は急に川幅が縮小し、曲がりくねる峡谷にアッバウィ川は入り込む。いちばん狭い箇所では二～三メートルしかなく、ポルトガル人が架けた一本の橋がわたる。アーチがひとつだけで谷を渡るが、西岸には別のアーチ群が続く★★★。さらに五〇キロほど下流にも別の橋があるが、中央のアーチが欠損し、その残骸が激流の岩礁のようになっている。これらふたつの橋の

★ Theodor von Heuglin, *op.cit.*
★★ アントワーヌ＝ダバディ氏の測量による。
★★★ Antoine d'Abbadie, *op.cit.*; Achille Raffray, *Abyssinie*, Paris: Plon, 1876; Beke, *Sources of the Nile*, *op.cit.*

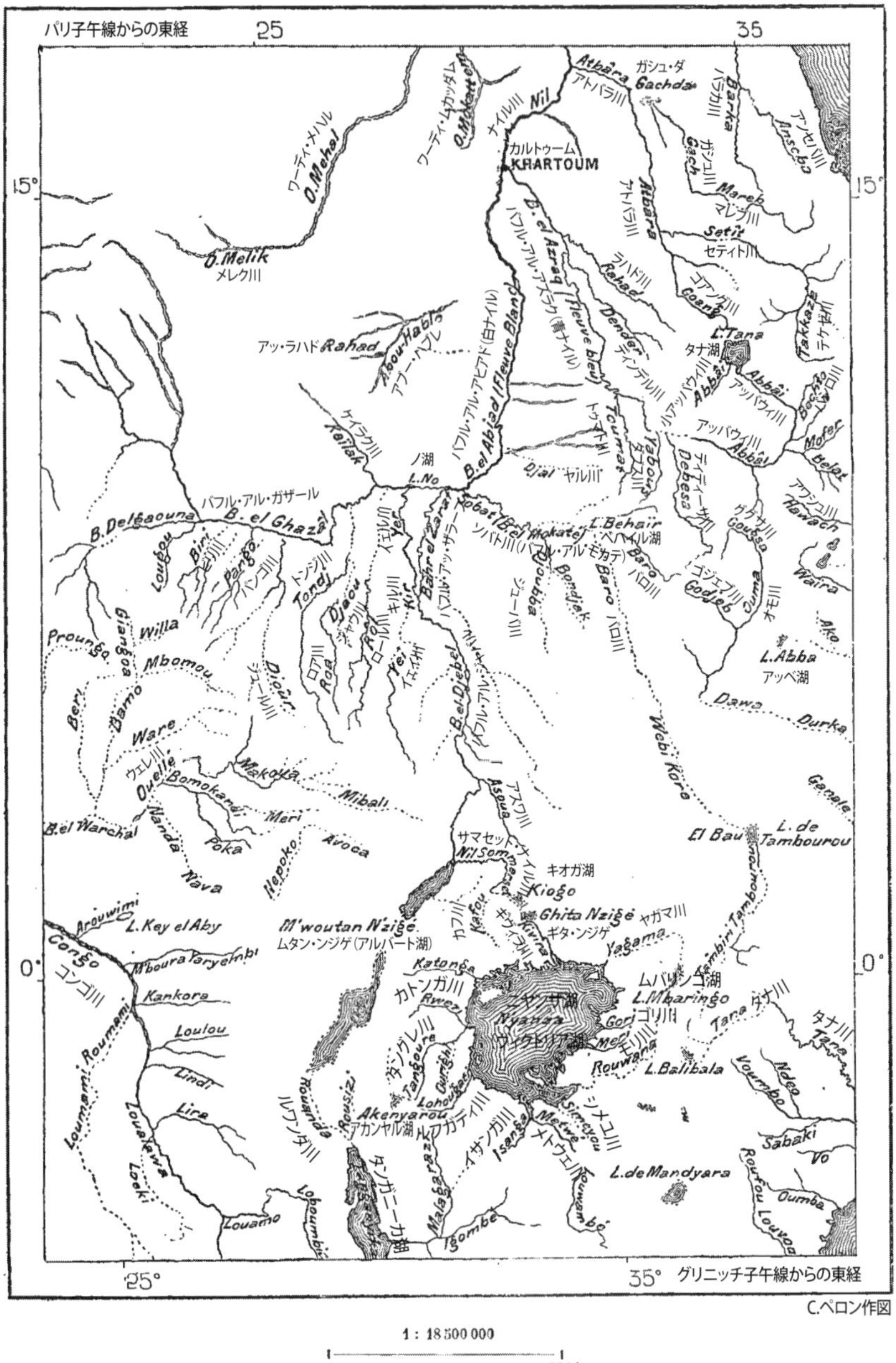

C.ペロン作図

1 : 18 500 000

0 500 km

図 14　ナイル川の集水域

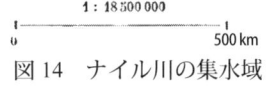

あいだの区間は滝と急湛が連続し、高度差は少なくとも六〇〇メートルはある。左右は急峻な山並みが続き、峡谷の出口はみえない。だがエチオピア高原に沿って半円を描いたのち、アッバウィ川は平地に入り、北西に向かう。この長大なカーブの始点から終点までの高低差は一二〇〇メートル以上に及ぶが、その下流になると、カルトゥームの合流点まで勾配はほとんど感じられず、川はのんびりと蛇行する。だが両岸は沖積性なので、水流の圧力により垂直に崩落する。渇水期になると、バフル・アル・アズラクは上流から下流までやせ細り、ナイル川のこの区間は胸まで水につかることなく渡渉できる。南方からの主な支流であるダブス川とトゥマト川〔図66〕は、半年以上にわたり単なる砂の河底にしかみえないが、地中に流水がある。東からの大型支流のひとつであるラハド川ないしアブー・ハラズ川は、エチオピア高原の縁部山脈の西麓に端を発するが、増水する季節までは、合流点のはるか上流まで完全に干上がる。だが六月から九月中旬にかけて上流の山腹に驟雨が降ると、水位は川岸いっぱいになり、沿岸の作物は十分すぎるほどの水を得る。ディンデル川もエチオピアに端を発するが、ラハド川よりも涵養水が豊かで、通年にわたり水流があるようだ★。高水位期の余剰水を溜め、乾期に利用するうえで、同川ほど有用にして、溜池を築造するのに好適な河川はあるまい★★。さてカルトゥームにおけるふたつのナイル合流点の標高だが、三七八メートルから四三三メートルまで、諸家により測量結果はまちまちである。

アトバラ川水系

エチオピア高原の南部とおなじく、その北部もナイル川流域で、単に山地の西麓のみならず、紅海側の斜面を見下ろす山脈からすぐそばの高地の、ど真ん中に端を発する河川もある。アトバラ川水系の主流であるタッカゼ川〔以下テケゼ川〕の源流は標高二〇〇〇メートルの地点で、はじめは西に向かいタナ湖に流れ込む勢いをみせるが、結晶性の片岩の岩壁のあいだを削りながら下ると、たちまちエチオピア高原よりも低くなる。北に曲がる地点ではすでに標高一三〇〇メートルで、両岸に熱帯の植生が出現する。寒風にさらされる周囲の山地

★ Pierre Trémaux, *Voyage en Éthiopie au Soudan Oriental et dans la Nigritie*, tome II: *le Soudan*, Paris: Hachette, 1862.
★★ Baker, *The Nile tributaries of Abyssinia*, *op.cit*.

から降りてくると、まるで温室に入り込んだようだ★。高原地方を抜けたテケゼ川はふたたび西流し、峡谷から峡谷をへて平野部に入ると、セティト川に名前が変わり、支流アトバラ川を受け取る。アトバラ川の水量ははるかに少なく、流路延長もテケゼ川の半分ほどしかないが、タナ湖のすぐ西を源流とする河道の方向は、合流後の河川の方向と一致する。このため、黄色く渦巻くミズーリ川に合流するミシシッピ川が、以後もミシシッピと呼ばれるのと同様に、水系全体はアトバラ川の名を冠する。テケゼ川の支流のひとつ、ゴアング川はタナ湖の北、高さ五〇メートルしかない屋根が隔てる場所に源流がある★★。プトレマイオスにもらった古代名アスタボラスを保持するアトバラ川は、ゴアング川と合流後は少しづつ水量が減少する。それはエチオピアの河川らしく、大きく半円を描く特徴をそなえる昔の支流マレブ川も同様だ。じっさいマレブは「西の川」の意味で、流路の方向をもとにエチオピア人が命名したのだが、アトバラ川の支流であることをやめたものだ。中流部ではソナ川、下流部ではガシュ川と呼ばれる間欠的な水流になり、遊牧民ハデンドワ人がガシュ・ダ、すなわち「ガシュ川の出口」と呼んだ昔の合流点に達する前にすっかり姿を消してしまう。一八六二年にムンシンガー［スイス人冒険家 Werner Munzinger 一八三二—一八七五］が一帯を訪れたさい、この合流部の河床は二〇年来干上がったままだった。こうした局地的な水系の変化は、ガシュ川左岸の灌漑工事が原因である。護岸工事のせいで川は右に押しやられ、西岸よりも高い東岸を削り取ってしまった。流路はかつてアトバラ川に直角だったが、並走するようになった。しかし北上した川は、ついには干上がったのである★★★。一八四〇年にはエジプトからの征服者アフメド＝パシャが、ガシュ川を西に向けて直接にアトバラ川に結ぼうとしたが、そのための堤防は下流の住民により穴［灌漑用の取水口か］を開けられてしまった★★★★。近年までは、サワキンから遠くない紅海沿いの湿地に消えてゆくバルカ川ないしバラカ川が、迷い川マレブの支流としてナイル川水系に属すると考えられていた。この言い伝えは、アスタボラス川からの分流がエリトリアの海［紅海］に注ぐとしたストラボン［ローマ地理学者、歴史家 Strabon 前五八頃—二三頃。言及箇所は飯

★ Rohlfs, *op.cit.*

★★ Th. Von Heuglin, *op.cit.*; G. Lejean.

★★★ *Ost-Afrikanische Studien.*

★★★★ Ferdinand Werne, *Feldzug von Sennar nach Taka, Basa und Beni-Amer*, Stuttgart: Guttenberg, 1851.

尾都人訳『ギリシア・ローマ世界地誌II』龍渓書舎、一九九四、五一六頁下段か〕の記述とほぼ同一である。おそらくこの伝承は名称の混乱が原因である。というのも、マレブ川の東でアトバラ川方向に広がる平地を、もっと東に流れる川と同名のバルカ、あるいはバラカと呼ぶからだ。それはともかく、アクスム王国〔一〇〇頃〜九四〇頃。現エリトリア〕のエチオピア人も、その後のアビシニア人も、長い間テケゼ川を正真正銘のナイル川とみなしたし、それを海に流し込んで、エジプト人に収穫をもたらす水ではないと何世紀も思い続けるほうが楽だったのである。この幻想は外国人も共有するところで、アリオスト〔イタリア人詩人 Ludovico Ariosto 一四七四—一五三三〕も『狂えるオルランド』に述べている〔アリオスト『狂えるオルランド（下）』脇功訳、名古屋大学出版会、二〇〇一、二〇三頁（第三十三歌第一〇六節）か〕。アルブケルケ〔ポルトガル人植民地征服者 Afonso de Albuquerque 一四五三—一五一五〕はかつてナイル川を紅海まで開削するため、マデイラ諸島の人夫を送るようポルトガル王に懇請したし、近年には「諸王の王」を呼号するテオドロス二世〔エチオピア皇帝 Théodoros, Téwodros II 一八一八—一八六八〕が彼に倣い、エジプトを弱らせて副王に慈悲を乞わせようと、マレブ川をバラカ川に振り向けるぞと威嚇した★。

アトバラ川の河況

乾期のアトバラ川は、青ナイル川のように本流までは届かない。幅四〇〇メートルの河床は完全に干上がり、ぎらぎらした砂地からなる「沙漠のただなかの沙漠」であって、遠くに蜃気楼が水面のような光芒をみせるのみである。それでも下流部にはぽつりぽつりと湿地がある。水流が岸に強く打ちつけた曲がり角では、尋常な川底よりも数メートル深い穴がえぐられた場所がみられ、岸辺の樹陰が蒸発を多少とも防ぐ、浅い潟湖になる。こうした沼沢には長さ一キロを超えるものもあれば、数平方メートルの水面に縮小してしまったものもあるが、水中には魚、カメ〔亀〕、ワニ〔鰐〕からカバ〔河馬〕にいたるあらゆる水生動物がぎゅうぎゅう詰めで生きている。生き物でいっぱいのこの沼沢は、野生動物の水飲み場でもあり、岸辺のヤシノキや茂みに鳥が鈴なりだ。この平地の河川の大半では、雨季の水はゆっくりと到来する。まず一陣の風が吹き、川岸の植物が嬉しそうに芽吹きを始める。最初の水面は、がさがさと

★ Beke, *Sources of the Nile*, *op.cit.*; De Malzac, Vayssière, etc.

耳障りな音を立てる黄色っぽい泡からなり、いろいろな塵埃が混じっている。それに続く第二波は泥混じりの水だが、すでに河水らしさがみてとれる。さらにふつうの水流が姿をみせると、動物たちは先を争って喉をうるおすのだ★。ところがアトバラ川の水塊は、まるで雪崩のように急進する。河床をふたたび満たすのに、ゆっくりとした段階を踏まず、まったくだしぬけだ。旅人が砂の河床で寝入っていると、とつぜん天を裂く雷鳴のような地響きが起きる。「大水《アル・バフル》だ！大水《アル・バフル》だ！」とアラブ人は叫び、突進する波から逃れるため大急ぎで岸辺にたどり着く。先頭は泥の鉄砲水で、木の幹やバンブーなど、途次の岸辺からはぎ取ったあらゆる残骸を巻き込んだ泡の塊だ。たちまち川は幅五〇〇メートル、深さ五～六メートルにわたり満々と水を湛え、干上がったことなど一度もないかのように悠々と流れる。アラブ人がバフル・アル・アスアド、すなわち「黒い河」と呼ぶアトバラ川も青ナイルとおなじくナイル川に注ぎ、滝から滝をへて下流部に泥水を運び込み、土壌を肥沃にする★★。

カルトゥーム下流のナイル川

ふたつのナイルが合流するカルトゥームの下流には、もはや乾期にも目にみえる流入河川はない。ただしロンバルディーニによれば、カルトゥームからカイロに到るあいだに、蒸発や、川の横手への浸透や、沿岸の田園の涵養のため喪失する減少分は河水のおよそ七分の一、ド＝ゴットベルクによれば五分の一にすぎず、地下からの湧水を受け取っている可能性がある。ナイル川はヌビア地方を貫く大きなカーブを描きつつ、ゆっくりと水量を減らしてゆくが、地球の円弧の一部をなすほど長い旅なのに、目に見えるほどの水量の変化がないように映る。ロワール川の四倍、セーヌ川の七倍に達する河水であって、間を置いて中断する岩棚［瀑流］がなければ、海からアフリカ大陸のど真ん中まで難なく航行できるだろう。だがヌビア地方には天然の堰堤［瀑流］が六ケ所あり、七つの航行可能区間に分断する。これらの瀑流を船舶が乗り越えられるのは増水期に限られ、それ以外の季節には、数百条に分岐する流れにより、船舶の通行をはばむ。だがこれらの瀑流が河水を押しと

★ Giovanni Beltrame, *Il Sènnaar e lo Sciangàllah*, Verona & Padova: Drucker & Tedeschi, 1879; J. M. Schuver, “Reisen im oberen Nilgebiet”, *Ergänzungsheft zu Petermann's Mittheilungen*, no.72.
★★ Baker, *The Nile tributaries of Abyssinia*, *op.cit.*; Beke, *Sources of the Nile*, *op.cit.*

どめ、乾期にも流れる水がなかったら、ナイル川は通年にわたる水量を維持したであろうか。デルタを形成しただろうか。エジプト文明は誕生したであろうか★。

第六、第五、第四瀑流

タマニアトとジャバル・メレカトにはさまれた急流部と、玄武岩が柱状にそそり立つ峡谷を越えたのち★★、ナイル川はカルトゥームとアトバラ川のあいだの最初の滝、つまりこの区間で最も南の「第六瀑流」にさしかかる。だがこれは、カナダやスカンディナヴィアのように、まだ河谷が若く、絶えざる水蝕にもかかわらず、突然の落下部が残る河川における滝のようなものではない。ガッリの瀑流は、花崗岩の岩場でもって流路をせばめられたナイル川がなす急湍というほうがふさわしいが、それでも年の過半にわたり船舶の航行を押しとどめる。将来に上ナイル流域すべての通商の搬出路をめざす鉄道路線が敷設されるならば、交通流動が停滞せぬよう、ガッリの滝よりも上流まで延長されるだろう。つぎの「第五瀑流」はベルベルとアブー・ハメドのあいだ、ゲラシェブ、モグラートといった急流をともなう区間だが、障碍になるのは渇水期に限られる。だが下流になると、もっと高い天然の堰堤が続く。スーダンとエジプトのあいだにあるヌビア地方を通過する旅行家の大半は、アブー・ハメドからコロスコ〔アスワン・ハイ・ダムのナセル湖に水没〕まで陸路をとるが、ヌビアのナイル川が大きく西に半円を描いて迂回するだけでなく、三つの瀑流が障碍になるせいだ。そのひとつが「第四瀑流」で、かなり長く、雛壇状の峡谷のようにいくつかの段からなる〔二〇〇九年に竣工したメロウェ・ダムにより水没〕。最初に姿をみせるのがドウグラ島で、砦の址があり、流れを二分する。ほかにも花崗岩の岩塊が川面から頭を突き出すが、航行に支障はない。その後も川中島や砂の中洲が続いたのち、岩礁群が姿をみせてナイルは細い急流に分割される。峡谷の出口はゲレンディドの近くで、ふたつの岩山が玄関のようにそびえ、それぞれに砦の残骸がある。第五瀑流や、新ドンゴラ〔現ドンゴラ〕の下流にある第三瀑流のような樹木は一本もなく、川辺の酷薄な様相を和らげる緑地帯も皆無だ。目に入るのは水と岩、砂、そして天空のみで、下流には卓状のバルカル山がそびえる。

★ E. de Gottberg, *Des cataractes du Nil et spécialement de celles de Hannek et de Kaybar*, Paris: Impr. Simon Raçon et cie., 1867.

★★ Baker, *The Albert Nyanza*, *op.cit.*

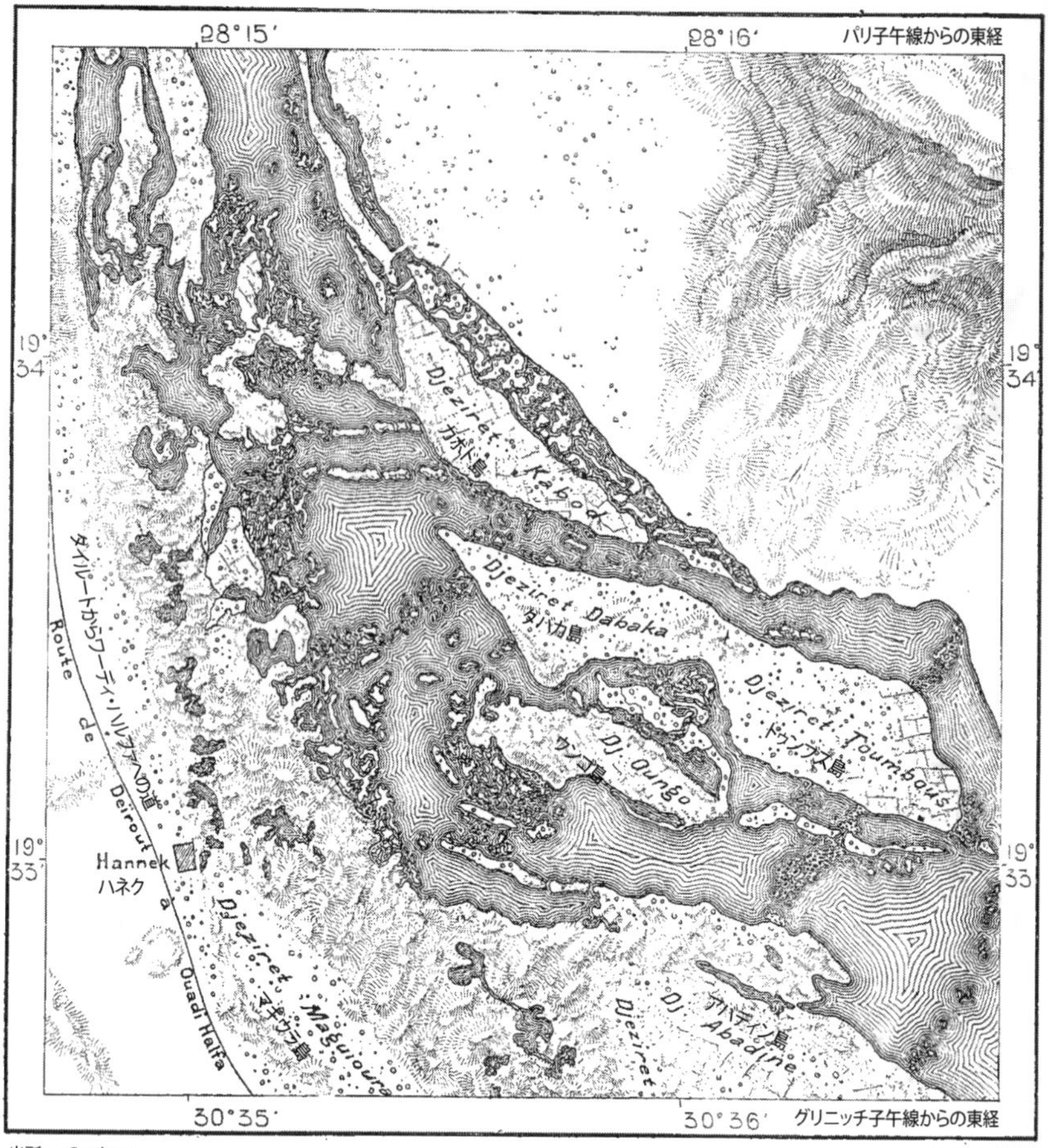

図 15　ハネクの瀑流［第三瀑流］

第三瀑流

「第三瀑流」も、それ以外の滝とおなじく複数の小さな落下区間からなる。大型の川中島が散在する古代湖の下流部にあり、河水は長さ一二キロにわたり大きく横に広がる。最初の堰堤は花崗岩地帯で、ハネクの瀑流と呼ばれ、由来は左岸にあるヌビア王国の城砦である。河水は無数の泡立つ分流になり、かなりの勾配を下る。黒々とした角閃石と長石の岩場が、下手の水面か

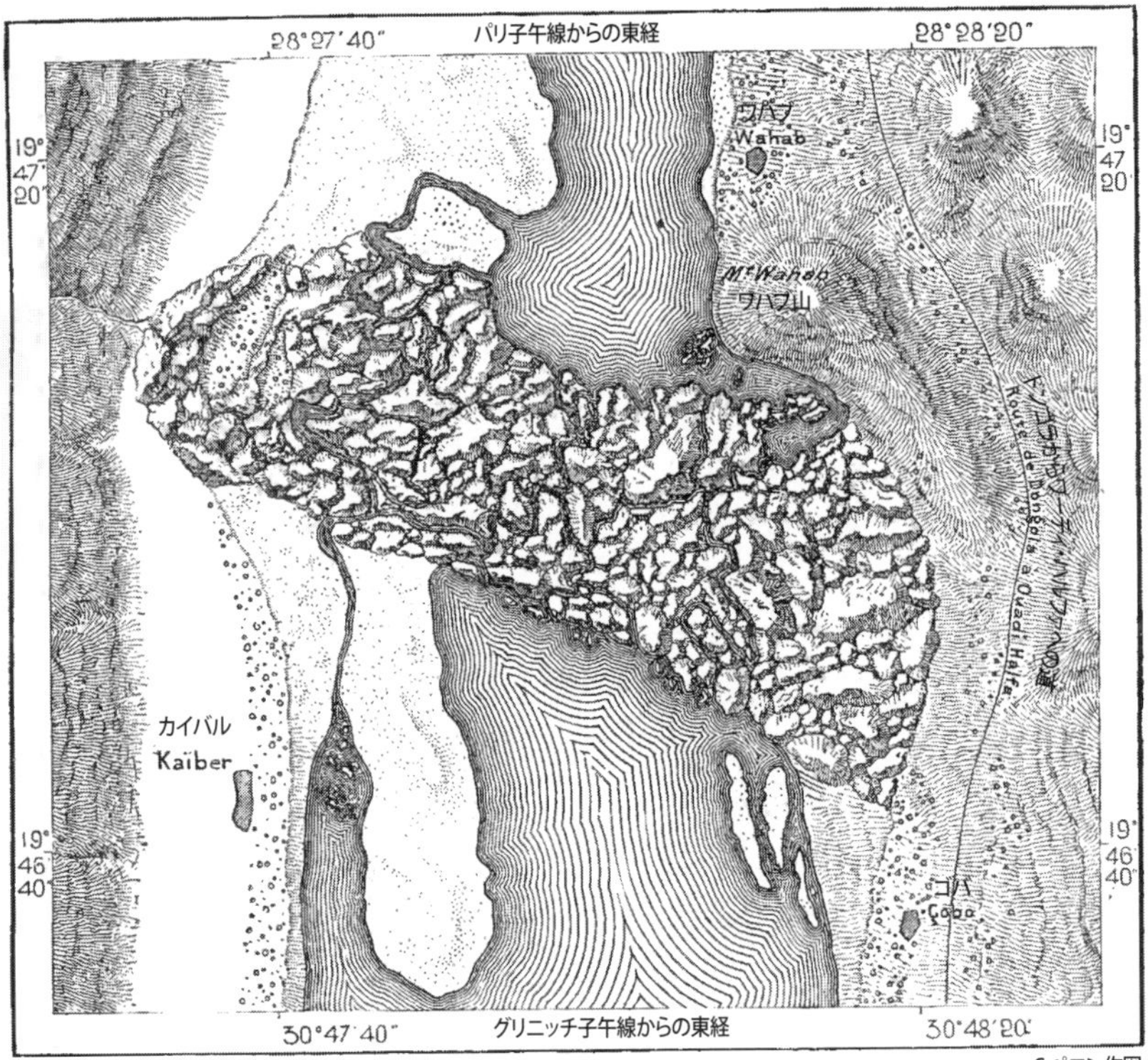

出所：Gottberg　C.ペロン作図

1 : 19 000

0　500 m

図 16　カイバルの滝

ら七～八メートルほど立ち上がる不揃いな水の壁で、船舶の通過は思いもよらない。わずかに東岸近くに一本の枝水路があり、二隻の平底舟が並んで通れる幅がある。滝口には数本の樹木があり、蔦植物が重々しく垂れ下がって樹陰をなし、岩礁に差し掛ける。これらの岩礁には毒蛇がいるので、船舶は注意深く避けねばならない。その下流も河道の中央に島々が点在し、緑が黒い岩礁と対照をなす★。ハネクの滝の区間全長は六四七〇メートル、高低差は渇水期に五・五メートル、増水期なら三・二メートルだ。つまり勾配はおよそ一〇〇〇分の一五と比較的に小さく、他の瀑流もこれと似たり寄ったりである。ハネクの下流になるとナイル川はだしぬけに東に曲が

★ Frédéric Caillaud, *Voyage à Meroé, au Fleuve Blanc, etc.*, Paris: Impr. Royale, 1826; E. de Gottberg, *op.cit.*

るが、その後も急に北に向きを変え、カイバルないしカジュバルの滝口にいたる。渇水期には、きらきらと光る河流が完全に閉塞するようにみえる箇所だ。暗色の岩場と灰色の水の対比による視覚効果のせいで、高くそびえる人造の堰堤のように映る。泡立つ細流が曲がりくねりながら流れ下るのを実際に目にするには、岩場の中まで行かねばならない。小舟でも通過できず、あえて挑む船頭はいない。だが満水期になるとカイバルの堰堤部は完全に水没し、岩の頂部も、渦もいっさい消え去り、ナイルは急崖のあいだを滔々と流れてゆく。

第二瀑流

「第二瀑流」はワーディ・ハルファの瀑流とも呼ばれ、ヨーロッパや新世界から「ナイル川観光」に訪れる人々の大半はここが終点である〔現在はアスワン・ダムにより水没〕。早瀬をみおろすアブー・シールの岩からは南の地平線が展望されるが、この壮大な川の内奥までやってきたことを記念する落書きで一杯だ★。瀑流の区間は二五キロ以上もあるが、一三〇キロにわたる急流区間バトゥン・アル・ハガル、すなわち「岩場の腹」の下流部分のごく一部だ★★。長い区間だが、どこもおなじ眺めで、広い河床に岩が散在する。大半は氷河が削った羊背岩のような丸みを帯びるが、玄武岩の柱状節理のように垂直に切り割られていたり、まちまちな高さの尖塔のように突き立つ岩もある。そのあいだを曲がりくねって下る水流は小滝をなすが、渦巻く水盆のまま、いつまでも滞留するようにみえる箇所もある。その下流はまたもや急流と滝、渦の箇所だ。だが低水位期になると、この巨大な迷路の中に細流は消えてゆくかにみえる。川中島は大小合わせて三五三（岩礁を除く）あり、どれもヌビア語の名をそなえる。うち五〇以上が居住され耕作されている★★★。北方の右岸沿いには、滝の岩々から連続する形でごたごたと死火山がある。火口丘や盛り上がった岩場、固まった火山灰の丘、溶岩滓の孤丘などが、リビア沙漠の地平線をぎざぎざにみせる★★★★。

第一瀑流（アスワン）の境界性

「第一瀑流」すなわちアスワンの瀑流はもっと短く、不統一だ。ワーディ・ハルファの瀑流がもつ荒涼たる

★ J.-J. (Jean Jacques) Ampère, *Voyage en Égypte et en Nubie*, Paris: Michel Lévy Frères, 1868.
★★ E. de Gottberg, *op.cit.*
★★★ Rifant, *Tableau de l'Égypte, de la Nubie*.
★★★★ Amerila B. Edwards, *A Thousand Miles up the Nile*, London: George Routledge and Sons, [1877].

挿画 VII　ナイル川の第二瀑流［水没し現存しない］
D. エロン氏が寄せた一葉の写真をもとに、テイラー筆

雰囲気は皆無だが、古代人が伝える名称ほどでもなく、これまた千差万別の形姿と色とりどりの花崗岩のあいだを分岐してゆく一連の早瀬だ。ただし、泡立つ川波が囲む重畳した岩塊や、ヤシノキやギョリュウ［御柳］、キヅタ［木蔦］が垂れ下がる藪の群生がみせる壮大な、あるいは魅力的な絵柄もぽつぽつ散見される。上手にあるフィラエ島［挿画 I］は神域にして畑地でもあり、下流にあるエレファント島、いわゆる「花々の島」とともに、アスワンの瀑流への接近を防護し、その美景をナイルの川面に映す。この急湍の眺望は、古代人が語ったさまざまな歴史的追憶のこだまをあらためて呼び起こし、興趣は尽きない。ここは「エジプトの戸口」として、有史のあけぼのから二つの世界の目に見える境界だった。この境界はまた北回帰線にほぼ一致するみごとな偶然もそなえる。夏至の正午に晷針《きしん》［古代人が太陽高度を測定するために鉛直に設置した棒］の影がなくなり、日光が井戸の底まで射し込むことを天文学者たちが目撃した

のは、まさにアスワンの近くだった。彼らにとり、この理想的な線の向こう側はべつの領域で、酷熱の地方は、何もかもが温暖地方と対照的に違いないと考えたのである。今日なお、瀑流の両側にひろがる地方の局地的な差異は、住民も含め、誇張して語られる。

第一瀑流の交通

増水期には第一瀑流の交通は阻害されない。船頭は岩礁の上方を危険なく上り下りする。だが低水位になると、上り下りとも「ネプトゥヌス神の階段」と呼ばれた巨大な河床を流れる数千の細流を辿るため、舟を綱でもって牽引したり、引き留めたりするシャッラーラ、すなわち「瀑流のひとびと」の助けなしには不可能になる。ナイル川の観光客がチャーターする大型のダハビーヤ船は、こうして年間五〇便ほどがこの危険な区間を往来するが、経験豊富な水先案内人のおかげで危険はめったにない。川下りの技は船を流れの中央の盛り上がった部分に乗せることで、底の岩場から高さ二メートル、ときにはそれ以上に達する。水先案内人は渦巻く滝を目で知らせる。船が波の背から左右に滑り落ちると危ない。櫂で漕ぐか舵を効かせて水流の中央に戻ることができなければ、川淵の渦に引き寄せられ、アラブ人が怪獣にたとえる岩に「噛み取られて」しまう。

瀑流の移動

古代のいろいろな記述に詩的な誇張があることを心得てはいても、これらの急流を目の当たりにすると、二千年前には岩の堰堤がもっと高かったのではないか、そしてナイル川は正真正銘の瀑布を形成していたのではないか、と自問せざるをえない。じっさい、当時は花崗岩の一個の滝口からなだれ落ちていた可能性がある。現在の瀑流区間の東の沙漠には、現在の高水位よりも数メートル高い旧河道がみられるからだ。この放棄された河床を辿れば、自然観察にうとい旅人でも気付かずにはいられないほどで、ヒエログリフが覆う岩のあいだを蛇行する河道がはっきり分かる。川岸や中洲もあれば、沙漠の風が運んできた砂の波の下から、沖積層が顔をのぞかせる。考古学者たちが解読した崖に残る諸年代記は、トトメス〔エジプト第一八王朝第六代ファラオ、トトメス三世 Thotmès, Thoutmôsis III 在位前一四七九頃

—前一四二五頃か〕やラムセス〔同第一九王朝第三代ファラオ、ラムセス二世 Ramsès, Ramesses II 前一三〇三頃—前一二一三か〕、果てはドゥゼ〔フランス軍人 Louis Charles Antoine Desaix de Veygoux 一七六八—一八〇〇〕まで、征服者たちがこの旧河道を通ったと語る。だがかくも長年月にわたり干上がっているこの峡谷も、エジプト史の黎明期にはまだナイル川の分流だった可能性がある。第二瀑流の上流にあるセムナでレプシウス〔ドイツ人エジプト学者 Karl Richard Lepsius 一八一〇—一八八四〕が得た観察結果はこの仮説を正当化するもので、アメンエムハト三世〔第一二王朝第六代ファラオ Amenemha III, Amenemhat III 在位前一八四二—一七九七／前一八六〇—一八一四〕の治世下、すなわち四七〇〇年前〔ママ〕に彫りつけられた痕は、当時の高水位が現在よりも数メートル高かったことを証明する★。おなじくハネクの瀑流〔第三瀑流〕の右岸でも、ド＝ゴットベルク氏は現在の最高水位よりさらに三・五メートル高い場所に、ナイル川の泥土層を見出している。これは当時の瀑流の滝口で、ナイルの河水を保持し、現在はエジプトとヌビアを結ぶ大通商路である干上がった小谷に、水を流し込んでいたのではあるまいか★★。例の「岩場の腹」の上流では、冠水が届かなくなったため完全に不毛になった昔の耕地がおびただしく目にされる。どの河谷も水の作用により河道は規則的になるが、ナイル川のばあい、ヌビア地方では河床を掘り下げ、下エジプトでは河床を盛り上げることで、自らの勾配を平準化しているのだ。ド＝ゴットベルク氏はヌビア地方でのナイル川の急速な降下を、ワーディ・ハルファとアスワンのあいだにあった滝の群れの消滅が原因だと説明し、いまもその痕跡が残るとする。この地点で滝口を形成していたのは片岩だったため、結晶性の岩からなる岩礁ほど水流の破壊力に耐えられなかった。同様に花崗岩も水の作用が破壊したが、こちらはかなりゆっくりだったと思われる。曲がりくねった岩場に流れてきた礫は水中で回転し、すこしづつ岸の岩壁を削ってゆき、ついには甌穴《おうけつ》が形成される。大半の甌穴は垂直だが、斜めや、まれには水平な穴も出来上がり、岩場にいくつも穴が開くと、その岩場は砕解し、水路は場所を変えてゆく。瀑流の近くに暮らすヌビア人はこうした甌穴のかけらを利用して穀粒をすりつぶすなど、台所器具に用いる★★★。

★ Richard Lepsius, *Briefe aus Ægypten, Æthiopien, und der Halbinsel des Sinai*, Berlin: W. Hertz, 1852.
★★ Ampère, *op.cit.*; Edwards, *op.cit.*
★★★ De Gottberg, *op.cit.*

スィルスィラ、テーベ付近

第一瀑流が流れる花崗岩の岩棚よりも下流になると、両岸は砂岩層の崖になり、ついで石灰岩が続く。歴史的エジプトは、こうした結晶性の岩の障壁のふもと、第三紀性の地層が覆う一帯に始まる★。だがアスワン北方の峡谷は幅が三〜四キロしかなく、灰色や黄色の岩が陽光に照らされて金色や鉄色に輝く崖のふもとには、ところどころに耕地や樹林が、狭い川岸に窮屈におしこめられた細長い帯状を呈するのみだ。耕地が広がるのは西方、東からの日射のあるいわゆる「リビア」側の岸沿いである。北半球の他の大河とおなじく、ナイル川は右岸〔上流からみて右岸つまり東〕に身を押し付けてゆき、岩山や崖錐の裾に沿って流れてゆく。この「アラビア」側では、懸崖が河流からすぐに立ち上がる箇所もいくつかある。このため都市はおもに左岸〔西岸〕に建設されたが、いくつかは川岸が遠ざかるにつれて内陸に取り残されたため、移動して河港のある場所に再建せねばならなかった★★。「鎖」を意味するスィルスィラの谷幅は一二〇〇メートルしかなく、かつては実際に一本の鉄鎖でもって通行止めしたらしい。その桟橋は、ファラオの宮殿の石材や、彫像向けに採掘された古代の石切り場に通じており、彫り出しかかった一個のスフィンクスの頭部が、まだ岩とつながっているのがみられる。その先になると両側の稜線はやや遠ざかり、ナイルは幅およそ一五キロの平野を蛇行する。これが第一瀑流の下流で初めて、底地が大都市に十分な広さになる地帯であり、百門をそなえたテーベはここに立ち上がった。さらに先の河谷はいよいよ広がり、両側の稜線のあいだの距離は二〇〜二五キロほどになる。ナイル川はテーベ上流と同様に、おもに東岸に寄り掛かるようにして流れ、「アラビア側」の山脈の岩山の麓をかじりとる。西岸沿いは砂丘ばかりで、砂嵐のたびに姿を変え、軽々と移動してゆく。耕地にもリビア沙漠が入り込み、西側の山稜の岬角部からは、その陰鬱な広がりが目にされる。

ケナー付近

テーベの下流六〇キロほどにあるケナー付近のナイル川は、アラビア湾に最も近い蛇行を描く。紅海までの直線距離は一〇〇キロ足らずにすぎず、また東岸の山脈がちょうど深いV字の横谷で切れ込んでいるため、往古の地

★ M. P. S. Girard, *Observations sur la vallée d'Égypte*, tome XX.
★★ S. Schweinfurth, *Petermann's Mittheilungen*, 1865, n.IV.

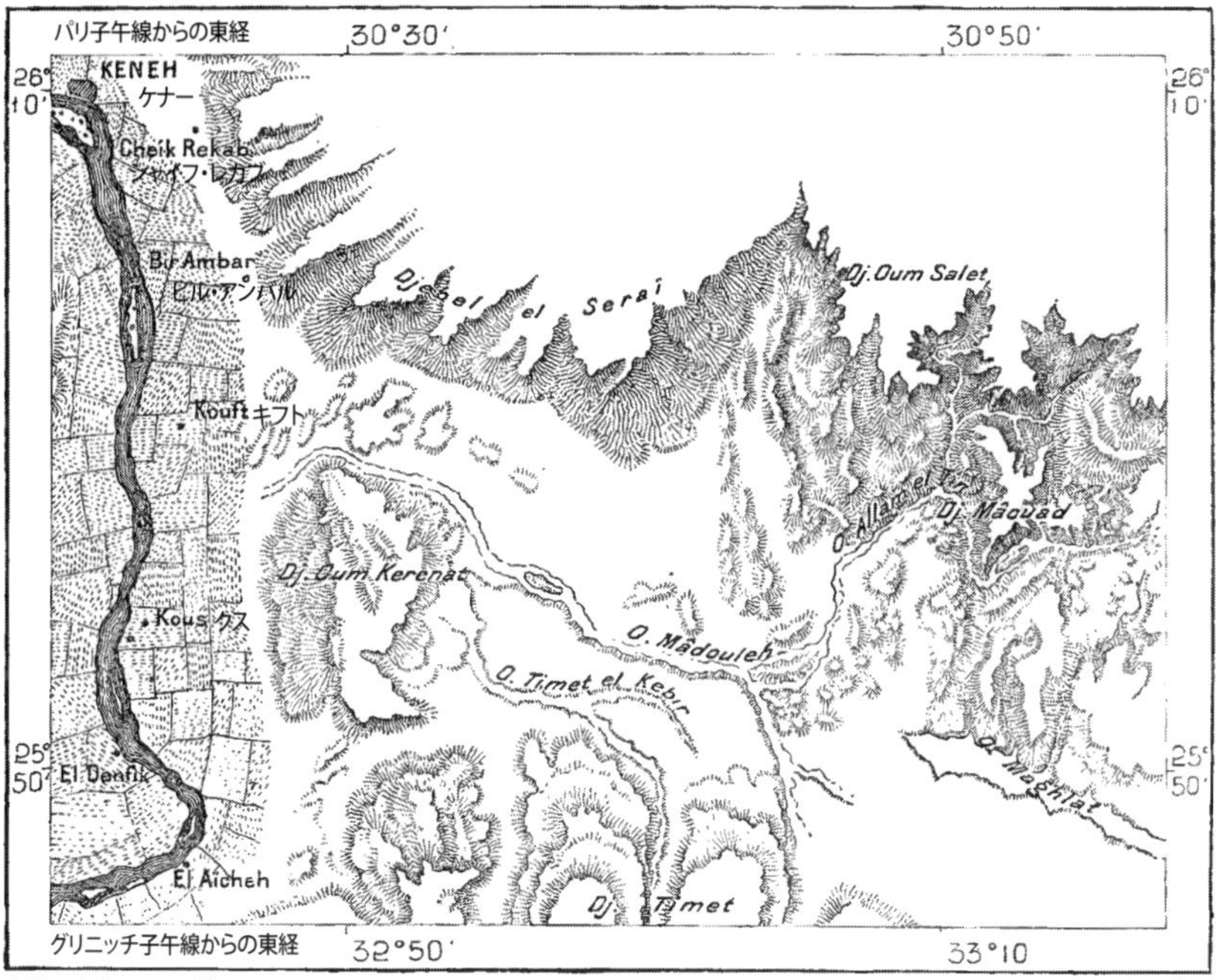

出所：クリュンツィンガー　C.ペロン作図

図 17　クセイルからの途次にあるケナーの谷

質年代のナイル川はそこから紅海に向かっていたのではないかと自問させられる。この峡谷には、ナイル側にも海側にも、河流が堆積したとしか思われぬ丸石の砂利がみられ、実際に流れていたことを窺わせるので、これをみたアラブ人が、ナイル川を旧河道に戻せるのではないかと想像をたくましくした理由の一斑であろう。よしんばそれは叶わずとも、クセイル港〔アル・コシール〕と結ぶ鉄道路線の建設は容易なので、同港を上エジプト全域の積出港にできるかもしれない〔現在はアル・コシール－ケナー道路が走る〕。すでに五〇年前には、イギリス人がインド方面への経路を考え、途次に間を置いて井戸を掘削している。

バフル・ユースフ

ケナーの大屈曲ののち、西流したナイル川は北西に、ついで北に方向を転じるが、そこで二股に分かれる。西に分岐した流れは、本流との平均距離一二キロを維持し

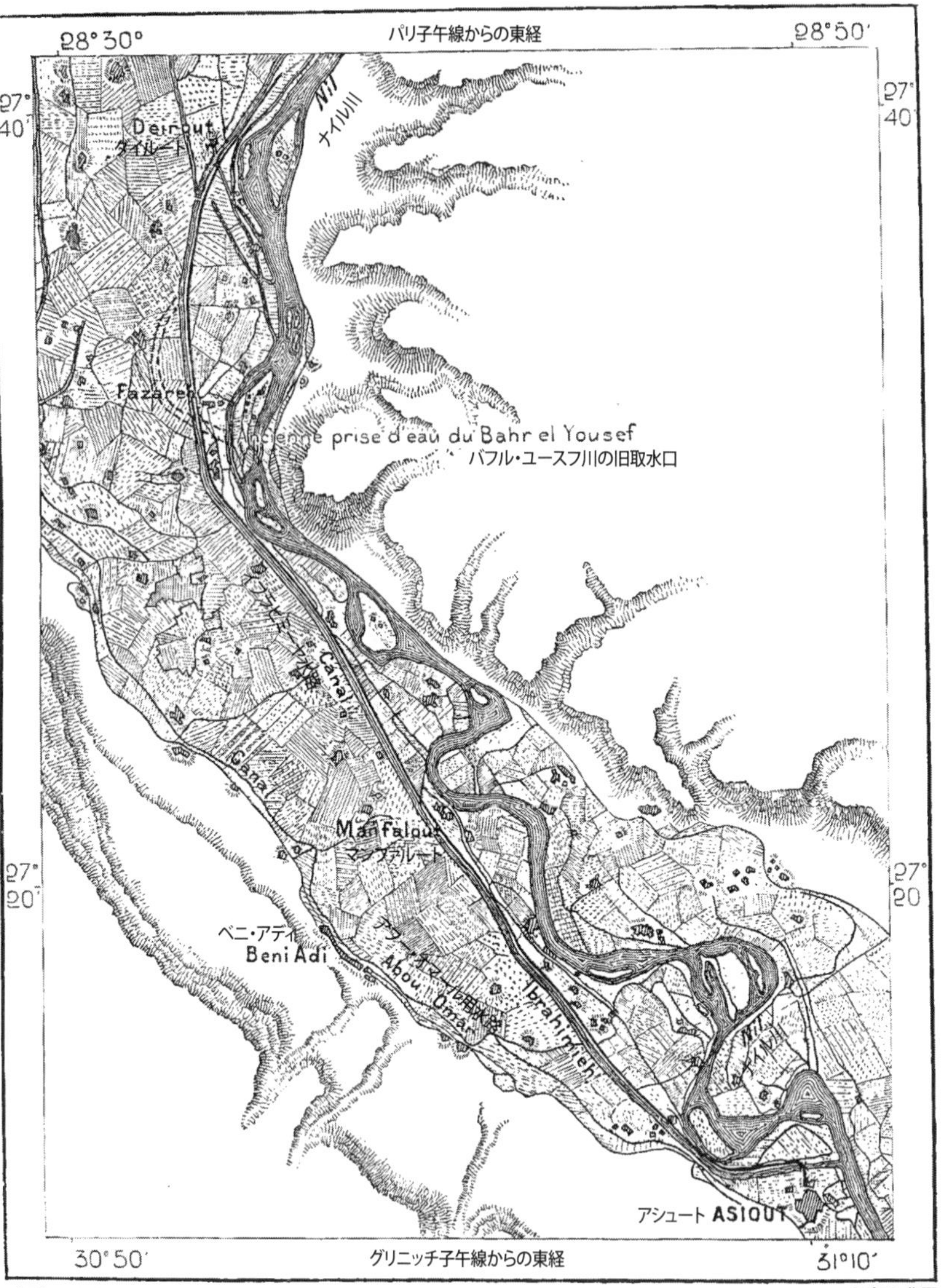

出所： Chélu　　C.ペロン作図

1 : 425 000

0　10 km

図 18　イブラヒミーヤ水路の取水地点

つつ並流する。これがバフル・ユースフすなわち「ヨゼフの河」で、ユダヤ人の伝承が言及するファラオの大臣、あるいはむしろ十二世紀のファーティマ朝の大臣だった某ユースフが由来である★。ナイル河谷の多くの水流とおなじく、何度も築堤や迂回させられ、横手の分水路に派水したにもかかわらず、人間が開削したようには全然みえない。最近になって取水口が移され、イブラヒミーヤという祝福名を与えられた新水路は高い場所に移されて、氾濫水の給水が容易になった。しかし工事が行われなかった区間のバフル・ユースフは、沙漠の風が運んできた砂丘が西岸を縁どり、ナイル川に並んで蛇行する河川のままで、川中島や砂洲、侵蝕された岸辺、分流や旧河道をそなえる。平均の川幅は一〇〇メートルほどだが、水量はナイルのごく一部にすぎない。本流からはバフル・ユースフまで平地を突っ切る分水路が間を置いて延び、蒸発した分を補給する。このように水量のほぼすべてを運ぶ本流と、ごく一部が流れる分流が仲良くひとつの河谷で蛇行する例は、築堤や排水工事が完全に水利構造を変化させるにいたらぬ谷では、ほぼ必ずみられるものだ。それどころか、土手があってさえ、ナイル川とバフル・ユースフのような対はいくつかある。フランスではロワール川に並走するシッス川のほか、シェール川、アンドル川、ヴィエンヌ川からの合流水も同様だし、オティオン川から分岐する小川の群れもそうである。

ファイユーム地方の地勢

ナイル本流から分岐して五〇〇キロほど下った地点で、バフル・ユースフはひとつの横谷に入り込み、今度は自分が二股にわかれる。うち東の流れが本流で、北東に向かい、リビアの山脈の麓にある岩場の裂開を通り抜けたのち、ナイル川デルタの上流でナイルに復帰する。だが満水時にはナイルの氾濫水に押され、北から南に逆流する。西の流れは岩の峡谷で急に北西に転じるが、その入り口付近には、十三世紀に建造された三橋弧の橋があり、通水と止水を制御する水門をそなえる。水門の下流はリビアの山脈の隘路が一〇キロほど続いたのち、だしぬけに全周が約一八〇キロの円形劇場のような盆地に入る。これがファイユーム地方だ。ヤナギ［柳］やギョリュウ［御柳］が縁どる大小の用水路が分岐するさまは、有機体の血管が細脈に分かれてゆくのと似ており、地図をみると解剖図を思わせる。全体

★ Ernest Desjardins, *Notes manuscrites*.

としてこの地方は、きわめて浅い皿を伏せ、それを山々がとりかこむ地形だが、南、西、北の縁は傾斜がきつくなる。低くなっている箇所の海抜は二九メートルから三五メートルまで、種々の計測値がある。バフル・ユースフから分岐した水路からは、ファイユーム地方の四方八方にわたり重力〔自然流下〕でもって配水され、ナイル川河谷におとらぬ地味をもたらす。余剰水は南ではガラー、すなわち「穴ぼこ」と呼ばれる小さな湖を形成する〔現存しない〕。同湖は流入する用水路の水とおなじ淡水からなり、かつてはさらに伸びてワーディ・リヤーンに到っていた。西では余剰水は大きな湖に集まる。これは南西から北東にかけての長さ約五〇キロの貯水池で、ビルカ・アル・カールーンと呼ばれ、満水時にはほとんど塩分がないため、動物に人気の水飲み場だ★。だが蒸発して水位が下がると塩辛くなり、岸辺を結晶塩が覆って雪のようにみえる。湖底は泥土になり、薄い塩の層が被覆するさまはアルジェリアのサブハ〔浅い塩湖〕とおなじで、底なし沼のようになっている水溜りがあり、人間も動物もあえて足を踏み入れない★★。かつてはファイユームの谷の北方に一個の隘路があり、余剰水はバフル・ビラー・マー、すなわち「水無き大河、海」に流れ込むと信じられた。だが地質学的調査はこの仮説をまったく支持しない。北方はそれぞれ別箇の流域をもつ複数の谷間が存在し、その集合名詞はベハル・ビラー・マー、つまり「水無き湖群」である。河流が通過したのであれば必ず見出されるはずのナイルの泥土は、全然これらの谷にみられない。旅行家たちが排水路を見出したと信じたのは砂利層で、アラブ人のいう帆桁やマストも、じつは沙漠のあちこちで出くわす石化した木の幹にすぎない。ベハル・ビラー・マーのいくつかの沈降部は数リーグ〔一リーグは四キロ〕の長さがある★★★。

モイリス湖

ファイユーム地方、古代人のいうアルシノイティダ地方は、エジプト人技術者による最も目覚ましい水利事業が遂行された土地である。人為が介入する以前のこの円形のくぼ地は、バフル・ユースフの水

★ Martin, *Description de l'Égypte*, tome XVI.

★★ Paul Lucas, *Troisième voyage du Sieur Paul Lucas dans le Levant : Mai 1714 – Novembre 1717*; Jomard, *Description de l'Égypte*, tome VI.

★★★ Guillaume Antoine Olivier, *Voyage dans l'Empire Ottoman, l'Égypte et la Perse*, Paris: H. Agasse, 1800; Ascherson, *Mittheilungen der Geographischen Gesellschaft in Hamburg*, 1876-77; Gerhard Rohlfs, *Petermann's Mittheilungen*, 1879, I.

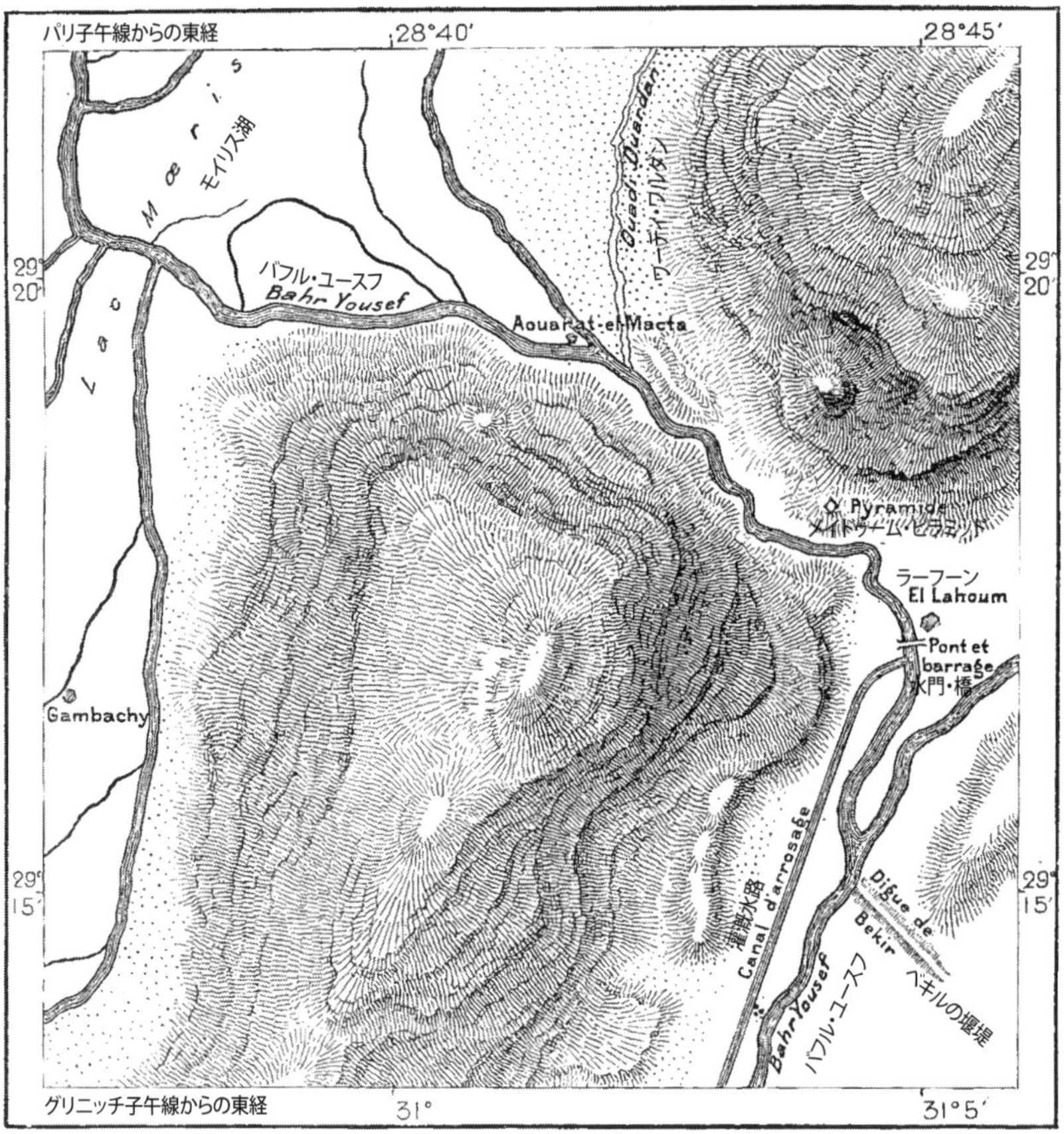

図 19　ファイユーム地方の入口

が気ままに流れ込む内海だった。伝承はこの点について異口同音にそう述べるが、ファイユーム地方の閉じたくぼ地にナイルの水が流れ込み続ければ、ついには蒸発による喪失分と流入量が均衡する水位に達したはずである。ファイユーム、より正しくは古代エジプト語でピオム［Piom］ないしファイオム［Phaïom］は、「冠水地」を意味したらしいし、アラビア語のファッユーム［fayyoûm］は「土手を形成するもの」の意で、いっそうこの地方にふさわしい名称だ★。さてバフル・ユー

★ H. Duveyrier, *Notes manuscrites*.

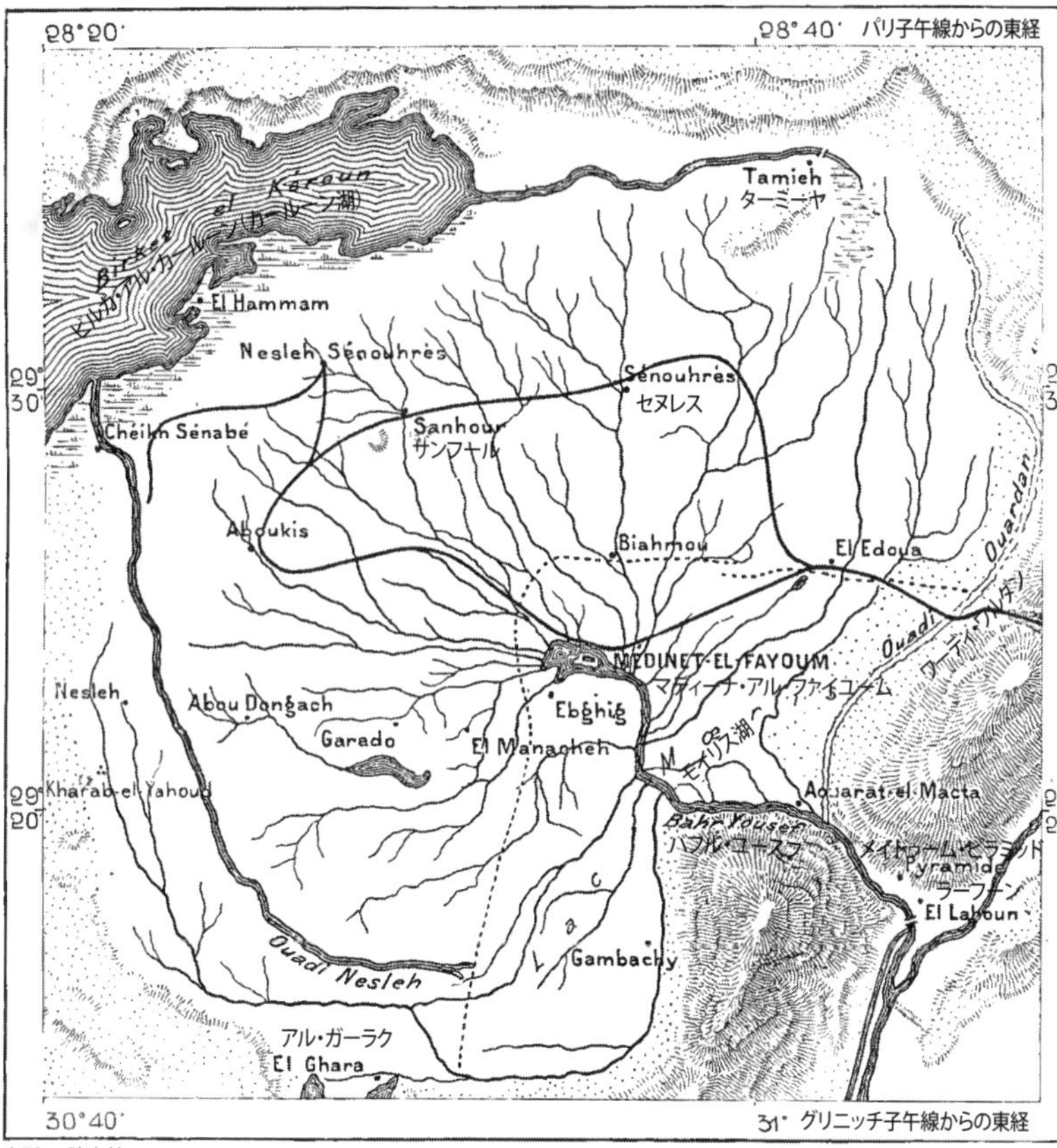

出所： 諸文献　　C.ペロン作図

古代モイリス湖の堰堤址

1：475 000

0　10 km

図 20　ファイユーム地方

スフからの分流が峡谷の入り口で閉じられると、内海は少しづつ減水し、縮小して一個の半円形の沼地になった。姿を現した底地への灌漑水を水門が通さずにいれば、完全に干上がったはずである。獲得された耕地は広大なもので、一五〇か村を数えたというから、すでに大した事業だった。技術者リナン＝ド＝ベルフォンが綿密な探査をもとに提示した有名な仮説では★、獲得された土地のうち最も高い箇所はモイリス湖の造成に利用され

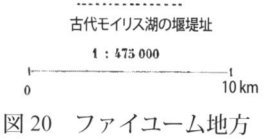

た。この仮説は首肯できるもので、同湖は世界の驚異のひとつであり、消滅から何世紀もたった現在なお、産業の奇跡のひとつと見なさねばならない。伝統の力がかくも長期にわたり継続する国であるエジプトでは、いまも増水期に貯水し、乾いた田園に排水する溜池群がみられるが、一帯の様子から判断すると、まさにモイリス湖がそのはたらきをもっていたように思われるからだ。ファイユーム地方の東側にある土手の址は、高さ九メートル、基部が六〇メートルに達する箇所をそなえる。間違いなく巨大な溜池の外方の堰堤であり、ナイル川の流量の二四分の一～二八分の一と推定されるバフル・ユースフが、増水期に流れ込んだものだ。堰堤の角々にそびえたピラミッドの址も見出されており、アメンエムハト三世の栄光を物語る。スエズ運河の開削に先立つこと四七〇〇年前の彼の治世下に、雄大なモイリス湖が築造されたのである。ヘロドトスは同湖を実見したかもしれないが、まったく測量しようとはせず、ファイユーム地方の全域をはるかに上回るべらぼうな全周としている［ヘロドトス『歴史（上）』松平千秋訳、岩波文庫、一九七一初版、二五八頁］。古代の地理学者のなかには逆に実際よりも小さめに提示する者もいる。リナン＝ド＝ベルフォンによれば、ファイユーム地方の東部を占めた水盆の面積は約三〇〇平方キロで、高水位期の貯水量は何と二九億一五〇〇万立方メートルに及んだ。西部の灌漑にはそのごく一部で十分だったが、ナイル川が氾濫する時期の溢水はほぼ一滴残らず蓄えられ、乾期に田園に戻されたのである。一八万ヘクタールを灌漑するに足りたのであって、現代の貯水池にも、われらがエジプト文明人のこれに匹敵する規模のものは皆無だ。また増水期に直接の影響をこうむる本流から離れた谷間に、これほど賢く築造された例もほとんどない。今日の技術者たちが建設する貯水池は、河水をまるごと注ぎ込む人造湖で、そこからの余剰水を川下に戻すだけにすぎない。このため河川による渦や侵蝕、掘り下げといった作用そのものは不断に貯水池の破壊に向かってゆき、最後はしばしばその目的を達成してしまう例がごまんとある。現代のある水利技術者いわく、「川の途中にある貯水池とは、壊れる貯水池だ」と。現在ではモイリス湖の修復は困難だろう。というのも、ファイユーム地方の入り口に沖積土がかさあげされているため、堤防を

前頁★ Louis Maurice Adolphe Linant de Bellefonds, *Mémoire sur le lac Mœris*, Alexandrie: A. E. Ozanne, 1843; Louis Maurice Adolphe Linant de Bellefonds, *Mémoires sur les principaux travaux d'utilité publics exécutés en Égypte*, Paris: Arthus Bertrand, 1872-73.

さらに数メートル高くせねばならないからだ。

下エジプトのナイル川

バフル・ユースフはナイル川デルタまでいろいろな名前で流れ続けるが、下流部の流量はごく小さい。ナイル本流がほぼすべての河水を受け取るからだ。下エジプトの田園で無数の小水路に拡散する前の本流は一本にまとまっている。水量が減少したのと裏腹に、この付近のナイルはヌビアとおなじ様相、いやもっと上流のカルトゥームの合流点と変わらぬ様相を示す。流れが遅くなった結果、河川敷は広がるので、下流のほうがいっそう強大になったようにさえ思わせるのだ。河水は岸のあいだを悠揚として滑るように流れ、樹木や灰色の土地にある村々や、白々とした歴史建造物を映す。突然の転換や不似合な事物はまったくない雄大な景色が続き、平均五キロ区間の長大な蛇行が繰り返される。地平線の端から端までいたる川面には、ほぼ常に晴朗な天空が反射し、色合いの変化はほとんど感じられず、急な障碍もない。わずかに時折のダハビーヤ船、すなわち「黄金色の船」が、どれもおなじ形状と千篇一律の帆をみせて、単調な景観を打ち破る。両岸の先は狭い平地と急崖、雨谷、そして高台がえんえんと連なる。すべてが単純な線からなるこの地方では、西岸の台地の縁にピラミッドの群れが正則な塊をみせても、ほとんど驚かない。朝のピラミッドはピンク色の円錐、日中は陽光にきらめく炎、そして夕刻には、赤々と焼けた空を切り取る真っ黒な三角形だ。

ナイル川デルタの由来

カイロの下流では、溝のようなナイルの河道をはさむ両側の稜線がだんだん遠ざかりながら降下し、ナイル川は放射状の水路に分岐して地中海に流れ込む。この三角形の沖積平野が、ヘロドトスの表現ではエジプトへの「賜物［ヘロドトス前掲書一六四頁］」であること、そして「デルタ［希語で三角形］」という名詞が、河口の群れからなるこの一帯全域を指すようになった結果、おなじ形成過程をもつすべての地帯が、たとえ輪郭はこれほど正則でなくとも、類推にもとづき、デルタと呼ばれることは、よく知られている。ここ二五〇〇年間のうちに生起した局地的な変化のいっさいにもかかわらず、エジプトのデルタはその分岐の律動性といい、海岸線の切れ込みといい、いまなおデルタの優美さの見本であり続けている。

デルタの変遷

有史のあけぼのにおけるデルタの頂部［分岐の起点］は今日よりも南にあった。二千年前の分岐点は現ブーラークの郭外町［現在はカイロ市内］の下方にあった。だが分岐点を防護する突堤はなかったので、河流は絶えず侵蝕したに違いなく、年を経るごとに、そして世紀を経るごとに、分岐点は下流に移った。またデルタ全体も、沖積層が河口の外方に堆積し、上流の川床がかさ上げするにつれ、南から北に移動していった。現在の分岐点はバトゥン・アル・バカラ、すなわち「牝牛の腹」という場所で、川中島が散らばる河道の蛇行延長では、カイロから二一キロにある［ダミエッタ川への分岐点か］。したがって年当たりの移動速度は約七メートルだったわけで、デルタ全域にも類似の変化が起きたであろう。蛇行部は動かしやすい沖積土からなる岸の、あるときは右岸、あるときは左岸をかじりとってゆき、細い溝のようだった河床が広い河川敷になる場所もあれば、強力な流れが涸れてしまうこともあった。土地はこれらの流れの餌食になったり、放棄されたりした。古代の著作家たちは神秘的な数という観念にしたがい、ナイル川デルタに七つの主な分流を数え上げ、それ以外は「偽の河口」にすぎぬとした。たしかに、水量が少なく、地中海への出口がしばしば砂洲で閉塞するとなれば、些細な水流だとみなすのも無理はなかったであろう。他方では田園を良好に維持するため、平穏な時代には継続的な浚渫工事や築堤、開削などにより、七つの流路が保守された。だがそれを地図上に描くのは無理だろう。というのも、水量を確保したこれらの流れは、再び平野を揺れ動き、増水するたびに位置を変えたからだ。それでも、全般的な流下の方向について諸家はだいたい一致しており、氾濫期のみ流入したであろう旧河道がどれで、沿岸の末なし川の低くなった部分のどれが古代の河川敷の痕なのか、分かっている。エジプト遠征［一七九八年から一八〇一年にかけナポレオンが行った］に随行した学者たちによるデルタ地帯の調査は、ヘロドトスやストラボンの時代におけるナイル川水系の疑問点のうち、いくつかを明らかにした★。

★ Andréossy, *Lac Menzaleh* [Antoine François Andréossy, *Mémoire sur le lac Menzaleh, sur la vallée des lacs Natron et celle du Fleuve sans eau*, Paris, 1800?]; Aimé du Bois Aymé, *Mémoire sur les anciennes branches du Nil*, J. Marenigh, 1812.

デルタの河川

今日では主な分流はふたつだけで、海に張り出す弧状の海岸線に、沖積土からなる唇状の岬が海に突き出す箇所でそれと知られる。ひとつがラシード、すなわちロゼッタの川で、古代人はボルビティネ川と同定した。もうひとつがダミエッタ川で、かつてはファトニティク川およびブコリク川という名称だった。ロゼッタ川のほうが一三キロ短いため、ダミエッタ川よりも八〇センチから一メートル二〇センチ低く、水量が多い。ダミエッタ川と、ロゼッタ川との中間にあって堰堤により制御される疎水であるミヌーフィーヤのラヤ［水路］は、両者合わせてもナイル川全量の九分の四の水量だ。だが水位が高いため、灌漑に多く用いられるのはダミエッタ川である★。おなじ円の二本の半径のようにみえ、ひとつ［ロゼッタ川］は北西、もうひとつ［ダミエッタ川］は北東に伸び、尋常な汀線の一二キロほど外方に河口を突き出す。だが、地中海に注ぐ他の河川とおなじく、河口は泥や砂の「洲」により半閉塞し、大型船は乗り越えられない。うち西にあるロゼッタ川にはふたつのパス［船舶の通過できる河口］があり、深さは二メートルと二・二メートルである。ダミエッタ川の河口はそれよりも狭く、水深も一・六メートルにすぎない。屋根［水中の隆起部］の高さは、沿岸から砂をはぎとる波浪の作用に左右され、川の水量の多寡による変動は小さい。大増水の時期には、ナイル川の河口群から毎秒一万三四〇〇立方メートルが海に流入するが、毎秒三三〇立方メートルに流量が低下する渇水期にくらべ、洲は一〇～二〇メートルほど掘り下げられるにすぎない。水深の変化が微小なのにくらべ、ぶつかりあう二つの流れ［潮流と河流］の均衡点を示す洲の位置は数キロも変わる。増水期のナイルの流れは沖合五キロでも感じられ、波浪を押しのけるのがはっきり感じられる。泊地のように船舶がそこへ避難することもできるほどだ★★。

★ 1873 年の低水位期におけるナイル堰堤部［分岐点］の水量（m^3／秒、Alì-Pacha Moubàrek による）

ロゼッタ分流	181.5
ダミエッタ分流	245
ミヌーフィーヤのラヤ	19.4
計	415.9
年平均流量	4750（Barois, *Notes anuscrites*）

★★ Larousse, *Annales hydrographiques*, 2 semestre 1871.

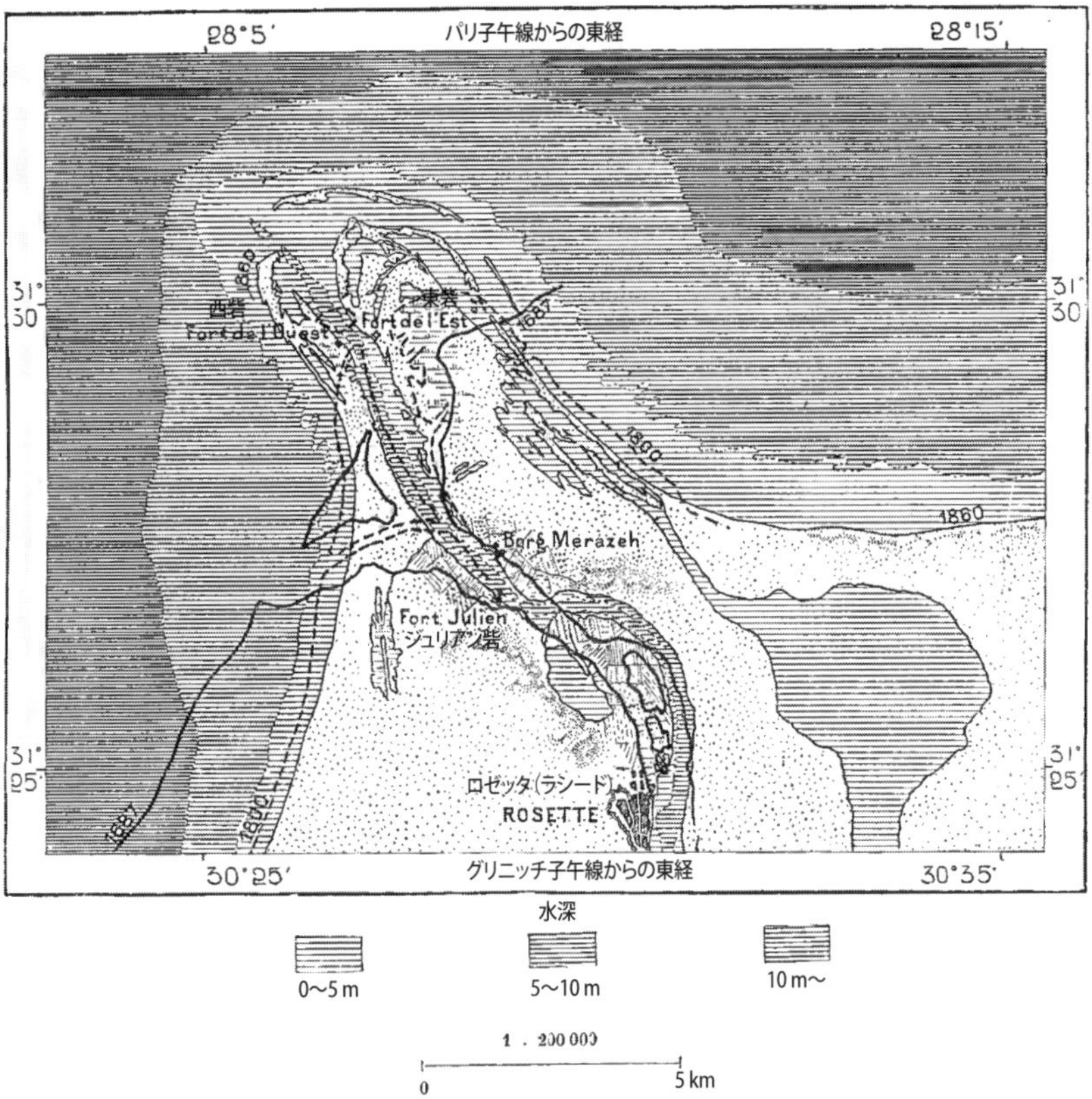

図 21　ロゼッタ川の河口

デルタの前進

デルタ前面はだんだん海に進むが、ナイル川の流量と沖積物質の濃さから予想するよりもはるかに鈍足である。古代および中世の史料に見出した標定地点をすべて比較したエリー＝ド＝ボーモン［フランス人地質学者 Jean-Baptiste Armand Louis Léonce Élie de Beaumont 一七九八―一八七四か］は、エジプト沿岸の前進速度を年四メートルとすべきだと考えた。これはかなり小さな値で、ローヌ川やポー川など、ナイル川よりもかなり小さなデルタよりさえ低いが、それでも過大と思われる。実証的な比較が可能な最初のものは、一六八七年に技術者ラゾーが測量したロゼッタの狭間［洲を船舶が通過できる水路］の地図だ。後世になると、完全に相互の比較が可能な地図が二葉ある。ひと

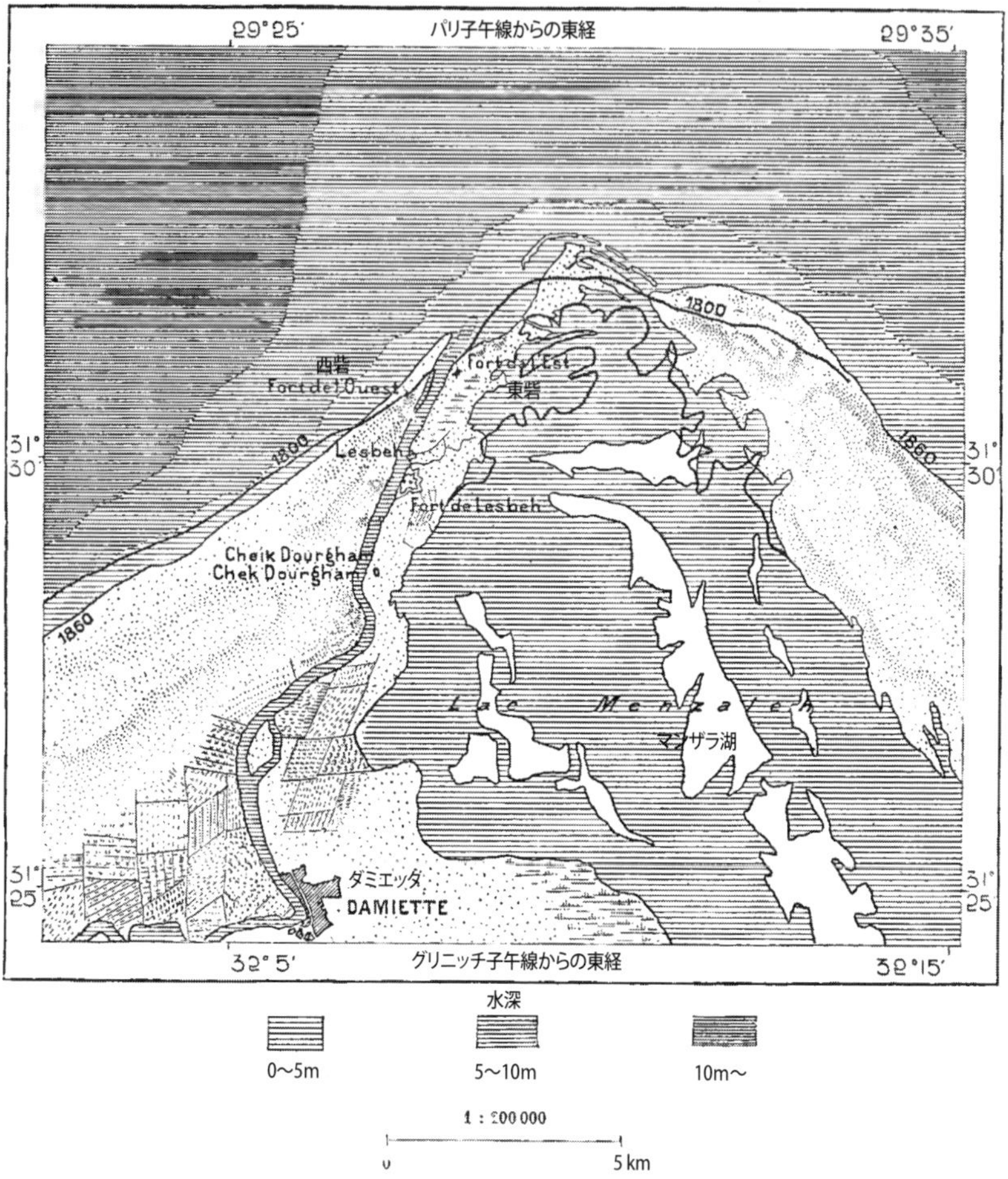

図22　ダミエッタ川の河口

つはエジプト遠征の海軍部隊が前世紀末に作成した地図である。もうひとつは、スエズ運河の予備作業のさいにラルース氏が作成したもので、両者を比較すると、ロゼッタ川の河口は年間四〇メートル、ダミエッタ川のそれは一一・六メートルの前進速度を得る。だがこれは局地的な変化であって、河口が移動すれば、それが形成した沖積土の岬はまもなく波浪が破壊し、砂は沿岸に分配されてしまう。海によるこうした反撃は随所で確認されてきた。エジプト沿岸にはアレクサンドリアからポート・サイード方向へ、西から東に流れる沿岸流があるが、ところどころ小さな反流が生じ、ロゼッタの河口とアブー・キール岬のあいだに渦を形成する。沿岸のこの流れは、突き出た箇所を不断に削り取り、湾を埋め、海岸線を美しい放物線に変えてゆこうとする。障害物が抵抗すると、沿岸流はそれを半円形の砂浜でもって陸地に連結する。ポート・サイードの西側突堤に砂が堆積するのがこれだが、新港の水域が危険になるほどの量ではなく、浚渫により十分に対応できる。デルタ全体としては、海への前進速度は年二・五メートルがやっとであろう。つまりヘロドトスの時代から陸地が前進した距離は、最大でも六キロだ。

潟湖の形成

おそらくかつては、河川が臨海の浜に運びこむ土砂と、海蝕が均衡したと思われる。というのは、海岸の地質学的特徴が、古い沿岸洲のものだからだ。これはアレクサンドリアの石灰質の小山脈から連続し、現在はアブー・キール岬で終止する。浅い水域では、水面から突き出す岩や島、岬が砂洲の支点になり、不揃いな輪郭の入り江が海から切り離され、ゆっくりと末なし川に姿を変える。ナイル川は、地中海の海底を陸地化させる営みよりも先に、まずは砂嘴が外海から分離したこれらの潟を埋めねばならなかった。だがこの埋め立て作用は、附近一帯の全般的な沈降により遅れたことを示す指標がいくつか存在する。こうした沈降は、沖積性の多くの地方、すなわちオランダ、北ドイツ沿岸、ポー川河口、アマゾン川河口の縁部にもみられる。かつてアレクサンドリアの近く、海抜一〇〇メートル付近に掘り抜かれた人造の洞窟群、すなわち「クレオパトラの浴場」の名で知られた墳墓も、いまは海中に沈んでいる★。またこの沈下は、長いあいだ干上がったままだった低地に「ブーガーズ」すなわち「狭間［水路］」がふたたび開き、新たな潟湖を形成することにもなっただろう。

マンザラ湖

いずれにせよ、現在のデルタにある湖沼は水量がわずかなので、埋め立ては容易だろう。スエズ運河の土手によりナイル川地方から隔てられるマンザラ湖は、すでにペルシアクの分流とともに、陸地化されている。マンザラ湖

★ Lyell, *Antiquity of Man* [Charles Lyell, *Geological Evidences of the Antiquity of Man*, 4th ed., London: John Murray, 1873?].

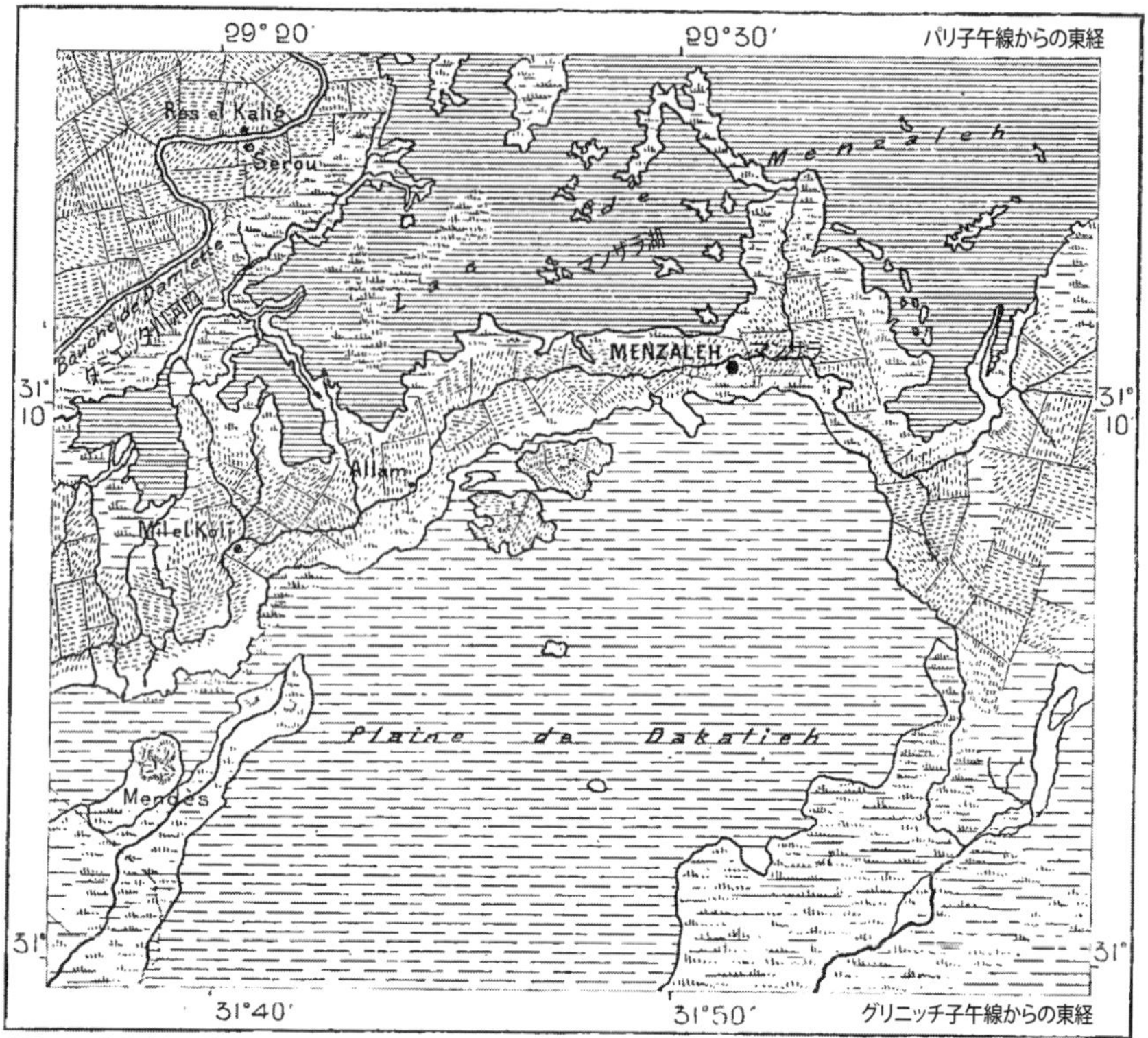

出所: エジプト遠征軍地図

C.ペロン作図

1 : 360 000

0

15 km

図 23　マンザラ湖内のナイル分流

じたいも前世期末のアンドレオッシ［フランス軍人、水利技術者、外交官 Antoine François, comte d'Andréossy 一七六一―一八二八］の探検以後は縮小し、彼が「ブーガーズ」付近で見出した五メートルの水深はもうみられず、平均一メートルほどだ。しかしナイル川の増水期には湖面一二〇〇平方キロに達し、一時的な水路の群れが左右に沖積土を運び込むとともに、ふたつの狭間が海に通じ、ネズミイルカが遊弋する。渇水期にはあまたの砂州や小島が姿を現すため、潟の広範囲にわたり航行が不可能になるのみならず、出現した陸地のあいだの溝がぬかるため、あえて渡渉する者もいない。

ブルロス湖ほか

デルタ北部、ロゼッタ川の東に位置するブルロス湖の広さはマンザラ湖にわずかに及ばないが、川の水位に応じ縮小拡大する点は同様で、ナイル川と通じているときには淡水湖だが、表面の水の層が蒸発すると、塩味のする残渣で満たされる。海と恒常的につながる一個の狭間がある。イドゥク湖とアブー・キール湖は湖というより潟にすぎない。ただし古代人のいうマレオティス、いまのマルユート湖は少なくとも全周一〇〇キロはあり、西岸と南岸は急傾斜に水に落ち込むので、本物の湖らしい様相をそなえる。だがイギリス人がアレクサンドリアの南で同湖を海から隔てる土堤を切った一七九九年には、完全に干上がっていた。それでいったんは湖面が復活したが、切開部が修復されたのちはまた縮小している。古代エジプト人も海との連絡を絶って干拓したか、それとも陸地の隆起があったかはともかく、古代の一時期にマレオティス湖の全部、ないし一部が干上がったのは間違いない。神殿や彫像の残骸が見出されているからだ。

沖積

ナイルの沖積が海やデルタ内の湖沼を埋め立てる速度の推定は困難だが、増水期の灌漑範囲の全域にわたるナイル沿岸のかさ上げも、ペースを把握するのはむずかしい。またその際には、風が運んできた砂粒が沖積土に混じり込む分を考慮せねばならない★。ジラール［フランス人技術者、物理学者 Pierre-Simon Girard 一七六五—一八三六］は、エジプトの探査［ナポレオンのエジプト遠征か］のあいだに得られた観察所見を比較検討した結果、ナイルの沖積層は、一〇〇年当たり一二六ミリかさ上げすると演繹できるとした。つまりエジプト人が最大級の疎水工事に取り組んでいた五千年前にくらべ、ナイルのデルタはほんの少し沖合に進出しただけだが、川沿いの田園は六メートル以上高くなったわけだ★★。河道の近くに建てられた建造物の大半が、現在ある程度まで土中に埋まっているのは本当である。カルナクのスフィンクス参道の敷石はナイルによる堆積物で隠れてしまい、川岸から二キロほどにあるメムノンの巨像の台座はほぼ完全に沖積層で埋まっている。この台座には、人の背丈の高さに刻まれたと思われるギリシャ語の碑文があるが、それを見出すには地面を掘り下げる必要があった。だが、それは地面がかさ上げした証拠

★ H. Duveyrier, *Notes manuscrites*.
★★ *Description de l'Égypte*, tome VI.

挿画 VIII　メムノンの巨像　一葉の写真をもとに、Ph. ブノワスト筆

にはならない。というのも、こうした重い建造物や、とりわけメムノンの巨像のような石塊は、ナイル沿岸の田園部の沖積層にだんだん沈下したはずだからである。テーベの多柱造りの広間［アメン神殿の大列柱室か］は増水期の水位よりも上に建設されたことが明瞭であるにもかかわらず、毎年冠水し、人々は平底舟でもって遊弋する★。スイスの迷子石や、ローマの神殿の列柱も、軟らかい地面にだんだんともぐり込んでゆく。ジラールがエレファント島で発見した水位標も、基礎が沈下したのであろう。というのも、現在の高水位は、古代に測定された水準を二メートル上回るが、同じくらい河床や岸が上昇したとは結論できないからである。アスワン東の昔の谷が干上がり、現在の川からは放棄されている事実と矛盾するからだ。

ナイルの河況

ナイル川の増水は年々決まりきって到来する。年ごとの変動はほとんどなく、自然を生まれ変わらせるもので、エジプト人は神の復活と

★ Ernest Desjardins, *Notes manuscrites.*

して言祝《ことほ》いだ。かつては天体の運行にもなぞらえたが、河畔の住民にとり「コムギを作り上げ、オオムギを産む」この川がなければ「神々は地表に落ち、人間を滅ぼすであろう」とされたナイルの尊崇は当然で、祭官たちは「おおナイルよ、エジプトに生を与えた汝に挨拶を送る」と称えたのである★。万事は同川の河況にのっとり沙汰されたし、現在も、田園や市邑の工事、宗教的、世俗的な祭りはそれに倣う。だが今日では増水に備えるのはもっと容易になり、三〇～四〇日前にはカルトゥームから知らせがある。増水が始まるのはほぼ毎年六月十日で、上ナイル地方の大沼沢地からの不衛生な「緑の水」が流れ始める。はじめのうち、水位の上昇はそれと気づかぬほどゆっくりとしている。七月中旬ころに増水は急になり、エチオピアの急流群が運び込む「赤い水」が満ちる。氾濫水が曲がる箇所には、地面の掘り下げとかさ上げによる小さな「角《つの》」がしばしばみられるが、これは青ナイル川とアトバラ川の増水が一致しないことが原因で形成される現象だ。八月末にかけナイル川はほぼ満水に達するが、冠水地の水位はなお十月七日まで軽微に上昇する。これが同川の最高水位の日である。それを過ぎると水位はゆっくりと低下する。中途でふたたび増水することはまずなく、次の増水が始まるまで尋常な下降曲線を辿るのである。三か月にわたる高水位期にナイル川は、年間流量の四分の三、すなわち一二〇〇億立方メートルのうち九〇〇億立方メートルを海に流し込む★★。氾濫時の水位が上流から下流にかけ低下するのは当然で、アスワン前方では一六～一七メートルなのに対し、カイロではそれよりも一〇メートル低い。大増水した一八〇〇年には［カイロで?］七・九六一メートルに達したが、水が少なかった一七九九年には六・八五七メートルを越えなかった。いくつかの古代著作家の文章、とりわけ大きな議論を呼んだヘロドトスの一節［ヘロドトス前掲書一六八頁か］にもとづくなら、高水位はエジプト史の最初の数世紀からこのかた、大きく変化したとみなせると考えられたが、確言するのに十分なデータは皆無だ。いずれにせよ、精確な測定結果が残る八世紀末の数値は、フランスによるエジプト遠征に随行した学者たちが発表した数字とも、現代の継続的な測定結果とも一致することが判明している★★★。ただし高水位は平均値をはさんで上下に揺動し、す

★ Maspero, *Catalogue du Musée de Boulaq*.
★★ Barois, *Notes manuscrites*.
★★★ Jomard, "Du régime des crues périodiques du Nil", *Bulletin de la Société de Géographie de Paris*, avril 1864, *pp*.257-320.

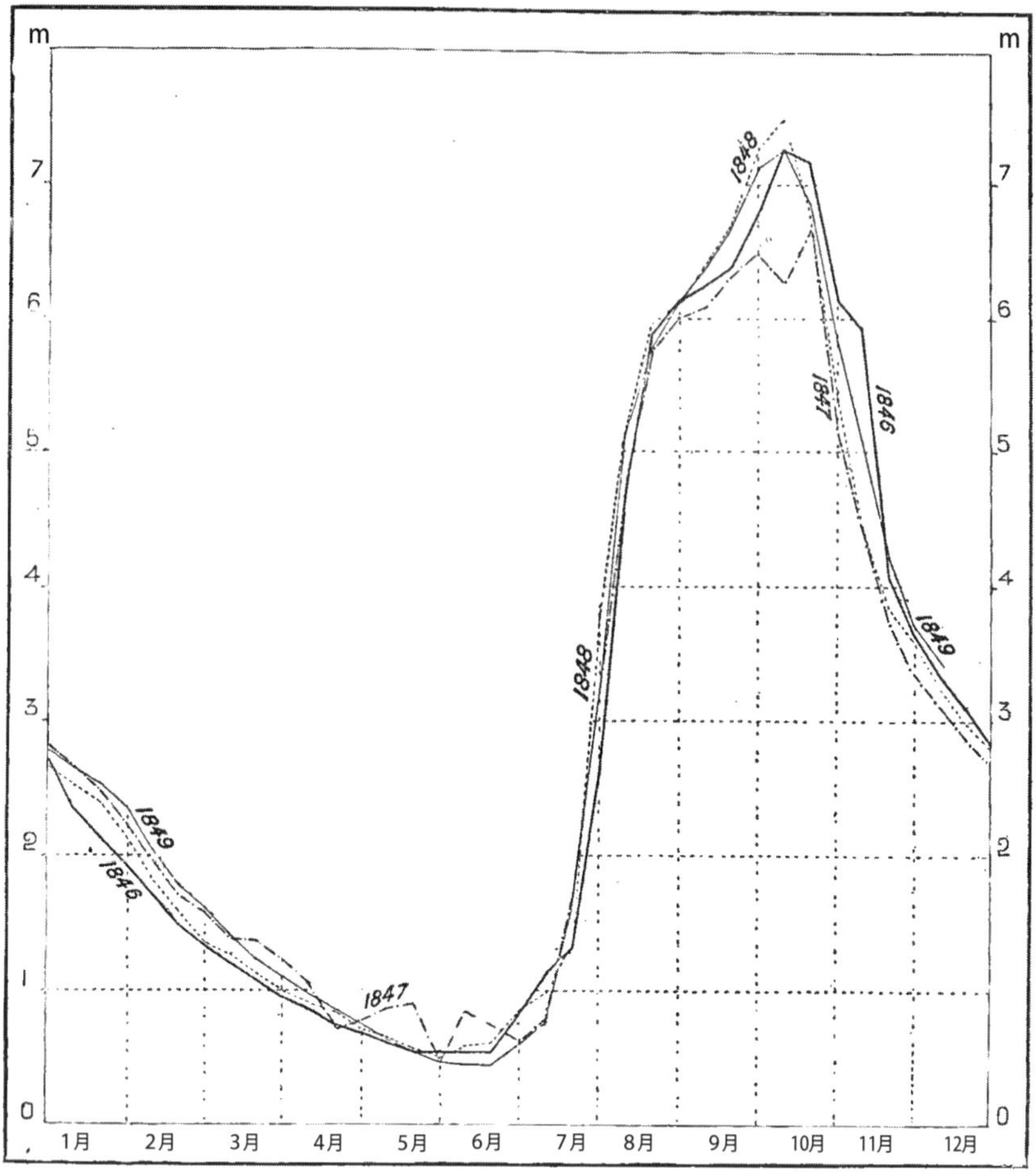

図24　ナイル川の水位変動の推移

べての用水路を流れるほどは上昇しないときもあれば、氾濫が強力で田園が十分に乾燥せず、良作をのがす年もある。ふつうは土地に対する税率は、水位の高さと持続する期間により変わるので、税務当局の指揮下にある水番が宣言する水位は、税率を上げる目論見にもとづき、しばしばいんちきである。川岸の土手を切って用水路に通水する日は、河畔の住民すべてにとり喜悦の日である。膨れ上がった水は、畝に芽吹くパンを意味するからだ。だが耕地に水を引くには、まず徴税吏がやってきて自分の取り分と、さらにそれを上回る君主の取り分を定めねばならなかった。かつては豊作祈願のため、若い娘の人形がにぎにぎしく川岸まで運ばれて河水に投じられたという話はよく知られているが、昔の人身御供のようすがとして死刑執行人がそうした人形を河水に投げ込んだと記す正史は皆無である。

増水期の灌漑とワニ信仰

ナイル川の両岸沿いは沖積層の土地で、隅々まで滋養に富んだ水を分配する用水路が縦横に走る。沖積平野を流れる河川はどれもそうだが、ナイル川の川岸は、河道から遠い平地よりも高い。河道と直角な断面図を作成すれば、急崖のあいだの平野は全体が丸く盛り上がる形状を示すはずだ。したがって増水期には、横手にある丘陵地がはさむ最も高い部分を水が流れる。中央が盛り上がった形なので、水は左右に流れ出し、随所の傾斜に沿って沿岸の田園をうるおす。川に近いほど土地が高いのは、増水期の沖積土が最も多く堆積するからである。川岸を越えてあふれ出る水は斜めに流下してゆくわけだが、斜面の方向は複合している。つまり河谷の全般的な方向と、河谷と直角な方向だ。仮に用水路に障壁が皆無だったら、用水はすぐに田園の最も低い箇所、すなわち沙漠の傾斜地に流れ下り、広大な湖面を形成するだろう。ゆえに、用水路の最も高い区間に堰堤を設けて増水期の水を溜め、高い場所にある耕地が十分に冠水してから水門を開く。水は次の区間に滞留するよう、やはり堰堤でもって仕切られる。こうして水路は段々の区間に分けられ、平野の全域に恵みの水を運ぶのである★。だが、横手に伸びる分水路どうしの合流や、局地的な沖積土の堆積により、随所で土地の尋常な勾配に変化が生じたり、近くの急崖から風が運ぶ砂のせいで、平野の地面がナイル川岸とおなじ標高、さらにはそれを上回るようになると、耕作者たちは用水体系を全面的に変えねばならなくなる。かつてエジプト領内のナイル川には五種のワニ［鰐］が棲息していたが、うち「スーク」と呼ばれる小型の種は無害で、水流に先んじて居所を変える習性があった。つまり大事な水の先触れだったため、農民は吉兆として祭礼をもってこのワニを迎え入れ、ナイル川から遠い都市ではおごそかに拝礼したのである。ワニの神殿［セベク神か］も建造され、神域では腕輪や耳飾りで飾り立てられたワニに、人身御供の肉が供された★★。

★ Girard, *Description de l'Égypte*, tome XX.
★★ [Étienne?] Geoffroy Saint-Hilaire, *Revue Encyclopédique*, tome XXXVIII, mai 1828.

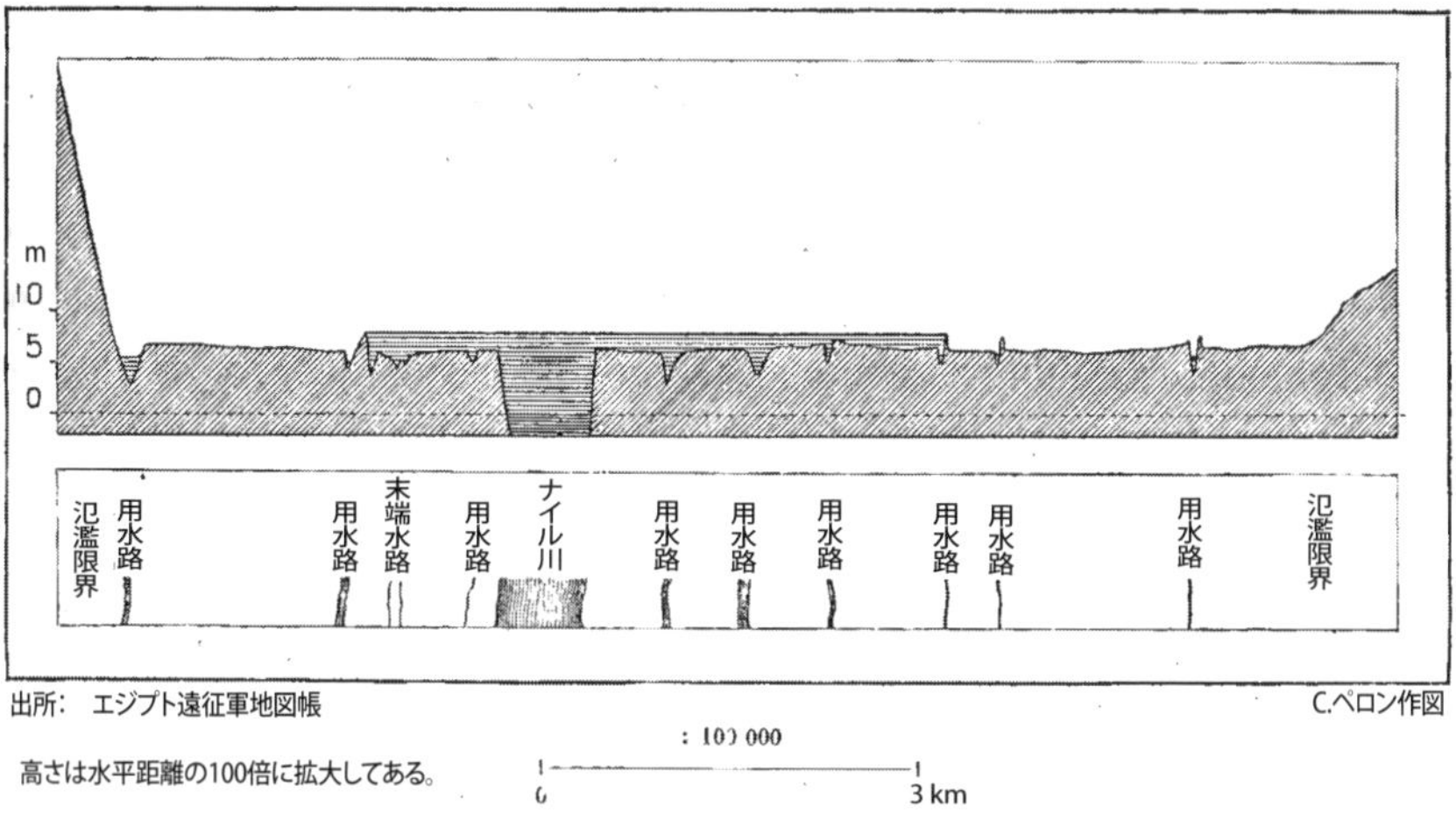

出所: エジプト遠征軍地図帳
C.ペロン作図

高さは水平距離の100倍に拡大してある。

図25　アシュートにおけるナイル河谷の断面

いまはエジプト領内のナイルにワニはいない。今世紀初めにはカイロを走る用水路にもその姿がみられたが、現在はテーベですらみかけなくなった。最近までワニを見ることができた最下流部は、山脈峡谷とアスワンのあいだ、オンボス〔ナガダの希語名〕である★。瀑流地方には電気を発する魚も棲息する★★。「ナイルのウマ」と呼ばれるカバ〔河馬〕はさらに上流、アトバラ川との合流点まで後退してしまった。

渇水期の灌漑

ナイル川の水位が低下しはじめると、用水路の上流部を満たしている水は、取水箇所を閉じないとすぐに本流へ戻ってしまう。このため耕作者は水門を閉じ、春夏の灌漑に必要な水を用水路内に確保するので、渇水期になれば、氾濫した田園の水位のほうが川面よりも五〜六メートル高い状態になる。これに加え、川岸から数キロにわたり浸透する水分も利用するが、非常にゆっくりとしみわたるので、通常の氾濫期から数週間、ときには数か月後でないと高水位の影響は感じられない。川岸から一〇〇メートルの地点だと、井戸水が上昇し始めるのは八〜一〇日後で、一キロ以上の地点ならば、井戸水が上がり始めるのはナイル川の水位が下がってからだ。このため奇妙な現象が発生する。ナイル川の低水位期には、最も遠い井戸の水位がナ

★ Ernest Desjardins, *Notes manuscrites*; Anton von Prokesch-Osten, *Nilfahrt bis zu den Zweiten Katarakten*, Leipzig: F. A. Brockhaus, 1874.
★★ de Gottberg, *op.cit*.

挿画 IX　ナイル河畔のシャードゥーフ［跳ねつるべ］
一葉の写真をもとに、スロム筆

イルの川面よりも三〜四メートル高くなるのだ。こうした土中の浸透水なしには、灌漑が遠隔地まで及ぶことはできないだろう。

用水路の維持

用水路や堰堤は村々をむすぶ交通路でもあり、デルタ全域は土地の部分と溝の部分が切り分ける広大な格子模様を呈する。滋養をもたらす水は、動物の動脈における血流のように随所に到るが、この有機体の保全にはたいへんな手間がかかる。ほぼ平坦で傾斜がはっきりしないデルタの田園にあっては、わずかな撹乱があっても亀裂や障碍が発生し、水路は沼沢になってしまう。ファッラーヒーン〔エジプトの零細農民。ファッラーフの複数形〕の駆使する灌漑用具は原始的なもので、用水網を良好な状態に保たねば灌漑の実は上がらないが、彼らは不断の労働と重税に疲弊しており、いつも機転がきくわけではない。大型地所で用いられる「サーキーヤ」は、シリアで用いられているのと似た水汲み水車で、動力源はウシやロバだが、ヌビアではラクダが用いられる。だが農民の大半は「シャードゥーフ」を用いる。これは二人一組の跳ねつるべで、つるべは壺だったり網籠だったりする。つるべが最も高い箇所にいたると水が用水路に落ちる仕掛けで、つるべを上げ下げすると二〜三メートルの揚水が可能だ。耕地がもっと高い地面にあるばあいには、もう一基のシャードゥーフでさらに揚水する。ときには三段構えの例も目にされる。だが原始的な方法なので、灌漑可能なナイルの河水のうち、利用できるのはほんの一部に限られる。年間流量一二〇〇億立方メートルのうち、河畔の農民が用いるのは五〇億立方メートルにすぎないので、現在の農地面積は、耕地化できるうちの半分、あるいは三分の一ではないかと思われる★。ナイル川流域で暮らすのは四〇〇〇万人たらずだが、恵みの水が生むコムギは、さらにどれだけの大人数を養うだろうか。

ナイルの沖積層

ナイル川の泥は茶色か黒色で、デルタ農村部の唯一の肥料だ。陽光にあぶられると固まるので、煉瓦や壺類をこしらえることができる。踏み固めると石のようにかちかちになり、縮まって深いひびが入る。現行の地質年代にお

★ Heinrich Stephan, *Das heutige Ægypten*, Leipzig: F. A. Brockhaus, 1872; Raoul Pictet, *Société de Géographie de Genève*, séance du 23 janvier 1874.

ける既往の氾濫が運び込んだ丸い砂利からなる丘陵の基部には、砂岩と石灰岩の地層が混じるが、それを厚さ一〇～一二メートルの沖積層が被覆する★。はなはだ肥沃な土壌で、べつの平野に敷き広げれば百倍の面積に施肥できるほどだ。エジプトをエジプトたらしめたこの泥土の成分はヨーロッパの河川とはまったく異なるが★★、諸家の分析結果は、堆積した年代や由来した地方、河道からの遠近により、大きな差が生じる。だがどの資料も、有機物が分解した炭酸カルシウム、炭酸マグネシウム、酸化鉄、炭素の構成比がかなり高い★★★。また深さを問わず珪藻類の桿菌を含んでいる。ナイルの河水は甘美だが、広大な流域の諸地方から運ばれてきたあらゆる残滓がその中には見出される。すなわちアトバラ川の河泥、バフル・アル・アズラク［青ナイル川］の沼沢内の動物化石の残骸、キル川［白ナイル川］やバフル・アル・ガザールからのミズゴケ［水苔］やアシ［葦］などだ。砂や粘土、陰鬱な岩山ばかりのふたつの沙漠が挟む一筋の狭い緑地は、アフリカ大陸の半分から運ばれてきた諸物質が作り上げるのである。

★ Girard, *op.cit.*
★★ Oskar Friedrich von Fraas, *Aus dem Orient*, Stuttgart: Ebner & Seubert, 1867.
★★★ エジプトの泥土の成分（%）*Cf.* Regnault, *Description de l'Égypte*, tome XX.

水分	11	炭酸マグネシウム	4
炭素	9	炭酸カルシウム	18
酸化物	6	酸化アルミニウム	48
珪素	4		

第二節　アフリカ大湖沼の地方

第一項　ヴィクトリア湖地方の自然

ヴィクトリア湖の地理的位置

ニヤンザ湖〔ヴィクトリア湖〕の集水域と、ムタン・ンジゲ〔アルバート湖〕の出口までの上ナイルの流域はかなり広く、面積四三万平方キロと推定されるが、精密な数字ではない。流域を分ける分水界の正しい位置が知られていないため、経緯度線が囲む空間をおおざっぱに計算したものにすぎないからだ。平均標高が一二〇〇メートルを超えるこの広大な地方は、アフリカの大陸分水界の一部をなす。ナイル川に流入する水流群は地中海流域に属するが、地方全体は大西洋のほうがはるかに近いし、南端はインド洋から四〇〇キロもない。外界との関係の容易さという点でみれば、大型湖ニヤンザの湖畔はザンジバルの引力圏内にある。ナイル川の水運が開かれ、両岸を結ぶ交通を戦乱が妨げないときでさえ、アフリカのこの地方に赴くヨーロッパ人旅行家は、インド洋からの経路をとり、アラブ人商人が辿る道を通って高原へ登る道筋を選ぶ。

地勢

ニヤンザ湖の地方は地中海、大西洋、インド洋の分水界を形成するとはいえ、アフリカの他の部分よりもかなり低い。ムフンビロ山がそそり立つカゲラ川源流部はおそらく標高三〇〇〇メートル級だし、その北方で南北に延びるガンバラガラ山はもっと高いようだが〔ルウェンゾリ山地スピーク山は標高四八九〇メートル。さらに同山地の最高峰スタンリー山（マルゲリータ山）は標高五一一〇メートル〕、それを除けば、この高原に大型山塊は皆無で、わずかに比高数百メートルの突起がいくつか立ち上がるにすぎず、探査に通過不可能な障壁はみあたらない。とりわけニヤンザ湖の西岸と北岸をはじめ、この上ナイル流域には、景色の優美さと多様さ、水の豊富さ、とりどりの植物、土壌の肥沃さという点でアフリカ、および世界にもめったにない恵まれた土地がいくつもみられる。それにくらべ湖の南岸、ウ・ニャムエジ地方の住民は恵まれず、丘陵や高原にはさまれた谷が並ぶ。これらの谷は雨季になると冠水し、沼沢地に姿を変えるため、集落も耕地も傾斜地の高所に設けざるをえなかった。村々のあいだにある谷筋は、乾季の牧草地にしか利用されない。丘陵地は花崗岩質の山塊で、薄い植生土がぽつりぽつりと被覆し、いくばくかの叢が生育する。ニヤンザ湖の東の土地は涵養水が少なく、塩水や鹹水のくぼ地が散在するのに対し、ニヤンザ湖からムタン・ンジゲにいたる北方は、淡水の湿地や、スイレン［水蓮］の群生地、ゆったりと蛇行する広い川幅の水流が大半を占める。

気候

赤道はニヤンザ湖を通るが、標高が大きいこと、大気の流れが自由に通過する地勢であること、そして雨が涵養する木本植物の相であることにより、平均気温がやわらげられるので、北緯二〇度以北に位置するヌビア地方のような酷暑に苦しむ心配はない。赤道から数分の緯度に所在するウ・ガンダの首都ルバガ［現カンパラ］での継続的観測により、一帯の気候がみじんも「酷熱地方」に分類できないことは明らかだ。同地でヨーロッパ人が体験した最高気温は摂氏三四・八八度、最低気温は一〇・七七度にすぎない。毎月の平均気温は両者のあいだ、二〇〜二二度を上下し、年平均気温は二一・四度である★。これはカントン［広州］、チュニス、ニューオーリンズと同水準だ。カイロ、バグダード、ハバナ、リオデジャネイロの平均気温はもっと高いし、ブーシェフル［イラン］、マスカット［オマーン］、カラーチー、ビスクラ［アルジェリア］、ムルズク［リビア］といった「地獄の窯」には比すべくもない。卓越するのは南風と南東風で、いづれもサハラの熱炉が引き寄せる。午後のほぼ決まった時刻に雷雨が発生するのは、こうした南からの大気の流れが、北や北西からの流れに出会う結果である。この地方は大西洋の熱帯収束帯に対応し、雨雲が季節を問わず形成されるので、雨のない月はない。ただし七月は比較的に乾燥する。最も多雨なのは九月から十一月にかけてだが、四月も第二のピークをなす。ウィルソンによると、年降水量はウ・ガンダ地方で一〇二五ミ

★ E. G. Ravenstein, *Appendix V* to, Wilson and Felkin, *op.cit.*, vol.I, *pp*.355-367; Hann, *Petermann's Mittheilungen*, 1878, *p*,64; *loc.cit*. 1880, *p*.143.

り程度らしく、雲の通過をはばむ高峰がないのが原因だ。月別の気温の上下はほとんどなく、秋と春の雨季が存在するにすぎない。ガンダ人は雨季が農期と一致するため、それをもって暦の単位とするので、一年は半分しかない。つまり最初の六か月は「種をまく月々」で、残り五か月〔ママ〕が「食べる月々」だ★。

植物相

大型湖ニヤンザをとりまく肥沃な地方では、雨にも恵まれて植物相は極めて豊かである。赤い粘土に砂が混じる土壌を、厚さ一〇メートルを下らぬ植生土が被覆する。赤道直下に近いウ・ガンダ地方は一面が緑で、まったく途切れない。バナナほかの作付け地は広大なもので、集落がみえぬほどだが、その端からはすぐに大森林が始まる。巨木の枝に種々の寄生植物が群生し、花綱模様のようなツル〔蔓〕が下生えの灌木にからみつく。シダ〔羊歯〕は五〇種以上をかぞえる。底部の小川は洞穴の流水のような具合で、川面は薄暗い。遠くからは、流れの頭上でからみあう枝の塊でもってそれと知られるにすぎない。上ナイルのこの高原地帯の植物相は美しいが、しかし植物種は多くない。ザンジバルから下ナイルまで横断したグラントが持ち帰った七五〇種の植物のうち、植物学者に知られていなかったのは八〇種、せいぜい一〇〇種だった。この高地にはケープ地方、アビシニア〔エチオピア〕、ナイル川の植生が混在し、ヒンドスタン〔南アジア〕からの数種さえ見いだされる★★。現在は多くのヨーロッパ種がこの風土への適合性を享受し★★★、グラントは同地方、とりわけカラグエ地方〔現タンザニア、カゲラ地方内〕が茶栽培にもってこいではないかと考えている★★★★。一帯で最大の樹木はムパフ〔m'paffou 不詳〕で、幹回りが七〜八メートルほどになり、芳香性のゴムを分泌する。

動物相

植物相とおなじく、この高原地帯の動物相も、周囲の地方と異なるのはごく少数の種のみである。ニヤンザ湖のカバ〔河馬〕やワニ〔鰐〕はナイル川やニジェール川と同一だし、魚類を捕食する種々の鳥が葦原に多く生息し、岸辺の樹上に営巣する。耕作地帯では人間が野生動物のほぼすべてを駆逐したが、叢にはヒョウ

★ Wilson and Felkin, *op.cit.*
★★ Speke, *op.cit.*
★★★ Wilson, *Proceedings of the R. Geographical Society*, June 1880.
★★★★ James Augustus Grant, *A Walk across Africa*, Edinburgh and London: W. Blackwood and sons, 1864.

〔豹〕がいて、いまも村人の恐怖の的だ。村の周辺にはハイエナがうろつき、キツネ〔狐〕の吠え声は旅人の凶兆とされる。ヤマネコ〔山猫〕をはじめ、ネコ科動物は小柄な獲物を追い回す。樹上では枝から枝へリス〔栗鼠〕が飛び移る。梢からは灰色の大きなオウム〔鸚鵡〕が鋭い鳴き声を挙げて飛び立つ。根元では、花々のあいだに小鳥や蝶があでやかな世界を繰り広げる。耕作地から遠く離れると、とくにカラグエ地方の境界地帯であるウ・スイ地方や、ウ・ガンダ地方の北など、森林植生を野生のヤシの木が、シダ〔羊歯〕を禾本科植物がとってかわる土地に、種々のアンテロープやサイ〔犀〕、ゾウ〔象〕、シマウマ〔縞馬〕が遊弋する。湿地べりにスイギュウ〔水牛〕が群れをなし、藪にイノシシ〔猪〕が巣を構える。高原の森には何種かのサル〔猿〕が暮らすが、とりわけ目立つのが、壮麗な白と黒の毛をもつクロシロコロブス〔colobus guereza グエレザ〕だ。またチンパンジーもいるらしい★。ライオンは赤道アフリカの高原にきわめてまれだが、力強い咆哮が聞こえるときもあり、他の動物は恐れおののく。平野の開豁地にはダチョウ〔駝鳥〕が棲むほか、灌木の茂みに無数のホロホロチョウが隠れる。処刑や戦さの後に残った死骸を片付けるのは小柄なハゲタカ〔禿鷹〕たちである。

第二項　住民と社会

人口

上ナイルのこの地方には、アフリカきっての人口稠密地帯がいくつかある。スピークやグラント、スタンリー、シャイエ＝ロング、リナンおよびジェッシの記述や、宣教師の断片的な推定も、この点で一致する。ウ・ガンダ地方とその周辺諸国に関し一致するこれらの証言によると、ニヤンザ湖とムタン・ンジゲという内海の流域人口は一〇〇〇〜一二〇〇万人に達する可能性がある。

分類

★ Emin-bey, *Petermann's Mittheilungen*, 1881.

この高原の諸部族や民族は、言語の面で、そしておそらく人種面でも、アフリカ南部の住民につらなる。つまり民族学的な領域はここで一〇〇〇キロほど北側流域に突き出ており、ニヤンザ湖畔の住民はバントゥー系の基層に属する。バントゥーとは「人間」の謂いで、調和のとれた柔軟な言葉は、豊かさといい、可塑性の高さといい、注目すべきものである。ただしニヤンザ湖の東方に住むいくつかの部族は、コルドファン地方のヌバ人に由来する言葉を話すらしい。また湖にほど近い村落群を所有するマサイ人とワ・クワフィ人の言葉も、まったくバントゥー系ではない★。湖畔にはまだヨーロッパ人旅行家が接触していない部族があり、暫定的にバントゥー系として分類されている。だが多様な宗派の宣教師がニヤンザ湖にみられるようになってきたため、実証的な報告が得られるまで時間はかからないだろう。

スクマ人

ニャムエジ（ウ・ニャムエジ）の名で知られる部族集団は、一部がニヤンザ湖最大の入江であるスピーク湾の南にひろがる峻険な地方に定着している。それはシメユ川ほか、同湾への流入河川が涵養し、大型国家が形成されたことのない地方だ。住民は一括してスクマの名で指し示され、おびただしい弱小の民に分かれる。いずれもバントゥー系だが、さまざまな出自の奴隷との混交により大きく変容しており、「ルガルガ」と呼ばれる盗賊［傭兵としても利用された］の襲撃を避けてひんぱんに移動する。ウ・スクマ地方の部族は大半が一種の同盟を結んでいるが、お互い同士は刺青の文様や、歯を尖らせる様式により区別する。最大の装飾は腕や脚、首に巻く鉄線で、このため急な動作は非常に困難である。男女とも脚に鈴をつけ、会話のさいにちりちりと鳴らす★★。族長の権力は原理的にかなり制約されており、何であれ重大な事態には、慣習を預かる長老連の意見を徴さねばならない。ただしこれらの小国王は徴税して一帯の大地主になるため、無責任な圧政をふるうことも多い。村人が醸造する「ポンベ」と呼ぶ地ビールは王が好きなだけ呑んで酩酊する。ゾウ［象］が仕留められると、王は最上の肉を受け取り、牙も取り上げる。ライオン、ヒョウ、シマウマの毛皮は前もって王の取り分に定められている。領内を

★ Cust, *op.cit.*

★★ Georges Leblond, *A l'assaut des pays nègres: journal des missionnaies d'Alger dans l'Afrique équatoriale*, Paris: A l'oeuvre des Écoles d'Orient, 1884.

通行する商人は手持ちの品々を王に陳列せねばならず、通行税として好きな物を召し上げる。また誰か不運な者が妖術使いとして火刑に処せられたり、投げ槍により処刑されると、その遺品はすべて部族の長に帰する★。女性は一般にほとんど尊敬されないが、ワマという豊かな村〔不詳〕は女王が統治する★★。呪術師は大きな権力を享受し、とくに予言が成就したり、奇跡を起こしたとされる者は無謬性を獲得し、無制限の権力を手にする。呪術師の占いの道具は牝牛かアンテロープの一本の角で、それに魔法の粉を詰めて村の手前の地面に立てれば、敵方は近寄れないとされる。だがもっと強力な呪術が必要になることも多く、戦さの前になると、呪術師はひとりの子供の皮を剥ぎ、血まみれの遺体を「戦さの道」に横たえる。戦士たちはそれを踏み越えて勝利をめざす。だが彼らの権力は、ヨーロッパ人宣教師の到来により大打撃をこうむった。というのは、宣教師たちも「くすりの人」とみなされ、その媚薬は黒人のものより強力だと考えられているからである。それでも、ニヤンザ湖畔の白人居住地に近く設けた雨量計は、以前に呪術師が雨ごいした呪文の妨げになるというので、宣教師たちが撤去せねばならなかった。

ウケレウェ島

スクマ人の郷国は、ウ・ニャムエジ地方とウ・ガンダ地方を結ぶアラブ人商人の経路にあたるため、一定の交易がある。スピークとスタンリー以後、何人かのヨーロッパ人が同地を訪れており、ウ・リマが人口最大な地区である★★★。これはスピークが自分の別荘の名前であるジョーダンズ・ヌッラー、つまり「ヨルダン川」と命名した三角江の分岐点に位置する。スピーク湾の左岸で最も多く訪問されたのはカゲイの村で、スタンリーのレディ・アリス号をはじめ、デイジー号、エレノア号といった当地初のイギリス製短艇が進水した場所だ。正面には、しばしば湖名としても用いられるウケレウェ島の山地があって湖面をさえぎる。同島はほぼすっかり森が覆う別個の国家で、首府ブキンドは島の東端近く、小島の群れが風からよくかくまう入江に面する。ブキンドの中心部には丸太の柵囲いがあり、王宮や閨房、穀物倉、戦さ太鼓を収めた倉庫を擁する。柵の外側が法廷で、動物の牙

★ Speke, *op.cit.*
★★ Wilson and Felkin, *op.cit.*
★★★ Mackay, “Boat Voyage along the Western Shores of Victoria Nyanza, …”, *op.cit.*

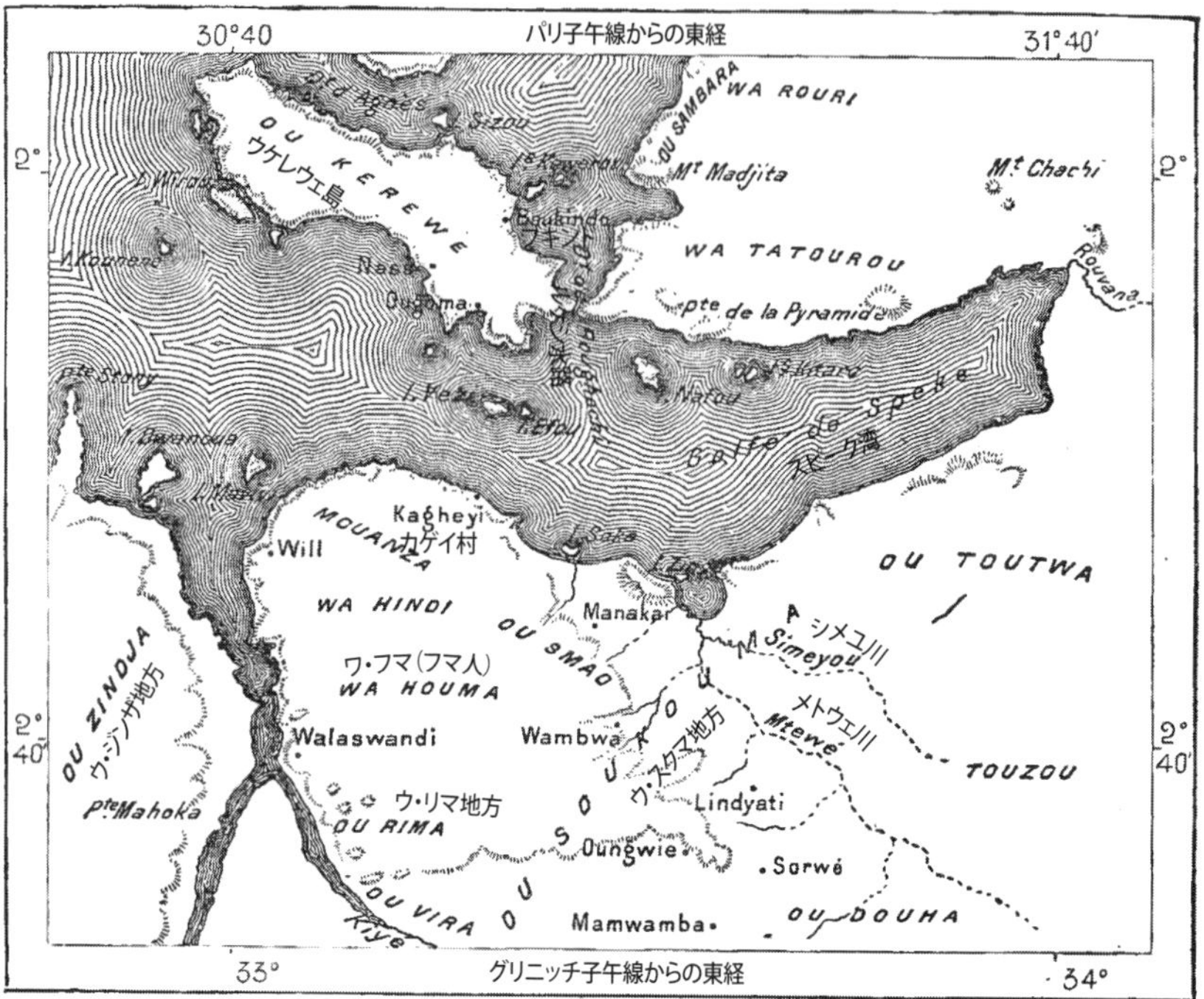

出所：　ラヴェンスタインおよびマッケイ　C.ペロン作図

1 : 1 500 000

0　50 km

図 26　ウケレウェ島とウ・スクマ地方

や爪、角でもって装飾した幹に王が座し、臣下のもめごとを裁断する。長い曲がりくねった小道沿いには平民の茅屋が続く。いずれも菜園をそなえ、タバコや種々の穀類、アラブ人商人が沿岸部から持ち込んだいろいろな野菜が育つ。村全体を囲む第二の柵は、王宮のものほど堅牢ではない。

ウ・ジンザ地方

五〇キロ以上にわたり狭い峡湾「ムワンザ湾」のように陸地に入り込むイサンガ川の西は、ニヤンザ湖の南西沿岸を占めるジンザ（ウ・ジンザ、ウ・ジンジャ）の郷国である。ヨーロッパ人旅行家はニヤンザ湖からかなり離れた場所や、タンガニーカ湖との分水界の南側しか訪れていないため、まだほとんど踏査されていない地方だ。ワ・ジンザすなわち「ジンザのひとびと」は、スクマ人とおなじく族長や呪術師

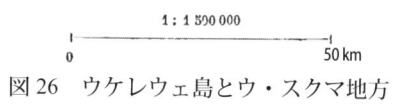

が統べる複数の民に分かれ、絶えざる恐怖のなかで生活する。いくつかの地区ではまったく村から出ようとしないのは、ワ・トゥタの部族に属する乱暴者に出くわすのを怖れるからだ。ワ・トゥタはアフリカ南部のバントゥー系といわれ、たぶんズールー人である。ニヤサ湖の湖畔からタンガニーカ湖の流域を経て到来したが、野獣の群れのように寇掠と殺人を繰り返す。北方にある砂岩の丘陵地に暮らすジンザ人は襲撃をそれほど懸念せずともよく、平野部のジンザ人にくらべ活気にあふれ、誇り高い。彼らは鞣した牛皮の短袴を着用し、装飾や護符でもって喉元を飾る。体には発酵したバターを塗りつけ、ふくらはぎに銅または真鍮の輪を巻き付ける。うち最も強盛なのはウ・スイ地方の諸部族だ。

フマ人

この地方で実権を握るのがフマの諸氏族（ワ・フマ）で、ニヤンザ湖をとりまく高原の随所にいる牧畜民である。スピークとグラントによれば、エチオピアの山岳部から到来した征服民で、オロモ人［原文 Galla］らしい。ウ・ニャムエジ地方と、南緯七度までの地帯にもおなじ出自の諸部族が暮らし、ワ・トゥシの名で知られるが、習俗や言語はフマ人と変わらない。フマ人は近隣の定住民よりも背が高く、整った相貌である。顔立ちは美しいうりざね形で、鼻梁はまっすぐでよく目立ち、かつて黒人すべての特徴だと考えられた厚ぼったい唇はまったくみられない。とくに女性はエチオピア美女の典型をそなえるので、他民族の族長たちは喜んで買い取り、妻にする。一帯のさまざまな民が通婚によりだんだん変化するのに対し、ワ・フマは混交を避け、原初の純粋性を保っている。ほぼ全員が牧畜を営み、村外の密林に暮らすため、旅行家がお目にかかることはめったにない。高原の部族の大半の王はフマ人だが、農耕にたずさわる黒人部族からは未開とみなされる。ちょうど中国［清国］の征服民である満州族が、被征服民の子孫である漢族の軽蔑を受けるようなものだ。だが、作物と技芸を自慢する隷従民のただなかにあるフマ人にも、少なくとも自由で独立した生活という優位性がある。彼らの内部ではいかなる主君も許されないのであって、自由を守ることができなかった場合には、もはやフマ人とは認められない。捕えられて奴隷身分に落とされた女性が、ふたたびフマ人の手に落ちれば、同胞により焼き殺されるとスピークは語る。言語は知られておらず、バントゥー語の言葉が混じるオロモ語の方言なのか、逆にオロモ語が一部をなすバントゥー語の方言なのか、まだ彼らと長く暮らした旅行家がいないため、未解決の疑問である★。

カラグエ地方

ニヤンザ湖の西にあるカラグエ王国は約一万五〇〇〇平方キロを占め、南をウ・ジンザ地方、西と北を、水量豊富なためナイル川上流部とされるカゲラ川〔原文 Tangouré〕が画する。ウ・スイ地方からは、ニヤンザ湖へ流入するルフガティ川が通る「辺境」が隔てる。カラグエ地方は中央アフリカきっての美しい郷国のひとつで、緑の丘陵と肥沃な谷間からなり、小さな谷筋にも必ず流水がある。全域が公園のようであり、巨大な野菜栽培地に変貌できるだろう。西はかなり高く、丸みを帯びた高原の稜線は標高一五〇〇メートル、さらに一八〇〇メートルに達する。好天ならば、カゲラ川の支流が生まれる谷の向こうに、ムフンビロの青い頂上群と、スピークが「月の山々」と呼ぶ尖峰群〔ルウェンゾリ山地〕が望まれる。高地では風がかなり冷涼なので、〔紅海の〕沿岸にあるザンジバルの黒人は、イギリスに隣接するのだと想像する。イギリスは彼らが名を知る唯一の寒い国だからだ。カラグエ地方のくぼ地にはいくつかの湖が存在する。うちルウェルー湖（標高一二九五メートル）は、短い排水路を通じカゲラ川に注ぐ。スピークとグラントには、母国のウィンダミア湖〔カンブリア内〕に匹敵する美景に映ったので、同じ名前が冠された〔現呼称はルシュワ湖〕。たしかに四～五〇〇メートル上方から芝の斜面がみおろすが、同湖はまったく山岳湖ではなく、最も深い箇所でも一四メートルの水深しかない★★。カラグエ王国の南部国境に近いブリギ湖は大型の潟湖にすぎず、遊水が北のカゲラ川方面に下る。住民によれば、最近までこの谷間は冠水していたらしい。舟でもってニヤンザ湖からブリギ湖まで遡上できたといわれ、平地から突き出す丸屋根形の小さな丘の群れは岩礁だったようである。これらの丘は、あざやかな赤色を呈する粘土質の砂岩と、板状の石英が交互に層をなす。一帯に卓越する砂岩層は分解して赤っぽい土壌になっているが、はなはだ肥沃で、作付

★ Cust, *op.cit.*
★★ Stanley, *Through the Dark continent*, *op.cit.*

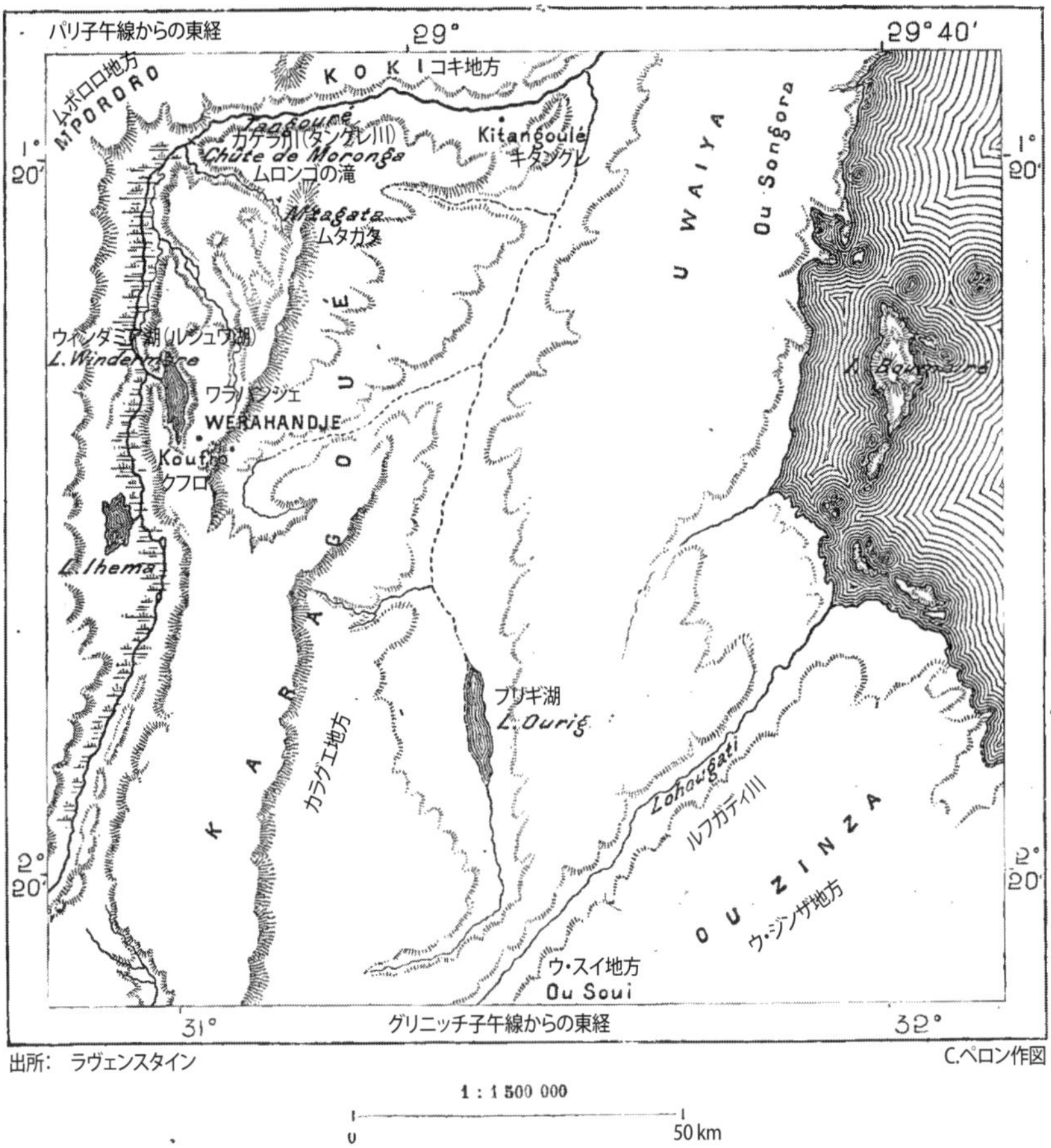

図 27　カラグエ地方

けすれば常に豊作だ。カラグエ地方の北西部にあってカゲラ川に向かい傾斜するほの暗い谷間は、ムロンゴの滝の近くでカゲラ川に到る。谷のなかにあるムタガタの六つの湧泉は水温が五四度で、高原地方の黒人が押し寄せて病をいやす。

カラグエ地方の住民

カラグエ地方はかなり分散して居住されており、人口が稠密なのはウィンダミア湖に近い首府など、いくつかの地区にかぎられる。国民の大宗を占めるのはワ・ニャンボ［ニャンボ人］で、バントゥー語の方言であるゾンゴラ語を話す。だが権力を握るのは近傍と同様にフマ人で、下位カーストの黒人に娘を嫁がせるのを肯んじない。フマ人の生命は聖なるものとされ、殺人にせよ他の理由にせよ、極刑が宣告されることはない。犯罪や違反に対しては罰金が科されるのみである。アフリカ各地で族長の妻が体系的なやり方でもって肥満させられ、立ち上がるのもできぬほどになることは、よく知られている。おそらく、妻の労働を免除しても食わせられるのが富の証しだからであって、太った妻は最高の美徳とされる。カラグエ地方の族長たちがアンナム〔現ヴェトナム〕の官員のように爪を伸ばすのもこれと似た理由で、自ら手を下さずとも、奴隷が働いて収穫するのを誇りたいためだ。だがカラグエ地方ほど王女の肥満体を厳しく要求する土地は、アフリカにもないと思われる。族長の円錐形の茅屋の中に差し渡された棒にミルク壺が吊り下げられ、草をしいた土壇に座る女性たちは、手を伸ばすだけでカップに手が届くようになっている。まだ自らの務めを理解できぬ幼い娘のなかには、ミルクを飲み干すのを嫌がる子もおり、父親が鞭でもって言うことを聞かせねばならない。だがもっと深刻な犠牲を強要され、生命が奪われる事態にいたることもある。君主が崩御すると、遺体の上にひとつの葬儀用の王宮が作られるが、故王が辿る精霊の里への偉大な旅の供として、人々はそのなかに五〇人の娘と五〇頭の牝牛を投げ込んで餓死させる。

カラグエ地方の集落と動物

カラグエ王国の首都ワラハンジェは、すばらしい位置にある。それは標高一三〇〇メートルの草原の高台で、足下には、歴代の王の墓がある急な丘がみおろすルウェルー湖（ウィンダミア湖）を一望する。その先はナイル・カゲラ川〔カゲラ川〕の谷で、銀色の水面がそこここに輝く広大なパピルスの叢林だ。遠くには並走する山脈群がみえ、地平線にムフンビロの三つの尖峰が青々とそびえる。カラグエ地方はザンジバルの引力圏だ。ワラハンジェの近く、ニヤンザ湖とのあいだの東の峰のふもとに、アラブ人商人が設けたクフロ（カフロ）の中継地があり、布地や塩、ヨーロッパの産品が、象牙やコーヒー豆といった地元の物産と交換される。商人が〔象牙を〕欲しがったため、ゾウは少なくなったが、サイ〔犀〕はいまもおびただしい。スピークはウィンダミア湖のほとりで一日のうちに数頭を殺した。この大型哺乳類には、白色や灰色がかった種もみられる★。カラグエ地方の西と北は、旅行家の経路の外方にとどまったため、アフリカの大型動物はまだ生息地をおびやかされていない。山塊が一種の山塞を構成するおかげで、同地の住民もほぼ共和政的な独立を保持してきた。

ルワンダ地方

カゲラ川のすぐ西から広がるルワンダ国は、タンガニーカ湖の北側流域まで延び、この未踏地帯でおそらく最大の勢力である★。アラブ人は同国に訪いを通じようとしたが、「干ばつと飢饉をもたらす者」だとしてすぐに追い払われたらしい。彼らの言によると、ルワンダにはきわめて大きな村々があるほか、鉱物資源と温泉も豊かである。ムフンビロの山地の南の斜面はどれも高価な樹種の巨大な森林が覆う。北方のムポロロ地方とウ・サガラ地方はアンコリ、ないしンコレとも呼ばれ、貴重な産物が豊かにみのるらしい。この神秘の地方については奇譚が多いが、いずれも巨人以上に恐ろしい悪意のある小人たちが重要な役割を演じる。ムフンビロ山地や、北に向かうキバンガ山およびガンバラガラ山［スピーク山（ルウェンゾリ山地）図10参照］の高地河谷には、ウエレ川の森に住むアカ人や、オゴウェ川の河畔に暮らすオボンゴ人のような小柄な人々が生活するとみられる［トゥワ人を指すと思われる］。スタンリーによると、ウ・ガンダ王［ブガンダ王］が彼らに軍勢を差し向けたものの、寒さのため兵士はこの高地河谷に入り込めなかったらしい。だが権力は他の土地同様にフマ人が握っているようである。つまり東から到来したこれらの征服者は、ナイル川とコンゴ川の分水界まで到っているらしい。現在は未知のこの地方も、遅かれ早かれアフリカ大陸史に第一級の重要性を獲得するだろう。気候といい産物といい、赤道アフリカのど真ん中におけるあらたなヨーロッパになり得るからだ。同地はナイル川やコンゴ川の低い地方にとり、最大の保養先になるだろう。

第三項　ウ・ガンダ地方

前頁★ Speke, *op.cit.*

★ Grant, *A Walk across Africa*, *op.cit.*

人口

ナイル川流域の高原部にある国家のうち、最もよく知られているウ・ガンダ［ブガンダ王国］は★、人口も最多と思われる。領土はニヤンザ湖の西と北にのびる三日月形で、コキ、ウ・ドゥ（ウッドゥ）といったカゲラ川の河口までの国々を含むのみならず、キヴィラ川［ヴィクトリア・ナイル川］さえ越えて少しづつウ・ソガ地方を併合しつつある。加えてセセ群島ほかの島々を領有する。内陸側の境界線は不明瞭で、無人の密林にまぎれるが、最近はカラグエ地方とウ・スイ地方の宗主権を僭称するようになった★★。国土面積は五万平方キロと推定されるが、属領を含めるとおよそ一七万五千平方キロになる。人口は、武装した男性の数にもとづくスタンリーの推定では、二七七万五〇〇〇人という値がある。さらにイギリス人宣教師たちが考えるように、仮にガンダの人口が五〇〇万人とすれば、平方キロ当たり一〇〇人の人口密度で、フランスを四分の一ほど上回ることになる。この暫定的な統計値は疑ってよいものだが、さらにウィルソンとフェルキンは、女性の構成比が男性の三・五倍だと断言する★★★。これは人口学的に類のない現象で、ヨーロッパおよび新世界の諸国は女性がわずかに多く、日本では男性がわずかに上回るが、現在までのところ、あらゆる正則な統計は両性間の比率がほぼ均衡することを示している。ウィルソンとフェルキンによれば、この甚大な性差は自然的な原因と、政治的な原因がある。世帯に生まれる子供は、男の子よりも女の子のほうがはるかに多いことは、茅屋の前で遊ぶ子供たちをみれば納得されるが、それに加え、危険な戦さと捕虜の虐殺がある。ワ・ガンダの戦士たちが勝利を収めると、男は殺し、女はすべて奪って自分たちに分配するからだ。ただしこれは近隣の住民も同様である。

身体的な特徴と疾病

この高原地方の他の諸国とおなじく、ウ・ガンダの権力はワ・フマに属するが、住民の大半は王国名の由来であるワ・ガンダである。彼らは正真の「黒色人種」で、ほぼ漆黒の肌と、短い縮れ毛をそなえる。背丈

★ ウ・ガンダとは「ガンダの地方」、ム・ガンダは「ガンダの者」、ワ・ガンダは「ガンダのひとびと」、キ・ガンダは「ガンダの言葉」を意味する。
★★ Leblond, *op.cit.*
★★★ Wilson and Felkin, *op.cit.*

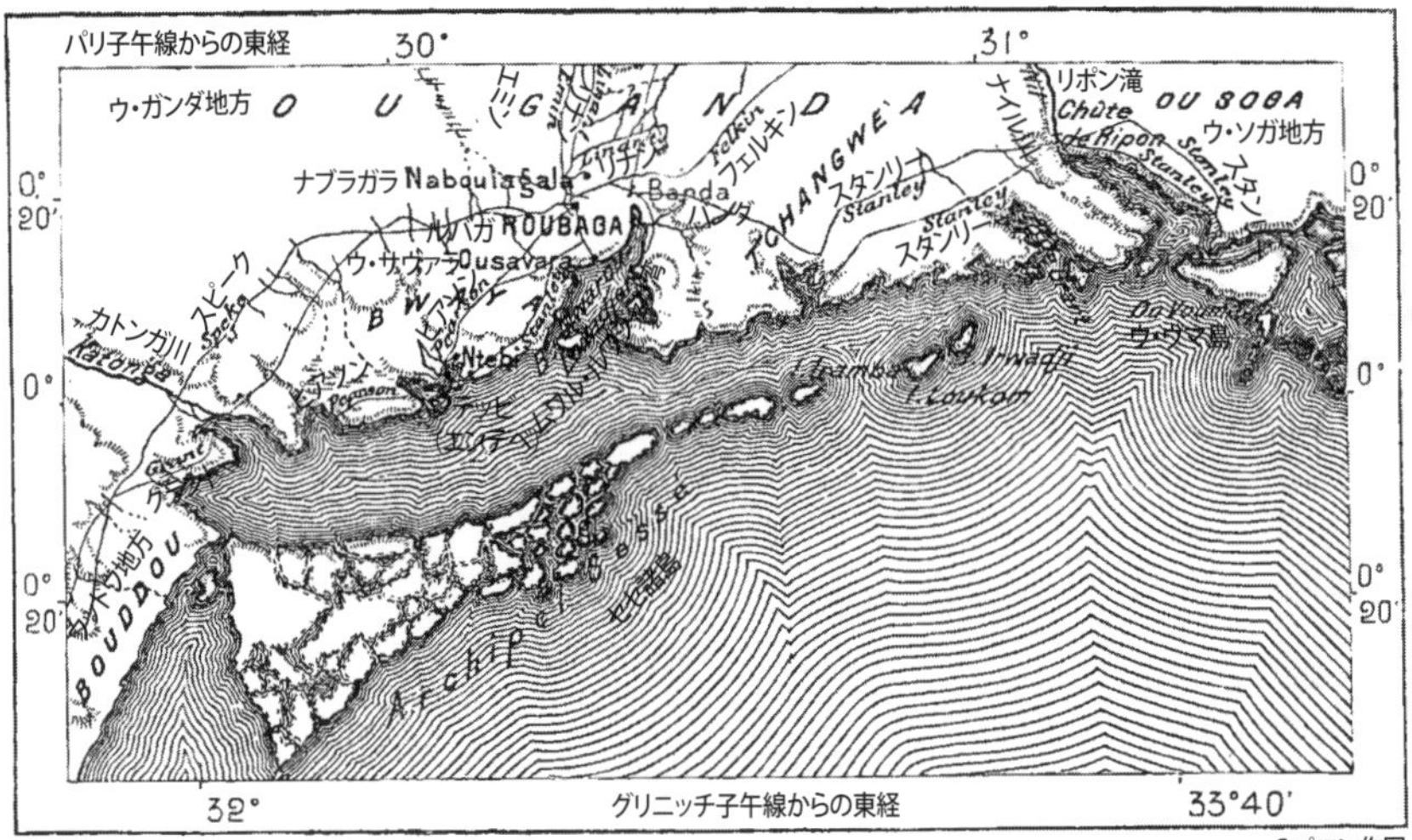

図28　ウ・ガンダ南部

は中くらいよりも高く、きわめて活力がある。女性は小さな手足できわだつ。ワ・ガンダにくらべ、カラグエ地方や近隣諸州の出身である牧畜民ワ・ニャンボは、もっとほっそりした外見だ。キヴィラ川の東方から移住したワ・ソガは、体格といい体力といい、ワ・ガンダにひけをとらず、肌はいっそう黒い。こうした種々の民族のあいだにはかなり多くのアルビノ［先天性白皮症］がみられ、珍奇な存在として大立者の茅屋のなかで見世物にされる。アフリカ部族民に一般的な顔面への刺青や、耳朶の引き伸ばし、歯を尖らせる習慣はいっさいみられず、意図的な身体損傷は死罪をもって禁じられている。また高地に住むワ・ガンダには、大半のアフリカ人のように油脂を体に塗る習慣もない。そもそも彼らはすこぶる清潔で、しょっちゅう体を洗う。最も恐れられる病気は天然痘で、おそらく大陸東岸から持ち込まれたと思われるが、流行するとまず助からない。ハンセン病の疾患例もところどころにみられる。また、メキシコの「ピンタドス」のように白斑をもつ人物にはひんぱんにお目に掛かる。

食生活

ガンダの人々の主な食料はバナナで、いくつか種類があるが、なかでもエチオピアのムサ・エンセーテがあり、粉末にしたり蒸留酒にするなど、さまざまに調理する。甘藷、インゲン〔隠元〕、諸種のカボチャ〔南瓜〕やナス〔茄子〕、トウモロコシ〔玉蜀黍〕、アワ〔粟、ミレット〕、パパイヤ、コメ〔米〕、アラブ人が持ち込んだ野菜類も食用植物だ。コーヒーノキも栽培するが、漿果はきわめて小粒であり、かみ砕いて呑み込むだけで、煎じて飲むことはない。肉はめったに口にしない。やせたウシ〔牛〕や乳の乏しい牝牛、ヤギ〔山羊〕、尾の太いヒツジ〔羊〕といった家畜はフマ人のもので、フマ人は家畜を売らないからである。いっぽうニヤンザ湖の岸辺と島々の住民は大半が魚食民で、大量に見いだされる魚類のおかげで食物には困らない。またワ・ガンダは小動物をいやしい食べ物とはほとんどみなさず、シロアリ〔白蟻〕やバッタ〔飛蝗〕もご馳走だ。網をはげしく振り回して羽虫の群れさえ捕るのである。

住居と衣服

中央アフリカの高原はかなり冷涼になるときもあるため、ワ・ガンダは大陸の他の民の多くよりも注意深く住居を建てる。家屋はかなり大型で、家事はすべて屋内でできる。茅屋はほぼ例外なくミツバチ〔蜜蜂〕の巣のような型式だ〔秋田県横手地方のかまくらに似る。挿画X〕。複数の杭が支える二重の半円形ないし円蓋形で、「虎の草」と呼ばれる長さ五〜六メートルの禾本科植物の藁葺きである。二つの屋根のあいだは空気が自由に流れ、家屋内の悪臭をとりのぞく★。茅屋のまわりに外側を斜面とする盛り土をめぐらし、雨だれが家屋に流れ込まぬようになっている。多くのばあい入り口は低く、這いこまねばならないので、目上の前では平伏する習慣とあいまって、住民の大半の膝にしわが生じる原因だ。ときには皺が深くなってポケット状にすらなっている★★。屋内には細い草束が幾何模様に敷かれている。開口部が少ないので横壁が黒くなることを除けば、全般にさっぱりした様子である。近年にはアラブ人やヨーロッパ人が切妻壁や窓をそなえたもっと広い家屋を建てさせたが、ウ・ガンダ王は石造建築を許可していない。なんぴとも王宮をしのぐ立派な建物に暮らす権利はないからだ。だが外国の影響で民族的な衣装も変化している。中央アフリカの部族のうち、ワ・ニョロとワ・ガンダだけは頭のてっぺんから足の先まで衣類をまとい、

★ Grant, *A Walk across Africa*, *op.cit.*
★★ Peney, *op.cit.*; Felkin, *op.cit.*

自宅の外で衣服が不十分なままでいるところを見つかれば、男も女も死刑と布告されている。最近まで民族衣装はイチジクの一種フィクス・ルディア〔原文 *ficus ludia* だが不詳。*Ficus lutea* か〕の樹皮を長時間にわたり叩いて柔らかくした「ムブグ」と呼ばれるものだった。族長はその上に毛皮のガウンを羽織った。牛皮のこともあれば、野兎くらいの大きさの「ンタラガンヤ」という小型のレイヨウ〔羚羊〕の毛皮を二〇～三〇枚縫い合わせたものもあった。これはすばらしく美しい茶色の毛皮である。だがおいおいアラブの衣服が卓越し、貧しい者でさえハイクやブラウス、腰帯、カフタン〔毛皮を裏地とするマント〕を買い求める。族長たちは豪華なターバン、もしくはエジプトからのトルコ帽で頭部を飾り、スイギュウの皮でできた粗末なサンダルの代わりに、長靴下とトルコ風のスリッパを履くようになった。武器もおなじ傾向があり、ガンダの戦士はザンジバルが輸出する小銃を入手し、これまで用いてきた投げ槍や弓を茅屋の隅に横たえる。エジプト政府はニヤンザ湖地方への武器輸出を禁じたが、こうして別方面から輸入されるので、まったく効果がない。

婚姻関係

ヨーロッパやアジアのムスリムにくらべ、ワ・ガンダのあいだでは一夫多妻制がかなり一般的である。妻は召使でもあり、族長にはまったく制限がない。ムテサ王〔ブガンダ国第三十代カバカ（統治者）ムテサ一世 M'tesa, Muteesa I 一八三七―一八八四〕には、何らかの動物、あるいは六本の縫い針、小箱でもってあがなった伴侶が七〇〇〇人〔ママ〕を下らぬらしい。君主にならい族長たちも大人数の妻妾を抱え、小身の臣下ですら後宮をもつ。これら大立者が女性人口のかなりの部分を囲い込むため、女性のほうがかなり多いにもかかわらず、男性全員が伴侶を得ることはできない。収穫が乏しいため妻を買い取れぬ農民はひんぱんにみられる。近親婚に対する法的制約は皆無で、父親の死去にともない、長男が生母以外の先代の妻全員を継承するが、他の家族構成員と分け合うこともある。授乳期間は二年で、そのあいだ妻は夫から離れて暮らす。王や族長は国内各地にこうした授乳のための別宅を所有する。

気質

家事はほぼ一切が妻と奴隷に押し付けられ、自由民の男性は自宅の建設以外の労働にたずさわってはならない。彼は生まれながらの兵士であって、両手は武器の扱いにあてるべきとされる。こうした事態から自然に生じる悪徳として、ワ・ガンダの男性は無精者で、虚言を弄し、盗みをはたらく。自分の代わりに働く妻と奴隷を所有する層は、博打と飲酒に時をすごす。彼らの中に暮らす外国人が最も衝撃を受けるのは、人命を軽んじる点だ。殺人は些事であって誰も気にかけない。ひとりの近習が小銃を試そうと思えば、最初に現れた人物に銃を向けるのであって、狙いの確かさと銃の性能に大喜びして戻ってくる。また別の近習は王に向かい、いつまでも父に仕える不満を述べ、族長になりたいと申し出た。「それならば汝の父を殺せ」という返答を聞いた息子はさっそく実行し、妻妾と奴隷を継承して、彼らの前で腕組みをした［支配者のしるしか］のである★。にもかかわらず、ワ・ガンダを陰険な人々とみることはできず、むしろ親切心に富む。いわれるところでは、ウ・ガンダは客人の生命を綿密に擁護するアフリカ唯一の地方である。戦さになれば、他所者は全員がひとつの村に収容され、彼らの安全に任じる族長の監視下に置かれる。族長は食物と生活の場を提供せねばならないが、定められた区域の外に客人が出ると、もはや責任を負わない。

外来の事物の受容

ワ・ガンダは知力にすぐれる人々であるのに加え、言語はすばらしい論理性と柔軟性、朗々たる音吐をそなえる。最初のヨーロッパ人訪問者スピークが一八六二年に入国して以後は、アフリカの民のうち最も内面的な変化が急速だった。一八八〇年にはもうウ・ガンダ［ブガンダ王国］の使節団が訪欧している。あらたな耕作手法とともに新種の植物群も導入された。ワ・ガンダは鍛鉄にも精通し、ヨーロッパの品々を完璧に模倣するだけでなく、フリント・ロック式の小銃［火打石銃］をパーカッション・キャップ式［雷汞式《らいこう》］に改造するすべさえ心得ている。外国語を学ぶのも積極的で、東アフリカで最も通用する「海岸の言葉」すなわちスワヒリ語はすでに首都や市場町で一般化している。族長の一定数はアラビア語さえ話し、読み書きもできる。子供も大人もラテン語のアルファベットを苦もなく数日で覚えこむ。これはイギリス人宣教師たちが簡略化したもので、音と記号がめったに一致しないアラビア語にくらべ楽

★ Wilson and Felkin, *op.cit.*

なのだ。ガンダ語の初等読本はラテン文字で記されている。ただし「x」と「q」はなく、別の綴りで置き換える。

信仰

現在までのところ、外来の宗教はほとんど入り込んでいない。高原部の北と南へ大きく進出しているイスラームがウ・ガンダでも卓越すると思われるが、スィンナール地方と、さらに上流の青ナイル沿い★を除き、割礼を行わぬムスリムがほとんどいないのに対し、同国では、殺人を許す一方で、いかなる身体損傷も許さぬ法律と軋轢が生じた。割礼を受けた百人ほどの若者は王命により火刑に処せられたのである。だが他方では、外国人ムスリムは一宇のモスクを建立する許可を獲得した★★。カトリック、プロテスタント両派の宣教師たちは、「黒きコンスタンティヌス」の洗礼名を準備して王を改宗させたので、大幅な前進を期待したものの、入信者はわずかにとどまる。そもそもワ・ガンダに狭義の偶像や、事物崇拝の神というものはない。宇宙創成の神であるカトンダを信じるが、自分たちの祈りなど届かぬ至高の存在だと考えるため、敬慕することはない。祈る相手は「ルバリ」とよばれる善霊や悪霊で、ニヤンザ湖や川、樹木、山の岩場に棲むとされる。うちニヤンザ湖の神霊であるムクサは、男や女呪術師のなかに顕現し、その声を借りて干ばつや雨、戦さと平和、災厄や勝利を告げるとされる。天然痘を放つとされる神も怖れられる。これは雲上のガンバラガラの頂に座す古代の王様の霊らしい。歴代諸王はどれも半神に列せられ、生前と同様に人々を統べ、生殺与奪を行うとされる。雷神は最も尊崇される神霊のひとつで、落雷地点は聖地とみなされ、一個のアーケードが建立されるが、よそ者はそれをくぐることが許されない。あるいは藁小屋が建立されて一種の寺院のようにみなされることもある。ただしこの小屋が崩れても修繕してはならぬ習いで、その土地は俗界に復帰する。自らをとりまく悪霊やら空中の精に由来する危険に対抗し、ガンダ人は木や角、石のお守りに加え、マンドワすなわち「くすりの人」が製する布製の切れ端を身に着ける。こうした呪術師は、薬草や木根による治療も行うので、理にかなった点もある。スピークによると、ナイル左岸のかなり広い土地は聖職者たちの封土で、ウ・ガンダ［ブガンダ］の王もそれに対しては間接的な権力しかない。

★ Beltrame, *op.cit.*
★★ *Annales de la Propagation de la Foi.*

交易

ウ・ガンダ地方で唯一ある程度の規模をもつ交易活動は、全面的にアラブ人とザンジバルの混血が牛耳っている。彼らの交易圏の北限はキヴィラ川と、カルマからマーチソン滝までの滝の区間である〔図29〕。西のムタン・ンジゲ〔アルバート湖〕に向かう際にはウ・ガンダ内の中継地を経由する。持ち込むのは小銃、軍需物資、織物、ガラス細工、そしていくばくかのヨーロッパ製品で、それらを象牙と、中央アフリカ最大の輸出品目である奴隷と交換する。アラブ人に売り払われる奴隷は毎年少なくとも千人に達する。ゾウ〔象〕は追われて人里離れた密林に入り込んでゆくので、ワ・ガンダが購入物品に支払うには、年を追うごとにますます多くの奴隷を人身売買を営む商人に引き渡さねばならず、すでに国内では隷属民が減少しつつあるという報告もある。象牙はとくにウ・ソガ地方から到来するほか、塩はムタン・ンジゲ湖畔のウ・ニョロ地方経由で輸入される。最近まではスーダンのエジプト領とも小規模な交易があり、ウ・ガンダからはコーヒー豆やタバコ、家畜を輸出し、綿織物、鉄器、トルコスリッパを輸入した。まだ貨幣による決済はまれで、価値の単位はドティ、すなわち「キャラコの八腕尺分」である〔一腕尺は約五〇センチ〕。これは千個のキイロダカラ〔黄色宝〕に相当する本位で、あらゆる商品の価値はこれで示されるが、マサイ人の郷国の容易な経路により、海際とニヤンザ湖のあいだを往来する隊商が増加し、交易が活発化している以上、まもなく売買取引が物々交換にとってかわることに疑いの余地はない。ニヤンザ湖の湖上交通も、アラブ人がダウ船を進水させて以後はぐっと危険が減り、ウ・ガンダ地方でさえ、かつての細い泥道を本物の道路が代替している。首都をニヤンザ湖畔の港に結ぶ道路を建設すれば、ヨーロッパ人は面目を施すだろう。現在は野生のヤシの木の幹を互い違いにした床板でもって湿地を渡らねばならないからだ★。

王権

エジプトが最大の拡張をとげた時期においても、領土はウ・ガンダ地方の境界線までは到らなかった。ヘディーウの士官たちがこの地に入ったのは外交官としてにすぎない。この王国〔ブガンダ王国〕がアラブ人やヨーロッパ人との

★ Wilkinson and Felkin, *op.cit.*

通商関係に入ったのちも、古来の封建体制はいささかも変わらなかった。原理的に王〔カバカ〕は土地と人間の絶対的な君主であり、その妻妾に対してであれ、ワコピと呼ばれる農民層であれ、思いのままに何でもできる。君主名であるムテサにはいくつも解釈があるが、そのひとつ「慄《おのの》かせる者」はまったく言い得て妙である。頭に紐を巻いた死刑執行人の小軍団は彼の下知のままで、外出には必ず供をする。だが国事に関して王はみじんも絶対君主ではなく、世襲の藩屏である三人のワクングが王権を制御する。行政職の筆頭はカテキロと呼ばれる一種の王宮監督官で、ウ・ドゥ地方の総督を兼ねる。これは王の指名によるが、農民から選んでも差し支えない。カテキロは三人のワクングとともに直々の討議に席を占めるのみならず、王が不在のときにはルチコと呼ばれる統治会議を主宰する。これは全国の大立者の集まりで、王の藩屏であるワクングと、陪臣であるワトンゴリに加え、料理長ほか王宮の顕官も発言権がある。王位後継者の指名権は三人のワクングにあり、王が崩御すると彼の子供から一人を選び出し、残りの兄弟を成年に達するまで幽閉したのちに焼き殺す。ただし新王が子供を残さずに死んだ場合にそなえ、血統を維持するため二～三人を生きながらえさせる。ワクングたちが後継者につき合意できぬと戦争による決着しかなく、勝者が自分の候補者を即位させる。ワクングは潤沢な兵力を有し、武器の扱いを訓練された五～六千人にのぼる壮丁が、いつなりとも呼応する義務を負う。近衛兵は一部が東スーダンやドンゴラ地方からのエジプト軍脱走兵により編成される。水上兵力は数百隻のカヌーからなる。

首都

首都は王のきまぐれ次第で遷都する。一八六二年にスピークとグラントが訪れた際の王宮はバンダにあった。バンダは大型のムワル・ルワジャリ湾、イギリス人の呼ぶマーチソン湾と、イブラヒム湖でナイル川に合するカタワナ・ルワジャリ川のあいだの連水陸路運搬区間の屋根に位置し、大型交易国家だったならこの上ない好適地であろう。だが今やバンダの王宮址は、残骸のあちこちに茅屋がぽつりぽつりとみられるにすぎず、間もなく残骸も平地になってしまうだろう。現在の首都群のうち最大であるルバガは一〇キロほど北西、カフ川経由でナイルに流入するムエラン

挿画Ｘ　ウ・ガンダ地方ルバガにあるムテサ一世の王宮
スタンリーにもとづき、A. ド＝バル筆
［左手前の藁小屋の周囲に描かれているのがエンセーテ］

ゴ川の源流になる小川の群れが囲む丘に所在する。王宮である大型の藁小屋は丘の頂部にそそり立ち、高い屋根と、小旗がひるがえる竿でもって遠くからもみえる。丘は菜園が囲み、妻や廷臣がくらす円錐形の茅屋が建ち並ぶ。北にあるべつの丘には第二の王宮とナブラガラ（スタンリーのいうウラガッラ）の村があって、アラブ人商人の荷の集積地である〔現カスビ・ヒル〕。同村はキヴィラ川方面の最大市場であるムルリに向かう隊商道の起点だ。ウ・ガンダ地方で最もにぎわうニヤンザ湖畔の港は、マーチソン湾に面するウ・サヴァラと、セセ群島が南を画する湾にあるンテッビ〔現エンテベ〕である。

第四項　カヴィロンド地方

位置と地勢

ニヤンザ湖の東で最も強盛な国家はカヴィロンドで、湖周辺では南東のウケレウェ島から北東のウ・ガナ地方まで、沿岸すべての住民に宗主権をおよぼす★。つまりガンダの王国〔ブガンダ王国〕とカヴィロンド王国は、ワ・ソガが暮らす辺境をはさんで近接する。狭義のカヴィロンドはラヴェンスタイン〔ドイツ生まれイギリス人地理学者、地図作成家 Ernst Georg (Ernest George) Ravenstein 一八三四―一九一三〕の地図だと東岸のほぼ真ん中だが、直近に探検したトムソンの記述によれば北東に位置する草の平野で、いくつか孤丘が立ち上がり、北方にはナンダの高い山塊がそそり立つ。雨は豊富だが樹林はまれで、シリアのステップ地帯やエジプトと同様に、牛糞はだいじな燃料である。平野には多くの河川が流れるが、そのひとつモリ川〔不詳。モリ湾 Mori bay か〕は、ニヤンザ湖から流れ出て湖面よりも低いくぼ地で蒸発し、姿を消すらしい。ただしこの注目すべき現象のよりどころは、自分の帰路を説明したひとりのアラブ人商人の言にすぎない★★。逆方向に流れているなら、カムルレ〔不詳〕の市街の手前にある吊り橋が渡るのが、この川かもしれない。フェルキンとウィルソンによれば、同川の流域の近くにあるウ・

★ Denhardt, *Petermann's Mittheilungen*, 1881.

★★ Ven. J. P. Farler, "Native Routes in East Africa from Pangani to the Masai Country and the Victoria Nyanza" , *Proceedings of the R. Geographical Society*, Dec. 1882, *pp*.730-742.

カヴァ島［不詳。あるいは飛び地か］には、平均身長が一メートル五二センチに達しない小柄な種族が暮らしているようだ。

住民

ワ・カヴィロンドはニグリシア系の典型をそなえる。男性は大柄で強健であり、ほぼ漆黒の肌と、平たい鼻をそなえ、唇は厚い。言語と相貌から判断すると、ナイル中流域のシッルク人とおなじ基層かもしれない。言葉も顔つきも、バントゥー系である他の湖畔の民とは判然と異なるからだ。女性は乳房と背中に刺青をほどこすが、男性はめったに墨を入れない。他のアフリカ住民の多くのように、歯を生まれつきのままにすることはなく、下顎の門歯をふたつとも抜いてしまう。男性は裸体かまたは一本の腰巻のほか身に着けずに往来するが、女性は腰巻に樹皮で作った一本の尾をつける。他の民だと編んだ革紐を用いるが、アフリカにはサル［猿］とヒトの中間の住民がいるという、アラブ人に広く膾炙《かいしゃ》したおとぎ話の理由だ。カヴィロンドの女性はこの尾のほかには身を飾らないが、牝牛の尿と混ぜた油脂を体に塗る。この液体はほかにも食器洗いや薬の調製、食事の下ごしらえにも用いられる★。塩はこの地方に皆無なので、尿やカリ分の高い草の灰でもって代用する。ワ・カヴィロンドはワ・ガンダのように労働を不面目な事柄とはまったくみなさないので、畑仕事を女性まかせにはせず、並んで耕し、種をまき、収穫する。狩りや漁、家禽の飼育にも熱心かつ達者である。ニヤンザ湖に乗り出す帆船はワ・ガンダのカヌーより頑丈だ。すこぶる働き者で、非常に平和的だが、外敵の襲来には勇猛に防衛するので、内陸部の遊牧民は、彼らの集落を囲む柵を注意深く避けて通る。王はいるが、臣下の生殺を与奪する君主では全然なく、ウ・ガンダ［ブガンダ王国］のような封建制王国というよりも、共和的な村々の連合体である。スピーク湾が面する沿岸南部に暮らすワ・クリとワ・カラも言語と習俗はワ・カヴィロンドに似る。ただし後者は樹皮の衣を着用し、胸部に刺青をするほか、油に溶いた粘土でもって白や赤のボディペイントをほどこす★★。しかしニヤンザ湖の東流域にみられる多くの民のなかには、周囲の集団と習俗がはっきり異なる飛び地的な集団もいくつかみら

★ Denhardt, *op.cit.*

★★ T. Wakefield, “Native Routes through the Masai Country, from Information Obtained by the Rev. T. Wakefield ”, *Proceeding of the R. Geographical Society*, Dec. 1882, *pp.*742-747.

れ、おそらく出自も違う。そのひとつがワ・ナンダで、カヴィロンド地方の北方にある同名の山岳部の谷筋に暮らし、極度に獰猛らしい。外国人商人は誰もその近辺に近寄ろうとせず、いわれるところでは、腕、尻、胴体、そして腰帯に「ナイフをまとう」とされる★。

集落

ワ・カヴィロンドの村々はかなり人口稠密で、都市と呼べるものだ。最大なのは東部、マサイ人が占める領域にほど近いカボンドである〔現ケニア共和国ホマ・ベイ・カウンティ内〕。北西に四時間ほど歩くと、王宮があるンヤワがある。ナンダの山々を北に見ながらさらに四時間でセンデゲの町に着く〔図10〕。これはザンジバルからのムスリム商人の中継地だ。隊商は一日あたり一二～一五キロの速度がやっとで、ここまで丸々二か月を要する。イスラームの伝道者はウ・ガンダ地方よりも好運で、カヴィロンド地方を制覇したと誇る。少なくとも、大半の住民が割礼を受けたからだ。

第五項　ウ・ニョロ地方およびルール地方

位置と政情

ウ・ガンダ地方の北方、ムタン・ンジゲ〔アルバート湖〕とキヴィラ川〔ヴィクトリア・ナイル川〕がはさむ半島形の領域は、大半がワ・ニョロ国〔ブニョロ王国〕に属する。かつてニヤンザ湖〔ヴィクトリア湖〕からムタン・ンジゲに到る全域は、フマ人征服者の王家が統治する広大なキトワラ王国だった。この帝国は諸国に分裂し、現在はウ・ガンダ〔ブガンダ王国〕が最も強盛だが、ニョロの君主はいまなお一種の仮想的な宗主権を周辺に及ぼし、キトワラ王の公式称号を保持する★★。だがウ・ニョロ地方は作付面積も人口も、そして政治面の統合性でも、ウ・ガンダ地方には比肩しない。ナイルの川岸と湖岸が自然境界を構成するものの、敵対する諸部族の侵入により、境界線はあ

★ Farler, *op.cit.*

★★ Baker, *The Albert Nyanza*, *op.cit.*

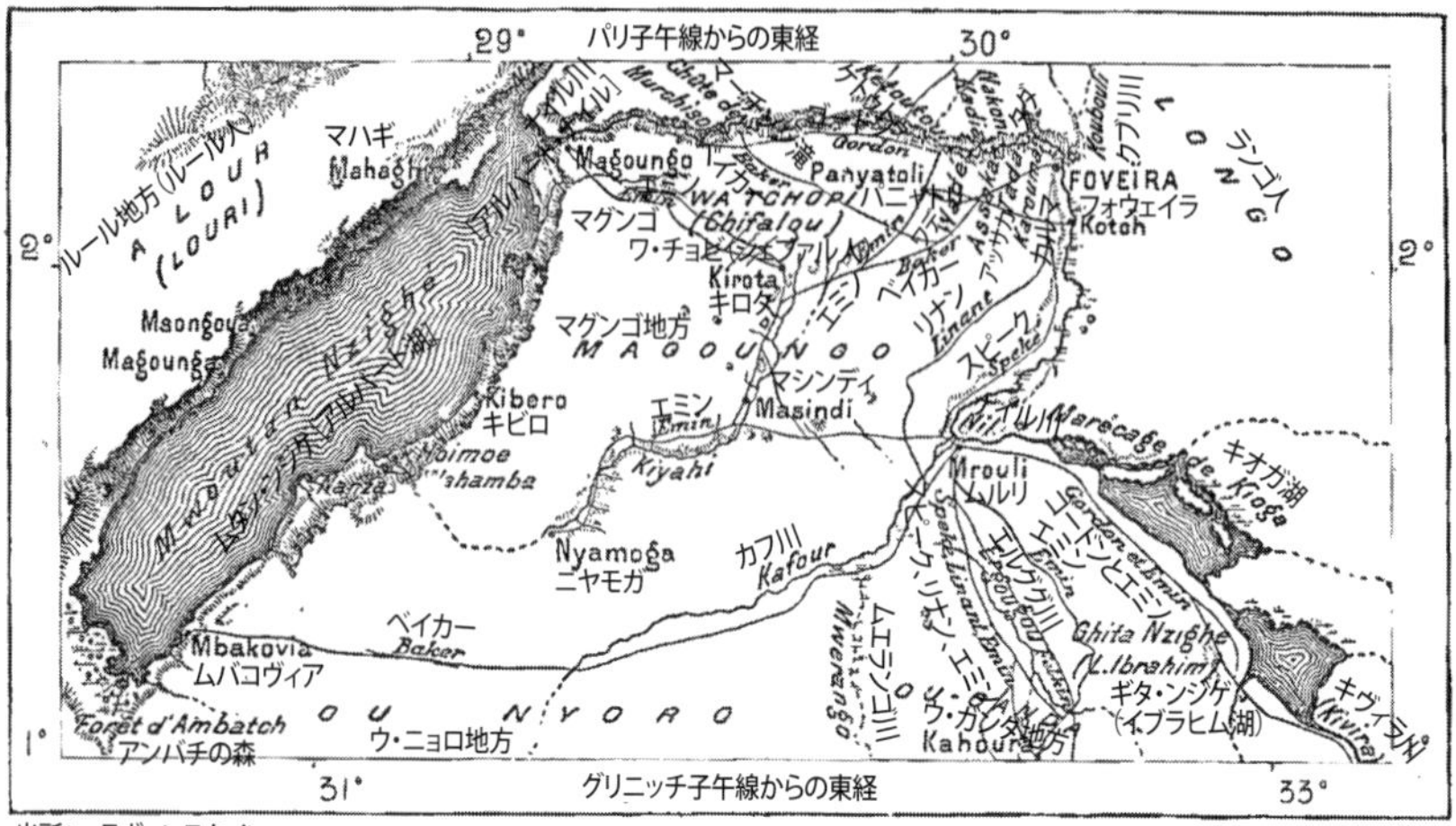

図 29　ウ・ニョロ地方

やふやになっている。ウ・ガンダ地方とは無人の辺境が隔てるが、それは両国にとり重要な通行路だ。隊商がここを通過する際は重武装による保護が必要で、通常は夜間に通行する。それはエルググ川［ルゴゴ川か］の湿原と、ナイル川が急に曲がるムルリにはさまれた一帯で、ワ・ガンダにとってはルバガからスーダン地方に向かう際に必須の経路である一方、西のワ・ニョロも、ナイル以東の自分たちの村へ向かうには、ここ以外に通り道がない。ウ・ニョロ地方は恒常的な戦乱状態で、軍管区は戦さの勝敗次第で拡大と縮小をくりかえす。王が死去すると近親が跡目を争うのが慣例で、故王の遺骸は誰かが勝利を収めるまで埋葬されない。だが勝利はしばしば尚早に祝賀されるため、何代にもわたり兄弟間やいとこ同士の戦さが続く。いまもウ・ニョロ地方は敵対する諸王国に分かれているが、それに加え、カルトゥームのエジプト軍守備隊が、中央との連絡を絶たれたまま、フォウェイラのナイルの屈曲部からムタン・ンジゲにかけてのナイル川交通を扼している。またムタン・ンジゲとギタ・ンジゲ［キオガ湖］がはさむ一帯の南西にある山岳地帯のおびただしい部族は独立を保持している。

自然

挿画 XI　典型と衣服　ウ・ニョロ地方の現地住民
リヒャルト＝ブフタ氏の数葉の写真をもとに、A. シルイ筆

ウ・ニョロ地方は全体として起伏のある高原で、ムタン・ンジゲと平行に北東へ傾斜する。雨はすこぶる豊富で、湿地には多くの水盆があり、重いゾウ［象］の足跡が穴になっているため、渡渉には注意が必要である。こうした水面の真ん中に片麻岩や花崗岩の岩塊が散在するが、沖積層の上にある理由は説明が困難である［原著はこの箇所に註番号があるが、次註と同一番号で、脚注はひとつしかない］。ナイル川の近くをべつにすると、ウ・ニョロ地方の植生は一般にウ・ガンダ地方ほど勢いが盛んではない。ただし荳科植物の種類は多く、アカシア類の森を遠望すると、細かい葉のそよぎが枝の周囲の薄い霧のようにみえる。アンテロープは多数が生息し、ルバガからムルリに到る旅人が誰でも通るエルググ川の干上がった川岸でも姿を見かける。

ニョロ人

ワ・ニョロ［ニョロ人］はウ・ガンダの隣人よりも背丈が小さく、体力と知力も及ばないらしいが、鍛冶や製陶といった工業では上回る。ガンダ人とおなじ人種的な基層で、同一起源のバントゥー語を話すが、肌の色はもっと薄い。通常は赤黒い肌で、縮れ毛だ★。一般にすこぶる清潔で、食事の前後に必ず手を洗う。だが茅屋をきれいに保つことはしない。それは一本の杭の周囲の地面に枝を突き立て、頂部を束ねて円錐形にしたものだ。家畜はウシ〔牛〕やヤギ〔山羊〕、やせた家禽で、病気になるとふつうは瀉血し、その血を食物にするのを気にしない。衣服を着用する習慣があり、ナイル川の向こうに住む裸体の人々よりもはるかに優れていると自任する★★。ただし若者が樹皮にせよ毛皮にせよ、何らかの衣服を着るのは思春期になってからで、部族の一員として遇され、一人前になったしるしに下顎の門歯を四本とも抜く。額の左右に二本の線を刺青しているのが、隣接する部族との違いだ。一夫多妻は全面的で、貧しい者でも二〜三人の妻を買い取るが、美女は最低でも牝牛四頭の値なので、見目の悪い女性をめとらざるを得ないのは本当である。ウ・ガンダ地方と同様にきょうだい婚が可能なだけでなく、父親が自分の娘を妻にする例さえある。息子は父の妻妾をすべて引き継ぐが、生母は例外だ。王は領内の未婚女性すべてを所有し、売春させて大きな利益を得る。これで金持ちになった女性は王宮の近くに居を構え、王が廷臣のひとりを婿に選んでやる。こうして生まれた男の子は王の近習になるが、女の子は母の職業を引き継ぐのである★★★。王や族長の妻は、カラグエ地方の王妃とおなじく労働を不面目とみなし、貧民階層の倍の体重をもって栄誉とする。ウ・ニョロ地方では、二〜三人以上の子供をもつ女性にはめったにお目に掛からない。

信仰

イスラーム信仰はすでにウ・ニョロ地方に入り込んでいる。ナイルの川沿いに守備隊を保持するエジプト人に倣い、多くの族長が改宗したが、不浄な食肉に関する教えがあるため、住民の大多数はこの侵攻しつつある宗教をほとんど受け入れなかった。宗礼はなお「くすりの人」が司式する純然たる呪術であり、腕輪や身振り、呪文、舞踏でもって「大魔法使い」や精霊の世界との折り合いをつけようとする。遊行するカーストに属する「吉

★ Emîn-bey (Schnizler), *Petermann's Mittheilungen*, 1878, no.X.［前註か］
★★ Baker, *The Albert Nyanza*, *op.cit.*; Grant, *op.cit.*
★★★ Richard Buchta, *Petermann's Mittheilungen*, 1881, no.3.

兆占いの女たち」はひんぱんに尋ねられ、エミン＝ベイはヨーロッパのツィガン人女性［ロマ人。いわゆるジプシー占い］に相当するとみる。「邪悪な眼」は、とくにそれが老女の場合だと、すこぶる怖れられ、肉や飲み物を毒にするとされる。病気は呪いのせいと信じられており、治癒するには誰彼なく目に入った女性の顔面に唾を三度吐き掛けねばならない。そうやっているうちに、呪いをかけた相手に行き合えば病は治るというわけである。けだものに出くわすのも、葉がそよぐのも、周囲の事物の様相はすべて吉兆あるいは凶兆なので、ニョロ人はいつも注意を怠らず、草や鳥、空模様を気にする。自分の足跡は絶対に踏んではならず、立ち戻るさいには来た道と平行の別の道をたどるか、密林を切り開いて戻りさえする★。鍛冶屋が鉄を鍛えながら歌うのは、歌詞が金属の中にはいりこんで力を与えるためだ。ふたりの男性が友愛を誓うにあたっては、互いの血を混ぜた中にコーヒー豆を一粒浸し、［それを飲み干して?］相手の美点を我が物にしようとする。こうして血盟を交わした義兄弟は絶対の信頼で結ばれ、裏切ることはない。このため王も近臣を選ぶ際には、彼と血盟を誓った男たちから選ぶ。ニョロ人の夜間の舞踏は忘れられぬ見物だといわれる。たいまつの火がゆらめき、あるいは焚火が燃え上がるなか、ボディペイントを施した奇怪な扮装の呪術師が跳躍し、体をねじり、叫びを発して悪霊たちを祓う。煌々と照らされたかと思えば闇に沈み込むその姿は、幻想の存在、夜の化け物にみえるという。戦さの踊りもあり、南アフリカのズールー人のそれを思わせる。両者は同一の人種的基層に属し、戦さのしざまも同じで、投げ槍と手槍、盾を用いる。

ランゴ人、チョピ人

ニョロ人のナシオン［国民］に属さぬまま、その領域を占拠している強大な部族がランゴ人ないしロンゴ人で、フォウェイラからマグンゴ［現存しない］にかけてのナイル川［キヴィラ川］両岸に住む。おそらくフマ人の類縁で、おなじく東から到来したが、ランゴ人は少なくともオロモ語方言を保持し、フマ人のようにに被征服民のバントゥー語を導入しなかった。ランゴ人は完全に自由で、独立した世帯集団に暮らし、選出した族長の権威は戦時に限定される★★。化粧に凝るアフリカの民は多いが、ランゴ人ほど髪型に時間をかけ、優雅な堂々たる形に整える例はほ

★ *Ibid.*
★★ Linant de Bellefonds, "Itinéraire et notes", *op.cit.*

挿画 XII　マーチソン滝　R. ブフタ氏の一葉の写真をもとに、A. ド＝バル筆

とんどない。大半は多色の紐でもって髪束を結い上げ、一種の兜形を作り、後光のように羽毛を飾ったうえに、貝殻やガラス細工の花模様をめぐらせ、水牛の角を模したひょうたんをつける。造営物のようなこの髪型が完成するまでは何年もかかる★。女性は高原地方で最も美貌かつ見事な体形だが、まったく衣類を着用しない。ただし首飾りやベルト、腕輪や足環でもって身を飾る。牧畜民のことと て、ワ・ガンダやワ・ニョロのようにほぼ菜食ということはない。ナイル川［キヴィラ川］の南には、ワ・チョピ［以下チョピ人］ないしシェファル人が、別の民族的飛び地を形成する。言語と身体的な外観からは、さらに北方一〇〇〇キロに近いバフル・アル・ガザール川の向こうに暮らすシッルク人に分類できる。チョピ人自身も、北からの征服民の子孫を自称する★★。

集落とエジプト軍駐屯地

スピークやグラント、ベイカーが訪れたこ

★ *Ibid.*; Felkin; Bchta, etc.
★★ Emîn-bey (Schnizler), *Petermann's Mittheilungen*, 1881, no.I.

ろのウ・ニョロ地方の王［ブニョロ国王］の御座所は、ムタン・ンジゲ［アルバート湖］へ流入する川に面するマシンディだったが、一八七七年にはニヤモガ［現ムパロか］に移った。これもすばらしい立地で、ムタン・ンジゲと、ムルリの下流のナイル川の急な屈曲にはさまれた一帯の中央に位置する。ムルリは戦略上も商業的にも要地で、ナイル川の急な屈曲の西にある。ナイル川はここでカフ川の湿地帯の水を受け取るし、またウ・ガンダ地方からの隊商経路の終点でもあるが、エジプト人の前哨点の砦たることをやめた［現在は消滅したようである］。ヘディーウの部隊が同地を放棄したのは、フール地方［ダルフール地方］のムスリムが蜂起する以前で、カルトゥームから遠すぎたからである。おなじく放棄されたキロタは、ムルリの北西の森林の空隙地にあった拠点で、ナイル川の急湛区間における政治境界として選ばれた場所だった。現在の西の防衛拠点はフォウェイラ（ファウエラ、ファウヴェラ、フォヴェイラ［現存しない］）で、ランゴ人の郷国から下るクブリ川［トチ川か］との合流点に近く、ナイル川が西に転じてムタン・ンジゲに向かう屈曲部からも遠くない。またカルマの滝の近く、ウ・ニョロ地方最大の族長の居宅があるパニャトリ［不詳］の北のナイル北方にも、別の小砦がある。第三のエジプト勢の拠点がマグンゴで、ナイル川が力なくムタン・ンジゲに流れ込む地点の右岸に位置する。最初は左岸に建設されたが、侵蝕と滞留水が四方八方に流れるため、砦を移設してもっと東に再建せざるを得なかった。深さ三メートルの濠をめぐらし、ランゴ人やニョロ人の軍勢のように武器が貧弱な烏合の衆にとっては難攻不落である。マグンゴの東へは蒸気船が遡上可能で、森の峡谷の奥にマーチソン滝が姿を現す地点まで到る。滝は水煙が囲む白い水柱だ。

ルール地方

ムタン・ンジゲの西岸、北風からかくまう半島の陰にも、エジプト人はマハギないしマハヒという駐屯地を設営した。この湖畔の地方の全体はルールの名で知られる［現コンゴ民主共和国イトゥリ州東北部］。住民は多く、ナイル川からバフル・アル・ガザールまで分布するニグリシア系の諸部族と同一の起源らしい。言葉はナイル川の東にくらすシュリ人［現呼称アチョリ人］とほとんど変わらない。ルール人の習俗はニョロ人と同一で、かつて両者はすこぶる頻繁な交易関係にあったし、貢納こそしなかったものの、ニョロ人の宗主権を認めていた。マハギの南西の湖畔近くには複数の温泉が湧き出るが、これまで上ナイル地方で見いだされた例にもれず、硫黄泉である★。ムタン・ンジゲの東西両岸を往来する小舟はかなり多く、とくにムバコヴィアと、粘土の洗脱による採塩が盛んなキビロがにぎわう。

★ Emîn-bey (Schnizler), *Petermann's Mittheilungen*, 1879, no.V.

第三節　河川地方［現ウガンダ北部および南スーダン共和国］

第一項　自然ならびに現況

位置と気候

ムタン・ンジゲ［アルバート湖］と、バフル・アル・ガザール川の合流点がはさむナイル流域は、豊かな水流と河川の収束、広大な湿地、そして斉一的な勾配といった点で、隣接する諸地方からはっきり区別される。東と南東をナイル川［バフル・アル・ジャバル］とアスワ川が画し、北はバフル・アル・ガザール川がこの地理的領域の自然境界である。この地方の住民がアフリカ大陸の歴史の動きに果たす役割は独特だ。というのも、ナイル川流域とコンゴ川流域を結ぶ最大の通行路だからである［いわゆるコンゴ - ナイル分水界］。この「水の分かれ」を示す隆起は低いので、流域から流域への移住に困難はなく、分水界はいささかも民族分布の自然境界にならない。そのためニアムニアム人［ザンデ人］をはじめ、両方の流域にまたがる民は多く、どんどん北に進出する。将来には、アフリカ大陸を紅海からベナン湾まで東西につなぐ最大の交通路が、この分水界地方を通るだろう。すでにペネー、ルジャン［フランス人地理学者、探検家 Guillaume Marie Lejean 一八二四―一八七一］、ペザリック［イギリス人旅行家、商人、東中央アフリカ領事 John Petherick 一八一三―一八八二］、ポンセ兄弟［フランス人探検家、商人 Ambroise Poncet 一八三五―一八六八と Jules Poncet 一八三八―一八七三］、ピアッジャ、シュヴァインフルト、ポタゴス［ギリシャ人医師、探検家 Panayotis Potagos 一八三九―一九〇三］、ユンケル、ボーンドルフ［ドイツ人探検家、鳥類学者 Friedrich Bohndorff 一八四八―一八九四後］が足跡を記し、多くの探検家がそれをたどっている。この河川地方の北方には正真正銘の自然境界があるが、分水界ではなく、気候圏の線が示すもので、地表の様子や動植物相、そして住民の対照性により知られる。赤道と平行にバフル・アル・アラブ川［ロル川］が流れ

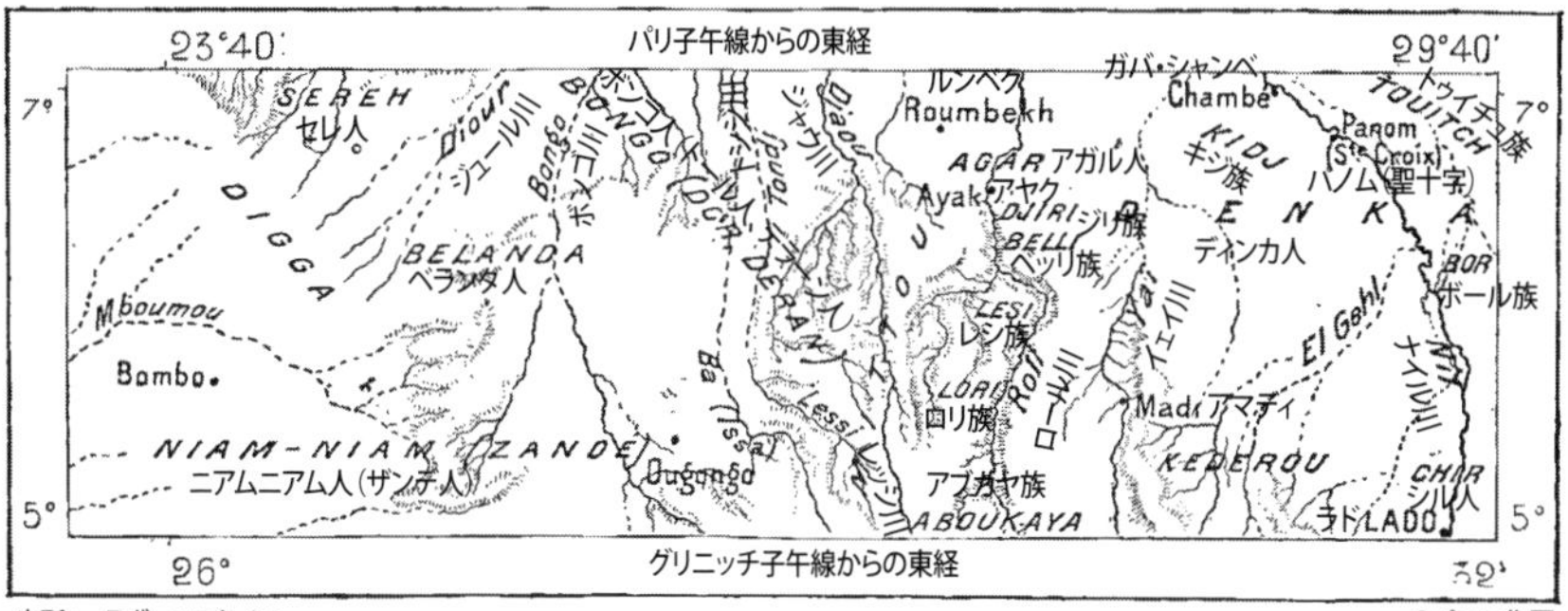

出所：ラヴェンスタイン　　C.ペロン作図

1 : 7 000 000

0　200 km

図 30　ナイル川とコンゴ川の分水界

る溝が、この気候圏の境界にほぼ一致する。その南は降雨が多く、通年の流水があるか、少なくとも年の半分は流れる小川や河川が形成される。だがバフル・アル・アラブの北側支流は、大雨があれば鉄砲水が流れるワーディ［涸れ川］の谷にすぎない。川をはさんで南北の森は樹種が異なり、様相も違う。フール地方に向かう側［北岸］は、中ぶくれした巨大な幹のバオバブがみられるのに対し、フェルティート地方［ダルフール南部の低地］に向かう側はルールー、すなわち「バターの木［シアーバターノキ *butyrospermum Parkii, Vitellaria paradoxa*］」の森林で、カシワ［柏］に似た枝ぶりがからみあい、数百キロにわたり続く。河川地方のこの境界を越えてコルドファン地方に入り込む大型のサル［猿］は皆無だし、ゾウ［象］もバフル・アル・アラブより北に足を踏み入れない。おそるべきツェツェバエも、同川以北の平野の群れには被害が及ばない。河川地方が黒人と有角動物の郷国なのに対し、向かい側の流域は、アラブ人とウマ［馬］の領域だ。

名称と動植物

バフル・アル・ジャバルとバフル・アル・アラブがはさむ地方は、網目のような水脈により際立つが、総称はなく、現地に暮らすさまざまな部族の名前でしか知られていない。政治的には、西がバフル・アル・ガザール州と呼ばれるが、これはナイルの支流たる同川の流域にしか妥当しない呼び方であろう。ムタン・ンジゲ［アルバート湖］以北のナイル川支流がすべてこの地方で合流する点にかんがみれば、「河川地方」と総称してよいだろう。最近の旅行家たちによる暫定的な地図をもとにした総面積は三五万平方キロ、平均標高は八〇〇メートルである。土壌は、分解した花崗岩が沖積土や腐植土に混じって形成されたもので、めったにない肥沃さをそなえる。広大な面積にわたり地表が赤いのは、泥状になった鉄鉱石が下層にあるせいで、これが河泥や植物の残骸と結合すると、これまた非常な沃土になる。ただし鉄鉱石層が地表に近すぎると、植物の根が表土に入り込めぬため、雨が降っても痩せた芝が覆うにすぎない。岩場のくぼ地には、緑のじゅうたんのような眺めの下にぽつりぽつりと水溜まりがあり、ヨーロッパのムシトリナデシコ〔虫取り撫子〕に相応するディアンテラ〔dianthera キツネノマゴ科〕がピンクの花でもって岩場を彩る★。土壌が金属板のようになっている場所でなければ収穫はふんだんであり、近年までヨーロッパに知られなかった多くの工業用植物も多種にわたる。大柄なワタ〔棉〕の一種ルーム〔rouhm, *eriodendron anfractuosum* カポック〕からは繊維が採れる。ルールーの実からは油脂とバター〔シアーバター〕が得られる。ゴムを分泌する樹種も色々だ。そこにみられるヒジリジ〔higlik, higlig, *balanites ægyptiaca*〕は「象の木」とも呼ばれ、ゾウがこの葉をことのほか好むため、根元に落とし穴を掘り、枝で蓋をして捕える。この大型厚皮動物は河川地方におびただしく、年間に五〜六千頭が殺されるにもかかわらず、ルプトン〔イギリス人Frank Lupton Bey バフル・アル・ガザール州総督、在任一八八一—一八八四〕は、群れの減少はまだみられないというが、他の旅行家はそれに異を唱える。この州総督〔ルプトン〕は百種（?）のアンテロープがいると推定する★★。現地住民がすこぶる恐れる大型のサル〔猿〕は、チンパンジーではないかとフェルキンは考えている。その一〇〇頭ほどの群れがガバ・シャンベ〔現南スーダン共和国シャンベ〕の商館を襲い、家屋をいくつか壊して火災が発生し、集積してあった荷が失われたこともある。家畜は少数だ。ウマ〔馬〕やラバ〔騾馬〕、ロバ〔驢馬〕、バッガラ族〔チャド湖からコルドファン南部にかけてのサヘル地帯に暮らすアラブ系住民〕が連れてきたラクダ〔駱駝〕や荷駄用のウシ〔牛〕は、フール地方やコルドファン地方の南を画す

★ Georg Schweinfurth, *Au cœur de l'Afrique, 1868-1871: voyages et découvertes dans les régions inexplorées de l'Afrique centrale*, trad. par Mme Henriette Loreau, Paris: Hachette, 1875.

★★ Frank Lupton, "Mr. Frank Lupton's (Lupton Bey) Geographical Observations in the Bahr-el-Ghazal Region: With Introductory Remarks by Malcolm Lupton", *Proceedings of the R. Geographical Society*, Vol.6, No.5 , May, 1884, *p*.252 *below.*

る森林地帯では、一年を超えて生きながらえない。エミン＝ベイは外の地方から連れてきた家畜がどれも斃死する原因を、体内に種々の寄生虫が発生するためとしている。なお北緯三度までの地帯では「メジナ虫」という条虫が住民を苦しめる。

奴隷狩り

河川地方は豊饒であり、ゆうに五千万人が安楽に暮らしを営めるだろう。湿地などの障壁が侵入者から守ってくれる地区の村々はおたがいくっつき合うほどで、密林は消え、畑地に変わる。だが河川地方はほぼどこも侵入による殺人と略奪の跡がみられ、農業地帯だった地方のいくつかは、完全に人煙が絶えた。東アフリカのうち、かつて諸々の部族がひしめいたこれらの平野ほど、奴隷交易の災厄を蒙った土地はない。エジプトの役人という資格のもと、一帯の領主になった奴隷商人たちは、長年にわたり大っぴらに人身売買を行った。カルトゥームとカイロの市場に若い娘や宦官を供給し、兵士を徴募する役目を負った役人は、諸報告がご大層にも「文明化の使命」と呼んだ責務を、何の苦労もなくこなすことができた。その結果、村々は無人になり、アラブ人商人のゼリーバ［捕獲した人々を収容するためバンブーやイラクサで高く結い上げた柵、檻。転じて防衛能力をそなえた交易所。ザリーバ、ゼレバとも］やドンゴラ地方からは、首環と刺股状の器具でもって二人一組にされ、主人の乗った駄獣につながれた哀れな人々の列が、ナイル川方面に向け定期的に出立していった。今日も、小道沿いにぽつりぽつりと散乱する人骨が、当時の経路を示す。奴隷交易がバフル・アル・ガザール州で公式に禁じられたときでさえ［一八七七年の英埃奴隷交易禁圧条約か］、エジプト官僚は、キリスト教徒もムスリムも、口頭で与えられた命令を出し抜くのは簡単だった。襲撃や殺人を誘発したのは奴隷商人だが、それだけにいっそう彼らのやり口は残酷で、つねに「マール」すなわち人間からなる資本を獲得できた。彼らが自ら村を襲うことは一切なく、部族同士の争いをけしかけたのである。寇略をそそのかされた民は敵方の集落を奇襲して男を殺し、女子供を捕虜にする。すると奴隷商人はやおら捕虜を買い取り、自分のゼリーバあるいは北の都市でのもっとゆるやかな隷属状態を保証したのであって、外面的には人道的なふるまいだった。だが敗れた側の民も遅かれ早かれ復讐をとげる。すると奴隷商人は再び介入し、捕虜を買い取って自分の利益にしたのである。情け無用の戦さが続き、州の全域が争乱のるつぼになった当時、敵対する諸勢力のあいだに誰かが割って入り、混迷に決着をつけるには、両者から人質をとるしかないとされた。これが「進歩の時代」というお題目のもとに導入された体制で、人口が減少した地帯に残った人々は、悪習に染まり、暴力へと堕落した。かつての平和的な部族は、いくつもの無法者の群れになり★、ヨーロッパ人旅行家のなかには、自分が撃ち倒した黒人の数だけ刻み目を床尾につけたカービン銃を、何丁も所持する者さえいたのである★★。

ムスリムによる蜂起

ついにヨーロッパ人総督ゴードンが、こうした惨禍を終わらせようとしたが、一八七八年に蜂起が勃発する。カイロ政府は公式には現地の代理人による鎮圧を促したものの、武器弾薬を反徒側に供給した。奴隷商人はエジプト官僚のほぼ全員と大っぴらに、あるいは裏で手を握っていたからだ。大方のみるところでは、バフル・アル・ガザール州とフール地方は奴隷商人スレイマン〔奴隷王と呼ばれた奴隷商人アル＝ズバイル＝ラフマ＝マンスール al-Zubayr Raḥma Mansūr 一八三〇頃—一九一三の息子 Suleiman Zubayrr 生年不詳—一八七九〕が政権を握る王国としてエジプトから分離し、ヨーロッパからの影響を脱して、エジプトに奴隷を供給するだろうと思われた。こうした目算が外れたのは、イタリア人ジェッシの堅忍不抜と軍略の才のおかげである。彼は反徒による包囲を打破したのみならず、彼自身が解放した旧奴隷からなる「バセンジャー〔basenger 現地人部隊。バントゥー語でいう原住民 basenji の訛音か〕」と呼ばれる親衛隊を編成し、数に優る百戦錬磨の敵軍に対して最後に勝利し、一帯を平定した。だがこの勝利ではお役御免にならず、ゴードンと同様に、まもなくエジプト領スーダン全域の総督に召し出された〔ジェッシはバフル・アル・ガザール州総督に就任したのであり、スーダン総督とするのは誤り〕。だが、かつてのようなむきつけの抑圧的な体制が再来したわけではないようだ。一八八四年初頭のコルドファン地方のムスリム蜂起が、バフル・アル・ガザール川をまったく越えられなかったところをみると、公式に再樹立されたヘディーウの権力は、少なくとも名目上は存続し

★ Hartmann; Schweinfurth; Lejean; Gessi; Marno; Felkin.
★★ G. Lejean, “Voyage au Kordofan”, *Tour du Monde*, jan. 1863, *pp*.24-32.

ている。ルプトン＝ベイの軍勢は、度重なる会戦で兵力が三分の二になっていたにもかかわらず、ヌエル人とディンカ人が支援するバッガラ族の侵入をことごとく押し戻した。彼がアラブ人に打ち勝つうえで頼りになったのがニアムニアム人である。だが、河川地方は北方との連絡が絶たれた。かつては、ナイル川が草の浮島により閉塞しても、旅行家たちはフール地方とコルドファン地方から迂回できたが、現在のエジプト官僚がカイロに戻るには、ザンジバルに南下するか、コンゴ川方面へ西に向かうしかない。情勢のいたすところ、彼らが行政を担当する州は、一時的に自治的な王国〔マフディー政権〕になっているが、イギリスのあれこれの約束にもかかわらず、「スーダン」が本当に「スーダン人」のものになるには、まだしばらく時間がかかることが懸念される。大地の恵みが人間狩りにとってかわり、三〇〇〇万人の住民が、天然ゴムや種々のゴム、タマリンドの実、蜜蝋、植物性バター、果物類、あらゆる種類の穀物と野菜、綿花、皮革、金属など、象牙に代わる品目を輸出するようになれば、ここほど豊かになる見込みの地方はアフリカにない。ヨーロッパ人もこの地方で生活できるが、すこぶる精力的な暮らしが求められる。またインドにみられるような保養地を南方の山岳部に設けないかぎり、移住者にとって、低地の広大な湿原は危険なままだろう。

第二項　住民と物産

総説

戦乱と、奴隷商人によるラッジア〔razzia アラビア語で襲撃、奇襲〕のせいで、各地で部族どうしは混じり合い、昔の境界線はあやふやになって、各地の住民も入れ替わった。ここ一世代のうちに先祖から引き継いだ領域を着実に保持できたのは、マグンゴからドゥフィレにかけてのナイル両岸の民に限られる。そこは奴隷商人がほとんど入り込まなかったか、あるいは少なくとも長期には滞在しなかったからだ。ゆえに最も人口稠密であり、何日もの旅のあいだ、目に入る景色といえば農耕が変えた景観ばかりで、密林や処女林はほとんどない。何代にもわたり平穏が続いたこれらの地区は習俗も温和で、犯罪を耳にすることはない。旅行家は武器といえば一本の杖だけで、四方八方を歩き回ることができる。これらの平和的な住民は、奴隷商人が抑圧した土地の住民と何と違うことか。しかし両者はほとんど同一の出自で、かつては習俗も、社会的、政治的組織もおなじだった。黒人住民の大半は、ニヤンザ湖［ヴィクトリア湖］の湖畔に暮らす諸部族が用いるバントゥー系諸語とはまったく違う言葉を話す。バフル・アル・ガザール地方の話し言葉のうち、宣教師により書き言葉にまで引き上げられたのは二つか三つ、すなわちバリ語、ディンカ語、シッルク語にすぎない。これらの言語は、いくつかの単語集や宗教的な翻訳により、一部が固定された。他地方よりも多くの外国人が訪問したにもかかわらず、アフリカ大陸の言語集団で全体像が最も不明なのがシッルク語だ★。

シュリ人（アチョリ人）の身体装飾と女性の地位

ナイル川がムタン・ンジゲから出て最初に通過するのがシュリ人［現呼称アチョリ人］の領域である。川の西側は、山稜が西を画する狭い圏域ではルール人、ないしルーリと呼ばれるが、明らかにシュリ人と同一の基層に属する。ルール人とシュリ人の領域は、ムタン・ンジゲの左岸［西岸］に加え、ナイル川右岸の北と、アスワ川の先まで北東にのびる半月形の広大な地域である。シュリ人は下唇にピアスして水晶の一片とか、長さ七〜一〇センチの串ないし別の飾りを通し、話すとそれが揺れ動く。他の民と区別するための習慣だが、それがなければ外観はさっぱりしている。上顎の前歯を四本とも抜くため、言語は不明瞭だ。酸化鉄でもって赤いボディペイントをほどこすが、何をどう描くかの決まりは皆無で、まったく個人の好みのままである。顔面を赤く塗り、四肢は黒い地肌のままの者もいれば、顔の一部に代赭色の斑点や筋を描く者もいる。またプリニウス［帝政ローマ博物学者 Pline, Gaius Plinius Secundus 二三頃—七九］が述べるヒッポレイ人のように、胴体か脚を血の色に塗るばあいもある。赤に加え、灰色の線を組み合わせる者もおり、遠目には種々の兵科の制服のようにみえる。未開な部族民の大半と同様に、化粧に凝るのは男性である。北方のマディ人や南方のランゴ人といった隣人とおなじく、シュリ人は人生の大きな部分をボディペイントと、飾りに費やす。巨大な髪型は個人の好みに従い盛り上げられ、その維持に細心の注意が払われる。髪型が数段におよぶ例

★ Cust, *op.cit.*

もあり、綿布の飾り総《ふさ》や花輪、金輪、真珠のレースなど、ありとあらゆる飾りをほどこすので、歩くさいにバランスをとるのは大変だ。お洒落な富裕層はアンテロープの毛皮、貧者は山羊皮を肩にかけ、手足と首に鉄環を着用する。こうした重い金属のせいで筋肉と血管が圧縮されるため、動作は緩慢にならざるを得ず、良家の男性は振り向くにも全身を回さねばならない。さらに赤〔ピンクか〕や白の真珠、いろいろな絹の護符、木根、動物の牙や角により扮装が完成する。女性は男性にくらべすこぶる簡潔な衣服で、既婚婦人のばあい腰巻と、ニアムニアム人に似た長い尾、多少のビーズ玉とボディペイントでおしまいである。若い娘は裸形だ。シュリ人、ルール人、マディ人は、女性を敬愛する社会生活でもって他の部族とは違うと自任する。適齢期の女性は専用の茅屋に暮らし、自分の近親に買い取られる前に伴侶を選ぶ権利がある。シュリ人の郷国で妻が殴打されることは絶対になく、夫は何を決めるにせよふつうは妻の意向を訊ね、贈り物は必ず妻と分け合う。野良仕事も、ワ・ガンダやワ・ニョロのように妻が担うことは全くなく、もっぱら家事に従事する。

シュリ人（アチョリ人）の言語、物産、気質

シュリという名称は、もっと北の白ナイル川沿いに定着した強大な部族民シッルク人をかすかに想起させるもので、何人かの著作家は、シュリ人は数世代前に移住してきたシッルク人ではないかという意見を表明している★。いずれにせよ両者の言語は似ており、エジプト軍士官が連れてきたシッルク人の兵士は、すぐに現地の言葉を理解する。だが昔の征服者の末裔はすこぶる平和的な農耕の民で、畑をみれば彼らの出精は一目瞭然だ。とくにタバコ、種々の野菜（いくつかは近年にアラブ人やヨーロッパ人が持ち込んだ）の栽培にすぐれ、大型な村の近くには、見渡す限りに穀物畑とゴマ〔胡麻〕畑がひろがる。果樹林のまん中にはぽつりぽつりと崇拝用の木があり、猟師が持ってきた動物の角や牙、頭骨が枝いっぱいに付けられている。ニヤンザ〔ヴィクトリア湖〕湖畔の住民とおなじく、シュリ人も大地の精霊向けの小さな祠を建立し、何事を始めるにも呪術師に尋ねてからにする。すこぶる歓待の念に富み、旅人を温かく迎え入れ、友愛の念を示すため相手の手に唾を吐くか、あるいは少なくともその身振りをする。旅人が出立する

★ *Ibid.*; Emin-bey [Schnitzer] , *Esploratore*, gennajo 1881.

挿画 XIII　シュリ人の楽師　R. ブフタ氏の一葉の写真をもとに、E. ロンジャ筆

さいには、路上で一匹のヤギ［山羊］の喉を掻き切り、もって途次における悪い出会いの危険を祓う。一週間のうち三日は吉日で、三日は厄日とみなされる。七日目は吉凶いずれでもない。こうした地元の迷信を無視する旅行家は、それを悔やむことになるのがしばしばだ。というのも、縁起の良い日に出立すれば、同行者は元気いっぱいで、楽観的かつ勇敢だが、自然が敵対的になるとされる曜日には、働こうとせず、かすかな物音にも怯えるからだ★。

集落とエジプト軍駐留地

エジプトのパシャたち［総督に付与された個人的称号］は、シュリ人の領域に軍事拠点を二〜三日行程の距離で設置し、軍用道路をめぐらせて一帯の支配を図った。そうした砦のひとつがワデライ［現ウガンダ共和国内］で、ナイル川左岸、とある小河川の合流点に位置する。最大の拠点はベイカーが用地を選んだファティコ［現ウガンダ共和国内パティコ］で、

★ Wilson and Felkin, *op.cit.*

ナイルよりも一〇〇キロほど東、アスワ川のふたつの支流のあいだに所在する。花崗岩の崖が囲む肥沃な赤土の土地だ。集落の北にあって田園から一〇〇メートルほど立ち上がる岩山からは、ナイル川の先まで、広大な地平線が望見される。北東にあるショナ山［不詳］は高さ二五〇メートルのほぼ垂直な山腹をそなえ、森とサバンナの地帯を突っ切る旅行家に方角を教える。標高およそ一二〇〇メートルにあるファティコはまさにシュリ人の地方の分水嶺で、そこから北、西、南へ急な段差の棚状地が下ってゆく。ファティコはキヴィラ川に面するフォウェイラと、バフル・アル・ジャバル川に臨むドゥフィレの両拠点からちょうど真ん中にあたり、「植物学者の天国」といわれる円頂の丘に囲まれた平野にあるため、絶好の交易地点で、大量の穀物と蜜蝋を移出する。アスワ川の東と北にあるシュリ人の郷国のうち、ほかに人口の大きい村としてはファジェッロないしファジュリ［図31］、ファディベク［不詳］、ファラジョク［現南スーダン共和国内 Farajok か］、オッボ［図31］がある。

マディ人

シュリ人の北、おもにナイル川の右岸に暮らすマディ人はシュリ人とおなじ外観で、凝った髪型とボディペイントの習俗も同一である。装いだけでなく、女性の自由を尊重し、相談するという稀有な長所も共通だ。シュリ人とは人種的な兄弟分にみえるが、言葉はルール人やシュリ人、シッルク人とはっきり異なり、逆にニアムニアム人［ザンデ人］に似る。多くの単音節語をそなえ、強調の切迫した声で発音する★。言語が対照的なのに習俗が類似するのは、おそらくふたつの民族が共存し、いまはひとつに溶け合っているのが理由だ。より多数だが征服された側の部族が、最後には征服民に同一化するに至り、征服民のほうは言語を保持し、それを押し付けたのだろう。侵略したのはたぶん南西からである。そこのマディ人は大陸分水界の両側を占め、コンゴ川流域では言語と起源をおなじくするカリカ人と隣接する。

ドゥフィレほかエジプト軍駐屯地

マディ人の領域で最大のエジプト軍駐屯地ドゥフィレは、ナイル川がアスワ川と合流する前に大きく屈曲する地点

★ Emîn-bey [Schnitzer], *Petermann's Mittheilungen*, 1880, no.VI.

からほど近く、西岸に位置する邑である〔現ウガンダ共和国内。南スーダン共和国との国境付近だが、集落は現存しない。位置は図11〕。フォウェイラ‐マグンゴ間のキヴィラ川〔ヴィクトリア・ナイル川〕と、二本の水流〔アルバート・ナイル川とアスワ川〕が形成する三角形の頂点に位置し、正面で合流する河川〔ウニャマ川か〕は二〇キロほど遡上可能だ。ドゥフィレは軍略上の要衝をなす位置で、将来は大きな商業活動が生じるに違いない〔現在はナイル東岸や内陸のニムレ（南スーダン共和国）がその機能を果たす〕。フォラの早瀬により下流が閉塞する上ナイル川の、蒸気船の停船箇所である。ドゥフィレの防御柵を囲むヤシ林の向こうには、クク山の急崖が望まれる。これは川面から二〇〇メートルほどの高さにも達する北方の山脈で、ナイル川沿いに連続する〔現ウガンダ共和国オツェ・フォレスト白サイ保護区〕。樹陰になかば隠れたラボレと、イェルボラの早瀬に近いムギという二つの砦〔図11〕付近は、ナイル川と岩山のあいだに細い耕地しかない。ドゥフィレは南の駐屯地ファティコとは、エジプト領スーダンの穀倉地帯のひとつ、人口稠密なファロロを経由して連絡する〔不詳。あるいは現ウガンダ内パラロか〕。北から到来したエジプト兵は多くの新種でもって現地の動植物を豊かにしたが、残念なことにシラミ〔虱〕の大群も連れてきてしまった。ただしこの虫はファロロを越えては南下していない★。マディ人の畑はきわめて綿密に耕され、女性と子供が一粒一粒ていねいに種を植える。

バリ人の習俗

マディ人に続きナイルの両岸を占めるバリ人は、最も見事な体格と、逞しい自恃の念が際立つ黒人部族のひとつである。全員が裸体なので、すばらしいプロポーションを旅行家が検べるのに苦労はいらない。バリ人の考えでは、男の威厳は覆い隠すべきではないのだ。それどころか、「衣服を怖がる」とさえペネーは述べており、彼らに歓迎されるには、この旅行家は服を脱がねばならなかった★★。女性は着衣が許されるが、大半は「ラハド」という腰巻を着るのみである。これは細い鉄鎖か革紐を腰に締め、一枚の獣皮を下げるものだ。女性は坊主頭だが、男性は頭頂に一房の髷《まげ》を残して剃り上げ、大族長になるとそれにダチョウ〔駝鳥〕の羽を飾り付ける。シュリ人〔アチョリ

★ *Ibid.*
★★ Peney, *op.cit.*

挿画 XIV　バリ人の鍛冶屋　R ブフタ氏の一葉の写真をもとに、スロム筆

人」のように装身具やら環やらを着用することはないが、戦さの踊りのさいをはじめ、ボディペイントをほどこす者はいる。また何人かは唐草模様とか幾何模様の多色の刺青を入れる。これは思春期に行われるが、非常に危険で、施術される者が死ぬことも多い。バリ人はかつて天然痘により人口が激減したが、自分たちで種痘を発見し、それを施したとフエルキン氏は述べる。この予防措置は完全な成功を収めたらしい。バリ人の戦士はナイル川沿いの民のうち最も剽悍という評判で、じっさい象牙のブレスレットを手首につけた者をひんぱんに見かける。狩りにあたり一対一の戦いでゾウ［象］を倒したのだ。ふつう奴隷商人は黒人傭兵をバリ人から募るので、悪名が大湖沼の地方まで響いている。だが、バ

リ系の諸部族じしん、奴隷商人の侵入により塗炭の苦しみを嘗《な》めたのであって、領域のうちいくつかは完全に無人になった。バリ人の富は家畜で、スイスのように首に鈴をつける。見事なウシ［牛］が自慢の種なのを奴隷商人は心得ていたので、まず家畜の群れを捕獲した。バリ人が隣接する部族を襲って首尾よく捕虜を得られないときは、家畜を買い戻すため、自分の妻や子を連行したのである★。ナイル河畔のこの民にとってウシはほとんど聖性をそなえ、牛糞には魔術的な効験があるとされ、傷の手当のさいの主成分になる。バリ人の茅屋はすばらしく清潔で、家の周りには、粘土と灰に牛糞を混ぜて固めた三和土《たたき》を敷く。かつてフランスの地方部で麦を打つ場所も同様だった。他の大半の黒人のようにしゃがんだり、アラブ人のように胡坐《あぐら》をかく代わりに、バリ人は赤く塗った［小さな］床几に座る習慣がある。

エジプト軍駐屯地とバリ人の集落

バリ人のなかにおけるカトリック宣教師の仕事は長年に及んでいるが、キリスト教徒の奴隷商人がほとんど宣教の助けにならぬこともあって、獲得した信徒は微々たるものだ。バリ人はあいかわらず呪術や、古来の精霊信仰、「おばあ様」と彼らが呼ぶヘビ［蛇］信仰、そしてすこぶる丁寧に墓の中に座らせる死者に対する崇拝を事とする。彼らの言では、かつて人間は星々につながる一本の紐でもって天国に登ったが、今ではその紐は切れたという★★。ゴンドコロ［現南スーダン共和国内］には上ナイル地方への宣教の中心になった教会があったが、もはやその址もみられず、「町」だった場所も、レモンの木の美しい並木道が残るだけだ。オーストリア人宣教師の館に用いられた煉瓦は、住民のボディペイント用にすり潰されて油脂に混ぜ合わされている。ゴンドコロはサミュエル＝ベイカー＝パシャがイスマイリーヤと命名して州政府の首府に仕立て上げようと試みたのだが、河道が移動し、湿地や砂洲が形成されたため、ゴードンは同地を放棄した。代わりに彼は二〇キロほど下流の西岸にあるラド、ないしラルドを拠点に定めた。市街を囲む柵の上からは、鍛鉄の屋根をそなえる煉瓦造りの館群が突き出し、周囲の村々にくらべ美しい外観である［市街は現存しない］。エミン＝ベイが植えた一本のユーカリは、すでに建物を見下ろす高さだ。

★ Wilson and Felkin, *op.cit.*
★★ A. Kaufmann, *Das Gebiet des Weissen Flusses und dessen Bewohner*, 1861.

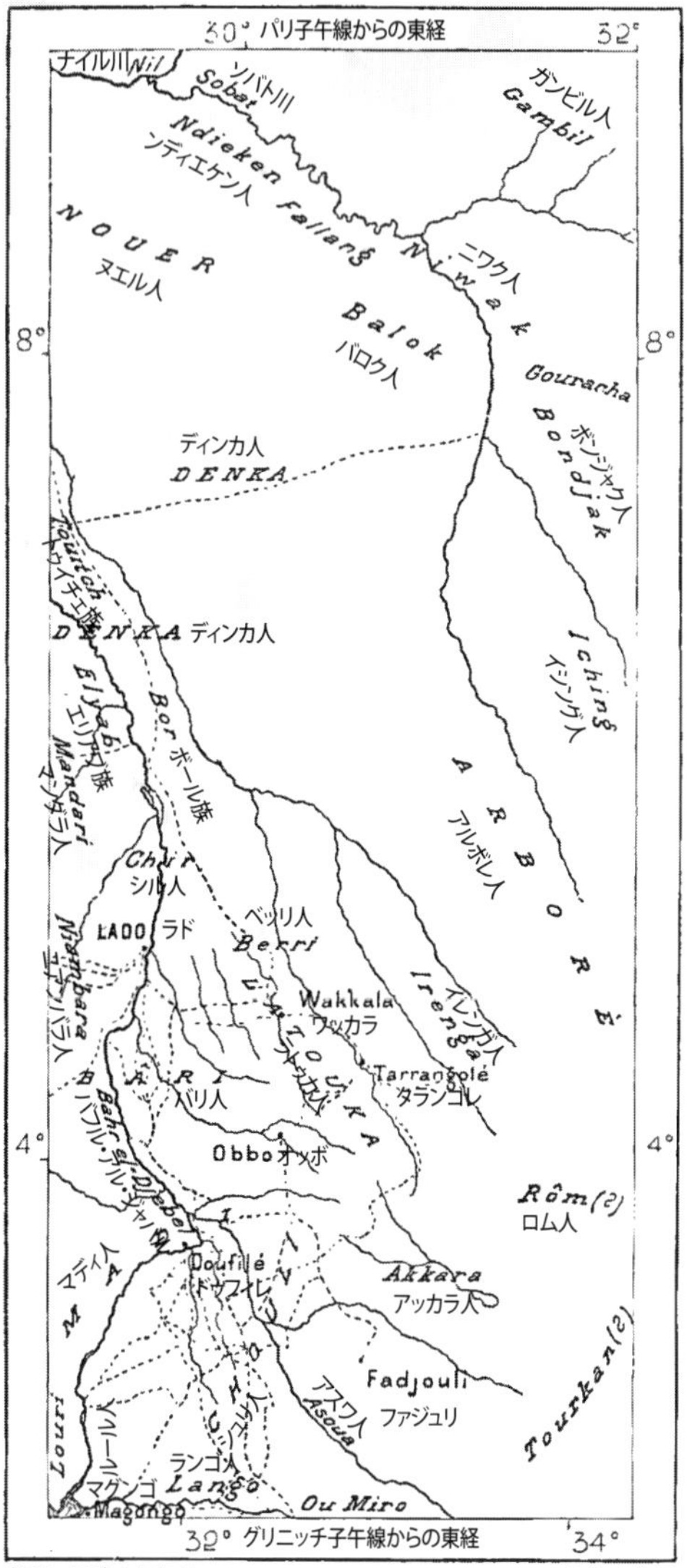

出所：　ラヴェンスタイン　　　　C.ペロン作図

1：6 000 000
0　200 km

図31　バフル・アル・ジャバル以東における旅行家たちの経路

最近まで埠頭には船舶が並んでいた。ゴンドコロ上流のバリ人の郷国における駐屯地はキッリ〔不詳〕と、渡し船の便があるベッデン〔図11〕である。ゴンドコロの南東にはビリゴングないしベレニアーンの村々があり、鉄鉱と投げ槍、手槍の産地として名高い〔図11〕。ゴンドコロに隣接するロコヤの山地に住むバリ人は最も誇り高く、ゴンドコロに居を構えた白人はしばしば防衛せねばならなかった。さらに北方、ゴンドコロ北東のサバンナ地帯に暮らすベッリ、ないしバルあるいはベフルという部族民は、シュリ人とほぼ完全に同一の言語を話し、相貌および習俗も似ている。ほかに類縁の民として、ラド下流のナイル両岸に村々があるシル人がいる。鉄器はなく、黒檀を削って矢じりに用いる★。

ラトゥカ人の習俗

バリ人の東は多くのケラーン〔原文 kherân だが不詳。文脈からすると水流と思われるが、あるいは細流 khôr の複数形か〕が潤

★ Zuchinetti, *Bulletin de la Société de Géographie du Caire*, fév. 1881.

沢に涵養する土地で、ラトゥカ人［ロトゥコとも］が暮らす。ラトゥカ人は隣接する黒人住民とは全く似ておらず、ほぼどの旅行家もオロモ系の基層とみる点で一致する★。言語はイルム・オルマ人［オロモ系］とおなじ語族らしい★★。秀でた額と大きな目、まっすぐでがっしりした鼻梁、力感があるが厚ぼったくない唇をみれば、この出自に疑いはほとんどない。もっと東、ソバト川方面に暮らす民のうち、とくにアルボレ人はおなじ語族に属するが、アッカラ人［不詳］とイレンガ人［不詳］は別の言語を話す。ラトゥカ人の気質は隣接する黒人住民と大きく異なり、ご機嫌で開けっ広げだが、はなはだ勇敢なため、奴隷商人は彼らを奴隷として捕獲することが一度もできなかった。仮にラトゥカ人が部族間戦争に憂き身をやつす代わりに合同していれば、まちがいなくアフリカ最強の国家のひとつだっただろう。このオロモ系移住民は、独自の言葉と相貌、気質の大部分を維持しているものの、現在は混交して混血の民になり、ナイル川沿いの黒人住民の習俗に近い。バリ人やシッルク人と同様に、衣服を着用するのは恥らしいが、とくにヘルメット形をはじめとする優美な髪型を誇る。完成するには八～一〇年にわたる丹精が必要で、樹皮の細い筋で頭髪を結い、詰め物をしたフェルトのようにし［髱《たぼ》状］、ビーズや陶製の玉をとりどりに飾り付ける。さらに額に銅の鉢金をつけ、頭頂に冠毛や羽毛の房をなびかせる★★★。女性のほうは男性ほど見事な体形ではないが、ちょっと類をみない活発さで際立つ。だが男性ほど身を飾る権利はなく、多少の刺青を施すのみだ。ウマに似た尾を垂らし、一帯の民の女性同様に下顎の四本の前歯を抜き取る。住居は近隣の民と似た茅屋で、西洋の鐘状ないし蝋燭消し［円錐形］に似た形状をもち、這い込むための低い入口のほか、開口部はない。各村の近くには墓地がある。亡骸は最初は自宅のそばに埋葬されるが、骨だけになると墓地に持ってゆく。死者を囲む葬礼の踊りは何週間も続く。ラトゥカ人の田園はすこぶる生産力が大きく、彼らが栽培するタバコ葉は周囲の部族民が争って求める。ただしほぼ常に牛糞と混合される。怖れられる野獣はヒョウ［豹］だけだが、これはしばしば人間を襲う。それに対し、ライオンを怖れることはない。エ

★ Peney; Baker; Emîn-bey [Schnitzer]. ラトゥカ人の平均身長は 1m70cm ～ 1m75cm。
★★ ラヴェンスタインによると、マサイ人の言葉に似るらしい。*Cf.* E. G. Ravenstein and Thomas Wakefield, “Somal and Galla Land; Embodying Information Collected by the Rev. Thomas Wakefield”, *Proceedings of the R. Geographical Society*, Vol.6, No 5, May 1884, *pp.*255-273.
★★★ Baker, *Albert Nyanza*, *op.cit*.

ミン＝ベイが述べるには、ヒョウ退治の落とし穴にライオンが落ちたとき、住民は走り集まってきてライオンを穴から出してやったという★。

タランゴレほか、ラトゥカ人の集落

ラトゥカ人の領域の東を画するのはロフィトないしラフィトの山脈で、平野部から一〇〇〇メートルほど立ち上がる。南はさらに高い山嶺が画する。全体は木立が散在する一筋の肥沃な谷で、ヒジリジがよくみられる。その果実は甘く、カリ分が豊富なので、石鹸代わりに用いられる。村落はかなり多く、いくつかは都市と呼べる規模だ。主都タランゴレ［現南スーダン共和国トリト県ティランゴレ。ただし第二次スーダン内戦（一九八三―二〇〇五）の後はほぼ壊滅状態らしい］はコホスという細流［khôr］のほとりに位置し、少なくとも三千軒の茅屋のほか、一万〜一万二千頭を収容する畜舎群があるらしい。市街全体を頑丈な柵で囲み、各戸も垣根により防護される。市内の各所に三層のやぐらがあり、夜にあると見張り番が詰め、わずかな気配にも戦さ太鼓をたたいて急を知らせる。大通りは一本だけで、それ以外の通路はウシが一頭ずつしか通れぬ曲がりくねった小道になっている。これは頭数をかぞえるためと、奇襲を受けても多くのウシを奪われぬ用心である。北方にはワッカラないしオッケラと、族長であるラトメの名でも知られるロロニオの二村があり、かなりの人口をそなえる［いずれも不詳］。エミン＝ベイによると、ウ・ガンダ地方とおなじく、女性人口はかなり男性を上回るようだ。

ニアンバラ人

上ナイル地方のランゴ人と、高原部のフマ人をオロモ系とみなさぬばあい、オロモ系部族民のうち最も東に進出しているのはラトゥカ人になる。バフル・アル・ジャバル川沿いとその西には、黒人住民しかいない。バリ人の西にいるニアンバラ人、ないしニアム・バリ人は、ナイル川とその支流イェイ川の分水界をなす山岳地帯を占め、バリ人の人種的兄弟分である。だが言語は近隣諸部族のものより抑揚の種類が多く、歯擦音の単語がある点が違う。ニアンバラ人はバリ人と同格の強健さで、おなじく裸形だが、鉄製の輪や鈴などの装身具を着用し、満艦飾といった様子の者

★ Emîn-bey [Schnitzer], *Petermann's Mittheilungen*, 1882, no.VII.

もいる。女性はつねに腰紐にひとふりの短剣を帯びる。ナイル川地方の大半の民は耳飾りを知らないが、ニアンバラ人は耳朶にピアスし、小さな輪やビーズ玉を通す。南米のオレホネス〔インカ帝国貴族層〕のように顔の両側に大きく耳朶が垂れるので、奇妙な顔にみえる。女性も唇の根元にピアスし、水晶片を通すが、それがなければ木製の筒かアシ〔葦〕を通す。腰巻はなく、一片の皮革か木の葉だけだが、鈴をつける者もいる。今世紀〔十九世紀〕なかばに象牙商人が到来するまで、象牙はほとんど無価値とされ、家畜を囲う柵などに利用されるにすぎなかった。ニアンバラ人のゾウ狩りは独特で、ひとりが投げ槍を手に樹上へ身を隠し、勢子に追い立てられたゾウが枝の下に来ると、刃渡り六〇～七〇センチの鉄をそなえた槍を柄まで深々とゾウの背に突き刺す。ほとんどはこれで致命傷になる★。ニアンバラ人は練達の狩人であるだけでなく、果樹や畑の耕作も上手で、家の周りに蜜蜂の巣をしつらえる。鍛冶の腕前はベレニアンのバリ人に劣らない。主な村のひとつはニアンバラの名をそなえる。それはムギ〔図11〕からドゥフィレまでのナイル川を見下ろす山脈に、分枝してつらなる高い丘陵に囲まれた標高六二〇メートルの圏谷に所在する。同村の田園部をピラミッド群のように見下ろすのがクグの連峰で、山裾は緑海に覆われる。この付近は随所に温泉があり、現地住民とアラブ人商人が利用する。

ディンカ人の分布と生活類型

バフル・アル・ジャバル川沿いの住民のうち、最大の面積を占めるのがデンカないしディンカ人〔以下ディンカ人〕で、ジエング人またはジャンゲ人とも呼ばれる。領域面積は一〇〇平方キロほどと見積もられ、独立した部族や氏族も数十をかぞえる。うち最も知られているのは、もちろん商人が接触した部族で、ナイル沿岸ではトゥイチュ族、ボール族、キジないしキチ族、エリアブ族〔アリアブ族〕、西方のバフル・アル・ガザール川の支流沿いではワジ族、レク族、アフォジュ族などだ。またソバト川との合流点よりも下流、バフル・アル・アビアド川右岸にもディンカ系の人々がみられる。上ナイルをさかのぼるか、あるいはコンゴ川流域に向かう旅行家の必須の経路沿いに暮らし、外来文明の影響下にあったにもかかわらず、ディンカ人は何ら生活類型を変えなかった。彼らは自分たちのサバン

★ Alfred Peney, “Le Djebel Tagala dans le Kordofan”, *Bulletin de la Société de Géographie de Paris*, juil. 1864, *pp*.81-94.

ナ地帯や湿地帯で相変わらず自由を保持し、アラブ人商人からはほとんど何も購入しない。自前の家畜の乳類、果樹園の果物、畑の穀物や野菜で十分なのだ。ナイル右岸、部族名とおなじ名前の土地に所在するボールは、ディンカ人を監視するためエジプト政府が設営した砦である。ボール下流のナイル左岸、キジ族の郷国にあるパノムあるいはファウテントゥームには、バリ人のばあいとおなじく、イタリアとオーストリアからのカトリック宣教団が訪れ、サンタクローチェやハイリゲン・クロイツ、すなわち「聖十字」と呼んで拠点化を図ったものの、種々の疫病に襲われ、放棄やむなしに至った。そもそも改宗に向けた努力は無駄だった。聖職者たちの滞在が得た唯一の成果は、語彙の収集と、ディンカ人の郷国から持ち帰ったいくつかの翻訳にかぎられる。イスラームの伝道師もこのナイル沿岸の民に何ら勢力を得るにいたらず、相変わらずディンカ人は中央アフリカの大半の民とおなじ精霊信仰のままだった。

ディンカ人の身体装飾と特徴

類縁の言葉を話すバリ人と同様に、ディンカ人も衣服を恥とみなす。裸体で往来し、毛皮を腰紐につける習慣は女性にまかせる。だが装飾を軽蔑するわけではなく、腕やくるぶし、耳に環をつけるし、頭頂にはダチョウの羽が揺れる。他の民と区別するため顔面に刺青し、下顎の前歯を抜きとる。大半は短髪だが、洒落者は櫛を入れてヨーロッパ風の髪型にし、ウシの尿で染め〔脱色し〕て赤っぽい色合いを出す。本来の肌は美しく光る青銅色だが、それが変わらぬよう、ほぼいつも何らかの油性物質で肌をこすり★、灰を塗りたくるので、青灰色の外観をそなえる。夜には大きな焚火を起こし、家畜とともに火の周りで過ごす習慣は、カ〔蚊〕に襲われないためだが、そのせいで村内には灰の大きな堆積が散在する。そこで転げまわるのは大好きである。東部のディンカ人はアフリカ人のうち最も背丈が大きい部類で、一メートル八〇センチの男性をみかけるのもまれではない。キジ族はとくに背が高い★★。だが西部のバフル・アル・ガザール川流域になると、訪れるヨーロッパ人の平均身長よりも少し高いだけだ。ディンカ人は通常は一日一食で、夕暮れ時に食べるのみだが、一般に非常な力持ちである★。

★ Schweinfurth, *op.cit.*
★★ R. ブフタによるキジ族の身長は 1m70cm ～ 1m95cm。*Cf.* R. Buchuta, *Petermann's Mittheilungen*, 1881, no.II.

脚は例外なく細長く、渉禽類のような歩行法だが、おなじく湿地の地方に住むヌエル人やシッルク人もそうである。葦原をゆっくりと歩く際には膝を高く上げ、扁平な大きい足を注意深く前に出すので、コウノトリ〔鸛〕のようにもみえる。また湿地の鳥類とおなじく、一本足でじっとしている習慣がある。一方の足を他方の膝に置いて支え、まるまる一時間も動かない。

ディンカ人の物産

ディンカ人の鉄器への偏愛をみれば、すでに十分に鉄器文明のなかにいると思われるが、にもかかわらず、その郷国の沖積層に鉄は含まれず、鍛冶屋も皆無だ。だがディンカ人はいろいろな工芸品に練達である。お気に入りの武器のせいで、近隣の民からは「杖のひとびと」という皮肉な名で呼ばれるのは、すこぶる巧妙な柔らかい弓を製するほか、相手の切っ先をそらせて拳を守る貝殻形の鍔をそなえた杖〔細長い盾として用いる〕に、珍奇な彫りをほどこすからである。家屋は近隣諸部族のものよりも大型だ。料理の才は際立っており、おそらくアフリカ随一である。熱心な畜産家で、膨大な頭数を所有する。病気のウシは群れから引き離し、すこぶる清潔な治療所で看病する。ウシを屠ることは一切ないが、ときどき瀉血して乳と混ぜて飲む★★。家畜の肉は病気で斃死したか、事故死したものしか食べない。ウシはよく世話されるが、種としては衰弱しているのは、気候条件のせいか、あるいはシュヴァインフルトが考えるように、他種との交配がまったくなされぬことと、飼料に塩分が皆無のせいかもしれない。ムラーと呼ばれる囲い地から別の囲い地まで、バッガラ族のウシのような重い荷を背負って行けるのは、百頭に一頭いるかいないかだ。ただし、そうはいっても可愛らしい種で、細い角と繊細な頭部をそなえ、アンテロープのようにもみえる。去勢しない牡牛は肩や喉、胸部に房毛があるが、胴体と尾はまったく丸坊主で、小型のバイソンに似ている。ディンカ人はヤギ〔山羊〕も飼育し、これは唯一食肉にする。サバンナ地帯のただなかに少人数の集団生活を営む牧畜民であり、公式にも私的にも宗教というものはない。ただし、「七つの河〔古代パンジャーブ〕」地方のアーリア人の宗教を思わせる多くの習慣があると考えられた。ウシ崇拝は古代

★ Gianni Beltrame, *Il fiume Bianco e I Dénka: memorie*, Verona & Padova: Drucker & Tedeschi, 1881.

★★ Wilkinson and Felkin, *op.cit.*

宗教の名残りかもしれず、糞尿を大事に集めて種々の家事と、料理にすら用いる。シッルク人やバリ人と同様にヘビ〔蛇〕も強い尊崇の対象で、「兄弟」と呼び、それを殺すのは罪悪とみなす。住民がシュヴァインフルトに請け合うところでは、どの家長も自宅に棲むヘビを一匹づつ見分けることができ、名前を呼ぶと近づいてくるという。

マカラカ人

上ナイル地方とマディ人の郷国に近い「青い山嶺」に端を発するイェイ川は、大きく西に曲がって谷間の湿地帯を抜けたのち、ガバ・シャンベの拠点とバフル・アッ・ザラーフ川の分岐点の下流でナイルに合する。同川が通過する地帯に暮らすカトゥワク人、ファジェル人、ケデル人といった住民の大半は、バリ人およびディンカ人と同一の民族集団に属する。だがこの流域の部族民のうち、少なくともイッディオ〔アディオとも〕ないしマクラカ人だけは言語、体つき、習俗が他と異なり、コンゴ川の南西流域を主に占めるア・ザンデ〔ザンデ人〕ないしニアムニアム人に属する。マクラカ、ないしマカラカー〔以下マカラカ〕とは「人食い」の意で、アラブ人商人たちの言を確認したシュヴァインフルトの目撃談により、この点に疑いはない。ただしマカラカ人全体としては、周囲の黒人部族民よりも優れていることも本当である。赤光りする黒い肌をそなえ、鼻はぺちゃんこではなく、頬もさほど突き出ていないし、顔面角〔顎の突き出し度合いを示す尺度。小さいほど突き出る〕は隣接民よりも大きい。体毛は大半のニグリシア系よりも少なく、絹糸のような長髪だが、種子や樹木から抽出したさまざまな成分を用い、この上なく奇妙な髪型に盛り上げる。周囲の黒人部族のように前歯を抜く習慣はまったくない。ただし、一帯の非ムスリムのうち唯一、割礼をほどこすので、イスラーム信仰を告白せぬにもかかわらず、ムスリムの仲間だとみなされている。宗教面では半イスラームとされることが、エジプト政府をしてマカラカ人から徴兵させる一因になった。だが最大の理由は、マカラカ人の剽悍さと、最近まで続いた食人種という評判が与える恐怖感である。一帯で奴隷狩りを行なった商人はしばしばマカラカ人と戦いに及んだが、男性だけを倒しても終わりではなかった。彼らの軍勢には女性も参加していたからである。ニアムニアム系のこの民は農耕者としてもすぐれ、かなり多種類の作物がある。領域は広くはないが、物質的な繁栄ぶりは、こ

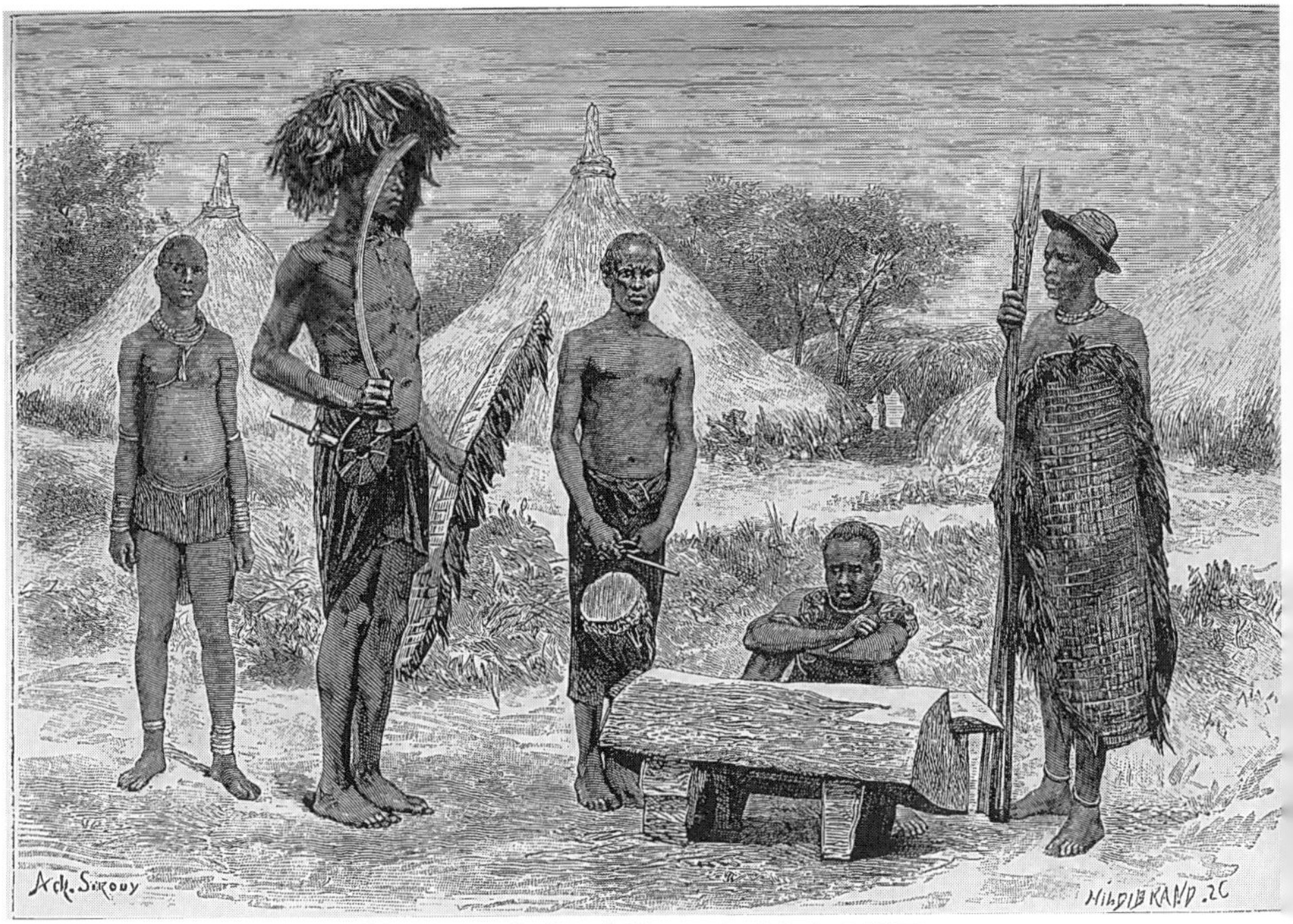

挿画 XV　典型と衣服　マカラカ人の集団
R. ブフタ氏の一葉の写真をもとに、シルイ筆

の地方の部族の筆頭だった。エジプト政府が設置したムディーリーヤ［県、管区］のひとつは、他の民族集団も多く包含したにもかかわらず、マカラカの名を冠されたのである。

モル人

ディンカ人の郷国よりも上流のイェイ川流域で最大の領域を保持するのがモル人である。バフル・アル・ジャバル川沿いの大部族とおなじマディの名称をもつその一集団は、フェルキンが綿密に調査した★。モル人はバリ人やディンカ人とほぼ変わらず、裸体で生活し、鉄環のほかほとんど装身具はない。特有の印として額に一〇筋の刺青がある。墓石はブルターニュ地方のドルメンとおなじ型式である。はなはだ頑健で、河川地方すべての駐屯地で荷担ぎに雇用される。農耕と畑作も達者で、各戸は近くに柵囲いした菜園をもつ。そこに高さ一メートルの極めて細い畝をしつらえ、背をかがめなくても栽培できるようにする。古来の共有制はまだ完全には私有制に置き換わっておらず、女性が仕込

★ Felkin, *Proceedings of the R. Society of Edinburgh*, session 1883-1884.

むビールは全員の所有物だ。ビールは公共の建物内に置かれ、住民だろうと旅人だろうと、喉が渇けば飲んでよいが、自宅に持ち帰ってはならないし、そうする者もいない。酩酊は知られていない。天気がよいと村の男女は総出で会食し、子供たちが給仕する。礼儀正しさはモル人が最も重んじる美徳のひとつだ。女性は尊重されるし、医術をほどこす女性は、男性よりもはるかに知力にすぐれ、上手なので、その往診は栄誉である。診てもらった家では、家長が女性の自宅まで送ってゆく。子供の教育は部族にとり最大の義務とみなされ、男の子も女の子も、年長者にはお辞儀し静かにするよう躾けられる。また体操や踊り、無言劇を学ぶほか、格闘技とその礼法の訓練を受ける。武器の扱いも教えられ、父親を的に選んで先を丸めた矢を射かける。大人は子供たちを森に置き去りにし、村への帰り道をどうやって見つけるか、遠くから見守る。教育の仕上げは旅だ。十歳になると子供たちは生家を離れ、同一の部族ないし別の民の友垣に会いに出かける。それは異邦の人々の習俗やしきたりを知るための「世界旅行」だ。小さな女の子が旅に飽きると、兄弟が彼女を家に連れ帰り、また冒険旅行に戻ってゆく。外婚制のもとにあるため、伴侶は他国、とくにニアンバラ人から求められる。ただし外婚制は、バリ人のあいだには知られていない。モル人の若者がすてきな娘を見つけると、近づいていって手首に花輪をつけてやる。もし娘がこのアクセサリーを捨てなければ、若者は期待してよく、両家のあいだで婚姻の相談が始まるのである★。

アマディ

モル人の領域における最大の駐屯地マディ（アマディ）は、ラドとデム・スレイマンを結ぶ隊商路の途次、イェイ川左岸にある［現南スーダン共和国アマディ州内］。見渡す限りにゴマ［胡麻］とミレットの畑がひろがる只中だが、ナイル河谷とマングベトゥ人の郷国のあいだの交易中心地のひとつである。公式報告にはエジプト官僚が同地で購入する象牙の重量が記載されているが、もっと重要な交易品目、すなわち一帯の穏和な住民を捕獲した奴隷については、何ら言及しない。最近までアマディは多数の宦官を下ナイル地方の都市やアラビアに送り出していた。言われるところでは、奴隷商人は、奴隷交易に良い顔をしない族長をとくに狙って捕獲したり、去勢したりした。ゆえにこの地方の

★ Emîn-bey [Schnitzer], *Petermann's Mittheilungen*, 1883, no.VII.

黒人が「トルコ人〔エジプト官僚〕」の姿に恐慌をきたすのは驚くにあたらない。見知らぬ人間をみると、子供たちは恐怖の叫びをあげて逃げ散る。

ルンベクほか

イェイ川と平行に流れるロール川は、ほかにも種々の名があるが、ナイル川の閉塞部の上流の湿地に消えてゆく。同川が通過するのは、アブカヤ、ロリ、レシ、ベッリ、ジリといった部族の領域で、政治的まとまりは皆無だ。ディンカ人に属するアガル人の郷国にあるアヤク、ないしドゥファラは正真正銘の都市で、右岸に柵と深い壕をめぐらして立ち上がる〔図30〕。その内側にひしめく茅屋はすべて高床式で、集落全体がゼリーバを取り囲む。アヤクの北西、イェイ川からほど近くには、起伏のある開けた田園にもうひとつのゼリーバがある。これがルンベク〔現南スーダン共和国レークス州内〕の市街で、河川およびその主な沿岸住民であるロールの名でも呼ばれる。エジプトの管区の首府だ。フェルキンによると、人口およそ三千人で、近傍の村々には三万人ほどが暮らす。ルンベクでは衣服の着用は宗教上の特権とみなされ、アラブ人がめとった女性以外は衣服を着てはならない。

ボンゴ人の人口

西では、ニアムニアム人〔ザンデ人〕の北方に大型民族であるボンゴ人（ドール人ないしデラーン人とも呼ばれる）が暮らす。それは起伏のある平地で、ジャウ川〔バフル・ジャウ〕、トンジ川、ジュール川、ボンゴ川とそれらの支流が涵養する。ボンゴ人のもとで二年間を暮らしたシュヴァインフルトは、奴隷商人が到来する以前には少なくとも三〇万人がいたと述べている。現在はその三分の一ほどだろう。独立した無数の小さな共同体に分かれ、お互い平穏に生活していたこととて、ボンゴ人は結束して外敵の襲来に立ち向かうすべを知らなかった。小銃で武装したならず者たちを伴って到来した奴隷商人は、やすやすと村々を襲い、戦略要地にゼリーバを設け、たちまち全土は彼らの思いのままになった。奴隷化と抑圧による人口減少はすさまじく、近々のうちにボンゴ人は完全に姿を消すのではないかとも考えられたほどである。現地の文明は崩壊し、いくつかの産業が放棄された。かくも興味深い身体的特徴と習俗をそなえたこの独特な民族は、科学がまさに彼らを見出したとき、存在しなくなるのではとシュヴァインフルトは自問したのである。一時は数年間の平和による再興のきざしがみられたようだが、現在またもやアラブ人とその同盟部族群による侵入の脅威を受けている。ボンゴ人は比較的に晩婚だが、子沢山らしい。隣接するあれこれの民は十三〜十四歳で結婚するが、ボンゴ人は十五〜十七歳で結婚する★。

ボンゴ人の言語と身体的特徴

ボンゴ人は北方の隣人であるディンカ人と言語が一定の類縁性を示すように思われるが、種々の点で対称性もある。まず、肌の色がはるかに薄く、赤茶色で、北に段々と下る棚状地の鉄分を含む色とほぼ同一だ★★。ボンゴ人はディンカ人ほどの背丈はないが、もっと頑健でずんぐりしている。湿地帯の部族民の渉禽類のような細長い脚とは似ても似つかず、逆に臀部からふくらはぎの隆々たる筋肉が目立つ。女性の腰部は巨大で、動物のような歩き方であり、装飾用の尾が揺れるので、ますますそうみえる。またディンカ人が幅の狭い長頭顱《ちょうとうろ》なのに対し、ボンゴ人は例外なく短頭顱《たんとうろ》で、頭骨はほぼ円形である。シュヴァインフルトは、これほど高い頭示数《とうしすう》の民はないだろうとみている。またいくつかの地区では、母親が子供の頭を圧迫して独特な輪郭にする。男性は河川地方であれほど一般的な裸形ではなく、布切れを引掛けており、ときに数十もの鉄環を腕にはめる。うまく大小を合わせており、正真正銘の腕鎧になる。女性は腰巻がなく、葉のついた枝ないし草束を腰紐につけるだけである。いちばんの装身具は下唇に通す釘か金属板である。またブラジルのボトクード人のように、かなり大きな環を下唇にはめ込み、皿の代わりにする女性もしばしばみられる。お洒落な女性は唇の根元や鼻孔ほか、体のあらゆる突起部や皺にピアスするため、体中をピンで留めているようにみえる。

ボンゴ人の気質

親切さ、温和さ、労働への愛好において、おそらくボンゴ人はアフリカの民の第一級に数えられる。バリ人やディンカ人に際立つ家畜への尋常でない熱情はみじんもなく、とりわけ耕作にたずさわり、男も女も土づくりと

★ Wilson and Felkin, *op.cit.*

★★ Schweinfurth; Lupton, *Proceedings of the R. Geographical Society*, Mar. 1884.［当該号に見当たらない。あるいは Lupton, *op.cit.* か］

作物の世話を念入りに行なう。土地は肥沃で、タバコ、ゴマ［胡麻］、ドゥッラ［モロコシ］ほかの食用植物の収穫は潤沢だ。こうした多種の作物に加え、いろいろな野生植物の塊根や森のキノコ［茸］など、食べられる植物は何でも口にするし、新鮮だろうと腐っていようと、肉を嫌うことはまったくない。ただし狗肉だけは例外だ。ハゲタカ［禿鷹］を追い払って、つつきまわしていた死骸の腐肉を横取りするし、ウシ［牛］の臓物から寄生虫を拾い集めて舌鼓を打つ。またサソリ［蠍］、シロアリ［白蟻］の幼虫など、およそ地面をうようよ這いまわる生き物なら何でも食べる。周囲の民もそうだが、土食症は非常にひんぱんにみられる。鍛冶工としてはアフリカ随一で、ディンカ人に武器や装身具を供給する。すこぶる単純な器具でもって鉄鉱石に空気［熱風］を通す巧妙な炉をしつらえ、ヨーロッパ製品におとらぬ細工をほどこす。かつてチャド湖流域のロゴーヌ川地方のひとびとが思いついたのと同様に、ボンゴ人も鉄の円盤を貨幣に利用した。これは「クッルク」と呼ばれ、若者が婚約者の両親に結納するさいには、その束を持ってくる。ボンゴ人は木工の名手でもあり、家屋はテラス、ないしバルコニーのように使う濡れ縁が円形に囲む堅牢なものだ。族長の墓のまわりには、人の形に彫った杭を立てめぐらす。オセアニアの島民による神像とびっくりするほど似ているが、神々ではなく、墓から出てくる故人をあらわす肖像であって、再生の象徴だ。ボンゴ人は輪廻転生を信じ、老女の魂はハイエナの体に宿ると考えるので、ハイエナを殺すのを控える。親族の生まれ変わりかもしれないからだ★。

ルオ人

ジュール人、すなわち「森の人間」つまり「野蛮人」という侮蔑的な名称はディンカ人がつけたもので、家畜の乏しい人々をすべて劣った存在とみなすせいである。本当の名はルオ人だ［以下ルオ人］。ニアムニアム人［ザンデ人］の領域まで深く南進しているベランダ人とおなじシッルク系の移住民で、そのシッルク語はほとんど変容しておらず、老人のなかには、伝統的な刺青をほどこした者も何人かみられる。居住地はボンゴ人の郷国とディンカ人の郷国にはさまれた棚状地で、鉄分を含む高原部の端の段々である。領域を通る河川のうち、最大の川は部族名とおなじジュールの名で呼ばれる。シュヴァインフルトによると人口は二万人たらずだが、家族愛の強さで知られ、一般に子沢山な

★ Werne; Peney; Schweinfurth, *etc*.

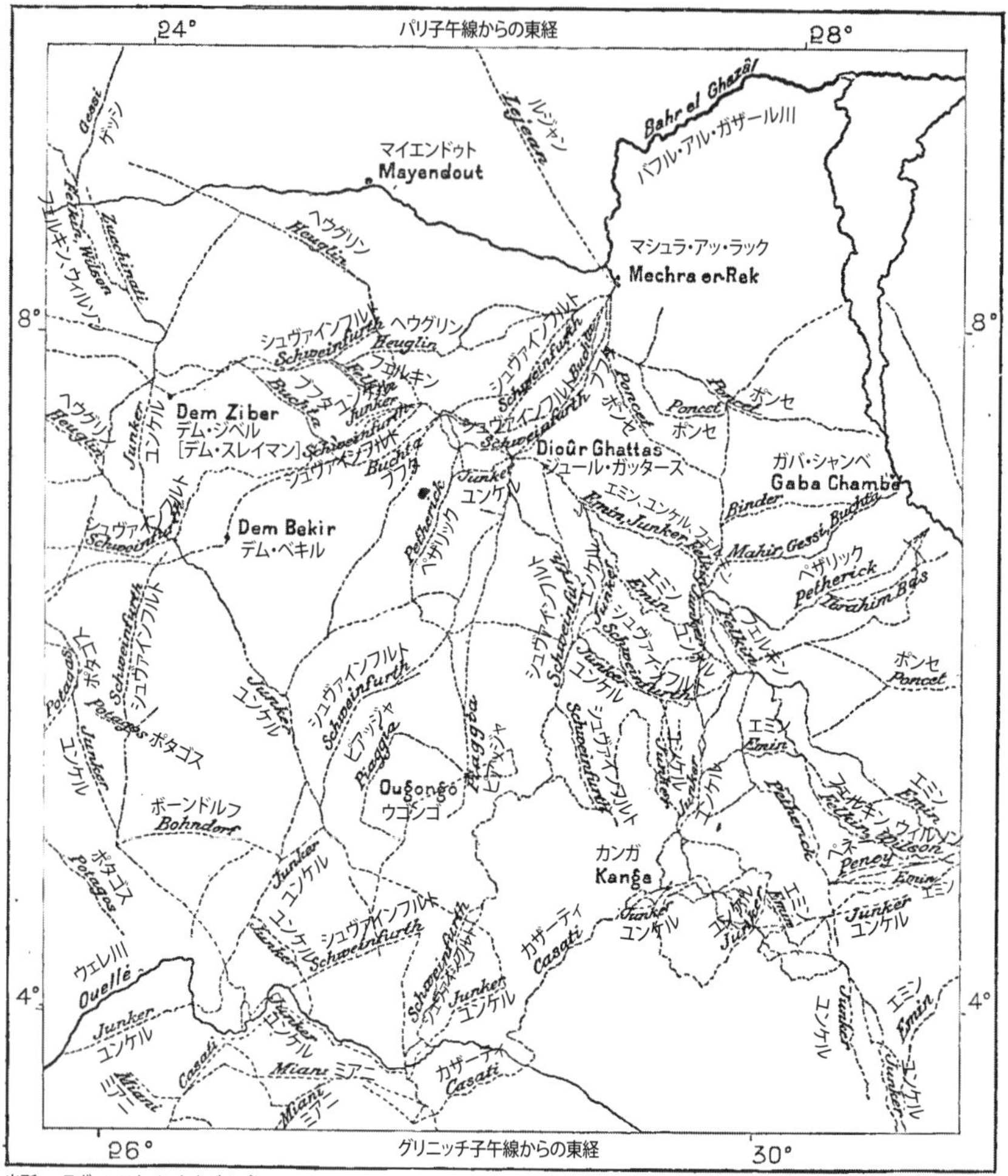

出所：　ラヴェンスタインおよびルプトン　　C.ペロン作図

［訳注：　カザーティ：イタリア人探検家Gaetano Casati(1838-1982)
ミアニ：同Giovanni Miani(1810-1872)］

1 : 6 000 000

0　200 km

図 32　河川地方における旅行家たちの主な経路

ので、平和な時代には急増する。ディンカ人よりもはるかにみごとな体形で、初期の旅行家たちが「尾のついた人間」に分類した裸形の民のひとつだ。尾はふつう二本で、腰紐につける。ボンゴ人同様に優れた鍛冶工であり、腕や尻を装飾する鉄環を製するが、シッルク人風の複雑な髪型はもうみられず、男女ともに短髪である。親愛の情をあらわすさいに唾を吐きかけ合う故習も消え去りつつある★。かつて集落の横には、敵の首級を幹に釘付けした「死者の木」があったが、いまはもうない。

ワーウほか

一帯最大のゼリーバはジュール・ガッタース［ザリーバ・ガッタースか］で、ボンゴ人、ディンカ人、ルオ人の三民族と接触する好位置にあり、サバンナの湿地帯から、森林がプレイリーと交互に立ち現れる起伏のある段状地へ移行する土地にある。そこから北東にわずか百キロはジュール川とモムル川の合流点で、水路が迷路のようになっており、東には巨大な密林がある。そこにある村と集積所の集まりがマシュラ・アッ・ラック、すなわち「ラックの船着き場」で、バフル・アル・ガザール川水運の起点である［現南スーダン共和国内］。河川地方の南、南西、西へ向かう隊商が編成される地点で、上ナイル地方とカルトゥームを分断した戦乱［マフディー戦争］の前までは、一隻の蒸気船がバフル・アル・ガザール川を定期的に同地まで遡上した。ジュール・ガッタースの北西には、ルオ人の郷国にゼリーバが続く★★。そのひとつ、クチュク・アリ［ザリーバ・キクチュク・アリーか］は、ジェッシが奴隷商人スレイマンに対する決定的な勝利を収めた場所で、バナナ、レモン、オレンジなど、シュヴァインフルトが植えた美しい畑地がある。ジュール川の左岸にあるワーウは大森林に囲まれる拠点だ［現南スーダン共和国ウェスタン・バフル・アル・ガザール州内］。ジェッシがバフル・アル・ガザール川の港［マシュラ・アッ・ラック］までジュール川を下るため、ボートの船団を建造させた際の木材は、この森から伐採された。ジュール・ガッタースをデム・スレイマンに結ぶ街道の渡河点すべてに渡し船の便を設けたのも、ジェッシである。

セレ人、ゴッロ人など

★ G. Schweinfurth, *op.cit.*

★★（訳注）栗田禎子『近代スーダンにおける体制変動と民族形成』大槻書店、2001、764頁地図⑤に交易所の位置が示されている。

ボンゴ人の西に暮らすセレ人とゴッロ人の境界線がジ川、ないしパンゴ川である。セレ人はニアムニアム人［ザンデ人］に隣接し、長きにわたり彼らに服属したもので、アフリカ大陸の西側流域のこの民によく似ている。頑丈で筋骨隆々とし、非常に清潔かつ働き者だ。茅屋内の器物はどれも完璧に整頓されている。幸せいっぱいな性格で、疲労や喉の渇き、空腹に文句も言わず耐え、食べ物が無ければ子供っぽい遊戯で気を紛らわす。家畜は黒人住民のなかでも最少の部類で、家のまわりに数羽のニワトリ［鶏］がいるだけだ。先祖がいっさい動物を飼いならさなかったか、あるいはジ川河谷に移り住んだ部族がまったく動物を伴わなかったかであろう。ゴッロ人は全般にボンゴ人の体つきと習俗をそなえるが、言語は全然違う。彼らの建てる茅屋は円形で、庇が長く突き出し、杭を円形に立ててそれを支えるので、一種のベランダが取り囲む形になる。横壁はハイエナの排泄物でもって塗り固める。穀物倉はめったにない優美さをそなえる建物で、脚立の上に壺状の容器が載ったような形である［わが国の雪見灯篭に少し近いが、笠は大きい］。上に載る笠は可動式で、頂部に羽を飾る。ゴッロ人の西に住むクレディ人ないしクレジ人［以下クレシュ人］は、これほど醜く、頭の悪い黒人には出会ったことがないとシュヴァインフルトが述べたもので、逃亡民のようにごく少数で森林のなかを遊弋する。水流が北東に向かい、ビリ川ほかの川を経由してバフル・アル・アラブ川に合同してゆくこの地方は、そもそも諸民族が最も混交した土地である。それも自由な通婚によったのではなく、強制移住や、兵士および奴隷商人の往来により、ごちゃごちゃになったせいだ。河川地方のうち、アラブ人が一般に「ダール・フェルティート［フェルティート地方］」と呼ぶこの一帯は、最近まで全域が奴隷商人の収容所のようなものだった。「デム（複数形ドゥエム）」すなわち「町」という地名をもつ場所は、奴隷商人が城砦化した拠点すなわちゼリーバを指す。そのひとつ、ゴッロ人の郷国の首府デム・イドリス［デム・イドリース・ワド・デフテルか］は、象牙の一大集積地だ。一八八三年にユンケルの同行者ボーンドルフが北方への脱出に成功したさい、同地には象牙が山のように積み上げられていた。ルプトン総督は、もし蜂起［マフディー戦争］によりナイル川が閉鎖されなかったら、象牙一二・五トンと天然ゴム一・五トンをカルトゥームに送れたと推定する。

挿画 XVI　デム・スレイマンの全景　R. ブフタ氏の一葉の写真をもとに、スロム筆
［左奥に突き出す方形の建物がゼリーバか］

デム・スレイマン

「デム」のうち最大であるデム・ジベル、すなわちデム・スレイマン［現ワーウ西方一二〇キロほどに所在するデイム・ズベイル］は、一八七八年［ママ。一八七九年三月］にジェッシがその権力を打倒した父と息子からなる二人の奴隷商人［アル＝ズバイル＝ラフマ＝マンスールとその息子スレイマン＝ズバイル］にちなむ命名である。カルトゥーム上流のナイル流域最大の都市集積で、エジプトはバフル・アル・ガザール州の州都に定めた。同地に到着したウ・ガンダ王［ブガンダ王］の使節団は、この「大都会」こそ音に聞こえた豊かなイギリスだと勘違いしたほどである。倉庫には現地の産品や、周辺の菜園で適応した異国風の果物と野菜、ヨーロッパの品々が保管される。この州都には鍍職も定着し、はなはだ精妙な象牙彫りの腕輪や、剣や短剣の柄、その他の贅沢品を製し、象牙はすべてヘディーウの所有と宣言する法律をかいくぐる。河川地方で唯一モスクを擁する都市である。

シル人、マンダラ人

フェルティート地方の北方、アラブ人との境界の守備隊駐屯地としてジェッシが選定したヒッフィ〔不詳〕は、バフル・アル・アラブ川に向かう小川の群れの源流へと続く大森林の近くである。だがこれらの小川は年の一時期には完全に干上がる。近隣部族のひとつトゴイ人は、おそらくクレシュ人とおなじ民族で、未開かつ容貌魁偉で、品がない。だがインデリ人やシル人は、フェルキンが述べるには「ほとんどヨーロッパ人の顔つき」をそなえ、すぐれた倫理性で際立つ。ヒッフィの北方およそ四〇キロにあるゴンドゥの村〔不詳〕がシル人の砦で、一〇〇メートルほどの高さから平野を見下ろす丘の頂上に、鳥の巣のように載る。そこへは急峻な小道を登るしかなく、アラブ人征服者たちが村を略奪するため登攀を試みたが、果たせなかった。シル人は弓矢と石だけの武器で、攻め手を常に撃退したのである。独立を保持し、誇りを失わなかっただけでなく、生来の善良さも何ら損なわれなかった。よそ者の姿をみると、彼らは仕事を放り出して群がり、挨拶して、さっぱりした飲み物や食物を差し出す。シル人は黒人の典型から遠く、その反対に薄い唇と整った鼻をそなえる。体には油と代赭を塗り付けるので、ナイル河畔の同名の民シル人に似ている。またマディ人ほか、上ナイル地方の多くの民と同様に、髪型を整えるのに人生のかなりを費やす★。お気に入りなのは、長い髱《たぼ》をいくつか組み合わせて後光の形にすることだ。シル人の北方には、アラブ系バッガラ族の側方にいるマンダラ人が黒人系住民の最前線をなす。ジェッシによれば、チャド湖近くのバギルミ地方から移住したと思われる。奴隷商人から逃れた先は、最もその被害が大きかった地方のひとつで、かつてフール地方のスルタンが、債務を弁済するため人間を捕獲しにしょっちゅう出かけた狩場だった★★。バフル・アル・アラブ川沿いに住む隣接の部族民と同様に、マンダラ人はほぼ全員がムスリムで、バッガラ族およびヌエル人と連合して河川地方のエジプト守備隊を襲撃した。ルプトン総督はマイエンドゥトの邑の近傍でその攻撃を何度か押し戻したのである。フェルティート地方は裸形の諸民族と、衣服を着用する民との民族学的境界で、自然の様相の変化もあって、旅行家は強い印象を受ける。それは

★ Wilson and Felkin, *op.cit.*

★★ Mohammed Ebn-Omar el Tounsy, *Voyage au Darfour*, trad. par Perron, Paris: Benjamin Duprat, 1845.

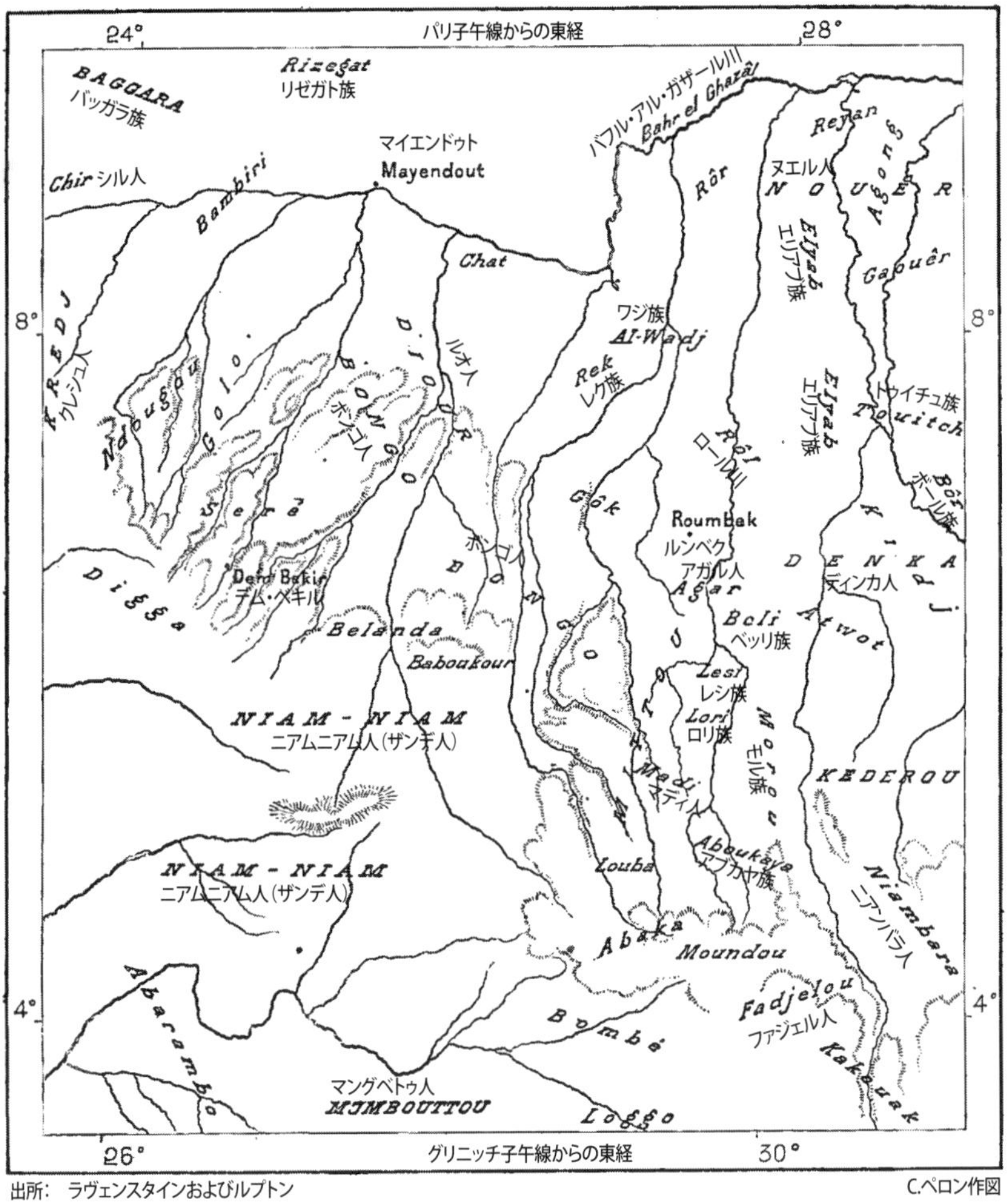

24°
パリ子午線からの東経
28°
BAGGARA
バッガラ族
Rizeǵat
リゼガト族
バフル・アル・ガザール川
Bahr el Ghazâl
マイエンドゥト
Mayendout
Chir シル人
Bambiri
Chat
Rôr
ヌエル人
NOUER
Elyab
エリアブ族
Gabouêr
8°
KREDJ
クレジュ人
Golo
Ndougou
BONGO
ボンゴ人
DJOUR
ルオ人
ワジ族
Al-Wadj
Rek
レク族
Rôl
ロール川
トゥイチュ族
Touitch
Bôr
ボール族
Roumbek
ルンベク
アガル人
Agar
DENKA
ディンカ人
Dem Bekir
デム・ベキル
Dibba
Sere
Belanda
Baboukour
BONGO
ボンゴ人
Beli
ベッリ族
Atwot
Lesi
レシ族
Lori
ロリ族
Morou
モル族
KEDEROU
NIAM-NIAM
ニアムニアム人(ザンデ人)
Madi
マディ人
Louba
Aboukaya
アブカヤ族
Niambara
ニアンバラ人
Abaka
Moundou
Fadjelou
ファジェル人
4°
Agarambo
Bombé
Kakouak
マングベトゥ人
MOMBOUTTOU
Loggo
26°
グリニッチ子午線からの東経
30°

出所： ラヴェンスタインおよびルプトン　　C.ペロン作図

1 : 6 000 000

0　200 km

図 33　河川地方の住民の分布

まるで別の世界に入るかのようだ。

ヌエル人

「アラブ人の河《バフル・アル・アラブ》」の下流部は、黒人の領域を蛇行してバフル・アル・ガザール川経由でナイルに合する。川辺は沼沢の多い田園部で、ディンカ系の部族のほか、強大で好戦的なヌエル人に属する民が暮らす。あらゆるアフリカ人のうち、冠水が頻繁な土地の住民に与えられた「あしなが」の名が最もふさわしいのがヌエル人である。ディンカ人以上に脚が長く、足は扁平で、丈の高い草地を移動する際には、きわめて注意深く足を上げ下げする。河川地方の大半の黒人とおなじく裸体だが、ほぼいつも高湿な土地なので、衣服は大いに邪魔に違いない。ただし髪型には凝るし、灰やウシの尿でもって赤茶けた色合いに染める。まだ髪が十分に伸びていない者は、赤っぽい綿製のかつらを着用する。額にいくつか深い切り傷をつけるほか、若い女性は上唇にピアスし、ビーズ玉を飾った長さ数センチの串を通す★。ヌエル人が暮らすプレイリーは冠水時の平均水位よりも上にあり、おびただしいウシ［牛］を、まるで舐めるように世話する。この民のあいだで最も重い誓言は、みずからのウシの純血性に懸けてなされる★★。全面的に湿地に暮らすヌエル人の共和的な集落もある。それは高水位のさい河川が運んできた草やアシ［葦］の浮島で、住民は魚のほか草根やハス［蓮］の種子も食べる。泥と腐食物からなる環境へどのように彼らが適応し、半水生の生活を営みながら子供を育て、ふるさとにするのか、どの旅行家も自問する。つらい生活に違いないのであって、一般に彼らは気難しく、よそ者はめったに歓待されない。

★ Kaufmann, *op,cit*.

★★ Andrea Debono, *Tour du Monde*, 2e semestre 1860.

第四節　ソバト川およびヤル川流域

位置と探査

何人かの探検家がナイル、すなわちバフル・アル・アビアド［白ナイル川］の主流と信じたソバト川は、じっさい本流を上回る水量になることがある。流域は非常に広く、一五万平方キロに達するが、地図では空白地帯だ。そこに暮らす諸民族の名称も、現地住民の言うままか、現在の最奥まで達したヨーロッパ人の示すところにすぎず、いささか行きあたりばったりといった状況である。デボノは小舟でもってソバト川を三〇〇キロ以上も遡上したし、合流点の上流二三〇キロまで到った蒸気船もある。アントワーヌ＝ダバディ、ビーク［イギリス人旅行家、地理学者、聖書研究家 Charles Tilstone Beke 一八〇〇―一八七四］、そして最近はシューヴァーが、エチオピアの山々の西麓にあるいくつかの谷間を渉猟し、アラブ人商人や現地住民に質問して、彼らの語るところを持ち帰った。ヤル川ないしジャル川は、アマム人とベルタ人の山中にヤヴァシュ川ないしキシャル川、すなわち「大いなる河」の名で端を発するが［図65］、その中・下流区間はソバト川以上に知られていない。アラブ人商人はこれをソバトと、はるか南を流れるもっと大きな川と同名で呼ぶ。ヤル川の河口が砂で閉塞するのは、一八六一年のように例外的な渇水年のみである★。ヤル川から青ナイルまで、緯度では数度にわたり、白ナイル川は通年にわたる支流をいっさい受け取らない。

ナイル川、ソバト川、ヤル川の川辺にはデレブ［オウギヤシ、扇椰子］やタマリンド、種々の黒檀、そしてゴムを利用できるかもしれない諸種のアカシアの大森林が続く。そうしたアカシアの一種がコッファル、すなわち「フルートの木［*acacia fistula, Vachellia seya* アラビアゴム］」で、白っぽい象牙色の小枝に虫こぶがあり、その穴から虫が飛び立つ。木が風に揺れると、その穴が笛のような甘く鋭い音を立てるのが「フルートの木」の由来だ★★。ヤル川の河口近くになるにつれ、アカシアの森は姿を消し、ところどころにみられた巨大なバオバブの幹も目にされなくなる。川

★ Kaufmann, *op.cit.*
★★ Schweinfurth, *op.cit.*

の左右には不毛なステップが広がるばかりだが、ときにはアラブ人が宿営する煙が立ち昇る★。

ソバト川流域の住民

ソバト川流域にみられる民の大半は黒人である。ただし、オロモ人は比較的に狭い飛び地状にしか分布しない。上流の支流であるバロ川やガッレ川が、エチオピアの山地から抜け出て流れる最初の平野部には、ソバト川下流の奴隷商人の難を避けて山麓にやってきたディンカ人ほかの民が暮らす。逃亡にさいし入り混じったため、部族は再編されてあらたなものになってはいるが、もともとの民とほとんど変わらない。南にいるヤンボ人、ないしガンボ人を、アントワーヌ＝ダバディ氏は言語からみてシッルク人に属すると考えるが、シューヴァー氏はディンカ系とみるもので、バコ川が蛇行する一体的な平野を移動する。その先は、土地が上昇して高原になり、キリム人、マラ人、イシング人、マツェ・マレア人といったニグリシア系とされる住民の領域だ。うち一部族は背丈が小さく、一メートル四〇センチ以下らしい。

ガンビル人

ナイル川とソバト川の合流点と同緯度の、エチオピアの山地の山裾には広大なワッレガの森がひろがる。その空隙地には、最近まで戦士部族ガンビル人の一集団が生活していた［図66］。彼らの領域を流れる最大の河川はソバト川に流れ込むもので、ガンビル人はコマンジ、すなわち「牝牛の河」と呼びならわした。というのも乾季には、彼らの家畜のえさとなる牧草が同川のほとりにしかなく、水辺に押し寄せたからである。ガンビル人の雨乞いは、皮をはいだ一頭の牝牛をこの水流に投げ込むもので、血が遠くまで流れれば流れるほど、雨は多くなるとされた。ガンビル人の強健さはナイル地方屈指で、額にガゼルかヤギ［山羊］の二本の角を装着するのが見分けるしるしである。また下顎の前歯を二本抜く習慣があった。だが、もはやこの民はほとんど残っていない。エジプト人の「文明開化の使者」が使嗾した絶滅戦争が、コマンジ川の平野まで蔓延したからだ。アラブ人奴隷商人に家畜を奪われたナイル川地方のディンカ人が、隣接するガンビル人を襲って家畜を手に入れようとしたため、両者は不倶戴天の争いにいたったのだが、

★ Antoine Brun-Rollet, *Le Nil Blanc et le Sudan*, Paris: L. Maison, 1855.

ガンビル人の旗色は悪かった。何人かはエチオピアの高地河谷まで東へ逃げ、オロモ系のレガ人に助けを求めたが、奴隷としてしか受け入れられなかった。南方に逃げた人々もいる。現在も生まれ故郷の平野にさすらうのはごく少数だ。ガンビル人の首都コマンジョクは廃墟になり、昔からレガ人が金属細工やガラス細工を持ち込む市場だったケピエルも同様だ。

コマ人

ヤル川の上流支流の南にあった旧ガンビル人の領域の北東に暮らすコマ人は、かなり大きな民族である。アラブ人はまだ普通の商人としてしか彼らのもとに進み入っておらず、「トルコ人〔エジプト官僚〕」にいたっては、その襲来を怖れるほどにも知られてはいない〔図66〕。そもそもコマ人は平和的な民で、何世代も近隣と事を構えることがなかった。弓取りとしてもお粗末だが、自衛のため警戒せねばならぬわけではないし、周囲の部族から奴隷を捕獲する営みもいっさいない。戦士としての評判は低くとも、優良な農耕者であり、ヤマイモ〔山芋〕と穀物のみごとな収穫のおかげで、食料を自給して余りある。鉄器や塩ほかの品目を購入するには、相手方が唯一欲しがる野生のハチミツ〔蜂蜜〕と交換するが、それも森に豊富だ。コマ人の山地は標高二〇〇〇メートル級で、気温の定常性がアフリカきっての心地よい地方のひとつである。暑苦しくもなければ、衣服や毛皮が必要なほど寒くもない。水が滞留せぬ程度に土地は傾いており、完璧に衛生的なだけでなく、美しい斜面、緑の小谷、清澄な小川といった優美な景観が展開する。集落のまわりをうろつく敵や猛獣もいない。シューヴァーは一一回にわたる彼の世界旅行のなかで、これほど周囲の自然と調和し、簡明な喜びと、相互の親切さによる静かな生活を営むひとびとに出会ったことはないと述べている。コマ人の各共同体は共和的で、相互の戦いにいたることは絶えてなく、各戸が好みのままに行動するのを嫉妬深く妨害する権威もいっさいない。市民の規範になるのは世論と、重大な局面では総会の決定である。コマ人は上顎の前歯を抜く。男性は隣接する部族とおなじく裸体で往来するが、一種のネクタイや、牙とか真珠の首飾りを着用する者もいる。女性は幼少から樹皮や布を着用する。婚約女性や既婚の婦人は、大半が上っ張りを着て、真珠やダチョウ〔駝鳥〕の卵の殻を丸く削った貝殻状のボタンを刺繍する。さらに、赤く染めた獣毛や植物の筋を尾のように垂らし、喪中にはそれで我が身を鞭打って悲嘆の声を上げる。ほぼ毎朝、鶏鳴にいたる前ですら、すすり泣きと叫び声が耳にされる。死者は男女ともシロアリ〔白蟻〕の害が及ばぬ特設の小屋に七〜一〇年のあいだ安置され、ときどき親族や友人が真珠や塩の供え物を捧げる。遺骨を埋葬するさい、これらの供え物は公売され、皆の宴会の費用に支弁される★。コマ人の北方、ヤル川の上流河谷はアマム人の土地である。マテウッチ〔イタリア人探検家 Pellegrino Matteucci 一八五〇—一八八一〕は彼らを「アフリカのパタゴン〔南米南端にいると信じられた巨人族〕」と呼ぶが、それは誤りで、じっさい背は高いが、ヌエル人やキジ人に肩を並べるほどではない。ただしエジプトの攻勢を何度も押し返したため、エジプト人は彼らを巨人として描き、かつ食人種だとの評判を広めた。習俗はコマ人に似る。

スロ人

ガンビル人の南方、カッファ王国〔一三九〇頃—一八九七。現在はエチオピア領内。ケファ地方とも〕の近傍を遊弋するのがスロ人で、カッファ王国への貢納を免じられているらしい。スロ人が暮らす土地はすでにエチオピアの政治圏内で、アビシニア人〔エチオピア人〕が狩り立てるすべての部族民とおなじく、エチオピア高原の住民からは「シャンガラ人」と一括りに呼ばれる。だがこの呼び名は、バゼーン人など北方のシャンガラ人との類縁性を、何ら含意しない。アラブ人商人の訪問がひんぱんだったにもかかわらず、スロ人はシッルク人同様の未開な牧畜民のままである。女性は狭い腰巻を着用するが、男性は裸体である。衣服を着るのは族長だけで、権力の徴表だ。ナイル川流域のニグリシア系の諸部族とおなじく、スロ人は下顎の二本の前歯を抜き、下唇に木製の皿を差し込む。また耳の軟骨のまわりをすっかりピアスし、草の茎を挿入する。高原の開化した隣人〔エチオピア人〕とおなじく、肉は牛肉しか口にしない★★。

ソバト川下流部の概況

ソバト川下流部の沿岸住民はいろいろな部族名をもつが、いずれもヌエル系かシッルク系である。恐るべきジッ

★ Schuver, *op.cit.*
★★ Chas. F. Beke, "Map of the Route from Tajurrah to Ankóber", *Journal of the R. Geographical Society of London*, vol.13, 1843, *pp*. vi+182-183.

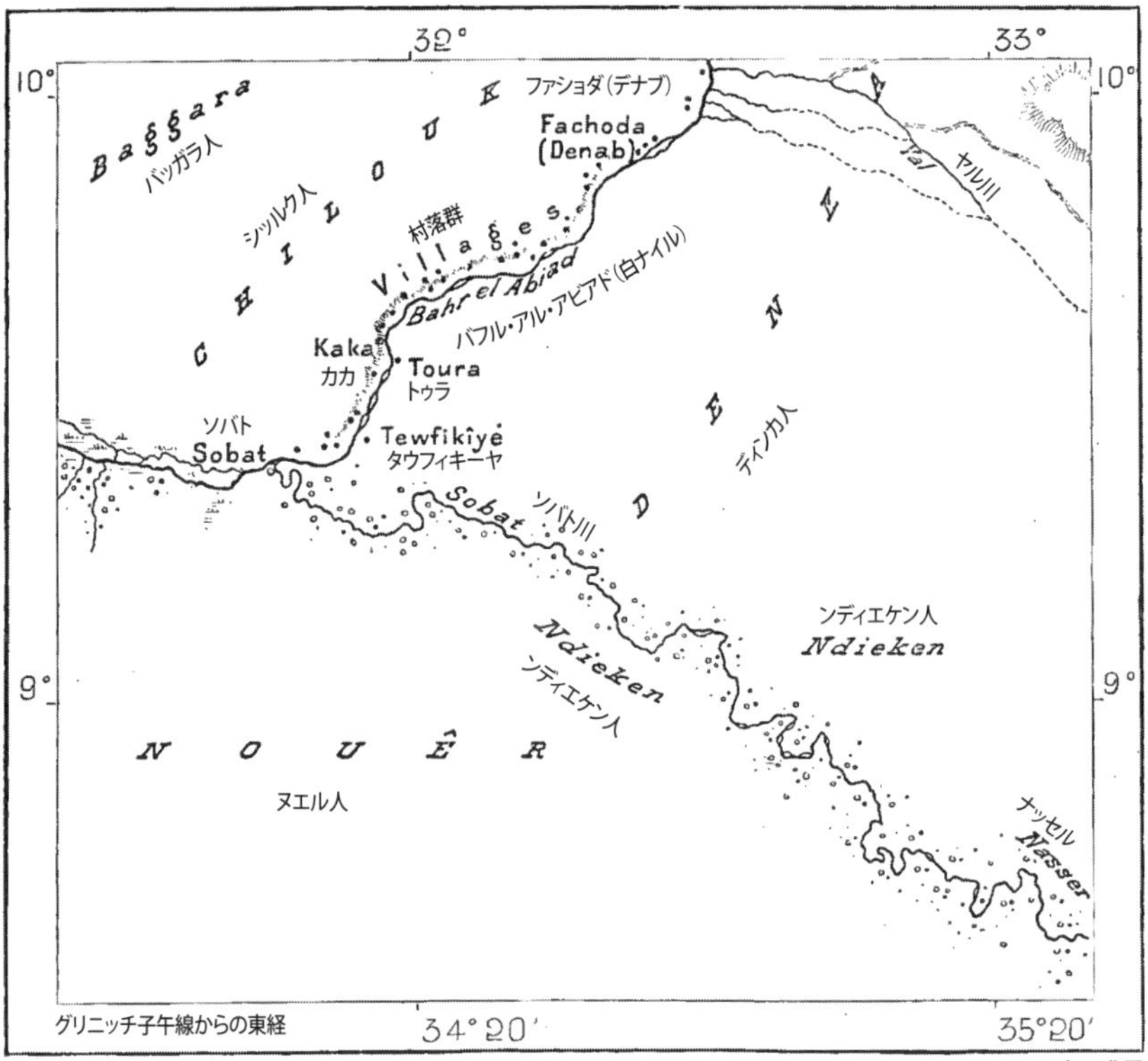

出所：ラヴェンスタイン　C.ペロン作図

1：2 000 000
0　50 km

図 34　ソバト川合流点とヤル川合流点

バ人★、ボンジャク人、ニワク人は、シッルク系から分離した集団だ。西に定着したバロク人、その下流に住むンディエケン人はヌエル系である。最後に、合流点近くの下流の河谷の住民もシッルク人で、民族の本体とはナイル川［白ナイル］により隔たるだけだ。エジプト政府は合流点から二〇〇キロ上流のソバト川沿いにナッセル［現南スーダン共和国イースタン・ナイル州内］の前線基地を設置したが、維持費用にくらべ交易量が小さく、領有しても仮想的な価値しかなかったので、一八七六年に放棄した。現在この広大な未踏査地帯はエチオピアもエジプトも領有を主張してお

★ John Petherick, *Egypt, the Soudan and Central Africa*, Edinburgh & London: William Blackwood and Sons, 1861.

らず、政体は諸部族の移動や移住、征服のままに断片的、かつ流動的である。だがソバト川上流部とその支流群が通るこの未知の地方が、アフリカきっての交通量になるのは確実だ。というのも、バフル・アル・アビアド〔白ナイル〕とインド洋の分水界を最も容易に越えられるからである。カッファ王国の山々から、マサイ人の郷国における火山性の山塊にかけ、沿岸山脈の両斜面の交通は、山脈を中断するいくつかの広い裂開を経由するが、現在は誇り高いオロモ人が占拠する。

シッルク人の人口

シッルク人の居住地は「諸川のくびき」およびソバト川との合流点の下流からアバー島まで、六〇〇キロ以上にわたるナイル左岸である。人口はアフリカの大国のひとつで、ナイル河畔の民のうち唯一、種々の部族全体を統御する「バンド」すなわち王を戴く。王は彼の正義にもとったり、あるいは怒らせたりした人々を奴隷に売り払う。居住地の幅は狭く、一五〜二〇キロにすぎない。もっと内陸の平地はバッガラ（バカラ）、すなわち「牛飼い」が占める。これは純血、ないし混血のアラブ人で、家畜の大群を所有することが呼び名のゆえんだが、名前にふさわしい優しさはみじんもなく、粗野で荒々しい騎乗の民である。シッルク人は彼らに圧迫されて河畔に暮らし、バッガラ族を大いに恐れる。エジプト政府が一帯を征服したのち、一八七一年に行なった概数調査によると、耕地面積当たりのシッルク人の人口は、地球上でも最も多い部類である。すなわち三千ほどの集落にそれぞれ四五〜二百所帯があり、全体としては少なくとも一二〇万人規模だ。ヨーロッパでこれほど緊密に集住するのは大都市周辺と工業地帯のみである。つまり、これほど必要物資を潤沢に供給する土地はほとんどない。川沿いには、一個の長い市街のように村が連続し、いちばん離れている箇所のあいださえ一キロもない。川中から眺めると、どれもおなじにみえる茅屋の密集は、草原におけるキノコ〔茸〕の列のようだ。白っぽい円筒形の建屋に、灰色の球形の屋根が載るため、いっそうその感が強い。集落のまん中には、円形の空き地がしつらえられ、晩になって住民が集うと、蚊よけに焚火にくべる牛糞の臭気が一面に漂うなか、むしろや牛皮にねそべって、粘土製の火皿の巨大な煙管でもって地元産のタバコを吹かす。空き地のまん中には一本の木があって太鼓がいくつも掛けられ、危急に際しては伝令がただちに近くの村の住民に報知できるようになっている★。

シッルク人の入植とディンカ人に対する奴隷狩り

ハルトマン〔ドイツ人博物学者、解剖学者、民族学者 Karl Eduard Robert Hartmann 一八三二―一八九三〕をはじめ、ナイル川のこの地方に分け入った旅行家の大半は、南をバントゥー人、東をオロモ人およびエチオピア系の住民、北をヌビア人とアラブ化した部族群、そして南西をニアムニアム人〔ザンデ人〕が囲む領域におけるニグリシア系の諸民族のうち、シッルク人を代表格とみなす。人数が圧倒的に優勢で、一帯の各地に分封した例も最多である。彼らじしん、ソバト川の支流群が涵養する南東の田園部から到来したらしく、ルオ人ないしジュール人と呼ばれる入植民は南西部、ボンゴ人とディンカ人のあいだの土地を占拠した。一部はキヴィラ川さえ越えてワ・ニョロの郷国〔ウ・ニョロ地方〕まで入り込み、シェファル人

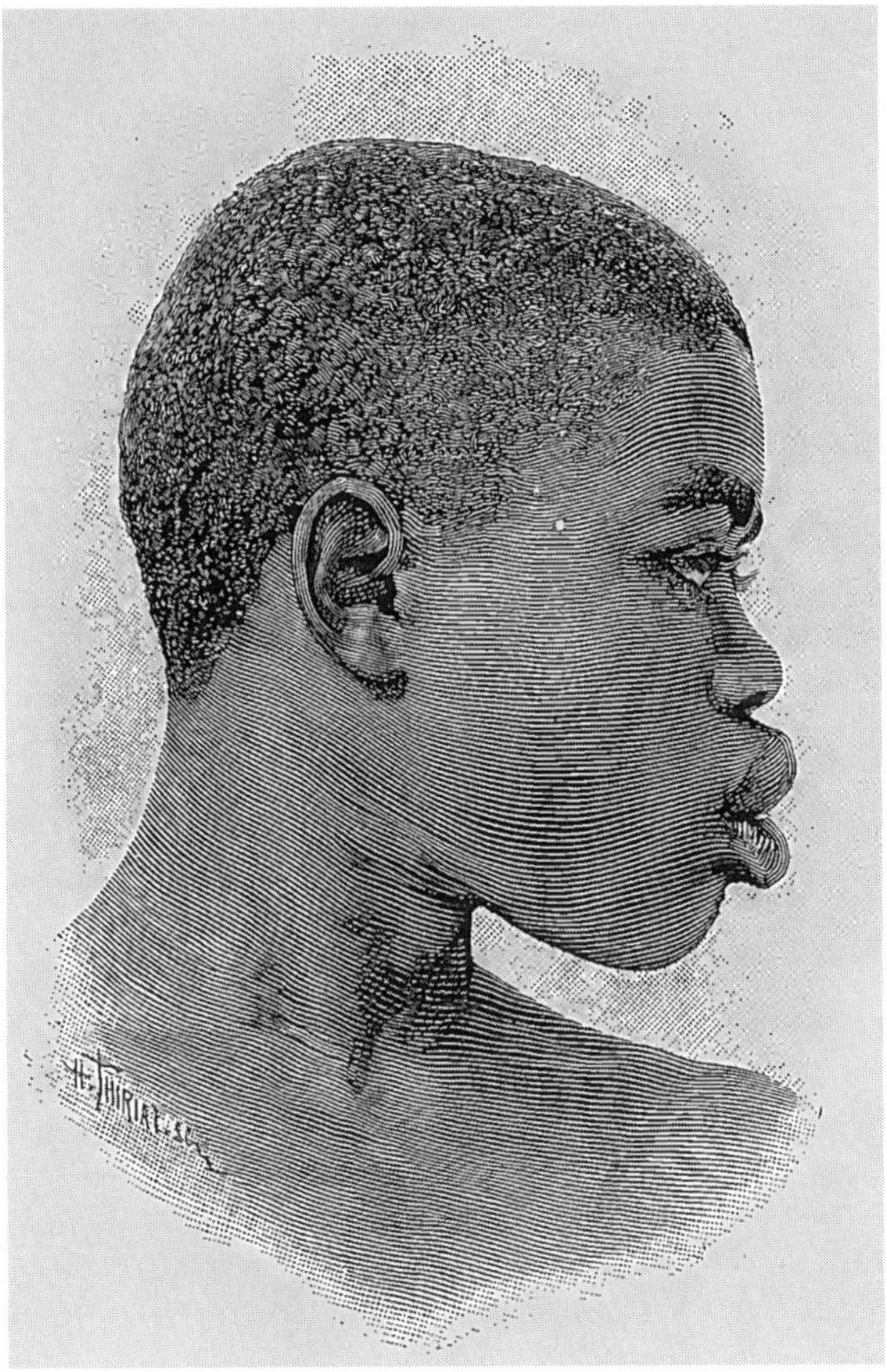

挿画 XVII　シッルク人の典型
ファチネッリ氏の一葉の写真をもとに

★ Schweinfurth, *Au cœur de l'Afrique*, *op.cit.*

［チョピ人］の名で定着した。現在はソバト川合流点の下流、奴隷商人が往来して無人になったディンカ人の土地があるナイル右岸に入植しつつある。ナイルを挟む両岸の人口は「膨大」で、信じられぬ密度だ★。かつて右岸のほうが人口が少なかったのは本当だが、それでも一〇〇あまりのディンカ人の村が続いていたのである。その村々はすべて焼き払われた。一八六二年、ひとりの山師的な族長ムハンマド＝ヘルは、スィンナール地方の西、両ナイルの河間地帯のかなりの部分を占めるアラブ系部族アブー・ローフ族と結託し、この一帯を根こそぎ劫略した。アブー・ローフ族は山裾まで延びる長大な梯団隊形でナイル川およびソバト川沿いのディンカ人を襲い、それを奴隷商人の船が見守った。このラッジア［奇襲］は成功し、逃げおおせた黒人はひとりもなく★★、数万平方キロが無人になった。この地方に「文明の恩沢」を広めることに力を貸したゴードンが、しばしば表白した痛恨の念も理解される。「わたしたちはあなたがたの真珠［ビーズか］など欲しくありません。あなたがたの友情もいりません。わたしたちを保護しないでください。お願いするのは、ただ出て行ってくれることだけです」。これが、ゴードンがエジプトに併合したある部族の代表団の、彼に対する言葉だった［W・S・ブラント『ハルツームのゴードン―同時代人の証言―』栗田禎子訳、リブロポート、一九八三、八七‐八八頁に類似の記述がある］。

シッルク人の習俗

ムスリムのアラブ人商人との接触は長きにわたるにもかかわらず、シッルク人は自らの習俗と宗教を保持してきた。バリ人やディンカ人とおなじく、カルトゥームからの商人が提供する衣服を拒絶し、ビーズや金属の装飾品しか受け入れない。女性だけは腰紐に一枚の牛皮を垂らす。貧しい階層は灰を体に塗るのが衣服の代わりなので、遠目には灰色の肌にみえる。富裕だと牛糞を塗るので、焦げ茶色にみえる。白ナイル沿岸の他の民とおなじく、シッルク人も奇妙な髪型で、鶏冠《とさか》や扇、後光、兜の形のほか、つばの広い帽子のようにする例もあり、草だの羽毛だので飾り付ける。厚いフェルト地のボリヴァール帽をかぶったシュヴァインフルトが下船するのをみた住民たちは、自分たちの仲間だと思いこみ、彼が帽子を脱ぐと驚倒したのである。どのような髪型にするかは、しば

★ Werne, *Expedition zur Entdeckung der Quellen des Weissen Nil*, *op.cit*.
★★ Guillaume Lejean, *Voyage aux deux Nils*, Paris: Hachette, 1865.

しば母親の思い付きに左右されるのであって、授乳期の子供の髪を粘土やゴム、牛糞、灰などでもって結い上げてやるため、男の子にせよ女の子にせよ、その髪型を維持しようとするのだ。シッルク人は優秀な狩人で、バッガラ族と同様にダチョウ［駝鳥］を追う。飼育法さえ心得ており、茅屋の周囲では、ダチョウの仔がニワトリの雛のように餌をあさる★。最も恐れるのはスイギュウ［水牛。アフリカスイギュウ］で、怒り狂ったこの動物から逃げられぬときには、地面にうつぶせになって死んだふりをする。スイギュウは数分間にわたり体を嗅ぎまわるが、けっきょく手を出すことなく行ってしまう。シッルク人は超自然を信じるが、それにかまけたりはしない。崇拝の対象はひとりの先祖で、神であると同時に万物の創造主とみなす。ナイル川を尊崇し、その聖なる水で沐浴する。死者の霊は空中を飛び回り、木の幹や動物の体に入り込むとされ、それについて語るときには身を震わせる★★。王位の継承は父から息子ではなく、父の姉妹の子供か、あるいは女系の何らかの血縁を通じ権力が移行する。新王が宣言されるまで、故王の遺骸はそのトクル［円筒の壁と円錐形の屋根の藁小屋］に納められたままにされる。王女には結婚が許されず、村外に出ることを禁じられた村で暮らす。

ファショダ

エジプト政府が一八六七年にバフル・アル・アビアド州の州都に定めたファショダは、シッルク人の領域にある［現南スーダン共和国上ナイル州コドク］。シッルク人の王の座所ではあったものの、当時は数軒の藁小屋しかないデナブという村だった。いまでこそ藁葺き小屋や倉、囲い地などが取り囲む方形の砦だが、一八八四年初頭には、戦乱［マフディー戦争］のため住民が逃散した無人の都市だった。エジプト政府は二度と戻れぬ流刑先として利用した。ファショダはナイル左岸、同川がバフル・アッ・ザラーフとソバト川に合流後、北上してゆく蛇行部に位置し、戦略的な要地を占める。ソバト川の合流点じたいも、東岸にあるタウフィキーヤ［現存しない］が防衛する。タウフィキーヤはソバトの村の西に、公式には奴隷商人の監視用に設けられ、ヘディーウ［エジプト、ムハンマド・アリー朝第六代タウフィーク＝パシャ Tewfik Pasha 一八五二―一八九二］を称えてかくは命名された。上ナイル地方で最

★ Gessi, *Esploratore*, aprile 1884.
★★ Hartmann, *Die Völker Afrikas*, *op.cit.*

大の奴隷市場だったカカは、シッルク人の郷国で最大の邑すなわち「ヘレト」だ。ナイル川左岸、シッルク人が占める領域の北端近くに所在する。

第五節　エチオピア

五—一節　総説

名称

多くの地名とおなじく、「エチオピア」の意味するところも時代の流れに沿って変わってきた。「リビュア」とともにアフリカ大陸全体を指すのに用いられただけでなく、さらに広く、南方にある諸地帯をすべてひっくるめ、インドと、「太陽により黒く灼けた人間［アイティオペス］」が暮らす「酷熱」の気候圏にある国々のいっさいを指す言葉にもなった。ホメロスは「この世の果てに住む民で二つに分れ、一《いっ》は陽の神ヒュペリオンの沈む方《かた》、一はその昇る方に住む★」と述べている。上ナイル地方に生活する「賢者たち」のなかには、いろいろな制度や習慣が最も黄金時代に近いマクロビオイ、すなわち「長命族」がいて★★、「その祝祭や宴会にはゼウス神みずからが臨席の栄を賜るほど信心深い」とされ★★★、ヘロドトスはこの種族をエチオピア人と呼んだ。ただしヘロドトスは西方の黒人も、文化は野獣とほとんど変わらぬとしながら、同名で呼んでいる。だがアフリカに関する知識の増加につれ、エチオピアという用語の茫漠さは減少し、もっと狭い地域に適用されるようになった。今日では、紅海、アデン湾、中ナイル地方のあいだの分水界をなす山岳地方を指すとされる。それはアラブ人が「ハベシャ」と呼ぶ一帯で、これをフランス語化したのがアビシニー［英語名アビシニア］である。だがこの呼称の原義は「寄せ集め」や「烏合の衆」といった侮蔑的な意味をそなえるため、アラビア語を解する現地住民が喜んで受け入れるものではない。青ナイル川ほか、ナイル川の大型支流群が下る高原の住民が、長い栄光の歴史をもとに誇り高く自称するのは「イトピアヴ

★（訳注）ホメロス『オデュッセイア（上）』松平千秋訳、岩波文庫、1994 初版、12 頁。ルクリュ原文はもっと簡略だが、松平訳に従う。
★★（訳注）ヘロドトス『歴史（上）』前掲書、337 頁。
★★★（訳注）ホメロス『イリアス（下）』松平千秋訳、岩波文庫、1992 初版、31-32 頁、あるいはディオドロス『神代地誌』飯尾都人訳、龍渓書舎、1999、202 頁上段が該当箇所か。

ィア人」すなわち「エチオピア人」である。だが「アビシニア」は「ゲルマニア」ほか、住民みずからが自分の郷国につけたものではない幾多の名称とおなじく、海外において通用力を保ったため、現在も用いられる。

範囲

さまざまな戦乱や、征服の有為転変がひきおこす境界線の変動は、エチオピアやハベシャという呼称が一個の政治体を精確に指し示すのを長期にわたり困難にしたし、現在もそうである。これらの名称は、タナ湖が中央のくぼ地を占める高い砦のような山々のみを指すばあいもあれば、ナイル河畔の平地から紅海の浜辺まで、周囲の全域を含むこともある。通例「アビシニア」はとくに政治的な意味で用いられ、その境界は「諸王の王［エチオピア皇帝］」の軍勢が画するとされる。「エチオピア」はもっと広義で、地理学的な観点からの自然境界を縁部の等高線が描き、異なる動植物相と住民の地方を分離する。ごく一般的には、紅海とナイル川のあいだ、標高千メートルの台座にそそり立つ三角形の全域を、真のエチオピアとみてよい。高原の外縁をなすどの方向の急崖も、エチオピアと周囲の地方との遷移地帯である。北は紅海付近まで前進する扶壁群で、臨海に狭い田野の空隙しか残さない。東はティグレ地方、ラスタ地方、ショア地方の高い山脈の急斜面を、起伏のある平地がだしぬけにとってかわる。この平地は海に続くが、一部が旧海底のようにもみえ、山裾にワーディや湿地が沿うさまは、最近に出現した岩山を囲む水流のようだ。西はもっと下りがゆるやかで、山々は小さな山脈と岬角に切り分けられ、連続的な勾配でもって降下するため、末端の隆起部は平野の起伏に混じり込み、ところどころ山塊や台状の丘が、沖積層を突き破るように立ち上がる。南の自然境界はさらにはっきりせず、エチオピア高原は、マサイ人の郷国の高い土地に向かって伸びる。それでも、この地方には低い鞍部があり、ナイル流域に属する河谷群から、ジューバ川を経てインド洋に傾斜する流域へと、ソバト川経由で容易にたどれることが知られている。

面積と人口

いまだほとんど知られぬ諸地方があらゆる方向にわたり渉猟されるまでは、エチオピアの各地方の面積をある程度でも精確に推定するのは不可能である。いまのところ述べ得るのは、現下の政治境界におけるアビシニア地方と、ショア地方の合計面積がおよそ二〇万平方キロ、すなわちフランスの半分ほどという点のみだ。自然地理的な従属地としてそれに追加してよいのがカッファ王国と、オロモ人ほかの部族民が暮らす高原部から、ソバト川とジューバ川の分水界までである★。またアビシニア地方の山々の東、紅海とアデン湾へ延びる低地部は、エチオピア王国の昔の属領で、これも狭義のアビシニアとほぼ等しい面積をそなえる。こうしたわけで、ナイル川、タカ地方のステップ地帯、そしてサワキン［現スーダン共和国レッド・シー州内］からゼイラ［現ソマリランド共和国アウダル地方内］までの沿岸部、そしてアワシュ川、青ナイル、ソバト川の流域とインド洋への河川群の分水界が描く、曲がりくねった線が囲む一帯の総面積は六〇万平方キロを超える。人口はおよそ九〇〇万人と見込まれる［つまり本書でいう広義の「エチオピア」は現在のスーダン北東部、エリトリア、ジブチ、ソマリランド、ソマリア、ケニア北部を含み、ナイル川流域に加え、北東アフリカのインド洋側斜面も記述する］。

エチオピアの独自性

高原部と山岳の地形が周囲とはっきり異なることに加え、エチオピアはその気候、植生、動物相、住民、ひいては歴史も、まわりの土地すべてと対照的である。もろもろの民が波のように入り混じる巨大なアフリカ大陸のなかで、高い島状にそそりたつこの山塞は、ひとつの別世界を構成する。アビシニア人の歴史的変遷は独特で、彼らの岩山の基部で衝突しあう諸国民とは異なるものだった。戦乱や大革命が眼下に渦巻いても、岬の麓に打ち寄せる波にも似て、痛痒を及ぼさなかったのだ。エチオピアは独立した生を

★ エチオピアの各地方の面積と人口概数の推定

	面積（万 km²）	人口（万人）	人口密度（人／km²）
アビシニア（ティグレ、アムハラ、ゴジャムほか）	20	200	10
ショア	4	150	37
ボゴス人、メンサ人、ベニ・アメル族ほかの郷国	7	10	1
マッサワ地方およびショホ人の郷国	2.5	5	2
アファル人、オボク人、アッサブ人の郷国	10	20	2
イッサ人の郷国	1.5	6	4
ハラル地方とその近隣	2	120	60
オロモ人の諸国家からなる南部	16	350	22
計	63	861	14

営み、周囲のアフリカ諸国からの影響が遅々としていたのに対し、国内の発展は、温帯ヨーロッパと注目すべき類似をみせる。ヨーロッパの諸国民に卓越する宗教［キリスト教］を、アフリカ大陸で唯一アビシニアの住民が受容し、ほとんど変わらぬ形でそれを保持したのは、最も興味深い事柄のひとつではあるまいか。教条にとどまらず、政治制度や習俗も、エチオピア人の現在の発達段階と、地中海の向こう側に暮らすもろもろの民の中世史に、一定の類似性をみせる。いくつもの点において、「ハベシャ」はアフリカのヨーロッパなのだ。

対欧関係史

ただしエチオピアと、アフリカのそと、北にある諸国との関係は、何世紀にもわたり希少で、かつ束の間だった。ギリシャ人がエチオピア高原の住人と出会うのは、プトレマイオス朝時代［前三〇六―前三〇］に限られた。エチオピアに隣接する臨海に港が開かれ、物産の交易に利用されるとともに、ヘレニズム文化の伝播も助けたことは、国内各地で旅行家たちが見出した碑文類が証する。のちキリスト教が同国に入ったのはおなじ経路だったし、その前のユダヤ教もそうである。ギリシャの影響が卓越したこの時代は、多くの伝承を遺した。ヨーロッパ史の遠いこだまや、旅行家たちの証言にもかかわらず、現在のエチオピア人は、ギリシャ人を「正教」の信徒とぼんやり混同し、ギリシャ人こそヨーロッパ最強の国民だと信じている★。だがアビシニア人が改宗してすぐ、ビザンツとの通交はすべて途絶し、これらアフリカの同宗者の存在をヨーロッパ世界に思い出させるのは、わずかにアラブ人が仲介する茫漠とした噂話だけになった。十字軍の時期［十一～十三世紀］には、エチオピア王がキリスト教の同胞を救いに高原から下ってくるという流説がしばしば広まった。こうしたアフリカのカトリック信徒は歴史的事実としてよりも神話の色合いを帯び、モンゴルの高原部と同様に★★、エチオピアには「プレスター・ジョン」の王国があり、その住民は新たな黄金時代の幸福にひたっていると想像された。ヨーロッパとエチオピアの直接の通信は千年近くにわたり途絶したが、一四五〇年頃になると、イタリア人によるインド通商のおかげで再開する。ブルースの言を信じるなら、十五世紀半ばにはヴェネツィア人ブ

★ Gerhard Rohlfs, *Meine Mission nach Abessinien*, Leipzig: F.A.Brockhaus, 1883.

★★（訳注）モンゴルのプレスター・ジョン伝説については本シリーズ『東アジア』283 - 284 頁。

ランカリオーネがアビシニア人聖職者たちと論争している。のちになると、一四八七年にサンタレンを出港したポルトガル人ペロ＝ダ＝コヴィリャ〔Pedro Covilhão, Pêro da Covilhã 一四六〇頃―一五二六以後〕が、もう一人のブランカリオーネを伴ってエチオピア高原に到り、王〔エチオピア皇帝イスキンディル Eskander, iskindir 一四七一―一四九四〕の宮廷に目通りが叶ったものの、帰還は許されなかった。これと同じ頃、マルコスなるエチオピア人巡礼が、エルサレムからリスボンに赴いている。十六世紀になると、ポルトガル人はエチオピア高原に進み入って宗教、軍事拠点を設営し、四方八方を踏査したが、ヨーロッパとエチオピアの関係が決定的に再開されることは全くなかった。ポルトガル人聖職者たちは政治支配をねらっていると糾弾され、放逐されたからである。一六九九年にはフランス人医師ポンセ〔Charles-Jacques Poncet 一六五五―一七〇六〕がアビシニア王に召し出され、ポルトガル人を引き継いだが、彼の滞在は短く、スコットランド人ブルースが近代的な探検を行なうまで、七〇年が経過した。だが以後は研究者や商人、冒険家、軍人、宣教師など多くのヨーロッパ人が渉猟し、アビシニアの心臓部まで軍事派遣さえ行なわれた〔一八六八年のイギリスによる派兵〕。いまや通商関係はますます緊密で、すでに探検家たちは、将来のヨーロッパ人移住先として多くの地区を列挙する。だが、人種間の連帯は友好のうちに達成できるだろうか。それとも、多くの混交の事例とおなじく、これもまた紛争と、虐殺戦争が先だってしまうのであろうか。

近代の踏査

すでにエチオピアのいくつかの部分は、植民地や、ヨーロッパの影響が卓越する沿岸部の外側にあるアフリカ諸地方よりも、地理学的によく知られている。ブルースによる探検〔一七七〇～一七七二〕このかた、ソルト〔イギリス人画家、旅行家 Henry Salt 一七八〇―一八二七〕、リュッペル〔ドイツ人博物学者、探検家 Wilhelm Peter Eduard Simon Rüppell 一七九四―一八八四〕、ロシェ＝デリクール、フェレ〔フランス人探検家 Pierre Victor Adolphe Ferret 一八一四―一八八二〕とガリニエ〔同 Joseph Germain Galinier 一八一四―一八八八〕、ビーク、サペト〔イタリア人宣教師、探検家 Giuseppe Sapeto 一八一一―一八九五〕、クラプフ〔ドイツ人伝道師、探検家、言語学者 Johann Ludwig Krapf 一八一〇―一八八一〕、コンブ〔フランス人探検

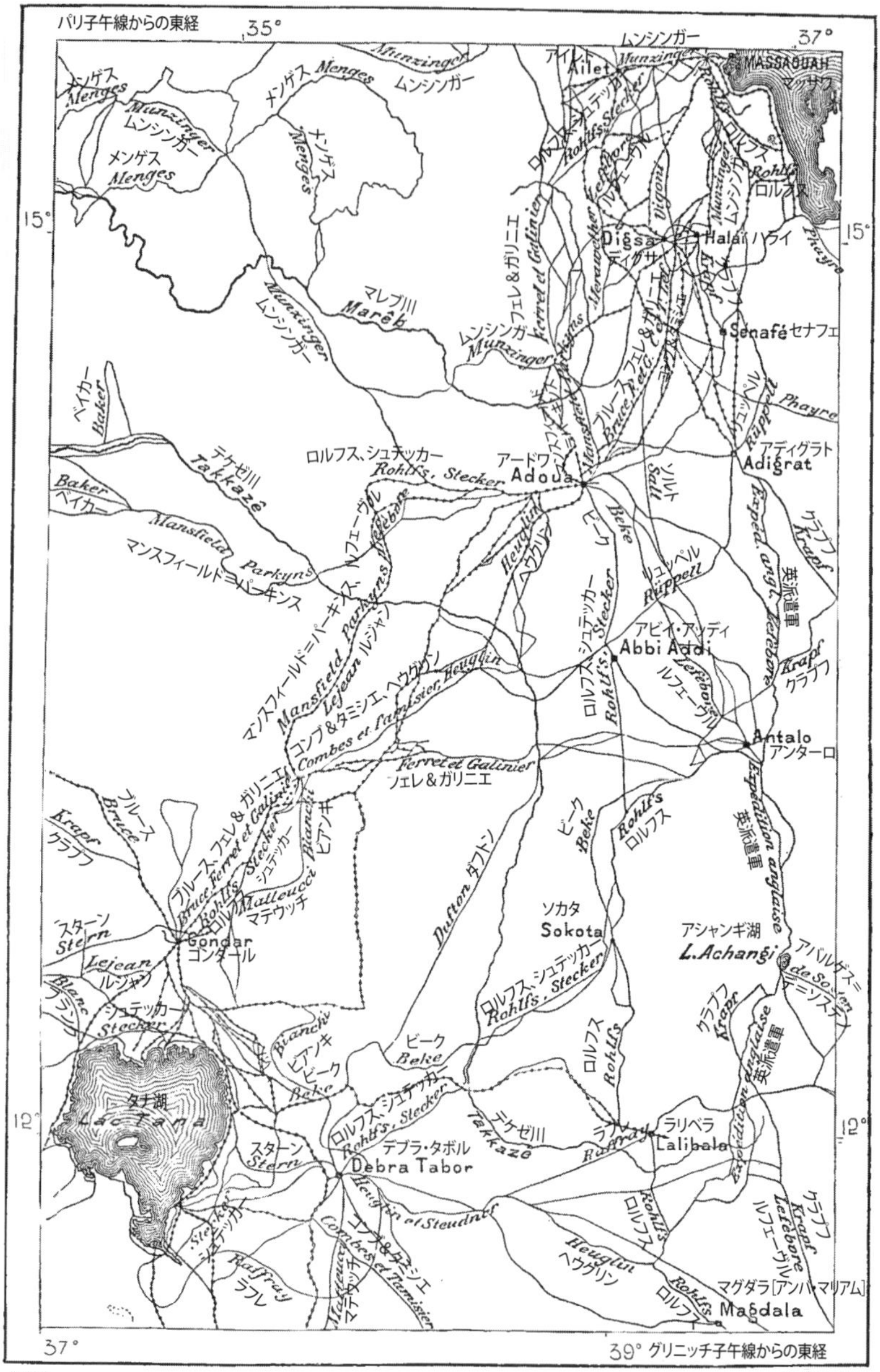

［訳注］

C.ペロン作図

スターン： イギリス国教会宣教師 Henry Aaron Stern(1820-1885)

ビーク： イギリス人旅行家、地理学者 Charles Tilstone Beke(1800-1874)

マテウッチ： イタリア人探検家 Pellegrion Matteucchi(1850-1881)

マンスフィールド＝パーキンス： イギリス人旅行家 Mansfield Parkyns(1823-1894)

メンゲス： ドイツ人探検家 Joseph Menges

アントワーヌ＝ダバディの経路

1 : 5 000 000

0　100 km

図 35　アビシニアの主な探検経路

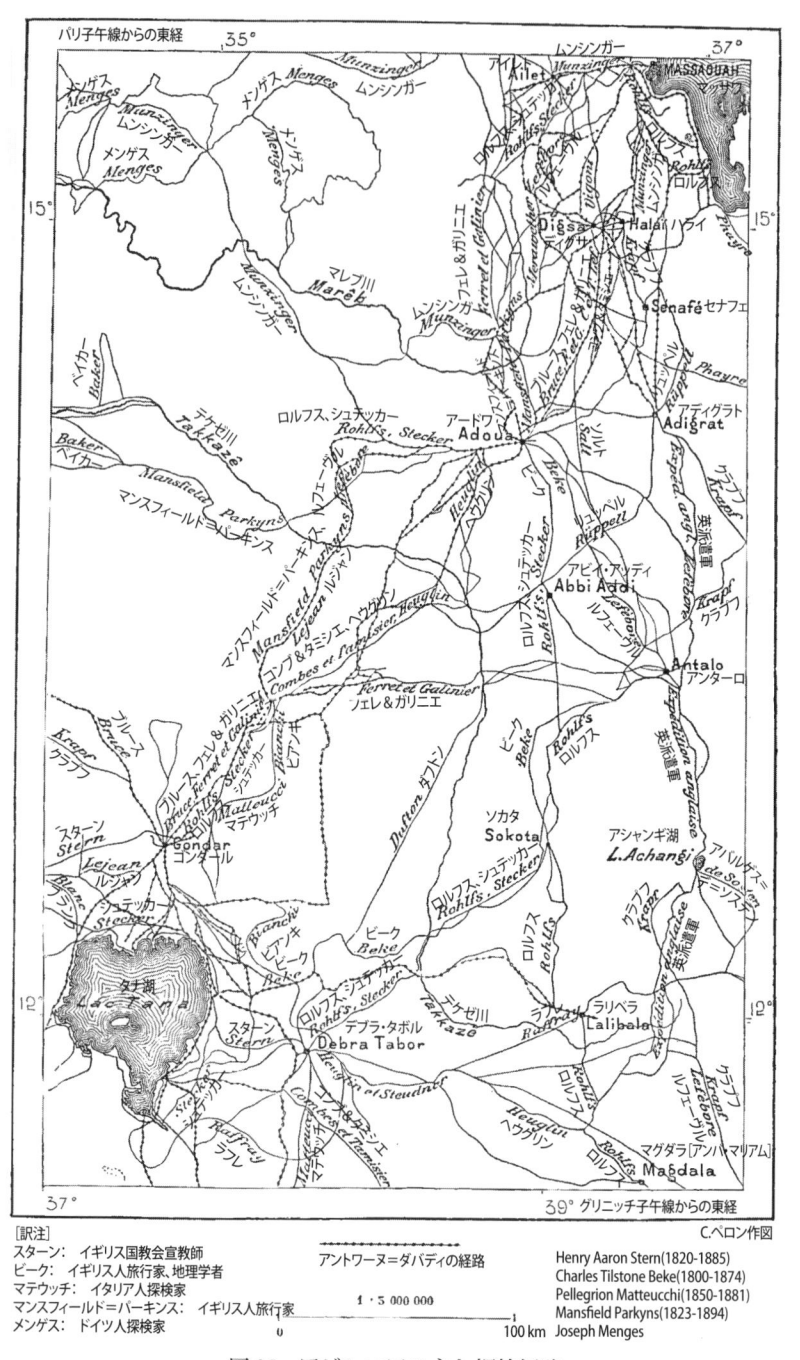

家 Jean Alexandre Edmond Combes 一八一二―一八四八〕とタミシエ〔同 Victor Noël Maurice Tamisier 一八一〇―一八七五〕、ルジャン、ムンシンガー、ラフレ〔フランス人昆虫学者、探検家、外交官 Achille Marie Jacques Raffray 一八四四―一九二三〕、ロルフス〔ドイツ人地理学者、探検家 Friedrich Gerhard Rohlfs 一八三一―一八九六〕、ヘウグリン〔同探検家、鳥類学者 Martin Theodor von Heuglin 一八二四―一八七六〕があらゆる観察を報告し、断面図や地図を持ち帰っている。それに加え、アントワーヌ＝ダバディ氏は一二年におよぶエチオピア旅行を一枚の測量図面の作成に費やした。それは簡便な手法によるものだったが、確実かつ精確で、正確さという点では、ヨーロッパの測地技術者がたっぷり時間をかけて進める三角測量法に一歩を譲るのみだ。ダバディ氏の地図は、三角測量の系が紅海沿岸からカッファ王国内の高原の山岳地帯までつながり、九〇〇か所ほどの経緯度が固定されている。測地線と路程が網目のようにエチオピアの地図に書き込まれ、多くの地名が座標メッシュの中に同定されており、誤差の可能性は非常に小さい★。地形学者の軍団がまだ作業していない国々の地図のうち、このフランス人研究者に匹敵する成果は皆無である。なおほかに、一八六八年に英軍部隊がアドゥリス湾からマグダラ〔当時アビシニア王国首都（行在所）、現アンバ・マリアム〕の「山塞（フォート・マウンテン）」まで進軍した一帯は、イギリス士官たちが詳細な測量を行なった。

五―二節　狭義のアビシニア

第一項　地勢

東の縁部

エチオピアの高地を訪れるヨーロッパ人旅行家の大半は東側の斜面を登攀したが、それは山塞のような山容が最

★ Antoine d’Abbadie, *Géodésie d’une partie de la Haute-Éthiopie, revue et rédigée par Rodolphe Radau*, Paris: Duprat, 1860.

も威圧的な側である。高原縁部の最初の急崖と沿岸をへだてる不毛の平地、すなわち「サンバル」ないし「ムドゥン」の上方に、エチオピアの台座の外縁をなす段状地が、丸屋根や角錐の輪郭で重畳するのがみえる。それは灼けた岩山と緑の斜面で、ほぼ常にたゆたう霧にゆらめく頂部が、長いでこぼこの稜線に溶け込む。これらの岩山を彫り込んで並走する雨谷群の出口では、転がり出た岩や、岩屑が粘土質の平野に連なる。雨水が溜まるところどころの底地に樹木が一本だけ、あるいは多少の叢林や断片的な草原があり、そこを鉄砲水や激流がときおり流れてゆく。その上方は、石だらけだったり森だったりの急斜面で、危なっかしい小道がつづら折りに続く。ようやく頂上に登ると、そこは予期したような尾根ではなく、ほぼ一体の牧草地で、ネズ［杜松］の巨木が散在する。この高原の縁は標高二二〇〇〜二七〇〇メートルを上下し★、一方に灰色で不毛な平地、他方にエチオピア内陸のふぞろいな段状地と、そこから不規則に立ち上がる山塊の群れ、そして山塊をへだてる深い峡谷が織りなす、不思議な碁盤縞が望見される。

アンバ

全体的には、エチオピア高原はばらばらな多くの卓状地からなる。それぞれの卓状地は、暑熱の作用により粘土質の土地が脱水して形成された多面の柱体に似ている。それは水流が切り分け、上部が塔状で、寸法はまちまちだ。都市と多くの住民を載せてひとつの地方全域をなすものもあれば、単なる岩塊や、高さ数百メートルの四角い柱状をなし、「アンバ」と呼ばれるものもある。アンバは南インドのドルグ、すなわち「到達できぬ場所」や［本シリーズ『インドおよびインドシナ』四九九頁］、ザクシシェ・シュヴァイツ地方［現ドイツ、ザクセン州チェコ国境地方］の尖塔状の岩塊［ピナクル］に似ている。エチオピア東部にあるこうしたアンバの起源は、赤ないし灰色の分厚い砂岩層が風解して垂直な塊に分かれ、下層の片岩層や結晶性の核が露出したことに由来する★★。エチオピアの内奥、とくに火山性土壌が卓越する西部になると、こうした塔状の地形は東部やザクセン地方、インドにあるような砂岩の地形ではなく、溶岩性である。頂部は玄武岩で、木の幹を束ねた薪を立てならべたようになっ

★ Antoine d'Abbadie; Lefebvre; von Heuglin; William Thomas Blanford, *Observations on Geology and Zoology of Abyssinia*, London: MacMillan, 1870, etc.

★★ Henry Saint Clair Wilkins, *Reconnoitring in Abyssinia*, London: Smith, Elder & Co., 1870.

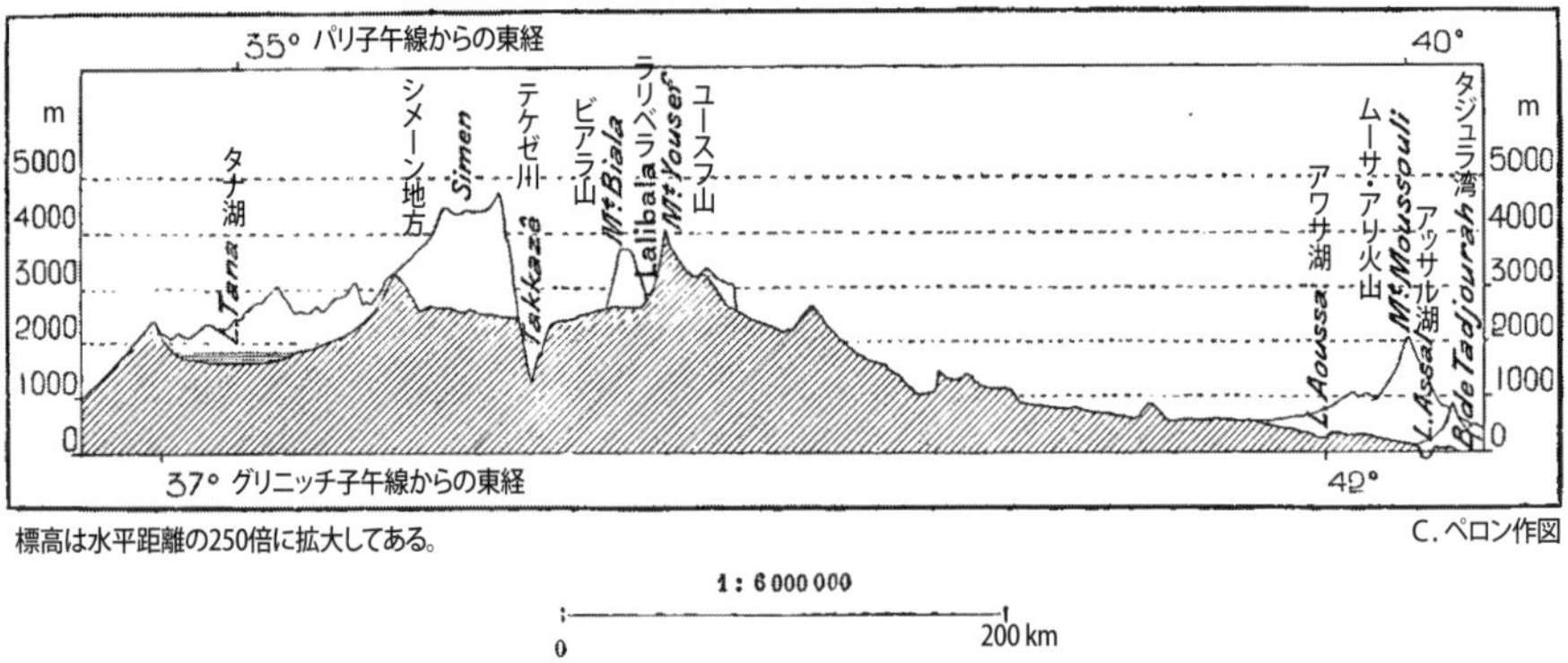

標高は水平距離の250倍に拡大してある。
C. ペロン作図

図 36　エチオピアの東西断面

ているか〔柱状節理〕、あるいはアクロポリス〔古代ギリシャの砦市〕の神殿の列柱のようにそそり立つ。アンバの上面がかなり広く、耕せる土地や湧き水があると、大半は城砦に利用された。多くの部族やならず者集団が、外界と途絶したまま何年も包囲に耐えることができたのである。修道院の立地先になったアンバもあり、聖地として、迫害を受けた者の逃避先になった。そして最も狭い岩山はしばしば君主により牢獄に指定され、不興を蒙った大立者の配流先になった。

東西の勾配

エチオピア西部にくらべ、高原の東部は全般に壊れかたが激しく、より多くの二次的な高原や多面体に切り分けられている。断片的な山塊の多くは東側が急崖で、西はゆるやかな斜面である。高原の全般的な地形もそれを拡大したもので、紅海に面する側は断ち落としたようになっているが、ナイル川の平野に向かっては長大な斜面が下ってゆく★。ただし高原と、それを見下ろす山々の高低はあまりにばらばらで、原初の平面を判別できないため、全体の勾配を測量するには精密な器具によるしかない。高低さまざまな城壁や塔のように蒼穹を切り取るアンバの下方には、緑なす高原の台座があるが、それを急湛がだしぬけに切り分ける。アンバの横壁の規則正しい層序と、深く切れ込む峡谷を遠望すると、碁盤縞のようにみえるのだ。横壁には崩落した土砂の崖錘が寄りかかり、崩落の跡が筋をなしたり、緑が覆う。土砂が崩落した高台は、それによりむき出しになった新たな絶壁をみせる。こうして

★ Antoine d'Abbadie, *op.cit.*

挿画 XVIII　サマラ（デブラ・タボル）近くのダヴェズト滝
G. ルジャンの速写画をもとに、E. シセリ筆

山岳地帯は段々をなして下ってゆき、最後は渓流が蛇行する緑の谷筋にいたる。アビシニアの景観は重畳する段状地と、巨大な地層という点で、ロッキー山脈に似ている。マグダラに近いタランタ台地［ダランタとも］の東縁は、柱状の玄武岩の絶壁で、標高一〇〇〇メートル以上に達する★。

デガとクワッラ

エチオピア高原の標高はまちまちである。北はシメーン地方［シミエン地方とも］、南東と南西はラスタ地方とゴッジャム地方に縁部の山々があり、平均標高は二四〇〇メートルだ。それ以上の標高をそなえる地方は「デガ」と呼ばれる。ペルシア人のいう「サルハド」、アラブ人のいう「ネジド」と同様だ。それに対し標高一八〇〇メートル以下、台地と台地のあいだにあって、種々の深さに渓流が掘り込んだ谷間や峡谷は「クワッラ」、「コッラ」ないし「クッラ」であって、ペルシアの「ゲルミシル」やアラビアの「テハマ」とおなじ「暑熱の土地」を意味する［図41］。デガとクワッラのあいだにある温暖な地帯は「ヴォイナ・デガ」である。全般に急傾斜なこととて、デガとクワッラの対照は随所でだしぬけである。高低差に加え、気候や植生、衛生の程度の違いも大きい。デブラ・タボル［サマラとも］近くのダヴェズトの滝は、デガからクワッラに一気になだれ落ちるが、多くの滝も同様か、あるいは早瀬の連続により、デガからクワッラに下ってゆく。ただし、デガとクワッラの区分は地方により相対的である。低い土地であっても、さらに下方のクワッラの住民はデガと呼ぶし、逆に上方の村民がクワッラと呼ぶデガもあるからだ★★。

水蝕

高原をなすこれらの断片は大半が花崗岩、ないし玄武岩質で、外壁は急崖と絶壁が何段も続き、階段ピラミッドのような相貌である。だがいくつかのクワッラは裂罅《れっこ》と横谷ばかりで、北米のキャニオンのようなものもある。深淵のような峡谷は、石を投げれば届きそうなほど狭い。深い谷底に降りるには、目もくらむ絶壁のふちを何時間も辿らねばならない。底を流れる川を渡るのも、ときに命懸けである。それから対岸の壁をジグザグに登

★ *Petermann's Mittheilungen*, 1869, no.V.
★★ Arnaud d'Abbadie, *Douze ans dans la haute Éthiopie*, Paris: Hachette, 1868.

ってゆくのだ。水流が運んできた岩塊が岩場の出っ張りにひっかかって隘路をふさいでいることもあり、隊商や部隊は何時間も足止めされる。エチオピアで最も目覚ましい峡谷群は高原の東縁にみられ、高所のデガからの切れ目は二〇〇〇メートルの高さだ。流水による侵蝕の力がこれほど実感される場所はほかにない。わずか数メートルを隔て、数百メートルの深さにほぼ垂直にそそり立つふたつの壁が挟む峡谷のばあい、流出した岩屑は少なくとも三億立方メートルに達する★。水流は川底を完全に平滑化し、平均勾配は四〇分の一にすぎない。したがって登攀は容易だが、水が峡谷の底を満たし、淵に渦まくため、数か月しか使えぬ谷もある。岩屑を通り抜けるには、毎年あらたな小道をたどらねばならず、完全に放棄された経路もある。英軍がアビシニアの高原に登攀するさい利用したクマイリの道〔クマイリ川の干上がった川底〕は、おそらくギリシャ時代以後には軍事に用いられなかったものだ。こうしたわけで、エチオピアは自然的に別個なおびただしい領域に、峡谷でもって分断される。平野にある諸国では、川は通交を容易にするが、アビシニアの河川は、跨ぎ超えるのが困難な深い溝で、隣の州とのあいだを何週間、ときには何か月も完全に遮断する。山国としてのエチオピアは、麓を取り囲む諸民族のただなかに孤絶する一体だが、内部の高原は切り分けられ、すこぶる多様だ。いっぽうでは外来民に対する独立を保持しつつ、他方では絶えざる内戦という特質は、これで説明できる。同国の地理は、歴史の全般的な様相に一致するのだ。

縁部山脈

地質学上は、エチオピアの山塊群は向かいの正面に立ち上がるアラビア半島の山々によく似ている。岩の組成は同一なので、山々もほぼおなじ輪郭をそなえ、全般的な様相と植生も変わらない。彼我の高原に住む民も同一の起源をもち、かつほとんど同一の環境で発展したこととて、非常によく似ている。エチオピア高原全体の稜線は古地図ではスピナ・ムンディ〔直訳すると世界の脊梁〕と呼ばれ、紅海沿いの低地をみおろす東の縁部山脈が構成する。それは子午線からほとんど逸脱せぬまま、約一〇〇〇キロにわたり北から南に続く分水界で、片側は山腹の斜面、反対側はゆるやかに下る高原だ。稜線の西はナイル川に段々と降下するが、クワッラ〔谷底〕の勾配ははるかにきつく、マレブ川、

★ Blanford, *op.cit.*; Wilkins, *op.cit.*

テケゼ川、ベシロ川、アッバウィ川、ジェマ川とその支流群が流れ出す。東斜面では、高原に端を発するワーディの深い谷が、急な山腹に間を置いて刻み、内陸への戸口になっている。ただし、アワシュ川だけは、山嶺のかなり西に源流がある。同川の谷はショア地方の山々の南側に規則正しい半円形を描き、アビシニア人と南部のオロモ人の郷国の自然境界をなす。

縁部山脈の北部区間（現エリトリアの沿岸山脈）

この山脈軸の北部区間は幅が狭く、扶壁や横方向への小山脈を合わせても一〇〇キロそこそこしかない。最初の隆起は、バラカ川［現エリトリア共和国に源流があり、北上してスーダン共和国から紅海に注ぐ］がデルタ湿地に姿を消してゆくトカル［現スーダン共和国レッド・シー州内。タウカルとも。図76］の平野の南にそそり立つ。急峻な山容で、湾に切れ込んだり岬が突き出たりする沿岸を、高い崖がみおろす。突兀たる峰々のふもとには狭い通路しかないが、それも岩場が邪魔し、ワーディが中断し、沼地が散らばるといった具合で、ここから山岳部に進もうとする部隊にとっては、まさにエチオピアのテルモピュライ［現テルモピレ］であろう。だが南下すると海は遠くなり、アルジェリアとおなじ「サヘル」の名で知られる開けた低地が、片麻岩や花崗岩、頁岩の崖下へ二〇キロほどの幅に広がる。山裾や海沿いにはいくつか噴丘がみられ、砂と粘土、礫岩の酷暑の土地に、溶岩流が入り混じる。サヘルの上方の稜線は一〇〇〇～一六五〇メートルほどだ。並走する山脈をこの地方では「ロラ」と呼ぶが、いくつかの地点では幅が広がり、高原のようになるので、豊かな雨と沃土により、なんらかの農耕民が鍬を入れれば、一大菜園になるかもしれない。海岸と並走するロラ・アズゲデは、二次的な稜線により海際のロラ・ツァッリム、すなわち「黒い山」とつながり、ナクファの高原の限界を構成する［エリトリア内］。ナクファの高原は標高一五〇〇メートルほどで、紅海に注ぐ一条の小川が流れ出す。現在のナクファ地方は牧草地しかなく、人煙まれだが、「アビシニア随一の温暖な地方」であり、あらゆる作物やコーヒーの木、綿花、クワ［桑］、ブドウ［葡萄］、タバコにうってつけかもしれない★。ロラ・アズゲデの西にも、いくつかの山塊が高い岬角状に突き出る。すなわちハガルの山岳集団、ないしハガル・アベイ・ネジラー

★ Werner Munzinger, *Petermann's Mittheilungen*, 1872, no.VI.

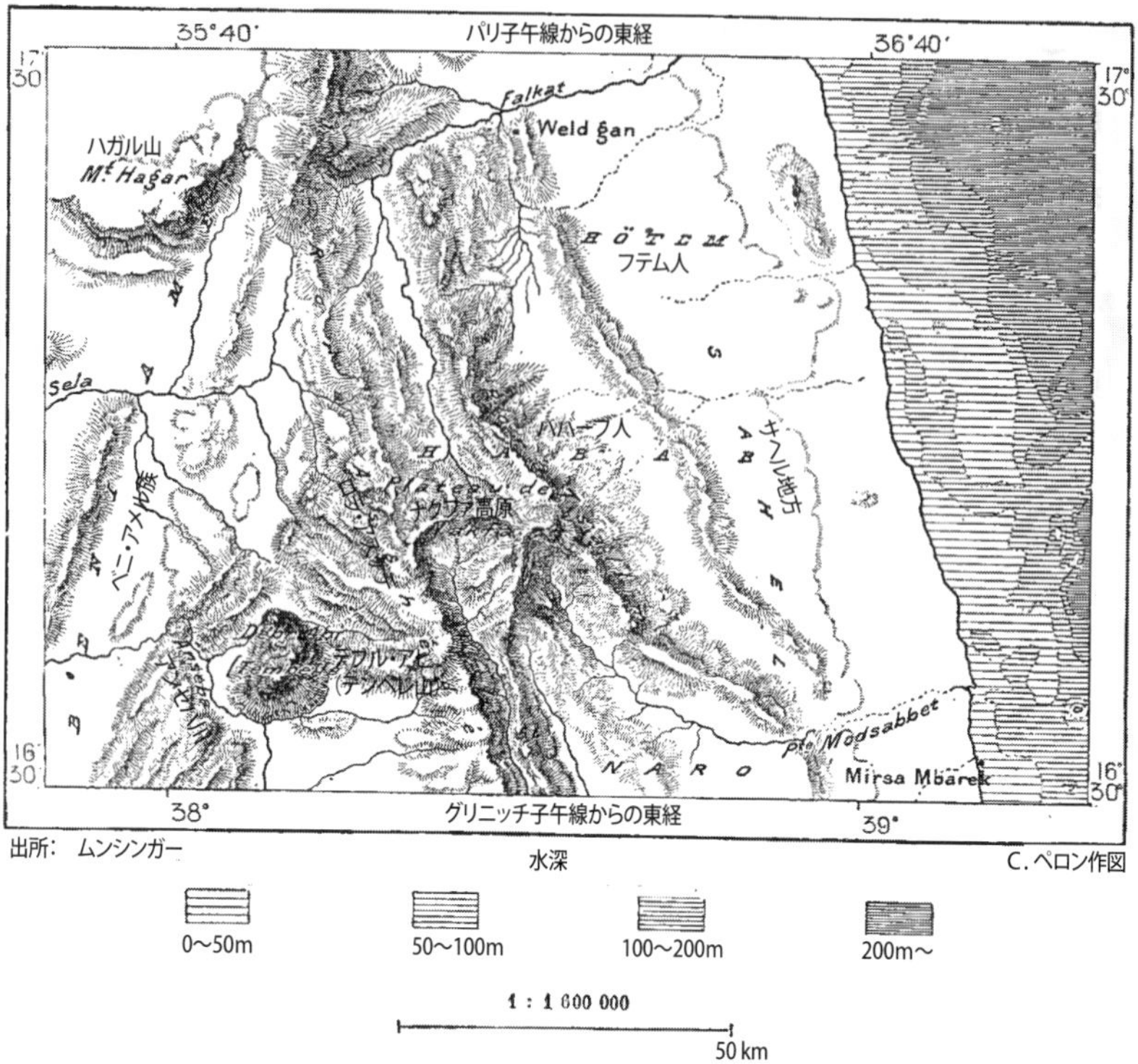

図 37　エチオピア北部［現エリトリア］の扶壁群

ンである。名称は「ネジラーンの首都」の意味で、かつては著名な僧院があり、アクスムからエルサレムに赴く巡礼でにぎわった。いまは廃墟ばかりの山だが、標高は二四〇〇メートルを超える。さらに南下すると、アンセバ川の谷を東からみおろすほぼ孤絶した山塊がある。それがデブル・アビ、すなわち「大きな山」で、テンベレ山とも呼ばれる。これら動物さえ入り込めぬ峩々たる山々を最初に記述したムンシンガーは、彼じしんが標高二七〇〇メートル近いと推定した主峰のひとつに自分の名を冠した。

デブラ・シナ山、ツァド・アンバ山

ロラ・アズゲデから南に続く稜線は、西をバラカ川の谷が画し、同川を太らせる多くの支流により切り分けられる。うち最大の支流であるアンセバ川をはじめとする大型支流群、そしてバラカ川じしんも、端を発するのはマッサワの西、狭義のエチオピアの北西隅をなす標高一四〇〇メートルの高原部である。さらにこの高原を台座として、比高五〇〇メートルにそびえる山々は、その孤絶さと急峻な山肌、花崗岩の尖峰でもって、壮大な山容である。これが名高いデブラ・シナすなわち「シナイ山」の峰で、ボゴス人〔ビレン人〕の郷国の首府ケレン〔現エリトリア内。図51〕の東にそそり立つ。頂部は大小の岩塊が無秩序に積み重なり、まるで噴石のようだが、いろいろな大気現象がゆっくりと作用した結果〔風解〕、こうした形状になったものだ。お互い斜めに寄りかかる箇所では洞穴の天井のようになるため、人間があちこちを掘り抜いて一続きの地下道にしたものも多い。うちひとつは修道院と教会堂になり、毎年エチオピアの各州から数千人が巡礼に訪れて寝泊まりする〔デブラ・シナ修道院〕。ケレンの南にも、一帯の宗教史に名高い岩山ツァド・アンバ、すなわち「白い城砦」が立ち上がる。バラカ川の谷から一二〇〇メートルにわたり山肌がほぼ垂直に切り立ち、尖った頂部には、僧たちがようやく僧院の壁をめぐらす空間しかない。岩場のまれな草を食むヤギ〔山羊〕の乳と、わずかな野生のイチジク〔無花果〕、行脚して集めた供物が、これらの修道者の食物だ。ツァド・アンバ修道院から〔下方の〕高原にいたるには、両側が切り立った稜線を千歩ほど辿るが、その勾配はちょうど川の両岸をつなぐ綱のような具合〔放物線〕である。稜線の中間点付近には一個の大きな岩塊がバランスして載っており、ハゲタカ〔禿鷹〕が巣を構える。若い修練士のなかには目が眩んでこの道を通り抜けられぬ者もいるため、西麓にある隠し道から僧院に迎え入れる。だが、この隠し道の精確な場所は誰にも明かさぬよう、誓いを立てねばならない★。

ハマセン地方の地勢

狭義のエチオピアが始まるのは、ハマセンの台地からである〔現在のエチオピア連邦民主共和国はマレブ川以南で、ハマセン地方はエリトリア領〕。高所が載る台座〔高原〕はボゴス人、ないしビレン人の郷国のそれよりも広く、かつ高くなり、平均標高が二〇〇〇メートルを超える。ハマセン地方は、他のエチオピアの山塊の大半とおなじく、粗面岩ないし玄武岩質の溶岩層が覆い、その上を赤色ないし黄色の土壌が被覆する。鉄分の構成比がすこぶる高いので、表土を掻きとって焙焼すれば、随所で不純な鉄塊が得られる。それは器具や武器の製造に用いられる。この代赭色の土壌はアビ

★ Theodor von Heuglin, *Reise nach Abessinien*, Jena: H. Constable, 1868.

シニアの高原すべてをナップ状に被覆しており、デカン高原や南インドのほぼ全域に広がる膨大なラテライトと同様に、溶岩が風解したものであることは、疑問の余地がない。じっさい玄武岩が柱状に林立し、一部が赤っぽい粘土に変化している例はアビシニア各地にみられる。赤こそはエチオピアの岩層に通底する色彩であって、石英ですら、酸化鉄によるピンクの色合いをしばしば帯びる。ヘウグリンによると、ハマセン地方の溶岩がかつて流れ出た火口のうち、ケレンとティグレ地方の首府アードワ〔現エチオピア連邦民主共和国ティグレ地方内〕のほぼ中間点に所在する火口はほぼ完存しているらしい。それは高原の尋常な地面から一二〇メートルほど立ち上がり、先端の火口と中心の火山滓の角錐も残っていて、まるで今しがた噴火を終えたようにみえるという。同じ経路をたどったロルフスはこれを探したが、無駄であった。だがもっと南、ハマセン地方の高原の東縁（分水界でもある）には、正則な円錐形の火山の群れが散在する。ティグレ地方の峰々のいくつかは、標高といい、周囲の土地からの比高といい、正真正銘の山岳だ。アードワの東にあるセマヤタ山がそうで、頂部の溝により判別される。標高は三〇九二メートルと、麓の高原のくぼ地に隠れるように立地する市街から一〇〇〇メートル以上も立ち上がる。さらに東、エチオピア高原の縁の近くには、セマヤタ山に比肩する諸峰が姿をみせる。アレクワ山は三三七五メートルに達する。西はマレブ川とテケゼ川にはさまれて高原がだんだん降下し、それに応じるように山々の比高も小さくなる。

シメーン地方の地勢

エチオピア北部で最も高い山塊は、北をティグレ地方が画する。東は頁岩を削り込んだクワッラが画し、その底をテケゼ川が半円形に流れる。南と西は大河テケゼ川の支流群が高原を掘り込んで、シメーン地方（サメーン、セメーン、シミエン〔わが国ではこの呼称も用いられる〕、シミエネとも）すなわち「北方」ないし「寒い地方」を孤絶させる。シメーン地方の縁部の平均標高は三〇〇〇メートル級なのに対し、それを取り巻く谷のほうは、南のバラガス川の渓谷が一五〇〇メートル低く、北のテケゼ川の渓谷は二〇〇〇メートル低い。このため、シメーン地方の雪の高所から下る水流はすこぶる流速が大きく、随所で滝が中断する。ヘウグリンは、そうした瀑布のひとつが四〇〇メートルを一気に落下し、侵蝕により一部が破壊された旧火口にみえる滝壺へ飛び込んでゆくと描写する。シメーン地方は狭義のエチオピアの高原の大半の断片とおなじく、全体が溶岩性の地層、すなわち粗面岩、玄武岩、響岩、軽石で構成される。だがこの「寒い地方」の上にあって雪渓が走る山々に火口は見当たらない。最近まで同地方の最高峰は標高四六二〇メートル超と思われるラス・ダシャン山と信じられていれたが、どうやらブワヒト山かアッパ・ヤレド山［キディス・ヤレド山か］が最高峰らしい［ラス・ダシャンが最高峰］★。ブワヒト山とアッパ・ヤレド山のドーム状の頂は、ヨーロッパのモンテローザやモンブランに匹敵し、しばしば雪渓がみられる。現地住民の証言するところでは、通年にわたり残るらしい。ブワヒト山の初登頂はアントワーヌ＝ダバディ氏だが、それから三〇年以上ののち、最近登攀したふたりの旅行家のうち、アバルゲス＝デ＝ソステン［スペイン外交官、探検家 Juan Víctor Abargues de Sostén 一八四五―一九二〇］は、岩場のあいだに散在する雪渓を見出したのに対し★★、シュテッカー氏は雪をまったく見つけなかった。ただし同氏はアッパ・ヤレド山でいくつか氷原を発見している。同氏によるとこれは万年雪ではなく、寒冷な大気により固体を維持した雹粒の原である★★★。ブルースもそうだが★★★★、シュテッカー氏はアビシニアに万年雪はないと述べる。だがかなり多くの旅行家がそれを視認し、かつ手で触れている。しかし、そもそもシメーン地方の山々は、台座になっている高原からの比高が五〇〇～八〇〇メートルほどしかないため、大アルプスのような壮大さをそなえる箇所はわずかである。それでも、深淵のようなワッラにより隔たる棚状地の縁部や、幻想的な塔や尖塔の形に削られた山々、そして山腹が示す気候の遷移は、雄大な眺めだ。ゴンダール［現エチオピア連邦民主共和国アムハラ州内］からの途次にあるラマルモンの険路では、とある岩山を回り込んだとたんに素晴らしい眺望が開

★諸旅行家によるシメーン地方の山々の標高（単位m）

アッバ・ヤレド山［4453？］	ブワヒト山［4437］	ラス・ダシャン山［4533］
4602（シュテッカー）	4917（アバルゲス＝デ＝ソステン）	4685（ダバディ）
4578（リュッペル）	4529（シュテッカー）	4631（アバルゲス＝デ＝ソステン）
4483（ダバディ）	4510（ダバディ）	4620（ルフェーヴル）
		4450（シンペル）

★★ Juan Víctor Abargues de Sostén, *Asociacion españora para la exploracioñ del Africa*, Madrid, 5 déc. 1883

★★★ Gerhard Rohlfs, *Ausland*, 30 juin 1884.

★★★★ James Bruce, *Travels to discover the Source of the Nile*, Edinburgh: Printed by J. Ruthven, for G. G. J. and J. Robinson, London, 1790.

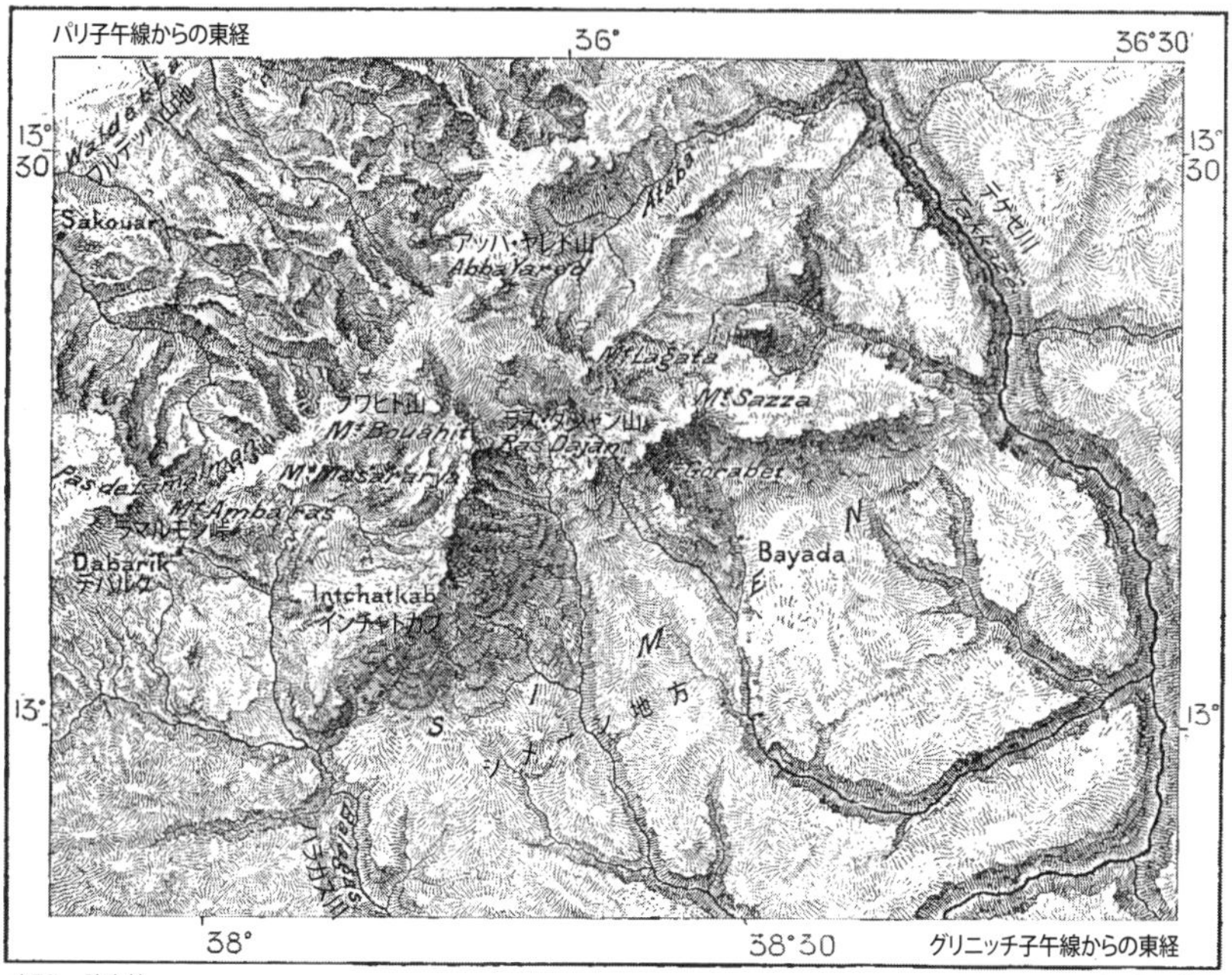

出所：　諸文献　　　C. ペロン作図

1 : 1 000 000

0　25 km

図 38　シメーン地方の山々

け、蒼穹に雪の頂部を突き出す山々を目にする旅行家たちは、嘆声を抑えきれない。現地住民であれヨーロッパ人であれ、シメーン地方の急崖を登攀して高山病になる例はないようだが、寒気の犠牲者は毎年発生する★。一八四八年にはブワヒト山の峠で三〇〇人が雪で遭難した。アントワーヌ＝ダバディ氏は、この峠で一休みするため腰を下ろしたひとりの貴婦人の伝説を語っている。彼女は座るとも う微動だにせず、八日間にわたり行き過ぎる旅人たちは、豪奢な着衣をまとって白霜の女神のように道の傍らに座する姿におののいたという。

縁部山脈の南東区間

ティグレ地方の東でも、エチオピア東部の縁部山脈は規則正しく北から南に続くが、標高二五〇〇～三〇〇〇メートルの裂開があちこち切れ込むので、恐るべきアファル人が占拠していなかった

★ Eduard Rüppell, *Reise in Abyssinien*, Frankfurt am Main: Gedruckt auf kosten des verfassers und in commission bei S. Schmerber, 1838.

挿画 XIX　シメーン地方の山地、ラマルモンの険路からの眺め
ゲルハルト＝ロルフス氏をもとに、スロム筆

ら、紅海沿岸の平野に下ることができるだろう。高さは三〇〇キロほどにわたり維持されるが、場所によっては、ほぼ完全に鈍磨した突起と、不規則な高低をみせる高原が入り混じる。高原の沈降部にはアシャンギ、ハイク、ハルディボといった湖がある。東には、一条の扶壁をなす山地が遠くソマリ人の郷国まで突き出る。これがゼブールの台地で、標高一〇〇〇メートル級だが、それをさらに三〇〇〜六〇〇メートル高い峰々が睥睨《へいげい》する。国内の巨峰にくらべ、ゼブール地方の山は低いが、おそろしく峻険なだけでなく、蔦類や棘のある枝が分厚い網状にからみあう植生のせいで、登攀は困難だ★。テケゼ川とベシロ川の源流に近い分水界からは、いろいろな水流が放射状に流れ出すが、そのひとつであるベケンナ川、ないしベルコナ川（アワシュ川支流）は、平地に遠く延びてゆく側方の山塊アルゴッバ［不詳］を、縁部山脈からへだてる。アルゴッバ山が狭義のアビシニアの

★ Abargeus de Sostén, *op.cit.*

南東における最後の扶壁だ。

ラスタ地方、ワデラ地方、ベゲメデル地方の地勢

南北に走る沈降部の線［アフリカ大地溝帯のいわゆる東リフト・ヴァレー］は、沿岸のタジュラ湾から、エチオピア内陸のタナ湖までにより示される。それをさらに際立たせるのが枝分かれする谷筋の核で、縁部山脈にあり、エチオピア国内の河川が放散してゆく最大の中心だ。これは強力なテケゼ川の源流になる温泉にほど近く、そこから生まれる河川はいずれもテケゼ川を太らせる。青ナイルの形成においてアッバウィ川の競争相手であるベシロ川、ないしベシュロ川の主な支流群も、この山中が源流だ。また東麓には、ダナキル人の平野部［ダナキル低地］に姿を消すグワリマ川、ないしゴリマ川や、アワシュ川のいくつかの支流が端を発する。マグダラの山塞の東にあるハイク湖の近くの隘路は、二〇〇〇メートルそこそこの高さらしく、エチオピアの東正面で最も低い鞍部だろう。だがそれよりもこちら側［西］、

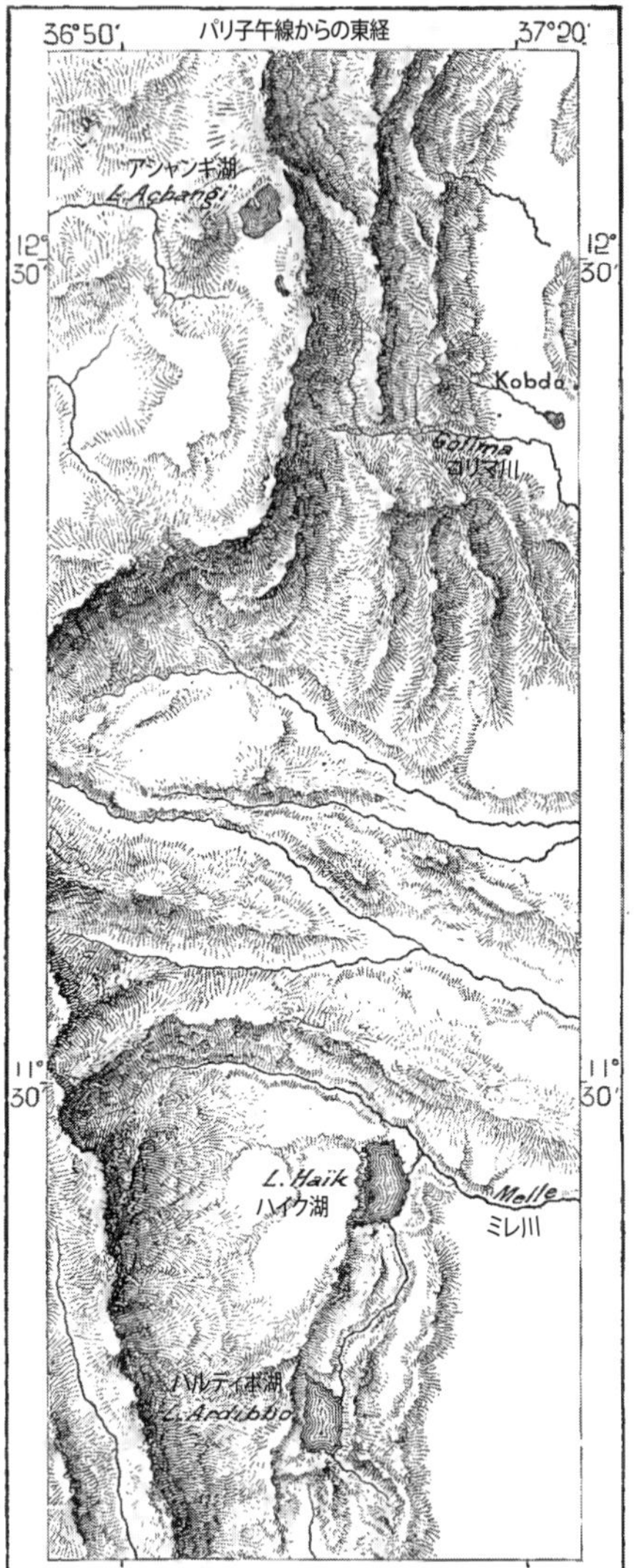

図 39　アビシニア東部の湖

河川が流れる深いクワッラがばらばらな断片に切り分ける地方では、いくつかの山が相当な高度に達し、シメーン地方やゴッジャム地方の峰に劣らぬ高さになる。アシャンギ湖の東、テケゼ川上流部の屈曲とツェラリ川がはさみ、ほぼ島状をなすラスタ地方の山塊や、ビアラ山、ガヴシギヴラ山は、いずれも三八〇〇メートルを超える。テケゼ川源流に近いアブーナ・ユースフ山やイマラハ山になると四〇〇〇メートル級だ。テケゼ川が形を整えてゆく南方には、一個の切り分けられた高原が西に延び、巨大なグナの山塊になって終止する。グナ山は標高四二三一メートルと、アビシニアきっての高峰のひとつで、タナ湖方面に傾斜するその西扶壁が有名なデブラ・タボル、すなわち現エチオピアの軍都がある「タボル山［サマラ］」だ。その北方にはベゲメデル地方の山地、続いてほとんど知られていないベレッサ地方の山地があり、ナイル地方の平地に向かって階段ピラミッドのように降下しながら、ウォッガラ地方の山々と、クワッラ・ウォッガラ地方に連なってゆく。

ゴッジャム地方の地勢

オロモ・ウォッロ人の台地は一個の巨大な溶岩原とみられ、西斜面はゆっくりと青ナイル［アッバウィ川］に向け下ってゆく。ただし途中に二次的な山脈があり、ところどころ中断する。南はアッバウィ川、すなわち青ナイル川が半円形に通過する深い峡谷によりだしぬけに中断するが、その西になると、段状にふたたび立ち上がり、ゴッジャム地方の山地につながる。これはシメーン地方やラスタ地方の山地とともに、アビシニアの最高峰群をなす。ゴッジャム州は山国で、最大の山脈は、青ナイルが描く半円の同心円上に発達する。その稜線はタルバ・ワハ山地の名で知られ、おそらく三六〇〇メートルを上回る。一峰はアードワの山と同名のセマヤタ、すなわち「天に接吻するもの」と命名されているが、冠雪は絶えてみられぬようだ。北緯一〇～一一度のあいだにあるこの地方の頂部は、永久雪線に達しないらしい★。

タナ湖西方の高原縁部

タルバ・ワハ山地は、他のエチオピアの大半の山地とおなじく、急崖により東と北がどんどん降下するが、西はゆ

★ Beke, “Abyssinia, Being a Continuation of Routes in That Country”, *op.cit.*

るやかな斜面で、グムズ人とベルタ人の郷国に到る。北と北西の台地の残余は、河川により無数の断片に切り分けられ、わずかに比高のある角錐形の高台がいくつか見下ろす段々が連続する。タナ湖［ママ。シメーン地方の誤記か］の北西にあるワルデッバ山地の頂上は標高二三四〇メートルだ。一帯は全域が火山性の起源で、それが終止する平地からは、急峻な山塊が高さ三〇メートルまで垂直に立ち上がり、頂部は玄武岩の列柱状である。ラハド川［シンファ川とも］が南西を画する岬角部はラス・アル・フィール、すなわち「象の岬」と呼ばれ、一体的なステップの土地に、大小の牙や針の山が突き出たような奇観を呈する。この不思議な地形のうち、最も前方にあるのが、完全に孤立した花崗岩の岩山ガナ山、ないしアラング山である。山腹には、ここを北限とするバオバブなどの巨木が生育し、比高六〇〇メートル近い頂上にも、王冠のように茂る★。

ゲデム山ほか

エチオピア高原の外方には、紅海付近にいくつかの山塊や孤立した山岳が立ち上がる。そのひとつがガダム山ないしゲデム山で、かつて岩の島嶼だったが、いまはマッサワ湾とアドゥリス湾［現エリトリア共和国ズラ湾］のあいだへ半島状に突き出す［図53］。東は急峻な横壁で終止する。ほれぼれする火山の形だが、じつは花崗岩の山塊である。だが岩肌が深く刻まれ、溶けた諸物質が表面を覆ってけば立つため、随所が登攀不可能だ。マッサワからは山裾から頂部まで視認できるが、いまだ精密に測量されておらず、旅行家たちによる推定は八一一メートルから一〇二九メートルまで幅がある★★。測地学の手法を用いたアントワーヌ＝ダバディ氏は、最高地点九九五メートルの値を得た。アドゥリス湾の東を画するブリ半島も、ひとつの雄大なコニーデ形の山で終止する。これは火山で、溶岩が四方に遠くまで流れ、ごつごつした土手の群れのように海まで前進したのを波浪が破壊し、ばらばらな小島や岩礁になった。このアウェン山、イギリスの地図ではハートウ・ピークは休止しているようにみえるが、アファル人の言うところでは、山中の岩場にいくつか噴気孔があって活発なときもあり、遠目にも硫黄性の水蒸気がみえる。また同山の周囲には、地下の溶岩の炉［マグマ溜まり］が熱した豊かな温泉がいくつかみられる。砂浜にある岩礁群の

★ Theodor von Heuglin, *Reisen in Nordost-Afrika*, 1857.
★★ Marine anglaise; Rohlfs; Stecker, etc.

真ん中から無数の水流が湧き出すが、水温が六七度もあるので、住民は足をやけどせぬよう、走って渡る★。

エルタ・アレ山、エード山

ブリ半島以南にも、狭義のアビシニアの山地から完全に分離した丘陵地がみられる。大半は溶岩性の岩からなり、旧汀線が切った段丘や急崖だ。だがハンフィラないしハムファレ［アンフィレ］の半島の南西、エチオピア高原の扶壁の末端には、いまも噴気がたちのぼる一峰がそそり立つ。アフリカ大陸の地下で進行中の作用を示す数少ない活火山で、アファル人にはアルタリ、ないしエルタ・アレ、すなわち「煙の山」の名で知られる［現エチオピア内］。火口近くまで登攀した唯一の旅行家ヒルデブラント［ドイツ人植物学者、探検家 Johann Maria Hildebrandt 一八四七―一八八一］の描写によると、黒々とした溶岩の錐で、深い亀裂が走り、そこから白い蒸気が厚い渦をなして立ち昇る。その近くにある休火山は硫黄層を含み、「硫黄の山」を意味するキブレアレと呼ばれる。また北方の塩性平野には、デロルないしダロルという名の硫気孔の群れ［スコリア丘］があり、高原部のアビシニア人が火薬向けに硫黄を採取しに訪れる。最後に東では、小さなエード港［イディとも］の近くに硫気孔や火口丘が混沌と散在し、まるで荒天の海のような起伏をみせる［現エリトリア内］。海員たちはエードから一日行程の場所で、とくに一八六一年に溶岩の流出を見たと語るが、エードの火山はいまやよく知られており、同じく一日行程ながら一〇〇キロほど内陸のエルタ・アレ山とは別物だ。それはともかく、火口をもつこれらの山々を現地住民は悪霊の棲みかと考えるため、はなはだ怖れる。彼らは呪術師に先導されて一頭の牝牛を供えに山に行くが、炙り台の薪に生贄を置くと、後も見ないで逃げてゆく。供え物を喰《くら》う悪霊を目にしてしまうと、凶事が降りかかるからだ。

ダナキル低地

エルタ・アレ山は臨海にあるわけではないが、少なくとも昔は濟だった湖状の平地を見下ろして噴煙を上げる。これがラガドの沈降部で、ムンシンガーはこの無人の地のまん中に立ち上がる孤丘にちなみ、アンサリ平地と命名した［ダナキル低地ないしダナキル沙漠］。面積はおよそ二五〇〇平方キロ、標高は紅海の海面よりも六〇メートルほど低い。

★ J.-M. Hildebrandt, *Zeitschrift der Gesellschaft für Erdkunde*, 1875.

ちょうどヨルダン川が流れ、アスファルティテス湖〔死海の希語名〕が広がる「ゴール〔ヨルダン地溝帯のアラビア語名 Al-Ghor で、陥没地を意味する〕」の縮小版だ。この平地は、ほぼ全周が曲がりくねった石膏質の崖が取り巻き、ところどころ間遠にワーディが中断する。いくつか湧泉があり、ドームヤシが葉陰を落とすので、アカシアや多少の藪、アカザ〔藜〕のたぐいしかみられぬ不毛の沙漠を、一条の緑地帯が縁取る。中央部は粘土質で、開けた砂地がそれを囲む。平地の縁辺から中央部に向かうにつれ風解塩がみられるようになり、少しづつ厚くなって、遂には灰色の小さな囲い地のようになり、その継ぎ目を、純白に輝く結晶が充填する。低地の最も低い箇所は、アンサリの丘とエルタ・アレ火山のあいだにある湖で、アラルベドないしアロレボドと呼ばれ、水流が運び込む水量により寸法が変わる〔現呼称クルム湖ないしアサレ湖〕。平均水深は一メートル足らずだ。古代のアンサリの湾が乾燥した原因は、海岸線の前進と説明される。すなわち紅海の西と、東ではアラビア半島の海岸線が、ともに緩慢に隆起したせいである。ラガドの平地〔ダナキル低地〕とアワキル湾のあいだにあって今は陸地になっている屋根には、サンゴ〔珊瑚〕や、北方で現在もお目に掛かる貝類の旧海床がみられ、かつて海水があったことを証する★。エチオピア高原の山脈から下る河川には、蒸散量を相殺するほど水量がない。いくつかの支流を受け取り、通年にわたる河水をそなえ、河畔に豊かな植物を涵養するラグワリ川、ないしラグレ川ですら同様だ。このため広大な古代湖も、ゆっくりと浅い湿地に縮小した。この一帯に暮らすタルタル人は、おそらく接触されるのを嫌ってのことと思われるが、アビシニア人に対し、この湖がときどき「移動し」て位置を変えると語る。突然の冠水に襲われた隊商こそ災難というわけだ。そもそも、この古代湖から遠い場所でも地表面は当てにならず〔流砂か〕、隊商が砂に埋まって人間も駄獣も姿を消したことがあるらしい★★。それでも、この湖を囲む土手では数百人のタルタル人が危なげなく塩を採取し、アビシニア人の食用に供するほか、エチオピア南部で補助貨幣〔切り割って用いる秤量貨幣〕に用いる塩の小さな棒〔狭楕円形〕を切り取る。ムンシンガーによると、アラルベド湖では年間三〇〇〇万本の塩の棒が採取され、エチオピア高原のアンタ―ロで

★ W. Munzinger, “Narrative of a Journey Through the Afar Country”, *Journal of the R. Geographical Society of London*, Vol. 39, *pp*.188-232.

★★ Charlemagne Théophile Lefebvre *et al*, *Voyage en Abyssinie*, Paris: Arthus Bertrand, 1845.

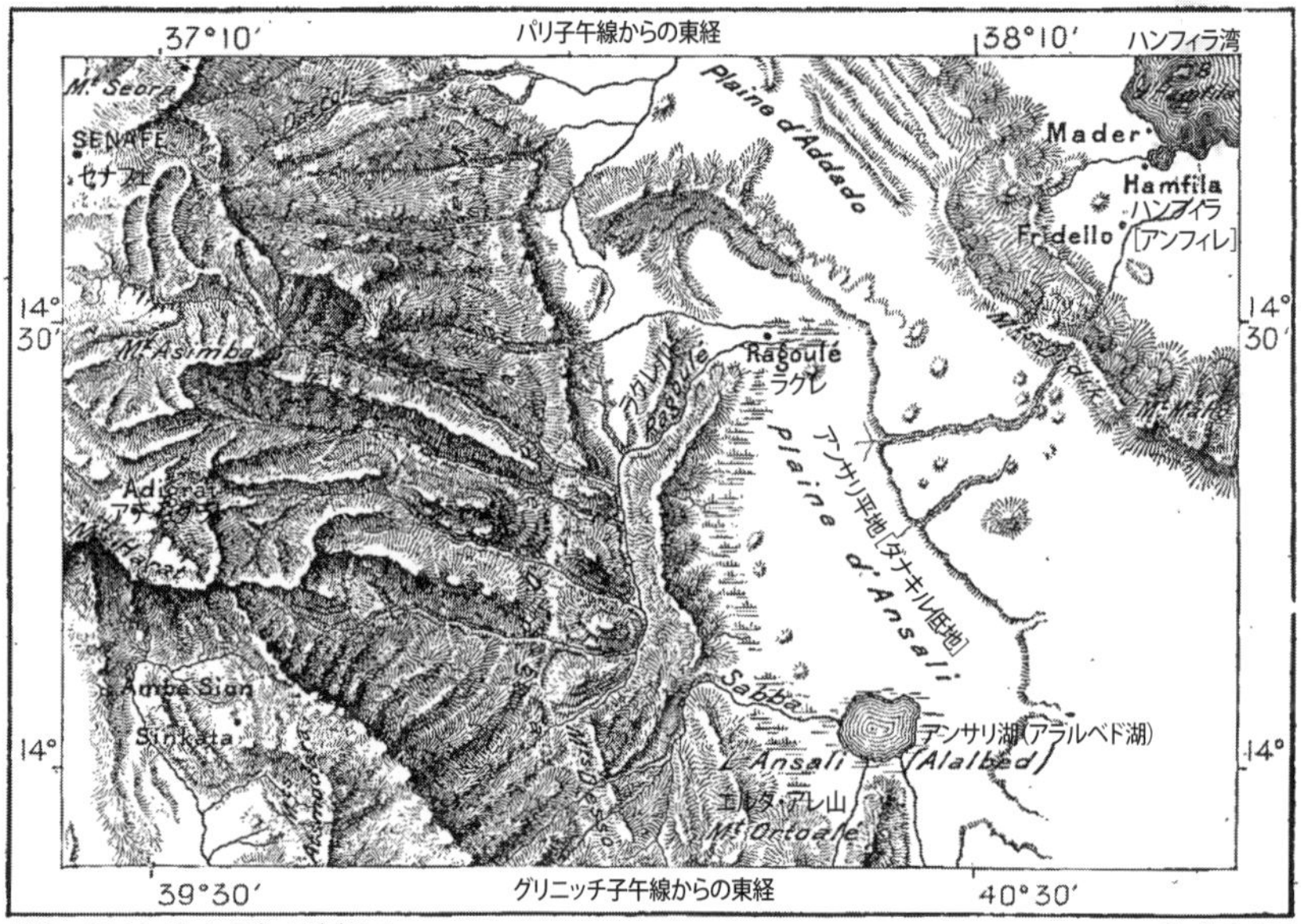

出所：ムンシンガーおよびヒルデブラント　C.ペロン作図

1 : 1 500 000
0　50 km

図40　アラルベド湖［クルム湖］

は八〇〇万フランに相当する。

沿岸島嶼と地震地形

近海の島嶼は一部がサンゴ質だ。紅海最大の島でマッサワ湾を東からかくまうデハラク島もそうである。だが火山錐の島もみられ、溶岩流の半島が海岸を縁取る。随所で地表が深くひび割れているのは、地下の振動に起因するようにみえる。こうした亀裂は、破断した際に両側が同じ高さを維持するとは限らず、一五メートルほどの段差をみせる例もある。雨季には地割れの内部に水が溜まり、のちに蒸発すると、底の湿った土に草原が形成されるので、周囲の峻険な岩場と美しい対照をなす★。現地住民の言では地震を起こすのは「世界を担いでいる牡牛」が身震いするせいで、とくにデハラク島でひんぱんである。島内には六〇度を超す水温の泉がいくつかあるが、魚はそれでも繁殖を妨げられない★★。

★ Rüppell, *op.cit.*; Achille Raffray, *Abyssinie*, Paris: E. Plon, 1876.

★★ Léon des Avanchers, *Annales de la Propagation de la Foi,* nov. 1851, *p.*434 *et seq.*

第二項　気候および動植物

寒暑

エチオピアの最高峰群は万年雪の高度に達するが、麓の岩場は酷熱の地まで落ち込むし、岬は紅海が洗うといった具合で、各地の標高と配置にしたがい、あらゆる気候がみられる。起伏の乏しい大陸なら、等温線は海岸線まできわめて規則的に一様な曲線だが、エチオピアでは、高原や山地の斜面に季節相が層序をなし、等温線は無限に重なり合う。エチオピア高原の強烈な寒風にさらされながら道をたどった旅行家たちは、眠り込んだが最後、二度と目覚めぬ睡魔と何度戦ったことか。軍事史にも、部隊全員が雪の峠で全滅した例がいくつもある。アントワーヌ＝ダバディ氏は、ラスタ地方で一個軍団がまるごと凍死したという年代記の記述を引用している。だが狭隘なクワッラの底地では、今度は暑熱による死の危険にさらされる。盛夏には谷の壁がぎらぎらと反射して焦熱炉のようになり、地面は摂氏七〇度、ときには七五度に達する★。こうした峡谷には見たところ大気の出口がなく、通常は無風である。だが大気の均衡がだしぬけに崩れると、樹木がたわむほどの暴風が谷間を駆け上がる。そして突然ぴたりと熄《や》む。つまり大気中の不純物を運び去る恒常的な大気の流れがないため、クワッラの底を横断するのは極めて危険で、雨季の前後には急いで渡りきらねばならない。向かい側の斜面の上まで大急ぎで登り、この熱病の土地の上に広がる地方にたどり着くことが必要である。紅海沿岸の平地もおなじくらい暑いが、衛生面ははるかに良好で、平年を上回る雨量がなければ危険はない。ただし多雨年には、種々の熱病が蔓延する。

ヴォイナ・デガの気候

上方の高原部と深い峡谷の両極端な気候は、中程度の高さの土地にはみられない。ほぼ全人口はそうした土地に暮らし、市邑を立ち上げた。例外は、そうした集落をみおろす山頂に鳥の巣のように構えられた城砦や巡礼先の教会に

★ Ferret et Galinier; Antoine d'Abbadie.

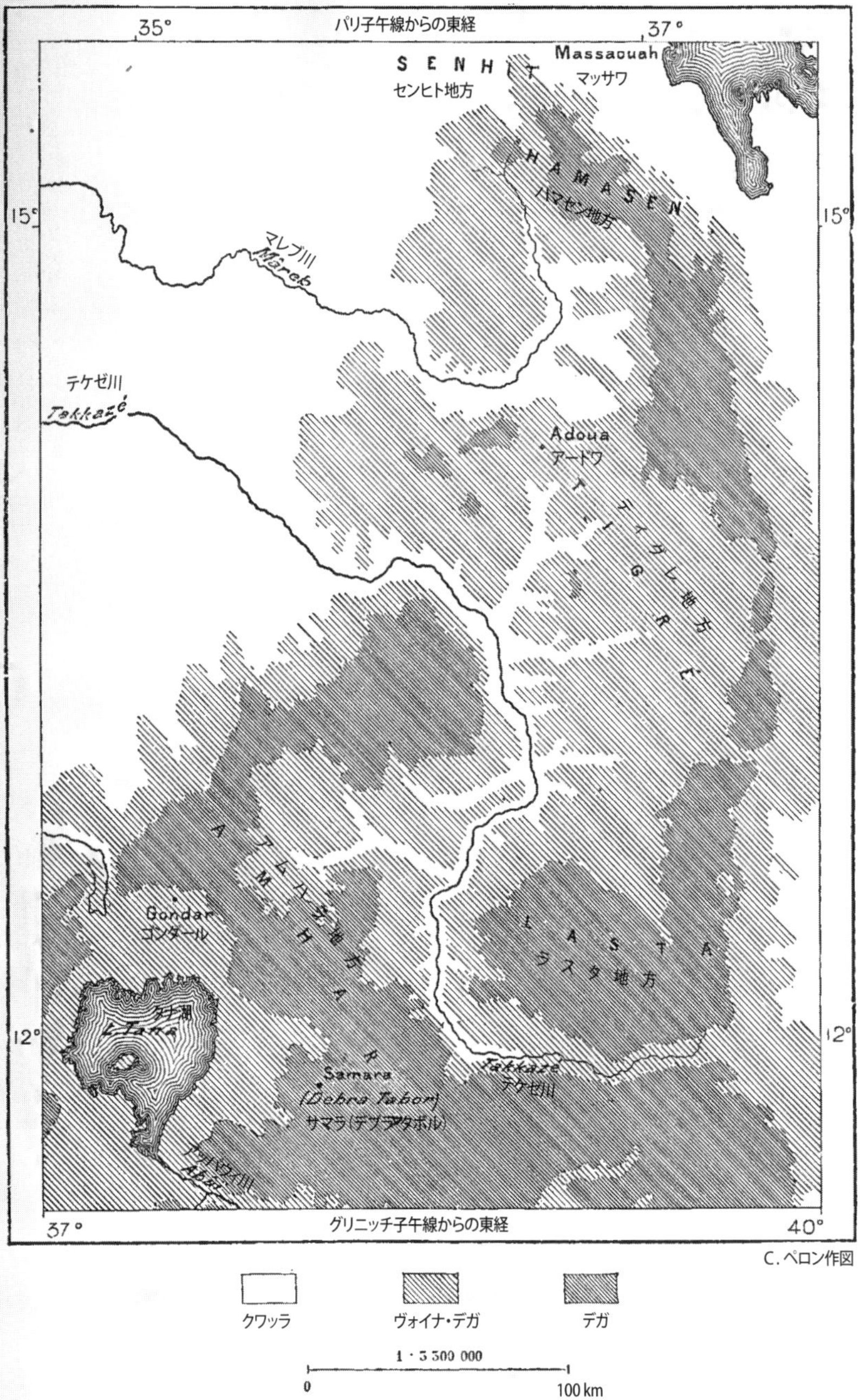

図 41　アビシニアの高原、谷、中間地帯

限られる。エチオピアの居住地帯はデガとクワッラのあいだ、標高一八〇〇〜二〇〇〇メートルにあり、ヴォイナ・デガ、すなわち「葡萄の地方」と呼ばれる。平均気温は地中海沿岸に相当するが、冬から夏への季節変化ははるかに小さく感じられる。エチオピア高原は熱帯〔低緯度地方〕に立ち上がるため、陽光の強さは年を通じだいたい一定で、冬と夏の格差が少ないのだ。気温の上下は、大気の清澄さと雲の厚さによるところが大きい★。アンティル諸島や、季節風が交代する地方とおなじく、エチオピアの季節の移り変わりは雨季とそれ以外によるリズムをきざむ★★。

季節

雨季の時期と長さは緯度や高度、配置により国内でさまざまだ。ふたつの気候区が重なるため、雨季が二度ある地方さえみられる。エチオピア南部の高地にはふたつの冬がある。ひとつは太陽が地面からほぼ垂直になる七月に始まり、九月まで続く。二度目の冬はもっと短く、一月ないし二〜三月にかけてで、反対貿易風と極地風が出会う地帯に形成される雲が南に引き寄せられ、雨が降る。中央部の「アズマラ」、すなわち冬は、ふつうは四月に始まり、何度か中断しつつ九月末まで続く。だがボゴス人〔ビレン人〕の地方、ガラバト地方、ゲダレフ地方、スィンナール地方など、北西の山裾の雨季は、四月ないし五月初旬に始まるものと、大雨が降る七〜九月のふたつに分かれる★★★。雨は紅海もしくはインド洋から吹く風が運び込み、ほぼいつも強風をともなって午後に降る。雨が上がると、夜間から翌朝までは晴朗だ。これに対し、エチオピア高原の東斜面の季節順は違う。冬は十一月から三月にかけての雨季で、北風が雲を運び込む。紅海のアフリカ大陸沿岸は、冬に雨が降る地中海気候区だが、アラビア半島の沿岸、エジプト

★ゴンダールの気温（ブルースによる。℃）
最高気温（4 月）22.17
最低気温（8 月）13.49

★★ エチオピア高原と航海沿岸の気温

	北緯	標高（m）	年平均気温（℃）	最寒月（℃）	最暖月（℃）
紅海沿岸マッサワ	15° 36′	0	31.4	1 月 25.5	6 月 36.9
高原部ゴンダール	12° 36′	2270	19.4	12 月 17.6	4 月 22.7
〃アンコベル	9° 34′	2500	13.0	12 月 11.0	6 月 16.7

Cf. Rüppell; Ferret et Galinier; Steudner; Rohlfs; Julius von Hann, *Handbuch der Klimatologie,* Stuttgart: J. Engelhorn.

★★★ G. Schweinfurth, *Petermann's Mittheilungen*, 1868. no.V

内陸部、そしてエチオピア高原は別の気候区に属する★。ふたつの気候区の境界線上にある山になると、冬場と夏場の雨を交互に浴びるため、アビシニアの牧畜民は山を回り込むだけで、家畜用の草場や、耕作の適地を季節ごとに見出す★★。だが国内の低地平野は雨季になると大気が重苦しく、高湿になって、湿度は絶えて六〇パーセントを下回らない。逆に高原の空気は一般に乾燥する。

降水量と鉄砲水、カリフ

年間降水量がざっと測定された地方では七〇〇〜八〇〇ミリまで色々だが、風により雨雲が押し付けられる高地の谷間では、それよりもはるかに多量だろう。植生がない急崖がはさむ谷の鉄砲水がいかに危険か、よく知られている。エチオピア高原の縁部山脈の東斜面の河床は勾配がきつく、鉄砲水の脅威はさらに大きい。遠くでくぐもった轟音が聞こえたら、すぐに山腹の上に登らねばならず、足下に水と泥、土砂がまじった巨大な水塊が通過してゆく。雨季には、深いクワッラが隔てる台地と台地の通信が完全に遮断される。いっぽうサムハル地方［現エリトリア共和国ズラ湾西岸］の平地では、砂と塩性の粘土、溶岩の土地のただなかで、地面と岩山が発する耐え難い熱気や、「カリフ」と呼ばれ、沙漠をふらふらとさまよう赤い柱のような砂塵の渦のせいで、停止を余儀なくされることがあった。

植物相と農作物

気候が多様なおかげで、エチオピアの植物相もすこぶる変化に富む。大きな植物区はふたつで、もちろん高原と低地河谷だが、どちらにも生育する植物種もかなり多い。ただしどの植物にも固有の領域があり、占有する面積や斜面の高度は異なる。紅海沿岸は独特で、沿岸の潟には「クデル」すなわちカシプレア・アフリカナ［*cassipourea africana* ヒルギ科］と「ショラ」という樹木、すなわちアヴィセニア・トメントサ［*avicennia tomentosa*］が生育する。ハワキル湾［エリトリア領内］沿岸だと、これらはヨーロッパのブナ［橅］並みの高さになり、外観も似ている★★★。縁部山脈の麓に広がるサヘル地帯はしばしば誤って「沙漠」と呼ばれるが、湧き水の近く以外

★ Rohlfs, *Meine Mission nach Abessinien*, *op.cit*.
★★ Werner Munzinger, *Ostafrikanische Studien*; Raffray, *op.cit*.
★★★ Heuglin, *Reise nach Abessinien*, *op.cit*.

には、叢がぽつりぽつりとあるばかりだ。クワッラの植生は、乾季に落葉する樹木の豊富さがきわだつ。エジプトイチジク［シカモア］やイチジク［無花果］が育ち、渓流のかたわらにギョリュウ［御柳］が密生する。岩場にはアカシアが何本も生え、棘のある枝がからみあう。ところどころに「植物界の象」と呼ばれるバオバブが巨大な姿をみせる。このアオイ［葵］科植物は最大級の樹種だが、多くの点で草本植物の外観をそなえる。なかぶくれした幹はしばしば中空で、水が満たしており、剪定したロゼッタ葉［タンポポの葉のような配置］みたいな枝ぶりだ。風で倒れると、幹回りが二〇～二五メートルもあるうろは、牧人が家畜ともども逃げ込む避難所に利用される。ヤシの木は紅海沿岸から離れず、クワッラにはめったにないため、エチオピア人はデーツをアラビア半島から輸入せねばならない。パンの原料になる植物は主に固有種の穀物か、ヨーロッパと非常に異なる種で、国内のほぼすべての都市が集中する中程度の高さの圏内に繁茂する。ショア地方とアムハラ地方の耕作者のばあい、ミレット［粟］が二八種、コムギ［小麦］が二四種、オオムギ［大麦］が一六種に加え★、種々のライ麦やトウモロコシ［玉蜀黍］がある。最も一般的な穀物は「ダクッサ」と呼ばれるオヒシバ［雄日芝］の一種で、ビール原料になるほか、かつては王様専用のパン原料に用いられた。またパテ類［パン］の原料には「ポア」というテフないしティエフ［イネ科スズメガヤ属 *Eragrostis tef*］が多用される。シンペル［ドイツ人植物学者、博物学者 Georg Heinrich Wilhelm Schimper 一八〇四―一八七八］がヨーロッパから持ちこんだジャガイモは、一時は繁殖したが、病害にやられてしまい、現在これを顧みる農民はいない。バナナの仲間であるムサ・エンセーテはクワッラに生育するものの、結実することはめったにない。おそらく、オロモ人の郷国の平地が原産地のせいであろう。エチオピアではその葉を飼料にするほか、根を焼くとジャガイモに似た風味になるため、イルム・オルマ人［オロモ人］の郷国ですこぶる珍重される一種のパテにする。ヨーロッパの果樹、ないしそれに相当する樹木は、大半がすばらしい実をつける。ブドウ［葡萄］はギリシャ語名オイノスとほとんど変わらぬ「ヴォイナ」の名称が示すように、まちがいなくヨーロッパから導入されたもので、国内の中高度の地帯が「葡萄の地方［ヴォイナ・デガ］」と呼ばれたように、一時は非常に広まった。しかしオイディ

★ William Cornwallis Harris, *The highlands of Ethiopia described*, New York: J. Winchester, 1844.

ウム菌にやられ★、現在はわずかな株が残るにすぎない。テオドロス二世が、ワインは人間よりも優れた存在のためにのみ用いられるべきだという口実のもと、ブドウの木をすべて引き抜かせたのだと非難する旅行家もいる★★。最後に、カッファ地方の聖樹であるコーヒーの木も、狭義のエチオピアの原産ではないらしく、タナ湖南岸のゴッジャム地方ゴンダールの近傍と、高原のいくつかの地方で栽培されるのみだ。

固有種ほか

エチオピアで最も特徴的な野生植物のうち、独特な形姿でもって景観に彩りを添えるのがコルクワル、すなわちエウフォルビア・カンデラブルム〔*Euphorbia candelabrum*〕で、カナリアス諸島やアソーレス諸島の巨大なトウダイグサ〔燈台草〕を思わせる。分厚い枝葉が茂るので、畑地や集落を囲む生垣として、不意の襲撃を防ぐのに用いられる。枝分かれする梢〔ブラシ状〕まで一二メートル以上に達する丈のものもある。樹液は乳状で、猛毒だが、エチオピアの薬局方に頻用される。また材木は火薬の原料になる。ヤシの木のような形態と外観をもつジバラ〔*rhynchopetalum montanum, Lobelia rhynchopetalum* ミゾカクシ（溝隠）属〕は剣のような輪郭〔狭楕円形〕の葉が頂部に生え、その上に花茎が三～五メートル突き出る。そして藤色の美しい花が下から順々に上へ咲いてゆくが、開花すれば枯れてしまう。高地部に特徴的なもうひとつの種が巨大なアザミ〔薊〕であるエキノプス・ギガンテウス〔*echinops giganteus*〕で、樹木のような茎をそなえ、人間の頭ほどの花を咲かせる。ヒースはさらに高く、八メートルに達する。デガの高台には堂々たるクッソ〔*brayera anthelmintica*〕も繁茂し、バラ色の総状花序が分厚い葉のあいだから無数に落ちてくる。これは医師ブラエルが勧奨して以後、国内のみならずヨーロッパでも、サナダムシに対する煎じ薬に用いられる。またイチジク〔無花果〕の一種フィクス・ダロ〔*ficus daro*〕はインドのバンヤンジュに似て気根が幹のように増え、小さな森のようになるため、数百人が樹陰に憩うことができる。アビシニアの一本の木陰で軍団がまるごと宿営したという伝説は、明らかにフィクス・ダロを指すものだ。ワンゼすなわちコルディア・アビシニカ〔*wanzé, cordia abyssinica* とあり、いわゆるスーダン・チーク *Cordia africana* か〕は豊かな樹冠をそなえ、屋敷林に用いられる。高

★ Heuglin, *Reise nach Abessinien*, *op.cit.*
★★ Raffray, *op.cit.*

地部の毬果植物を代表するのはイチイ［一位］とネズ［杜松］で、巨木になると三〇～四〇メートル、ショア地方では五〇メートルもの丈になる。人々はこれを墓地のまわりに植え、枝を墓の上に撒く。ネズは独りでに長い板に割れるため、いちいち板材に挽く手間がいらず、よく建材に利用されるほか、薪にもなる。

森林破壊

緑部山脈の東にあるゼブール地方の扶壁をはじめ、いくつかの地方には、まだほとんど斧が入っていない広大なネズ林が残っている。そこでは種々の針葉樹が蔦の網でお互いつながる熱帯林のような様相をそなえ、他の北方植物区には見られぬ眺めである★。だが、全体としてエチオピアは森のない国だ。草地の禾本科植物を焼き払うという、アフリカであまりに一般的な習慣が、高地のほぼ全域にわたる森林破壊の原因である。高山地帯の随所で目にする緑斑といえば、村の近傍の作付け地と、教会の聖樹のみである。そもそもアビシニアの自生種は少なく、二三五種しかない。うちヴォイナ・デガに生育するのが三〇種、デガには一〇種のみだ★★。とはいえ、斜面や棚状地における気候と植物種の層序のおかげで、エチオピアはいつの日か、食用にせよ工業用にせよ、ヨーロッパの樹種すべてが生育する一大畑作地帯になるかもしれない。鉱物資源は鉄鉱石、岩塩、そして火山地帯の硫黄、ゴッジャム地方とダモト地方の多少の砂金だけだが、同国にはその代わり、高所ではヨーロッパ的、底地ではインド的という、世界全体のような植物相がもたらす無限の資源がある。しかし、エチオピア高原が外界と交易関係を結ぶには、容易な交通路が必要で、それまで植物資源は利用されないだろう。国内の旅行に好適なのは、雨のせいで小道が泥濘になり、激流が渦巻く以外の季節だが、それでも紅海沿いからナイル川方面に下る平地まで、アビシニアを横断するには何か月もかかる。経路の区間や物資の補給は君主［エチオピア皇帝］が管制するため、多くの旅行家が、旅を続ける許可を得るのに数週間ないし数か月を待たされた。

山岳地方の動物相

気候と植物相が多様なことは、野生動物や家畜にも多様性をもたらす結果になった。地球の丸みに照応する植物

★ Abargeus de Sostén, *op.cit.*
★★ Schweinfurt, *op.cit.*

区のように、山肌の植物種が遷移してゆくのとおなじく、動物相も、斜面に層序をなして分布する。低地はアラビア型ないしサハラ型なのに対し、扶壁ではセネガル型である。高原は地中海型で、山岳の頂部はほとんどヨーロッパ型だ★。低地の平野部にはキリン〔麒麟〕、シマウマ〔縞馬〕、アフリカノロバが生息し、後者は博物学者にとって新しい形態だ。またダチョウ〔駝鳥〕も低地を疾駆する。多種のアンテロープがみられ、高原の急崖を少ししか登らぬものもいるが、シメーン地方の四〇〇〇メートル級の土地では野生のヤギ〔山羊 *Capra walie*〕に出会う。サルも多いが、とくにクロシロコロブス〔アビシニアコロブス〕は見事な黒白の毛をもつ。これはショア地方、ゴッジャム地方、クワッラ・ウォッガラ地方の低地の森から離れようとしない。標高二〇〇〇メートル付近には犬のような顔面のヒヒ〔狒々〕が何種か暮らす。サイ〔犀〕はアビシニアの山中、標高二五〇〇メートル以下で目撃されており、岩場を駆け上る。ゾウ〔象〕も山の動物だが、低地の叢林を好み、葉を食い荒らし、枝を折り、木の幹を引っこ抜くので、被害は甚大だ。干上がった河床に寝転がってくぼみを作り、水がしみ出すのを待つが、その甲斐もないと、暑い土地を去って渓流のある高地河谷に向かう。こうしてテケゼ川やタナ湖をみおろすボゴス人の郷国の山々を遊弋するのだ。だが高価な象牙を狙うだけでなく、作物を荒らされた恨みを晴らすために猟師が執拗に付け狙うので、頭数は減少中だ。平地のアラブ人が言うには、ゾウは山岳部のドゥッラを運ぶラクダ〔駱駝〕の隊商を待ち伏せる時期をよく心得ており、隠れた場所からとつぜん姿をみせてラクダを恐慌させる。ラクダは棒立ちになり、穀類を満載した荷を振り捨てて逃げ出すため、首尾よく荷を奪うという★★。カバ〔河馬〕も平地の水が乏しいと、内陸の滝のふもとまで入り込む。テケゼ川上流部の淵で水浴びする姿がみられるが、川端から遠く離れて近くの山中まで進み入るのも苦にしない。タナ湖にもすこぶる多いが、アフリカの大河に生息するものほど図体は大きくない。ワニ〔鰐〕はアビシニアの諸河川の源流部まで遡上するが、それができぬ種や、湖が縮小したり河川が干上がっても、泥の中に一時的な水盤が残るばあいには、乾季のあいだじっと動かずにそこにとどまる。あらたな冠水が起きると、まどろみから目覚めるのだ。

★ Raffray, *op.cit.*
★★ Heuglin, *Reise nach Abessinien*, *op.cit.*

低地の動物相

ライオンはめったに低地の地方から迷い出ることはなく、北はベニ・アメル族の領域を越えない。中央アフリカの仲間にくらべ、たてがみが黒っぽい特徴があり、テケゼ川のほとりに棲む種はほぼ漆黒でさえある〔マサリ・ライオンないし東アフリカライオン〕。戦士にとりライオンを仕留めるのは栄誉で、その毛皮を意気揚々と君主のもとに届けると、数切れの裁ち屑を下賜され、盾の装飾に用いる。ヒョウ〔豹〕はライオン以上に獰猛で危険であり、標高三三〇〇メートル付近まで遊弋する。人肉の味を占めると他の獲物の肉よりも好むようになるため、エチオピアにもインドのような「人食い」がいる。さらに怖れられる猛獣がウォボないしアバサンボで、ルフェーヴル〔フランス海軍軍人、探検家 Charlemagne Théophile Lefebvre 一八一一―一八六〇〕は、ライオンやヒョウに匹敵するオオカミ〔狼〕の一種と考えた★〔マロジと呼ばれる斑点模様のあるライオン〕。エチオピア国内のどの地方でも、その黒っぽい筋模様の黄色、ないし灰色がかった毛並みを目撃した現地住民にお目にかかる。アッバウィ川の南では一頭がチェッキ〔イタリア人探検家 Antonio Cecchi 一八四九―一八九六〕の小屋を襲い、ひとりの子供を食い殺した。斑模様のハイエナは非常によくみられる。クワッラでは、とくに水辺でスイギュウ〔水牛。アフリカスイギュウ〕に出くわすが、すこぶる気性が荒く、最も頻繁に人間を攻撃する。スイギュウが怖気づく相手は皆無で、沼地だろうと岩場だろうと、棘だらけの藪だろうとお構いなしに突進してくる。老いたスイギュウを撃ち倒して調べてみると、かならず深い傷跡がみられる。角は巨大で、根元の全周は六〇センチに達する個体さえいるが、しばしばこれを折るほどだ。現地の呑み助は大盃として最も珍重する。野生動物としてはほかにイノシシ〔猪〕がおり、エチオピアのキリスト教徒はときにムスリムを挑発するためその肉を食するが、一般には穢れた獣肉とみなされる。またアビシニア人はカメ〔亀〕の肉を拒絶するほか、最も忌避するのがウサギ肉で、この齧歯目に関するかぎり、彼らは今もモーゼの戒律を厳守する。アフリカに鳴鳥はいないとはよく繰り返されるところだが、エチオピアほどこの言が誤っていることが分かる場所はない。国内には多くの種類があり、ほぼどれも目の覚めるような美しさだ★★。聖鳥とされるトキ〔朱鷺

★ Lefebvre, *op.cit.*, 4e partie, *Histoire naturelle, Zoologie*.
★★ Rohlfs, *Meine Mission nach Abessinien*, *op.cit.*

geronticus aethiopicus イビス〕は、もうエジプト領内のナイル河畔ではみられないが、アビシニアの高地河谷には今も生息する。渓流や澱み水に差しかける枝には、燕雀類のテクストル・アレクト〔*textor alecto* ハタオリドリの仲間、英語名ヴィレッジ・ウィーヴァー〕ないしプロセウス・アウレウス〔*proceus aureus*〕の巣〔籠状〕がぶら下がる。シュテッカー氏はたった一本のアカシアに八七二個の巣を数えた★。

家畜

家畜は住民の暮らす地方の標高により別々である。ラクダ〔駱駝〕を用いるのは低地部だけで、一五〇〇メートル以上の高地にはみられない。アビシニア種のウマ〔馬〕は明らかにアラビア起源で、国内の居住地域に広まったが、少しづつ変化していった。現在はアラビア種よりも小さく、ずんぐりしているが、イヌ並みに忠実で、岩場の登攀力や耐久力はラバ〔騾馬〕にほとんど劣らない。ロバ〔驢馬〕も高原部に導入されたが、ひ弱で駄獣としてあまり役に立たず、エジプトの仲間のような美質はまったくない。育牛は、美味な牧草地が広大なこととて、エチオピアはうってつけである。いくつかの種は背丈や体格、角の長さ、毛の色こそ違うものの、ヨーロッパの最も美しい種に引けをとらないだろう。ヒツジ〔羊〕は尾が細いのと太い二種類と、その中間種があり、高原の随所でお目にかかる。ヤギ〔山羊〕もいて、大半の宗教書に用いる羊皮紙をもたらす。だがアビシニア人はブタ〔豚〕、ハト〔鳩〕、アヒル〔家鴨〕、ガチョウ〔鵞鳥〕をまったく飼育しない。ニワトリ〔鶏〕はどの村にもおり、朝礼の時を告げる雄鶏を飼う教会もいくつかある。飼い犬は小型種のみで、たいした美点もないが、牧羊犬だけは背が高く、はなはだ勇敢である。いくつかの地方では養蜂を営むが、エウフォルビア・カンデラブルムの花を吸わせると蜜が有毒になることが判明している。カフカス地方やポントゥス地方〔小アジア〕の山中でも、似たような事例は古代から知られている。

★ Stecker, *Mittheilungen der Afrikanischen Gesellschaft in Deutschland*, vol.III, 1881, no.1.

第三項　住民

アガウ人

エチオピアの住民にはすこぶる多様な要素が溶け込んでいる。アラビア半島、ナイル河畔、そして周囲の高低さまざまな平地からの移住民が、国内の先住民と何度も混交したからだ。原住民族と考えられているのはアガウ人、すなわち「自由民」で★、現在もエチオピア国民の基層をなし、おもにテケゼ川上流のラスタ州と、タナ湖西方のアガウメデル州に暮らす。ワウワ人は古代エジプト学者のなかには、アガウ人はヌビア地方の民だったワウワ人の末裔ではないかとする者もいる。ワウワ人は古代エジプトの遺跡が言及する民で、それがだんだんとナイル上流部および山岳地方に押し込められたとされ、じっさい種々の儀式は、古代エジプトの宗教の残影を思わせる。青ナイル河畔でもテケゼ川沿いでも、アガウ人は神なる水流をたたえる祭儀を行なう。また蛇を信仰するが、これは古代エジプトの原始神話に大きな役割をはたし、いまなお新旧両世界の多くの民が尊崇するものだ★★。言語は独特で、ハムテンガ語ないしハムヴァ語と呼ばれ、アビシニア人の日常語であるアムハラ語と同一の基層につらなる。

ファラシャ人（ベタ・イスラエル）の起源と沿革

ファラシャ人、すなわちエチオピアのユダヤ人の数は、わずか一万人から二五万人まで推定がまちまちだが、淵源はアガウ人の兄弟分である可能性が非常に高い。高地部の随所と、さらにショア地方やグラゲ地方でも目にされる。三つの宗教集団に分かれており、それぞれに大僧正がいる。エチオピア南部ではフェンジャと呼ばれる。シメーン地方では十六世紀末になお多数派だったが、現在はもうみられない★★★。ファラシャは「流人」を意味し、じっさい聖地から放逐された人々の後裔だと自称する［今日ではファラシャは蔑称として忌避され、ベタ・イスラエ

★ Sapato, *Esplorazione*, vol.I, 1877-1878.
★★ Robert Hartmann, *Abyssinien und die übrigen Gebiete der Ostküste Afrikas*, Leipzig & Prag, 1883.
★★★ Rüppell, *op.cit.*

ルの呼称が用いられる］。またソロモン王［イスラエル王国第三代君主 Salomon 在位前九七一―前九三二］と女王シバ［シバ王国女王 reine de Saba 前十世紀頃］の息子メネリク［エチオピア初代君主 Menelik I 前十世紀頃とされる］を先祖とする民だという伝説を好んで引用する。彼らのもとを訪れた旅行家のなかには、オリエントのユダヤ人とよく似ているとする向きもあるが、大半の旅行家は、ファラシャ人はアガウ人とおなじく目が少しつり上がっているだけで、隣人の民と何ら大きな違いはないとする★。言葉はクワラ語、フワラ語、ないしフワラザ語と呼ばれ、消滅寸前らしいが、アガウ人の言葉に似ており、両者の出自が同一ではないかという仮説に高い蓋然性を与えるものだ。だがこれら「流人」の宗教的熱情はまさにユダヤ人的で、他のイスラエルびとが彼らを民族的な兄弟分とみなすのも故なしとしない★★。いずれにせよ、かつてパレスティナからエチオピアにかけての種々のユダヤ共同体のあいだには、ひとつの完全な宗教的斉一性が存在した。エルサレムのモリヤの丘から、アフリカの高原にある多くの「シナイ山」への通信は、アラビア半島の大半を占拠した強力なユダヤ共和諸国のおかげで一度も中断しなかったし、ムハンマド［イスラーム開祖 Mahomet, Muḥammad 五七〇頃―六三二］の生誕の五〇〇年前には、まだヒムヤル地方［ほぼ現イエメン共和国］にひとつが存続していたのである。ユダヤ教は紅海の向こうの東方から伝播したが、やがて衰退期を迎えると、この「選民」が最もよく保持されたのは西方においてであった。ファラシャ人にかつての宗教的卓越性はなく、その諸王朝もいまは昔語りだが、アラビア半島のユダヤ人のような、誰からも迫害され憎まれるカーストではない［今日では多くがエチオピア内戦（一九七四―一九九一）の惨禍と迫害を逃れてイスラエルに移住している］。

ファラシャ人（ベタ・イスラエル）の社会

ほぼどの州でも彼らは他のアビシニア人と一線を画し、別の集落や都市の区画に暮らす。「モスク」は、原初のユダヤ教の幕屋とおなじく三つの異なる聖性をもつ部屋からなり、棟の上に据えた一個の土製の壺により、遠くからも見分けられる。純血の維持をことのほか尊重することとて、ファラシャ人は他教の女性とまったく通婚しない。キリスト教徒の住居に足を踏み入れるのさえ禁じられており、万一そうしたことがあれば、自宅に入るまえに穢れ

★ Arnaud d'Abbadie, *Douze ans dans la haute Éthiopie*, *op.cit.*; Hartmann, *op.cit.*

★★ Joseph Halévy, *Prières des Falashas ou Juifs d'Abyssinie*, Paris:Joseph Baer et cie, 1877.

を祓わねばならない。一夫多妻はまったく行われず、婚姻は他のアビシニア人よりもはるかに尊重される。ただし女性はもっと自由だ。キリスト教徒の世帯のように尚早な結婚はせず、男性なら二〇〜三〇歳、女性は一五〜二〇歳に挙式する★。ムスリムもそうだが、一般に彼らも、主人であるキリスト教徒よりも倫理面ではるかに優れている。だが他のユダヤ人とはかなり異なり、商売気がまったくなく、大半は鍛冶や石工、大工、陶工、織工などの手工業者だ。農耕や牧畜にたずさわる者もいるが、誰もがモーゼの戒律に反するとして商取引［物品や貨幣の仲介］を排斥する。聖典類の解釈も、ヨーロッパやアジアのラビと異なることが知られている。だが「戒律」の定めを固守する熱意がどれほど大きかろうと、ファラシャ人の宗礼は、現地キリスト教徒から借りた多くの典礼と混淆している。第一の関心事は安息日の厳正な遵守と、寺院の聖なる石に生贄を供え、古式にのっとり頻繁に沐浴して身体を清浄にたもち、病にけがされた人物を隔離することである。どの家でも村外に小屋をもっており、病人は定められた日数をそこで過ごさねばならない。老人はしばしばその小屋で最期を迎えるが、峻厳な戒律のせいで、かたわらに息子が見守ってくれる幸せは得られない。だがエチオピア政府は、臣民たる者は主君と同宗でなければならぬという原則なので、ファラシャ人の厳格な数々の宗礼も、間もなく過去のものになるのではないかと思われる。直近の旅行家たちは、ファラシャ人にキリスト教信仰を義務化する王命を耳にしているからだ。

カマント人、ウォイト人ほか

ゴンダール近傍の山中と、エチオピア北西斜面のクワッラ、およびショア地方で少数をみかけるカマント人カーストは、ファラシャ人の言葉を話し、相貌も全然違わないので、おなじアガウ人に属するとされる。伝承もファラシャ人に連なるし、預言者モーゼの末裔を自称する点もおなじである。安息日を奉祝はしないが、少なくともその日は仕事を休む。キリスト教の祝祭日には働かぬ者もいる。だが、キリスト教徒とユダヤ教徒はお互いを異教徒とみなしており、カマント人は大岩の根元で特殊な祭礼を催すとも言われる。テオドロス二世は治世の初期に、彼らをキリスト教に改宗させることを思い立ったが、水運びや打穀夫を営み、ゴンダールのブルジョワ家庭に仕えて賤

★ Henry Aaron Stern, *Wanderings among the Falashas in Abyssinia*, London: Wertheim, Macintosh, and Hunt, 1862.

視されるカマント人のような存在を、神の前では同等の人々として扱うのは然るべからずと具申された。じっさいカマント人はすこぶる働き者で、その点では、自分のほうが上位者だと信じるアビシニア人のお手本になるだろう。ゴンダールとその近隣都市が必要な物資を毎朝受け取れるのも、彼らのおかげなのである★。カマント人女性は新世界のオレホネスや、キリマンジャロ山の隣に暮らすワ・クワフィ、および多くのバントゥー系部族のように、耳朶に木製の円盤をはめ込むので、耳たぶが肩まで垂れ下がる。タナ湖沿岸の漁労民ウォイト人はカバ〔河馬〕も狩る。つい最近までアガウ人の言葉を話していたので、原住民族に属する。子供に割礼は施さず、清浄、不浄の別なく獣肉を食する。おなじ一帯に暮らすツェラン人は遊牧民だ。

ボゴス人（ビレン人）

サヘルとバラカ川の間にあるセンヒト地方、〔現エリトリア共和国内〕ないしセンナヘイト、すなわち「麗しき地方」のメンサ人やボゴス人、ないしビレン人もアガウ系か、あるいはアントワーヌ＝ダバディ氏によると、ブレムミュアエ人の後裔かもしれない。ボゴス人は「ボアスの息子たち」の意味で、むしろボアスゴル人の呼び名のほうがふさわしく、彼ら自身によると、血讐を避けて十五世紀半ばにラスタ地方を逃げ出したひとりのアガウ人が先祖だという。だが平地部のムスリム勢力と高原部のキリスト教勢力のはざまの辺境に居を定めた—現在なおそうだが—ため、ボゴス人は両者によりほとんど殲滅され、一八五八年には八四〇〇人ほどしかいなかった。それでも少数の残余は母語であるビレン語と、いくつかのキリスト教の宗礼を保持した。わずか数氏族にまで縮小したこの小さなアフリカの民は、しかしエチオピア北部の全住民で観察される習俗の典型とされ、最も突っ込んだ研究が行われたひとつである★★。その社会は「古いひとびと」を意味する「シュマグリエ」と「平民」を指す「ティグレ」に完全に分断されており、後者は打倒されたアビシニア人か、あるいは嘆願者として受け入れられた移民ではないかとの仮説を許容する。ティグレはシュマグリエの農奴だが、シュマグリエには彼らを売り払う権利がなく、土地と一緒に別の主人に譲渡できるだけで

★ *Ibid.*
★★ Werner Munzinger, *Ueber die Sitten und das Recht der Bogos*, Winterthur: J. Wurster & Comp., 1859; Guillaume Lejean, “Le Sennaheit, souvenirs d'un voyage dans le désert nubien”, *Revue des Deux Mondes*, 1er juin 1865, *pp*. 742-774; Antoine d'Abbadie, “Sur le droit Bilen”, *Bulletin de la Société de Géographie de Paris*, avril 1866, *pp*.241-270.

ある。それどころか、シュマグリエには自分のティグレを保護し、防衛し、受けた恥辱を雪《そそ》いでやる義務があるとされる。ひとりのティグレの血〔生命〕は別のティグレの血をもって償うか、あるいは九三頭のウシ〔牛〕との交換になる。シュマグリエの場合には、別のシュマグリエの血か、一五八頭のウシである。シュマグリエの長男は両刃の剣と、白い牛ぜんぶと、土地およびティグレ全員を継承するが、父のものだった家屋は最年少の息子が引き継ぐ。娘はほぼ誰もが非常に若くして結婚し、何ら継承しない。女性の貞節は非常に重視され、凌辱した者は殺人と同等に扱われる。ただし女性は人間扱いされず、単なる資産だ。個人としての権利は皆無で、責任能力も、義務さえもなく、エチオピアで最も卑しまれる動物であるハイエナに等しいとされる。ボゴス人の夫は義母の顔を絶対に見ようとしないし、その名前さえ呼ばない。いっぽう妻は、夫の名や義父の名を呼ぶのは犯罪になる。伝承によれば、今日ボゴス人が住む地方はロム人の母国だったとされる。これはいまも歌い継がれる剽悍《ひょうかん》な戦士部族で、「天に対し槍を投げつけるほど勇猛」だった。その遺骨は石の記念碑が覆っており、墓中に埋葬された宝物を悪霊たちが警護すると言われる。このロム人とは何者だろうか。ローマ人の栄えある名を利用したビザンツ文明の入植者だったのだろうか、それともムスリム勢力の征服により、内陸に追われたアドゥリス人だったのだろうか★。

タクエ人ほか

ボゴス人の北には、おなじく山岳部の前方に張り出す高台にタクエ人が暮らす。彼らもアガウ系の出自で、ビレン語を話すため、ボゴス人と同様にビレン人と呼ばれることがある。近隣の大半の民と並び、タクエ人も征服民であることを誇るし、おそらくそれは正しい。ただし、いつとも知れぬ昔からアフリカに住んでおり、ハマセン地方の人々は、かつてその氏族に属した畑地を指し示す。その西にいるダムベラ人もアビシニア系だが、東部の高原地帯に暮らすメンサ人と、アンセバ川が北を画す山岳地方に住むマレア人は、いずれもアラブを自称し、ムハンマドの叔父の直系をもって自任する。どちらも半遊牧民で、農耕も営みながら天幕に暮らす。メンサ人とマレア人はかつてキリスト教徒で、タクエ人とボゴス人もそうだが、イスラームへの改宗事業が始まったのは今世紀〔十九世紀〕前半にすぎない。

★ Lejean, *op.cit.*

最初に改宗したのは貧者や奴隷層で、族長たちは大半がムスリムになったのち、はじめて改宗した。大災害が起きると、いまも古来の神エグジアベヘルに助けを求めることはあるが、日常の祈祷はアッラーに対するものが取って代わった。イスラーム世界の一員となってからは、マレア人はもうボゴス人のように死者の土墳を築かない。人口は一万六〇〇〇人ほどで、「黒」と「赤」の二部族に分かれる。奇妙なことに、南側にいる「赤」の部族は黒い土地、北の丘陵にいる「黒」の部族は赤い地面の土地に暮らす。マレア人の言語は被征服民であるティグレ人のものだ。同宗者すべてを兄弟とするイスラームの教えにもかかわらず、ティグレ人は個人も民族全体としてもマレア人の奴隷で、無権利のみじめな賤民である。マレア人が死ぬと、ティグレ人の家長はこの貴人の跡継ぎに一頭の牝牛を差し出さねばならない。マレア人ほど貴種を誇る民はなく、科される刑罰は「従容たる死」のみである。いっさい法廷に出頭せず、弁解したり許しを求めたりする不体裁も許容しないからだ。婚外の出生により血統が汚されると、両親と子供は全員が殺され、罪の痕跡のいっさいを消し去る習いがある★。

ハバーブ人

メンサ人とマレア人の北方、西をバラカ川、東を紅海沿岸のサヘルが画する山岳高地を渉猟するのが、牧畜民アズ・ヒッベスないしハバーブ人だ。言葉は他のエチオピア住民とおなじ系統で、ティグレ語同様にゲエズ語からの派生語である。また少なくとも十九世紀半ばまでは、名目的にせよキリスト教徒だった点もおなじで、もとは農耕民だったが遊牧民になったのち、周囲の牧畜民の宗教を導入したものである。財産といえば家畜だけで、小さな共和的集団に分かれ、山岳地帯から前山々脈や平地まで、水と牧草地を求めて遊牧する。すばらしいナフカ台地を彼らの郷国の中心とみなしてよいが、冬場は完全に放棄され、野獣の巣になる。だが建物跡や、三～四段の円形状に配置された墓石により★★、同地がかつては定住されていたことが分かる。これらの遺跡は、原住民族だったと思われる小部族ベト・マリエ、すなわち「豊かな館のひとびと」のものと考えられている★★★。ハバーブ人の郷国のゾウ［象］も人間同様に移動性で、冬の雨季には、サヘルの空白地帯をみおろす高原の東斜面

★ Munzinger, *Ostafrikanische Studien*, *op.cit.*
★★ Heuglin, *Reisen in Nordost-Afrika*, *op.cit.*
★★★ Henri Duveyrier, *Notes manuscrites*.

挿画 XX　エチオピア人女性とシャイキーヤ人アラブ
いずれもカルトゥームの奴隷階層　リヒャルト＝ブフタ氏の一葉の写真をもとに

に群れるが、夏になるとナフカ地方の高所まで登ってから西に下り、バラカ川の谷や、アビシニア山中の斜面にいたる★。

ベニ・アメル族

ハバーブ人の西、北、東の低地にベニ・アメル族の環形の領域が囲むが、言語面では混合した土地だ。ベニ・アメル族じたい、アビシニア人とベジャ人が混交した出自に思われ、内部ではベジャ人の「ベドウィン系」の言語と、現地でハッサ語として知られるティグレ語の方言とが、卓越を争っている。サヘル地方のネブタブ人は、全員が貴種を自称し、また隣人もそうみなすが、これも二つの言語に分かれる。ベニ・アメルの部族は、高原に近いほどエチオピア系の要素が強まる。サムハル地方の平地でメンサ人に近接して暮らす部族は、ほぼティグレ語しか話さない★★。ベニ・アメル族は、ボゴス人や他の山岳民の娘をめとることで盟を結ぶが、自身の娘をアビシニア系部族の男に嫁がせるのは、面目にかかわるとして容認しない。こうし

★ Th. von Heuglin, *Bulletin de la Société de Géographie du Caire*, 1876.
★★ Munzinger, *Ostafrikanische Studien*, *op.cit.*

た中間的な地方では、ちょうど高原をとりまく奴隷市場とおなじように、極度に多様な類型がみられる。顔面が広く頬骨の突き出たアガウ人から、アラブ人、アラブ化したハデンドワ人、さらには同じくアラブ化し、秀でた額とのっぺりした頬、細い鼻梁、鷲のような鋭いまなざしをもつシャイキーヤ人などだ。

ショホ人

サホ人、ないしショホ人はマッサワの西、ハマセン地方の高地部斜面を占め、自らの畜産物に加え、マッサワ港と山岳部を結ぶ案内人の仕事からも利益を得る。著作家のなかには、ショホ人こそ正真正銘のアビシニア人とみなす者もいるが、旅行家の大半はアファル人、さらにはオロモ人につらなると考える★。言語はアファル系で、アワシュ川までの南部全域で話される諸語に似る。きわめて粗食だが、肉付きのよい顔立ちで、肌はみずみずしい。卓越する信仰は沿岸の住民すべてとおなじイスラームだが、高原に近い土地には、キリスト教の残滓が混じる人々もおり、宣教師が滞在する村では、全員がカトリック信徒になった例もある。名目上は「諸王の王［エチオピア皇帝］」に服属するが、じっさいは独立しており、族長の権威も名目的だ。部族内の集会ではだれもが平等に評議し、我意を通そうとすれば、放逐か死罪だ。古法の順守と公論の尊重により、ショホ人は一個のナシオンに団結している。血讐は極度の厳密さで守られ、人を殺した者は死ぬか、あるいは定められた価格の代償を支払う。逃亡した殺人犯の身代わりになり得る近親がないときは、部族全体が彼の代わりになり、報いを受ける者をくじ引きで選び出す。ときには殺人犯の家族が本人の処刑に同意する。その場合は近親や友人が、［首を吊られた］死刑囚の足にゆわえつけた一本の紐を代わりばんこに引っ張り、もって彼の罪の一端を償う★★。

シャンガラ人

エチオピア高原の西、アトバラ川、ラハド川、ディンデル川、青ナイル、およびその支流トゥマト川方面に下る前山々脈でのアビシニア系の混交は、アラブ人やアファル人とではなく、黒人住民とのあいだで起きた。エチオピア山岳地帯の西斜面に暮らすこれらの現地住民の総称がシャンガラ、ないしシャンカラだが、当事者の自称ではま

★ Rüppell, *op.cit.*
★★ Raffray, *op.cit.*

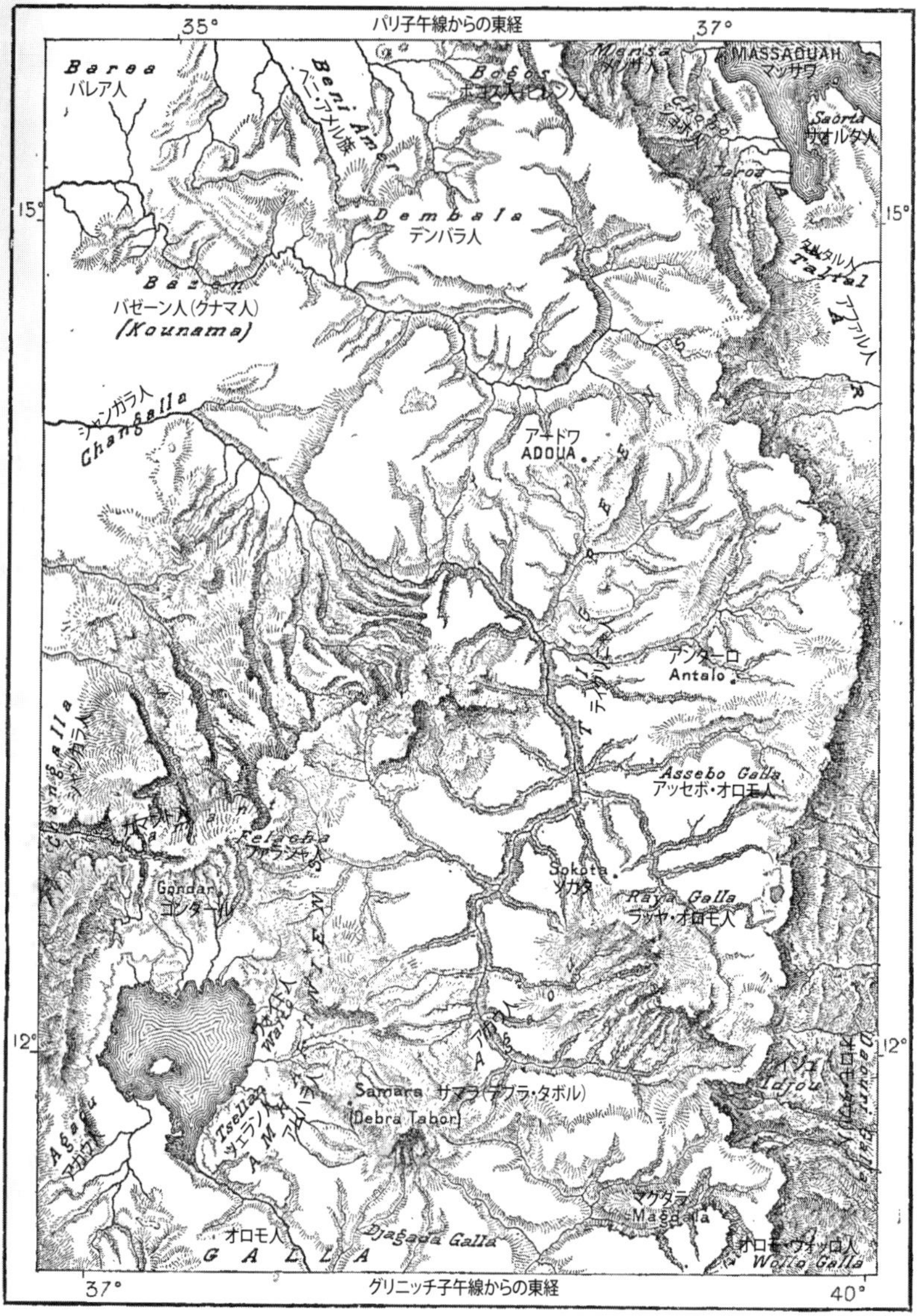

図 42　アビシニアの住民集団

ったくなく、外見も、言語も、出自も雑多な、多くの部族民の総称にすぎない。彼らが似ている点は、ほぼ漆黒の肌と、打ち続く戦乱や絶えざる人間狩りのせいで低いままに押さえつけられてきた相対的な蛮風という点のみだ。シャンガラと呼ばれる諸部族の近くに暮らすエチオピアの「諸侯」は、記憶のかなたの昔から現在まで、勢子《せこ》や銃手の一団とともにこの前山地帯へくだり、あえて村を守ろうとする哀れな人々を殺害し、捕虜の群れを拉致するのを、最も大事な権利だとみなしてきた。彼らはそうした捕虜を君主への贈り物にしたり、奴隷商に売り払ったのである。平野に近いシャンガラ人は、アラブ人という別の恐るべき敵手にも直面する。アラブもかなりの黒人住民を奴隷に落とすからだ。最後に、南部ではオロモ人、ないしイルム・オルマ人の侵入により、しばしば一帯は人口減少に見舞われた。ただしオロモ人が、荒らした地区のいくつかに定着したのは本当である。アッバウィ川の西、メトチャ州のオロモ人がそうで、アビシニア人の領域に暮らすが、最大の外敵は昔の同胞だ。居住地を変えたため、愛国心も変わったのである★。

ティグリニャ語

高原部の文明化したエチオピア人は、おもに言語と伝統が違うふたつの集団からなる。ティグレ地方、すなわち北東の高地部に住む人々と、西のアムハラ地方および南のショア地方に住む集団だ。州名［ティグレ地方］にもその名を冠したティグリニャ人は、他のアビシニア人よりも少し目鼻立ちがはっきりしているかもしれないが、見分けるのは困難だ。ゲエズ語から派生したティグリニャ語という特別な言語を話す。これが宗教書を記す古典言語だ。教会で司祭が朗誦するのもティグリニャ語で、衆生の理解できぬ章句を唱えることにより、祈祷や祭式にいっそうの聖性をほどこそうとするかのようである。山岳部の北斜面、すなわちバラカ川支流群の上流の谷に暮らす人々が用いるティグリエ語（ティグレ語［本訳ではこの表記］、ティグライ語）という類縁の言語もそうだが、ティグリニャ語にも、原住民族に由来する語やオロモ系用語に、ゲエズ語のセム系語根が多少とも入り混じる。いっぽうハバーブ人の「ベドウィン語」は、ほぼ変化せずに保持されたゲエズ語なので、しばしばアビシニアの神学者はこの北方山岳のしがない牧畜

★ Arnaud d'Abbadie, *Douze ans dans la haute Éthiopie*, *op.cit.*

民のもとで暮らし、自分たちの聖なる言語の淵源を勉強する★。紅海沿岸、サムハル地方の平野部に暮らすベニ・アメル族が保持したハッサ語もおなじ由来で、ティグレ語とほとんど変わらない。ただしベニ・アメル族においては、アラブ的要素とエチオピア的要素が卓越を争い、だんだんアラブ的要素が勝ちを収めつつある。つまりアビシニアの言語圏は、サムハル地方では少しづつアラビア語に押されており、最近キリスト教がイスラームに駆逐されたのと軌を一にする。

アムハラ語

エチオピアの二大言語であるティグリニャ語とアムハラ語［アマリニャ語］のうち、アムハラ語もゲエズ語起源だが、アムハラ地方の民度が高く、政治面で卓越することもあって、優勢である。アムハラ語は商業や外交に用いられるほか、文芸の言語でもある。三三個の表音文字からなるが、それぞれに七つの字形があるため、合計二五一文字［ママ。ゲエズ文字］になり、ヨーロッパの言語とおなじく左から右に書かれる。専門の図書館を設けられるほど書物はおびただしいが、最大級の蔵書はヨーロッパにある。筆頭はテオドロス二世の収書に由来する大英博物館で、三四八巻を蔵する。アムハラ語の書籍は、多くが信徒の教化用だが、呪術や歴史、文法書もみられる★★。科学はすでにアムハラ語辞典三冊を得ており、うちダバディ氏が二五年を費やした最新のものが、最大の文献学的価値をそなえる。だが、ティグリニャ系諸語についての文献はまだない。

エチオピア人の身体的特徴

ティグレ、アムハラなどいろいろな州のエチオピア人のあいだには、居住地や職業、食生活、混交による大きな差異があるが、黒色人種とヨーロッパ型の白色人種の両極を除外すると、全体としては見事な体形と、整った相貌が際立つと言ってよい。大半は中背で★★★、肩幅は広いが華奢な体格である。動作と姿勢は優美で、ローマのトーガ［長衣］に相当するシューマを羽織り、気分の移ろいにつれ、ひだが様々な表情をみせる。額は一般に秀で、鼻梁はまっすぐか軽い鷲鼻、唇は厚く、口はヨーロッパ人よりもやや突き出る。顎は細い。長

★ Munzinger, *Ostafrikanische Studien*, *op.cit.*

★★ Antoine D'Abbadie, *Catalogue raisonné de manuscrits éthiopiens appartenant à Antoine D'Abbadie*, Paris: Impr. Impériale, 1859.（ダバディ氏所蔵の 234 冊のカタログ）

★★★ Hatmann, *op.cit.*, によると、1m56cm 〜 1m65cm、平均 1m60cm。

頭型で、毛髪は巻き毛に近くカールし、しばしば小さな房の集まりになっている。ムスリム奴隷商人がフィルフイル、すなわち「胡椒の実」と呼びならわすものだ。アフリカ人の大半とおなじく髭面はめったにおらず、大きな目にまぶたを垂れ下げる［半眼になる］習慣があるので、欺瞞や不実な印象をしばしば与える。肌の色合いは、真っ黒から地中海沿岸住民の日に灼けた白い肌まで、千差万別だが、多いのは浅黒く黄色な肌で、ときにはレンガの赤みに似た色合いを帯びる。一般に女性は色白で、ぱっと赤面すればすぐわかる。娘時代にはすこぶる優美だが、花の命は短い。男性よりも小柄で、ハルトマンによれば平均身長一メートル四五～四八センチを上回る背丈の女性はめったにいない。

疾病

エチオピア人は男女とも例外なくサナダムシ持ちである。現在では、アビシニア人に普遍的な生肉を食する習慣が原因なのは間違いないことが判明している。例外は北のサラウェ州の住民で、ほぼ完全に菜食だ★。前世紀のブルースの著作に、ブロンドと呼ばれる祝宴では、まだひくひくと動く生の牛肉にコショウ［胡椒］やトウガラシ［唐辛子］をまぶして食べるという記述があったが、まったく信用されず、嘘っぱちだという非難を浴びた［ブルース『ナイル探検』長嶋信弘・石川由美訳、17・18世紀代旅行記草書第一〇巻、岩波書店、一九九一、一八一―一九一頁が該当箇所か］。だがその後にエチオピア高原に赴いた旅行家は、全員がこの記述を確認したのである。アビシニア人がこの面倒な寄生虫を厄介払いするには、クッソの葉を煎じて飲んだり、苦い樹皮など植物性の薬に頼るだけで、珍味をあきらめようとはしない。エチオピア高原で怖れられる疾病はいろいろだが、ハンセン病はクワッラ、とりわけファラシャ人の村内にかなり一般的だ★★。ヨーロッパおよび南米とおなじく、高地の谷ではとくに女性に多くの甲状腺腫がみられる★★★。テオドロス二世に長く抑留されたイギリス人医師ブランク［Henry Jules Blanc 一八三一―一九一一］によると、近隣諸国では分娩が一般にすこぶる容易なのに対し、エチオピアでは産褥熱の死亡率が高い。その一方、拷傷の治りもアビシニアでは遅く、軽い打撲がしばしば骨の病を引き起こし、快癒まで長くかかる。

★ Munzinger, *Ostafrikanische Studien*, *op.cit.*
★★ Lefebvre, *op.cit.*
★★★ Rohlfs, *Meine Mission nach Abessinien*, *op.cit.*

問と兵士上がりの乱暴者が多い国柄のこととて、手足や性器の切断は非常に頻繁だが、それがもとで死にいたるのは珍しく、一般に急速に快癒する★。高原部の住民がクワッラの瘴気を怖れるさまはヨーロッパ人と変わらず、雨季にはめったに標高一〇〇〇メートル以下に降りようとしない。山岳部の住民に高湿な暑気が危険であることは、平地の住民にとって、アビシニア人の襲来に対する最良の保障だ。「諸王の王」が暑い土地の民を膺懲《ようちょう》するさいには、エチオピア南部の森林に暮らし、気候に半ば順応しているオロモ人の戦士を送り込むことが多い。ただし、ゾウ〔象〕狩りの猟師や黒人は、獲物を追って低地地方に入り込んでも、瘴気をものともしないと言われる。彼らは全身を硫黄で毎日燻蒸するからだ★★。

気質

アビシニアを旅したヨーロッパ人は、自分が受けた扱いの良否によってエチオピア住民の性格をいろいろあげつらい、くさしたり褒めたりするが、一般的には、アムハラ人もティグリニャ人も活発な知性をそなえ、生来快活で親しみやすいと記述する。雄弁術など習わずとも、アビシニア人はすばらしい雄弁家で、貴族然とした物腰と、礼儀正しい所作をそなえる。初等学校〔宗教学校〕に通っても、読み書きのほかは空疎な形式しか学ばないのだが★★★、言い回しはみごとで、常套句や屁理屈が少し混じるにすぎない。だがどんな話柄でも優美に軽く言及するだけで、深めるということがなく、思考は一定しない。自尊心や虚栄心が強く、ときに移り気でもあるため、危険な企てに安直に乗り出す。自分の手が届かない大望だとは考えないのだが、うまく行かなくても、まったく平静に不運を受け入れる。内乱による禍福の転変があまりに突然なため、あらゆる変化を受け止め、貧窮から富貴への栄達にも、奈落のどん底への転落も、覚悟しておくことが必要なのだ。アビシニア人に狂人というものはいない。だが国内政治の慨嘆すべき状態〔十八世紀後半からの混乱〕は、住民の悪癖の多くを説明する。絶えざる戦乱のせいで、平和的な営みは脇に押しやられ、兵士は略奪により、聖職者は物乞いにより生きるありさまで、労働は馬鹿にされ、あらゆる仕事が女性と奴隷に押し付けられる。アビシニア人はしばしば誇り高いが、エジプ

★ Dr. Petit, Notes au *Voyage en Abyssinie* par Lefebvre, *op.cit.*
★★ Antoine d'Abbadie, *Séance de la Société de Géographie de Paris,* 14 avril 1882.
★★★ アビシニア人のうち識字者は、アムハラ人が5分の1、ティグリニャ人が12分の1。

トの零細農民ファッラーヒーンとおなじく、贈与を求めるのが体面を汚すとは考えない。皮肉な口調で、「神様がわれわれに舌をくださったのは、お願いできるようにするためだ」というのである。ショホ人のあいだではバクシーシ〔喜捨〕への偏愛があまりに強いため、何人かの族長は墓の底から施しを求めるべく、死後も地上に手が出ているように自分を埋葬させたほどだ★。もうひとつの通弊が廉直さの欠如で、神学上の煩瑣な議論いっさいが何らかの聖典の解釈に基づく国柄では、真実をほとんど尊重しないようにも思われる。ヴァレンシアの語るところでは、ショア地方のある君侯は、守る気のない誓言を口にしたあとでは、上下の歯でもって自分の舌をしごき、傍らに唾を吐くのを廷臣に見せ、もって口を拭った証人にした。これで誓約は破棄されたことになるのである。またアントワーヌ＝ダバディ氏に対し、あるアビシニア人はよく次のように言った。

「嘘は、無垢な真実には必ず足りない「塩気」をひとつまみ言葉に加えるのさ」と。

第四項　物産と社会

農業

エチオピア人はいわゆる「文明の民」に数えられるものの、農業はまだ初歩的である。多くの犂《すき》の箆《へら》は一本の木の棒か鉄鎌にすぎず、土を切り割るだけで、すき返すことはできない。播種後は取入れまで何の世話もしない。果実や工業原料をもたらす有用な植物もいくつかあるが、野生状態に捨て置かれる。摘み取りさえおざなりで、サヘル地方やサムハル地方、縁部山脈の斜面に育つアカシア類が豊富に分泌するゴムも、マッサワとエチオピア高原を結ぶ細い交易路の、すぐ近く以外では採取されない。いくつかの植物種が外界から持ち込まれたのは確実で、とくにブドウ〔葡

★ Lefebvre, *op.cit.*

萄〕は、ビザンツ帝国と交易があった時代に導入された。今世紀には、シンペルがジャガイモ栽培を普及させ、ドイツ人宣教師たちが赤キャベツを持ち込んだほか、ムンシンガーがボゴス人の郷国に新種をいくつか供与した。最も生産性が高いヨーロッパ植民地並みにアビシニアの可耕地を利用すれば、エチオピア高原はコーヒー豆やキナ〔キニーネ原料〕を世界市場に供給できるだろうし、前山々脈の河谷は、綿花栽培においてアメリカ合衆国と競うことができるだろう。

手工業

農業とおなじく狭義の工業も放棄された状態だが、エチオピア人は自国の原材料を海外に仕向けて製品を輸入する代わりに、みずからそれを活用するのに十分な開明的な知性と、手先の器用さをそなえる。だが不断の戦乱のせいで、ときには壮丁全員が武器を手にとることもあったし、また奴隷制をもつ封建国家すべてにみられる労働と労働者に対する侮蔑のせいで、アビシニア人はみずからの能力と生来の趣味を、工業により伸長させることはできなかった。石工や指物、大工といった仕事は、ユダヤ教徒ファラシャ人に丸投げされている。もろもろの器具や道具類、武器の製作もファラシャ人が行なうが、そうした用益を提供する見返りは「ブダ」すなわち人狼や、よくても妖術師として憎まれ、迫害される危険だ。ヒンドゥーやアルメニア系の帰化人を先祖とするいくつかの家系は、盾や剣、鞍を装飾する線条細工や宝飾品を製作したり、婦人向けの首飾りや腕輪に宝石のはめ込み細工を行なう。宮廷お抱えのヨーロッパ人職工も、エチオピアの手工業に一定の貢献をなす。シャンマ〔白地のゆったりした外衣〕などの衣類に用いる細い綿糸は国内産だが、縁取りに用いる赤や青の綿糸は一般に外国製である。周囲のムスリムの民とおなじく、アビシニア人は革細工なら何でもござれで、盾や鞍、護符など、おびただしい革製品を製作する。住民の多くは自分で着衣を仕立て、エンドット〔*endot* 不詳〕の種を石鹸代わりにして衣類を漂白する。祭日にはまぶしい純白の装いをみせるのが自慢だ。厳密な意味の芸術となると、アビシニア人は知らないと一般に考えられているが、誤りである。ヨーロッパ人旅行者の大半は、地元画家の作品を小馬鹿にした言辞しか吐かない。たしかにいくつかの粗笨なフレスコ画はこうした皮肉を正当化するが、ビザンツの聖職者階層の芸術を根源とするエチオピア派は、少なくとも情熱と活力がそなわる作品をいくつか生み出した。ゴンダール近くのコスコアム宮殿跡には、ポルトガル人によるフレスコ画と、アビシニア人画家によるフレスコ画が交互に並ぶが、見比べて遜色があるのは、見え透いた独善だけの聖人ばかりの前者だ。ほかにも、伝統的で融通の利かぬ画法上のきまりごとに、筆勢でもって対抗する革新的な画家はアビシニアに事欠かない★。歴史画にも挑戦し、合戦図もあるが、アビシニア人の顔は正面を描くのに対し、敵勢であるムスリムやユダヤ人、悪魔は横顔のみである★★。手写本の製本職、写本師、挿絵画家の技と趣味もたいしたものだ。いっぽう「アズマリ」と呼ばれる吟遊詩人は大立者の寵にすがって生きるため、主人の功業を歌い上げるだけで、阿諛追従の詩ばかりだが、戦さへの愛好による啓示があれば別だ。アビシニアのティルタイオスたち［古代スパルタ詩人 Tyrtée, Tyrtaîos 前七世紀］も戦士たちの前で朗誦し、味方をはげまし、敵勢をののしる★★★。女性詩人も軍勢に立ち混じり、言葉と技の型でもって彼らを勇気づける。

エチオピア正教の沿革

岩山の断崖に打ち付ける波浪のごとく、エチオピア高原を包囲するイスラームの攻勢にもかかわらず、「プレスター・ジョン」の古い教えは維持されてきた。キリスト教の導入は四世紀で、コンスタンティノープルが政治面で卓越し、紅海、アラビア半島、シリアを経由する通信は、アクスムから「東ローマ」まで円滑だった。エチオピアのキリスト教の教条は、前アジア［中近東］で覇を競った諸教会のひとつである。アジアとアフリカのユダヤ人は軌を一にしてキリスト教に改宗し、照応する諸派が両大陸に並列して発達した。エチオピアのキリスト教徒はエジプトのコプト教徒とともに、いわゆる「アレクサンドリア学派」を構成し、五世紀半ば［四五一年十月〜十一月］のカルケドン公会議が非難した原始共同体につらなる諸派である［非カルケドン派］。アビシニアの「単性論者」は、ディオスコルス［アレクサンドリア総大主教 Dioscore, Dioscore Ier d'Alexandrie, Dioscorus 四五四歿］とエウテュケス［コンスタンティノープル掌院長 Eutychès 三八〇頃—四五六頃］の教義に従い、ローマとギリシャのカ

★ Guillaume Lejean, *Voyage en Abyssinie*, Paris: Hachette, 1873.
★★ Rohlfs, *Meine Mission nach Abessinien*, *op.cit*.
★★★ Arnaud d'Abbadie, *op.cit*.

トリックから一線を画し、イエス＝キリストに単性〔人性〕しか認めず、聖霊は聖父なる神からのみ発出するとする。ただしキリストは、人間になったとはいえ、その誕生の二重性ないし三重性のゆえに、アビシニア人にとり神性も劣らないため、その様相と継承に関する際限のない論争が神学者のあいだで巻き起こり、ときに凄惨な戦さにも至った。ゴンダールとアクスムはこの「二重性」ないし「三重性」をめぐる神学論争を、物の具とって解決しようとしばしば試みたのである。だが、さまざまな解釈において、ある用語を狭義に用いるか、それとも神秘主義的な物言いに翻訳するかで、その重みはまったく違う。このためヨーロッパ人宣教師は、カトリックもプロテスタントも、聴衆の歓呼に応え、エチオピア人の信仰と、自分が教宣する教えには如何に何の違いもないか、説くことができた。これはとくにカトリック宣教師にとって容易である。アビシニア人同様に聖母マリア、すなわち「蜂蜜の聖母〔原文 Notre-Dame du Miel だが不詳〕」への信仰、聖図像の尊崇、諸聖人の代禱《だいとう》〔執りなしの祈り〕、断食、煉獄、もろもろの贖宥《しょくゆう》、托鉢修道会をそなえるからだ。一五二五年頃にアビシニアに最初に上陸したカトリック宣教師ベルムデイス〔一五二〇年にポルトガル王マヌエル一世がアビシニアに派した医師、外交使節 João Bermudes 一五七〇歿〕は高位聖職者として歓迎され、アビシニア大主教による聖別を受けて、一時はその後継者にさえなった。だがその間に、アフマド＝グラニェ〔アダル・スルタン国君主 Ahmad Grañhé, Ahmed Ibn Ibrahim Al-Ghazi 一五〇六頃―一五四三〕、すなわち「左利きのアフマド」が小銃や砲を供与して率いたオロモ人ムスリム勢がエチオピアを侵略し、同国の軍団を粉砕して諸都市を火と流血に投げこんだ。偉大な航海者の息子クリシュトーヴァン＝ダ＝ガマ〔ヴァスコ＝ダ＝ガマの子息でポルトガル軍指揮官 Cristóvão da Gama 一五一六―一五四二〕が指揮する四〇〇人のポルトガル兵が奮戦して均衡を回復しなかったら、おそらくエチオピア帝国は消滅していただろう。これが一四五一年である。ところがオロモ人の敗北ののち、ポルトガル人は見返りを要求し、国土の三分の一の封領と、アビシニア人全員のカトリック改宗を迫ったため、今度はアレクサンドリア正教会派とローマ教会派の宗教戦争が始まった。イエズス会の最初の宣教団は、ローマ教皇の至上権を認めさせることができぬままエチオピアを放棄せざるを得なかったが、二度目の宣教団はもっと好運で、一六二四年に「諸王の王」は単性論を捨てると宣誓し、全国にわたる改宗令を発布した。異端審問制度が機能し始めて反乱は凄惨に鎮圧され、全土が血に染まった。八年にわたりアビシニアは公式にカトリック世界の一州だったが、ある農民虐殺事件ののち、流血沙汰にうんざりしたゲラウデウォス帝〔ソロモン朝君主 Claude, Gelawdewos, Atsnaf Sagad Ier 一五二一頃—一五五九〕が宗教の寛容を認める勅令を発すると、たちまち全国民が旧来の信仰に立ち戻った。カトリック聖職者は放逐されてひどい死に方をしたが、総大司教だけはアラブ人が捕虜にし、巨額の身代金と引き換えにゴアのポルトガル人に売り渡した。

十九世紀の布教

今世紀になるとカトリック、プロテスタント両派の宣教師ともアビシニアに再来したが、外国人ということで警戒され、滞在はつねに短期しか認められなかった。一般にエチオピア人は宗教への関心がかなり薄く、自分たちと違う宗派の教会がそばに建立されてもあまり気にしないが、改宗が征服の序曲になることは心配する。のち有名なテオドロス二世に即位するカッサ侯がかつて述べたところでは、「わが王国では宣教師は自由である。ただし、わが臣民が『自分はカトリック信徒だからフランス人だ』とか『自分はプロテスタントだからイギリス人だ』とは言わぬことが条件である★」と。後年になると彼はいっさいの布教活動を禁じ、宣教師の滞在を、手工業者としてしか容認しなかった。テオドロス二世じしんの運命〔英派遣軍に敗退し一八六八年に自殺〕をみれば、彼がよく繰り返した言辞、すなわち「最初は宣教師、つぎに領事、それから兵士たちだ」は尤もだったのである。現在はアビシニア領内に外来宗教の聖職者が入ることは禁じられており、シンペルのように国内に居住するヨーロッパ人も、国教に改宗せねばならなかった。

イスラームの宣教

少し前までイスラーム宣教師たちはヨーロッパ人よりも幸運なように映っていた。国境地帯の住民はほぼ全員がイスラームに改宗し、キリスト教信仰はぼんやりした記憶になっている。エチオピアの内奥さえ、ムハンマドのと

★ Picard, "Vicariat apostolique d'Abyssinie", *Annales de la Propagation de la Foi*, no. 254, 1871, *pp*.328-340.

もがらが勝利しそうだったのであり、すでに国民の三分の一がムスリムだとする著作家もいた。都市部では人数も富も、そして影響力もムスリムが牛耳り、商業は全面的にその手中にあった。基本法の定めるところ、諸侯はキリスト教に属さねばならぬため、政治権力だけは掌握できずにいたが、今世紀半ばには、あるじだったアリー侯［エチオピア皇帝ヨハンネス三世摂政 râs Ali, Ali Aloula II du Yedjou 一八一九―一八五六］が口先だけはイスラーム信仰を排斥しながらも、官職どころか、教会から簒奪した財産にいたるまで、イスラーム諸派に分配したのが目にされた★。イスラームへの反感の大きな原因はエジプト軍の侵攻［一八七五―一八七六のエジプト・エチオピア戦争］にあるが、外敵への憎悪は内なる敵にも向けられた。大衆の改宗が布告され、国内のムスリムは全員が外面上は国教会に属させられ、キリスト教徒を示すマテブすなわち「天空のように青い」飾り紐を着用せぬ者は、追放刑に処せられた。信仰を捨てぬムスリムは国外、とくにカルトゥームに通じるガラバト地方に難を避けた。エチオピアは、ヒジュラ暦五年にはムハンマドのともがらの避難先で、預言者は同国を「いかなる人物も不正の犠牲になることはない正義の国★★」と褒めたたえたが、この賛辞に全然ふさわしくなかったのである。

エチオピア正教の聖職階層

エチオピア聖職者層の首長であるアブーナ［大主教。アブナとも］、すなわち「我らが父」は、アビシニア人ではない。七百年になんなんとするラリベラ帝［ザグウェ朝エチオピア皇帝 Lalibela, Lalibela, Gäbrä Mäsqäl 一一六二―一二二一］の治世このかた、大主教は一貫して外国人である。自国民だとおそらく諸侯の家門に連なることになり、あまりに勢威が強大になると懸念したのだろう。膨大な贈り物と引き換えに、アレクサンドリア総大主教が送り込むコプト教聖職者が当てられるので、彼の生命は大事であり、後任のため国庫にあらたな負担が生じないよう、極めて綿密に世話が焼かれる。アブーナが死去して数年間は空席になることもよくある。職務は司祭や助祭の叙聖［任命］、聖壇の祝福、罪人や神を冒涜した者の破門だ。その返礼としてアブーナはゴンダールの一区画をまるごと保有するほか、多くの封領の収益と、厳密な料金表に定める種々の聖式謝礼を収受する。信徒の尊敬はたいへんなものだが、皇帝

★ Des Avanchers, *op.cit.*
★★ Stanley Lane-Poole, *Le Korân, sa poésie et ses lois*, Paris; Ernest Leroux, 1882.

に比肩できる権力はない。テオドロス二世がアブーナに破門されたさい、皇帝は冷然と一丁のピストルを取り出して大主教に擬し、祝福を要求した。「彼の父」は慌てて祝福を与えたのである★。アブーナは皇帝の政治的代理人による監視に加え、宗教上のライバルであるエチャゲ［イチェグエとも］にも制肘《せいちゅう》される。エチャゲはアビシニア人聖職者で、おなじく破門権を有し、尊厳はアブーナに劣らない。ただし叙聖はできない。彼もゴンダールに一区画を所有する。国内のおびただしい修道院を統括する［掌院長］のはエチャゲで、最も学があり、影響力も大きい階層を構成する多数のダブタラ、すなわち「知識人」を統御する。ダブタラは在家信徒だが、教会内の権威は一般司祭をしのぐ。教会領の用益権を握っており、ミサを司式する司祭を月ぎめで雇い入れ、俸給を支払い、懲戒や解雇もできる。みずから司祭を務めることもあり、エチオピアでは司祭職はまったく一時的なものなのだ。祭式のたびに新しい唱歌を作曲するのもダブタラで、主教を揶揄する文言を挿入することもよくあるどころか、君主への警告さえ織り交ぜる★★。

教会の機能

頂点に立つ顕職をのぞき、エチオピア正教の聖職者は妻帯してもよいが、再婚は禁じられる。正教会にくわえ多くの修道会があり、約一万二〇〇〇人の修道士を擁する。これは修道女を除いた数で、修道女の多くは家庭の悩みから隠遁した老婦人だ。廃位された公子や背任した役人、無一物の兵士なども修道院に入る。国土のかなりの部分が聖職者や修道士の所有にかかるため、周囲の農民に賦役が課されなかったら、未墾地のままに捨て置かれるだろう。教会と修道院は初等学校でもあり、ダブタラ層以外から選抜される教授はどれも司祭か修道士だ。教えるのはグレゴリオ聖歌や文法、作詩法で、聖典の章句とその注釈を朗誦させるが、アビシニア人の古典の素養はここまでに限られる。科学知識の獲得は少なくとも無料ではある。というのも、教授の職責は、自分が受けたやり方でもって他の人々に無料で知識を教えることだからで、人々もせいぜい現物の贈り物を届ける程度である。さて教会人にはもうひとつの義務があり、求める者すべてを受け入れねばならない。かつては祈りの場や修道院のみならず、教

★ Lejean; Rohlfs; von Heuglin.
★★ Antoine d'Abbadie, *L'Abyssinie et le roi Théodore*, Paris: Charles Douniol, 1868.

会領も不可侵の避難所とされたが、その聖性に段階が導入されたため、現在では、君侯が嘆願者を無理やり引きはがして労役につかせることができぬ聖域はほんの一握りである。昔はおびただしい巡礼を引き寄せたのに、今日ではもう訪れる者もいない僧院は多いが、いくつかにはなお大群が押し寄せる。それには商売の本能も入り混じっており、巡礼地は同時に市場になる。著名なエチオピア系修道院のひとつが、エルサレムの聖墳墓教会［復活教会］にあることはよく知られている。そこへの巡礼はかなり多いが、メッカに詣でたハッジのような頭上に輝く光輝を得ることは一般にない。ジェッダ［現サウジアラビア王国内］では、エルサレムへの路銀を得るため、イスラームに改宗するアビシニア人の姿が目にされている。彼らは聖地に到着すると、もういちど改宗するのだ★。

平民の宗教生活

エチオピアの神学者は新約聖書よりも旧約聖書に精通することとて、ダビデ王［古代イスラエル王国第二代君主 David 前十世紀］やソロモン王といった、先祖とされる人々の生きざまによる模範にかんがみ、国民の習俗はまだ野蛮であると断じがちである★★。信徒の群れの大半は祈りに不熱心で、教条もほとんど知らないが、外形的な勤行は墨守する。聴罪司祭が課する贖罪行為を行ない、罪過を償うため教会へ施物を差し出し、命じられた厳しい断食にも汲々として従う。ただし自分の代わりに断食する者を雇い入れることもある★★★。四旬節［肉断ちの期間］はふたつあるが、ひとつははなはだ厳格で、四五日間にわたる［大斎］。加えて週のうち二日は定例の小斎である。ロシアやルーマニアもそうだが、年の半分以上は何らかの祭日ないし贖罪の日であり、それに家庭のいろいろな行事日が付け加わる。男性は聖者伝から採った洗礼名と日常の呼び名のふたつをもつ。後者は母親が彼を世界に生み出した際に唱えた名である。さらに家長には、戦さの際に名乗りを上げる第三の名もある★★★★。幼児は男女とも生後二週間で女性たちにより割礼される。洗礼は男の子なら生後四〇日目、女の子なら生後八〇日目に行なわれ、以後は信徒の群れからなる共同体の一員だ。キリスト教式の婚儀では聖体拝

★ Lefebvre, *op.cit.*
★★ Rohlfs, *ouvrages cités*.
★★★ Heuglin, *Reise nach Abessinien*, *op.cit.*
★★★★ Lejean, *Voyage en Abyssinie*, *op.cit.*; Arn. D'Abbadie, *op.cit.*

領がなされ、離婚できぬものとされるが、非常にまれである。ある旅行家によると、聖職者を招いて行われる婚儀は百件にひとつもあるかないかだという。法定上は男女とも三度までしか離婚できないが、実情は夫婦が合意すれば何度も行われる。離婚すると息子は父親、娘は母親が引き取る。一人っ子のばあいには、七歳未満なら母親、それ以上なら父親に帰属する★。最も重要な宗礼は葬礼で、遺族が救済のミサを故人の遺志に従い催し、立派なお斎を振舞わぬ限り、いかに清廉な人物であっても天国には入れないとされる。このため貧困層は「テスカル〔喪中の行事〕」で負った有難い負債をしかるべく返済するため、生涯にわたり倹約するのが目にされる。キリスト教ヨーロッパとおなじく、教会堂のまわりの囲い地は墓地にあてられる。アビシニア人が墓に植える樹木は、西洋ならば故人をしのぶ記念樹に相当し、セイヨウスギ〔西洋杉〕やイチイ〔一位〕、ネズ〔杜松〕といった針葉樹だ。

中央政権

王権〔皇帝〕は法律上は無限定だが、もろもろの慣習に加え、とくに蠢動《しゅんどう》常ならぬ多くの封臣や封領内の共同体、盾と投げ槍で武装した人々、農村の郷紳など、わずかな政治的均衡の変化があれば結束し、皇帝に対抗する勢力により制肘《せいちゅう》される。稜線に沿い、峡谷を渡る容易な経路が整備されて台地と台地をつなぎ、現在なお欠如する全国的斉一性がもたらされるまでは、エチオピアは封建制にとどまらざるを得ないだろう。大小の村が散在する山塊は、どれも深い雨谷によりはっきりと切り分けられ、領主の居館にうってつけのアンバすなわち「山城」が見下ろす天然の封領をなす。領主はこの高みから周辺を監視し、眼下の田園では賦役による収穫の取り分を見積もるほか、よそ者に目を光らせて通行料を支払わせる。大型の教会領や、軍役を負う封領を、自分の一族や忠実な家臣に分け与えようとするのは勿論だ。身辺を守る常備軍は「ウオトアッデル」と呼ばれる傭兵で、速射できる小銃で武装した「銃の達人」ぞろいである。これは皇帝も同様で、向背常ならぬ封臣や、自由地の住民に頼らずとも済むからだ。また皇帝は最も信用ならぬ封臣たちを王宮にとどめ置くよう腐心するが、彼自身の野望や策略は臣下の野望や策略と相克するので、いつも勝ちを収めるとは限らない。じっさいエチオピアの近代史は下剋上が急速であることを示しており、歴代のネ

★ Combes et Tamisier, *op.cit.*

グサ・ネグストすなわち「諸王の王」、「イスラエルの君主」は、いずれもソロモン王と、初代皇帝メネリク一世の母后であるシバ〔シェバとも〕の女王の血脈に自らを位置づけ、「ユバ族の獅子」をあしらった軍旗を掲げたが、臣民を納得させるほどの時間がなかった例は多い。同国の皇位に万世一系の正統性はなく、現実にはその兵営と、少しでも警報があれば騎馬武者がはせ参じられるよう、大きく開かれたいくつかの都市がある一帯の君主にすぎない。テオドロス二世とおなじく、彼を引き継いだ現在の君主〔ヨハンネス四世、在位一八七二―一八八九〕もそうで、兵営以外に首都というものはない。戦さ太鼓を一打ちすれば、軍勢は進軍するからだ。

司法

エチオピア皇帝が原則的には絶対君主であるのとおなじく、州総督や領主、都市や村の首長すなわち「シュム」も、上位者に対する以外の責任を負わずに全権を振るう。ただし『君主の導き書』という法典〔*Fetha Nagast*『諸王の法』とも〕があり、コンスタンティノス帝〔東ローマ帝国マケドニア王朝皇帝コンスタンティノス七世 Constantin VII Porphyrogénète 九〇五―九五九か〕が著わしたとされ、ビザンツ帝国が東方世界に覇を唱えた時代のものであるのは間違いない。モーゼの五書にみられる規則のいくつかと、ユスティニアヌス帝〔同ユスティニアヌス王朝第二代ユスティニアヌス一世 Justinien, Justinianus I 四八三―五六五〕の諸法〔ローマ法大全〕からの雑多な借用からなるが★、その定むるところ、父親はわが子に対し、皇帝が臣民に対するとおなじく、生殺与奪の権限を握る。息子が父親に反抗するのは、封臣が皇帝に反逆するのと同罪で、目をつぶされるか死刑に処せられる。神を冒涜する者や、主の御名あるいは王の名を唱えておきながら嘘をついた者は舌を抜かれる。盗人は右手を切断される。殺人を犯した者は被害者の家族に引き渡され、自分が殺害したのと同じ手口で殺される。ただし過失致死のばあいだと、遺族は血の代償によるつぐないをもって満足せねばならない。受刑者が手足を切断されると、被害者の眼前でそれが焼かれたのち、油脂に浸して本人に返還される。それを保存して自分の体とともに埋葬してもらい、最後の審判の日には五体満足に復活できるようにするためだ★★。喫煙は「タバコはアリウス〔アレクサンドリア司祭、異端とさ

★ Rüppell, *op.cit.*
★★ Lefebvre, *op.cit.*

れたアリウス派始祖 Arius〔二五〇／二五六―三三六〕の墓のなかで生まれた」ため禁じられており、狂信的な諸侯のなかには、違反者の唇を切らせた者もあった★。入牢が宣告されることはまれで、両端に頑丈な環のついた鎖でもって受刑者の右手首と、看守役の左手首をつなぐ★★。看守役のほうも捕らわれの身になってしまうため、なるべく早く相方を厄介払いしようと、示談なり最終的な判決なりのために奔走するからだ。嘆願する者が怒り狂った目上の者に目通りするさいには、首〔首枷か〕に石をつけてゆく。アビシニア人が別のアビシニア人を起訴したいばあい、自分のトーガ〔長衣、シューマ〕を相手のそれに結びつけてしまう。相手は無実を言い渡されぬ限りそれを解いてはならないため、告訴人の後をついて判事に出頭するしかない。両者とも肩脱ぎになって背中をあらわにし、相手を笞打つよう、判事の裁断を迫る。このばあいどちらも代理人を立てず、自分で主張を述べるのであって、第三者に代弁させるのは恥とされ、弁護士資格は侮辱である。もめごとを裁決するのはひとりの子供であることが多い。これは純真な子供こそ善悪を弁別するのに最良と考えられているからである。重々しい様子で原告被告や証人の言葉を聞き取ったのち、子供が判決を述べると、全員が諾々として受け入れるし、それが最終審決になることもある。

奴隷制

アビシニアの奴隷制は黒人に対するもののみで、人口に占める割合はかなり小さい。主人は奴隷に対する生殺与奪の権利をもたず、奴隷を売り払えば極刑に処せられることもある。一般に奴隷の期間は数年で、解放にあたりたつきが立てられるよう道具類や金銭を与えるのは、平民になる奴隷に旧主を徳とさせるためだ★★。ムスリムが改宗を強制されるまで、奴隷交易は全面的に彼らの手中にあった。奴隷商は米国の奴隷制廃止論者とおなじく、地中や木の下の隠れ家からなる「地下経路」を設けたが、意図は正反対で、日中は奴隷の一団をそこに閉じ込め、夜になると隠れ家から隠れ家へと辿って運送したのである★★★★。

★ Stern; Tagliabue, *Esploratore*, giugno 1882; Gabriel Ferrand, *Le Çomal*.
★★ Arnaud d'Abbadie, *op.cit*.
★★★ Lefebvre, *op.cit*.
★★★★ Lejean, *Voyage en Abyssinie*, *op.cit*.

第五項　都市と集落

タナ湖流域

エチオピアの自然的な中心は、色々な時代に同国の帝都でもあった。それはタナ湖が南の低地を占める肥沃な流域で、この恵まれた地方の平均高度は二〇〇〇メートルをやや上回る。すなわちヨーロッパの温暖な圏に相当するヴォイナ・デガにあるが、気温はもっと一定で、植生は豊かだ。この幸せな気候のもとにある田野は、国内で最も多種かつ大量の収穫をもたらす。最も人口稠密な都市群もここに形成されたが、貴族の家門が強大なこの封建国家では、大型都市はめったにみられない。もうひとつの利点が、相対的に交通至便なことである。カルトゥームからタナ湖への直行経路はゆっくりとした上りで、唯一跨ぎ超えねばならないのは、タナ湖の手前にあるワルデッバ山地の急な尾根に限られる。これに対し青ナイル川の峡谷沿いに進む経路は、大きく半円を描いてアビシニアのそと、イルム・オルマ人［オロモ人］とベルタ人の地方を進むため、困難であろう。

ゴンダールの遺跡

エチオピアの中央流域の都市のひとつがゴンダール、ないしむしろグエンダールの市邑で、通例は首都とされるが、実は宗教上の首府にすぎない。古都ではなく、十七世紀初頭の創建だが、良好な状態の居館よりもすでに廃墟のほうが多い。大半の教会堂はテオドロス二世が癇癪を起して一日で取り壊された。北方から市街をみおろす丸い丘にはギンプ、すなわち「城砦」の址がみられる。損壊してはいても、なお国内で最も壮麗な建築だ。城壁はピンク色の砂岩だが、仕上げ表面は玄武岩で、丸い櫓や方形の楼、ポルトガル様式の高い正面口など、堂々たる外観をみせる［一九七九年に世界遺産登録］。ただし樹木や藪が少しづつ入り込んでいる。また王宮のかなりの部分は組織的に取り壊された。今世紀半ばのあるエチオピア王妃曰く、「私共が大建築をいっさい造営してはならぬというのであれば、なにゆえに

挿画 XXI　ゴンダールのギンプ［ファジル・ゲビ］
ヘウグリンの速写画をもとに、スロム筆

他人の建物を残すのでしょうか」と★。遠望すると、これら絵のような廃墟のひざ元にある市街は、教会堂がそびえ、木立が散在して、ヨーロッパ都市の風情にみえる。円形劇場のように囲む山々、デンベア地方の草原を蛇行するせせらぎ、遠く輝く青い湖水は、ヨーロッパで最も美しい都市にも引けをとらないだろう。

ゴンダールの市街

ゴンダールの標高は一九〇四メートルから二〇五〇メートルまで、種々の推定があるが、およそ二〇〇〇メートルとみてよい。ゆるやかな丘の南と西の斜面を占めるが、家屋は厳密な意味の市街を形成するようには集まらず、別々の区画に分かれている。各集落のあいだは建物の残骸ばかりの無人の土地で、夜ともなればヒヨウ［豹］やハイエナがうろつくこともある。旅行家リュッペルは、自宅の鶏小屋に入り込んだ三頭のヒョウを撃退したことがあった。市域は、ブルースの時代に暮らしていたらしい一万軒の世帯に十分な面積があるが、現人口はわず

★ *Ibid.*

かに四〇〇〇～七〇〇〇人とみられる。キリスト教徒とユダヤ教徒は別個の区画に暮らし、「ジベルティ」すなわちムスリムの区画もいまは無人だ★。エチャゲが所有する区画は一般に駆け込み先として尊重され、人口も最多である。

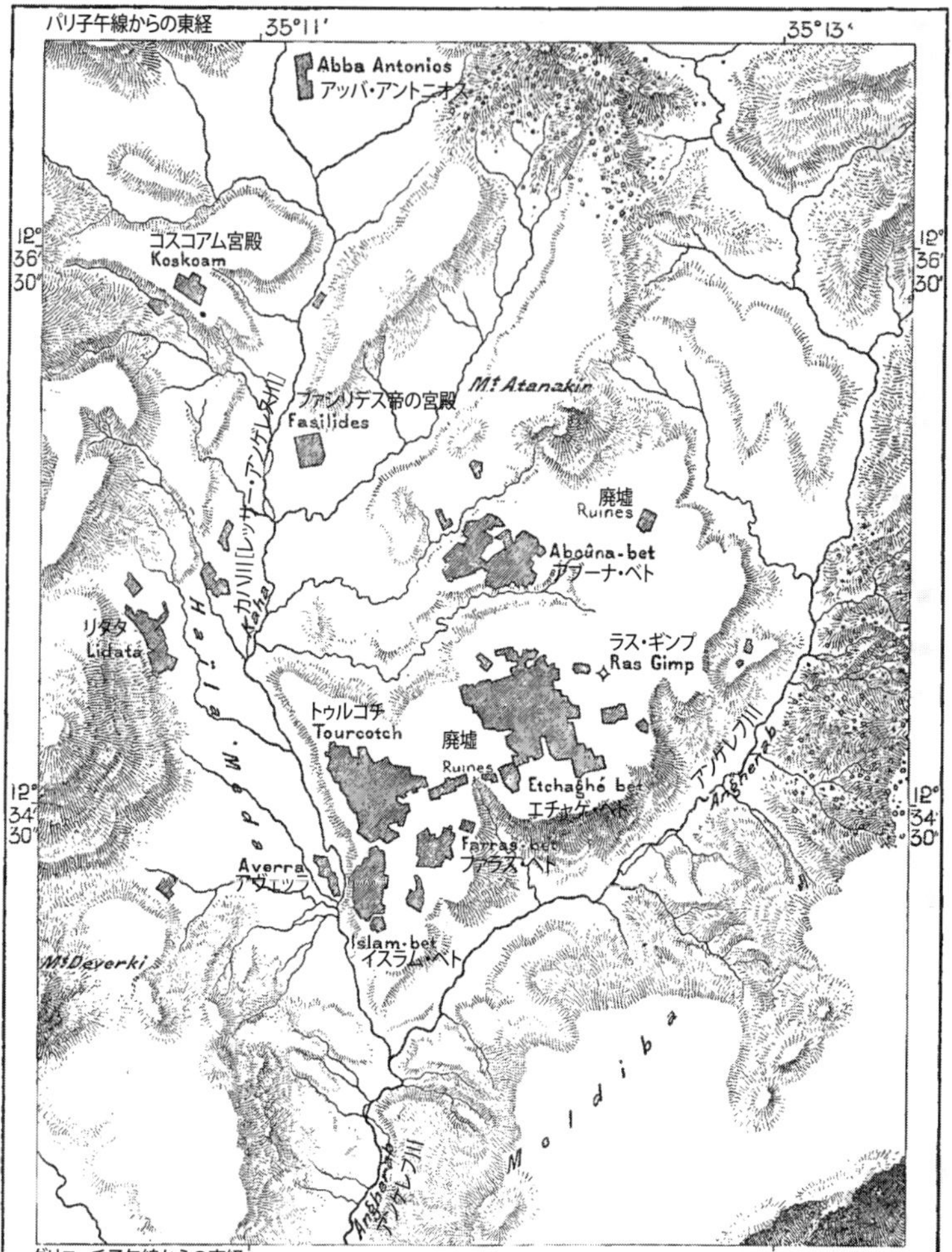

図43　ゴンダール

★ Rohlfs, *Meine Mission nach Abessinien*, *op.cit.*

市内の富裕ブルジョワの館は、大半が二階建ての丸塔型で、一階を畜舎に当てるほか、種々の器具や備蓄品が貯蔵される。頂部は藁葺きに草をかぶせた円錐形の屋根である。ゴンダールは聖職者の町のこととて、市内の消費向けの商工業しかない。鍛冶屋や石工、指物師など、手工業者の大半はカマント人かユダヤ教徒である。靴屋も何軒かあるが、在家のアビシニア人は裸足かサンダル履き程度なので、もっぱら聖職者向けだ。デンベア地方の平野における最大河川マゲチ川にはポルトガル人が架けた橋があり、それがなければ、ゴンダールは一年のうち五か月にわたり南の諸州と連絡できないだろう。この橋は現在まであらゆる増水に耐え、注目すべき大型建造物がかくも少ないエチオピアの、驚異の建築のひとつとして旅行家たちが挙げる。西にはコスコアム宮殿のほか、城館や教会の残骸があって名所のひとつである。南はフェンジャとジェンダという大邑が耕地に囲まれる。この沃野をすっかり作付けすれば、一〇万人を養うに足るだろう。

チェルガほか

デンベア平野の北西角にはいくつかの小村が散在し、全体としてチェルガという都市を構成する［アイケルとも］。ゴンダールほど有名ではないが、交易量はもっと大きい。タナ湖とアッバウィ川、すなわち青ナイル川流域と、ゴアング川経由によるアトバラ川の流域の、分水界近くに位置するからだ。アビシニアの商人は、ここでガラバト地方やゲダレフ地方からの商人と会同する。彼らはエチオピア国境の最初の哨戒所があるウェフニからやってくるが、輸入関税はチェルガで徴収される。ゴアング川の上流河谷には、厚さ三〇センチから一・五メートルに達する優良な石炭層がある。採掘は極めて容易だ★。チェルガ西方には、泉が湧き出る標高二三四〇メートルほどの高台があり、谷と山々が連なる雄大な半円が眺められる。ティグリニャ人のいうツァナ湖、すなわちタナ湖はほぼ全景をみせる。タナ湖の北西岸の近くには、ゴルゴラが所在する玄武岩の岬が、島のようにそそり立つ。その麓からみえる大きな村チャンガールに港があり、ゴンダールやチェルガほか、州内の町への中継地だ。岬の丘のひとつ、旧王宮の近くに、ポルトガル人が建立した一宇の教会堂がある。

★ Heuglin, *Reisen in Nordost-Afrika*, *op.cit.*

タナ湖東方の集落

デンベア平野とタナ湖東岸の田園地帯を結ぶのはひとつの隘路で、フェルカ・ベルという関所があり、旅人に恐れられる。その先のタナ湖流域地方の都市や邑は、いずれも湖面よりもかなり高い場所にみられる。「マリアの城」を意味するアンバ・マリアム〔アンブラ・マリアム〕の有名な教会は、ある岬角部の不毛な一枚岩に立つ。岬角部のふもとには、エンフラス県の村々が分厚い植生の中に隠れる。イファグ、ないしエイファグは、高さ五〇〇メートルほどの火山性の岩山の山裾を花房のように囲む村々の集まりで、ベゲメデル、すなわち「羊の地方」の高原の急峻な山壁が北方からにらみおろす。腐植土が被覆する溶岩性の平地に、登ることもできぬ塔のように屹立する砂岩の岩山群には、無数のハゲタカ〔禿鷹〕が生息し、絶壁の周囲を旋回する。この沃野にはレブ川や南グマラ川など、水量の豊かな河川が走る。イファグはその北端にあり、タナ湖の北東隅の山裾をめぐる通路の入り口なので、中継都市としてははなはだ賑わう市場である。エチオピア政府も同市に税関を設けた。ただし隊商にとっての終点、かつ再編成の場所は、もっと東にあるダリタの村だ。その南に広がるフォゲラ地方は、国内最良とされるタバコを産するほか、丈の高い草原は家畜が隠れるほどで、肥育にもってこいである。かつてイファグは、もっと南にあるコアラタと並ぶ酒どころとして、アビシニア全土に名高かった。同地のワインはポルトガル人が持ち込んだブドウ〔葡萄〕に由来し、巨木に育ったが、オイディウム菌のせいで一八五五年にほぼ全滅した。ヨーロッパ各地のワイン用ブドウがやられたのとまったく同じころである★。

デブラ・タボル（サマラ）ほか

フォゲラの平野の南には、東から西に傾斜する一個の丸い頂があり、ほぼいつも雲中にあるグナ山が東から見下ろす。この長大な頂は分厚い黒土が被覆し、常に高湿なグナ山の山腹から下る渓流群が皺《しわ》のように走る。これがデブラ・タボル、すなわち「タボル山」の高原で、名称の由縁は巡礼地になっている教会堂だ。テオドロス二世以後はエチオピア皇帝の主な座所になったが、軍事的観点からみても、すばらしい着眼である。西は国内随一の沃野であるタナ湖

★ Heuglin, *Reise nach Abessinien*, *op.cit.*

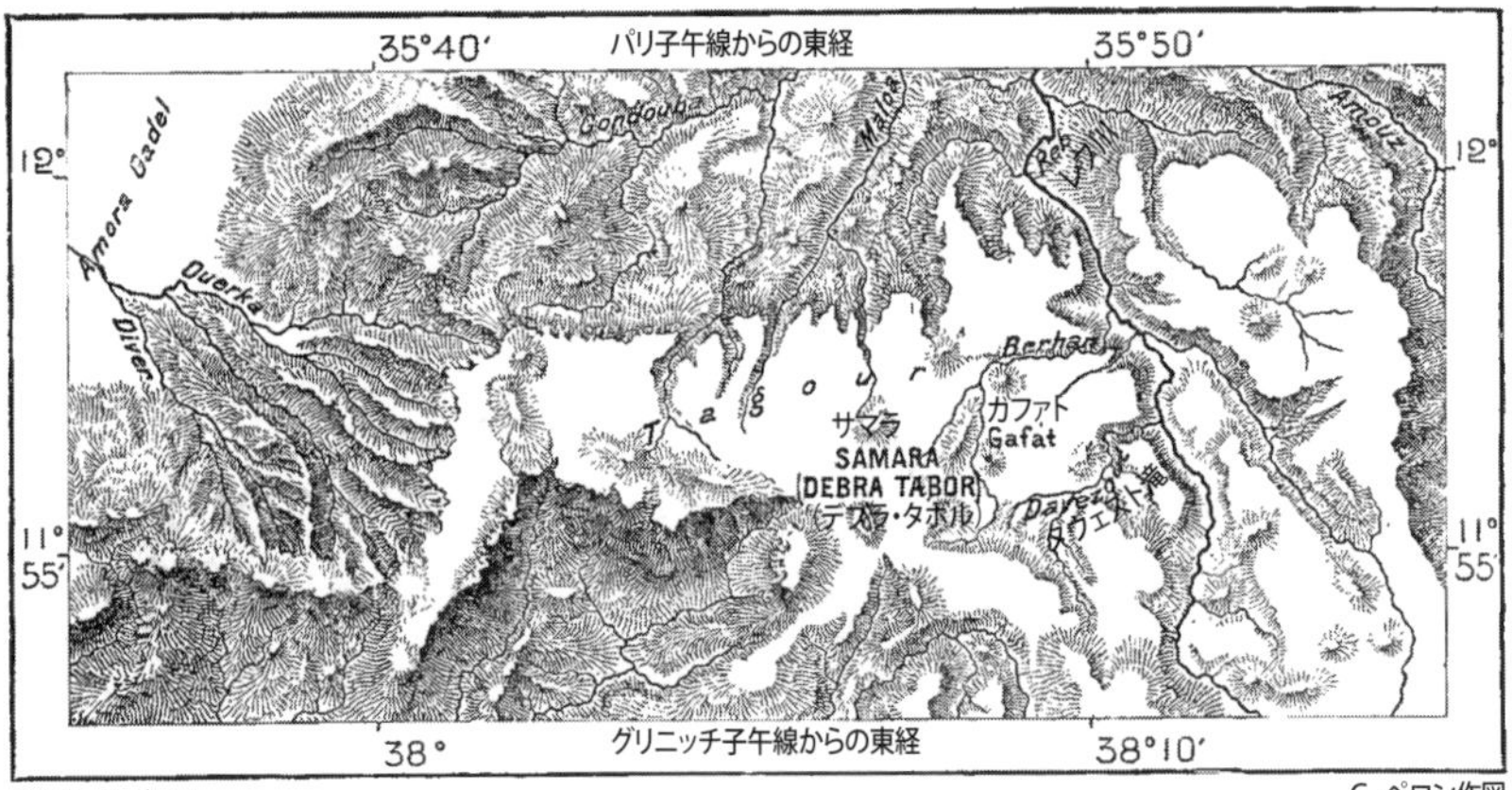

出所：ルジャン　C. ペロン作図

1 : 350 000
0　10 km

図 44　デブラ・タボル

流域の田園で、皇帝は標高二六〇〇メートル以上の稜線に所在する王宮から、兵糧源になる畑地を一望する。東のテケゼ川の上流河谷は渡河が容易で、ティグレ地方の高原部に赴けるし、南下してアッバウィ川の谷間から、ショア地方への道をとることもできる。およそ戦乱の巷にある国の首都としてこれ以上の立地はないだろうが、皇帝の陣幕はデブラ・タボルの高原をしばしば移動した。このため、一時は軍団の駐留にともない官吏や、御用商人や、女性たちがひしめいた集落も、軍勢が遠征に出立してしまうと、ほぼ無人になる例があちこちでみられたのである。デブラ・タボルは「諸王の王」がしばしば雨季の行在所とし、サマラの名がある。その北西数キロにあるガファトは、近年まで「妖術使い」とされた鍛冶の村だった。テオドロス二世がプロテスタント伝道師の居所に定めたからで、彼らは住民に福音を伝道するのではなく、馬具や武器、軍需物資の製造に雇用されたのである。当時のガファトはアビシニアの造兵廠だった。デブラ・タボルの川筋は、レブ川経由でタナ湖に注ぐ。レブ川には、ガファトの近くに高さ二〇メートルを超える見事な滝があり、水は、響岩に開いた円天井形の洞窟の前に、半透明のカーテンのようになって滝壺に落下する★。デブラ・タボルの西方には、高原の低い出っ張りにアレンゴの城館の残骸が

★ Heuglin; Lejean, *ouvrages cités*.

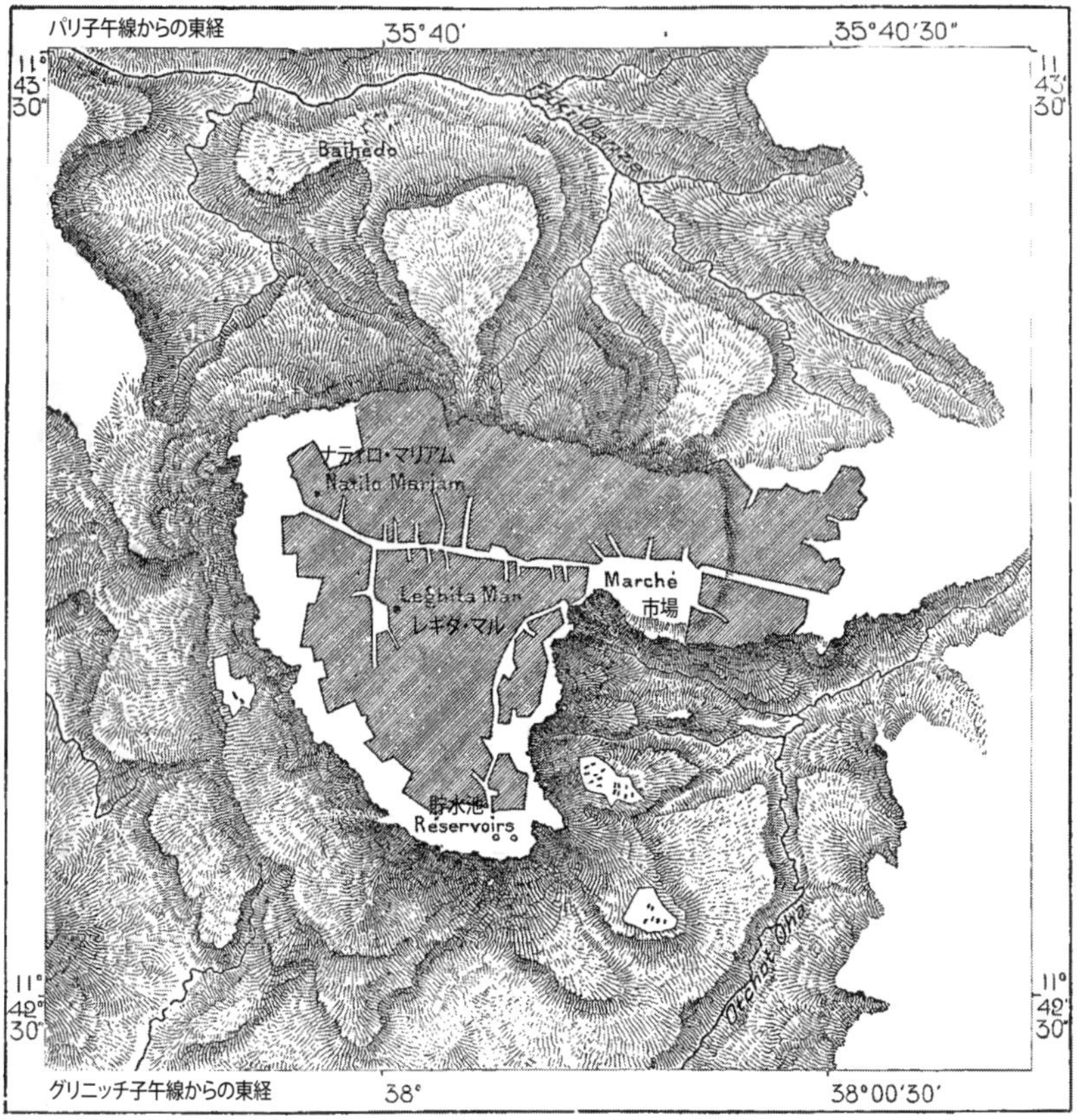

出所：ルジャン　C. ペロン作図

1：20 000
0　500 m

図 45　マハデラ・マリアム

ある。これは「歴代皇帝のヴェルサイユ」だったもので、巨木が囲み、崖のふちから水流が落下して下の処女林に姿を消してゆく。一帯は水温三七〜四二度の豊かな温泉地で、南グマラ川の谷にあるワンジゲが最もにぎわう。その隣村は国内で唯一、旅籠が立ち並ぶ。丘には皇帝の別荘もある★。

マハデラ・マリアム

レブ川流域とおなじく、グマラ川の流域にも、エチオピアの行事に名高い都市がある。マハデラ・マリアム、すなわち「マリア様の休息」で、グマラ川のふたつの支流がはさむ巨大な玄

★ Stecker, *op.cit.*

武岩の上にあり、「教会のありかを示すネズ［杜松］の緑塊のまわりに、畑が囲む家屋が集まる」。市街の三方は深い谷で、一条の細い地峡でもって隣りの台地とつながる。この地峡の城砦化は容易だろう。マハデラ・マリアムはもはや皇帝の座所ではないが、「母」と「息子」という二つの教会堂にはいまも巡礼が訪れ、市場になる空き地に商人が群がる。はっきりと分かれた二区画には、最近までムスリム住民が暮らしたが、アビシニア人との違いといえば、穏やかな習俗と商売という点だけで、知っているアラビア語も、アッラーの名を唱える挨拶の言葉だけだった。市内の温泉は、医術を心得た聖職者が管理する。

コアラタほか

タナ湖東岸で最もにぎわう商都コアラタは、アッバウィ川が同湖から出てゆく箇所の北東一〇キロほどに所在し、レブ川やグマラ川の流入地点にも近い。一帯の道路整備が進めば、いくつかの谷からの道の交差点になるだろう［コアラタは現存しない］。平野のまん中には丸い背をみせる玄武岩質の丘があり、西端は青い湖水に突き出る。周囲は草原と果樹園で、平野には優美なイズリ川が蛇行する。市域はかなり広く、富裕層の居宅はいずれも広大な畑地が囲む。

並木道からはセイヨウスギ［西洋杉］やエジプトイチジク、果樹の緑塊から突き出す円錐形の屋根しかみえない。コアラタは「アビシニアで最も感じの良い都市★」であり、かつては人口最多でもあった。アントワーヌ＝ダバディ氏が訪れたさいの人口は約一万二〇〇〇人だったが、ラフレ氏によると一八六四年には二〇〇〇人、シュテッカー氏によると八〇〇～一〇〇〇人しか残っていなかった。ムスリム住民は一八八一年にすべて放逐の憂き目にあったが、それでも相変わらず大型の交易中心地で、浜で乾かされる多くのタンクワ舟が、同地とタナ湖沿岸の諸邑との活発な水運を証する。交易地としての重要性を獲得したのは、代々の君主が駆け込み先として尊重した一宇の教会堂のおかげである。その聖なる丘に収束する道には結界を示す巨木が植えられ、騎乗のまま入構が許されるのは、大主教と皇帝のみだった。近傍には砂岩の石切り場もあり、ゴンダールの宮殿や教会はここから切り出した石材が用いられた。湖の対岸、一〇キロほど南西に見えるジゲ半島の高い丘陵地は、広大なコーヒー農場だが、コアラタ産のコーヒー豆

★ Lejean, *op.cit.*

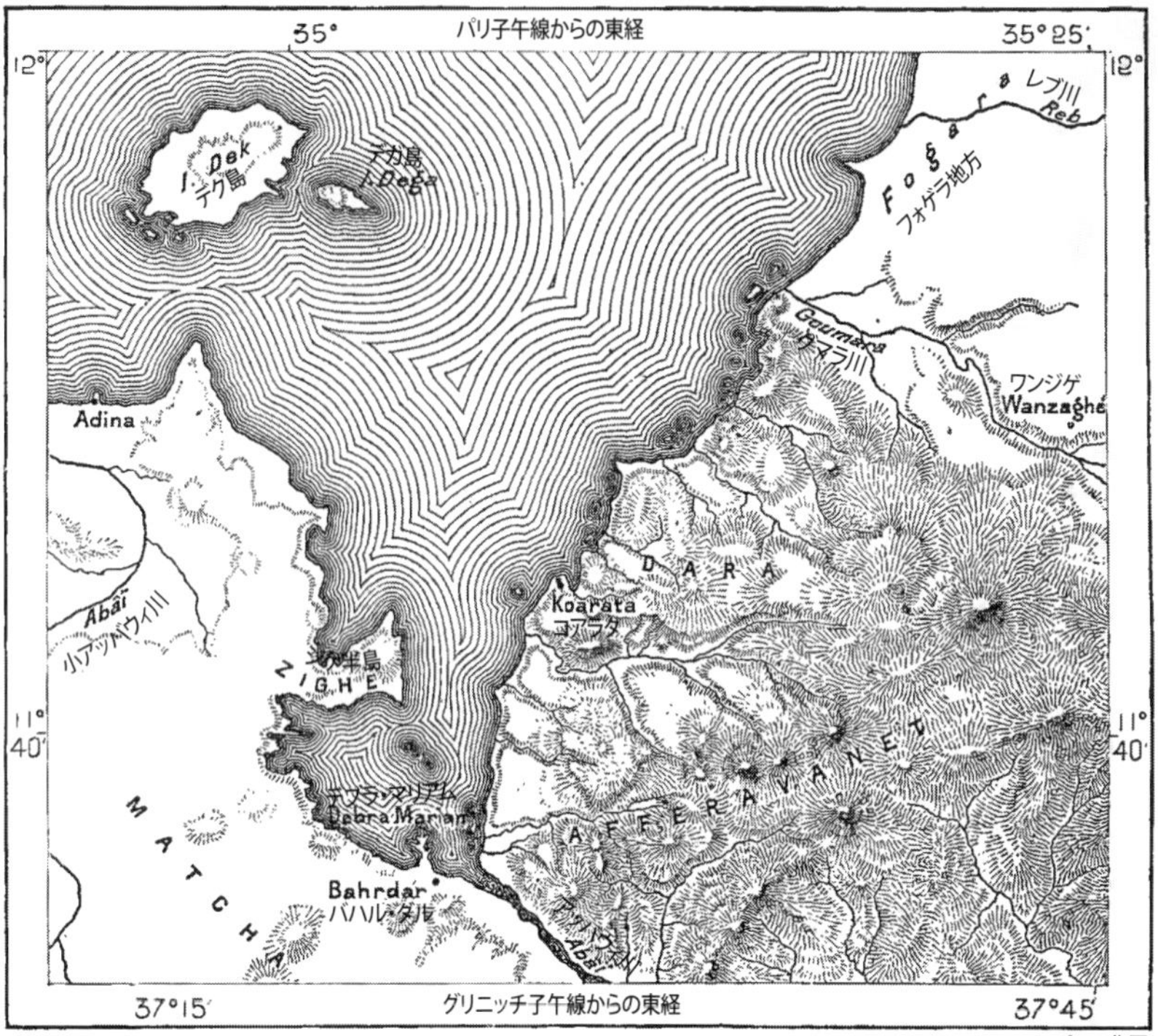

出所：　諸文献　　　　C. ペロン作図

図 46　コアラタとタナ湖南岸

のほうがはるかに優良である。かつて同名の都市があったが、テオドロス二世により灰燼に帰した。ジゲ半島の畑地には、コーヒーの木とならんでエンセーテも栽培されるが、「アッサマ」と呼ばれるイノシシ〔猪 *potamochærus penicillatus*〕がほぼ全面的にエンセーテの根を餌にするため、生育は難かしい★。

バハル・ダルほか

アッバウィ川の急流が出てゆくのはタナ湖がすぼまる箇所で、両岸にふたつの邑が立ち上がる。ひとつがデブラ・マリアムすなわち「マリア様の山」で、アブーナが永代所有する島にある。西にはバハル・ダルがあり、ふたつの丘陵地がはさむ三角形の小谷に、茅屋が集まる。タナ湖南岸には、内陸よりも清潔な村々がつらなる。面積四〇平方キロほどのデク島は溶岩質の低い島

★ Stecker, *op.cit.*

で、緑が多く、円錐形の小さな丘が「王冠の真珠のように★」取り巻く。コアラタの聖職者たちは同島に宝物を蓄えたため、この島を訪れる許可を得た旅行家はほとんどいない。聖ステファノに捧げられた小島デガは聖地で、異教徒はいっさい入島できない。もうひとつの聖域であるマトラハ島〔ミトラハ島〕は北東の湖岸からすぐそこで、テクストル・アレクト〔ハタオリドリの仲間、英語名ヴィレッジ・ウィーヴァー〕の巣がぶら下がる枝を透かして眺める景色はすこぶる優美である。だが同島の聖性もテオドロス二世を思いとどまらせるにはいたらず、彼は全島民をある修道院に押し込めて焼き殺した。タナ湖南西からの流入河川のほとりに所在するイスマラは、アチェフェル地方の首府で、温水の鉱泉ですこぶる賑わう★★。

モタほか、アッバウィ川右岸の集落

タナ湖流域の外方にあって、アッバウィ川つまり青ナイル川の流域に属する都市は、大半が高原部か、青ナイル右岸を縁取る草地の高台に位置し、そこを大型家畜や馬の群れが遊弋する。タルバ・ワハ山地北麓を縁取る高原の端にある高台に所在するモタは、ゴッジャム「王国」で最大級の市場町だ。規則正しい家並みで、マハデラ・マリアム同様にどの家屋も屋敷林が囲む。教会堂は、左右対称に配置された長い散策路をそなえる広い公園にある。モタの高台からは、フランス人旅行家プティがワニ〔鰐〕に食われた場所に近い橋の残骸がみえる。幅二〇メートルほどの川を、九つのアーチでもって渡る橋だったが、真ん中のアーチは崩落してしまった。だが商人たちは何本もの綱で橋台と橋台をつなぎ、急ごしらえの吊り台でもって自分と荷物を渡してゆく★★★。さらに南の村カラネオとその近くの集落には「フランシス」つまりフランク人が暮らす。彼らは十六世紀にクリシュトーヴァン＝ダ＝ガマに随従して到来したポルトガル人兵士の子孫だ。マルトラ・マリアムの教会堂は明らかにポルトガル人の手になる建築だが、一帯の住民はそれよりも古いとする。ビークによれば内部の彫像は「精妙」な細工だ。アッバウィ川が最も東に達する屈曲部〔右岸やや内陸〕にはデブラ・ウェルクとディマという二つの宗教都市がある。前者はセミナリオ、後者は聖ゲオルギス教会をもって名高い。デブラ・ウェルクは丘の上に円形劇場形

★ Henry Jules Blanc, *A Narrative of Captivity in Abyssinia*, London: Smith, Elder and Co., 1868.
★★ Arnaud d'Abbadie, *op.cit.*
★★★ Beke, "Abyssinia, Being a Continuation of Routes in That Country", *op.cit.*

に建てられた都市で、建ち並ぶ家屋は、国内きっての威風をそなえる高さと建築様式だ。ディマの南数キロにあるビシェナは、オロモ人でにぎわう市場のひとつである。その周辺はゴッジャム地方きっての豊かさで、良好に耕作されている。住民はオロモ人との混交が進んでおり、注目すべき女性美をみせる★。

デンベシャほか、タルバ・ワハ山地の集落

タルバ・ワハ山地の最高峰ラバ山の南にあるデンベシャはムスリム隊商がひんぱんに訪れる都市で、ディマとおなじく有名な聖域がある。その南東ほど近くに立ち上がるモンコレルは、ゴッジャム地方の「王」が住む城砦だ。北西の遠方にはマンクサ、ブレ、ゴデラといった都市が並ぶ。ゴデラは小アッバウィ川の源流である泉群と、ひとつの一時的な湖水に近い溶岩質の岩の丘に建てられた。ゴデラの西、小谷や牧草地、木立の魅力的な地方に位置するアシュファはアガウメデル州都で、ラスタ地方から移住してきたアガウ人が暮らす。どの集落でも、葉陰の向こうに教会の円錐形の屋根がみえるが、住民は半ば異教徒で、暴虐なテオドロス二世が命じた略奪を唯一免れた民として、アビシニアで最も誇り高い。エチオピア国内において、彼らほど男らしい勇気と廉直をそなえる住民はない★★。ゴッジャム州南部、オロモ・リベン人に隣接するイェジッベとバッソは、どちらもアッバウィ川が南に突き出す付近に近い支流の河谷にある。いずれも「大きな商都」で、エチオピア人とイルム・オルマ人〔オロモ人〕がそれぞれの産物を交換するため会同する。ダモト地方やカッファ地方からの商人はバッソに少量の砂金を持ち込むので、この貴金属がみられる地方は、近隣の貪欲な民の目からは黄金の国になった。エチオピアのカトリック教アブーナだったベルムデイス大司教は、ダモト地方のエルドラド〔黄金郷〕には一角獣やグリフォン〔ギリシャ神話の半鷲半獅子の怪獣〕がいてアマゾネスと闘争し、不死鳥が灰からよみがえると語っている★★★。「蜜を醸《かも》す」蜜蜂は岩山に棲むともされる。一八八三年末には、イタリア人技師の監督によりアッバウィ川に橋が架けられ、ゴッジャム地方とグドゥル地方を結んだ★★★★。

★ Combes et Tamisier, *op.cit.*; Lefebvre, *op.cit.*

★★ Henry Blanc, “From Metemma to Damot, along the Western Shores of the Tana Sea”, *Journal of the R. Geographical Society of London*, vol.39, 1869, *pp*.36-50.

★★★ Veyssière; Mathurin Veyssière de Lacroze, *Histoire du christianisme d'Éthiopie et d'Arménie*, La Haie: La veuve Le Vier & Pierre Paupie, 1739.

★★★★ Bianchi, *Esploratore*, dic. 1883, sett. 1884.

マグダラ（現アンバ・マリアム）

アッバウィ川の東、ベシロ川の上流河谷をみおろす岬角にあるのが有名なマグダラである。デブラ・タボルとおなじくテオドロス二世の座所のひとつで、イギリスの攻撃軍を向こうに回し、自由の身のまま自殺した場所だ。そのアンバはベシロ川の上方一〇〇〇メートル、標高二七六〇メートルにあって、マハデラ・マリアムの岩山に似ているが、もっと高く、豪壮な様相をそなえ、接近はさらに困難だ。玄武岩の崖は一見すると近寄りがたく、西はほぼ垂直の三日月形の台地で、いったん北西に下るが、その先は孤絶した尖峰に再び立ち上がる。山塞をなす台地の断片は一本の茎状の土地により、オロモ・ウォッロ人が暮らす南側の台地につながる。四方の道からマグダラに取り付こうとしても、いくつもの防御施設が立ちはだかる★。上面の塁は四平方キロほどで、武器庫、兵営、営倉、コムギなどの備蓄倉庫、皇帝の妻子用の非難所など、多くの建物がある。必要な水は貯水槽や井戸に貯められ、周囲の沃野が潤沢な兵糧を供給する。一八六八年に英印軍が解放するまで、テオドロス二世はここにヨーロッパ人捕虜を二年にわたり監禁した。マグダラ要塞はイギリス人が破壊したのち、独立系のラス［侯］が占拠したが、ショア地方の王がそれを征伐し、主君であるアビシニア王［エチオピア皇帝］に再び献上した。以後マグダラはオロモ人の郷国に突き出す要衝として復活している。東麓には、玄武岩の岩壁が東からみおろす深い谷があり、マグダラの補給品を扱う商人が暮らすタンタ、ないしテンタの村がある。

インチャトカブほか

青ナイル川流域の都市とおなじく、テケゼ川とその支流の峡谷が刻む台地群にある

★ 青ナイル川流域のエチオピア都市（人）

ゴンダール	4000（ロルフス）	マハデラ・マリアム	4000（ルジャン）
フェンジャ		イェジッベ	
ジェンダ		バッソ	
チェルガ		デブラ・ウェルク	3000（ルフェーヴル）
アンバ・マリアム	4000（ルジャン）	ディマ	2500（コンブとタミシエ）
イファグおよびダリタ	4000（〃）	モタ	
サマラ（デブラ・タボル）	3000（？）	デンベシャ	
コアラタ	1000（シュテッカー）	ゴデラ	
デブラ・マリアム		マンクサ	
バハル・ダル		ブレ	
イスマラ		アシュファ	
		マグダラ	

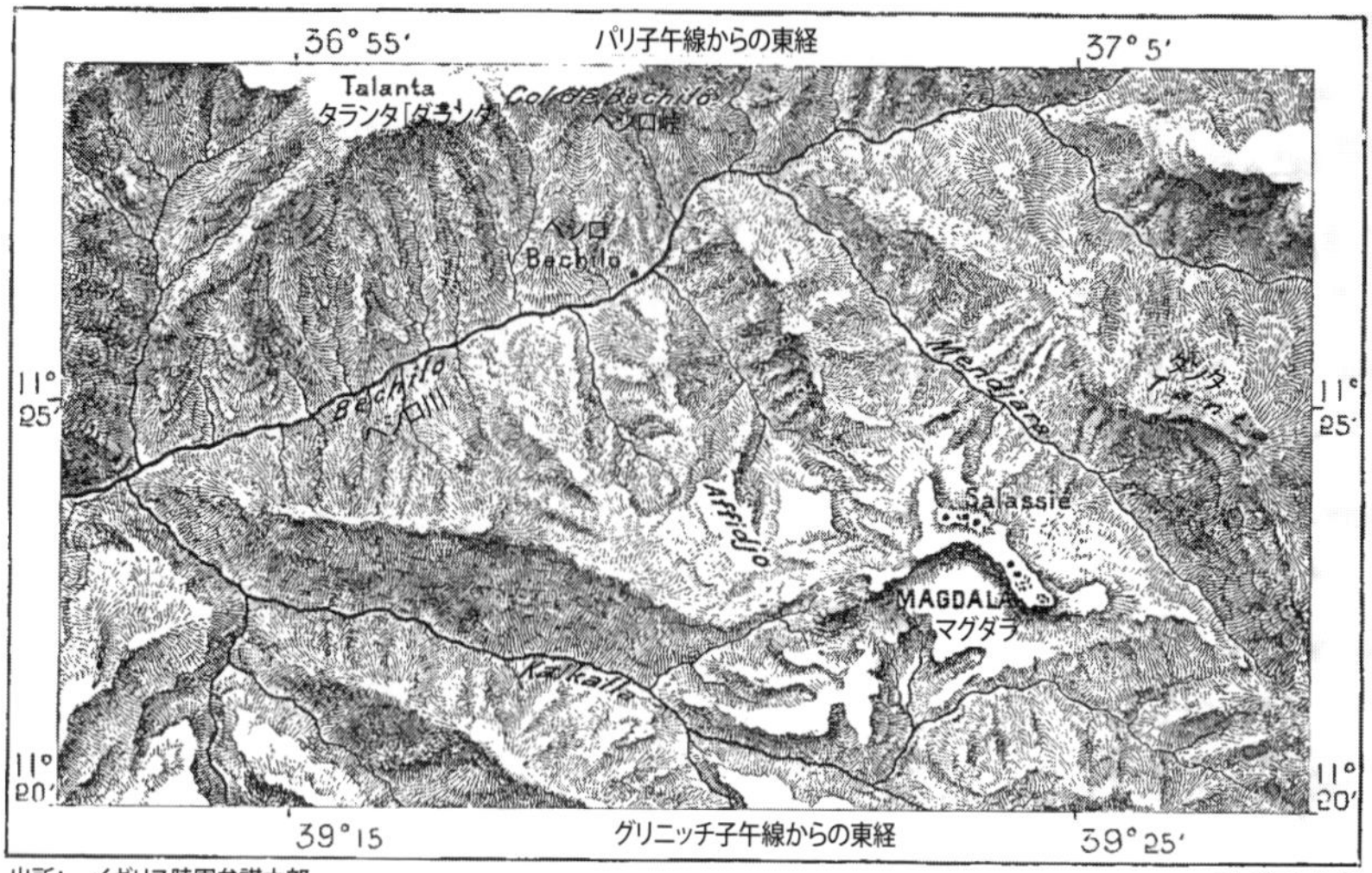

出所：　イギリス陸軍参謀本部　　C. ペロン作図

1 : 500 000
0　10 km

図 47　マグダラ

諸都市は、軍事的ないし宗教的な起源をもつものが大半だが、きわめて散在する。繁栄が終わると放棄された都市もあり、いまも人が暮らす家屋のほかには何の残骸もない。テケゼ川流域で人口が最少なのは、ベゲメデル地方とシメーン地方のあいだ、水流が東のテケゼ川に向かってゆく地帯だ。物資が乏しいことと、台地の断片のあいだで渡らねばならぬクワッラが不衛生なため、このベレッサ地方を渉猟した旅行家はごくわずかだ。シメーン州は山国だが、首府インチャトカブをはじめ、ファラス・サベル、デバルクなど、ラマルモン峠に近い都市は、ゴンダールからティグレ地方経由でマッサワに到る途次にあることとて、訪れた者が多い。デバルクは、ベル［イギリス人軍事顧問 **J. T. Bell** 生年不詳—一八六〇］とプラウデン［マッサワ駐箚イギリス領事 **Walter Charles Metcalf Chichele Plowden** 一八二〇—一八六〇］というお気に入りの二人の英国人の死に復讐するため、テオドロス二世が冷酷に二〇〇〇人を処刑した土地だ。シメーン地方の北には、ワルデッバ州に属する村が散在する。同州はエチャゲの個人所有地で、住民の大半は修道士であり、国内の聖地のひとつである。

ラリベラ

テケゼ川の「眼」すなわち源流部からほど近い東には、もうひとつの聖域であるラリベラがある。アシェテン山地の玄武岩の高台にあり、緑の山腹が南西からみおろす。七か所の隆起があるため、ラリベラの聖職者たちは、ローマやビザンティウムとおなじく、七つの丘に建つという。またエルサレム同様にオリーブの山もあり、数世紀前にエルサレムから植樹されたという巨木がみられる。市街と教会堂群を樹木が囲み、とこしえの春のような温暖な気候とあいまって、すこぶる心地よい滞在地だが、人口ははなはだ少ない。古い建物は岩山にまぎれ、地下の洞窟も奥には何もない。住民はほぼ司祭や修道士とその小者だけである。だが教会建築は国内で最も注目されるもので、聖壇も、彫像も、列柱もすべて玄武岩〔凝灰岩〕の岩塊から丸彫りされている。惜しいことに時の作用により随所が磨滅し、最も美麗な教会堂のひとつは、一枚岩から掘り出した柱廊のうち、四本しか残っていない。明らかにラリベラの建築群はさまざまな時代に由来するが、大半は十三世紀初頭に同国を治めた「エチオピアの聖ルイ王〔ラリベラ帝〕」に帰すべきもので、その名はいまも市名が引き継いでいる。伝承によれば、これら興味深い地下の教会を岩から彫り抜いたのは、エジプトから逃げてきたキリスト教徒だった★〔ラリベラの岩窟教会群は一九七八年に世界遺産登録〕。ラリベラの東には、エチオピアの縁部山脈を通って、アルディッボ湖、ハイク湖、アシャンギ湖といった魅力的な水盆があるアンゴト地方やゼブール地方にいたる多くの峠がある。ハイク湖には、かつて国内で最も富裕だった僧院〔イスティファノス修道院〕があり、湖水が洗う緑豊かな「雷鳴の島」に立ち上がる〔現在は陸繋島〕。対岸の陸地にあるデブラ・マリアムの村には、とりわけ司祭の妻が多く暮らすが、夫に会うため島に渡ることは禁じられている★★。ルフェーヴルが訪れた際には湖中にカバ〔河馬〕がたった一頭生きており、住民はこれを尊崇し、どうか殺さないでくれと彼に懇願した。紅海側斜面のさらに低地〔ママ。いずれもハイク湖北方の山腹に所在する〕にはコボ、グラ、ウェルディヤといった大型市場があり、アビシニア人とオロモ人でにぎわう。ルフェーヴルによれば、どれも正真正銘の都会だ。

セクォタ

★ Lejean, *op.cit.*
★★ Lefebvre, *op.cit.*; Isenberg et Krapf, *Journals of the Rev. Messrs. Isenberg and Krapf, Missionaries of the Church Missionary Society*, London: Seeley, Burnside *et al*, 1843.

ワグ州の州都セクォタはラスタ地方の大型山地の北方、標高二二五〇メートルにあり、ツェラリ川を経てテケゼ川につながるビルビス川の両岸に所在する。商業都市で、かつては交易を仲介するムスリムが集住した。住民の基層はアガウ人だが、物流にたずさわったり、近傍の炭層を採掘するほどの進取性はない。市場は週二〜三回開かれ、エチオピア南部で秤量貨幣に用いられる塩の運搬人が多く参集する。北方のティグレ地方では塩よりもむしろ布切れが貨幣代わりだ★。塩の貨幣は「アモレ」と呼ばれ、フランスの鑢《やすり》のような形状［狭楕円形］で、アラルベド塩湖から到来する。平均重量は五〇〇グラムほどで、当然ながら内陸に遠く入り込むほど、価値が大きくなる。タルタル人部族が所有するダナキル低地の切り出し場では、マリア・テレジア銀貨当たり百本を超えるが、タナ湖西岸になると一本あたり一フランになる。セクォタでの価値は、一八七三年にサルゼック［フランス外交官、考古学者 Ernest de Sarzec, *né* Gustave Charles Ernest Chocquin 一八三二―一九〇一］とラフレの両氏が通過したときは約二五サンチームだったが、八年後にロルフス氏が訪れたさいには、その四分の一に減価していた。通信が容易になれば従来の交換価値を完全に失い、単に消費されるだけになるだろう。アビシニアには浪費家を指して「あいつは塩を食う」という言い回しがあるが、それも無意味になるに違いない。運搬人は、塩の棒を湿気から丁寧に保護するため、弾帯のような革帯に平行に並べたのち、何層にも重ねてラバ［騾馬］に背負わせ、雨覆いをかぶせる。だがセクォタは近年すっかり零落している。疫病で人口の四分の三を失ったためだ。一八六八年には四〜五千人をかぞえた住民は、一八八一年にロルフスが二度目に通過した際には、多く見積もっても一五〇〇人ほどだった。近傍には、ラリベラと同様に、花崗岩の一枚岩から彫り出した教会堂があり、納骨堂に何人かの皇帝のミイラが収められている★★。また道ばたにはブルターニュ地方のものと似たドルメン［支石墓］が並ぶ★★★。セクォタ周辺のアガウ人部族には「カム」ないし「ハム」の名をもつものがあり、アントワーヌ＝ダバディ氏が「ハム語族」集団という分類を立てる論拠である。ハム族の言葉であるハムテンガ語に類似する言語だ★★★★。

★ Raffray, *op.cit.*
★★ *Ibid.*
★★★ Rohlfs, *Meine Mission nach Abessinien*, *op.cit.*
★★★★ Vivien de Saint-Martin, *Année Géographique*, 1872.

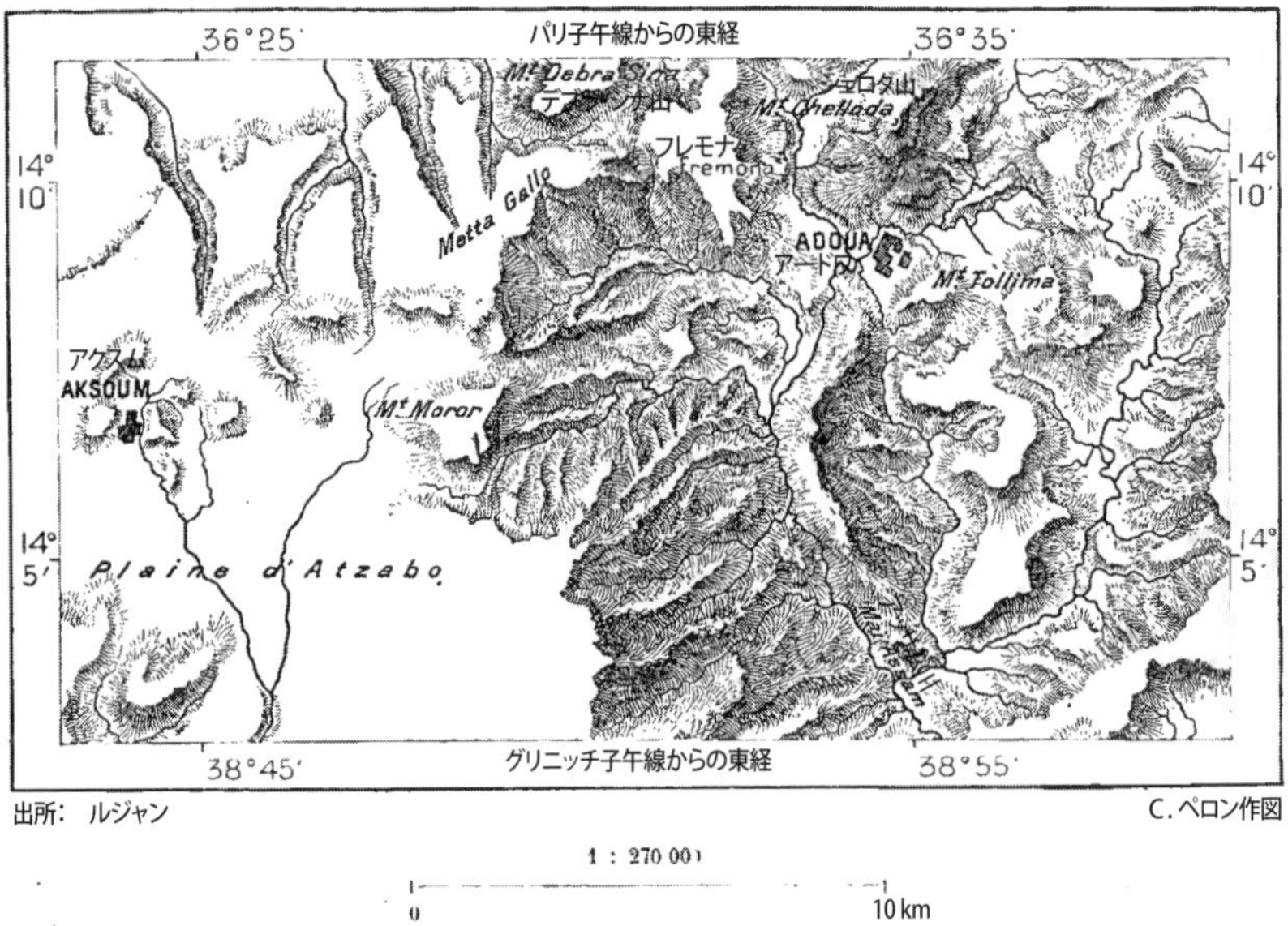

図 48　アードワとアクスム

アードワ

セクォタからボゴス人の郷国の扶壁に到るもうひとつの隊商路は、エチオピア高原の縁部山脈から一〇〇キロほど西をたどって、テンビエン州の州都アビイ・アッディを通過したのち、現ティグレ地方の首府アードワへ向かう。アードワは、ゴンダールとバッソに次ぐ市場町で、テケゼ川とマレブ川上流が描くふたつの大きなカーブを隔てる高原地帯のほぼ中央にある。アードワの平地は裸地だが肥沃で、テケゼ川の支流アッサム川が蛇行し、南に姿を消してゆく。峻険な巨峰シェロタ山、ないしショロダ山（標高二七二五メートル）が北から見下ろす市街は、標高一九五〇メートルの丘陵斜面に所在する。東には、さらに高いセマヤタ山（標高三〇九〇メートル）が諸峰を圧する姿をみせる。アードワはまったく首府らしくなく、曲がりくねる坂道の両側は、小さな藁葺き屋根とスレートのテラスをそなえた石造家屋ばかりだ。木立が囲む教会堂がぽつりぽつりと建つ。丘の頂には近年にイタリア人建築家が建てた聖堂があるが、多くの在家信者の住まいのように円錐の屋根をそなえた大きいだけの建物だ。菜園にはエジプトやシリアから輸入された異国風の植物が多い。少し離れた場所にあるフ

挿画 XXII　ティグレ地方の首府アードワ
『Graphic』誌の G.Villiers の速写画をもとに、テイラー筆

レモナには、十七世紀にアビシニアから放逐されたイエズス会士のセミナリオの残骸がみられる。だがこの僧院址は悪霊が棲みついているとして、農民は手を付けようとしない。現エチオピア皇帝の座をカッサイ侯［エチオピア皇帝ヨハンネス四世 Yohannes IV né Kassay Mercha 一八三七―一八八九］が獲った合戦［一八七一年七月十一日］は、アードワの近くで行われた。

アクスム

アードワは、かつてナイル川の岸辺からグアルダフイ岬［カセイル岬］まで広がった帝国［アクスム王国］の首都だった都市の後継である。アクスムは零落したとはいえ、なお聖なる都市にして戴冠式の場としての座を維持し、逃亡者は、大半の僧院よりも尊重される駆け込み先を同地に見出す。僧院には、八〇〇人の聖職者に加え、いつの日か司祭になる数百人の童児が暮らす。アクスム、ないしエチオピア人のいうアケセメはアードワから二〇キロほど、標高はさらに三〇〇メートル高い丘の斜面にあり、どの小館や教会も、菜園と木立に囲まれ、厚い緑が覆う。優美な景色で、向こうにある暗色の玄武岩の岩壁が額縁の役目を果たす。国内の伝承によれば、アクスムを創建したのはアブラハムとされる。エチャゲやアブーナの位階にほとんど劣らぬひとりの高位聖職者が「律法の板」と、ソロモン王とシバの女王の息子メネリク一世がエルサレムから持ち帰ったユダヤ教の聖櫃〔約櫃〕を保持すると称する。正真正銘の古代遺跡もあって、住民はすこぶる嫉妬深く保持する。それはギリシャ文字の刻まれた石柱で★、現在は〔摩耗して〕ほとんど読めなくなっているが、「無敵のアレス神の息子」エザナという王の戦捷を称える〔エザナ・ストーン〕。エザナ王とは何者だろうか。四世紀半ばに在世したキリスト教徒ラサーン王のことだろうか★★。それともマルス神〔ローマの軍神。ギリシャ神話のアレス神〕の息子を称するところからみると、さらに昔の異教の王朝に属する人物だろうか★★★。いずれにせよ、旅行家ソルトが初めて書写したこの貴重な碑文は、古代エチオピアがギリシャ世界と通交していた証左である。フェレとガリニエが発見した別の石柱〔同一の碑文か〕には、ほとんど風化してしまったヒムヤル語の文字が刻まれている。アントワーヌ＝ダバディ氏の解読によると、これは「アクスムとハメルの王、勇ましきハレン」の勲功を記念したものだ。ハメルはヒムヤル人の郷国の謂いだから、当時のアラビア半島南西部とエチオピアは、一体の帝国だったわけだ★★★★。アクスムの台地には幹回り一五メートルの一本のエジプトイチジクがあり、そのそばにある興味深い建造物は、古代エジプト文明がアビシニアに存在した証左と信じられてきた。それは高さ約二五メートルの一枚岩のオベリスク〔方尖塔〕だが、エジプトのものとは様式が全然違う。九層それぞれに窓が彫られ、頂部は根元が切れ込んだ円形〔スペード形〕の飾りになっている。隣接する広場には五〇基ほどのオベリスクが散在し、倒壊したものもあれば、傾いて樹林に寄りかかるものもある。広場の中央には古い祭壇の群れが立ち上がる〔一九八〇年に世界遺産登録〕。こうした建造物のなかには、往古の「ゲデム」すなわち駆け込み先の区域に一宇のポルトガル教会もあり、女牆《ひめがき》をそなえる塔が側防する。岩山に掘られた水道の

★ Rohlfs, *Meine Mission nach Abessinien*, *op.cit.*
★★ Rüppell, *op.cit.*
★★★ Heuglin, *Reise nach Abessinien*, *op.cit.*
★★★★ Antoine d'Abbadie, *Académie des inscriptions*, séance du 19 janvier 1877.

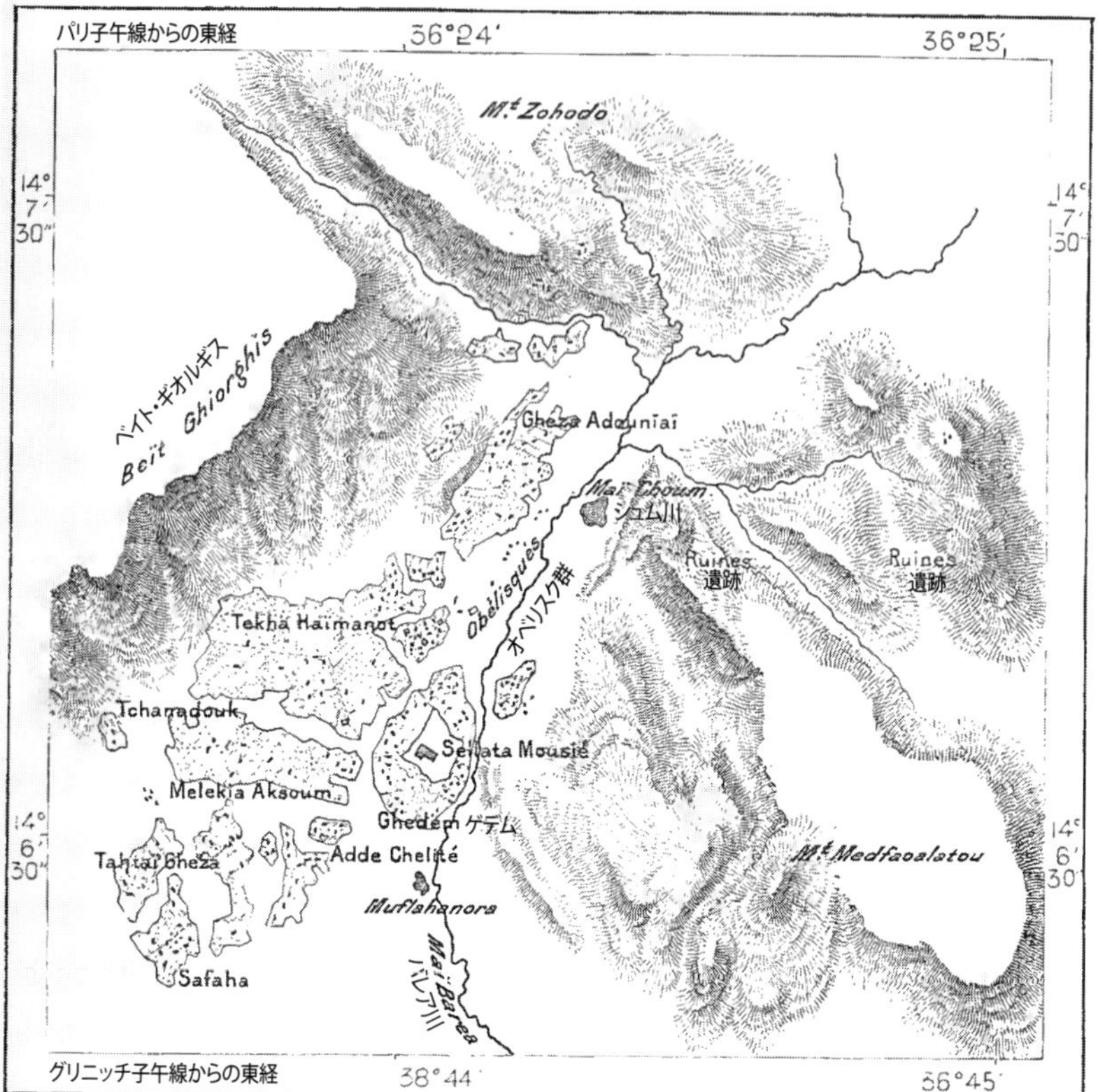

出所：ルジャン　C.ペロン作図

1 : 50 000

0　1 km

図49　アクスム

ほか、市街近くのある山の斜面には地下墳墓も掘り抜かれており、言われるところでは、諸王の墓にして「古代エチオピアを統治した大蛇が身をひそめる場所★」だ。

アンターロ（ヒンタロ）、メケレ

かつてティグレ地方の首府だったアンターロ［現ヒンタロ］は、テケゼ川の支流が端を発する深い峡谷が囲む、標高二四〇〇メートルほどのアンバに位置する。西にはもっと高い高原アンバ・アラドムがそそり立ち、その頂部も天然の要塞だ。東は広大な沃野で、一八六八年の英派遣軍はそこを本営とした。だがアンターロが皇帝の座所の座を失うと、人口はほぼ皆無になり、

★ Nathaniel Pearce, *Life and Adventures*, London: Henry Colburn and Richard Bentley, 1831.

深い雨谷で隔てられた三つの区画は、いまや残骸ばかりだ。その住民を受け入れたのが北東一〇キロほどにあるチャリクトで、小家屋や教会堂を囲む菜園や屋敷林により、国内きっての優美な都市である。アンターロとチャリクトはいずれもアビシニア東部の縁部山脈、まさにダナキル地方の低地に降りてゆく棚状地の最初の段に位置し、タルタル人の郷国からセクォタに向かう塩の運搬人にとって、重要な中継地だ。セクォタとチャリクトの間にある主な中継地としては、大型の湖成盆地に近いサムレがある。いっぽうサムレから［ダナキル地方へは］はアツビないしアツェビデラと、すでに低地になるフィショが、主な中継地だ。現皇帝が建設した新都会メケレ［メクェレ］は、エチオピア縁部山脈の稜線上にあり、デブラ・タボルやアードワ、マグダラとおなじく、一時的な帝都の役目を果たす。イタリア人技師が建てた「ヨーロッパ風」の宮殿もあり★、ヨハンネス四世はその望楼から、いまだ服属せぬダナキル地方の大半を足下に見下ろす。とはいえ皇帝は何度かダナキル地方に軍を進め、巨大な階段のように平地に下る四段の棚状地のひとつに、セケトの市場を創設した。セケトは塩を求める商人でにぎわう★★。

セナフェほか

アンターロとチャリクトの北には、エチオピア縁部山脈と平行し、ズラやマッサワの港とエチオピア高原を結ぶ街道に、長い間をおいていくつかの交易集落が点々と続く。どれもみじめな小屋の集積にすぎないが、いくつかはヨーロッパ人旅行家の宿営先と研究対象として、アビシニア探検史に名が残っている。最も有名なのがハウセンで、深い雨谷がばらばらに刻んだ台地にある。その先に姿をみせるアディグラト、ないしアッテグラは、標高二四〇〇メートルの肥沃な谷間に所在し、比高一〇〇〇メートルの峰々が西と南西から見下ろす。アディグラト西方の砂岩のアンバにあるデブラ・ダモの修道院は国内きっての名刹だが、高さ三〇メートルの岩壁を綱具でもって登るしか道がない。戦さの風聞が流れると、周囲の住民は全財産を同院に持ち込む。この岩山の頂部は腐植土が被覆し、一五〇基もの貯水槽があって水の心配はないため、丁寧な耕作が営まれるが、十分な収穫は得ら

★ *Esploratore*, dicembre 1882.
★★ Bianchi, *Esploratore*, settembre, ottobre 1884.
★★★ Combes et Tamisier, *op.cit.*; J. de Jacobis, "Extrait d'une lettre", *Annales de la Propation de la Foi*, 1849, *pp*.327-339.

れず、修道士たちは下方の信徒からの施物を当てにせざるを得ない★★★。かつて同院は皇室の長子以外の子供の配流先だった。さらに北方のセナフェ〔現エリトリア共和国内。以下本項末尾まで同様〕は、急峻な岩山の麓に身をひそめるように建つ。テオドロス二世が抑留したヨーロッパ人の救出に向かう英派遣軍が辿った経路のうち、山岳地帯における最初の基地で、一八六八年の作戦における最重要拠点だった。英派遣軍はアドゥリス湾〔現ズラ湾〕からクマイリの峡谷を経由してセナフェに向かったが、この荷車道が修復されれば、セナフェの村は大いに都市として隆盛しそうだ。西には、かつて全住民がカトリック信徒だったハライ、すなわち「登り口」と、ディグサないしディグサンがある。ハダス川のどちらかの雨谷を登れば、エチオピア高原で最初に着く邑であって、いずれも探検史に名をとどめている。

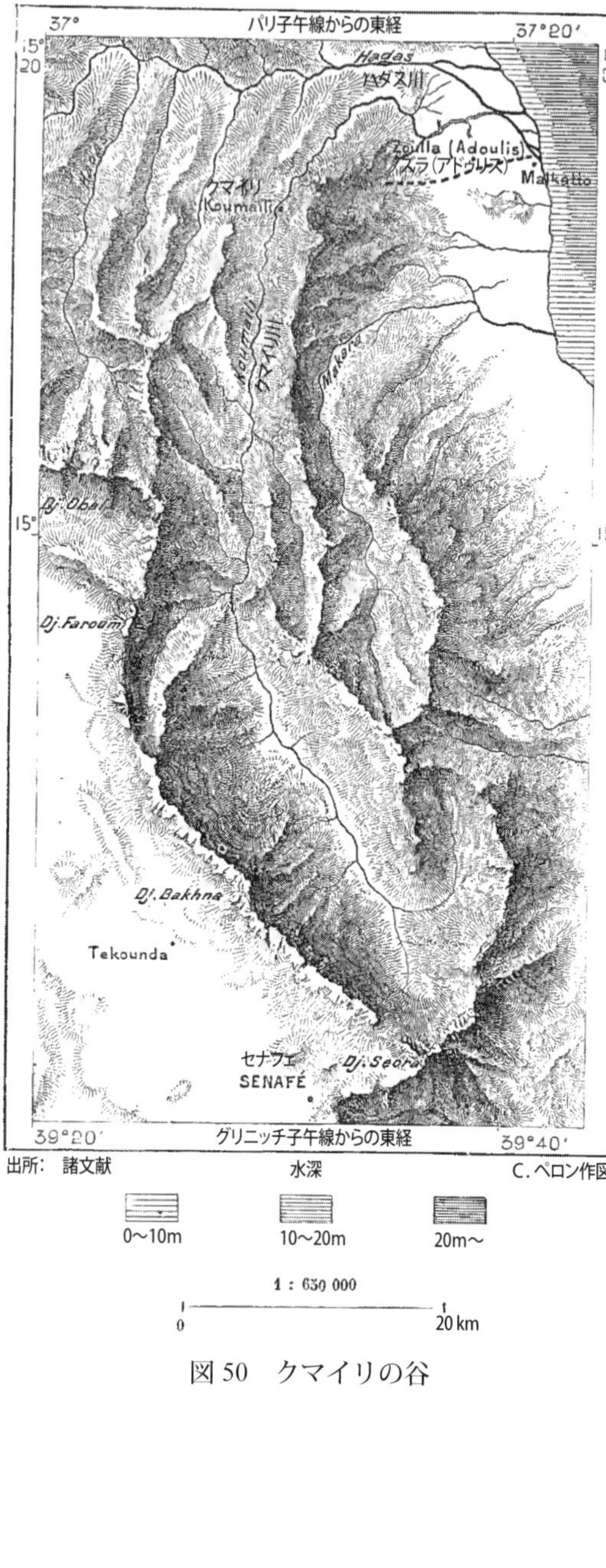

図 50　クマイリの谷

グンデト地方、エジプト・エチオピア戦争

ティグレ地方の首府〔アードワ〕から紅海に到る道筋はふたつあるが、短いほうはセナフェに向かい北東をめざす。もうひとつは北上し、標高一二〇〇メートル地点でマレブ川を渡ったのち、その谷間をさかのぼって西側斜面の高みへ向かう。渡河地点の北は列柱のように切り刻まれた玄武岩質の急崖で、岬状に突き出したり、奇妙な尖塔になってそそり立ち、その上面にグンデト県の村々が載る。グンデトはアフリカ史に著名だ。同地で開始された一連の軍事作戦が、国際借款や浪費とともにエジプトの国力を消尽し、同国をヨーロッパ人銀行家や外交官の争奪戦に投げ込んだからである。一八七五年当時には、カイロのヘディーウ〔イスマーイール＝パシャ〕は領土の広さからみて、世界第一級の君主だった。彼の士官たちはすでにムタン・ンジゲ〔アルバート湖〕までナイル川を遡上し、コンゴ川流域まで貫入していた。紅海西岸の港はエジプト軍守備隊が占領し、南方では、ソマリ人の郷国にあるハラル地方もがっちり掌握していた。つまりエジプト勢力は、すでにエチオピア南部を包囲済みで、いよいよエチオピア高原を奪取するときが来たと信じたのである。だが、グッダ・グッディ、すなわちグンデトの戦い〔一八七五年十一月十六日〕はエジプト軍の潰乱に終わり、エジプト侵入軍は指揮官アラケル＝ベイ〔エジプト人マッサワ総督 Arakel-bey, Arakil Bey Nubar 生年不詳〕とデンマーク人アレンドルプ〔Soren Arendrup 生年不詳〕を含むほぼ全員が戦死した。エチオピアを決定的に屈服させようとしたこの侵攻は、逆にハマセン地方からショア地方までの政治統一をもたらし、イスラームが呑み込んだはずの高原全域に、キリスト教を復活させたのである。グッダ・グッディの野に散乱した何千体もの白骨は、樹木の芽吹きや、丈の高い禾本科植物や、花飾りのようなツタ〔蔦〕のもとで草むしている。一八七六年にはヘディーウの息子ハサンが指揮〔司令官ではなく軍監だったらしい〕する再遠征軍はハマセン地方の台地にふたたび到り、マレブ川上流の東にある屈強な地点グラに立てこもったが、低地の兵営を完全包囲され、エジプト軍部隊はほぼ壊滅した〔一八七六年三月七日～九日のグラの戦い〕。彼らは小銃や大砲を戦場に遺棄して逃散し、ハサン王子は巨額の身代金によりようやく自由を贖《あがな》ったのである。戦いのあとたちまち広まった噂では、ハサンをはじめ、金銭と交換するため捕まえられた兵士は

すべて腕に十字の刺青を施されたという。三日月［イスラームの象徴］に打ち勝った印というわけだが、たぶん事実ではあるまい★。

デバルワ

アードワからマレブ川上流部の西側流域をへてマッサワに到る道筋で人口最大、かつ商業が盛んなのがコド・フェラッシ、ないしゴド・フェラシエで、サラウェ州の州都だ。北にはバウル・ナガシュ、すなわち臨海諸州の総督を呼びならわす「海の王」の座所だったデバルワがあるが、いまはさびれ、コド・フェラッシがその後を引き継いだ。デバルワの家屋は、アビシニア中部のような石造の円筒形に藁屋根ではなく、カフカス地方［コーカサス地方］やクルディスタンのいくつかの地区とおなじ半地下式である。山腹を棚田状に切って得た四角い段を敷地にし、粘土の屋根はそのまま後方の地面につながる。前面は柱で支える。このため、高所から見下ろすと集落には見えず、単なる草地の段々で、放棄された棚田のような具合だ。ハマセン地方の村はどれもこうした建築法で、雨が降ると屋根の煙り出しをふさぐ。半地下の家屋は空気も光も不足気味で、不潔である★★。

アスマラ、ケレンほか

ティグレ地方を治めるラスの陣屋が所在するのは、標高二八三八メートルのアトサガである。マッサワや、ボゴス人とメンサ人の郷国から登ってくる経路が収束する地点だ。その少し東には、「海の王」の称号を自称するシュム［首長、領主］の現在の座所、アスマラの村がある［現エリトリア共和国首都］。アスマラはまさにエチオピア高原の端部に位置し、紅海側斜面からの道がここから［西の］平地にジグザグに下る。ほかにも、ティグレ地方の稜線に着いた隊商の休憩地という利点をそなえる集落がある。アスマラの北西、ハマセン地方が終止する岬角にあるカゼンも、マッサワへの経路のひとつを扼する。マッサワまでは直線距離七五キロだが、灰色の地平線と海のあいだに、ときどき同市を望見できる。カゼンからは別の隊商路が北西に延び、センヒト地方とボゴス人の郷国の首府ケレンに到る。ケレンはすでに標高一四五二メートルと、クワッラにあってオリーブの木に囲まれる。市街の横手には地

★ Rohlfs, *Meine Mission nach Abessinien*, *op.cit.*
★★ Salt, *Views of India*; Rüppell, *op.cit.*; Lejean, *op.cit.*

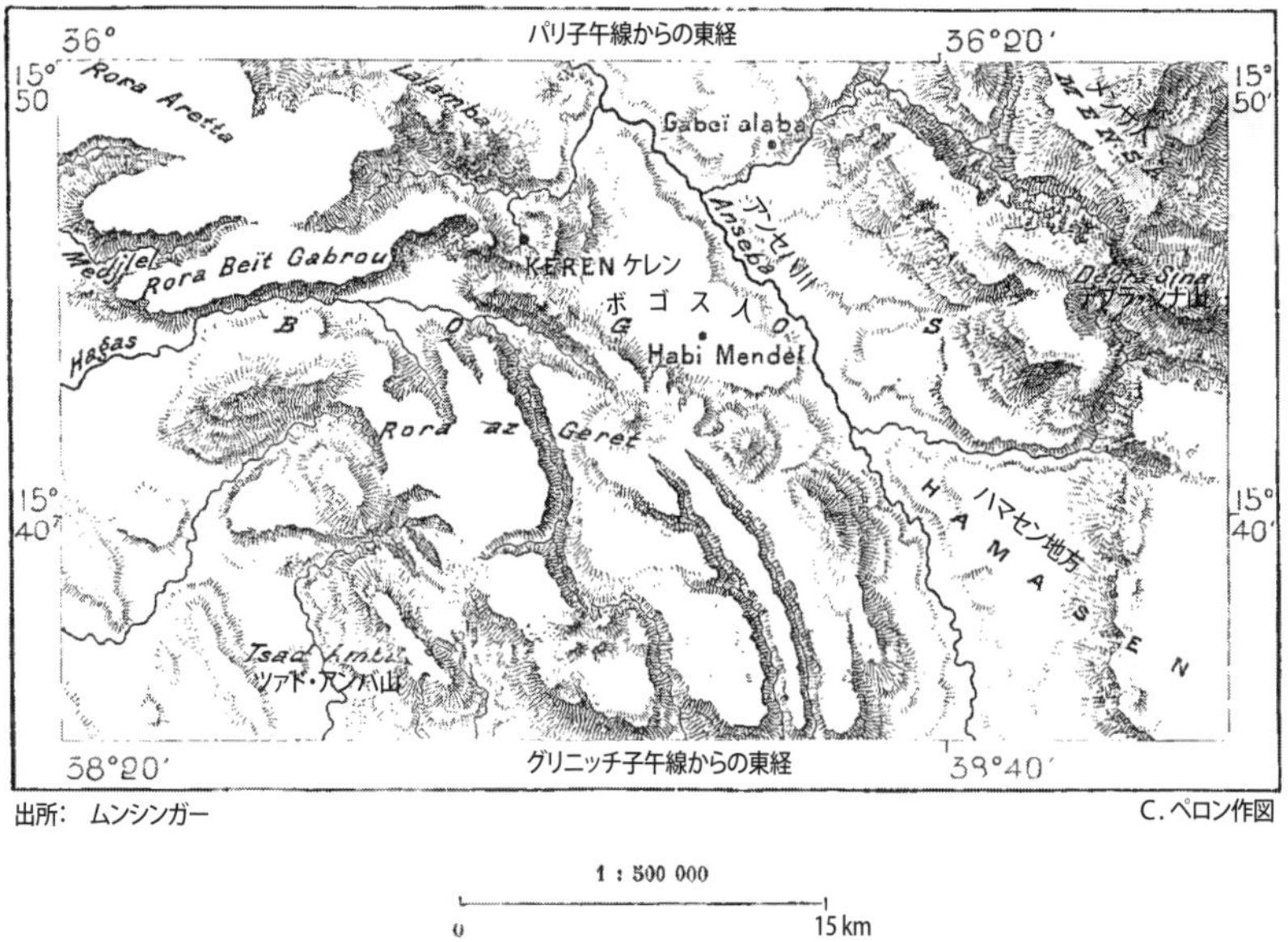

出所：ムンシンガー　C. ペロン作図

図 51　ボゴス人の郷国

方名とおなじセンヒト要塞がエジプト人によって造営されたが、イギリスとの条約により、同要塞から撤収してエチオピア皇帝に引き渡さねばならなくなっている。ケレンはかつてエチオピア北部におけるカトリック宣教の中心で、大型のセミナリオは多くの現地人司祭を輩出し、国内諸州の教会に派遣した。ボゴス人とメンサ人の郷国では、ほぼ全住民がイスラームの宗礼を捨ててキリスト教に回帰したが、ラザリスト会宣教師による新たな形式に沿うものである。

アイレトほか

アスマラから紅海に下る道は前山々脈の山塊の北を回り込むが、そうした前山のひとつに名高いビジャンないしビザンの僧院がある［不詳］。十四世紀の創建で、ポルトガル人著作家はしばしば「見神［ビジョン］の修道院」として言及した。巡礼は空中に黄金の雲をみるといわれ、旅行家ポンセも一七〇〇年にそれを目撃している。僧院と付属施設には千人近い修道士が起居する。さて山裾にいたっても、なお沿岸平野からは一条の丘陵が隔てるが、その美しい谷にあるのがアイレトの村だ［現存しないらしい］。豊かな穀倉地帯になり得る村で、南方五キロの地点には水温五九度の水量豊富な温泉があり、一筋の渓流をなす。湧水口から五〇メートルの圏内の地面はあまりに熱いため、はだしでは歩けない。高原から下ってきたアビシニア人はアイレトの温泉で入浴する習慣があり、ときには自分のヒツジ［羊］も入浴させる。渓流の水温は四八度まで低下しているが、咬みつかれると毒性をもつ鞘翅類の仲間が生息する★。北方のサムハル地方には多くの古代遺跡がみられるが、とくに墓が多く、フランスの巨石遺跡と似たものもある★★。現在は無人の、とある古代都市は全周数キロの広さがあった。

マッサワ周辺

平地には、マッサワの浜まで宿営地が連なる。サーティは「沼地」の意味で、乾季には小川が干上がり、底にいくつかの水盆が残ることが名称の由来だ。マッサワのヨーロッパ人住民が別荘地に利用するムクルはギョリュウ［御柳］ほかの木立で囲まれる。ホトゥムルはスウェーデン人宣教師たちの居住地で、初等学校がある。南にあるアルキコの村はミモザの木立に家屋が見え隠れし、ナーエブ［代官］が住むため、一種の首府である。ナーエブは、十六世紀末からエチオピアとマッサワ間の交易に任じた族長の家門の末裔だ。村民は、近くのマッサワ港の商人と、高原部のエチオピア人に二重に従属する。エチオピア人は何世紀も前から平地の所有権をもち、冬作のたびにその資格を更新するからだ★★★。一五五七年にマッサワの島と沿岸を奪取したトルコ人は沿岸住民の直接統治を試みたが、遊牧民を補足するのは不可能だと分かったので、周囲の平地を遊弋するハバーブ人のベラウ族の族長に権力を移譲した。主にボスニア兵からなるマッサワのトルコ軍守備隊も、通婚により少しづつハバーブ人に溶け込んでしまった★★★★。ベラウ族の族長はヒジャーズ地方［アラビア半島の紅海沿岸］の副王たちの「代官」になり、トルコ政府から定期的な貢納を得るが、以下の条件がある。トルコおよびアビシニアの隊商を、近傍の民からのあらゆる襲撃から防護すること、商人が納める租税の一部を宗主に送金すること、そしてマッサワ島に必要な水を供給することだ。しかしナーエブとマッサワ島民はしょっちゅう諍《いさか》いを起こし、水道が断たれるのも度々だった。またナーエブのほうもひんぱんにアルキコから逐われ、内陸に身を

★ Lejean, *op.cit.*
★★ Rohlfs, *Meine Mission nach Abessinien*, *op.cit.*
★★★ Munzinger; Rohlfs, etc.
★★★★ Munzinger, *Ostafrikanische Studien*, *op.cit.*

隠さねばならなかった。エチオピアの君主にとり、マッサワという戸口が外界に開かれていることは必要不可欠だったが、沿岸を襲う海賊や奴隷商人やらに復讐するため、しばしばマッサワを蹂躙もしたのである。まだ城壁にはエジプト国旗がひるがえるが、近年の諸条約によりマッサワは英領になり、完全な自由港とされるはずだ。だが政治的にはともかく、交易の観点からみたこの紅海の港は、エチオピアの自然的従属地にほかならない。すでに交易量はかなりのものだが、エチオピア高原に平和が維持されるなら、いっそう急速な発展は間違いない。市街への接近を扼する前方小砦群は一個の塹壕陣地をなし、内部にはエジプト軍部隊三〇〇〇名が駐屯していた。

マッサワ

アラブ人にとってはメドサワないしムッサウワー、アビシニア人にとってはムトニャであるマッサワは、サンゴ質の小島を占める。同島は東西およそ一〇〇〇メートル、南北幅は三〇〇メートルにすぎない。アラビア様式の石造の居館や、木の枝で組んだ小屋掛けがひしめく。一本の堤防が、もっと小さいタウルド島とつながる。タウルド島じたいも一五〇〇メートルほどの長さの突堤で陸地につながり、ムクルからの水を引く大事な水道が、マッサワの貯水槽に給水する。水道や突堤、家屋、防衛施設ほかの大型建造物はパシャ＝ムンシンガーの指導により二〇年前に造営されたものだが、破損がはなはだしい。エジプト人は、母国でもそうだが、建てるだけで修復の手間を一切かけないからだ。いまも旧市街にある古い教会堂は、アビシニア人にとり使徒である聖フルメンティウス〔初代アクスム総主教 Frumentius 生年不詳—三八三〕の創建と伝えられるが、いまはモスクに改装された。泊地は古代人のいうサバイティコンで、マッサワ島の北浜と陸地のあいだに広がる水域だ。ほかにも北東に小島の群れがあり、沖合の風からかくまう。ギリシャ人やバニアン人〔ヒンドゥー商人。本シリーズ『インドおよびインドシナ』四四四頁など〕ほか、市内に構える外国人商人とアビシニアの交易は、隊商が仲介する。隊商が持ち込むのはオロモ人の地方からの貴重品、すなわちコーヒー豆や金、白蝋で、テケゼ川の増水前に渡河するため冬の終わりに出立し、二〜三か月をかけて道をたどる。戻るのは晩秋で、早春にはふたたび年中行事の旅を再開するのだ。一八六一年におけるマッサワ港経由のアビシニア貿易額は、奴

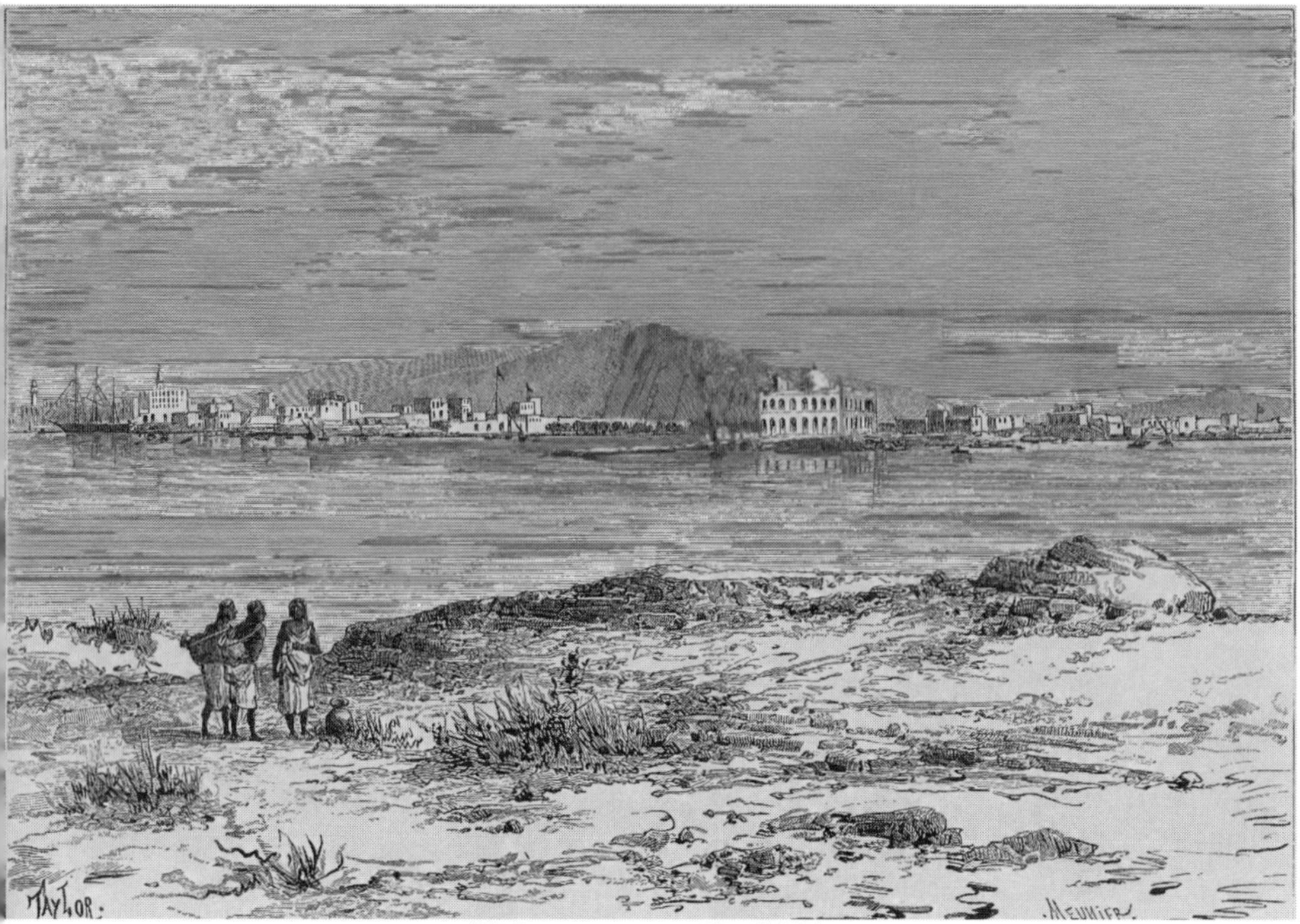

挿画 XXIII　マッサワ遠景
『Graphic』誌所載の版画をもとに、テイラー筆

隷輸出を含め、一〇〇万フランと推定された。二〇年後の一八八一年には七〇〇万フランに伸びている。輸出品目は多い順に皮革、アラビア半島向けのバター、そして真珠母［螺鈿］である。象牙輸出は激減した。なおマヨット［コモロ諸島］とマスカレーニュ諸島のプランテーション農園主は、アビシニア産のラバ［騾馬］を輸入する。

ダフラク諸島

マッサワの湾の東にあるダフラク諸島は大型のサンゴ質の島々で、主島はダフラク島とノラ島である。トルコ支配の前には大きな交易面の重要性があったが、ほぼ全面的にそれを喪失した。当時はアビシニア出身のキリスト教徒住民が暮らし、いまも礼拝堂がみられるほか、日常語もティグレ語のままだが、かなり訛りがきつい★。現在は全島民がムスリムで、人数は一五〇〇人足らず、資源といえばヒツジ［羊］の肉と乳のほか、海産物に限られる。毎年バニアン人やペルシア人の商人が到来し、付近の海域で採取した真珠母と真珠を買い入れる。市場

★ Bianchi, *Esploratore*, agosto 1882.

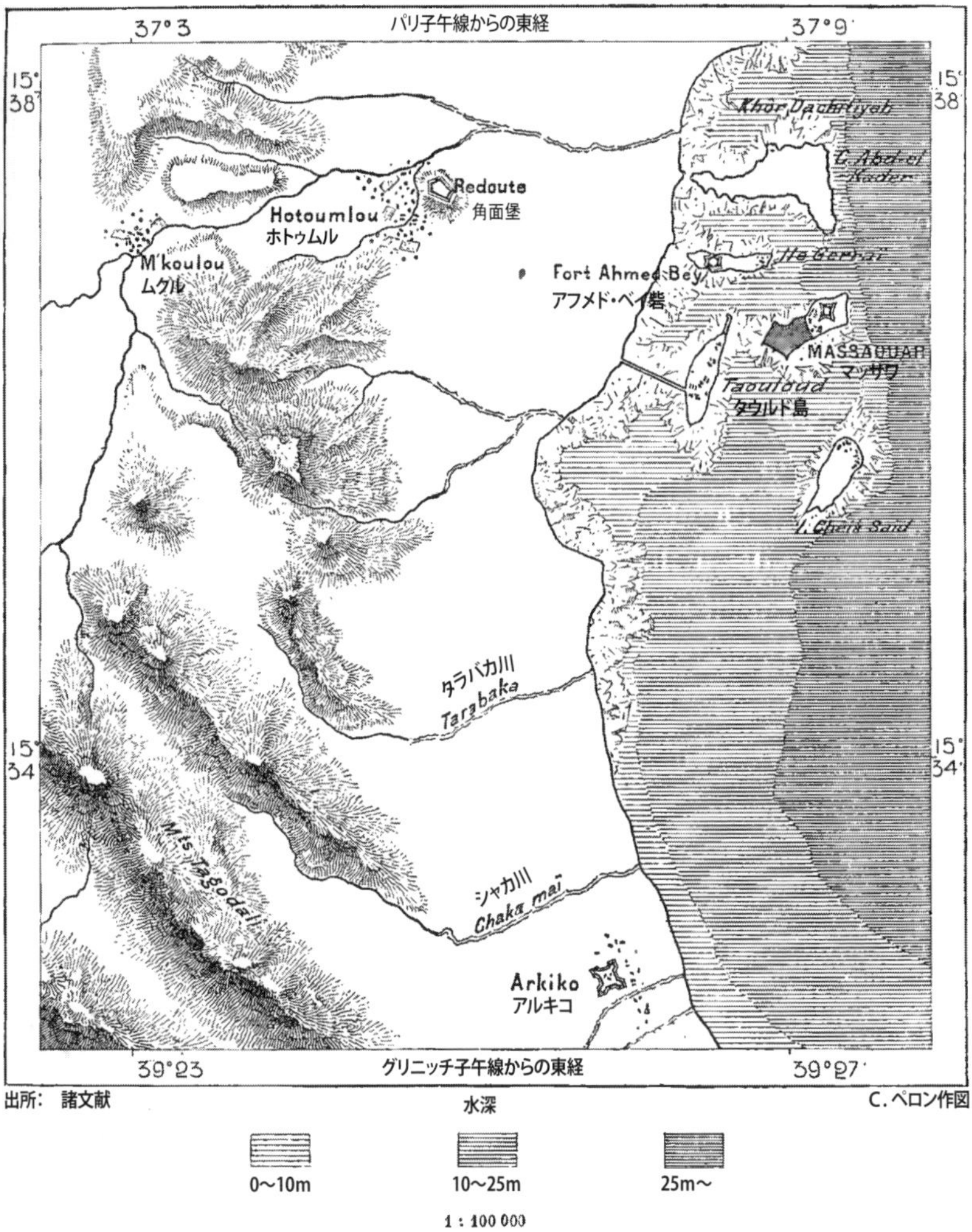
パリ子午線からの東経
37°3
37°9
15° 38
15° 34
Redoute
角面堡
Hotoumlou
ホトゥムル
M'koulou
ムクル
Fort Ahmed Bey
アフメド・ベイ砦
Khôr Dachliyeh
C. Abd-el Kader
Ile Gerhai
MASSAOUAR
マッサワ
Taouloud
タウルド島
I. Cheik Saïd
タラバカ川
Tarabaka
Mts Tagodali
シャカ川
Chaka maï
Arkiko
アルキコ
グリニッチ子午線からの東経
39°23
39°27
出所：諸文献
C. ペロン作図
水深
0〜10m
10〜25m
25m〜
1 : 100 000
0
4 km

図 52　マッサワ

はダフラク島東岸のデムルの村〔不詳〕にある。バーレーンの漁師と同様に、ダフラク島の漁師も強い雨が降ったあとで漁を営む。彼らによると、真珠の形成には淡水と海水が混じることが必要だからだ★。島民はウミガメ〔海亀〕も捕えるが、海底におびただしく生育する海綿は採取しない★★。ダフラク島とその周囲の群島の住民は多くのヤギ〔山羊〕、ラクダ〔駱駝〕、ロバ〔驢馬〕を所有するが、野生状態で島内を遊弋するにまかせるか、他の無人の小島に囲う。数頭のウシ〔牛〕がみられる小島もある。

アドゥリス湾（ズラ湾）沿岸

北から南に五〇キロほど陸地に切れ込む細長い湾を、ディセ島民は「ビロードの湾」と呼ぶ。おそらく、よくかくまわれた静謐な海面のゆえである★★★。この湾はマッサワよりもエチオピア高原に近いため、交易活動が何度も生起した。イギリス人がアンズリー湾と呼ぶこの陸地の切れ込みは、もっと一般には、アレクサンドロス大王〔マケドニア王 Alexandre, Mégas Aléxandros 前三五六—前三二三〕の後継者たちの軍船が停泊していた二千年前のまま、アドゥリス湾の名で指し示される。六世紀にエジプト人修道士コスマス＝インディコプレウステス〔アレクサンドリア生まれ修道士、地理学者 Cosmas Indicopleustès, Constantin d'Antioche 六世紀〕が書き写したギリシャ語碑文は「プトレマイオス〔古代エジプト・プトレマイオス朝ファラオ、プトレマイオス二世 Ptolémée II, Ptolemaios Philadelphos 前三〇八—前二四六〕とアルシノエ〔古代エジプト女王、プトレマイオス二世の姉にして妃アルシノエ二世 Arsinoé II Philadelphe 前三一六—前二七〇〕の息子であるプトレマイオス大王〔プトレマイオス三世エウエルゲテス Ptolémée III Évergète Ier 前二八四頃—前二二二〕」を顕彰する。別の碑文はエチオピア王〔アクスム王〕エブ＝アグダによる諸征服の栄光を述べるなかに、一三個のアビシニアの地名が含まれ★★★★、同国最初の比較地理学資料として、地理学的に第一級の価値がある。このアドゥリス碑文の地名を、カルナク神殿の塔門群に刻まれた地名に同定したのがマリエット〔フランス人エジプト学者 François Auguste Ferdinand Mariette 一八二一—一八八一〕である。彼はそれにより、エジプトとエチオピアの関係が紀元前十八世紀、トトメス三世〔古

★ Rüppell, *op.cit.*
★★ Werner Munzinger, *Petermann's Mittheilungen*, 1864, no.IX.
★★★ d'Abbadie, *L'Abyssinie et le roi Théodore*, *op.cit.*
★★★★ Vivien de Saint-Martin, *Éclaircissements géographiques et historiques sur l'inscription d'Adulis*, Paris: Impr. Impériale, 1864; Lejean, *op.cit.*

代エジプト第一八王朝第六代ファラオ Toutmès III, Thoutmôsis III 在位前一四七九頃—前一四二五頃〕の時代までさかのぼることを明らかにした★。だが古代都市の建築として発見されたのは、溶岩に埋もれた少数の柱頭がいくつかと、ビザンツの工匠による大理石細工のみである。これらはいずれも内陸六キロ以上の場所で出土しており、沿岸が隆起したか、あるいは沖積層の前進の結果と思われる。古代の名称は「ズラ〔現呼称〕」の語形に残っている。南の高台に都市址があり、おそらくアドゥリスの保養地だった★★。今世紀後半には、アドゥリスの名が将来のフランス植民地として頻繁に耳にされた。これはティグレ地方のある君主が、沿岸の一部とディセ島を一八四〇年にフランスに割譲したからだが、机上の取り極めを実質化する行動は何ら採られなかった。エチオピア領のこの離層を現在保持するのは、エジプトの旗の陰にいるイギリスである★★★。そもそも紅海のこの酷暑の浜辺ほど、イギリスがその力を見せつけた土地はない。数隻のぼろ舟と、三枚の板きれでできた半沈水状態の漁業用の筏が、うようよするサメ〔鮫〕をものともせず櫂でもって漕ぐだけのこの湾は、一八六七年から一八六八年にかけ数百隻の艦船が停泊した。いまも痕跡がある一本の上陸用埠頭が沖合一キロ以上にわたり突き出し、一本の鉄道が急崖のすぐ根元まで敷設されたほか、山裾には、インドから連れてきたゾウ〔象〕と四万頭の家畜向けに、巨大な貯水池がいくつも掘られたのである。英派遣軍が上陸したのも、またイギリス史にも近代史にも類例のない軍事作戦を首尾よく遂行したのち、海へ戻ったのもズラだった。類例が

★ Ernest Desjardins, *Notes manuscrites*; *Société de Géographie de Paris*, 19 avril 1874.

★★ Stanislas Russel, *Une mission en Abyssinie et dans la mer Rouge, 23 octobre 1859 - mai 1860*, Paris: Plon, 1884.

★★★テケゼ川流域および紅海側斜面のエチオピア都市（人）

インチャトカブ		ハライ	2000（Russel）
ドバレク		ディグサン	2000（ルフェーヴル）
ファラス・サベル	2000（フェレとガリニエ）	アビイ・アッディ	2000（1881年、ロルフス）
ラリベラ	1200（1868年、ロルフス）	アードワ	3000（〃）
ソコタ	1500（〃）	アクスム	5000（〃）
アンターロ	1000（〃）	コド・フェラッシ	1200（〃）
チャリクト	2000（〃）	アツェガ	1800（1881年、ヘウグリン）
メケレ		ケレン	1800（〃）
サムレ		アルキコ	1800（1881年、ロルフス）
ハウセン	1200（ルフェーヴル）	マッサワと近傍	7000（1881年）
アディグラト	2000	アフ・アバド	6000（1857年、サペト）
セナフェ		ドルカ	5500（〃）
		ズラ	1000（1881年）

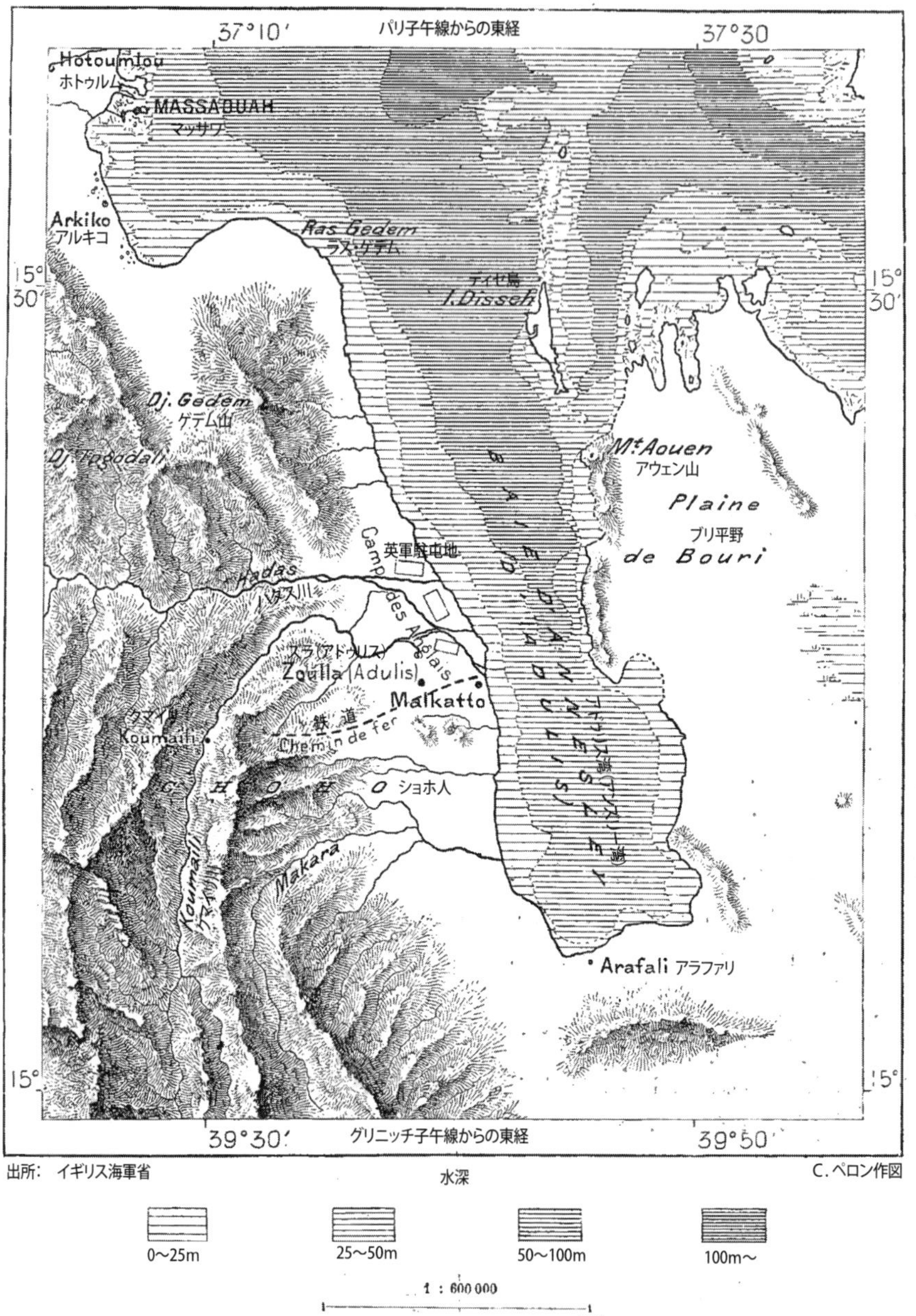

図 53　アドゥリス湾［ズラ湾］

なかったのはその目的の正当性と、綿密な正確さ、部隊の動き、ほぼ犠牲が皆無だった成功の十全さ、そして勝利後の無欲さである。ヨーロッパの軍団がエチオピア高原を行軍したものの、征服することはなく終了し、ズラの砂地からイギリスの痕跡もまもなく消えるだろう。だが、この外国軍の国内通過は、アビシニア人の歴史における新たな時代の始まりだ。

ハワキル湾沿岸

紅海沿岸は南東に伸びつつ、ところどころで湾や入江をなす。エチオピアの斜面にある谷に到る隊商が、仮にダナキル地方の燃えるような暑さと、道筋もはっきりしない土地を横断しなくてもよかったら、こうした湾には港を設けることが出来るかもしれない。ハワキル湾はイギリス人がアビシニアへの派兵のさい調査したが、火山錐の群れが出口を邪魔し、周囲の岩礁や溶岩原の通過はきわめて困難である。古代アンティフィルス港の跡地ハンフィラ［アンフィレ］は、アラルベド塩湖［現呼称クルム湖ないしアサレ湖］の塩採取と真珠母の採取以外に利用法がない。小さなエード港［イディ］はエチオピアの縁部山脈から二〇〇キロもあるほか、ハワキル湾と同様に、火山やごつごつした溶岩原に囲まれるため、一帯はほぼ接近不可能である。ナントの一企業が同地を取得したものの、利益を引き出せなかったので、フランス政府に買い上げを求めたが、あまりに費用がかさむというので拒否され、最終的には権益をヘディーウに譲渡した。

第六項　行政区分

アビシニアの政治、行政区分は、封臣の権勢や君主の気紛れしだいで、際限なく変化する。ゴッジャムの場合のように、数州を統治して王の称号（一八八一年に戴冠）を唱えるラス［のちのメネリク二世］もいれば、たった一個の地区でよしとせねばならぬ封臣もいる。一八八二年時点で大型の封領は二四を数え、うち四つが最高位階のラス、五つがそれよりも下位のラス、そして一五がシュムの称号をもつ族長たちにより統治される。だが政治面の有為転変にもかかわらず、大半の地区はゴール〔ガリア〕地方のパギ〔郷国、地方を指す羅語パギュスの複数形〕と同様に、名称と全体的な輪郭を保持する。それは地形と地質学的な組成により、それぞれ独自なのだ。現在のエチオピア帝国のうち、シヨア地方の封領王国とアッバウィ川よりも外方の貢納国群、オロモ人の地方の北で最近に併合した領土をのぞく部分を、次表に示す。州というよりは、気候と流域からなる自然地域で分類してある。

政権および州	流域	気候区	都市
アムハラ			
デンベア	青ナイル川	デガ、ヴォイナ・デガ	ゴンダール
チェルガ	青ナイル川、アトバラ川	〃　〃	チェルガ
ヤンファンゲラ	アトバラ川	〃　〃	
ダゴッサ	青ナイル川	〃　〃	
クアラ	〃	〃　〃	
ベゲメデル	青ナイル川、テケゼ川	〃　〃	サラマ
グナ	〃　〃	デガ	
カインテ	青ナイル川	〃	
サインテ	〃	〃	
ダウォント	〃	〃	
ワドラ	青ナイル川、テケゼ川	〃	
タランタ	青ナイル川	〃	
ウォッガラ	テケゼ川、アトバラ川	デガ、ヴォイナ・デガ	
シメーン	テケゼ川	デガ	インチャトカブ
ツェレムト	〃	ヴォイナ・デガ、クワッラ	
エルメチョ	アトバラ川	クワッラ	
ツァガデ	〃	〃	
コッラ・ウォガラ	〃	〃	
ワルデッバ	テケゼ川	〃	
ウォルカイト	〃	〃	ナガダ
ゴッジャム			
アチェフェル	青ナイル川	ヴォイナ・デガ	イスマラ
メトチャ	〃	デガ、ヴォイナ・デガ	
ゴッジャム	〃	〃　〃	モンコレル
ダモト	〃	ヴォイナ・デガ、クワッラ	
アガウメデル	〃	〃　〃	アシュファ
ラスタ			
ダハナブ	青ナイル川	デガ、ヴォイナ・デガ、クワッラ	
セデブ	〃	〃　〃　〃	
ワグ	〃	デガ、ヴォイナ・デガ	セクォタ
ティグレ			
ウォジェラト	青ナイル川	デガ	
エンデルタ	〃	デガ、ヴォイナ・デガ	メケレ
サカ	〃	〃　〃	
アヴェルガレ	〃	〃　〃	
イジュ	紅海流域	ヴォイナ・デガ、クワッラ	
ゼブール、アンゴト	〃	〃　〃	コボ
スロア	テケゼ川	〃　〃	サムレ
テンビエン	〃	〃　〃	アビイ・アッディ
アデト	〃	〃　〃	
ゲラルタ	〃	〃　〃	ハウセン
ワンバルタ	〃	〃　〃	
ハラマト	〃	デガ、ヴォイナ・デガ	チャリクト
アードワ	テケゼ川、マレブ川	〃　〃	アードワ
シレ	〃　〃	ヴォイナ・デガ、クワッラ	
アガメ	〃　〃	デガ、ヴォイナ・デガ	アディグラト
オクレ・クサイ	マレブ川	〃　〃	
サラウェ	〃	ヴォイナ・デガ、クワッラ	コド・フェラッシ
ハマセン	マレブ川、バラカ川	〃　〃	

五―三節　ショア地方、ダナキル人の地方、オロモ人の北部諸国

第一項　ショア地方の自然

ショア地方とダナキル地方

ショア地方、ないしシャワ地方とオロモ人の北部山岳地方は、エチオピア高原の一部である。政治的観点でのショア地方は、長い独立ののち、あらためてアビシニアの帝国にくっつき、定期的に貢納している。ショア地方の君主が「諸王の王」に目通りするさいには、首〔首枷か〕に石をつける★。アッバウィ川の南方への軍事遠征が上首尾だったため、文明化した部族も未開な部族も、大半は北エチオピア〔アビシニア〕に服属し、使節団が毎年デブラ・タボルあるいはメケレに象牙などの貴重な産品を持参する。この方面の境界線はいわば浮動するが、それでもカッファ地方の先まで、エチオピア南部全域を包み込む。ショア地方の面積は三倍になり、ゴッジャム王国も同様に三倍に拡張したが、年のうち七〜八か月は、イルム・オルマ人〔オロモ人〕の郷国群はアッバウィ川により隔てられる。これらの地方の住民〔オロモ人〕は大半が出自も、言語も、信仰や習俗も画然と異なるため、別個に検討せねばならない。またエチオピアの主山脈〔東の縁部山脈〕と紅海沿岸、アデン湾、アワシュ川流域の南にある分水界に囲まれる平地〔ダナキル地方〕の人々は、地形と気候が強いる生活類型による明確な集団を形成する。彼らは高原部と海のあいだの交易を仲介するので、ショア地方の住民に必要不可欠の存在だ。ダナキル地方とショア地方は大きく異なるが、それでも単一の社会的生命体の部分である。

シャッカ山脈と景観

★ *Esplorazione*, nov. 1883.

エチオピアの主たる稜線は、アンゴト地方とゼブール地方の南でショア地方に入り込み、わずかに子午線からそれ、アワシュ川と平行に南西に曲がる。エチオピア縁部山脈のこの箇所はシャッカないしアンバ・シャッカの名を得た。ビークによると平均標高は二四〇〇〜二七〇〇メートルで、いくつかの峰はそれを上回るらしい。アンコベル付近での最高峰メタティテ山（三二七八メートル［メゲゼズ山（標高三五九五メートル）か］）からは、ショア王国の大半と、段々にアワシュ川の谷やアッバウィ川の支流群に向け降下してゆく傾斜地を、足下に一望する。エチオピアのこの地方ほど、河川が柱体形の断片にはっきり切り分けた土地はない。高原のいくつかの高みから遠望すると、ほぼ一体の広大な田園にみえ、谷は緑地の切れ目によりわずかにそれと知られるにすぎない。だが刻まれた谷に近づくと、巨大な亀裂が口を開いてゆく。アンコベルの北西六〇キロほどにある峡谷は、台地と台地のあいだが六〜七〇〇メートルしかないのに、深さは一二五〇メートル以上に達する。岩山にも深淵があり、ショア地方の旧都にあるテグレト・ワト、すなわち「テグレトの地割れ」は、幅一メートル以下のまま長さ約一八〇メートルにわたる。石を投げ落としても、底に当たる音は聞こえない。シャッカ山脈の東麓に端を発する河川群は、青ナイル川まで二〇〇〇メートル近くを降下し、階段状の滝や、壮大な早瀬になって峡谷に渦巻く★。

東リフト・ヴァレー東北部の火山地形

エチオピアの主山脈の東には、丸くなった丘陵の山塊がいくつかアンバ・シャッカの基部によりかかる。少し離れてアルゴッバなどの並走山脈群も発達し、その尾根からは、遠くアデン湾までうねる平地が望見される。この平地のあちこちには、膨大な溶岩原を吐き出した火山錐が突き出す。アンコベルの北東、アワシュ川右岸に近い休火山の火口は全周数キロの深淵だ。だが別の板阜の頂部に開くずっと小さな火口は、ひっきりなしに水蒸気を噴き上げる。これがドファネ山［ドフェン山か。以下の火山も同定できないものが多い］で、アンコベル北東六〇キロほどのアワシュ川左岸に位置する。活動状態はリーパリ諸島［エオリエ諸島］のヴルカーノ島とだいたい同一で、ガスを噴出する火口の壁に、あざやかな黄色から赤茶色まで、あらゆる色合いの硫黄が板状に張り付いている★★。南のファテ

★ Isenberg et Krapf, *op.cit.*

★★ Charles-Xavier Rochet d'Héricourt, *Second voyage sur les deux rives de la mer Rouge dans le pays des Adels et le royaume de Choa*, Paris: Arthus Bertrand, 1846.

イガル地方にあるミンチャルの火山集団にも、硫黄の昇華がみられるカルデラがある。そのひとつがウィンゼグルで、ハリス〔イギリス陸軍軍人、画家、狩猟家 William Cornwallis Harris 一八〇七―一八四八〕によれば全周一〇キロ近く、火口壁は二〇〇～三〇〇メートルの高さがある巨大な釜のような山だ〔ファンタレ山か〕。山腹には溶岩が流れ出た二カ所の亀裂があり、黒々とした溶岩流が樹木のあいだに残る。近くにあるブルチャッタの湿地は、黒や黄色の溶岩が埋め立て、垂直な絶壁が囲む。ウィンゼグルの岩山には数百の洞窟が口を開き、絶壁に垂れ下がる植物の葉に半ば隠れるが、ひとつの裂開はゾウ〔象〕やサイ〔犀〕が通れるほど広く、夜になるとカルデラ湖に水を飲みにやって来る★。アンティノーリ〔イタリア人探検家 Orazio Antinori 一八一一―一八八二〕が記述するデンビ地方の火山群のあいだには潟湖地帯が形成されたが、まったく魚影をみないことから類推すれば、最近の形成であろう。ただし水面上にはおびただしい水鳥が舞い飛ぶ★★。南西の遠方にある孤峰ズクァッラは三〇〇〇メートル級で〔二九八九メートル〕、すでにフラ＝マウロ〔イタリア人カマルドレーゼ派修道士、地図製作者 Fra Mauro 一三八五頃―一四六〇頃〕の名高い地図〔フラ・マウロの世界図（ヴェネツィアのイタリア国立マルチャーナ図書館蔵）〕にも示されるように、頂部にカルデラ湖をそなえる。湖畔には「悪魔を調教した」人物〔エチオピア正教聖人 Gabra Manfas Qeddus〕の創建とされる修道院がある。これらショア地方の火山性の土地にはあまた温泉がみられるが、孤峰エントト山（二九八七メートル〔三二〇〇メートル〕）にほど近いオロモ・フィンフィネ人の郷国にある三つの泉は、水温一〇〇度の間欠泉である。ラスタ地方とショア地方の随所でみられる石化した木立は、おそらく熱い鉱泉の作用が原因である。カイロの「石化林」とおなじく、エチオピアでもアオギリ〔梧桐〕科の分類目に属する樹種が石化している★★★。

ナイル・紅海分水界付近の山々

狭義のエチオピアとオロモ人の郷国の自然境界は、アッバウィ川とアワシュ川源流を隔てる一本の高い地峡が形成し、南西に屈曲する。起伏は少なく、渓流の両側の急崖以外に凹凸はない。この地峡の南方で山々はふたたび規則正しい山脈の形を取り戻すが、土地全体が突き出たと考えるべきで、それを河川が別々の山塊や台地に

★ Harris, *op.cit.*
★★ Antinori, *Bollettino della Società Geografica Italiana*, serie II vol.V, 1880.
★★★ Stecker, *op.cit.*; Hartmann, *op.cit.*

切り分けている。すなわち北方の青ナイル川に向かう河川と、ググサ、オモ〔現呼称〕、アブラなど、種々の名称で呼ばれる大河に南下する水流群だ。台地を切り割って輪郭をほどこした侵蝕作用のせいで、頂部を結ぶ軸線は、北西から南東に向かう。ゴロ・チェン山、ベルベッラ山、トゥル・アマラ山、チリモ山、ディリコ山、カロ山、ロッジェ山といった三〇〇〇メートル超の峰々はこの方向に並ぶ。この分水嶺の最高峰は東端にあるハムド山のようで、標高三四五六メートルを下らない。グラゲ地方に立ち上がるワリロ山も同一線上にあり、深い谷が四方を囲む。キアリーニ〔イタリア人探検家 Giovanni Chiarini 一八四九―一八七九〕は同山の標高を三八九八メートルとしている。

カッファ地方の山々

ググサ川上流が北を区切る山塊はそれほど高くなく、平均標高二二〇〇～二五〇〇メートルにすぎない。だが、北東から南西に向かう軸をそなえるインナルヤ山脈には三〇〇〇メートル級の峰があり、最高峰エガン山は三〇九〇メートルに達するらしい。カッファ地方にあってゴジェブ川〔オモ川支流〕が北を画する山脈は、グラゲ地方の山岳と競う高さで、東端近くに位置するホッタ山は標高三六八五メートルに達するようだ。イルム・オルマ人〔オロモ人〕の領国における巨峰はオモ川の西、ワラタ人の郷国にあるウォチョ山らしいが、同地を訪れた旅行家はいない。オモ川の谷の上で、二〇〇キロ先から同山の頂を望見したアントワーヌ＝ダバディ氏によると、標高五〇〇〇メートルを超えるかもしれないという。

アファル地方の地勢

エチオピアの縁部山脈の東方にあるアファル人の郷国は、アビシニアの高原と対比される平地として一般に指し示されるが、実際は起伏があり、山岳もみられる。アラルベド湖を画する火山性の山脈はよく知られており、タルタル人はその山中にしばしば「悪魔の太鼓」がとどろくという。この山脈に属するのが、ムンシンガーのいうオルトアレ山〔エルタ・アレ〕と、メケレを下ってアッサブ〔現エリトリア共和国内〕に到ろうと試みて果たさなかったビアンキ〔イタリア人探検家 Gustavo Bianchi 一八四五―一八八四〕が目撃したもうひとつの「煙の山」である★。アッサブ湾の南西〔現

★ Gustavo Bianchi, *Esplorazione*, settembre 1884.

エチオピア・エリトリア・ジブチ国境」にあるムーサ・アリ火山は標高二〇〇〇メートルに達するらしい［二〇六三メートル］★。タジュラ湾の北にある沿岸山脈には、溶岩が流れ出た火山錐が並ぶ。そのひとつ、死火山であるジュダ山は海抜九一四メートルで、南の扶壁はタジュラ湾の最奥部をほぼ二分する溶岩流である。奥側の水域はインド洋の一部というよりも、むしろ内陸湖だ［グベト・アル・カラブ湖］。その西では、べつの溶岩流が完全に湾を埋めて対岸へ達し、旧湾の一部を分離してアッサル湖を形成した。アラブ人はアッサル湖の水が塩辛いにもかかわらず、「蜂蜜の湖」という皮肉な名をつけている。ただしアッサル湖が切り離されるうえでは、地面の隆起も一役買った可能性がある。というのも、タジュラ付近の海浜は大半が石灰の粘土質で、標高四〇～五〇メートルの高さまで、現在のアフリカ海域に生息するのとそっくりな貝殻ばかりだからだ。今はタジュラ湾から二〇キロほどの屋根により離れたアッサル湖は、アラルベド湖［クルム湖］と似た変化をたどった。こちらも塩湖に変貌し、底地をとりまく塩のクラスト［殻］はすこぶる厚く、岸から一キロ以上先でもラクダ［駱駝］が歩き回る。アラルベド湖とおなじく、アッサル湖の塩も近傍の部族にとり富の源泉だ。一帯のアファル人やソマリ人は自家用のほか、エチオピア南部向けの採取に訪れる。交換品目はコーヒー豆や象牙、真珠母、そして奴隷である★★。だが、これまたアラルベド湖と同様に、ワーディ群の運び込む水量が蒸散量をはるかに下回るため、アッサル湖の水位はゆっくりと低下した。現在の湖面よりも一五メートルほど高い岩場に残る白っぽい跡が、かつての水位を示す。一八三四年にロシェ＝デリクールが初めてショア地方を旅行したさい、アッサル湖の水位はタジュラ湾の海面下一八五メートルにあった。以後この標高は海面下一七三メートルから二三一メートルまで、種々の推定がある。水深は四〇メートルほどらしい★★★。ビアンキによると、アファル人の地方にある窪地には、海面下二〇〇メートルよりも低いものもある。

アワシュ川

アッサル湖の南西も火山が散在し、熔岩流が被覆するなかに湖沼地帯がみられるが、起源は火山性ではなく

★ イタリア人旅行家たちによるその標高は 1600m ～ 2063m まで幅がある。*Cf.* Guido Cora, *Cosmos*, 1882, livraisons V et VI.
★★ Rochet d'Héricourt, *op.cit.*
★★★ *Ibid.*; Beke; Christopher; Wilkins, *op.cit.*

河川で、アワシュ川、ないしアワシ川流域の一部である。エチオピア東斜面のこの川も、他の河川と同様に狭い峡谷の底に隠れるが、他の水流が川底の沃土を剥ぎ取り、別の場所に「持ち去る」のに対し★、アワシュ川はエジプトのナイル川のように谷を灌漑する。中流部はかなりの水量だが海まで到達せず、ラグレ川などアファル人の郷国の水流と同様に、途中で干上がってしまう。アワシュ川が生まれるのはショア地方の高山地帯フィンフィネ県［現アディスアベバのオロモ語名］で、ひとつの鞍部がナイル流域から隔てる。水源はいくつかの湧水で、草が生い茂る曲がりくねった水流がつなぐ沼沢地を形成する。次いで同川はショア地方の山々を囲繞《いにょう》しつつ山肌から水分を受け取り、かなりの幅と深さに成長して、エチオピアの主山脈のふもとを南から北に辿る。水量はこの区間が最も豊かだ。渇水期でも川幅は随所で五〇メートルを超え、水深一メートル以上の急流である。氾濫時の川幅は数キロ、水深は一二～一四メートル、ときには一八メートルに達するから★★、中流部では蒸気船の利用も不可能ではないだろう。山裾から遠ざかってタジュラ湾方面の北東に向かってからも、ゲルマナ川ないしカサム川の水を受け取って成長するが、その後は少しづつ流量が小さくなり、海から一〇〇キロほどの地点でバダ湖、ないしアウサ湖、あるいはアブヘルバドなど、色々な名で呼ばれる沼沢地［以下アッベ湖］に姿を消す。流路延長は推定八〇〇キロだ。アッベ湖の水面はおそらく海抜以下で、雨季と乾季の交代にしたがい面積が増減する★★★。淡水湖で、底の泥土は養分に富み、アウサ地方のダナキル人が播く種は百倍に稔る。夏には北に築いた土手が灌漑用水を保持し、水が完全に行き渡ると、閘門を開いて余剰水を「ナトロン湖」と呼ばれる排水池に流し込む。ナトロン湖の名称の由来は、岸に滞積する化学的結晶である★★★★。それ以外のアワシュ川水系の湖沼も氾濫水を受け取る。エチオピアの高山地帯からほど近いドファネ山とカブレト山、すなわち「硫黄の山」が見下ろすレアド湖がそうだ。グラゲ地方のジワイ湖（ないしジラル湖、ラキ湖、ダンバル湖）もおそらくアワシュ川水系で、余剰水を同川に排水するとみられる。だが現地住民はアントネッリにもチェッキにも、同湖に排水路はなく、だからこそゲエズ語で「不動」を意味するジワイの名を得たのだと説明

★ Antoine d'Abbadie; Arnaud d'Aabbadie, etc.
★★ Antonelli, *Esploratore*, dic. 1883; Brémond, *Exploration*, janvier 1884.
★★★ Heuglin, *Reise nach Abessinien*, *op.cit*.
★★★★ Rochet d'Héricourt, *op.cit*.

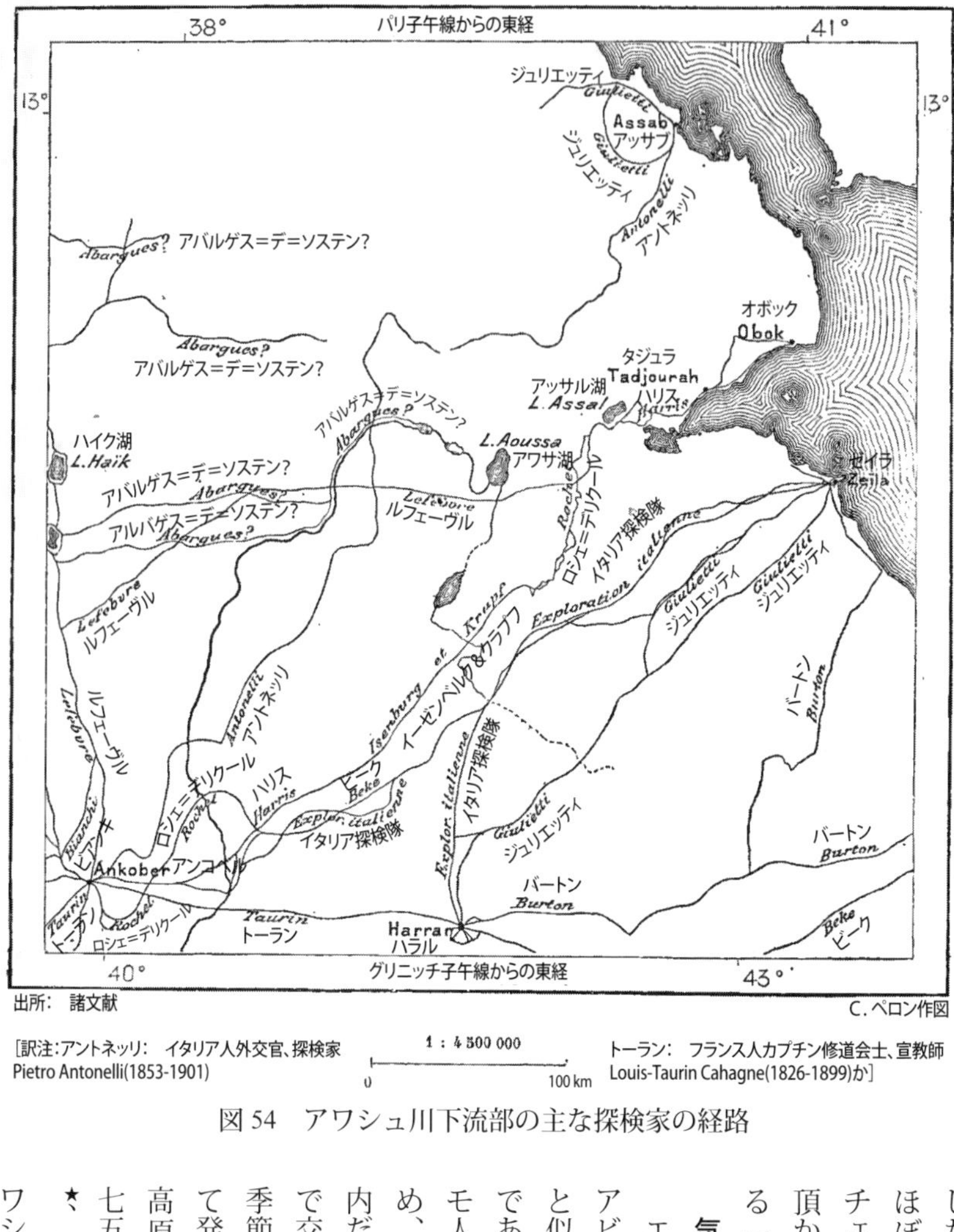

出所：　諸文献　　　　　　C.ペロン作図

［訳注：アントネッリ：　イタリア人外交官、探検家
Pietro Antonelli(1853-1901)

1 : 4 500 000
0　　100 km

トーラン：　フランス人カプチン修道会士、宣教師
Louis-Taurin Cahagne(1826-1899)か］

図 54　アワシュ川下流部の主な探検家の経路

した。ジワイ湖の南西にもほぼ同規模の湖面があり、チェッキはジクワラ山の山頂からはっきり視認している［ランガノ湖か］。

気候と植物

エチオピア南部の気候はアビシニア［エチオピア北部］と似ているが、もっと高湿である。ショア地方もオロモ人の郷国も赤道に近いため、高所はさらに多雨の圏内だ。大雨は、赤道の南北で交互に発生するふたつの季節風の勢力圏にはさまれて発生する。アビシニアの高原地帯の年間降水量は七五〇ミリと推定できるが★、アッバウィ川およびアワシュ川以南では一〇〇〇

★ Lefebvre, *op.cit.*

ミリを超えるだろう。その結果、北部よりも植物がはるかに豊かで、旺盛に繁茂する。アビシニアだとクワッラ地帯をのぞき森は少ないが、ショア地方や貢納国群の山中は逆に森林地帯で、どの旅行家も、針葉樹や野生のオリーブほかの樹種からなる大森林について語る。それは枝がからみあい、灰色の蘚類が毛髪のように垂れ下がる土地で、何時間も道をたどらねばならない。この地方を研究した植物学者はまだ寥々たるものだが、アビシニアの植物種がもっと好適な環境を見出していることは知られており、有用な材木や分泌物、種子をもたらすそれ以外の多くの植物も育っている。コーヒーノキの原産地であるこの地方は、ほかにも多くの貴重な植物を世界の農業者に提供できるかもしれない。現在すでに、精妙にして強烈な芳香がすこぶる珍重されるオッジエ、あるいはコラリマ［*Aframomum corrorima*］と呼ばれる果実を輸出している。

動物相

植物相とおなじく、動物相もアビシニアをしのぐ多様な形態をそなえるが、全体として類型は同一である。みごとな黒白の毛をもつクロシロコロブス［アビシニアコロブス］はショア地方が原生地らしい。その素晴らしい毛並みと隠遁的な生活のゆえに、現地の迷信深い住民はこれを修道士の同類とみなす★。角の巨大さが際立つウシ［牛］が生息するのもアワシュ川流域で、長さ二メートル、付け根の厚さ［径］が一五センチに達する個体もみられる★★。ショア地方の高地サバンナを遊弋するシマウマ［縞馬］の一種グレビーシマウマ［*Equus grevyi*］は緋色がかった黒の縞が珍しい。オロモ人のウマ［馬］は死ぬときには生息地の山から遠く離れる。骨ばった脚と小さな頭部、肉付きよく張った臀部、癇が強い頑固な気質をもつところは純血のロシア種に似ている★★★。　経済的観点からエチオピア南部で最も珍重されるのはジャコウネコ［麝香猫 *civetta viverra*］で、カッファ地方以外ではその麝香は様々な領主による独占のもとにある。この高価な物質を分泌するのは雄だけで、一〇〇〜三〇〇匹の群れが飼育されるが、後ろを向けないように細長くした檻に一匹づつ入れられる。分泌を促すため飼育室は恒温状態に保たれ、四日ごとに八〇〜一〇〇グラムが採取される。餌は動物性のものに限ら

★ Harris, *op.cit.*
★★ Lefebvre, *op.cit.*
★★★ Arnoux; Louis Lande, “Un voyageur français dans l’Éthiopie méridionale”, *Revue des Deux Mondes*, janvier 1879, *pp*.375-412.

れ、バターで下拵えした最上の肉片だ。ネコが怯えることを避けるため、関係者以外は施設内への立ち入りが許されない★。

第二項　ショア地方の非オロモ系住民

ゴンダールにみられるように、文明化し、かつキリスト教徒でもあるショア地方の住民の過半はアムハラ人だが、おなじ民族の大宗からは分水嶺で隔てられている。アビシニア人の大半は青ナイル川に向かう斜面に暮らすのに対し、ショア地方の住民は、紅海方面に下るアワシュ川流域に集住する。いっぽうショア地方の北を画する高原地帯は、大部分がオロモ系の居住地だ。ゆえにショア地方は、民族学的には一種の大きな離れ島をなす。狭義のエチオピア人は、はるかに大人数のイルム・オルマ人［オロモ人］に取り巻かれるが、イルム・オルマ人は種々の部族に分かれて散在し、部族間の同盟はその時々の利害や、族長の気分次第で離合集散を繰り返す。ショア地方の住民の習俗はアムハラ人と変わらないが、王に対してはもっと諾々と従うので、民全体が君主に隷従する。狭義の奴隷はごく少数で、キリスト教徒が黒人売買にたずさわるのは禁じられているが、しかし彼ら自身が奴隷のようなもので、生殺与奪の権限も財産の処分権も君主にある。ファラシャ人ないしフェンジャ人［ユダヤ教徒］もぽつりぽつりとみられる。通常彼らはアンコベル近傍のエマムレト地方の森に僧院をもつタビバン派に分類され、巫術師として恐れと尊敬を受ける。ムスリム住民は狭義のアビシニア内と同様に改宗を強制された人々で、かつては非常に多かった。エチオピア全土で通用する「ジベルティ」という呼び名は、イファト地方にあったが消滅した都市ジャバルタをいまに伝えるものだ。ショア地方の外国人はとくにフランス人とイタリア人が比較的に多く、ロシェ＝デリクール、ルフェーヴル、ハリス、コンブとタミシエ、イーゼンベルク［ドイツ人宣教師 Karl Wilhelm Isenberg 一八〇六―一八六四］とクラプフの訪問このかた、サハレ＝セラシエ［ショア地方君主 Sehla Sellasié, Sahle Selassié 一七九五頃―一八四七］の後継者たちの行在所には、数百人

★ Bianchi, *Esploratore*, agosto 1883.

におよぶ宣教師、産業人、商人が到来したが、現在までのところ、ヨーロッパの諸発明はほとんど役に立っていない。武器や火薬類の製造施設、製粉所は全然うまくゆかず、訪問者たちにショア王が割譲した鉄道権益も、海外列強と直接の同盟関係を構築したいという王の熱意を示すだけだった。いっぽうオロモ人居住地における科学的探査は、宣教師フェルナンデス〔ポルトガル人イエズス会士 António Fernandes 一五六九頃―一六四二〕による十七世紀初頭の探査行からのち、アントワーヌ＝ダバディ氏まで中断したが、その後はエチオピア勢力が強まったおかげでもっと頻繁になっている。だが危険はなお大きく、最近ボンガまで入り込んだ二人のイタリア人、キアリーニとチェッキのうち、ひとりは疲労で死亡し〔キアリーニは一八七九年十月五日にマラリアで死亡〕、もうひとりもゴッジャム地方のラス〔侯〕の介入によりようやく助け出された。アントワーヌ＝ダバディ氏をこの地に赴かせた問題、すなわちエチオピア南部におけるオモ川流路の全貌も未解決のままで、カッファ地方の東で大きく屈曲したググサ川〔オモ川〕がゴジェブ川を受け取ったのち、西に曲がってナイル川方面に流れるのか、それともインド洋に向かうのか、知られていない〔西に曲がり現トゥルカナ湖に注ぐ〕。東下してジューバ川を形成する可能性もあり〔誤り〕、だとするとアントワーヌ＝ダバディ氏が考えたようなナイル水系では全然ない。

第三項　アファル人、ソマリ人、オロモ人

アファル人の身体的特徴と習俗

エチオピアの縁部山脈、紅海、アワシュ川が囲む三角形の地帯に暮らす住民の大半は、遊牧民も定住民もアファル人、ないしアフェル人、すなわち「遍歴するひとびと」のナシオンを構成する。エチオピア人は一般にダナキル人の名で指し示す〔原著は住民名として Danakil を用いるが、アファル人と訳出する〕。アワシュ川付近では最も強大な部族アド・アリに由来するアデル〔アダルとも〕あるいはアダイルと呼ばれることが多い。だが部族による習俗や習慣、言語の差

がほとんどないのは、隊商路を多少ともひんぱんに往来するよそ者の存在で説明される。ダナキル人自身は東アフリカの多くの民と同様にアラブを自称するが、これも現地での通婚や、名目上のイスラームへの改宗により説明できる。だが民族全体として西のオロモ人、北のショホ人、南のソマリ人に連なるのは間違いない。話すのはハム系の言語であり、身体的特徴も類似するからだ。大半はいまも物神崇拝で、アラルベド湖の乾燥地方では、美しいピンク色の花を咲かせる一本のジャケツイバラ〔蛇結茨 *Caesalpina*〕が尊崇されるし、エジプトイチジクに供え物をする土地もある。アファル人は一般にみごとな体格と柔軟な身ごなしをそなえ、すこぶる優美な踊り手だ。女性が顔面をベールで覆うことは絶えてなく、若いときには魅力たっぷりだが、地球上で最も暑く、溶岩と砂の土地での労働により、すぐに色香が褪せてしまう。衣服はアビシニア人やオロモ人よりも簡素で、多色の布製の腰巻とシャンマと呼ばれる長衣だが、獣皮を無造作に肩に掛けて代用することも多い。男性は髪をもっともらしく髷に結い上げ、一本のヤマアラシ〔豪猪〕の毛を挿す。オロモ人とおなじく、ダチョウ〔駝鳥〕の羽を頭部につけるのは敵を殺害した証しで、すこぶる誇る。北方地帯の家屋は趣味良く装飾されており、赤や紫の模様を刺繍した黄色地のむしろを土間に敷き詰める★。

部族構造

アファル人は独立の民だが、アサヒアンないしアサイマラと、アドヒアンないしアドイマラという二大集団に分かれるのに加え、一五〇以上の「カビレト」あるいは「カバイル」すなわち部族がある。部族は利害のおもむくまま離合集散する。族長は世襲で、部族の規模により「スルタン」や「ラス」の称号をもつが、領主ではまったくなく、全体集会の投票で過半を制した意向を実施するにすぎない。外敵に対して結束し、自由を守るため勇戦する。最強なのはモダイト族で、アワシュ川下流の全域、アワサ湖と、エード〔イディとも。現エリトリア共和国内〕からラヘイタ〔同前〕までの内陸の牧草地を領有する。誰であれこの地を通過したヨーロッパ人は、賓客の資格を得るか、あるいは血盟の約定を求めねばならなかった。盟を結ぶと、新たに同胞になった二人は一頭の牡牛を屠り、互いの額にその血を注ぐとともに、羊の毛皮に振りかけたのち、その毛皮を細く切って、それぞれの首飾りや腕輪を作る★★。一八四〇年頃に、

★ Hildebrandt, *op.cit.*
★★ Antonelli, *Esploratore*, dic. 1883.

イエメン地方からの移民とペルシア人やバローチ人傭兵に追われたゼイラ［現ソマリランド共和国内］のアラブ人がアファル人の郷国に進み入り、アワッサ近くまで達したが、誰一人として戻らなかった。一八七五年になると、沿岸のアラブ人よりも恐るべき外敵が、同地を押し渡ろうと試みた。新鋭銃と大砲を装備した三五〇人のエジプト軍を率いるパシャ＝ムンシンガーが、ショア地方への通路を開こうとしたのである。おそらくこの王国を征服し、エジプト副王に献上しようと目論んだのだろう。だが最初の遠征軍を殲滅したモダイト族は、二度目の遠征軍に対しても完勝し、パシャ＝ムンシンガーは麾下の兵士の大半とともにアファル人の槍先にかかって果てた。アファル人の言うには「鉄砲など、臆病者を怖がらせる役に立つだけ★」である。

物産

山からの水流は、海にいたる前に砂と熔岩原に消えてしまうこととて、アファル人が農業にいそしむのはアワシュ川沿いに限られる。それも多少の畑地のみで、必要な量にはまったく足りない。彼らが食料品を入手できるのは、沿岸の港とショア地方の都市での交易からである。通過してゆく隊商は宿営地のたびに慣習的に定められた関税を納めねばならないが、見返りに当該部族の保護を受け、その案内人と通行手形のおかげで、海から山岳地帯まで危険なく道をたどることができる。アビシニアの君侯たちは、自分の利益になるような経路を開くため、あれこれの道筋を交易から締め出そうとしばしば試みたが、彼らの権力が及ぶのは平地が始まるところまでで、その先はアファル人が槍の穂先でもって進む道を指し示す。北方の沙漠に暮らすタルタル人は、リュッペルによるとアビシニア人によく似た顔立ちをそなえ、とくにアラルベド塩湖の採塩に特化しており、板状に切り割った岩塩を高原部のエチオピア人に販売する。アドゥリス湾［現ズラ湾］の南とブリ半島に住むタオラ人とサオルタ人もアファル系で、アビシニア人との通婚により変容したものだ。ティグレ語方言を話すが、アラビア語が大量に混入する★★。ロルフスによると、タオラ人やサオルタ人の女性は男性にくらべ驚くほど小柄だという。北方のアファル人のあいだで「レダント」すなわち族長を務めるのは、精霊の世界に通じ、一人ひとりの守護にあたる星辰を心得ている呪術師

★ Antonelli, *Bollettino della Società Geografica italiana*, 1883.
★★ Rohlfs, *Meine Mission nach Abessinien*, *op.cit*.

である。レダントは世襲制だが、息子が心身ともに一切のけがれがないことが条件だ。身体と精神が健全でなければ精霊と通信できぬとされるからである★。紅海沿岸にはアファル人の漁家がいくつかあり、沖合まで出漁する。大きな四角いむしろの帆をそなえ、船首と船尾が高くすぼまった船だが、かつては紅海を航行する者にとり恐怖の的だった。アファル人は陸上と同様に海上でも練達で、しばしば大型の交易船を襲って捕獲したからである。だが蒸気機関の砲艦が沿岸の小さな入江や、サンゴ質の島々の迷路まで彼らを追跡できるようになると、海賊稼業をあきらめるしかなかった。その息子たちはもう漁業のほかに生業はないが、紅海でいまなおジュゴン［海牛］漁を営む唯一の民だ★★。ロザリオの製作に用いる波型模様のついた真珠［編真珠か］を、ジュゴンの骨でもって磨るのである。

ソマリ人の居住地域

ソマリ人は相貌、言語、出自ともアファル人の類縁で、タジュラ湾とハラル王国のあいだのアワシュ川流域における代表的住民である。この地域を遊弋する強大な部族イッサ人は年に一度アワシュ川を渡河し、アファル人の平地に入り込みさえする。この季節移動の原因は気候の違いだ。紅海とアデン海峡の沿岸では雨季が異なる。雨が降ると放牧地はたちまち美味な草に覆われるので、イッサ人はアファル人の受け入れを求める。アファル人も自分の牧草地が乾燥すると、南方にあって雨が涵養したソマリ人の土地に赴く。この相互依存により、二大戦士部族のあいだに調和が保たれているのだ★★★。イッサ人は名目的にはエジプト政府に貢納することになっていたが、事実は正反対で、ハラル地方の山岳部とゼイラを結ぶ隊商を保護してもらうため、イッサの族長に献納金が与えられていた。イッサ人のラクダ曳きは山岳部までの運送をほぼ一手に引き受け、そこで他部族のラクダ曳きに荷を引き渡す。女性はどこにでも夫に同伴し、隊商の内部ではラクダを曳くほか、背には薪や調理器具、そして母親になりたてなら新生児も担ってゆく。イッサ人の代々の仇敵はおなじソマリ系のガダブルシ人で、練達の騎手からなる盗賊であり、ゼイラ近傍まで家畜を奪いに来襲

★ Leo Reinisch; Friedrich von Hellwald, *Naturgeschichte des Menschen*, Stuttgart: Francke, 1883 (vol.1) & 1885 (vol.2).

★★ Rüppell, *op.cit.*

★★★ Charles-Xavier Rochet d'Héricourt, *Voyage sur la côte orientale de la mer Rouge, dans le pays d'Adel et le royaume de Choa*, Paris: Arthus Bertrand, 1841.

挿画 XXIV　ソマリ人の男女　G.Revoil 氏の一葉の写真をもとに

することがある★。

オロモ人の居住地域

オロモ人は人数といい、占有する面積といい、アフリカ筆頭の民族のひとつである。すでに一部はエチオピアの縁部山脈の東斜面、ティグレ地方の縁辺に暮らすほか、赤道まで南北千キロ以上にわたる地域に、あるいは散在し、あるいは部族として集住する。東西では、ナイル川上流部からソマリ人のすぐ横手までの全域にわたり、オロモ人にお目にかかる。だがオロモ人

挿画 XXV　ソマリ人の少女
G.Revoil 氏の一葉の写真をもとに

★ Ferrand, *op.cit.*

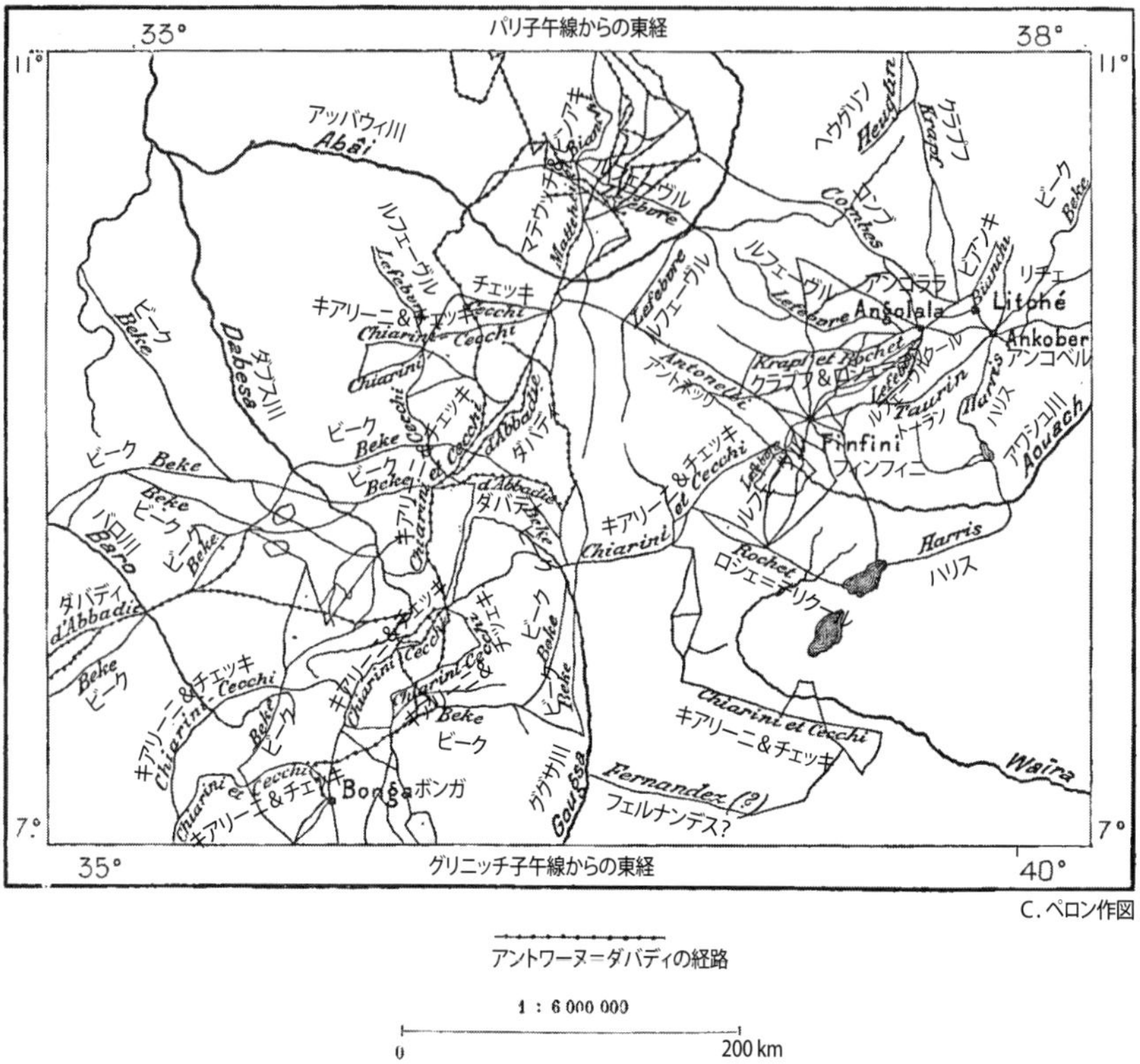

図 55　エチオピア南部の主な探検家の経路

の典型をどこの住民とすべきか、あるいはどの民が最強なのか、皆目知られていない。というのも、南部オロモ人の地方はヨーロッパ人旅行家による探査が最も進んでいない土地のひとつだからである。カッファ地方の南にあってフランスをしのぐ広さのこの地方は未知のままであり、旅行家を受け入れるアフリカ最後の地になるのは間違いないだろう。よく知られているオロモ人は北部の住民に限られ、十六世紀半ばからエチオピアの諸王国の内部と辺境に暮らしてきた★。ゆえに、エチオピアの諸民族に次いでオロモ人を検討するのが自然である。

名称と出自

ビークの報告によると、ガッラという呼び名は、かつて大合戦を行なったグラゲ地方にちなんで近傍の民がつけたものらしい。だが一般にこの呼称は

★ Combes et Tamisier, *op.cit.*

「母国を探し求めるひとびと」の意味と解釈され、放浪の生活と数々の征服を示すとされる。自称はオロモ、すなわち「人間」か、あるいはイルム・オルマ、すなわち「人間の息子たち」で、おそらく「勇者」の謂いである★。アルノー＝ダバディ氏によると、オロモという呼称はスペイン語の「イダルゴ〔郷士〕」と同様に、「貴族」の同義語らしい★★。諸部族の伝承は色々だが、オロモ人の大半は、先祖が到来した場所として南の地平線を指し示す。その先の南部の高山地帯が彼らの最初の母国だったかもしれず、いまもケニア山に隣接する部族民は、母のもとに帰るようにこの山に巡礼し、供え物を運んでゆく。十五世紀半ばに東アフリカ全域で大規模な民族移動が生じ、何世紀か続いたのは確実と思われる。それどころか、南から北へ、また東から西への移動はいまなお続いているとさえ考えられている。アビシニア内のオロモ人、つまりニヤンザ湖〔ヴィクトリア湖〕のほとりのワ・フマ〔フマ人〕は、北と西に向かったオロモ移住民の前衛だった。移動が発生した原因は、バルトとハルトマンの仮説では、ケニア山と赤道アフリカの他の火山による大噴火だったかもしれない。

オロモ語

いずれにしても、何人かの著作家がセム系、さらには「アーリア人」にすら分類したこれら「人間の息子たち」はニグリシア系であり、中央アフリカの住民とほとんど判別できぬ差異しかない。また多くの点で北と東の隣人アガウ人に似るほか、東にいる不倶戴天の仇敵ソマリ人とも似ている。いずれも暫定的に「ハム語族」と分類される同一の語族の言葉を話す〔現在はハム語族の範疇は用いられず、オロモ語はセム語とともにアフロ・アジア語族に分類される〕。クラプフによると、エチオピア国内および赤道付近のオロモ人はすべて似た言葉を話し、意思疎通できるという。方言はさまざまだが、大きくは五つにまとめられ、どれもセム系の話し言葉と遠い類似性をそなえる。語彙ではなく文型が似るのであって、思惟のありようがおなじであることを示している。アントワーヌ＝ダバディ氏は、オロモ語にはバスク語とおなじ語根が大量にみられるほか、文法構造も似るという偶然に注目している★★★。オロモ語にはホッテントット人〔コイコイ人〕とおなじく吸打音〔舌打ちによる発音〕があるらしいが、ブリーク〔ドイ

★ Hartmann, *op.cit*.
★★ Arnaud d'Abbadie, *Douze ans dans la haute Éthiopie*, *op.cit*.
★★★ Vivien de Saint-Martin, *Année Géographique*, 1872, *op.cit*.; Cust, *op.cit*.

ツ人言語学者 Wilhelm Heinrich Immanuel Bleek〔一八二七―一八七五〕によるこの所見を確認した旅行家はいない。書き言葉は知られていないので、オロモ人は本というものを持たず、宣教師が持ち込んだ聖書と、数冊の語彙集、そしてトゥチェク〔同 Karl Tutschek 一八一五―一八四三頃〕による文法書がすべてだ。イルム・オルマ人の郷国には出自の異なる民も暮らし、言葉も違うが、まだ宣教師による語彙の収集はなされていない。こちらは明らかにオロモ人による征服の大波に敗退した民の残滓で、民族的な小島〔ディアスポラ〕をなすものだ。また一面がオロモ人の郷国にみえる土地にも、エチオピア語を話すアムハラ人の集団がいくつか保持されている。

オロモ人の身体的特徴

オロモ人は一般に中背で平均一六〇センチほどだが、スカンディナヴィア人並みの背丈をもつ者もみられる。肩幅は広いが腰回りは細く、若い女性の乳房はまるで彫刻のようだ。みごとな脚線美をそなえ、足は小さく、かならず外輪に開く。頑健さと柔軟さ、すらりとした体つきはアビシニア人と同様で、とくにアガウ人とよく似ている。アガウ人と出自が同一である確率は非常に高いが、ふつうオロモ人のほうが愛嬌があり、真率なまなざしをみせる。非常な長頭型で、秀でた丸い額をもち、鼻は低い。肉付きのよい唇だが、厚ぼったいことはめったにない。髭はまれである。頭髪は縮れ毛で、はっきりと房に分かれる。最も美形なのはアッバウィ川沿いのリンムー人とグドゥル人らしく、オロモ人の典型とみなす著作家もいる★。ナイル川上流域の住民はたいていそうだが、オロモ人も頭髪を鶏冠や後光、羊毛の塊の形に盛り上げる術にたけている。ただし誰もが許されるわけではなく、多くの部族では敵を殺した者に限られ、それ以外は三か月ごとに頭を剃らねばならない★★。肌の色合いはさまざまで、男性は焦げ茶色あるいは赤茶色だが、一般に女性はもっと明るい肌をそなえ、白人の目から見ても若いうちは美人である。ビークによると、アッバウィ川すなわち青ナイル川沿いのオロモ人は、アンダルシア地方の農民よりも色白である★★★。イエ

★ Hartmann, *op.cit.*

★★ Rochet d'Héricourt, *Second voyage sur les deux rives de la mer Rouge dans le pays des Adels et le royaume de Choa*, *op.cit.*

★★★ Beke, "Abyssinia, Being a Continuation of Routes in That Country", *op.cit.*［原文 *Journa of the R. Geographical Society*, 1884 とあるが、1844 の誤植とみる］

ズス会士たちが「ガラ」すなわち「乳」のギリシャ語を彼らに当てたのも、イルム・オルマ人の比較的に白い肌のゆえである★。男女ともアビシニアの長衣を優美にまとい、勇者はまばゆい駝鳥の羽飾りを頭に挿し、武勲を誇る。武具は投げ槍と両刃の剣、水牛あるいは犀の皮革でできた楯である。住居はエチオピア人のものと似た粗い石造りの円筒形で、草葺きまたは萱葺きの円錐形の屋根を載せる。家屋はほぼどれも大木の樹陰のもとにあるため、村々を通り抜けても、厚い葉陰を透かしてちらりと見えるだけである。

挿画 XXVI　オロモ人の少女
P. ソレイエと L. シュフヌ両氏の一葉の写真をもとに

物産と気質

北部のイルム・オルマ人はエチオピアの隣人とおなじくすこぶる聡明で、西洋人の平均を上回り、とりわけ言語の学習能力に秀でる★★。オロモ人はある程度までエチオピア人の文明の一部で、農耕と牧畜にたずさわるし、穀物の種類は多く、優良なウマ［馬］をもつほか、中央ア

★ Charles T. Beke, *On the Origin of the Gallas*, 1848.
★★ Massaya, *Annales de la Propagation de la Foi*, 1845. ［該当記事が見当たらない］

フリカ最高のラバ［騾馬］を飼育する。ウシ［牛］はコブウシ［瘤牛、ゼブー］とサンカと呼ばれる角の長い種のふたつで、仔牛や若い牝牛の角を圧迫し、優美な竪琴の形にたわめさせて楽しむことがよくある。随所で村々にミツバチ［蜜蜂］の巣箱がみられる。ただしオロモ人の全員がおとなしい農民の美質をそなえるわけではなく、戦さ好きの本能がしばしば目覚めるため、彼らの郷国は不断の戦乱に荒らされ、壮丁のうち三分の一しか残っていない部族もある。家門どうしでも、血の代償が支払われぬ限り、血讐の応酬が果てしなく続く。オロモ人は剽悍かつ酷薄で、古代ユダヤ人と同様に、相手が生きていようが死んでいようが一物を切り取り、家に持ち帰って飾る風習がある。アビシニア内の戦乱には、同盟相手として、あるいは傭兵や敵方として介入するため、この慄然とする習慣はエチオピア全土で残っている。少なくともアムハラ地方とティグレ地方では、去勢されても味方は彼を受け入れて看護するが、オロモ人の郷国だと不浄の存在とされるため、自分の息子にさえ助けを求められず、葬礼を受ける権利も拒否される★。隣接する民族の大半がオロモ人を恐れるのはもっともだが、オロモ人自身も、北方ではゴッジャム地方とショア地方のアビシニア人により、また東方ではソマリ人により、独立を脅かされている。人攫いを生業とする連中はしばしばオロモ人の森で狩り出しを行ない、奴隷の群れとして連れ去るので、とくに子供にとり、よそ者の商人は怖るべきものだ。オロモ人は自由をことのほか愛し、囚われの身になると、主人のため労働するよりは餓死する例が頻繁にみられたが、子供は数週間で隷従の生活に適応するからである。オロモ人の王政国家群のほぼいずれにおいても、児童売買は首長みずからの利益のため行われる。税として子供を直接に家族から取り上げる例さえあるが、ほかには罰金を科して人身を徴収する★★。

部族構造と外来信仰

いくつかの部族は共和政の連合体をなすが、大半はつねに戦さに引きずり込まれたため、「ヘユ」と呼ばれる族長を戴くことになった。ヘユはオロモ人のうち唯一複数の妻をめとる。南部のイルム・オルマ人のヘユはいつも貴族の血筋から選ばれるが、一定の年数しか在任しない。族長の座を取って代わられた家門では、新生児を森に捨て

★ New; Hartmann, *op.cit.*
★★ Rochet d'Héricourt; Lejean; Berlioux.

て獣に食わせるべしとされるが、ふつうは何人かの味方が幼児を助ける役を引き受け、自分の子供として養育するようだ。子供は両親を知らぬので、対立する家門の末裔であっても支配者が懸念せずに済むわけである★。北部のオロモ人のあいだでは、エチオピア帝国に範をとった王朝群が樹立された。「左利き」アフマド=グラニェがエチオピアの旧王国群を粉砕する以前には、大半がアビシニアのキリスト教［エチオピア正教］を奉じていたため、数人の聖人名や「大休息日」である日曜日の奉祝ほか、キリスト教由来の祭礼をいくつか保持した。今日ではアビシニアの君侯たちによる圧力が強まり、いくつかのオロモ人部族は自発的、あるいは強制的に単性説教会の懐に立ち戻った。さらにカトリック、プロテスタント両派の宣教師も何人かを自派に改宗させている。オロモ人聖職者はカプチン修道会の司祭が親や奴隷商人から小児を買い取った奴隷出身で、フランス系セミナリオで養育されたものだが★★、同胞の改宗に大成功を収めているようには思われない。これに対し、ムハンマドのともがらはもっと幸運で、民全体が熱狂的なイスラーム信仰に入った例がいくつもある。オロモ・ウォッロ人はコーランの完本あるいはその一部を自製しており、非常に丁寧に扱う。旅にあたっては革製の箱に収め、負い革につけてどこへでも携帯する★★★。南部オロモ人の伝承によれば、かつては彼らにも一冊のコーランがあったが、一頭の牝牛に食われてしまったとされる。牝牛を屠ると必ず胸部を割くのは、この聖典の一ページなりとも見つけ出すためだという★★★★。

在来信仰

そうは言っても、オロモ人の大宗は自然崇拝の信徒のままである。至高の神ワク、ワカ、ないしワカヨを天空と混同して信心し、日照りには雨を、敵勢に対する勝利を祈願する。その下位には色々な不死の存在が座するが、うち少なくとも「サイタン」と呼ばれる悪神は、名称からみて外来と思われる。ほかに守護神ボヴェンティチャ、生殖神オグリエ、豊穣の女神アテティエがある。雨季の始まりには男神オグリエに供え物をし、収穫期である雨季の終わりには女神アテティエを称える。森や花々、木々や山、雷鳴、風など、目に

★ Antoine d'Abbadie; Massaya [Massaia], "Lettre de Mgr. Massaja", *Annales de la propagation de la Foi*, 1858, *pp*.48-53.
★★ Bruno, "Lettre du T.-R. P. Bruno", *Annales de la propagation de la Foi*, 1869, *pp*.278-284.
★★★ Combes et Tamisier, *op.cit*.
★★★★ Ferrand, *op.cit*.

見えたり自然がもたらす事物は何であれ崇拝するし、各戸に守り木（オリーブが多い）があって、聖マリアとか聖ミカエルなど聖人名を付し、バターや蜂蜜、ビールで育てた生贄の血を振りかける。大半の部族では雌鶏は神饌とされ、屠りはするが食用にしない★。動物ではヘビ〔蛇〕が「世界の父」とされて最も尊崇され、家内に無毒のヘビを飼う所帯がよくみられる。北部オロモ人には司祭と、カリチャと呼ばれる呪術師がいて、呪力のゆえに恐れられる。カリチャは未来を自由にし、生殺は思いのままと称し、悪神を祓う。だが最も恐怖の的なのは、夜間に狼に変身する「ブダ」で、睨まれるだけで人間は死ぬとされる。ブダだとされた人物は誰であれたちまち殺されてしまうのだが、ヨーロッパ中世とおなじく、夜に人々を襲って食らうと指弾されるのは頻繁に老女である。単に「物憑き」した場合だと、「ザール」と呼ばれる悪霊を追い出すため、祓いや絶えざる太鼓の音で治癒を試みる★★。盗人探しには、「リエバ・シアイ」という上級廷臣である呪術師を頼る★★★。アンティノーリによると、透視力に対する人々の恐怖感も手伝ってか、彼が間違うことはめったにないという。

婚姻と葬礼

イルム・オルマ人に一夫多妻はまれで、妻は一人だが、家事一切を担う奴隷である例も多すぎる。いっぽうで女性は土を耕し、家畜を水飲み場に連れて行き、牛乳を搾ったりする資格はないとされる。結婚の形式はさまざまで、いくつかの部族ではいまも略奪婚がすこぶる名誉とされるが、連れ去る役目を負うのは求婚者の友人たちだ。首尾よく娘をとらえ、彼女の挙げる叫びを物ともせず拉致した者が、まさにそれにより、彼女の兄弟分にして後見人となる。彼が娘を求愛者の家の前に引き据えると、人々は急いで一頭の牝牛を屠り、その血を彼女に振りかけて、手ずから飲むよう促す。これで婚姻は犯すべからざるものになる。イルム・オルマ人は「裏切りと偽誓の民」とされるソマリ人とは非常に異なり、いったん口にしたことを絶対にたがえないからだ。ただし、誘拐がまねごとにすぎぬ場合も多く、娘の親が自分で犠牲用の牝牛を引っ張ってくることもある。また娘のほうが主導権をとる例もある。新鮮な草束を手に両親の家を逃げ出し、愛しい相手の頭を飾ると、ひざまずいて左右の地

★ Karl Wilhelm Isenberg, *Abessinien und die evangelische Mission*.
★★ Raffray, *op.cit*.
★★★ Chiarini, *Bollettino della Società Geografica Italiano*, 1880.

面を叩き、ここが自分の家だと訴えるのである。通例の求婚では男性が女性に一個の腕輪を投げるのだが、見目が悪かったり身体障害のせいで誰もその気にならぬ娘だと、夜陰にまぎれて目指す相手の囲い地に入り込み（両親が手助けする）、朝まで戸口の前で過ごす。人々は悪口を投げつけて追い払おうとするが、彼女が頑張って動かなければ、その家を嫁ぎ先として勝ち取り、男性のほうは否応なく牝牛の犠牲を支度するのが「古法の欲するところ★」である。オロモ人が重い病になって望みがなくなると、布切れに浸した凝乳を口に押し込み、窒息させて苦痛を取り除く。部族によっては子供や近親が老親を、たとえ病気でなくとも殺害するのであって、無情な儀式だが、慣習にのっとり行われる。墓には枝でもって一個の碑が築かれ、秘伝に通じた者ならば故人の富や地位、人生を読み取れる。墓穴の上に女性の毛髪がたなびくのは、慟哭のしるしであり、かつ悪霊を追い払うためだ。故人の息子たちと妻は、故人の最年長の男兄弟に遺贈される。子供がない場合には、故人の男兄弟ないし近親は、貰い子ないし子供の買い取りにより、故人の名を継がせ、家門を絶やさぬように図らわねばならない。養子縁組はオロモ人の郷国ではひんぱんで、女性が養子に胸乳をあてがい、義父が親指をしゃぶらせれば、以後は親子の絆は永久である★★。

部族の分布

オロモ人の集団は部族のほか、高原、平地、谷など居住地にもとづく固有の名をそなえ、多少とも他と区別される部族の断片を合わせれば数百に達し、政治的条件も多種多様である。そのいくつかは、婚姻や生活類型の点でアビシニア人になった。主なものはゴッジャム地方のメトチャ人、ベゲメデル地方のジャッガラ人（いずれも名目上はキリスト教徒）、高原部のアンコベルとマグダラのあいだに住むイスラーム教徒オロモ・ウォッロ人、アッバウィ川のクワッラに暮らし偶像を崇拝するボラナ人である。エチオピア縁部山脈の裂開部と東斜面には、恐れられるアッセボ人、ラッヤ人、エジュ人、ダウリ人がおり、原始的な習俗の多くをなお保持する。ショア地方の西、アワシュ川源流方面と、アッバウィ川とググサ川［オモ川］の分水界に暮らす独立、あるいは貢納するイルム・オルマ人も同様である。すなわちジリ、ソッド、ハダ、フィンフィネ、メッタ、ノンノ、リベン、グドゥル、リンムー、

★ G. Chiarini et A. Cecchi, *loc.cit.*, 1879.
★★ Arnaud d'Abbadie, *Douze ans dans la haute Éthiopie*, *op.cit.*; Hartmann, *op.cit.*

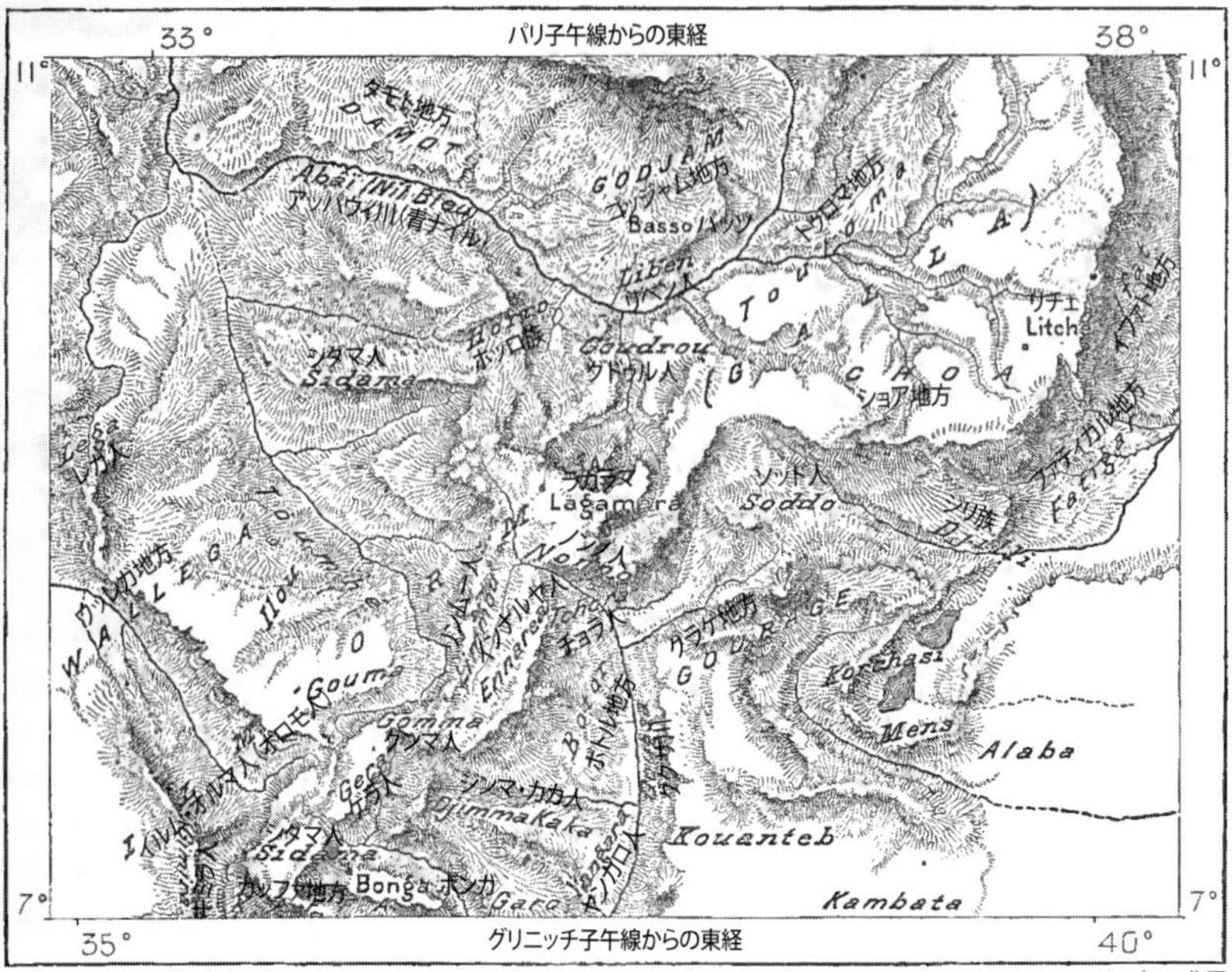

出所：　ラヴェンスタイン　　　C. ペロン作図

1：6 000 000

0　200 km

図 56　エチオピア南部の住民分布

ホッロ、ジンマほかの部族で、かつて「大ダモト地方」として知られた一帯に住む。イットゥ人とアルシ人はショア地方の南と南東、ハラル地方の方面に広大な領域を占める。エチオピアの南西、インナルヤ地方（エンナレア地方）とカッファ地方にいるシダマ人も、オロモ人の分枝とみられる。かつてキリスト教徒が最も多く、エチオピア文明の影響が最も強かったのがシダマ人である。その大半は他のイルム・オルマ人よりも明るい色の肌をもち、アラブ人は若い女性の肌をシナモンにたとえる。北方にいるシダマ人の一部が話すゴンガ語はアガウ語に近く、青ナイル川の北、ダモト地方のアビシニア人も用いる。

第四項　都市と集落

ショア地方の首府

ショア地方の政治的中心は、東がアワシュ川流域、西が青ナイル川流域である主山脈の両側をみおろす分水界を占める。温暖な気候のもと、国内のどこよりも良好に耕作され、穀物や果物を豊富に産する地方であり、アビシニア起源の文明化した住民が蝟集して都市を建設し、次々にショア地方の王国首都に選ばれた。王宮は単に大きいだけの茅屋の集まりなので、遷都が容易なため、今世紀にも王の行在所は軍事上の利点や、君主の気紛れにより何度も変わったのである。

リチェ、テグレト、アンコベルほか

現在の首府リチェはメネリク二世の創建で、メタティテ山を戴く山地の西麓にある高台に位置する。高台の両側は、ジェマ川経由で青ナイル川に到る支流の谷間だ。ショア王国の首府の座を射止めたリチェは、一帯最大の市場町にも成長した。もっと東、主山脈の稜線近くの孤立した岩山、地割れを意味する「ワト」のそばには「狼の都市」テグレトの址がある。テグレトはアクスムの後に全エチオピアの首都になったため、長きにわたりショア地方全域を指す名称でもあった。一帯をにらんだテグレトの城塞は、一五二八年にエチオピア征服者アフマド＝グラニェの攻撃に陥落し、破壊された。その数キロ南には、砂金の採れる渓流が雄大な滝に流れ下る高台があり、十八世紀初頭まで首府だったデブラ・ベルハン、すなわち「光の山」が姿をみせる。おなじジェマ川流域のもっと南西にふたつの小さな森の高所があって、すさまじい懸崖が切り立つ。その標高二八〇〇メートルの頂部にある茅屋の群れも捨てられた首府で、一八三〇年にサハレ＝セラシエが創建したアンゴララだ。最後に、五番目の首府アンコベルは、多くのヨーロッパ人旅行家の起点だったのと、紅海からの隊商の終点として、歴史的に他の首府よりも名高い。市名は「森の関銭徴収所」

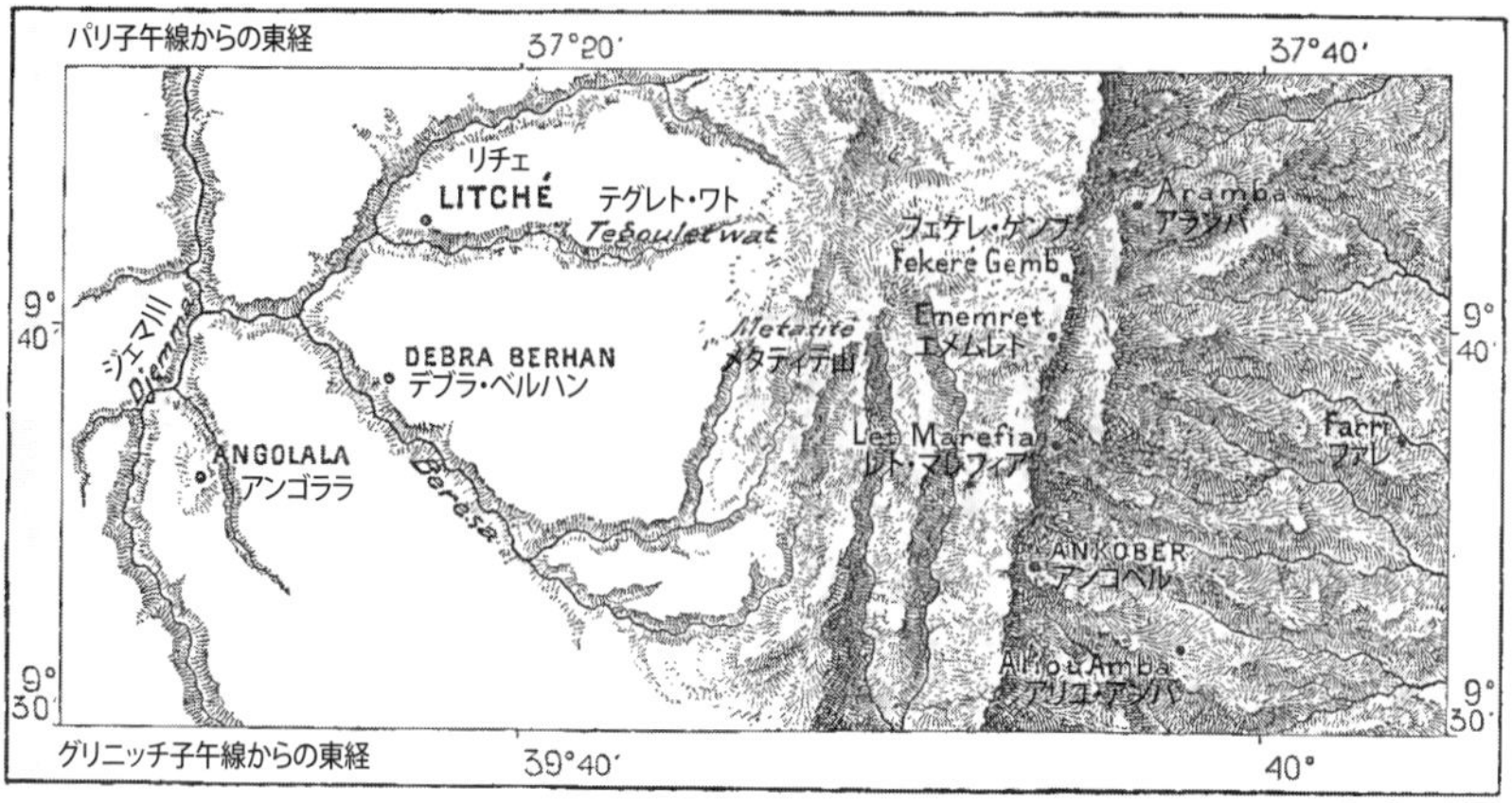

図 57　東ショア地方の首府群

の意で、外国産品に対する徴税地点だった往古をしのばせる★。高位聖職者は同地で生活する。練り土のあばら家のあいだを小道が迷路のように走る市街だが、主山脈の東にスフィンクスのように突き出す山の円頂という素晴らしい立地で、アワシュ川へ南下する水流が走る谷間をみおろす。付近の北方にあるレト・マレフィアの観測所は、チェッキ、キアリーニ、アントネッリら、イタリア人旅行家が天測と研究拠点に選んだ場所だ。これは南東に溶岩が流れ出たカルデラの底にあり、旧火口の群れと、それにつながる高台を、山々が円形劇場形に取り巻く。そうした山々の二峰、というよりむしろエチオピア高原のふたつの断片は、高原の卓状地と細い稜線でつながり、両側は絶壁だ。稜線上にあった城砦群はアビシニア人にとり難攻不落とみなされた。すなわちエマンブレトないしエメムレトのアンバと、フェケレ・ゲンブのアンバで、どちらも麓は素晴らしい森林地帯である。うちフェケレ・ゲンブの砦は、一番奥の区域にメネリク二世の財宝と兵糧を蓄える。北方の前山群の谷にはアランバ、コク・ファラ、ダウェ、マジェッティエなどの市邑がエジュ・オロモ人の郷国まで連続する。

紅海沿岸への経路

まだ遠い先だが、エチオピア南部を高速交通路［鉄道］によ

★ Rochet d'Héricourt, *op.cit.*

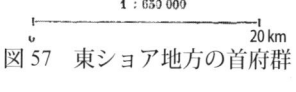

挿画 XXVII　アンコベル全景
P. ソレイエと L. シュフヌ両氏の一葉の写真をもとに、スロム筆

り紅海沿岸につなぐ企画が真剣に取り組まれるようになれば、水流が定める三つの自然的な経路を探査せぬわけにはゆかなくなるだろう。北の経路は、ラスタ地方南部の高原からゴリマ川を経由し、塩湖地帯の窪地に消えてゆくものだ。もっと南、マグダラの緯度にある経路は、ミレ川ないしアディフワ川を合流点までたどったのち、アワシュ川、ついでアワサ湖に到り、タジュラ湾からの隊商路に接続する。もうひとつは、アルゴッバ山からダウェとマジェッティエを経由し、アワシュ川方向に下る道筋だが、これをたどったヨーロッパ人は皆無である。アバルゲス＝デ＝ソステン氏は、恐るべきダウリ人部族の近くなのをものともせず、北方の二経路の奥を渉猟したという★。近年には、ビアンキ氏がさらに北方の別ルートとして、メケレからタルタル人の郷国を経てアッサブ港へ到る経路に挑戦したが、彼もまた、もと来た道を引き返すしかなかった★★。前山々地の獰猛な民の存在

★ Juan Víctor Abargues de Sosten, *Notas del Viaje por Etiopia*, Madrid: Imprenta de Fortanet, 1883.
★★ *Esploratore*, settembre 1884.

により、エチオピア斜面のこの一帯は商人が避けるところである。紅海沿岸ないしタジュラ湾からの隊商は、これら比較的に短い経路を避け、ショア地方の諸州まで斜めに向かわざるをえない。だがタジュラからアンコベルへの通常の隊商路は六〇〇キロほどもあり、高原部への直行路よりも二〇〇〜二五〇キロ長いのである。

現在アンコベルとインド洋岸を結ぶ最も交通量の大きい経路は、ハラルの王国を通ってゼイラに到るものだ。これはショア地方の高地からまずアリユ・アンバの邑へ下る。アリユ・アンバは隣村アブデラスルとおなじく商人（黒人もいればそれ以外もいる）、旅籠の主人、あらゆる人種と言葉のラバ曳きが暮らすが、ほぼ全員が熱狂的なムスリムである★。関税を納めたのち、商人はエファト州最後の村であるファレないしファリまで登る。これは前方［東］に突き出た標高一三七二メートルの高台にある。それからカルデラや溶岩原を回り込んでアワシュ川を渡河し、ムルの大きな平地に入る。その先はイットゥ人の郷国で、分水界をなす丘陵をまたぎ越え、ハラルの平地に下る。ハラルの西四〇キロほどの地点でハラモヤ［ハレ・ヤベタ湖か］という小さな湖のほとりを過ぎるが、一八八一年［ママ］にフランス人旅行家リュセロ［Édouard Henri Lucereau 一八四九―一八八〇］が殺害された現場だ。

ハラルの沿革

アビシニア人がハッラルゲ、ソマリ人はアダルないしアダリ、エジプト人はヘッレルと呼ぶハラルは、旅行家たちの推定によるとアンコベルとゼイラのちょうど中間点、どちらからも二八〇キロの地点にある。平均標高は一七〇〇メートル、比較的に温暖な一二〜一五度の気温であり、肥沃な畑地と種々の木立、花の森のあいだを流れるせせらぎがある。乾燥地帯に閉じ込められた魅力的なオアシスであり、周囲の地方と交易関係がなくとも自足するだろうが、物産や商品の一大中継地でもあって、ソマリ人の郷国にあるゼイラとベルベラの両港を通じ、エジプトおよびアラビア半島との大きな貿易を牛耳る。一八八三年時点では五人のヨーロッパ人が居住していた。ハラルの創建は三世紀で、エチオピア方面で最大の人口をそなえ、アフリカ大陸でも第一級とされる。カイロからザンジバルまでの四〇〇〇キロにわたり、ハラルに匹敵するのはカルトゥームのみだ。だからこそエジプト政府は、周囲のソマリ人やオロモ人諸

★ Chiarini et Cecchi, *op.cit.*

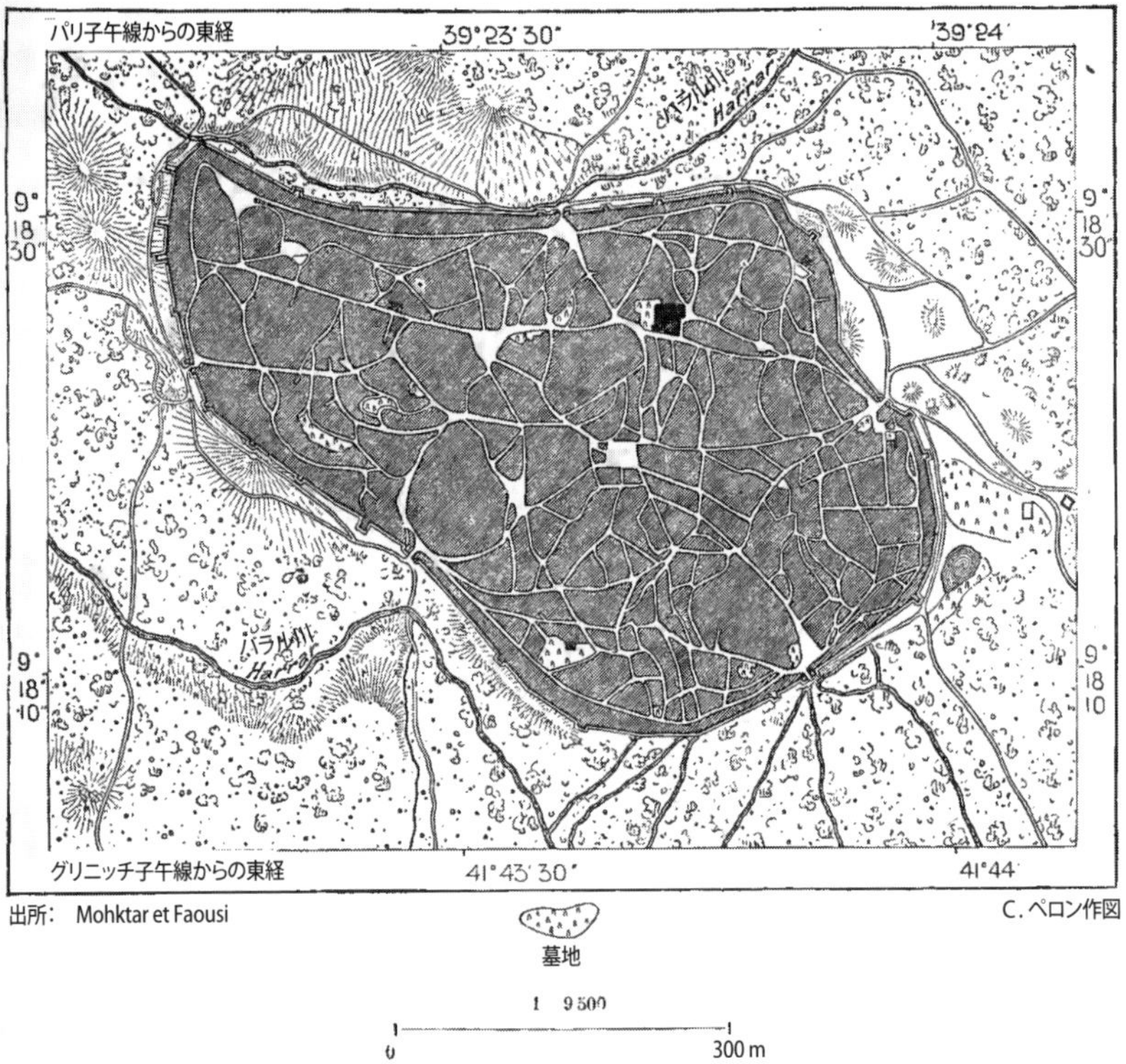

図 58　ハラル

部族の攻撃からこの貴重な市場町を守るため、一八七五年に同地を奪取したのだが、四～五千人からなるエジプト守備隊は周囲の遊牧民よりも剣呑で、抑圧と略奪でもって一帯をめちゃめちゃに荒らしまわった。エジプト人を引き継いで沿岸部の領主になったイギリス人も、すでに一八五五年に同国人バートン〔イギリス人探検家、人類学者、作家、言語学者 Richard Francis Burton 一八二一―一八九〇〕が初めて訪れた同市を手中に収めておく必要措置を講じている。すなわちエジプト守備隊を召還するに当たり、城壁に英国旗を掲揚させたのだ。ショア地方の君主も同地は垂涎の的だったが、イギリスの向こうを張ってやりあう軍事力はない。

ハラルの市街

ハラルの輪郭は洋梨のような形で、東から西にかけてすぼまる花崗岩の丘に伸びる。南に立ち上がるハキム山が二〇〇メートルほどの高さから市街を見下ろし、同山から下るいくつかの小川が市内の庭園を潤したのち、湿地に消えてゆく。インド洋に注ぐワビ川までつながる流れはない。ハキム山には洞窟が多く、たてがみが厚く尾の長い野猿の棲みかだ。市街の面積は四八ヘクタールしかなく、茅屋がだだっぴろく散在する多くの国内都市と対照的である。女牆《ひめがき》のついた塔が側防する石の城壁の内部に、植物の化石がいっぱいの凝灰岩でできた九五〇〇戸の平屋根の家屋がひしめきあう。道はせまく、急峻で曲がりくねっており、街路に面する家壁には開口部も少ない。広場は少なく、輪郭も不整形で、大半はモスクの脇にある。最も広い空間は「メイダム」と呼ばれ、丘の頂部を占める。街の様子はアラビア都市だ。住民はほぼ全員が商人で、ペルシア人やアラビア半島南部の諸部族とおなじシーア派の熱狂的なムスリムである。現在の市民はソマリ人やオロモ人の末裔だが、彼らの先祖をイスラームに改宗させた伝道師たちが、ペルシアやアラビア半島南部から到来したのだろう。カート〔kât, khat, *celastrus edulis* アラビアチャノキ〕はイエメンと同様に嗜好品として珍重され、夕方になるとハラルの住民は集まってそれを噛む。集まりの始めと終わりにコーランを誦唱し、神への感謝を捧げるのは、「この聖人たちの植物は夜も長く起こしておいてくれるため、アッラーを崇めることができる」からだ。

ハラルの文化と物産

ハラル市内の社会は、女性が尊敬を享受する点で、ムスリム世界でも独特だ。エジプト人が到来する以前には、複数の妻をめとるのはエミル〔首長〕だけだった★。イスラーム圏ではすこぶる一般的な離婚は、ハラルではめったにみられない。女性は顔面をさらして往来し、自家の食品を売りにバザールにも出かける。男性のほうは畑仕事に精を出す。ハラルはまた教育面でもイスラーム都市の出色で、モハメド＝ムクタールによると、子供は全員がアラビア語を読み書きできる。しかもアラビア語は彼ら自身の言葉、すなわちオロモ語起源か、あるいはバートンやミュラー〔ドイツ生まれサンスクリット文献学者、東洋学者、比較言語学者、比較宗教学者、仏教学者 Friedrich Max Müller 一八二三—一九〇〇か〕によれば、セム系の言語とは全く異なる外国語なのだ。ただし書くときには自分たちの文字を用いて縦に書き下す。

★ Mohammed-Moukhtar, *Bulletin de la Société de Géographie du Caire*, 1er vol., *p*.369.

ある程度の文芸作品もあり、コーランの注釈にとどまらない。製本は地場産業のひとつだ。ハラルは商業に傾斜するため、工房は少ないが★、機織り工房はあり、長衣や女性向けの黒いローブと髪覆い、若年女性向けの赤いローブ用の生地を製する。また製陶もあり、その薄手の壺類はすこぶる珍重される。それ以外の製造品目は大半がアラビア半島からの輸入による。数珠を磨るのはハドラモート地方からの移民である。住民がエジプト支配を独立と引き換えにして以後は暮らし向きが大きく低下し、人口は減少して周辺をハイエナがうろつくようになった★★。ハラルの周囲とオロモ人が耕す田園部で最大の作付け量なのはコーヒーの木で、豆は上級品としてホデイダ［イエメン内。フダイダとも］およびアデンの港から「モカ種」として輸出される。イエメンのアラブ人とおなじく、ハラルの住民はコーヒーを淹れるということがなく、樹皮を煎じて飲む。乾燥させた葉を煮出すことさえある。ハラル近傍ではタバコ、ケシ［罌粟］の直根、種々のバナナやオレンジ、ブドウも産するほか、最近はジャガイモ［馬鈴薯］が導入された★★★。ヨーロッパから輸入された野菜はどれも完璧な成功をおさめている。一帯の森のなかでジュリエッティ［イタリア人地理学者、探検家 Giuseppe Maria Giulietti 一八四七―一八八二］は、シュヴァインフルトがソバト川合流点のナイル河畔にあると記述した「ソッファル［原文 çoffar, acacia siffleur とあり、*Vachellia drepanolobium*（英語名 whisling thorn）か］を見出している★★★★。

ゼイラ（現ソマリランド共和国内）

ハラルからゼイラへの経路はふたつあるが、盗賊の跳梁によりしばしば中断する。ひとつはハラル北方の分水嶺を越え、ガルデッサの峠と谷を経てアワシュ川流域に入り、北から南に向かう粗面岩の山脈が縦断するイツサ人の領域を、海方向に向かう。もうひとつはもっと直行するが、難路で、ダルミ峠に向かって北東に登り、ガダブルシ人ないしグダビルシ人の郷国を横断する。ゼイラは南をガダブルシ人に囲まれたような具合で、小島と岩礁の小群島［サード・アッ・ディン諸島］の南の突出部に位置する。港はふたつあり、ひとつは小舟でにぎわうが、船舶の停泊は無理である。もうひとつは市街の少し南で、水深八～一〇メートルほどの安全確実な水

★ 1879 年におけるハラルの通関価額は 375 万フラン。
★★ Sacconi, *Esploratore*, 1883.
★★★ Mohammed-Moukhtar, *op.cit.*
★★★★ Giulietti, *Esploratore*, gennajo 1882.

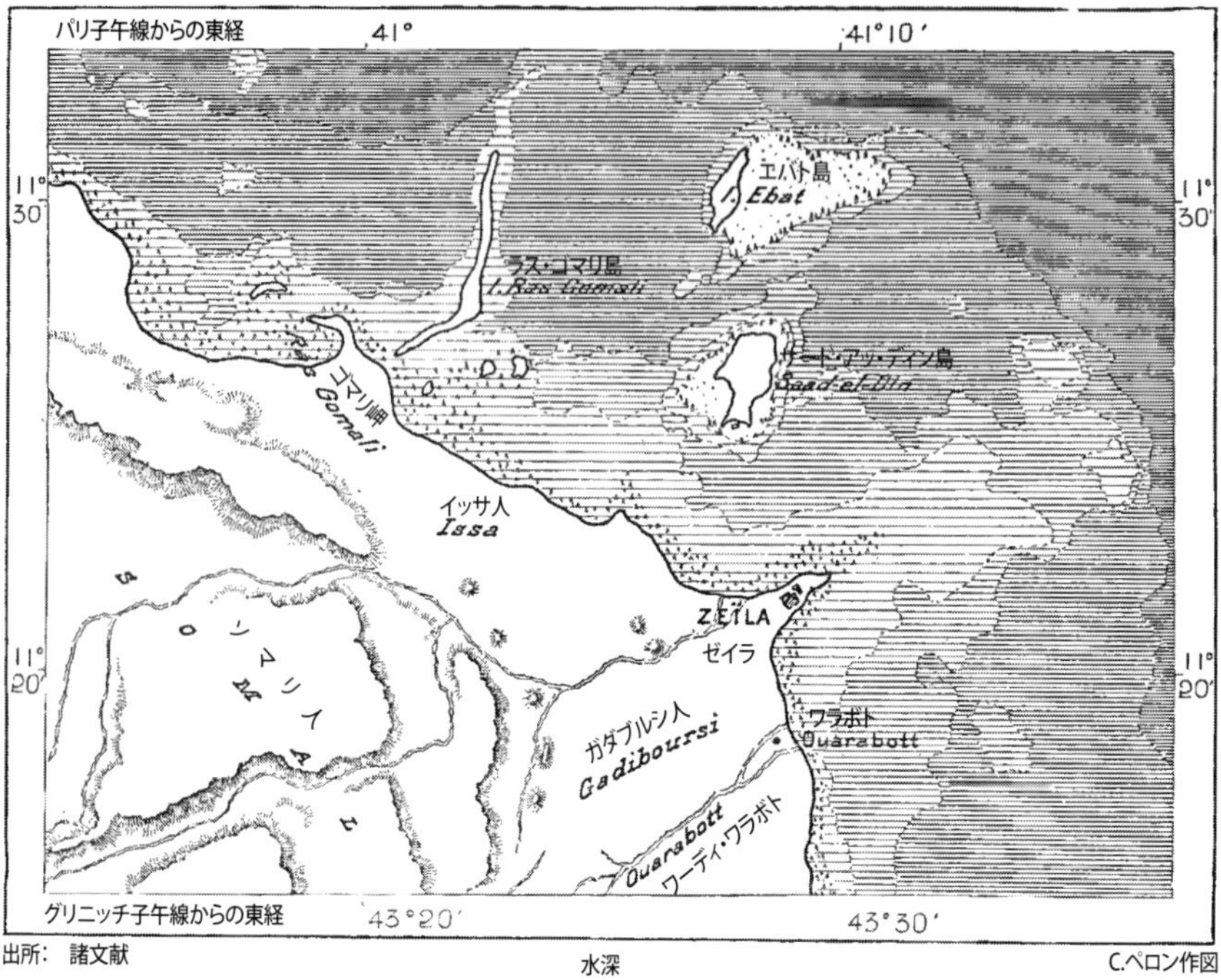

図59　ゼイラ

域だが、かなり狭く、ロシェ＝デリクールによると三〇〇～四〇〇トン級なら八～九隻分の広さしかない。市街の近くに広大な塩田があり、イッサ人のラクダ曳きが塩を積み込み、ハラルの住民に高値で売りに行く。ゼイラに水源はなく、毎朝ラクダの長い隊列がタコシャのワーディまで生活用水を汲みに出かける。住民の四分の三はイッサ人で、毎晩その軍歌や行進歌が市内に響く★。現在はアデンから派遣された小勢の英軍守備隊が占領しており、アデン同様に奴隷交易の根絶が期待される。ゼイラは最近まで奴隷交易の中心地のひとつで、六千人に達する奴隷が収容された★★。

★ Ferrand, *op.cit.*
★★ Arnoux; Lande, *op.cit.*

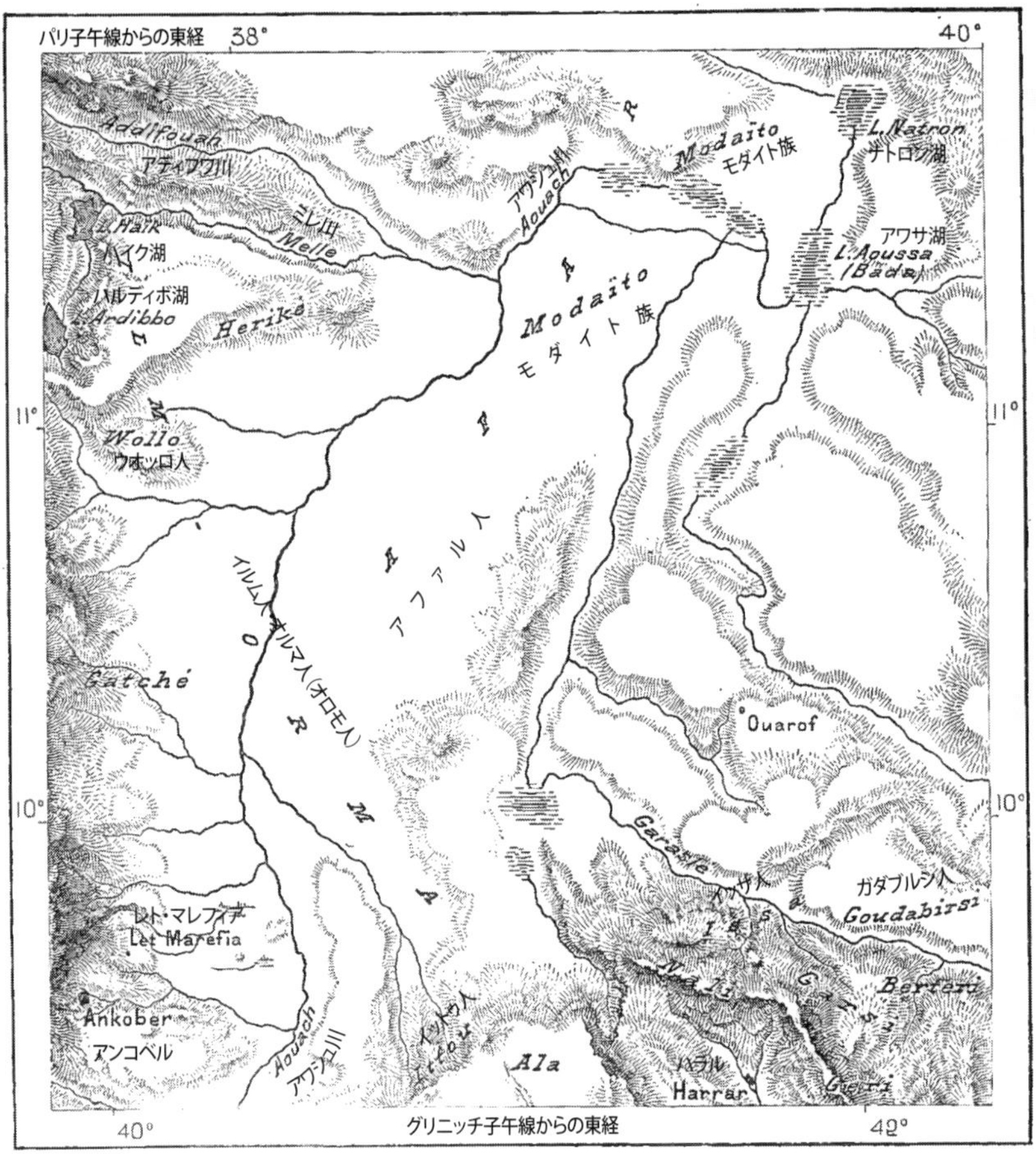

出所：　諸文献　　C.ペロン作図

1：2 700 000
0　100 km

図 60　アワシュ川下流部

アワッサ、サガル、アンバボ、タジュラ

ショア地方からタジュラ湾への経路には、ゼイラの場合と違い、ハラルに匹敵する中継地がない。ただし、アワシュ川が消えてゆく淡水湖［アワサ湖］の南岸近くに位置するアワサ県最大の邑［アワッサ］は、正真正銘の都市とみてよい。千戸以上の藁小屋が集積し、アファル系モダイト族の商人やラクダ曳きが集まり、アダル・スルタン国の首都になった。ア

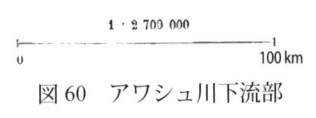

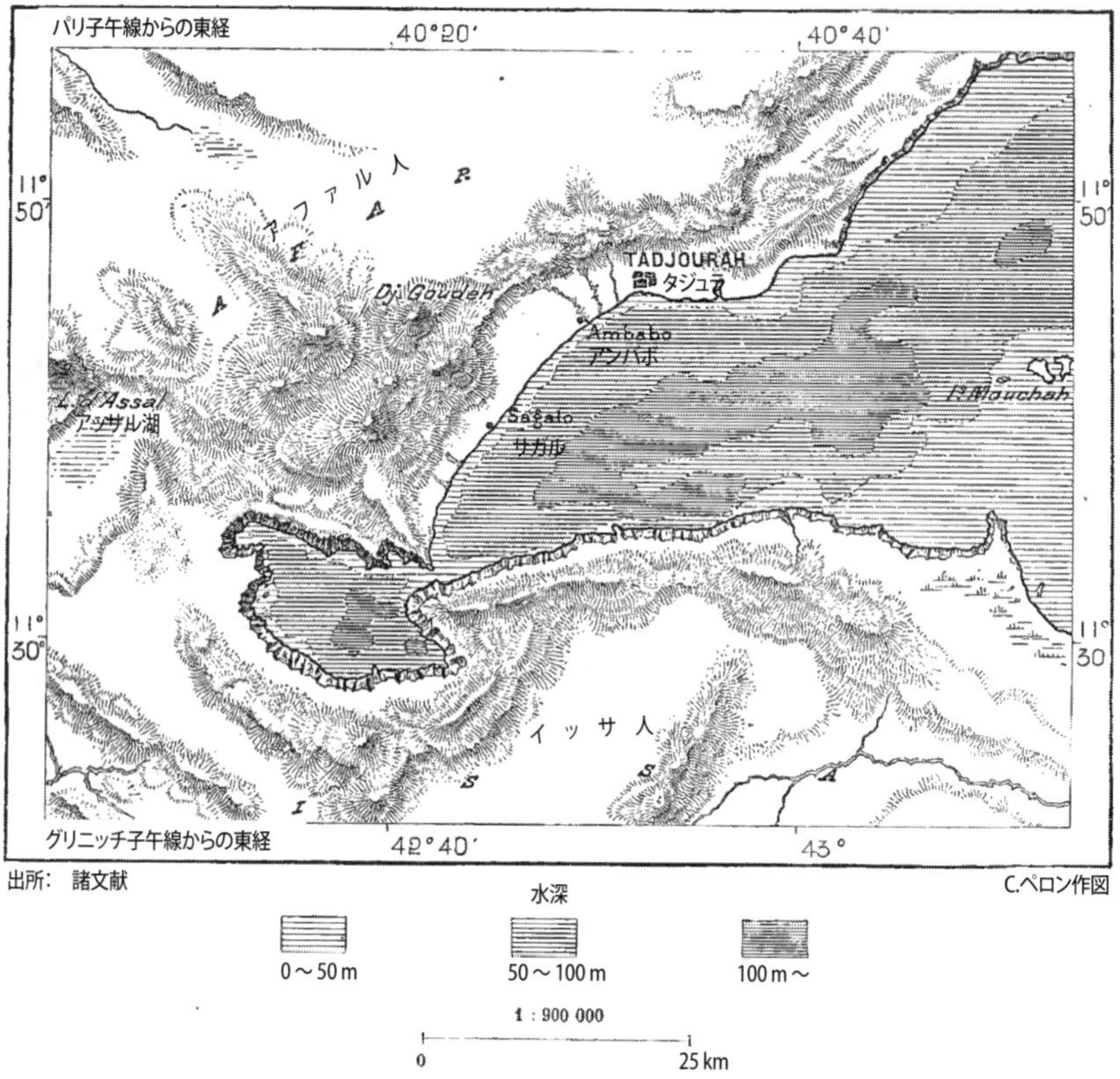

図 61　タジュラ湾とアッサル湖

ワッサからタジュラ湾岸までは、アファル人部族に属する集落が連なる。タジュラ湾北岸にはいくつかの小村や村が、かなり離れて点在する。ひとつがサガル［以下、本段落の集落はいずれも現ジブチ共和国内］で、近年までアラビアに送られるオロモ人奴隷の積出港だったが、一八八二年にポール＝ソレイエ氏［フランス人探検家 Paul Soleillet 一八四二—一八八六］が取得した。その東にある浜辺の小村アンバボも、インド洋沿岸を監視する英仏の巡洋艦を尻目に、たびたび奴隷を船積みした場所だ。アンバボの先に立ち上がるのがタジュラの邑で、陸地に六〇キロほど入り込む湾の名の由来である。サガルとおなじくタジュラもアド・アリ族［アダル族］の族長によりフランスに譲渡されたが、実際の領有にいたったのは一八八四年にすぎない。タジュラの浜辺はほとんどカーブがなく、港はかくまわれておらず、水深も中型船にさえ不足だ。割譲が調印されたのは一八六二年だが、二〇年以上も忘れられてしまい、まともな施設が設けられたのは、タジュラ湾と紅海の入り口のあいだにあるアファル人の郷国の東部半島が唯一である。半島の突端に位置する寒村オボックは併合された領土［のち仏領ソマリランド］全体の名称になった。一八八一年には商人アルヌー［フランス人商人、探検家 Pierre Arnoux 一八二一―一八八二］が最初の商館を開いたが、彼はのちに血讐のため殺害された。

オボック（現ジブチ共和国内）

オボックは蒸気船の寄港地として甚大な優位性を有する。バーブ・アル・マンダブ海峡近くに所在し、アデンよりも近くから船舶の航行を管制し、船舶は航路を迂回せずに石炭を積載できるからだ。港そのものはアデンに比すべくもないが、泊地は優良で、わずかな工事で完全にかくまえるだろう。外海からはサンゴ質の岩礁が隔てるが、岩礁のあいだの通路は大型船にも十分である。船員が恐れる北と北西の風は、オボックの北から海に突き出すラス・アル・ビル、すなわち「井戸の半島」により、港からそれてゆく。アカシアなどの叢林にとって代わり村落が立ち上がりつつある三日月形の谷を、高さ二〇メートルほどの緑石質の急崖が見下ろし、めったにない雨の後にだけ余剰水が流れる雨谷が刻む。この高台とダナキル地方の平地のあいだには、やや低い第二の急崖がある★。オボックの植民地は全般に乾燥に苦しむが、ある程度の作付けを試みるのは無理ではないだろうし、アデンの不毛な岩山と酷暑にくらべ緑もあるので、何人かの旅行家はこの新たなフランス拠点をオアシスと記述する。谷の随所では、穴を掘れば一～一・五メートルで地下水を見出す。海岸近くだと少し塩辛いが、多少とも内陸なら完全な淡水である。メネリク二世がとあるフランス人旅行家に割譲したアンコベル - オボック間の狭軌鉄道の権益は、今日までまったく現実化していないが、すでにショア地方からの隊商が何度かオボックの浜辺で荷を積み下ろした。タジュラ北岸のフランスへの割譲地の面積は三〇〇〇平方キロと推定される。

アッサブ（現エリトリア共和国内）

★ Barthelémy Louis Denis de Rivoyre, *Obock, Mascate, Bouchir, Bassorah*, Paris: E. Plon et Cie, 1883; Paul Soleillet; Révoil.

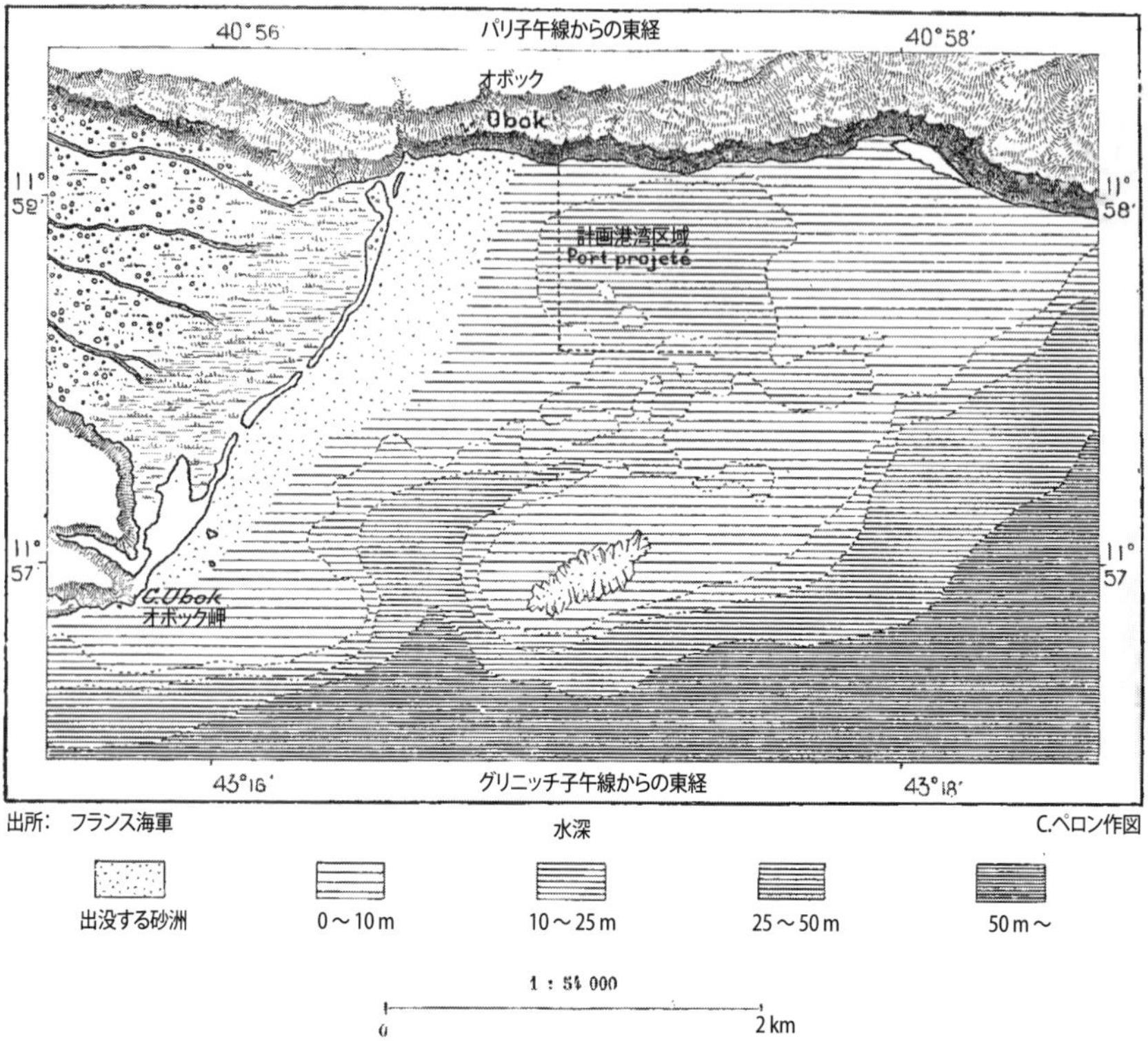

図62　オボック

アフリカ大陸のサンゴ質の浜辺において、ゼイラをイギリスの都市たらしめ、いままたオボックをフランス都市として立ち上げつつあるのは、ヨーロッパ列強間の貿易競争によるものだが、それはまた一八七〇年にひとつのイタリア植民地を紅海に出現させてもいる。最近までほぼ世界から隔絶してきたエチオピア南部も、これで異国に属する三つの海の戸口を物産の移出に当てることになるだろう。アッサブの真剣な活用が試みられたのはやっと一八八二年だが、市街はすでにヨーロッパ様式の建物をいくつかそなえる。所在地はオボックの北に直線距離で一二〇キロ、バーブ・アル・マンダブ海峡から六〇キロの長大な湾入部だ。泊地への進入路には多くの島が散在し、北東以外の外海の眺めをさえぎる。それに続く岩礁群が、砂洲や泥土、藻類やサンゴ［珊瑚］により湾内にだんだんと形成

挿画 XXVIII　オボックの泊地
『Univers illustré』誌の版画をもとに、Th. ウェーベル筆

されるので、遅かれ早かれこれらの島々は半島を形成し、陸地につながるだろう。アッサブの南の近傍一キロにあるブイアの浜の前方は、よくかくまわれた港で、沖合一五〇メートルには最大級の船舶が停泊できる。ただしアッサブ領は移動砂丘と固い岩の土地で、ほとんど植生はない。大きな村であるマルガブレにはいくつかの水盆があり、岸辺に草が生える。わずかに何本かのヤシノキがアファル人の茅屋に樹陰を差し掛け、一時的な河川［ワーディ］のほとりに葉や棘の分厚い叢があって、蔓植物によりつながる程度だ。市内の上水を蒸留設備に頼り、可耕地も作付け地もない以上、大きな商業上の将来は見込めないだろう。いくつかの塩田はあるが、採取が確実とは限らない代物だ［採塩は現在も行われている］。それでも五〇〇人ほどのアラブ人、アファル人、ソマリ人のただなかに暮らす二五人のイタリア人住民は★、同地とショア地方の諸都市とのあいだに恒常的な通信を樹立すべく奮闘中である。アンコベルまで最短で

★ Rho, *Esploratore*, ottobre 1884.

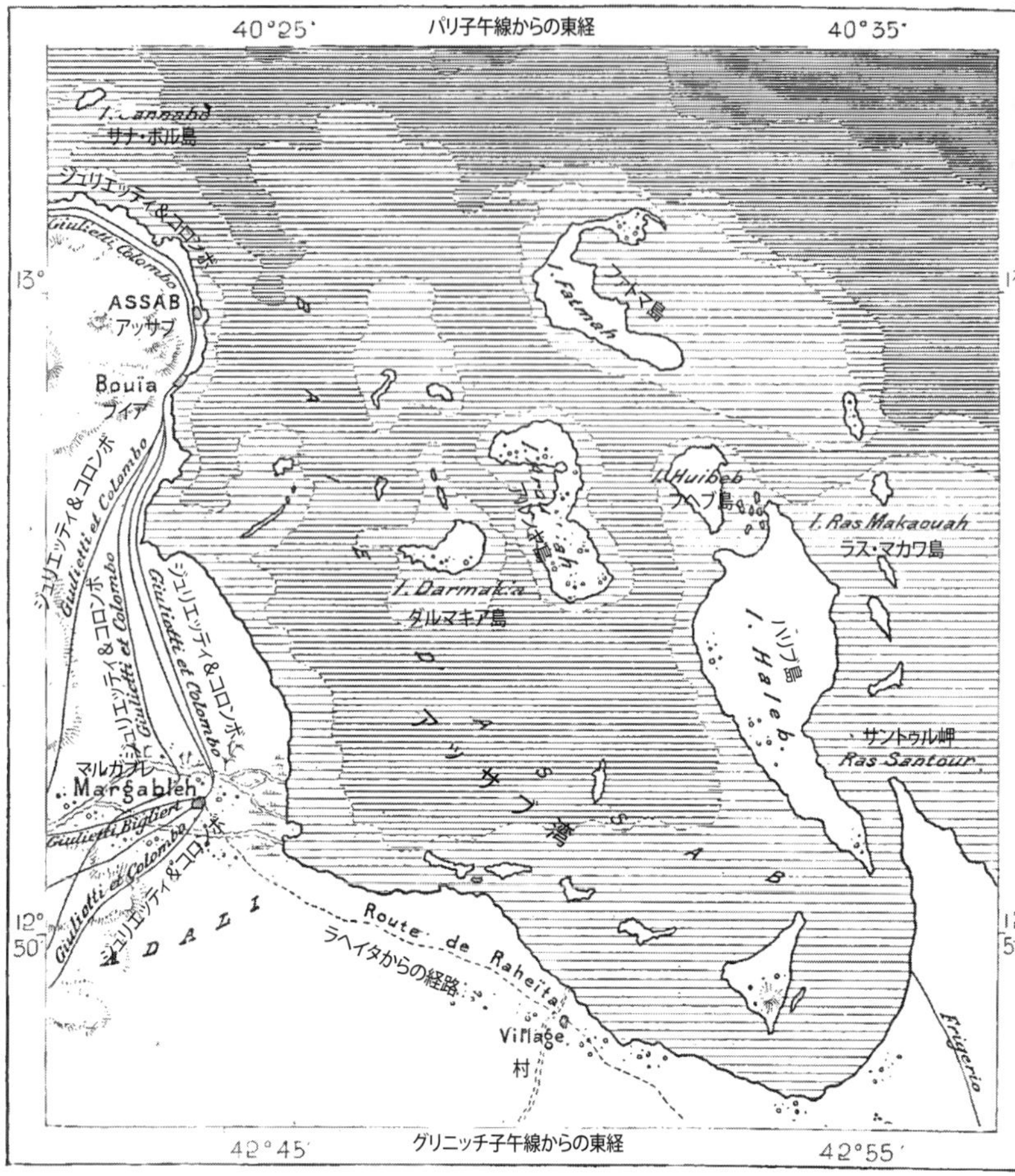

水深　　C.ペロン作図

0～10 m　10～20 m　20～25 m　25 m～

1：280 000

0　10 km

図 63　アッサブ

も二二日、平均三五日を要する遠さだが★、アントネッリ、ビアンキほかの旅行家の努力により、アッサブはコーヒー豆や生皮ほかの産物を受け取った。だがこのわずかな交通量さえ、現地住民の案内と保護なしには行なえない。近傍の部族の通行手形なしでも済むと考えた探検家ジュリエッティと数人の同伴者は、内陸に七～八日進んだところで殺害された。貿易はほぼ全量がアデンやホデイダなど、アラビア半島の港と行われる。運送するのは七～一〇トン級のサンブク船［sambuc, sambouk ダウ船の一種］で、年間取扱量は四〇〇隻ほどだ。南にあるラヘイタの邑を座所とするスルタンは、真珠母やダチョウ［駝鳥］の羽、香、ミルラ［没薬］ほか、沿岸地帯の産物を扱う豪商である★★。北方にあるバイブルの村［不詳。あるいはベイルルか］に住むスルタンはイタリア政府の保護下にある★★★。

デブレ・リバノス修道院、ウォッロ人

ショア地方の西側で人口最大なのは商都フィチェ［現エチオピア連邦民主共和国オロミア地方］で、深いクワッラのあいだにある高原の角地に所在する。その近くに建つのが有名なデブレ・リバノス、すなわち「レバノン山」の修道院で、立地する粗面岩の高台から流れ下る一条の水流は、キリスト教徒、偶像崇拝教徒、ムスリムの別なく聖水とされる。エチオピアの伝説的聖人テクラ＝ハイマノト［Tekla-Haïmanot, Takla Haymanot 一二一五頃―一三一三頃］の声に応じ生まれたこの奇跡の水による快癒を求め、津々浦々から巡礼が詣でる。コンブとタミシエの旅行のさい、同修道院には三〇〇〇人の修道士が起居し、その三分の二がオロモ人の郷国への遠征により手足を失った元兵士だった。デブレ・リバノス修道院は駆け込み先として最大の尊敬を受けており、この聖なる山に登る巡礼は、深い峡谷を流れるジガ・ウォディアム川、すなわち「肉と血［聖体拝領］」の川で罪業を清めねばならない★。

★ *Loc.cit.*, agosto 1882.

★★ イタリア領の面積は、アフリカ大陸部 579km²、島嶼を含めると 632km²、総人口 1300 人。*Cf.* Guido Cora, *Cosomos*, 1882, no.2.

★★★ ショア地方東部と東部諸国の推定人口（人）

ショア地方		アファル人の郷国	
アンコベル	7000	アワッサ	5000
アリユ・アンバ	4000	ラヘイタ	2000
リチェ	3000	ヨーロッパ植民地	
アンゴララ	1000	ハラル	2 万 0000（ミュラー）
デブラ・ベルハン	2500	タジュラ	1500
		ゼイラ	6000

近くの一峰からは、アッバウィ川の谷をはさんでゴッジャム地方やダモト地方の山々を望むが、同峰にある古城は、「左利き」アフマド＝グラニェによるエチオピア征服に際し、メネリク二世の先祖のひとりが難を避けた地である。リチェの北西、雨谷が囲む台地にあるゼナ・マルコス修道院も、巡礼と富の多さはデブレ・リバノス修道院に劣らない。北方の高原部はマグダラおよびテケゼ川源流付近まで、ウォッロ人ほかのオロモ系住民が占める。ウォッロ人は七部族に分かれるが、いずれもアフマド＝グラニェが侵略した十六世紀に南から移住したものだ。だがオロモ人はアムハラ人の土地を奪ったのち、その習俗の大半を取り入れた。すなわち遊牧生活に見切りをつけて農耕民になり、長衣を着るようになったのだが、イスラーム信仰は保持した。ブランクによると、奥地では行きずりの客人に自分の妻を差し出す習慣が残っているらしい。ウォッロ人は遠い旅に出かけるにあたり、妻を不在のあいだ兄弟に譲渡する習慣があるのだ★★。北部の狭義のアビシニアとの境に近い屈強な岩山には、ショア地方の王が設営したウェレイルの砦がある。君主ヨハンネス四世がその封臣を謁見するのは通常この場所で、ふたつの王国［アビシニアとショア］の大きな交易市場に成長した。

フィンフィネ（現アディスアベバ）ほか

ショア地方の南西と西の全域もイルム・オルマ人［オロモ人］に属し、都市と呼べそうな大型集積がいくつかある。アワシュ川上流部の支流のひとつに面する大型のムスリム村ロゲないしロギエは、ヒエレル山ないしジェッレル山の、森を伐採した北斜面に散在する茅屋の群れだ。グラゲ地方の辺境、オロモ系の部族民ガラン人の領域で、戦乱による不断の寇掠に見舞われる地方だが、コーヒー豆の取引量は大きく、今日なおエチオピア南部で最大の奴隷市場である。メネリク二世の領地での奴隷交易は公式には禁じられ、捕えられた人々が大っぴらに目につくことはないが、茅屋の暗がりでは売買が行われ、奴隷は相変わらず海港への道をたどって、アラビア半島やエジプトに向け積み込まれている。一八七八年に旅行家キアリーニとチェッキはオロモ人奴隷の「現行価格」を記録した。美しい娘ならマリア・テレジア銀貨三〇〜四〇枚、老女なら四枚まで差があった。およそ一万人のロゲ住民はティグレ人

★ Krapf, *op.cit.*
★★ Blanc, *A Narrative of Captivity in Abyssinia*, *op.cit.*

を自称し、数世紀前に移住したふたつのムスリム集団の末裔であろう。西方のアワシュ川源流付近、急峻な峡谷の出口にあるフィンフィネ〔現アディスアベバ〕の平地は、ショア地方の君主が、オロモ人の郷国への遠征軍を供揃えするのにしばしば選んだ土地だ。この平地に湧き出す温泉は家畜の水飲み場で、隣接する山々は、ショア地方の器具をほぼ一手に供給する鉄鉱石を産する。周囲の岩山には洞窟が口を開け、地下礼拝堂が建立されたが、そのひとつは扁円形の穹窿の本堂をいくつもそなえ、真ん中が細くなった角柱で仕切られる。こうした芸術は、いまはオロモ・カテロ人の見る影もない茅屋が並ぶこの地方に、どれほど爛熟した文明があったかを推測させる★。フィンフィネの幕営の西にそびえる孤峰エントトは、かつてショア王国首都の所在地で、旧王たちの墓がいまもみられる。現在はあるラス〔侯〕の座所だ。一帯はエチオピアきっての沃地のひとつで、フランス人旅行家アルヌーはメネリク二世に一〇万ヘクタールの土地を割譲させ、ヨーロッパ人入植地の建設を目論んだ★★。アワシュ川渓谷を経由してタジュラ湾とつながる経路が出来上がれば、この一帯がアフリカきっての大生産地になることに何ら疑いはない。現在すでに、野生オリーブの接ぎ木と、いくつかのキナノキ農園が、将来の富の基盤を作り上げつつある★★★。ショア王〔メネリク二世〕は最近フィンフィネの西にある村ディルディラを座所に定めた。むろん行在所のひとつではあるが、オロモ人を監視する軍事的観点からは好適地だ。

グラゲ地方の住民と集落

アワシュ川の先には、オロモ人の共和国の連合体や小さな君主国が分布するが、境界線はゆれ動き、お互いのあいだは無人の辺境地帯だ。アントワーヌ＝ダバディ氏はこうした辺境を、地図上に「エルヌ〔hermes不詳〕」というフランス語の古語でもって示している。そうした国家のひとつがワイサ川とワビ川の上流支流域にあるグラゲ地方で、ソッド人の郷国によりアワシュ川およびショア王国と隔たる。グラゲ州はエチオピア人にとり聖地だ。というのも、ジワイ湖の湖水に浮かぶ五つの小島は、かの恐るべき「左利き」アフマ

★ Rochet d'Héricourt, *Second voyage sur les deux rives de la mer Rouge dans le pays des Adels et le royaume de Choa*, *op.cit*.
★★ Louis Lande, "Un vovageur Français dans l'Éthiopie Méridionale", *Revue des Deux Mondes*, 15 décembre 1878, *pp*.877-903.
★★★ Brémond; Soleillet, *Exploration*, 4 janvier 1884.

ド＝グラニェに征服されなかった唯一のキリスト教の土地という伝承のせいである。ムスリム兵士は、これらの島々に上陸するため湖面に乗り出そうとしなかった★。島内の修道院群には古い手稿が収められているらしい。グラゲ地方の住民はいまも全員がキリスト教徒を自称するが、司祭も教会も、教義もなく、何人かの聖人の名を唱え、異教徒やムスリムを呪うだけである。住民は野蛮に逆戻りしたわけだが、それでもゴンダール以外のエチオピア全土よりはるかに優美な住居の建築法を、往古の文明から保持している★★。ソッド人ほか、奴隷交易を生業にするオロモ人部族から自衛するため、グラゲ地方の住民はところどころに蛸壺を掘り、敵勢が接近するとそこに身をひそめる。そこから敵の通過を監視し、しばしば奇襲するし、攻守いずれも可能な態勢なら、敵の退路を断つこともある。首府はゴリエノ、最大の市場町はゲビソだが、人口が最多なのはさらに西、カベナ人の郷国にあるモガルである。グラゲ人とカベナ人はよく同一の政治集団に属するとされるが、習俗や宗教、言語はまったく違う。カベナ人は偏執的なムスリムで、ショア王が介入して安寧を図らなければ、キリスト教徒を自称する近隣の民と常に干戈に及ぶ。彼らはロゲとアブデラスルに奴隷を供給する大手業者だ。またエチオピア南部最良のタバコ葉を産する。

ジンマ・ラガラマ山地付近

アワシュ川の最初の水が集まり、アッバウィ川すなわち青ナイル川とググサ川〔アワシュ川〕のそれぞれの大屈曲部にはさまれた地方には、リベン人の民がとくに多い。その西、ジンマ・ラガラマの大型高山地帯〔不詳。バッダロッギエ山付近か〕が見下ろす谷間は、アッバウィ川の支流グドゥル川の平地〔グドゥル地方〕とおなじく、共和的な部族群が暮らす。その先〔西〕のベルタ人の地方の方向に住むオロモ人としてはアラトゥ、ウォボ、ワシティ、ワサといった集団があるが、旅行家たちもまだ彼らについては相矛盾する情報しか集められていない。今日では唯一、イタリア人チェッキがこの方向に進み、ググサ川の北側支流である大型河川ギベ川の渡河に成功している。雨後は川幅一二〇〇メートルを下らぬ危険な流れだが、渡河に用いるのは細長い丸木舟のみだ。ジンマ・

★ Taurin-Cahagne, Antoine d'Abbadie, *Séance de la Société de Géographie de Paris,* séance du 7 mars 1884.

★★ Isenberg et Krapf; Bianchi, *Esploratore*, giugno 1881.

ラガラマ山地の西、ダブス川源流〔図65〕の方向にのびる一帯は、巨大な森林地帯である。

ギベ地方の諸国

南方にあるグンマとリンムーの二王国は、大半がオルゲサ川、ないしディデサ川〔現呼称。以下ディデサ川〕、すなわちアッバウィ川水系で最大級ながら最も知られていない河川の流域にある。グンマ王国の首府チョラは、ディデサ川の一支流に面する。いっぽうリンムー王国の大型市場町であるサカを流れる小川は、インド洋の流域に属する。インナルヤ地方ないしエンナレア地方の諸都市、および南方のオロモ系諸国のすべて、すなわち「アッバ・ジファル王国」を意味するジンマ・カカ〔ジンマ王国〕、ゲラ、ヤンガロ〔ヤンマとも〕、シダマ、クロ、ギミラ、そしてエチオピアの宗主権に貢納するオロモ系諸国のうち最大のカッファ王国も、おなじくインド洋側斜面である〔図56〕。狭義のアビシニアの諸州とおなじく、これらの諸国もデガ、ヴォイナ・デガ、クワッラに多様に分かれるが、全体としては中間地帯〔ヴォイナ・デガ〕に位置し、主な都市や市場もそこに所在する。ただし、ジンマ王国とグンマ王国の領土は高原地帯〔デガ〕が多く、とくにオオムギ〔大麦〕が作付けされる。その一方、インナルヤ、リンムー、カッファでは低地〔クワッラ〕が最も広い面積を占める★。

インナルヤ地方（エンナレア地方）

かつて「インナルヤ」の呼称は現在よりもはるかに広大な地域を指した。昔のインナルヤは、エチオピアとおなじくキリスト教国で、住民シダマ人は何世紀にもわたり周囲の異教徒やムスリム勢に抵抗した。だが最後には屈服し、現在はディデサ川上流域に住むリンムー王国のオロモ人がインナルヤを奪取して、イスラームに改宗するにあたり、自分たちの宗教を被征服民に強制した。今日のインナルヤを統べるのは一人の女王で★★、住民はムスリムである。シダマ人という名称は何ら精確な意味をもたなくなり、アッバウィ川が北を画するエチオピア系諸国のキリスト教徒全般を指すにすぎない。狭義のインナルヤはググサ川〔アワシュ川〕上流域、同川がなお南から北上する谷に限られる。この谷の底と両側の斜面はまったくコーヒーの木の地方で、種名の由来であるカッファ地方よりさ

★ Beke, “Map of the Route from Tajurrah to Ankóber”, *op.cit.*
★★ G. Rohlfs, *Bulletin de la Société de Géographie d’Anvers*, tome VII, fasc. V.

え美木であり、森には幹周り二〜三メートルの株がみられるという。コーヒー豆は王の専売で、その奴隷だけが森の中で豆を収穫し、サカの市場で売って王の収入にする。かつては砂金もインナルヤの富の源泉だったが、現在の輸出に占める割合は小さい。インナルヤ地方の人々は昔の文明を喪失したものの、いまなおエチオピア南部で最も文明的な住民であり、工芸職人としてはアビシニア人をさえ大きく上回る。刺繍や、彫刻をほどこし銀を象嵌した柄の武器は、ゴンダールの市場などは足元にも及ばず、インナルヤ地方住民が製する鉄器は、遠くソバト川流域の部族にも仕向けられる★。アビシニアからの経路には城砦化した税関が設けられ、北方からリンムー人が接近するのを防ぐ。高原上の国々のいくつかは周囲の大部分に二重の城壁や濠、逆茂木さえめぐらす。加えて国境地帯には軍用地同様に居住が禁じられた広い「エルヌ」が広がり、各王国はどれも攻囲された城砦のようなものである★★。ゴッジャム地方のバッソとインナルヤ地方のサカという二大市場の距離は二三三キロで、四日で歩ける距離にもかかわらず、商人の隊商がこれを辿るには二年を費やしたというから、この地方の交通がいかに困難か知られる★★★。

ヤンガロ地方（ヤンマ地方）

ヤンガロ地方、ないしジャンジェロあるいはジンジェロ地方は、インナルヤの南東、ジンマ・カカの東、ググサ川に向かい傾斜する山腹の一部を占める。支配する家門の「権利」がこれほど法的な保障措置で保護される国はない。王とその子供、そして歯牙にもかけないほど軽蔑される下層カーストの人々を除き、ヤンガロの男性は一人残らず身体のどこかを切断され、もって王位に登れぬ物証とされるのは、旅行家ビークに対する情報提供者が異口同音に述べたところだ★★★★。王にはおびただしい特権があるが、ひとつは人民に禁じられた薬方の服用である。住民の食肉はウシ〔牛〕だけなので、エチオピア北部と同様に誰もがサナダムシ〔条虫〕に悩まされるが、王だけはクッソの煎じ薬でもって体外に排出する。平民は「王様の薬」を用いてはならないため、苦い葉でもって我慢せねばならない。この秘密めいた地方については色々な奇譚が語られたが、イーゼンベル

★ Schuver, *op.cit.*
★★ Cecchi, *Bollettino della Società geografica italiana*, 1882.
★★★ Arnaud d'Abbadie, *Douze ans dans la haute Éthiopie*, *op.cit.*
★★★★ Beke, "Map of the Route from Tajurrah to Ankóber", *op.cit.*

ク、クラプフ★、マッサーヤ〔イタリア人カプチン会修道士、宣教師 Guglielmo Massaia, *né* Lorenzo Massaia 一八〇九—一八八九〕は、人身御供が恐ろしく一般的だと語る。長子が神に捧げられることはよくあるほか、男の子は生まれるとすぐ乳首を切除され、将来の戦士が「女々しい性」に似ないようにする。奴隷商人がヤンガロから女性の捕虜を連行するさいには、必ず最も美しい女性を湖に投じ、もって旅の安全を祈願する。だが男性は一般に隷従よりは自殺を選ぶため、めったに男性奴隷が連れられてくることはない。ヤンガロという名はしばしばアムハラ語の猿を意味するジンジェロと故意に混同され★★、摩訶不思議な話に乗りやすい流言のせいで、アフリカ全域に四手類〔霊長類〕の奴隷の話が広まることになった。ジンマ・カカすなわちアッバ・ジファル王国は、「ジッベルティ」と呼ばれる商人に最も多くの奴隷を供給した地方のひとつだ。ビークによると、オロモ人の領域から北や東に連行される去勢された人々は、ほぼ全員がフォッラ市内に居住する商人たちの小屋から出立するという。

カッファ地方

カッファ地方は今も住民がキリスト教徒を自称する土地のひとつだが、長きにわたる孤絶のせいで、アビシニア人の宗礼とはかなり違うものになっている。教会堂は六宇ないし八宇だけで、教区は非常に広いが、罪人や追われる者にとっての駆け込み寺だ。王侯はその一宇の敷石の下に埋葬される。マッサーヤによればカッファ地方の「キリスト教徒」はイエス＝キリストの名さえ知らず、ゲオルギス、ミカエル、ガブリエルの三聖人を崇めるのみだ★★★。住民はとくに食餌に関する慣習を非常に綿密に遵守し、いかなる穀物も口にしない。「穀物食い」という言葉は彼らにとって侮辱でさえある。植物性の食物はエンセーテの幹だけで、どの村の周囲でも栽培される。コムギ〔小麦〕、オオムギ〔大麦〕、インゲンマメ〔隠元豆〕といった通例の穀物は家畜の餌か、ビール醸造に用いられるにすぎない。食肉にも厳しい制限があり、四足動物のうち許されるのは牛肉のみだ。ただし男性はヤンガロ地方ほか近傍の諸国よりも優遇され、家禽の肉は食べてもよい。

★ *Highlands of Ethiopia*; Isenberg et Krapf, *op.cit.*
★★ Charles Tilstone Beke, *Geographical distribution of the Languages of Abyssinia and neighbouring countries*, Edinburgh, 1849.
★★★ Massaya [Massaia], "Lettre de Mgr Massya, vicaire apostolique des Gallas et Sidamas', *Annales de la Propagation de la Foi*, 1865, *pp.*7-31; Krapf, *op.cit*.

女性が家禽の肉を食べると、それだけで自由を失い、たちまち奴隷として売り飛ばされる。カッファ地方のキリスト教徒は、エチオピア北部と異なり、人身売買が禁じられていないのだ。いっぽう衣服も厳しい規則のもとにあり、獣皮は鞣してあろうがなかろうが禁じられ、木綿かエンセーテの繊維製の粗い布地に限られる。首府ボンガは「エチオピアに存在する最大の都市★」とされ、すこぶる活発な市場町である。だが今世紀半ばまで貨幣はほとんど知られておらず★★、ビーズ玉やソコタから輸入した「塩」が唯一の通貨だった。南西のシェカないしシエカ地方では小川の砂底から砂金が採取される。カッファ地方の君主たちは、ヤンガロ地方の王様なみに厳しい礼儀作法を求める。最近この一帯に入り込んだ旅行家ソレイエによると、大臣や重臣が君主に目通りするさいには、奴隷のようなぼろ着でなければならず、玉座とのあいだには幕を下ろして臣下から隔たるという。王自身も外出の際には粗衣を身に着け、駄馬に乗るが、武装した供回りは遠くからも見分けられるので、誰もが身を隠す。礼儀が大事とされる同国での挨拶は「身共は地下に隠れます」というものだ。キリスト教の司祭が住んでいたころは、司祭館から教会までの道行きにあたり、司祭が土に触れぬようにするのが信徒の務めとされ、屈強な男たちが彼を背負って運んだ。人々が語るには、司祭はゴンダールのアブーナ［大主教］のもとに赴くことができなかったので、叙階を受けるさいには、「父」がその聖なる息で満たした一個の大事な箱を、隊商に運んできてもらったという。

ドッコ人

カッファ地方の南、インド洋側斜面に広がる森林地帯は、オロモ語で「無知なひとびと」、「未開なひとびと」を意味する謎の民族ドッコ［現在はドロとともにバスケト人に分類される］が暮らす。クラプフ、イーゼンベルクをはじめ、大半の旅行家はウェレ川沿いのアカ人並みに小柄だとするが、アントワーヌ＝ダバディ氏によれば、隣接して住むスワヒリ人と区別がつかないという。

★ ショア地方西部と北部オロモ人諸国の都市

フィチェ	ゲビソ
ウェレイル	モガル
ロゲ　1万人（キアリーニによる）	チョラ
ディルディラ	サカ　1万2000人（クラプフによる）
ゴリエノ	ボンガ

★★ Heuglin, *Reisen in Nordost-Afrika*, *op.cit.*

第五項　政府と行政

ショア地方の王は領内でこそ絶対的だが、オロモ系の小貢納国群に対する権威は間接的で、ゴンダールやソコタからカッファ地方に到る交易路の開閉も、ゴッジャム地方のラス〔侯〕が取り仕切る。また「諸王の王〔エチオピア皇帝〕」の宗主権を南の諸王国に受け入れさせたのもゴッジャム地方のラスだった。しかしショア王の近親諸国に対する物理的な実力は、千人ほどの銃兵を常備軍の中核とする軍団の編成により、近年いちじるしく増大している。ナガリト〔ナガレートとも〕と呼ばれる戦さ太鼓が打ち鳴らされ、いざ鎌倉となれば、これを中心に兵卒や盗賊の群れが参集する。キアリーニによると、一〇万人の軍勢を催すことさえある。ショア地方やゴッジャム地方の君主による皇帝への貢納はおびただしいもので、マリア・テレジア銀貨からなる贈り物に加え、ショア王は牛皮一〇万枚、馬匹二〇〇〇頭、そしてヒョウ〔豹〕の毛皮二〇〇枚を届けねばならない。

次表はエチオピア南部の諸国と州の一覧で、河川の流域および自然地域に従い配列してある。

政権および州	流域	気候区	都市
ショア			
エファト	アワシュ川、ナイル川	デガ、ヴォイナ・デガ	アンコベル
アルゴッバ	アワシュ川	ヴォイナ・デガ、クワッラ	ファレ
ゲデム	〃	〃　〃	コク・ファラ
エフラタ	アワシュ川、ナイル川	デガ、ヴォイナ・デガ	
マンス	ナイル川	〃　〃	
テグレト	〃	〃　〃	リチェ
マラビエテ	〃	〃　〃	
ショア・メダ	〃	ヴォイナ・デガ	
トゥロマ	〃	〃	
ファティガル	アワシュ川	ヴォイナ・デガ、クワッラ	
ブルガル	〃	〃　〃	
デンビ	〃	〃　〃	ロゲ
オロモ系貢納国			
エトジュ	アワシュ川	ヴォイナ・デガ、クワッラ	
ダウリ	〃	〃　〃	
ウォッロ	ナイル川	デガ、ヴォイナ・デガ	ウェレイル
ボラナ	〃	ヴォイナ・デガ、クワッラ	
ソッド	アワシュ川	〃　〃	トレ
グラゲ	アワシュ川、ワビ川、ググサ川	〃　〃	ゴリエノ
カベナ	ググサ川	〃　〃	モガル
リベン	ナイル川、ググサ川	デガ、ヴォイナ・デガ	
グドゥル	ナイル川	ヴォイナ・デガ、クワッラ	
ジンマ・ラガラマ	ナイル川、ググサ川	デガ、ヴォイナ・デガ	ラガラマ
ノンノ	ググサ川	〃　〃	
リンムー	ググサ川、ナイル川	〃　〃	サカ
インナルヤ	ググサ川	ヴォイナ・デガ	
ショラ	〃	〃	
ボトル	〃	〃	
グンマ	ナイル川	ヴォイナ・デガ、クワッラ	
ゴマ	〃	〃　〃	
ゲラ	ググサ川	〃　〃	
ジンマ・カカ	〃	〃　〃	フォッラ
ヤンガロ	〃	〃　〃	
カッファ	〃	〃　〃	ボンガ
ギミラ	〃	〃　〃	
アファル人の郷国			
モダイト	アワシュ川	平地および沙漠	アワッサ
北部の諸部族		〃　〃	
イッサ		〃　〃	
ソマリ人の郷国			
ガダブルシ		平地および沙漠	
アッサブ		〃　〃	アッサブ
外国の領有地			
オボック、タジュラ		平地および沙漠	オボック
ゼイラ		〃　〃	ゼイラ
ハラル	ウェビ川	谷および平地	ハラル

［ググサ川はアワシュ川上流部］

第六節　上ヌビア地方

第一項　総説

位置

バラカ川が涵養する流域をのぞくエチオピアの西と北側斜面は、全域がナイル川水系であることが知られている。青ナイル川、アトバラ川、そして両川の支流が山岳部の峡谷から抜け出して流れるこの地方は、地理的にはっきりと区分される。西の境はバフル・アル・アビアド川すなわちナイル川本流、東はアビシニア高原の前方に突出した岬角群だ。南は青ナイル川の支流であるトゥマト川と、白ナイル川最大の支流のひとつソバト川との分水界で、一部は山岳地帯ないし高い丘陵地帯だが、それを越えたヨーロッパ人旅行家はいない。これらの境界の向こうは、ベルギーとオランダを合わせた広さの未知の土地で、未開の住民（戦士部族もいれば逃亡民もいる）が盤踞し、税関やら要塞やらが防護する国境よりも通過は困難だ。上ヌビア地方と下ヌビア地方の分離帯は、アトバラ川との合流点におけるナイル川と、紅海への諸河川を隔てる比較的に狭い地方である〔現スーダン共和国レッド・シー州〕。バラカ川の西にのびるエチオピア沿岸〔現エリトリア共和国〕の前山々脈群が終止するのがここである。こうして、ナイル川とエチオピアのあいだに広がる平地の全体がヌビア地方を構成する。一般には「東スーダン〔ギニア湾方面を指した西スーダンの対語〕」と呼ばれるが、ベレド・アッ・スーダーン、すなわち「黒人の国」は、ニグリシア人が暮らす空間に限定すべきものだ。総面積はおよそ五六万平方キロと推定され、トゥマト川とダブス川の流域は人口稠密で、おそらく三〇〇万人にのぼる。

沿革

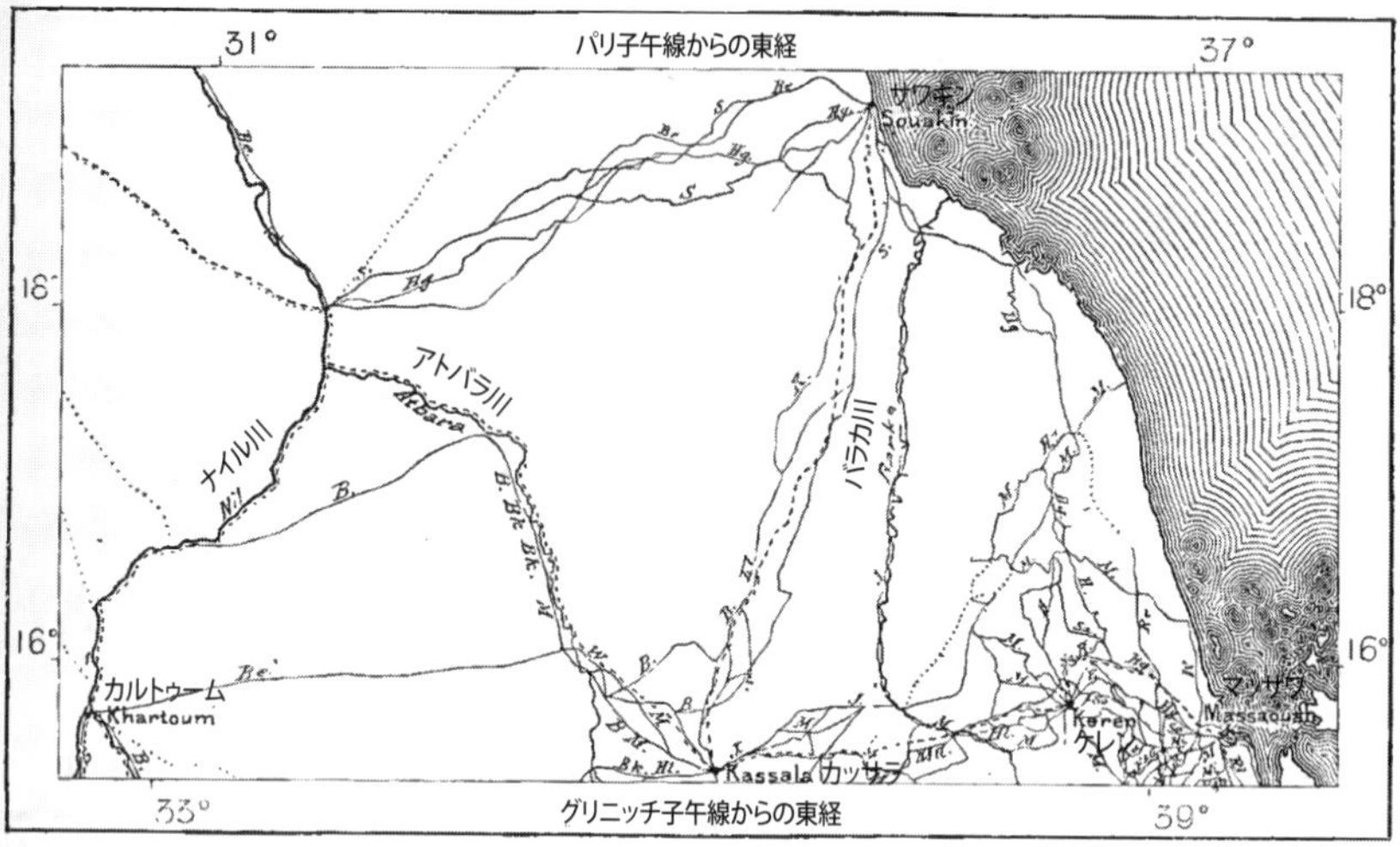

C.ペロン作図

旅程　隊商路　電信線

B. Burkhardt, 1814.
Rl. Rüppell, 1832.
K. Katte. 1836.
Ab. D'Abbadie. 1838-48.
F. et G. Ferret et Galinier.
W. Werne, 1840,
Le. Lefebvre, 1842.
Sa. Sapeto, 1851.
Hn. Hamilton, 1854.
M. Munzinger, 1855-61-75.
C. Courval, 1857
Hg. Heuglin, 1857-61-62-64-76.
Be. Beurmann, 1860-65.
Hl. Hansal, 1861.
Bk. Baker, 1861.
St. Steudner, 1861-63
E. Ernst de Cobourg, 1862.
L. Lejean, 1864.
K. Krockow, 1865.
S. Schweinfurth, 1865-68.
Ha. Halévy, 1868.
R. Reil, 1868.
R. Rokeby, 1870-71.
P. Prout, 1872.
H. Hildebrandt, 1872.
J. Junker, 1876.
Mi. Mittchell, 1877.
Ml. Müller, 1880.

1：8 000 000
0　200 km

図64　タカ州および近隣地方への主な旅行家の経路

東スーダンは、全般的な土地の傾斜にもとづく画然たる領域をなし、北西で青ナイル川とアトバラ川により軽微にすぼまる一方、北はマレブ川とバラカ川により拡散する。平地の孤立した山塊、高い小山脈、沙漠など、東スーダンは自然的な州に分れ、干戈を交える部族の小国家を形成するが、戦さの帰趨や、遊牧民どうしの圧力のもと、その境界は変動常ない。人口が希薄であればあるほど独立した小集団に分派しやすく、お互いをつなぐのはまれな商人だけである。それでも、農業と交易により力を得た現地住民の国家がいくつか創建され、近傍の民に支配を及ぼしてきた。太古には、エジプト文明の影響のもとメロエ王国〔前五九一頃—三五〇頃〕が樹立され、アスタピュス川〔ソバト川の希語名〕とアスタボラス川〔アトバラ川の希語名〕にはさまれた「島」のみならず、近隣地方も包含した。イスラー

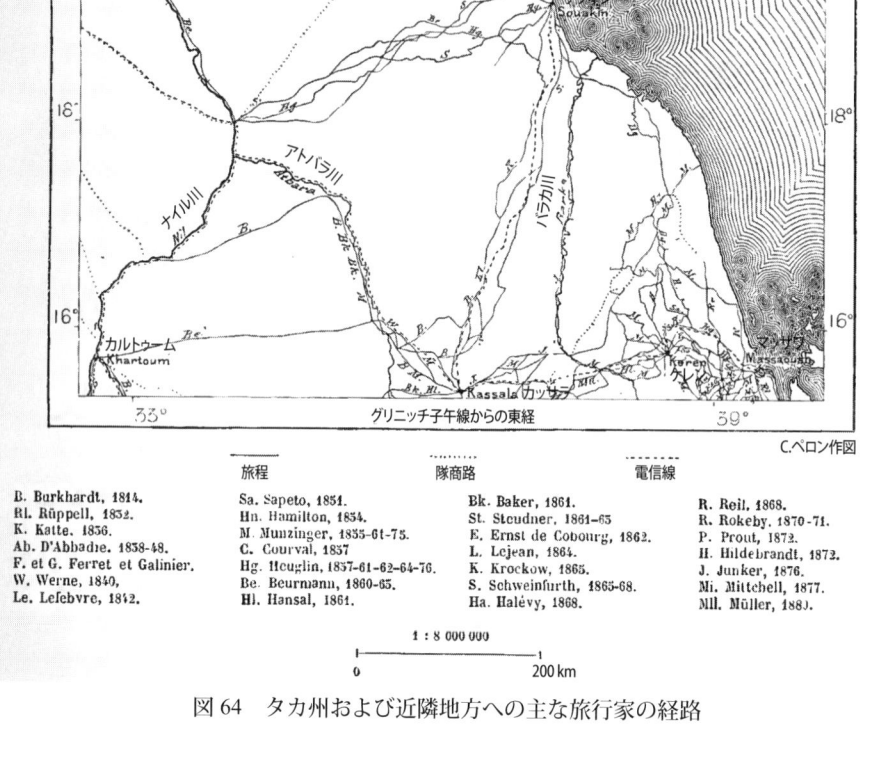

ム信仰の誕生後に隆盛したのがスィンナール王国［フンジ・スルタン国。一五〇四―一八二一］で、白ナイルと青ナイルのあいだの「島」すなわち半島状の領域を超えて拡張した。だが、エチオピア高原と、エジプトに属するナイル川沿いのあいだに位置する上ヌビア地方は、両国の君主による自然な囲い込み先になった。ここ半世紀以上にわたりエジプト人は南方へ侵略し、アビシニア人に惨敗を重ねたにもかかわらず、とうとうスーダンを征服したと一時は信じられたが、併合した広大な領域は、まさにエジプト人の苛斂誅求が引き起こした猛烈な反乱のせいで、現在ほんのわずかしか残っていない。いまやエジプト人に取って代わり沿岸の諸地点を占領するイギリス人は、いつか道路を建設し、平和的な再征服に乗り出すだろう。ゴードン総督が「いとやんごとなきヘディーウと、すべてが強大なるブリタニアの名のもと」に一帯の全住民に発した種々の布告では、スーダンは「完全な独立を享受し、いかなる外国政府による干渉も受けずに自国固有の事柄を管掌する」はずだからである。

交通

現在のところ、東スーダン地方のムスリム諸国の軍事力は、まったく到達路の欠如に依存する。一見すると同地は高原のエチオピア人に対し完全に開放され、自分たちの山岳地帯から下る水流の谷を辿ればよいだけだが、低地部の風土は、その住民以上にエチオピア人にとり恐るべきものだ。というのも、エチオピア人は濁った大気に長くは耐えられないからである。ゆえにエチオピア人が征服しても、通り過ぎるだけか、あるいは必然的にたちまち征服地を喪失せざるを得なかった。低地部の征服が、自然の上からエチオピア人にほぼ禁じられているのに対し、逆に上ヌビア地方からの侵略者が、マッサワやメンサ人とボゴス人の郷国を経由し、肥沃な前山地帯に到る経路をとろうとすれば、強烈な妨害にぶつかる。エチオピアの戦士に側面をさらすこの進路がどれだけ犠牲を強いるか、エジプト人は身をもって経験した。だがもっと北方、サワキンからナイル川に向かう経路だと、井戸水は遊牧民にさえぎりぎりだ。この岩ばかりのステップ地帯では、喉の渇きで脱落する落伍兵がすべてビシャリン人の槍にかかるだけだとして、最近イギリス軍部隊はあえて入り込むのを拒絶した。ゆえに、道路か鉄道が敷設されるまでは、青ナイル川とアトバラ川の平地への侵入路は、昔からの三つしかない。第一がナイル川の瀑流を順々にさかのぼる蜿蜒たる経路である。第二が、ナイル川の大屈曲部を避け、アル・ダッバとカルトゥームのあいだのバユーダの沙漠を通る西ルートだ。第三が、コロスコとアブー・ハメドを結ぶ東ルートである。だがどれもムスリムの反乱［マフディー軍］によりエジプト人に対し閉じられ、イギリス人が大砲でもってこじ開けるしかないことは、よく知られている。

第二項　自然

グムズ人の山地（現ベニシャングル・グムズ州内）

東スーダン諸州はエチオピア高原の外にあるが、それでも平地のただなかに孤立する山地や山塊が、正真正銘の群島状に分布する。突き出た高地のいくつかは、地図ではアビシニア山系の一部をなすかのように描かれるが、実際には広い平地が間にあって隔たる。たとえばアッバウィ川、すなわち青ナイル川が上流部の半円形の周回を終えて平地に入り込む谷を、東から見下ろすグムズ人の山地がそうだ★。河道に迫るいくつかの扶壁と、対岸から突き出す岬角群は、エチオピア領内のナイル川における最後の峡谷をなす［二〇一一年から大エチオピア再生ダム工事が行われている］。その上流、アッバウィ川とダブス川の合流点近くに孤絶して立ち上がる岩山を、アラブ人はアブー・ダナブ、オロモ人はトゥル・ソギダと呼ぶ。これは「塩の山」で、豊かな湧泉群があるが、まだヨーロッパ人による分析はなされていない。その先の南西には、青ナイル川の大型支流トゥマト川とダブス川が東麓を流れる別の山地、ないし水流が縦横に削った旧高原がある。すなわちベルタ人の山地で、金の洗鉱が名高い。これらの洗鉱場は、エジプトによる征服の決定的な原因だった。

インゲッサナ丘陵付近（現スーダン、ブルー・ナイル州）

ベルタ人の山地、ついでレガ人の山地の高峰は三〇〇〇メートル級だが、平均標高は一五〇〇メートルほどらしく、

★ Schuver, *op.cit.*

ソバト川支流群の源流部に向かい南に伸び、中間的な小山脈群を経て、カッファ地方の高原に接続する。だが、この小山脈群を探査したヨーロッパ人旅行家はまだいない。逆に北方ではゆっくりと降下し、山塊のあいだの平地は広くなってお互いつながり、山脈の方向は、島状の岩山の群れが示すだけになる。はじめは数が多いが、だんだん低く、かつ離れ離れになる。ファゾグル地方の西にあるそうした孤峰のひとつタビ山は、一部が緑に覆われた威圧的な山容で、頂上は一三〇〇メートル以上の高さだ。さらに遠くにある赤花崗岩の円錐がグレ山、すなわち「森の山」、あるいはマルノによると「グール〔屍食鬼〕の山」で、標高八四六メートルである。フン人ないしフンジ人は同山を民族のふるさととする。さらに西進すると、青ナイル川右岸のステップ地帯のただなかに丘が続く。うち最も高いダファング山は、最近まで黒人ディンカ人と、アラブ人アブー・ローフ族の民族境界だった。青ナイルにせよ白ナイルにせよ、スィンナール地方側の河間地域は、両河が運び込んだ沖積土と、それに浸み込む水分のおかげで、すこぶる肥沃だ。だが両者のあいだの地方は、ぽつりぽつりと岩の台座があるばかりで、随所がステップの様相を呈する。丈の高い草が地面を覆い、そのただなかに繊細な葉のミモザ類がみられる。河畔の住民は定住するが、この半島状の山岳地帯を取り巻く草原に暮らすのは、ほぼ全員が遊牧民だ。

ゲダレフ地方の山々

青ナイル川下流の谷の東の平野も性格が似ており、河畔は緑の沃地だが、水流から遠ざかってぽつりぽつり立ち上がる岩山の麓に到るにつれ、乾燥する。ラハド川とアトバラ川にはさまれたゲダレフ地方で樹木を目にすることはめったになく、荒れ野の平地だ。青ナイル川の東にあるステップ地帯の孤絶した山塊のうち、最も目立つのがアブー・ラムリーヤ、すなわち「砂の父」で、五〇〇メートルほどの高さしかないが、巨大な階段状の花崗岩の山腹が壮大である〔現エチオピア領内グバ山か〕。岩塊の隙間にはバオバブが生育し、深い亀裂に枝を差し掛ける。ところどころにある茅屋は、遠目にはミツバチ〔蜜蜂〕の巣のように見え、巨人的な山塊の裾にころがる岩のあいだに、隠れるように建つ★。このステップ地帯の北方で最も前方にあるアラング山は、ラハド川下流の右岸にほど近い標高六〇〇メート

★ *Ibid.*

ルしかない山で、大半が森におおわれる。そこにはバオバブもみられるが、同山が北限だ。アラング山の東にはアバシュ山が続くほか、南の平地にも、はっきりとした円錐形や山塊をなす峰が散在する。いくつかは花崗岩質で、ほぼすべて火山性の起源だ。なかには円柱状の玄武岩が頂部に載り、柱廊や薪の山、あるいはほどけた薪の束のような有様のものもある〔柱状節理〕。ステップ地帯のただなかに立ち上がることとて、こうした高所には平地よりも多くの降水があるが、山腹を急速に下る水流は、岩壁を取り囲む砂地や砂利の地面に吸い込まれてゆく。現地住民は乾季の水を得るため、雨谷の出口の地面を掘る★。そうした湿地の多くは周囲に樹木があり、そこに水をたたえる雨季とおなじ「カリフ」の名で呼ばれる。干上がった河床には、じっと動かぬワニ〔鰐〕のほか、泥の中にシルロイド・シノドントゥス〔*siluroïde sinodontus* 不詳。ナマズ目か〕などの魚が身をひそめ、雨季になると息を吹き返す★★。

ナクファ方面の山々

ナイル川流域と紅海側斜面の分水界は不規則な山塊群で、高さもまちまちだが、一〇〇〇メートル以下に降下することはほとんどない。始原岩と火山地形が入れ替わり立ち代わりし、随所は雨谷が刻んだ高原の様相をみせる。エチオピア高原から下る谷の出口、とりわけナクファ山地〔現エリトリア共和国内〕の北麓にみられる岩屑の堆積を、ヘウグリン氏は古代氷河群の堆石とみるにやぶさかでない★★★。これはシナイ半島でフラース〔ドイツ人宗教家、古生物学者、地質学者 Oscar Friedrich von Fraas 一八二四―一八九七〕が痕跡を見出した氷河に対応するものだ。紅海をはさむ両岸の、花崗岩の岩山にはまったく植生がなく、色とりどりの結晶質の縞模様が輝いて、傲然たる形状といい、絢爛たる色合いといい、お互いよく似ている。西岸における最も壮大な山塊のひとつがシャバ山で、バラカ川が姿を消す低湿地〔現スーダン共和国トカル野生動物保護区。図76〕の上方に孤絶して立ち上がる。この地点で紅海に突き出す巨大な堆積層の半島は、かつてのバラカ川が現在とくらべものにならぬ水量だった証左だ。

気候

★ Heuglin, *Reisen in Nordost-Afrika, op.cit.*
★★ F. Marno, *Petermann's Mittheilungen*, 1872, n.VI.
★★★ Heuglin, *Reisen in Nordost-Afrika*, *op.cit.*

上ヌビア地方の気候は赤道地方の湿潤地帯と、ヌビア内の沙漠にひろがる雨のまれな地帯との遷移相をなすが、多少とも雨季のない土地は皆無である。上ヌビアの中間にあたる緯度のカルトゥームでは、カリフ〔雨季〕は五月に始まることもあるが、もっと頻繁には六月ないし七月に始まり、九月に終わる。湿気を運びこむのは決まって東風か南東風、すなわちインド洋の南貿易風である。雨季のあとは乾いた北風が上回り、春分がある三月まで熄まない。ときに摂氏一〇度まで気温は低下するので、朝晩に外套なしで出歩くのはやめた方がよい。日較差は一六度ほどにもなる★。カリフにはしばしば河川が氾濫するので、川端の暮らしにはマラリアの危険があり、多くの部族が内陸の高地部に引き揚げる★★。白や黒のトキ〔朱鷺〕は乾季の青ナイル河谷にすこぶる一般的だが、雨の前には姿を見せなくなるのも「マラリアが怖いからだ」と現地住民は言う。

植物相

上ヌビア地方は降雨と流水の多寡や、土地の性質と標高にしたがい、自然的に耕作地帯と牧草地帯に分かれる。ファゾグル地方とダブス川上流部の川沿いの樹林は、大湖沼地方の最も緑豊かな谷にも遜色ない繁茂をみせる。山塞のようなエチオピア高原をほぼ全域にわたり取り囲む森林地帯は河川に沿って前方に伸び、谷の出口や丘陵は文句なしの耕作地帯だ。肥沃な沖積層とすばらしい気候により、こうした地方はいつか地球上でも有数の綿花、タバコ地帯になりうるだろう。水流が消えてゆく「カラー」すなわちステップ地帯は、せいぜい牧草地にしかならないが、バオバブやドームヤシ、ギョリュウ〔御柳〕、「タルク」の名で知られるゴムを生じるミモザ類の覆う広い空間もある。ただしタルクはコルドファン地方のゴムにくらべ大分劣る。コルドファン地方やフール地方〔ダルフール地方〕とおなじく、スィンナール地方の乏水地帯にも、ときに幹周りが二六メートルものバオバブがみられ、しばしば天然の貯水槽に利用される★★★。雨季になると切り株の空洞に水を貯め

★ カルトゥームの平均気温（℃）

年平均　28.5

1月	19.7	4月	30.2	7月	33.1	10月	29.2
2月	25.2	5月	33.2	8月	29.8	11月	27.5
3月	28.6	6月	33.1	9月	29.3	12月	23.6

Cf. Hann, *Zeitschrift der österreichischen Gesellschaft für Meteorlogie*, vol,X.

★★ Caillard, *op.cit.*

★★★ *Ibid.*; Trémaux; d'Escayrac de Lauture; Matteucci; Massari; Beltrame; Wilson and Felkin; Marno.

挿画 XXIX　ファゾグル地方の処女林　H.Trémaux 氏にもとづき、ジラルデ筆

るわけで、八〇〜九〇立方メートルの貯水量に達する幹もある。現地住民は枝の生え際によじ登り、革製の桶でもって水を汲み出す。スーダン地方の北部には沙漠と呼んでよい空間がいくつかあり、砂丘が規則正しい波模様をなして岩山の麓を磨り取ってゆく。ベルベルからサワキンに向かう道すがらにある花崗岩の塊アブー・オドファはこのため全周を削り取られ、細い茎の上に重い岩が載っているような具合で、遅かれ早かれ茎部が折れて砂地に転落するだろう★。上ヌビア地方のうち、この砂漠地方の岩場や岩壁はどれも黒っぽい一種のニスに覆われるが、起源は不明だ★★。こうした黒壁のせいで、もっと高い山々や急な絶壁からなる他の地方以上に、景観全体がどことなく壮大な恐ろしさをそなえる。

動物相

前山地帯の森林と、雨後には四〜五メ

★ J. Colborne, "A Ride through the desert fom Berber to Suakin", *Cornhill Magazine*, May 1884, *pp*.429-465.

★★ Robert Hartmann und Adalbert von Barnim, *Reise des Freiherrn Adalbert von Barnim durch Nord-Ost-Afrika*, Berlin: Reimer, 1863.

ートルに達する丈の草が生えるサバンナには、サル〔猿〕やライオン、ヒョウ〔豹〕、キリン〔麒麟〕、スイギュウ〔水牛〕、サイ〔犀〕、ゾウ〔象〕といった大型動物が生息する。巨大な厚皮動物〔ゾウなど〕の大半は移動性で、季節に応じ四方八方へ数百キロも遊弋する。タカ地方の部族民ハムラン人の猟師は、エチオピア山岳部の反対側に暮らすソマリ系ガダブルシ人とおなじく、すこぶる大胆な狩りを行なう。脚の速いウマ〔馬〕にまたがってゾウの前方を疾駆してゾウに追わせ、急に反転してゾウの後ろに飛び降りざまに、後ろ足の腱を斬るのである。ゾウはその場で足踏みするだけになるので、第二撃（しばしば止《とど》めになる）の隙を窺う★。一八五九年以後は多くイタリア人とドイツ人からなる狩猟家がタカ地方と近隣諸州を定期的に訪れている。象牙を入手したり、猛獣を捕獲して見世物小屋に売るためだが、同地の象牙は中央アフリカ産にくらべかなり小ぶりである★★。こうした狩猟家のひとりは三三頭のキリン、ゾウ一〇頭、サイ八頭、ライオン四頭をハンブルク港まで連れ帰った。最近カッサラでエジプト軍守備隊が長期にわたり籠城したさい、野獣の飼育施設は大きな兵糧源にされたのである。ベジャ人とアビシニア人も、両者のあいだにある辺境地帯で大型動物を狩るが、お互いが出くわすと獲物はそっちのけで代々の仇敵のように戦いに及ぶ。マレブ川の谷には「ドボアン」ないし「スッレタ」と呼ばれる毒バエが雲霞のように飛び回るが、野生動物は刺されても何ともないのに対し、ラクダ〔駱駝〕やウマ〔馬〕、ロバ〔驢馬〕、ウシ〔牛〕といった家畜は数週間で斃死する。叢林や高い草の土地だと人間は徒歩にならざるをえないため、こうした感染地域の草地での狩りは非常に困難だ。このハエは何だろうか。中央アフリカのツェツェバエ、すなわちブルースが「最も恐るべき動物★★★」として言及するツァツァリアなのだろうか。それとも、ライオンさえ逃げ出すと誤って語り伝えた古代著作家たちのいう虫だろうか★★★★。　青ナイル川の東、クバ地方にいる小型のハエはドボアンとは別種で、ロバやウマ、イヌ、ラクダにとってのみ致命的だ★★★★★。しかし家畜の死亡率は、たった一種類の昆虫に刺されたことだけをもっ

★ Baker, *The Nile tributaries of Abyssinia*, *op.cit.*; Ferrand, *op.cit.*［ブルース前掲書、588 頁にも記述がある］

★★ 知られるうち最大級のもので 80 キロ、平均重量は 17 キロで、小さいと 12 キロである。

★★★［原著本文には註番号があるが、該当する脚注がみあたらない。Bruce, *op.cit.* かと思われる］

★★★★ Grisebach, *Petermann's Mittheilungen*, 1855, no.VII.

★★★★★ Schuver, *op.cit.*

て原因とすべきではなく、一瞬も息をつかせず動物をいらつかせるアブ［虻］の群れが毎日何千となく及ぼす傷に帰するべきであろう★。家畜を守るには、日中は香草を燃やす家畜小屋に閉じ込め、夜間のみ外に出すしかない。いっぽうでは、こうした致死性のハエが入り込まぬ地域もあり、農耕民が緊密に集住する。ロセイレス［現スーダン共和国ブルー・ナイル州内］南東のアブー・ラムリーヤの山地がその例だ。

第三項　住民と物産

シャンガラ人

エチオピアの山岳地帯と、ナイル川方向に傾斜する起伏の多い平地は、地形や気候、作物のみならず、住民も対照的である。人種や言語、習俗、信仰はさまざまで、その境界線は、上下しつつ山肌を囲む。境界付近の随所は人煙まれな辺境か、あるいは獲物として追い立てられるために、いつも警戒を怠らぬ未開の人々が暮らす土地が重なり合う。こうした部族民はシャンガラ人と総称されるが、民族学的な意味はなく、非アラブ系や非アビシニア人の黒人は、高原の住民にとりすべてシャンガラ人である。

レガ人

ダブス川の上流河谷と、ソバト川流域に南面を見せるトゥル・ワレル（標高三二〇〇メートル）の双頂が睥睨《へいげい》する山地に住むのが部族民レガ人で、ラトゥカ人およびワ・フマ［フマ人］をオロモ系とみなければ、オロモ人のうち最も西に所在する。ただしレガ人とラトゥカ人は、現在はさまざまな住民集団により隔たる。レガ人はきわめて純系で、南、西、北を黒人住民が囲むにもかかわらず、はっきり黒人と異なる。肌の色は非常に明るく、赤道直下の太陽に灼かれた褐色の肌のエチオピア人よりさえ色白だ。上背があって一般に痩身であり、「ヤンキー［北部アメリカ人］の腕と脚」をそなえ、首も細長く、細面で頬がこけているが、相貌は生き生きとし、表情豊かな眼差しである。頭蓋は小さく、

★ Ernst Marno, *Reisen im Gebiete des blauen und weissen Nil*, Wien: Carl Gerold's Sohn, 1874.

レガ人の首府はグンバリの邑で、ダブス川上流部の一支流に面し、標高一九八〇メートルだ。大司祭が起居する村通婚しないため、女性が足りないと一妻多夫にならざるを得ず、種々の儀式をともなう合法な制度になっている。ま数週間を過ごして額に二、三本の筋が残るようにし、もって見分けられるようにする。地元の女性とはまったく身を寄せ、荷担ぎや傭兵にたずさわっているのだ。これらのディンカ人は、穀物の茎で頭部をきつく縛り、そのまて働く。かつてはソバト川とヤル川の荒地に暮らしたが、黒人から難を避けるすべもなく、これら山岳民のもとにる可能性が高い。レガ人のもとには数千のディンカ人も暮らす。受け入れを嘆願して到来した者たちで、奴隷としらしく、イスラームを説く熱心な伝道師たちの影響力が強まっており、近々のうちにレガ人はイスラームの懐に入血の中に額を浸し、頬に垂れた血が凝固して黒っぽくなるままにする。ただしこうした古来の信仰は廃《すた》れつつある臣民同士が反座法による決着を望まぬ場合、王が罰金を裁決する。またひとりの大司祭が「キニッサ」で秘法を行なう。キニッサはエチオピア高原東部の住民がいう「キリッサ」すなわち教会の訛語だ。大司祭が動物を屠ると、に炒めて噛む。自分たちの王に対する貢納は皆無だが、各部族は交代で王とその一族の御料地を耕作し収穫する。晩になると小屋の前でウリ〔瓜〕を水壺に仕立てた水煙管をふかす。またコーヒー豆を塩やバター、玉ねぎとともも各自の好きなようにやらせる。レガ人じしん働き者の農夫で、すばらしい谷間の赤土をいとおしむように耕し、るが、この軍事力を征服に用いることはない。温厚な民であって、女性は言動に大きな自由があるし、奴隷の労働最多の民族のひとつで、少なくとも数十万人を数える。王は封臣たちの黒人部隊に加え、二万人の兵力を動員できう槍に身をもたせかけ、首を右にかしげるので、シューヴァーはツル〔鶴〕に喩える。レガ人はエチオピア高原で全般に美貌で、肉付きがよい。気質ももっと快活で、他のレガ人のように憂鬱そうな様子はみせない。平民はふつの家系はレガ人の大宗よりもはるかに混交しており、黒人系の血〔遺伝形質〕がはっきりしている。肌も黒っぽいが、性差が大きい★。また男性が痩せぎすなのに対し、ぽっちゃりした感じで、手足は極度に小さい。王族と族長たち額は秀でているが、狭くて丸みが強い。女性は男性にくらべすこぶる小柄で、両性間に通常みられるよりはるかに

★　シューヴァーによると男性の平均身長が1m60cm ～ 1m75cm、女性は1m50cm ～ 1m60cm。

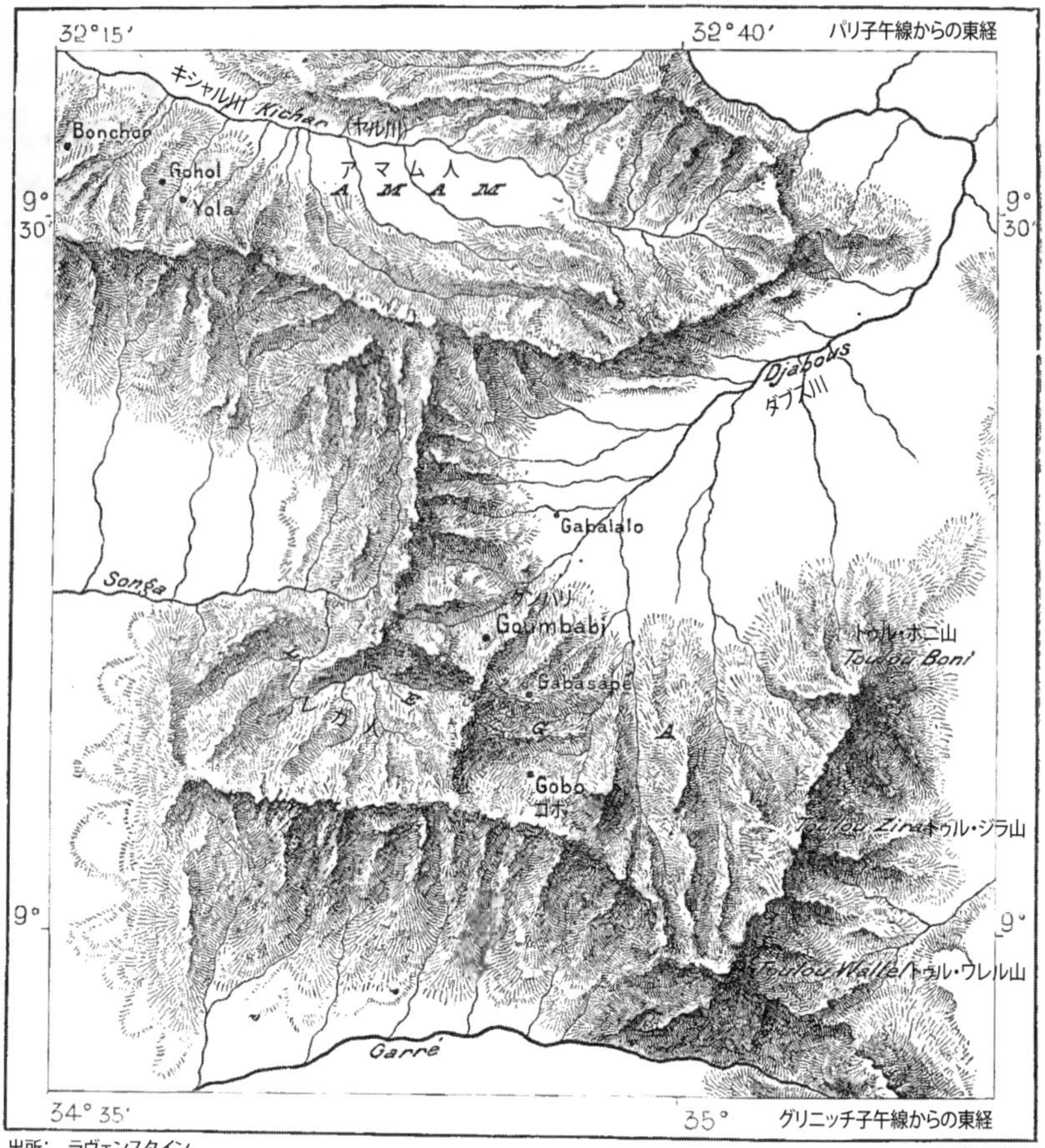

図 65　レガ人の郷国

ゴボはもっと南、標高二二六〇メートルにある★。

ベルタ人

ダモト地方の山地の西に突き出す山塊群には様々なシャンガラ人の民が暮らすが、最大勢力は青ナイル川の支流であるダブス川とトゥマト川の谷間、およびバフル・アル・アズラク［青ナイル］とバフル・アル・アビアド［白ナイル］の分水嶺に暮らす黒人住民ベルタ人だ。人口およそ八万人で、アラブ人は一般に「ジャバライン」、すなわち山岳民と呼ぶ

★ Schuver, *op.cit.*

が、この呼称は他の民にも用いられる。縮れ毛で頬骨が高く、顔面はのっぺりしているが、西アフリカの人種的兄弟分ほどではない。ひきしまった体つきで、四肢は柔軟かつ頑丈である。槍と楯で武装した戦士はほれぼれする武者ぶりだ。女性は鼻孔のひとつに通す銀または銅製の輪と、左耳の上部に一個の鉄環をピアスして顔面を飾る。若者は、こめかみか頸にイノシシ〔猪〕の牙を装着する。大事な儀式には男女ともバリ人戦士のように体を赤く塗る。部族によっては、女性は顔に刺青を施し、あばたのような小さな膿疱があるようにする★。別の部族では、優美なアラベスク文様のような具合に体一面に刺青するが、ひとつないし複数の首級を挙げた勝者のみに許される特権だ★★。青ナイル川の他の民もそうだが、ベルタ人は農業者のみで構成され、全員が牧畜を営む白ナイル川の黒人との違いの主因である。言語はシッルク人、ヌエル人、ディンカ人と同一の語族に属するが、エジプトによる征服と、それに続いたナイル川沿いの諸民族の全面蜂起〔マフディーの乱〕により、一帯がイスラームの引力圏に入ってからは、アラビア語が文明語になった。村々を沙汰するのはアラブ人で、族長も彼らが選ぶ。どの独立した村にもアラブ人商人が何人か暮らし、同胞の保護に任じる領事役を務める。そのおかげで余所者も兄弟として受け入れられる。その場合には一頭のヒツジ〔羊〕またはヤギ〔山羊〕を屠り、その血を瓢箪に受けたのち、立ち会う者すべてが手を浸し、血の滴るままお互い握手する。以後、この外来の者に槍先が向けられることはない。ベルタ人は大演説家で、全員が長広舌をぶつ評議をしょっちゅう開く。演説者の隣に一人の賛同者が侍り、野次を飛ばす者はいない。この点でベルタ人は西洋人よりも行儀がよく、演説の終りを最後まで待って反論する★★★。北の諸県では全員がムスリムを自称するが、それ以外のベルタ人は大半がいまも精霊信仰である。新月には星辰の光の下で踊り、どんちゃん騒ぎで祭礼を締めくくる。護符は数種の木根や花のほか、スカラベ〔*ateuchus Ægyptorum*〕で、フンコロガシ〔タマオシコガネ〕の一種らしい。二千年を経て、エジプトの影響はこのナイル上流域の未開民のあいだに再現されているのだ★★★★。ベルタ人はまたブルン人や他のアラブ化した部族と同様に、ブーメランとほとんど変わらぬ形状の「タランビシ」と呼
★ Caillaud, *op.cit.*
★★ Kovalevskiy, *Annales des voyages*, 1850. no.XI.
★★★ Hartmann, *Die Völker Afrikas*, *op.cit.*
★★★★ Caillaud, *op.cit.*

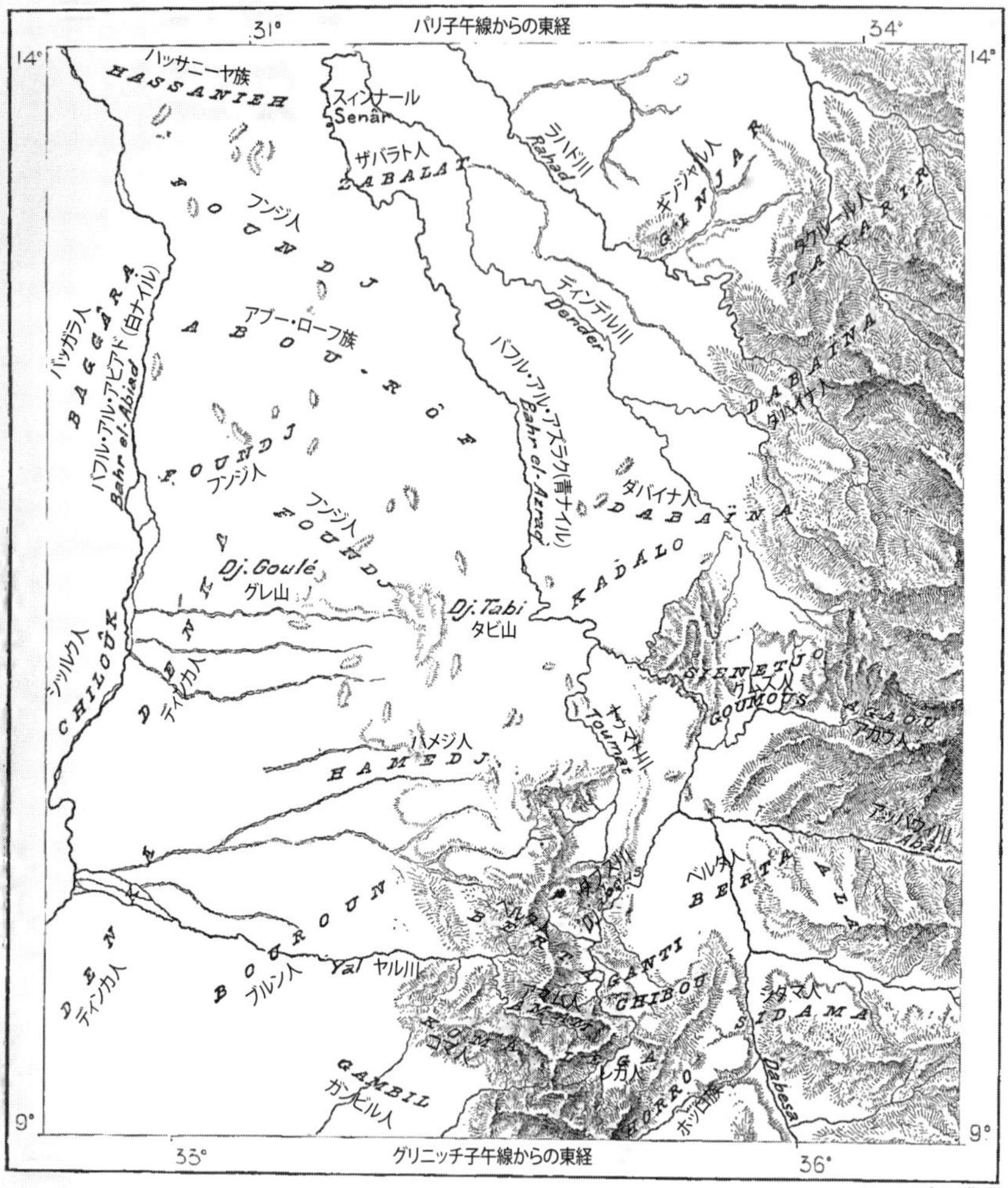
パリ子午線からの東経
31°
34°
14°
ハッサニーヤ族
HASSANIEH
スィンナール
Senâr
ザバラト人
ZABALAT
ラハド川
Rahad
ギンジャル人
GINJAR
タクリール人
TAKARIR
フンジ人
FOUNDJ
バッガラ人
BAGGÂRA
バフル・アル・アビアド(白ナイル)
Bahr el-Abiad
アブー・ローフ族
ABOU-RÔF
ディンデル川
Dender
バフル・アル・アズラク(青ナイル)
Bahr el-Azraq
DABAÏNA
ダバイナ人
Dj. Goulé
グレ山
Dj. Tabi
タビ山
KADALO
シッルク人
CHILOÛK
ディンカ人
DENKA
SIENETJO
グムス人
GOUMOUS
AGAOU
アガウ人
トゥマト川
Toumat
ハメジ人
HAMEDJ
アッバウィ川
Abaï
ベルタ人
BERTA
ブルン人
BOUROUN
Yal
ヤル川
GANTI
CHIBOU
シダマ人
SIDAMA
コマ人
KOMA
LEGA
レガ人
HORRO
ホッロ族
Dabesa
GAMBIL
ガンビル人
9°
33°
36°
グリニッチ子午線からの東経

C.ペロン作図

1：4 300 000

0　200 km

図66　青ナイル地方の住民分布

ぶ木製の棍棒をもつ。何人かの著作家によると、オーストラリア先住民のように投げるのではなく、登山のさいに手にもって木の枝や岩の突起に引っ掛けるという。だが一帯を渉猟した旅行家マルノは、現地住民がこれを投擲するのを実見したと記す。また彼は、もっと威力のある鉄製の鎌状の器具クルデバが投げられるのも見た★。シューヴァーもこうした所見を確認しているが、彼によれば、ベルタ人は投げた場所に戻ってくるようにする術は知らない。ベルタ人の郷国に、狭義の都市は皆無である。最大の集落は、ヤヴァシュ川すなわちヤル川の流域の山岳部の西麓に位置するキリンで、崩落地の巨大な花崗岩塊のあいだに、大型の茅屋が散在する。同村の総会ほど絵画的な眺めを呈するものはない。どの岩にも人が群れ、立ったり、ねそべったり、しゃがんだり、あるいは突起にぶら下がったりと、あらゆる姿勢をとるからだ。部族のなかには王の称号をもつ族長を戴く例もあるが、権力はまったく不安定で、臣民が「メク」を気に入らなくなると、男も女も集まってきて、家畜や鶏の果てまで彼を嫌いであり、死ぬべき時が来たと宣告して、手近な木に吊るしてしまう。王が病のため法廷を毎日開催できぬようになると、王威は歓迎すべきものから不吉なものに変わるので、これも人民は王を絞首して厄を祓う★★。婦人の不貞は常に死罪だ。

アガウ人ほか

グムズ人の東では、小丘の散在する平地が、ダモト地方とアガウメデル地方の前山地帯に向かって伸び、移住してきたアガウ人が定着し始めている。アガウ人は家族ごとにばらばらで到来するが、現地住民の敵意を懸念せず、お互い数キロも離れて空隙地に居を定める★★★。大軍事帝国エチオピアの威勢に保護されていることを知っているからだ。不当な扱いがあれば、たちまち殲滅戦による復讐がなされるだろう。このためアビシニアの境界線は新たな移民で年々拡大する。在来の独立民だったグムズ人はほぼ貢納民になった。エチオピアの前山地方のもっと北方、ガラバト州境までは、ギンジャル人が占める。ギンジャル人も貢納するが、しばしば奴隷を納めるのであって、黒人に加え、アラブ人やベジャ人も入り混じる。おそらく逃亡民だろう。ギンジャル人はムスリム

★ Marno, *op.cit.*; Hartmann und Barnim, *op.cit.*
★★ Lepsius, *op.cit.*; Marno, *op.cit.*; Hartmann und Barnim, *op.cit.*
★★★ Arnaud d'Abbadie, *Douze ans dans la haute Éthiopie*, *op.cit.*

を自称し、訛ったアラビア語を話す。ぜいたくといえばもっぱら頭髪で、エチオピア人のように髪を編み、バターを塗る★。

フンジ人

ふたつのナイル川の河間地方の山々は、かつてスィンナール地方全域に支配を及ぼしたフンジ人、ないしフン人の多少とも混交した種々の部族が占める。フンジ人はイスラームへの改宗にあたりほぼ全員が自国語を喪失したが★★、アラビア語とひどく混合しつつも、ヌバ系諸語に連なる特殊な方言を保持する部族がいくつかある★★★。イスラームは古代の信仰を完全には取って代わっておらず、フンジ人が聖山とみなすグレ山では、粘土の壇を築き、神を表す木像を建立して男根崇拝の祭式を催すのを、旅行家プリュスネレが目撃している★★★★。ベルトラーメ［イタリア人宣教師、探検家、地理学者 Giovanni Beltrame 一八二四―一九〇六］によると、フンジ人のイスラーム改宗は心底からのものでは全然なく、大半は割礼さえ行なっていない★★★★★。ハルトマンはブルースの仮説を採り、フンジ人はシルク人の類縁で、その領域からベルタ人の郷国までの全域は同一人種が暮らすとする。すなわち、いまやアラブ人との混交が進んだハメジ人、マルノがいまなお食人種だと述べるブルン人★★★★★★、タビ山の谷間に暮らし、「トルコ人［エジプト人］」の攻撃を勇敢に押し戻した誇り高きインガサナ人といった住民は、すべてフンジ人に属するとする★★★★★★★。フンジという名称じたい「ブルジョワ」の意味があり、未開なままの人種的兄弟分にくらべフンジ人が自らを筆頭の文明人とみていることを示すのかもしれない。いずれにせよ、かつてフンジ人はアフリカきっての強大な民のひとつで、両ナイルの合流点近くに中心があったアロア王国を十六世紀初頭に破壊し、スィンナール王国を樹立した。同国は今世紀初めまで存続し、近隣のスーダン、ヌビア、さらにコルドファン地方の住民にも覇権を唱えて、ときに高原を下って襲来するエチオピアの軍勢を常に打ち負かしたのである。だが、アラ

★ Beke, “Abyssinia, Being a Continuation of Routes in That Country”, *op.cit.*; Lejean, *Voyage aux deux Nils, op.cit.*
★★ Trémaux, *op.cit.*
★★★ Cust, *op.cit.*
★★★★ Hartmann, *Die Völker Afrikas*, *op.cit.*
★★★★★ Beltrame, *op.cit.*
★★★★★★ Marno, *Reisen im Gebiete des blauen und weissen Nil*, *op.cit.*
★★★★★★★ Hartmann und Barnim, *op.cit.*

ブ人丞相たちがフンジ人君主の実権を少しづつ奪取し、権力闘争や反乱により国家は崩壊していった。一八二一年にムハンマド＝アリー〔マケドニア生まれオスマントルコ軍人、エジプト総督、ムハンマド＝アリー朝世祖 Mohammed-Ali, Méhémet Ali 一七六〇年代末―一八四九〕の部隊がスィンナール地方に侵入した際には、その規律と先進的な兵器のおかげで、やすやすと勝利を収めた。フンジ人はエジプト人が持ち込んだ組織的な奴隷狩りや小銃戦、串刺しの刑などの「文明の恩恵」を、敗者として学んだのである。

現在は特別にフンジ人の名で指し示される人々は少数で、典型とみてよい者はグレ山周辺でさえほとんどいない。戦乱と奴隷制が引き起こした多くの通婚のせいで、卓越的な要素を見出すのもきわめて困難だ。あらゆるアラブ系部族、ないしアラブ化した部族（とりわけバッガラ族）、一旗組のバルバラン人、都市周辺に屯田入植したコルドファン地方のヌバ人などにより、両ナイルの河間地方の住民は変容したからである。この変容にほとんど影響を及ぼさなかったのは、ムスリム兵やコプト教徒の部隊付き書記たちからなるエジプト人くらいなもので、気候のせいでたちまち参ってしまったからだ。スィンナール地方の住民は出自と外見がすこぶる多様なため、日常会話では白、赤、黄、青、緑、黒に分類されるほどである★。それでも、民族的な基盤はフンジ人と同根のように見える。著作家の大半は彼らをヌビア人、黒人、オロモ人のまん中として記述する。すなわち長頭で、正顎型〔顎が突出しない〕であり、整った相貌で、頬はほとんど突き出さない。体つきは優美で素早く、多くの現地住民とおなじく髪型に凝る。親切でご機嫌であり、歓待の念に富むため、スィンナール地方のエジプト人にとりフンジ人の郷国、つまりグレ山中の滞在は、他のどこよりも好まれた。フンジ人に身体不自由な者は非常にまれで、アフリカの民にはめったに見られぬことだが、女性は長きにわたり若さと顔立ち、優美な体つきを保つ★★。全身を摩擦し、香をたきしめ、油を塗る「デルカ」という身だしなみは、フンジ人および上ヌビア地方の文明化した住民のあいだで頻繁にみられる★★★。スィンナール地方の住民は練達の外科医で、何人かはナイル川流域でその術を行商する。エジプトにも知られており、ファッラーヒーン〔零細農民〕は白内障を手術したり、種痘を施し

★ Caillaud, *op.cit.*
★★ *Ibid.*; Trémaux, *op.cit.*
★★★ *Ibid.*; Charles Didier, *500 lieues sur le Nil*, Paris: Hachette, 1858.

たり、手足の骨折を治療する人物を「スィンナーリ」と呼ぶ。

タクルール人

ギンジャル人の北と北東、エチオピア高原とヌビア地方のステップを隔てる前山地帯を占めるタクルール人、ないしタカリル人も移入民で、フール地方、ワダイ地方、西アフリカから到来した。メッカに詣でたハッジのうち、郷里に戻って抑圧の生活を送るよりも、耕せる土地と、相対的な独立を見出せる帰りすがらの地にとどまるのを選んだものだ。エチオピア人やヨーロッパ人旅行家の大半が参ってしまう低地にもタクルール人は完璧に適応し、いまではガラバト州全域と、クアラ州のいくつかの谷間を占拠する。自治を獲得するとともに、農民としても商人としても大きな繁栄を手に入れたが、いつも平和を謳歌できたわけではなく、ワダイ地方やフール地方のタクルール人とのあいだに内戦がたびたび勃発した★。近年には、棄教を拒んでアビシニアから放逐された多数のムスリムにより、タクルール人やアラブ系ダバイナ人の集落は人口が増えた。

クナマ人、バレア人

クナマ人、あるいはバゼーン人ないしバザ人は一五万人ほどを数える〔原著はときにバゼーン人と表記するが多くクナマ人と訳出する〕。マレブ川とテケゼ川の谷間と、エチオピアのクワッラの出口にある中間的な高原に暮らす「シャンガラ人」で、アラブとの混交を回避するのにかなり成功してきた。これら北方からの侵略者の言語をまだまったく話さず、辺境地帯の近くをのぞけば、イスラームを受け入れた例も皆無だ。だが民族的独立を現在まで保持するには、不断の凄惨な戦さなしには済まなかった。北方の遊牧民との闘争は情け容赦ないもので、境界地帯の住民は、奇襲と虐殺を避けるため、常に警戒を怠らない。いっぽう南側では高原部のアビシニア人に対して自衛せねばならない。北東には、マレブ川とバラカ川の分水嶺にバレア人が暮らすが、人口はクナマ人の一割だ。両者とも、両側から圧迫する敵勢にいつ平らげられるか分からぬ恒常的な危機のなかにいる。平地からはアラブ人が登ってくるし、高原からはエチオピア人が下ってくるというわけで、ムンシンガーは石臼に挽かれる穀粒に喩える★★。だがこれほど脅威を受け

★ Heuglin; Lejean; Hausmann, *Petermann's Mittheilungen*, 1865, no.VII.
★★ Munzinger, *Ostafrikanische Studien*, *op.cit*.

るこれらの住民は、最も興味深い習俗と、人懐こさをそなえるのみならず、いくつかの点で最も範とすべき人々である。というのも、彼らの共同体のあいだは普遍的な平和があり、労働は尊重されるからだ。

クナマ人とバレア人の身体的特徴と言語

クナマ人とバレア人の社会、政治制度は似ているが、両者の出自は全く違い、身体的特徴も同じではない。クナマ人はいつとも知れぬ昔から定着しており、エチオピアを起源とする移民の末裔を自称し、アビシニア人も彼らを古代アクスム王国の後裔とみなす。一般に色黒で、西アフリカのニグリシア人並みの黒さをそなえる者をみかけるのもまれではない。よく均整の取れた体格で、広い肩幅をもつ頑健な人々であり、アフリカ大陸随一の健康さと活力をそなえる。身体障害者は皆無で、高原部のエチオピア人や平地のアラブ人にしょっちゅうみられる性病も、この民族はまったく感染していない。上ナイル地方のヌエル人やディンカ人とおなじく、一本足で立って休む★。外国人にとりすこぶる危険な熱病に罹患するのはまれだが、肥満する傾向があり、バレア人や、とりわけアラブ人と鋭い対照をみせる。健康な理由は全身と顔面を覆う瘢痕だと言い、出自を示す聖なる文字として美の印とみなす。バレア人はクナマ人よりも肌の色が明るく、全般にそれほど美丈夫ではない。バラカ川の低地湿地に近い部族をはじめ、盲人が多い。クナマ人は誰もが大家族の一員のように似ているが、バレア人にはさまざまな典型があり、女性以外はあまり整った相貌ではない。両者の言語は暫定的に「ハム系諸語★★」に分類され、いくつかの点でヌバ系の言語に似てはいるが、同一ではない。クナマ人の「バゼナ語」とバレア人の「ネレ・ベナ語」はムンシンガー、アレヴィ〔エディルネ生まれフランス帰化東洋学者、旅行家 Joseph Halévy 一八二七—一九一七〕、ライニッシュによる研究がなされたが、その言語学上の位置が判明するのは、他の北西アフリカの諸語すべてが同等な綿密さで考究されたのちだろう。クナマ人の言葉は強勢も剛音の子音もなく、平板で耳に心地よく、穏和な気質によく対応する。外国語を話すクナマ人は非常に少ないが、バレア人はほぼ誰もが隣国エチオピアのティグレ語を解する。クナマ人の民謡や旋律は豊かなものだが、まだヨーロッパ人学者による収集はなされていない。

★ Frank Linsly James, *The Wild Tribes of the Soudan*, New York: Dodd, Mead and Co., 1883.
★★ Cust, *op.cit.*

クナマ人とバレア人の物産

クナマ人とバレア人は根っからの農業者で、性別や地位、貧富の別なく誰もが土を耕す。雨季になっても耕作は続き、隣接の民とは違い、労働を祝う以外の祝祭日は皆無だ。家畜はすべて畑仕事に用いられ、ラクダ〔駱駝〕、ロバ〔驢馬〕、牡牛、牝牛も犂を牽くし、足りなければ男性や女性がその代わりを務める。土地をもたぬ住民はおらず、女中や召使も地所をもち、耕作に十分な日数が与えられる。共有地は相当に広く、長期の作付けで地味が消耗した土地の代わりに一部を選べるようになっている。ただし、広く各戸が散在する周囲での輪作は、一般にかなり規則正しく行われる。急傾斜地は石垣でもって段々畑になっている。クナマ人はいかにつらい労働でも尻込みしないのであって、もっぱら農耕に意を用い、集落に集住する。これはバレア人も同様で、我が家の防衛に頭を悩ます必要はない。ただしエチオピア人やアラブ人のすぐ近くは別で、たびたび攻勢に出る。小勢で出掛けて遠隔の集落を略奪し、襲撃を知った周囲の部族が追跡あるいは退路を断つ準備が整う前に姿を消す。アビシニア人やベジャ人は、クナマ人とバレア人につき恐怖の念とともに語り、一般に盗賊の部族民として描かれる★。これは二つの農耕民が採用する戦術に由来するもので、彼らは自衛のために攻撃するのだが、バレア人の山岳住民のいくつかが残酷な風習をもつのも間違いないようだ。県によっては、戦闘あるいは奇襲して男か女の首級を挙げたことがない若者は、祝福される結婚を期待できないとされる★★。

クナマ人とバレア人の社会

この二つの民は隣人に怖れられるが、何ら政府というものがなく、自然区分の数だけ独立した集団に分かれる。何世紀にもわたり助けとなった驚くべき軍事抵抗力は、連帯心に由来する。集落は別でも、彼らは自分たち全員を兄弟とみなし、目上は存在しない。とくにクナマ人は、バレア人ほど異邦人の容喙を受けなかったため、平等精神が際立った特質で、おそらくこの点では世界のいかなる国民をもしのぐ。「バレア」という呼称はエチオピア人がネレ族とモゴレブ族の二集団に与えたもので、本来は「奴隷」の意味だが、この蔑称は平静に、むしろ誇りをもっ

★ Lejean; Baker; James.
★★ Josef Menges, *Petermann's Mittheilungen*, 1884, no.V.

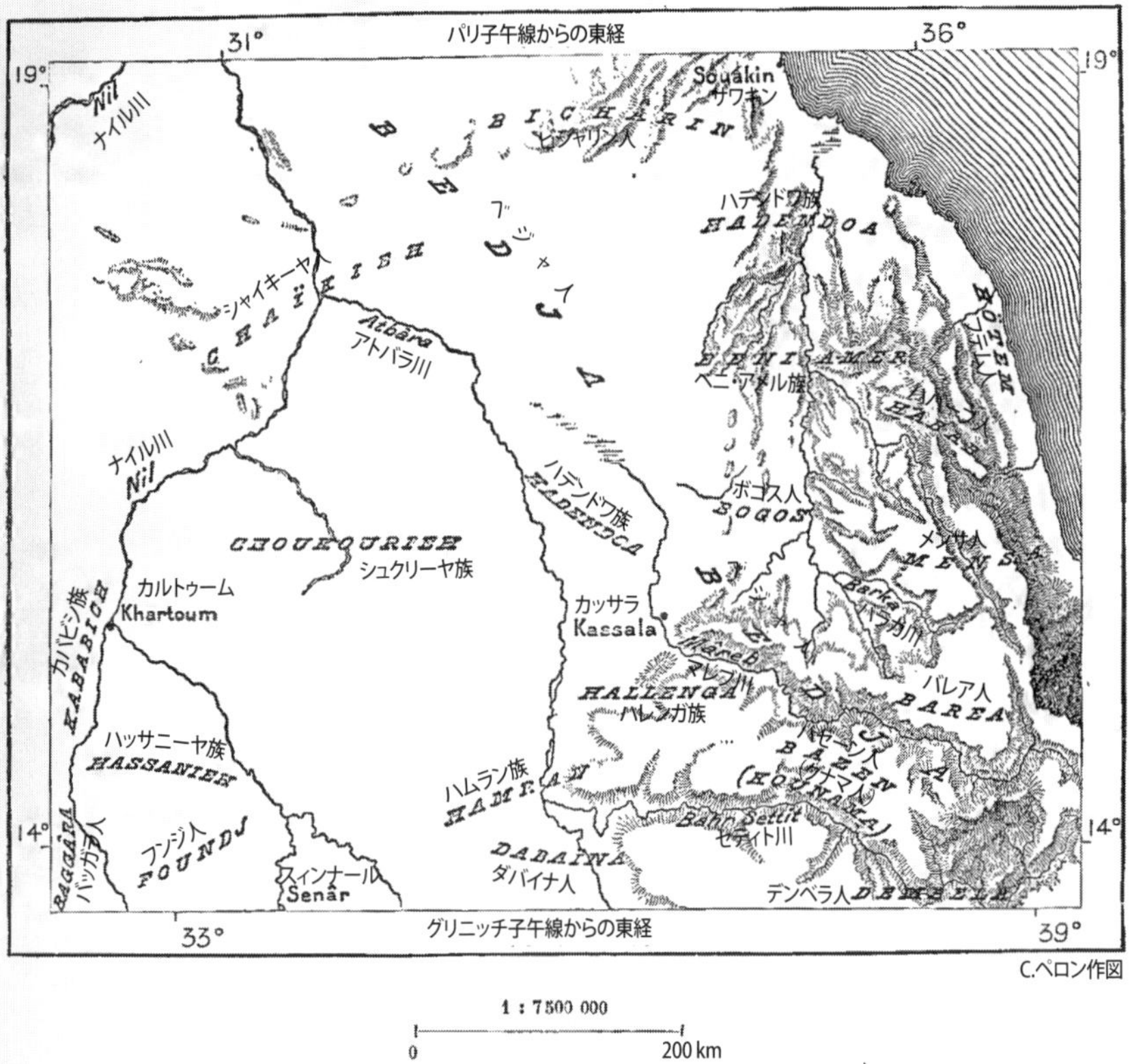

図 67　タカ州および近隣の住民分布

て受け入れられたのである。バゼーン人［クナマ人］とバレア人は自らを共同体の「奉仕者」とみなし、「長」の称号を求める者は皆無だ。共同体に首長の機能を果たす者はおらず、立法権と行政権はどちらも住民総会に属し、また住民の出自は問われない。余所者でも暮らし始めた時から地元衆と平等である。老人の言は傾聴され、ふつうはその意見が通る。こうした集会に怒りの爆発や意見の封殺、個人への罵言はなく、礼儀正しい意見の応酬が行なわれる。共同体に対し家族は何ら権利がなく、その構成員の個人的権利のみがある。論難しあう訴訟や、返報しあう諍いもなく、あらゆる討議は年長者たちが座する樹下で行われる。結婚は家族の祝い事にあらず、全所帯が参画する共同体の儀式だ。家内でも、共同体内と同様に平等がきまりだが、土地によっては、花嫁が小屋の敷居の横に身を横たえ、花婿がまたぎ越すさいに足でもってその頬に軽く触れる。それはまるで彼女が以後あらゆる心痛を覚悟せねばならぬと宣言するかのようだ。クナマ人の習俗［男女関係］は清浄なものだが［ママ］、世論は厳格ではなく、婚姻外に生まれた子供も分け隔てない祝賀とともに受け入れられ、嫡出子と同様に母方の叔父の遺産を継承する。母系制の慣習が保たれており、家内での父親は、実父であれ推定上の父親であれ、種族の疑いない代表である叔父に従う。クナマ人の社会では、社会的制裁を科すべしとみなされる行為はほとんどない。盗みさえ全く罰せられず、借用と同様に返却が求められるだけである。共同体による唯一の宣告刑は追放で、有罪犯の家の屋根に若者たちが登り、屋根［草葺きか］を壊して断片を風に吹き散らす。村を出るべしという合図であり、罪人は二度と生まれ故郷を見ることはない。

クナマ人とバレア人の信仰と将来

クナマ人の東のボゴス人と、西のスィンナール地方にはキリスト教の痕跡が存在するが、クナマ人の郷国でそれを探したムンシンガーは無駄骨だった。教会址はいっさいみられず、宗教的な観念にもユダヤ教やキリスト教の影響を思わせるものはない。クナマ人の信仰といえば邪悪な眼、呪術への恐怖、護符への執着、「アルファイ」と呼ばれる雨乞師への尊崇、老人とくに盲人に対する尊敬といったものにすぎない。死者への尊敬も大きく、丁重に埋葬するのは、不死を信じていることを含意するように見えるが、これはクナマ人とバレア人の共和政諸国に対しゆっくりと行なわれてきた宣教の結果だ。すでにバレア人の半数はムスリムを自称するものの、コーランの定めをほとんど実践しない。同様にアビシニア国境地帯では、かなりのクナマ人がキリスト教会に属するとみられる。クナマ人大衆は、いっぽうで個人的責任をもつ市民として外国人を受け入れておきながら、外国人を遠ざけようとしても無駄であり、金属片［硬貨］の価値も知らぬままでいたいと念じながら、商人から身を遠ざけようとするのも無駄である。もろもろの慣習は変容し、政治、社会面の変化が胎動しつつある。エチオピア風の長衣やアラブ風のシャツが毛皮の上っ張りに取って代わり、奴隷制さえすでに導入されたが、すこぶる穏やかな形態で、奴隷が結婚したり主人のもとを去れば、自由を取り戻すのは当然とされる。マレブ川とテケゼ川地方にある諸共同体はまったく正当にも独立を大事にしているが、間もなく喪失するのは確実で、新たな運命が始まるだろう★。その始まりはおそらく辛いものであり、最近までアフリカで最も幸福だったこれらの住民が隣人と統合し、もっと大きなナシオン〔国民。ネーション〕を形成するには、血の海を渡らねばならないだろう。すでに、ジェイムズ〔イギリス人探検家 Frank Linsly James 一八五一―一八九〇〕や狩猟家たちによるクナマ人の記述は★★、ムンシンガーのものとかなり違った内容である。隣人たちは彼らを文明化するどころか、未開に押し戻したのだ。

ウォルド・アル・アラブ人

クナマ人ほかの「シャンガラ人」の横手に住むいくつかの民も同一の起源らしいが、自称はウォルド・アル・アラブすなわち「アラブの息子たち」で、身体的特徴は確実に黒人の血が卓越するばあいもある。アラビア半島からの征服者の子孫が家系と言語を保持すれば、被征服民のほうは在来の起源であっても、アラブを自称し、また度々そうみなされるのに十分なのだ。紅海の西には、そもそも東岸の出自で、歴史時代あるいは最近に海を渡った民が多いことが知られている。アキク〔アギグとも〕近くのムスリム部族民フテム人は小銃が潤沢で、槍と楯で武装する現地住民を追い散らす純粋なアラブだ★★★。他人種とは混淆しないが、最近の一八六五年にもイエメン側からの新たな移民で人口が増えた★★★★。紅海の横断は容易なので、イギリス艦船がすべての港を綿密に監視しなかったら、アラビア半島とスーダン地方の通交はかなり頻繁になり、一帯の政治的均衡はたちまち変化するだろう。

ザバラト人、ジャリン族

宣教師ベルトラーメは、スーダン地方の正真なアラブ人部族として遊牧民ザバラト人、すなわち「少数の民」、ないしアブー・ジェリド、すなわち「椰子の父たち」を挙げる。スィンナールの上流、ディンデル川と青ナイル川のあいだに暮らす民で、ムスリムではなく、その宗礼の名残りもまったくみられないことから、イスラ

★ Munzinger, *Ostafrikanische Studien*, *op.cit.*
★★ James, *op.cit.*
★★★ Munzinger, *Petermann's Mittheilungen*, 1872, no.17.
★★★★ Heuglin, *Reisen in Nordost-Afrika*, *op.cit.*

ームに改宗する以前のイエメンから到来したらしい。火を崇める人々で、ムハンマド以前のアラビア半島南部では多くの部族がそうだった。プロコピオス〔東ローマ帝国雄弁家、歴史家 Procope de Césarée, Procopius Caesarensis 五〇〇頃—五六五頃〕によれば、人身御供を太陽に捧げたブレムミュアエ人も同様だった。ザバラト人の肌は近隣の民よりも明るく、赤味がかっている。ルジャンによると、青い目となめらかな金髪の人物もいるらしい。「スント」というアカシアが分泌するゴム〔ガム〕は日常の食事に大きな位置を占める。人種の純粋さを嫉妬深く守り、他部族の娘をめとった者はこれまで皆無だと言う。奴隷制を許容しないのも、家族の輪のなかに男女の召使をもちこめば、血脈を汚す致命的な結果になりかねないからだ。この「選民」の本分は独立を保ち、平和裡に暮らすことで、だからこそ先祖は世界から身を離したのであり、いまも孤立した暮らしを望み、沙漠地帯によって盗賊から自衛する。彼らが存在を信じる唯一神は、星辰と日月に顕現するとされる。祈りは星を見上げるか、黎明または夕辺の太陽に向かうか、あるいはかがり火を焚いて風にゆらぐ炎を見つめて行われる。いっぽう暗黒の悪霊の存在も信じ、祓いのため生贄を捧げる。ザバラト人は一夫一婦制だが、若い娘が伴侶を見出していない場合や、短い結婚生活の後に寡婦になった場合には、近親がめとる習慣がある。ときには女性の男兄弟が夫になることさえある。行政は慣習のみからなり、長老たちが執行する。族長を選ぶのも長老たちで、「最良の人物」を見出すほかに義務はないため、あるときはこちら、あるときはあちらの家族から選ばれる★。両ナイル河間地方とアトバラ川沿いに住むジャリン族、ないしアガリン族もアラブとされ、その高貴な出自を疑う地元民は皆無である。彼らの話すアラビア語は、ヌビア地方に遊弋するどの部族よりもはるかに純粋だ。また一帯すべての民にくらべ、勉学熱と商売気、狂信的ではない信心深さも一線を画す★★。両ナイル河畔では、男女ともに日よけのため葉でつくった大きな帽子をかぶる。近傍にもアラブを自称する民がいくつかあり、おそらく非アラブだが、実際に多くの点でアラブ化している。

ベジャ人

古代人のいうブレムミュアエ、すなわちベジャ人は、おそらくアクスムの碑文類に名が読み取れるボンカ人、な

★ Beltrame, *op.cit.*

★★ Munzinger, *Ostafrikanische Studien*, *op.cit.*

いしボンガ人で★、最も多くの部族をもつ民族集団のひとつを構成する。クナマ人の北と西、青ナイル川とエチオピア北部の前山群のあいだのほぼ全域〔現エリトリア共和国内〕を占めるが、さらに北方でも、「ビシャリン」の語形で民族名を保ったと思われる多数が、下ヌビア地方の先まで勢力を伸ばし、ナイル川が西に大屈曲する区間と紅海沿岸にはさまれた全域を領有する。ナイル川の西でも、コルドファン地方さらにはフール地方まで、いくつかのベジャ人部族が生活する。パリのアクリマタシオン庭園〔一八六〇年開業の遊園地〕で人々が目にした「ヌビア人」は、ほぼ全員がカッサラとその近傍の部族のベジャ人だった。ベルベルとサワキンのあいだにある隊商路よりも南の南方民は、ナシオンとしてのまとまりが皆無で、大半は相互に角逐し、内訌をやめるのは外国の侵入に対抗するさいのみだ。トルコ勢力の侵攻のさいに諸部族が同盟したのがこれだが、長続きせず、エジプト支配のもとでベジャ人はまたもや多くの民に分散し、共通の意思というものはなくなった。ヘロドトスのいう「エチオピア人」はアビシニア人ではなく、おそらくベジャ人のことで、メロエの市街とピラミッド群を造営した文明人だった。中世にはベジャ人も青ナイル河畔、カルトゥームの上流二〇キロほどの地点に、アロアを首都とする強国を樹立する。当時のベジャ人は、少なくとも両ナイルの合流点付近ではキリスト教徒だった★★。だがフンジ人がメロエを灰燼に帰すると、ベジャ人はステップ地帯への道を辿り、遊牧民フンジ人と同じ教え〔イスラーム〕に改宗した。現在のベジャ人〔アラビア語ではビジャー〕はすべてムスリムだが、シリア地方とアラビア半島のベドウィンと同様に名目だけである。彼らはマフディー〔ドンゴラ生まれ宗教指導者、マフディー運動創始者 Muhammad Ahmad ibn Abd Allah Al-Mahdi 一八四四―一八八五〕の最も熱烈な信奉者に数えられるが、その指導のもと、ナシオンとしてある程度の統一性を再発見したのだ。

ハデンドワ族ほかベジャ系の部族と言語

南方のベジャ系部族のうち最強なのがハデンドワ族で、西はガシュ川とアトバラ川が挟むタカ州のステップ地帯から、東はバラカ川まで遊弋するが、移牧や略奪行にあたり境界線を越えることも多い。ムンシンガーによれ

★ Louis Vivien de Saint-Martin, *Le Nord de l'Afrique dans l'antiquité grecque et romaine*, Paris: Impr. Impériale, 1863.
★★ Caillaud; Trémaux; Hartmann.

ば一〇〇万人ほどだ。もうひとつ人口が大きいのがシュクリーヤ族で、ナイル川とアトバラ川の間で家畜を放牧し、カッサラ周辺の灌漑された谷間で農耕を営む。ハレンガ族はアトバラ川とガシュ川のあいだの狭い地帯に暮らす。ハムラン族はアトバラ川とセティト川が合流する平地に暮らす。その西と南西、ラハド川が蛇行するステップ地帯は、ダバイナ人諸部族が遊弋する。両ナイル川の河間地方はアブー・ローフ族ないしルファー族、ジャリン族、そして「騎士」あるいは「馬の男たち」を意味するハッサニーヤ族による三つ巴の係争地だ。最後にハデンドワ族の東方、エチオピア高原の前方突出部を囲むバラカ川と紅海のあいだから、ほとんどサワキンの市門まではベニ・アメル族が占拠する。ハルトマンによると、彼がホムランと呼ぶハムラン族、すなわち「赤いひとびと」は、アガウ人の類縁らしい。ただし以上の民はすべてアラブを自称し、告白する信教と遊牧戦士の風習、また後に広まった言語のゆえに、一般にもアラブと認められている。これらベジャ系の遊牧部族に強いアラブ的要素が現れているのは確かだし、多くの氏族が、アラビア半島のアラブ人と完全に同一の典型をそなえるのも証左である。伝承では、これらの部族はヒジャーズ地方のウレド・アッバス族の後裔である。ベジャ人の地方では、大半の在来諸語をコーランの言語〔アラビア語〕が取って代わったが、エチオピア高原に近い土地では俚言として残っている。ベジャ系諸語の文法通則を編纂したアルムクヴィスト〔スウェーデン人言語学者、オリエント学者 Herman Napoleon Almkvist, Almqvist 一八三九—一九〇四〕は、四個の主な言語を認めている。ただし猟師が好んで用いる隠語を含まない★。こうした隠語は、特定の語には動物を惹きつける力があるとして、多くの国にみられる迷信のいたすところだ。ハデンドワ族、ビシャリン人、そして半数のベニ・アメル族の母語は「ベドウィン語」すなわちベダウィエ語ないしベジャヴィ語で、呼び名とうらはらに全くアラビア語ではないが、いくつかの点でセム系の話し言葉に似る★★。

ベジャ人の身体的特徴

多くの地方的な違いを考慮せずに全体としてベジャ人をみると、美貌と優雅な体つきが際立つアフリカ人であ

★ Hartmann, *Die Völker Afrikas*, *op.cit.*; Alfred von Kremer, *Aegypten*, Leipzig: F.A.Brockhaus, 1863.

★★ Munzinger, *Ostafrikanische Studien*, *op.cit.*

挿画 XXX　典型と衣服　カルトゥームのカーディ［イスラーム法の裁判官］と、ハデンドワ族のシャイフ［族長］　R. ブフタ氏の複数の写真をもとに、シルイ筆

る。子供は多くが優しく活発で可愛らしく、整った相貌と貴族的な物腰で完璧な模範のような若い女性にも頻繁にお目に掛かる。ベニ・アメル族の族長のうち、通常の遊牧民の食事よりも美食を奴隷に調理させる家門だと、肥満の典型をみるのもまれではない。貴族は、平民よりも大半がはるかに肌の色は明るい。ベジャ人はほぼ誰もが非常に足が速いが、自身はその理由を、ほぼ牛乳と小麦粉だけの粗食のおかげだという。腕は身長の割にかなり長い。旅行家はベジャ人、アファル人、イルム・オルマ人［オロモ人］の相似に驚き、さらには南アフリカのバントゥー人にも似ているとする。アラブを称してはいても、いくつかの部族は身体の傷跡［こめかみなどへの自傷］や着衣に、黒人の様式を保持した。戦士は鎖帷子の使用を完全にはやめていないし、部族によっては単なる棒あるいは石突きのついた棒をはじめ、原始的な武器を今も用いる。ベジャ人の大半は陽光から身を守るため頭髪をおそろしく厚く盛り上げ、目の高さ［ママ。種々の記録写真をみると額の上部］に頭蓋にぐるりと線を引き、その上に巨大な髷のように毛髪を逆立てる。顔の両側と後頭部にもそれぞれ髪の房があって、耳とうなじを保護する。髪にはしばしばバターを塗り、通常はヤマアラシ［豪猪］の針毛を一本、かんざしのように斜めに挿す。

ベジャ人の物産

言われるところでは、ベジャ人は若い時には非常に活発な知性をそなえるが、思春期を過ぎるとすっかり愚鈍になってしまうとされる。自分たちの観念に閉じこもり、石頭で高慢かつ粗野であり、近親に対する尊敬の念に乏しく、客人の居心地や安全にも気を配らない。関心はもっぱら家畜の生育で、「ツァガ」と呼ばれる宿営地のひとつが公式の住居とされるにもかかわらず、牧草地から牧草地へと家畜を追って移動する。慣習により、ツァガは不可侵で、盗賊は家畜を盗みはしても、天幕は尊重する。ハデンドワ族の保有するラクダ［駱駝］は優秀で、日常の居住地から遠く離れた土地に不意に現れ、襲われた方が後を追って戦うため戦士が集まるよりも先に、分捕り品とともに逃げ去る。さまざまなベジャ人部族はこのため軍馬の飼育に努めるものの、多くの場所では、頑健だが小柄なエチオピア種の馬で満足するしかない。ドンゴラ種の競走馬はもっと大柄で強健だが、一帯の気候に弱く、族長たちはいつも新たな馬と入れ替えねばならない。いくつかの民は農耕にたずさわるが、農具は粗末なもので、先端を焼け焦がした木の棒を犂に用いる程度だ。ブレムミュアエ人は布地や鉄器、ござ類、線条細工を製したが、現在も保持されるのはほんの一部である。ベジャ人が好む武器は、両刃のまっすぐな剣だが、たいていドイツ製である。ただし彼ら自身もすぐれた長剣や短剣を鍛造する。鞘は木製で革を被せてあり、金持ちだとゾウ［象］の耳でもって飾る。楯はサイ［犀］などの大型動物の皮で出来ている。交易はどの部族でも盛んで、この点では隣人バゼーン人、すなわちクナマ人と大きく異なる。

挿画 XXXI　ベジャ人シュクリーヤ族
リヒャルト＝ブフタ氏の一葉の写真をもとに、ロンジャ筆

ベジャ人の婚姻関係

婚姻と女性の立場に関する習俗も、アラブ人と大きく違い、コーランの定めと、多様な起源の伝統的しきたりは

完全に対照的だ。ある点では、女性は言語道断な残酷さをもって取り扱われる。両親は娘にひどい外科手術〔割礼〕を耐えさせねばならぬからで、それなしには伴侶をあきらめねばならない★。だが、結婚生活における女性は何ら男性に従属しない。妻は実家の天幕に好きな時に戻ることができ、夫はそれに従うものとされる。一子が誕生すると妻は夫を離縁する権利があり、夫があらためて受け入れてもらうには何か贈物をせねばならない。妻を侮辱したり乱暴な言辞を吐くと、夫は天幕から追い出されてしまい、一頭のウシまたはラクダを提供しない限り、しかるべく帰宅するのは許されない。このやり方で夫の所有物をすっかり巻き上げ、無一物にしたうえで夫を捨てた女性の話はいくつもある。一般にベジャ人女性、とくにベニ・アメル族の女性は恐ろしく連帯心が強く、誰かが不満を抱けば、女性全員がその怒りを共有する。女性の側の慣習として、妻たるもの、夫への愛情を絶対に表してはならぬとされ、侮蔑の念をもって夫を取り扱い、脅しと厳しさでもって夫を支配せねばならない。妻に相談することなく夫が家の用事にとりかかれば、許しがたい侮辱とされるのである。婚儀にあたり花嫁を介添えした男性は、それにより妻の「兄弟分」になり、その助言は尊重されるので、しばしばその介入が求められる。男性は嬶ァ天下どころか、しばしばその暴力をこぼすが、労働への愛好や誇り高さ、誓言の遵守といった長所は、現実に女性の側にある。抑圧された者が誰か婦人の助力を嘆願すれば、飽くことなき保護者になってくれることは請け合いなのだ。ベジャ人社会における女性の役割は、明らかに母権制を思わせるもので、十世紀から十四世紀にかけてのアラブ著作家たちは、ベジャ人について、系譜は女性が継承し、遺産は故人の息子を差し置いて姉妹の息子か、娘の息子に移譲されると述べている★★。メロエ王国〔クシュ王国〕の年代記とスィンナールの年代記も、カンダケ女王〔原文 reine Candace とあるが、クシュ王国女王アマニシャケト Amanishakheto（前一世紀）を指すか〕の時代から上ヌビア地方で常に女性が大きな役割を果たしたことを証する。ハデンドワ族の女性が公衆の面前で非難されることは絶対になく、たとえ罪を犯しても誰もが沈黙を守る。責任は男性に対してのみ問えるからだ★★★。「アラブ」とさ

★ Alfred Peney, “Études sur l’ethnographie, la physiologie, l’anatomie et les maladies des races du Soudan”, *Bulletin de la Société de Géographie de Paris*, mai et juin 1859, *pp*. 321-354; Werne; Munzinger, etc.

★★ Makrizi; Étienne Marc Quatremère, *Mémoires géographiques et historiques sur l’Égypte*, Paris: F. Schœll, 1811; Lepsius, *op.cit*., etc.

★★★ Arthur Bowen Richards Myers, *Life with the Hamran Arabs*, London: Smith, Elder & Co., 1876.

れる部族のうち、不思議な「四半分の率直」の慣習が普遍的に行われているとして人々が挙げるベジャ人の民が、両ナイル河間地方とコルドファン地方のハッサニーヤ族である。エスケラク＝ド＝ロテュール［フランス人探検家、地理学者、外交官、言語学者 Pierre Henri Stanislas d'Escayrac de Lauture 一八二六―一八六八］だけは疑問を呈しているが★、それは女性が一週間のうち一定の日数しか結婚せず、ふつうは四日ごとに完全に自由にふるまうものだ★★。

ベジャ人の社会制度

ベジャ人はアラブ支配の影響下で容易に貴族的な習俗を身につけていった。出自が地元だろうと海外だろうと、長々と先祖を列挙する系図でもって貴種性に権力を付け加え、彼らを食わせ、墓に供え物をする人民の群れに命令する。またイスラームへの改宗により自由人の仲間入りを果たしていない奴隷（戦争捕虜やその息子たち）も貴族に隷従する。貴族は下層の娘をめとることも多いが、逆に平民の男性が、婚姻によって大立者一家の仲間入りするのは、その生命の神聖さが何らかの奇跡や、実際の出来事により成就した予言によりシャイフあるいはファキーフ［行者。ファキールとも］に列せられ、上位の種族と同等にならぬ限り、無理である。上ヌビア地方にはいくつか聖者だけのコロニーがあり、貴族同様に部族の負担のもとに生活する。エジプト政府は権力がしっかり遊牧民に及ぶよう、一帯の政治的、宗教的指導層と手を握り、お互い貢納を仲介する措置をとった。だが重税によりベジャ人牧畜民は堪忍袋の緒が切れ、東スーダン全域にわたりヘディーウ政権に対する反乱［マフディーの乱］が広がったのである。ベニ・アメル族、ハデンドワ族、ビシャリン族が死を鴻毛の軽きに置く武勇を発揮してイギリス軍の方陣に殺到し、槍先で血路を開いて砲列まで達したのは最近のことだ。その後、イギリス軍がサワキン湾に投錨した軍艦から離れてナイル川への経路に進み入るのを妨げたのは、スーダン地方の燃える暑さだったのだろうか。それとも、イギリス軍の将軍連中は、沙漠の果敢な息子たちと、自軍の兵士たちが再び雌雄を決するのを躊躇したのだろうか。

★ Pierre Henri Stanislas d'Escayrac de Lauture, *Le Désert et le Soudan*, Paris: Dumaine, 1853.

★★ Brun-Rollet, *Le Nil Blanc et le Soudan*, Paris: Libr. De L. Maison, 1855; P. Trémaux, *Le Soudan* [*Voyages en Éthiopie au Soudan Oriental*, *op.cit.*, vol.II?] ; Kovalevskiy, *Annales des Voyages*, 1859; Petherick, *op.cit.*; Wilson and Felkin, *op.cit.*, etc.

第四項　都市と集落、遺跡

エジプト支配下の行政区分

エジプト体制下の上ヌビア地方は州に分かれたが、自然区分には一部しか対応しない。エチオピア高原の出口、青ナイル川沿いはファゾグル州だった。その下流、旧スィンナール王国の中心部はスィンナールの名称を維持した。続いてカルトゥーム、ベルベルの両州があった。東のタカ州は、アトバラ川とバラカ川が画する丘陵地と平地を包含した。紅海の沿岸部はマッサワ州とサワキン州に分かれた。さらにいくつかの独立国（共和政もあれば族長統治のものもある）が、エチオピアとスーダンのあいだの辺境を占めた。

ファマカ

ファゾグルはかつて青ナイル川の上流側の州名になり、エジプト支配の以前にはある強大な王の座所だったが、首府の座をファマカの村に奪われ、いまは小村にすぎない。ファマカは一八三九年にムハンマド＝アリーが南方領を行幸したさい、一宇の「宮殿」を造営させた場所だが、いまはわずかな煉瓦が点々と残るばかりである。人間狩りが住民を山中に逃散させていなかったら、ファマカは商業都市として好適地だろう。それはトゥマト川との合流点の少し上流で、青ナイル川が小さな流れを受け取る近く、青ナイル川に沿う片麻岩の岬角部に家屋の群れである。南正面に姿をみせるのがファゾグルの山［グバ山か］である。カルトゥームからやってくる者が、初めてナイルの向こうにそびえるのを見る高峰なので、もっと高い山々の多くよりも堂々たる印象だ。また北方の荒地を通ってきた人々にも、山腹の美しい緑はいっそう目に焼き付く。

トゥマト川の採金

スーダン地方のもろもろの民が全面蜂起するかなり以前から、トゥマト川の谷はもはやエジプトの土地ではなかっ

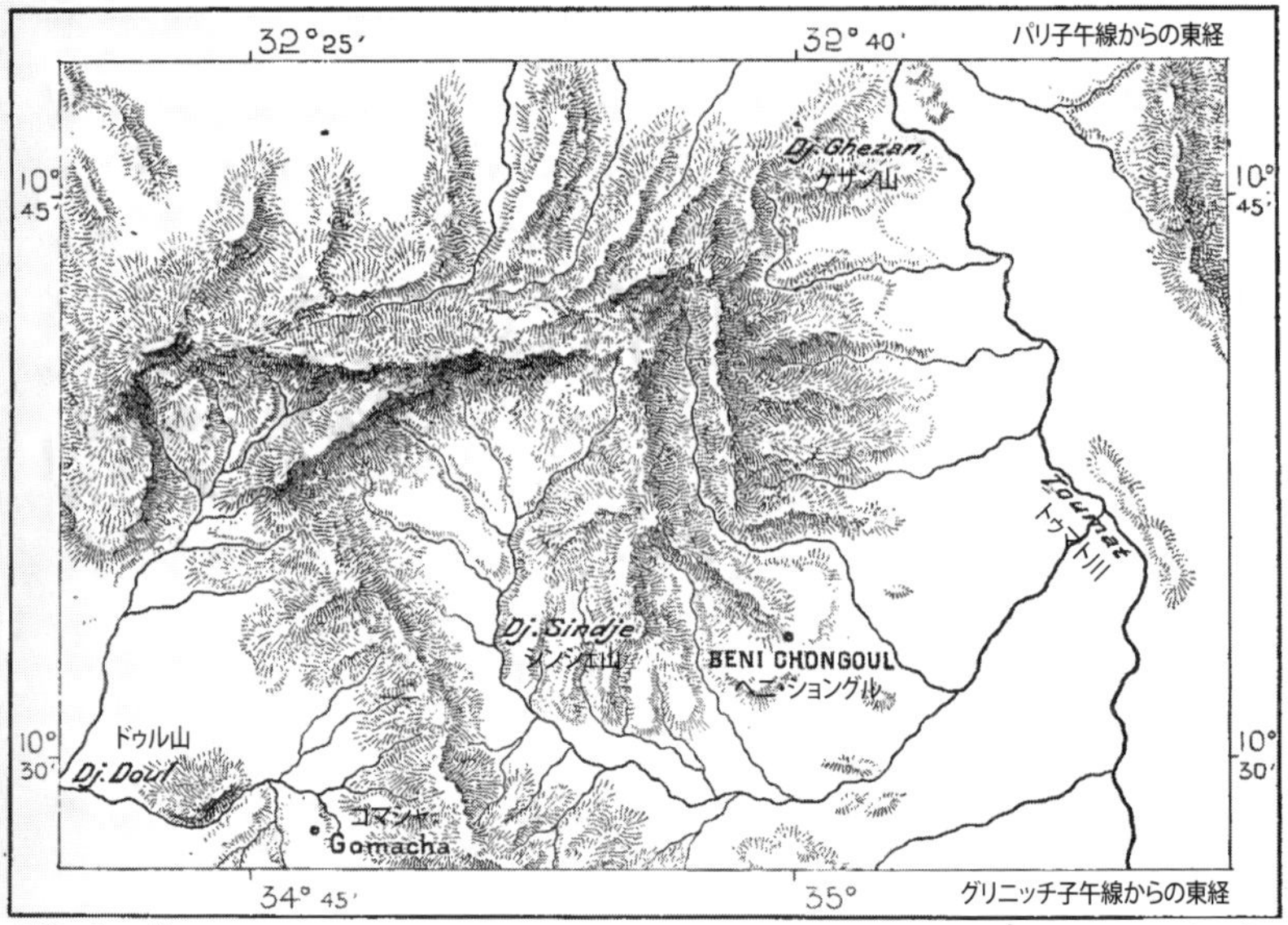

出所：シューヴァー　C. ペロン作図

図68　ファゾグル州の採金地帯

たが、ムハンマド＝アリーはそれでも同州〔ファゾグル州〕がいつか彼の帝国の宝物になると考えていた。彼の軍団を支弁し、自分を制肘するトルコ皇帝の宗主権から脱する上で、トゥマト川とその支流群の川砂に混じる金を当てにしたからだ。この遠大な目論見のおかげで、トゥマト川の上流域はカイヨー〔フランス人探検家 Frédéric Cailliaud 一七八七―一八六九。ムハンマド＝アリーお雇い鉱物学者〕、トレモー〔同建築家、オリエント学者、写真家 Pierre Trémaux 一八一八―一八九五〕、コヴァリエフスキィ〔ロシア外交官 Egor Petrovich Kovalevsky 一八〇九―一八六八〕、ルッセガーといったヨーロッパ人による探査が行なわれた。だが一帯を保持するための部族民に対する戦闘と、人間狩りが引き起こした人口減少や、砂金を採取する徒刑囚の監視にともなう占領費用は、エジプト総督にとって収支が相償わぬもので、サイード＝パシャ〔ムハンマド・アリー朝第四代エジプト・スーダン総督 Saïd Pacha 一八二二―一八六三〕は同地の放棄を命じたのである。砦は破却され、村々はかつての住民が取り戻した。地元の砂金採りはエジプト政府が破綻した事業に利益を見出した。「ティブル」と呼ばれる天然の金粒は、通例はハゲタカ〔禿鷹〕の羽毛の羽軸に詰められ、「ジェッラービ〔商人。ジャッラーバ〕」が持ち込む商品の支払い手段に用いられる。主な洗鉱場は山地の西麓、白ナイル川に向かう谷にあり、谷の中央に角錐形にそびえるドゥル山の雨谷はどれも金を産する。シューヴァーは年産四万フランと推定するが、ほぼ四分の一をゴマシャのシャイフが天引きする。このシャイフのもとに参集する兵士の大半は、スレイマンによる河川地方の惨禍を逃れてきた黒人である★。トゥマト川沿いの市場にやってくるオロモ人は、砂金よりも別の価値表象を好み、エチオピア東部から輸入した「塩」のほかには自分たちの物産と交換しない。シューヴァーによると、トゥマト川地方の住民が貨幣として毎年受け取る塩は三〇トン以下だ。

ベニ・ショングルほか

エジプト人は撤収したのちも、トゥマト河畔の諸部族に一五万フランほどを貢納させ続けたが、別の流域ダブス川にあるファダシ県よりも先には、全く権力が及ばなくなっていた。ファダシ地方は一八五〇年にマルノ、一八七八年にジェッシとマテウッチが歩みを止めざるを得なかった場所である。彼らが許されたのは、エジプト駐屯軍の「千人隊長」の名にちなんでビンバシと呼ばれた大きな邑の、南にそそり立つ山を登ることだけだった。ヘディーウのこの領土の境界線を越えたのは、一八八一年のシューヴァーただ一人である。ビンバシは山腹に散在する多数の村に囲まれ、高台から広大な地平線を見渡す。にぎわう市場町だが、ファマカからの道すがらにあるベニ・ショングルには及ばない。ベニ・ショングルは砂金の洗鉱場群と、この地方の旧都シンジェの址の近くだ。北方には、トゥマト川の右岸にある貝殻形の沃地に、これも隊商の会合点であるゲザンがある。その広場に樹陰をさしかける巨大なエジプトイチジクは、市の立つ日にはベルタ人、ヌビア人、アラブ人の雑多な群衆が下に集まる。田園に放棄されたレモンの木々は、エジプト軍守備隊の駐屯を思い出させる。

ロセイレス、カルコジ、スィンナール

★ Schuver, *op.cit.*

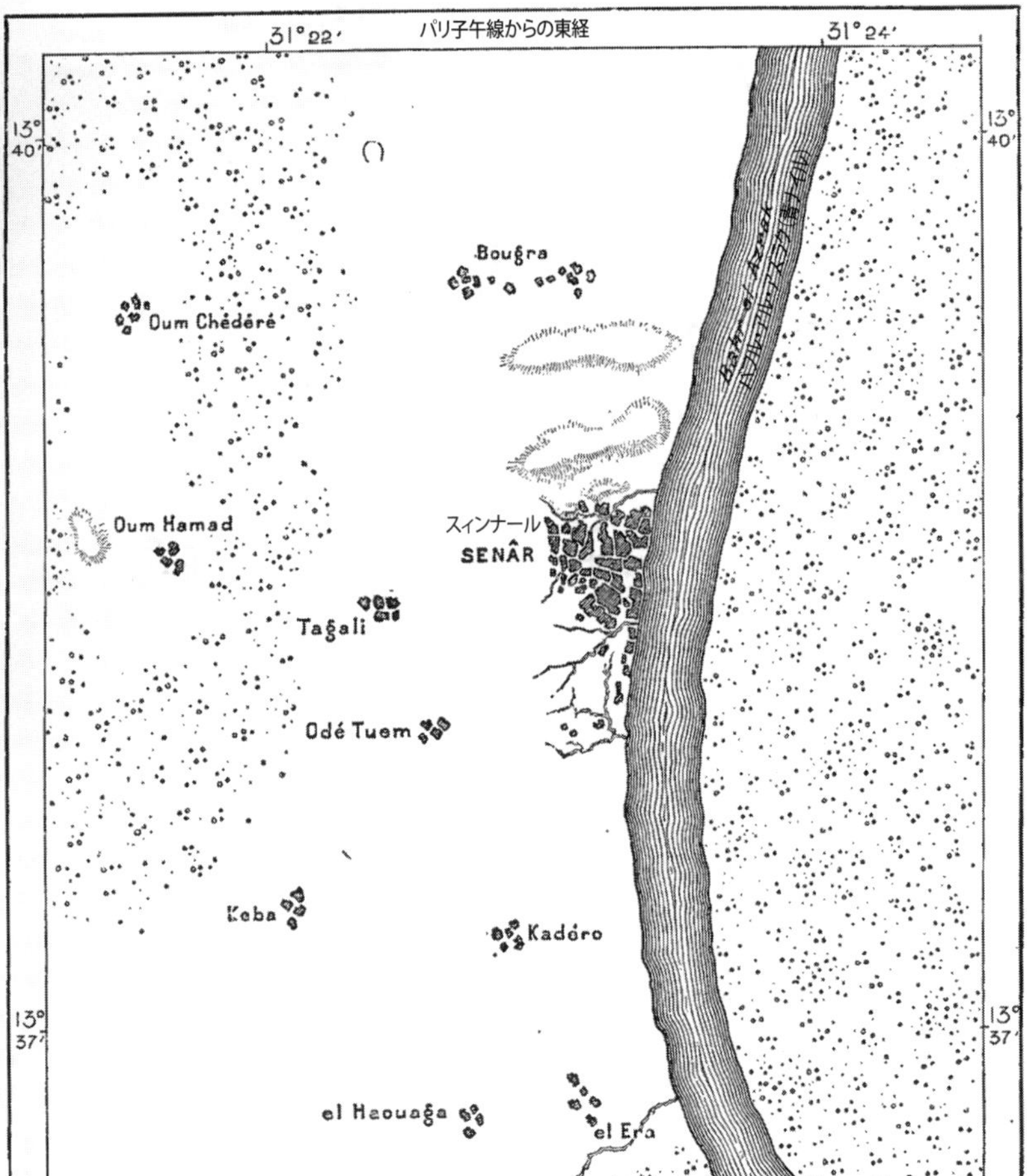

出所：ルジャン　　C. ペロン作図

1 : 60 000

0　2 km

図69　スィンナール

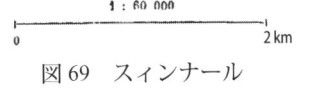

ファマカの下流にある邑ロセイレス、ないしロサイレス［現スーダン共和国内。一九六六年竣工のロセイレス・ダムがある。以下、本節の地名は断りなき限り現スーダン］も青ナイル川右岸に所在し、ドームヤシの木立のただ中に家屋が散在する。ロセイレスの名は、王の称号を得た族長が統べるかなり広い地方を指す「ダール」の名前にもなった。下流のカルコジ村は数本の巨木に囲まれ、周囲の裸地と対照をみせる。カルコジはゴム市場として、またゲダレフ地方、ガラバト地方、エチオピアから到来する数本の隊商路の収束点としても、一定の重要性を獲得した。一〇〇キロほど下流の左岸にあるスィンナールの交易活動の一部を引き継いだものだ。スィンナールは、フンジ人の王国［スィンナール王国］の古都で、十五世紀初頭に創建されたが、総督府がカルトゥームに移転して以後はすっかりさびれ、茅屋の群れのあいだに残骸の堆積や、無人の空間が広がる。宮殿だった場所には壁の残骸しかないが、モスクはまだ残っている。ルイ一四世［ブルボン朝第三代フランス国王 Louis XIV 一六三八―一七一五］の使節デュ＝ルルが、信任状を宛てた王国群に到着する前に、一七〇五年に暗殺されたのがスィンナール市内だった。アラブ人の言い伝えによると、デュ＝ルルは、ナイル川を南に曲げ、ヌビアとエジプトからその河水を奪うぞという、アビシニア人の度重なる恫喝を手助けする積りだと疑われたとされる★。市内には、すこぶる優美な文様の稾むしろ以外にほとんど工芸はない。南西の白ナイル川方面への隊商路は、貝殻の中洲が形成する二カ所の「モカダト」すなわち浅瀬のどちらかを渡渉する★★。ひとつはアブー・ザイドの浅瀬、もうひとつはケルブすなわち「犬」の浅瀬だ。白ナイル川までの河間地方をアラブ人は「スィンナールの島」と呼び、スィンナールから踏破するのはわずか一〇〇キロだ。伝承によれば、アラブ人が初めてナイル川を渡ってスーダン全域に拡張するさい、アブー・ザイドの浅瀬の渡河を指揮した英雄が、この名前だったとされる★★★。

ワド・メダニほか

スィンナールのあとにエジプト諸州の首府になったのがワド・メダニないしワルド・メダニだ。これも駐屯地かつ商業中心地として人口稠密な都市だった。エチオピア北西の河川群が次々に青ナイル川に合流する地点に近

★ Caillaud, *op.cit.*
★★ Kaufmann, *op,cit.*
★★★ Beltrame; d'Escayrac de Lauture, etc.

く、素晴らしい立地だ。すなわち、市街の少し上流［直線距離で現市街から四〇キロほど］にはマハラ川とアル・アチャン川により水位が上昇したディンデル川が注ぐし、下流にはもっと近い箇所［五キロほど］にラハド川の合流点がある。ラハド川もディンデル川も年間八〇日は航行が可能だ。合流点にあるジャズィーラ・アル・ジャズィーラ、すなわち「島の島」に位置する村はアブー・アフラズ［現アブー・ハラズか］、すなわち「アカシアの父」の名をもつが、これはアビシニア人がシムファァと呼ぶラハド川にもしばしば冠される。川岸から少し離れ、フンジ人が破壊した都市アルバジの址に近いドゥッラ［モロコシ］の畑地には、人口の多いメッサラミーヤの邑が立ち上がる。これは軍事拠点で、長期の激しい攻囲により反徒［マフディー軍］がエジプト人から奪取した。戦乱前のメッサラミーヤは、まさにナイル川から離れていることにより、青ナイルの川沿いの都市ほど軍勢の通行［エジプト軍の河川往来］を遊牧民が怖れずとも済んだので、かなり大きな市場だった★。アブー・アフラズ下流の青ナイル川左岸には、カムリンないしカムニンの位置を示す址が少し残っている。エジプト政府の保護のもと、一八四〇年にヨーロッパ人企業家たちが石鹸や藍、砂糖、醸造などの大工場を建設した場所だ。安価な燃料と労働力により、長きにわたる繁栄を謳歌したが、それはとくに軍士官や兵士が、これらの工場の製品の使用を義務付けられ★★、代金を俸給から天引きされたおかげだった。だが森林は荒廃し、一帯は人口減少に見舞われ、独占におなじみの結末、荒廃と廃墟が残ったのである。

両ナイルの合流点

ナイル上流地方の歴史を可能な限りさかのぼっても、青ナイル川と白ナイル川の合流点付近には一個の大都会が立ち上がっていたことが知られる。これほど重要な地理的位置は、たとえ野蛮な時代でも等閑に付しえなかったのだ。移住運動や戦乱の有為転変は、ここに合流する二河川の流路の変化に促されただろうし、転じては、この都市のひんぱんな移動も強制しただろう。「象の鼻［カルトゥーム北西、青ナイルと白ナイルにはさまれた出洲。地図71］」の上流一八～二〇キロの青ナイル川右岸に、キリスト教徒の古い市邑アロアがあったことは周知だ。いまも見出され

★ Lejean, *Voyage aux deux Nils*, *op.cit.*
★★ Trémaux; Lejean, *op.cit.*

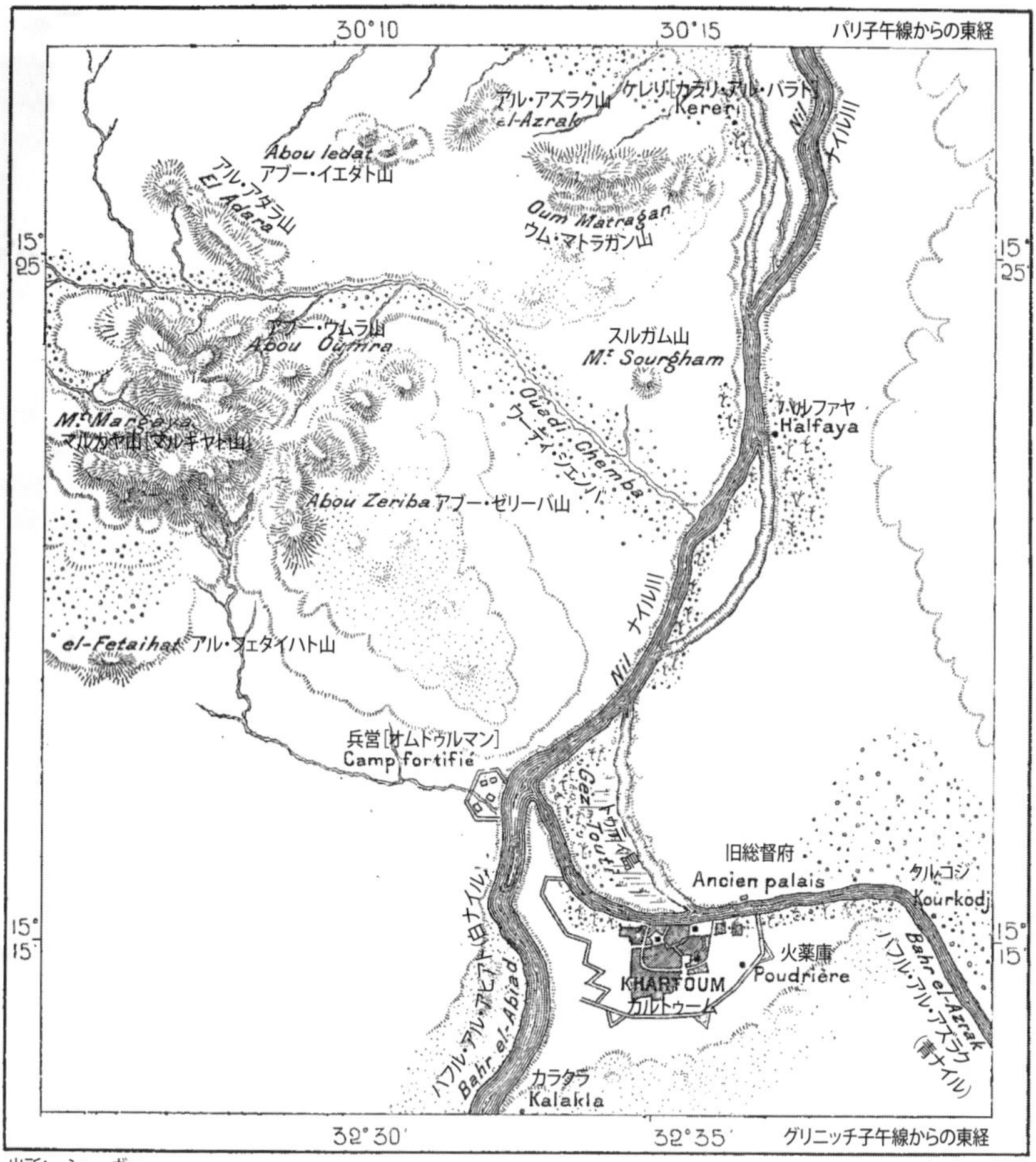

出所：シューヴァー　　C. ペロン作図

1 : 263 000

0　10 km

図 70　両ナイルの合流点

る柱や彫刻の瓦礫は、ベジャ人によるアロアを引き継いだ諸国をしのぐ文明が存在した証左である。だが残存するのは、叢が覆う形のはっきりしない瓦礫ばかりだ。同市の建造物の最後の残余は、カルトゥームの大工たちに利用されてしまった。都市址の近くにあるアラブ人村落は「古ソバ［現イースト・ソバ］」と呼ばれ、対岸の「新ソバ［現ソバ・アル・ヒラ］」

には瓦や煉瓦の工房がみられる。いくつかの地点は教会址とされ、「ケニッセ」の呼称をそなえる。明らかに、ヨーロッパやアジアのテュルク系地方でキリスト教の会堂を指す「キリッサ」の派生語だ。カルトゥームに近いブリ［現カルトゥーム国際空港北側］にも一宇のケニッセがある。ワド・メダニのほど近くでは、キリスト教起源の地下礼拝堂がいくつか発見された。エチオピアから抜け出た青ナイル川が流れる平野部の南方において、これまで発見された最古の痕跡である。

ハルファヤ、カルトゥーム

ベジャ人の帝国が破壊されたのちの合流点の都市は、フンジ人の王国［スィンナール王国］も含め、現在の合流点よりも一二キロほど下流、つまりもっと北に立ち上がった。それがハルファヤ［現ハルフィア・エムルク］で、大きく衰退したが現存し、ジャリン族のシャイフ［族長］の座所だ。西側には青ナイル川の干上がった旧河道があり、本流へつながるが、氾濫時にしか水はない。市街を囲むヤシ林が茅屋に影を落とす。対岸には小さな丘陵地があって、小谷にいくばくかの樹木がみられ、雨が降るとケラーン［細流を指すコールの複数形か］が出現して平地に蛇行する。ハルファヤは一八二一年にエジプト人が奪取し、数年にわたり軍事拠点、かつ合流点の交易中継地として重要性を保った。しかしムハンマド＝アリーのみるところ、両ナイルが合流する砂洲の「鼻先」すなわちラス・アル・カルトゥームのほうが、広大な南方領土の将来における首府の用地にふさわしく映ったので、兵営や倉庫をそちらに建てさせたのである。こうして一八三〇年にはたった一軒の仮小屋しかなかった場所に、エジプト国外のナイル流域で随一の都市がそびえ立った。両ナイルの広い河川敷が北と西を防護するカルトゥームはたしかに防衛に好適な立地で、壕に沿う市壁を堡塁が側防し、南と東からの奇襲にも安心だ。またオムドゥルマンの村近く、白ナイル右岸に設けた兵営は、カルトゥーム守備隊が西岸に渡河するのを容易ならしめ、かつコルドファン地方からの道を管制する。両ナイルのおかげで、カルトゥーム下流を往来する蒸気船は河川地方からベルベル、およびアブー・ハメドまでの全域を支配する。最近の諸事件［マフディーの乱。カルトゥームが一〇か月におよぶ籠城のすえマフディー軍により陥落し、ゴードンが戦死したのは原著

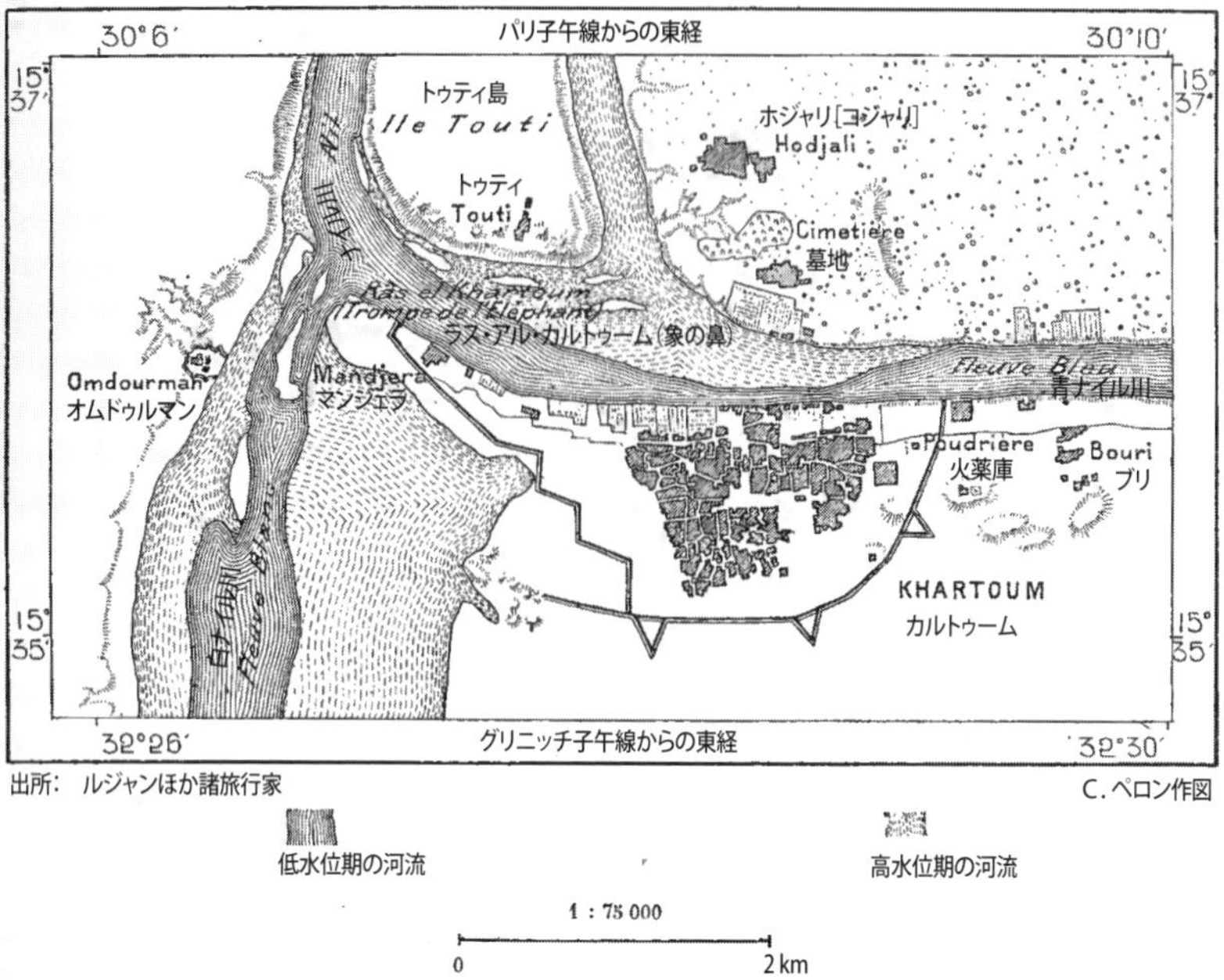

図 71　カルトゥーム

が発刊された一八八五年の一月二十六日」は、ふたつのナイル川のあいだにある位置の軍事的重要性がどれほど大きいかの証左だ。ただし交易地としてみたカルトゥームは、エチオピアやカッサラ、紅海沿岸から到来する隊商を直接に受け入れるための橋を青ナイルに架けぬ限り、一定の不利が続くだろう。とはいえ、すでにアフリカ大陸の大都会のひとつに成長し、最近までは、曲がりくねった街路に忙し気な住民がひしめいていた。ヨーロッパ人、トルコ人、ドンゴラ出身者を指すダナグラ人、アラブ人、そしてあらゆる肌の色と種族の黒人である。共通語の座はイタリア語とアラビア語が争っていたが、対外交易はほぼ全面的にフランス人とギリシャ人の手中にあった。ヨーロッパおよびエジプトと、ナイル上流地方との交易は、すべてカルトゥームを経由したのである。遠征や部隊の進退も同様だし、宣教団や交易団、科学的探査事業も同市で準備を整えた。ただし兵士や商人と奴隷の町のこととて、見るべき歴史建造物はまったくなく、四方は沙漠ではないにせよ、少なくとも耕地も木々の植生もない空間だ。言われるところでは、ベジャ人支配期の両ナイル河畔は、ブドウ〔葡萄〕の蔓が垂れさがるヤシの一体的な森の樹陰にあった。高湿な風が吹き、両ナイルが増水する季節のカルトゥームは衛生的ではなく、チフスにより多数の住民が斃れたのもしばしばだ。しかし冬は北風が大気を清らかにするので、他のアフリカ都市並みには良好な公衆衛生状態である。

シェンディ

カルトゥームとハルファヤから先のナイル河畔にはいくつか村が続くが、次に現れる都市は、ジャリン族の郷国を経て二〇〇キロ下流のシェンディである。軽く傾斜した平屋根をもつ骰子のような形の家屋の集積で、川沿いに一平方キロほどの面積に延びる。第六瀑流の下手にあり、平和な時代には、エチオピア前山地帯の諸都市とかなり活発に交易する。対岸の郭外町メタメは、コルドファン地方北部からの物産の中継地だ。近傍では沙漠の砂を洗脱して塩を採取する。ヌビア地方と青ナイル川沿いをファゾグル地方まで征服したイスマーイール＝〔カーメル〕＝パシャ〔ムハンマド・アリー次男 Ismaïl Kamil Pacha 一七九五―一八二二〕が、その際に命じた虐殺や放火の報いをいやというほど蒙ったのがシェンディである。この地方の族長〔ジャリン族〕が招待した食事に不用心に出向き、副官たちとともに生きながら焼き殺されたからだ★。たちまちムハンマド＝アリーの婿である猛将ムハンマド＝ベイ＝デフテルダル〔マケドニア生まれエジプト軍司令官 Khushu Al-Daramale, Mohamed Bey Defferdar 生年不詳―一八三三〕が仇を報じ、血の海が流された。

ナガー遺跡、メロエ遺跡

ヌビア地方もこのあたりは古典的な意味のエチオピアで、エジプト文明の潮流に掉さす諸国民が住んでいた。古代都市の栄光を物語る遺跡も多く、アラブ人によると、沙漠が守ってきた歴史建造物のうち、ヨーロッパ人が知るのはごく少数だ。シェンディから南に一日行程、アルダン山の近くにはナガーの二つの神殿がそびえる。外壁の浮彫はエジプトのファラオの諸表象をまとう王の戦勝を表す。一宇の神殿にはスフィンク

★（訳注）この記述はやや誤解を与える。1822 年 10 月ないし 11 月、ジャリン族に兵馬の提供を要求して族長 Mek Nimr が難色を示したのに怒ったイスマーイール＝カーメル＝パシャが彼を殴打し、その報復として同日夜に宿舎に放火されて殺された。*Cf.* Marc Lavergne (ed.), *Le Soudan contemporain: de l'invasion turco-égyptienne à la rébellion africaine (1821-1989)*, Karthala Editions, 1989, *p*.122.

スの参道が通じる。カイヨーが訪れたさいには、ナガー神殿群の精確な時代を明らかにする碑文は見いだせなかったが、ギリシャ・ローマ様式の装飾は、比較的に新しい時代にこの都市が存在した証左のように、彼には思われた。のち、レプシウスは一個のローマ碑文と、ユピテル神およびキリスト像を表すようにみえた多くの彫刻を発見している★。ナガーの北二〇キロほどの沙漠の谷間にも、壊れた建築と残骸の迷宮があり、アラブ人はメサウラトと呼ぶ。その中心にある建造物は、彫刻されてはいるが聖刻文字が施されていない肉桂色の列柱が残っており、明らかに古代ギリシャ建築である。この建物は巨大な結構で、全周八七〇メートルに達し、カイヨーは神官の学堂だったと考えている。ホスキンス［イギリス人探検家 George Alexander Hoskins 一八〇二―一八六三］は別荘とみる。一八二一年にカイヨーが踏査した「エチオピアの首都」、古代メロエの遺跡は、シェンディの下流五〇キロほどに散在するいくつかの集落だ。うちアッ・スールの集落は「タラビル」と呼ばれるピラミッド群の名称にもなっている★★。塔門や神殿、列柱、動物像の道、彫像が現存するが、近傍の石切り場から切り出されたメロエの砂岩は、エジプトのものほど耐久性がない。ピラミッドは八〇基ほどで、三群からなり、大半は丘の上に建つ★★★。水の滞留による被害を懸念せずともよい場所にあったため、平地部の建造物よりも時の流れに耐えたのだ［二〇一一年に世界遺産登録］。ただし完存するものは皆無で、大半は宝探しに荒らされた。派遣軍に同行したレプシウスにとっても、メロエの全建造物を組織的に破壊するのを押しとどめるのは大変な苦労だった。エチオピアのピラミッドの寸法は、エジプトのものとはくらべものにならず、最大級でも一辺二〇メートルに達しないし、高さが四メートルを超える例も少ない。だが、メロエで収集された多くの碑文により、三〇人ほどの君主名が明らかになった。いずれも王にして大祭官である。市名もメルないしメルアだったことが判明した。造営された時代には聖刻文字はすでに昔の字体で、正確な意味が分からぬまま模刻されたため、現在では読解が困難かつあいまいである。大半はエチオピアの民用文字が刻まれ、これはエジプトの民用文字から派生したものだが、三〇字ほどしかない。碑文の解読はまだ完了しておらず、ベジャ人の祖先ブレムミュアエ人の古代語が探されている。

★ Lepsius, *op.cit.*
★★ Didier, *op.cit.*
★★★ George Alexander Hoskins, *Travels in Ethiopia*, London: Longman, 1835.

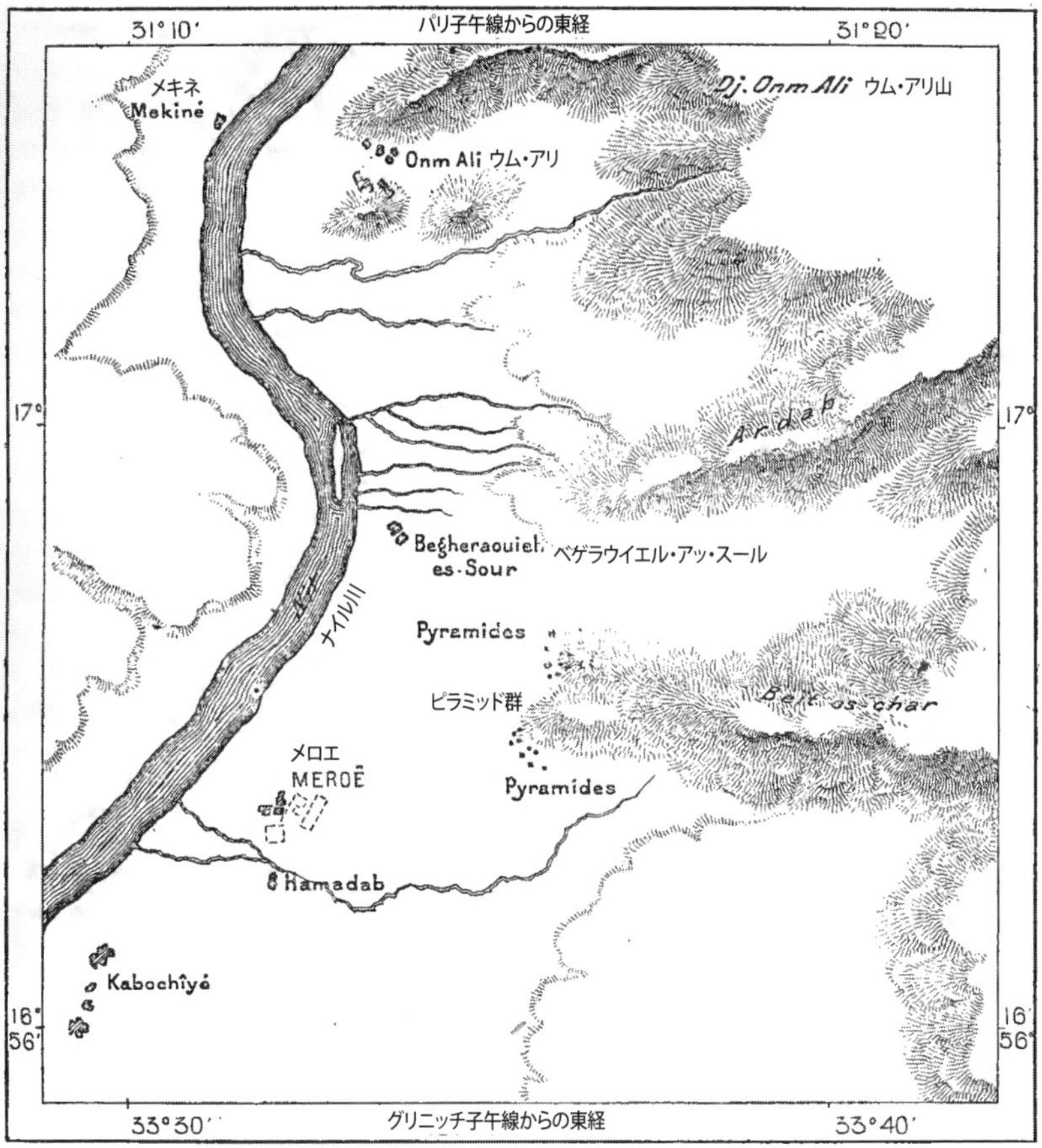

図 72　メロエのピラミッド群

メロエの正面、ナイル川西岸には、この大都会の公共墓地があったらしい。かなり広範囲に小ピラミッドがあるからで、右岸に埋葬された大立者の墓の縮小版だ。

ゴルグル、ドングル

古代人が「メロエの島」と呼んだ半島部の、東を画するアトバラ川流域は、かなりの広さにわたり気候が衛生的で、谷間も肥沃だが、いまでは都市が少ない。大半は単なる市場で、開催中はごった返すが、翌日になると誰もいない。スーダン

挿画 XXXII　メロエのピラミッド、南方集団
R. ブフタの一葉の写真をもとに、Ph. ブノワスト筆

地方の諸地図が「都市」と表示するこうした場所には、森の空隙地や、川岸にすぎぬものもある★。最大なのはゴルグルとドングルで、エチオピア高原の西、アラブ系ダバイナ族と黒人系の「シャンガラ人」の郷国にある。

メテンマ

ガラバト州の首府メテンマ［エチオピア領内、スーダン国境］はしばしば州名をもって示される。乾季にはベジャ人の住む平地とエチオピア高原の間で最も盛んな交易中心地だ。南にはラス・アル・フィールすなわち「象の頭」の傲然たる急崖がそそり立つ。大市場の座は、近傍にある村カナラを引き継いだもので、周囲の茅屋の集落にくらべればほぼ大都会である。周囲のタバコや綿花、ドゥッラの畑地のまん中に散在するトクル［藁小屋］群を合わせ、市域は一〇〇平方キロほどに及ぶ。テオドロス二世のならず者たちに略奪されたが、以前の規模を回復するのに時間はかからなかった。アトバラ川の支流メシャレ川沿いの丘

★ Lejean, *Voyage en Abyssinie*, *op.cit.*

には再建された小屋が建ち並び、商人が倉入れする。アラブ人、フンジ人、ベジャ人がふたたび市にやって来るようになり、市場を囲む煉瓦造りの家屋の一階は商品が満杯だ。メテンマに集まる五〜六千人の商人は大半がアラブ人だが、それに加え、アビシニア人の荷担ぎや木材挽き、蜂蜜水の行商人も高原から降りてきて、賑わいの余禄にあずかる。メシャレ川にはワニ〔鰐〕が多く、大群衆にも怖気づかないが、誰かを襲うといったこともない。ガラバトのシャイフによる保護があるのだ★。メテンマ住民の大半はタクルール人で、近隣の民に対し労働と工業面での率先の模範になっている。エチオピアから毛皮、コーヒー豆、塩、象牙、いくばくかの布地と乗用および荷駄運搬用の家畜を輸入し、ナイル地方からの商人に売るだけでなく、蜂蜜や蝋、タバコ葉、トウモロコシ〔玉蜀黍〕、ゴム、香、染色や薬品の原料といった、自分たちの母国の産品も余念なく集荷する★★。アビシニア人が長衣を仕立てる綿花については最大の供給量だ。スーダン諸州からはとくにビーズ玉や武具類、そしてエチオピア北部で唯一貨幣として通用するマリア・テレジア銀貨の「タラリ〔ターレル〕」を受け取る。奴隷交易はかつて最大の取扱品目で、何度も公式に禁じられたことは知られているが、そのたびに再開してきた。現在も大っぴらには行われないだけで、一八七九年の売買高は五〇万フラン以上に達した★★★。エジプト占領期には、カルトゥームの総督はガラバト州に二〇〇〇人の守備隊を駐屯させたが、現在同州は独立状態で、エジプトにもエチオピアにも貢納しない。

ゲダレフほか

メテンマから、ラハド川と青ナイル川の合流点アブー・アフラズに到る沿道のドカは、ガラバト地方の交易の前哨点である。だがこの平地部において、恒常的ではないにせよ最大規模の市場は、アブー・シンのスーク〔市場〕、すなわち「シン親父の市場」だ。州名とおなじくゲダレフ〔現呼称〕とも呼ばれる。カリフ〔雨季〕に訪れるのは近傍の遊牧民だけだが、雨季が終わってアトバラ川ほかの渡河が再開され、商人のラクダ〔駱駝〕や家畜が毒バエに刺される心配がなくなると、津々浦々から隊商が続々と到着し、市場には一万五〇〇〇人も集まる。戦

★ Luigi Caprotti, *Esploratore*, maggio 1882.
★★ Heuglin, *Reisen in Nordost-Afrika*, *op.cit*.
★★★ Romolo Gessi, *Esploratore*, 1879, no.III.

争［マフディーの乱］以前には種々のゴムや蝋、塩、穀類、家畜が主な取引品目で、アラブ人やベジャ人のあいだにギリシャ人商人も立ち混じった。セティト川［テケゼ川］とアトバラ川の合流点にあるトマトでも一定の交易が行われる。アトバラ川左岸のゴス・レジェブは、シェンディとマッサワ港を結ぶ隊商路沿いだ。ブルクハルト［スイス人旅行家、地理学者、オリエント学者 Johann Ludwig Burckhardt 一七八四—一八一七］が示した遺跡により、メロエからアドゥリスの浜辺に向かうエジプト商人もここを通過していたことが知られる。

カッサラ

一帯で今日最大なのはタカ州都カッサラ・アッ・ルーズで、ナイル川から紅海に至る全域でも最大の城塞だ。住民は、市街が右岸にある流れと同名にガシュとも呼ぶ。エチオピアに対する軍事拠点としたエジプト軍守備隊が撤収したのちのカッサラは、平地部のムスリム住民に対抗するアビシニア人の前線基地になる定めのようにみえる。エジプトに代わりスーダンの主権をもつ強国イギリスは「諸王の王」に、即位の祝賀と善隣のしるしとして同市を贈った。標高五七〇メートルに位置するカッサラは、平地とドームヤシの森から三〇〇メートル以上の比高がある「七つの頭」をもつ花崗岩の岩山群の西麓にあり、アフリカきっての絶景を呈する。ガシュ川沿いに一リーグ［四キロ］にわたり延びていたもっと大きな都市ファキ・エンドワを引き継いだものらしい。近傍の「七つの頭」のひとつに古城址があるが、それが睥睨したファキ・エンドワはハレンガ族の首府だった。ハレンガ族は当時強盛だったが、いまは見る影もない牧者と農民の集団だ。山中には洞窟があり、地下湖が広がっていたらしく、迷宮のような内部はかつて人が住んだ可能性もあって、多少の穴居民がいるようだ。ガシュ川、つまりマレブ川下流部における位置のゆえに、カッサラは川沿いの土地に対する配水を扼する。カッサラの手前で水をせき止めて西のアトバラ川に導水し、諸部族の生死を握る絶対君主になろうと欲したひとりのパシャは、そうすることでハデンドワ族が自分たちの耕地に水流を売ってくれと懇願しに来るのを期待した。このよこしまな企画に加わったヨーロッパ人ヴェルネ［ドイツ人医師 Ferdinand Werne 一八〇〇—一八七四］の監督により、じっさいガシュ川には長さ一六一三メートルの横堰が設けられ、河水は西のステ

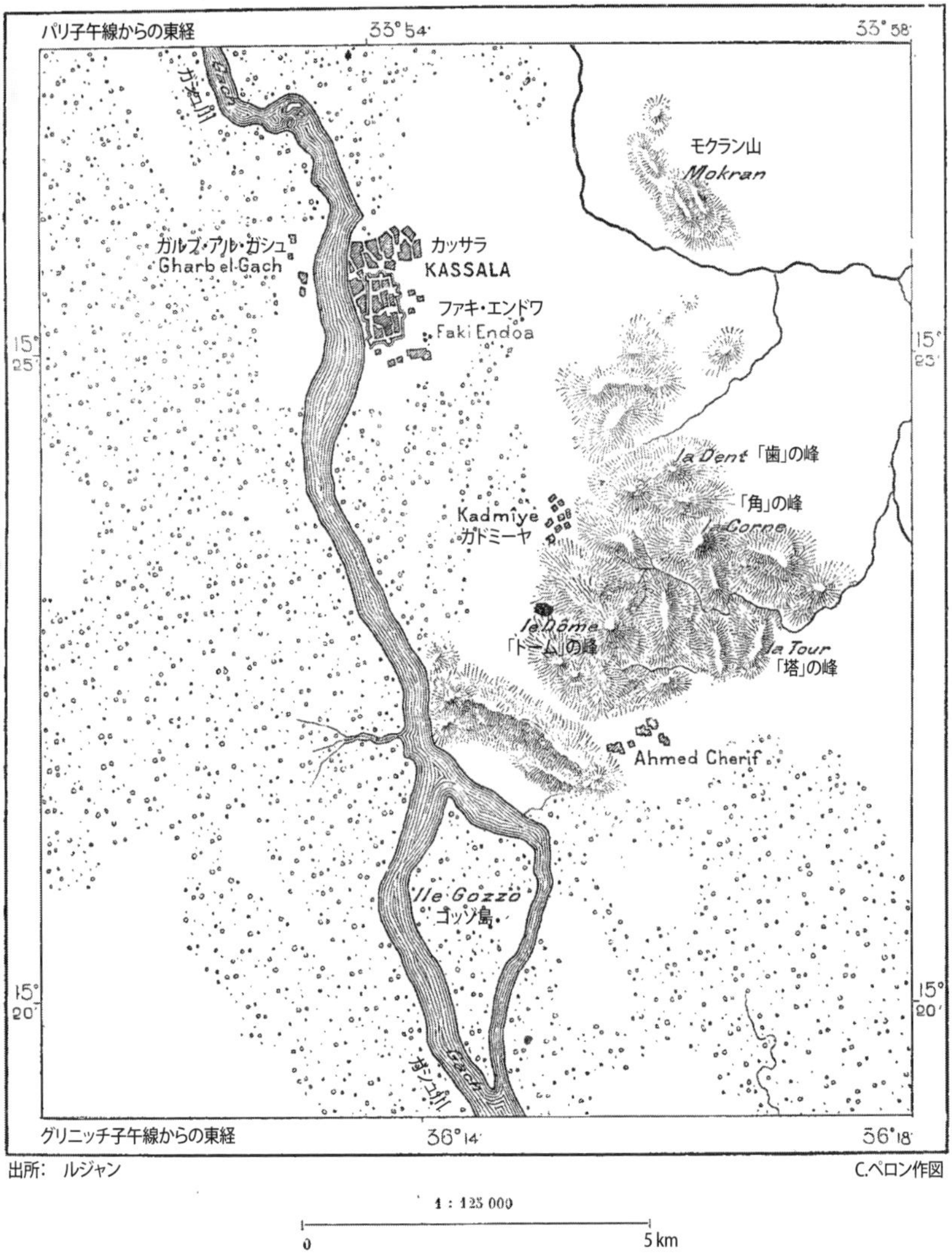
パリ子午線からの東経
33°54'
33°58'
ガシュ川
Gach
モクラン山
Mokran
ガルブ・アル・ガシュ
Gharb el-Gach
カッサラ
KASSALA
ファキ・エンドワ
Faki Endoa
15° 25'
15° 23'
la Dent「歯」の峰
「角」の峰
la Corne
Kadmîye
ガドミーヤ
le Dôme
「ドーム」の峰
la Tour
「塔」の峰
Ahmed Cherif
Ile Gozzo
ゴッゾ島
15° 20'
ガシュ川
Gach
グリニッチ子午線からの東経
36°14'
36°18'
出所：ルジャン
C.ペロン作図
1 : 125 000
0
5 km

図 73　カッサラ

ップ地帯に流れ込んだ。だがこれが死活問題であることをみてとったハデンドワ族は、守備隊を向こうに回して猛烈な攻撃を仕掛け、たちまち堰を破り、水はもとの河道に戻った★。マフディーに従う諸部族の反乱以前には、カッサラは綿花の発送における重要な中継地で、一台の蒸気機関が数百人の工員を手助けした巨大な綿繰り工場がいまも目にされる。また皮革処理やござ類、石鹸の製造もあった。エジプト政府は一八六五年にカッサラからベルベル、サワキン、マッサワを電信線で結ぼうと試みたが果たさず、八千頭のラクダ［駱駝］がこの事業で失われた。一八七一年の再挑戦はうまくゆき、ようやく電信網が完成して、中継局は隊商宿としても利用された★★。ボゴス人の郷国を通るこの電信線は現在は破壊されたが、それに沿ってカッサラからマッサワまでは一六日の行程だった。カッサラからアブー・アフラズまでの各中継局のそばには井戸も掘られたのである★★★。

サブデラトほか

カッサラの近くにはいくつか村があり、ハレンガ族、ハデンドワ族、クナマ人の定住民が暮らす。乾季には、干上がったガシュ川の河川敷に一時的な宿営地もしつらえられる。三〇キロほど東にある邑サブデラト［現エリトリア領内。以下本段落では別記なき限り同様］では、職人が布地を織り、皮革を裁断し、トルコスリッパを縫製する。同村はムハンマド＝ベイ＝デフテルダルが全住民を殺戮して死体を積み上げさせ、空気を汚染して人口回復を妨害しようとした暴虐を思い起こさせる地だ。北にはミクティナブとフィリクという二つのハデンドワ族の村が連続し、いずれも市の開催地として重要だ。南東には半ばイスラームに改宗したクナマ人農耕民の村エリトが、平地から四〇〇メートルの高台にある。この高台の頂部は四角く落ち込み、内側が耕地になっている花崗岩の山の中腹にあり、ほとんど到達不可能である。この「釜」はおそらく陥没地で、洞窟が走る岩山ではよくみかけるものだ。エリトの北方はもうバラカ川の流域で、ダブロト山ないしダブルト山の山腹に散乱する岩塊のあいだに、アルガデンないしアルゲデンの村の茅屋が散らばる。同山は、マレブ川とバラカ川がはさ

★ Ferdinand Werne, *Feldzug von Sennar nach Taka, Basa und Beni-Amer*, *op.cit*.
★★ Francis Parry and Langham Rokeby, “Narrative of an Expedition from Suakin to the Soudan”, *Journal of the R. Geographical Society*, 1874, *pp*.152-163.
★★★ Penazzi, *Esploratore*, agosto 1882.

む平地と丘陵地の広大な水平線をにらみ下ろす。アルガデンはタクルール人のメッカ詣での途次にあり、巡礼は村に着くごとに、食事の割り前として予言や祈祷、護符を提供するため*、クナマ人の出自が大半を占めるアルガデンの村民も、イスラームに改宗した。近くの平野は、一八七〇年頃にアルガデンとサブデラトの住民がアビシニア軍に勝利した戦場で、遺棄されたアビシニア兵の死体は一万に達した**。アルガデンの南東、ガシュ川とバラカ川の間のバレア人の郷国に、エジプト人は最近ふたつの軍事拠点、クフィトとアミデブを設けたが、クフィトは一八七五年に放棄された。しかしアミデブは諸部族の全面的蜂起が勃発した際には、まだエジプト占領下にあり、イギリス人が前もって条約によりアビシニア人に譲渡した土地のひとつである。その先、アンセバ川の谷の東に立ち上がる岩山にあるドルカは、長期にわたりヘディーウの兵士にとり難攻不落だった。その近くの都市址とキリスト教会群の址には、エチオピア語やヒムヤル語の碑文がみられる***。ハバブ人の郷国における最大の邑はアフ・アバドないしタ・マリアムで、洞窟の群れが口を開ける急な山のふもと、円形の平地に所在する。

ベルベル

ガシュ川沿いのカッサラと、アトバラ川に面するゴス・レジェブの下流域にある唯一の都市がアッ・ダーミルで、ナイル川とアトバラ川の合流点にある南側の半島の上流に位置する。そこに暮らすらしいマカベラブ族は、ルジヤンとシュヴァインフルトが古代のほぼ神話的な存在であるマクロビオイの後裔とみる人々だ。アッ・ダーミルはかつて非常に賑わう市場町だったが、聖者と医者の町になるにつれ、交易上の重要性を失った。市内には、イスラーム宣教活動の炉心として名高かった学校群もあるが、現在の同市は隊商の会合点にすぎない。ナイル川とエチオピア北部支流群の商業上の合流点は、そこから五〇キロほど下手、同じくナイル右岸に見出される。ベルベルは最近までエジプト領の州都で、本来のエジプト国境とカルトゥームの間で最大の中継地である。名称の由来は、ヌビアのこの地方に住むバラーブラ人住民で、公式名はアル・メケイル、アル・ムケイレフ、ないしアル・メシェリフだ。現下の戦乱［マフディーの乱］で完全に破壊される以前には、川沿い数キロにわたり、アカシアや

* Munzinger, *Ostafrikanische Studien*, *op.cit.*
** Josef Menges, *Petermann's Mittheilungen*, 1884, no.V.
*** Sapeto, *Petermann's Mittheilungen*, 1861, no.VIII.

ヤシの木立のあいだに白い平屋が建ち並んでいた。市街の周りにはいくばくかの畑地があるが、その先はすぐに荒地で、ほとんど人煙はなく、ビシャリン人遊牧民が訪れるのみである。ナイル川中流部と紅海のあいだで最も交通量の大きい隊商路はベルベルが起点で、途中には井戸もある。全行程の延長はわずか四二〇キロにすぎず、食料と水の補給が十全なら、一週間で踏破できる。ただし通常は一五日間を費やす。これは遅かれ早かれ鉄道路線により数時間に短縮されるだろう。というのも、サワキンとその南の小さな港、トカルからの道沿いにあるハンドゥブまでの数キロには、すでに列車の運行が始まっているからだ。そうすればベルベルは上スーダン地方の全交易における発送地になり、ナイル川は、商業上は紅海の支流になるだろう。ベルベルからサワキンに到る隊商路はふたつあるが、いずれも広大な砂の空間を渡渉し、見出される井戸水は塩辛い。その先は花崗岩と斑岩の高地を登攀する。すなわちナイル川

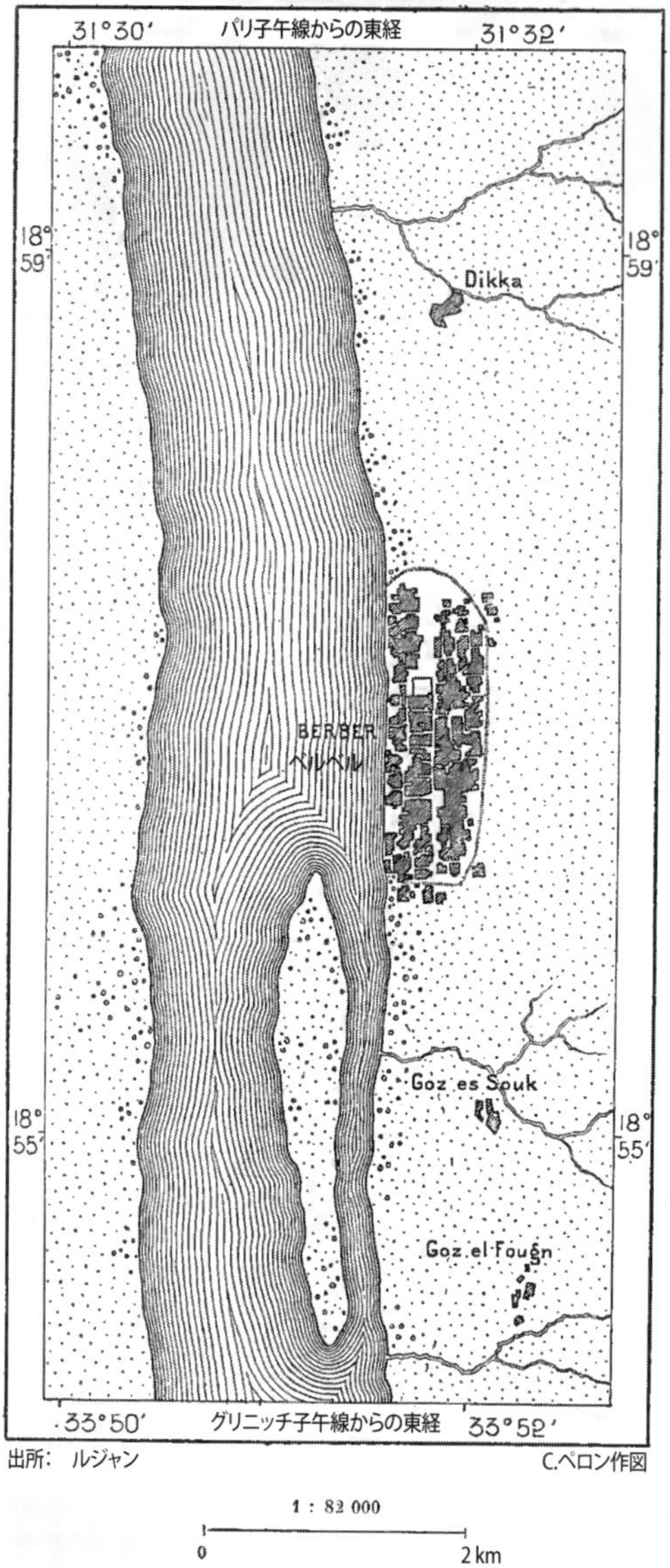

図 74　ベルベル

と紅海の分水界の鞍部にあるハラトリ峠で、標高九〇〇メートルに近いが、両側の山地はその倍の高さだ。戦乱の以前には、毎年二万頭のラクダ〔駱駝〕がゴムを背負ってこの道を辿った★。

サワキン港

スワキンないしサワキン〔サワーキンとも〕は、紅海で最も確実な港である。種々の用地の配置はマッサワに似ている。臨海部はサンゴ質の洲で、内陸に四キロにわたり曲がりくねって進む水路が切れ込む。この水路の奥は、南北二キロほどの楕円形の水域だ。西は砂洲地帯で水域がせばまり、マングローブ林の浜辺に続く。円形の二つの島があり、どちらも一部は岩礁が縁取りつつ、海抜数メートルに立ち上がる。そのひとつ、シャイフ・アブダッラー島は墓地だけで、建物はない。南にあるもうひとつの島が、狭義のサワキン市街だ。両島のあいだが港の中心だが、深喫水の船舶はシャイフ・アブダッラー島の北にも投錨可能である。四囲が陸地の湖のような地形で、風や海波から船舶を完全にかくまう。多くの岩礁のせいでかなり危険な海域のど真ん中に開いたこの港は、プトレマイオスの時代に冠されたと多くの著作家がみる「救いの神の港」の名にまったくふさわしい。この名が現代史に轟いたあれこれの軍事的事件の以前、年間海運量は蒸気船が一二隻ほど、小型のアラビア船が三〇〇艘ほどで、コメ〔米〕やナツメヤシ、塩、キイロダカラ〔黄色宝〕と、ヨーロッパ商品を運び込んだ。交換品目は奴隷やラバ〔騾馬〕、野生動物、そしてエチオピアの前山地帯の雑多な産物、すなわちゴム、象牙、ダチョウの羽、獣皮、蝋、麝香、穀類、コーヒー豆などだった★★。メッカ詣での乗船地でもあり、毎年六～七千人が経由する。紅海を横断してジェッダまでは、岩礁による迂回を含め約三五〇キロだ。アフリカ内陸から到着する奴隷商人は一般旅行者として申告し、妻妾だの召使だのが随伴する。だがアラビア半島からサワキンに戻ってくると、女性も召使もいなくなっている★★★。離婚や脱走、思わぬ出来事により、家族も供の者も手から離れたと言うのだ。

サワキン市街と周辺

★ A. Bernard, *Revue moderne*, 1er oct. 1884.
★★ サワキン港の1880年の取扱量は、Amiciによると758隻、積載量17万1681t。1879年の輸出額は641万4025フラン。
★★★ A. Bernard, *Revue moderne*, 1er oct. 1884.

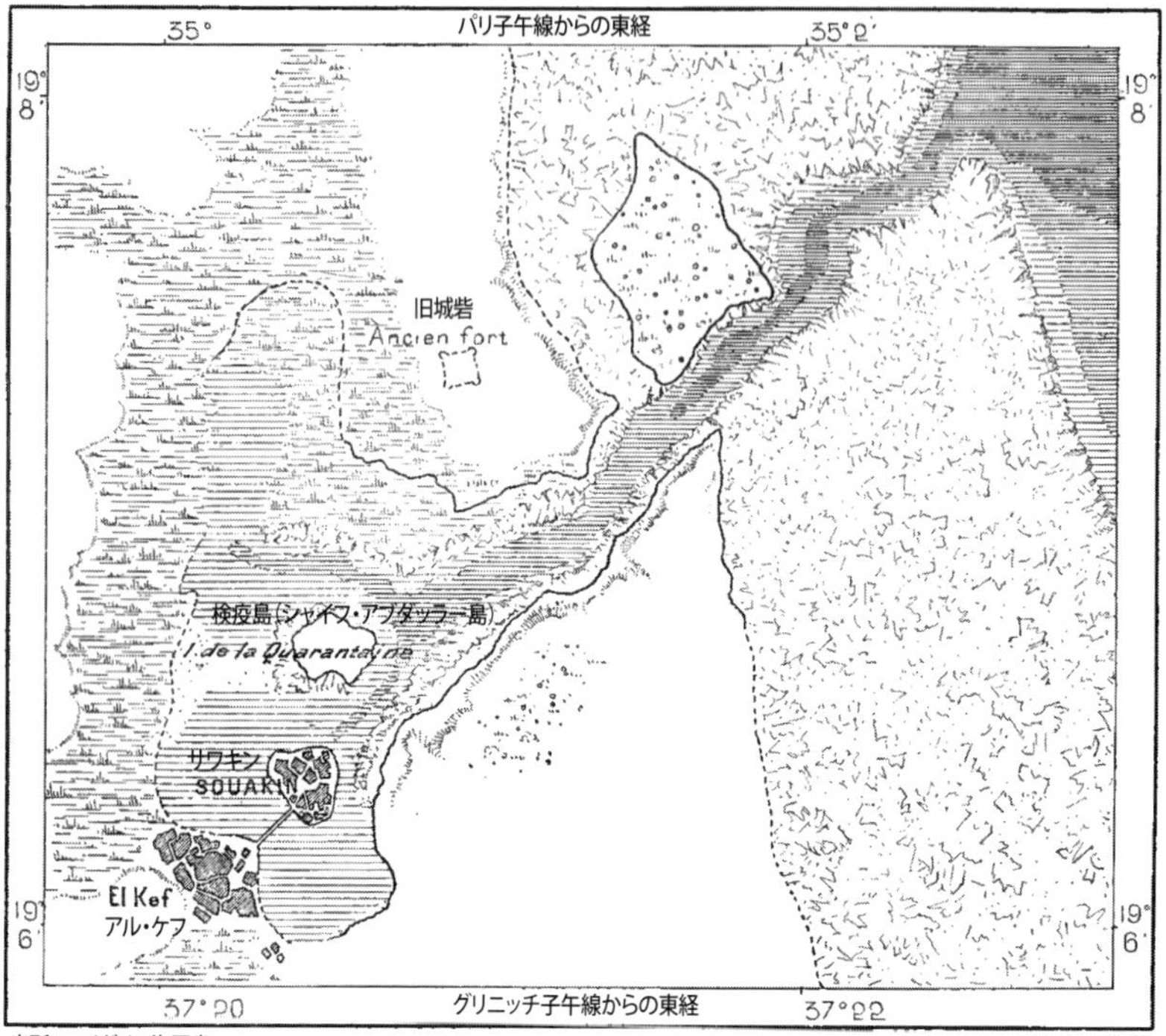

図 75　1882 年のサワキン

市街はいくつかのミナレット［モスクの高塔］が見下ろし、すこぶる優美な彫刻を施したバルコニーや張出鎧戸が飾る石造の家屋からなる。国際性豊かな都市だが、貿易を牛耳るのはアラブ人だ。トルコ人や、「ハドラマウトのひとびと」を指すヘダルメも、ギリシャ人やマルタ人など、西洋の商人と会同する。ただし現地住民は島のそと、サワキン市街よりもはるかに広いアル・ケフの郭外町に、枝で編んだ藁葺きの小屋で暮らす。一〇〇メートルほどの低い橋がサワキンの島をつないでおり、一八八四年からは鉄橋も架けられた。アル・ケフはサワキンの正面、水域の南浜に

挿画 XXXIII　サワキン遠景　E. コトー氏が寄せた一葉の写真をもとに、スロム筆

沿う茅屋の群れで、ベルベルからの道をはさんで延びる。郭外町アル・ケフに暮らすのはハデンドワ族で、荷の運送と仕立てのほか、燃料や食肉、家禽、バター、果物、野菜、飲み水の調達にたずさわる。夏には近くの高山地帯に家畜を食ませに出掛け、冬季の人口は倍になる。島であるサワキンは海賊の襲来にはよく防護されているが、陸地にある郭外町に全面的に物資を依存するので、エジプト政府に反旗を翻したアラブ人やベジャ人を押し戻すため、アル・ケフを防衛線の中に押し込めざるを得なかった。サワキンが貿易に占める重要性と政治的影響力は、彼我ともに高く評価するところだ。周囲で発生した流血事件、すなわち西ではシンカトの兵営地区やタマニーヤの井戸周辺、南東ではトカルの軍事拠点の前方、そしてアル・テブのオアシス内での衝突は、ムスリム世界にとり、イスラームの首都メッカと、その最も熱烈な信徒が住む最大の地方であるアフリカとの間に、自由な通信を確立するのがどれほど重要かを示し

ている。だがイギリスはアフリカ大陸のこの戸口を監視し、ナイル上流域すべてを自国の商業と影響下に収めるべく、エジプトの名のもとに決定的な領有をなしとげている。現在までのところ、反乱を起こしたベジャ人と紅海対岸の同宗者との連絡は不安定で、沿岸の小さな港々から夜間に小舟で乗り出すしかない。アラブ人反徒がサワキンを封鎖する以前には、市内の商人は藹々《あいあい》たるシンカトの谷間に保養に出掛けた。これは標高二六二メートルに開く谷で、死火山や、すこぶる地味の肥えた赤っぽい泥灰岩の小丘のあいだにある。両斜面は、アカシアや果樹が植わる段々畑に切り開かれている。トカルは、バラカ川が無数の灌漑水路に分岐する沃野にある小砦で、州内きっての穀倉地帯のど真ん中に立ち上がる。播種や収穫の季節になると、トカル周辺の田野には二万人の作業者がひしめく★。

アキク

サワキン近くの「マルサ」や「ミルサ」すなわち港のいくつかは、内陸の山地と丘陵が住民や作物に覆われるようになれば、将来には重要になるだろう。バラカ川渓谷の出口として最も便利なのが、アキクの港なのは確実だ。広く深い水域をそなえ、サワキンとおなじく島々や半島によくかくまわれ、紅海きっての良港のひとつである。泊地にある最大の島には、ベニ・アメル族の創建

★ 上ヌビア地方の都市と、旅行家による推定人口（人）

ビンバシ（ファダシ）	1000	
ファマカ（ファゾグル）	2000	
ロセイレス	8000	（ベルトラーメによる）
カルコジ	2000	
スィンナール	8000	
ウォド・マディーナ	2000	（マルノによる）
メッサラミーヤ（1862）	1万8000	（ルジャンによる）
アブー・アフラズ	7000	（ムハンマド＝ムクタールによる）
ドカ	5500	（　〃　）
カルトゥーム（1882）	7万0000	
ハルファヤ	3500	（英陸軍参謀本部による）
シェンディ	2500	（〃）
ゴス・レジェブ	1500	（Rokeby による）
フィリク	1000	（〃）
メテンマ（ガラバト）	8000	（Caprotti による）
スーク・アブー・シン［ゲダレフ］	3000	
カッサラ（1882）	1万0000	
アッ・ダーミル	2000	（英陸軍参謀本部による）
ベルベル（1882）	1万0000	
サワキンおよびアル・ケフ（1882）	1万1000	
トカル	4000	

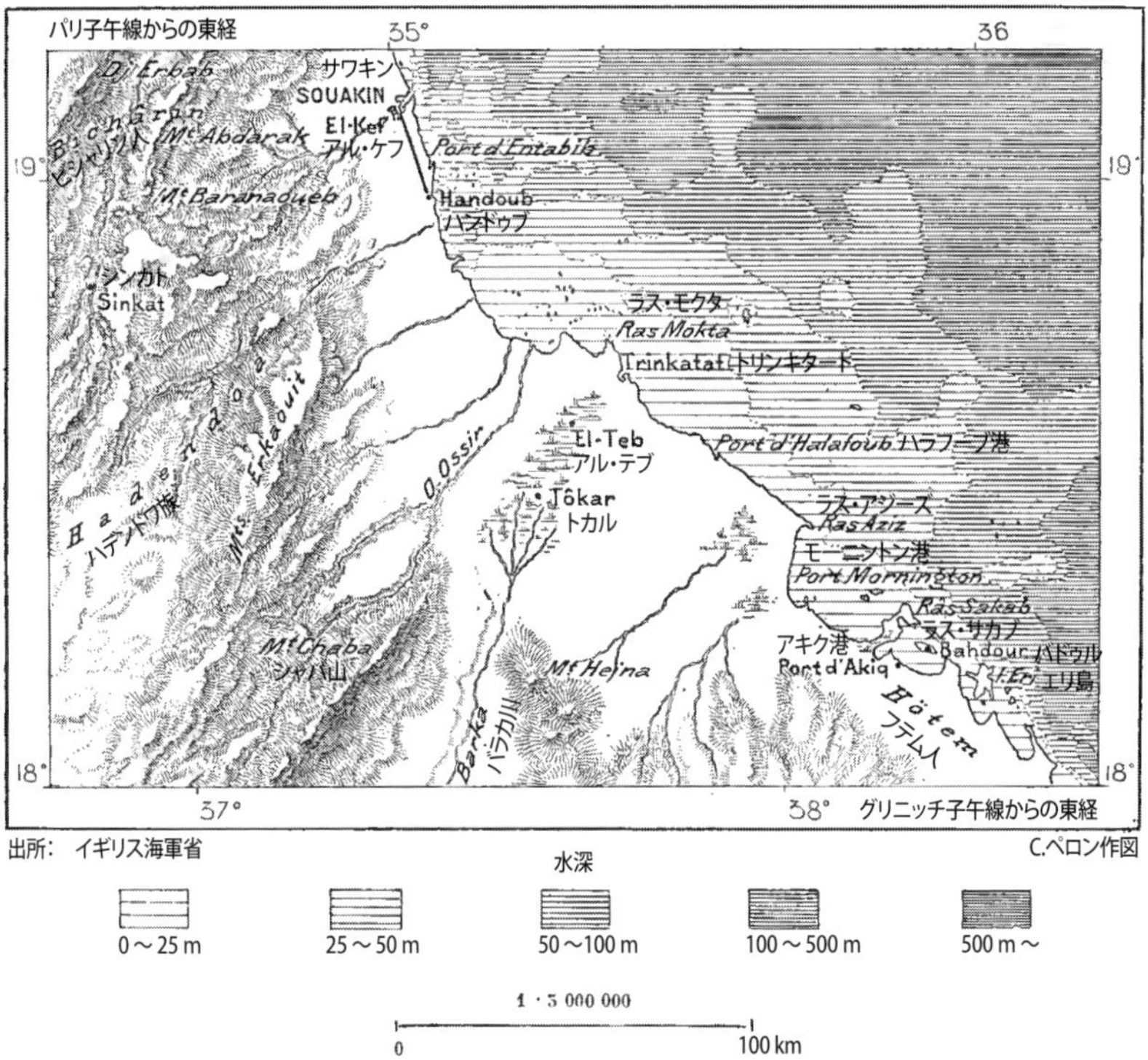

図 76　サワキン付近の山地

したバドゥルの村があり、その沖合は七～八メートルの水深がある投錨地だ。サワキンとアキクの水域は魚介類が豊富で、見渡す限りの海面にさざ波が立つことも多い。これはサーディン種の小魚が引き起こすもので、表層水に何億尾もひしめく★。

★ Heuglin, *Reisen in Nordost-Afrika*, *op.cit.*

第七節　コルドファン地方

第一項　自然

位置と人口

コルドファン地方は最近までエジプトの一州だったが、一八八三年初頭に新たな、しかしおそらく短命な定めのもとにある征服国〔マフディー国家〕の中心になった。同地方に正確な境界線はないものの、はっきりとした自然地域である。全体は大きな四角形で、ソバト川との合流点から、青ナイル川合流点までのナイル川区間と平行して南北に伸びる。コルドファーン、ないしコルドファル地方の南と東の自然境界は、ナイル川が涵養する低地部だが、北と西は、部族民が遊弋するステップ地帯にまぎれてゆく。総面積を測定するには従来の慣習的な境界にもとづくしかないが、二五万平方キロ、すなわちフランスのおおよそ半分と推定される。だが居住はすこぶる微弱で、一八七五年にエジプト軍のアメリカ人将校プラウト〔Henry G. Prout 生歿年不詳〕が転載した人口調査によれば、コルドファン地方の都市および村落は八五三、人口は一六万四七四〇人だった。同期における遊牧民は一一万四〇〇〇人だが、州総督は南部山地の騒擾民を数え上げようとしなかった★。ゆえにコルドファン地方の人口は、暫定的に三〇万人と見積もってよいだろう。人口密度は五平方キロあたり六人という勘定になる。戦乱による荒廃と、義父ムハンマド＝アリーのために一帯を征服した恐るべき「財務官《デフテルダル》」ムハンマド＝ベイが命じた虐殺以後、人口は大幅に減少したと考えられている。「導かれた者★★」すなわちマフディーがコルドファン地方を彼の帝国の中心に定め、聖戦が宣言されたのちも、多くの虐殺が発生した。

水系と地質

★ H. G. Prout, *General Report on the province of Kordofan*, Print. Office of the General Staff, 1877.

★★（訳注）原文 “Guide” すなわち「導く者」だが、原著次巻（第１期セレクション２『北アフリカ 2』15 頁）の説明に沿い訂正する。

地表の全般的傾斜により、コルドファン地方はナイル川流域に属する。仮に雨量が十分だったら、山地からの谷の出口で姿を消すケラーン［細流を指すコールの複数形か］も白ナイル川まで流下するだろう。同地方の西側斜面を流れる水流でさえ、ケイラク川やバフル・アル・ガザール川を経由したり、あるいは反対側のワーディ・メレク［メレク川］を経て、一時的にナイルの方向へ流れる。土地の平均標高は四〇〇〜五〇〇メートルで、非常に広範囲にわたりわずかな変化しかない。このため水流は随所でどちらに向かうか決めかね、ナイル川に向かい規則正しい河床を掘り下げるには至らない。コルドファン地方はほぼ全域が軽く波打つステップ地帯で、高さ数メートルの円丘群だけが、長い旅路の目印だ。荷車の通行は容易なので、ラクダ［駱駝］による運送をやすやすと代替できるだろう★。平地のただなかに姿をみせる孤峰群は、見下ろす空間が単調なこともあって、いっそう壮大にみえる。そのひとつ、地方名にもなったコルドファーン山（八五〇メートル）は、首府アル・ウバイドの東二〇キロほどに立ち上がる。近くにはアイン山がほぼ正則な角錐形をみせる。表土はほぼどこも山岳が分解して堆積した花崗岩性の砂で、大量の雲母片と、種々の成分が混じる粘土からなる。地下には雲母片岩の層が見出されるが、深さは三〇メートルから五〇メートルまでさまざまだ。

山系

ナイル川から西に平均二〇〇キロの距離にあるコルドファン地方中部は、平地から数百メートルの比高の稜線をそなえる山塊である。ここは北西をカトゥル山とカジャ山の急な岩肌が平地から防護し、独立した部族民が隠れ住むことができた。北は花崗岩の岩山ハラザ山ほかの孤峰が、アル・ウバイドとドンゴラを結ぶ曲がりくねった隊商路を見下ろす。コルドファンの中央には、約五〇〇平方キロの空間を占めるダイェル山が、周囲のステップ地帯から比高三〇〇メートル、標高八〇〇メートル以上［一四一三メートル］に立ち上がる。同山の外壁は帯のような具合で、いくつか裂開があるが、現地住民の言によれば山中にひとつの深い谷間があり、せせらぎと樹陰の盆地なので、周辺の遊牧民は天国と描写するという。コルドファン地方北部は長大に波打つ単調なステップ地帯で、小ぶりなアカ

★ Wilson and Felkin, *op.cit.*; F. Sidney Ensor, *Incidents on a Journey through Nubia and Darfoor*, London: W. H. Allen & Co., 1881.

シアの木立と、ところどころのバオバブがごつごつした枝ぶりを地平線に見せる。だが、こうしたステップはダイエル山以南で姿を消し、一体的な森林になる。代わりに緑の麓が囲むタガラ山地の青い山嶺が、五〇キロ以上にわたり北から南に続く。その先〔南〕は、バッガラ族が遊弋するステップ地帯だ。もっと西には総称ヌバ山地〔現呼称〕ないしダール・ヌバ、すなわち住民にちなみ「ヌバ人の地方」と呼ばれる山塊がある。これも花崗岩質の岩山群である。

水利用

コルドファン地方南部の山々は、北部よりも多くの降水を受ける。ヌバ山地に降る驟雨はアブー・ハブレという細流《コール》を形成し、東から北東に三〇〇キロ以上を流れてから地中に消えてゆく。多雨年だと、この河道はコルドファン地方から少量の水をナイル川まで流し込んだこともあるらしい。六月から十月にかけてのカリフ〔雨季〕には、余剰水による一時的な水盆がアブー・ハブレの流路に形成され、地図にアル・ビルケトやアッ・ラハドといった立派な湖として示されるが、乾季の終りまで存続することはめったにない。だが砂の底地を二～三メートルも掘れば、動物も人間も渇をいやすに十分な水が得られる。それ以外の「フラー」、すなわち水飲み場の大半は、雨季にしか水がない。コルドファン北部の居住地帯の面積は、プラウトの推定によると四万三〇〇〇平方キロだが、河川も沼沢地もなく、漏斗形に掘り下げた井戸のみである。これは深さ二五メートル、さらには五〇メートルにある雲母片岩層まで掘られている。表層の軽い土壌を浸透した雨水は、この不透水層の上を流れるので、周囲を階段状に掘って降りてゆくわけだ。この地方の科学的探査では八〇〇カ所の井戸の存在が確認されたが、少なくとも二〇〇カ所が半年間はまったく干上がるほか、塩味がするか、あるいはまったく塩水のものもいくつかある。エスケラク＝ド＝ロテュールやマテウッチによれば、ここ数世代にわたる一帯の乾燥化は疑いない事実で、かつて豊かな水をもたらした多くの井戸も、放棄やむなしにいたった★。アル・ウバイドの年平均降水量は三五〇ミリで、南部の山地はそれよりもやや多く、北はもっと少ないが、地中の井戸すべてを満たすには不足である。このため、乾季には村全体が放棄される例もある。この乾燥気候で唯一うまく育つアワ〔粟〕の一種であるドクン〔dokhn, *penicilaria typhoides*〕の収穫が終わると、村人は通

★ d'Escayrac de Lauture, *op.cit.*; Matteucci, *Esploratore*.

年にわたり水を保つ井戸の近くに降りてきて、雨季が始まるまで耕地に戻らない。町でも村でも水は商売物で、アル・ウバイドでは乾季の末ともなると、ワイン産地でのワインの地元価格よりも高額になる。一八七三年には六〜八リットルの水壺が一ターレル［マリア・テレジア銀貨一枚］で売られた★。

気温と季節

コルドファン地方はその標高にもかかわらず、地球上で最も暑い土地のひとつだ。暑熱の季節は三月に始まり、日陰でもひんぱんに四〇度に達し、沙漠の砂が混じれば、ほとんど息もできない。この「セフ」と呼ばれる乾季が三か月続くと、南方の地平線に積み上がる厚い雲が、雨季の到来を告げる。六月初旬には猛烈な雨が次々にやってくるが、ふつうは短時間で、あいだの天気は晴朗だ。雨季の始めには大気が大きく攪乱され、ステップ地帯に風が渦巻く。だが間もなく大気の流れは正常化し、南半球の南東貿易風の延長部にあたる南西風が、太陽の進行［黄道の北上］にともない、北半球のこの地帯にも確立する。この季節の気温は注目すべき一定性を保ち、二五度〜三〇度を維持する。較差はわずか七度なので、さぞかし快適な気候と思われがちだが、水蒸気が空気を満たすのと、満水と干上がりを繰り返す底地の瘴気が混じるせいで、居住は非常に危険になる。アラブ人、トルコ人、ヨーロッパ人は疫病にやられ、しばしば死にいたる。間欠的な雨が三〜四か月続いたのち、九月末ころに風向は変わる。太陽が南回帰線に進行［南下］するにつれ、北東貿易風が南に引っ張られ、寒気を持ち込むのだ。

植物相

コルドファン地方の植生はあまり豊かではない。完全な荒地か、あるいは完全に樹木がなくなった土地でなくとも、田野に特徴的なのはアカシア、タマリンド、バオバブといった程度だ。商品になるゴムを産するアカシアは色々な種類がある。最上品は灰色の樹皮をもつアカシアで、東部に多くの叢林をなす。南部にみられる赤い樹皮のアカシアは、広大な森林を形成するが、質が粗悪なため、経済的にはほとんど無価値で、分泌する透明なゴムをわざわざ採取する村や部族はかなり少ない。コルドファン地方の全域にわたり筆頭の作物はドクンで、播種から収穫まで雨季の四か月

★ Prout, *op.cit.*

しか掛からない。このアワ〔粟〕の仲間はほんの少しの水分でよく、低地よりも砂の円丘上によく育つ。コルドファン地方の住民の九割はドクンが主食だ。ドゥッラ、つまりエジプトのモロコシは、山中のよく灌漑された谷でのみ栽培される。コムギ〔小麦〕、ゴマ〔胡麻〕、ラッカセイ〔落花生〕、インゲンマメ〔隠元豆〕、タバコ、ワタ〔棉〕も、アル・ウバイド付近のいくつかの県にみられる。大麻は小屋掛けの材料に用いられる。

動物相

コルドファン地方の植物性の輸出品のうち、最大の比率を占めるのは天然の産物ゴムだが、同様に、家畜の生育よりも狩りのほうが、交易への貢献は大きい。ダチョウ〔駝鳥〕の羽は、北からの隊商が最も欲しがる高値の品だ。だが現地住民は東部の平地のダチョウをほとんど捕り尽くしてしまった★。家畜はウマ〔馬〕、ロバ〔驢馬〕、ヤギ〔山羊〕だが、駄獣はもっぱら遊牧民に属する。南部のバッガラ人は、少なくとも一〇万頭のコブウシ〔瘤牛〕を所有し、重荷を運ぶようしつけるが、いっさい農耕に利用しない。牝牛の乳はごくわずかしか出ない。乏水地帯の平地では家畜の習性も変化し、水飲み場を訪れるのは二～三日置きである。ラクダ〔駱駝〕が多いのは、北部の遊牧民カバビシ族のもとだけだ。北緯一三度以南だと、ハエ〔蠅〕やアブ〔虻〕の群れに苛まれ、斃死してしまうのである。

★プラウトによる戦乱前のコルドファン地方およびフール地方［ダルフール地方］の輸出品（フラン）

ダチョウの羽毛	215 万 0000
ゴム	137 万 5000
獣皮	6 万 2500

第二項　住民と物産

ゴディアト人

アル・ウバイド近傍のコルドファン中央部は、東アフリカでは比較的に人口稠密な地方である。首府を中心に半径一〇〇キロほどの円内だと、村落どうしの距離は平均四～五キロしかない。どのトクル、すなわち円筒形の壁と円錐形の屋根をそなえる藁小屋も、茨の生垣に囲まれる。村全体がそうなっている場合もある。こうした定住集落の住民はすこぶる混淆しており、起源をすぐに見分けることは不可能だ。いっぽう都市のほうは、ナイル川から中央アフリカへの経路に沿う交易基地として創建され、周囲の沙漠を越えてくる商人たちの休息地として吸引力を発揮する。兵士に加え、奴隷商人に随従するあらゆる出自の奴隷が、人種の混交に寄与し、元来の民族的要素を不分明にしている。こうした通婚の結果である住民は、しかし知性的でご機嫌、かつ饒舌な人々で、「踊りと楽しみごとに熱狂する★」。いくつかの村にはまだゴディアト人、ないしギレダト人あるいはゴワメ人が暮らすらしく、原住民族の多少とも純粋な末裔とされる。彼らにカデジャトの名を冠したムンシンガーによると、フンジ人の類縁かもしれない。居住するのはコルドファーン山とアイン山、すなわち「水の山」の東と南で、あれこれの征服や政治体制の変遷にもかかわらず、いまも自治的な集団らしい。自分たちのひとりをシャイフとして認め、彼に貢納する。ただしシャイフに飽き足らなくなると、ひとりのファキーフ〔行者〕に対し、叙任のしるしであるターバンを取り上げ、それを別の人物の頭にかぶせるよう求める。権力の交代はこれで足りるのだ★★。

ムサバト族、クンジャラ族ほかの外来民

もうかなりの昔に到来した侵略民の子孫は、その長い占領の歴史のゆえに、他の民以上に「コルドファン人」を自称する権利があるとみなされる。ムサバト族がそうで、フール地方の出自を自称し★★★、アル・ウバイドに暮ら

★ Lejean, *Voyage aux deux Nils*, *op.cit.*
★★ Munzinger, *Ostafrikanische Studien*, *op.cit.*
★★★ Prout, *op.cit.*

挿画 XXXIV　アイン山　マルノをもとに、Th. ウェーベル筆

す族長はなおスルタンの称号をもつ。おなじくフール地方の民であるクンジャラ族も同様で、十八世紀末にコルドファン地方を奪取したが、バラの戦いののち、一八二〇年［ママ。バラの戦いは一八二一年］にエジプト人に権力を移譲せざるを得なかったものだ。アル・ウバイドに近いいくつかの村にはまだ一〇〇〇人ほどが孤立して暮らし、族長はムサバト族とおなじくスルタンを称する。二〇年ほど前には、まだ何人かがフール地方の言葉を話したが、今日ではアラビア語が普遍的に使用される。これはフール地方からの征服民のすべてが同様だ。十二世紀にダルフール地方の山岳からナイルに至る全域を支配したザガワ人は、いまもコルドファン北部にみられる。ほかに出自が明らかな住民としては、交易をほぼすべて牛耳るアラブ系ジャリン族と、エジプト政府の徴税を請け負ったダナゲレ人ないしダナグラ人が、ドンゴラ地方の民である。コルドファン地方でお目に掛かる非アフリカ系要素としては、シリア人のキリスト教徒

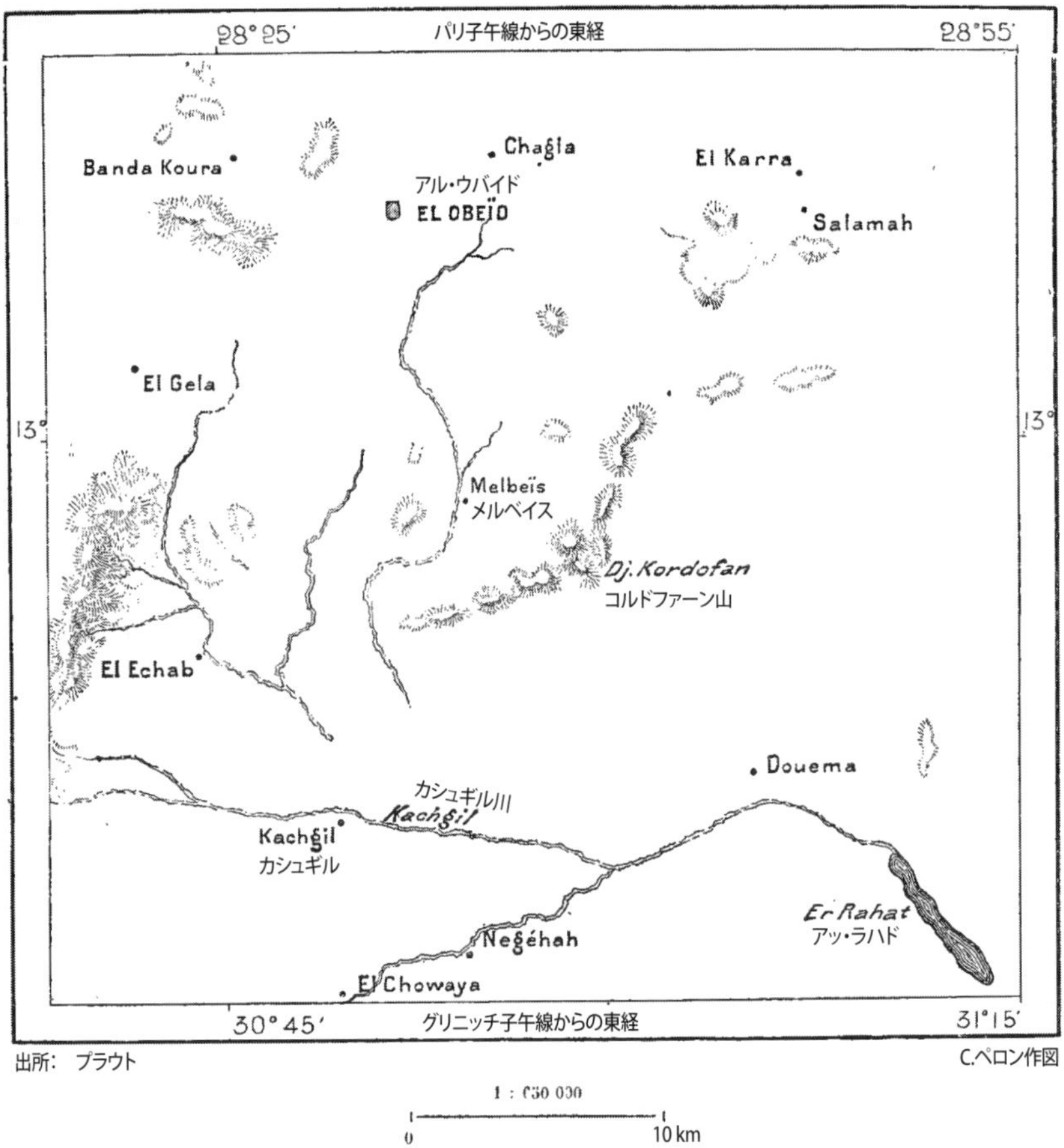

図 77　コルドファン地方中央部

やムスリム、アクロケラヴニア人、ギリシャ人がおり、人種の混淆に寄与する。ただし新たな民族的要素をとくに持ち込むのは、奴隷商人が連れてくるヌバ人、ディンカ人、ボンゴ人ら、近傍の部族民だ。加えて、タクルール人、フェラタ人など西方からの移民が、行商と聖地への道すがらにコーランの教えを宣教したり、地元に定着してアラブの娘と婚姻して、新たな部族民を形成する。タクルール人の大半は、播種と収穫の時期の出稼ぎだが、待遇がよいと定着する。白ナイル川の川中島群はコルドファン地方とはみなされないが、居住者はほぼ全員がアラブ人だ。うち最大、かつ最も良好に耕作されるアバー島は、マフディーであるムハンマド＝アフマドが最初の弟子たちに自らの使命を闡明《せんめい》し、一八八一年［八月十二日］にエジプト人に対する最初の勝利を収めた地だ。

ヌバ人、グヌマ人

ヌバ人はコルドファン地方南部のダイェル山に生活し、他の山中でも多少の残余に出会う。言語が別物なので、沙漠や他の民により隔たるヌビア人の類縁か否か、確定的なところは不明だ。平地から逐われて山中に逃げ込んだもので、野獣と同様とみなされて狩り立てられ、心の休まらぬ生活である。コルドファン地方で「ヌボヴィ」の名称は奴隷と同義であり、じっさい捕まれば奴隷の境遇に落とされる。小規模な共和政の共同体群は固く結束できなかったため、外敵に何ら抵抗できない。それでも、貢納して穏やかに暮らし、産物を売りに市場に降りてくることができる村も平地の近くにいくつかある。衣服はアラブ人と同様だが、頭髪を編み上げることはない。肌は漆黒で、顎はかなり突き出ており、ナイル河畔のヌビア人に際立つ繊細な相貌はない。ムンシンガーの証言によると、彼らはニグリシア人のうち最も知性が低く、奴隷としては単純な力仕事や決まりきった仕事にしか役に立たない。だがヌバ人は親切かつ正直で、不変の友情をみせる。ムスリムのそばにいる時はアッラーのしもべだと自称するが、宗礼を実践するようにはみえない。祈祷を行なうのは「雨乞師」と、身振りやら呪文やらで病人をなおす呪術師に限られる。割礼の習慣も、ヌバ人の場合はイスラームの影響に先立って存在したものだ。ムンシンガー、ルッセガー、リュッペル、ブルクシュ［ドイツ人エジプト学者 Heinrich Karl Brugsch, Brugsch-Pasha 一八二七―一八九四か］らの語彙集は、ヌバ人の言葉が、ナイル河畔のヌビア人と非常に近いことを証しており、主な違いは数か所にすぎない。ヌバ人の西に暮らすグヌマ人はさらに未開で、上背があり、着衣というものが一切ない★。この民に関して語られるのは、老人や障害者、疫病にかかった病人を、もっと良い世界への旅を短くするため殺害するという話だ。そして遺骸の横に穴を掘り、糧食と一本の煙管、武器、サンダル二足を納める★★。

テガリ人

★ Comboni, "Aperçu historique et état actuel", *Annales de la Propagation de la Foi*, 1878, *pp*.35-57.
★★ Lepsius, *op.cit*.

タガラ人、テゲレ人、ないしドゴレ人〔以下テガリ人〕は、同名の山地〔テガリ丘陵〕に暮らす。ヌバ人の横合いにいるが、語彙も構造もまったく別の言語を話し、フンジ人を自称する★。ただしスィンナール地方の兄弟分が話す言葉はもう理解できなくなっている。王は三つの角をもつ「ロバ帽〔bonnet d'âne 長円錐形の両側にロバの耳状の折り上げをもつ帽子で、フランスの初等教育でいたずらっ子への罰としてかぶせ、教室の隅に立たせてこらしめるのに使われた〕」のようなものをかぶるが、旧フンジ王国の君主の王冠も同様で、ハレンガ族やハデンドワ族、ベニ・アメル族の「デグレル」すなわち君侯の模倣である★★。テガリ人はニグリシア人部族民の大半のような平たい鼻と突き出た顎をもたず、尋常な相貌で、生き生きとした眼差しをそなえる。知性と抜け目なさは評判で、奴隷としてはヌバ人よりもはるかに重宝がられるが、不幸なことにこの点だけがしばしば強調される。というのも、テガリ人が王にお目見えする際には、敬愛の念を示すため身を投げ出し、左手で地面をひっかきながら這い進むので、王の私有奴隷とみなされがちだからだ。ただし王の許しなくしては誰も結婚はできず、王が望めば誰でも自由身分を失って奴隷として売り払われる。同様に、父親が子供を手放す権利も合法なので、飢饉のさいには奴隷商人が村から村を回って子供を買い集める。イスラームは最近この地方の宗教になったが、古来の習俗を打倒するには至っていない。テガリ人はエジプト人に勇敢に抵抗し、王冠をめぐる内紛がエジプト人に進路を開かなかったら、この山岳民が暮らす天然の要塞はついに奪取できなかっただろう。テガリ人の住む高原のあちこちは急峻な丘陵地で、どの丘の頂部の村も防壁や、茨の叢が囲む。これが共同体のアクロポリス〔古代ギリシャの砦市〕で、岩山の地下は掘り抜かれ、隠された出口でもって外とつながり、補給路にもなるし、住民の避難先にもなる。テガリ人の城郭集落の多さを示す言葉が、彼らの郷国には「九九の山」があるという言い回しだ。ヌバ人の郷国はもっと広いが、集落は一〇〇個程度である★★★。テガリ人の地方はコルドファン随一の豊かさを期待できる。土地は肥沃で、比較的によく灌漑され、住民は創意に富み、コルドファン地方でほぼ唯一、空《から》積みにした石垣の段々畑による急傾斜地の耕作を身につけたからだ★★★★。テガリ丘陵の南東に

★ Barnim und Robert Hartman, *op.cit.*
★★ Munzinger, *op.cit.*; Lejean, *Voyage aux deux Nils*, *op.cit.*
★★★ d'Escayrac de Lauture, *op.cit.*; Ignaz Palme, *Beschrijving van Kordofan en eenige aangrenzende landen*, Zwolle : Tjeenk Willink, 1851.
★★★★ Prout, *op.cit.*

あるワデルカの小山塊も、ロンバルディア地方〔北イタリア〕を見下ろすアルプス前山地帯のような規則正しい段々畑に囲まれる。テガリ人は練達の鍛冶工で、鉄を輸入して武器や仕事道具をみずから製するが、山中に存在する銅鉱は、ヌバ人の地方の砂金ほどは採取されていない。またコルドファン地方の金は、色合いのせいで、ファゾグル地方産のものほど評判がよくない★。

カバビシ族、バッガラ族

コルドファン地方の耕作地帯を囲む遊牧民は「ベドウィン」の総称で知られ、北のカバビシ族、すなわち「羊飼い」と、南のバッガラ族、すなわち「牛飼い」の二大集団からなる。だがこうした名称は単に仕事と生活類型を示すもので、人種の違いを何ら含意しない。カバビシ族とバッガラ族はおそらく同一の民族基盤に属し、ブラン＝ロレ〔フランス人商人、探検家 Jacques-Antoine Brun-Rollet 一八一〇—一八五八〕によると、バッガラ族の自称はゲマである★★。土地と気候の違いが、生業の違いを生んだのだ。ヤギ〔山羊〕やラクダ〔駱駝〕は、風土がほぼ常に変化する北方の平地部で元気がよいのに対し、有角動物〔ウシ〕が十分な水を得るのは、南のステップ地帯に限られる。コルドファン地方の「ベドウィン」はアラブの出自を称し、預言者の言葉〔アラビア語〕を話すが、ムンシンガーが指摘するように「言語は民族学には二次的な重要性しかなく、どのように話されるかが特質を決める事実である」。じっさいナイル川地方の「アラブ」のうち、バッガラ族、次いでカバビシ族の発音は、アラビア半島の住人と異なる。古語の常用的な発音の多くを知らぬため、他の発音で代替するが、おそらく消えた言語から引き継いだものだろう。カバビシ族は地理的位置のおかげで文明度が高く、ヤギとラクダの飼育に加え、ナイル河畔の低地を耕し、恒常的な村落に定住する。慎重な護送人でもあり、アル・ウバイドからナイル河畔の宿駅まで、隊商に随行する。いくつかの部族のラクダは巨大な体格で、チュニジアやアルジェリアのカビル地方のラクダに匹敵する★★★。バッガラ族のほうはもっぱら家畜を食ませ、ゾウ〔象〕やスイギュウ〔水牛〕などの大型動物を狩り、ときには人間も襲う。牧草が不足したり、家畜がアブ〔虻〕に襲われるようになれば、さっさと「フェ

★ Munzinger, *op.cit.*
★★ Brun-Rollet, *op.cit.*
★★★ Charles Cuny, *Journal de Voyage du Docteur Cuny de Siout à El-Obeïd*, 1863.

ルガン」すなわち宿営地をたたみ、天幕を組み立てるむしろをウシに背負わせ、獰猛な小型犬の群れを引き連れて、ステップ地帯の別の場所へ向かうのだ。カルロ＝ピアッジャは虻から逃げるバッガラ族の隊商のひとつを記述している。列の長さは四キロを下らず、人間と家畜を合わせ少なくとも五万を数えた。隊商が押し分けてゆく空気の柱〔蚊柱か〕に惹きつけられた無数の鳥が家畜の周りを飛び回り、血を吸う虻を退治していたという★。バッガラ族の大半はアメリカ先住民のような赤い肌で★★、体格の見事さ、体操選手のような胸と肩の盛り上がり、手足の優美さの点で、彼らに匹敵する人種はほとんどいない。衣服はコルドファン地方の村人と同一で、赤い筋の入った一種の白シャツを着用するが、右腕はむきだしである。装飾品はビーズ玉や腕輪、象牙とか動物の角の飾りだ。女性の髪型は、遺跡にみられる古代エジプトの様式をいまも保ち、編んだ髪を額の上半分と両肩に垂らして、バターや芳香剤のポマードを塗る。多くが金色の輪を鼻孔に通し、しばしば髪の後ろに下げた鎖で留める。ちょうどラクダの手綱のようだ。男性は槍をたずさえ、巧みにあやつる。ゾーリンゲン産の剣やリエージュ産の小銃といったヨーロッパ製の武器もすでにおなじみだ。アラブ人のなかでも、バッガラ族ほど好戦的で、血讐の務めを綿密に遂行する民はほとんどいない。

バッガラ族の信仰

バッガラ族はムスリムきっての熱烈な信者で、マフディーの指導のもと、熱狂をもって聖戦に身を投じた。何度もバフル・アル・アラブ川を越えて河川地方の住民を襲撃したが、〔原著執筆の〕直近時点である一八八三年末の報道によれば、戦争の帰趨はなお不明だ★★★。いずれにせよ、イスラームはコルドファン地方から周辺に急拡大しているものの、まだコルドファン地方においてさえ改宗事業は完成にほど遠く、預言者〔ムハンマド〕の禁じた多くの風習が残存する。コルドファン住民にとって異教とイスラームの最大の違いは、前者の護符が動物の角のかけらや布切れなのに対し、後者だとコーランの一節か、ファキーフ〔行者〕の筆による祈祷文を納めた小袋だという点にすぎない。

★ Carlo Piaggia, *Bollettino della Società Geografica Italiana*, 1880.
★★ Prout, *op.cit.*
★★★ Lupton, *op.cit.*

婚姻関係と死

一時的な婚姻はコルドファン全域にわたりみられる。ハッサニーヤ族に特徴的とされる「四半分の率直」の習慣は、アル・ウバイドでさえ、他の民のかなり多くの所帯に見出される。夫それぞれがひとりの女性の一部を買い取るという形で運用される一妻多夫制は、最も普及している制度のひとつだ。郡部のゴディアト人やアラブ人ジョアマ族では、若い女性は、まず父親の不明な息子を生み★、自分の兄弟か叔父に家長の奴隷として贈らないかぎり、結婚できない。ひとりの娘を複数の若者が争う場合には、定められた日に鞭をもって長老や女性たちの前に集合する。そして最も長く声を挙げずに鞭打ちに耐えた者が彼女を得るのである。かつては花嫁を争う若者が二人いれば、両肘に鋭い短刀をつけた娘の両側に身を横たえ、彼女は全身の重みをかけて両人の臀部に短刀を突き立てた。傷にもめげず、より雄々しく耐えた方がめでたく花婿の座を勝ちとる。妻がしてやる最初の世話は、自分が刺した傷の介抱だ。コルドファン地方やフール地方のこうした「アラブ人」の蛮風を示す風習はほかにも多い。老人が最期の近いことを悟ると、家族にも知らせず集落から遠ざかり、沙漠の砂でもって沐浴したのち、メッカの方角に足を向けて横たわる。そして太陽を眺め、顔を覆って、夜風の運ぶ砂に埋もれるのを待つ。いまわの際の息を吐く前にハイエナが食いつくかもしれないが、彼は苦痛の声を挙げない。人生の務めは終わったのだ★★。

★ Prout, *op.cit.*; Wilson and Felkin, *op.cit.*; Cuny, *op.cit.*
★★ Wilson and Felkin, *op.cit.*

第三項　都市と集落

アル・ウバイドの位置と交易

コルドファン州の州都にしてマフディーの座所であるアル・ウバイドは、現地住民なら誰もがロベイトと呼ぶ都市で、都市が成立する必要条件のいっさいがまさに集中する位置にある。一八二一年には「トルコ人」の到来によりまたも破壊されたが、まったく同じ場所か、すぐ近くに再生するだろう。アル・ウバイドは、コルドファン地方のうち最も多雨な地域に建てられている。標高五七九メートルにあるので、暑さもよそほどではなく、所在する盆地に到達するため山肌を登攀する必要は皆無である。というのも、一帯の山々は孤峰か、あるいは列をなして並ぶので、どの方向への進路も開けているからだ。隊商路は障碍に遭遇することなく、アル・ウバイドに収束する。同市はナイル以西で最初の休憩地であるとともに、フール地方、ワダイ地方、西アフリカへの道程のための再編成がなされる場所でもある。最大の交易相手はカルトゥームではなく、ドンゴラの上流にあるナイル川の大屈曲区間の端にある村々だ。ナイル川の瀑流群は運送費を高騰させるため、エジプト方面からの隊商は、カルトゥームへ南東に、あるいはアル・ウバイドに向かい南下する沙漠の経路のほうが安上がりなのである。コルドファン地方が反乱を起こす以前には、ヨーロッパの工業製品は両市ともほぼ同価格だった。当時のアル・ウバイドの交易量は莫大で、とくに奴隷取引が多く、ムンシンガーによると、奴隷は市内人口の四分の三に達した。またフール地方のダチョウ［駝鳥］の羽毛と、西方に仕向けられたヨーロッパの綿製品は、いずれもほぼ全量が同市を経由した★。一八八〇年のゴム輸出量は五〇〇〇トン、額にして二〇〇万フラン以上だった★★。コルドファン地方の首府になりつつあったアル・ウバイドを重要たらしめたこれらが失われた今、同市は新たな帝国［マフディー国家］の首府に選ばれるべきだろうか。じつはエジプト軍が粉砕されてからも、アル・ウバイドは人が思うほど孤立しておらず、ワダイ地方

★ *Esploratore*, giugno 1882.
★★ Wilson and Felkin, *op.cit.*

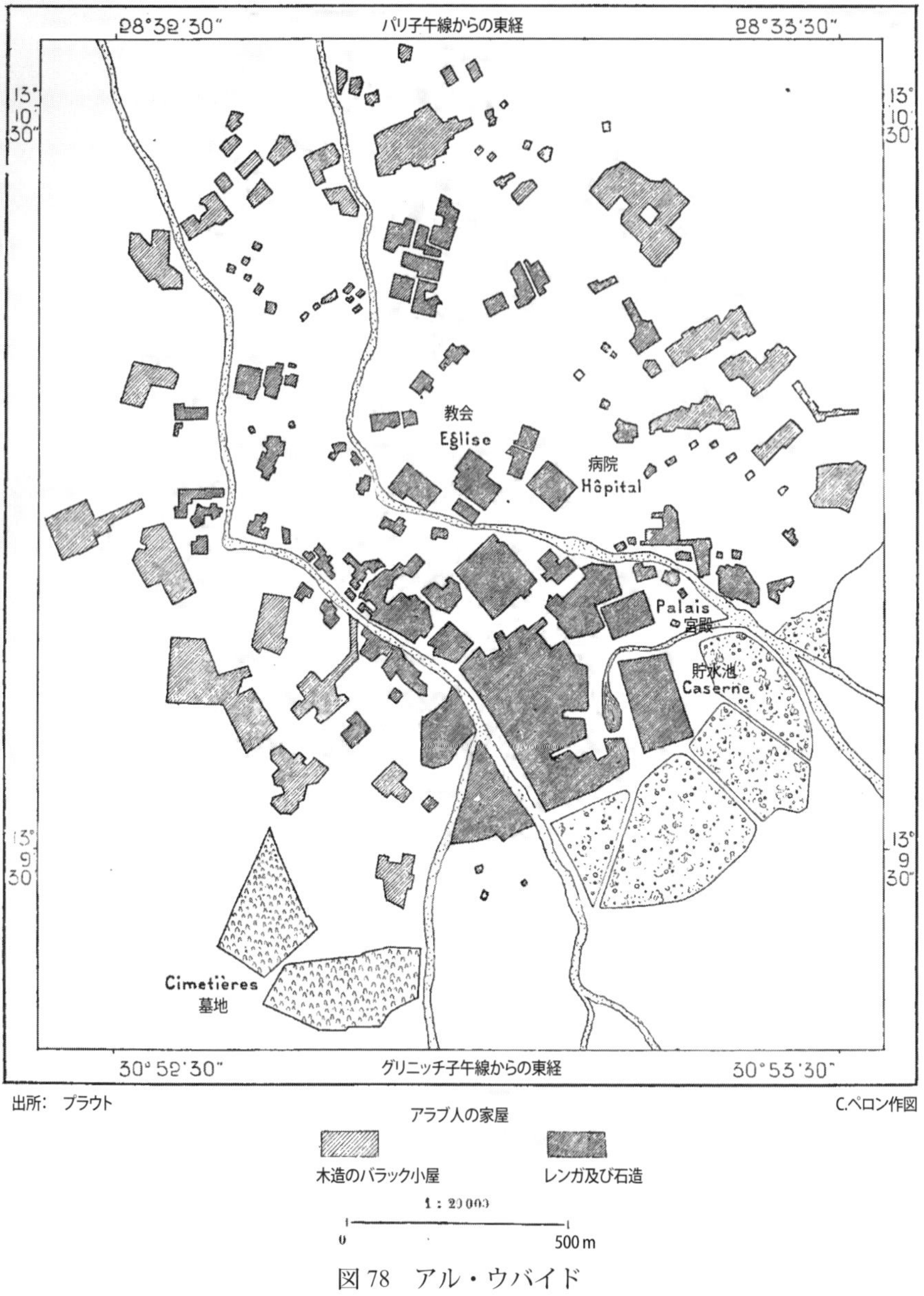
28°32′30″
パリ子午線からの東経
28°33′30″
13° 10′ 30″
13° 10′ 30″
教会
Église
病院
Hôpital
Palais
宮殿
貯水池
Caserne
13° 9′ 30″
13° 9′ 30″
Cimetières
墓地
30°52′30″
グリニッチ子午線からの東経
30°53′30″
出所：プラウト
C.ペロン作図
アラブ人の家屋
木造のバラック小屋
レンガ及び石造
1：20000
0
500 m

図 78　アル・ウバイド

やフェッザーン地方を経由してのトリポリとの交通はかなり活発だった。ヨーロッパ人が以前のように仲買役を務めないだけである★。

アル・ウバイドの市街

アル・ウバイド市街は緊密さが皆無で、「キリスト教徒風」の煉瓦建築がいくつかそそり立つ村々の集合体である。南の区画が狭義の市街で、郡部同様の単なるトクル［藁小屋］の住居や、強い雨が降ると溶けてしまう泥の小屋★★、むしろや枝の小屋掛けがほとんどだ。これらは茨の生垣で囲まれ、ラクダが入り込んで屋内の織物や索類をかじるのを防ぐ。さまざまな出自の住民は、出身地ごとに区画に分かれて暮らす。こちらはジャリン族やダナグラ人［ドンゴラ出身者］の商人街、あちらはヌバ人やタクルール人、フール地方からの移民、マグリブ人といった具合だ。戦乱［マフディーの乱］以前には、南の区画の中心部に四～五〇〇〇人のギリシャ人商人が店を構えた。市街を通るケラーン、すなわち砂の河床沿いに樹園がいくつかあるが、家屋はほぼ例外なくドクンの畑が囲む。乾季になると、家屋と家屋のあいだは埃っぽい空間だけで、市街はさびれた様子を呈する。だが雨季《カリフ》の終り近くには植物が咲き誇り、外側の区画が大草原のようになると、トクルの円錐形の屋根は、赤い穂をつけたドクンの緑の波浪に見え隠れするだけになる。戦前の人口は近郊の村々を含めて三万人と推定されたが、あるイタリア人旅行者は一〇万人とさえ述べていた。煉瓦造りの家屋を捨て、天幕か枝を編んだ小屋に暮らすよう、マフディーが死罪をもって命じたのは、全員が「ただ一人の同じ父親の息子たち」であるムスリム同士のあいだに、何ら不平等な外形的指標をそなえさせぬためだった。だがこの命令以後、このコルドファン地方の首府はほぼ無人になった可能性がある★★★。

アル・ウバイド近傍

アル・ウバイドの南西にあるアブー・ハラズは広い谷間の森にあり、生垣が畑地を囲むある程度の規模の集落だ。コルドファーン山からの水流が満ちる沼沢近くの低地には、別の都市メルベイスが建つ。そのほど近く、

★ 1876年におけるコルドファン地方の交易量（プラウトによる）
輸出額125万フラン、輸入額331万2000フラン、合計456万2000フラン。
★★ Lejean, *Voyage aux deux Nils*, *op.cit*.
★★★ O'Kelly, *Spectator*, May 3, 1884.

アブー・ハブレ川の支流カシュギル川の川辺では、一八八三年にエジプト軍一万一〇〇〇人が殲滅され、同地のエジプト支配に終止符を打った決定的な戦いが行なわれた［一八八三年十一月三日のアル・ウバイドの戦い］。この戦さにより、ヨーロッパ人の威勢も現地住民の目からは地に落ちた。というのも、エジプト軍部隊を指揮したのはイギリス人将軍ヒックス［イギリス軍人、エジプト政府コルドファン派遣軍司令官 William Hicks, Hicks Pasha 一八三〇―一八八三。将軍ではなく退役大尉］だったし、副官の多くもイギリス陸軍からの引き抜きだったからである。マフディーがイギリスを打ち破ったという報せは、ナイル川流域すべてにわたり、部族から部族へ繰り返し伝えられた。「不信心者ども」の大砲は、神が遣わされた戦士たちの前では、むなしく鳴り響くばかりだった、というのである。

バラほか

少し前まで、コルドファン地方の大隊商路沿いには電信線が延びていた。現地住民がこれを怖れることはひとかたならず、カルトゥームやエジプトまで声が聞こえるのを警戒し、電信線のそばでは話そうとしない者さえいるほどだった★。アル・ウバイドの北には、コルドファン地方とナイル川屈曲部にあるダッバとの間の隊商路沿いに、ダナグラ人［ドンゴラ出身者］の商人が創建したバラがある。エジプトによる侵略の前には、フォール系住民の支配下のすこぶる繁多な市場町で、「バラの女性は、最も貧しい者も金の耳飾りと、金銀の腕輪やアンクレットを身につける」と言い伝えられた。エジプト人がコルドファン地方を領有するに至った一八二一年の戦いはバラの近くで行われたが、二世代後には、さらに凄惨なカシュギルの戦い［アル・ウバイドの戦い］がその仇を報じた。バラとダッバを結ぶ経路のオアシスはカイマル、ないしカジュマル［カグマルとも］で、小さな間欠泉の湖がある。これは塩水だが、周囲の井戸は淡水で、ナイルの河水に劣らぬ美味である。近くのハラザ山内の岩には興味深い壁画群があり、ルジャンが実見した。ラッジア［襲撃］の様子を表したもので、人物像のひとつは巨大な背丈で顎鬚を尖らせ、初期の十字軍におけるフランク人とかなり似た服装である。その先［北］のダッバへの道すがらにあるアッ・サフィ［アッ・サフィヤか］のオアシスは、絢爛たる植生がアフリカきっての美しさだ。定住されてはいないものの、アッ・サフィはカバビシ族の

★ Wilson and Felkin, *op.cit.*

民族的中心地とみなしてよく、ここの土を耕し、家畜を連れてきて水を飲ませる。キュニ［フランス人医師、探検家 Charles Cuny 一八二一―一八五八］が通過したさいには、少なくとも一万五〇〇〇頭のラクダが付近で草を食んでいた★。恐らくナイル川から砂地に浸透したか、地中深くの岩盤により到来した水が、広大な水面に広がり、島が散在する。雨季になると川岸の樹木は一部が水面下に隠れる。湖面にはガン［雁］やカモ［鴨］の群れが泳ぎ、岸辺にはコウノトリ［鸛］やサギ［鷺］、トキ［朱鷺、イビス］、ヘビクイワシ［蛇食鷲］、ペリカンといった魚食性の鳥が並ぶ★★。

★ Cuny, *op.cit.*
★★ Bohndorff, *Ausland*, 14 juli 1884.

第八節　ダルフール地方

第一項　自然

名称、位置、人口

ダール・フールすなわち「フール地方」は、一般にダルフールと呼ばれるが、これは二つの語が融合したもので、ちょうど「イギリス人の土地《ペイ・デ・ザングレ》」を「イングランド」と呼ぶのと相似する。コルドファン地方の西、ニジェール川への経路に広がるフール地方は、全域がナイル川流域に属するわけではなく、まだほとんど探検されていない西斜面では、出口のない窪地に水流が姿を消してゆくらしい。しかし仮に降水量が十分なら、これらの細流群《ケラーン》も恒常河川に姿を変え、チャド湖に到達するだろう。ナイル川に向く斜面の水流も平地に消えてゆくが、雨季は別で、マッラ山地南部に端を発する小川の群れが、バフル・アル・アラブ川を太らせる。フール地方の北東をナイル川大屈曲部に向かって進むワーディ・メレク［ワーディ・ミルクとも。以下メレク川］、ないしウェッド・アル・メク、すなわち「王の涸れ川」、別名ワーディ・マッスールも、水流があるのは多雨年の一〇～一五日間らしい。だがナイルに到達することはなく、流砂が河口を閉塞する。ほぼいつも干上がった河床は広大なもので、ローヌ川やライン川と変わらぬ水塊を運搬できるだろう。砂岩や石灰岩の川岸は、ところどころ溶岩流が横断し、河川敷の幅は五～五〇キロにおよぶ。底地に生えた樹木が緑の帯をなす★。ナイル川流域に属するフール地方東部は、おそらくナイル河畔の諸都市の交易圏内にあるため、政治的観点からは西部よりも重要だ。いっぽう住民が最大なのは、自然に水流が最も豊かな山麓部である。この点でフール地方はいわばコルドファン地方の複製だが、寸法ははるかに大きく、定住村が散在する中心部を、サバンナの草地や沙漠の帯が囲む。こうした土地柄のため精確な境界は存在せず、べつの地方に入り込んだ証拠として人々

★ Cuny, *op.cit.*; Ensor, *op.cit.*; Raleigh Edward Colston, *Reconnaissance of Wady Massoul*.

が外来者へ示すのは、宿営地や井戸、アカシアの木立や叢林、そして遺棄された白骨などだ。このため、フール地方とその付属地の面積を現時点で五〇万平方キロと見積もるのも、まったく仮の値である。北は沙漠、東はコルドファン地方、南はバフル・アル・アラブ川、西はワダイ地方がこの空間を画す。ナハティガル〔ドイツ人探検家 Gustav Nachtigal 一八三四―一八八五〕による推定人口は少なくとも四〇〇万人である★。だがおなじくダルフールを訪れたメイソンは、一五〇〇万人を越えないとみる★★。

探査

フール地方の首府〔アル・ファーシル〕はナイル川から直線距離で六〇〇キロ以上の距離があり、頻繁に訪問するには、大交易路ナイルから離れすぎている。前世紀末には名前しか知られなかったが、イギリス人ブラウン〔旅行家 William George Browne 一七六八―一八一三〕による旅行のおかげで、地理学史に初登場した。ただしブラウンは自由人というより、むしろ三年にわたる捕われの身の上だった★★★。フール地方にもっと長く滞在したアラブ人、ムハンマド＝アル＝トゥンシー〔チュニス生まれ旅行家 Mohammad ibn Omar ibn Solaiman Tounsy 一七八九―一八五七〕、すなわち「チュニス人ムハンマド」は、ひとつの興味深い著作をものし、のちフランス語に翻訳された★★★★。同書はいまなおフール地方住民の歴史、習俗、しきたりについて、最も有用な情報源である。フランス人キュニは一八五八年にアル・ファーシルの宮廷に伺候したが、到着から数日後に謎の死をとげ、アル・ウバイドからアル・ファーシルまでの旅行日記も失われた。ダルフールの君主はおそらく自国に冠された綽名、「井戸水を見出すように不信心者を探し出す者」を証明しようとしたのだろう。当時言われたのは、「ダルフールに入るのは容易でも、帰ってくる者はいない」というものだった。知られざる国の内部をようやく記述する栄誉を担ったのは、三人目のヨーロッパ人にして、今世紀初の訪問者だったナハティガルである。この探検家は、奴隷商人ズバイル〔スレイマン〕が同地方の征服を開始したとき、まだダルフール地方にいた。エジプト政府の名目によるこの征服が間もなく

★ Nachtigal, *Petermann's Mittheilungen*, 1875, no.VIII.

★★ *Loc.cit.*, 1880.

★★★ William George Browne, *Travels in Africa, Egypt, and Syria, from the year 1792 to 1798*, London: T. Cadell Junior *etc*, 1799.

★★★★ Cheikh Mohammed ebn-Omar, el Tounsy, *Voyage au Darfour*, trad. par Perron, Paris: Benjamin Duprat, 1845.

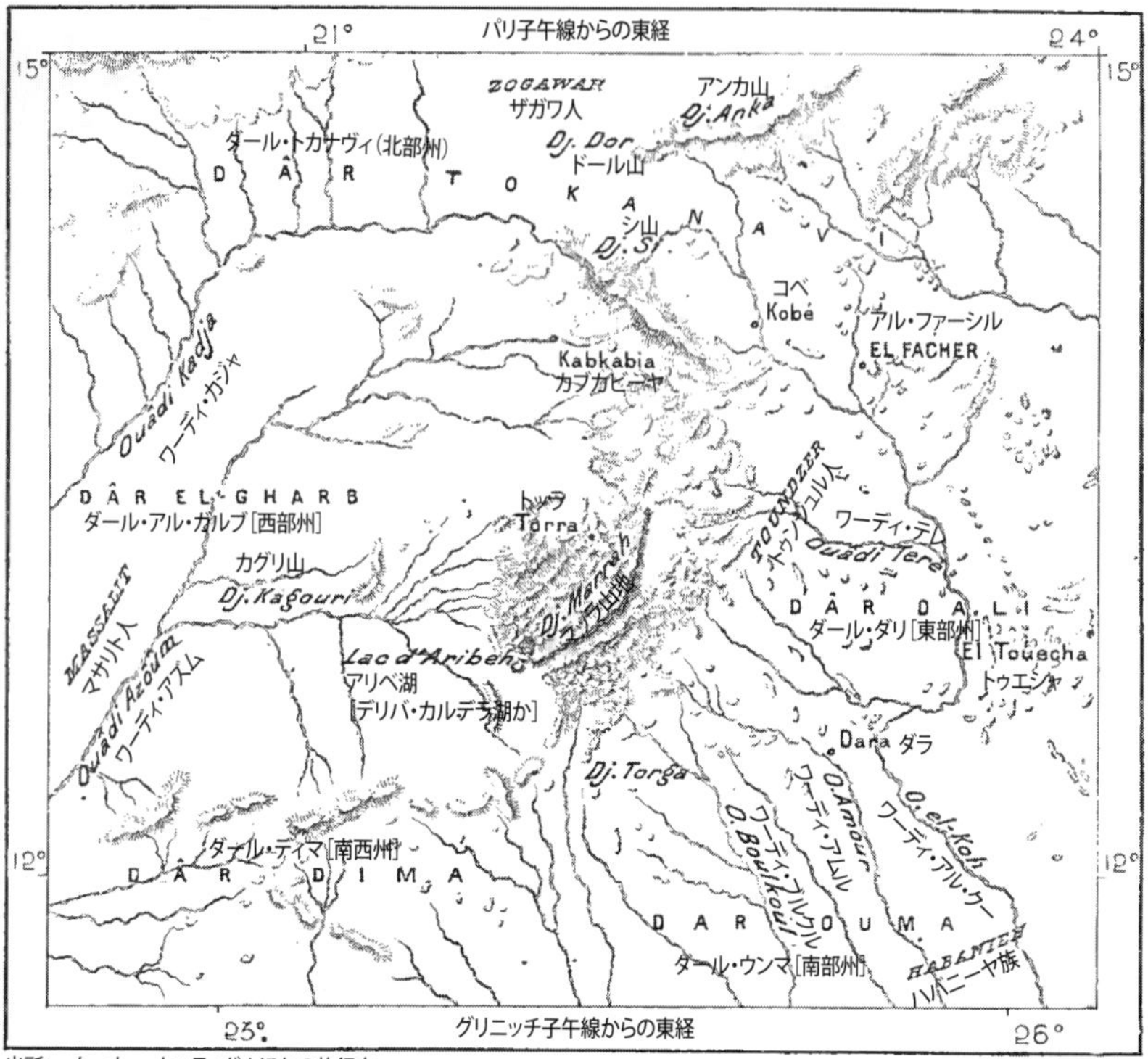

出所：　ターナー、ナハティガルほかの旅行家　　C.ペロン作図

1 : 4 400 000

0　100 km

図 79　フール地方中央部

完了すると、ダルフール地方は旅行家に開かれ、ヨーロッパの陸軍参謀本部の士官たちが地図を作製できるようになった。だがエジプトによる占領は一〇年も続かず、ヘディーウが任命した総督はいまやムスリム反徒の捕虜になり、フール地方はふたたび、当座は探検家の入域が禁じられている。

マッラ山地

脊梁山脈の名が、ダルフール地方ほど真実味を帯びる地帯はめったにない。ちょうど背骨が臓器を支えるように、水流も動植物も、そして人間とその歴史までもが、この岩山の突起に連なるからだ。マッラ山地なくしてダルフール地方は存在しなかっただろう。これは溶岩と花崗岩からなる三日月形の輪郭の山脈で、北緯一四度から始まり、二〇〇キロほど南下したのち、西に曲がる。ナハティガルが尾根を越えたのは北端付近で、地元名をケケラリといい、「崩落の堆積」や「がれ場」を意味するが、たしかに山腹には数千の岩塊が転がっていた。ワダイ地方からアル・ファーシルに到る経路が通る鞍部はもっと高く、標高一〇六六メートル付近にあるが、両隣の峰々はさらに一五〇〜三〇〇メートル以上の上方にある。短期の占領中にエジプト軍士官、とくにメイソン、パーディ〔もとアメリカ軍人 Erastus Purdy 生歿年不詳〕、メッセダーリャ〔イタリア軍人、旅行家、地図作成家 Giacomo Bartolomeo Messedaglia 一八四六―一八九三〕らはこの山塊の内部を一部探査して回り、花崗岩の丸みを帯びた稜線を見下ろす高峰をいくつか測量した。そのひとつ、北部にあるトゥラ峰は標高一四四〇メートルである。メイソンによると、マッラ山地の最高峰は標高一八三〇メートル、すなわちダルフール地方の低地部から八〇〇メートルほど高い〔最高峰デリバ・カルデラは標高三〇四二メートル〕。マッラ山地の岩山には多くの洞窟があり、いくつかは牢獄として、王太子や丞相らが幽閉された★。

諸峰と鉱物資源

コルドファン地方とおなじく、フール地方中央部の南北には、二次的な山脈や孤立する山塊が立ち上がる。北西には壮大なグルゲイ山と、平地に孤絶するシ山があり、後者は王冠のような頂部をそなえる巨大な岩山だ。急崖に身をひそめるように建つ村は、環状の防壁に囲まれる★★。中央部から遠い地方にも、いくつか独立した山嶺がある。ダルフール地方の北西隅のあたり、ワダイ地方の縁辺部は、遠くジャバル・アブー・アフラズ、すなわち「アカシアの父の山」により示される。もうひとつの山塊は、コベからシウート〔以下アシュート〕に到る隊商路を西から見下ろすので、もっとよく知られており、ドール山やアンカ山といった峰が連なる。これらはマッラ山地の軸が北に延長したものだ。北東にはメドブ山があって、砂岩の岩壁と花崗岩の丸い頂部が標高一一〇〇メートルに立ち上がり、山腹のところどころを溶岩流が断ち切る。その先にあるアイン山の高原の縁を、メレク川が流れる。東にあってアル・ファーシルとアル・ウバイドを結ぶ道が回り込むアル・ヒレト山や、南ではバフル・アル・アラブ川流域にある多くの孤立する山塊は、いずれもマッラ山地の山系とのあいだに何ら中間的な隆起がなく、独立している。

★ Mohammed el Tounsy, *op.cit.*
★★ Messedaglia, *Esploratore*, 1880, no.2.

そうした丘陵地のひとつ、ハディド山地は鉄鉱石が非常に豊かである。その南西、四〇キロほどの完全に平坦な地方にあるダンゴ山の銅鉱は、ホフラ［ホフラト・アン・ナハス］の銅山として中央アフリカ全域に著名だ。現在掘削されている鉱脈は、バフル・アル・アラブ川の支流バフル・アル・フェルティトの右岸にあり、長さ一五〇メートル、幅一五メートル、平均の深さが三メートルの溝が掘られた。この溝の半径五〇〇メートル以内には、かつて採掘され、今は放棄された溝が散在する★。ヘディーウがダルフール地方を占領させたのも、この銅鉱の獲得が主な目的だった★★。今日は捨て置かれているこれらの鉱物資源ほど、アフリカの諸住民の戦乱の種になった地方はない。

水系

大気の流れが雨水とワーディの流れを規定するのはコルドファン地方と同様だが、ダルフール地方は平均標高が高く、高地部の面積が広いことから、多くの雨雲が通過を押しとどめられる結果、より潤沢な灌漑水を確保できるらしい。山岳地方のまん中近くには、閉じた円形劇場形の地形があり、一個の湖が眠るとされるが、まだ訪れたヨーロッパ人旅行家はいない［デリバ・カルデラの火口湖と思われる］。ダルフール地方は西部のほうが多雨で、おまけにマッラ山地の三日月形は西が凹む輪郭のため、西麓の水流群は収束し、大型支流ワーディ・アズムに比較的大量の水塊を流し込む［ワーディ・アズムはバフル・アズムに名を変えてチャド共和国内サラマト州に到る］。ただし年の一時期には干上がる。マッラ山地の凸側［東麓］の水流は東から南へと放射状に伸びるが、砂地の河床すべてが合体する一個の水系をなすにはいたらず、ばらばらに沙漠へ消えてゆく。唯一南側は降雨がひんぱんなので、本物の流域をもつ長い河川が誕生する。そこは雨季になるとワーディ・アムルがワーディ・アル・クーに注いで「ラハド」と呼ばれる湖を形成し、バッガラ系リゼガト族の家畜の水飲み場になる。その西にも、雨季にはいくつかのワーディが河水を湛えるが、勾配が小さいため流速が遅く、一時的な湖水に広がるため、砂丘や粘土の丘が湖中の島のようになる。またステップ地帯にさえ、乾季の最中でも水が見出されるタイモ湖もある。ただしウィルソンとフェルキンは、シエッカ［現シャック・アル・カーディル］では、乾季のあいだ住民がスイカ［西瓜］の果汁を家事用水代わりにし、家畜

★ Purdy, *Bulletin de la Société de Géographie du Caire*, mai 1880.
★★ Wilson and Felkin, *op.cit.*

もそれ以外の水分をほとんど摂らないと語る。フール地方南部の余剰水をほぼすべて受け取るバフル・アル・アラブ川の上流区間は、通年にわたり流水がみられる。また同川の北側支流バフル・アル・フェルティト川では、地中数センチにいつも水が見出される。魚は、流水が川縁に掘り下げた蛇行部の底の泥土に逃げ込む。雨季には航行も可能だ。なお、しばしば冠水するダルフールの南部地方はあまり衛生的ではないが、北部はもっと乾燥し、かつ高所なので、一般に健康によい。

植物相

ダルフール地方の植生をみると、少なくともバフル・アル・アラブ川の支流群が涵養しない部分は、コルドファン地方と同一だ。野生の動植物も、作物や家畜にも、何ら違いがない。同一の気候区には、同一の生命形と産物が対応するわけだが、ダルフール地方西部は雨が多く、腐植土が厚いため、種の数がはるかに多い★。だがどこでも、森や木立はワーディの岸辺にしかみられず、そのあいだの空間はステップ地帯、さらには沙漠の様相を呈する。最も一般的な樹種はアカシア、タマリンド、エジプトイチジクである。バオバブは、ダルフール地方でも乾季の貯水槽に利用されるが、ほぼその中央部が北限だ。山岳部では枝付き燭台のようなトウダイグサ〔燈台草〕科の植物が、エチオピア高原の植生を想起させる。コナラ〔小楢〕やオレンジ、レモン、ザクロ〔柘榴〕の木は、イタリア人メッセダーリャに母国を思い出させるものだった★★。戦乱の以前には、タマリンドの実を小さなパン状に捏ね、ヌビア地方とエジプトに輸出した。最も大事にされる樹木のひとつがヒジリジで、河川地方ではその実は見向きもされないが、フール地方住民は食用にする。また皮をむいた根と捏ねてペースト状にし、石鹸に用いる。若葉や若芽は調味料に役立つ。灰は一種の塩水にして家事に用いられ、枝は無煙の灯明だ。フォール人にとりヒジリジは、エジプト人にとってのナツメヤシなのである★★★。ヤシの木はまれだが、西部の諸県はラフィア・ヴィニフェラ〔palmier à vin, *raphia vinifera*〕を保有する。ダルフール地方とコルドファン地方は、ともにふたつの植物区に含まれる。すなわち北はナツメヤシ、南はデレブ〔オウギヤシ〕

★ Purdy, *op.cit.*; Nachtigal, *op.cit.*
★★ Messedaglia, *op.cit.*
★★★ Ferdinand de Lesseps, *Nouvelles annales des Voyages*, 1857, vol.156, tome 4, *pp.*109-114; Wilson and Felkin, *op.cit.*

の区域だ★。

動物相

森林地帯の北限もダルフール地方の南部を通るが、雨のおかげで、バフル・アル・アラブ川の流域まで北上する。それがアル・ハッラーの密林で、ゾウ〔象〕やサイ〔犀〕、キリン〔麒麟〕、スイギュウ〔水牛〕が遊弋し、バッガラ系カンバニーヤ族ないしハバニーヤ族の狩人がそれを追う。周囲のステップ地帯には、種々のアンテロープやダチョウ〔駝鳥〕も多い。しかしダチョウがとくに好む平地は北部で、またそちらの羽毛のほうが美麗である。コルドファン地方とフール地方を隔てる広大なステップ地帯の遊牧民は、雨季の前と後の二度にわたり一斉に家畜を屠る。ラクダ〔駱駝〕、ウマ〔馬〕、ウシ〔牛〕といった乗用や荷役に用いた家畜が、屠場になる場所に集められ、勢子が円形に取り囲んで、隘路の入り口に追い立てる。隘路には足罠があちこち仕掛けられ、出口は厳重に防いである。罠を壊したり逃れたりする間もあらばこそ、馬上の男たちが罠に落ちた家畜に殺到して止めを刺す。ときには三日間で三〇〇頭もの大型動物、アンテロープ、ヌー〔アフリカレイヨウ〕、スイギュウが屠られ、部族は積もり積もった租税を納めることができる★★。フール地方南部には「アルドハ」と呼ばれるシロアリ〔白蟻〕の巣がすこぶる多く、森全体が破壊された例もある★★★。飢饉になると、住民はこのシロアリをタマリンドの実と混ぜて食用にする。日没後に蟻塚に火を点じ、飛び出してくる無数のアリでもって何箱も満杯にするのだが、それは「ギリシャでコリントブドウ〔干し葡萄〕を箱詰めするのとそっくりだ★★★★」。

第二項　住民と物産

クンジャラ族ほか

★ G. Schweinfurth, *Petermann's Mittheilungen*, 1868.

★★ Kotschy; Robert Hartmann, *Die Nilländer*, Leipzig: G. Freitag, 1884.

★★★ Purdy, *Bulletin de la Société de Géographie du Caire*, mai 1880, *op.cit.*

★★★★ Potagos, *Reisen im Gebiete des Nil und Uelle*.

ムハンマド＝アル＝トゥンシーが「純粋なフォール人」と呼んだ民族は、ダルフール中央の山岳地帯に住む。旅行家たちが研究した数少ない典型から判断するかぎりでは、かれらはニグリシア人で、黒褐色の肌、平たい鼻、反り返った狭い額をそなえる。いくつか集団があるが、最大なのはクンジャラ族で、エジプト人が到来する以前、最近までコルドファン地方を治めていた。「ナース・アル・ベリド」すなわち「馬鹿な民」と決めつけられたりもするが、フォール人は少なくとも、隣人［アラブ人］の吝嗇と酷薄さを持ち合わせないという長所がある。クンジャラ族の統治下のコルドファン地方は人口が増加し、繁栄したのに対し、彼らが去ると貧窮し、人口も減少した。ダルフール地方の諸語のうち、クンジャラ族の言葉はアラビア語に次いで普及しており、おそらくヌバ系に属する。ただしレプシウスは、ヌバ人の言葉とクンジャラ族のそれには本質的な差異があると論じている★。フール地方とコルドファン地方のあいだの平地でみられる遊牧民マサバト族もフォール系らしいが、話すのはアラビア語のみだ★★。それ以外にも、どう分類すべきか不明な民は多く、いずれも貴種性を求めてアラブを自称するが、大半はおそらくフォール系だ。原住民族の末裔と考えられている強大なマサリト人の数部族は、ダルフール地方の西の境界地方からワダイ地方にかけて分布する。すこし前までダルフール地方南部のハバニーヤ族と間断なく闘争したが、いまは平穏な関係が復活している。ナハティガルによると、こうした民のいくつかでは、最近の時代まで食人習慣が残っていた。

ホムル人ほか

北部はコルドファン地方とワダイ地方にはさまれた沙漠の縁辺で、バラーブラ人、ザガワ人、ビデヤト人［ビダヤトとも］ほかに加え、ヌビア地方中部からのビシャリン人さえ居住する★★★。ワダイ地方からの入植者も多く、西方の出自をもつ他の民すべてとひっくるめ、「タクルール人」ないしタカリル人の名で知られる。フラ人は西アフリカのそれと同人種だ。モロッコから入植したと自称するホムル人、ハムル人、ないしベニ・ハムラン族は非常に多くのラクダを所有する。主な居住地はマッラ山地北東のウンム・バドル［現スーダン共和国ではノーザン・

★ Cust, *op.cit.*
★★ Nachtigal, *op.cit.*
★★★ Purdy, *op.cit.*

コルドファン州内〕のオアシス内と、おなじく西のワーディ・バレで、後者では妖術を行なう。いくつかの氏族はコルドファン地方まで入り込んだ。エンソールによると、ホムル人は女性に寄せる敬愛の点で、他のフール地方住民と一線を画す。外来民の大宗はアラブ人か、あるいは北や東から到来した「アラブ化した民」からなる。アラビア半島からはすでに数世紀にわたり、おそらくヒジュラ〔六二二年頃〕の以前から、フール地方への移入民がいた。同地をかつて支配し、その末裔がいまもアル・ファーシル南方の山岳や平地に暮らすトゥンジュル人、ないしトゥンゼル人はアラブを自称するが、通例は信教をもって民が分類されるこの一帯でムスリムではないにもかかわらず、アラブ人とみなされている。ルジャンによると★、西方から到来したトゥブー人〔ティブー人〕かもしれない。平地を遊弋するムスリムの「アラブ」のほうは多くの民に分れる。コルドファン地方の「アラブ」と同一の習俗および言語であり、彼らとおなじく混淆しているのは明らかだ。ムハンマド＝アル＝トゥンシーによると、フォール系とアラブ系という異なる人種の両親から生まれた子供はほぼ全員が夭折するのに対し、同一人種の両親の子供は全般に活発で、体も丈夫だという。結核症はきわめてまれで、フール地方にはほぼ知られていない★★。

農業

フール地方の文化はイスラーム的で、住民を教導したのは明らかにアラブ人だ。ようやく蛮風から脱した民に対し、文芸と科学という用語をあてはめられるなら、両者ともコーランの研究に帰結する。またアラビアの種々の伝統に、おそらくアフリカ起源の呪術による宗礼がいくつか混じり込んでいる。今世紀になっても王家の大事な儀式には人身御供がともなった。王の即位などの催しにあたり、思春期の二人の兄弟が盛儀のうちに捧げられ、王と高官たちがその肉を食べたのである★★★。農業は、まだ人間が一種の唐鍬を牽いて鋤き起こしする原始的な段階だが★★★★、にもかかわらず非常に尊ばれる。かつてダルフール地方のスルタンは、スィンナール王国のフンジ人王や中国皇帝、さらには他の君主と同様に、国内で最初に種まきする栄

★ Lejean, *Voyage aux deux Nils*, *op.cit*.
★★ Bordier, *op.cit*.
★★★ Munzinger, *Ostafrikanische Studien*, *op.cit*.
★★★★ Félix Mengin, *Histoire de l'Égypte sous le gouvernement de Mohammed-Aly*, Paris: Arthus Bertrand, 1823.

誉を担った。雨が降るようになると、彼は威儀を正し、大立者連中と一〇〇人の妙齢の美女を従えて出御し、定められた畑に種をまき、廷臣は皆これに倣った。ついで人民がそれぞれの畑に種をまく。スルタンのお手間めでたく収穫がなされると、忠良なる臣民は彼の徳を称えたのである。山岳地方はほぼ全域が段々畑の耕地で、穀類や綿花を産する。しかしエンソールによれば、平地はまだ作付け地を最大で一パーセント拡大できるだろう。地場産業はほとんど発達しておらず、藁むしろや陶器くらいしかない。ただし天幕で織られる綿布はすこぶる頑丈で、広く珍重され、ドンゴラ地方の商人が持ち込むヨーロッパやアメリカ製品よりも、はるかに実用に供される。欧米製の布地は主に貨幣を代用する★。また塩の板も交換手段に用いられる。

交易

ダルフール地方が広大なエジプト領に併合されて以後、ナイル川との交易関係は頻繁になっていた。アル・ファーシルとナイルのあいだを隊商が足しげく往来し、コルドファン地方の市場町を経由したり、あるいは大屈曲部にあるダッバに直行した。一八七五年にはエジプト政府は早々と将来の鉄道路線さえ企図している。これはメレク川の河床を通る規則正しい経路だが、襲撃の危険のため、隊商は避けてきたものだった★★。エジプトによる征服以前には、ダルフール地方と外界との運送のほぼ全量は、チャド湖地方やニジェール地方を出立する群小のカーフィラ［kafilah, qāfila 隊商］により膨れ上がった「大キャラバン」によりなされていた。政治情勢や市況に従い、毎年あるいは二～三年に一度、タクルール人の巡礼が合同してダルフール地方北部でカーフィラを編成すると、これに信心と実利の一石二鳥を目論む商人たちが、やはり隊商を組んで同行したのである。こうした大キャラバンはときに数千人、一万五〇〇〇頭のラクダから成り、ステップ地帯の盗賊部族民もあえて挑もうとしない移動軍団だったが、行き先はカルトゥームでもヌビア地方のナイル川でもなかった。星々や太陽を目印に、古来の道を給水地から給水地へまっすぐ北上して、アシュートでようやくナイル川に達したのである。コルドファン地方の隊商路とおなじく、こうした大キャラバンには独自の経路と井戸、オアシスがあり、沙漠にぽつりぽつりと湧き出す水の所有権を争う

★ d'Escayrac de Lauture, *op.cit.*
★★ Ensor, *op.cit.*

懸念はみじんもなかった。大キャラバンはいくつかの隊列に分れて数日間隔で到着するため、次の隊列までには井戸の底に水が溜まるようになっていたからだ。急行せざるを得ない事情があれば四五日間で踏破する隊商もあったが、通常はオアシスの中継地で休息し、二〜三か月をかけてナイルの谷に到った。運び込むのは象牙、ダチョウの羽毛、ゴム、タマリンドの実、猛獣の毛皮で作ったガウン、サイ〔犀〕の角など、中央アフリカの高価な品々で、それに奴隷や宦官、そして隊商のラクダの大半も加わった。商人はメッカに赴く巡礼たちの帰還を待って半年ほどエジプトに滞在したのち、ダルフール地方への帰途につく。その際には布地や真珠、ビーズ玉、彫金細工の武器のほか、あまり長い隊列が必要にならぬよう、軽量かつ高価な品々を運ぶ★。フランスによるエジプト遠征のさい、ナポレオン将軍〔フランス第一帝政皇帝 Napoléon Bonaparte 一七六九―一八二一〕はこの大キャラバンによるダルフールのスルタンとの交易の樹立を望み、商品と引き換えに「強健な十七歳以上の黒人奴隷を二千人」発送するように要求した。

第三項　都市と集落

地方区分

フール地方は自然的に中央の州と、周辺の諸州に分れる。中央の州は山岳地方で、水流が下り、君主はほぼ常にここに居を定めた。周辺諸州はステップ地帯を含む。高山がある中央の「ダール」はトッラの名で知られる。他の州は方角にもとづく名称で、ダール・トカナヴィすなわち「北部州」、ダール・ダリすなわち「東部州」、ダール・ディマ「南西州」、そしてダール・アル・ガルブ「西部州」である。ほかに自然地域として明確な境界をもつ地区も政治境界や行政区分とは別個に「ダール」すなわち「地方」の名称をそなえる。

アル・ファーシルほか

「御座所」の意味をもつ現在のアル・ファーシルはフール地方の東斜面、標高七三七メートルにあり、二つの砂の

★ d'Escayrac de Lauture, *op.cit.*

丘陵にはさまれたテンデルティ潟の岸辺にある。テンデルティ潟はマッラ山地北部から下る一条のワーディが涵養する。一本の堰堤が水をせき止め、住民が半年以上暮らすのに十分な貯水量をそなえるが、雨季の直前には潟の底地を一〇メートルほど掘らないと飲料水は得られない。アル・ファーシルは、コルドファン地方とワダイ地方の首府どうしを結ぶ通常の隊商路の、ほぼ中間点に位置する練壁と藁葺きの小屋の集まりで、同地方における最大の都市ではない。エンソールによると一八七五年の人口はわずか二六五〇人だ。前世紀末の最大の市邑は、御座所でもあったコベで、五〇キロほど北西にあり、これも隊商路沿いだ。コベにはダルフール地方の都市のうち唯一、石造の建物がいくつかあり、遠い文明の影響を感じさせる。こうした建物は商人や隊商の長の所有で、まわりは、一帯のどの町や村でもお目に掛かるのと似た茅屋が囲む。前世紀末には、ブラウンが人口六〇〇〇人と推定している。アル・ファーシルとアル・ウバイドを結ぶ街道のほぼ中間点で、シェッカからの道と合流する「大都会」オムシャンガは、深さ四〇メートルの井戸群による優良な水が潤沢だ★。アル・ファーシル南西の山中の高い谷にあるトラ、トッラ、ないしトランはフール地方の中央のダールの名の由来でもあり、王家の墓所があるので一種の首府ともみなせる。エジプト人がダルフール地方を奪取して以後は、いくつか新しい都市が創建された。うち最大なのはエジプトからの隊商の到着地であるフォジェ、ないしフォジャである。北方一〇〇キロほどにあるウンム・バドルは恒常的な市街が皆無だが、ホムル人の中心地で、六〇〇〇人と五万頭のラクダがこの宿営地にひしめくこともある★★。

シャック・アル・カーディルほか

南方では、エジプトのムディール［県長官］の所在地にして、デム・スレイマンとアル・ウバイドのあいだの隊商の基地だったダラに一種の威光があったが、ワーディ・アムル左岸近くに所在する単なるトクルの集まりである。その上流一〇〇キロほどにある村メノヴァチの近くで一八七四年に起きた決定的な戦闘により、ダルフール王［スルタン］イブラヒムは落命し、ダルフールはエジプトの一州になった。南東にある邑シェッカないしシャッカ［シャック・アル・カーディル］は、まだ旧フール地方の境界内だが、ヘディーウ体制下［エジプト占領期］にはバフル・アル・

★ Wilkinson and Felkin, *op.cit.*
★★ Ensor, *op.cit.*; Purdy, *Petermann's Mittheilungen*, 1875, no.IX.

ガザール州都だった。住人はジェッラービすなわち商人たちで、コベシュと総称される諸集落も同様だ。コベシュは周囲のダールと同名のカラカの名でも通用する。シャッカとアル・ファーシルを結ぶ隊商の最大の宿場はトゥエシャの集落群で、その名はムスリム世界に周知である。奴隷交易の中継地で、去勢施設があるからだ。トゥエシャからの沿道には、埋葬の手間さえかけずに遺棄された不幸な人々の白骨が散らばる★。

★ Wilkinson and Felkin, *op.cit.*

第九節　ヌビア地方

第一項　自然

名称と位置

エジプト上流に広がる地方を指すのに用いられるヌビアという名称は、精密な地理的意味をもたない。また政治や行政上は何ら意味がない。ヌバ人が他の民に逐われる以前、ナイル河畔の広範囲に定着した唯一の民族だったころならば、おそらく真正な民族学的な意味をそなえていたのだろう。だがもろもろの戦乱や侵略により、この対応性ははるか昔に消え去った。今日のヌビアという名称は、日常用語でさまざまに使われる。ナイル川が無数に分流する第二瀑流の区間を含むワーディ・ヌバの一帯だけを指すこともあれば、北をアスワンの急流［第一瀑流］、南は両ナイル合流点［カルトゥーム］、東を紅海、西をだだっ広い沙漠が画する全域を、ヌビアと呼ぶばあいもある。地理学的には、ナイル川とアトバラ川の合流点［ベルベル対岸］と、ベルベルからサワキンに到る経路を南の境界とみるのが自然と思われる。こうすれば、エチオピア高原方面の狭義のアビシニアに連なる山岳や水系、住民の諸地方を、ヌビアはいっさい含まない。この境界線と、パリ子午線からの東経二七度を西境とみれば、面積はおよそ二五万平方キロ、総人口は一〇〇万人である。リュッペルによると、ヌビアの可耕地は、沙漠に押し込められるため、面積わずか三八〇〇平方キロらしい。全住民は、命を育む水流の川辺にひしめいて暮らす。

紅海の沿岸山脈

アトバラ川とバラカ川の北方は、ナイル河谷と紅海沿岸を隔てる幅数百キロの地方で、ハデンドワ族やハレンガ族、クナマ人の郷国とおなじく、かなり高い山脈群がそそり立つ。ただしこれらの山脈は、深い裂開や、ほぼ常時干上が

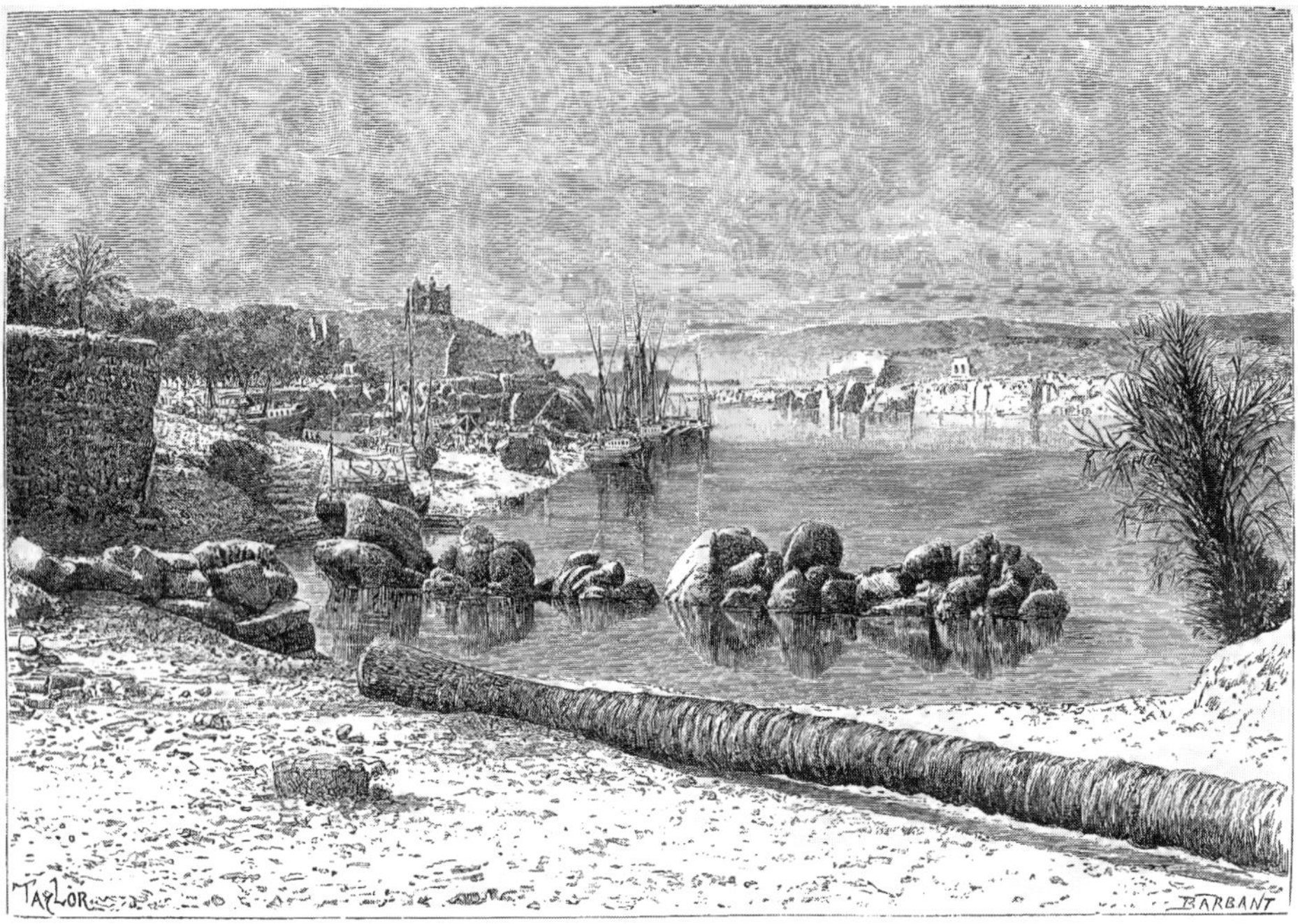

挿画 XXXV　ヌビア地方の北の戸口、アスワン
フリス氏の一葉の写真をもとに、テイラー筆

るワーディ群の河床でもってエチオピア高原の前山地帯から分離し、独自の山系を構成する。エチオピアの山塊が、紅海という深い溝によりだしぬけに中断するにもかかわらず、イエメンの山塊としてアラビア半島にいわば復活するのに対し、ビシャリン人の郷国にある山嶺の軸は、アラビア半島の湾岸に並走する。断片的な突起ごとに別々の名で呼ばれるものの、この山嶺はカイロの市門付近まで一〇〇〇キロ以上にわたり続く。この長大な稜線の、エジプト領内の部分が「アラビア」の山脈と呼ばれるのは、ナイル河畔の住民からみて東、つまりアラビアの方角に連なるからである。ヌビア地方のナイル以東にある山嶺は、ときに総称をエトバイの名でもって指し示されるが、本来エトバイはジェッダ対岸近くの山塊だけを指す。

標高

サワキンから古代ベレニケ港の北にあるバナース岬〔現エジプト領内〕までの沿岸山脈は、エジプトへの延長部とおなじく、全体がいわゆる

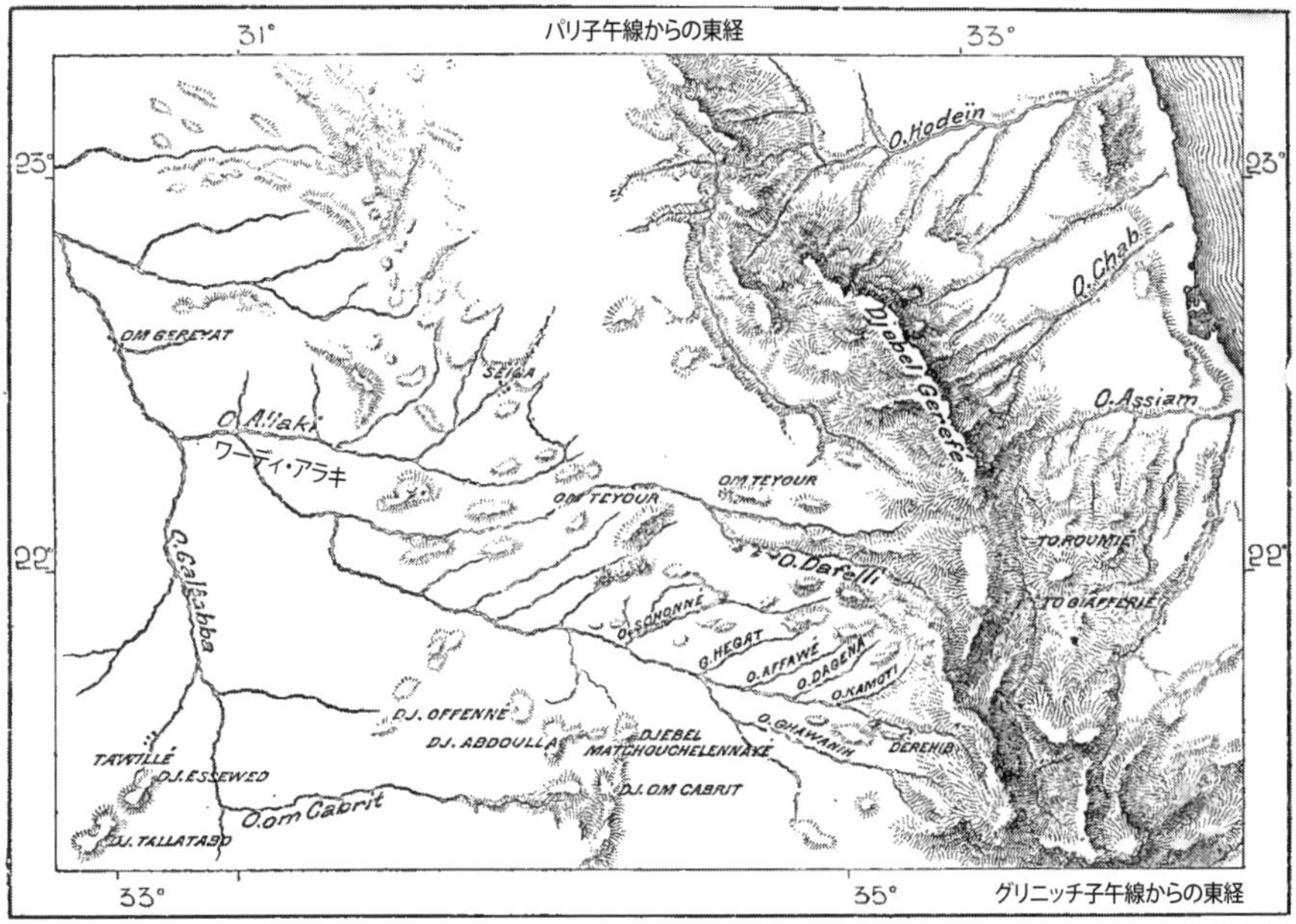

出所：リナン＝ド＝ベルフォン　C.ペロン作図

1：3 000 000
0　100 km

図 80　エトバイ山地の鉱山地帯

始原岩で、花崗岩や片麻岩、結晶性の片岩からなる。ただし南部だけは、石灰岩質の大型山塊がいくつかみられる★。全般には南から北に立ち上がり、ウェルステッド［英領インド海軍士官 James Raymond Wellsted 一八〇五—一八四二］によれば標高二四〇〇メートル超とみられるオルバ山が最高峰である。同山付近で内陸山地の横手にある稜線と接続したのち、この沿岸山脈はふたたび降下して北西に向かう。エルバ山（ソトゥルバ山）は二一〇三メートル［二二一三メートル］だが、エルバの山塊、すなわち狭義のエトバイ山地は、一三六〇メートル以下らしい。少し北にあるファラゲ山、古代人のいうペントダクティロス山もほぼ同標高で、シュヴァインフルトが登攀を試みたが、果たさなかった★★。山裾の急崖を紅海の波浪が洗う箇所もあるが、「サヘル」あるいは「テハマ」と呼ばれる沿岸

★ Burckhardt; Joseph Russegger, *Reisen in Europa, Asien und Afrika*, Stuttgart: E. Schweizerbart, 1841.

★★ Schweinfurth, *Petermann's Mittheilungen*, 1864, no.IX.

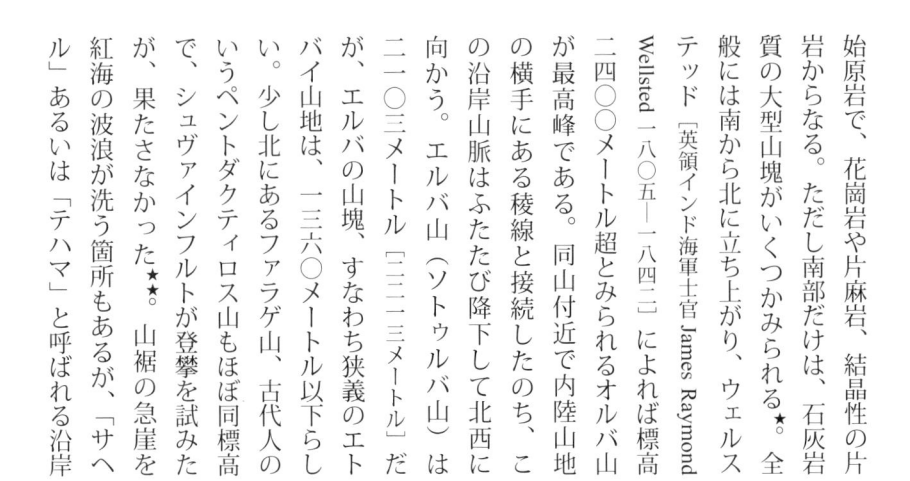

部は、第三紀性の低い丘陵地帯や流砂、サンゴ質の岩山である。バナース岬の延長線上、沖合一〇〇キロほどにピラミッドのように突き出す小島ゼメルジト［ザバリヤド島ないしゼビルゲト島か］は、アラビア湾［紅海を指す］の恐るべき海域の船舶を、遠くから誘導する。

エルバ地方の金山

エルバ地方の山地は、様々な形成過程の岩山の群れにより内陸へつながる。歴代ファラオはこの岩山地帯で金銀を採鉱させており、長い栄光の時代にあったエジプトの貴金属の豊富さに、疑問の余地はない。また建造物に関するもろもろの証言も、ギリシャ著作家たちと一致する。ヌビア地方は、金需要に対する最大の供給源だった★。採掘の中心地がワーディ・アラキだったという言い伝えも、採掘の残滓や、金山に掘られた坑道（かつては洞窟として居住された）をみればうなづかれる。ワーディ・アラキはエルバ山地の西方、沙漠のど真ん中にのびる一連の雨谷で、十二世紀半ばまで採掘が続いた。歴代のファラオや、プトレマイオス朝君主、ビザンツ皇帝、カリフはいずれも金山をわがものにし、周辺の遊牧民による襲撃から防衛せねばならなかった。こうした遊牧民の呼称が、時代とともにブレムミュアエ人、ベジャ人、ビシャリン人へ移り変わったのである。だが、良好な採掘の最大の課題は、岩を砕くための薪炭の補給と、採掘作業員の飲料水の確保だった可能性がある。一帯の湧水はひとつのこらず丁寧に取水された。沙漠の古道沿いにあった泉の上の岩には、水のありかを示した円をいただく十字の印がみられる★★。シケリアのディオドロス［シチーリア島生まれ古代ギリシャ歴史家Diodore de Sicile, Diodooros Sikheliootees 前一世紀。以下の記述はディオドロス『神代地誌』前掲書、二一〇―二一二頁が該当箇所］の記述には、砂中から金を採取するのではなく、岩を砕いて採ったとあり、坑道の様子もそれと一致する。だがこれはすこぶる費用の掛かる方式で、今日なら、カリフォルニア州のいくつかのプラセレス［砂鉱床の西語。本シリーズ『アメリカ合衆国』七〇五―七〇七頁］ほど豊かな金鉱でない限り、無理であろう。ムハンマド＝アリーの用命でリナン＝ド＝ベルフォンが行った最初の探査も★★★、その後の多くの地質学者による現地調査でも、

★ Birch; Lepsius; Brugsch; Chabas.
★★ Émile Prisse d'Avesnes, *Monuments égyptiens*, Paris: Firmin Didot, 1842.
★★★ Linant de Bellefonds, *Mines de l'Etbaye*. [Louis Maurice Adolphe Linant de Bellefonds, *L'Etbaye ou pays habité par les arabes Bichariehs : Géographie, ethnologie, mines d'or*, Paris: Arthus-Bertrand, 1868?]

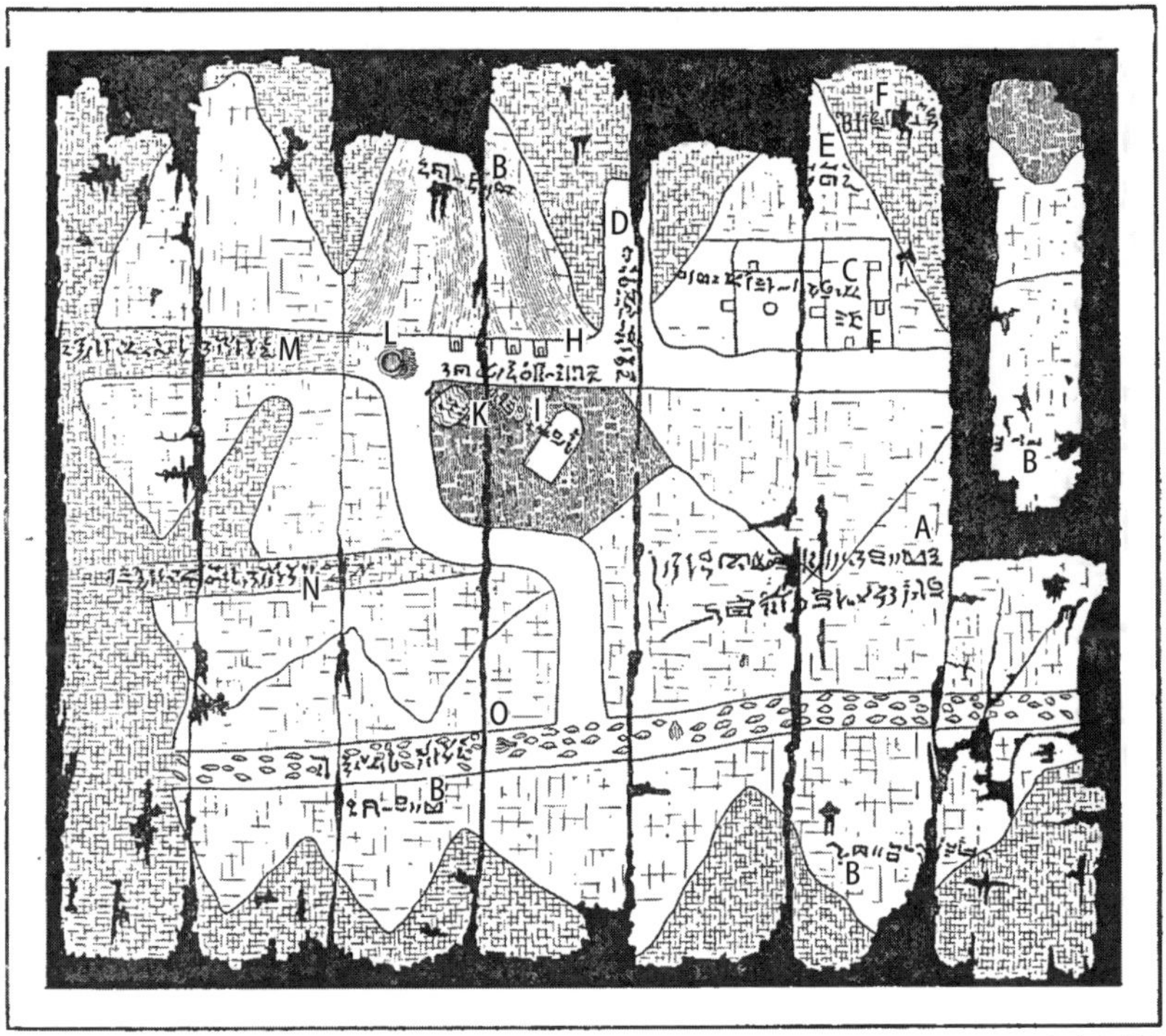

出所：　トリーノのパピルス地図、シャバスの復元による　　C.ペロン作図

A：　金を運び出す山々は地図上では赤く塗られている
B：　金山
C：　聖なる山のアモン神殿
D：　タ・メナトリ［タ・メンティ］からの道
E：　山［アモン山］の正面
F：　アモン神の御座所
H：　金の倉庫［あるいは作業員の通路］
I：　ラマネム王の石柱［第一九王朝ファラオ・セティー世（在位前1290—前1279）の石柱］
K：　貯水槽
L：　井戸
M：　海にいたる道
N：　海にいたるもうひとつの道
O：　タピマト［テント・プ・メル］からの道

図 81　ヌビアの金山［トリーノのパピルス地図］

これら古代ヌビアの金鉱はもはや量が少なく、採算のとれぬことが明らかになった。現在まで、この古代の金鉱地帯に発見された碑文や彫刻は皆無だが、コロスコとアスワンのあいだのナイル右岸にあるクバンで一本の石柱が見出されたのに加え、ナイル川からアキトの金鉱に到るため敷設された道の途次、ラデシーヤに建立されたエジプト神殿の文書類が★、歴代ファラオのこの財宝について多くの情報を与えてくれる。それに加え、トリーノのエジプト博物館に現存する採掘地の地図の断簡は、採掘坑道や倉庫、道路、貯水槽、アモン神殿の位置を示す。これはラムセス二

★ Carl Richard Lepsius, *Denkmäler aus Ägypten und Äthiopien*, Berlin: Nicolaische Buchhandlung, 1849; G. Maspero, *Notes manuscrites*.

世〔エジプト第一九王朝ファラオ Ramsès II 前十四世紀—前十三世紀。ただし現在はラムセス四世（在位前一一五三／五四—一一四六／四八）時代のものとされる〕治下にかかり、この種では最古の貴重な資料だ。我々の地図とは上下が逆で、紅海のある東方は左手である。だが、この鉱山の精確な位置はまだ同定されていない★。

ヌビア沙漠の高地

紅海に沿う沿岸山脈よりも西の稜線は、東から西、あるいは北東から南西、つまりアブー・ハメドからダッバまでのナイル川区間と同方向に、斜めに走る。いくつかはそのまま伸びてゆき、アスワンの西で、ヌビア地方とエジプトの自然境界をなす分水嶺、いわゆる「瀑流山脈」や、アブー・ハメドの北東にあるシクル山を頂点とする山並みを形成する。他の稜線は、ところどころ広い裂開が切り分け、遠目には一部が崩壊した壁のようにみえる。緑部山脈とおなじく、これら斜行する山脈の高峰は、花崗岩や片麻岩、斑岩、閃長岩、閃緑岩といった結晶質の岩と、溶岩塊からなる。半ば溶解した砂岩が、地割れからあふれ出た地点を沙漠の随所に目にする。いっぽう、ヌビア地方東部の脊梁をなす山々のあいだには、もっと低い隆起がある。ほぼ孤絶して数千にわたり沙漠に散らばる砂岩の岡や丘陵で、平地との平均比高は二〇メートル足らずだが、なかには二〇〇メートルほども高く、海抜五〇〇〜六〇〇メートルに達するものもある。内陸の花崗岩の峰はいずれも六五〇メートルを超え、一〇〇〇メートル級さえみられる。

ヌビア沙漠の地形

ヌビア地方の砂岩質の岩山は、千差万別の形状だ。ふつうの塔のような形にそそり立つものや角錐形のものもあれば、なかには中心部が姿を消し、火口カルデラ状になった例もある。石英質の砂岩が粗密まちまちな水平の層になっているため、〔侵蝕に対する〕抵抗力は箇所により異なる。剥離するのは頂部だったり基部だったりで、孤丘のてっぺんが笠のような卓状に残る例もある。穴が開いて光が通る岩山も多い。こうした砂岩の板皁に遊牧民や隊商がつける名称も、形状の豊かさを物語る。また幻想的な輪郭のおかげで、隊商の案内人は、岩山のあいだに開いた

★ François Joseph, *Études égyptiennes*, Chalon-sur Saune: J. Dejussieu, 1856.〔現在は、ワーディ・ハンママト付近に同定されている〕

盤根錯節の迷路でも位置を誤らない。岩の色合いも目印であって、緑、黄、ピンク、青の色合いをもつ層もあれば、鉄分の多い砂が卓越し、まばゆい赤の層もある。山肌には碧玉や玉髄、燧石の晶洞がみられる。だが案内人は、通るたびに何らかの変化を見出す。岩の風解が生んだ砂地は、風のままに位置を変えるからだ。風は砂丘の稜線の上空へ、細かい砂粒を霧のように巻き上げ、あるときは稜線のこちら側、あるときはあちら側に積もらせる。積もった砂は円丘のように堆積し、優美な曲線でもって基部の大きな砂粒の層に合する。移動砂丘は高さ五〇メートルを超えるものもあり、平地の空間をあちこちに進んでゆく。しかしどれも三日月形［バルハン砂丘］で、角を南に向けているのは、卓越する北風のせいである★。

アトムル地方

砂岩質の岩山のほぼすべてと砂丘には、まったく植生がない。わずかに樹木がみられるのは、結晶質の岩石からなる山々の斜面だけで、緑のマキ［*maquis* 灌木林］が美しい。現在までのところ、コロスコ沙漠の砂岩に動物化石は見出されておらず、わずかにバユーダのステップ地帯、エジプト、および東アフリカのいくつかの地方と同様に、石化した樹木だけが発見されている。ルッセガーによると、ヌビア地方のこうした砂岩は、白亜紀よりも後に堆積したらしい。最も不思議な形成物のひとつが、球形に近い石で、大小さまざまの弾丸や霰弾、砲弾に似ている。おびただしい数が地表に散乱するので、何人かの旅行家は砲弾代わりにするよう、ムハンマド＝アリーに真面目に進言したほどだ。こうした丸石はハンガリーのコロジュヴァール［現ルーマニア共和国クルジュ・ナポカ］にみられるものと似ており、種々の色合いの砂の層が同心円状になって形成され、内部は空洞か、さらさらとした砂が入っている。表面はすこぶる固く、鉄分を含む層だ。赤道にあたる箇所は、しばしば鋳型の接合部のような盛り上がった縁になっている★★。ナイル川の東、ヌビア沙漠を抜けてアブー・ハメドからコロスコに到る大隊商路は行程五〇〇キロほどで、この地方のあらゆる地形の範例になる注目すべき地点が連続する。ここはとくに「アトムル」の名が冠された地方で、トゥアレグ族の

★ Georges Pouchet, *Dongolah et la Nubie*, Paris: Impr. E. Guyot, 1861.

★★ Trémaux, *Voyage en Éthiopie au Soudan Oriental et dans la Nigritie*, *op.cit.*; Russegger, *op.cit.*; Ernst Marno, *Reisen im Ægyptischen Sudan*. [*Reisen im Gebiete des blauen und weißen Nil, im ägyptischen Sudan und den angrenzenden Negerländern in den Jahren 1869 bis 1873*, Wien: Gerold, 1874?]

出所：スピーク及びグラント　C.ペロン作図

1 : 2800000
0　100 km

図 82　コロスコ沙漠［アトムル地方］

言葉でいう「テムラ」が、「土地、広域」を示すことを考えると、由来はベルベル語かもしれない★。隊商路は、粗面岩の円頂をもつ山地を登攀したのち、砂岩の丘陵のあいだの裂開から裂開をうねうねと辿り、ひとつの平地を縦断する。これはアラブ人によると古代湖の湖底で、バフル・ビラー・マー、すなわち「水なき大河」の名をもつが、水流が通過したり、湖が滞留した痕跡はない。アトムル地方を縦断する旅人にとり、唯一の井戸であるモラドの井戸が少量の淡水を供給する。いっぽう、沙漠には塩性物質を大量に含む砂地が各所にあり、蒸発した古代湖に由来するのは間違いない。バフル・ビラー・マー近くの住民はこうした土地から採塩し、隊商に販売する。ヌビア沙漠を蛇行する涸れ谷のうち最大なのはワーディ・アラキの谷で、エトバイ山地に端を発し、北西に向かったのち、コロスコ下流でナイル川に合する。流域面積は二万五〇〇〇平方キロ以上だ。まれに豪雨により突然満水になることがあり、数時

★ Henri Duveyrier; Lejean, *Voyage aux deux Nils*, *op.cit.*

挿画 XXXVI　コロスコからアブー・ハメドへの道の入り口
D. エロン氏の一葉の写真をもとに、テイラー筆

間にわたり強力な支流に姿を変え、強い流れでもってナイルを完全に押しとどめる。いつもは本流の谷間も支流の峡谷も、からからに干上がっているが、地中に隠れた水分のありかを樹木が示す。ビシャリン人はその樹下に宿営する習慣だ★。

バユーダ地方

ナイル川がヌビア地方を通過する区間はふたつの大屈曲部からなり、緑地がふちどる長大な銀色の帯である。その西に立ち上がる山々も東側とおなじ地形形成で、種々の始原岩の岩山、砂岩質の山塊、そして火山性の溶岩原や火山滓からなる。マガガ山地、ゲクドゥル山地、ギリフ山地などの高峰集団は、第六瀑流からダッバまで、ナイルが四分の三周する区間の、ちょうど中心に位置し、頂上は一〇〇〇～一一〇〇メートルに達するらしい。これらの山塊が睥睨《へいげい》し、西はカルトゥームとアンブコルまで、おそらくナイルの分流が通っていたと思わ

★ John Lewis Burckhardt, *Travels in Nubia*, London: John Murray, 1819; Russegger; Linant de Bellefonds, etc.

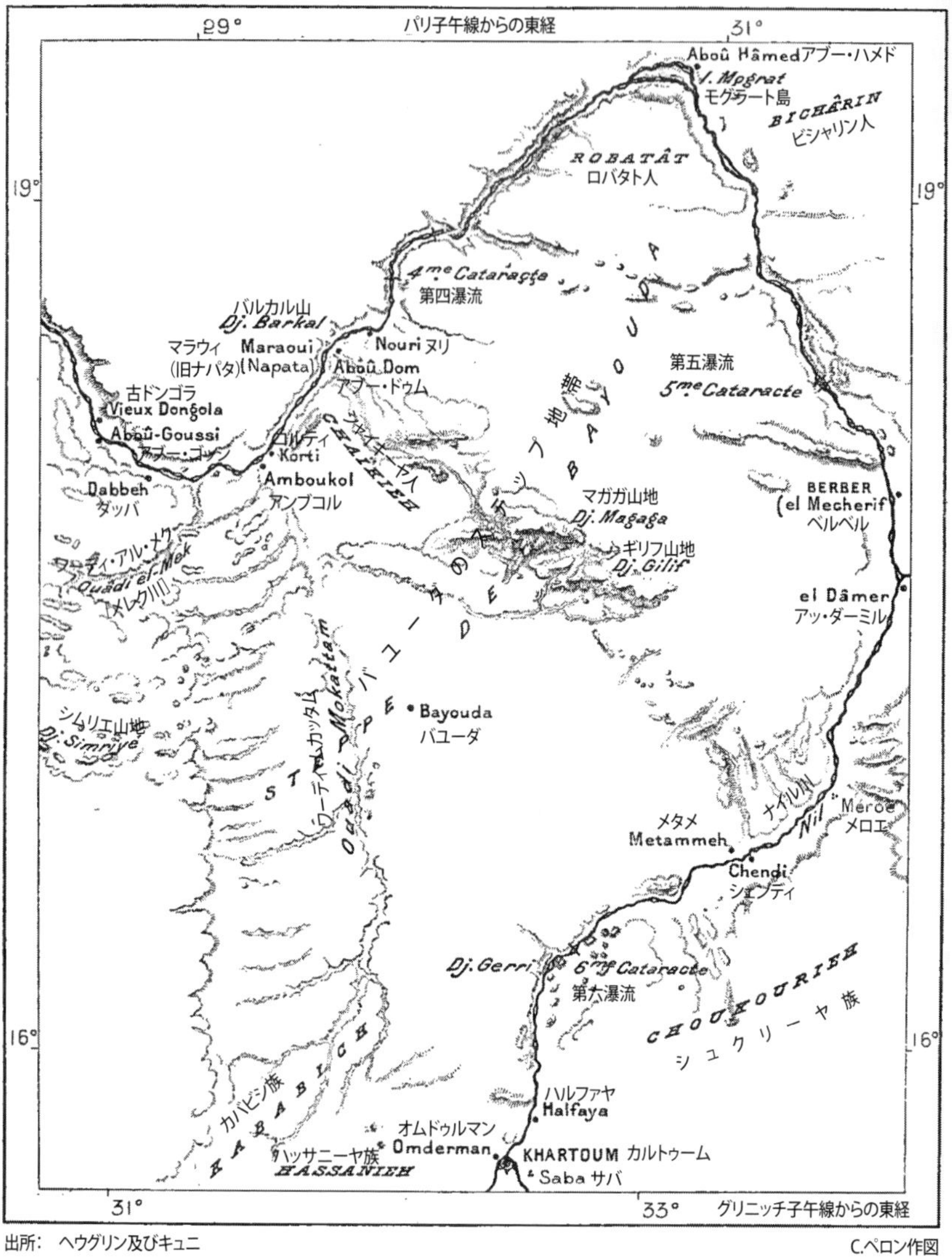
パリ子午線からの東経
29°
31°
19°
16°
33°
グリニッチ子午線からの東経
Aboû Hâmed アブー・ハメド
I. Mograt
モグラート島
BICHÂRIN
ビシャリン人
ROBATÂT
ロバタト人
4me Cataracte
第四瀑流
バルカル山
Dj. Barkal
マラウィ
(旧ナパタ)
Maraoui
(Napata)
Nouri ヌリ
Aboû Dom
アブー・ドゥム
古ドンゴラ
Vieux Dongola
Aboû-Goussi
コルティ
Korti
Amboukol
アンブコル
Dabbeh
ダッバ
第五瀑流
5me Cataracte
BERBER
(el Mecherif
ベルベル
マガガ山地
Dj. Magaga
ギリフ山地
Dj. Gilif
el Dâmer
アッ・ダーミル
Quâdi el-Mek
メレク川
シムリエ山地
Dj. Simriye
Bayouda
バユーダ
Ouadi Mokattam
ワーディ・ムカッタム
バユーダのステップ地帯
メタメ
Metammeh
ナイル川
Nil
Méroé
メロエ
Chendi
シェンディ
Dj. Gerri
6me Cataracte
第六瀑流
CHOUKOURIEH
シュクリーヤ族
ハルファヤ
Halfaya
カバビシ族
KABABICH
オムドゥルマン
Omderman
ハッサニーヤ族
HASSANIEH
KHARTOUM カルトゥーム
Saba サバ

出所：ヘウグリン及びキュニ　C.ペロン作図

1 : 5 400 000

0　100 km

図 83　バユーダのステップ地帯

れるワーディ・ムカッタム、すなわち「記された谷★」が画する一帯は山国で、散在する低地には、雨季のあいだミモザ類の木立が緑をみせる。全域にわたりヌビア東部のアトムル地方よりもはるかに植物がみられ、バユーダのステップ地帯、ないしバユーダ沙漠と呼ばれる。赤い斑岩がドーム状をなす最高峰ウスブ・オマネを擁するマガガ山地は、ゲクドゥル山地とともに火山性の噴出物からなり、周囲には、おそらく溶岩流により液化した砂岩が珪化した火山滓が、砂地にナップ［推し被せ岩塊］になって伸びる。ルッセガーによると、かつてナイル川はもっと西を流れていたが、これら古代火山の噴火で東流せざるを得なくなり、八〇〇キロ以上にわたる大屈曲を描くようになったのではないかとされる。バユーダのステップ地帯の西部は、鉄分を含む砂岩が雨によりこの山岳地帯から流れ出し、厚い層になって地表を覆う。ところどころの底地に砂が溜まり、ワーディが粘土を堆積する。このため、平地はさまざまな色合いの長大な縞模様からなる奇観を呈する★★。

ワーディ・ムカッタム以西

ピンク色の砂岩からなるシムリエ山地ほか、ワーディ・ムカッタムの谷よりも西の山塊群は、マガガ山地ほど高くなく、またマガガ山地とおなじく短い。大雨が降るとダルフール地方の水流が通過するメレク川の谷が、これらの山地の西境だ。マラウィから新ドンゴラ［現ドンゴラ］にかけてのナイル河畔さえ、砂岩の急崖ばかりで、結晶質の岩山が再び姿をみせるのは第三瀑流［ドンゴラ下流］に到ってからである。そこの左岸の高所は、ヌビア地方東部に発達する山脈群の一部だが、その西ですぐに砂地に姿を消す。そして川岸からそう遠くない場所に、オアシスがナイルと並列して連続する。つまりヌビア地方西部は、ナイル川以東の空間と完全に対照的である。ワーディ・ハルファの北、イブサンブル［アブシンベル］の巨像群のほぼ正面に開く深い谷は、古い火山群の黒や赤っぽい外壁である。これがワーディ・ジャハンナ、すなわち「ゲヘナの谷［エルサレム近傍］」で、今なお燃えているかのようにアラブ人が敬遠する恐怖の地だ★★★。

砂の地形

★ Russegger, *op.cit.*; Th. von Heuglin, *Petermann's Mittheilungen*, 1859, no.IX.
★★ Hartmann und Barnim, *op.cit.*
★★★ James Augustus Saint-John, *Egypt and Mohammed Ali*, London: Longman *et al.*, 1854; Edwards, *op.cit.*

ヌビア地方は西部でも東部でも、砂岩は風雨と熱の影響で急速に砕解し、移動する砂に変化して、空気の流れにより砂丘や崖錐に盛り上がる。さまざまな点で、アフリカ大陸の砂は大アルプスの雪を思わせる。万年雪と同様に窪地や岩山の谷筋に積もり、雪崩のように亀裂に滑り落ち、岩の山頂へ尖り帽子のように載る。ところどころ絶壁の上方に雪庇のようにせり出し、わずかな衝撃で崩落する。沙漠の縁辺では、オアシスの住民と砂との絶え間ない闘争が行われる。砂は風に吹き寄せられて樹林を包囲し、耕地を覆い、泉を詰まらせて人間の居住域を締め付ける。だが他方では、耕作者は砂を土に混ぜて利用するのであって、恵みをもたらす空間に仕立てる面積は、水量の多寡によって決まる。

内陸の風向

ヌビア地方はふたつの気候区に分れるが、境界線は年々変動し、北風と南風の争いにより南北に揺れ動く。夏には赤道と北回帰線のあいだで陽光が鉛直に注ぐので、太陽にひきずられて南風が北半球に入り込み、雨雲を連れてくる。しかし北緯一七度線を越えることはめったにない。このため、ナイル川の谷に季節的な雨が降る限界点は、最後の支流であるアトバラ川との合流点付近である。以北の広大な地方では、南風の勢力は、北から吹く大気の流れに相殺される。だが南北の風の優勢は入れ替わるため、分離帯の場所は絶えず変化する。バユーダ沙漠を五月ないし六月に縦断すると、この勢力争いを経験する。あるときには南風、あるときは北風が卓越し、ふたつの嵐〔砂嵐か〕のあいだを進むからだ。ただし、勢力の交代が規則正しくなることも多く、日中は北から南に大気が動くのに対し、夜は逆転する。この均衡地帯の南には季節的な雨が降る。それは赤道に近づくにつれ長雨になり、降水量も増える。いっぽう北では、夏の雨は灌漑用水になるほどではなく、まれに豪雨があるのみだ。中間地帯に北風が卓越し、南風を通常の境界の向こう〔南〕まで押しやると、一帯はすっかり乾ききり、ナイル川から遠いヌビア地方の住民は食糧難や流浪、そして盗賊に直面する★。

紅海沿岸の風向

★ Russegger, *op.cit.*

紅海に隣接する沿岸山脈の地方は、内陸よりも恵まれている。沿海部は水蒸気が豊富なので、雨雲が北に入り込みやすいからだ。雨雲は北緯一七度どころか二一度線まで広がるし、その先でさえ時雨はひんぱんだが、雲を運び込むのは北風なので、雨は冬に降る。いっぽう南部では、南風が雨雲を運び込むため、雨は夏に降る。比較的に豊かなこの降水量の結果、ヌビア地方では、紅海近くと内陸のあいだに大きな対照が生じる。東側のアラブ遊牧民は家畜に十分な泉や井戸、牧草地を見出すのに対し、西側は岩山や砂地ばかりで、旅人の目が憩うのは、ワーディの岸辺に繁るいくばくかの低木を見下ろすヤシやミモザの木立しかない。乾燥が強くなりすぎれば、牧人は誰も沙漠に入ろうとしない年も多い。

ヌビア地方の自然区分

こうしたわけで、ヌビア地方の自然区分はかなりはっきりしている。バユーダ地方のほぼ全域を含む南部は、ステップ地帯である。それ以外はアトムルの沙漠で、例外は、ふたつの人煙まれで陰鬱な土地にはさまれつつも、緑があり、居住されたナイル河谷のみだ。居住地は随所でわずか数メートルの幅に縮小し、峡谷が分断することもあれば、岩山が直接に河水まで到る場所もある。だが、いかに狭く、日陰が少なくとも、塩味のする井戸水のみで喉をうるおし、目に入るのは岩と砂ばかりの単調な地平線だけのからからな沙漠を横断してくる旅人にとっては、この上ない随喜の眺めなのに変わりはない。ナイル川が近くなると、アラブ人は空気の湿り気でもって感じ取る。「アッラーは称えられるべし！ナイルの香りだ」と叫び、互いに祝福するのだ★。

気温と疾病

ヌビア沙漠は、日中の暑さと夜の寒さの差［日較差］が最大の部類である。摂氏二六度と二七度の等温線が走る地方では、温度計はしばしば四〇度を超えるにもかかわらず、陽が昇る前の沙漠は身の震える寒さであることが多い。原因は大気の猛烈な乾燥で、夜間に熱が空中に放散するせいだ［放射冷却］。また、ほぼ必ず吹く北風も、夜間の気温を引き下げる。空気中の水分は、ヌビア沙漠に霜が降りるには少なすぎる。路次に斃死した動物の死骸は腐蝕せずに

★ Burckhardt, *Travels in Nubia*, *op.cit.*

干からびる。表皮は固く張るが、その下の肉は、まったく臭いを発しないまま、緩慢に塵に分解してゆく。路傍に人間の遺体が数センチの砂で覆われていても、信心深い者がまっすぐに立てた石がなければ、気づかぬままに行き過ぎるだろう。乾燥した沙漠の空気は、ヌビア地方の現地住民のみならず、外国人にとっても、この地が完全に衛生的である理由だ。湿った平地が放散する瘴気を遠く離れ、天幕に宿営するのは、いかなる療養所にもまさる。ただしアラブ人を見習い、昼夜のあいだの気温の急変にそなえた服装が必要だ。エジプトからのペストがヌビア地方に入り込んだことは絶えてなく、下ナイル地方で怖れられる種々の眼炎も、ワーディ・ハルファの瀑流［第二瀑流］から上流では、磨き立てたような岩壁と、銀色に輝くナイル川のまぶしさにもかかわらず、知られていない。だが、ナイル川の氾濫が遠く田園部に広がる地域では、ところどころ沼沢が残留するため、悪性の熱病がすこぶる一般的で、しばしば命にかかわる。大半の住民はナイルの河水を直接に汲んだものを飲用にせず、少し離れた箇所に井戸を掘り、砂が濾過した水のほうを好むし、またそれを何時間も日に当てる。さらにトルコ人のように川岸のすぐ近くに都市を建設しようともしない。彼らの村はステップか、沙漠の縁辺にあり、マラリア地帯から距離をとって設けられる★。

植物相

気候の遷移地帯であるヌビアは、動植物についても同様である。バオバブは、コルドファン地方とエチオピア高原の前山地帯よりも北方の平地ではもうみられない。両ナイルにはさまれた地方［スィンナール地方］に卓越するデレブ［オウギヤシ］も、両ナイルの合流点［カルトゥーム］以北では姿を消す。ドームヤシの南方種［*Hyphaene thebaica*］はもっとエジプトに向かい北上するが、それでもベルベルからサワキンに到る隊商路がほぼ限界で、以北には自生しない。コロスコの沙漠の底地に時折みられるアルグン［*argoun, Medemia argun*］は、多くの旅行家がドームヤシと呼び、じっさい二股に分れる枝をそなえてよく似ているが、こちらはヒュファエネという別の属である★★。果実は独特な味で、「スパイス入りパンの木」という名もうなづける★★★。北部で筆頭の樹木はナツメ

★ Russegger, *op.cit.*
★★ *Ibid.*; Georg Schweinfurth, *Petermann's Mittheilungen*, 1868, Tafel 9.［北方のドームヤシ palmier nain, palmier doum の学名は *Chamaerops humilis*］
★★★ M. Rozière, *Description de l'Égypte*, Paris: Impr. Impériale, 1809.

ヤシで、食料のほか、天幕の杭、柵、むしろ、腰掛、粗い布地など様々に利用されるが、南部では希少になり、カルトゥームの樹林が南限だ。エジプトイチジクは、まだドンゴラでは目にされ、常緑の葉が灰色の家壁と対照的だが、南下するにつれ少しづつ見当たらなくなる。ナイルの川沿いから離れれば、種々のアカシアやミモザが卓越する。「オシャス〔*ochas*〕」と呼ばれる木は、純白に輝く絹のような手触りの冠毛をつけた実をたわわにもたらす。キユニによると、この繊維を綿糸に混毛して織る布地はすこぶる美麗らしい★。紅海沿岸の果樹としてはブドウ〔葡萄〕、オレンジ、レモンがあるが、菜園での栽培に限られ、果実も酸っぱくて風味がなく、熟する前に腐ってしまう。穀物は、ナイル河畔にせよ、ワーディ・ムカッタムの谷や内陸のステップ地帯にせよ、エジプトと同一種である。

動物相

ヌビア地方南部の野生動物は、コルドファン地方およびエチオピア縁部山脈の斜面と変わりがない。ライオン、ヒョウ〔豹〕、ハイエナ、アンテロープやシマウマ〔縞馬〕、キリン〔麒麟〕、ダチョウ〔駝鳥〕が黒河〔ナイル川〕沿いのミモザの林や、バユーダのステップを馳駆する。種々のサル〔猿〕はベルベルの先までナイル川沿いにみられるが、ゾウ〔象〕とサイ〔犀〕はアトバラ川中流部の森林地帯を越えない。北方にいた最後のカバ〔河馬〕が殺されたのは今世紀中葉、ハネクの瀑流〔第三瀑流〕においてであった。古代絵画ではスウェネト〔アスワン古称〕下流にその姿が示されている★★。ナイルの中洲や川べりには数百万羽の水鳥が目白押しだ。ルッセガーはナイルの河水が堆積した真新しい泥土に、水辺から岸に向かう四手類〔霊長類〕の足跡とおぼしきものを追跡したが、ヌビア住民が奇譚を語る「アマニト〔amanit〕」と呼ばれる獣を実見することはできなかった。シロアリ〔白蟻〕はなおドンゴラでは恐るべきものだが、北緯二〇度の北にはみられなくなる。家畜としてはウマ〔馬〕が唯一で、背が高く、独特の長所をそなえる。カバビシ族のウマとおなじく、明らかにアラブ種が起源で、近傍のオアシスで飼育される。弓なりの頭部とやせた足、膝まで白毛という姿で、先祖の美しさは失われたが、狡猾さと痛の強さは驚くほどだ。飼料は乳とドゥッラで、ときにデーツも加わる。通常走法はギャロップで、ナイル川の泥土だろうと山腹の石だらけの斜

★ Cuny, *op.cit.*
★★ Ernest Desjardins, *Notes manuscrites.*

面だろうと、ものともせずに突っ走る。ただし気候の変化に弱く、ヌビア地方から出ると斃死してしまう。ヌビア地方でさえ、エジプト軍士官が徴用した結果、頭数が激減した★。ビシャリン人とアバブデ人のラクダも、ドンゴラのウマに劣らぬ速さで名声が響いている。

第二項　住民と物産

バラーブラ人の起源

ヌビア地方はしばしば征服され、またナイル川の両岸以外にほとんど〔居住地の〕構成要素がないため、住民の出自はハム系、アラブ系、ニグリシア系、トルコ系が非常に混淆している。それでも、バラーブラ人が底流とは言えるのであって、彼ら自身も「土地の民」を自称する★★。エジプトの横手にあるオアシス、シーワ〔シワとも。図86 図101〕の住民と言語上の類縁であるサハラやマウレタニア〔マグリブ地方古称〕のトゥアレグ人やカビル人を指す「ベルベリ〔ベルベル人〕」という術語を、バラブラと同義とみる著作家もいる★★★。しかし、肌の色や典型、才幹などが大きく違うため、アフリカ史をはるか昔までさかのぼれぬ限り、人種上の類縁性を信じるのは困難だ。あまり根拠のない通説では、カイロ在住のフランク人〔西欧人〕の間でベルベランとかバルバランになった「ベルベリ」ないし「バラブラ」は、まったく単純に、エジプト文明の埒外、瀑流群の上流に暮らしていた黒人住民を指すギリシャ語やラテン語の「野蛮人」が由来とされる★★★★。しかし四千年以上の昔、今日バラーブラ人が暮らす場所にいると神殿の柱にしるされた主な黒人系部族民の呼称ワワは、一定の侮蔑の念をそなえるように見える。それは「わんわん吠え立てる」民の意かもしれず、古代ギリシャ人のいう「野蛮人《バルバロス》」の原義「ちんぷんかんぷんな言葉をべらべら話すひとびと」と意味がほとんど違わない。だが、テーベ神殿の民族一覧表に「ベラベラタ」の名が発見されて以後は、「バラブラ」がその派生語であることにほ

★ Pouchet, *op.cit.*
★★ Werne, Hartmann und Barnim, etc.
★★★ Hartmann, *Die Völker Afrikas*, *op.cit.*
★★★★ d'Escayrac de Lauture, *op.cit.*

ぐれないと感じるだけで、床屋に傷をつけてもらい、ウシ［牛］の角でできた器具でもって血を吸い出させるのだが、も分からぬようだ。また医術と称してわざわざ見事な肢体を損傷させる。局所的な痛みや、あるいは単に気分がす傷を施す習慣がある。だが黒人やベジャ人といった他の民との区別にならぬ傷跡をなぜつけるのか、理由は自分でふくらはぎはやや華奢だが、遊牧民ベドウィンほどではない。ベジャ人やフンジ人とおなじく、両頰に三筋の切りが、整った顔立ちで、大きく開いた眼が生き生きと輝く。均整のとれた中背で、見事に広い胸をそなえる。前腕とい。唇は非常に清らかで、厚ぼったく突き出る例はめったにない。歯は小ぶりで真っ白だ。頰はわずかに突き出るり、ヨーロッパ人からみて美貌に分類できる人物もひんぱんに見かける。鼻梁はまっすぐでしっかりし、鼻孔は広額は丸く、頭髪は黒人のような縮れ毛ではなく、強く波打つ。ニグリシア人同様に髭は薄いが、相貌は整ってお様々だが、一般に黒の地肌に赤っぽい透明感をそなえ、中央アフリカのニグリシア人とはっきり異なる。長頭型で、バラーブラ人はアフリカ人のなかでも最も肌の色が濃い部類である。銅貨のような色から、青みがかった黒まで

バラーブラ人の身体的特徴

ヌボタエ人である。ただし現在では、この言葉はアラビア語とすこぶる混じり合っている★★。性は非常に高い。ヌビア地方に暮らしていたワワ人やブレムミュアエ人に対し、現在も存続する言語を与えたのがでいた戦士部族に肩代わりを求めたのである。この「ヌボタエ人」がコルドファン地方のヌバ人と類縁だった蓋然族民がヌビア地方を侵略し、実力で居座った。ローマ軍守備隊は撤退やむなきに至り、「ヌボタエ」と彼らが呼んDiocletianus 二四四—三一二］の治世には、今日のベジャ人、とりわけビシャリン人の祖先であるブレムミュアエ系部住民の民族要素がすっかりその上を覆った。ディオクレティアヌス帝［ローマ東方正帝 Dioclétien, Gaius Aurelius Valeriusし、言語面も人種面もレトゥ系の一色だった。逆流はペルシャ時代まで始まらなかったが、ローマ時代には、現地多くの別の民との混淆を経ている。第一二王朝から第二〇王朝まではエジプト人がナイル河谷の全域を植民地化ぼ疑いはない★。いずれにせよ、黒人であるワワ人も、ベラベラタ人も、今日ではバラーブラ人になったわけだが、

★ Heinrich Karl Brugsch, *Geographie des alten Ägyptens*, Leipzig: Hinrichs, 1857.
★★ Lepsius; Hartmann; Cust.

傷があまり早くふさがらないよう、刺激性の粉末でもって掻破する。以前には灼熱した何本かの釘を体に突き刺した。痛みの度合いによっては、尖端ではなく釘頭のほうを突き込むこともあった★。

着衣と装身具

ヌビア人の日常の服装は、チュニックの上にエジプトのファッラーヒーン［零細農民］が着る青い綿の長いガウン、そしてサンダルと、フェルトの帽子である。ターバン状に頭髪を巻き上げる者も少しいる。武器は禁じられているが、左腕に一振りの短刀か匕首を革の組紐で装着し、ガウンの袖に隠していない男はめったにいない。南部の若い娘の大半はいまだにチュニックの代わりに「ラハド」と呼ぶ房飾りの帯を締め、真珠やビーズ玉、貝殻で身を飾る。ヌビア人の女性は、南北を問わず片側の鼻孔に環を通し、耳にピアスして白い木片を挿す。結婚すれば、夫が木片の代わりに金属製の飾りを贈るならわしだ。女性の髪型は、エジプトの古代建造物にみられる様式がいまも続いている。油脂や黄土を塗って編み上げるのだが、死去すると、その日のうちに解きほぐしてしまう。生前の髪型のまま墓に入るのは宗教上許されない。何人かは髪の毛を縮らせたのちゴムを分厚く塗り、磨き上げたヘルメットのようにする★★。

出稼ぎ

ヌビア人は働き者の農耕民で、エジプト人とおなじシャードゥーフ［跳ねつるべ］やサーキーヤ［水汲み水車］でもって灌漑し、ドゥッラ、ドクンほかの穀物を作付けする。だが、ナイル川とステップ地帯がはさみつける田園の物産は口に糊するには足りず、ダナグラ人［ドンゴラ出身者］を大挙して南方に引き寄せる移住の動きとおなじく、かなり多くのヌビア人の若者が、エジプトの都市に富を求めて出かけてゆく。大半はカイロの邸宅やホテルの使用人になるが、だぶだぶな袖の青いチュニックだけ、あるいは錦と金糸の壮麗な服装を着込んで、パシャやヨーロッパ人金持ちの供回りの先駆けをする「サーイス」になる者もいる。忠実で従順、比較的に清潔で、ほぼ誰でも数をかぞえ、アラビア語を読み書きするので、ヌビア人は一般に他の人種の召使よりも好まれる。病気や事故に遭わなけ

★ Hartmann, *Die Nilländer*, *op.cit.*
★★ Pouchet, *op.cit.*

れば少しづつ蓄えてゆき、結構豊かになって故郷に戻り、わずかばかりの土地を購入し、その上がりで平穏に暮らす者もみられる。つまりこうした出稼ぎの貯金により、エジプトはヌビア地方の住民を養っているわけだが、租税やあらゆる取り立てを通じ、エジプトは与えたものをはるかに上回って奪い返した。エジプトによる征服以前のヌビア人の暮らし向きが、今日よりもはるかに安楽だったのは確実である。川沿いの岩山には、随所に絵のような居館の廃墟や、都市址さえみられるのに、今日では都市が創建されることはない。もう揚水の手間をかけようとしない高所の耕地は放棄され、多くの村で、もはや住民はシロアリの害と戦おうともしない。家屋が倒壊すると、枝とむしろの小屋掛けに居を移すだけだ。

気質と信教

一方では出稼ぎ、他方ではエジプトの役人や、あらゆる人種の兵士の往来と駐留が原因となって、自然に原初の典型は種々に変容した。いまではヌビア人男女のあいだにも、エジプトの古代建築に刻まれたレトゥ人の典型を思わせる人物がひんぱんにみられる。自民族の一般的特徴を喪失し、隷従と貧窮によりファッラーヒーン並みの怠惰と臆病、無気力に陥った人々の、なんと多いことか。全体としてみたヌビア人は活動的かつ朗らかな楽天家で、親切だが、エジプト人と接触してからは、酩酊に身を委ねるようになった。イスラームに改宗してからは、下ナイル地方の田園の農民よりもはるかに熱心な信者で、几帳面に祈りを捧げ、叩頭する。だがカイロや、さらにはヨーロッパで学ぶ機会を得た多くのヌビア人が証するように、より優れた文明を受け入れる能力に欠けるところは全くない。過去にも、異教のメロエ王国を引き継いだドンゴラやアロアはキリスト教国だった。「キラーゲ」という名詞は、ギリシャ語で「主の日」をさす「キリヤキ」の派生語で、いまなおこれが日曜日を指すのも、消えてしまった信教のよすがだ★。

生業

ダナグラ、ないしダナガレが「ドンゴラ人」の謂いなのと同様に、バラブラの呼称はとくに南部、主に首府［ドンゴラ］周辺と、ナイルの中洲に暮らす人々を指すのに用いられる。北方のバラーブラ人とは商売気のたくましさで一線を画

★ von Kremer, *op.cit.*

し、カルトゥームでも、コルドファン地方やダルフール地方でも、多くのコロニーに集住する。身売りして傭兵になる者もおり、河川地方で多くの奇襲を行ない、奴隷商人のため捕虜を穫ったのが彼らだ。ダナグラ人の方言は北方のバラーブラ人とほとんど違わないが、商売上の付き合いのせいで、アラビア語の混入する度合いがはるかに大きい。第三瀑流の一帯のナイル両岸に暮らすマハス人はダナグラ人よりも色黒で、一般にいっそう尚武の風があり、誇り高い深沈さをそなえ、他の種族と一線を画す民をもって自任する。さらに北方、コロスコから第一瀑流にかけてのナイル河谷を占めるケヌジ人は、古代碑文のいうケンス人である。流域の両側から狭いナイル河谷のヌビア人農民を締め付ける遊牧民は、どれもアラブを自称するが、出自は色々である。だが彼らが話し、年々拡大しているのは預言者の言葉［アラビア語］だ。これらの遊牧民によるヌビア人への呼称は、古代の「野蛮人」という呼び名を思わせるもので、「迷惑そうにどぎまぎし、つっかえつっかえ話すひとびと」の意らしい★。ヌビア人農耕民と混淆している土地は皆無で、まったく別の集落に暮らし、祭日や習俗も違う。またほぼいつも無帽で往来する。

ビシャリン人

こうしたヌビア地方の「アラブ」のうち、最も特徴的かつ最大の部族数をそなえるのがビシャリン人である。典型的なベジャ人であり、名称は少し変化しているものの、一般に二〇万人の人口とされ、人種全体をビシャリンと呼んでもよいかもしれない。上背のある者はめったにないが、筋骨たくましく、やせぎすながら見事に均整がとれ、驚くほど器用だ。肌はニグリシア人と全然違い、混淆して変容した氏族を別にすると、まったく黒光りしない。むしろ新世界の先住民のような赤い肌である。天幕に暮らす女性は、カラブリア地方やシチーリア島の農婦とほとんど違わぬ顔色だ。若者はきわめてやさしげで繊細な顔立ちで、若い女性かと見まごうほどである。成熟したビシャリン人の顔貌は整っているが、わずかにごつごつしている。鼻梁はまっすぐで、力強く突き出る。顔面は清らかで、自傷したりはしない。削げた頬とひきしまった唇をそなえ、象牙色のきれいな歯をのぞかせる。歯が白いのは、ドンゴラ付近に繁茂するアラクという常緑樹［*Salvadora persica*］の根をいつも噛んでいるからだ★★。喫煙者は皆無で

★ Pouchet, *op.cit.*
★★ Wilson and Felkin, *op.cit.*; Cuny, *op.cit.*; Colborne, etc.

挿画 XXXVII　ラクダの隊列のビシャリン人案内人
リヒャルト=ブフタ氏の一葉の写真をもとに、シルイ筆

ある。だが老化は早く、疲労と貧困、渇きと空腹のせいで、急速に美貌は失われる★。眼差しは炎のように力強いが、砂地が反射するまぶしい光のせいで半眼になる習慣をもつため、どこか獰猛な印象を与える。またじっさい、ビシャリン人の多くは酷薄という非難にあてはまる。何人もの旅行家がしばしば無慈悲な人間と描写するが、吝嗇への情熱が最大の欠点だろう。しかし彼らはご機嫌かつ好奇心が強く、多弁で、気の利いた会話を楽しむ。大半は信仰心が薄く、イスラームにはるか先立つ多くの宗礼が残存する。イワシャコ［岩鷓鴣］類は聖なる鳥とみて殺さないし、ヘビ［蛇］を敬う★★。言語圏をもって地理的領域とするなら、ビシャリン人はハム系諸語をエジプト人につなげる存在で、メロエのエチオピア人が刻した聖刻文字や民用文字の碑文は、ビシャリン人の古語で記されている★★★。個人に所有権はなく、財産は所帯や部族のあいだでのみ分割され、集団的所有権しか存在しない。ステップ地帯のいくつかの土地も全部族の共有財産とみなされ、どの部族にとっても共同放牧地である。ビシャリン人には決闘の作法があり、その武勇が窺える。お互いにナイフを手にし、相手の体に突き立てるのだが、致命傷を与えぬようにする。故老たちが一撃一撃を判定し、決闘者の態度を称えたり叱責したりしたうえで、両者の名誉が保たれたと思われる時点で、二人を引き離す。部族によっては姦通は微罪にすぎない。種族の高貴さを引き継いでゆくのは女性だからだ。

アバブデ人

アバブデ人［アラビア語ではアバーブダ］もアフリカ起源の「アラブ」で、おそらくプリニウスのいうゲバデイ族の末裔だ。ルッセガーの旅行の際には四万人ほどだったらしいが、強盛だった時代の仇敵、ビシャリン人と混淆して激減したようである。大型の部族はヌビア地方に宿営地があるが、それ以外はクセイル以北、ナイル川と紅海のあいだの高地と雨谷の地方まで遊弋する。アバブデ人は「ジン［妖霊］の息子たち」を自称するが、沙漠に生まれた原住民族であるということだろう。ビシャリン人に似ているが、アバブデ人のほうが繊細な顔立ちと優美な動作、親しみやすさをそなえる。北方のアバブデ人はアラビア語を話すが、一定

★ Ernest Linant de Bellefonds, *L'Etbaye ou pays habité par les arabes Bichariehs: Géographie, ethnologie, mines d'or*. Paris: Arthus Bertrand, [1868].
★★ Berghoff, *Globus*, Apr. 1881.
★★★ Lenormant, *op.cit*.

数のバラブラ語が混じる。南方民はベジャ語を保持する。ナイル川近くではバラブラ語が卓越する★。クリュンツィンガー［ドイツ人医師、博物学者 Carl Benjamin Klunzinger 一八三四―一九一四］は、クセイルのアバブデ人は異邦人の前で母語を話すのを控えると観察した。神秘の言葉を漏らせば、頭上に災いが降りかかるかもしれないからだ。輿入れ後の妻が自分の母親に再会するのも、婚家に不幸を呼ぶとされるため、南アフリカのバントゥー人とおなじく、アバブデ人は義母に出会うのを懸念せずともよいよう、遠くに新居を設けねばならない★★。アラブ人のような天幕暮らしではなく、簀垣《すがき》とむしろでもって小屋掛けし、牧草地を移るときにはそれをまるめてラクダ［駱駝］に背負わせる。あるいは祖先の穴居民と同様に、洞窟でも暮らす。亀裂部の粘土を掘れば、先史時代の品々が数多く出土するのである。アバブデ人は粗食で、それに用いるドゥッラと交換するのは、ゴムや、紅海近くでは種々の物産と魚介類だ。旅行家の大半はアバブデ人の実直さ、親切、率直さを称揚する。暮らし向きは悲惨でも、ファッラーヒーンのように物乞いすることは絶対にない★★★。

カバビシ族ほか

上記のほか、ヌビア地方の住民には以下がある。コルドファン地方と両ナイルのはさむ半島状の土地［スィンナール地方］を領域とするが、狭すぎるため、そこからはみ出した強大なカバビシ族とハッサニーヤ族がいる。シュクリーヤ族はアトバラ川以北のステップ地帯を蚕食する。バユーダ地方にはサウラト人、ハウィン人、ジェライアド人がいる。最後に、ベルベルとドンゴラのあいだのナイル両岸にはロバタト人［ロバタブか］とシャイキーヤ人がいる。これらのアラブ、ないしアラブ化した人々の総数は二〇～三〇万人ほどだろう。それ以外からの移入民はバラーブラ人の塊に溶け込んでしまい、出自の記憶を保持するのは、血統意識に利害を有する貴族的な門閥に限られる。ボスニア人がそうで、一五二〇年に一帯の平穏を回復するため派遣された兵士の子孫だ。彼らはナイル川を見下ろす崖上に城砦を建てさせて領主におさまり、古来の族長たちと姻戚になって同盟した。いまもボスニア出身のこれら「カーラジ」は下ヌビア地方、とくにアスワンからコ

★ Th. von Heuglin, *Petermann's Mittheilungen*, 1862, no.X.
★★ Carl Benjamin Klunzinger, *Bilder aus Oberägypten, der Wüste und dem Rothen Meere*, Stuttgart: Levy & Müller, 1878; Giovanni Battista Belzoni, *Voyages en Égypte et en Nubie*, Paris: Libr. Française et Étrangères, 1821.
★★★ Lepsius, *Briefe aus Ægypten*, *op.cit.*; Klunzinger, *op.cit.*

ロスコにかけて最大の実力者層であり、エジプト政府も地方行政を彼らに任せた。

第三項　都市と集落、遺跡

アブー・ハメド

ベルベル下流で最大の隊商の会合点アブー・ハメドは、市場の成立が必然な位置のひとつだ。ナイル川の両側が茫漠たる沙漠でなかったら、大都会が誕生していただろう。この地点でナイルは北西に流れるのをやめ、だしぬけに南西に頭をめぐらせ、四〇〇キロにわたり巨大な屈曲を描く。商人がこの長い迂回を避けるには、ナイル川を離れ、岩山と砂地を抜ける沙漠の道を七〜八日にわたり辿らねばならない。アブー・ハメドの南には、モグラートというかなり大きな川中島がナイルの河谷を広げ、他のヌビア地方の農村すべての合計を上回るほどの作付け地を、この市場町にもたらす。だが、コロスコからの商人が船を乗り降りする港なのにもかかわらず、アブー・ハメドはラクダ曳きと漁師が暮らす茅屋の集まりにすぎない。またこの一帯では、隊商は商品を保管する倉庫の必要がないのも本当である。荷を砂地に降ろすだけで、聖人アブー＝ハメドに捧げられた小さな建物の保護下とされ、何か月、あるいは何年も後に戻ってきても、自分の財産は、この尊崇される墓廟の陰に、置いたときのまま残っているからだ★。

マラウィ遺跡

アブー・ハメドから第四瀑流までの川沿いにはいくつか遺跡がみられるが、メロエ遺跡に次いで上ヌビア地方で注目される古代の址があるのは、第三瀑流の下流である。現在ここに所在するマラウィの名は、古代の首府名の派生語のようにみえるが、考古学者は種々の著作家の記述にもとづき、マラウィがヘロドトスのいうナパタであることに何ら疑いはないとし、解読された碑文類もこの点で一致する。マラウィは白々とした岩山の麓にあり、地理的に重要な位置を占める。第四瀑流の下流で航行が再開する起点であるとともに、ベルベルとシェンディからバユーダのステッ

★ Caillaud, *op.cit.*

プ地帯を越えてくる二つの道が収束するからだ。正面の対岸には、ヌビア地方で最も肥沃、かつ湿った谷間のひとつ、ワーディ・アブー・ドゥムの谷が、ナイル河谷に合する。高い瓦礫の堆積が、破壊された建造物を想起させるとともに、少し上流には、壮大なバルカル山の山裾に、いまも大建築群の址がみられる。バルカル山は巨大な四角形の砂岩の山で、平地のど真ん中に、まるで彫像を載せる前の基台を据えたようだ。ヒエログリフにおけるバルカルは「聖なる山」の意で、そこにそびえた主殿は、アモン＝ラー神の栄光を称えた。いくつか残る他の残骸は、ラムセス大王〔ラムセス二世〕に帰されるエジプト建築だったことに疑いがない。ただし、破城槌や等身大の獅子像にはアメンエムハト三世の名も読み取れる。一八六三年にマリエットがバルカル山の遺跡で見出した五本の石柱は、古代エジプト諸王朝に、エチオピア〔クシュ王国〕が重要な位置を占めることを明らかにするもので、極めて興味深い。それはヌビア地方に住む三人の王が、五一年間にわたりエジプトの大半を支配したことを示すからだ★。そのひとりタフラカ王は、アジアまで軍を進めた。バルカル山の遺物のいくつかはヨーロッパの博物館が収蔵する。

ヌリ遺跡

神殿の近くにはいくつもピラミッド群があるが、最も注目すべきなのはナイル左岸、ヌリの村近くに二五基を数える集団だ。メロエのピラミッドよりも寸法は大きいが、砂岩が柔らかいため保存状態は劣り、ほとんどは表面の磨いた石の被覆が剥落している。内部は穹窿構造で、近年までエトルリア人の発明と考えられていた支持法だが、第六王朝の墳墓があるサッカラをはじめ★★、オリエント各地にも見出されている★★★。ヌリの南方、ワーディ・アブー・ドゥム内には、ビザンツ様式の美しい教会堂と僧院の址がみられる。しかしナイル川左岸には、北岸〔右岸〕にあったはずのナパタに匹敵する大都市の痕跡は皆無だ。それでも一帯はかつて人口稠密で、マラウィを中心とする建築群の下流には、さまざまな時代の遺構が多い。古代エジプト文明に属するピラミッドもあれば、ビザンツの影響を思い起こさせる教会堂や僧院、イスラームの勝利の後に造営された城砦群もあ

★ Ernest Desjardins, “Les découvertes de l’Égyptologie françiase: les missions et les travaux de M. Mariette”, *Revue des Deux Mondes*, 15 mars 1874, *pp*.298-340.
★★ G. Maspero, *Notes manuscrites*.
★★★ Caillaud, *op.cit.*; Trémaux, *op.cit.*; Hoskins, *op.cit.*

るのだ。

古ドンゴラほか

ふたたび北に向かう前にナイル川が描くカーブの頂点は、アブー・ハメドの屈曲部とおなじく、商人の会合点にならずにはおかなかった。ただし、こちらの屈曲はかなりゆるやかで、隊商は、起点や終点を複数の地点から選ぶことができた。このため、カーブの頂点の上流から下流にかけて、荷の積み替え地になる集落が連続する。すなわちコルティ、アンブコル、アブー・ドゥム（アブドゥム）、ダッバ、アブー・ゴッシなど、いずれもカルトゥームからワーディ・ムカッタムを経由する隊商路の終点だ。うちダッバは、英軍が補給基地に選定した。アブー・ゴッシは、ナイル川からの鉄道がメレク川経由で沙漠に進入する候補地として、技術者たちが挙げる場所である。この路線はソタフルの井戸で分岐したのち、一本はカルトゥーム、もう一本はダルフール方面に向かう予定だ★。近頃まで、一帯最大の都市はもっと下流、ナイル右岸から三〇メートルほど高い砂岩の岩山にあるドンゴラ・アル・アジョーズ、すなわち古ドンゴラだった。古代エジプト帝国の時代には、デング・ウルの名だったと考えられている。ここで発見された一本の石柱は、のちベルリン博物館に移送された。古ドンゴラは十四世紀まで八〇〇年にわたり存続したキリスト教国の首都で、ムハンマド＝アリーの怒りから逃げ出したマムルーク兵が一帯を荒らしまわった際には、まだ人口稠密だった。しかしマムルーク兵のすぐあとにトルコ人が到来し、破壊の営みを仕上げたのである。古ドンゴラから新ドンゴラまでの区間には、ナイルの分流がはさむ川中島が連続する。いずれも作付けされ、多くが水面にヤシの川岸を映す魅力的な景観をそなえる。そのひとつナフト島［ラバブ島の誤りか］はマフディー、ムハンマド＝アフマドの生誕地だ。

新ドンゴラ（現ドンゴラ）

ヌビア地方の現在の首府ドンゴラ・アッ・ジェディダ、すなわち新ドンゴラは、カスル・ドンゴラ、つまり「ドンゴラ城」およびアル・ウルドゥ、すなわち「幕営」の名でも指し示される。じっさいの端緒も、マラカの村近くにマムルーク兵が構築した単なる兵営だった。位置はナイル川の大型分流から、西へ二キロの流れの沿岸である。この水

★ Ensor, *op.cit.*

流は増水期に港の役目を果たすが、渇水期には悪臭を発する沼地になり、危険な瘴気がたちこめる。家屋は低いが、どれも中庭や付属の棟、菜園をそなえ、広大な市域だ。いくつか大きな建物もあり、全体はかなり威圧的な眺めである。城砦からは博物学者エーレンベルク〔ドイツ人博物学者、動物学者、比較解剖学者、地質学者 Christian Gottfried Ehrenberg 一七九五―一八七六〕が建てた居館の址がみえる。エンソールによると平均の市内人口は七〇〇〇人以下だが、周囲の耕地から自作農が戻ると倍増する。北からの旅人は平屋根の家屋に慣れていることとて、ドンゴラに着くとびっくりする。屋根が傾斜しているからで、まさに乾燥地帯から、夏の定期的な雨の地方への移り変わりが明瞭だ。またシロアリ〔白蟻〕の絶え間ない活動も驚きの種で、下ナイル地方では知られていないこの虫がせっせと市街を損傷し、住民はいつも修繕に追われる。例の戦乱〔マフディーの乱〕では、ドンゴラは数か月にわたりエジプト帝国の最前線のひとつになったが、それ以前はかなり交易が盛んで、ダハビーヤ船にほとんど劣らぬ大きさの平底船が港にしばしば鈴なりだった。これらは瀑流群の下流で用いるラテンセイル〔三角帆〕ではなく、四角い帆をそなえる。ドンゴラ下流でナイルは二股に分れ、アルゴ島を囲繞《いにょう》する。同島はヌビア地方最大の川中島で、河畔の森や耕地、葉陰の村々、ウシ〔牛〕がのんびりとエジプトイチジクの樹下で回すサーキーヤは、ヌビア地方随一の美景だ。数千年前はヌビアにおけるエジプト文明の中心地のひとつで、第一三王朝の時代〔前一七八二頃―前一六五〇頃〕にはエジプト人の入植地があった。その時代に由来する巨大な遺構はいまも目にされ、とくに墳墓に利用された二個の立方体の岩塊や、セベクヘテプ四世〔第一三王朝ファラオ Sookhotpou IV, Sobekhotep IV 在位前一七三〇頃―前一七二〇頃〕の壮麗な巨像と、優美極まりない様式をそなえ、一部に聖刻文字が刻まれた彫像の残骸などが、島内で発見されている★。灰色の花崗岩の二本の柱は未成のまま倒れており、奴隷民にそれを建立させた君主の栄光を知る征服者が、倒壊させたらしい★★。トルコ勢が一帯を征服した際には、アルゴは別個の王国だったからだ。

ワーディ・カブのオアシス群

ドンゴラ西方には、ナイルから一定の距離を置いて一〇ほどのオアシスが、南から北に並ぶ。これがワーディ・

★ Caillaud, *op.cit.*; Lepsius, *op.cit.*; G. Maspero, *Notes manuscrites*.
★★ Hoskins, *op.cit.*

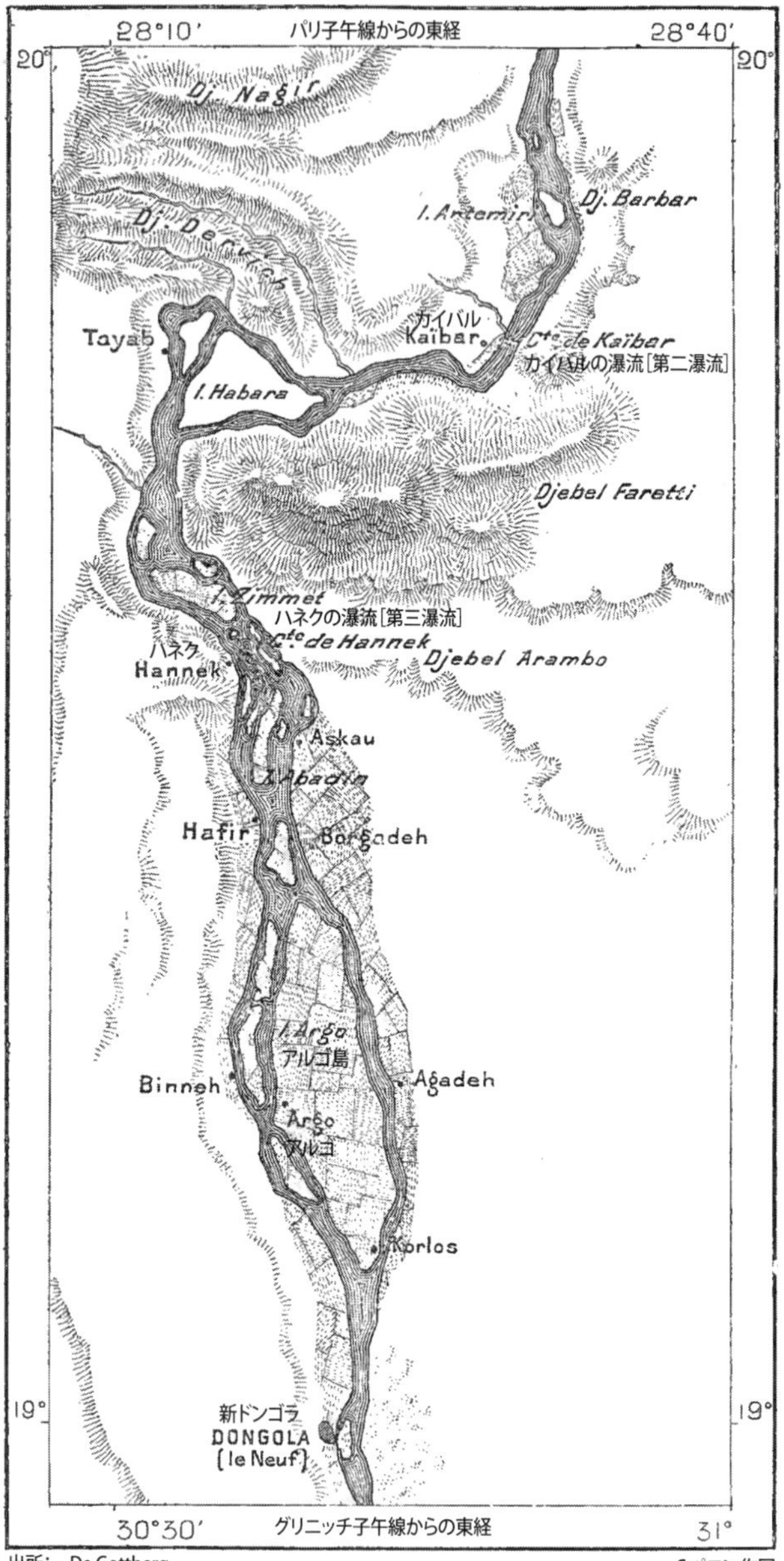

図 84　ドンゴラと第三瀑流

カブだ。ルッセガーによれば、これは古いナイルの流路で、現在のワーディ・ムカッタムの低地を流れていた当時の延長部とみるべきだという。じっさいワーディ・カブの左右は、浅瀬のように比高が小さく、河川敷に似た様相で、ハネクの瀑流［第三瀑流］の上流でナイル河谷に口を開く。現ナイル川よりも標高が低いと考えられており、このワーディ内に多くみられる泉や底地の水溜まりは、ナイル川から浸透すると説明できるかもしれない。草地や叢林、ナツメヤシほかの木立が一連のオアシスになっており、多くの住民が暮らせるだろうが、定期的に訪れるのは遊牧民カバビシ族に限られる。彼らは家畜に草を食ませ、デーツや木材を採取して、小屋掛けやサーキーヤの用材向けにドンゴラで販売する。北方には、もっと小ぶりなオアシス群がある。うちアスワン‐ダルフール地方間の隊商路にあるセリメは、良質な水と、泉群に差し掛けるヤシの木立にもかかわらず、近年は定住されなかった。前世紀末のブラウンの旅行のさいには草地しかなかったが、一八二二年にはカイヨーが何本かのギョリュウ［御柳］と、おそらく植えられて間もない数百本のヤシの木を目撃している。巷間言われるところでは、イギリス人はセリメのオアシスに小砦を設営して守備隊を常駐させ、もってダルフール地方からの経路を管制するとともに、隣のナイル河谷の住民を威圧する企画があるらしい。

ソレブ

ナイル河畔からセリメ・オアシスに向かう通常の経路は、第三瀑流の下流にあるソレブの村を起点にする。村の家屋をみおろす神殿址は、エジプト美術がヌビア地方に遺した最も広大、かつ美麗なもののひとつだ。立ったまま残っている列柱は、ギリシャ神殿を思わせる優美さをそなえる。だがアメンエムハト三世を称える彫刻や碑文は少なく、神殿の内部はまったく残骸の山だ。右岸を少し下ると［五〇キロほど］、アマラ［現アマラ・ウェスト］の神殿の彫刻された柱の群れが、ヌビア全域にわたり最も珍重されるナツメヤシに囲まれた姿をみせる。アラブ人が「石の腹」と呼ぶ峡谷と急湛の地方は、ここから始まる。両側から急崖が迫るが、川沿いの耕作地は途切れず、沖積土の幅が一〜二メートルしかない岸にもササゲ［隠元豆］やレンズマメがふつうに作付けされる。もう少し広ければドゥッラの畑になり、さらに広いとナツメヤシを何本か植え、樹陰に茅屋が憩う★。近くの岩山の稜線には、壕をめぐらせた往昔の駐屯地の防壁や、城砦の塔がそそり立つ。ヌビア地方の領主館がライン川地方のものとほとんど変わらないのは、ヨーロッパに似た封建制度のようすがだ。唯一、ボトゥン・アル・ハガールの女牆《ひめがき》の壁と本丸だけは日干し煉瓦で建てられ、横壁が軽く傾斜し、頂部よりも下部のほうが広く、塔は円錐形だ★★。このナイルの峡谷のほとりに湧き出す温泉のうち、ひとつは周辺の病人が非常によく利用するが、氾濫原にあるので、低水位期に限られる。いくつかの泉は砂地に湧き

★ Ensor, *op.cit.*
★★ Pouchet, *op.cit.*

出すため、高水位期に土中に浸み込んだ水がナイルに復帰する水流ではないか、人々は自問する。

セムナ

「石の腹」に集落はまれだが、そのひとつセムナには、第一二王朝時代［前一九九一頃―前一七八二頃］の小砦がふたつあり、両岸の丘から互いに正対する。氾濫するとナイルの広い河川敷も完全に冠水するが、渇水期だと両岸のあいだはほとんどが花崗岩の岩場になる。それは穴の開いた黒光りする岩で、暗い亀裂が刻む岩場だ。水流は幅三〇メートルほどに狭まり、毎秒数百立方メートルの水塊が泡立って流れ、ナイル川きっての勇壮な眺めである。セムナは、アメンエムハト三世治下のナイル川の高水位を岩にしるした多くの碑文を、レプシウスが発見した場所として名高い。それにより、ここ四千年のあいだに水位が大きく変化したことが分かる。そもそも、ファラオたちの時代の氾濫水位よりもかなり高い場所に、現在のナイルが洗って磨き上げる岩の迷宮とそっくりな場所はいくつもみられる。かつて大河はそこを流れたわけだ。エムカの村の対岸の岩場にははっきりした水平の線が筋をなしており、プーシェ氏［フランス人博物学者、解剖学者 Charles Henri Georges Pouchet 一八三二―一八九四］は、原初の高水位の限界とみている。その近くに口を開くワーディ・サラスが、現時点（一八八四年）で瀑流群を迂回する鉄道の終点だ。

ワーディ・ハルファ

ワーディ・ハルファ、すなわち「燈心草の谷」は、第二瀑流の最後の急湛区間から二キロ下流の右岸に位置する。まったくの砂地に生えたナツメヤシの列が取り囲む村だが、物資の荷揚げ地点にして隊商の出発地として、甚大な商業的、軍事的重要性を獲得した。またエジプト・ヌビア境界線が第一瀑流［アスワン］から第二瀑流に移されたことにより、国境地区の首府として、行政面の役割も担うようになった。イギリス人は同地に最大の軍需物資集積地を設けたし、一八七五年以降には、瀑流群を迂回する鉄道路の北端ターミナルにもなった。この路線はさらにドンゴラまで延伸する予定で、第三瀑流の下流にあるソリブ［ソレブか］に近いコイェに鉄橋が架けられ、西方の砂漠地帯を経て、ヌビアの首府［ドンゴラ］に到る計画だ。ワーディ・ハルファの瀑流を遡行するため、イギリス人は特製の船を建造し、その指揮を、カナダの河川における「瀑布」を乗り越えるのに慣れたカナダ人とイロコイ族の船頭にゆだねた。ナイルの瀑流に、イロコイ族のカヌーの漕ぎ手がいることじたい、蒸気機関がこの星をどれだけ小さくしたかの明証ではないだろうか。

アブシンベル遺跡

最近まで、ワーディ・ハルファは右岸にあるデルの村よりも人口が少なかった。デルはヤシの木の森のただなかに家屋が散在し、ヌビアきっての沃地にあり、ボスタンすなわち「菜園」の名で知られる。交易流動の点でもワーディ・ハルファは、ヌビア内のナイルの大屈曲を避ける隊商路の北端、砂浜の右岸にある交易地コロスコに及ばなかった。ワーディ・ハルファとデルの間で、ナイル川はエジプト美術の驚異である二つの神殿の膝元を流れる。これがイブサンブルの遺跡で、一般には誤ってアブー・シンベル〔アブシンベル〕と呼ばれる。いずれの神殿も、左岸をみおろす含鉄性の赤い砂岩の山に彫り込まれている〔岩窟神殿〕。ふたつの岩山のあいだには、リビア沙漠の風が吹き寄せる黄色い砂のなだれ落ちる箇所があり、両神殿の前にある砂山は積もる一方だ。そのため、正面口や彫像を何度も掘り起こさねばならなかった。南側の神殿、すなわち大神殿は太陽神アモン＝ラーを称えて建立され、全体が岩に彫られている。正面口に高さ二〇メートルの四体の巨像が座し、神色自若として壮大なラムセス二世を表現する。だが巨像のひとつはあるイギリス人旅行家が頭部を切り取ったため、下半身しか残っていない〔この記述は不正確で、完成後に地震で崩落したとされる〕。四体はいずれも碑文に覆われ、聖刻文字の碑文のただなかに、ギリシャ語とフェニキア語さえ見出されている。岩窟の内部には三つの大部屋と、一二の小部屋が続く。内壁は聖刻文字の碑銘や彫刻で覆われ、色彩はいまも輝く。ひとつの碑文は一一〇〇個以上の聖刻文字からなり、エジプトのイリアッドともいうべきカデシュの戦い〔前一二八六頃〕を再現したものだ。他の彫像もほぼすべてがヒッタイト人を打ち破ったラムセスの栄光を想起させる。ある部屋の天井には、もうヌビア地方ではみられず、コルドファン地方とスィンナール地方だけに見出される多くの動物種が、完璧に描出されている★。小神殿は女神ハトホルに捧げられ、正面口は高さ一〇メートルの六体

★ Russegger, *op.cit.*

挿画 XXXVIII　イブサンブル［アブシンベル］の巨像
D. エロン氏の一葉の写真をもとに、デュジャルダンが写真彫板

の巨像からなるが、うち四体はまたもラムセス二世を示す。その二番目と五番目の像は「神々しき美女」ネフェルタリ［ラムセス正妃 Nofreari, Néfertari 前一三〇二頃—前一二四九頃］を現し、膝元に子供たちの像がある［アブシンベル遺跡はアスワン・ハイ・ダムの建設にともない一九六〇年代に移設され、一九七九年に世界遺産登録。デル神殿も移設された］。

サブワほかの遺跡

壮大なアブシンベルの聖域から第一瀑流までは、いったいどれだけ神殿があることか。考古学者たちによると、岩窟の墓所や塔門、塔を除いても一四カ所とされる。ほとんど砂に埋没したサブワの神殿を過ぎると、古代都市マヘンディの廃墟があり、家屋の下を通る地下道がいまも目にされる★。つぎがローマ遺跡マハッラカで、半島部に立ち上がり、遠くを見はるかす。ダッカにはふたつの巨大な塔門がある。石灰岩の岩山に掘り抜かれた黒い洞窟ガルフ・ホサインは、打ち棄てられた古代エジプトの大建築すべてとおなじく、コウモリ［蝙蝠］の巣窟だ。その先にはラムセス二世が建立した壮麗なカラブシャ神殿があり、ヌビア王シルコによるブレムミュアエ人に対する戦勝を伝えるギリシャ語碑文が発見されている［カラブシャ神殿もアスワン・ハイ・ダムによる水没をまぬかれるため移設された］。その近くにあるのが有名なバイト・アル・ワリの奥津城［神殿］で、凱旋行進や攻撃、宮廷や戦場の情景を現す浮彫群は、写真彫板［いわゆるグラビア］のおかげで、他のものよりもよく知られている。粉化作用により褪色したもの の、いまもバイト・アル・ワリの壁画はすこぶる鮮やかな色合いだ。ヌビア地方に向いた峡谷は、神殿や墳墓がずらりと並び、まるで墓地の参道のようである。地下墳墓は現在居住される家屋よりも多いほどで、生きて暮らしている人間よりも、神殿の壁に彫りつけられたり、花崗岩に浮彫された神々のほうが優勢だ。

★ Héron, *Notes manuscrites*.［挿画 L］

第十節　エジプト

第一項　総説および地勢

位置

地球が丸いと知られる以前には、あらゆる民族が自分の領域こそ世界の中心だと思っていたに違いない。どの民の子供も、大地の中心とされる湖とか、山とか、神殿を指し示したであろう。だが世界の探検により、地球は丸く、その無限の空間の「中心は到る所に、周縁はどこにもない」ことが明らかになった。それでも、地球の表面を大陸塊の配置にもとづき検討すれば、すぐれて他よりも正真正銘の中心を占める地方は確かにある。それがエジプト、地元民のいうミスルだ。幾何学的な観点からは、小アジアやパレスティナ地方、メソポタミア地方も、下ナイルの田園部と同様に、旧世界の三つの大陸集団の中心的位置にあると主張できるかもしれない。だがエジプトはこれら他の地方にくらべ、海洋に向かう斜面から斜面へ容易に横断する優位性をそなえる。世界の二大対角線、すなわちアジアとアフリカ間の陸路と、ヨーロッパと東インド［ほぼ現パキスタンからジャワ島］を結ぶ海路が、交差するからだ。スエズ運河の開通も、同国をアメリカとオーストラリアの中間点に位置付けるものだった。古代エジプト人が、大陸という肢体の心臓に比したのは、まったく道理で★、メンフィスの古称の原義のひとつも、「世界の中心」だった★★。

エジプト文明の始原性

ナイル川下流の川岸に暮らす民が歴史に果たした役割は、エジプトの地理的状況に対応する。文明史の最初に登場するのが同国で、エジプトはナシオンとしての自覚をもつ以前に、すでに文明の民として存在した★★★。

★ Brugsch, *op.cit.*

★★ Lauth, *Ausland*, 1872, no.41.

★★★（訳注）地理的状況 situation géographique の概念については、本シリーズ『南ヨーロッパ』56 頁ほか。ナシオン nation は国民、民族。

当時バベルやニネヴェはまだ創建さえされず、全ヨーロッパは自前の歴史もない野蛮のなかにあった。小アジアとヘラス［古代ギリシャ］の住民は、後続の諸国民を教育し、魅了する役割を果たす定めだったが、当時は森の穴居民で、棍棒や打製石器でもって野獣に立ち向かっていたのである。ところが同時代のエジプト人は、すでに天体観測による種々の賜物や、数理と幾何の知識、巧妙な建築術、あらゆる技芸と、今日のあらゆる職業のほぼすべて、さらに私たちが子供時代に夢中になったり、大人が仕事の疲れを癒す遊戯のすべてを保持した。われわれの諸科学の淵源は、パピルス文書や上エジプトの歴史建造物の浮彫に再発見され、「諸国民の知恵」がいまも繰り返す道徳律や、現在の諸宗教が相変わらず唱えている幾多の教条も、始原の形式はテーベやアビドゥの墓から出土した文書類にみえるのである。文字もエジプトからわれわれ［西洋人］に到来したのであって、フェニキア人が変改し、地中海の全民族に伝えたものだ。つまりわれわれの考え方の鋳型は、ナイルの川岸に発祥したのである。おそらく、人類が自らの原初の時代群を知り得ることはなく、文明というものがエジプトで誕生したと断言することも叶わないだろう。だが現時点では、エジプトの年代記よりも以前の時代に文明を追跡することはできず、ピラミッドが時間の最果てだ。

年代の同定

古代エジプト人に統一的な年紀法はなく、あらたな君主が王座に登るたび、別年代として時間を分割した★。歴代の治世の連なりは、プトレマイオス二世の司祭マネト［Manéthon de Sebennytos 前三世紀。『エジプト誌』の著者とされるが、著作は亡失した］が記したところだが、歴史建造物に示される年代は断片的だ。しかし天体現象にもとづけば、いくつかの年代は確定できる。エマニュエル＝ド＝ルジェ［フランス人エジプト学者、文献学者 Olivier-Charles-Camille-Emmanuel de Rougé 一八一一―一八七二］が訳出したヒエログリフを検討したビオ［フランス人物理学者、天文学者、数学者 Jean-Baptiste Biot 一七七四―一八六二］は、前十五世紀から前十三世紀にかけての三つの年代を確定した★★。ナボナッサル王［バビロニア王 Nabonassar, Nabû-nāṣir 在位前七四七―前七三四］のころのカルデア時代については、天文学的に

★ Auguste Mariette-Bey, *Aperçu de l'histoire de l'Égypte*, Alexandrie: Impr. Française Mourès, 1864.
★★ Biot, "Recherches sur quelques dates absolus", séance de l'Académie des Sciences, 7 fév. 1853.

合致するもうひとつの事象により、紀元前七四六年が同定されているが、それに先立つこと七〇〇年前の時点が、こうしてエジプトの諸年代記の時間のなかに示された。またシャバス〔フランス人エジプト学者François Joseph Chabas 一八一七―一八八二〕も、ライプチヒ図書館収蔵の「医術パピルス〔現ライプチヒ大学図書館所蔵のエーベルス・パピルスか〕」の中に、「メンカウラー〔第四王朝第五代ファラオ Mycérinus, Menkerâ 在位前二五三二―前二五〇四〕」と記された長楕円形の輪郭〔王や神の名を囲む記号〕と、それに続けて、彼の治世九年にソシス〔狼星〕すなわちシリウス座が、太陽と同時に地平線から出没したという記述を発見した。この解読が正確なら、紀元前三〇〇七年～三〇一〇年のあいだと算出できるため、メンカウラー王の治世は、マリエットの年表での位置よりも千年後である。いずれにせよ、他のもろもろの発見が諸年代の流れを確実にさかのぼり、実証的な年代でもって歴史の淵源を確定できるようになることは期待してよい。そうなれば人類の記憶に保持された最古の諸事件も、あちこち浮動するのをやめるだろう。地球上の諸空間に対する共通尺度として、メートルが採用されたのも同じ必要からだ。また、〔人類〕共通の時代を探求するにあたり、多様な国々の事象に斉一的な尺度の樹立が必要不可欠とされ、共通の子午線〔国際子午線〕の使用が現在議論されているのも、同様である★。遅かれ早かれ、研究者たちは現在のキリスト教圏ヨーロッパに普及した奇妙な方式、すなわち歴史を二分し、最初のほう〔紀元前〕では年次や世紀を逆方向にさかのぼって数えるやり方の代替法を求めるだろう。そのときには、ちらりと薄明りしか差さぬ暗黒の夜と、明るく光る歴史の境い目として、エジプトの諸年代記のなかに基準点を求めるのが、大いにありそうだ。

エジプト文明の後退期と遺跡

エジプト文明はかく古いわけだが、しかしいくつかの点で、知られているのはその衰退にすぎない。諸年代記は、ナイル河畔の住民がどの時代にも隷従したこと、そして彼らを隷属させ、個人の活力や率先を圧殺し、創発的な生を規則が代替し、あらゆる考想の代わりに、もろもろの形式を課すのをもっぱらとす

★（訳注）本初子午線の設定は当時英仏が対立し、1884 年 10 月に米ワシントン連邦特別区で国際子午線会議が開催され、グリニッチ子午線派が勝利を収めた。ルクリュが本巻原著（1885 年刊、原著シリーズ第 10 巻）を執筆していたころと思われる。ルクリュは第 1 巻（1875 年刊『南ヨーロッパ』）ではグリニッチ子午線のみを地図に示すが、第 2 巻以降は最終巻（1894 年刊）までパリ子午線とグリニッチ子午線を併用した。なお前文のメートル法は、1875 年のパリ会議でメートル条約が締結されていた。

る体制下にあったことを示す。だが、何らかの民族が発展し、その知を増大するのは、自らの自由に比例する。君主が自身の栄光のために一日で費消したのは、都市間の闘争や、君主の交代がもたらす束の間の隷従の猶予を享受する人々が―あるいは自由人が―額に汗して得た成果だったはずである。古代エジプト人が私たちに残した建造物が証する物質的な資源と、科学を獲得できたのも、人々が自治し、あるいは比較的に独立した時代を、すでに経ていたからに違いない。多くの著作家は大ピラミッド群の建設を、エジプト文明の高い水準の証左として称えるが、じつはピラミッドは、この国民がそれ以前に、科学と技芸の分野で驚くべき進歩を遂げていた動かぬ証拠なのである。だが、われわれに先立つこと約五千年の時代に、すでにこの民は沈滞していた。ヘルダー〔ドイツ人哲学者、文学者、詩人、神学者 Johann Gottfried von Herder 一七四四―一八〇三か〕が述べたように、これほどの墓の建立へ大衆を使役できた時代に、彼らがどれだけ貧困のどん底にあったか、そしてどれほど抑圧されていたか、想像できるだろうか。たかだか数個の石の塊を運搬するため、数千の人間を何年も使役するのは、なんと悲惨な文明であろうか。ヘブライの著作家たちがヨセフに帰するエジプト住民の隷従化は★、王や司祭が人民をそうした労働に使役できるようになって久しい後代のことに違いない。君主のもと、住民は家畜の群れ以上のものではなかった。

発祥と発展、衰微

ナイル川とおなじく、古代エジプト文明も、現在なお知られていない地方にその淵源を隠している★★。どことも知れぬ発祥の地から崛起したメネス王〔エジプト第一王朝世祖 Ménès〕が帝国を創立したと年代記は語り、ヒエログリフでは「ホル＝シェス」すなわち「ホルス神の召使」として、ガゼルの皮に描かれた図面にもとづき、エジプトの地に建造物を建立するのに尽くしたという★★★。当時のナイル河畔の住民の社会状態がいかなるものだったかは不明だが、彼らが残した最古の建造物群、とくにサッカラの階段ピラミッド〔ジェセル王のピラミッド〕や、大スフィンクス近くのアルマキス神殿〔カフラー王神殿か〕は、すでに自らの力量を確信する文明の証左だ。カフ

★ 旧約聖書創世記第 17 章第 13 節～ 26 節。
★★ Mariette, “Des nouvelles Fouilles à faire en Égypte”, *Académie des Inscriptions*, 21 nov. 1879.
★★★ François Lenormant, *Les Premières Civilisations*, Paris: Maisonneuve et cie., 1874.

メンカウラー王のピラミッド　クフ王のピラミッド

挿画 XXXIX　第二、第三、第四ピラミッド
ベシャール氏の一葉の写真をもとに、バークレイ筆

ラー王［第四王朝ファラオ Khephren, Khafrê 前二五〇〇頃］の像ほど生気にあふれ、大芸術作品に近いものはないが、これは最古の像のひとつである。エジプト史の最初期における墳墓の壁を覆う絵画は、エジプト人の哲学が人間的、かつ合理的だったことを示し、二千年後のテーベの凝り固まった物神崇拝には似ても似つかぬとマリエットは述べる。あらゆる点からみて完璧な時代は、まさにわれわれが知る最も古代なのだ。あまりに多くの人々が、真の偉大さの指標と考える好戦的な支配の時代に入ると、エジプトの歴代ファラオは、以前に達成した文明が軍勢に与えた衝撃力を、征服事業に振り向けることができたので、その帝国はナイル流域の自然境界をはるか越え、アジアまで到った。マリエットほかのエジプト学者の大半によると、ファラオの王政の最大版図は、上ナイルの赤道地方からカスピ海沿岸、インド洋沿岸からカフカス地方の山

地まで包含した。だが、軍事遠征は常に衰退の前兆である。征服者ラムセス二世のもと、転落は急速で、治世の末期には野蛮な作品、「最も劣悪な彫像群★」が出現するようになった。より優れた文明に由来した力は最後には消尽し、今度はエジプトが征服された〔前三三二年のアレクサンドロス大王によるエジプト征服〕。以後二二〇〇年以上にわたり、同国は一度も外国王朝の支配を脱していない。

ナイル川と社会階層

エジプトの大地を耕す人々の政治的、社会的運命は、彼らが生きる環境に明確に示されている。国民の共通財産たるナイル川は、土地を一度に冠水させるので、地測作業による検地がなされる以前は、土地全体を共有するしかなかったであろう。定期的に冠水する箇所を越えて土地利用が広がると、灌漑水路が不可欠になったが、その開削と保守には、多くの人夫が一緒に鶴嘴《つるはし》を振るわねばならなかったはずである。だがそうなると、耕作者にはふたつの選択肢しかなかった。第一は全員が平等な権利のもとに連合すること、第二は、地元か外国出身の領主の奴隷に、全員がなることである。エジプト都市の壮麗さや、外面の繁栄とうらはらに、記録のある歴史を通じ、実現したのは第二の選択肢で、人々はファラオや、プトレマイオス朝や、スルタンのもとにあった。建造物の浮彫には三千年前のエジプト人民が、今日と同様に鞭に身をかがめるさまが示されている。絶えざる抑圧と、限界を超えて搾取されても、ファッラーヒーンは遊牧民ベドウィンのように居所を変えられない。広大かつ一様なデルタにも、狭いナイル河谷も、隠れ住むことのできる場所は皆無だ。彼の貧困に出口はなく、将来に希望はないが、しかし彼は故郷の土地を熱愛する。愛する大河の岸辺から遠い場所では、ファッラーヒーンは悲しみに打ちひしがれ、望郷の念に苛まれて死んでゆく。彼にとって最高の風景は、最も単純なものなのだ。

十九世紀エジプトの地理的状況

西欧の征服者たちによるエジプト争奪は、一世紀になんなんとしている。同国は旧世界の自然な中心にして、ライプニッツ〔ドイツ人哲学者、数学者 Gottfried Wilhelm Leibniz 一六四六―一七一六〕がすでに一六七二年に記したように、イン

★ *Ibid.*

ド洋沿岸のすべての植民地領有の鍵であり、これを保持する意義は政治指導者たちの念頭を去らなかった。エジプトを制する者は、インド亜大陸への切符を手にするとされたからである。フランス共和国〔第一共和政〕の軍は一気呵成にエジプトを征服し、その保持にも成功したが、それはヒンドスタン〔南アジア〕におけるイギリス権力との引き換えで、ムガル帝国の遺産は手から滑り落ちたのである。だがイギリスは、アブー・キールの海域でフランス艦隊を壊滅〔一七九八年八月一日の海戦〕させて海路の覇権を取り戻したのち、征服の手間にも及ばぬままエジプトの主人に返り咲き、フランスは二年近い占領後に撤収せざるを得なかった。これらの軍事紛争の後に、コンスタンティノープルとカイロの公使たちの外交駆け引きによる影響力の争奪戦が続いた。フランスの事業だったスエズ運河は、インド方面への直行路を蒸気船に開くもので、その開通により、フランスはついにエジプトに一種の宗主権を行使できるかに思われた。だがイギリスは、インドへの道にあるこの国の獲得に努力を集中し、最後にはエジプトを政治面で征服すると同時に、両洋を結ぶ運河の、通商面の卓越性も確保した。公式には、イギリスの容喙《ようかい》はエジプト君主への助言と、役務の提供に限られる。だが現実には、イギリスが送り込んだ人々は絶対君主に近い存在で、条約を起草し、宣戦と講和を行ない、官職や年金を配分し、判事に判決文を口授する。ただし租税表への署名など、責任を負わぬほうが都合がよい一切の行政行為については、エジプト官僚の陰に隠れる。

イギリス統治

ナイル河谷とその四千万人の住民は、事実上、そして多少とも長期にわたり、広大な大英帝国の一部になったと言ってよい。イギリス人将軍たちに手元の部隊はほとんどないが、ヘディーウとスルタンのため最近開始された征服〔マフディーの乱に対する軍事行動〕を遂行する上では、ムンシンガー、ベイカー、ゴードン、ジェッシ、ストーン〔合衆国陸軍軍人、土木技師、測量士、エジプト軍中将 Charles Pomeroy Stone 一八二四―一八八七〕、プラウトのような幾多の人物により、あらゆる人種の傭兵に事欠かぬであろう。しかし、併合の困難は軍事面にとどまらない。たとえヨーロッパ諸列強が、エジプトにおけるイギリスの権力の確立を支援したとしても、他の多くの英領植民地のように、イギリス出身者の力によるだけでは立ち行かないだろう。現在エジプトに居住し、金融資源を切り回し、産業を興し、新聞記事を書いたり、世論を誘導するのは、大半が大陸ヨーロッパの出身者だからだ。それはイタリア人、フランス人、ギリシャ人、オーストリア人などで、その利害と願望はイギリス人と対立する。冷徹な眼差しと、酷薄な口許をもつ北方からの征服者［イギリス人］が狭義の植民地を同国に形成するには、常に風土が邪魔するのに対し、地元民は、イギリス人よりもヨーロッパ大陸からの移入者を歓迎する。すでに都市部で彼らの社会は拡大し、人口は一〇万人近くに達するため、イギリス当局の権力行使を制肘するのに十分な勢力だ。ただし新たな主人は、住民に好かれることはできぬにもせよ、少なくとも尊敬をかち得る確実な手段がひとつある。それは耕作者に土地を返還し、彼らを食い物にする高利貸しを根こそぎにして公平な司法を保証し、「エジプト人のエジプト」に委ねてゆくことだ。だが、少しづつ身を退いてゆく技術を、かつてどの政府が持ち合わせただろうか。イギリスはその範を示せるだろうか。英国政府の首班たちが繰り返し厳かに請け合うところでは、彼らの目的はひとつだけである。すなわちエジプト財政と行政の秩序の回復で、この善なる行ないが済めば、後継者に範を垂れて身を退く積りとのたまうのだ［スエズ運河に駐留した英軍部隊の撤収は一九五六年六月］。

地理情報

ヨーロッパ外交の吸引圏に連なることとて、とうぜんエジプトはアフリカ大陸で最も探検された国のひとつである。前世紀末のフランスによる遠征にあたっては、多くの学者がナポレオンやドゼー［フランス軍人 Louis Charles Antoine Desaix de Veygoux 一七六八—一八〇〇］、クレベール［同 Jean-Baptiste Kléber 一七五三—一八〇〇］に随行し、地質、鉱物、土壌の歴史、水文、年代記、建築、習俗や習慣、経済など、あらゆる観点から同国を研究した。その集大成は、いまなお下ナイル河谷について現存する最大の科学的成果である。彼らが一〇万分の一縮尺で作成した一般図も、とくに上エジプト地方、すなわちサイードに関しては、多くの点で現在最も包括的なものだ。エジプト公共事業局長リナン＝ド＝ベルフォンが版刻させた小縮尺図も、貴重な文献である。だが、緑の田園を画する岩山の骨格が描く大ぶりな背骨はともかく、地表の輪郭は年々変化しており、前世代に最高の綿密さで測量された現地の地図も、ほぼ全面的な見直しが必要と思われる。ナイルの岸は、川波がかじり取った場所もあるし、逆にファッラーヒーンが盛り土してすでに犂を入れた場所もある。泥で閉塞した水路は新たな農業疎水が取って代わり、道路や村も、以前とおなじ地点にはなかったり、新たな名称を得たりしている。大型地所の測地用に作製される特殊図は、つぎつぎに移り変わる様相を示している。その一方で「アラビア」や「リビア」の沙漠は、ナイル川と紅海の諸港のあいだと、オアシスに向かった少数の旅行家の経路網によってしか知られていない。二千年前にエラトステネス〔キュレネ生まれギリシャ人文献学者、地理学者、数学者、天文学者 Ératosthène, Eratosthenes 前二七五—前一九四〕が史上初めて子午線弧長を測量したこの国は、あらゆる特殊図をつなぐ測地結果のネットワークを手にすべきときを迎えている。

エジプト研究

とはいえエジプト探検家の大半は、現在の人々の生活や、特殊図を志向する地理学よりも、古代民の歴史を研究してきた。あれほど長年月にわたり熱心に探究された聖刻文字の神秘をシャンポリオンが解明し、巨大な図書館でもあるエジプト建築の、壁や柱の何千もの碑文を、ついに研究者が読み解けるようになると、彼らは最近までほとんど知られなかったこの世界に、勇躍して入り込んでいった。こうして、ヘロドトスや古代ギリシャの地理学者の著作に、四千年前のエジプト人自身が著したもろもろの「銘板」と、パピルス文書が付け加わった。マリエットによる発掘と、それを現在引き継いでいるマスペロ〔フランス人エジプト学者 Gaston Camille Charles Maspero 一八四六—一九一六〕に加え、レプシウスやバーチ〔イギリス人エジプト学者 Samuel Birch 一八一三—一八八五〕、シャバス、エマニュエル＝ド＝ルジェ、デュミヘン〔ドイツ人エジプト学者 Johannes Dümichen 一八三三—一八九四〕ほか、あまたのエジプト学者による解読のおかげで、古代エジプトの土地史が少しづつ組み立てられている。私たちに遺贈された諸思潮のうち、かくも大きな部分を負うこの民の、生活の細部や心奥の倫理、いってみれば彼らの魂の、内側を学びつつあるのだ。それにしても、最古の建築群が示す時代以後の変化は甚大である。たしかに、典型的な相貌や体つきは、いまもレトゥ人の末裔の多くに見出されるし、服飾の様式さえ、エジプト人はともかく、彼らが隷属させたヌビア人のあいだになお存続する。耕作類型も、少なくとも郡部では全く変わっておらず、ボシュエ［フランス人カトリック聖職者、神学者 Jacques-Bénigne Bossuet 一六二七— 一七〇四か］が述べたように、「常に一様なエジプトの気温」は、「堅固かつ不変な」精神を作り上げる。だが、もろもろの歴史的出来事は、エジプト住民のなかに反作用を起こさずにはおかなかった。都市文明はあらゆる人種の移入により完全に変容している。かつて近隣の諸民族の教師だったエジプトは、こんどは学ぶ立場で、ローマ人、ビザンツ人、アラブ人、そしてヨーロッパ人が、師匠になった。

人口

エジプトが最盛期よりも人口が少ない可能性はあるが、ナイル河畔の町や村はつねに人口稠密で、現在もヘロドトスの時代とおなじく、川沿いに連続する。可耕地面積当たりでみれば、エジプトは世界で最も人口稠密な国のひとつだ。じっさい、真のエジプトは水流の作用が及ぶ土地にかぎられ、ナイル河谷の外側に伸びる岩と砂の空間は、リビアないし「アラビア」の一部である。ファッラーヒーンにとっては、「金の糸［ナイル］」と、同河デルタの「縁飾り」がみせる狭小な緑地が郷国のすべてだ。その外方で居住可能なのは、西にあるいくつかのオアシスと、東の山中にある牧草の底地に限られる★。デルタ地帯と、渡し船さえあれば徒歩でも数時間しかかからぬ本流の、曲がりくねった谷でエジプトはおしまいなのであって、アムル［イスラーム軍人、エジプト征服者 Amrou, ‘Amr ibn al-‘As 五七三頃—六六四］がカリフ＝ウマル［イスラーム第二代カリフ calife Omar, Omar ibn al-Khattâb 五九二頃—六四四］に書き送ったように、「荒れた沙漠と、ふたつの山壁のあいだの素晴らしい田園、これすなわちエジプトなり★★」である。エジプトの公式な国土面積は、スエズ運河以東のアジア所領をのぞき、かつ、アスワンからワーディ・ハルファまでのナイル全域

★ 1882 年におけるエジプトの国土面積と人口

公式の国土面積	93 万 5275km^2	人口	680 万 6400 人	人口密度	7 人／km^2
ナイル河谷、デルタ、およびナイル川じたいと水路や湖沼の面積は、3 万 3239km^2（Amici による）					
エジプトの居住可能な範囲の面積	2 万 9400km^2	人口	690 万 0000 人	人口密度	234 人／km^2
ベルギー　〃	2 万 9455km^2	人口	560 万 0000 人	人口密度	190 人／km^2

★★ Brugsch, *op.cit.*［本註は原著本文に該当番号が見当たらず、訳者の推定により挿入する］

を含めると、一〇〇万平方キロ近くである。この広大な空間に暮らすのは、一八八二年調査によると六八〇万人で、スカンディナヴィア半島よりも密度が低い。だが、長い尻尾のついた三角凧のような輪郭の居住可能な空間は、三万平方キロにも達しないのに、人口密度はフランスの三倍で、ベルギーやザクセン地方よりさえも高い。

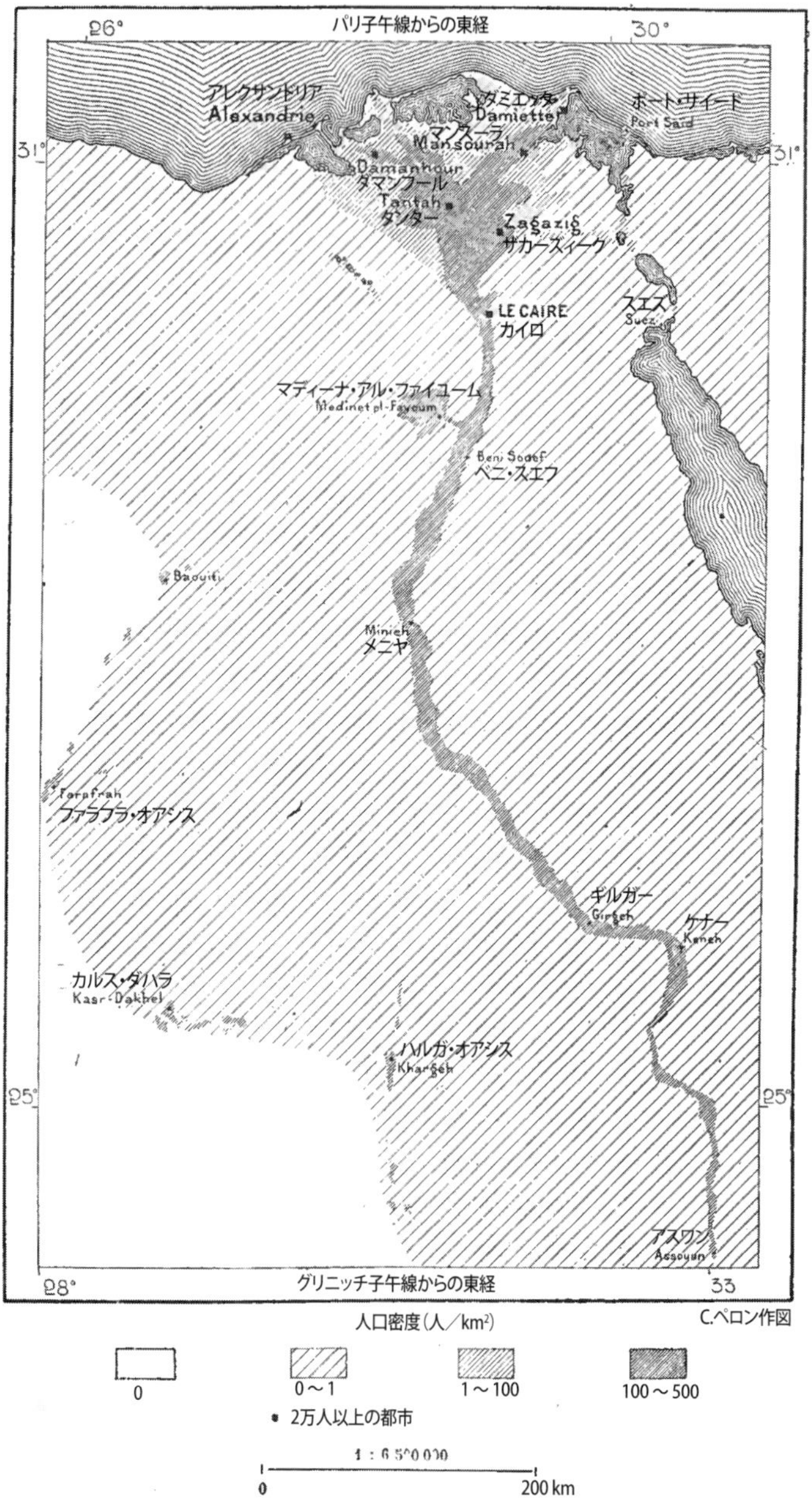

図 85　エジプトの人口密度

ナイル川の役割

エジプトとはすなわちナイル川であり、かつてはナイルの名が国に冠されたこともある。同国最古の呼称はケムないしケミで、「黒」を意味するが、これも間接的にはナイル川に由来する。すなわち、河流の堆積した沖積土が紫色に反射するさまを指し、沙漠の砂地や岩山の「赤」との対比だった。創世記がアフリカの諸民族を呼ぶカムないしシャムも、おそらくエジプトを指したものである★。河泥がつくるこの黒い土地には、種々の食用植物が生育する。また古伝が繰り返すところでは、人間もこの土から生まれ出たとされる。エジプトではすべての都市と村が、ナイルとその派水路沿いに連なり、生命をはぐくむこの水こそが命の綱だ。近年には、上下エジプト間の通信はナイル川によるしかなくなっているが、同河は航行にうってつけだ。ほぼ年中卓越する北風に押されて遡上できるし、下るには水流に委ねればよく、どちらもほとんど苦労はない。ただし、急な曲がり角とか、横合いの雨谷における難破や、長時間の停船の懸念はある。雨谷からは、不定期な風が河流を横切って吹き出すからだ。

山系

アスワンからカイロにかけてのナイル両岸は、比高五〇〜三五〇メートルに上下する山腹や、高原の縁がみおろす。こうした高所からは、足下にエジプトの構成要素ひとそろいが一望される。すなわち東西の境界線や村々、水路、作付け地だ。下からみると、黄色っぽい岩山の壁は随所で石切り場のように見え、奥には樹林がありそうに思われる。急崖がとくに壮大な様相をみせるのは東側だが、山地として立ち上がる箇所はなく、北方のエトバイ山地に連なる沿岸山脈に到るには、紅海近くまで行かねばならない。沿岸山脈の探査はすこぶる不十分だが、言われるところでは、二〇〇〇メートル級の峰もいくつかあるようだ。この「アラビア」の沙漠にある高地は、一般にジャバルすなわちずばり「山」と呼ばれ、花崗岩や片麻岩、雲母片岩、斑岩、閃緑岩ら結晶質の岩石からなる。数個のはっきりした山塊に分れ、砂のワーディがあいだを埋める。そのひとつ、エジプト南部にある山塊は、横に伸びて狭義のヌビア地方を画する「瀑流山脈」の起点だ。同山脈はアスワンの戸口で「リビア」の山脈に続くが、その付近で急流が囲繞《いにょう》する閃長岩や花崗岩の岩山地帯は、著名な石切り場が多い。いずれも今日では放棄されたが、オベリス

★ Albert Réville, *Revue des Deux Mondes*, 15 juin 1870 [“La Hollande et le rois Louis Bonaparte”, *pp*.513-552?].

クや巨像向けに、歴代ファラオが巨石を切り出させたものだ。いっぽう、瀑流山脈の起点になる山塊は東に向かい、バナース岬を突端とする三角形の半島になって紅海に突き出す。同半島が南にかくまうウンム・アル・キテイフの湾が、古代ベレニケ〔アラビア語名バラニース〕の港だ。

ワーディ・ハンマーマートほかの採石地址

ヌビア地方との境界は、エジプト領の東西幅いっぱいに結晶質の岩山が占拠するが、その北になると、この花崗岩質の帯はだんだん狭まる。ただし海に近い箇所には、最大の峰々が残る。今日では数個の遊牧民が往来するばかりだが、かつては鉱夫や石工の大群が採掘にたずさわった。エドフと同緯度の紅海沿岸に立ち上がるザバーラ山〔不詳。ヌクルス山か〕、すなわち古代人のいうスマラグドゥス山は、柘榴石〔ガーネット〕ほかの貴石を含む岩山で、一八一六年にカイヨーが発見したエメラルド鉱は、含有量が小さく質も劣悪だが、一三五八年まで歴代エジプト君主が断続的に採掘させたものだ。同山の南北に作業員の集落跡がみられる。その北方、ケナー付近のナイル川の屈曲部とクセイル港を結ぶ沈降部では、ハンマーマートの井戸群〔ワーディ・ハンマーマート〕付近に、二千軒の石造家屋からなる都市址に加え、「古代緑石〔vert antique, bekhen-stone〕」や「エジプト角礫岩」ほか、壺類や石棺、彫像に用いられた種々の閃緑岩の広大な採石場群が発見されている★。さらに北上すると、古代の「モンス・クラウディアヌス」のふたつの山塊がある。花崗岩質のファティーラ山と、斑岩質のドゥッハーン山で、山中から切り出された岩は紅海沿岸まで運ばれたのち、「トラヤヌス帝の大河」すなわちスエズ水路経由でナイル川へ、ついでアレクサンドリアに到り、同港からローマ世界の地中海沿岸の都市に向け発送された★★。ドゥッハーン山は「煙の山」の意味〔アラビア語〕で、古代人のいう「玢岩《ひんがん》の山」として、ローマ時代を通じ全エジプトで最も活発な採石地だった。古代エジプト人はこの堅い岩を全く用いなかったのである。クラウディウス〔帝政ローマ第四代皇帝 Tiberius Claudius Nero Caesar Drusus 前一〇—後五四か〕の治世からローマとビザンティウム〔現イスタンブル〕は壮麗な赤い斑岩を輸入し、神殿や宮殿の建材に用いた。石切り場にはいまも長さ一八メートル、円周七・五メ

★ Mitchell, *Bulletin de la Société de Géographie du Caire*, 1879, no.6.
★★ Antoine Jean Letronne, *Recueil des inscriptions grecques et latines de l'Égypte*, Paris: L'Impr. Royale, 1848; Russegger, *op.cit.*

挿画 XL　アスワンの放棄された古代の石切り場
D. エロン氏の一葉の写真をもとに、テイラー筆

ートルの柱がいくつもあり、体積は「ポンペイウスの円柱」をしのぐ★。アラブのエジプト侵入により、これら名高い採石地には終止符が打たれたが、膨大な残骸の堆積と都市址のおかげで、その位置は今も分明する。花崗岩の岩場のまんなかに立ち上がる斑岩質のドゥッハーン山は、シナイ半島の花崗岩のなかにあるカテリーナ山と好一対をなし、同一の起源と思われる★★。

ガーリブ山ほか、シナイ半島対岸の山々と地質

シナイ半島のトゥールの向かいにそびえるガーリブ山は、標高一八八五メートル［二七五一メートル］に花崗岩の頂部を突き出す。これが沿岸

★（訳注）ポンペイウスの円柱はアレクサンドリアにあり、円周が基部で 2.1m、全長は 20m を超える。
★★ Schweinfurth und Güssfeldt, *Globus*, 1876, n.l.

山脈の最後の峰で、シュヴァインフルトによると「アラビア側の沙漠全域の最高峰」だ［このシュヴァインフルトの見解は誤り］。山腹はすこぶる急で、人を寄せ付けぬ風情がある。その先［北方］にはトゥナースィブ山、ついでシャッラーラ山が姿をみせ、ワーディ・アル・ティーフすなわち「迷いの谷」がアッターカ山と隔てる［図92］。これらの山塊はどれも多くの角錐形の頂部に分かれるが、その扶壁がまた角錐形に切り分けられ、中央錐の四方に規則正しく連なる★。この山岳地帯は標高二〇〇〇メートル以下だが、スエズ湾の上方に急に立ち上がるので高山に見え、花崗岩質の山脈の北端を形成する。以北は砂岩の岩山と、砂丘ばかりだ。両側の斜面は、いずれも新しい起源の層が被覆する。東斜面には、白亜紀の崖錐が随所で花崗岩の山腹へ寄りかかり、半島をいくつか臨海部に構成する。そうした場所には硫黄層のほか、コールタールの湧出、地瀝青《アスファルト》の堆積もみられる。ジャバルでは玄武岩が噴出したのであって、イスマイリーヤの近傍にさえ溶岩が目にされる。海際の土地は、現行の地質年代にかかる砂岩と石灰岩からなり、貝殻やポリプ母体［サンゴ虫など］を含む。これらの殻の残滓が砂質の粒子を膠結《こうけつ》［接合］し、最近の砂岩や石灰岩は、そうした断片が全体に混合する。沿岸住民はアンティル諸島の「マソンヌ・ボン・ディユー［直訳すると善なる神の石細工。海際に堆積する石灰華が石化した岩石］」に似た新たな岩石の誕生を目の当たりにする。またアラビア半島沿岸部とおなじく、エジプト沿岸にも、海岸線の緩慢な隆起が観察される。ただし地表が上昇したせいか、海面が低下したせいかは不明だ。全体として紅海西岸は健康によく、サンゴ［珊瑚］による閉塞も東岸ほどではない。海岸近くの海はもっと深く、良港が多い。

スィルスィラ山ほかの採石地址

沿岸山脈をなす花崗岩や片岩、斑岩地帯の西も、東とおなじく結晶質の核を、石灰岩や砂岩が被覆する。南部には、ヌビア地方やコルドファン地方、スィンナール地方と似た砂岩の山塊が島状に立ち上がる。とくにアスワンとイスナーのあいだにあるスィルスィラ山の岩は非常に粒子が細かく、規則正しく割れるので、大建築にうってつけのため、何千宇もの神殿用の石が切り出された大採石場である。ナイル右岸の岩場に開いた空洞の巨大な寸法は、恐怖を覚え

★ Georg Schweinfurth, “La Terra incognita dell’ Egitto propiamente detto”, *Esploratore*, 1878.

るほどだ。シャルル＝ブラン〔フランス人美術史家、美術評論家、版画家 Charles Blanc 一八一三―一八八二〕によると、エジプト古代建築の少なくとも半分以上がここから切り出されている。いっぽう、左岸の採石地址は面積が狭いが、美術的にはさらに注目される。岩窟神殿や岩窟墓地、彫り付けの像がいくつもみられるからだ。開口部は小さいが、こうした石切り場は墳墓に姿を変えたのである。「アラビア」の山々の北部になると、白亜紀や始新世など、いろいろな地質年代の石灰岩が砂岩に取って代わるが、ナイル右岸の急崖に立ち上がるのは主に白亜紀性で、壮大な様相の基部をもち、すばらしい形姿をみせる。単なる亀裂により離れ離れのものもあれば、暗い雨谷が筋をなし、頂部は角錐形や塔状のものもある。さらに北方、カイロ付近のムカッタム山、すなわち「記された山」に終止する最後の岩山集団は、ほぼ全体がヌンムリティスやオストラエア〔原文 ostræa だが不詳。牡蠣の類か〕、セリシウムほかの貝類からなり、石灰質により膠結《こうけつ》している。ここは化石と結核体が豊富で、地質学者の黄金郷だ。これら貨幣石〔ヌンムリティス〕の層は、半透明な最上品の雪花石膏〔アラバスター〕をところどころに含む。ベニ・スエフの西にあるウラカム山がその産地で、カイロ城砦のムハンマド＝アリーのモスク用に建材が切り出された。「アラバスター」の由来になった都市アラバストロンが所在したのは、もっと南、現メニヤの近くである。だがナイル川沿いでは、こうした贅沢品向けの採掘よりも、建材向けだった石切り場のほうが大規模で、とくにトラやマアサラがそうだった。ナイル対岸に造営されたピラミッド群から判断すると、これら貨幣石の採石場は六千年前から稼働していたと思われ、メンフィスやカイロにも建材を供給したはずである。

リビア沙漠

リビア沙漠の丘陵地は「アラビア」側のものよりも低い。全般にエジプトの地形は、東から西に傾斜する平面をなし、山岳地帯や高地部は、沿岸山脈の稜線からナイル河谷にかけてゆっくり高度を下げてゆく。ナイル西岸からオアシス地帯までの地表もおなじように降下し、最後は海抜以下に落ち込む。ナイルが縦走する緑の田園からなる居住空間の両側は岩山地帯で、定住集落はないが、リビア地方のほうが単調で、高い突起部がない砂地のため、東側よりもいっそう陰鬱な印象を与える。それは大西洋岸まで西に広がる大沙漠［サハラ］の一部だ。クフ王のピラミッドからリビア側の台地を眺めると、砂丘が点在する広大無辺の平地にほかならない。だがそれは錯覚で、この渺々《びょうびょう》たる人煙まれな地にも、少数の旅人が入り込んでゆく。全体として、ナイル川からオアシスのある窪地までの沙漠は貨幣石の台地で、ナイルよりも二五〇メートル高い。台地の縁にある崖の表面は、古代の海蝕により、いくつかの塊に切り分けられている。台地のところどころに立ち上がる板阜はどれも同高度で、一帯の原初の標高を示す「水準基標」だ。第四紀以前には、地中海がこれらの半島の麓を洗い、岩山の群島のあいだに波浪が逆巻いたのは疑いない。しかし今日では、水は蜃気楼に現れるだけだ。

砂の地質作用

リビア沙漠は全面を砂が覆う［砂沙漠］。窪地に厚い層をなして堆積し、突起の上では土埃のように右往左往する。完全にむきだしの岩場はほとんどなく、石英質の粒子がどこもかしこも被覆し、黄色や赤っぽい色合いを呈する。リビア沙漠の台地には、石灰質か粘土質の岩石しかないので、石英の砂粒が外界に由来するのは非常に確実だ。風と、それ以前には海水が、遠隔の山地からこうした始原岩の残滓を運んできたのである。砂は絶え間なく地表を往来し、注目すべきなめらかさを施す。岩場は磨き上げた大理石のように随所で輝く。散在する岩は砂によって角がすり減り、凹凸がなめらかになって、漆塗りのような表面になる。輝きがあまりに強烈なため、黒曜石に見間違えた旅行家もいたほどだ。地質学者ツィッテル［ドイツ人古生物学者、地質学者 Karl Alfred von Zittel 一八三九—一九〇四］は、絶えざる砂の擦過により、岩石の内部構造に化学変化が起きるのではないかと考えている。というのも、石灰質の貨幣石塊を中心部に包み込んだ燧石《ひうちいし》が、非常に多くみられるからだ。つまり外側から内側に向かって変成したわけで、砂粒が連続的に岩の表面を通過してゆく以外に、この現象の説明はつくだろうか。ぶあつい層をなして地表を覆うおびただしい貨幣石のうち、絶えず砂粒がこする表面の層はすっかり燧石に変化しており、ほとんど金属的な青色を帯びる。ところが、擦過や光の作用をまぬかれる低層の貨幣石は、白っぽい色合いと、石灰質の組成を保持したままだ★。

風解、結晶

貨幣石が燧石に変化する化学作用がどのようなものかは不明だが、いったん燧石になると、もう変質することはない。だが雲というものがみられぬこの大気のもと、昼夜の甚大な温度差による破断が起き、広大な面積に断片が散在する。ときに破断は完璧な規則正しい形状を結果する。ベニ・スエフの西方、アラビア側の山脈内のとあるワーディでは、円錐台形［プリン菓子の形］や、正八面体の燧石のかけらがおびただしく目にされる★。エジプト各地にある先史時代の作業場に見出される割れた岩塊や、加工された岩についても、温度の急変を原因とする説明が試みられたが、人工の作業は判然とした特質をそなえ、自然の営為と混同できるものではない★★。ツィッテルは自然に破断した燧石のなかに、エジプト、ヨーロッパ、あるいは新世界の先史時代に人間が加工した槍や、投げ槍の穂先をわずかでも思わせるものがないかと探し回ったが、無駄だった。いっぽうカイヨーとルッセガーは、エジプトの砂漠地帯に見出される規則正しい石には、レンズ形や円盤形のさまざまな寸法の紅玉髄と碧玉、瑪瑙ほかの硬石があり、環のような縁をそなえることを、初めて記述した。その内部はしばしば同心円状の層になっており、植物化石とともに見出される。

石化林

生きた樹木がこれほど希少になったこの国で、各地に石化した樹木がみられるのは鋭い対照だ。カイロのすぐ近く、ムカッタム山の東麓には、珪化したり、玉髄の柱状に変身した木の幹がいくつかみられるが、通例言われる「石化林」とか、海生の残滓が覆い、カモメガイ［鷗貝］が孔を開け、往古の旅人が「難破船のマスト群」と考えたものほどではない★★★。だがさらに沙漠に進み入ると、「林」と呼ぶにふさわしい量の、石化した樹木の大型堆積がいくつもみられる。カイロ南東、「アラビア」側の台地のとある底地には、大小の木の幹が膨大で、柱状だったり珪石の断片になった樹木の化石が、地表をすっかり

前頁★ Karl Alfred von Zittel, *Briefe aus der libyschen Wüste*, München: Oldenbourg, 1875.［続成作用により形成されるので、内側から外側に向かって成長する］

★ Russegger, *op.cit*.

★★ Arcelin, *Matériaux pour l'histoire de l'Homme*, fév. 1869; François Lenormand, *Les Premières Civilsations*, París: Maisonneuve et Cie, 1874; Richard Burton, "Stones and Bones from Egypt and Midian", *Journal of the Anthropological Institute*, Vol. VIII, 1878-79, *pp*. 290-319.

★★★ Claude Sicard, *Nouveau mémoire des missions de la Compagnie de Jésus*, 1707.

覆う場所もある。またピラミッド群の西、リビア沙漠にある「石化林」には、枝や根がついたまま、一部に樹皮も残る丈二〇メートル以上の幹がいくつもみられる★。ヌビア内のスィンナール地方やコルドファン地方、さらにはエチオピア高原でも、各地に石化林が発見されているが、どれもアオギリ〔梧桐〕科なのに対し、エジプトではエジプトイチジク〔*nicholia nilotica*〕だ。カイロのコレクションのひとつには、おなじ地層から採取されたバンブーの一種も収められている。

石化林の形成過程

石になったこれらの木の幹は何に由来するのだろうか。地質学者のなかには、地中海がもっと南まで入り込んでいた時期に波浪が持ち込んだと考える者もいた。しかしその場合、これほど良好な状態で浜辺に打ち上げられたのはなぜか、また流木に付着する海生の動植物性微生物が見当たらないのはなぜか、説明がつかないだろう。さらに、どのように山地を越え、エチオピア高原へ漂着したのかも、説明が必要だ。いっぽう、沖積土のたぐいがいっさい随伴しないことをみれば、ナイルの河流による運搬も考えられない。ナイル川流域のアオギリ科が現在みられるのは、原始時代にも生育した地点、あるいはそのすぐ近くである。そこで地質学者のあいだに最も通用している説は、エジプト各地とくにオアシスに湧出する温水の作用により、緩慢に珪化したというものだ。温水で飽和した倒木は、北方の湿潤な諸国の沼沢における泥炭地と同様に、少しづつ石化したのである。たしかにエジプトの沙漠にみられる石化林は、アイスランドやモンタナ州の間欠泉の周囲で現在目にされる草木の石化とは、様相も、形成の類型も異なるが、気候と時間の長さが違う点を考慮せねばならないだろう。カイロの「石化林」の横手にあるアフマル山、すなわち「赤い山」はドーム形の砂岩の丘陵で、深層部の作業が容易なため、石工が内部を掘り進めている。同山は貨幣石のただなかにあるから、古代に間欠泉が噴出したものかもしれず、周囲にみられるのは当時の森の樹木で、温水の作用により姿を保ったのかもしれない★★。

クルクル・オアシスほか

★ Caillaud; Ehrenberg; Figari-bey.

★★ Georg Schweinfurth, *Zeitschrift der deutschen geologischen Gesellschaft*, oct., nov. dec. 1885.

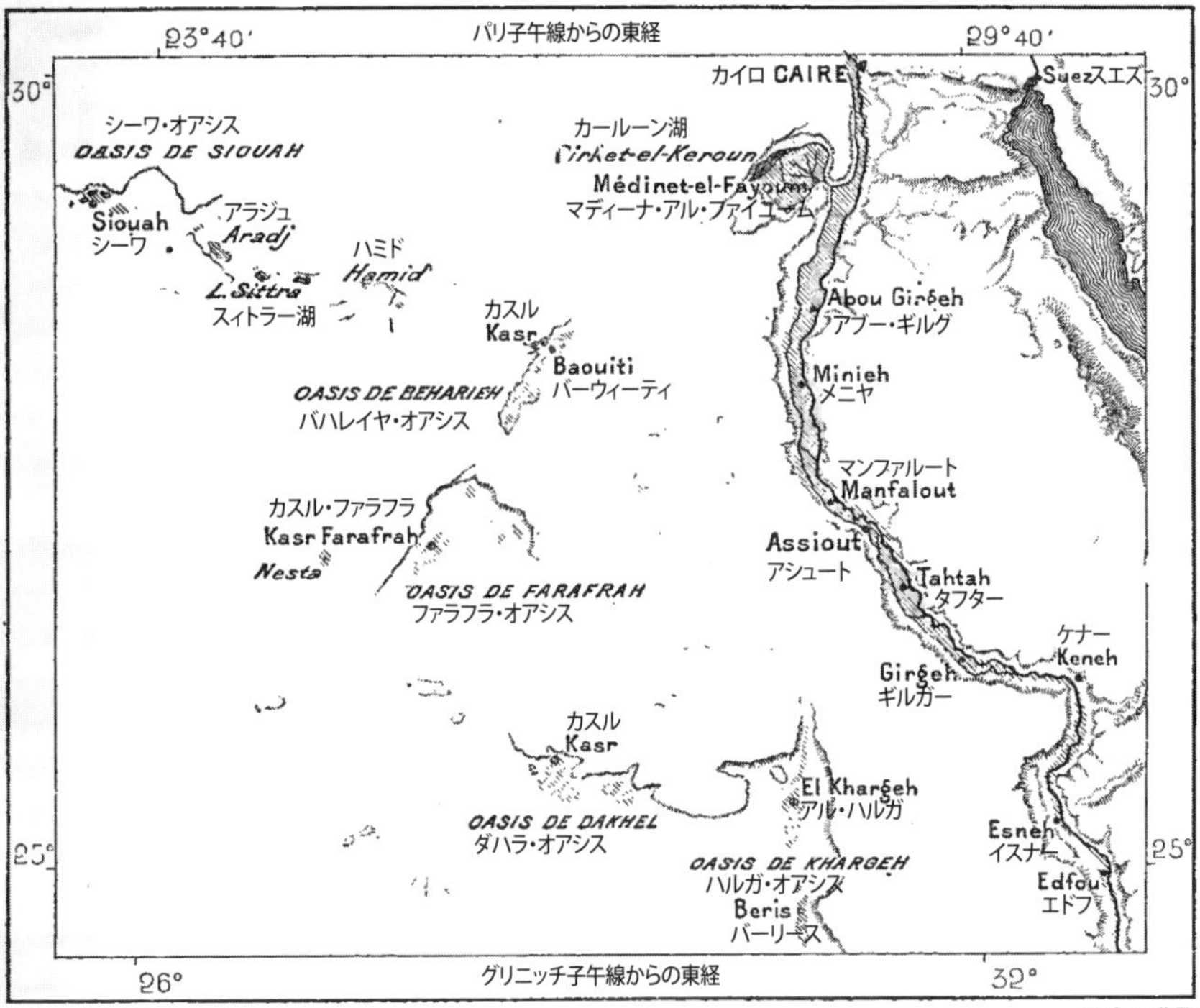

出所：ロルフス　　C.ペロン作図

1 : 7 300 000
0　　200 km

図 86　エジプト西方に連続するオアシス

ヌビア地方の西とおなじく、エジプトの西方にも、ナイル川の河道とほぼ平行する曲線をなす一群のオアシスが延びる。最初がクルクルのオアシスで、アスワンから一〇〇キロほどだが、まだ無住である。北西のほぼ同距離には、古代人のいう「大オアシス」、今日のハルガ・オアシスがあり、首府も同名だ［アル・ハルガ］。これはバーリースのヤシ林を含め、南北一五〇キロにわたる沈降部を占めるが、連続する一体ではなく、小オアシスの群島で、植生のない空間が隔てる島状の耕作地の星団だ。その西がダハラ、ないしダーヒラ、つまり「内陸」で、ワーハ・アル・ガルビーヤ、すなわち「西のオアシス」の名でも知られる。ここから二〇〇キロ北西にあるファラフラ・オアシスまでは石灰質の無人地帯で、流砂が一部を覆う。ダハラとファラフラの両オアシスのあいだを占める岩場の迷路は、地球上で最も奇妙な地形のひとつである。立ち上がる岩塊のあいだの角地を、細い裂開がうねうねと辿り、交差するさまは、幻想的な都市の街路のようだ。両側はピラミッドや尖塔、戦勝記念の彫刻、スフィンクス、ライオンのような形姿の岩塊で、ぼんやりと人間を思わせるものすらある。この無人の都市［のような地形］の北にある天然の戸口に、ロルフスは同国人を称えてバーブ・アル・イアスムンドの名称を冠した［バーブはアラビア語で戸口］。この迷宮のダハラ・オアシスに近い側の出口には、正面口を思わせるもっと大きな地形があり、人間を寄せ付けぬこの地方を踏査した近代最初のヨーロッパ人旅行家を称え、バーブ・アル・カイヨーと呼ばれる［図100］。

スィトラー湖

ファラフラ・オアシスの周辺には小オアシスが点在し、北西に伸びてバハレイヤ・オアシスに到る。バハレイヤ・オアシスは古代人のいう「小オアシス」で、ナイル河谷にあるメニヤから一五〇キロしかない。ナイル川直近のオアシスのひとつだが、ここで沈降部の群れは二筋に別れる。一本はナイル川と並走してゆくが、もうひとつは、アレクサンドリア以西の地中海沿岸と同方向をたどる。こちらの筋は「水なき大河」すなわちバフル・ビラー・マーの沈降部を横断し、旧湖底だった窪地群を経て、古代にはゼウス＝アモン神に捧げられたシーワ・オアシスに到る。この谷の北方には、キレナイカの台地が急崖になって立ち上がり、南方は粗削りな石灰岩の孤峰の群れを、高い砂丘が囲む。この地方はすでに海に近く、冬は雨雲が到来する圏内のこととて、広大な湖水が形成されるが、どれも塩分が飽和する。スィトラー湖は窪地の底にある大湖で、バフル・ビラー・マーとシーワ・オアシスの中間点にあり、「金に象嵌した輝くサファイア」と呼ばれるが、その先は沼地だ。今日では同湖以外の窪地は干上がっているが、二〇〜五〇メートルほど井戸を掘ると、塩分と石膏分のまじった泥の層が保たれている。湧出がみられる窪地もあるが、塩水なので岸辺に植生はない。古代湖の旧水盤にはわずかな藪だけで、風が運んできた砂が、厚い塩の風解層を覆う。スィトラー湖からほど近くにある放棄されたオアシス、アラジュは、だんだん砂に埋もれつつある。すでに外側の樹林帯は一部が埋まり、めったに出ない塩水の井戸群は半ば閉塞し、植物が死に絶えつつある。人間が居住した証左として残るのは、近くの岩山にエジプト様式で掘られた岩窟墓地だけになる日も近い。

シーワ・オアシス

アレクサンドロス大王も求めにやってきたアモンの神託が下されていたシーワ・オアシスは、ダハラ・オアシスと並ぶ美景だ〔図101〕。同地を囲む石灰岩の丘陵地は、絵のようなバーブ・アル・カイヨーの急崖に及ぶべくもないが、ほとんど劣らぬ奇観である。リビア高原の岩場は、同一の段差をもつ水平な階段のようになって終止する箇所があり、まるで大邸宅の正面玄関のようだ。段々を覆う白々とした砂と、岩の色との対比は、さらに不思議な印象を際立たせる★。この段状の急崖が画する沈降部に、削ぎ落したような板阜群が高原と同標高にそびえるのは、かつてその一部だったことを示す。こうした板阜は、農地やヤシ林のただなかに立ち上がり、頂部に建築が載るものもあれば、塔や城壁のような形のせいで、要塞にみえるものもある。緑の平地に散在する青々とした湖面は、このゼウス＝アモン神のオアシスに楽園の相貌をほどこすが、湖水は塩辛く、サブハ〔sebkha 塩水の潟湖をさすアラビア語〕の周囲の泥土から発する瘴気のせいで、旅人の賛嘆もすぐに収まる。ただし塩水が噴出する横手には、淡水（多くは温水）が流れる★★。硫黄分を含む水盆もある。日中は「熱く」、夜間には「冷たい」ため、「太陽」と呼ばれたのは、ウンム・ウバイダの神殿から少し離れた泉と考えられているが、水温は摂氏二八～二九度のあいだで、ほぼ一定である。古代人は精確な温度の尺度をもたなかったため、じっさいの水温の恒常性を見誤り、燃える太陽のもとではひんやりと、そして夜の寒気のなかでは温かく感じたのであろう★★★。オアシスの林では、ナツメヤシ〔棗椰子〕にオリーブやアンズ〔杏〕、ザクロ〔柘榴〕、ブドウ〔葡萄〕、セイヨウスモモ〔西洋李。プラム〕が混在し、空き地にタマネギ〔玉葱〕が作付けされる。同オアシスは一八二〇年にエジプトが併合したが、自然的にはキレナイカ地方に属する。というのも、ファレジャ・オアシス〔現リビア共和国内〕をはじめ、

★ Wilhelm Friedrich Hemprich und Christian Gottfried Ehrenberg, *Reisen in Ægypten, Libyen, Nubien und Dongala*, Berlin, Posen und Bromberg: Ernst Siegfried, 1828.

★★ Hornemann; Caillaud, etc.

★★★ Caillaud, Bayle-St-John, Rohlfs, Zittel; Gustav Parthey, *Das Orakel und die Oase des Ammon*, Berlin: Gedruckt in der Druckerei der Königlichen Akademie der Wissenschaft, 1862.

岩場と砂地が囲む緑の島々を経て、シルテ湾の斜面に連なるからだ。アレクサンドリアからの経路が通る北方の岩場にもうひとつ沈降地があり、ガーラ・オアシスが収まる。人口四〇人ほどだが、地元の伝承によれば、この人数を超えることはできず、子供の誕生や、移入者によりこれを超過すると、必ず村民の誰かが死んで四〇人に戻るという★。

地下水

ナイル川から離れて連続するオアシスが、谷や峡谷をたどって海に向かうのをみた人々が、こうした肥沃な低地を旧河道、すなわち砂が一部を埋め立てたナイルの分流と想像したのは、まったく自然だった。いまは水のないこの大河が干上がった伝説を地元民は保持するし、近代まで、旅行家の大半はリビア沙漠のオアシス群に、ナイル川の痕跡を探し求めた。現在の地図さえ、バフル・ビラー・マーの経路を、まるで実際の流路が確認されたかのように、谷から谷へと描くものがみられるが、じっさい往古の地質年代に、河水とか海水が谷や水道を刻みつつ、今日オアシスが占める地方を流れた確率はすこぶる高い。だが現行の地質年代には、この沈降地帯へナイルの分流や、地中海の湾が入り込むことはなかった。河川に由来する泥土も、現在の貝類を含む海成の堆積もみあたらないからである★★。ただしオアシスの温水には、地中海と紅海の両海域に属する動物種が見出される。それはシプリノドン・ディスパル［*cyprinodon dispar* メダカ科らしいが不詳。あるいは *Aphanius dispar* か］とシプリノドン・クラリタヌス［*cyprinodon claritanus* おなじくメダカ科らしいが不詳］と呼ばれる小魚だ★★★。オアシスが現在のナイル川と独立に形成された地形だとしても、ヤシの木を育むその水は、同河と何らかの関係がある可能性はある。じっさい、ダハラ・オアシスとファラフラ・オアシスに湧き出す豊富な泉は、降雨がきわめてまれなこの地方に由来するはずがない。地元民はナイルが涵養する水だと固く信じており、ナイルの増水期に泉水が勢いを盛り返すのを見たことがあるとさえ言い張る。だが地下水の動きは、通過せねばならぬ砂地のせいでかなり遅れることを考えれば、これは驚倒すべき事象に違いない。カイヨーやルッセガーといった探検家も、地元民と同様に、オ

★ Hamilton, “Une visite de l’Ammonium d’Alexandrie”, *Revue Moderne*, 1868.
★★ Gerhard Rohlfs, *Petermann’s Mittheilungen*, 1879, no. VII.
★★★ Karl Alfred von Zittel, *Die Sahara*, Fischer, 1883.

アシスの水の淵源をナイルと認めたが、ダハラ・オアシスは同緯度のナイルの河床よりもかなり高い場所にあるから、地下水の水源はナイル上流部、おそらく熱帯雨の降る南方地帯に求めねばならないだろう［今日ではリビア帯水層と呼ばれ、古代の海水を起源とする化石水とされる］。いずれにせよ、地下を旅するあいだにかなり水温が上昇していることからみて、帯水層は地下数百メートルに所在すると思われる。どの湧泉も平均三六～三八度の水温があり、灌漑のみならず、病人の治療にも利用される。ファラフラ・オアシスでは、一八五〇年以降に湧出量が著増した。これはフランス人技師ルフェーヴルの旅行に随行したひとりの頭のよい男が、帰郷して井戸を掘り、灌漑水路を整備したおかげである。さらにイランのカナートないしカーリーズ［カレーズ］に似た暗渠も開削され、蒸発を防ぐ措置がとられた。現在までのところ、これらの新しい井戸により旧来の湧水が減る現象はまったく観察されず、地下水は無尽蔵のようにみえる。その一方、ハルガ・オアシスの南にあるバーリース・オアシスでは、二〇〇カ所の井戸が砂に埋まり、現在残るのは二五カ所である。いずれも摂氏二五～三〇度の温水で、鉄分が強く、平均水位は地下六〇メートルと深い★。古代の著作家たちによると、かつて「大オアシス［ハルガ・オアシス］」での鑿井《さくせい》は地下二〇〇メートル以上に及んだ。井戸の横壁を支持するアカシア材のタビング［桶枠］を伝って、底まで降りるのだが、新たな鑿井《さくせい》や、詰まった井戸を修復するさいには、底の最後の砂層に穴をあけるため、危険なしには済まない。そのいっぽう、ダハラ・オアシスやハルガ・オアシスのように流水が豊富だと、横に広がって沼沢になり、瘴気を発する。

ナトゥルーン湖群（ワーディ・アル・ナトゥルーン）

バフル・ビラー・マーの北方には、この名称で知られる沈降部が連続するとともに、それに平行して南東から北西へ伸びる一個の尋常な谷間がある。その底地にある浅い七つの湖沼が「ナトゥルーン湖群［ワーディ・アル・ナトゥルーン］」である。直近のナイル蛇行部からは四〇キロの礫沙漠が隔てるにもかかわらず、このナトゥルーンの谷を涵養するのは、ナイルの水分である蓋然性がすこぶる大きい。秋分後の三か月にわたり、おそらく大量の滴虫類に由来する「血のような暗赤色」の水が、谷の東側の土壌に滲出《しんしゅつ》し、泉や小川になってこれらの湖に下る。湖沼の水位は十二月末

★ Russegger; G. Schweinfurth; Ascherson; Zittel.

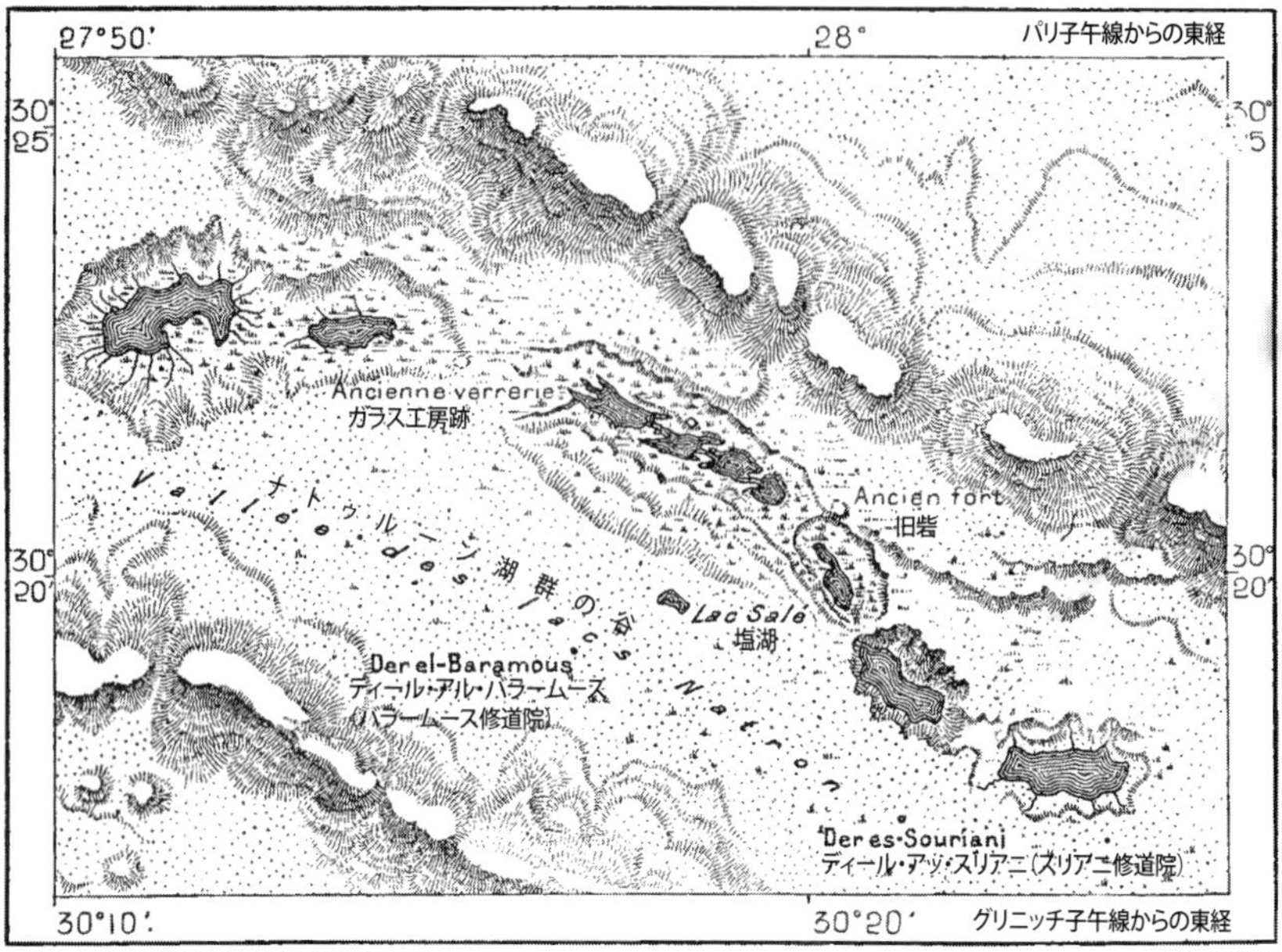

図 87　ナトゥルーン湖群［ワーディ・アル・ナトゥルーン］

まで上昇し、水深一〜一・五メートルに達するが、そのご縮小し、いくつかは干上がる。水の組成は湖沼によりかなり異なり、海水の塩分［食塩、塩化ナトリウム］が多いものもあれば、炭酸ソーダが多いものもある。硫酸ナトリウムの成分比はさまざまだ。湖沼のうち赤色を呈するふたつは干上がり、赤や茶色の塩分が環状に囲んで、バラ［薔薇］のような芳香を発する。湿った土壌が含む炭酸カルシウムが塩化ナトリウムを分解すると、種々のソーダが結晶し、灰色の層になるので、ロゼッタ［ラシード］に到るナイル［本流］の左岸にあるタッラーナの村人が採取しにやってくる。湖沼の近傍の岩場からは、幾筋か淡水が流れ出し、地中海性の植物種や、いじけたヤシの木の貧弱な植生を涵養する★。ナトゥルーン湖群付近の唯一の

★ タッラーナの湖沼［ワーディ・アル・ナトゥルーン］の成分（Berthollet による。単位%）塩化ナトリウム 52、炭酸ソーダ 23、硫酸ナトリウム 11、砂 3、炭酸カルシウム 0.9、酸化鉄 0.2、水分 9.7。

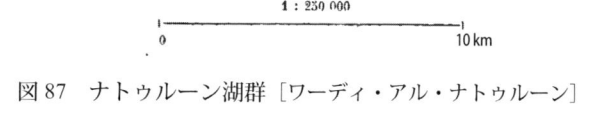

住民は、岩窟や砂丘の谷に数千人の僧が難を避けた四世紀に創立されたバラームース、聖マカール〔ディール・アル・アブー・マカール。図90〕ほかの僧院〔ディール〕の僧である。昔の隠修士とおなじく、これらナトゥルーン湖群の谷の僧も、自分の菜園の産物では口に糊できず、毎日の食餌をエジプトから受け取る。だが今日では、俗世を捨てる精神は、これら沙漠の僧院に起居する人々に何の役割も果たさない。大半は終身刑を望んで放逐された者なのだ。人煙まれなこの地方に古代建造物の址はなく、わずかに一個のガラス工房跡が、煉瓦の炉の残骸や鉱滓の断片、ガラス化した砂により、それと知られる★〔現在はデルタ田園部の開拓前線で、多少の農耕が行われている〕。エジプトがイギリス人の手に移行した諸事件の以前には、ナイル川の西で水準測量が行われ、ナイル自身の分流か、あるいはバフル・ユースフの分流をバフル・ビラー・マーに引き入れ、もって二〇万ヘクタールの農地開発が考えられていた。

オアシスの海抜

オアシス群の標高は、ヌビア地方の境界から地中海岸への尋常な勾配上にはない。すでにカイヨーによる気圧高度測定の結果、ダハラ・オアシスからファラフラ・オアシスにかけて窪地の標高が低下し、ついでバハレイヤ・オアシス方向へ再び立ち上がったのち、シーワ・オアシスで海抜以下に落ち込むことが判明している。より精密な機材を用いたヨルダン〔ドイツ人測地学者Wilhelm Jordan 一八四二—一八九九〕が一八七三年と一八七四年に行なった測量も、カイヨーの結果を裏付けたが、数値には多少の差がある。いまでは、シーワ・オアシスが地中海の海面以下にあり、アラジュのオアシスがさらに五〇メートルほど低いことに、疑問の余地はない★★。その先〔西〕のキレナイカ高原南部に連なるオアシス群、すなわちファレジャ、ジャールー〔ジャロ〕、アウジラは、おそらく往古の地質年代に海峡だった地帯である★★★。これらはすべて海抜以下らし

★ Andréossy, *Description de l'Égypte*, tome XII, Paris: Impr. Impériale, 1812; Léon Hugonnet, *En Égypte*, Paris: C. Lévy, 1883.

★★ カイヨーとヨルダンによるオアシス群の標高（単位 m）

	カイヨー	ヨルダン
ハルガ	10	468
ダハラ	55	100
ファラフラ	33	76
バハレイヤ	35	113
アラジュ	− 60	− 80
シーワ	− 33	− 36

く、海水が流入するのを妨げるのは、顕礁のような一個の砂洲と、複数の砂丘の列だけだ［本シリーズ『北アフリカ第二部』三〇一—三五頁］。この地理学的所見が得られると、この溝部に地中海の水を引き入れてキレナイカをひとつの巨大な島に変身させる可能性が、大きな論議を呼んだ。つまりシルテ湾の逆側に「内海」を創出する企画である。

オアシスのイメージ

オアシスという名称は、水が流れる緑の楽園の想念を呼び起こす。古代人はエジプトのオアシスを「幸せな人々の島」と呼び、まるで沙漠に包囲されたヤシ林が神々の恩寵と言わんばかりだった。だがエジプトの歴代君主、そして後代のローマやビザンツの皇帝も、オアシスは詩人が歌い上げるような幸せな場所ではないことを知っており、政敵を幽囚し、悲嘆と憂鬱の死に追いやったのである。何千というキリスト教徒も、見解を異にするキリスト教徒によりこの広大な牢獄に放逐され、望郷の念に仆れていった［原著の執筆当時、ノスタルジアは医学的な疾患とみなされていた］。ダハラをはじめ、オアシスのいくつかは壮大な塔状の岩山が囲み、二〇〇〜三〇〇メートルの高みから集落やヤシ林をみおろす。旅人がオアシスをめでるのは、その緑が、むきだしの岩や砂地の陰鬱な広がりと対照をなすからである。岸辺に思いを焦がし、水なき沙漠を縦断してきた者が、ついに樹下に湧き出る本物の泉を見出す喜びはいかばかりだろうか。地平線の端から端まで、見渡す限りいまを盛りに繁茂する田園に比較して、狭いオアシスがみじめで荒涼として見えるのは、もっと後になってからだ。

砂丘

大西洋や地中海の浜辺とおなじく、沙漠の砂も砂丘を展開する。ナイル川とオアシスの連続のあいだには、いくつか砂丘の列がならぶが、ほぼどれも南東から北西に延び、アスワンからメニヤまでのナイル川の方向と平行する。フランスのランド地方ほどの高さに到底及ばないのは、砂がすり潰される場所がもっと遠く、風もランド地方ほど強くないためであろう。通常は小さな藪、とくにギョリュウ［御柳］の叢が、砂丘を形成する支点になる。まず障碍物の背後に小さな砂丘が出来上がり、三日月形に曲がって、二本の角を前方に突き出す。まもなく植物は砂に包まれ、少

前頁★★★ *Petermann's Mittheilungen*, 1869, no.VIII.

しづつ生育して枝を伸ばさぬかぎり、完全に埋まってしまう。こうして、平均の高さが三～五メートルしかなく、ギョリュウなどの灌木が突き出す丘が形成される。この低い突起は形姿といい、色といい、侵蝕された岩にそっくりだが、頂部や斜面に藪をそなえ、リビア沙漠にひとつの固有な様相をほどこす。高原の平均標高を上回る岩山を砂が越えてゆくことはなく、ナイル河谷を見下ろす石灰岩の崖の、縁部にあるピラミッド群の前でも停滞する。このため、ファラオの巨大墳墓は、沙漠の砂がエジプトに侵入するのを防ぐ目的で建立されたという珍説も唱えられた。西風が吹くと、高原の岩場の狭間という狭間から、赤や金色に光る数千の砂の滝が流れ落ち、長大な崖錐になって耕地のあちこちに達する。バフル・ユースフの水流が、左岸を縁取る砂丘の列でもって東にだんだん押されたのはこのせいであり、おそらく、右岸の急崖を水蝕してそれを相殺したのだ。だが、砂地でも他の土地と変わらぬ耕作は可能で、肥沃な沖積土を運ぶ灌漑水を受けさえすればよい。

リビア沙漠の景観

オアシス群の西方のリビア沙漠を、クフラのオアシスやフェッザーン地方から横断した探検家はまだいない。アフリカ大陸のこの部分は、少なくとも一〇〇万平方キロに及ぶ人を寄せ付けぬ空間で、近代産業による種々の装備をもつ旅行家も横断不可能なまま、エジプトおよびキレナイカと、チャド湖沿岸のあいだを完全に隔てる。エジプト領内のオアシス住民は、地平線を画するこの神秘の地方に近づかぬよう気を付け、歴史的にみて荒唐無稽ないくつかの奇譚以外には、なにか外国人に語り得ることはない。一八七四年にロルフス、ツィッテルほかのドイツ人探検家の一行が、フェッザーン地方までこの砂漠を直進しようと試みた。長い旅にそなえ、錫で内張りし、水を満たした鉄箱を運ぶラクダの荷駄隊が追従したが、ダハラ・オアシスから六日間進んだところで、次から次に現れてフェッザーン方向への道をふさぐ砂丘の列を、ラクダが踏破するのは不可能と分かったため、シーワ・オアシスに避難すべく北に方向を転じた。同地に到着したのは最後の給水点から二一日後で、それまでというもの目にしたのは砂と岩山、蜃気楼が映す「悪魔の水」だけだった。リビア沙漠のうち、エジプトのオアシス群に最も接近する部分は、ナイル河谷の近傍に似ている。

挿画 XLI　リビア沙漠、地平線の蜃気楼
D. エロン氏の一葉の写真をもとに、リウ筆

すなわち石灰岩の板阜が、砂丘の列や灌木林と交互に出現するが、石英質の砂の地方に入り込むと植物の痕跡は皆無で、見渡す限りが砂地と、砂岩層との互層をなす鉄分豊富な地層だ。地表はゆっくり西に立ち上がってゆき、石灰岩と砂岩が接触する台地の高度は四四〇メートルに達する。その先はフェッザーン地方まで、距離も知れぬ砂の大海が始まる。ただし、北方のシーワ・オアシスまでは四〇〇キロ未満だ。砂岩層が風解して形成された大砂丘の高さは平均一〇〇メートル、すなわちヨーロッパ最大級のものを上回り、一五〇メートルのものさえみられる★。砂丘の列は極地風と鉛直に［向き合って］南から北、ないし南南東から北北西の方向に並び、貿易風が規則的に吹く海の波のように続く。エトナ山の山腹に生じた副次的な火山錐［側火山］にも比すべき二次的な砂丘は、不規則な風による形成で、尋常な列の方向を横切ったり斜行したりする。列のあいだにある谷津《やつ》を進むのが

★ Wilhelm Jordan, *Physische Geographie und Meteorologie der Libyschen Wüste*, Cassel: Fischer, 1876.

容易なのに対し、砂丘の上では眩惑されるため、難行軍だ。砂丘の根元に湧水が絶無な死の地方であり、塵埃のなかを黙りこくって進む旅人たち自身、お互いがまるで亡霊にみえる。

第二項　気候

風向

エジプトの気候は地中海の近くと、そこかしこを沙漠の高原がみおろす大河の狭い谷間とでだいぶ異なるが、大気の流れの運動が規則的で、かつ乾燥している点は、注目すべき一定性をそなえる。エジプトそのものたるナイル河谷の風向は、紅海と似ている。山地の峡谷が必ずそうであるように、この廻廊〔紅海〕に吹き込む大気の流れは、常に縦方向に沿う。「シャマール」と呼ばれるスエズ湾からの風も、「シアブ」と呼ばれるアデン湾からの風もそうだ。十月から三月にかけインド洋に発生する北東の季節風も、漏斗形のアデンの海域に入ると方向を転じ、南東風になる。おなじく、リビア沙漠つまり西から吹いてくる「ハムスィーン」も、紅海に入るやいなや、海岸線と平行して北に向かう。いっぽう地中海に端を発する西風、北風、および北東風は、南東の季節風と逆方向をとる。最後に陸風と海風は、熱帯の海辺の大半でおそろしく規則的なのに対し、紅海沿岸だと非常に微弱だ。一日のうち帆船が利用できるのは数時間足らずにすぎず、全般的な大気の動きに押され、北か南に流れてしまう。やや勢力が強まるのは、寒暑の変わり目である春と秋に限られる。南風と北風の交代は、スエズ運河における海水の往来をもたらす。夏は地中海の水が紅海方向に押され、冬はスエズ湾の水がペルシウムの湾〔ティーナ湾〕方向に押される。こうして夏冬ごとに四億立方メートルほどの水が運河を出入りする。流速は毎秒一五〜六〇センチのあいだで遅速がある★。ナイル河谷でもそれとおなじく、発端はどこであれ、すべての風が上流または下流方向に曲がる。唯一、下エジプトでは空気の動きを迂回させる障碍が皆無なので、風は、それを呼び込む熱源に向かう原初の方向を維持し、四方八方に吹く。

★ Ferdinand de Lesseps, *Journal officiel de la République française*, 26 juillet 1878.

季節風

だがナイルの河谷をさかのぼり、あるいは下る風の交代は、紅海ほど一定ではない。紅海は長く伸びた湾なので、正真正銘の律動的な交代が起きる。冬には南東の季節風がバーブ・アル・マンダブ海峡に強く吹き込み、その卓越はスエズ近傍でさえ感じられることがある。夏は逆に北西風が卓越し、アラビア湾［紅海］の入り口近くまで支配する。かつてインド方面や香料海岸［アデン対岸のソマリア北岸］から乗り入れる船員は、この逆風を避けて、スエズ湾よりも接近が容易な港に物資を積み下ろした。古代ベレニケやミオス・ホルモス［クセイル北方］といった港湾があれほどの重要性を獲得し、プトレマイオス朝やローマ帝政の歴代君主が、紅海とナイルを結ぶ経路に貯水槽をそなえた道を敷設させたのは、これが理由だ★。おなじくエジプトでも、暑い季節のあいだは、南方の砂地の高温に引き寄せられた北風が定常的に吹き、大気をさわやかにする。冬もおなじ理由で北風が南風に卓越する。わずかに三月末から五月初めにかけては南北の風が拮抗し、しばしばエジプトは「五十日の風［ハムスィーン］」のもとに置かれる。ただし五十日間も吹き続けることはめったにない。そもそも、ハムスィーンが夜間に吹くことは皆無だ。ハムスィーンは乾いた熱風で、ピキテ氏によれば一立方メートル当たり一グラムに達する塵埃が満ちており、ときに「サムーム［シムーン］」の名にふさわしくなる。下エジプトでさえ、この埃っぽい風の毒気に当てられて駄獣を失った隊商や旅人の例はおびただしい★★。カイロで北風が吹く平均頻度は南風の六倍だ。しかしナイルをさかのぼり、赤道地方に近づくにつれ、南北の風は均衡するようになる。ヌビア地方では、冬の北風と夏の南風がほぼ同程度になる。

降水量

エジプトのデルタ地方は地中海性の気候圏に属するので、夏と冬は南ヨーロッパとおなじように交代し、季節の変わり目である春と秋は非常に短い★★★。ナイル川が増水し氾濫する夏は、最も天気

★ Ernest Desjardins, *Mémoire sur l'Inscription de Coptos* [“L'Inscription Géographique de Coptos”, *Bulletin trimestriel des antiquités africaines*, vol. 2, 1884, *pp*.182-201?.]

★★ Jean Louis Antoine Reynier, *Considérations générales sur l'agriculture de l'Égypte*, Extrait des *Annales de l'Agriculture Française*, tome X, Paris: Impr. de Madame Huzard, 1803.

★★★ エジプト各地の平均気温（℃）

	アレクサンドリア	カイロ	ポート・サイード
年平均気温	20.4	21.9	21.15
最暑月（八月）	26	29.3	
最寒月（一月）	12	10	
観測された最高気温	44.5	47	

が晴朗な季節だが、湿度がかなり高く、非常にしばしば飽和点に近くなる。とりわけ紅海沿岸だと、サウナ風呂のようになることも多い。冬は雨季だが、高湿になることは珍しい。それでもデルタ下流部ではしばしば交通の障害になる。少しのにわか雨でも、唯一の道路である堤道が泥濘に化すからだ。アレクサンドリアでさえ、ルッセガーによる年平均降水量は一七五ミリ、近年の観測によると二〇〇ミリと、パリの三分の一、フランス全土の平均の五分の一にすぎない★。カイロになると、もう雲は身軽になって到来するため、年間降水量はさらに少なく、三四ミリである。英領インドのチェラプンジの五〇〇分の一だ［原文五〇分の一とあるが誤記とみる。本シリーズ『インドおよびインドシナ』七七頁］。古代エジプト人は「晴朗なる地方★★」の住民をもって自任したが、カイロは年の四分の一以上にわたり曇天である★★★。デルタの南、「アラビア」と「リビア」のふたつの砂漠地帯にはさまれた付近の雨はさらにまれだが、以前に何度も繰り返し言われたように、まったく知られていないわけでは全然ない。カイヨーはシーワ・オアシスで、ロルフスはダハラ・オアシスで、それぞれ豪雨を体験している。「アラビア」側の沙漠でも、アトフィーフ近くのディスミーの村が鉄砲水で押し流され、ワーディの外側に再建せねばならなかった。だが雨がまったく降らなかったときもある。クセイルとケナーのあいだでは、六年にわたり一滴の降雨もなかった時期があり、谷間からは草地の跡が完全に消え去った。これに耐えた樹木は、乾燥環境に無頓着なアカシアだけだった★★★★。コプトス［キフト古称］からベレニケに到る古道に置かれた雨水槽の群れは、一帯に降雨があった何よりの証左だ★★★★★。いくつかの地点では天然の水槽も見出される。それは地下の崩落により貨幣石の岩場に形成された溜池で、底が不透性の珪土層になっている★★★★★★。地表の泉口をさす「アイン」とは全く別物として、「ムグター」と呼ばれるこうした貯水池は、ほぼ必ず優良な水を湛え、周囲のアラブ人はその存在をヨーロッパ人から隠そうとする。

★ 1881 年から 1873 年［ママ］にかけてのアレクサンドリアの年間平均降水量は 206mm。
★★ Élie, “Voyage au Caire”, *Philosophie positive*, mars-avril 1870.
★★★ Clot-Bey; Renou; Amici.
★★★★ G. Schweinfurth; Klunzinger.
★★★★★ Ernest Desjardins, *Mémoire sur l’Inscription de Coptos*, *op.cit*.
★★★★★★ Schweinfurth, “La Terra incognita dell’ Egitto propriamente detto”, *op.cit*.

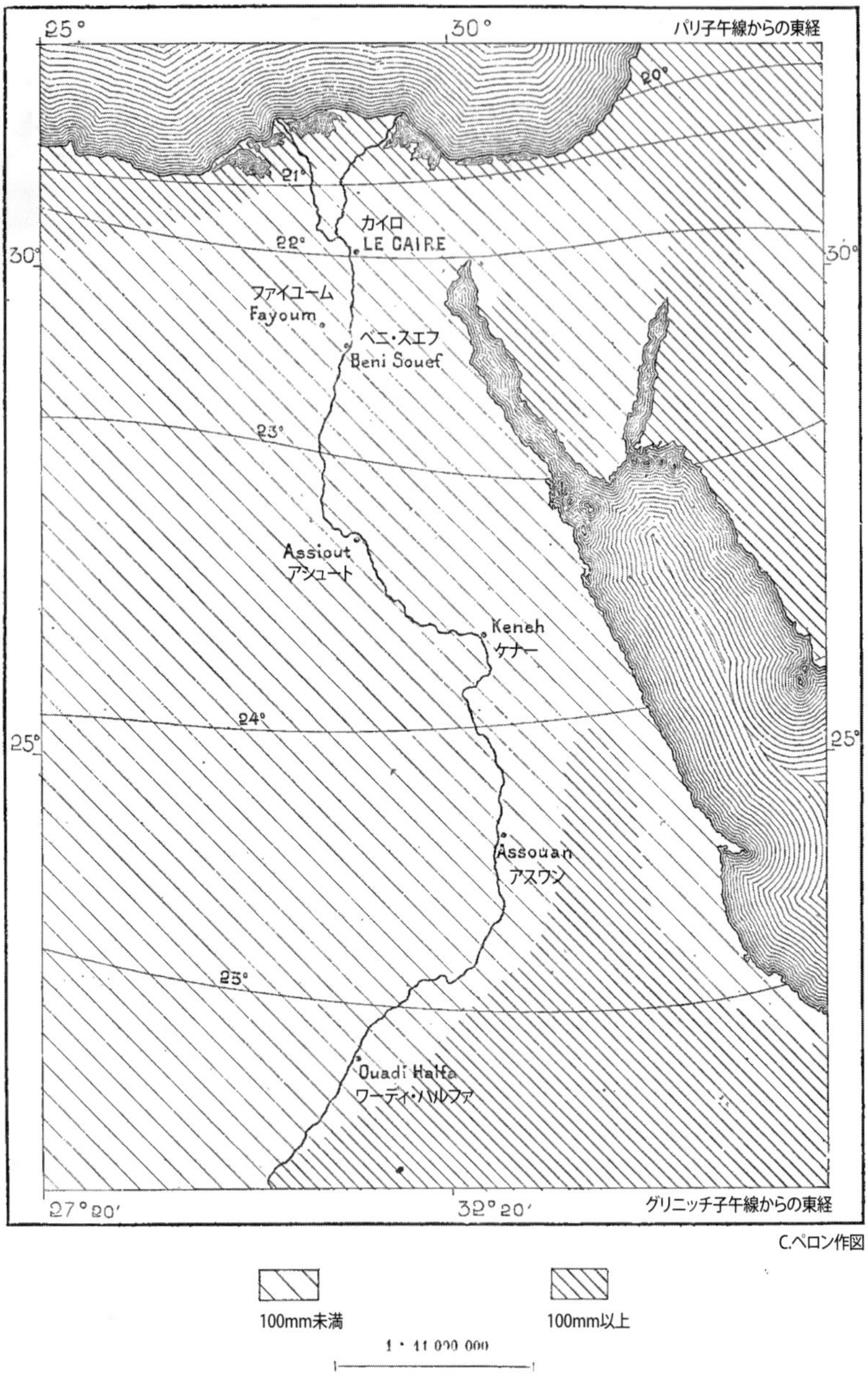

図 88　エジプトの等温線と降水量

結露

わずかとはいえ、冬場の湿気は、通例は夏場にみられぬ清新さと、活力を植物に与える。この点でエジプトは温暖ヨーロッパの冬と鋭い対照性をみせる。そもそも、デルタ地帯では雨は降水のごく一部にすぎず、夜露がかなり豊富だ。それはとくに海風が運びこみ、アレクサンドリアの家屋の屋根やバルコニーは毎晩結露する。だが海から遠ざかるにつれ夜露は減ってゆき、ヌビア地方の沙漠ではナイル川近くにしかみられない。国内の無人地帯になると、岩場や白々とした砂地が日中の熱を夜間に放出するため、朝には霜になることも多い。だが太陽が昇ると、わずかな時間のうちに地表は摂氏二〇度を超え、沙漠を覆う薄い氷は溶け始める。農耕地帯でも作物に霜が降りることがあり★、マスペロ氏はエドフとイスナーのあいだで一個の氷片を採取した。日較差はヌビア地方ほどではないが、それでも上エジプトでは非常に大きい。日較差は、摂氏二〇度の等温線から二五度の線にかけて南下するにつれ、ゆっくりと増大する。

気候変化

エジプトは、有史以来の気候変化が最もはなはだしかった国のひとつである。おそらく世界最古と思われるサッカラの墳墓の壁を装飾する浮彫から判断すると、当時のエジプト人の生活類型は、沙漠に包囲された住民のものではなかったようだ。今日のアラブ人が燃える無人の地を遊弋するのに不可欠なラクダ〔駱駝〕は、まったく知られていなかった。ヒクソス人の到来〔前十八世紀〕以前にはウマ〔馬〕さえもたず、ヒツジ〔羊〕も飼わなかったのであって、役畜はウシ〔牛〕だけだった。当時のエジプト人は、後代の浮彫や壁画が示すような隷従民ではまったくなく、楽し気な農耕民で、踊りと祝祭を愛し、醜悪な戦さの技術など知らなかったのである。これこそ、今日とは違う気候だったという仮説を支持する指標ではあるまいか。オスカー＝フラース氏はさらにずばりと「沙漠などなかった」と述べるほどだ★★。これが誇張された意見であることは疑いないが、しかし、リビア側にせよ「アラビア」側にせよ、山中の谷筋に水流がいまよりも豊富だったのは確実である。現在は水がない地方の各地で、

★ Ernest Desjardins, *Notes manuscrites*.

★★ Russegger, *op.cit.*; Oscar Fraas, *Aus dem Orient*, Stuttgart: Ebner & Seubert, 1867 (vol.I) and by E. Schweizer, 1878 (vol.II).

古代には滔々と流れ落ちた滝の痕が、岩場に判別できるからである★。今日では燃料不足のため無理と思われる鉱山も、十分な木材により採掘できたのだ。いまのファッラーヒーンがパンを焼くのに用いるのは、泥と牛糞を混ぜて円盤形にし、日干しした燃料だけである。

人為と気候変化

だが、有史のあけぼの以後にエジプトの気候が激変したという仮説を受け入れるにしても、何人かの旅行家や気候学者が前世紀末から生じたと断言する気候変化のほうは、論証済みと考えるわけにはゆかない。それはムハンマド＝アリーが設立させたクワ〔桑〕ほかの樹木のプランテーション群が、たちまち降雨の増加を結果したという、よく聞く主張だ。だが現在の年代にも作付け地は大きく伸長しているのであって、ならば同じ結果をもたらしているはずである。また気候が変化したという主張はどれも全く個人的な印象に基づいており、継続的な観測による確証はまだ得られていない。同様に、スエズ地峡の局地的な気候が、淡水や海水の水路群の開削以後に軽微に変化したという見解も、はたして事実なのか、疑ってよいだろう。人間の眼には巨人的な造営物であるのは間違いないにせよ、海面の広さからみればほとんど無意味な面積しかないスエズ運河が、水路のすぐそばはともかく、寒暖の差を緩和し、大気をもっと湿潤にし、雨の頻度と持続時間を増大させるなど、できただろうか。

第三項　動植物

森林の欠乏

北極圏からこちら側で、エジプトほど植物種が少ない国は世界にまれである。平地が一体的であること、土壌の化学組成に多様性が乏しいこと、水をたっぷり受ける丘陵地や山岳がないこと、農耕が安定していることは、いずれも植物相の多様性を制約する組み合わせだ。さらに、農民は数千年にわたり森林を破壊してきた。ただしスント、すな

★ Wilkinson; Chaix; Russegger.

わちエジプトアカシア〔sount, *acacia nilotica*〕の木立はちらほら残っている。これは昔は聖樹とみなされ、ヘブライ人が聖櫃を作るのに用いた★。エジプトでは木材があまりに貴重なので、船頭は舟の外板に、土と藁屑をまぜて固めた牛糞を用いるほどだ。

植生の変化

エジプトの植物相は全体にヨーロッパ種、アジア種、アフリカ種の混合体だが、少なくともデルタ以外では、アフリカ種が卓越する。エジプトの景観を特徴づけるのはとくにアフリカ品種で、タルファ〔tarfa, *tamaris nilotica, Tamarix nilotica*〕やナツメヤシ、エジプトイチジクである。ドームヤシは国内に自生せず、イスナー上流の樹園で目にするのみだ。ファイユーム地方はかつて「エジプトイチジクの地方」の名があったし、エジプトの古称のひとつ「ベクの木の国」は、ヤシの木の謂いと思われる★★。村にはかならず壁の周囲と水路沿いにヤシの並木道がみられ、少なくとも一本はエジプトイチジクの木が横に大きく枝を伸ばし、晩方になると人々が樹下に集まる。かつてのエジプトイチジクは、現在この名でヨーロッパに知られる種とは大きく異なり、国内各地に広く分布した。その用材は「不朽」として名高く、高級家具や、とくに墳墓に納める棺に用いられた。乾燥した空気のおかげで、三千年を経て玄室から引き出されても、繊維の強靭さと細さをそのままに保持したのである。古代人はエジプトイチジクの実も珍重し、「ひとたび食せば、エジプトに戻らずにはいられない」と言われ、出立に際して食べる風習があった。ナイルの田園に戻って来るまじないである。だが、エジプトイチジクの実が今日では「驢馬のイチジク」でしかないのは、どうしたことだろうか。風味が変わったか、それともエジプト人の味覚が変わったのだろうか★★★。変化した植物種があった一方で、完全に姿を消した種もあることが知られている。第十一王朝〔前二十二世紀—前二十世紀〕に人々が刳り抜いて遺骸を納めた樹木は、いまはスーダン地方にのみ生育する★★★★。また国内の墳墓でふんだんに見出されるドームヤシの実は上エジプト地方を越えず、アルグンヤシの実も、ヌビア地方にしかない。さらに、エジプ

★ Jacques de Rougé, “Textes géographiques du temple d’Edfou”, *Revue Archéologique*, vol.XII.
★★ von Kremer, *op.cit*.
★★★ Heinrich von Stephan, *Das heutige Ægypten*, Leipzig: Brockhaus, 1872; G. Maspero, *Notes manuscrites*.
★★★★ Mariette, *Académie des Inscriptions et Belles-Lettres*, 1879.

ト文明の代名詞でさえあるパピルスは、どうなったのだろうか。ソルト、ドロヴェッティ［イタリア人収集家、外交官、政治家 Bernardino Michele Maria Drovetti 一七七六—一八五二］、レニエ［フランス陸軍軍人 Jean Louis Ebénézer Reynier 一七七一—一八一四］、ミヌトーリ［プロイセン陸軍軍人、探検家、考古学者 Heinrich Menu von Minutoli 一七七二—一八四六］はダミエッタの近くにパピルスを見出したが、いまは国内のどこにも見当たらない★。パピルスはもう故国にはなく、ナイル河谷からそれを移入したシリアやシチーリア島に存在する。ピンク色のハス［蓮］は、ストラボンの時代のアレクサンドリア住民が、群生する広い葉の下を泳ぎ回り、爽快な水と花の香りを楽しんだのに、どこへ行ったのだろうか。かつてエジプト全土にみられた白蓮も、いまはデルタでしかお目にかからない★★。下エジプトの湖沼の岸辺で目立つのは、種々のアシ［葦］とピンク色のヤナギラン［柳蘭］ばかりである。

オアシスの植生

何世紀とも知れぬ以前にナイル河谷から分離した諸オアシスの植生は、注目すべき特質をそなえる。エジプトの植物種の過半がアフリカ起源なのに対し、オアシスのそれは、作物も自生種も、大半がヨーロッパを起源とするからだ。ゆえにこれらのオアシスは、狭義のエジプトとの関係が始まるより先に、西洋の地中海世界と通信したと結論されている★★★。植生は、もちろんオアシスの規模が大きいほど豊かだ。アシェルソン［ドイツ人植物地理学者、民俗学者、言語学者 Paul Friedrich August Ascherson 一八三四—一九一三］はファラフラ・オアシスで九一種、ダハラ・オアシスではその倍の一八六種、ハルガ・オアシスでは二〇〇種の小花を採集した。その一方で、世界各地に分布するセイヨウオオバコ［西洋人葉子 *plantago major*］が、ファラフラとハルガの両オアシスには見出されるのに、中間にあるダハラ・オアシスにないのは、興味深い事実だ。アラビア側の砂漠地帯の斜面や、高地に特徴的な植物はエニシダ［金雀枝］の一種レタマで、カナリアス諸島のものと同種である。底地やワーディの縁にはヨモギ［蓬］属が生育する★★★★。この地方の植物相はパレスティナ型

★ H. von Minutoli, *Abhandlungen vermischten Inhalts*, zweiter Cyclus.
★★ Brugsch; Ascherson.
★★★ Hartmann, *Die Nilländer*, *op.cit.*; Friedrich Gerhard Rohlfs, *Drei Monate in der libyschen Wüste*, Cassel: Theodor Fischer, 1875; Groneman, *Nature*, May 31, 1884; Schweinfurth, *Nature*, Jan.31, 1884.
★★★★ G. Schweinfurth und Güssfeldt, *Petermann's Mittheilungen*, 1876.

なのである。

哺乳類および鳥類

植物相とおなじく、エジプトの動物相もヨーロッパ的というよりはアフリカ的だ。国内の古代建築に姿がみられるロバ〔驢馬〕は家畜の一員だったようだが★、ラクダ〔駱駝〕やヒツジ〔羊〕、そしてヒクソス人が連れてきたウマ〔馬〕は★★、アジアからナイル河谷に到来したものである。大半の野生動物はもう下ナイル地方に見出されず、都市文明化した人間の近くから逃げ去った。サル〔猿〕は、人間と親密に暮らす様子が古代の浮彫に表されるが、もう国内にみられない。ライオンとヒョウ〔豹〕も姿を消し、「ナイル川のウマ」と呼ばれたカバ〔河馬〕、さらにワニ〔鰐〕も、ナイル川のヌビア地方区間に難を避けたことが知られており、いまはオンボス〔コム・オンボ古称〕以北に姿はみられない。ハイエナは沙漠の縁辺に一般的だが、それ以外の野獣は、かろうじて小型の種が保持された。カラカル、ジャッカル、キツネ〔狐〕、私たちの家猫の先祖と考えられている「ステップ地方の猫〔chat des steppes リビアヤマネコか〕」、シロイタチ〔白鼬〕、そして「ファラオの鼠」すなわちエジプトマングースである。神殿の浮彫や、玄室の壁画に描かれたキツネのようなイヌは、エジプト国内の野犬で、沙漠の縁辺でも見かける〔サイトハウンドか〕。古代建築に彫りつけられた諸種のグレイハウンドも、国内に保持された。イノシシ〔猪〕の姿は古代の浮彫にまったく姿がないが、下ナイル地方の葦原に生息する★★★。耕作地帯に近い無人の地には、かつてエジプト人が家畜化した種の末裔であるアンテロープが多い★★★★。これはいくつかの種があるが、ほぼどれも馳駆する地面とまったく同一色の毛並みで、環境に適応した。エジプトの鳥類の世界は、コウノトリ〔鸛〕やウズラ〔鶉〕など、地中海を年に二度渡ってゆくヨーロッパ種が非常に興味深い。春にはさわやかな温暖気候を求めてヨーロッパへ渡り、秋には北方の寒さから遠く離れ、ナイルの岸辺や、さらにはエチオピアの山麓まで戻って営巣する。エジプトの留鳥〔定住する鳥類〕には特殊な形態のものが多く、いくつかはまれな美しさを

★ Lenormant, *Les Premières Civilsations*, *op.cit.*

★★ Charles Alexandre Piétrement, *Les Chevaux dans les temps préhistoriques et historiques*, Paris: Germer Baillière et Cie., 1883; Lenormant, *op.cit.*

★★★ John Gardner Wilkinson, *Manners and Customes of the Ancient Egyptians, revised by Samuel Birch*, New York: Dodd, Mead and Co., 1878.

★★★★ Lenormant, *op.cit.*

そなえる。輪を描いて飛翔する白い鷲〔aigle blanc カタグロトビ（肩黒鳶）か〕や、金属製の光沢をもつタイヨウチョウ〔太陽鳥〕がそうで、アメリカ大陸のハチドリ〔蜂鳥〕におとらぬ優美さをそなえ、ハチドリ同様に花の周囲を飛び回る。古代人がワニ〔鰐〕の忠実なお供と記したナイルチドリ〔*charadrius aegyptiacus, Pluvianus aegyptius*〕はいまもナイルの岸辺を跳ね回るが、ワニのほうはヌビア地方まで退却した。おなじくイビス〔朱鷺属〕も南方の無人地帯に逃げ去った。宿営地の上空には種々のハト〔鳩〕が群舞する。デルタ地方の湖沼では、ベニヅル〔紅鶴。フラミンゴ〕やペリカン、種々のツル〔鶴〕、アオサギ〔青鷺〕、カモ〔鴨〕などの水鳥が水面いっぱいに遊弋し、猟師の姿をみると、空を昏くして大群が飛び立ってゆく。ファッラーヒーンのカモ猟はよく知られたもので、刳り抜いたカボチャをかぶり、いかにも漂ってきたようにゆっくりと見張り番の鳥に近づき、警戒の啼き声を挙げるひまもあらばこそ、やにわに水掻きをつかんで水中へ引っ張りこんでしまう。こうすれば残った群れを襲うのは簡単だ★。

魚類

葦原の水鳥とならび、マンザラ湖ほか、下デルタ地帯の湖沼には魚がひしめく。毎年、ジャマーリーヤの狭間にボラ〔鯔〕が入り込むのを祝うのが漁期の口開けである。漁師はマンザラ湖に通じる水路すべてに網を仕掛けたうえで、魚銛を手に舟に乗り込み、定刻を待ち受ける。岸辺では女性たちがご馳走の準備だ。まもなく海面がきらきらと輝き始める。ネズミイルカ〔鼠海豚〕ほかの貪食な動物に追われた魚群《なぶら》が水路の入り口に接近し、海面は無数の輝きで満たされる。魚体がこすれあい、潮騒と混じり合うくぐもった音がだんだん大きくなると、漁師は叫び合い、女子供の嬌声が混じる。狭いブーガーズ〔水路〕の口に魚があふれかえり、網に掛かると、一網打尽に虐殺され、数時間でどの漁船も満杯になる。以後は網が撤去されて魚は自由にマンザラ湖に入り込み、湖内あちこちで思い思いの漁がおこなわれる。ナイル川で最も一般的な魚は、アラブ人が「シャバル」と呼ぶもので、背鰭に三本の鋭いトゲ針があり、刺されると激痛に苦しむ。シャバルは水から引き上げると小さな鳴き声を挙げる珍しい魚のひとつで、セミ〔蝉〕のような音だが、もっと小さい〔ナマズ目 *Clarias anguillaris* か〕。ナイル川と紅海の魚の多くは古代建築に姿が描かれてお

★ Geoffroy Saint-Hilaire; Marius Fontane, *Les Égyptes*, Paris: Alphonse Lemerre, 1882.

り、迫真性のゆえにルッセガーはその全種を同定できた★。さてスエズ運河の開通が、かつて判然と別物だった地中海と紅海の動物相を、部分的に混合する結果になったことはよく知られている。いくつかの魚類や、貝類ほかの海生生物がお互いの海域に入り込み、その途次の「苦い湖群〔大ムッラ湖（グレートビター湖）および小ムッラ湖（スモールビター湖）〕」にも多種の生物が留まった。しかし海底と岸が完全に砂地であること、潮流の出入り、高すぎる塩分濃度、船舶のひっきりなしの航行など、移動を遅らせる原因も多い。肉食性の魚があまり運河の奥まで入り込まないのは、餌になる魚種が少ないためである。また紅海ではすこぶるひんぱんにみられるサンゴ虫類も、まだ地中海に広まっていない★★。

スカラベ

神話時代に、創造と再生の象徴としての意味を獲得した昆虫が、アテウクス・サケル〔*ateuchus sacer*, *Scarabaeus sacer* ヒジリタマオシコガネ〕すなわちスカラベ・サクレである。丸い糞球が太陽ほかのあらゆる天球を想像させるこの虫は、じっさいひとつの小宇宙を拵え上げる。その粘土〔獣糞〕の中に卵を産みつけると、一瞬も休まずに川辺から沙漠の縁まで転がしてゆき、砂地に埋める。この仕事が終わればすぐに死んでしまうが、卵が孵化すると、たちまち次の世代がおなじ創造の営みを開始する。この聖なる昆虫も、エジプトの動植物の多くと同様に南方へ退却したらしく、ヌビア地方ではすこぶる一般的なのに、アスワンの下流にはもうめったにみられない。それでもマスペロ氏はある程度の数をサッカラで実見した。上エジプトで希少になった原因は、耕作地の拡大により、ナイル河岸から沙漠の縁辺までの距離が、随所で遠くなりすぎた点に求められるだろう。ヌビア地方では、スカラベがその大事な荷物を運ぶ距離は通常かなり短いのである★★★。コプト教徒の母親は、病気のわが子の首に、生きたスカラベを入れた小切れ〔お守り袋〕かクルミ殻を掛けさせることがよくある★★★★。

★ Russegger, *op.cit.*; Wilkinson, *op.cit.*; Ernest Desjardins, *Notes manuscrites*.
★★ Keller, *Nature*, déc. 21, 1882.
★★★ Edwards, *op.cit.*
★★★★ Franz Pruner, *Die Krankheiten des Orient's*, Erlangen: J. J. Palm und Ernst Enke, 1847.

第四項　住民

コプト教徒

今日のエジプト人はレトゥ人の後裔で、先祖によく似ているが、四千年のあいだに、少なくともデルタ地帯とエジプト中部では、原初の住民に多くの外来要素が混じり込んだ。しかし混淆にもかかわらず、当初の典型は随所に見出される。とくにコプト教徒は比較的に純系とみるべきで、いまもファラオを指す「フィルアウンの民」と呼ばれる★。プトレマイオス朝治下でも後代のローマ時代にも、地中海沿岸の隣人たちと多様に混淆したに違いないが、一二〇〇年以上の昔にムスリムが征服して以後は、宗教的憎悪により、これらキリスト教徒は征服民から一線を画し、他のエジプト人よりも独自の典型をよく保持した。一六七一年にこの点をファンシュレーブ［ドイツ人神学者、言語学者 Johann Michael Vansleb 一六三五―一六七九］が質したアレクサンドリア総主教によると、当時コプト教徒は最大で一万～一万五〇〇〇人しかいなかった★★。近年は一五万人と推計されていたが、一八八二年の人口調査では四〇万人以上と、全人口の十五分の一を数える。国内のあらゆる民族的要素のうち、エジプト人を自称する権利はコプト人が筆頭だ。その呼び名コプトないしクブトは、メンフィスの古称ハー・カ・プター、すなわち「プター神のご座所」の訛音としか思われない。これをギリシャ人はアイギュプトスとし、ナイル川とエジプトをそう呼んだ★★★。しかしコプトの名称は、彼らが多く住む都市キフト、すなわち旧コプトスにも由来する。このキリスト教徒都市をディオクレティアヌス帝が破壊したのが、コプト暦の紀元だ［ディオクレティアヌスによるコプトス破壊は二九二年だが、コプト暦は同帝が即位した二八四年を紀元とするので、ルクリュの誤解と思われる］。コプト教徒が多く住むのは上エジプト、とりわけ「コプト教徒の首都」であるアシュート周辺と、ファイユーム地方ではいくつかの村がまるごとそうだ。また、もともとは独身の誓いのもとに

★ Rudolph Kleinpaul, *Die Dahabiye. Reiseskizzen aus Aegypten*, Stuttgart: Cotta 1879.
★★ Vansleb, *Nouvelle relation d'un voyage fait en Égypte*, Paris: Estienne Michallet, 1677.
★★★ C-F. Volney, *Voyage en Syrie et en Égypte*, Paris: Volland, 1787; Brugsch, *op.cit.*

あった修道士が半ば城砦化した「デル」ないし「ディール」と呼ばれる僧院が住居に転用された例もある。首都から遠く離れ、部分的に征服経路の外方にあったこととて、コプト教徒は自分たちの習俗と、エチオピア人同様にビザンツから受け取った単性説［非カルケドン派］の信仰を保持した。アシュート以北のナイル河谷で目にするコプト教徒は、職人や両替商、身分の低い雇人などの都市住民だ。宗教的寛容政策のおかげで、いまでは居住地の自由を活用しているが、トルコ系やアルメニア系、さらにユダヤ系すら担ったような政治的役割を果たしたことは一度もない。民法上の諸権利がムスリムとまったく同一になる以前には、とくに婚姻を通じ、常にイスラームが浸透中だった。コプト教徒はエジプトの古法に従い、ムハンマドのはるか以前から割礼をほどこしてきたため、モスクに詣でればすぐにムスリムとして待遇される。習慣ももはやムスリムと変わらず、ムスリムのファッラーフ［ファッラーヒーンの単数形］と見分けがつくのは、男ならターバン、女性ならベールの色合いだけである。コプト教徒は他の農夫とおなじ服装を着用するが、しばしば白ターバンを巻いて風采を整えようとするからだ。教会堂は諸県に一二〇宇を数えるが、もう多くの地区でコプト教徒をみかけず、宗教施設の残骸だけが、数世紀前のキリスト教徒住民のようすがだ。ただし今日では、死亡数を上回る出生数により増加中である。コプト教徒は一般に他のエジプト人よりも晩婚で、家族の絆を尊重し、子供を大事に世話するからだ。

コプト語

ムハンマドの信仰がキリストのそれに勝利したわけではないにせよ、アラブ人の言葉のほうはエジプトに卓越した。コプト語はファラオのエジプト語とほとんど変わらず、聖刻文字の解読にあずかって力があったが、いまはどこにも話されていない。大半のコプト教徒が自分たちの古語を学ぶのも、祈祷を朗誦するためだけで、意味を常に理解しているわけではない★。聖典の類さえアラビア語で著されている。コプト語には固有のアルファベットがあり、ギリシャ文字からなるが、いくつか固有の古字の草書体も付け加わる。最古の文書は三世紀半ばにさかのぼり、十世紀にはなお全エジプト人がコプト語を話したが、征服民［アラブ］は例外だった★★。十七世紀以後は全土でア

★ Lenormant, *Histoire ancienne de l'Orient jusqu'aux guerres médiques*, *op.cit.*
★★ von Kremer, *op.cit.*

挿画 XLII　エジプト人の典型
テーベにあるシャイフ・アブド・アル・クルナの墳墓の浮彫
D. エロン氏の一葉の写真をもとに、デュジャルダンが写真彫板

ラビア語が一般化したが、現在もエジプト由来の語がかなり日常に用いられる。またコプト人のあいだには、外来の諸宗教の侵略にはるかに先立つことが確実な故習がいくつか保たれている。家屋の形の墓を建立することや、家族が年に一度霊廟に集まってお斎《とき》を食するのがそうだ。またよくみられる受洗名のひとつメナスは、実否のさだかでない第一王朝の創始者を思い起こさせる。

ファッラーヒーンの習俗とコプト教徒の生業

「労働者」を意味するファッラーヒーンも、コプト教徒とおなじく原住の人種に属するが、混交により多少とも変容した。カイロやアレクサンドリアなど、大都会の外に暮らす人々はアウラード・マスル、すなわち「マスルの子供」つまりエジプト人を自称する。コプト教徒もファッラーヒーンも先祖同様に中背で、一メートル六〇〜六二センチの平均身長である。身体は柔軟で、四肢は強健かつ器用だ。頭部は美しい楕円形で、額は広い。鼻梁は尋常だが、鼻先が丸く、鼻孔は大きい。唇は美しい輪郭で力強く、黒いビロードのような大きな目が軽く吊り上がる。だが子供は大半が虚弱で気難しく、どんよりした眼と青白い肌で、腹部が丸く突き出す。しかし腸間膜リンパ腺結核ほかの疾病への抵抗力があれば、美形かつ壮健になるのであって、すばらしい若者や愛らしい娘が、村の泥壁の陋屋で育ったことに驚かされる★。スフィンクスを思わせる本物の美丈夫に出会うことが非常に多く、若い女性は大半が気持ちの良い顔立ちで、優美かつ凛とした風情である。若い母親が子供を肩にまたがらせて連れ歩く様子はまったく一幅の絵画だ。郡部の女性は市部ほど厳格に顔面を覆わず、ほぼ全員が唇を濃紺に塗り、顎に一弁の花を刺青する。額やほかの部位に刺青するばあいもある。また極貧でないかぎり、王冠型の髪飾りや首輪を着用する。素材は本物ないしまがい物の真珠や、ゼッキーノ金貨あるいは金色の円盤だ。一家の資産はすべて女性の装身具に費やされるのであって、換言すればファッラーフは、こうした妻への贈り物以外に余分な品はもたずにすむ。家屋は土壁の陋屋で、畝に盛った土塊のような代物だ。着衣は股引と、青い綿のシャツにトルコ帽、あるいはフェルトの球帽だけである。食事はドゥッラのパンケーキにいくばくかのソラマメ〔蚕豆〕やレンズ豆、タマネギ〔玉葱〕、スイカ〔西瓜〕、そしてデーツが一顆か

★ Lucie Duff-Gordon, *Letters from Egypt*, [London: Macmillan, 1866, 3d ed.].

二顆で足りる。何よりも平和を愛し、兵役制度のある国のうち、エジプトほど隻眼や跛者、隻腕などの自傷者が多い国はなかった［エジプト農民兵は兵役期間が無限定だったらしく、徴兵忌避には経済的理由も大きかった］。ファッラーフは一般に善良かつ純真、ご機嫌で世話好きであり、貧しさが許すかぎり人をもてなそうとする。抑圧者に対しては、弱者の武器である嘘と手管を駆使しようとするが、めったに成功しない。彼のちっぽけな企みはたちまち見透かされ、倍の暴力が降りかかるのもしょっちゅうである。これに対し、コプト教徒は通例はもっと術策に巧みである。ただしムスリムの同国人同様に貧窮に悩まされたし、迫害を避けるには、いっそう小さくなって身を処さねばならなかった。何もかも奪われて無一物になるのを怖れ、わずかな蓄えを隠さねばならず、蔑みの念とともに投げ与えられる糧を泥から拾い、労働の対価だろうと、小企みだろうと、物乞いだろうと、得たものは何でも吝嗇にため込むしかなかったのである。しかしある程度の教育を受けると、一般にコプト教徒は理数と資本の運用に真の才能をみせる。発見された古代レトゥ人の会計帳簿や算術教本には、分数や合資算［共同出資における利益配分や損失分担の計算法］、一次方程式の例題が記載されており、コプト教徒はその末裔にふさわしい★。マムルーク朝政権［一二五〇—一五一七］の財政を全面的にコプト教徒が取り仕切ったのも、特殊な簿記体系のおかげで彼ら以外に帳簿を読める者は皆無だったからで、それがまた独占の狙いでもあった。しかし西洋の方式が簿記に導入されるとともに、コプト教徒に劣らず計算に巧みで、コプト教徒ほど術策を弄せず、しかも教養があって古典アラビア語を解するシリア系カトリック教徒の移住が増え始め、上級職はこれら地元のキリスト教徒から奪われていった。ただし、下級の計算職や書記職はいまもコプト教徒が担う。エジプト行政には、ムスリムよりもはるかに多くのキリスト教徒がたずさわる★★。

ヒクソス系の要素

セム系の要素は、アラブによる征服よりも以前の時代から、エジプト住民に強く表れている。マリエットによると、マンザラ湖南岸の地元民は四千年以上の昔にエジプトを席巻した「卑しき人種の氏族」ヒクソス人の直系で、

★ 大英博物館所蔵のリンド数学パピルス。*Cf.* August Eisenlohr, *Ein mathematisches handbuch der alten Aegypter*, Leipzig: J. C. Hinrich, 1872.
★★ Donald Mackenzie Wallace, *Egypt and the Egyptian Question*, London: MacMillan, 1883.

ほとんど混淆していないとされる。彼らの典型は、マンザラ湖の沖積層のまん中にある古代タニース、現在のサーン［サーン・アル・ハジャル］で発見された王族の彫像群や、スフィンクスの頭部と完全に一致する★。これらアジア系の息子たちはマンザラ、マタレイヤ、シャルキーヤ［現カンタラ・シャルキーヤか］などの邑や近隣の小村に暮らすが、長身で筋骨隆々の人々である。丸い頭骨にくらべ顔面がすこぶる広く、大きな鼻と突き出た頬、非常に大きな顔面角をそなえ［顎が引っ込んでおり］、秀でた額で、知性的な眼差しと微笑をみせる。ベイヤード＝テイラー［アメリカ人詩人、文芸評論家、旅行作家 Bayard Taylor 一八二五―一八七八］によれば、ヒクソス人の後裔はファイユーム地方にも多いらしい。

アラブ系の要素

エジプトの住民にセム系の血［遺伝形質］を最も多く与えたのは、アムルに続いて到来したアラブ系や、シリア系のムスリムである。アラブ人が純粋なまま存続したエジプト都市はもちろん皆無だが、当初に到来した人々と、その後継者も大人数だったので、原住の人種を根本から変容させた。とくに都市部がそうで、トルコ系でもサーカシア系でもないムスリムは十把一絡げに「アラブ」と総称される。紅海沿岸に最近移住してきたアブス［バヌー・アブス］、アワーズィム、イリーナートといったアラブ系部族は、漁や国内交易を生業とする★★。沙漠の縁辺にある郡部にはアフル・アル・ワバル、すなわち「天幕の男たち」と呼ばれるベドウィン部族が多く、征服時代までさかのぼる血統を誇り高く維持する。アラブ人がファッラーフの娘をめとることは時々あっても、絶対に自分の娘をファッラーフに嫁がせないのは本当である。農耕地帯と沙漠のあいだに暮らす半遊牧民として、いつも畔にかがむ気の毒な農夫を蔑視するからだ。遊牧民たるベドウィンがその放浪の生活を放棄すれば、他のファッラーフとまったく変わりない★★★。だが通常ベドウィンは年のごく一時期を農村に滞在するだけで、収穫が終わると沙漠に戻る。つまり人種よりも生活類型が住民の区分である★★★★。ただしベドウィンが入植者として定住すると、その子孫は何世代にも

★ Mariette, *Revue Archéologique*, 1861; Édouard Naville, *Journal de Genève*, 22 juin 1882; Pierre Henri Couvidou, *Itinéraire du Canal de Suez*, Port Saïd: A. Mourès, 1875.

★★ Klunzinger, *op.cit*.

★★★ Edme-François Jomard & Marie Joseph Aimé Dubois (dit) Dubois-Aymé, *Description de l'Egypte. Observations sur les arabes de l'Egypte moyenne. Mémoire sur les tribus arabes des déserts de l'Egypte*, Paris: Impr. Impériale, 1809.

★★★★ Mackenzie Wallace, *op.cit*.

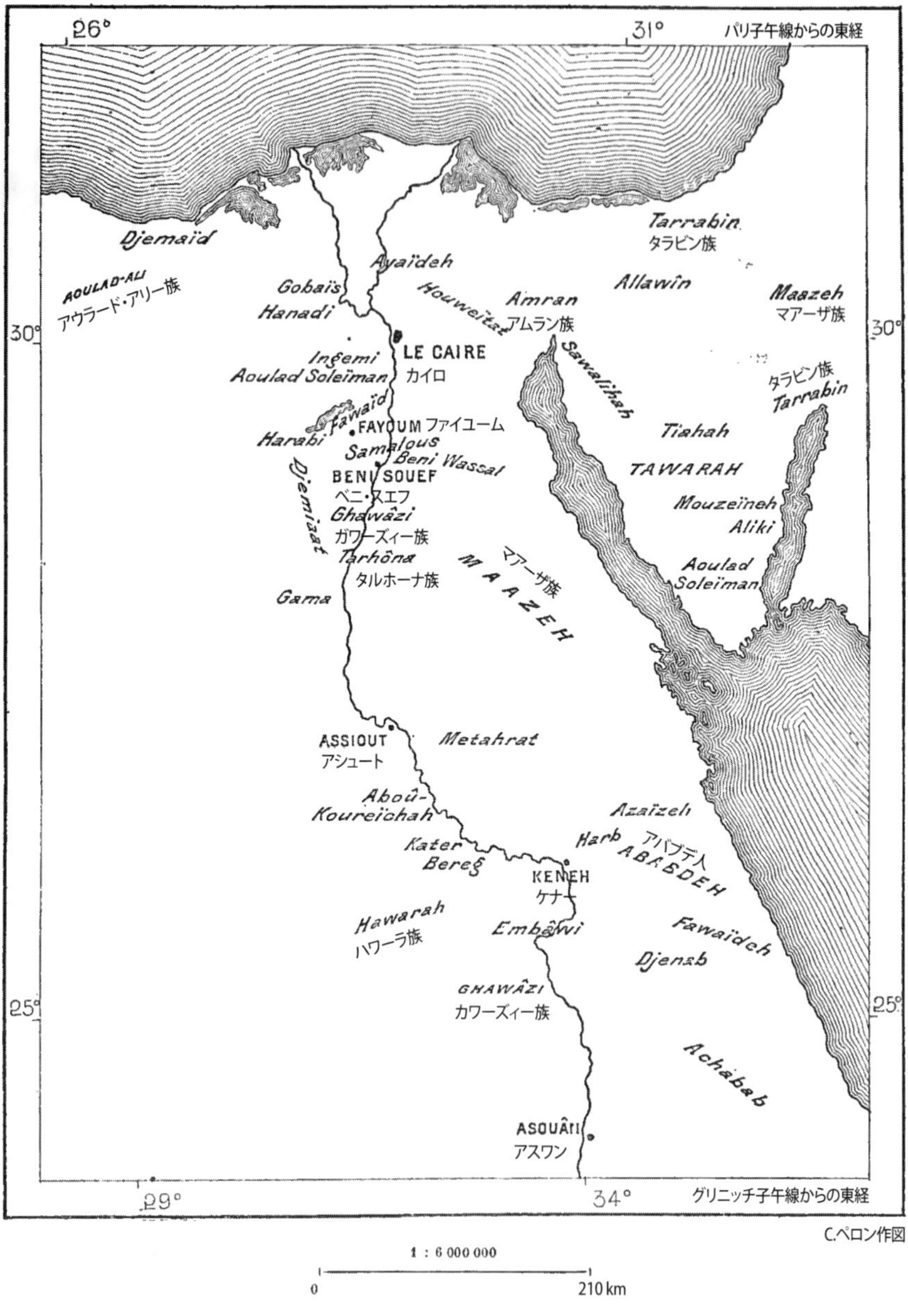

図 89　エジプトのアラブ系部族

挿画 XLIII　典型と衣服、カイロのアラブ人
セバフ氏の一葉の写真をもとに、E. ロンジャ筆

わたり優遇され、兵役と賦役を免除される。だが、エジプトのベドウィン諸部族はまったく独立していない。「アラビア」側の沙漠にくらす集団と、ナイル河谷をはさんでリビア沙漠のオアシスに住む集団に両断されており、四方を封鎖するのは容易だし、交易にせよ生活物資にせよ、隣人の民［ナイル河畔の住民］に完全に依存する。おまけに内部は五〇ほどの部族に分れ、うちいくつかは代々の確執のもとにある。この沙漠の民が共通の自由を擁護すべく合同した例はない。「アラビア」側の山地で強力な部族のひとつがマアーザ族、すなわち「山羊飼いのひとびと」で、マスペロ氏は昔のリビア系マジウ族が近年にアラブ化したものと考えている。彼らの先祖代々の仇敵が、クセイル南方の瀑流山脈の谷筋と、北ヌビア地方にいるベジャ系のアババデ人だ。デルタの西、リビア沙漠方面で支配的なのは、アウラード・アリー族である。上エジプト地方のハワーラ族はトゥアレグ系で、副王の軍隊に非正規騎兵のほぼ全員を供給する★。一八八二年の国勢調査によると、かつて七万～一〇万人程度と推定された遊牧、ないし半定住型のベドウィンの人口は約二四万六〇〇〇人を数えるが、かなり男性比率が高く、六一パーセントに達する。これは日本のいくつかの県をのぞき、正則な調査に類をみない高率で、エジプトの他の住民集団でも皆無だ★★。アラブ人住民は調査員に誤った情報を一再ならず与えたに違いない。

トルコ系、ヨーロッパ系ほかの要素

スルタン、セリム一世［オスマン帝国第九代スルタン Selim I 一四六五―一五二〇］が一五一七年に行なった征服このかた、公式の領主であるトルコ人はいまも外国人扱いだが、そもそも彼ら自身が兵士や役人として、住民から一線を画してきた。人数は少なく、種々の推計では一万二〇〇〇～二万人である。ただし、しばしばいわれたように、トルコ人家庭の子供が気候に適応できず夭折するというのは正しくない。気候にうまく適応できぬ家庭の子供の死亡率が非常に高いのは確かだが、子孫はほぼ例外なく母方の民族を引き継ぐからだ。相貌も言語もエジプト人になり、外国名は消えてしまう。精密な統計的研究により、昔のマムルーク人は極度に子供が少なかったことが判明している★★★。しかしグルジア系、サーカシア系、アルノート系といった全マムルーク人が世継ぎのない

★ Dubois-Aymé, *op.cit.*
★★ 1882 年のエジプトの定住人口は、男性 321 万 6247 人、女性 325 万 2869 人。［合計が 497 頁★★★★と異なるがママ］
★★★ Gilbert-Joseph-Gaspard de Chabrol de Volvic, *Essai sur les mœurs des habitants modernes de l'Égypte*, Paris: [s.n.], 1826.

まま死んだわけでもないことは、マケドニア地方の島を出身地とするアルノート系のムハンマド＝アリー自身が大家族を構え、いまはその一族がエジプトの統治者とみなされていることからも分かる［ムハンマド＝アリーは現ギリシャ共和国カヴァラ生まれで、島とするのはルクリュの誤解］。おなじく「レヴァント人」、すなわちシリア、ギリシャ、イタリア、スペインからのキリスト教徒が、すでに長きにわたりエジプト国内に定住し、ナイル川沿いで家門の始祖になったことは確実である。それは彼らの商売敵である「ヤフード」、すなわちユダヤ人も同様だ。何世紀もの昔から、ユダヤ人は仲間うちでしか婚姻を結ばないが、異邦にあっても子孫を再生産する力はいささかも衰えない。カイロほかの大都会に定住したヨーロッパ人も、衛生面さえ綿密に気を配れば、うまく子供を育てられるのであって、乳幼児死亡率は地元住民よりも低い。地元民の大半は、貧しさゆえに子供に必要な世話を掛けられぬからだ★。それでも外国人コロニーには男性が女性よりもはるかに多いため★★、死亡数を上回る出生数［自然増加］ではなく移住［社会増加］によってしか拡大しない。だが現在のエジプト国内におけるヨーロッパ的な民族要素は、少なくともアレクサンドリアとカイロでは、トルコ人をはるかに凌駕する。すでに一八八二年には総数九万人を超え、西欧列強［イギリス］の保護下にあることを考えれば、いっそう増大するだろう。知力でも、軍事力でも、金銭面でも、エジプトの本当の主人はトルコ人ではなく、ヨーロッパ人である。これら北方からの主人の移入は、南方から到来するバラーブラ人、ないしバルバラン人の出稼ぎと対応する。バラーブラ人は「カイロのオーヴェルニュ人★★★」なのだ。エジプト国内の古代建築に彫られたヌビア人の像は、こうした移住が何世紀も前から続いてきた証左だ★★★★。最後に、スペイン人がヒタノ、イギリス人はジプシー、つまり「エジプト人」の名を冠したヒンドゥー系部族民［ロマ人］も、ナイル川沿いに欠くことはない。すなわちガジャルで、この遊行する民の男性は博労や鋳掛、綱渡り曲芸師、猿まわし、蹄鉄工、占い師を営む。男女の刺青師や蛇使い、旋回舞踏師もいて、これは通例ムハンマドの熱心な信者とされるが、誤りである。ボヘミア人とは異なるアジア系の顔立ちと、粗野な鋭い眼差しをそなえ

★ 10歳未満児の死亡率（1878年）はヨーロッパ人39.97%、地元民55.55%。*Cf. Essai de statistique générale de l'Égypte*; Bonola, *Esploratore*, 1879.
★★ 1882年国勢調査によるエジプト国内の外国人は、男性4万9054人、女性4万1832人。
★★★ Edmond About, *Ahmed le Fellah* [*Le Fellah: souvenirs d'Égypte*, Paris: Hachette, 1869?].

るにもかかわらず、純系のアラブを自称し、最初は西アフリカに移住し、何世紀も前にそこから戻ってきたと称する。ガジャルのなかで最も「高貴」な部族はバラーマカ［八～九世紀初頭のペルシアの名族バルメシデス］を名乗りさえする。この部族は一般にガワーズィーの呼び名で知られ、アワーリムすなわち「煽情的な踊り子」の多くがその出身だ★。スペインや南仏でヒタノ［ロマ人］ほかの賤視される移民すべてを指すガバチョス［Gabachos 西語］やガヴァシュ［Gavaches 仏語］の語源は、このガリーズィーという語にみるべきだろうか。

呼吸器疾患

エジプトは大人口で、今世紀初頭から三倍近くに成長したが★★、なお年平均五万人が増加中なのも、衛生状態が改善したおかげだ★★★。とくに上エジプト地方の気候は、湿気が大気に充満しないので、高温にもかかわらずすこぶる健康に良い。沙漠はさらに良好であることは、スエズ運河の開削工事における重労働にもかかわらず、医療統計が示したところである。冬場には一定数のヨーロッパ人が同国を訪れ、とくに胸の病の保養を図るほどだが、アレクサンドリアにせよカイロにせよ、大都会では塵埃が絶えず街路に舞い立つので、適切な選択肢とは思われない。それどころか、上ナイルからの出稼ぎ者のあいだには肺結核が蔓延し、地元民さえ罹患して、毎年多くの犠牲者が発生する★★★★。カイロでは死因の七分の一が胸の病だし、軍病院では肺結核が死亡原因の三分の一

前頁★★★★ 1882 年 3 月 3 日現在の国勢調査によるエジプトの人口（シーワ・オアシス、シナイ半島とマディヤーン地方［アラビア半島北西部の沿岸地方］をのぞく。単位人）

居住形態別	定住民	646 万 9716
	遊牧民	24 万 5779
	外国人	9 万 0886
	計	680 万 6381
宗教別	ムスリム	605 万 1625
	キリスト教徒	51 万 4521
	コプト教徒	40 万 8903
	カトリック	5 万 7389
	ギリシャ人	4 万 2066
	プロテスタント	4536
	ギリシャ系アルメニア人	1627
	ユダヤ教徒	1 万 5769

★ Bayle St-John, *Village Life in Egypt*, London: Chapman and Hall, 1852; von Kremer, *op.cit.*
★★ フランス占領下だった 1800 年時点のエジプトの人口は家屋当たり 8 人で 60 万 3700 軒、251 万 4400 人と推定された［数値ママ］。*Cf.* Mengin, *op.cit.*
★★★ 平均死亡率は 2.6 ～ 2.7%。

に達したことさえある。ただし、カタルなどの気管支疾患がヨーロッパ人のあいだに蔓延した例はない。ヨーロッパ人にとり脅威は赤痢と、デルタのいくつかの場所におけるマラリアだ。肝臓炎は「肝臓専用の毒」とされる蒸留酒を忌避するムスリムにはほとんど知られていないが、生活類型のせいでヨーロッパ人に極めて一般的である★。

伝染病、眼病

地元住民の主な疾病はどれも貧窮に原因がある。かつてペストは猛威を振るい、一八三四年から一八三五年にかけてアレクサンドリアで四万五〇〇〇人、カイロでは七万五〇〇〇人が死亡したが、いまは流行しなくなった。コレラは一八八三年にダミエッタ全市を覆ったが、いまは定期的な惨禍が及ぶのは国土のごく一部に限られる。ただし栄養不足に起因する貧血は全土に及んでおり、とくに子供がやられる。また盲人や隻眼がこれほど多い国は世界になく、アレクサンドリアに上陸する外国人は、まわりに群がる人々に眼病の伝染効果をすぐにみてとる。この印象は後になって統計的にも確認される★★。血流の不足に加え、白壁やナイルの水面における陽光の反射、急変する気温、そしてとくにナイルの泥土が分解して巻き上がる塩分や亜硝酸分を含む塵埃が、こうした危険な眼病の原因とされる。いっぽう沙漠のベドウィンはほぼ全員が極めて視力がよい。ハエ［蠅］は「エジプトの災い［旧約聖書出エジプト記］」のひとつで、種々の眼病が根絶せず、かつ重症化する要因なのは確実だ。幼児のまわりにハエが群れをなして飛び回るのは、見るに耐えぬ光景である。子供たちはもう追い払う気力もなく、病んだ眼差しのまま、悲しげにじっと動かず、苦しみを中断してくれる眠気が襲うのを待つばかりだ。

皮膚病ほか

ハンセン病はエジプトではシリアほどではないが、残念なことに消え去っていない。オリエントでは「デング熱」の名で知られる胃炎もかなり一般的だ。アラブ人が罹患する象皮病は、とくにデルタ地帯の住民にもひ

前頁★★★★ Albrecht Wernich, *Geographische medicinische Studien*, Berlin: Autust Firschwald, 1878; Schnepp; Pruner-bey.

★ Wernich, *op.cit.*

★★ エジプト住民の眼病罹患率は、Amici によると 17%。

んぱんに及ぶ。もうひとつの皮膚病である「ナイル腫」はバグダードのデーツ腫や、アレッポ腫およびビスクラ腫と似た風土病［皮膚リーシュマニア症、東洋瘤腫］で、地元民も外国人も、一生のうち、あるいは滞在中に一度はたいていがこの潰瘍に悩まされるが、多くは良性で済む。

信仰

エジプト人は九割以上がムスリムだが、もろもろの宗教がナイルの沖積層のように積み重なった国柄のこととて、公式な宗教に対応する信教を国民が身につける時間はなかった。ファッラーヒーンの言い伝えや祭礼のなかに、テーベやメンフィスの神殿の前庭に群がった人々の宗教の名残りを見出した旅行家は一人にとどまらない。農民がおしあいへしあいして「金の牝牛」の到来を待ち受けるデンデラの夜祭は、ハトホル女神を称えた荘重な行列を思い起こさせるものだ★。エジプト人は外面的にしかムスリムではなく、ムハンマドの定めをすべて綿密に遵守する者は、無関心な多数派にくらべ、ほんの一握りである。ファッラーフは住居の近くを流れる水路でいつも沐浴するわけではないし、ベドウィンも沙漠の途中に立ち止まって砂で沐浴することはない。ここ五〇年ほどは、宗教的寛容の精神がだいぶ国内に進展した。ハッジの宗教的熱情がどれほど強くとも、「聖戦」が宣言される以前には、イギリス人と戦おうとする者は誰一人いなかった。また宣言が発せられたときに馳せ参じた少数の志願者のなかにも、下エジプト地方の出身者は皆無だったのである★★。エジプトのムスリムは、いかに選民に属すると誇ろうとも、信教のゆえをもって外国人を見下げる権利はもうない。なぜなら、外国人を敢えて打倒しようとしないからであり、外国人のほうは知性面でも、物理的な威力の面でも、優勢であることをみせつける。ただし、キリスト教徒に敵対的な情宣の中心があるのはまさにエジプト領内で、マフディー、すなわち「よく導かれた者」であるスィーディー＝ムハンマド＝イブン＝アリー＝アッ＝サヌースィー［アルジェリア、ムスタガーニム（モスタガネム）生まれサヌーシー教団創立者 Sidi Mohammed ben Ali El-Senussi 一七八七―一八五九］の強大な教団［サヌーシー教団］の本院が、ファレジャ・オアシスのセルフブーブないしジャグブーブに所在する★★★。マフディーは、

★ G. Maspero, *Notes manuscrites*.
★★ Mackenzie Wallace, *op.cit*.
★★★ Henri Duveyrier, *Bulletin de la Société de Géographie*, 1884.

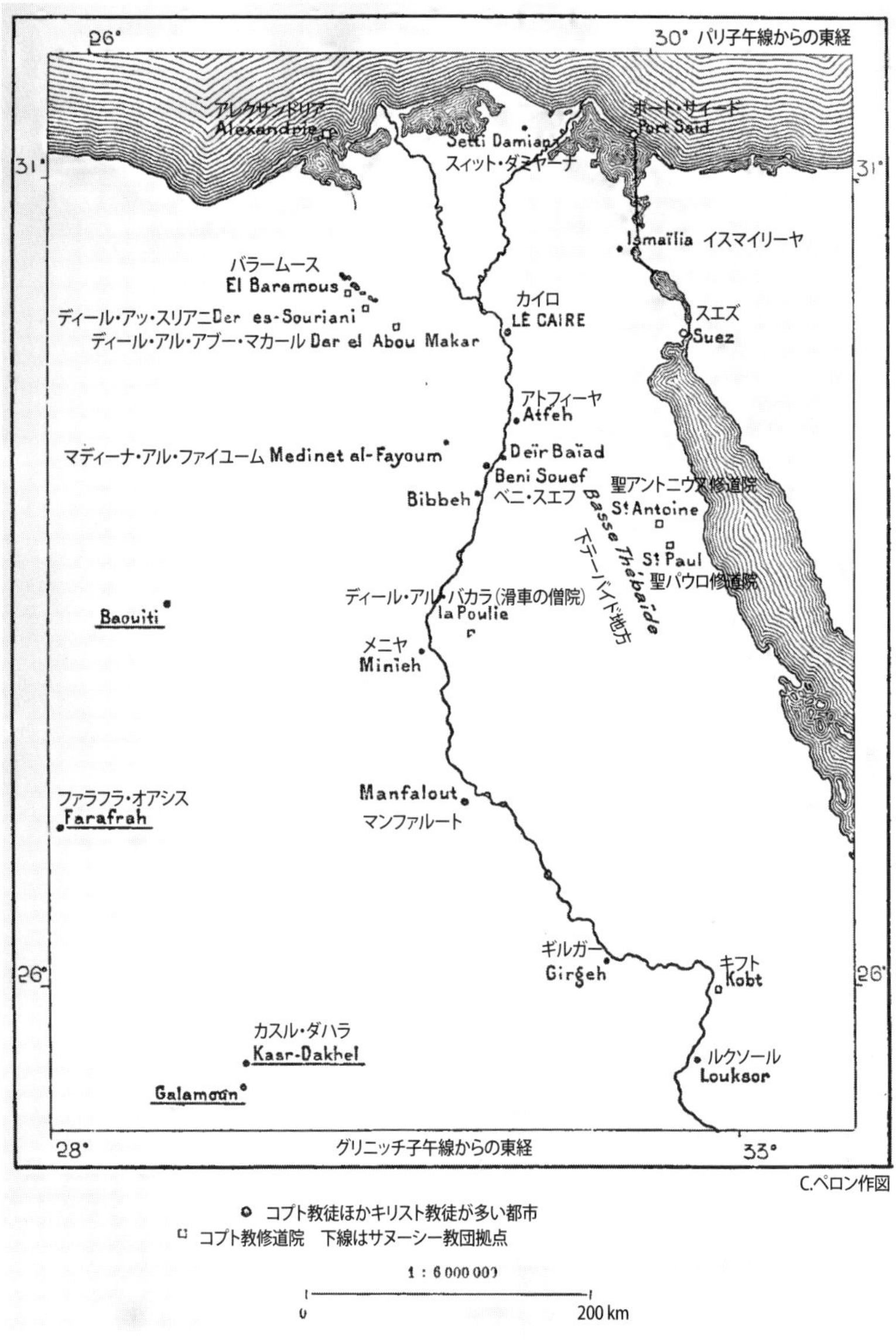
26°
30° パリ子午線からの東経
31°
アレクサンドリア
Alexandrie
Setti Damian
スィット・ダミヤーナ
ポート・サイード
Port Said
Ismaïlia イスマイリーヤ
バラームース
El Baramous
ディール・アッ・スリアニDer es-Souriani
ディール・アル・アブー・マカール Dar el Abou Makar
カイロ
LE CAIRE
スエズ
Suez
アトフィーヤ
Atfeh
マディーナ・アル・ファイユーム Medinet al-Fayoum
Deïr Baïad
Beni Souef
ベニ・スエフ
Bibbeh
聖アントニウス修道院
St Antoine
St Paul
聖パウロ修道院
Basse Thébaïde
下テーバイド地方
ディール・アル・バカラ(滑車の僧院)
la Poulie
Baouiti
メニヤ
Miniëh
Manfalout
マンファルート
ファラフラ・オアシス
Farafrah
ギルガー
Girgeh
キフト
Kobt
26°
カスル・ダハラ
Kasr-Dakhel
ルクソール
Louksor
Galamoūn
28°
グリニッチ子午線からの東経
33°
C.ペロン作図
コプト教徒ほかキリスト教徒が多い都市
コプト教修道院　下線はサヌーシー教団拠点
1 : 6 000 000
0
200 km

図 90　エジプトの宗教分布

コルドファン地方とナイル地方のアラブ系部族民を立ち上がらせたもうひとりのマフディー［ムハンマド＝アフマド］といまや同盟関係にあるとも言われるが、自身はアルジェリア人であり、周囲の信奉者もほぼ全員がマウレタニア［マグリブ地方］出身者だ★。ジャグブーグが選定されたのはふたつの優位性をそなえるからで、第一に、イスラーム世界への教宣においてほぼ中心にあること、そしてヨーロッパ人が占拠する軍事拠点や交易拠点のすべてから遠隔にあることだ。マフディーは同地で隠密にその事業を追求すること二〇年ほどに及んだが、邪魔立ての容喙《ようかい》は一切なかった。

言語、婚姻

エジプト人はアラブの宗教を受け取るとともに、人数面での優勢にもかかわらず、征服民の言葉も取り入れた。エジプト人のアラビア語は純粋で、カイロのアズハル大学［九七〇頃設立］はアラビア語と、その文芸の最も微妙な問題を討議し、結論を下す学府のひとつである。エジプト方言がヒジャーズ地方と異なるのは、トルコ語やコプト語がいくつか用いられるのと、一定の文字に特殊な発音を当てる点に限られる。エジプト人は信教も言語もアラブだが、政治体制や行政、また地元の世襲貴族階層がない点では、トルコ人［オスマントルコ］になった。もろもろの社会制度も、大半がアラブやトルコの征服者の範に倣うようになった。とくに支配階層ではトルコ人以上に一夫多妻が浸透したが、農民層に複数の妻をみることはめったにない。離婚は他のイスラーム諸国にくらべ多く、婚姻の半分近くが遅かれ早かれ破棄される。またコプト系家族のなかでは、有期の婚姻が現在も行われ、数週間の契約のばあいもある。それでも司祭は、終生の誓いと同様に祝福する。ただし夫婦が望めば、足入れ婚から確定的な結婚に移行できるのは本当である。いとこ同士が襁褓《むつき》のうちに婚約するのもひんぱんで、適齢期に達するとすぐに結婚する。姦通はめったにない。

奴隷

公式には国内の奴隷売買は禁じられており、上ナイル地方では奴隷の所有も厳禁である。以前にイギリ

★（訳注）サヌーシー教団を創立した初代マフディーは 1859 年に逝去し、以後はバイダー生まれの子息 Sidi Mohammed al-Mahdi El-Senussi（1839-1902）が引き継いだので、マフディーの乱の指導者ムハンマド＝アフマドとの盟約関係が懸念されたのは息子のほうである。なお「よく導かれた者」については 384 頁★★（訳注）におなじ。

スと結んだ種々の協定により、ヘディーウの王国内における奴隷労働は一八八四年八月四日に全面的に廃止されたはずだが、協定の条々は死文のままであり、エジプトにおいて全権をふるうイギリスの代理人たちも、ヘディーウに課された法律に留意すべしという一通の回状を送ったにとどまる★。この点では、エジプト領スーダンでゴードンがみせたのと同じように手控えるつもりらしく、捕虜にせよ買い取りにせよ、手に入れた男女の所有権を主人が保持するままにするだろう。奴隷市場は閉鎖されても、取引がなくなったわけでは全くなく、大立者は相変わらず妻妾の世話をする宦官を入手できる。エジプトにおける奴隷制の存在理由はハーレムの維持で、自由意志で契約を解消できる召使とは相いれない謎の制度だ。だが、ムスリム大人の邸宅の外では、奴隷にかわりすこしづつ召使が増えているのも確実である。警察に出頭して「自由身分証」を求める黒人はすぐにそれを支給され、どこでも好きなところで生業を営んでよい。アラブ人やトルコ人とおなじく、西洋人も征服者として、あらたな社会組織を持ち込んでいるのだ。

土地所有

土地所有制度も、ヨーロッパ人が地所経営に介入して変わりつつある。イスラーム法の字義通りならば、国庫バイト・アル・マールが代表する信徒共同体が唯一の地主であり、個人は一時的な用益権者にすぎず、継承権はない。だがこの原則は大昔に絶対性を失い、個人による土地所有がヨーロッパ同様に、国土の大半を占めるにいたった。土地の自由な譲渡を認めるこの革命により、地価は高騰し、自作農は以前のように現物納をせずともよくなったため、安楽な暮らしを手に入れた。だがその一方では、土地に対する権利を失い、どんなひどい条件でも労役に雇われるほかない不幸な農業プロレタリアートという新たな階級も生んだのである★★。土地なしのファッラーヒーンはほぼ全員が租税の滞納により没収されたもので、君主やその一族、国家の大立者連中の私有地を太らせる結果になった。スエズ運河会社も、エジプトの大地主だ。ヘディーウ一族がさまざまな名義で所有する地所は、国土の四分の一と見積もられている。アシュートからバドラシー

★ F. Bonola, *Notes manuscrites*.
★★ 農業労働者の平均賃金は37～68サンチームで、季節変動する。*Cf.* James Carlile McCoan, *Egypt as it is*, New York: Henry Holt and Co., 1877; *Statistique de l'Égypte* pour 1878.

ン［旧メンフィス］まではほぼ全土がヘディーウの所領で、鉄道の停車場は必ず工場か農場のそばに建設された。別の四分の一の国土はウシュル地［アブアーディーヤ地］、すなわち「十分の一税の土地」で、作付けした者が全面的な所有権を獲得する。村の周囲の小区画に分れた貧民の土地は、半分が共同体所有で、ハラージュと呼ぶ地租が課される。これは政権の意向次第で税率が変動するが、平均ではヨセフの時代とおなじ五分の一である★。しかし納税したからといって国家の恣意から免れるわけではなく、所有を大目にみてもらっているだけで、その継承者は、委譲された土地を耕し納税する能力を証明せねばならない。ハラージュの課税対象地をはっきりした所有地に変えたいばあいには、六年分の税金を一度に、ないし分納するのが条件だ。そうすれば権利証書に加え、将来の土地税の半額が減免される。モスクや小学校への寄進地であるワクフないしヴァクフも、おそらく所有権が変わってゆくだろう。これら死手権［永代用益権］のもとにある資産の接収は、英国当局がエジプト財政を均衡させる役に立つと思われるからだ。

ダーイラ・サニーヤ

公式には、エジプト最大の地所はヘディーウの所領であろう。だがこのダーイラ・サニーヤは一八七八年このかたヨーロッパ債権者の抵当下にあり、実質的な指揮はエジプト国外の委員会［ダーイラ・サニーヤ管理機関。一八七六―一九〇五にかけ存続］が運営し、ほんとうの所有者は西洋の銀行家たちだ。この地所のかなりの部分は企業家たちに貸与され、それが農民に又貸しされる。直接に農民へ払下げられた畑地もいくつかあるが、ファッラーヒーンに属していれば作付けが確実な多くの土地が、未墾のままだ。ヘディーウの債権者たちによる直接経営は、賃金労働者を雇用するばあいもあれば、代理人を介することもある。代理人は村長と話をつけ、労務者を確保する。報酬は規則正しい給食や、あるいは班長に対する個人的な贈り物による。したがって作業員と親方のあいだには、無償の賦役から労賃の交渉をふくむ給金まで、あらゆる方式がみられるが、ヘディーウの地所を耕作する分け前を受け取る中間層があまりに多く、かつ多種多様な立場から「エジプトの再生」に協力した見返りを要求する利害関係者もあまりに多いため、さしも肥沃なこの土地からの収益も、最後にはほんのわずかになってしまう。ヘクタール当たりの益金は六〇フラン

★ Mackenzie Wallace, *op.cit.*

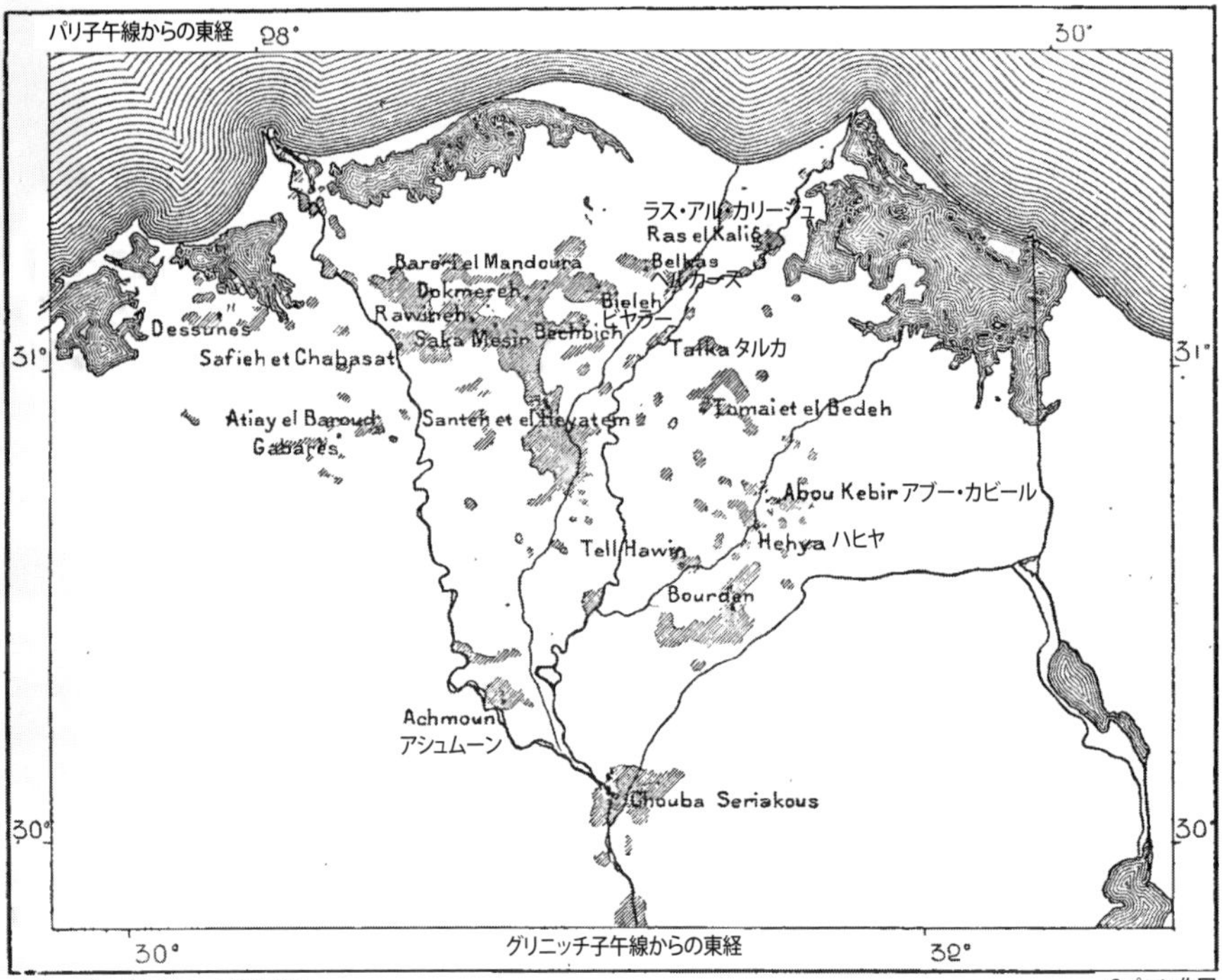

図 91　デルタ地帯のダーイラ地所

にも達せず、過去の債務［ダーイラ・サニーヤ公債］への利払いを年間支出に加えれば、赤字でさえある★。

灌漑

大立者の地所と、ハラージュのもとにある小農の土地は、随所で灌漑方式も対照的である。「セイフィー」の土地と「ニーリー」の土地の灌漑は峻別せねばならない。名称が示すように「ニーリー」は、ナイルの氾濫を堤防が押しとどめなかったら完全に冠水する耕地を指し、河水であれ、浅く掘られた天然あるいは人工の水路からであれ、

★1878 年 10 月 31 日の［ダーイラ・サニーヤ管理機関への］譲渡時の状態（単位 ha）。

直接耕作地	7 万 7020
貸与地	5 万 3719
農民への払下げ地	1 万 5068
不作付地	3 万 2940
計	17 万 8747

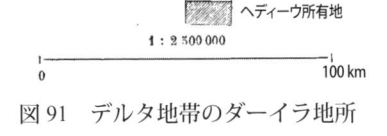

挿画 XLIV　フィデミン・アル・ファイユームにおけるバフル・ユースフからのセイフィー分水路　D. エロン氏の一葉の写真をもとに、A. ド＝バル筆

地下水が浸透する。最も深い堀の取水地点は耕地から四メートル下方にあり、高水位期にしか水がなく、低水位期には干上がる。前世紀のエジプトは、まだ全域がこの方式で、ナイル両岸に堀割が連続する用水灌漑がおこなわれていた★。いまも上エジプトの田園の四分の三以上はこうした掘割の体系下にある。いっぽう「セイフィー」すなわち「夏の」水路はどれも近代に発祥し、平均的な低水位よりも下に掘られている。地表から八〜九メートル下にあるので、乾季の最中でも水が流れる。上エジプトではナイルと平行して掘られるが、勾配はすこぶる小さく、容易に灌漑先の土地に到るようになっている。下エジプト地方はすでに掘割による灌漑方式［ニーリー］がすっかり姿を消し、地表よりも低いセイフィーの水路が随所にあって、蒸気機関のポンプやサーキーヤ、シャードゥーフにより揚水される。こうしたセイフィー水路のうち著名なのがマフムーディーヤ疎水で、［リビア］沙

★ Rousseau, *Irrigation d'Éypte*. [Pierre Rousseau (éd.), *Journal Encyclopedique*, 1773?]

漠縁辺の田園から、アレクサンドリアの市街まで涵養するとともに、一大水運路でもある。だが一部が泥で閉塞し、恒常的な流れを確保できる深さがないため、ロゼッタ分流に面するアトフィーヤ［タウフィキーヤか］に設置された蒸気機関でもって疎水に流し込まねばならない。ダミエッタの分流も、デルタの田園より高い位置にあるおかげで、多くのセイフィー水路に派水する。

水路の浚渫

セイフィー水路による最初の耕作は、ジュメル［フランス人商人、農業技術者 Louis Alex Jumel 一七八五―一八二三］による綿花農園が始まったムハンマド＝アリー治下である。セイフィーの土地は、通常の氾濫期に先立つ三か月にわたり灌漑され、作物はゴマ［胡麻］やサトウキビ［砂糖黍］、綿花といった高価格品目にほぼ限定される。低水位期に灌漑される土地に小地主は何ら関与せず、これらの工芸作物から利益を得るのは国家の大立者連中と、エジプトの利払いを受ける富裕な債権者のみである。水路は随所で少しづつ泥が蓄積するので、巨額の保守費用が必要だが、それを負担するのはこれらの受益者だけではない。セイフィー水路がニーリー水路に変貌するには一年で足りるため、ファッラーヒーンの群れが何週間、あるいは何か月も浚渫に雇われる。セイフィー水路網全体の［開削で除去された］土砂はスエズ運河の一・五倍に等しいが、毎年その三分の一に相当する量が浚渫されねばならない。この膨大な事業には全住民の一致協力が必要だ。ファッラーフの一日当たり作業量は平均で一・五立方メートル、例外的な悪条件だと〇・七五立方メートルの土砂を除去するだけなので、数千万人・日の工数が必要になる。一八七二年にリナン＝ド＝ベルフォンが見積もったところでは、毎年四五万人の労働者が、平均二か月にわたりセイフィー水路の浚渫に雇用された★。いっぽうファッラーフは、自村のニーリー水路と、自分の畑に給水する末端水路も清掃せねばならない。マフムーディーヤ疎水だけで、ムハンマド＝アリーは三一万三〇〇〇人を労役させたのである★★。

堤防の保守

★ Linant de Bellefonds, *Mémoires sur les principaux travaux d'utilité publics exécutés en Égypte*, *op.cit*.
★★ Mengin, *op.cit*.

浚渫だけでは済まない。ナイル川が例外的に増水すれば、全国規模の大災害になる危険があるため、堤防を綿密に保守し、危殆《きたい》に瀕すればかさ上げせねばならない。一八七四年には水位が刻々と上昇し、共通の危険に動機づけられた住民がただちに自衛しなければ、サトウキビ［砂糖黍］や綿花、ドゥッラ、トウモロコシ［玉蜀黍］などの夏作が壊滅する脅威に直面した。ひと月以上にわたり七〇万人が、水位に先んじて堤防をかさ上げする作業に従事したのである。ナイル川との闘いには、しばしば国民の三分の一が同時にたずさわるのであって、例年エジプト政府は一六万人の賦役を促す。これは上下エジプト地方でほぼ半分づつ招集される★。だが、土地を河水に適応させる不断の闘争が、自然発生的な性格をもつことはめったにない。もろもろの共同体の農民は賦役として招集され、政府が支給するのはシャベルと藺籠《いかご》だけである。彼らは族長や村長が率いる一団となって工事現場に赴き、女性や子供がその後に続く。急ごしらえの宿営地が堤防上に設けられ、作業者は水路に降りていって泥を掻き揚げると、わずかばかりの土塊を頭上に載せ、一〇〜一二メートル、ときには一六メートルも上の堤防まで運び上げる。女性は料理を作るが、牛糞を燃料に焼くドゥッラのパンケーキである。子供は砂地で遊ぶ。堤防上には武装兵が無言で歩き回る。こうした水路の修繕に際し、ほぼ全住民が一斉に作業せねばならないのは、おそらく自然である。エジプトの富はナイルの河泥から生まれるからで、住民は一致団結する。土地を肥沃にする水を運ぶ水路網なしには、沿岸住民は飢饉にさらされるであろうし、国民的な営為とでも呼ぶ以外にない労働量が費やされる。だが、すべての労働者が貢献するこの営為が、ほんとうに全員の利害のためになされることが大事ではあるまいか。労役を金銭で免れるには貧しすぎる作業者だけに押し付けるのは不平等ではないか。水路の底にうごめく哀れな人々が、飢えに悩むことなく、疫病に斃れずとも済むようにすべきであって、鞭が作業の拍子をとるようであってはならない。古代エジプトの建造物は、六千年前からファッラーフが泥を入れる籠に身をかがめ、頭上に看守の鞭が振るわれてきたことを示している。呼び名こそ変わっても、この古代奴隷制は存続している。アムルがカリフ＝ウマルに述べたように、エジプト人民は「労苦を自身の利益に転じることなく、他人のため労働するだけにみえる」［用水路の清掃賦役が廃止されるのは原著発刊から四年後の一八八九年］。

★ Rousseau, *op.cit.*

近代技術とファッラーヒーン

古来の慣習が新時代への適応に困難を生じ、驚くほど近代文明の方式と鋭い対照をみせる国はめったにない。古代農法が変わらず存続し、農民はナイル川の水位の上下にあわせて営農し、昔とおなじ時期に播種と取入れを行ない、おなじ器具を使い、おなじ穀物を収穫し、おなじパンを食する一方で、新農法では蒸気機関が河水をいきなりポンプ揚水し、東インドや新世界の異国風な作物を栽培し、最先端の耕運機や刈り取り機、脱穀機、綿繰り機を駆使する。農民のばあい畑地への施肥は、小麦畑の上を飛び回る数百万羽のハト〔鳩〕の糞しかなく、いまなお農村では牛糞が燃料で、違いはラクダ〔駱駝〕の糞も混じる点だけだ。いっぽう農業技術者たちは、化学物質をまぜたリン酸肥料やグアノを欧米から輸入する。鉄道は泥壁の陋屋のわきを通過し、大胆な建築法の鉄橋がナイル川の水路や分流を渡っているのに、ファッラーフはといえば、相変わらず泳いで渡河する。チュニックを丸めてターバンのように頭に巻き付けるか、ヤシの葉で編んだござ、あるいは草束の筏に座り、シャツを帆にして舵をとるのだ★。最後に、地中海とアラビア湾のあいだの砂と沼沢の沙漠のど真ん中に、「キリスト教徒の太陽」と呼ばれる電気式の灯台が照らす水運路がある。これは我々の時代においてさえ巨人的な造営物で、人類の英知の最大の作品だ。

古代のスエズ地峡開削

ふたつの海〔地中海と紅海〕を結ぶ水路は、おそらく第四紀の短い期間には自然に存在したと思われる。三三〇〇年以上の昔、第一九王朝のファラオたちはそれを間接的に復活させたらしい。ストラボンが報告する伝承では、この運河の開削をセンウセレト一世〔エジプト第一二王朝第二代ファラオ Sésostris, Senwosret I 在位前一九七一—前一九二六。該当箇所はストラボン前掲書七七頁下段のセソストリス王（希語名）云々〕に帰している。ヘロドトスが我々に語るところでは、プサメティク一世〔エジプト第二六王朝ファラオ Psammétik, Psammétique Ier 在位前六六四—前六一〇〕の息子ネカウ二世〔同 Nécos, Nékao II 在位前六一〇—前五九五〕が、石切り場の山地、すなわちムカッタム山を囲む一本の水路をブバスティス〔希語名。アラビア語名ダッル・バスタ、エジプト語名ペル・バスト〕の近くに掘らせ、東進してアラビア湾につなごうとした。だが、

★ Norden; Ernest Desjardins, *Notes manuscrites*.

ナイル川から派水するこの水路の開削の苦役で一二万人が死亡したうえ、「異国人《バルバロス》のための露払いの仕事である」という神託が下って、工事は中断されたという。じっさいにナイル川とアルシノエ湾の間を開通させ、地中海と紅海を結んだのは「異国人」ダレイオス大王〔アケメネス朝ペルシア第三代君主 Darius Ier, Dareios I 前五五八頃—前四八六〕だったとヘロドトスは述べており、その幅は二隻の三段橈船が並んで漕ぎ通れるほどだった〔ヘロドトス『歴史（上）』前掲書三〇五頁〕。ディオドロスによると、ダレイオス大王はペルシウムの湾〔ティーナ湾〕とエリトリアの海をつなぐ運河開削の構想も抱き、じっさい工事は着手されたらしい。というのも、高さ五メートルの縁をそなえ、ティムサーフ湖からジスル〔ティムサーフ湖北方の屋根部。口絵3および図95〕を経てカンタラ方面に伸びる幅五〇～六〇メートルの溝が、いまも目にされるからだ★。しかし、紅海がエジプトの側より高ければエジプト全域が水没するのではという心配から、開削は放棄された〔ディオドロス前掲書四九頁下段〕。スエズの近くには運河の岸辺にペルシア語、メディア・スキタイ語、アッシリア語、エジプト語の四か国語の碑群が建立され、我々の時代に成就したダレイオス大王による試みの失敗が記されている★★。ダレイオス大王のこの懸念は、十九世紀半ばまで大半の技術者も共有したところで、じっさいペルシウム前面の地中海よりも、紅海南方の水位のほうが高い。すなわち、干潮だと両洋の水位はほぼ完全に同一だが、満潮時には紅海のほうが高く、例外的には一〇・五メートルも差が生じることがある。ダレイオス大王の時代は地峡が狭かったので、この水位差により運河を南から北上する水流は、現在よりも勢いが強くなっていたはずだ。

トラヤヌス帝の運河

ナイル川からの運河には泥が詰まり、スエズ地峡の屋根をまたいで開削された溝は砂が閉塞した。しかし実施された事業の記憶はいささかも失われず、多くのエジプト君主は、ふたつの海をつなぐ企画こそ随一の栄光とみなし続けた。プトレマイオス二世が復活させたらしい運河は、ストラボンやディオドロスの茫漠とした記述からみて、湾と湾を直接につないだと信じた著作家も何人かいた。つまり閘門という素晴らしい工夫が

★ Linant de Bellefonds, *op.cit.*; Ferdinand de Lesseps, *Percement de l'isthme de Suez*, Paris; Henri Plon, 1836.
★★ Mariette; Oppert, *Mémoire sur les relations de l'Égypte et de l'Abyssinie.*

あれば、低地を冠水させずとも平底船が往来できたというのである。しかし全区間の水道や水門が保守されぬかぎり、両洋間の交易は十全ではなかったはずだ。クレオパトラ女王〔プトレマイオス朝ファラオ（七世）Cléopâtre VII Philopator 前六九頃—前三〇〕の治下では、水運路は再び閉塞していたらしい。プルタルコス〔ギリシャ人伝記作家、思想家、哲学者 Plutarque 四六頃—一二五頃。該当箇所は河野与一訳『プルターク英雄伝（十一）』岩波文庫、一九五六初版、一四九頁か〕によると、女王は財宝とともにオクタウィアヌス〔Octave のち帝政ローマ初代皇帝アウグストゥス Imperator Caesar Divi Filius Augustus, Gaius Julius Caesar Octavianus Augustus 前六三—後一四〕から逃げるため、紅海まで自分の持ち船を運搬させている。ただし、ナイルの増水期に一時的にこの運河が存続していた可能性はある。クレオパトラが逃亡しようとしたのはちょうど乾季で、運河は干上がっていた★。さてプトレマイオス朝ののち、こんどはローマ人征服者がふたつの海をつなぐ夢を抱く番だった。いくつもの大事業に手を染めたトラヤヌス帝〔同第一三代皇帝 Trajan, Marcus Ulpius Nerva Trajanus Augustus 五三—一一七〕もエジプトの運河を工事させ、ハドリアヌス帝〔同第一四代皇帝 Adrien, Imperator Caesar Traianus Hadrianus Augustus 七六—一三八〕治下では「トラヤヌス帝の大河」を艦船が往来した。同運河はネカウ王の水路とおなじく、ナイル川とティムサーフ湖、さらに「苦い湖群」を結んで耕地が延びる沙漠地帯に開削された。レトロンヌ〔フランス人ギリシャ文献学者、碑文学者、考古学者 Jean-Antoine Letronne 一七八七—一八四八〕の所見にあるように、モンス・クラウディアヌスの山中にある斑岩の大採石場群は、海〔紅海〕とナイル川を結ぶ運河が、切り出された巨石の水運を可能にするものでなければ、理解できない。「アラビア」側の山脈の山々や岩場を越えてナイル河谷に運ぶことは不可能だったと思われるからだ★★。トラヤヌス帝の運河は、大半のローマ建築とおなじく永続をめざして作られたし、またじっさい何世紀にもわたり存続した。マクリーズィー〔マムルーク朝エジプト人歴史家 Makrizi, Taqi al-Din Abu al-Abbas Ahmad ibn 'Ali ibn 'Abd al-Qadir ibn Muhammad al-Maqrizi 一三六四—一四四二〕は、イスラーム時代の初期にはまだ船舶が利用していたと語る。エジプトを征服したアムルは「トラヤヌス帝の大河」を再掘削してふたたび閘門を設けるだけでよかったが、どうやら彼の野望は

★ Letronne, *op.cit.*; Adolphe Ferret et Joseph Galinier, *Voyage en Abyssinie*, Paris: Paulin, 1847.

★★ Jean-Antoine Letronne, *Recueil des inscriptions grecques et latines de l'Égypte*, Paris: L'Impr. Royale, 1842; Ferret et Galinier, *op.cit*.

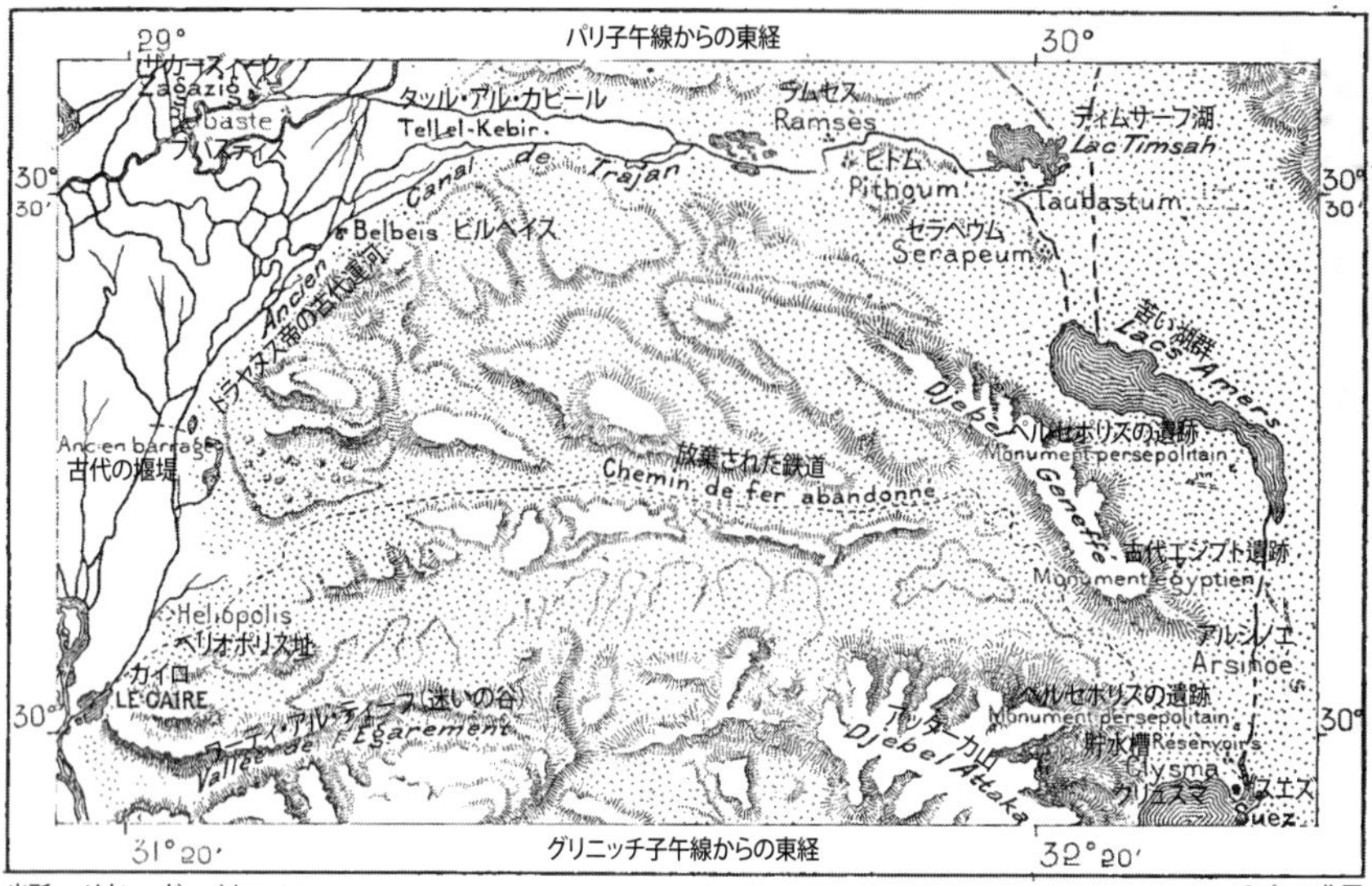

出所：リナン＝ド＝ベルフォン　　C.ペロン作図

1：1 590 000
0　50 km

図 92　トラヤヌス帝の運河

もっと大きなものだったらしい。すなわち紅海から、ペルシウムの湾［ティーナ湾］沿いにあるファラマー［現ポート・ファドの中洲］へ直行する運河の開削で、ダレイオス大王や、プトレマイオス朝歴代君主による掘割を利用する積りだったであろう。だが言われるところでは、ギリシャ人がこの交通路を利してメッカへの巡礼を襲撃するのではないかと懸念したウマルが、許可を与えなかった。アムルが復活させた水路は長くは存続せず、一三三年後にはカリフ、アブー＝ジャアファル＝アル＝マンスール［アッバース朝第二代カリフ Abou Djafar el-Mansour, Abū Ja'far 'Abd Allāh ibn Muḥammad al-Manṣūr 七一二頃―七七五］の命により、とある反乱勢力が糧食を受け取るのを妨害するために閉鎖された。それ以後は近代までの一一〇〇年間にわたり、自然のゆっくりとした作用がこの人間の造営物を攻め続け、家屋や閘門、堰堤は姿を消し、掘割は沖積土と砂に埋まった。かつての水路の岸には沼沢が出来上がり、湖や湾の輪郭も変化したが、それでもなお古代エジプト、ローマ、そしてアラブ人ら過去の建造物の名残りがある。スエズ近傍をはじめ、数か所にある石の堰堤はあまりに頑丈に存続し、平地から六メートルの高さにそびえるため、アラブ人は天然の岩とみなしてきたほどだ★。アラビア語で「堤」を意味するジスルの屋根も、おそらく堰堤の残余が由来である。

ル＝ペールの測量

ファラオやプトレマイオス朝君主、トラヤヌス、アムルの造営物が砂や泥に閉塞してゆくなか、あらたにエジプトの主人になったコンスタンティノープルのスルタン達も、しばしば先人による事業の再開を企てた。だが、運河の復活が具体化したのは、フランスによる遠征においてである。功業をなしとげる意欲にあふれてエジプトに上陸した一団の知識人［エジプト学術調査団］は、両洋を結ぶことこそ、最も偉大な企てのひとつと考えた。運河工事の条件を精密に把握するため、ル＝ペール［フランス人土木技術者 Jacques-Marie Le Père 一七六三―一八四二］ほかの研究者がただちにスエズ地峡の水準測量に取り掛かったが、惜しいことに調査結果には誤謬があった。ル＝ペールは紅海の水位が地中海よりも九・九〇八メートル、つまり一〇メートル近く高いと見出したと信じてしまい、このとんでもない間違いにもとづき、水路を開削すれば、紅海の海水が地中海沿岸の低地に流れ込むという古代人の幻想を共有するにいたったのである。ル＝ペールは海と海を直接に結ぶ水路をあきらめたが、ナイル川の水位の上下に影響されぬ深い掘割により、ふたつの海を結べば、世界貿易に大きな利益になることは認めていた★★。そこで彼は歴代ファラオの計画に立ち戻り、深さ四～五メートルの運河の建設を提案した。それはカイロからスエズまでを水位差のある四区間で仕切り、うち二区間をナイル川の淡水、二区間を紅海の海水で満たす案である。それに加え、デルタの起点［カイロ下流］からアレクサンドリア港まで航行可能な水路を設けるというものだった。しかしル＝ペールの構想では、ナイル川の平底船しか利用できず、また海と海を結んで交通できるのは、ナイル川の高水位期に限られた。

再測量

★ Linant de Bellefonds, *op.cit.*; de Lesseps, *Percement de l'isthme de Suez*, *op.cit.*
★★（訳注）原著本文はこの箇所に注番号があるが、前註とおなじ番号で、脚注はひとつしかない。

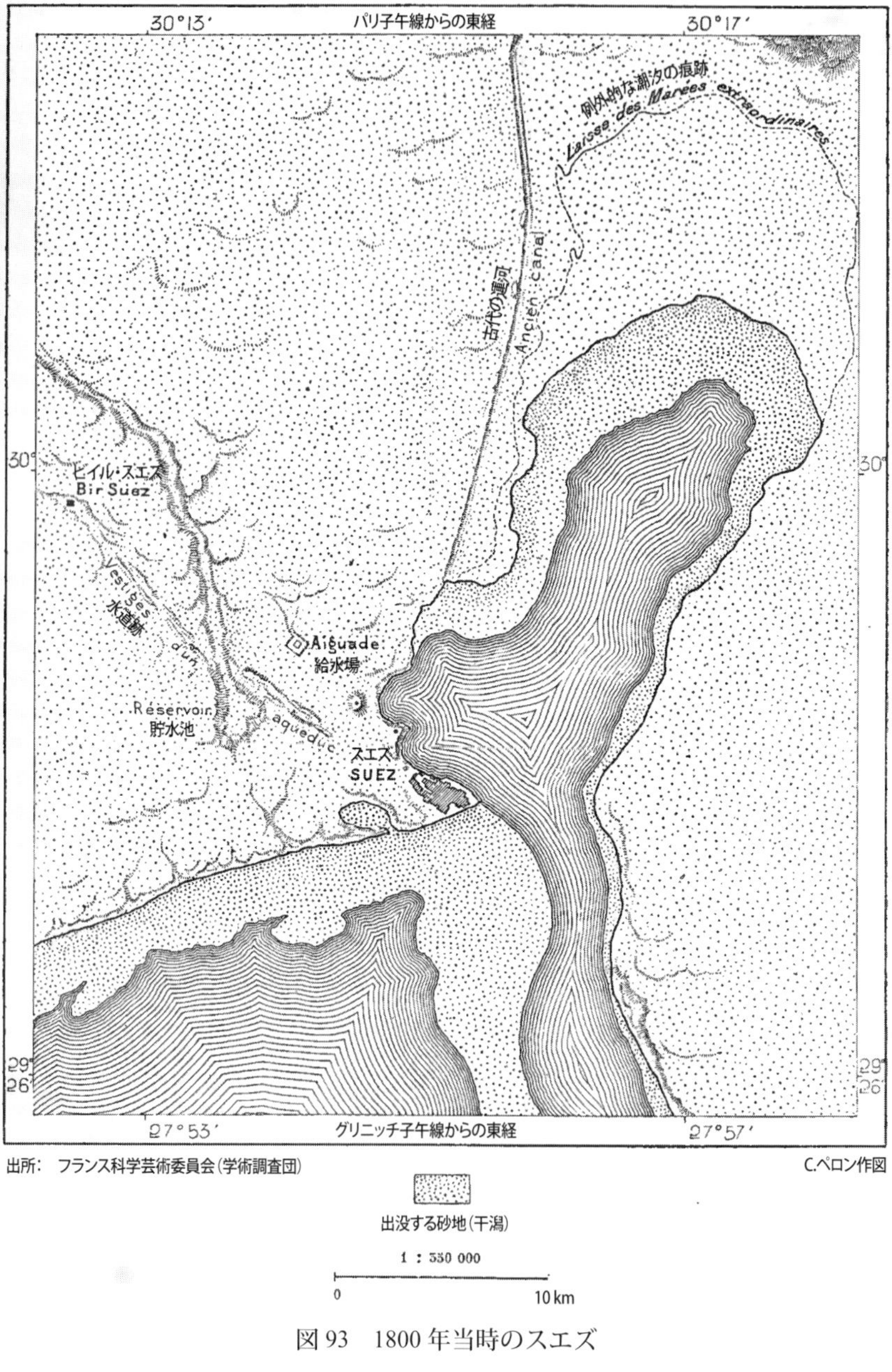

出所：　フランス科学芸術委員会（学術調査団）　C.ペロン作図

出没する砂地（干潟）

1 : 550 000

0　10 km

図 93　1800 年当時のスエズ

工事に着手するには、エジプトにおけるフランス人の駐留は短すぎたが、アフリカとアジアを分離するあらたなボスフォラス海峡の構想はもう捨てられるべくもなく、それどころか、新しい宗教的教条にさえなった。すなわちサン・シモン主義者の教宣にスエズ運河構想が取り込まれたのである。すでに一八二五年には機関紙において議論が始まり、何人かのサン・シモン主義者がフランスを離れざるを得なかったさいには、スエズ運河に関する研究が彼らをオリエントに赴かせた。のちこの信教は姿を消すが、昔の信徒は多くが産業界の重鎮になり、スエズ運河構想を最も熱烈に擁護した。ル＝ペールの測量結果は、ラプラス〔フランス人数学者、天文学者、物理学者 Pierre-Simon de Laplace 一七四九—一八二七〕やフーリエ〔同社会思想家 François Marie Charles Fourier 一七七二—一八三七〕をはじめ、多くの研究者が誤りと考えており、あらたな水準測量を求める世論が高まった★。一八四七年には調査にたずさわるヨーロッパ企業〔スエズ地峡調査会社〕が設立され、リナン＝ド＝ベルフォン、タラボ〔フランス人実業家、銀行家 Paulin Talabot 一七九九—一八八五〕、ブルダル〔同技師、地形学者 Paul-Adrien Bourdaloué 一七九八—一八六八〕らの技術指導のもと、スエズからペルシウムの湾〔ティーナ湾〕までの地峡部が、確定的なやり方で水準測量された。それ以後は、潮汐に起因する差異や、スエズ湾における平均的なかさ上げを除外すれば、ふたつの海にほとんど水位差がないことに疑いはない★★。この「ブルダルの測量」は一八五三年、一八五五年、さらに一八五六年と検証が行われ、いずれも同一結果だった。

スエズ・アレクサンドリア疎水計画

自然地理学に甚大な重要性をもつこの事実が明らかになると、残るのは実際の開削だけと考えられた。だが、水準測量の協力者のひとりだったポーラン＝タラボ氏が提示した当初計画は、スエズからカイロを経てアレクサンドリアに到るものだった。これは実際のスエズ運河計画の対案として、何人かのイギリス人技術者も最近蒸し返したが★★★、ナイル分岐点の上流で水位を上昇させるべく、閘門をそなえた

★ de Lesseps, *Percement de l'isthme de Suez. Exposition et documents* 2e série, 1856.

★★ ペルシウムの湾のティーナにおける地中海の水位　スエズにおける紅海の水位（m）

干潮時	0.00	− 0.7414
満潮時	0.38	＋ 2.0886

★★★ John Fowler and Benjamin Baker, "A sweet-water ship-canal through Egypt", *Nineteenth Century*, no.71, Jan. 1883.

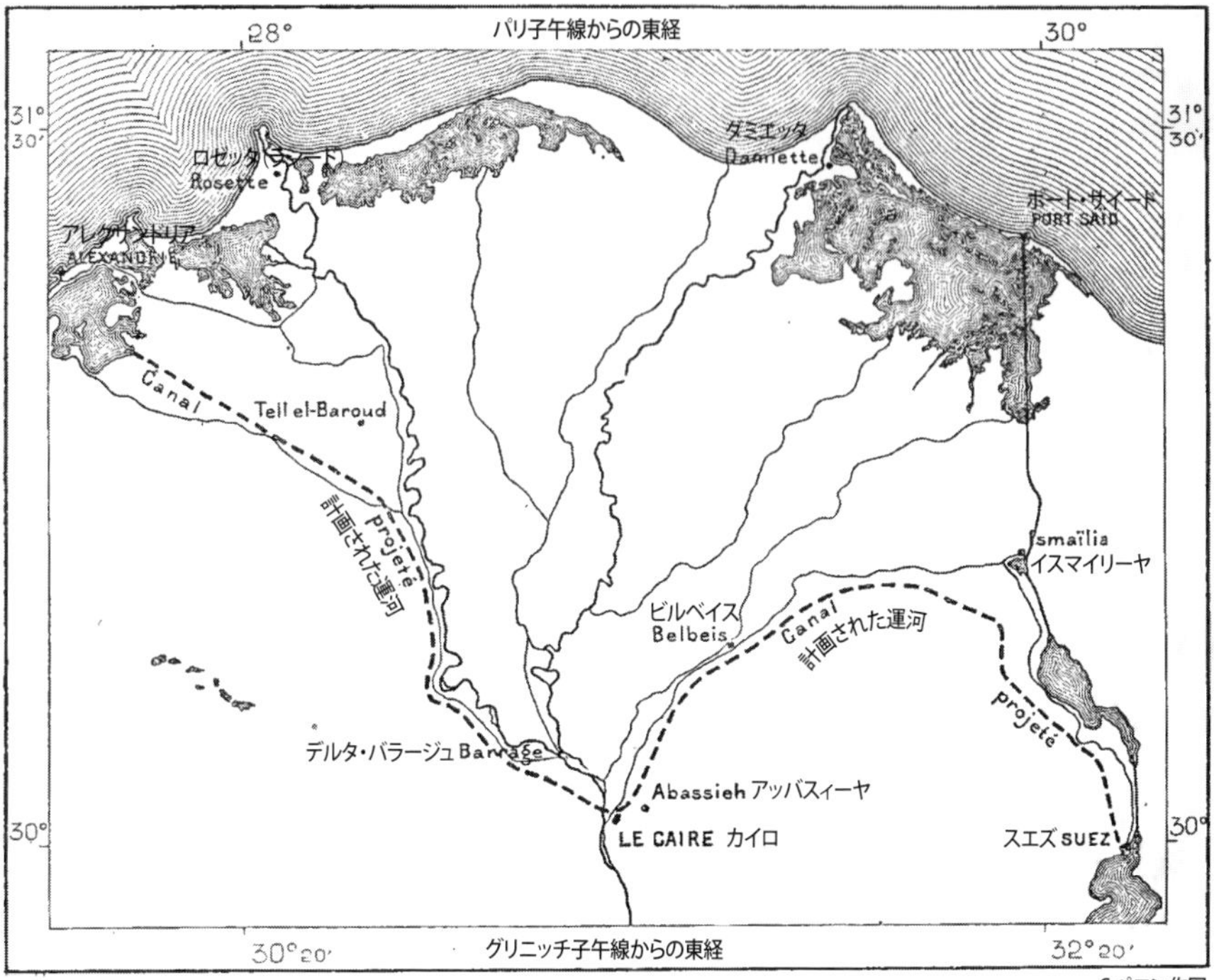

出所：J. FowlerおよびBaker　C.ペロン作図

1：2 500 000

100 km

図94　スエズ－アレクサンドリア間の淡水運河計画

区間をいくつか想定するものだ。加えてこの計画では、ナイルの氾濫に抵抗する水門を整備するほか、両区間のあいだにあるナイル川に曳舟用の堤道を設け、対岸まで船舶を牽引できるようにする必要があった。航海術からみれば、閘門が不要で、距離も三分の一近くですむ地峡の運河に対し、この下エジプト地方の運河案が劣ることは明白である。ただし、同運河の第一の効用は、約四〇〇キロにわたりデルタを灌漑する点にあった。水運関係者と灌漑関係者の利害はまったく異なり、ときに相反する。水運は深い水深を求めるが、農耕には人工水路の河床ができるだけ高いほうがよいからで、二重の目的をもつ運河の開削は良策ではない。デルタの川沿いの土地を環状の掘割で囲んでも、灌漑と局地的な交通の役にしか立たぬだろう。

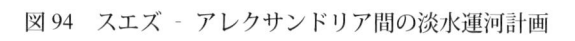

挿画 XLV　セラペウム付近のスエズ運河　リウによる写生

スエズ運河工事

一八五四年には、地中海と紅海を直接に結ぶ運河開削の権益［用地］を割譲する勅令が署名された。だが署名した君主［サイード＝パシャ］は完成の可能性を信じなかったし、雇い上げられた技術者にさえ、この企画を支えるのに必要な確信を持てぬ者が何人もいた。しかし、勅令の相手方であるフェルディナン＝ド＝レセップス［フランス外交官、実業家、スエズ運河会社社長、パナマ運河会社社長 Ferdinand Marie Vicomte de Lesseps 一八〇五―一八九四］には牢固たる確信と、強靭な意思があった。財務上の困難、友人の裏切り、陰に陽に敵対勢力の反対もあったが、彼は絶対にくじけなかった。イギリス政府は東インド方面へ直行路が開かれるのに対し、いつかその鍵を掌握できるのか確信がなかったため、これまた反対勢力だった。だが同国も敗北を認めざるを得なくなり、一八六九年十一月十七日、蒸気船の一大船団が供奉の列をなし、ヘディーウ［ムハンマド・アリー朝第五代君主イスマーイール＝パシャ Isma'il Pasha〔一八三〇―一八九五〕の招待客を、ポート・サイードからティムサーフ湖まで運送した。この巨大事業の完遂には一五年で足りたが、上首尾に導くためには、新たな方式や機械の発明が必要だった。費用は四億七二〇〇万フランに達し、うち半分近くをフランス投資家が負担したほか、エジプト政府も、多くの役務提供や土地の割譲、灯台の建設、港湾の浚渫、無利子の前貸し、賦役作業員の貸与を行なった。うち賦役作業は少なくとも一億フランに相当する。工事に雇用された地元民は、平均〔一日当たり〕二万人に達した。

地形の変化

スエズ運河は水路だが、正真正銘の海峡でもあって、入り口にはイルカ〔海豚〕やサメ〔鮫〕が到来し、エリトリアの海と地中海の動植物が出会う。その規模は巨大だと思われたが、現在すでに不足が感じられている。海から海までの距離は一六四キロで、両岸のあいだの幅が六〇～一〇〇メートル、底面からの高さ二二メートル、水深は八メートルを下回らず、八・五メートルの箇所さえある。岸壁を叩く波が水中に引き込む砂や泥を、浚渫船がひっきりなしに作業して引き揚げる。年当たり六〇万立方メートルの浚渫が必要だが、本工事で開削された土砂は八三〇〇万立方メートルで、各辺一キロ、高さ二五〇メートルのピラミッド一基に相当する。ティムサーフ湖、すなわち「鰐の湖」は、とうの昔にワニがいなくなった沼沢だったが、一個の内海になった。「苦い湖群」が紅海から受け取った水量は、二〇億立方メートル以上と推定される。湖内を埋め尽くす塩性の大型砂洲群は、北上と南下をくりかえす運河の流れにより、だんだん溶けていった。ジスルにあるふたつの砂山は水面から一五メートルの高さがあり、その間を通る運河の眺めは実に壮大だ。ポート・サイードの灯台からは、砂地に敷かれた碁盤の目状の街路と、湿船渠や側方に伸びる水域に船舶が蝟集する巨大な港湾、そして青い海に消えてゆく白い突堤の群れが足下にあり、遠方の内陸には、砂丘や沼沢のただなかに蒸気船が巨大な船影をみせ、まるで浮かぶ宮殿が魔法の力で地上を進んでいくようにみえる。これを目にして賛嘆せぬ者がいるだろうか。

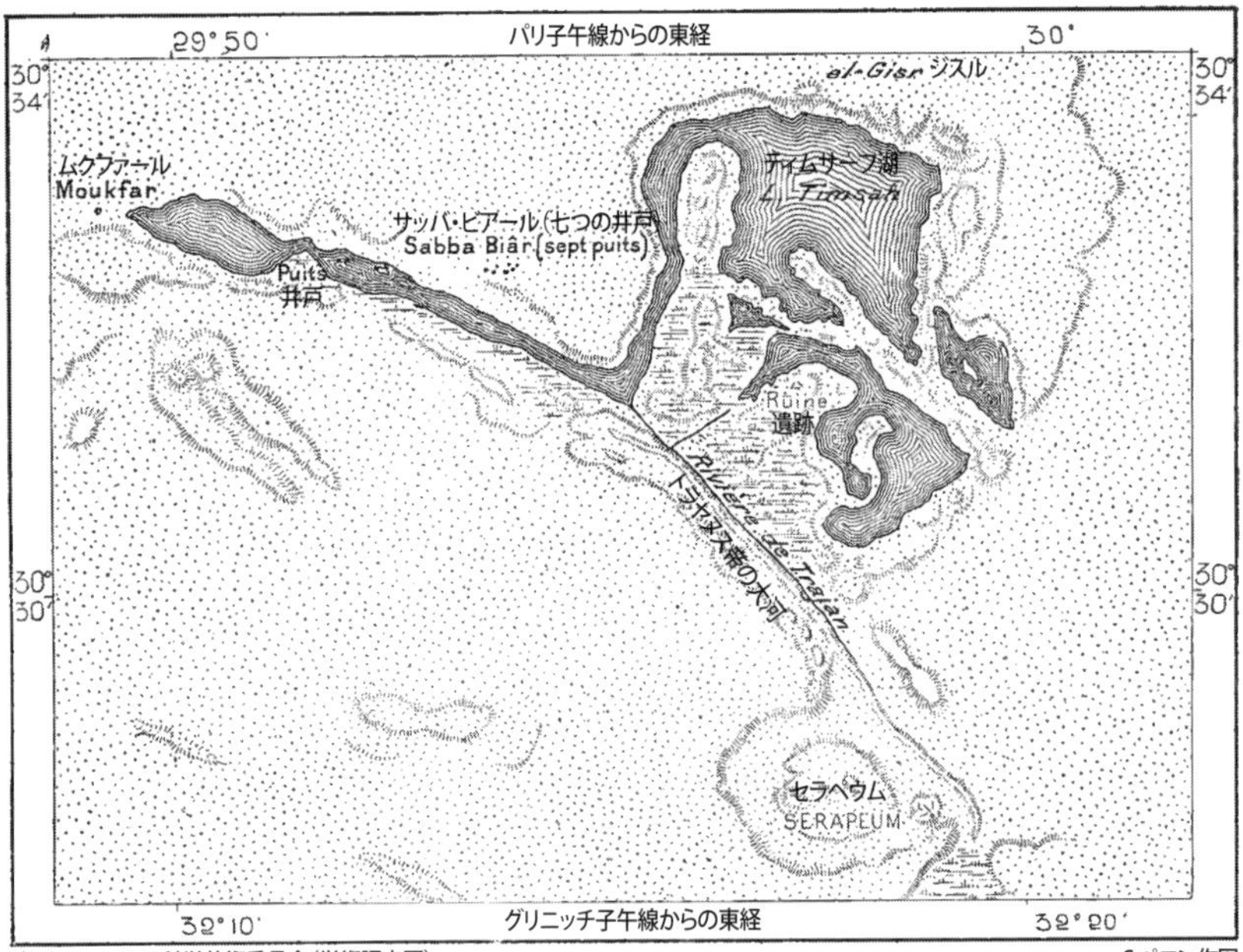

図 95　スエズ運河開削前のジスルとティムサーフ湖

交通量

スエズ運河の交通量は、建設者たちの予想を上回って急増した。紅海に吹く南北の風にさからって帆船が上り下りするには牽引が必要だが、東インド方面からの交通は、すでに蒸気船［挿画XLVにあるように、まだ機帆船が多かった］が帆船に取って代わった。スエズ運河と紅海を経て両洋［地中海とインド洋］をつなぐ特別便の船団がいくつも創設され、船舶の平均積載量は年々上昇［大型化］している★。一八八三年に運河を通り抜けた帆船は一隻だけだったが、蒸気船は一日あたり平均一〇隻が通過した★★。このため運河の拡幅が必要になり、すでにジスルでは二つの曲がり角が撤去されたが、急な曲がり角の除去や水深の拡大のほか、容易に侵蝕を受ける岸壁を砂ではなく石張りにし、沿岸湖沼に港を掘削すること、そして現在は一〇キロの区間に一〇カ所を数える退避箇所にかわり、河道の拡幅がとくに必要だ。事前の予測は年間

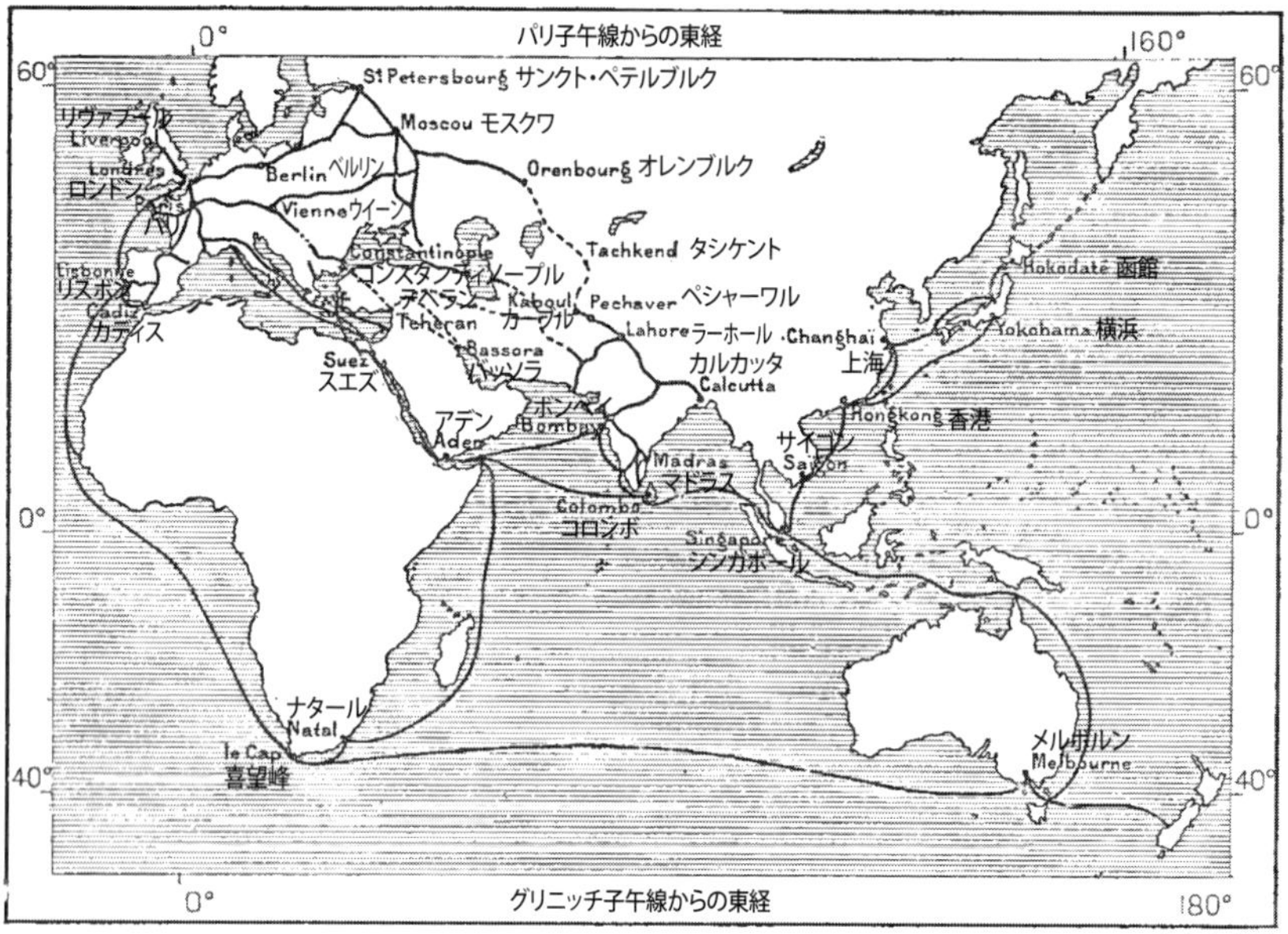

図 96　旧世界の大陸間経路
[図中点線のカーブルおよびペシャーワルへの路線はついに建設されず、今日もインド - ヨーロッパ間は鉄道で結ばれていない]

前頁★ スエズ運河の交通量

年次	隻数	総トン数（t）	登簿トン数（t）	通航料（フラン）
1870	486	65 万 4915	43 万 6609	515 万 9327
1875	1494	294 万 0708	200 万 9984	2888 万 4300
1880	2026	434 万 4519	305 万 7421	3984 万 0487
1883	3307	805 万 1307	577 万 3861	6852 万 3345

平均トン数：1870 年 1343t、1877 年 2015t
一隻当たり通航料 2 万 0720 フラン、通過旅客数（1883 年）11 万 9177 人

前頁★★ 1883 年における通航船舶内訳　(t)

イギリス船	613 万 6847
フランス船	78 万 2133
オランダ船	30 万 9583
ドイツ船	21 万 3666
その他	60 万 9078

六〇〇万トンの通行量だったが、今日ではその倍ないし四倍が、近い将来に見込まれる。蒸気船が減速せずにすれ違い、座礁事故があっても通航の障碍にならぬようにするには、三倍の水路幅が必要と計算されている。いまや拡幅をもっとも声高に主張するのは開削に猛反対したイギリスだが、いろいろな出来事により態度を変えたのだ。まず船舶数からみて、スエズ運河はまるでイギリス専用の観がある。同国の貿易の約八分の一、二〇億フランがこの地峡を通過する。それに加え、イギリス政府は同運河の主要株主のひとりになっただけでなく、エジプトを領有したことで、その開閉は思いのままである。同国はすでにタッル・アル・カビールの戦い〔一八八二年九月十三日に行なわれたオラービー軍と英軍の会戦。スエズ運河を利用してイスマイリーヤに上陸した英軍がオラービー軍を撃破し、カイロを奪取した。テル・エル・ケビルの戦いとも〕に先立ち、ふたつの海を結ぶこの通路の中立性を保障した諸協定など、眼中にないことを見せつけている。イギリスは東インドへの海路が競争相手に握られるのを懸念したがゆえに、スエズ運河を確保した。だが蜿蜒たる航路は、遅かれ早かれ小アジア、メソポタミア、ペルシア経由の大陸間鉄道が凌駕するだろうし、スエズ同様にイギリスが確保できるわけでもないだろう。インドへの鉄道がイギリスに属することは金輪際あるまい。

第五項　都市と集落、遺跡

集落の変化

エジプトでは新たな都市が創設される一方で、古代都市が砂塵に崩れ落ちてゆく。大型の人口集積の大半は、過去の首府が残した廃墟から離れて立ちあがる。だがエジプト人民の歴史を語るこれらの残骸は、近代都市の大半よりも興味深い。ファッラーヒーンの茅屋、すなわち葦葺きの斜めの屋根か、練った粘土の平屋根が載る煉瓦や泥壁の小さな立方体が、随所で神殿の塔門や、柱廊のすぐ隣にかろうじて見分けられる。同国の科学的探査が始まってからは、砂に埋もれた壮麗な建造物がいくつも掘り出されたが、その一方で多くが姿を消した。砂地に飽和する硝酸ナトリウムや沖積土の塵埃が石材を侵蝕するのに加え、盗掘者が壁を崩す。農民は「スィバーフ」と呼ばれる良質な堆肥を作るため、遺跡の粉末を土に混ぜ込むので、さらに破壊の度合いが大きい。石灰岩で建立された神殿は、漆喰向けに基壇を次々に失ってゆく。砂岩は近代建築にほとんど用いられないため、最も破壊を免れてきた。エジプトの農村には、住民の起源や土地所有の様態により「ナーヒヤ」、「カフル」、「イズバ」、「ナグウ」、「アブアーディーヤ」あるいは「マンシア」など、多様な名が冠される。遊牧生活を捨てて農耕民になったアラブ人が創建した村は、成り下りを意味する「ナズル」、すなわち入植地だ。だが村落は氾濫とか、新たな水路の開削に従い、ひんぱんに場所を変える。同時に、土地を取得した所有者に即して名称もしょっちゅう変わる★。だが、古いエジプトがいまもみられるのは村である。エジプトは「ヘロドトスの上に聖書が、そして聖書の上にコーランが上書きされた羊皮紙文書」なのだ。市部で最も明瞭に看取されるのはコーランだが、内陸の遠隔地では、ヘロドトスが再び姿をみせるのである★★。

フィラエ島

古典的なエジプトが始まるのは第一瀑流、エジプトイチジクやヤシの樹陰のもとにあるマハッタ〔不詳、水没したか〕の砂岸に、ヌビアからの平底船がゴムや象牙、黒檀を積み下ろす。右岸にあるこの邑の前面のナイル川は、まだ湖のような一体の水面だが、北にはすでに黒々とした岩場に泡立つ急湍が望まれる〔第一瀑流〕。この瀑布の迷宮に流れ込む手前の河水は、ゆったりと緑の島々を囲繞《いにょう》する。そのひとつが名高いフィラエ島だ。エジプト人はビーラーク〔ビーラーフ〕と呼び、アビドゥから移設されたオシリス神の墓が所在する聖なる島である。あらゆる誓言のうち、最も恐ろしいのが「フィラエ島におわすオシリス神にかけて」の誓いだった。全周一キロもない小島だが、優美な楕円形の輪郭をもち、東岸にある東亭《あずまや》〔トラヤヌス帝のキオスク〕はエジプト随一の魅力的な遺構で、花弁形の柱頭をそなえる先細の列柱が、まわりを囲むヤシの木の樹冠と優美さを競う。このティベリウス帝〔帝政ローマ第二代皇帝 Tiberius Julius Caesar 前四二―後三七〕時代のエジプト建築は、画家がもっともしばしば題材にする

★ Jomard & Dubois-Aymé, *op.cit.*; F. Amici bey, *L'Égypte ancienne et moderne*, Alexandrie: V. Penasson, 1884.
★★ Lucy Duff Gordon, *op.cit.*

ものだ。浮彫や碑文はみられないが、アテネのエレクテイオン神殿を思わせる姿で、周囲の魅力はそれをしのぐ★。ほかには、アレクサンドロス大王のエジプト征服後に再建されたイシス神の神殿群があり、建築よりもその碑文が注目され、列柱にほどこされた絵姿には完存するものもある。フィラエ島が科学史に著名なのは、二か国語で刻まれた二個の碑文による。うちひとつは名高いロゼッタ・ストーンの複製で、「顕現神王」プトレマイオス五世［プトレマイオス朝ファラオ Ptolémée V Épiphane Eucharistos 前二一〇頃—前一八一。なおルクリュは尊称を Immortel すなわち「不死王」としているが、現在の慣用に従う］の戦勝や栄光を、聖刻文字と民用文字でもって刻して称えたものである［以上の遺跡はアスワン・ダム建設にともないアギルキア島に移設された］。また聖刻文字の神秘を解明したのちのシャンポリオンが、クレオパトラの名を解読したオベリスクも、フィラエ島内にあった。この貴重な遺物はバンクス［イギリス人博物学者、植物学者 Joseph Banks 一七四三—一八二〇］とベルツォーニ［イタリア人探検家、考古学者 Giovanni Battista Belzoni 一七七八—一八二三］が運び出し、いまはイギリスの個人蔵である★★。フィラエ島のもうひとつの碑文は、フランス革命暦七年風月《ヴァントーズ》十八日［一七九九年三月八日］付けのもので、瀑流の先までマムルーク軍を追撃したドゼー麾下のフランス第一師団の通過を記す。当時はフィラエ島と、もうひとつの聖地ビジャ島を隔てる狭い水道に、一本の地底トンネルが通じていた★★★。

アスワン

かつてナイル川が現在よりも高い位置にあった際に流下した谷間は、隊商が瀑流群を迂回してマハッタとアスワンのあいだを陸送する大通商路である。ヘディーウ＝イスマーイールはその谷に部隊輸送用の鉄道一五キロを敷設させた。この通商路が四七〇〇年このかた有する重要性は、岩壁に刻まれた種々の言語の碑文に明らかである。軍事的意義も甚大で、かつてブレムミュアエ人の攻撃からシエネ［アスワン古称スウェネトの希語名］を守った城壁の跡がその証左だ。アスワン市街は瀑流の下流、右岸の岩がちな斜面にあり、建物が円形闘技場形に建ち並ぶ。入江にひしめく船舶はマハッタほど多くないが、急湛区間に向かうダハビーヤ船が抜錨す

★ Ampère; Ernest Desjardins, *Notes manuscrites*.
★★ Edwards, *op.cit*.
★★★ Howard Vyse, *Operations carried out at the Pyramids of Ghizeh in 1837*, London: James Fraser, 1840.

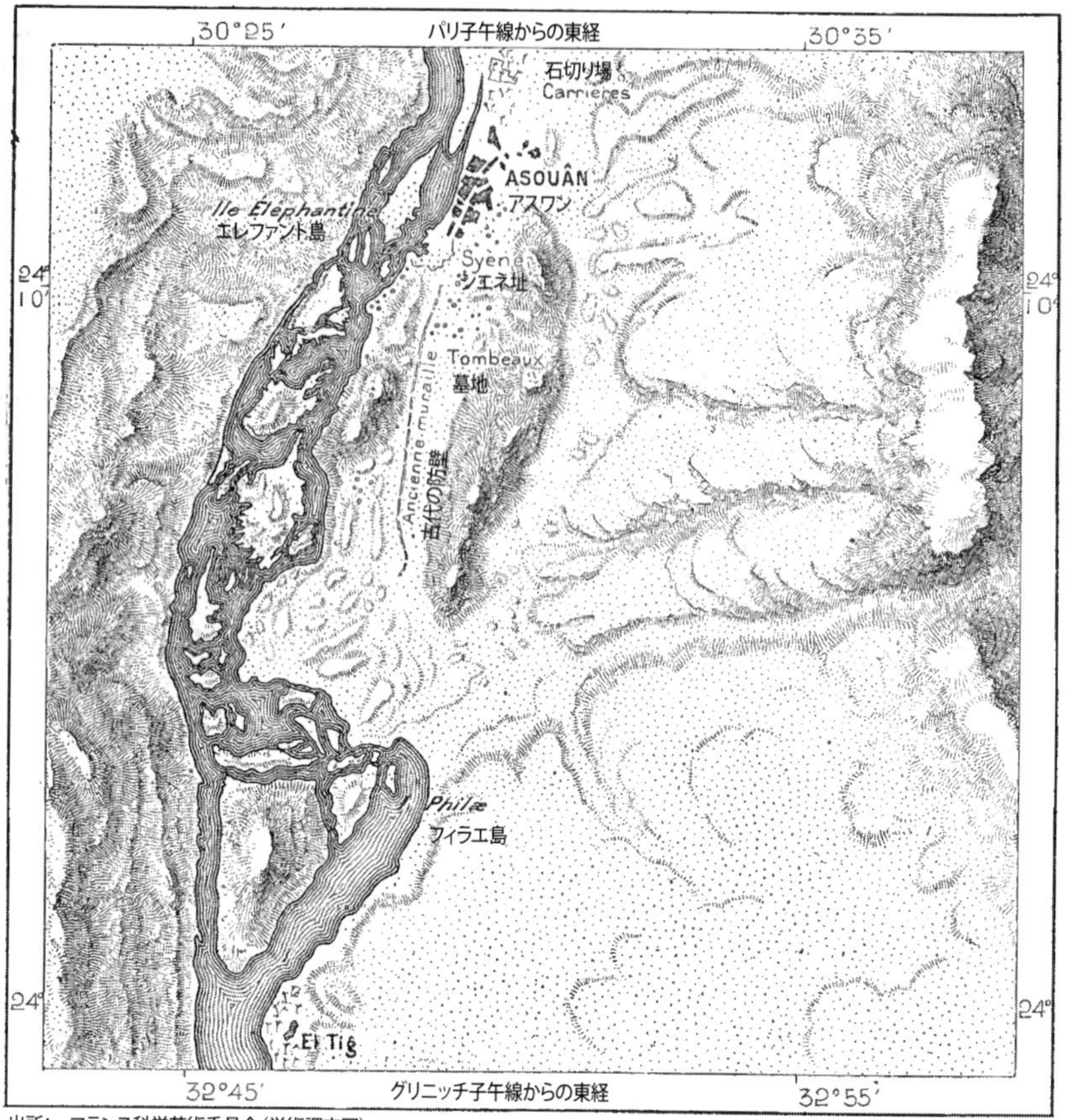

出所：フランス科学芸術委員会（学術調査団）　C.ペロン作図

1：250 000

0　10 km

図 97　鉄道建設前のアスワンと第一瀑流

ると、たちまちシャッラーラ、すなわち「瀑流のひとびと」が岸辺にむらがる。市内のバザールには、ヌビア地方と上ナイル地方から運び込まれた武具や装飾品、ダチョウ［駝鳥］の羽、獣皮、象牙、木材、高価な薬剤といった商品が目白押しだ。近傍ではナツメヤシ［棗椰子］の木立が大量の果実の房をもたらし、カイロやデルタ地帯へ向け船積みされる。エジプト古語のスワーン［スウェネト］は、のちアラビア語化してアッ・スワーンになっ

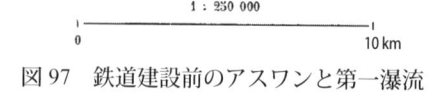

たが、五千年近くギリシャ語名シエネの形を保持し、古代世界に著名だった。地質学者にとっては、市街の南方にある岩山地帯の花崗岩や閃長岩《シエニト》の採石場を連想させる名だ。この採石場址は六キロ以上に及び、いまも長さ三六メートルのオベリスクが、半ば彫り出された状態で残っている。いっぽう天文学者にとってシエネの名は、二一〇〇年前にエラトステネスが行った諸実験を指す。この瀑流の都市がぴったり北回帰線上に位置すると仮定（これは完全には正しくない★）したエラトステネスは、夏至の正午におけるアレクサンドリアの晷針《きしん》［古代人が太陽高度を測定するために鉛直に設置した棒］の影が［棒の長さの］五〇分の一であることを確かめたので、そこから地球大円の角度を導き出し、この星の寸法を得た。彼はシエネとアレクサンドリアの距離を自ら測量したわけでは全然なかったが、エジプト人が朝日に向けて建造物を建立したことをみれば、彼らが距離のみならず、正確な方位［の測量法］も知っていたのは間違いない。じっさいエラトステネスが採用した当時一般の推定値も、正しい値とわずかな差しかない。このアレクサンドリアの天文学者は、おそらくエジプト尺でもって子午線を表示しただろうが、誤りは六五分の一［ママ、三五分の一の誤記か］に過ぎない。すなわち、アレクサンドリアからシエネの緯度までの子午線長は七八万七七六〇メートルだが、エラトステネスの実験での値は八一万メートルだった★★。

エレファント島

アスワンの正面、幅一五〇メートルの分流を隔てるエレファント島にも、かつて名高い都市があった。すなわちアブー、「象の都市」で、おそらく後代のギリシャ・ローマ時代には、ナイル上流から運び込まれた象牙の中継地になった★★★。だが島内に古代の建造物はほとんど残っていない。神殿群は一八二二年に建材として取り壊され、現在目にできるのは一八七〇年に復元された水位標と、かつてローマの税関吏が領収証として書きなぐった陶片の山ばかりだ。この残骸の上にはバラーブラ人の集落がふたつ建っている。エレファント島はアラブ人のいう「花々の島」で、ナツメヤシ［棗椰子］の群生がすばらしく、その緑の輝きは、瀑流の出口に

★ アスワンの北緯は 24 度 05 分 23 秒。［北回帰線は北緯 23 度 26 分 22 秒］
★★ Faye, *Journal officiel de la République Française*, 29 avril 1881.
★★★ de Rougé, *op.cit.*

ある黒々とした岩場と対照をなす。

オンボス

オンボスの市邑の位置をいまに示すのは、ナイルの蛇行部の東岸に所在するコム・オンボの村と、光の神であるホルス神と、地獄の悪鬼セベク神という対の神格［ホルス神は隼、セベク神は鰐の頭部で示され、前者は天空の神、後者は妊娠の神だが、ルクリュ原文に則する］に捧げられた二重神殿の遺跡である。だが右岸を侵蝕する河水は岩という岩、砂という砂を持ち去るので、この神域と、それを覆う砂丘は間もなく姿を消すだろう［のち岸壁工事が行われ、神殿は現存する］。ナイル川の水位をかさ上げし、一部を灌漑水路に派水する堰堤を設けるなら、コム・オンボの下流にあるスィルスィラ、すなわち「鎖の山」の隘路が最も適当だろう。そのばあい、主水路はリビア側の山脈の山裾沿いに伸び、いまは不毛のバフル・ユースフ川以西に広がる全域を涵養する。「鎖の山」の隘路は砂岩層で、エジプト国内で最も注目される地点のひとつだ。東の急崖は採石場の跡で、広い通りや円弧状になっており、最も肌理《きめ》の細かい均質な層の選び方や、その切り出し方の見事さが分かる。この点でスィルスィラの採石場は模範的であって、マリエットは「練達の大工が、高価な樹木の幹を板材に切り分けるごとく、山地を規則正しい塊に切り割ったようにみえる」と述べる。西岸の急崖は東岸ほど手を付けられていないが、彫像や碑文はもっと多い。発掘された一神殿の浮彫には、イシス女神がホルス神に授乳する像がある。古代エジプトが私たちに遺したうち最も優美、かつ高貴な姿のひとつだ★。

エドフ

エドフ、古代人にとってのテブ［コプト語名］、ギリシャ人やローマ人にとってのアポロニポリスは、遠くからもふたつの巨大な塔門でもって旅人にその存在を知らしめる。エドフ神殿は国内でも結構が最も良好に保全され、プトレマイオス朝期の建立にもかかわらず、純正な線と各部の均整は、エジプト古代美術の最盛期の建築にも比しうるもので、伝統的な建築手法がこれほど遵守されている例はほかにない。この壮麗な建築が時を耐えたのも

★ Auguste Mariette-Pacha, *Itinéaire de la Haute-Égypte*, Paris: Maisonneuve, [3e éd., 1880]; Charles Blanc, *Voyage de la Haute-Égypte*, Paris: Renouard, 1876; Élie Reclus, “Voyage au Caire”, *Philosophie positive*, mars-avril, 1879.

砂のおかげで、マリエットが、まず小丘に散在する九二軒の茅屋を取り壊したのち、神殿を半ば埋めていた砂を除去すると、まるで落成式の翌日のように完全な姿を現した。わずかに塔門と屋根の石材がいくつか欠落するのみで、不敬の輩の眼から神殿を隠す外壁も完存した。中庭の入り口からは、奥行き一三〇メートルに建ち並ぶ列柱と広間が見通され、広大な空間のどの片隅にある装飾や碑文も、完全な状態である。広間にはそれぞれ名前があり、「書物の家」すなわち図書室の壁には、蔵書目録が彫り込まれている。神殿全体がひとつの巨大な図書館で、ハルフト神［原文 Harhout だが不詳。ホルス神の別名ホルアクティ神 Horakhty か］、ハトホル神、ハルポクラテス神の三神を称える祈祷や秘儀のみならず、あらゆるたぐいの宗礼や天体図、郡部の記述、攻城戦や会戦が表わされている。エジプト史とその神話の百科事典でもあるが、なんといっても最大の興味を惹くのは、エジプトとヌビア地方に関する二七個の一覧表で、各地の地名と物産、市邑、守護神を列記する★。ブルクシュが古代エジプトの地理を復元できたのも、ナイル河畔のさまざまな建造物で発見された多少とも悉皆的な一五個の一覧表でもって、エドフ神殿の一覧表を補完できたからだが、最大の役割を果たしたのはエドフ神殿のものである★★。神殿の入り口に三八メートルの高さにそびえる塔門から見下ろすと、一宇のモスクの丸屋根とミナレットを囲む黄色っぽい土の立方体［農家］が格子状に並ぶ。エジプトの神々の神殿にくらべ、あまりに地味な街区だ。

カーブ

エドフ下流の東岸には、アバブデ［アバーブダ］人の先祖だったヒルーシャ人の盗賊が下った峡谷［ワーディ・ヒラール］がある。このため谷を横切る防壁と、その入り口を扼する城砦が構築された。それが古代エジプト人のいうネカブ［ナフビート］、ギリシャ人のいうエイレイティアで、この軍事拠点の後裔がカーブの村である。近くの岩山には多くの岩窟墓廟があり、そのひとつは、「牧羊民の諸王［ヒクソス人］」やエチオピアからの諸部族に対するアハメスないしアモシス［第一七王朝末期から第一八王朝初期にかけてのエジプト軍人 Ahmès fils d'Abana］の戦勝を記す。

イスナー

★ de Rougé, *op.cit.*
★★ Brugsch, *op.cit.*

その下流でナイルの河幅が広くなる箇所の左岸には、古代ギリシャ人のいうラトポリス、すなわち原初の名称スニをいまも保つ現イスナーが、畑地と樹園にはさまれて所在する。イスナーは県都にして、青い綿布、ショール、素焼きの水冷やし壺などの製陶業を擁する工業中心地であり、上エジプト地方の商都のひとつでもある。平地の一部はサトウキビ〔砂糖黍〕農園の群れが占める。同地にはまだドームヤシがいくつかみられるが、下流のナイル沿いはナツメヤシばかりになる。住民はすこぶる混淆し、コプト系キリスト教徒やムスリムのファッラーヒーンに、多様な部族のオアシス住民やヌビア人、ベジャ人が付け加わる。ムハンマド＝アリーはカイロの舞妓をイスナーに放逐したので、いまも多数が暮らす。「世界の魂」であるクネフ神〔原文 Kneph だが不詳。クヌム神 Khnum か〕に捧げられた古代神殿を覆う残骸や、土砂の一部は一八四二年に除去されたが、陽光のもとに建設された建造物というよりは、いまもカタコンベ式の聖域のようにみえる。内部の芸術はエドフ神殿よりもかなり劣る。

古代テーベの位置

イスナーの下流で大きな屈曲部を描き、アルマントの製糖所群を過ぎたナイル川が入り込む平地の両岸には、古代テーベの都市集積の建造物が、あるいは完存し、あるいは残骸になって広がる。それは宮殿や列柱、神殿、地下墳墓の世界で、宗教建築の比類ない集合である。だが残っているのは、百の門をそなえたテーベのごく一部で、四つの主な遺跡集団が占める面積は一二平方キロにも足りない。「ノ〔旧約聖書での呼称〕」すなわちずばり「都市」と呼ばれた時代には、「アモン神の座所」を意味するパ・アメンのほうが一般的で、エジプトの通商と権力の中心だったが、現在よりもかなり北方の右岸沿いに所在した。増水期の遺跡は、水面から突き出た島のようになる。

ルクソール

ルクソール（アル・ウクスル）、すなわち「ふたつの宮殿」は、古代都市が立地した跡にある人口最大の村の名で、崩落した残骸の築山を占めるにすぎない。この丘の下には一宇の美しい神殿があり、現在発掘中だ〔ルクソール神殿〕。かつては神殿の前面に、ラムセス二世を称える碑文を刻した二本のオベリスクが建っていたが、残存するのは一基だけで、もう一基はパリ〔コンコルド広場〕に移設された。この神殿の周囲で目にするのは、形のはっきりしない残骸と農地ばかりだが、長さ二キロにわたり台石が北東に並ぶ大通りがあり、ライオンの身体と女性の頭をもつスフィンクスの損傷した像がぽつりぽつりとみられる〔スフィンクス参道〕。スフィンクスは前足のあいだに、アメンホテプ三世〔エジプト第一八王朝第九代ファラオ **Amenhotep III** 前一四一一／前一四〇三頃―前一三五三頃〕の肖像を捧持する。この大通りに続いては、牡山羊の頭部をもつスフィンクス参道が延び〔アメンホテプ三世の像があるのはこちらだが、ルクリュ原文に則する〕、塔門や浮彫の壁、列柱の身廊、オベリスク、スフィンクス、彫像が立ち並ぶカルナク遺跡のただなかに到る。第一二王朝〔前一九九一頃―前一七八二頃〕からプトレマイオス朝末期まで、三千年にわたりこの聖地には次々に神殿が付け加わった。どこもかしこも素晴らしい丹精の賜物だが、この広大な建築博物館の精華は、セティ一世〔エジプト第一九王朝第二代ファラオ **Séti Ier, Séthi Ier** 在位前一二九四頃―前一二七九〕の治下に造営された大列柱室、つまり「多柱の間」である。エジプト最大の規模で、強烈な眺めであり、人類の英知が生んだ傑作を考えるとき、必ず思い出さずにはおかぬもののひとつだ。天井は広間の中央部でも高さ二三メートル以下だが、一三四本の柱が支え、中央列から周囲一〇メートルにわたり伸びる。柱や横壁はどれも沈み彫りや壁画に覆われるが、大列柱室のいくつかは、歴代ファラオによるアラブ人、シリア人、ヒッタイト人に対する戦捷を表わし、最大級の歴史的重要性をもつ。そこからほど近い「大神殿〔アモン大神殿〕」には有名な「数の壁〔原文 **mur numérique**〕」、すなわち年代記の頁がある。その一部はシャンポリオンがルーヴル美術館に安置し、現在はマリエットの発掘により、全貌が明らかになっている。塔門に彫り込まれた六二八個の民族名や地名の地勢一覧も、マリエットの発見にかかる。そこに列挙された名称からは、フェニキアやパレスティナ、アッシリアほかアジア遠隔地からエチオピア、そして紅海の南に伸びるアフリカ沿岸を指す香料海岸の部族が同定された。これら遠隔の国々の大湖沼地帯の名称も解読されており、それを今日では幾多のスピークやグラント、ベイカーが再発見、あるいは再々発見したわけだ。ハルトマンによれば、エチオピア人捕虜の姿のなかには、フンジ人の極めて精密な典型もみてとれる★。

★ Karl Eduard Robert Hartmann, *Zeitschrift für Ethnologie*, vol.1, 1869.

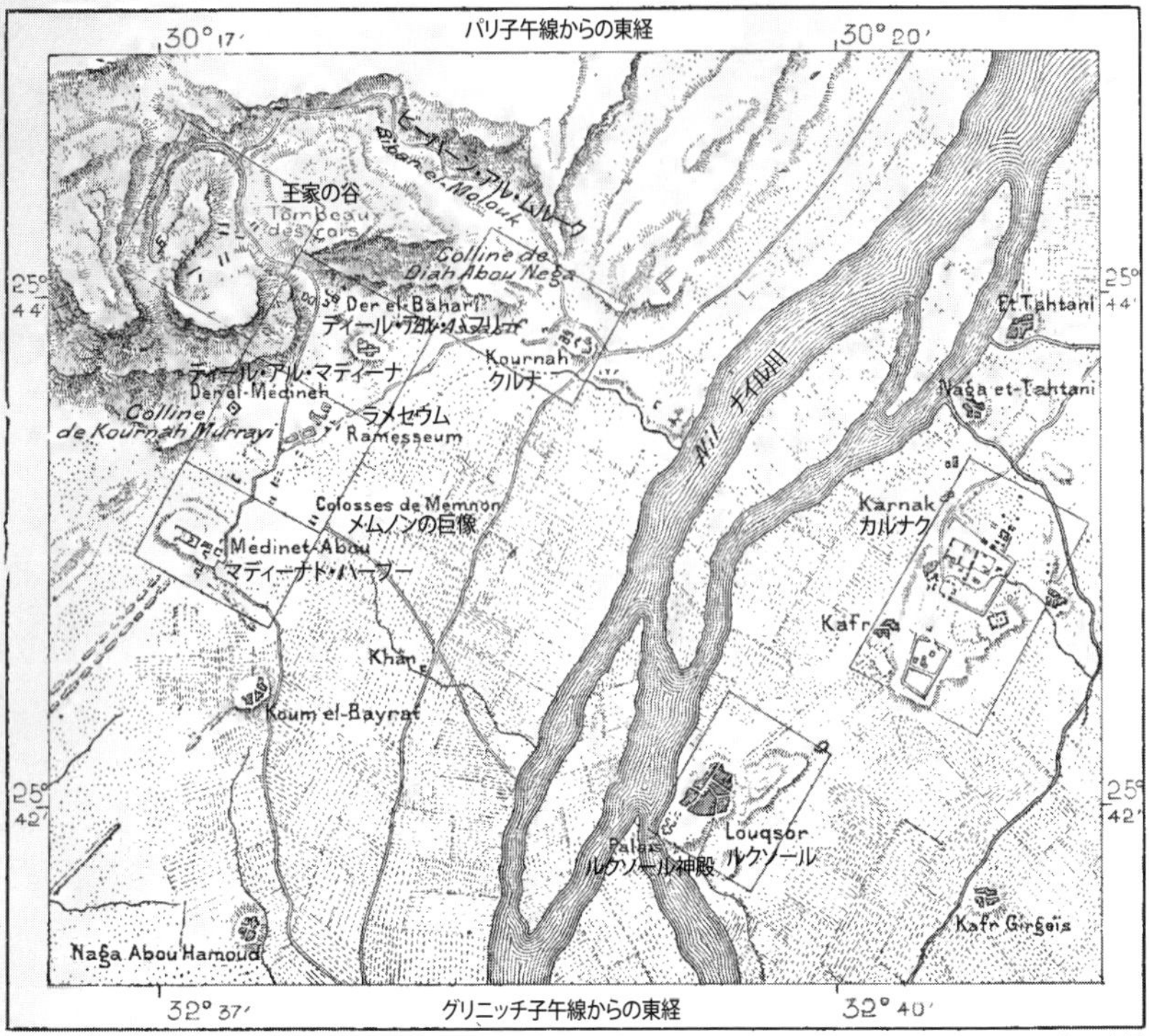

出所：　フランス科学芸術委員会（学術調査団）　C.ペロン作図

1 : 78 000
0　2 km

図 98　テーベ遺跡

テーベ

左岸にあるテーベは、生者よりも死者の都だった。平地のうち、リビア側の急崖に立ち上がり始める箇所の、おびただしい建築物は墳墓の性格をそなえる。アラビア語名マディーナト・ハーブーの隆起を覆う神殿群には、ヒッタイト人、アモリテス人、ペリシテ人、ダナエ人、エトルスク人、サルデーニャ人、エチオピア人、アラブ人、リビア人など、古代エジプトが打倒した民族の典型や慣習が、絵筆や浮彫の歴史画により、驚異的な精密さで再現されている。マディーナト・ハーブーの神殿［ラムセス三世の百万年神殿、葬祭殿］が発掘されれば、「率土の支配者」だったラムセス三世［エジプト第二〇王朝第二代ファラオ Ramsès III 在位前一一八六頃―前一一五五頃］の「征

挿画 XLVI テーベ遺跡、北の塔門 一葉の写真をもとに、G. ガレン筆

挿画 XLVII　テーベ遺跡、ラメセウム神殿の巨像
ベシャール氏の一葉の写真をもとに、ブノワスト筆

服の書」を補完できると思われ、エジプト国内の神域で最も興味深く、また貴重な遺跡だ★。その近く、ディール・アル・マディーナにあるほとんどギリシャ風の神殿は、プトレマイオス四世フィロパトル［プトレマイオス朝ファラオ Ptolémée Philopator 在位前二二一—前二〇五］の創建にかかる。またディオドロスが「オシュマンデュアス王の墓［ディオドロス前掲書六九—七二頁］」として言及するラメセウム神殿の凱旋正面口には、頭部を切断された四体の巨像がある。中庭にはピンク色の花崗岩で作られたラムセス二世の像が傾く。これはもともとは高さ一七メートルの丸彫りで、一〇〇〇トン以上の重さがあった。バールベック神殿群［現レバノン内］の最大の石塊よりも重いが、ピョートル大帝騎馬像［サンクトペテルブルク内、青銅の騎士像とも］の台座になっている漂石よりは三割がた軽い。ラメセウムとマディーナト・ハーブーの神殿群のあいだにはいくつか巨像がそびえたが、いま

★ Mariette, “Des nouvelles Fouilles à faire en Égypte”, *op.cit.*

も立っているのはふたつだけである。古代には「メムノンの巨像」として著名だった。倒壊していない二体はアメンホテプ二世〔第一八王朝第七代ファラオ Amenhotep II 在位前一四二七頃—前一四〇〇頃ほか諸説〕を表し、両手を膝に置く僧侶の姿勢で座す〔倚像〕。二体とも基台をあわせ二〇メートル近い高さだが、かなり沖積土に埋まっている。うち北側の像はギリシャ人やローマ人が見物に押し寄せ、詩句や散文を一面に彫り付けた。朝日が露を蒸発させる時刻になると、ひび割れた箇所からは竪琴の弦のような、あるいは何人かの著述家によると溜息のような、和音が響いたとされる。しかし、その音をもっと大きくしようとセプティミウス＝セウェルス帝〔帝政ローマ皇帝 Septime Sévère, Lucius Septimius Severus 一四六—二一一〕がごてごてと修復、というか石材を付加して以後、音はしなくなった。朝まだきに聴こうとしても無駄だが、カルナク神殿ではこの幸せを得ることができる。朝日が照らす花崗岩塊が、くぐもった音を発するのだ。

王家の谷

ラメセウムと、クルナの板阜にあるセティ一世葬祭殿の北と西に立ち上がる岩場の雨谷には、地下墳墓が充満する。自然が巨大な段状に仕上げた角錐形の丘が、平地から立ち上がる。ネストル＝ロート〔フランス人エジプト学者、画家 Nestor Hippolyte Antoine L'Hôte 一八〇四—一八四二〕によると、歴代ファラオの墓として造営されたピラミッドのひながたになった地形かもしれない。メンフィスもテーベも、「我は汝へ終の棲家を西方の山中にあてがうものなり」という冥府神の典礼の辞の実現だったのだ。この岩場をめぐって曲がりくねり、枝分かれする峡谷は、ビーバーン・アル・ムルーク、すなわち「諸王の戸口」と呼ばれ、垂直な割れ目が刻む壮大な急崖の群れで、そこここにファラオの墓がある。一八一八年にベルツォーニが発見したセティ一世の墓窟〔KV17〕の入り口は峡谷の端のほうにあり、彩色された浮彫群は最も興味深いもののひとつだ。浮彫のひとつはセティ一世の葬列を歩む「世界の四人種」すなわちレトゥ人、アム人、ナヘス人、そしてタマフ人からなるエジプト人と、アジア人、黒人、ヌビア人を表わす。一八五九年にマリエットは、イアフメス一世〔第一八王朝初代ファラオ Ahmès I, Amosis 在位前一五七〇—前一五四六〕の母と思われるイアフヘテプ一世〔Aahhotep, Iâhhotep Ire〕のミイラを、クルナとアサースィーフの丘のあいだで発掘した。現在はブーラ

挿画 XLVIII　王家の谷の入り口
ベシャール氏の一葉の写真をもとに、テイラー筆

ーク博物館に安置されるその宝飾はすばらしい美術品で、今日の彷職人も複製は不可能と認めるほどだ★。トトメス諸王時代のエジプト人の薬局方を記した「錬金術の書」すなわちエーベルス・パピルスも、アサースィーフのとある墓から出土した。一番大きな丘の西、シャイフ・アブド・アル・クルナというもうひとつの丘の近くには、動物の巣穴のように掘られた岩窟群がある。これがディール・アル・バフリーと呼ばれる葬祭殿で、一連の段状地を占め、おそらくキリスト教の教会堂にも利用された。壁は崩れているが、そこからマリエットはさまざまな歴史的出来事を示す非常に興味深い浮彫を復元した。そのなかには、摂政王妃ハトシェプスト〔第一八王朝第五代ファラオ Hatshopsitou, Hatchepsout 在位前一四七九頃—前一四五八頃。トトメス三世と共治〕が

★ Ernest Desjardins, "Les découvertes de l'Égyptologie françiase", *Revue des Deux Mondes*, 15 mars 1874, *pp.*298-340.

プント国、すなわちアラビア半島南部かソマリ人の地方に派遣した海軍による遠征の記録もある。レクマラーの墓にも、プント国に関する民族学的な情景が表わされている。マスペロ氏とブルクシュ氏は最近その近くの岩窟から、長年探し求めた多くのミイラを発掘した。それはイアフメス一世、小アジアの征服者トトメス三世、ギリシャ人のいう伝説的なセソストリス王すなわちラムセス二世、そして大列柱室を造営したセティ一世のミイラを含む★。ヨーロッパ各地の博物館のコレクションはどれもテーベの地下墳墓で出土したものだ。築山の高所からは、歴代のセティやラムセスが造営した「永遠の石」からなる遺跡の全景を一望する。

キフト、ケナー

テーベの下流でナイルは大きく東に曲がるが、そこから「アラビア」側の山地を越えて紅海方向に伸びる広い裂開の谷間の群は、第一級の商業的重要性を帯びずにおかなかった。ただし市場の位置が常におなじだったわけではない。戦火による破壊、さらには征服者による破却が行われるたび、都市は以前の場所から少し離れたところに再生しなければならなかった。この地方にあったクブティ、ギリシャ人のいうコプトスは、今日ではキフトないしクフトという地味な村だが、五千年前の第十一王朝下では第一級の交易都市であり、王宮の所在地の座をテーベと競うほどだった。ディオクレティアヌス帝治下で行われたキリスト教徒住民の虐殺まで、キフトは紅海からベレニケ港経由でエジプトが輸入する産物の中継地であり続けた。イシス女神の神殿を探していたマスペロ氏が一八八三年に発見した黒い玄武岩のふたつの石片は、すこぶる興味深い碑文の断片で、コプトスからベレニケとミオス・ホルモスに到る諸道に、ローマ軍団が設営した貯水槽群について語る★★。コプトスの上流九キロ、おなじく右岸にあるクースないしグース、すなわちアポリノポリス・パルヴァ［希語名］は、コプトスの中継地としての役割を引き継ぎ、マムルーク朝のカリフやスルタンの時代には、上エジプト地方随一の富裕な都市になった。だが現在はケナー、古代ギリシャ人のいうカイノポリスすなわち「新市」が、ナイル河谷と紅海の中継貿易地の座をクースにとってかわり、県都でもある。アラビア側の山地からワーディ・ケナーが突然の増水により運びこむ柔らかい粘土に、

★ Gaston Maspero, *La Trouvaille de Deïr el-Bahari*, Le Caire: Impr. Française F. Mourès & Co.
★★ Ernest Desjardins, *Académie des Inscriptions*, séance du 29 juin 1883.

アルファ草［アフリカハネガヤ］の灰を混ぜ込んで陶工が製する素焼きの水冷やし壺は、エジプト随一だ。毎年数百隻の艀船がこの壺を満載し、カイロに下る。

ケナー - クセイル鉄道

スエズ運河の開通にともなう商流の変化は、ナイル川とアラビア湾の中継地としてのケナーにとり大打撃だった。また従来の商流の結節点にして、メッカ巡礼の乗船地だった海港クセイルも、賑わいと人口の喪失に見舞われた。とはいえ、隊商はまだ両都市を結ぶ沙漠の道を知っているし、鉄道敷設の話も消えてはいない。これはケナーを起点とする延長二〇〇キロほどの路線計画で、実現すればケナーは正真正銘のナイル川交易の出口になるだろう。蒸気船はクセイルで船積みすれば、［ナイル川から］エジプト全土を横断してアレクサンドリアまで運び出す入費を節約できる。イギリス人は一八六二年にケナーから古代ベレニケまで、ほぼローマ古道を辿るもっと長い路線を計画した。この路線があったなら、帆船はアラビア湾北方の辛く危険な航海を避けられていたただろう★。

クセイル

現クセイルの邑は、沖合に軽く突き出た浜にある。前面の泊地は沖合からの風にさらされるため、アラブ人の艀船がかくまわれるのは浜のすぐ近く、サンゴ礁が北と北東の風をさえぎる箇所である。街区を見下ろす傷みのひどい城砦は、エジプト遠征時にフランス人が造営したものだ。クセイルは湧水がきわめて乏しいため、植生も少ない。唯一の淡水はナイル川から運ばれてくるが、住民のほとんどは、沙漠へ一日以上の行程にある薄い硫黄質の水でしのぐ。周囲の丘陵と平地はほぼむきだしで、沿岸には砂地と粘土、ゆっくりと隆起したサンゴ礁が続く。浜の前方に生育するサンゴ礁の迷路（シェブと呼ばれる）のせいで港の入り口はすこぶる狭く、船員はあえて進入しようとしない。ローマ支配期に紅海で最もにぎわう港のひとつだったミオス・ホルモスは、このクセイルだったのだろうか、あるいはもっと北のアブー・スーマ湾だったのだろうか［後者である］。「アラビア」側の沙漠の経路沿いや井戸の近くには、墓のほかに、多くの碑や遺物の残骸がみられる。北方では、シナイ半島のムハンマド岬［シナイ半島南端］に正対するギ

★ Ernest Desjardins, *Notes manuscrites.*

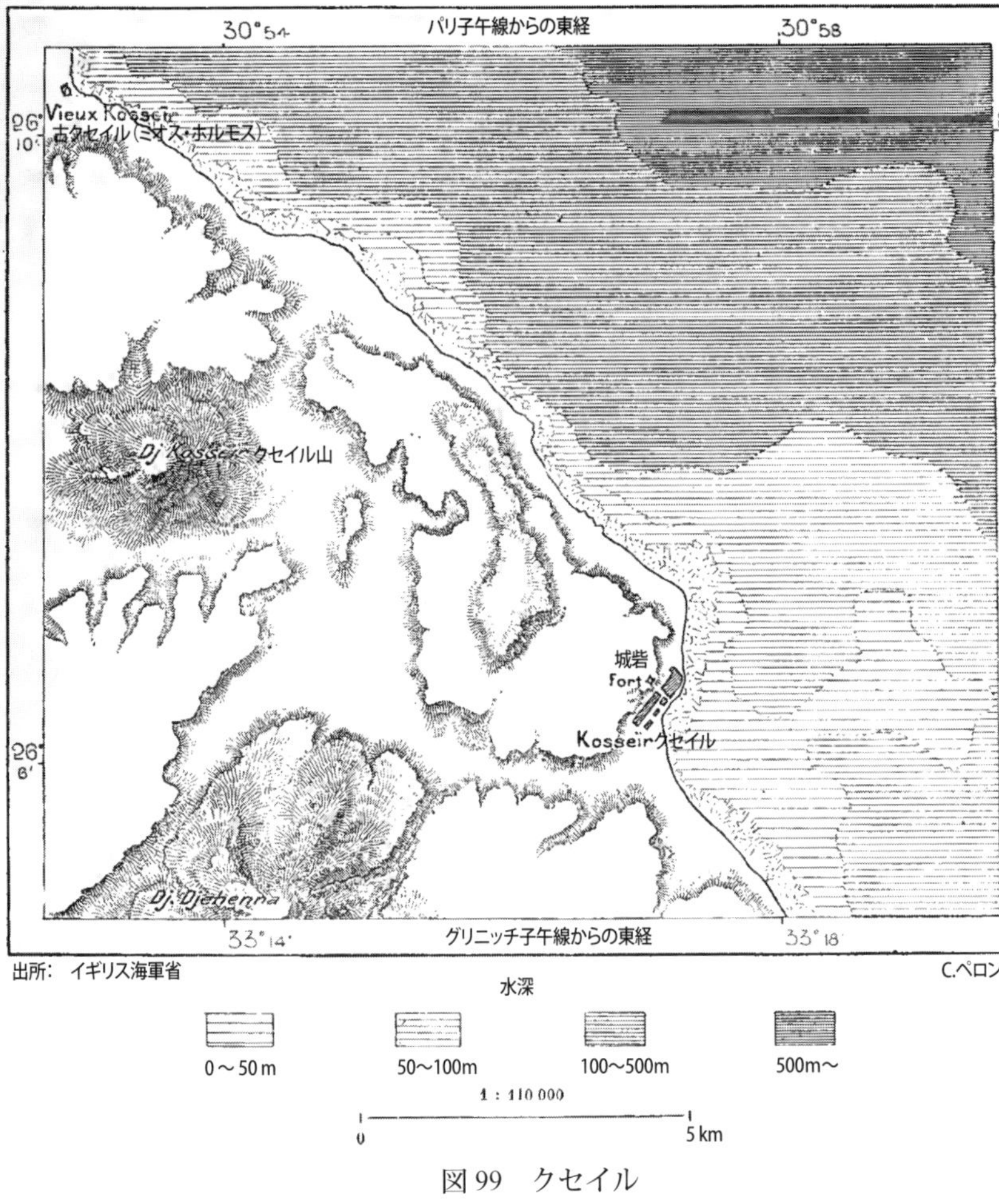

図99　クセイル

ムシャ岬と呼ばれる半島付近で、豊富な硫黄分を含む石膏類が近年に採掘された。

デンデラ

ケナーの向かい、ナイル左岸にあるデンデラ、古代ギリシャ人のいうテンティリスの緑の田園は、黄色っぽい残骸の築山や、三重の神域の三重の壁［デンデラ神殿複合体］と対照をなす。テンティリス人は鰐を捕獲し、飼育して乗りこなす術をもって古代に著名だったが、もうワニの姿は付近にみられない。古代建造物群を基礎にして造営された大神殿［ハトホル神殿、デンデラ神殿〕は、クレオパトラのほか、アントニヌス＝ピウス帝〔帝政ローマ第十五代皇帝 Antonin le Pieux, Titus Aelius Hadrianus Antoninus Augustus Pius 八六―一六一〕にいたるローマ歴代皇帝の円形肖像があることから、比較的最近のものである。結構と装飾は古式を踏襲するが、ギリシャ芸術の影響はかくれもない。デンデラで崇められたハトホル女神は、アレクサンドリアの新プラトン主義者たちにより、ファラオの時代とはまったく別の理解を受けた。ハトホル神殿はきわめて良好な保存状態で、さまざまな宗礼の式次第、都市や地名の一覧表、祈祷や朗誦の文句、祭礼の暦、医薬の処方箋、薬物の目録など、宗教上の貴重な文献が豊富である。パリ国立文書館〔現在はルーヴル美術館収蔵〕に運ばれた貴重な黄道帯があったのもデンデラである。マリエットは自身が解読に貢献し、また数ページを見出したこの「石造のタルムード〔ユダヤ教の聖典のひとつ〕」の神殿の記述に、大冊を費やした★。だが、こちらの典礼詩はタルムードよりもはるかに一体的で、建物の内部全体が古代の宗礼のあらゆる詳細を表わす。部屋から部屋をたどると、あらゆる典礼が展開してゆく。最後の神域〔至聖所〕には王がただひとり入室し、神と対面するのだ。

アビドゥ

デンデラの下流、ナイル河谷が最も広くなる箇所にあるふたつのわびしい集落、アラバ・アル・マドフーナ、すなわち「埋もれたるアラバ」と、ハルガは、アビドゥの残骸の上に建つ。近年までは、これがテーベやメンフィスをしのぐ名声のあった古代ティスないしティニスの址と考えられていたが、マリエットは、ティスはむしろギルガーないしその近傍だったのではないかと提唱し、いまはティスとアビドゥが別の場所にあったことがほぼ確実と考えられている★★。ティスは、エジプト古代王朝の世祖メナないしメネス王の生誕地とされるが、その数十万年前に、オシリス神の遺骸がフィラエ島から移されたのもこの地だという伝説がある。エジプト人というナシオンが発祥し、土着の文明を創りあげたのがこの場所で、その文明からは、ギリシャという仲介を経て、われわれの文明の大半が派生したのだ。今日のキリスト教世界の信者が聖墓〔エルサレム〕をめざすのと同様に、

★ August Mariette-Bey, *Dendérah, description générale du grand temple de cette ville*, Paris: A. Ranck, Caire: Impr. Mourès, 1875; Ernest Desjardins, *Notes manuscrites*.

★★ G. Maspero, *Notes manuscrites*.

挿画 XLIX　アビドゥ、セティ一世神殿の浮彫
（崇拝の情景）
D. エロン氏の一葉の写真をもとに、
デュジャルダンが写真彫板

津々浦々から巡礼が詣でた神殿はもう存在しないが、硝石を含む砂地には、神の傍らに眠りたいと欲した古代エジプトの重要人物が建立したおびただしい墓が発見されている。マスペロ氏によると、諸博物館が収蔵する碑銘の優に過半は、アビドゥで出土したものだ。かなりの高さがあるため火山錐のようにみえる墓の築山があり、クーム・アル・スルターンすなわち「王の山」として知られる。その発掘を進めるにつれ、墓もだんだん古くなるので、最後には神［オシリス神］の墓所に通じる玄室の入り口を発見できるのではないかと期待されている★。この古代の聖域を引き継いだ建築は、オシリス神殿よりも後代とはいえ、それでもエジプトきっての古さだ。それは三三〇〇年前にセティ一世が造営したメムノニウム［セティ一世神殿］で、自分の栄光を未来の世代に伝える狙いだったが、実際にはその息子ラムセス二世が、みずからの功業を記念するのに利用した★★。大英博物館が収蔵する「アビドゥの王名表」は、歴代ファラオの一覧の断片で、ラムセス二世神殿

★ Mariette-Pacha, *Itinéaire de la Haute-Égypte*, *op.cit.*
★★ de Rougé, *op.cit.*［ラムセス二世神殿はセティ一世神殿に隣接する］

に由来する。そしてマリエットの発掘により、新たな王名表が発見され、メネス王からセティ一世まで、七六人のファラオの一覧が完成した。

ギルガー、アシュートほか

アビドゥの下流になると古代建築の大半は失われ、目にするのは近代の都市や邑ばかりで、興味を惹くような古代の残骸はもうみられない。左岸にある県都ジェルジェないしギルガーは、うちつける川波にかじり取られている。ナイル川は右岸にぶつかったのち、急に左へ方向を変えてギルガーの川岸を侵蝕するため、街区の半分はモスクやミナレットともども姿を消した。ソハーグの対岸にあるアフミームは工芸の都市で、古代のシェムノ［コプト語名クミン］、ギリシャ人にとってはパノポリスだったものだ。さらに下流になると、西岸の平野にタフターとアブー・ティーグが続く。両市の近くに口を開く峡谷は、聖なる蛇を崇める信徒の参詣先だ。この一帯は、上エジプト地方で最もコプト語が長期にわたり保持された地方である。おなじ左岸をもっと下ると、氾濫期には二つの水面に挟まれる内陸に、古称サワウトが軽微に変化したシウート、ないしアッ・シウート［アシュート］の名を保持する大都市が、優美な輪郭をみせる。ギリシャ人のいうリュコポリス、すなわち「狼の都市」で、アヌビス神［犬やジャッカルの頭をもつ冥界神］に捧げられたことが由来だ。プロティノス［新プラトン主義哲学者Plotin, Plotinus 二〇五頃―二七〇］はアシュートの出身である。同市は上エジプト地方全域の首府で、商工業都市でもあり、白黒に塗り分けた面白い陶器を製するほか、煙管《きせる》が有名で、国外にも輸出する。バザールにはフール地方［ダルフール地方］とオアシス地帯の産物が豊富だ。ハムラー港［不詳］は船の発着所や埠頭をそなえ、市街を補完する。かつて特権をそなえるコプト系修道士たちが、童子を断種し、育てたのちにハーレムの召使向けに売り払う汚辱の生業に手を染めたザーウィヤ・アル・ディール［不詳］の村もアシュートに近く★、ムハンマド＝アリーは一度に三〇〇人の宦官を発注したことがある。コプト教徒が織る亜麻布は、上エジプトの特産品のひとつだ。

ハルガ・オアシス

★ Antoine Galland, *Tableau de l'Égypte pendant le séjour de l'armée française*, Paris: Galland, 1804.

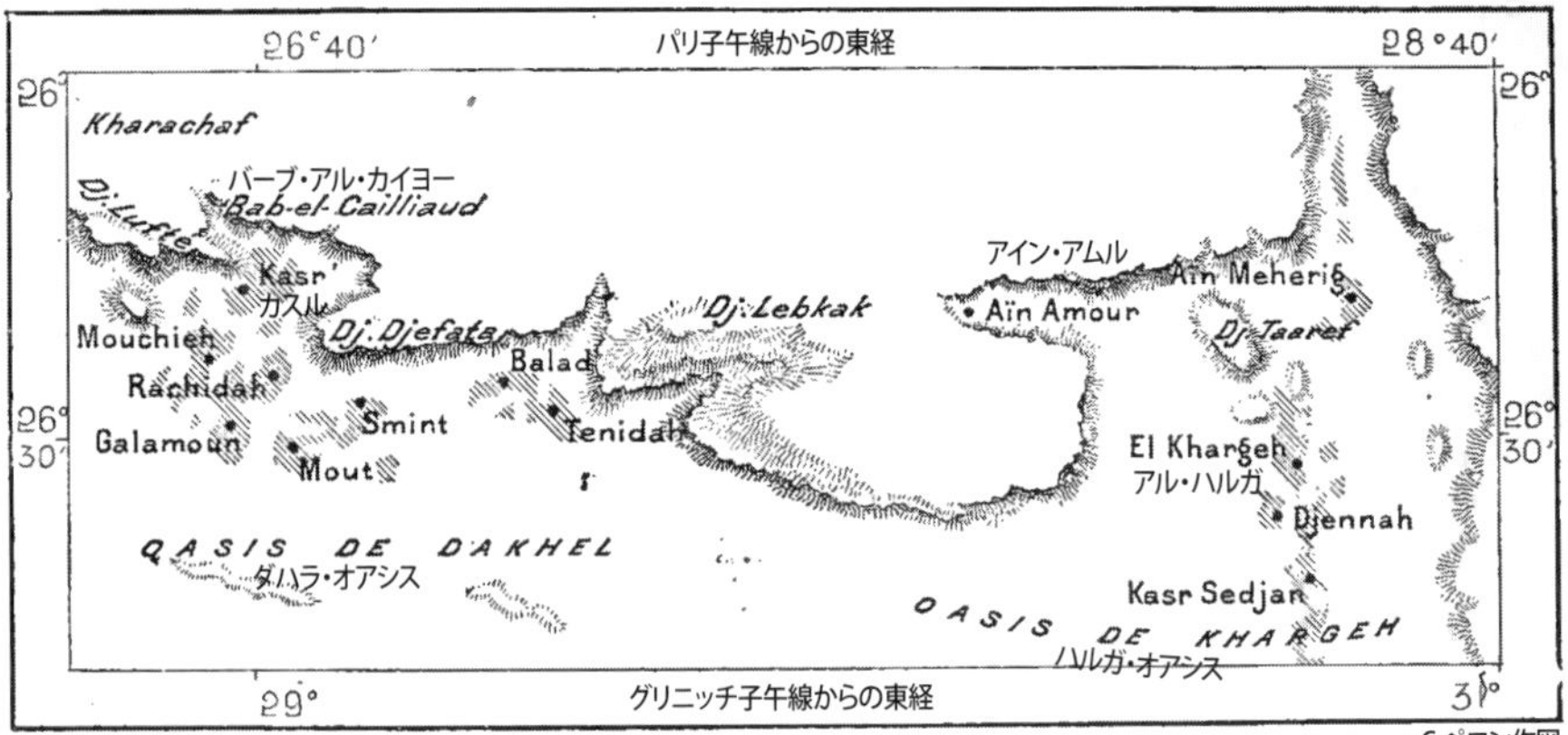

図 100　ハルガ・オアシスとダハラ・オアシス

アシュートは、ナイルの屈曲と平行して南、西、北西へ大きな三日月形にのびるオアシス地帯との直接的な関係が最も大きい都市である。うち「大オアシス」ないしハルガ・オアシスあるいは「南の」オアシスは、人口最大ではないが、フール地方からの隊商の通過地として重要である。その首府［アル・ハルガ］は有史以来おなじ地点にあり、「イシス女神とオシリス神の息子」ダレイオス大王治下に建立されたアモン神殿［ヒビス神殿］を擁する。塔門がならぶ参道をそなえ、境内の浮彫は驚くほど多様な人物像があって、この点は独特だ★。周辺の岩山は墓窟が掘り抜かれ、キリスト教徒の墓がおびただしい。南にあるバーリース・オアシスにも、ローマ時代のエジプト神殿があった★★。現在のオアシスの周囲には多くの残骸がみられ、かつて耕作地がはるかに広かったことを証する。大半の井戸が詰まっていること、しかし稲田を灌漑したあとの水がそこここで不健康な沼沢に広がっていることからみて、周囲の荒廃地を復活させるのは可能だろう。住民はエジプト人よりも少し色黒で、おそらく黒人と混淆しているが、大半は骨と皮といった相貌である。き

★ George Alexander Hoskins, *Visit to the Great Oasis of the Libyan Desert*, London: Longman, Rees, Orme, Brown, Green & Longman, 1837.
★★ *Ibid.*; G. Schweinfurth, *Petermann's Mittheilungen*, 1875.

挿画L　ヌビア地方、マハッラカ近くのメヘンディの地下道
D. エロン氏の一葉の写真をもとに、テイラー筆

わめて貧しく、ヤシ［椰子］の葉を編んだ籠でもって租税を納めるしかない集落も多い★。ハルガのカスル［城郭集落、アル・ハルガ］内の建物はお互い寄りかかって建っており、迷路のような地下道が村内を通る。数少ない天井の開口部は井戸のような具合で、暗闇のなかに眩しい光が降り注ぐ。シーワ地方の集落はすべてこうした建築法で、オアシス群も同様であり、ヌビア地方にもみられる★★。

ダハラ・オアシス

ダーヒルないしダハラ、すなわち「内側」のオアシスは、「西のオアシス」を意味するワーハ・アル・ガルビーヤとも呼ばれ、古代人はほとんど言及しないが、群を抜いて住民が多い。アル・カスルすなわち「城砦」と呼ばれる首府

★ Amici, *op.cit*.
★★ Frédéric Caillaud; Bayle Saint-John; Rohlfs; Jordan; Hénon, *Notes manuscrites*.

の近傍には、ハルガ・オアシスとおなじくゼウス＝アモン神殿がある。カンビュセス二世〔アケメネス朝ペルシア第二代君主 Camyuse II 生年不詳―五二二〕がその不運な遠征のさいに訪れようとしたのは、この神託所だったかもしれない★。住民は習俗も生活類型もナイル河谷と変わらぬファッラーヒーンで、人口密度はそれを上回る。可耕地の土塊という土塊は徹底的に利用され、わが子を可愛がるように綿密に世話されるナツメヤシ〔棗椰子〕は、美味な実を豊富にもたらす。ダハラ・オアシスは「エジプトの離れた断片」と言われるが、植生は異なる。オアシス地帯最良の果実をもたらすヤシ林とオリーブ、レモン、オレンジの美しい農園が混じり合う。いくばくかのウマ〔馬〕はいるが、夏場にはラクダ〔駱駝〕にとり致命的な毒ハエが発生するため、ラクダは育てられなかった。住民が西に広がる沙漠に関し相対的に無知である一因は、ラクダがいないことに帰せられている。彼らにとって砂の大海は、ちょうど船のない人々にとっての海のごときものなのだ。

ファラフラ・オアシスとバハレイヤ・オアシス

アシュートとぴったり同緯度、直線距離にして三〇〇キロに位置するファラフラのオアシスは小規模で、住民は数百人ほどしかおらず、何かあれば主邑をみおろすカスル城内に避難できる人数だ。ヨーロッパ人としては一八一九年のカイヨーと、一八七四年にロルフス一行が訪れただけだが、サヌーシー教団が多くの加入者を得たこととて、「不信心者」を歓迎する雰囲気は皆無である。これらのイスラーム宣教師は着の身着のままで到来したが、いまやオアシスの大地主で、全住民が彼らに隷属するといってよい。住民による賦役の見返りはコーランの章句を学べることで、子供は全員が読み書きできる★★。バハレイヤ・オアシスは最もナイル河谷に近く、ファラフラ・オアシスよりも湧水が豊かで、人口もはるかに大きい。おそらく古代人のいう「小オアシス」で、堂々たる凱旋門や地下水路、防御施設など、ローマ支配期の遺構がいくつかみられる。

シーワ・オアシスの景観

ナイルから最も遠いシーワのオアシス群は、自然的にはナイル川地方よりもキレナイカに属する。ヘロド

★ Vivien de Saint-Martin, *Le Nord de l'Afrique dans l'antiquité gurecque et romaine*, *op.cit.*; Rohlfs, *Drei Monate in der libyschen Wüste*, *op.cit.*［ヘロドトス『歴史（上）』前掲書、343-344 頁。なお松平はハルガ・オアシスと注記する（同 502 頁エル・カルゲー）］
★★ G. Rohlfs, *op.cit.*

トスによれば「ドドネと同時代［ヘロドトス『歴史（上）』前掲書二二七頁が該当箇所か］」に発祥したアモン神の神託所は、古代に著名だった。主な都市はシーワとアグールミーのふたつで、どちらも岩山の斜面に、貝殻由来の石灰岩と不純物の多い塩塊でもって建てられている。外壁や平屋根が並ぶさまは奇怪な要塞のようで、すこぶる絵画的な景観だ。シーワの街区は一五カ所ほどの門をそなえるが、全周わずか三八〇メートルにすぎず、ひとつとして同じ形のない円筒や角柱形の塔がそびえる。つまり家屋は重畳し、その下に網目状の地下道が隠れており、市街は横に広がる前に、上へ向かって成長したのだ。マケドニア王［アレクサンドロス大王］が世界帝国を託宣させたゼウス＝アモン神の神託所は現在もアグールミーの近くで目にされる。そこから一キロの場所には、ヤシ林のただなかに別の神殿址があるが、そのヒエログリフは未解読だ［ウンム・ウバイダ神殿か］。なおシーワの沈降部に島状に立ち上がる岩山のひとつ、マウター山には、地下墓地が縦横に開口する。

シーワ・オアシスの物産と住民

シーワ・オアシスの大きな富はデーツである。大隊商宿に近い広さ三ヘクタールの集積所に積み上げられた量をもとに、ヨルダン氏が試みた大雑把な推定では、オアシス内にある一〇万本のヤシの木がもたらすデーツは三〇〇〇トンで、アグールミーもほぼ同量とみられる★。また共有のヤシの木もあるが、世話が行き届かぬため実が劣悪で、飼料にされる★★。シーワ・オアシスの塩は良質で、かつては特定の宗礼に用いられ、王侯向けに遠くペルシアまで輸出された。住民はすこぶる定住型で、地場産のデーツと、キレナイカ沿岸から密輸されるタバコ葉を求めに人々がやってくるのを待ち受ける。おそらく非常に混淆した出自で、かなり容貌魁偉であり、ファッラーヒーンとは似ても似つかず、ハルガ・オアシスの住民同様に憔悴し、熱病に冒される。言語はベルベル起源だが★★★、大半はお互いアラビア語で意思疎通し、多少の隠語が混じる。すこぶる嫉妬深く、独身男性は、未婚者だろうとやもめだろうと、市街から離れて暮らさねばならない。つまり市街は部族共通のハーレムなのだ。独身者にあてがわれるのは本市街に似た一種の城塞で、本市街を訪れることができるのは日

★ Jordan, *op.cit.*
★★ Amici, *op.cit.*
★★★ Hornemann, *Voyage en Afrique* [*Voyage de F. Hoenemann dans l'Afrique septentrionale*, Paris: Dentu, 1803?].

中に限られる。角錐形の家屋を世襲する一族は、上の階を新婚者に明け渡すので、結婚するとすぐに本市街に移る。つまり世代は、上の階から下の階への順で古い★。ガーラ・オアシスにある同名の都市ガーラは、シーワとおなじく、中世の城郭のような眺めだ★★。

ファレジャ・オアシス

シーワ・オアシスとガーラ・オアシスの人々はいまもすこぶる狂信的だが、それでもシルテ湾方面にもっと遠いファレジャ・オアシス〔現リビア共和国内〕ほどではない。ファレジャは窪地の北に立ち上がる高原の斜面にあり、一八六一年に教団の祖師スィーディ＝ムハンマド＝アル＝マフディーが創立した居所、サヌーシー教団の本院ジェルクブーブないしジャグブーブが所在する。小規模な兵器廠と武具の工房群が本院に従属する。住民は一八八三年現在で七五〇人ほどらしいが、すべてアルジェリアやモロッコほかのイスラーム諸国から参集したものだ★★★。ゴドフロワ＝ロスによると、ファレジャ・オアシスのマフディーは「ベドウィンの恩人」で、アフリカの沙漠地帯に五〇を超える拠点を構え、隊商に水や物資を供する。

テル・アル・アマルナほか

アシュートからカイロまでは、西岸にのみ広い田園部があり、そこに並ぶ都市を鉄道が結ぶ。マンファルートの下流になると、バフル・ユースフ川に設けたイブラヒミーヤ水路の新取水口があり、耕地には水路や末端水路が縦横に走る。この沃地はかつて大都市群が覆った。「アラビア」側の山脈の麓はテル・アル・アマルナの大墳墓地帯で、死者はすべて「光を放散する円盤」であるセム系の神格アテン（アドーン、アドナイ）への祈願のもとに置かれた〔アマルナ宗教改革〕。ローダの停留所と大型製糖所に近いアシュムネインは

★ Bale-Saint-John, *op.cit.*

★★ 1882年におけるオアシスの人口

	可耕地面積（km²）	人口（人）	人口密度（人／km²）
ハルガ・オアシス	8.56（シュヴァインフルトによる）	6166	737［ママ］
ダハラ・オアシス	66（ヨルダンによる）	1万5293	255［ママ］
ファラフラ・オアシス	2.5（〃）	446	178
バハレイヤ・オアシス	8.42（カイヨーによる）	6176	734
シーワ・オアシス	15（ヨルダンによる）	5600？	373
ガーラ・オアシス	？	40	？
ファレジャ・オアシス	？	2006	？

★★★ Duveyrier, *La Confrérie musulmane de Sîdi Mohammed ben ʻAli es-Senoûsî*, *op.cit.*

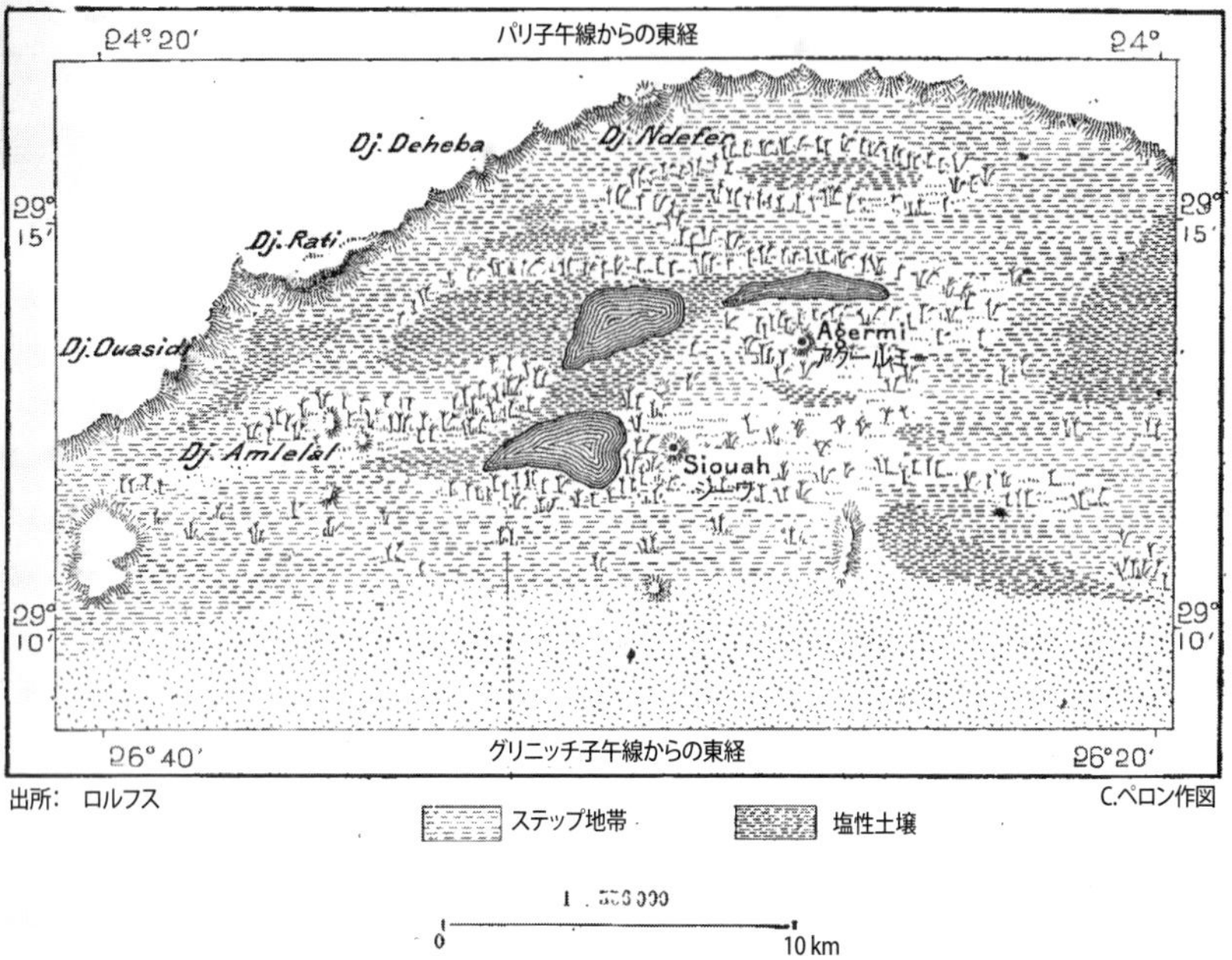

図101　シーワ・オアシス

古代クムヌ、ギリシャ人がヘルモポリス・マグナと呼んだ都市址を占める。そのリビア側の丘陵地を掘り抜いた地下墳墓には、イビスや犬面のヒヒ［狒々］のミイラが多数含まれる。東には、マッラウィー・アル・アリーシュ［不詳］の市街と向き合う右岸、シャイフ・イバーダを囲むヤシ林に、ハドリアヌス帝がアンティノウス［ハドリアヌス帝寵童 Antinoüs 一一一頃―一三〇］を追憶して建設したアンティノエ［アンティノウポリス］の残骸が散在する。このローマ都市には遺跡が多く、まだ今世紀半ばにはとりわけ壮麗なドーリア様式およびコリント様式の列柱が残っていたが、近代建築の漆喰や石材向けに破壊されてしまった。「アラビア」側の山脈の岩山は墓窟の穴だらけである。シャイフ・イバーダの北方の急崖にも洞窟がみられ、いくつかは五千年に近い古さだ。近くの村名をとってベニ・ハサンの岩窟墓と呼ばれる一帯は、王や高官のものでない分、エジプトで最も興味深い墓を含む。壁画には、お定まりの華美や葬礼、神秘的な儀式が少なく、まさに人々の生活や戦闘、あらゆるたぐいの労働、家庭生活、くじ引きやかごめかごめ［main chaude 円のまん中に鬼が目をつむって座り、後ろに回した手に触ったのは誰かを当てる］、ジュー・ド・ポーム［ハンドテニス］、さらにはクリケットにいたる気晴らしや遊戯を目の当たりにする。これらの墓の彩色浮彫に現れるのは、古代エジプト人の戦さや畑仕事、工房での作業、愉しみ事や休息の姿だ。彼らの工芸のあらゆる秘密、巧みな技、奇術の類まで明らかである。

メニヤ

メニヤないしミニエトは古代ムナート・クフ、すなわち「クフ王を育てたところ」を取って代わったもので、国内きっての大都会にして県都でもある。古代建築はまったく残っていないが、エジプトイチジクの巨木の樹陰に大きな市場があるほか、国内有数の製糖所を擁する。ナイル右岸の急崖の上には有名なディール・アル・バカラすなわち「滑車の僧院」がそびえる。名称の由来は、旅人にバクシーシ［喜捨］を求めるため、一個の滑車の綱により降りて来て船端へ泳いでくるコプト系修道士たちだ。また「アラビア」側の沙漠の奥には、「下テーバイド地方」のふたつの修道院、聖アントニウスと聖パウロがあるが、いずれもナイル川よりは紅海のほうがずっと近い［図90］。うち聖アントニウス修道院は、国内のみならず世界最古の修道院［三〇〇年頃創建］で、五〇人ほどが起居する。両院とも境内に緑豊かな菜園がある。

ベニ・スエフほか

ナイル川近く、鉄道路線沿いのアブー・ギルグは、北西のバフル・ユースフ川沿いに位置するバフナサーの重要性を引き継いだ。バフナサーは古代パムスジャト、ギリシャ人のいうオクシュリンコス、すなわち「尖った鼻面の魚の都市」である。ついでマガーガ、ファシュンを経て県都ベニ・スエフに到る。いくつか織物工場を擁する商都で、いつとも知れぬ昔からエジプトの地場産業だった人工孵卵業が多い。ベニ・スエフが引き継いだ古代ヘラクレオポリスは第九王朝から第十王朝にかけての首都で、西にあるイフナースィヤー・アル・マディーナの村は遺跡に囲まれる。ファイユーム地方に向かう旅人の出立地はベニ・スエフのほか、ブーシュ・クラー［不詳。あるいは現ナセルか］やワスタなど、カイロ方面への近傍の停車場である。うちワスタからは一本の支線が県［ファイユーム地方］の中央部に貫入するが、もっと南のベニ・スエフとブーシュ・クラーの両駅からファイユーム地方に入るには、バフル・ユースフ川が辿る裂開による。その川沿いには歴代ファラオが造営した古代建築が建ち並んだ。

ラーフーン

「水路の口」を意味する古代エジプト語ロ・フンを保持するラーフーン（イルラフン）の村に近い裂開の戸口では、かつてモイリス湖の水をせき止めた水門のある堰堤の残余が目にされる。その先には、この大貯水池が出来上がった時代を治めたアメンエムハト三世が造営したとみられるピラミッドがあるが、今日では輪郭も判然としない板阜だ［現在ではセンウセレト二世（二代前）のピラミッドとされる。図19］。ファイユーム地方への入り口の裂開の先、古代における「海の国」だったファイユーム地方の丸い盆地に入り込んだあたりには、高さ三〇メートルほどのハワーラのピラミッドが立ち上がる。岩の核の周囲にナイル川の泥で作った煉瓦層が寄りかかり、イルラフンのピラミッド同様に、もはや天然の丘のようにしかみえないが、レプシウスが発見したと思い込んだ「二層それぞれ一五〇〇室をそなえ、人は堂々巡りするばかりの迷宮★」だった宮殿にくらべ、保存状態は良好である。ロパロフンすなわち「水路の口の神殿」もここに立地していたとすれば、残っているのは残骸の山と煉瓦の壁、正面口の名残り、そして石灰岩や花崗岩の彫刻の断片が少々である。サーン［サーン・アル・ハジャル］のと同様な王族のスフィンクスの頭部も出土しているから、ヒクソス人はここまで進出したのであろう★★。ブーラーク博物館が収蔵する一葉のパピルス文書は建物を綿密に記述しており、見取り図を復元しようとする考古学者の助けになっている。幅七キロにおよんだモイリス湖の堤は、いまもところどころ見分けられる。この湖はかつて迷宮と、エジプトきっての大都会のひとつを隔てた。プトレマイオスの時代にアルシノエの名で知られたパ・セバク、すなわち「鰐の都市」は広大な市域で、市壁の群れや、一基の倒壊したオベリスクほかの残骸からみて、少なくとも南北差し渡し八キロにわたった★★★。周辺の墓窟

★（訳注）ルクリュの引用する出典は不詳だが、ストラボン前掲書586-587頁およびディオドロス前掲書85頁と494頁にこの迷宮への言及がある。
★★ Ernest Desjardins, *Notes manuscrites.*
★★★ Dümichen, “Ægypten”, *Allgemeine Geschichte in Einzeldarstellungen.*

からはエジプト語、ヘブライ語、ギリシャ語、さらにはパフラヴィー語など、いろいろな言葉で書かれたパピルス文書の一群が発見されており、すこぶる興味深い。うちギリシャ語のものは、トゥキュディデース［古代ギリシャ歴史家 Thucydide, Thoukudidēs 前四六〇頃―前四〇〇頃］やアリストテレス［同哲学者 Aristote, Aristotelēs 前三八四―前三二二］、福音書などの異本だ。

マディーナ・アル・ファイユーム

ファイユーム地方の現首府マディーナ・アル・ファイユームは、かつてマムルークの行楽地だったが、いまはエジプト国内きっての賑わいと独自さ、そして優美さをそなえる場所のひとつだ［図20］。果物や花卉の産出量も大きく、コプト教徒が天然エキスの原料に用いるすばらしいバラ［薔薇］はとくにファイユーム地方の自慢で、大きな経済的価値をそなえる。同市の北にあるセヌレスも大きな地方都市だ。ナイルの河水を象徴する恩沢の神オシリスが、テュポーン神すなわち沙漠を征服した豊饒な「海の国」の田園は、大量のコムギ［小麦］、綿花、トウモロコシ［玉蜀黍］、砂糖を産出し、鉄道網が盆地内の製糖所を幹線に結ぶ。しかし灌漑水は土壌塩分を十分に洗脱できず、塩分濃度が増したために放棄やむなしにいたった作物もある。十七世紀には七か村で地所の一部を占めたブドウ［葡萄］畑も★、姿を消した。ビルカ・アル・カールーン［カールーン湖］、すなわち「角《つの》の湖」ないし「諸世紀の湖」には、だんだん塩分濃度が高まる水路の余剰水が溜まる。湖中にある一宇の神殿址はカスル・カールーンすなわち「角《つの》の城」と呼ばれ、古代ディオニュシアスが立地したと考えられている。湖の南にはワーディ・リヤーンに向かう平地があるが、モイリス湖の屋根の先のいくつかの地点は、ラーフーンにおけるバフル・ユースフ川の流入地点よりも八三メートル低い★★。コープ＝ホワイトハウス氏［アメリカ人法律家、エジプト学者 Frederick Cope Whitehouse 一八四二―一九一二］は何とこの低地にモイリス湖を求めている。

メイドゥーム・ピラミッドほか

ファイユーム地方の入り口の、ほぼすぐ北に立ち上がるメイドゥーム・ピラミッドは、メンフィスの先まで続

★ Johann Michael Vansleb, *Nouvelle relation en forme de journal d'un voyage fait en Égypte*, Paris: Estienne Michallet, 1671 [1677?].

★★ Frederick Cope Whitehouse, *Athenæum*, July 22, 1822.

くピラミッド群の一番手である。墓が囲む築山のまん中に、斜めの横壁の頂部がそびえる。頂部は先細の二段で、現在の高さは六〇メートル以上だ。地元民が「偽ピラミッド」と呼ぶこの奇妙な建築は、しかし古代の高さではない。発掘したマスペロ氏によると、第十一王朝ないし第十二王朝期のものだ。その先［北］にあるマタニーヤ［不詳］の村をにらみ下ろす二基のピラミッドのうち、ひとつ［赤いピラミッド］は古典的な形だが、もうひとつは頂部のほうが下部よりも傾きが大きく、まるで巨大な水晶のようだ［屈折ピラミッド］。さらにナイルに近づくと、ダフシュールの四つのピラミッドが目にされ、うちひとつは高さ九九メートルに達する。その高さは国内第三位で、磨いた石材による外装材が最も良好に保存されている［赤いピラミッドの高さは一〇四メートル］。サッカラの村を見下ろすリビア側の崖上に並ぶ一七基のピラミッドは、エジプト学者の大半が最古のものとみる有名な五段のピラミッド［第三王朝第二代ファラオ、ジェセル王のピラミッド。高さ六二メートル］に及ばない。このピラミッドは、リビア側の山脈にある多くの岩山がそなえる形を模倣する点で、原初の雛型だったようにみえる。マリエットによれば少なくとも六五〇〇年前、第一王朝の作とみるべきらしい。サッカラのピラミッドのいくつかは最近発掘され、全面的な探査が行われており、第六王朝の歴代君主の墓だったようだ。いっぽう、巨大な墓の平石のような輪郭の四角い建物が、リビア側の急崖の縁に建ち並ぶ。これらはマスタバと呼ばれ、岩を掘り抜いた玄室を擁する。最大なのはマスタバ・アル・フィルアウンとアラブ人が呼ぶもので、伝承では、君主が意向を宣布するときに登った高台とされてきたが、発掘により第五王朝の大立者ウナスの墓であることが明らかになった［第四王朝ファラオ、シェプスセスカフ Shepseskaf 在位前二五一〇頃―二五〇四頃の墓である］。広大な墓地は碁盤の目のように道に切り分けられており、ピラミッドも何らかの順序に従って配置されたのではないかとマスペロ氏は考えている。第一王朝のピラミッドが北方にあるのに対し、ファイユーム地方には第二王朝のものがみられる。そして両者のあいだにあるピラミッド集団からは、第六王朝から第十二王朝までの王の墳墓の発見が期待される。そうなれば、マリエットがエジプト古代建築の「大きな空隙」とか「黒い穴」と呼ぶ部分を、埋めることができるかもしれない。

挿画 LI　メイドゥーム・ピラミッド
D. エロン氏の一葉の写真をもとに、スロム筆

メンフィス

サッカラのピラミッド集団が載る斜面の麓にある起伏は、古代メンフィスの残骸を示す。バドラシーンの小村はこの遺跡地帯の南端で、中央部にはミート・ラヒーナの村がある。かつての居住区域の大半はいまやヤシ林が広がるが、メネス王が創建したこの都市は、ナイルを縁取る堤防址や、そこここに散らばる築山から判断すると、巨大な面積だったと思われる。それを破壊したのは征服者たちではなく、はるかに確実に時間の作用だった。アレクサンドリアが創建され〔前三三二〕、ナイル右岸にカイロが誕生〔十世紀〕したことで、メンフィスと似た地理的優位性をそなえる都市が出現し、メンフィスの利便性は消滅したからだ。同市の大理石や花崗岩はアレクサンドリアに

運ばれ、価値の小さな建材は近隣諸都市の造営に利用されて、メンフィスはファッラーヒーンの住む村々に分解してしまった。残っているのはタッル・ムンフという円丘の名称と、その近くにある二体のラムセス二世の巨像のみである。だがメンフィスの地下墳墓は巨大なもので、数百平方キロに及び、数百万体の人間や動物のミイラが納められた。

セラペウム

風がリビア沙漠から運ぶ砂塵に埋まった建造物はおびただしい。一八五〇年にマリエットは、風が渦巻いたのち現れた花崗岩のスフィンクス頭部に注目し、ストラボンが記述したセラペウム〔ストラボン前掲書五七七―五七八頁〕の参道に違いないと考え、ただちに発掘作業を始めた。彼の予感は正しく、地中二〇メートル、長さ二〇〇メートルに及ぶ参道に一四一体のスフィンクスが座し、突き当りにはギリシャの大人物たちの像が半円形に並ぶのを発見した。マリエットがさらに左に掘ると、ネクタネボ一世〔第三〇王朝世祖 Nectanebo I 希語名ナクトネブエフ Nakhtnebef 在位前三八〇―前三六二〕が建立したエジプト神殿に入り込み、その先の右手には、アピス神の巨大な地下墳墓の入り口が見出されたのである。これにより、科学的には漠然と予見されながらも未証明だった事実、すなわちセラピス神ないしオソル・アピス神〔オシリス＝アピス〕は牡牛アピスの死後の姿であり、アピスはすなわちオシリス神の顕現であることが明らかになった。科学的調査においてさえ、嫉妬深い競争相手を覚悟せねばならぬこととて、この発見も労苦や、さらには危険なしには済まなかったが、得られた成果は膨大だった。セラペウムの発掘作業で出土した遺物は七千点に達し、うち最も貴重な品々はルーヴル美術館とブーラーク博物館に収められている。見出された一連の年表は、マリエットが紀元前九八〇年まで確定できるものだった。サッカラの墳墓がマリエットを始めとする多くの探検家にもたらした貴重な品々には、とりわけ「サッカラの王名表」と、現在ルーヴル美術館が収蔵する水晶の眼をそなえた「書記座像」があり、後者の精神集中の様子は迫真である。ド＝ルジェ氏が「サッカラの驚異」と呼ぶティイ〔アメンホテプ三世正妃 Ti, Tiyi 前一三九九頃―前一三三八頃〕の墓は、景色や田園の労働と楽しみごとを描いた魅力的な壁画が素晴らしい田園詩を織りなす。その一情景の碑文は、まさにティイの人生を縮約した言辞だ。「働く男がやさしさに満ちているごとき、わらわなり★」と。

ギーザ

王族の墓の列が北で途切れる付近にあるピラミッド群は、旧カイロに正対するナイル左岸の村名をもとに、ギーザのピラミッド群と呼ばれる。エジプト全土を象徴する建造物で、緑の田園と蛇行するナイル川を見据える三つの巨大な石の塊こそ、同国の名を耳にするたび想起されるイメージだ。遠くナイル河谷やデルタの平野からも、リビア側の台地にそびえる三角形が見えるが、何時間歩いても、地平線上の姿は大きくも小さくもならない。まるで村や樹木、畑地の上を旅人とともに歩んでいるかのようだ。近くでみると、四方のひとつをまるごと占めてしまい、ものすごい量の段状の堆積が陽光のなか、不揃いな壊れた輪郭をみせ、目で辿るだけで呆然とする。人の手によって造営された建造物というよりも、むしろ石切り場を削った山のようで、「芸術による巨像と、自然が作り上げた巨像★★」の遷移形に見える。「アラブの諺にいわく、万物は時を怖れるが、時はピラミッドを怖れる、と★★★」。この石積みは建築装飾がなく、美はその幾何的な線だけだが、その量感と古さ、そしてナイルの流れのようにその膝元に流れ去った時間の記憶により、見る者を圧倒する。これらの隷従の記念建築はいかに古くとも、過去に科学と産業の偉大な文明が存在したことを証するもので、測量師は驚くべき精確な測量結果を見出している。シャルル＝ブランは、すべての寸法が正確に測量されていると述べる。強烈な印象を与えるこれらの建造物における測量の完璧さは、何らかの象徴的な意味合いがあるのではと多くの探検家に思わせたのみならず、スコットランドや新世界に一種の「ピラミッド教」の信者さえ生むにいたった。ピラミッドの各部の比率や寸法は「石造の聖書」だというのである。

大ピラミッド

三大ピラミッドのうち最大であるケオプス［希語名。原著はしばしば希語名を用いるが、本訳ではプトレマイオス朝歴代ファラオを除き、多く現地語ないし慣用名で訳出する］すなわちクフ王［第四王朝ファラオ Khoufou, Khnum-Khuf 在位前

★ Emmanuel vicomte de Rougé, *Recherches sur les monuments qu'on peut attribuer aux six premières dynasties de Manéthon*, Paris: Impr. Impériale, 1866.

★★ Vivant Denon, *Voyage dans la basse et la haute Égypte*, Londres: Charles Taylor, 1817.

★★★ Hugonnet, *op.cit.*

挿画 LII　大ピラミッドの登攀　一葉の写真をもとに、スロム筆

二五五〇頃―前二五二七頃〕のピラミッド〔大ピラミッド〕は底面五ヘクタール以上、三角形の四面の合計面積は八・五ヘクタールである。ナイル川から離れた場所まで運送し、岩場の基盤に据え付け、一五〇メートル以上の高さまで積み上げ、最大の綿密さでもって組み積みした石材は二五六万立方メートルである。これは高さ二メートル、厚さ五〇センチの石壁を、西ヨーロッパのリスボンからワルシャワまで構築できる量だ。サンピエトロ大聖堂は、身廊とドームともどもこの多面体にすっぽり隠れる。ヘロドトスによれば、大ピラミッドの碑文には、労務者の食餌向けのニンニク〔大蒜〕、タマネギ〔玉葱〕、セリ〔芹〕の購入額が銀一六〇〇タラントン、すなわち一〇〇〇万フランに達したという記述があった★。さらには色々な道具や機械、切り出し作業に一体どれほどの額が必要だっただろう。またどれだけ多くの人命が費やされただろうか。マスペロ氏によると何ら史書に根拠のないギリシャの伝承では、人々は隷従と困窮を記念するこれらの建造物に怖気をふるい、それが称えるファラオの名前すらあえて口にしようとしなかった★★。

三大ピラミッドの結構

三大ピラミッドの体積はいかなる建造物をもしのぐが、高さは西洋の大聖堂のいくつかに及ばない。クフ王のピラミッドは外装材が失われ、また基部が砂に埋まっているため、高さは一三七メートルである★★★。ケフレン〔希語名〕ないしカフラー王のピラミッドはそれよりも二メートルほど低いがほぼ同高なのに対し、ミケリヌス〔希語名〕つまりメンカウラー王のピラミッドは半分の高さにも達しない。台地上の他のピラミッドはいわば萌芽状態で、ふたつの大ピラミッドの膝元に散在する残骸の山とほとんど見分けがつかない。うち北端にあるのはアブー・ラワーシュの墓だ。さて二大ピラミッドに登るのは、いろいろと言われはするが、たとえバクシーシと引き換えに見学者の安全を監視する役目のベドウィンなしでも、容易である。さして苦労しない割に、頂上からは絶景が望まれる。海のように波打つ黄色と赭色の沙漠、黒々とした集落をそなえる緑の田園、灌漑水路とナイル川による銀の水面や、氾濫原が一望だ。旅行者はしばしば日の出前にクフ王のピラミッドに登り、朝日が広大な

★ ヘロドトス『歴史』巻2、125節以下［松平訳『歴史（上）』前掲書279頁］
★★（訳注）同上松平訳280-281頁に類似の記述がある。
★★★ フリンダーズ＝ピートリーによる基部から頂部までの高さは146.7m。

空間に忽然と光を浴びせるのを待ち受ける。大ピラミッドはいずれも方角にのっとるため、周辺のベドウィンは、それを利用して季節だけでなく、正確な時刻まで知る術をそなえる★。春分や秋分の日に、北面ないし南面が一直線になる位置から朝日をみると、きれいに半円になる。ナポレオンのエジプト遠征のさいクテル〔フランス軍人、エジプト学術調査団員 Jean-Marie-Joseph Coutelle 一七四八—一八三五〕は羅針盤によりクフ王のピラミッドを測量し、東西南北に完全に一致すると信じた。だが、のちに精密測量したヌエ〔同天文学者 Nicolas-Antoine Nouet 一七四〇—一八一一〕は全くそうではないと主張した★★。そしてフリンダーズ＝ピートリー〔イギリス人エジプト学者 William Matthew Flinders Petrie 一八五三—一九四二〕が数か月にわたり綿密に作業した結果、東西の辺は正確な北を指しておらず、西に三分四〇秒〔約〇・〇六度〕傾いていることが、疑いの余地なく確定したのである★★★。このずれの原因は何だろうか。単なる計算の間違いとみるべきだろうか、それとも、かつては不動と考えられた地軸は変化し、だんだん真北が西に移動したのだろうか〔北半球では東に動いたことになるがママ〕★★★★。

構造

ギーザのピラミッド群の建材になった石は、ナイル東岸の上に盛り上がるトラとマアサラの貨幣石層から切り出された。メンフィスの建材も同様で、現在は拡大するカイロの市街向けに採石される。民間伝承によれば、ピラミッドの段々をなす石塊にみられる無数の化石は、造営にたずさわった人夫が残したレンズ豆だとされる。かつて貨幣石の石塊を石灰岩が一枚岩の大理石のように覆い〔外装材〕、いまもカフラー王のピラミッドの頂部にはその残余がある。ただし外壁を装飾したヒエログリフの痕跡はもうみられない★★★★★。内部の通路は盗掘者を惑わせ、玄室に入れぬように配置されており、花崗岩が化粧板に用いられる。長期にわたり何度も調査が行われたすえ、考古学者た

★ Mariette, Biot, de Rougé, etc.

★★ Nouet, “Rapport sur la position géographique des Pyramides de Memphis”, *Mémoires sur l’Égypte*, tome 3, Paris: P. Didot l’ainè, X, *pp.*298-302.

★★★ Flinders Petrie, *The Pyramids and Temples of Gizeh*, London: Field & Tuer, New York: Scribner & Welford, [1883].

★★★★ Piazzi Smith, *Nature*, Oct. 16, 1884; Jules Carret, *Le Déplacement polaire,* Paris: F. Savy, Chambèry, N. Baudet, 1877.

★★★★★ Samuel Birch, Carl Richard, *Éclaircissements sur le cercueil du roi memphite Mycérinus*, tr. par Ch. Lenormant, Paris: Leleux, 1839,

ちはこの巨大墳墓の主である君主たちの木棺の発見にいたった。だがクフ王の棺は現在も穹窿の小部屋に安置されている［未発見］。これは黒い花崗岩を化粧板にした部屋で、つるつるに磨き立てられ、たいまつの炎で自分の顔が映るほどだ。メンカウラーないしミケリヌス王［希語名］のピラミッドの玄室が見出されたのは、ピラミッドの核になった岩山の中だった。だがそこにあった棺は、イギリスに向かい運搬中だった船舶もろともにポルトガル沖合で失われた［一八三八］。

スフィンクス

クフ王のピラミッドとカフラー王のピラミッドという巨人的なふたつの墓標がはさむ北西の角地は、こぶ状の台地で、歴代ファラオの臣下が眠る墓や墓窟が縦横に掘り抜かれ、まるで動物の巣穴のような具合だ。両ピラミッドの南と東にも残骸や壁、墓がみられるのに加え、砂に囲まれた台地の縁部には、ピラミッドを守護する巨大なスフィンクスが鎮座する。泰然として平地を見やるこの怪物は、かつて未解読だった古代の碑文が述べるとおりの「神々の驚異の作」だ。それは偶然により動物がうずくまった輪郭がほどこされた一個の石灰岩に、古代エジプトの建築家たちが細工を加えて各部の形を整えたものだ。深いくぼみのある箇所は粗い石が芸もなく詰め込まれているが、外皮は丁寧に成形され、筋肉まで彫り込まれた小さな層が、規則正しく組み積まれている。表わされているのはハル・エム・ク神すなわち「輝く太陽の中のホルス神」ないし「ふたつの地平線におけるホルス神［ホル・エム・アケト。旭日と落日］」で、マリエットが発見した碑文では、クフ王がこの像を「修復」したとされる。地元民は「畏怖の父★」とか「夜のライオン★★」と呼ぶ。ファンシュレーブをはじめとする探検家たちが目にしたらしい背中の部屋、ないし広間の群れは再発見されていないが、スフィンクス像のすぐ横手、南西でマリエットが砂中から発掘した地下神殿は、ピンク色の巨大な花崗岩と雪花石膏の壁をそなえ、知られるうち最大級の石灰岩の厚板が蓋をする［カフラー王神殿］。この神殿には装飾がなく、巨石遺跡の時代から、狭義の古代建造物に遷移する時期のものらしい★★★。神殿内で見出されたカフラー王の像は現在ブーラーク博物館で見ることが

★ Rudolf Kleinpaul, *Die Dhahabîyé.*
★★ Élie Reclus, *op.cit.*
★★★ Lenormant, *Les Premières Civilsations*, *op.cit.*

挿画 LIII　スフィンクス　一葉の写真をもとに、P. ブノワスト筆

できるが、おそらく古代エジプトの彫像として知られるうち、最も美しい作品だ［カフラー王即位像は現在カイロのエジプト考古学博物館収蔵］。当時の彫刻師はまだ宗教上の規範の頑なな形式に縛られていなかったのである。この像は神殿の竣工後に、おそらく井戸に投げ込まれて隠されたらしい。

カイロの立地

メンフィスを継承したカイロは、この古都と相同の位置にある。すなわちメンフィスと同様にデルタという扇の「ダイヤモンドのかなめ」に位置し、ナイル川の諸分流が涵養する三角形の農業地帯の頂点であり★、アレクサンドリアからアリーシュまでの下エジプトの全経路が自然に収束する位置に所在する。メンフィス同様に、ナイル川の分岐点に近いが、分流群と軌を一にして北に移動した。かりにカイロが左

★ Edmond About (Ahmed le Fellah) の引用するエジプト民謡より。

岸にあったなら、メンフィスの単なる延長にすぎなかっただろうし、また実際にも、中エジプトのほぼすべての都市と同様に首都は西岸にあるほうが、全国との関係は据わりがよかっただろう。というのも、可耕地の四分の三以上は西岸にあるし、大型積出港アレクサンドリアにもそのほうが近いからだ。だがカイロを建設したアジアからの征服者たちは、ナイルが自分たちを遮断する対岸に城砦を築くなど、思いもよらなかった。右岸というカイロの位置そのものが、エジプトは征服された国であることを、あますところなく示している。

沿革

エジプトの首都に与えられた公式言語の名称アル・カーヒラは「勝利の都市」を意味するが、住民自身の口から発せられることはついぞない。通常この都市を指すのに用いられるのは、国全体の古称であるマスルで、しばしば「世界の母」という形容詞がそれに付加される。だがヒジュラ暦一九年にあったのは、現市街よりも少し上流の小砦だけで、バビロン（バベルン）と呼ばれていた。それをアムルが奪取すると、「天幕」を意味するフスタートの区域［六四一創建］が北に拡大し、これがマスル・アル・アティーカすなわち「旧カイロ」になった。その三世紀後、同市が包囲され陥落すると、「勝利の都市」の軍営からなる第三の区域［九七〇創建］が、おなじく北に拡張した。これが近代の市街の用地で、フランス語名がル・ケール［カイロ］である。北西には大型の工業郭外町ブーラークがあり、大型建築が並ぶ新しい街路でもってカイロに隣接するいっぽう、ナイル右岸は危なっかしい茅屋の群れが続く。一八八三年にはコレラ禍を怖れたイギリス人がブーラークを完全に無人化し、たった一夜で全住民は、ピラミッド群の向かいにあるトラの採石場近くのテント村に移された。カイロの市壁は大半が破却されたか、あるいは建物があふれ出ている。残るのは東と南のみで、それも残骸の山に寄りかかる。石切り場に利用されたムカッタム山の急崖は市街の南東角に迫り、岬角部にシタデル［城砦地区、現カルア。挿画LVIII］が載る。支壁が側防するシタデルの丘から眺めると、足下に市街全域と、モスク群のミナレットやドーム屋根、雑然とした大型建築、畑地と樹林が一望される。喧噪が立ち昇る華やかな色どりの市街は、寂然とした灰色の平地に伸び、ピラミッド群が遠くから見守る。

市内の水路

カイロはナイル川に臨んで建設されたが、ナイルは六世紀以後その位置を変えたため、市街は幅一〜二キロの緑地帯により川辺から分離している。市街全域を通過するのは、ハリーグと呼ばれる一本の水路に限られ、それも年の一部には干上がる。ただし市街の北西を通るイスマイリーヤ水路は、幅広かつ深く掘削されたため、通年にわたり流水があり、ワーディ・トゥミーラートを経てスエズ方面に向かう〔図104〕。ナイルの土手から土手までの幅はカイロでは四〇〇メートルあり、煉瓦積みの橋台に載る四張間の鉄橋が架けられた。この鉄橋は、西では氾濫期の分流の上を高架橋になって続く。ナイル左岸を縁取るヤシの木や、埠頭沿いに停泊するダハビーヤ船やカージ船〔canges 小型の帆船〕がなければ、鉄橋からは西洋都市のようにみえるだろう。新市街はエジプト的な街区とナイル川のあいだに建設されており、倉庫や省庁、宮殿、ホテルなど、いずれもヨーロッパ風の外観だ。わずかに庭園の柵やアラビアゴム〔原文acacias lebek〕の巨木を透かして目にされる植物が、広い街区の両側に樹陰をなすさまだけが、エジプトにいることを想起させる。緑が囲む優美な遺構は、新市街の月並みな建築と鋭い対照をなす★。

市街

むさ苦しい建築が並ぶ広くまっすぐな道路が最近いくつか旧市街に貫入したものの、それでもこのエジプト都市は随所で独自色を保持する。道幅が広くなったり狭くなったりする不規則な街路が、てんでにばらばらな方向を向く茅屋のあいだを鋭角に伸び、道の見通しの具合は千差万別だ。彩色されたアーケードのモスクの外壁が囲むいびつな広場があるかと思えば、穹窿をそなえた通路が道の上を横切り、両側の宮殿を結ぶ箇所もある。道の両側へ迷路のように開く門の先は行き止まりだったり、絨毯が垂れさがるバルコニーに囲まれた中庭を通ることもある。灰色や赤っぽい煉瓦の壁からは、大理石の柱だの、彫刻された玄関だのが突き出す。マシャラービーヤ〔アラビア建築の張出し鎧戸〕には、ひとつとして同じ格子模様のものはなく、それどころか各階の建築様式と、道への張出し方さえまちまちである。場所によっては、二階の壁は様々な角度で屏風形に折れており、女性がくつろいで通行人を眺められるようになってい

★ G. Maspero, *Notes manuscrites*.

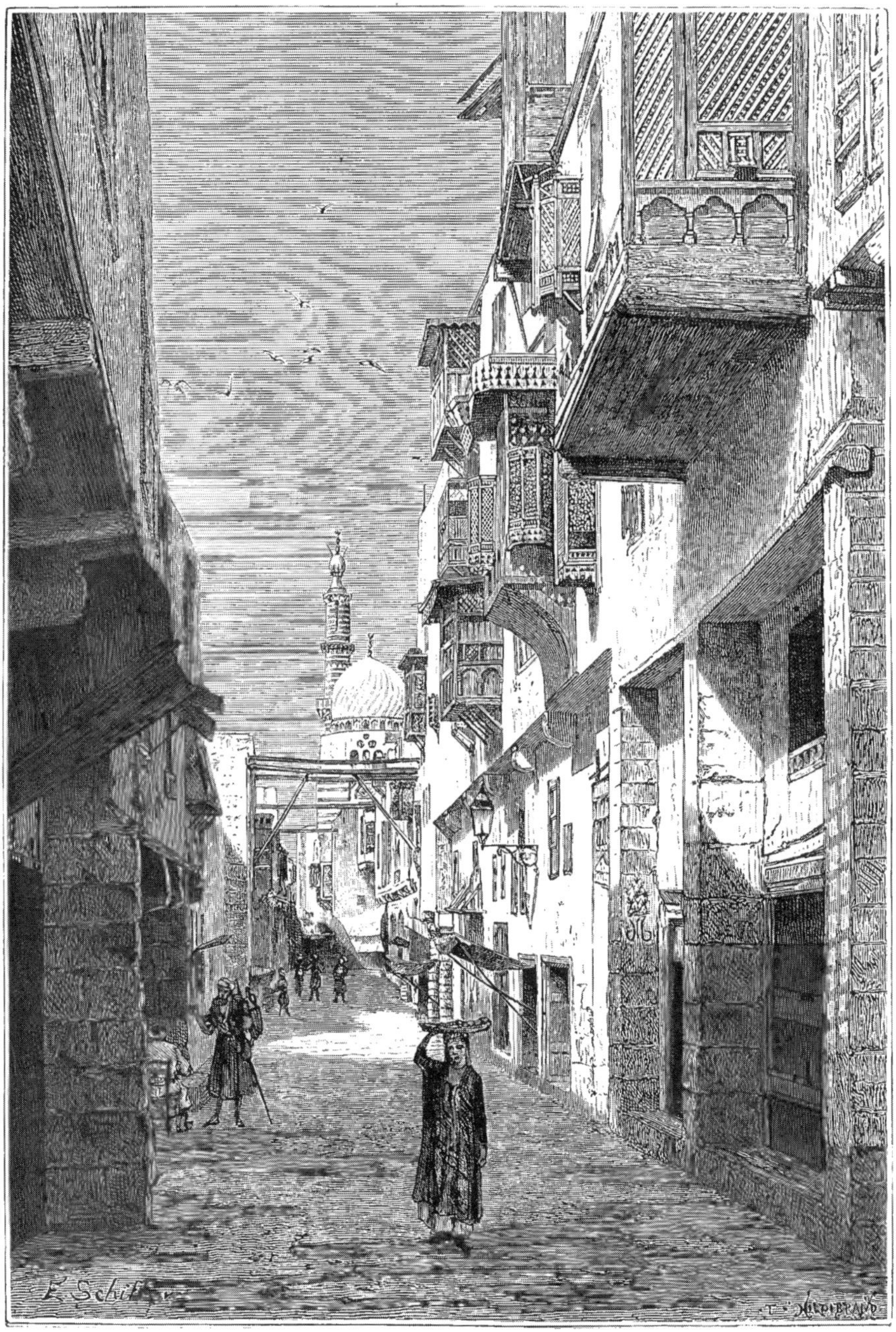

挿画 LIV　カイロ旧市街の通り　一葉の写真をもとに、E. シフェル筆

る。屋根の頂と頂をつないで梁が斜めに渡され、いろいろな高さから吊り下がるむしろにより、路上の寒暖を調整する。暗い場所の先にまばゆい路次が急に現れ、土埃が舞い上がる。水溜まりや塵埃、がらくたの山が通行人の邪魔をする場所もあるし、壁の切れ目には小さな砂丘が旋転する。

住民の服装

この古都の街区では、住民の多様性が突出する。エジプト人、バルバラン人、アラブ人、黒人が小路に行き交い、店で商い、語り部の周囲に群がる。現地住民とヨーロッパ人が直接に交換しあう主な場所は、バザールに隣接するムスキーほかの街路である。そこは極度に多様な典型像や衣服がみられ、すこぶる興味深い情景が移り変わってゆく。ベールをかぶったムスリムやコプトの女性が壁沿いを、歩くというより滑るように行き過ぎる。彼女たちは動く布の塊といった風情で、ベールに縫い付けた金縁の目隠しの切れ目にのぞく両眼だけが、命あるものの証しだ。郡部からやってきた女性は、体の動きに応じてしなやかに波打つ長い折目のついた簡素な長衣で、ほぼ顔面の全部をさらし、収穫物を通行人に売りつける。シリア人、レヴァント人、ユダヤ人、ヨーロッパ人の女性は相貌や歩きぶり、衣服の色合い、宝飾の慎ましさあるいは誇示によりすぐに見分けられ、群衆を突っ切って歩いたり、店先に立ち止まったりする。洒落者のバルバラン人は長い白シャツ、ベドウィンはぼろ着を昂然と身にまとう。黒人はあらゆる場所から到来しており、顔面につけた傷痕でもってどの部族かを表示する。立ち混じるエジプト人は官服のスタンブリン［stambouline トルコ官僚の制服］とトルコ帽だ。各国からのヨーロッパ人は、多かれ少なかれ西洋風の服装である。兵士は多種多様な武器を帯び、ヘルメットをかぶる者もいれば、ケピ帽、ターバン、さらには古代の彫像にそっくりな髪紐姿の者もいる。エジプト名物のひとつ小ロバ［驢馬］やロバの群れについて歩くロバ追いの少年が叫びたて、躍起になって追い立てると、ロバは乗り手がどれほど長身だろうが、あるいは重かろうが、とっとと走る。軍の指揮官や富裕な外国人は、堂々たる体格と見事な臀部をそなえるアラビア種の馬に乗って往来する。波のような群衆をつっきる優雅な馬車を先駆けするサーイスは、金糸と絹のけばけばしいアルバニア風の服装で、かつては道端によけるのが遅い人々を打ち据えるのに使った杖をいまも携える。ときには、まるでルーベンス［フランドル人画家、外交官 Peter Paul Rubens 一五七七—一六四〇。ルクリュが言及する画幅は『東方三博士の礼拝』（アントワープ王立美術館収蔵）］のマギのように壮麗な紅白の絹衣をまとい、金銀の象嵌細工の武器をたばさんだ黒人族長が、刺繍した絨毯や、金縁のビロード製の鞍下毛布を垂れ下げたラクダ［駱駝］の巨体に打ちまたがって登場する。

祭礼

今日では、最も熱烈なイスラーム崇拝者が暮らすアズハルのモスクの近くでさえ、外国人が無礼なふるまいに及ばぬかぎり、篤信者に侮辱される例はほとんどなくなった。曲がりくねった小路の婚礼や葬礼の列について歩いても、ほぼ心配はいらない。かつてキリスト教徒は遠くから見守るか、憲兵や兵士が護衛する大立者の傍らにいなければ近づけなかった大がかりな宗教祭事も、昔の厳粛性を失い、古式のいくつかは禁止された。地元で最も大規模なのが、市内の水路にナイルの恵みを導水する「断ち落とし」の祭りであることはよく知られている。だが宗教的な荘厳さの筆頭は、メッカ巡礼の出立と帰還の祭りだ。出立祭マフマルはヨーロッパ人が「絨毯祭り」と呼ぶもので、刺繍されたビロードや飾り、きらきら光る金属片で装飾された一頭のラクダが、ヘディーウからメッカのカアバ神殿への贈り物を納めた壮麗な駕籠［寄棟厨子に似た形状の錦繍の天幕］を運ぶ。楽師や兵士が先供を務め、駕籠の後ろにはあらゆる人種と肌の色合いの巡礼の大群が続く。この聖なる隊商の帰還にあたっては預言者の誕生日祝いが催され、ムスリム僧や蛇使い、行者、曲芸師が全市にあふれかえる。カイロ住民の多様性をみる絶好の機会で、迷路のような小路という小路や、陋屋、掘っ建て小屋のすべてから住人が出てくる。アラブ人、黒人、アビシニア人、ベジャ人、ソマリ人が公共広場や、ブーラークに近い大祭の用地に押し寄せ、ムスリム僧の長老が騎乗して、土に横たわる人体の道を進む。ウマは人を踏みつけるのに抗うが、ふたりの奴隷が手綱をしっかりと握りしめ、自分たちも人体の道を進んでゆくので、ウマは引きずられるようにして前に歩む。一八八四年にはこの祭りに英軍部隊が動員されて姿をみせ、ムスリム住民は、このアムルの都市がもはや不信心者どもに属することを思い知らされた。

挿画LV　カイロ、カーイトバーイのモスク
一葉の写真をもとに、Ph. ブノワスト筆

アズハルほか

カイロで最も注目される建造物はモスクや墓廟である。市内のあちこちにある祈りの場は四〇〇か所に達し、いくつかはイスラーム世界きっての美麗な建物だ。イブン・トゥールーンのモスクは、カーヒラ創建前にはフスタートの一部をなし、いまは崩れているが、単純かつ高貴な結構の美と、広い露天の中庭が現存する。中庭は三方が二重の柱廊に囲まれ、ナツメヤシの木材で作られたオジーブ穹窿をそなえる四つの本陣［ミフラーブ（聖龕）か］に到る。柱廊は甘美なアラベスク模様がほどこされたものだが、煉瓦が組まれて身体不自由者や知的障碍者向けのむさ苦しい部屋に変えられてしまった［のち修復された］★。スルタン・ハサンのモスクは市内で最も美しいモスクで、高いミナレットにより遠くからも見分けられるが、イブン・トゥールーンのモスク同様に倒壊の危機にある。外壁の大きな亀裂を目にすると、泉水がごぼごぼと湧き出す中庭に入り込んだり、鳥が乱舞す

★ Élie Reclus, *op.cit.*

る巨大な正面口にある階段を上って、境内や聖龕まで行ってみたものかどうか、二の足を踏みそうになる。アズハルのモスクすなわち「花のモスク」も、当初は廻廊の中庭だけだったが、のち多くの建築が追加された。というのも同院は大学、図書館、笈を下ろす学徒の宿舎、盲人の救護施設にして、貧者の保護も行っているからだ。本陣の天井を支える三八〇本の柱は花崗岩や斑岩製で、一部はかつてローマ神殿を飾ったものだ。中庭の列柱は出身国別に学生集団へ割り当てられており、この世界最古の大学にはモロッコからヒンドスタン［南アジア］、ニジェール川からオクソス川［アム・ダリヤ］に及ぶイスラーム世界の全民族がみられる。思い思いに研究する助手をのぞく一万二〇〇〇人の学生が、二〇〇名の教授のもと、コーランや法律、アラビア語、数学を学ぶ。本堂を取り囲むリワークと呼ばれる建築群には、三〇～四〇人規模の予備学校が一〇校ほどと、聾唖者用の特別学校がひとつ所在する★。

カーイトバーイのモスクほか

もうひとつのモスクであるスルタン・カラウーンのそれは、ほぼ全体が瘋癲院に利用されている。シタデル地区にあるムハンマド＝アリーのモスクは豪勢な建築で、舗石と柱は半透明のすばらしい雪花石膏だが、ぜいたくさ自体が、造営した者の悪趣味を証するにすぎない。その近くには大サラディン、すなわちユースフ＝サラーフ＝アッ＝ディーン［アイユーブ朝世祖 Yousoûf Salah ed-din, le grand Saladin, al-Malik an-Nāṣir 'abū al-Muẓaffar Ṣalāḥ ad-Dīn Yūsuf bun 'ayyūb 一一三七／一一三八―一一九三］の命により鑿井された「ヨセフの井戸［サラディン城内にある二段揚水式の井戸ビイル・ユースフ］」がナイル川の水位、地下八八メートルまで下る。井戸の底へ半分の深さまで螺旋状の通路があり、そこの踊り場に降りたウシ［牛］により、鎖水車でもって揚水する。シタデル地区の南、旧カイロ方面と、ムカッタム山の山裾になる北東にも大小のモスクがあり、オジーブ形の穹窿が王侯たちの墓をみおろしてそそり立つ。これ

★ 1883 年におけるアル・アズハル大学の在籍学生 1 万 2025 人、教授 216 人の学派別内訳

	学生数（人）	教授数（人）
シャーフィイー学派	500	100
マーリク学派	4000	74
ハナフィー学派	1500	37
ハンバル学派	25	1

ら優美な小建築は、残骸が散らばる裸地や、採石場の急崖と対照をなす。山塊の丘陵地の北にあるカーイトバーイのモスクは十五世紀の建造だが、近年に修復された。外壁の縞模様や絡み模様の意匠の点で、おそらくエジプト国内で最も完璧なアラビア建築だ。持出し構造の多層からなるそのミナレットは完璧な優雅さである。ピラミッドやマスタバといった最も重量感のある建築がみられるこの国は、最も優雅な輪郭のミナレット群もそなえるのだ★。

学術機関、ブーラーク

アフリカ大陸で最大の人口をもつカイロは、学術機関や芸術品の点でも間違いなく筆頭の都市である。アズハルの宗教大学や、モスク周辺あるいは泉水の上階に設けられた数百のアラビア学校を別にしても、市内にはヨーロッパ系の名門校がいくつもある。そのほとんどは宗派系で、カトリック、コプト、メルキ〔カルケドン派キリスト教徒〕、プロテスタント、ユダヤ教に属する。ほかにも医事薬科学校がひとつ、公共図書館、複数の学習講座、天文台に加え、貴重な地図コレクションがあるが、これは惜しいことにイギリス人の到来のさい大きく損傷した。また地理学協会〔一八七五年設立〕ほか、学会もいくつかある。だがカイロの栄光は、ナイル右岸沿いの堤防に建てられた郭外町ブーラークの古代博物館だ。この貴重なコレクションはマリエットが構築したのち、マスペロ氏に引き継がれ、すでに建物は手狭なほどで、歴代王朝とエジプト美術に関するすばらしい解説が付された完璧な講座をなす。石柱や小彫像、ミイラ、護符、宝飾品、パピルス文書など、多くの品は他の博物館にもあるが、同館には名品が目白押しだ。ひとつは閃緑岩のカフラー王の像〔カフラー王即位像〕で、威風と柔和さが現れている。アラブ人がシャイフ・アル・バラドすなわち「村長」と呼ぶ温厚そうな名望家の木像もある〔大司祭カーペルの像、現在カイロのエジプト考古学博物館収蔵〕。またヒクソス人のスフィンクス群は、この牧羊征服民の典型をはっとする迫真性で再現している〔おなじくカイロのエジプト考古学博物館収蔵〕。中庭には黒大理石の石棺に納められたマリエットの墓があり、足下にナイルが駘蕩と流れてゆく〔現在はエジプト考古学博物館前庭の西端〕。ブーラークは首都カイロの工業中心地で、国有の大印刷工場のほか、軍需物資の工場群や鋳造所、武器工場がある。かつて旧カイロにあった造船所や倉庫はブーラークの埠頭前に移設され、

★ Mariette; Ernest Desjardins, *Notes manuscrites*; Ch. Blanc, *op.cit.*

手漕ぎ船や帆船、蒸気船が水面を埋め尽くす。

旧カイロ

旧カイロすなわちフスタートの残余は、一キロほどの幅があるカイロ南西の郭外町により現市街と離れており、ナイル川の小さな分流沿いに所在する。残骸の築山が囲む一宇のモスクが往昔の栄華をしのばせる〔六四二年創建のアムル・イブン・アル・アース・モスク〕。同院はヒジュラ暦二一年に、ムハンマドの随行者たちの眼前でアムルが創建したもので、もろもろの聖都にあるジャーミウ〔モスク、学院。ジャマー、ジェマーとも〕をのぞけば、何度も手が加えられたこの古刹ほど尊崇される建物はない。中庭をめぐる二三〇基の石柱が柱廊や本堂の天井を支えたが、いくつかは重みに耐えかねて倒れてしまった。旧カイロとナイル本流を隔てる川中島はジャズィーラ・アル・ローダと呼ばれ、大半が耕作地だ。大サラディンのいとこが島内に開設した学校が「バフリーヤ」すなわち「河の民」向けで、彼らがエジプト最初のマムルーク兵だった。ローダ島の南端にあるのが有名なミキヤース、すなわちナイルの水位標〔ニロメートル〕で、増水の具合を心配そうに測定されたことも度々である。先代にあたる古代の水位標はもっと上流、メンフィスの対岸、右岸にあった。古代ナイル川のように、水位の変動を測定する施設に名を冠した河川は皆無だ。パドメートルだのロダノメートルだのといった名は絶えて聞かれないのである〔いずれも古代河川名をもとにした造語と思われるが、どの河川を指すか不詳〕。

ヘルワーンほかカイロ近傍

温泉村ヘルワーンは、二四キロほど南の右岸に所在し、鉄道でもって首都カイロを補完する。水温二三度〜三〇度のぬるい硫黄泉だが、効能あらたかと言われる。村の周囲には邸宅が多く、数平方キロもの樹林や公園に囲まれた豪邸もある。カイロに正対する左岸にも、ギーザやジャズィーラ〔ローダ島〕には邸宅が連なる。カイロ北方には駅から堂々たるエジプトアカシアの並木道が伸び、両側に別荘が建ち並ぶなか、ショブラーの宮殿がそびえる。北東の沙漠の近くにはクッバとアッバースィーヤの宮殿が姿をみせるが、いまは工科学校と士官学校が占有する。その近くに

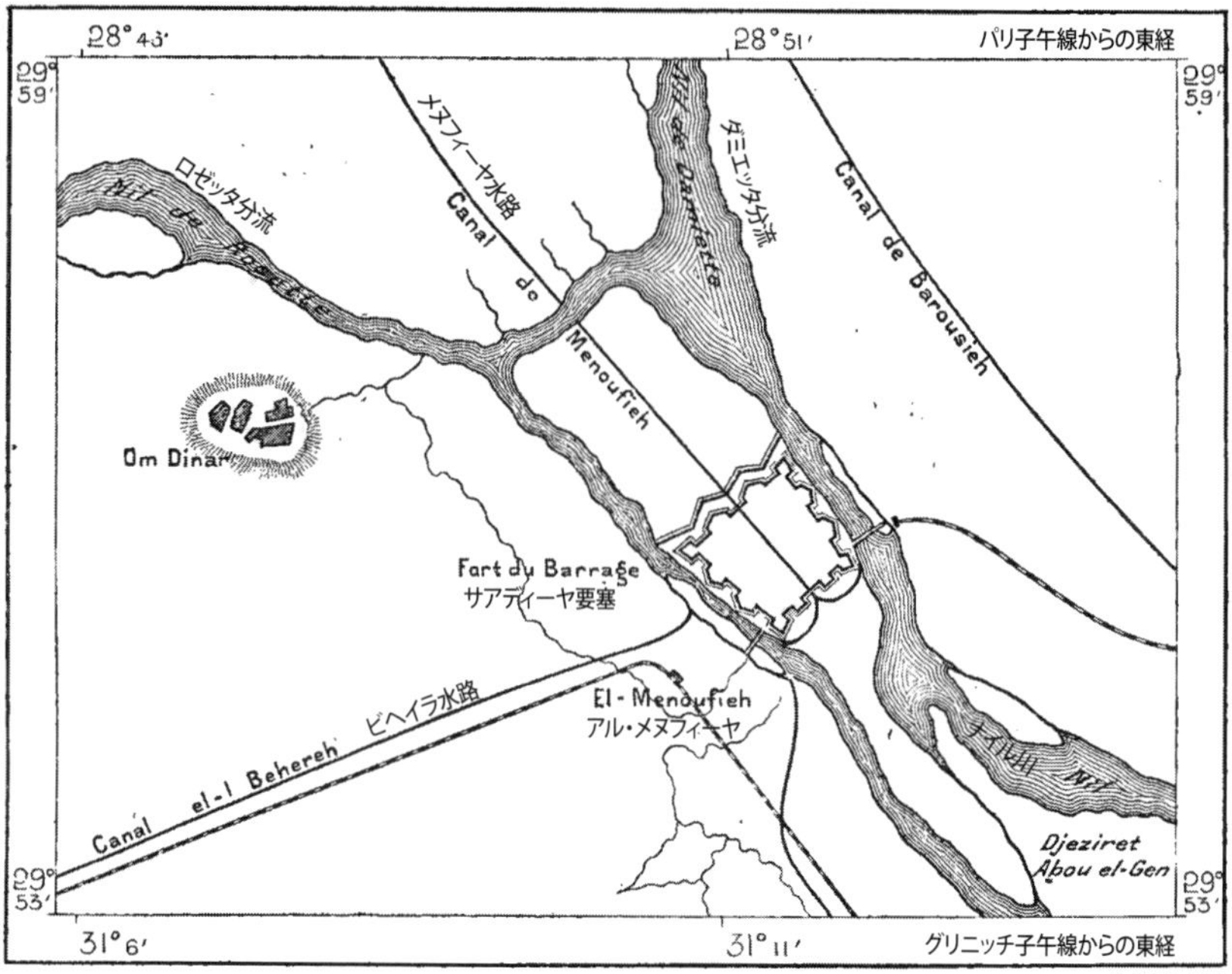

図 102　ナイル川の堰堤［デルタ・バラージュ］

あるマタレイヤの村は、古代の「太陽の都市」すなわちファラオ達にはペー・ラー、古代ギリシャ人にとってはヘリオポリスの跡地の一部と重なる。かつては神官が秘儀に悟入するため詣でる神殿と学院の都市だったが、いまはふたつの防壁と、一基のオベリスクしか残っていない。四六〇〇年前にセンウセレト一世［原文 Ousortesèn Ier］が建立したこのオベリスクは地中に八～一〇メートルほど埋まっているが、この種の建造物として最古のものだ。周囲の沼沢でいまもみられるコサギ［小鷺 *ardea garzetta*, l'oiseau bennou］は、不死鳥の名で象徴の歴史に名高い★。この聖なる鳥は五〇〇年ごとの夏至の日にアラビアまたはインドから飛んできて太陽の神殿の棟に止まり、香木の薪でわが身を焼くと、たちま

★ Brugsch, *Geographie des alten Ægypten* [H. Brugsch, *Geographische Inschriften altägyptischer Denkmäler: gesammelt während der auf Befehl seiner Majestät des Königs Friedrich Wilhelm IV. von Preussen unternommenen Wissenschaftlischen Reise in Ägypten*, band I, *Das Alte Aegypten*, Leipzig, 1857?].

ち生まれたばかりの若さに復活した［とされる］。右岸にあるマタレイヤの村は、対岸にあるインバーバの村とおなじく、戦さの記憶を呼び覚ますものだ。ナポレオンがいわゆる「ピラミッドの戦い［一七九八年七月二十一日］」で勝利を収めたのがインバーバの前面だったし、潰乱したトルコ軍部隊にクレベールが遭遇したのが、マタレイヤとヘリオポリスの跡地だった。マタレイヤには魅力的な樹園があり、コプト僧が指し示す「処女マリアの木」は樹齢が少なくとも三百年はあるエジプトアカシアで、「エジプトへの逃避」のさい、聖家族が樹下に休憩したとされる。村内には一八八四年時点でデルタ地方に唯一のダチョウ［駝鳥］の飼育農場がある。

デルタ・バラージュ

カイロの広い近郊の建造物のひとつがナイル川にある堰堤［デルタ・バラージュ］で、その女牆《ひめがき》の塔を遠望すると要塞のようだ。この堰堤は長さ一キロ強、一三四個のアーチによる二本の橋からなるが、土手道を合わせれば二キロの長さがある。所在するのはブーラークの下流二〇キロほど、ナイル川が二股に分岐する地点だ。それはシャラガニーヤ島という大型の川中島で、桟橋や防壁により稜堡化されており、その真ん中をメヌフィーヤ水路が通る。稜堡はサアディーヤ要塞と呼ばれ、ナイルの両分流と、下エジプト地方の二本の幹線鉄道を管制する。一八四七年にムハンマド＝アリー自らが定礎した巨大な構造物で、数万ヘクタールにおよぶ可耕地の拡大と、下エジプト全域の水運を定常化する役割が期待されたが、副王は癇癖は強くとも、事業面での辛抱強さに乏しく、堰堤の工事は随所でおざなりだった。このため基礎は崩れ、アーチには亀裂が生じ、開削されるはずだったシャルキーヤ、ビヘイラ、メヌフィーヤの三水路のうち、完工したのは最後のものだけだった。この堰堤は、金を湯水のようにつぎ込んだ無用の長物の典型と繰り返し言われはするものの、水嵩を毎年二メートル上げる役には立っている★。イギリス人技術者ファウラー［イギリス人鉄道技術者 John Fowler 一八一七—一八九八か］によると、当初の目論見通りに五メートルの嵩上げと基礎の強化、水路群の完成をめざすには、さらに二五〇〇万フランほどの費用が必要とされる★★。だがその際には、堰堤の上流に堆積する沖積土を避けるため、当初の計画を変更するか★★★、あるいは本流の横手に航

★ Barois, *Notes manuscrites*.
★★ *Rapport officiel, Réparation des barrages du Nil*, 1875.
★★★ Rousseau; Ernest Desjardins, *Notes manuscrites*.

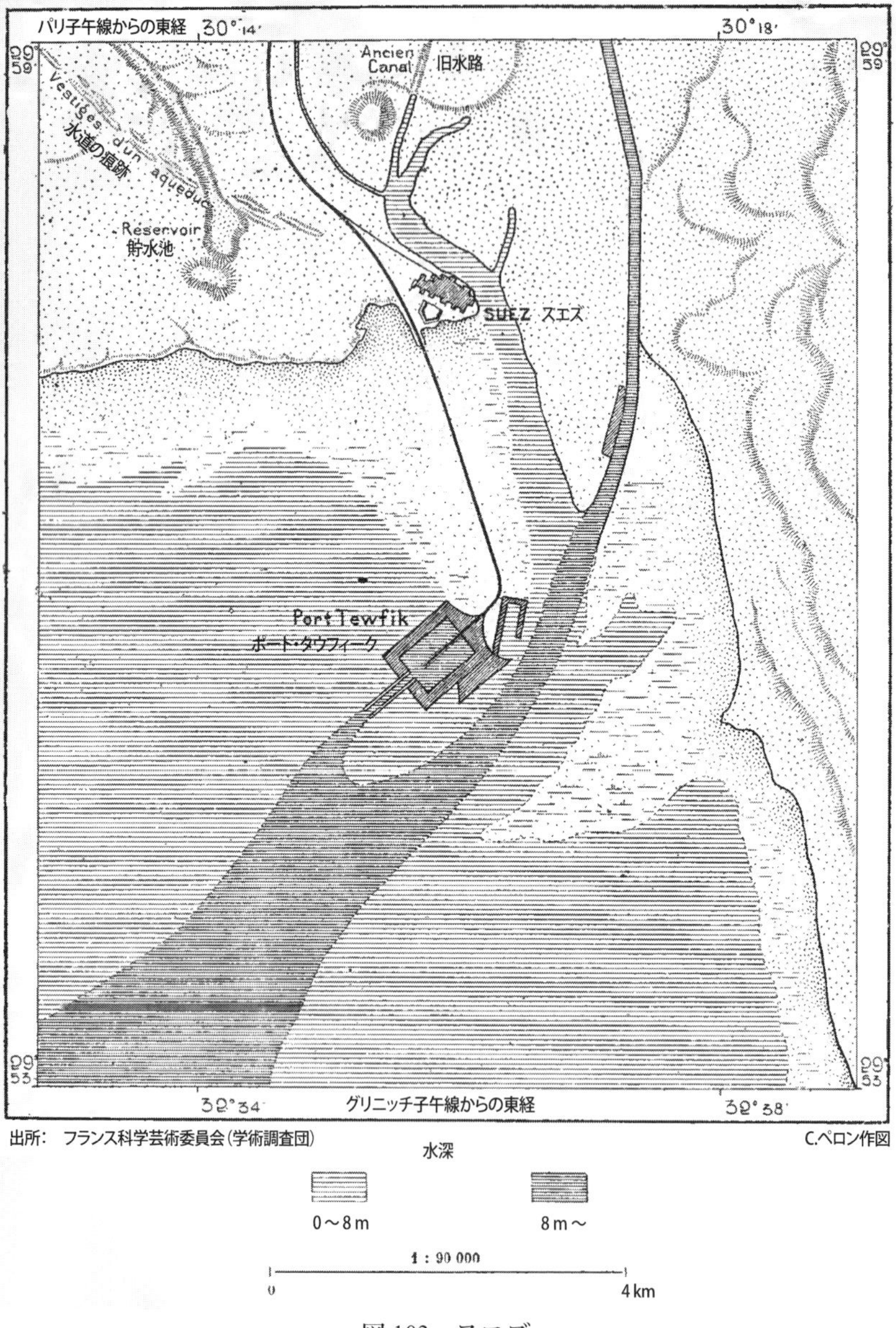
パリ子午線からの東経
30°14'
30°18'
29°59'
29°53'
Vestiges d'un aqueduc
水道の痕跡
Reservoir
貯水池
Ancien Canal
旧水路
SUEZ スエズ
Port Tewfik
ポート・タウフィーク
32°34'
32°38'
グリニッチ子午線からの東経
出所：　フランス科学芸術委員会(学術調査団)
C.ペロン作図
水深
0〜8m
8m〜
1 : 90 000
0
4km

図 103　スエズ

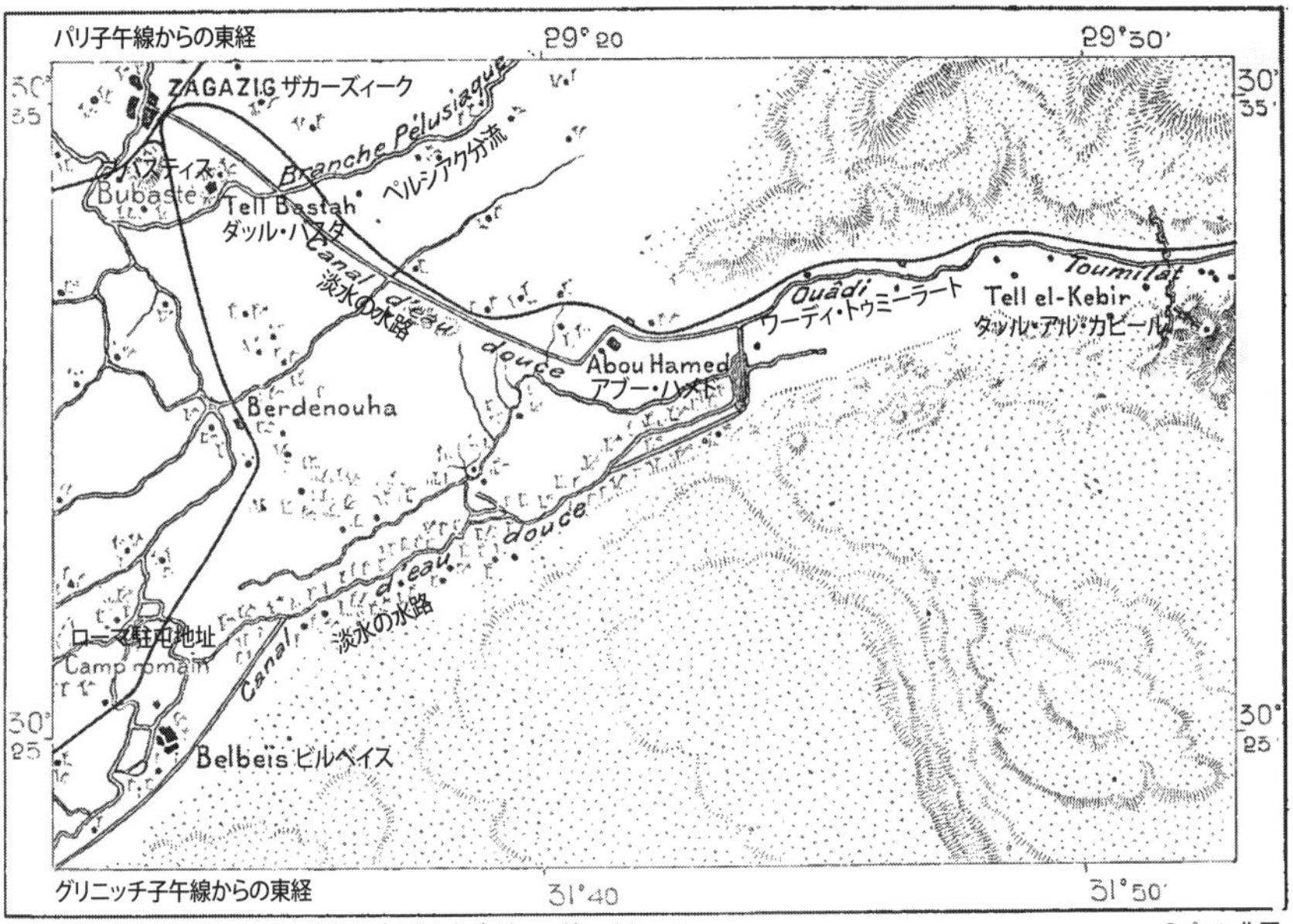

出所：　フランス科学芸術委員会（学術調査団）およびリナン＝ド＝ベルフォン　　C.ペロン作図

1 : 540 000

0　10 km

図 104　ワーディ・トゥミーラートの入り口、タッル・アル・カビール

行用の水路を開削する必要があるだろう。

スエズ

スエズ運河の開通前には、かつての巡礼路が通る低地をたどる一本の直通路線が、カイロを紅海のスエズ港に連絡した。運河の南端に近い現市街は古代ギリシャ人のクリュスマ、六キロ北方のダッル・クルズームに先立つと考えられるアラブ人のクルズーム、そしてアルシノエの拠点、のちのクレオパトリスを引き継いだ。クレオパトリスは東方にあるアグルード村で現在探されている。「苦い湖群」まではアラビア湾〔紅海〕の水が入り込んだ痕跡がみられるため、海が退くにつれて都市も移動せねばならなかったとすれば、スエズはさらに三キロ南方の運河の入り口に引っ越していたことだろう。そこは長さ二三一〇メートルの二つの突堤があるポート・タウフィークで、スエズ運河会社が所有する倉庫群が囲む。ひとつの突堤の先端には、ヨーロッパとインド間の近道をレセップスに

先んじ探し求めたワグホーン〔イギリス人郵便事業家 Thomas Fletcher Waghorn 一八〇〇―一八五〇。エジプト経由の英印通信事業を営んだ〕の彫像があり、数本の樹木に取り囲まれる。プトレマイオス朝歴代君主が建造した水道は失われたが、スエズはワーディ・トゥミーラート経由の一本の水路により、ナイルからの清水を得る。そのおかげで、アッターカ山の麓に掘られた塩っぽい井戸水でしのがねばならなかった昔と違い、同市は渇水の憂いなく自由に発展できるだろう。だが運河建設による急拡大ののち、同市はいったん縮小した。列をなして進む蒸気船の大半は、書類に査証を押してもらってから外洋に出てゆく。船舶への補給品が最も多い集積地は運河の北端、ヨーロッパに向いた側にあるポート・サイードだ★。しかし単に通過するだけの船団から離れる船舶も多いため、スエズはアレクサンドリア、ポート・サイードに次ぐ貿易港になっている。

ザカーズィークほか

現在カイロを紅海のスエズ港に結ぶ鉄道路線は、「アラビア」側の山脈が突き出た山塊の北を通り、ワーディ・トゥミーラートの裂開を経てスエズ運河に到る。ワーディ・トゥミーラートの谷間は古代ゲッセンの地で、「不浄の者」と呼ばれたユダヤ人奴隷が耕作した。ワーディにその名を冠したアラブ人部族トゥミーラート族は、いまでは耕作者としてのみ一帯に暮らす。谷間に入り込む前のシビーン・アル・カナーティルの停車場近くにあるタッル・アル・ヤフード、すなわち「ユダヤ人の丘」の名は、ユダヤ人が居住したようすがだ。ここではラムセス三世が建立した記念建築の址が見出されている。その先〔北東〕の良好に灌漑された広大な平野にはビルベイスやバルディーンが続く。どの村も綿花畑が囲み、蒸気動力の工場の煙突がそびえる。工場ではギリシャ人代理人のもと、繊維を洗浄し、発送用に圧縮して梱包する。デルタのこの一帯における綿花と穀物の最大集積地は、人口稠密なザカーズィークで、ワーディ・トゥミーラートの谷の入り口の西にあり、複数の鉄道路線が収束する。綿花栽培のおかげで住民は豊か

★ 1880 年におけるスエズ港の通過量（Amici による）

	隻	積載量（t）
入港	581	68 万 2110
出港	563	67 万 7626
合計	1144	135 万 9376

であり、人口は一八六〇年の五倍に拡大した。同市の南にある高い板皐群はダッル・バスタと呼ばれ、いまなお古称パバスト、古代ギリシャ人のいうブバスティスの名を保持する。二七〇〇～二八〇〇年前の第二十二王朝ではエジプトの首都だった。アッシリアとの頻繁な戦争により、国土の重心が東寄りにならざるを得なかったためである。列柱の断片や彫刻された石塊が往時の大都会の証左だ。その北東、沙漠の縁辺には、ナイル川からの最後の分水群に面するカラーイムの村［不詳］があり、国内最良のデーツを産するヤシ林が囲む。

タッル・アル・カビール、イスマイリーヤ、カンタラ

ワーディ・トゥミーラートの谷の西側入り口を防護するのがタッル・アル・カビール、すなわち「大岡」の駐屯地で、一八八二年［九月十三日］にエジプト勢は防御施設でもって英軍から防衛しようと試みたが、ほとんど物の役に立たず、簡単に打ち破られた。その近くには、スエズ運河会社が数年にわたり開発中の一万ヘクタールほどの「ワーディ農場」の本部がある。ワーディ・トゥミーラートの東端近くにもタッル・アル・カビールと同様に円丘群があり、タッル・アル・マスフータと呼ばれるが、ラムセス二世のためユダヤ人捕虜が創建した「宝の都市」ピトムのよすがだ。ナヴィル氏［スイス人考古学者、エジプト学者、聖書学者 Henri Édouard Naville 一八四四―一九二六］が最近発掘した残骸は、このラムセス二世の都市と信じられたが、実際には、おなじ時期におなじ奴隷たちが建設させられた姉妹都市のものだった。ピトムはギリシャ・ローマ時代にはヘロ、もしくはヘロオポリスの名で知られた。その近くにあるネフィシュ［現アブー・スワイル・アル・マハッタか］で、スエズへの路線と淡水の水路は南東に向かうが、一本の分水路が北東に伸びてティムサーフ湖沿岸に達し、イスマイリーヤの新市街と結ぶ。イスマイリーヤは運河工事であちこちの屋根を掘削する際の補給基地として甚大な重要性があったが、現在は人口が少なく、市域は広大に過ぎるようになった。広場はがらんとし、並木の街路も、通行用というより公園の散歩道に似た風情だ。それでも、［ワーディ・トゥミーラート経由の］淡水の水路が、沙漠を征服して建設されたこのオアシスの肥沃化にもっと利用されるようになれば、人口回復が見込めるだろう。水路は平常の水深が三メートル以上、幅五五メートルをそなえ、四〇〇トン級の船舶の通航に十分だが、

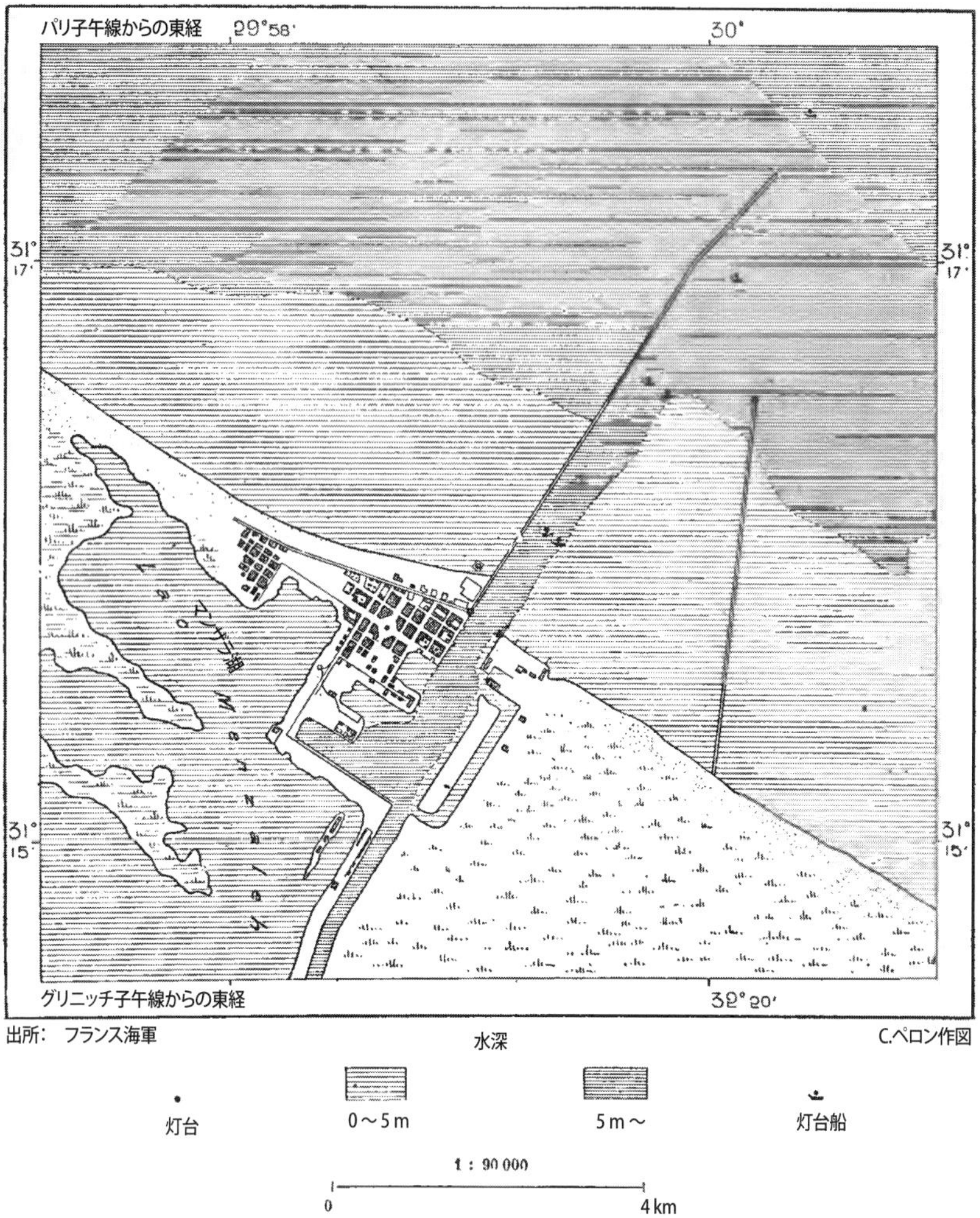

図105　ポート・サイード

いまはほとんど水運に利用されなくなった。イスマイリーヤ港［ティムサーフ湖内］にはスエズ運河からの船舶が常時数隻は停泊し、沖合には大型船が散見される★。イスマイリーヤからポート・サイードまでの運河沿いで集落と呼べる中継地はカンタラ、すなわち「橋」のみである。名称の由来は、かつてバラハ湖とマンザラ湖のあいだの小さな水路を渡った小さな橋だ。冠水地に挟まれた地峡に所在し

★ トランジットをのぞくイスマイリーヤ港の1882年における取扱量は271隻、積載量59万6000t。

たカンタラは、アフリカ大陸からアジアに向かう隊商にとり必須の通過地点だった。いまも毎年数千頭のラクダ［駱駝］が通過し、スエズ運河会社が運河近くに掘った大型貯水池で水を飲む。村の西では、バラハ湖内に蒸気船の退避用の大型水域が設けられるだろう［バラハ湖はほとんど消滅した。なお現カンタラ東市街の二キロほど南で二〇〇一年に開通したスエズ運河橋は別名エジプト - 日本友好橋］。

ポート・サイード

ポート・サイードは地中海からマンザラ湖を隔てる細長い砂浜に所在し、イスマイリーヤ同様に新しい都市だが、運河の通航量が拡大するおかげで発展中だ。淡水の流れ、耕作地、わずかな木立のいずれからも四〇キロは離れ、波浪がうちつけるこの浜辺に創建されたことは、近代工業の勝利のひとつである。市街は沖合の泊地と、港内の水域のあいだにあり、五〇個ほどの区画が碁盤の目状の広い街路で隔たる。建物の大半は産品や種々の補給品の倉庫で、木造、煉瓦造り、鉄板とさまざまだ。倉庫内の荷の多さと充実ぶりはヨーロッパの商都に引けをとらない。ヨーロッパ風の街区の西数百メートルにあるアラブ人街でも、「不信心者［ヨーロッパ人］」のものと同様な家屋はすでにいくつかみられるようになっており、拡大中の市街に呑み込まれてゆくだろう。そもそもマンザラ湖は非常に浅く、土地をいくらでも拡張できる。外海の泊地は、重量二〇トンのコンクリートブロック製の二本の防波堤がかくまう。西側の防波堤は長さ二・五キロ、東側は一・九キロで、あいだの水路は面積およそ二平方キロと、最大級の船舶でも旋回できる。市街の前面にある港内水域は五〇ヘクタールほどの面積だ。市街の向かい側、アジア方向［南東］の岸壁には石炭が積み上げられる★。南のアフリカ側岸壁には造船所群と、艀や浚渫船の修理施設がある。ヨール船［四角い帆の手漕ぎ船］や蒸気船が岸壁のあいだを往来し、大型船は埠頭近く、軍艦は灯台の近くに投錨する。ポート・サイードはエジプトの地だが、住民や商業、習俗はヨーロッパ都市、さらにはむしろフランス都市でさえある。卓越言語はフランス語で、カプチン修道会とフリーメイスン系の競い合うふたつの初等学校に通う一五〇〇人の児童は、フランス語で教育を受ける。同市はエジプト随一の衛生的な都市だが、緑地が欠落する。イスマイリーヤ水路からは一日当たり一〇〇〇立

★ 1883 年におけるポート・サイードの石炭輸入量は 54 万 2221t。

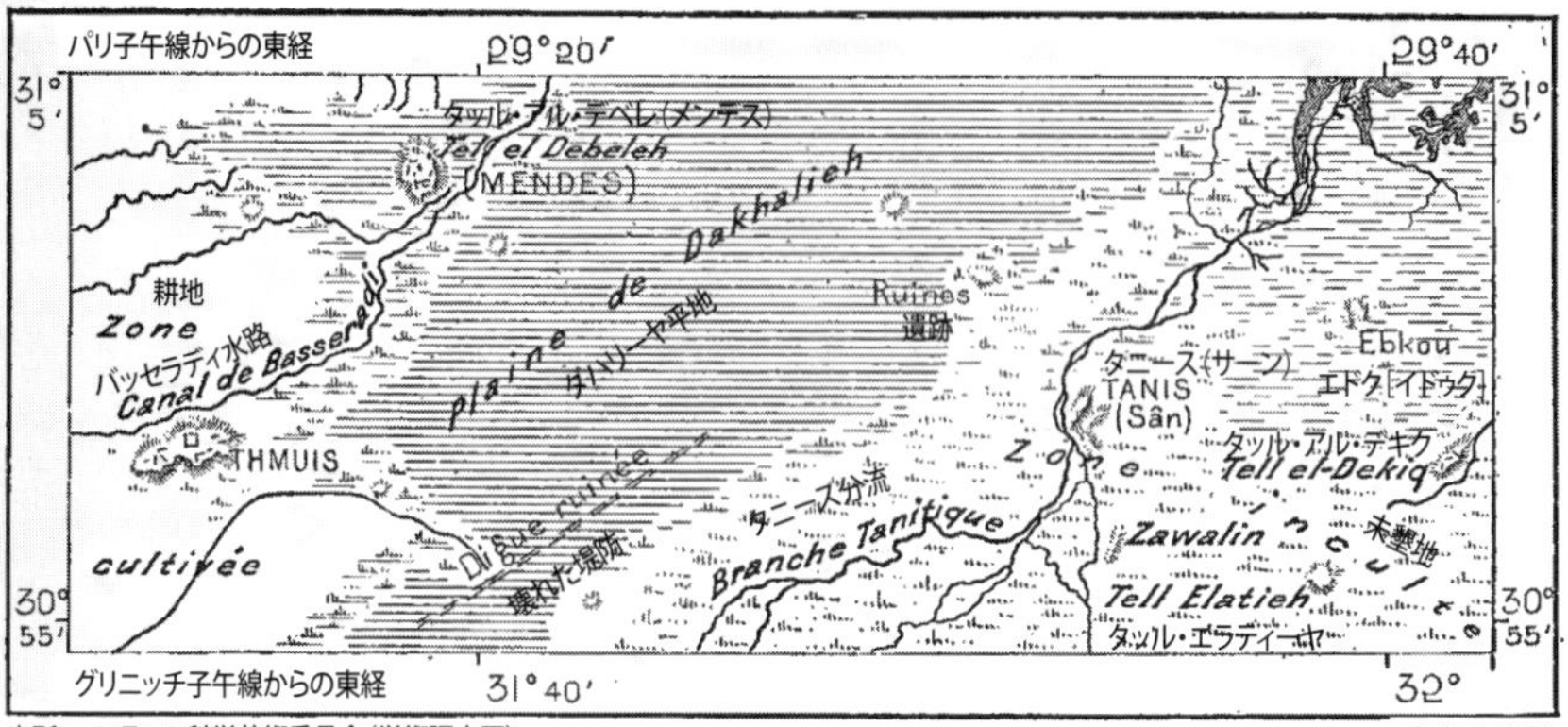

図 106　サーンの沼沢地［現在は干拓農地］

方メートルほどの水が鋳鉄管で送られてくるが、住民の生活用水にぎりぎりの量で、菜園に水やりする余裕はない。スエズ運河会社はポート・サイード向けに、ナイル川からダミエッタに直通する派水路の権益を一八八四年末まで要求したものの、無駄に終わった。また同社は、ポート・サイード港をマンザラ湖を通る支線でもってエジプト国内鉄道に連絡し、もって商業面での一体性の確立をもちかけているが、それも無理だろう。同市に取って代わられるのを恐れるアレクサンドリアが、競争相手の発展を遅らせようと影響力を行使しているからだ。しかし優良な港と、両洋をつなぐ運河に臨む位置にあるポート・サイードは、遅かれ早かれ物流面でアレクサンドリアを圧倒するに違いない★。

アリーシュ、サーン・アル・ハジャルほか

ポート・サイードの東にも、都市と呼べる家屋の集積にして県都に列せられる都市がある。すなわちアリーシュで、［シナイ半島の］地中海岸が凹む部分のまん中、通例はエジプトとパレスティナ地方の境界とされるワーディの出口にある隆起部に位置す

★ 1880 年のポート・サイードの貿易取扱量（トランジットを除く。Amici による）

	隻	積載量（t）
入港	1507	99 万 7611
出港	1530	99 万 7395
計	3037	199 万 5006

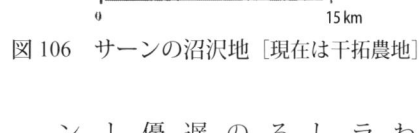

る。だがエジプト北東部にあった古代都市群はもはや残骸すらみられず、沖積層がすっかり覆ってしまった。「泥の都市」と呼ばれたペルシウムにも、かつてナイルの分流の狭間〔河口〕だった箇所に近い沼沢のなかに、一個の板阜が立ち上がるばかりだ。ポート・サイードの西〔南西〕にあるマンザラ湖内のテンナ島とトゥーナ島も、形のはっきりしない残骸があるだけである。だがサーン〔サーン・アル・ハジャル〕またはタニースは「牧羊民の王たち〔ヒクソス人〕」の旧都ハ・ワルつまりアヴァリスで、古代エジプトの大都会のひとつとして、重要な遺物がある。マンザラ湖南岸近くに立ち上がる丘には三宇の神殿址があり、石柱やオベリスクのほか、ヒクソス人の典型である広い顔面とがっしりした鼻梁、そして突き出た頬を表わす興味深いスフィンクス群が出土している。上エジプト地方よりもはるかに高価な石材が用いられており、ラムセス二世が自らの神殿向けに運ばせた砂岩や貨幣石など、デルタに近い場所のものとは異なる。サーンの丘の残骸で目にされるピンク色の花崗岩塊は、アスワン産である。だが、これら壮麗な建築を、ローマ人やキリスト教の僧侶、アラブ人僧侶は全然尊重しなかったため、エジプト最大とされた一四基のオベリスクも、一基すら残っていない。巨像群も細片に砕かれ、塵埃に帰してしまった★。残骸の中から見出された「サーン・ストーン」は三か国語で記された貴重な碑文で、すでにシャンポリオンがロゼッタ・ストーンにより解読していなかったら、ヒエログリフの秘密を解明する役に立っていただろう。大神殿を囲む壁は厚さ二四メートルを下らない★★。これほどの首都が、マンザラ湖をふちどる泥土や沼地、塩性の低地にわずかに顔を出す土地に、どうやって創建されたのか、人々は自問する。だが一帯の様相が古代以後に変化したのは確実で、おそらく局地的な沈下が発生したのだろう。

ダミエッタ分流沿いの集落と遺跡

ナイルのダミエッタ分流はロゼッタ分流ほどの水量はないが、標高が高いため、灌漑用にははるかに多く利用される。川沿いの都市や多くの村は、随所で長い街区を形成する。バンハー・アル・アサル〔バンハー〕は「蜜の都市」の謂いで、じっさい大量の蜂蜜を、菜園や樹園の産物とともにカイロに仕向ける。アレクサンドリア、カイロ、ザ

★ Édouard Naville, *Journal de Genève*, 22 juin 1882.
★★ Flinders Petrie, *Times*, Apr. 24, 1884.

カーズィークからの三本の鉄道路線の収束地点としても重要で、高架橋がナイルを渡る。市街とおなじくダミエッタ分流の右岸に所在する駅の近くにある残骸の「タッル〔タッル・アトリーブ〕」は、古代アトリビスの址だ。分流をはさんで向き合うミート・ガムルとズィフタは、ともにデルタきっての人口を擁する。さらに下流の右岸に所在するサマンヌードは古代ギリシャ人のいうセベニュトスで、年代記を編纂したマネトの郷里だ。近傍にはプトレマイオス二世のイシス神殿址があり、今日ではバフビート・アル・ヒジャーラの名で示される。次いで右岸に姿をみせるマンスーラ、すなわち「勝利の都市」は古代の遺物がないが、国内きっての商工都市のひとつで、県都でもある。ルイ九世〔カペー朝第九代フランス王 Louis IX 聖王ルイ Saint Luis 一二一四—一二七〇〕がムスリム勢の捕虜になった〔一二五〇年四月六日〕のがマンスーラだが、その二九年前の一二二一年にも十字軍はおなじ地点で敗退しており、マンスーラは彼らに敗北を思い起こさせるべく創建されていたものだった。同市からはバフル・アッ・スガイヤルという一条の流れがナイル〔ダミエッタ分流〕から分かれてマンザラ湖に注ぎ、沖積土の半島を形成して同湖を二分する。この低い半島部は沼沢が囲むが、その先端にはマンザラとマタレイヤの二市が連続する。どちらも貧しい漁夫の町だが、住民の典型は、マリエットによるとヒクソス人の末裔を彷彿とさせる。水揚げの利益はほぼ全部をマタレイヤのシャイフ連が独占し、何人かは百万長者だ★。

ダミエッタ

ナイルの東分流に名を冠したダミエッタないしドゥミヤートは、同分流沿いで最大の都市であり続けた。ただし古代ギリシャ人のいうタミアティスと同位置ではない。タミアティスは河口のすぐ近く、西岸に所在したが、無駄に終わったルイ九世の攻囲のあと、スルタン＝バイバルス〔マムルーク朝第五代スルタン Bibars, al-Malik al-Zāhir Rukn al-Dīn Baybars al-Bunduqdārī 一二二三／一二二三—一二七七〕は同市を破却し、一〇キロほど上流に住民を移送した。そこは船舶の接近がより困難で、流れが急に屈曲するため、艦隊による攻撃に対する防衛が容易だったからである。この新しいダミエッタは種々の織物を製するほか、コメ〔米〕や塩、魚介類の交易も盛んで、シリアや小アジア、エーゲ海から

★ Amici, *op.cit.*

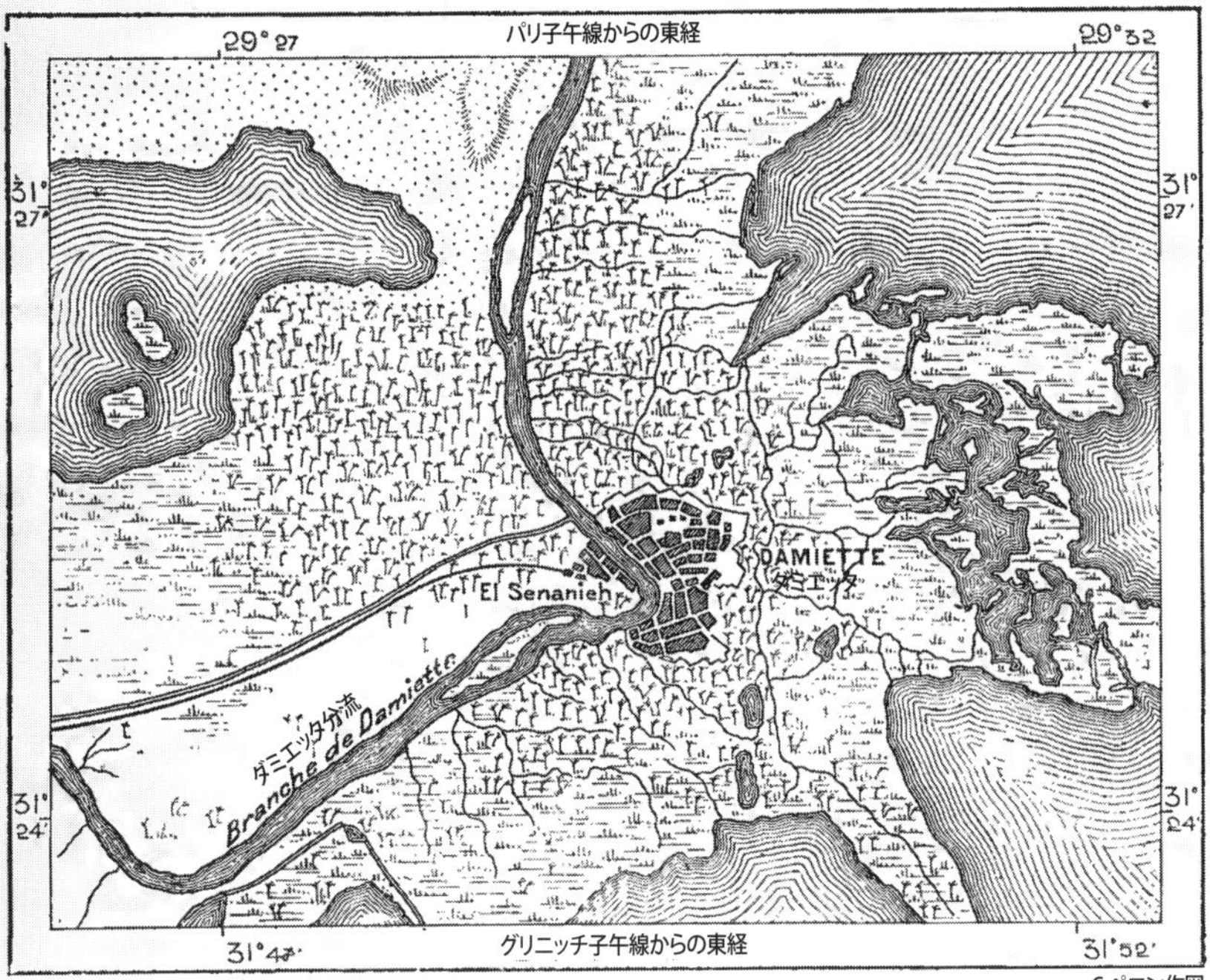

図 107　ダミエッタ

の沿岸航海船が種々の商品を持ち込み、いろいろな産物と交換してゆく★。だが進入は危険で、分流に船舶が入り込むのを何日も波が邪魔することがある。アムルが創建した大モスクは、大理石の石材の豊かさと種類の多さで注目されるが、高名のゆえんは、こびりついた血と乾いた唾液に覆われた「奇跡の柱」である。伝承では、篤信をもってこの石柱を血が出るまで舐めれば万病快癒疑いなしとされるからだ。ただし近年の歴史は、疫病を避けるには市内の街路に堆積する汚物を除去したほうがましだったことを十分に示している。北西の平地はしばしば冠

★ 1880 年におけるダミエッタ港の取扱量（Amici による）

	隻	積載量（t）
入港	1198	8 万 3215
出港	1176	7 万 9996
計	2374	16 万 3211

水してブルロス湖方面に広がるが、そこにも別の「奇跡の土地」がある。こちらの奇跡はムスリムのハッジによるものではなく、一人のキリスト教徒聖女が起こした［とされる］。すなわちスィット・ダミヤーナのコプト修道院で、「聖母ダミエンヌ」の意である［図90］。

タンターほか

ダミエッタ分流とロゼッタ分流がはさむデルタ地帯には、大小の水路網のなかにいくつか商都が散在する。メヌーフは大型運河ラヤ・メヌフィーヤ［メヌフィーヤ水路］の名称の由来で、一個の「三か国語の石」の残骸が出土した。シビーン・アル・クームは、ブルロス湖に蛇行して注ぐ一筋の河流《バフル》に面する。タンターには商人が多い。マハッラ・アル・クブラーは「大都［大集積］」の意味で、かつてはエジプト絹織物の製造を独占し、散在する街区が綿花畑に囲まれる。ガルビーヤ県の県都タンターは、デルタ内で最も中心の位置にある。アレクサンドリアとカイロのちょうど中間点で、ロゼッタ分流とダミエッタ分流のまん中でもあり、水路や道路、鉄道路線が交差する。エジプト最大のイスラーム聖人サイイド＝アル＝バダウィー［スンニ派バダウィヤ学派創始者 Seïd el-Radawi, Al-Sayyid al-Badawī 一一九九頃―一二七六］のモスクの名声とともに、年三回の大型市がかくも大規模なのも、このせいだ。巡礼の目には、このモスクからの汚物が流れ込む沼の功験たるや、ダミエッタの石柱にも劣らない。タンターは人口第三位の都市の座をダミエッタと競っており、アフマディー学院は、国内筆頭の座をカイロのアズハルと争うほどだ。一八七七年には四八八五人の学生を擁した★。

タッラーナほか

ロゼッタ分流の流路の半分は、リビア側の山脈の最初の隆起部に沿う鉄道路線が並走する。川沿いに大型都市はひとつだけで、人々はその名をもって分流を呼ぶこともある。すなわちタッラーナで、おそらく古代テレヌシスであり、いまは聖マカール僧院に近いワーディ・アル・ナトゥルーンの塩湖群で採取したナトロン［天然炭酸ソーダ］の中継地だ。その下流にあるタイリーヤは、ナイル左岸と岩山のあいだにしつらえられた細長い耕地帯の出口に位置し、隣接

★ Fed. Bonola, *Notes manuscrites*.

するテル・アル・アザミーヤ、すなわち「白骨の丘」に残骸がある古邑の後裔だ。カフル・アル・ザイヤートにはアレクサンドリア‐カイロ区間の路線が渡河する一二張間の大型鉄橋があるが、周囲にファラオ時代の遺跡はない。だがさらに二〇キロ下流のロゼッタ分流東岸になると、古代サー［ザウ］、ギリシャ人のいうサイスの大遺跡が姿をみせ、ファッラーヒーンはサーン・アル・ハジャルと呼ぶ。これはカンビュセス二世が進攻したさいのエジプト首都で、人類にとり少なからぬ恩義のある土地だ。というのも伝承によれば、アテナイを創建する入植者たちが旅立ったのがサイスで、彼らが携えたネイト女神の像がのちにギリシャ人のアテナ女神、ローマ人のミネルヴァ女神になったからだ。同地から到来したのがダナイデス［ギリシャ神話上のアルゴス王ダナウスの五〇人の娘］で、ナイルが氾濫する生まれ故郷とは似ても似つかぬアルゴスの不毛な土地で、実りない苦役に落とされた。サイスの古代神殿はほぼ残骸しか残っておらず、地下墓地からの出土品も乏しい。しかし全周二キロにわたる高さ二五メートル、厚さ一六メートル以上の巨大な市壁は、いまも驚異的だ。古代の聖なる湖は、いまは一個の沼地にすぎない。

ロゼッタ（ラシード）

デスークでも鉄道が河流を渡る。同市の催市の賑わいをしのぐのはタンターくらいのものだ。その下流、航行可能な大運河マフムーディーヤ疎水がアレクサンドリアに向かう起点にほぼ正対する右岸には、魅力的なフーワすなわち「茜の町」が、多くのミナレットをみせる。フーワは十四世紀にはカイロの競争相手で、市名の由来になった作物［茜］はもうみられないが、タルブーシュ［tarbouch トルコ帽］の地場産業がある。現在のフーワの規模は、河口から一五キロほど上流の左岸に所在する県都ラシードすなわちロゼッタに及ばない。ラシードは九世紀に創建されたアラブ都市で、フーワ同様に繁栄の時代があった。前世紀にはエジプトで最も繁多な港で、近東諸国の商港すべての沿岸航海船がコメ［米］の積み込みに訪れた。コメはいまもエジプト最大の食料輸出品目である★。市街を囲むすばらしい畑地のただなかからは、古代建

★ 1880年のロゼッタの貿易取扱量（Amiciによる）

	隻	積載量（t）
	758	2万0124
	726	1万9717
計	1464	3万9841

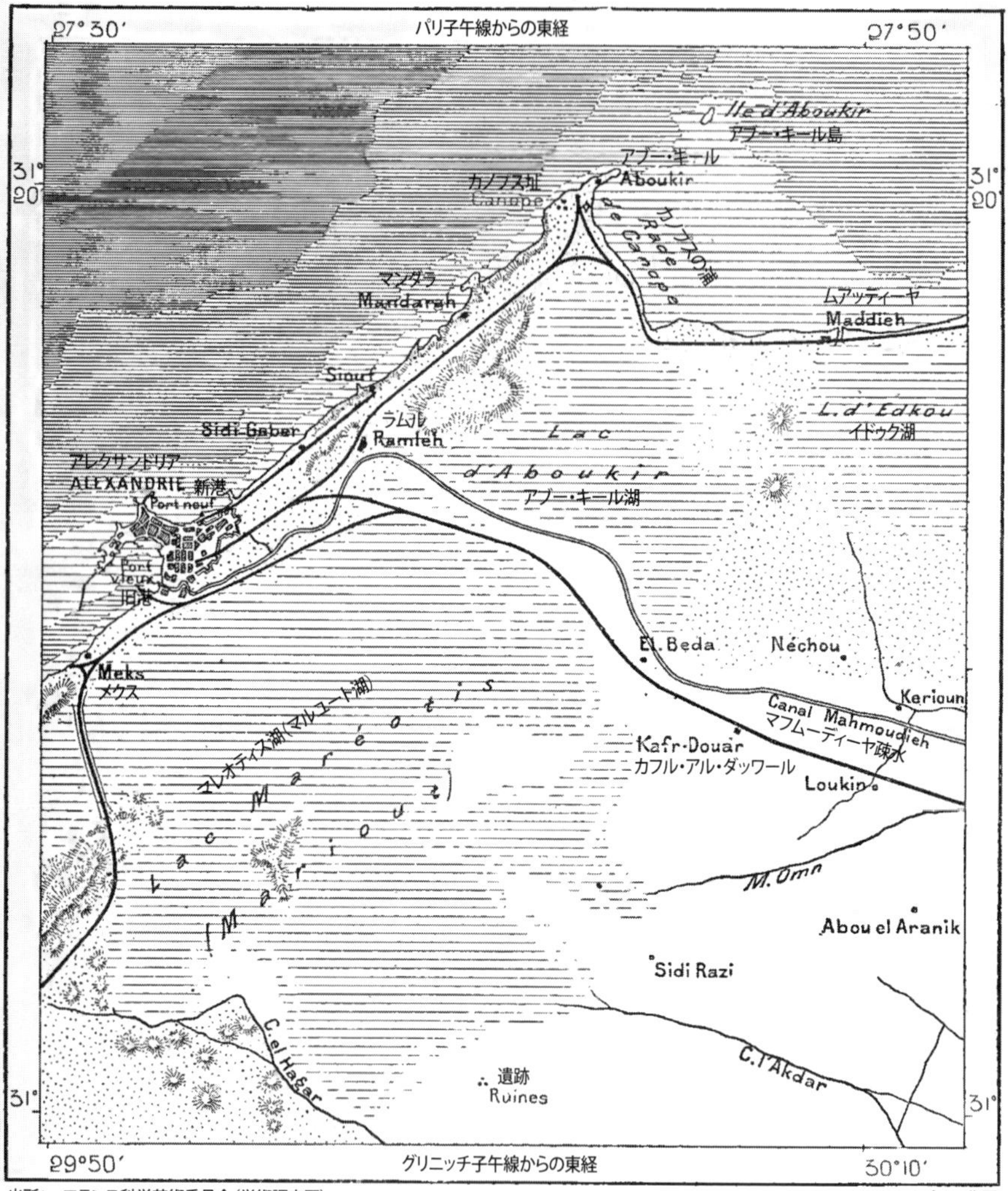

出所：　フランス科学芸術委員会（学術調査団）　C.ペロン作図

水深

0～10 m　10～25 m　25～50 m　50 m～

1 : 250 000

0　10 km

図 108　アブー・キールとアレクサンドリア

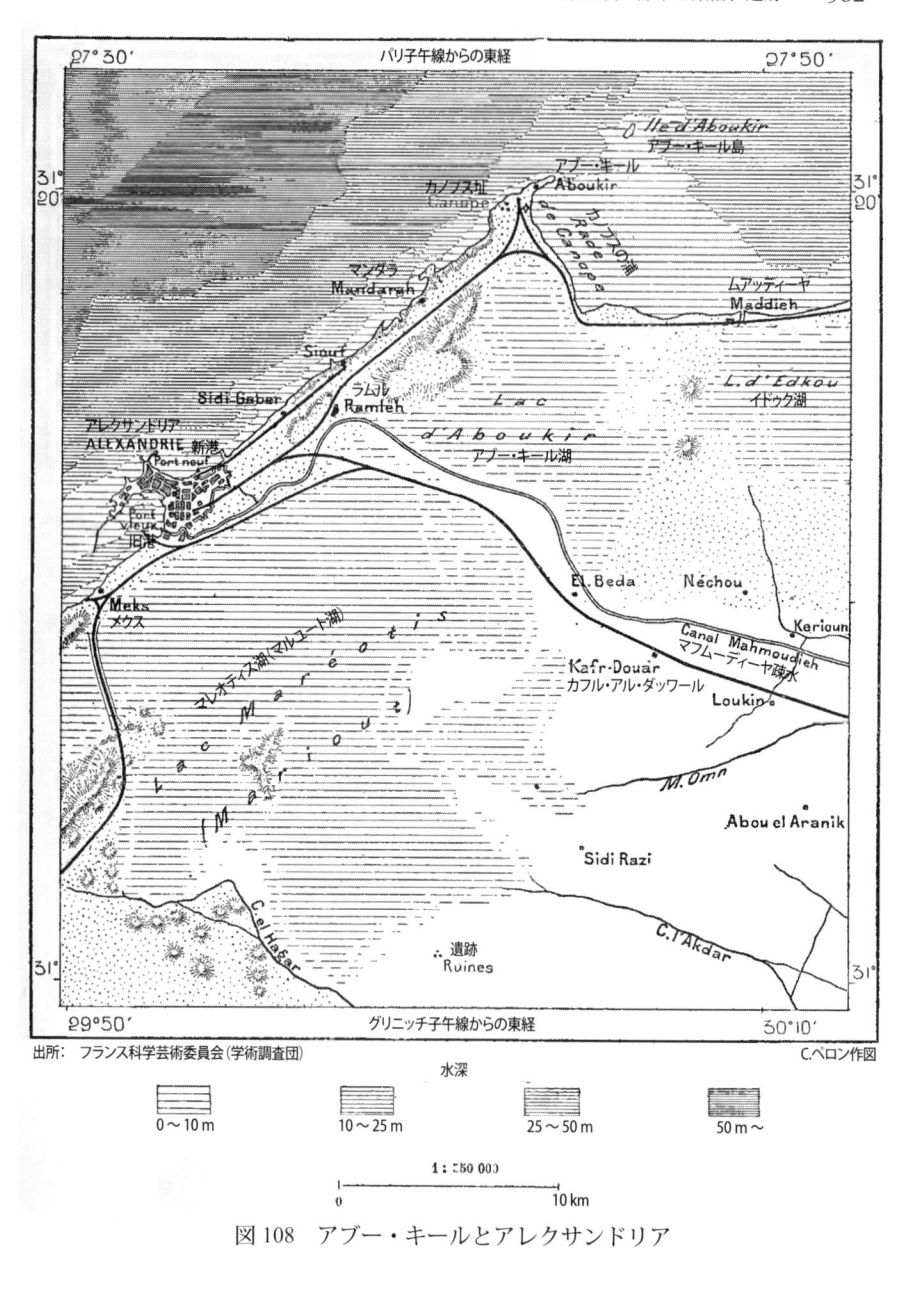

築の残骸がしばしば出土したため、ほぼどの建物も大理石や斑岩、花崗岩の石柱の断片で装飾されている。神技ともいえるシャンポリオンの考究のおかげで、言語学と歴史学に最大級の重要性をそなえる諸発見の突破口になった名高いロゼッタ・ストーンは、エジプト遠征に従軍した工兵隊士官ブシャール〔フランス軍人 Pierre-François-Xavier Bouchard 一七七一―一八三二〕が、市街の少し北、いまはジュリアン砦〔図21〕のある場所で一七九九年に発見した。「太陽神の息子、顕現神王プトレマイオス〔五世〕」を三か国語で称えるこの貴重な碑文は〔仏軍の〕降伏のさいにイギリスに譲渡され〔別説もある〕、大英博物館に収められた。ロゼッタ分流の水位が低い際には、海水が市街の上流まで遡上することもあり、住民は塩味のする水溜まりの水でしのがねばならない。

ダマンフールほか

ロゼッタ分流の西、デルタ地帯の北西角は、全域がこの分流からの派水路により涵養される。マルユート水路、アブー・ディバーブ水路、ダマンフール水路、マフムーディーヤ疎水と、それらの無数の分水路が平野を縦横に通り、余滴はマルユート湖やイドゥク湖に落ちる。ダマンフールは人口稠密な邑の集合体で、綿繰り工場の煙突がミナレットと数を競うこの農業地帯の首府だ。ダマンフールからアレクサンドリアにかけては、一本の細い地峡がデルタ端部を沿岸砂洲と結び、その道路や鉄道、水路は随所で堤防によりアブー・キール湖やマルユート湖から防護される。この地峡こそエジプトの玄関であり、だからこそオラービー=パシャ〔エジプト軍人、政治家、オラービー―革命指導者 Arabi-pacha, Ahmed Urabi, Urabi Pacha, Orabi Pacha 一八四一―一九一一〕は、カフル・アル・ダッワールの線で地峡の両側まで道路を封鎖したのである。そこでイギリス軍将軍はこの防衛線を突破する代わりに、反対側の戸口であるワーディ・トゥミーラートを通るべく、部隊を〔イスマイリーヤに〕とつぜん揚陸した。

アブー・キールほか

カフル・アル・ダッワールの地峡の北には、もうひとつの細い沿岸陸地があって、両側を水域が挟む。その地峡も鉄道に利用され、ロゼッタをアレクサンドリアの半島に結ぶ。途中のエドク（イドゥク）は、砂丘が取り巻く小さな町だ。アブー・キール湖の出口にあるムアッディーヤ、すなわち「狭間」ないし「水路」は、古代ナイル川の七分流のうち最も西にあったカノプス分流を想起させる。その分流の由来になったカノプスは、水流がしばしばこねまわした土地に、判然としない残骸しか残していない。ムアッディーヤの狭間がある沿岸砂洲は、砂がすっかり古代建築の残余を覆ってしまった。マンダラやアブー・キールといった村の一部はその建材を利用している。アブー・キールは同名の湾に臨み、おそらく古代ゼフィリオンとアルシノエ＝アフロディーテ神殿があった場所で、かなり活発な小港だが、交通量よりもはるかに歴史の思い出のゆえに著名だ。一七九八年にネルソン［イギリス海軍軍人 Horatio Nelson 一七五八—一八〇五］がフランス艦隊を壊滅させ、エジプト征服軍と母国のあいだを完全に遮断したのが、アブー・キールの沖合だった。一年後、ナポレオンはアブー・キールの半島に上陸したばかりのトルコ軍を粉砕した。

旧ファロス島

アレクサンドリアは世界有数の商都である。人口はエジプトのみならず、アフリカ大陸でも第二位だが、独特な輪郭の点でも注目される。ただし輪郭は、二二〇〇年前にマケドニアからの征服者［アレクサンドロス大王］がラコーティスの邑に、以後この地が保持する名称を冠したときから、大きく変化した。まず南西から北東に伸びる岩の沿岸洲がふたつの狭間により切れ、一個の島が形成されて、その陰がフェニキア人やギリシャ人の船舶の泊地になった。これがファロス島で、ホメロスにも言及がある。ディオクレティアヌス帝がアレクサンドリア市街を建設したさいには、約一四〇〇メートル沖合のファロス島への方向に伸びる大陸沿岸の尖端に、神殿や宮殿を造営するにとどまった。しかしプトレマイオス朝初期のプトレマイオス一世ソーテール［プトレマイオス朝世祖 Ptolémée Soter, Ptolémée Ier Sôter 前三六七—前二八二］が、湾の両側を連絡していた二本の水路をまたいで、ファロス島と大陸を一本の「七スタディオンの堤道」、いわゆるヘプタスタディオンで結んだため、湾はふたつの港に分割された。水路がだんだん閉塞し、堤道が拡幅していったのは、おそらく海による沖積に加え、とりわけ中世にギリシャやイタリアからの船舶が、脚荷［バラスト］にした石をアレクサンドリア港で下ろしたせいだろう★。現在のヘプタスタディオンは幅一二〇〇メートルの

★ Mariette; Ernest Desjardins, *Notes manuscrites*.

帯状の土地で、古代アレクサンドリアの市域を旧ファロス島の北東端につないでいる。それは不規則で曲がりくねった小路の迷路からなる「トルコ人街」で、数条の近代的な広い街路が突っ切る。ファロス島は半島になり、個人住宅や兵営、倉庫、宮殿などの建物が覆う。南西端には太い近代の灯台が立ち上がる。それが引き継いだ「世界の驚異」、名高いプトレマイオス二世の灯台は階段ピラミッド形の白大理石の建造物で、かつてはファロス島の反対側の端［北東端］にあった。その残骸を実見したマスウーディー［バグダード生まれ歴史家、地理学者 Masoudi, Abū al-Ḥasan ʿAlī ibn al-Ḥusayn ibn ʿAlī al-Masʿūdī 八九六—九五六］は、高さが「四百腕尺」あったという。マフムード＝ベイによると、高さは一一〇メートル以上だったらしいが、痕跡はまったく残っておらず、かつてあった場所も、波浪にかじり取られてしまい、その名を冠した城砦も、灯台の建材はまったく用いられていない。残るはファロスという名のみだが、それは海辺の灯火すべてを指す言葉に用いられるようになった［仏語の灯台 phare の語源］。

マルユート湖

ヘプタスタディオンの地峡は、波浪が運んでくる沖積土が形成したのち、何度も破壊と復興を繰り返した都市の残骸により嵩上げされた。その一方では、沿岸の他の箇所は有史を通じ沈下したと思われる。アレクサンドリア近傍の沿岸にある道路や埠頭、古代の採石場、墓窟は、「クレオパトラの浴場」の名で知られる発掘地とともに、海水面が最も低いときでさえ、常に波が洗う。一八〇一年［三月のアレクサンドリア攻囲戦のさい］、イギリス人はアブー・キール湖の西を画する沿岸洲に三〜四カ所の水路を開き、［海水が］六六日間にわたり流れ込んでマルユート湖が形成された。ムハンマド＝アリーは技術者を雇い入れ、その干拓をめざしたが成功せず、現在も場所によっては二・四メートルの水深がある。六万ヘクタールに及ぶこの土地の、深い場所は湖、岸辺は沼地になっており、農地の復旧は難事業であろう。海水が流入してアレクサンドリアが島の都市のようになった当時、同地には一五〇か村ほどが存在したと言われる。塩水を除去したのちも、マフムーディーヤ疎水の分水路を随所に引き込んで土壌を洗脱せねばならないだろう。ストラボンの時代には、マレオティス湖岸のワインは地中海きっての銘酒のひとつで、湖内には、ナイル川か

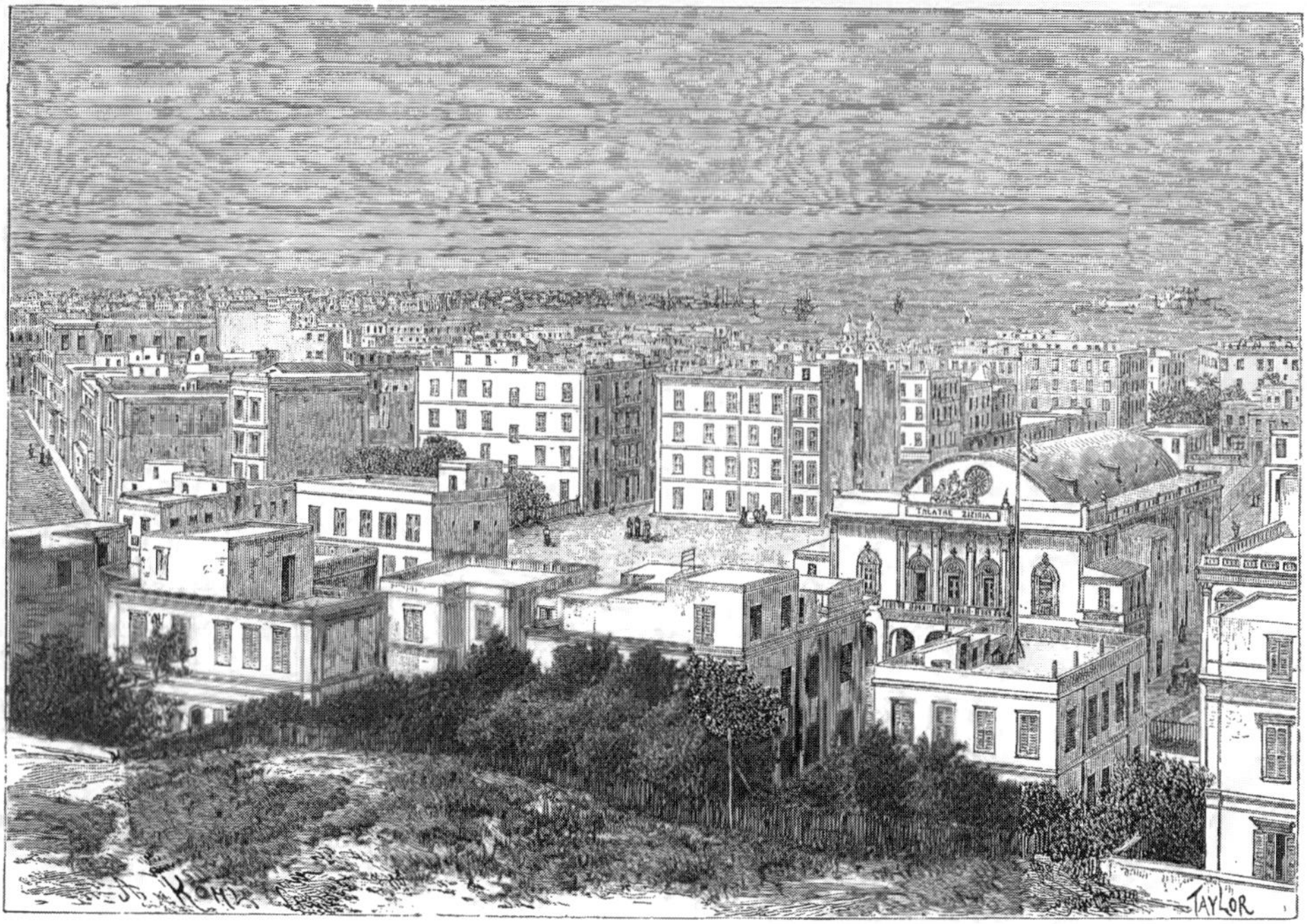

挿画LVI　アレクサンドリア遠景　一葉の写真をもとに、テイラー筆

らの水路を経て内陸から運ばれる物産向けの港が開削されていた［ストラボン前掲書五六八頁および五六〇頁］。だが今日のマルユート湖はもう交易に利用されず、マフムーディーヤ疎水は湖内に入り込むことなく、二本の堤防にはさまれてその湖岸沿いを流れる。

アレクサンドリア市街

「トルコ人街」の東と南にある「ヨーロッパ人街」は、ほぼディオクレティアヌス帝と歴代のプトレマイオス朝ファラオが建てた都市の用地にある。広いまっすぐな道路が規則正しい街区をなし、北東の近代の郭外町まで続く。古代のカノプス街道だった大通りがロゼッタに向かう。この近代の市街に、古代アレクサンドリアの残余はもうみられない。前世紀末には瓦礫のなかに六千人の住民が起居したが、当時残っていた遺物はすべて新市街のために取り壊されてしまい、わずかに公共や私有のコレクションに彫像の断片が目にされるだけである。アレクサンドロス大王の荘厳な墓があったソマの

図 109　アレクサンドリア

位置は知られておらず、エラトステネスやヒッパルコス［古代ギリシャ天文学者 Hipparque, Hipparchus 前一九〇頃—前一二〇頃］、プトレマイオスが起居した名高い天文台の位置は論争の的だ。石材が探されているムーゼイオンや大図書館ではエウクレイデス［同数学者ユークリッド Euclide, Eukleidēs 前三世紀］が教鞭を執り、テオクリトス［同詩人 Théocrite, Theokritos 前三世紀］、アラトス［同 Aratus, Aratos 前三世紀］、カリマコス［同 Callimaque, Callimaque de Cyrène 前三〇五頃—前二四〇頃］、ルキアノス［アッシリア人作家 Lucien, Loukianòs ho Samosateús 一二五頃—一八〇後］が学んだ。蔵書は七〇万巻に及んだが、カエサル［共和政ローマ政治家、軍人、文筆家 Gaius Iulius Caesar

前一〇〇―前四四〕がエジプトに持ち込んだ戦乱で焼亡した。別の図書館〔小図書館〕は現市街の外方、セラピス神殿の横にあったが、四世紀末にテオドシウス一世〔帝政ローマ皇帝 Flavius Theodosius 三四七―三九五〕の発した勅令に力を得たエジプト人修道士たちが、アレクサンドリアのみならずエジプト全土にわたり神殿を破壊し、彫像を引き倒し、あらゆるパピルス文書や古代の至宝を火に投じたのが、どのような様子だったかは分かっていない。だが、古代ギリシャの科学と技芸の作品を大切に収集してきた図書館は、こうして烏有に帰した。旧セラペウムの形もさだかでない残骸が残る丘には、高さ三〇メートルの石柱が墓碑のようにぽつんと立っている。これはディオクレティアヌス帝が建立したか、少なくとも修復させたにもかかわらず、「ポンペイウスの円柱」と呼ばれ、セラペウムの一部だった可能性がある★。頂部は穴になっており、何らかの彫像の台座を彫り出したか、あるいは何らかの柱頭行者の居場所としてキリスト教時代に掘り込んだのかもしれない★★。市街の北東、浜辺近くにあるピンク色の花崗岩のオベリスクは、アウグストゥス帝治下にヘリオポリスから運搬されてアレクサンドリアに建立されたにもかかわらず、「クレオパトラの針」と通称され、これまた古代遺跡が近いことを示していた。このオベリスクはニューヨーク市に寄贈され、セントラルパークに移設された。新世界もエジプトの歴史建造物の分け前を欲するわけだ。砂地に半ば埋まっていたもう一基のオベリスクはロンドンに運ばれ、テムズ川左岸の新しい花崗岩の埠頭群を見下ろしている。

一八八二年の戦災

「ヨーロッパ人街」のまん中にある細長いコンスル広場〔現タハリール広場〕にはムハンマド＝アリーの騎馬像があるが、容赦なく毀損された数々の芸術作品の代償としては、ちっぽけな価値しかない。だがこの像でさえ一八八二年にはイギリス軍の砲弾で危うかった。このとき英軍は市内中央にあったカファレッリ砦を破壊し、随所に火災が発生したが、砲撃の日の夜には盗賊たちがその火災をさらにあおった。惨禍から二年後の今日でも、かつて壮麗を極めた街区は無残なありさまだ。街路の両側に積み上がる切石や、破壊された建物の膨大な残骸から、喉がひりつ

★ Jean Jaques Ampère, *Voyage en Égypte et en Nubie*, Paris: Michel Lévy Frères, 1868.
★★ Ch. Blanc, *op.cit.*

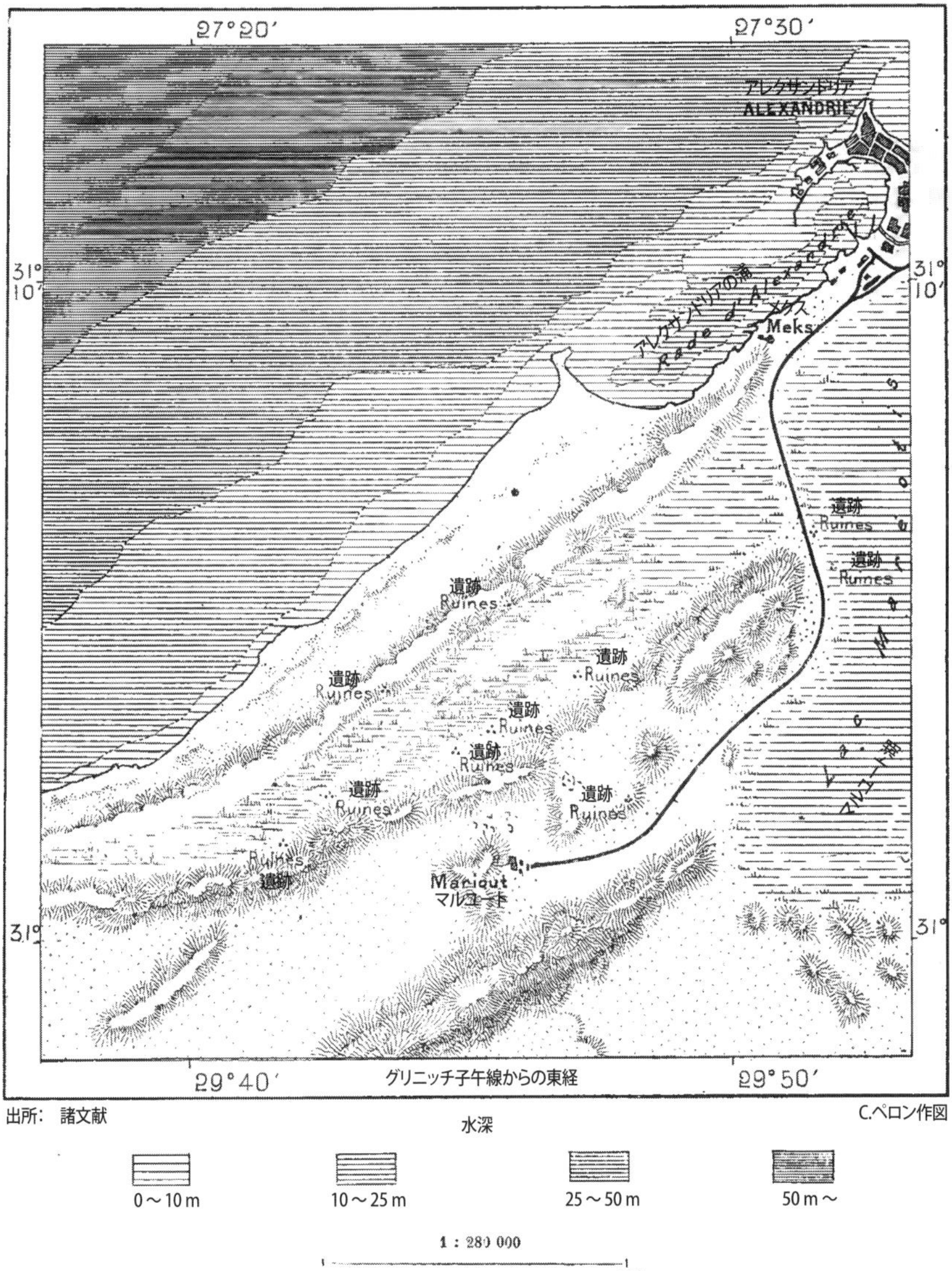

図 110　アレクサンドリアとマルユート湖

くような塵埃が巻き起こる。随所は完全に破壊され、市内というよりも石切り場のようにみえる。アレクサンドリアの商業関係者は先行き不安のなかで暮らし、地所の大半は約定された賠償金をむなしく待ち望む状態で、いまのところ復興事業は止まったままだが、市内の舗石がヨーロッパから輸入された。

アレクサンドリア港

ナイル河谷における最大の科学機関であるエジプト学士院が創立〔一七九八〕されたのはカイロではなく、アレクサンドリアだった。古来の伝統を再開したかったものと思われる。かつて同市が「人類の脳」だったこと、そしてプロティノスやプロクロス〔ビザンティウム生まれ哲学者 Proclus (Proclus de Lycie), Proclos 四一二―四八五〕、ポルピュリオス〔ティロス生まれ哲学者 Porphyre de Tyr, Porphýrios 二三四頃―三〇五頃〕、イアンブリコス〔シリア生まれ哲学者 Jamblique, Iamblicos 二五〇頃―三三〇頃〕らがアレクサンドリア学派〔新プラトン主義〕を樹立したのもここだったことは記憶されていた。アレクサンドリア学派は東洋と西洋、つまりインドからエジプト、ギリシャまでの諸地域の神話や思潮を結び付け、そこから近代のもろもろの哲学や宗教が生まれ出た。だがこのエジプト都市が栄光を取り戻したのは、いささかも科学と芸術の地としてではなく、もっぱら交易都市としてである。エジプトの対外交易の三分の一以上はアレクサンドリアを経由する。スエズ運河の開通以前には、同市が西洋との海運を一手に引き受けた★。アメリカ南北戦争のあおりを受けた一八六六年は絶頂期で、輸出額が五億フラン近くにのぼった。何の整備もなされなかったにもかかわらず、誤って「新港」と呼ばれる北東の湾は、水深が小さく、平底船しか訪れない。前世紀には、キリスト教徒の持ち船はこちらに停泊する義務があった。南西の「旧港」、古代人のいうエウノストス、すなわち「善き帰還」の港は深喫水の船舶向けだ

★ 1880年におけるアレクサンドリア港の取扱量（Amiciによる）

	隻	積載量（t）
入港	3305	129万2296
出港	3250	130万3827
計	6555	259万6123

（全エジプト港湾の37%）

輸入額	1億2500万フラン
輸出額	3億2500 〃
計	4億5000 〃

1881年の取扱量は合計7363隻、積載量267万7414t。

が、惜しいことに進入が難しい。水路はどれも曲がりくねり、両側に岩礁が続くため、大型船は水先案内人なしに入り込めない。また波浪が少しでも強いと、小型船でさえ海底に触れる恐れがある。だがファロス半島の沿岸洲から南西に伸びる防波堤の内側は確実な避難先で、広い泊地になっている。本港と前港の投錨地は四二〇ヘクタール以上の面積があり、通常の水深は八・五～一〇メートルだ。港内に注ぐマフムーディーヤ疎水も、鉄道と並び、アレクサンドリアおよびナイル河谷の交易路の役目が期待されるし、じっさいにも時折それを果たしている。ただしその濁った用水は、まずもってアレクサンドリア市内への給水と、沿線の田野の灌漑に向けられるため、完全に干上がって船舶が泥中に難船したこともある。市内の工芸品は藺草やヤシの葉のむしろ、花のエキス、綿織物、絹織物だが、交易への寄与は小さい。

アレクサンドリア近郊

大都会の例にもれず、アレクサンドリアも行楽地や別荘地の郭外が補完する。南には、疎水や城砦群に沿ってヤシの木の並木道やバショウ〔芭蕉〕、ミモザ、アレカヤシの木立が別荘を囲む。北にはアクティウムの海戦〔前三一年九月二日〕を記念してアウグストゥス帝が創建したニコポリスの後裔ラムル、すなわ

次頁★

カイロ	37万4838	サマンヌード	1万1557
アレクサンドリア	21万3010	ギーザ	1万1410
ダミエッタ	3万4044	ミート・ガムル	1万1225
タンター	3万3750	ズィフタ	1万1140
アシュート	3万1575	スエズ	1万0919
マハッラ・アル・クブラー	2万9908	メラウェ	1万0777
マンスーラ	2万6942	アブー・ティーグ	1万0772
マディーナ・アル・ファイユーム	2万5799	ベニ・スエフ	1万0085
ダマンフール	2万3353	フーワ	9903
ザカーズィーク	1万9815	イスナー	9422
アフミーム	1万8777	ソハーグ	8774
ロゼッタ	1万6666	カリユーブ	8636
ポート・サイード	1万6560	マンザラ	8450
メヌーフ	1万6281	バンハー・アル・アサル	8354
シビーン・アル・クーム	1万6250	デスーク	7677
メニヤ	1万5900	ビルベイス	7309
ケナー	1万5402	ラムル	4342
サヌレス	1万5392	ハルガ	3787
ギルガー	1万5239	カスル・ダハラ	3539
タフター	1万3789	イスマイリーヤ	3364
マンファルート	1万3234	アブー・キール	2530
		アリーシュ	2430

ち「砂地」が所在する。前世紀には移動砂丘だったが、現在は邸宅や小別荘、ヴィラ、旅籠、あらゆる形状と様式の家屋の集積で、色とりどりな建築が無秩序に海に臨む。南の沿岸砂洲にはメクスの城がそびえ、浜辺とマルユート湖およびアレクサンドリアの三者をにらむ。この一帯の沿岸の石灰岩は切り出され、アレクサンドリア市街と防波堤に用いられた。メクスの先には茅屋や小さな漁村、古代の市邑の残骸しか残っていない。市街の賑わいが聞こえなくなれば、そこはもう沙漠の始まりだ。

アブー・スィール以西

メクスの沼沢と沿岸砂洲の西にあるアブー・スィールは古代タポシリス［タポシリス・マグナ］のよすがだ。その先になると、シーワ・オアシス方面へ南に伸びる高原から分離した小丘陵の群れが、海際から離れてぽつりぽつりと連続する。古代人がカタバスモスと呼んだふたつの半島は、少なくとも二五〇メートルの高さがある。ほぼ無人のままキレナイカに向かって西に伸びるこの海岸で唯一の村がムダル［不詳。あるいは現マルサ・マトルーフか］で、アレクサンドリアとシーワ・オアシス間の隊商にとり最大の中継地だ★。

第六項　物産

農法

古代にはウシ［牛］が痩せているか太っているかが国富の大小を象徴した国にふさわしく、現在のエジプトの資源がほぼもっぱら農業に由来することは、よく知られている。平均一〇メートルの厚みがある沖積層は極めて高い生産力をもち得るが、施肥により生産力を更新する必要があり、また潤沢な水でもって定期的に洗脱しないと、土壌は随所で塩分や硝石分が飽和する★★。農法はまだ全体的にまったく粗笨で、ナイル河谷のコムギ［小麦］は、収穫がずさんだと土臭く、塩分が多い。納屋に入れるとすぐにゾウムシ［象虫、象鼻虫］の被害に遭う。アマ［亜麻］

★★ Russegger, Mackenzie Wallace, *op.cit.*
★★★ John Ninet, "La culture du coton en Égypte et les filateurs anglais", *Revue des Deux Mondes*, déc. 1875, *pp.*577-596.

の種まきの際には、べつの穀物の種子が少なくとも二割は混じる。アイ〔藍〕は身焼けを起こし、土色を帯びる。ケシ〔罌粟〕のエキスにはレタス汁が混じり、綿の繊維にもあらゆる夾雑物が混入する★★★。ファッラーヒーンの畑地にある木立はほとんどがヤシの木で、ヨーロッパ種の果樹はふつう収量がかなり小さい。筆頭の樹木はいまもナツメヤシ〔棗椰子〕で、平均二〇フランほどの年収をもたらす★。家畜の世話は行き届かず、誇れるのはイエメン原産とされる大型の白いロバ〔驢馬〕に限られる。ファッラーフの耕地にはいまもコムギ、オオムギ〔大麦〕、ドゥッラ、レンズ豆、エンドウ〔豌豆〕、インゲンマメ〔隠元豆〕、ハウチワマメ〔葉団扇豆〕、サフラン、シャジクソウ〔車軸草、クローバー〕、ケシ、メロン、そして種々の野菜が栽培されるが、古代エジプト人には知られていなかった作物も輪作に取り入れられている。すなわちアイやタバコ、トウモロコシ〔玉蜀黍〕、コメ〔米〕、サトウキビ〔砂糖黍〕、クワ〔桑〕、綿花などだ。革新が進んでいるのは農法で、古来の作物に新たな品目が加わったのみならず、自然灌漑を人工灌漑が補完するようになった。また地下墳墓の浮彫に描かれた原始的な犂や、いまもダルフール地方と、エジプト国内ではコム・オンボ近傍でみられる簡単な杭状の犂に代わり、蒸気機関〔の耕運機〕がみられる。豊作だと穀物収穫量は一四～一五億リットルに達する。内訳はコムギが五～六億リットル、オオムギが四億リットル、トウモロコシが五億リットルである。なおエジプトはコメやレンズ豆も輸出する。

綿花ほか

サトウキビ栽培が盛んなのは上エジプトとファイユーム地方で、君主の大型地所にある「煙を吐くオベリスク」をそなえた製糖所の設立資金を拠出できるのは、君主や大会社だけである★★。それに対し、綿花はファッラーヒーンの畑に定着した。これは繊維を買い上げて村内の小工場で洗浄するギリシャ人が仲介するおかげだが、農作業にたずさわる外国人は皆無である。低賃金のせいで、ヨーロッパ系の農業入植を国内に樹立するのはいつまでも難しいだろう。ヨーロッパからの移民が定着できるのは都市部に限られる。綿花がエジプトに導入されたのはムハンマド＝アリー治下のことで、とくにフランス人ジュメルの努力による。ワタの木は「マコ」と呼ばれ、輸

★ 1875 年におけるエジプトのナツメヤシは 500 万本で、デーツの年間生産量は 10 ～ 12 万 t。
★★ 1880 年のサトウキビ作付け面積は 1 万 5500ha、収穫量 4 万 6750t、収穫高は 2337 万 5000 フラン。

出に一定の重要性を占める。アメリカの南北戦争により、綿花の平常な供給が断たれると、エジプト農民はこの高価な作物に飛びつき、アレクサンドリアからの輸出額は数十億フランに達した。だが極端な繁栄に続いたのはあまたの破産だった。綿花が田園の穀物畑を侵食する動きは止まったが、しかし貿易品目としては筆頭の座を維持し続けたのである。かつては利用もされなかった綿実も、かなりの経済的重要性を得るようになった★。圧搾機から流れ出る油［綿実油］は、ファッラーフが調理に用いるのに加え、ヨーロッパで消費される種々の食用油に混入される。輸入するのはドーヴァーの工場群だけで、船荷をまるごと買い付け、食用油や石鹸の原料にする★★。

農地開発

今世紀初めのフランスによるエジプト遠征に随行した探検家たちは、エジプトの可耕地面積を二万四〇〇〇平方キロと見積もった。掘割や末端水路網の延長により、現在の作付け面積はその二割ほど拡大したが、さらなる沼沢の干拓と水利用の改善により、デルタ地帯の三分の一以上の征服が可能だ。マルユート湖からマンザラ湖までの沿岸は全域が沼地で、灌水さらには塩水さえ覆う。沼沢のあいだにむきだしの砂丘が立ち上がり、湖沼沿いにはアラビア側の沙漠からリビア側の沙漠まで、平均幅三〇～三五キロの帯状の陸地が伸びる。これはベラリと呼ばれる地方で、水面ぎりぎりに顔を出す地表は、ぽつりぽつりと小島のような耕地があるばかりだ。現状はフランスのカマルグ地方と同一の様相だが、小高い場所にちらほらと残る都市址は、いまは無人のこの一帯にも、おびただしい耕作民が暮らす時代のあったことを証明している。沿岸の砂洲でも、砂地のただなかにナツメヤシやブドウ、菜園の囲む村落を見出して驚くことがある。つまり砂地

★ エジプト綿花の生産量推移（t）

1820	2
1831	8400
1851	1万7300
1865	11万1561
1882	12万2375

作付面積30万ha。

1883年における収穫高は繊維が1億6900万フラン、綿実が2910万フラン、合計1億9810万フラン。

1866年［南北戦争終結の翌年］の輸出額は4億0200万フラン。

★★ Ninet, *op.cit.*

でさえ作付けは可能だが、営農は非常に苦労する。植物の根が必要な水分に達するよう、砂を深く掘り下げねばならないが、深すぎれば植物の繊維が腐ってしまう。また掘った穴が砂で埋まらぬように、柵で囲わねばならない。だがこうして掘った菜園で収穫するメロンやスイカ［西瓜］、イチジク［無花果］ほかの果実は、エジプトの他の地方のものよりも優良である★。グアダルキビル川の河口部にあるサンルカル・デ・バラメダの砂丘地帯もおなじ農法なので、いつかエジプトからの移民がアンダルシア人に対し、ナバソス［navasos 地下深くの高湿な土壌。本シリーズ『南ヨーロッパ』七三九頁］を活用する術を教えるときが来るかもしれない。

灌漑と塩害

エジプト農業の将来に関する最大の問題は灌漑である。ナイルの河水は沙漠を農業地帯に変貌させるのに極めて役立つもので、無為に海に流し込んではならない。今世紀初めからこの点に大きな努力が注がれた。水路網は拡大し、高水位期にしか河水が入り込まぬニーリーの掘割がいくつもセイフィー水路に変えられ、涵養水が通年にわたり配水されるようになった。鑿井《さくせい》や管理用の粗末な器具に強力な蒸気機関が付け加わり、揚水に利用されるようにもなった★★。サアディーヤの堰堤［デルタ・バラージュ］が完全な成功ではなかったことは知られており、スイルスィラの峡谷の上流で水をせき止める計画にも、懸念がささやかれている。実現のあかつき、上流のアスワン近くまで土地が台無し［水没か］になり、いまは下流を肥沃にしている沖積土が流下できなくなる恐れがあるからだ★★★。それに加え、派水路の流速が低下すれば、土壌の塩分濃度が高まるかもしれない。すでにラマディー用水やイブラヒミーヤ水路の分水先では、かつての沃地が、塩分濃度の上昇により放棄やむなしに至っている。サイード地方［上エジプト］やファイユーム地方でも、土壌の洗脱が不十分なために塩分を除去できず、いくつか

★ Girard, *Description de l'Egypte*, *op.cit.*; Mackenzie Wallace, *op.cit.*

★★ 1880 年の灌漑施設

ニーリー水路	1 万 3440km	
セイフィー水路	3330 〃	
蒸気ポンプ	500 〃	［あるいは台数か］
サーキーヤ	3 万 0000 〃	［同上］
シャードゥーフ	7 万 0000 〃	［同上］

★★★ Georg Schweinfurth; Bonola; G. Maspero.

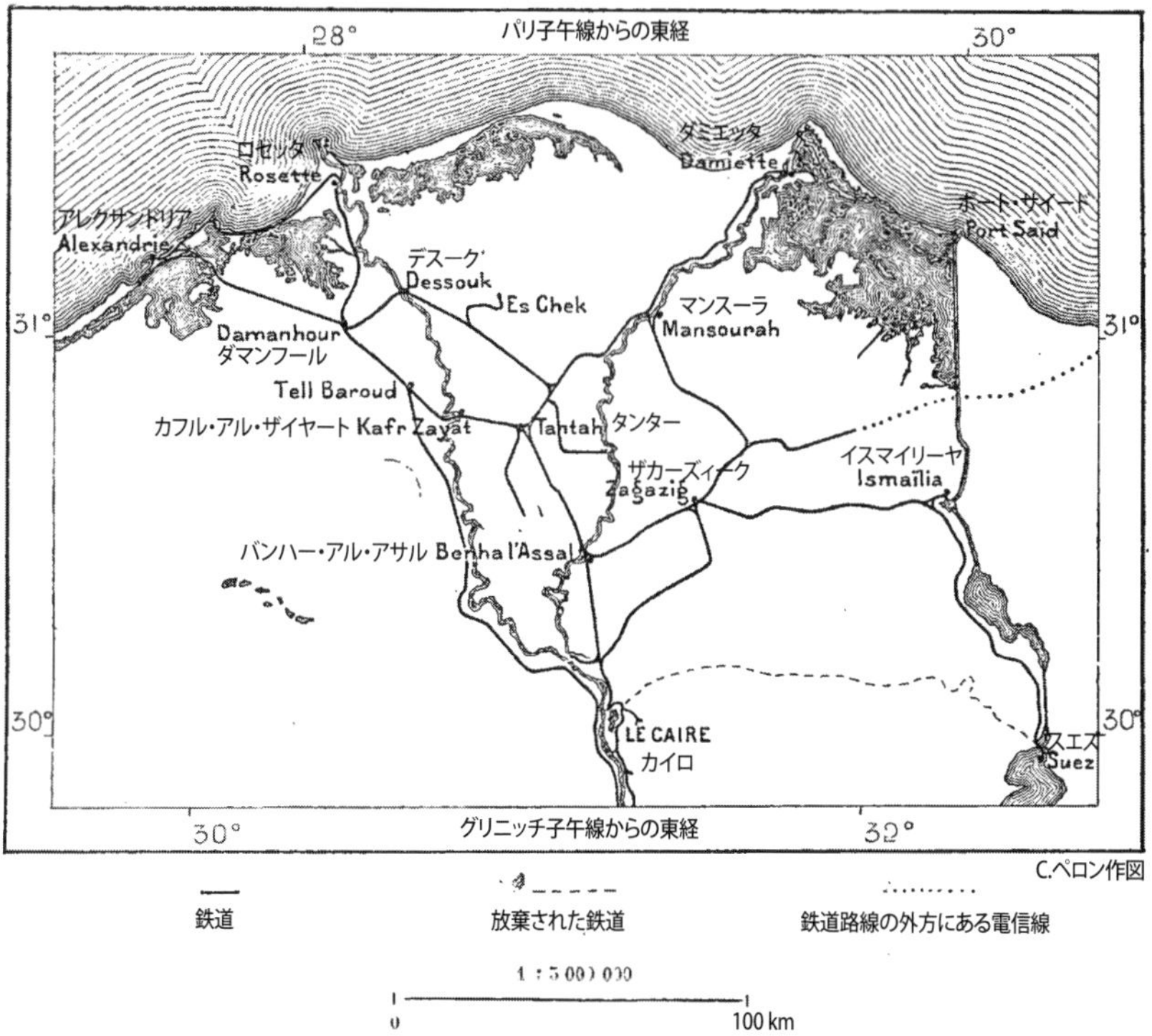

図 111　エジプトの鉄道

のサトウキビ農場が遺棄された★。

工業

農業部門では、歴代ファラオの時代の古代農法が墨守されるすぐ隣で、西ヨーロッパから輸入した近代営農がみられる。それと軌を一にし、工業でも、古代レトゥ人から継承する熟練を親方が伝える伝統工芸と、アラブ人やシリア人の征服民が導入した手法に加え、いまや西洋の技術者が監督する強大な製造業がある。諸形式が厳然と固定されたファラオ的なエジプトと、変転常なきヨーロッパ世界に属する新たなエジプトの対照は、随所で鮮烈だ。レトゥ人起源の工芸としては製陶があり、ナイル川や諸ワーディの泥土がいまも潤沢な原料をもたらす。ナイル河畔には、煉瓦の代わりに壺だけで建てた家屋さえみられる★★。アラブ人が持ち込んだ工芸は他のイスラーム諸国で発達したものと変わらず、鞍具や製靴、絨毯、鍋釜、金銀の象嵌細工、金銀細

★ Mackenzie Wallace, *op.cit.*; Barois, *Notes manuscrites.*
★★ Rohlfs, *Drei Monate in der libyschen Wüste*, *op.cit.*

工である。製鉄は小規模で、鉄の器具は輸入品だ。エジプトには鉄鉱石の鉱山が皆無で、初期に知られていた鉄は隕石に限られた。それを「天の材料」と呼んでいたことからみれば、どうやら古代エジプト人は天空を鉄でできた穹窿と考え、ときどきそこから破片が落ちてくると思っていたらしい★。

交通

交易関係の点では、ナイル河谷の沙漠縁辺はいまも数か月おき、さらには一年の空白ののちに隊商を定期的に送り出す役割に限られる。いっぽう川面には蒸気船が往来し、田園には蒸気機関車が四方八方に走行する。メッカの港に向かう巡礼の大半も、いまや蒸気機関のお世話になる★★。デルタ地帯は、人口当たりではともかく、面積当たりの鉄道延長は第一級である。加えて、ナイルのふたつの分流をのぞく通年航行可能な水路の延長は一〇〇〇キロ以上に及ぶ。高水位期になればこの水運網の延長は三倍以上になる。デルタの起点からアシュートまでナイル右岸に伸びる鉄道網に加え、前へディーウにより、ヌビア地方への派兵用にさらに前方［南方］にもいくつか路線が建設されており、イギリス人はその延長を提案している。これに加え、上エジプトとデルタのサトウキビ農園はどれも狭軌の鉄道網をそなえる。ナイル河谷を紅海の港に結ぶ計画もいくつかある★★★。電信線は鉄道路線に先んじて四通八達し、沙漠を越えて熱帯地方まで達した★★★★。ただし民間による利用は少なく、また郵便取扱量も住民当たり一通以下であることをみれば、こうした通信網を利用するのは、官僚を除けば、エジプト国内に在住する外国人にほぼ限られるとみられる★★★★★。

貿易

★ Lenormant, *Les Premières Civilsations*, *op.cit.*

★★ ナイル川を航行するエジプト船籍の蒸気船は 40 隻、おなじく紅海および地中海を航行するエジプト船籍の蒸気船は 16 隻で、商船隊合計は 1500 隻。ナイル川の艀は 1 万 0300 隻。

★★★ 1884 年におけるエジプト鉄道の延長は 1518km（ダーイラ・サニーヤ内の農業用鉄道を除く）。農業用鉄道を含む延長は 2000km。1879 年の旅客量は 217 万 2668 人、1880 年 309 万 3840 人。1879 年の貨物量は 525 万 t。

★★★★ エジプト国内および外方の領土における 1878 年の電信線延長は 7841km。

★★★★★ 1883 年の郵便取扱量　（通）

国際郵便	海外に郵送された封書（1883 年）	240 万 7000
	海外に郵送された定期刊行物や印刷物	136 万 5000
国内郵便	封書	419 万 6713
	定期刊行物ほか	174 万 1000
計		970 万 9713

エジプトの貿易総額を住民一人当たりでみれば、いくつかのヨーロッパ国家を上回る水準で、一人当たり貿易額はフランスのほぼ半分である。港湾の船舶取扱量になると、相対的［港湾当たり平均か］にはフランスを上回る★。イギリスはエジプトを獲得する以前から船舶の往来で筆頭の座にあった。積載量で続くのがオーストリア・ハンガリーとフランスで、エジプト船はその次を占める★★。

教育

初等学校はいまもモスクや泉水に付属するクッタープだけで、コーランの読解と朗誦しか教えないが、教育の動きは広がった★★★。こうした初等学校に加え、アズハル大学のように数学や法学を講じる高等教育機関もいくつかある。ヨーロッパ型の初等学校はムハンマド＝アリー以後にいくつか創立されたが、大半は閉鎖され、種々のヨーロッパ系コロニーや宗教団体が開設した学校が取って代わった★★★★。エジプト政府もヨーロッパ諸国を範として中等教育機関や高等教育機関、専門学校を設置している。カイロには医学校が一校の

★ エジプトの貿易額（1883 年、単位フラン）

輸入	2 億 1491 万 9400
輸出	3 億 0774 万 7150
計	5 億 2266 万 6550

1880 年におけるエジプト港湾の取扱量（マッサワ、ヌビア地方、シナイ半島の諸港を除く）

隻	積載量（t）
8119	310 万 2772
8040	310 万 6543
計 1 万 6159	620 万 9315［ママ］

Cf. Amici-bey, *Statistique de la navigation dans les ports égyptiens*.

★★ 1880 年におけるエジプト海運貿易の国別構成（Amici による）

	隻	積載量（t）	構成比（%）
イギリス	2556	1 億 1295 万 3273	45.45
オーストリア・ハンガリー	744	76 万 6220	11.79
フランス	492	69 万 9288	10.76
エジプト	7156	59 万 0442	9.09
イタリア	515	42 万 2966	6.51
トルコほか	4143	41 万 2777	6.36

★★★生徒数の推移（人）

1820	3000
1866	6 万 0000
1873	9 万 0000
1878	15 万 7555、クッタープは 5370 カ所

★★★★ 1880 年における外国系の初等学校は 152 校、生徒数は 1 万 2247 人（男子 7622 人、女子 4625 人）で、うちエジプト人 6419 人、外国人 5828 人。

ほか、工科、法律、芸術・工芸、語学、測量などの専門学校がある。だが科学を真剣に学ぼうとする若者は大半がヨーロッパ系の学校を志望する。国内に卓越する外国語はフランス語だが★、新政権はとくにフランス人教授を標的に公教育予算を削減し、文民および軍事関係の学校でのフランス語使用を、多少とも長期にわたり締め出そうと狙った。

第七項　政府と行政

政体

エジプトは専制国家で、政治の伝統では、人民は租税を納め服従する権利しかない。だが非常に奇妙なことに、複雑に込み入った事情のせいで、エジプト人は誰がじぶんたちのあるじなのか、はっきり述べることができない。人々にとっては、アラブの古諺「人民は胡麻の実とおなじ。油が搾れるかぎり押しつぶせばよい★★」を繰返すだけで十分なのだ。エジプトの正式な君主はムハンマド＝アリーの一族の公子〔原著発刊当時はムハンマド・アリー朝第六代タウフィーク＝パシャ Tewfik Pasha 一八五二―一八九二〕で、副王よりも上位のヘディーウの称号を保持するが、宗主はコンスタンティノープルのスルタン〔原著発刊当時はオスマン帝国第三四代アブデュルハミト二世 Abdul Hamid II 一八四二―一九一八〕で、徴税も、貨幣の鋳造もスルタンの名のもとに行なわれる。スルタンはいまも一八〇〇万フランの貢納金を収受するが、それはイギリスの介入が彼の権力を根こそぎにしたわけではないことを示すにすぎない。なお、スルタンはこれに加えてトルコ葉タバコの輸出独占に由来する七〇〇～八〇〇万フランを受け取る。ただしエジプト国内で消費されるタバコの少なくとも四分の三は、おもに沙漠の国境地帯を経由する密輸品だ。最近まで公用語は主人の言葉たるトルコ語で、ほぼ全国民が話すアラビア語ではなかった。

英国支配

★ 1879年における新聞は29紙、うち仏語紙が9紙、アラビア語紙が7紙、イタリア語紙が5紙、ギリシャ語紙が3紙。

★★ Stephan, *op.cit.*

挿画 LVII　カイロのシタデル地区　一葉の写真をもとに、バークレイ筆
［手前に描かれているのは線路と電信柱か。
なお後景のシタデルの丘に立つのがムハンマド・アリー・モスク］

だが権力はもうスルタンにではなく、ヨーロッパ系キリスト教徒に属する。ここ数年にわたり英仏が行使してきた「共同財政管理★」では、両国それぞれの代理人が予算を管理して好きなように裁量し、もってヘディーウの権力に取って代わった。いっぽう種々の特許協約★★の条々により、ヨーロッパ人とエジプト人のあいだの係争案件は領事裁判権の管轄とされ、エジプト国内ではヘディーウの政府よりもヨーロッパ諸国が上位である。「エジプト人のためのエジプトを！」を叫んだ軍の反乱［オラービーの乱］は、けっきょく同国を再び地元のマムルーク［軍部］にゆだねる結果をもたらしただけで、彼らの圧政と強欲は、

★（訳注）1879 年 6 月にイスマーイール＝パシャを引き継いだタウフィーク＝パシャ政権のもと、英仏の監査長官が任命されて財政管理に当たったことを指すか。なおこの共同財政管理はイギリスがエジプトを軍事占領下に置いた 1882 年に廃棄され、以後はイギリス人駐在官（総領事兼代表）イヴリン＝クローマーが行政の全権を掌握した。
★★（訳注）15 世紀以降にオスマン帝国が西欧各国と結んだ治外法権を認める条約群（キャピチュレーション）。

アラブ人やサーカシア人、アルメニア人、スーダン人など他人種のマムルーク勢力に劣らなかった。以後はイギリスが単独で国内を管理しており、同国が指名する大臣たちは、正式な君主［ヘディーウ］に諮ることさえせずに、イギリスの諸法に準じて物事を決定している。ヘディーウはしかるべき待遇と引き換えに署名を厳しく求められるだけで、情けない役割に終止符を打つため退位する権利さえない。

財政

エジプトの政治情勢は、イギリス人が全面的な権力をふるう一方で、近い将来に同国から撤収し、エジプト人がかくも長いあいだ喪失してきた自治を与えるという強い決意を、あらゆる機会に表明することで、いっそう不透明になっている。またイギリスの実際に振舞うところが、その言と裏腹なのも確かである。何百人というイギリス人と、英領インドのキリスト教徒やムスリムがエジプトに到来し、従来はエジプト人やイギリス人以外の外国人が占めた官職に就いているからだ。かつて予算はまずもって高利の債権者への弁済に当てられたが、現在ではこれら新たな官僚たちへの手当が優先される。また一定程度は英軍の占領費も支弁する。だが歳出は膨大で、イギリスの国庫に食い込まざるを得なかった。女王陛下の兵士たちをスーダン地方に派兵するには、装備や弾薬を含め、少なくとも兵士一人当たり二万五〇〇〇フランが必要と算出されている。毎年の初頭に示される政府予算案は、歳入総額が歳出総額を上回る見込みになっているものの、財政状況は破綻しか手立てがないようにみえる★。一八七〇年以後にヨーロッパの諸銀行が供与した借り入れの実質金利は最低でも一二・五パーセントであり、多くの債務が［銀行の引受価格が低いため］名目金利の倍で約定された★★。自分たちの君主は世界一の金持ちだといつも信じてきた国民は、一〇年のうちに三〇億フラン近い債務を抱えることになった。これは世帯当たり二〇〇〇フランを超える金額だ。

軍

★ 1883 年のエジプト財政（単位フラン）

歳入	2 億 2011 万 5675
歳出	2 億 1454 万 7950
ダーイラ・サニーヤ公債を含む対外債務残高	24 億 2903 万 0500
内債を含む公的債務残高	29 億 0000 万 0000
王室費	250 万 0000

★★ McCoan, *op.cit.*

陸軍は旧兵力の五分の一ほどで、三〇〇〇人からなるが、警察隊としての機能に削減され、全面的な廃止の案さえある。徴兵制度は公式には撤廃されていないが、もう実効性はない。軍務を担当するのはイギリス兵で、一八八四年末で一万三五〇〇人を数え、特別警察官もイギリスから導入された。海軍は公式には一〇隻ほどの艦船をもち、兵員二〇〇〇名である。

議会

エジプト国民に対しては、自治が約束されているものの、当てにはならないだろう。四九条からなる憲法［一八八三年憲法か］こそあっても、国民が自分たちの代表を指名したり、諮問を受けることは一切ない。イスマーイールの治世下では毎年議会［名士代表諮問会議］が開催され、予算分配につき意見を述べたが、いまは開かれなくなった。だが、力づくでヨーロッパ世界の不可分の一部にされたエジプトの、国民感情が絶えず高まっているのは確実である。外国人のあるじたちは、大陸ヨーロッパ出身者のコロニーだけでなく、ますます近代の思潮に動かされつつある現地住民に依拠せねばならなくなるだろう。

宗教

エジプトのムスリムにとり、イスラーム最高位にあるのはコンスタンティノープルのシャイフ・アル・イスラーム［シェイヒュルイスラム、大ムフティとも。本シリーズ『南ヨーロッパ』二五一頁］である。イギリス政府がこの宗教指導者の裁可を求めずにエジプト諸法を変更したのは、完全に伝統に反するものだった。いっぽう、国内における最大の宗教権威はアズハル大学の博士集団に属する。「ヤコポ派［単性説派、非カルケドン派］」のコプト教会はアレクサンドリア総主教の管轄下にある。位階名とうらはらに、総主教はカイロに常駐し、ロシア正教の総主教とおなじく、修道僧から選出される。コプト聖職者は既婚者でなければならぬが、寡夫になっても再婚できず、聖職者の未亡人との再婚もできない。ローマ・カトリックに連なるコプト教徒［メルキ］はきわめて少数で、主教はなく、ローマで叙品されたひとりの司教が管轄する。

行政階層

エジプト行政はムディーリーヤと呼ばれる県に分れ、ムディールすなわち県長官が統治する。ただし大都市一個とその郊外だけからなる場合にはムハーフィズと呼ばれる。ムディーリーヤはさらにマルカズないしキスム［郡］に分れ、ナーズィルが統治する。キスムの下位が区だが、呼び名はいろいろだ。ムディールは文民行政に携わるとともに、租税を収受し、軍の指揮官でもある。県内の大立者は全員がムディールの直接支配をうける上級職だが、職務の大半をひとりのワキールすなわち副官か、租税台帳を作成する代書人の一団に丸投げする。周囲を警護するカウワースと呼ばれる警官隊はファッラーヒーン住民の秩序を保つ役目だが、住民は穏和ですぐに当局の意を迎えるため、任務は容易だ。ただし戦乱や侵攻が相次いだ近年には、デルタ田園部に盗賊団が跳梁するようになり、村が襲われ、身代金を課されるという、何世代もみられなかった現象が起きた。

村落有力階層

俸給を受け取る役人は二万一〇〇〇人と推定され、うち一八八二年には種々の国籍のヨーロッパ人が一二八〇人を数えた。だがそれに加え、租税の収受により直接に自分の懐に入れる郡部の実力者も多数にのぼる。大地主は自分の地所にある村々の本当の主人で、郡の全体をたったひとりのオムダが差配し、思いのままに租税を割り振り、賦役を課す例もある。ヘディーウとその一族の所有地に属するタフティーシュ地［灌漑区の意らしいが、大型の免税地ジャファーリク地か］は、いまやヨーロッパの諸銀行の代理人が管理するが、領主の代官が差配する点では同様だ。それ以外の村では、シャイフ・アル・バラドすなわち「民の長」が世帯集団を管理して村長の職務を行なう。シャイフ・アル・バラドが一人しかいない村もあれば、二〇人に達する村もある。理論的には住民が選出することになっているが、通例は父親から長子、あるいは血族内の年齢順に父親からその兄弟、もしくは父親から息子あるいは甥へと、権威が引き継がれる。デルタのベラリ地方など、遠隔地方のシャイフ・アル・バラドは絶対的な主人として「小さな王様」であり、住民がその決定に対し上訴する手段はない★。

★ Mackenzie Wallace, *op.cit.*

行政区分

次表は各県の面積（沙漠とオアシスを含む）とその面積、および一八八二年現在の人口である。

県	首府	面積（km²）	人口（人）	人口密度（人／km²）
下エジプト地方			387万5613	
カイロ	カイロ	20	37万4838	1万8720
アレクサンドリア、シーワ	アレクサンドリア	8万3202	23万6400	2.8
ダミエッタ	ダミエッタ	904	4万3616	47
ロゼッタ	ロゼッタ	123	1万9378	157
ビヘイラ	ダマンフール	1万0780	37万2856	35
シャルキーヤ	ザカーズィーク	4368	43万7737	100
ダカハリーヤ	マンスーラ	2061	58万4204	280
ガルビーヤ	タンター	3092	94万2167	299
カリユービーヤ	カリユーブ	822	25万5507	311
メヌフィーヤ	メヌーフ	1583	64万3934	406
スエズ地峡地方			3万2471	（推定）
ポート・サイード、イスマイリーヤ	ポート・サイード	} 6238	{ 2万1296	} 5
スエズ			1万1175	
アリーシュ	アリーシュ	8万6079	2986	0.03
上エジプト地方			264万3554	
アシュート	アシュート	12万8700	55万0275	4
ベニ・スエフ	ベニ・スエフ		{ 19万4902	
ファイユームおよびオアシス	マディーナ・アル・ファイユーム	5万0430	20万7398	} 8
イスナーおよびオアシス	イスナー	40万4557	24万5851	0.6
ギルガー	ギルガー	1万5703	51万6425	33
ギーザ	ギーザ	2万4716	27万4815	11
ケナー	ケナー	} 8万7075	{ 38万4025	} 4.5
クセイル	クセイル		2430	
メニヤ	メニヤ	11万0911	29万5073	2.6

［合計値や人口密度を計算すると合致しないものも多いが、いずれもママ］

謝辞

ナイル川流域を扱う本巻については、ガストン＝マスペロ〔フランス人エジプト学者 Gaston Camille Charles Maspero 一八四六―一九一六〕、エルネスト＝デジャルダン〔同地理学者、碑文学者 Antoine Émile Ernest Desjardins 一八二三―一八八六〕、アンリ＝デュヴェリエ〔同旅行家、地理学者 Henri Duveyrier 一八四〇―一八九二〕各氏による貴重な注記により、内容を豊かにできたのは、筆者の幸せとするところであり、深甚の謝意とともにお名前を挙げさせていただく。またボノラ氏〔Bonola 不詳〕、アミチ氏〔Amici 不詳〕、シェリュ氏〔Chélu 不詳〕らエジプト在住のヨーロッパ人から文献類をご恵投いただいたほか、誤りをご教示いただいた。ヨーロッパではこれまで同様にメーチニコフ氏〔ロシア人革命家、地理学者 Léon Metchnikov 一八三八―一八八八。明治政府お雇い外国人教師（東京外国語学校魯語科）として一八七四年から一年半滞日し、帰欧後ルクリュの助手として研究・執筆活動にたずさわった〕、センソ氏〔Senso 不詳〕、ペロン氏〔スイス人製図師、アナキスト Charles Perron 一八三七―一九〇九。新世界地理の地図の多くが彼による〕、エリー＝ルクリュ〔著者の長兄でジャーナリスト、文筆家、民族学者、アナキスト Élie Reclus, Jean-Pierre Michel Reclus 一八二七―一九〇四〕、シャルル＝シファー氏〔Ch. Schiffer 不詳〕、ポルゲール氏〔Polguére 不詳〕、セウニ氏〔Ceugney 不詳〕から種々ご協力を頂戴した。アビシニアおよびアラビア系の名称に関する綴り字法に統一性を欠く点については、読者ならびに批評家の皆様、とくにアンリ＝デュヴェリエ氏に対し、弁解せねばならないが、しかし研究者が外国名の転写方式を確定するまでは、慣用に沿うのが便利ではないだろうか。

訳者あとがき

本書は十九世紀のフランス人地理学者、アナキスト思想家エリゼ・ルクリュ（一八三〇—一九〇五）による『新世界地理』の第十巻（*Nouvelle Géographie Universelle*, tome X, "Afrique Septentrionale, Première partie, Bassin du Nil: Soudan Égyptien, Éthiopie, Nubie, Égypte", Paris: Hachette, 1885, 635p.）の全訳です。シリーズ中最も短い巻で、二章しかなく、ナイル川の源流地方から三角州まで叙述する筋運びは、流域をもって記述単位とする原則が明瞭です★。他巻でも流域を記述単位とする姿勢はみられますが、一巻まるごとを単一の河川に当てるのは本巻のみです。ルクリュは三〇代の終りに『ある小川のおはなし★★』という、源流の最初の一滴から海に到るまでを描いた子供向けの散文詩を出版していますが、それと似た流れかもしれません。

河川と逆に、山系を筋立ての骨格にした巻としては、アンデス山系に沿って記述した第十八巻がありますが、そちらは各国別の章立てになっています。本巻では流域の各国や地方が第二章の節として記述されていますので、他巻の節に相当する自然、住民、物産や行政などは項になるため、小見出しを偶数ページに表記しました。第一章の節と項、および第二章の項は訳者によるものです。

原著の副題をそのまま訳出しますと、「エジプト領スーダン、エチオピア、ヌビア、エジプト」になりますが、当時の白ナイル川流域はマフディーの乱による紛争のさなかで、原著が刊行された一八八五年の一月二十六日にゴードンがカルトゥームで戦死し、スーダン方面は十九世紀末までマフディー勢力の影響下でした。ムハンマド・アリー朝下のエジプトが南方資源を求めたさい、単に進駐して鉱物資源を押さえるにとどまらず、大規模な奴隷狩りをひき起こし、惨禍をもたらした様子が活写されています。中近東で黒人奴隷の需要が急増したというより、むしろ慢性的な供給不足が背景かもしれませんが、見逃せないのは、兵士が戦乱を生んだだけでなく、戦乱が兵士を生

★ ただし当時のエチオピアについては、紅海沿岸部ほかも含みます。191 頁。
★★ Élisée Reclus, *Histoire d'un ruisseau*, J. Hetzel, 1869.　石川三四郎『アナキスト地人論』書肆心水、2013、209 頁に紹介があります。

む機巧のように思われます。郷村の持続可能性を破壊された人々が、生きるために、略奪する側へ身を投じて他部族の生産手段を破壊し、それがまた流民を生んで、破壊の拡大再生産サイクルが回転する状況は、現今のさまざまな内戦とあまり変わらないようにも感じられます。違うのは人身売買という経済行為が大きな契機だった点で、現在の南スーダン共和国にあったゼリーバの多くが、今日では跡形もない無人の地になっているのは、まさに地理的状況が変化した結果とも言えます。

第一次大戦前のエジプトの対外債務のうち、対仏債務は三三億フラン内外に対し、対英債務は四五〇〇万ポンド弱すなわち一一・三億フランで、およそ三分の一でした★。フランスがエジプトに対する最大の債権国だった点に言及がないのは、当時の読者にとり自明だったからでしょうか。いっぽうイギリスからみれば、エジプト問題はまさにインド問題でした。エジプトの貿易総額（輸出入合計）が五億フラン程度なのに対し、インドの海運貿易額が三一億フラン、また自国投資家による対印投資額がエジプトの八倍であってみれば★★、イギリスにとりエジプトは、「インドへの道」としての確保が第一の関心事だったでしょう。

あらためていうまでもなく、当時の国際関係の絵柄は今日と全く違いますが、にもかかわらず、世界各地に関する私たち自身の認識を、時空の二軸のなかに相対化するひとつの参照点として有効性をそなえることが、ルクリュの世界地誌がもつ精神衛生上の（あるいは教養としての）効用かもしれません。つまりは私たち自身を知るうえで「役に立つ」かもしれぬのですが、おそらくそれは、原著発刊当時のフランス人読者にとっても同じだったと思われます。本巻でルクリュは時間軸（人類史）の始点をエジプトに設定し、その古代文明がヨーロッパに何を遺贈したのか、読者の注意を喚起することで、「十九世紀の今日」の相対化を促しているようにも見えます。

いっぽう、参照点として有効であるには、彼の視点なり態度なりが「健全」なことが大事と思われます。二十一世紀の今日でもルクリュの言説に説得性があるとすれば、それはフランス人、地理学者、アナキストといった立場を越え、まずもって自由な人間としての良識に立脚しようと努める態度によるところが大きいかもしれ

★ ハーバート・ファイス『帝国主義外交と国際金融 1870-1914』柴田匡平訳、筑摩書房、1992、15 頁表 1･2 および 37 頁表 2･3。換算は平価ベース。

★★ イギリスの対印、対埃投資額は同前。エジプトの貿易額（1883 年）は本書 598 頁脚注★。インドの海運貿易額（1880-81 年度）は本シリーズ『インドおよびインドシナ』634 頁脚注★より。

ません。

その態度が何に由来するかを想像しますと、アナキストとして当時の政治・社会体制から、科学を奉じる者としては宗教から、自らをはじき出す一方で、在野の自学自習者として官学アカデミズムから、そして流刑者として母国から、はじき出されたことと、あながち無関係ではないように思われます。つまり、もろもろの強大な共同幻想から自らを疎外しあるいは疎外された状況が、彼の自由な精神の代償だったとすれば、かなり現代思想的な立ち位置に近かったかもしれません。

二章十節エジプトの地名や固有名詞については、早稲田大学地域・地域間研究機構招聘研究員、シリア日本国大使館一等書記官鈴木恵美博士から、綿密な照査にもとづくご教示を頂きました。ただし懇篤詳細なご教示にもかかわらず、他巻での表記などに合わせ我意を通した表記もあり、責任はかかって訳者にあります。

編集作業は元古今書院編集部関田伸雄様が引き続きご担当くださいました。地球とは何か、人間とは何か、という問いは単純ですが、地理学とくに地誌のばあい、まずは個別具体の土地と人々が観察と記述の対象になりますので、答えは膨大にならざるを得ない側面があります。訳稿は爪の先ほどに納まるデジタルデータですが、その情報を本というハードウェアにまとめ上げる作業量も大きいはずで、本シリーズ企画段階から七年にわたりご尽力いただき、感謝申し上げます。

なお本巻で『北アフリカ第二部』の表記から訂正した名詞は以下です。

『北アフリカ第二部』　本巻
シルーク人　↓　シッルク人
シワ・オアシス　↓　シーワ・オアシス
ダケル・オアシス　↓　ダーヒラ・オアシス

マフディ　↓　マフディー

ユピテル＝アモン　↓　ゼウス＝アモン

二〇一九年七月　若里の研究室にて

訳　者

正誤表『ルクリュの１９世紀世界地理　『南ヨーロッパ』

頁	行	誤　→	正
２９９	９	慨史	概史
３１４	図４６第三凡例	アルプス山脈 のこなたの「イタリア」	アルプス山脈 のかなたの「イタリア」
４５９	脚注★２行目	457 頁	467 頁
５０２	図９３	ヴェズーヴィオ山]	ヴェズーヴィオ山
５５７	１	アドリア海	アフリカ海域
６７９	図１２１内	サンチアーゴ	サンティアゴ
７００	２０	カンポ・デ・カルトラバ地方	カンポ・デ・カラトラバ地方
９８１	３	マジョルカ	マヨルカ
９９９	３	méridrionale	méridionale
１００１	７	問いを建てる	問いを立てる
索引５５	項目バイロン	413, 459	413, 459, 467

２９９頁、３１４頁、５５７頁の訂正は文教大学教育学部三木一彦先生のご指摘による。

（2019 年 7 月 31 日現在）

５０２	９	レウニオン島	レユニオン島
５０７	１	尊宗	尊崇
５１０	脚注★★★	poéside	poésie
５２１	脚注★★★	Madoras	Madras
５２５	脚注★★	*Taylor,*	Taylor,
５３４	９	尊宗	尊崇
５４４	４	尊宗	尊崇
５４７	１４	レウニオン島	レユニオン島
５６６	１２	カンディ	キャンディ
５７６	５	尊宗	尊崇
５７９	２０	カンディ	キャンディ
５８２	挿画 LIV	カンディ	キャンディ
５８４	３	カンディ	キャンディ
５８６	脚注★	カンディ	キャンディ
５９５	１０～１１	モルティヴ諸島	モルディヴ諸島
６１０	脚注★	レウニオン	レユニオン
６２５	脚注★★★★	Trübuner	Trübner
６３７	１３	アウド地方	アワド地方
６４８	１２	尊宗	尊崇
６４９	１３	尊宗	尊崇
６５０	３、６	尊宗	尊崇
６６０	脚注★★★	Carcin de Tassy	Garcin de Tassy
６６２	２	カンディ	キャンディ
６６３	図１５２	カンディ	キャンディ
６９７	１４小見出し	トゥンサ人	トゥンスー人
７０３	９	加工にも	河口にも
７０６	脚注★	*Britannica; Oscar Peschel,*	*Britannica*; Oscar Peschel,
７１３	図１６３	［バッティマル島］	［バッティマリ島］
７８０	１６	尊宗	尊崇
７８２	４、１０	尊宗	尊崇
７９０	５	尊宗	尊崇
８４２	２０	尊宗	尊崇
８８３	１５	尊宗	尊崇
９０９	表 A.セイロン	カンディ	キャンディ
９１５	８	エイヤーワディ川	ブラフマプトラ川
９１６	１６	尊宗	尊崇

１０６頁、７０３頁および「レウニオン島」→「レユニオン島」、「カンディ」→「キャンディ」の訂正は文教大学教育学部三木一彦先生のご指摘による。

（2019 年 7 月 31 日現在）

正誤表『ルクリュの１９世紀世界地理　『インドおよびインドシナ』

頁	行	誤 →	正
目次 xviii	１２	トゥンサ人	トゥンスー人
７	６	マルドブラン	マルト＝ブラン
１５	図３	モン［旧ニカエラ］	モン［旧ニカエア］
６９	６８頁脚注★★	カンディ	キャンディ
８７	４	尊宗	尊崇
８８	５	尊宗	尊崇
１０６	１５	セラック［搭状	セラック［塔状
１１８	１９	尊宗	尊崇
１３０	７	アンズはの屋根の上	アンズは屋根の上
１４２	５	尊宗	尊崇
１５８	５	地方になく。	地方になく、
１６６	６	尊宗	尊崇
２０６	１７	尊宗	尊崇
２２６	１２	尊宗	尊崇
２２８	４	尊宗	尊崇
２２９	４	マルワーリ人か、あるいはラージプート	マルワーリ人、すなわちラージプート
２３８	脚注★	Culcucutta	Culcutta
２６４	図６３基準線	50m	50km
２６６	図６５基準線	20m	20km
２７１	１６	尊宗	尊崇
２７５	１７	尊宗	尊崇
２７７	２０	尊宗	尊崇
３０２	１０	尊宗	尊崇
３１１	５	尊宗	尊崇
３１６	６	レウニオン諸島	レユニオン島
４１４	１７	尊宗	尊崇
４２３	１８	尊宗	尊崇
４２８	３	尊宗	尊崇
４５３	１３	暗闇の対照は。	暗闇の対照は、
４５５	８	レウニオン島	レユニオン島
４６５	４	尊宗	尊崇
４８３	１３	尊宗	尊崇

正誤表『ルクリュの１９世紀世界地理　アメリカ合衆国』

頁	行	誤	→ 正
xxiv	右欄４０	バーユート	パイユート
6	１６	ラフン［デンマーク人啓蒙学者 Carl Gottlob Rafn 一七六九－一八〇八］	ラフン［デンマーク人歴史家・言語学者 Carl Christian Rafn 一七九五－一八六四］
７２	５	補足	捕捉
１０９	７	チクチャク山地	シクショク山地
１２９	２０	王党派	忠誠派
１５２	図２６中央上	セントジョンズ川	セントジョン川
１５９	脚注	South Carolia	South Carolina
２０１	２	王党派	忠誠派
２６０	図５７	ラパハノック川	ラパハノク川
２６７	図６０	現ハンプトン退役軍人センター	現ハンプトン退役軍人医療センター
２７５	図６４左上	ポートロイヤル島	ポートローヤル島
３２９	１７	搭形	塔形
３６５	図９７右下	1736 万㎥／秒	1 万 7360 ㎥／秒
４２０	２０	ジョージア湾	ジョージアン湾
４２３	１１－１２	セントマリー川	セントメアリーズ川
４３２	１７	合流する	合流する。
４９１	１８	ミナス湾	マイナス湾
５４１	１３	一体の	一帯の
６３８	脚注★★	*Henry Gannett*	Henry Gannett
６７３	１	王党派	忠誠派
６９８	１３	かつてあればどの	かつてあれほどの
７１１	１８	所用の	所要の
７２１	２	シチリア	シチーリア
７２６	脚注次頁★４行目	1991 年７月	1891 年７月
７８８	脚注	21 fèv. 1891	21 fév. 1891
７９０	３１	ルイズヴィル	ルイヴィル
８２９	１６	pp.861-908	pp.868-901
８３０	２	死刑	終身流刑
索引６	項目ヴィルヘルム二世	ヴィルヘルム二世 Wilhelm II	ヴィルヘルム一世 Wilhelm I
索引３５	項目ハドソン湾	３３５	３０２，３１３，３３３
索引５４	項目ロウワー半島	Lower Peninsule	Lower Peninsula

７２頁、３２９頁、４３２頁、５４１頁の訂正は文教大学教育学部三木一彦先生のご指摘による。

（2019 年７月 31 日現在）

正誤表『ルクリュの19世紀世界地理　北アフリカ第二部―トリポリタニア、チュニジア、アルジェリア、モロッコ、サハラ―』

頁	行	誤 →	正
口絵1	右頁中央	エル・ジェム（ティドルス）	エル・ジェム（ティスドルス）
〃	左頁中段やや右	ジェベル・ハルファ	ジェベル・ハルーファ
7	１９	腐食土	腐植土
２８	４	腐食土	腐植土
７８	１６	ショフラたち	ショルファたち
１２９	３	搭状	塔状
１３９	１０	第六位	六分の一
１５２	８	水紋	水文
１６５	脚注★★	Gégraphie	Géographie
１７８	脚注★	Letourneudx	Letourneux
２２２	脚注★	compare de la provice	comparée de la province
２５０	２０	尊宗	尊崇
２５９	２	腐食土	腐植土
３０５	図５０上段	パリ子午線からの東経	パリ子午線からの西経
〃	〃　下段	グリニッチ子午線からの東経	グリニッチ子午線からの西経
３４３	脚注★★★	p.18	p.18.
３４６	脚注★	l'clipse totale	l' éclipse totale
４１０	１３	コンスタンティンが	コンスタンティンヌが
４４９	脚注★★	Mondes. 1873.	Mondes, 1873.
４８６	図８９上段	パリ子午線からの東経	パリ子午線からの西経
６１３	9	Eugene	Eugène
６８３	図１３１右上	アド・アクライム	アド・アクイラム
７３７	１８	一八五二か］	一八五二］
〃	１９	一八七五か］	一八七五］
索引１	項目アイト・ジェナド族	Aït-Djenad, Aït-Djenad	Aït-Djenad
索引４６	項目ブレド・エッ・スーダン	Ble es-Soudan	Bled es-Soudan

7頁、２８頁、４０頁、１２９頁、１５２頁、２５０頁、２５９頁の訂正は文教大学教育学部三木一彦先生のご指摘による。

（2018年4月22日）

５８７	9	科学で産業も	科学も産業も
６０３	１８～１９	挿画ＬＸＸＸⅧI	挿画ＸＣ
６４８	１４	科学的地知識	科学的知識
６５１	脚注４行目	Johon Murray	John Murray
７９４	7	表れる	現れる
８０２	１６	施行された	公布された
８０５	1	ある［不詳］。	ある［国民軍］。
８１１	9	ヤン氏	楊氏［清国官僚楊文會一八三七――九一一］
８１２	3	Gèographie	Géographie

楊文會、曾紀澤は亜細亜大学国際関係学部青山治世先生のご教示による。
葱嶺は信州大学経営大学院今村英明先生のご教示による。
国民軍は亜細亜大学法学部今津敏晃先生のご教示による。
８０２頁の訂正は文教大学教育学部三木一彦先生のご指摘による。

（2018 年 4 月 22 日）

正誤表『ルクリュの19世紀世界地理　東アジア—清帝国、朝鮮、日本』

頁	行	誤 →	正
目次ii	１６	チョナ・ジョン	チョナ・ジョング
xvii	右欄１５	随行員ヤン氏	随行員楊［文會］氏
xvii	右欄１６	パリ公使ツェン氏	パリ公使曾［紀澤］氏
１	９	ツン・リン	葱嶺（ツン・リン）
８	図１	カブール	カーブル
１８	１３	ヒンドゥー語	ヒンディー語
２１	１７	一八三七——九一八	一八三七——九〇八
３６	１１	ムル山	メール山
５１	３－４	ゴードン［イギリス軍人・探検家 Thomas Edward Gordon 一八三二－一九一四］ →	ゴードン［イギリス人土木技術者 Robert Gordon 生歿年不詳］
９０	９（小見出し）	チョナ・ジョン	チョナ・ジョング
１０６	２	砂が多い	砂が覆い
１０７	８	ツン・リン	葱嶺
１９０	図３７	ウリアンハイ人	ウリヤンハイ人
〃	〃	カルムーク人（オイラート人）	カルムイク人（オイラト人）
１９９	１９	ヒンドゥー語	ヒンディー語
２１７	１７	［広寧県、現北寧］	［広寧県、現北鎮市］
２１８	２	中国諸州	中国諸省
２２０	図４１	トゥキシア	トゥシキア
２３９	５	ヒンドゥー語	ヒンディー語
２５１	脚注★★	Girsebach	Griesbach
２８５	６	P?rocheau	Pérocheau
３１６	９	バレイショ［馬鈴薯］	サツマイモ［薩摩芋］
３５９	図出所	ダヴィットによる	ダヴィッドによる
３９３	図７４（注）	１０］倍で表示	１０倍で表示
４７６	４	ヒンドゥー語	ヒンディー語
４８６	１６	「睡蓮の茎［蓮峰山］」	「蓮花茎」
４８８	１１、１４	カモインス	カモンイス
４８８	１３	「白い雉鳩の園	「白鴿巣公園
５１７	図１０４	●洲島	澀洲島
５８１	挿画 LVIII	随行員ヤン氏	随行員楊［文會］氏
５８２	脚注★	aug. 1881.	Aug. 1881.
５８６	挿画 LIX	パリ公使ツェン氏	パリ公使曾［紀澤］氏

著者紹介

エリゼ・ルクリュ Élisée Reclus　(1830-1905) はフランスの地理学者で、アナーキズム思想家としても著名。近代地理学の祖のひとりカール・リッターの直弟子。若くしてドイツ、イギリス、アメリカ合衆国などを遍歴し、語学を磨きながら見聞を広めた。人種や宗教上の偏見と先入観から驚くほど自由なコスモポリタンで、世界共通語、環境問題など多面的、かつ先進的な問題関心をそなえ、国際教養人のロールモデルとも言うべき現代性をもつ。

訳者紹介

柴田匡平（しばた きょうへい）

信州大学学術研究院社会科学系教授、1955 年秋田県生まれ。

1979 年東京大学教養学部（人文地理学教室）卒業後、1 年ほど川崎重工業㈱アルジェリア国営エル・ハジャル製鉄所第 2 製鋼工場建設サイト事務所勤務。ロンドン・スクール・オブ・エコノミクス大学院研究生を経て 1981 年東京大学教養学部助手、84 年信州大学経済学部講師、助教授。92 年ヨーロッパ大学研究所客員研究員、93 年ポートランド州立大学客員教授、97 年信州大学教授。日仏地理学会、日本地理学会会員。主な訳書にハーバート・ファイス『帝国主義外交と国際金融 1870-1914』(1992 年筑摩書房)『オックスフォード地理学辞典』(田辺裕監訳、共同編集 2003 年朝倉書店) ポール・クラーク『買うべき旅客機とは』(2013 年イカロス出版) ほか。

シリーズ名　**ルクリュの 19 世紀世界地理　第 2 期セレクション 1**

書　名　**北アフリカ第一部**—アフリカ総説、ナイル川流域：大湖沼地方、エチオピア、スーダン、エジプト—

コード　ISBN978-4-7722-9015-9　C3325

発行日　2019（令和元）年 11 月 20 日　初版第 1 刷発行

訳　者　**柴田匡平**

Copyright　©2019　SHIBATA Kyohei

発行者　株式会社古今書院　橋本寿資

印刷所　三美印刷株式会社

製本所　渡邉製本株式会社

発行所　**古今書院**

〒 113-0021　東京都文京区本駒込 5-16-3

電　話　03-5834-2874

ＦＡＸ　03-5834-2875

振　替　00100-8-35340

ホームページ　http://www.kokon.co.jp/

検印省略・Printed in Japan

索　引

[* 印は当該項目の詳細な記述の箇所である。
なお「・」や「＝」、長音などは項目の配列順に影響を与えないが、
「山」「川」「人」「語」などは語句の一部として並べてある]

あ

アイ Ayi（イェイ川別称）73
アイギュプトス Aïguptos 488
アイケル Ayikel（チェルガ）251
アイスランド Islande 466
アイレト村 Aïlet, Aylet 271-272
アイン el aïn 479
アイン山 djebel el-Aïn 385, 389, 390, 405
アヴァリス Avaris 577
アヴェルガレ Avergalé 281
アウェン山 mont Aouen 210
アウグストゥス帝 Augustus 511, 588, 591
アウサ湖 lac d'Aousa（アッベ湖）287
アウジラ・オアシス oasis d'Aoudjila 473
アウラーゲン人 Aourâghen、アウリーガ人 Aourîgha 1
アウラード・アリー族 Aoulad-Ali 496
アウラード・マスル Aoulad-Masr 491
青ナイル川 Nil Bleu 74-81, 109, 115, 209, 257, 281, 283, 305, 322, 333, 360, 367 → アッバウィ川、バフル・アル・アズラク
アガウ語 agaou 304
アガウ人 Agaou, Agau *224, 225, 226, 227, 231, 258, 262, 297, 298, 343, 354
アガウメデル州、地方 Agaoumeder, Agawmeder 224, 258, 281, 343
アカ人 Akka, Aka 32, 127, 326
アガメ Agamé 281
アガリン族 Agalin 352
アガル人 Agar 169
アカンヤル湖 Akanyarou, Akanyaru 54
アキク Akiq、アギグ 'Agig 351, *382-383
アキト Akito 419
アクスム Aksoum, Axoum 83, 239, 240, *264-266, 281, 352
アクスム王国 Empire aksoumite 83, 264, 347
アクティウム Actium 591
アクリマタシオン庭園 Jardin d'acclimatation 353
アグルード村 village d'Agerout 571
アグールミー Agermi, Aghurmi 544
アクロケラヴニア人 Arnautes, Acroceraunians 391
アケセメ Akesemé（アクスム）264
アサイマラ Asaïmara 292
アサースィーフ Assassif 533, 534
アサヒアン Asahian 292
アサレ湖 Lake Assale, Asale 212, 279
ア・ザンデ人 A-Zandé（ザンデ人） → ニアムニアム人
アジア Asie 2, 4, 5, 7, 18, 19, 27, 31, 40, 42, 49, 131, 226, 239, 367, 439, 448, 452, 457, 485, 493, 497, 515, 529, 559, 575
アジア人 Asiates 533
アシェテン山地 montagne d'Acheten 261
アシェルソン Ascherson, Paul F. A. 484
アシャ川 Acha、アシュワ川 Achwa 65 → アスワ川
アシャンギ湖 Achangi, Ashenge 207, 209, 261
アシャンティ人 Achanti 41
アシュート Sioût, Assioût 112, 405, 411, 488, 489, 503, *540, 541, 545, 591, 597, 604
アシュファ Achfa, Ashfa *258, 259, 281
アシュムネイン Achmouneïn, el-Ashmounein 545
アシール山地 montagne d'Asir 5

アスタピュス川 Astapus（ソバト川古称） 77, 330
アスタボラス川 Astaboras（アトバラ川古称） 82, 330
アズハル大学 université d’el-Azhar 502, *565, 580, 598, 602
アズハルのモスク mosquée d’el-Azhar 563, *565
アズ・ヒッベス Az-Hibbès（ハバーブ人） 229
アスファルティテス湖 lac Asphaltite（死海古称） 212
アスマラ Asmara 270
アズマラ azumara 216
アズマリ azmari 239
アスワ川 Asoua *65-66, 147, 153, 156, 157
アスワン Asouân *88-90（第一瀑流）, 92, 109, 112, 415, 416, 420, 437, 444, 457, 459, 461, 467, 487, *523-525, 577, 595
アダイル人 Adaïl、アダル族 Adal（アファル人） 291, 314
アダリ Adari、アダル Adar（ハラル） 308
アダル・スルタン国 Sultanat d'Adal 240, 313
アチェフェル地方 Atchafer, Atchefer 257, 281
アチョリ人 Acholi → シュリ人
アツェガ Atsega 277
アツェビデラ Atsebidera 267
アッカラ人 Akkara 161
アッサカ Assaka 61
アッ＝サヌースィー El-Senussi, Sidi Mohammed ben Ali 500
アッサブ Assab 43, 191, 285, 307, *315-319, 328
アッ・サフィ El-Safi, Es-Safi 400
アッ・サフィヤ As Safiyah 400
アッサマ assama 256
アッサム川 Assam 263
アッサル湖 lac Assal *286, 314
アッ・シウート As-Siout（アシュート） 540
アッジャール地方 Âzdjer 28
アッシリア Assyrie 529, 573
アッシリア語 assyrien 510
アッシリア人 Assyriens 587
アッ＝スール Es-Soûr 370
アッ・スワーン As-souân → アスワン
アッセボ人 Assebo 303
アッターカ山 djebel-Attaka 462, 572
アッ・ダーミル Ed-Damer, Ad-Damir, Ad-Dāmar *377, 382
アッテグラ Attegra 267
アッバウィ川 Abâï, Abbay *77-81, 201, 209, 222, 233, 251, 253, 255, 256-258（流域の集落）, 280, 282, 283, 284, 288, 298, 303, 320, 322, 323, 332
アッバ・ジファル王国 royamue d’Abba-Djifar 323, 325
アッバースィーヤ el-Abbasisieh 567
アッバ・ヤレド山 Abba-Yâred, Abba-Jared 205
アツビ Atsbi 267
アッベ湖 Abbe, Abhe Bad 287
アッラー Allah 229, 255, 310, 392, 427
アッ・ラハド el-Rahad 386
アディオ人 Adio（マクラカ人） 166
アディグラト Addigrat, Add’Igrat, Adigrat *267, 277, 281
アディスアベバ Addis-Abeba → フィンフィネ
アディフワ川 Addifouah 307
アテティエ女神 Atetié 301
アデト Adet 281
アテナイ Athène（アテネ古称） 50, 581
アテナ女神 Athéné 581
アデル人 Adel（アファル人） 291
アデン Aden 4, 43, 311, 312, 315, 319
アデン海峡 manche d’Aden 38, 294
アテン神 Aten 545
アデン湾 golfe d’Aden 189, 191, 282, 283, 477
アド・アリ族 Ad-Ali 291, 314
アドイマラ Adoïmara 292
アドゥリス人 Adulitains 228
アドゥリス湾 baie d’Adulis（ズラ湾） 195, 210, 268, *276-279, 293, 374
アトサガ Atsaga 270

アドナイ神 Adonaï 545
アトバラ川 Atbâra, Atbara *81-84, 109, 112, 115, 231, 251, 281, 329, 330, 331, 333, 352, 353, 354, 360, 371-374（流域の集落）, 377, 415, 426, 429, 437
アドヒアン Adohian 292
アトフィーフ Atfieh, Atfih 479
アトフィーヤ Atfeh 507
アトムル地方 Atmour *421-423, 425, 427
アトラス山脈 Atlas 3, 7, 18, 24
アトラト川 río Atrato 51
アトリビス Athribis 578
アードワ Adoua, Adwa *263-264, 267, 269, 270, 277, 281
アドーン神 Adôn 545
アヌビス神 Anubis 540
アノボン島 Annobom, Annobón 14
アハガル山地 Âhaggar（ホガル山地）7, 28
アバサンボ abasambo 222
アバシュ山 Djebel-Abach 334
アバー島 île d'Abba, Ābā 184, 392
アパブ川 Apabou 72
アバブデ人 Ababdeh 430, *436-437, 496, 527
アハメス Ahmès fils d'Abana 527
アバルゲス＝デ＝ソステン Abargues de Sostén, Juan V. 205, 307
アビイ・アッディ Abbi-Addi, Abiy Addi 263, 277, 281
アビシニア Abyssinie 5, 35, 118, *189-280（二章五 — 一節〜五 — 二節）, 285, 288, 289, 297, 300, 301, 305, 320, 324, 343, 346, 350, 377
アビシニア人 Abyssins 83, 182, 191, 192, 222, 223, *224-247（二章五 — 二節三項〜四項）, 247, 251, 261, 272, 270, 290, 293, 298, 303, 304, 306, 325, 331, 337, 346, 347, 348, 353, 364, 373, 374, 563 → エチオピア人
アビシニア大主教 patriarche d'Abyssinie 240 → アブーナ
アピス神 Apis 552
アビドゥ Abydos 449, 522, *538-540
アビドゥの王名表 table d'Abydos 539
アブー Abou 525
アブアーディーヤ abadieh 504, 522
アフ・アバド Af-Abad 277, 377
アブー・アフラズ村 Aboû-Ahraz 365, 373, 376, 382
アファル人 Afar 191, 206, 210, 211, 231, 285, 286, *291-294, 314, 315, 317, 319, 328, 356
アフェル人 Afer（アファル人）291
アフォジュ族 Afodju 163
アブー・オドファ Aboû-Odofa, ‘Utfa 336
アブカヤ族 Aboukaya 169
アブー・キール Aboukir, Abū Qīr 454, 582, *584, 591
アブー・ギルグ Abou-Girg, Abu Jirj 547
アブー・キール湖 lac d'Aboukir r 107, 583, 584, 585
アブー・キール岬 cap d'Aboukir, Abu Qīr 105
アブー・ゴッシ Aboû-Gossi 440
アブー・ザイド Aboû-Zaïd 364
アブー・ジェリド族 Aboû-Djerid 351
アブー＝ジャアファル＝アル＝マンスール Abū Ja‘far ‘Abd Allāh ibn Muḥammad al-Manṣūr 512
アブー・シール Aboũ-Sîr 88
アブー・シン Aboû-Sin *373, 382
アブー・シンベル Aboû-Simbel、アブシンベル Abou Simbel 445 → イブサンブル
アブー・スィール Abousir 592
アブス族 Abs（バヌー・アブス族）493
アブー・スーマ湾 baie d'Aboû-Sômèr 536
アブー・スワイル・アル・マハッタ Abu Suwayr al Mahattah 573
アブー・ダナブ Aboû-Danabu 332
アブー・ティーグ Aboutig, Abu Tij 540, 591
アブー・ディバーブ水路 canal d'Abou-Dibab 583
アブデュルハミト二世 Abdul Hamid II 599
アブデラスル村 Abouderasoul, Abderasoul 308, 322
アブー・ドゥム Aboû-Doûm、アブドゥム

Abdûm 440
アブーナ aboûna（アビシニア大主教） *242-243, 256, 258, 265, 326
アブーナ・ユースフ山 Aboûna Yôsef, Abuna Yosef 209
アブー・ハブレ khôr d'Aboû-Hablé 386, 400
アブー・ハメド Aboû-Hamed, Abu Hamad 85, 332, 367, 420, 421, 423, *438, 440
アブー・ハラズ Abu Haraz, Abou-Haraz 365, 399
アブー・ハラズ川 Abou-Ahraz, Abu Haraz 81
アブヘルバド湖 Abhelbad（アッベ湖）287
アフマディー学院 école el-Ahmadi 580
アフマド＝グラニェ Ahmad Grañhé 240, 301, 305, 320, 321
アフマル山 djebel el-Ahmar 466
アフミーム Akhmin, Akhmîm *540, 591
アフメド＝パシャ Ahmed-pacha 82
アブラ川 Aboula（オモ川）285
アブー・ラムリーヤ Aboû-Ramleh 333, 338
アブー・ラワーシュ Aboû-Roach, Abou Rawash 555
アフリカ大湖沼 région des grands lacs → 大湖沼地方
アフリカ大地溝帯 Great Rift Valley 208
アフリカ探検協会 Association for Promoting the Discovery of the Interior Parts of Africa, the African Association 46
アプリマク川 Apourimac, río Apurímac 51
アフル・アル・ワバル族 Ahr el-Wabar 493
アブー・ローフ族 Aboû-Rôf 186, 333, 354
アポリノポリス・パルヴァ Apollinopolis Parva 535
アポロニポリス Apollonipolis（エドフ古称） 526
アマゾン川 fleuve des Amazones 50, 51, 105
アマディ A-madi, Amadi 168-169
アマニシャケト Amanishakheto 358
アマム人 Amam 179, *182
アマラ Amarah、アマラ・ウェスト Amara West 443
アミデブ Amideb 377
アム人 Amou 533
アムハラ語 amhariña, amharique 224, *234, 325
アムハラ人 Amhariniens 236, 290, 298, 320
アムハラ地方 Amhara 218, 233, 234, 281, 300
アムル Amrou, 'Amr ibn al-'As 457, 493, 508, 511, 512, 513, 559, 563, 567, 579
アムル・イブン・アル・アース・モスク mosquée Amr ibn al-As 567
アメリカ合衆国、米国 États-Unis 238, 247, 590
アメリカ先住民 Peaux-Rouges 395
アメリカ大陸 deux Amériques 5, 19, 24, 35, 42, 43, 448, 486
アメンエムハト三世 Amenemhat III 91, 99, 439, 443, 444, 548
アメンホテプ二世 Amenhotep II 533
アメンホテプ三世 Amenhotep III 529, 552
アモシス Amosis 527
アモリテス人 Amorrhéens, Amorrites 530
アモレ amolé 262
アモン神、神殿 Ammon 419, 469, 528, 541, 544
アモン＝ラー神 Ammon-Ra 439, 445
アヤク Ayak 169
アラク arak 434
アラケル＝ベイ Arakel-bey 269
アラジュ el-Aradj *468, 473
アラタ Alata 79
アラトゥ族 Alatou 322
アラトス Aratus, Aratos 587
アラバ・アル・マドフーナ Harabât el-Madfouneh, el Araba el Madfuna 538
アラバストロン Alabastron 463
「アラビア」側（ナイル東岸）rive «arabique» 92, 416, 456, 459, 462, 463, 465, 479, 481, 496, 511, 535, 536, 545, 546, 547, 572
アラビア語 arabique 1, 41, 132, 189, 234, 255, 293, 310, 341, 344, 352, 354, 368, 390, 394, 409, 416, 431, 432, 434, 436, 489, 492, 502, 513, 524, 544, 565, 599
アラビア半島 Arabie 2, 4, 18, 200, 212, 216,

218, 224, 225, 239, 265, 272, 274, 308, 310, 311, 319, 320, 351, 352, 353, 354, 379, 394, 410, 416, 462, 535
アラブ人 Arabs（アフリカ総説）23, 28, 30, 40, 41, 84, 93, 96;（大湖沼地方）116, 121, 122, 126, 127, 130, 131, 134, 137, 138;（河川地方）148, 150, 152, 154, 159, 163, 164, 166, 169, 170, 174, 176;（ソバト川、ヤル川流域）179, 180, 181, 182, 184, 186;（エチオピア）189, 192, 221, 228, 231, 233, 241, 293, 317;（上ヌビア地方）333, 341, 343, 344, 346, 347, 348, 351, 352, 354, 357, 362, 364, 366, 368, 369, 373, 374, 380, 381, 382;（コルドファン地方）387, 391, 395, 396;（ダルフール地方）409, 410;（ヌビア地方）425, 427, 428, 435, 436, 437;（エジプト）457, 461, 479, 481, 489, 493, 495, 496, 499, 502, 503, 513, 522, 529, 530, 536, 562, 563, 571, 572, 575, 577, 596, 601
アラブ人の川 rivière des Arabes → バフル・アル・アラブ
アラル海 mer d'Aral 55
アラルベド湖 Alalbed（クルム湖）*212, 213, 262, 279, 285, 286, 292, 293
アラング山 Djebel Arang 210, *333, 334
アランバ Aramba 306
アーリア人 Aryiens 28, 32, 165, 297
アリアプ族 Aliap 163
アリウス Arius 246
アリオスト Ariosto, Ludovico 83
アリー侯 râs Ali 242
アリーシュ el-Arich 558, *576, 591, 604
アリス島 Alice Island 59
アリストテレス Aristote, Aristotélēs 549
アリユ・アンバ Aliou-Amba, Aliyu Amba *308, 319
アリューシャン列島 Aléutiennes 15
アル・アチャン川 El-Atchan 365
アル・ウクスル el-Aksoreïn, Al Uqsur 528 → ルクソール
アル・ウバイド Al-Ubayyid 385, 386, 387, 388, 389, 390, 394, 396, *397-400, 403, 405, 413
アル・ウルドゥ el-Ordou（ドンゴラ別称）440
アル・カスル el-Kasr 542
アルガデン Algaden 376, 377、アルゲデン Algeden 376
アル・カーヒラ el-Kahirah, al-Qāhira（カイロ）559
アルキコ村 Arkiko *272, 277
アル・ケフ El-Kef *380-381, 382
アルゴ Argo 441
アル・コシール Koseïr, El Qoseir, al-Qusair 93 → クセイル
アルゴス Argos 581
アルゴッバ山、地方 Argobba 207, 283, 307, 328
アルゴ島 île Argo 441
アルジェリア Algérie 14, 40, 46, 49, 394, 502, 545
アルシ人 Aroussi, Arsi Oromo 304
アルシノイティダ Arsinoïtide（ファイユーム地方古称）96
アルシノエ Arsinoé 548, 571
アルシノエ＝アフロディーテ神殿 temple d'Arsinoé Aphrodite 584
アルシノエ二世 Arsinoé II Philadelphe 276
アル・ダッバ Debbeh, al-Dabbah 332
アルタリ山 Artali（エルタ・アレ山）211
アルダン山 djebel-Ardan 369
アルディッボ湖 Ardibbo 261
アル・テブ El-Teb 381
アルドハ ardha 408
アルヌー Arnoux, Pierre 315, 321
アルノー Arnaud, Théodore L. J.-P. d' 66, 69
アルノート人 Arnautes 496, 497
アルバジ Arabdji, Arbagi 365
アル＝バダウィー al-Badawī 580
アル・ハッラー el-Hallah 408
アルバート湖 lac Albert → ムタン・ンジゲ
アルバート・ニヤンザ Albert-N'yanza → ムタン・ンジゲ
アル・ハルガ el Khargeh 467, *541-542
アル・ビルケト el-Birket 386
アル・ヒレト山 djebel el-Hillet 405
アルファイ alfaï 350

アル・ファーシル el-Fâcher, al-Fāshir 403, 405, 410, 411, *412-413, 414
アルブケルケ Albuquerque, Afonso de 83
アルプス山脈 Alpes 7, 205, 394, 426
アルボレ人 Arboré 161
アルマキス神殿 temple d'Armakhis 451
アル＝マクリーズィー al-Makrizi 511
アル＝マンスール el-Mansour 512
アルマント Erment, Armant 528
アルムクヴィスト Almkvist, Herman N. 354
アル・ムケイレフ el-Moukheïref（ベルベル）377
アル・メケイル el-Mekheïr（ベルベル）377
アル・メシェリフ el-Mecherif（ベルベル）377
アルメニア人 Arméniens 36, 238, 489, 498, 601
アルメリア Almeria 46
アレヴィ Halévy, Joseph 347
アレクサンドラ湖 lac Alexandra 54
アレクサンドラ・ナイル Nil d'Alexandra（カゲラ川）54
アレクサンドリア Alexandrie 38, 50, 105, 107, 460, 470, 478, 479, 481, 484, 491, 497, 498, 499, 507, 513, 515, 525, 536, 538, 551, 558, 559, 572, 576, 577, 581, 582, 583, *584-592, 594, 604
アレクサンドリア学派 école d'Alexandrie 239, 590
アレクサンドリア正教会 Église Alexandrine 240
アレクサンドリア総主教 patriarche d'Alexandrie 242, 488, 602
アレクサンドロス大王 Alexandre, Mégas Aléxandros 276, 453, 469, 523, 544, 584, 586
アレクワ山 Aleqwa, Alequa 204
アレッポ腫 bouton d'Alep 500
アレンゴ Arengo 253
アレンドルプ Arendrup, Soren 269
アロア王国 royaume d'Aloa 344, 353, 365-366
アロレボド湖 Allolebod（クルム湖）212
アワキル Aouwakil 212
アワサ県 district d'Aoussa 313
アワサ湖 lac Aoussa, Awasa 292, 307
アワシ川 Awâsi（アワシュ川）287
アワシュ川 Aouach, Awash 191, 201, 208, 231, 282, 283, 284, *286-288, 289, 290, 291, 292, 293, 294, 303, 305, 306, 307, 308, 311, 313, 321, 322, 328
アワーズィム族 Aouâsim, al-Awazem 493
アワッサ Aoussa, Awassa 293, 313, 319, 328
アワーリム awalim 498
アンカ山 djebel-Anka 405
アンゴト地方 Angot 261, 281, 283
アンコベル Ankober 216, 283, 290, 303, *305-307, 308, 315, 317, 319, 328
アンゴラ Angola 42
アンゴララ Angolala 305, 319
アンコリ Ankori 127
アンサリ平地 Ansali 211
アンズリー湾 Annesley-bay（ズラ湾）276
アンセバ川 Anseba 202, 228, 377
アンダルシア人 Andalous 28, 595
アンダルシア地方 Andalousie 298
アンターロ Antâlo（ヒンタロ）212, *266-267, 277
アンティオキア Antioche 50
アンティノウス Antinoüs 546
アンティノエ Antinoé、アンティノウポリス Antinoupolis 546
アンティノーリ Antinori, Orazio 284, 302
アンティフィルス港 Antiphyllus 279
アンティル諸島 Antilles 15, 42, 216, 462
アントニヌス＝ピウス帝 Antonin le Pieux 538
アントネッリ Antonelli, Pietro 287, 288, 306, 319
アンドル川 Indre 95
アンドレオッシ Andréossy, comte d' 106
アンナム Annam 126
アンバ amba *196-197, 245, 266, 267, 306
アンバ・アラドム amba Aradom, amba Aradam 266
アンバ・シャッカ Amba-Chakka 283
アンバジ ambadj、アンパチ ambatch 63, 70

アンバボ村 Ambabo 314
アンバ・マリアム Amba Mariam（マグダラ）195, 252, 259
アンフィレ Anfile 211, 279
アンブコル Amboukol 423, 440
アンブラ・マリアム Ambra Mariam → アンバ・マリアム

い

イアフヘテプ一世 Aahhotep, Iâhhotep Ier 533
イアフメス一世 Ahmès I, Amosis 533, 535
イアンブリコス Jamblique, Iamblicos 590
イェイ川 Yeï 72, 73, 162, 166, 167, 168, 169
イェジッベ Yedjibbé, Yejubbi 258, 259
イエズス会 ordre jésuite 240, 264, 298
イエメン Yemen 3, 5, 18, 293, 310, 311, 351, 352, 416, 593
イェル Yer（ナイル別称）73
イェルボラ Yerbora 66, 157
イガルガル川 Igharghar 11, 14
イギリス Angleterre 25, 57, 61,124, 152, 175, 193, 195, 210, 259, 260, 266, 268, 271, 277-279（エチオピア派兵）, 309, 316, 331, 332, 351, 359, 374, 382, 400, 454-455（エジプト統治）, 502, 503, 517, 520, 521, 557, 583, 588, 598, *599-602（エジプト統治）
イギリス人 Anglais 40, 42, 43, 93, 107, 128, 132, 241, 259, 260, 279, 309, 331, 332, 377, 402, 443, 444, 454, 455, 473, 500, 536, 559, 566, 585, 597, 600, 601
イサンガ川 rivière Isanga 122
イシス神 Isis 523, 526, 535, 541, 578
「石の腹」地方 Ventre des Pierres 443-444
イジュ Idjou 281
イシング人 Iching 180
イスキンディル Eskander, Iskindir 193
イスティファノス修道院 Monastère Saint-Étienne de Hayq 261
イースト・ソバ East Soba（古ソバ）366
イスナー Esneh, Esna 462, 481, 483, *527-528, 591, 604
イズバ ezbeh 522
イスマイリーヤ Ismaïlia, al-Ismāʻīlīyah（エジプト）2, 462, 521, *573-575, 583, 591, 604
イスマイリーヤ Ismaïliya(ゴンドコロ別称) 67, 159
イスマイリーヤ水路 canal d'Ismaïlieh 560, 575
イスマーイール＝カーメル＝パシャ Ismaïl Kamil Pacha 369
イスマーイール＝パシャ Isma'il Pasha（ヘディーウ）269, 517, 523, 600, 602
イスマラ Ismala, Yismala Giorgis 257, 259, 281
イスラーム islam（アフリカ総説）*38-41;（大湖沼地方）133, 139;（河川地方）164, 166;（エチオピア）228, 229, 231, 234, 239, 241-242, 244, 269, 271, 292, 301, 303, 310, 320, 323;（上ヌビア地方）339, 341, 344, 346, 351, 353, 359, 376, 377, 381;（コルドファン地方）392, 393, 395, 410;（ヌビア地方）433, 436, 439;（エジプト）489, 502, 503, 511, 543, 545, 563, 564, 565, 580, 596, 602
イズリ川 Izouri 255
イーゼンベルク Isenberg, Karl W. 290, 324, 326
イタリア Italie 1, 2, 3, 8, 14, 18, 164, 316, 319, 497, 584, 598
イタリア語 italien 368, 599
イタリア人 Italiens 28, 43, 45, 192, 258, 263, 267, 286, 290, 291, 306, 317, 337, 399, 455
イダルゴ hidalgo 297
イッサ人 Issa 191, *294, 311, 312, 328
イッディオ人 Iddio 166
イットゥ人 Ittou, Ittu Oromo 304, 308
イディ Idi（エード）211, 279, 292
イドゥク Edkô 583
イドゥク湖 lac d'Edkoû, Edku, Idku 107
イトピアヴィア人 Itopiavian 189
イファグ Ifag 252, 259
イファト地方 Ifat 290
イブサンブル Ibsamboul（アブシンベル）425, *445-447

イフナースィヤー・アル・マディーナ Ahnas-el-Medineh, Ihnasya Al Madinah 547
イブラヒミーヤ水路 canal Ibrâhîmieh 94, 95, 545, 595
イブラヒム Brahim, Ibrahim 61, 135, 413
イブラヒム湖 lac Ibrahim（キオガ湖）61, 135
イブン・トゥールーンのモスク mosquée de Touloun, mosquée Ibn Touloun 564
イマジゲン Imâzighen 27
イマラハ山 Imaraha 209
イモーハグ人 Imôhagh 27, 28
イラン Iran 471
イリーナート族 Irênat 493
イルティーシュ・オビ川 Irtîch-Ob' 51
イル・ド・フランス Ile-de-France 2
イルム・オルマ人 Ilm-Orma（オロモ人）161, 218, 233, 248, 258, 282, 285, 290, *297-304, 320, 356
イルラフン Illhahoun 548
イレンガ人 Irenga 161
イロコイ族 Iroquois 445
「岩場の流れ」Courant des Pierres 55, 60
インガサナ人 Ingassana 344
インゲッサナ丘陵 Ingessana hills 332
インチャトカブ Intchatkab, Inshatkab 260, 277, 281
インデリ人 Inderi 176
インド Inde 2, 8, 18, 19, 38, 93, 152, 189, 192, 219, 220, 222, 277, 454, 478, 479, 521, 568, 571, 590, 601
インド洋、沿岸 mer des Indes 2, 5, 7, 11, 15, 20, 41, 43, 48, 53, 57, 73, 116, 184, 190, 191, 216, 286, 308, 314, 335, 452, 453, 477
インナルヤ山脈 chaîne d'Inarya 285
インナルヤ地方 Innarya 304, *323-324, 328
インバーバ Embabeh 569

う

ヴァクフ vakouf 504
ヴァージニア Virginie 42
ヴァレンシア Valentia 237
ヴァンダル人 Vandales 28
ヴィエンヌ川 Vienne 95
ヴィクトリア湖 lac Victoria 55-60, *116-139（二章二節一項～四項） → ニヤンザ湖
ヴィクトリア・ナイル川 Victoria Nile 55, 60, 128, 139, 157 → キヴィラ川
ヴィクトリア・ニヤンザ Victoria Nyanza（ヴィクトリア湖）57
ヴィスマン Wissmann, Hermann W. L. L. 46
ヴィティム・レナ川 Vitim-Lena 51
ウィルソン Wilson 57, 60, 66, 117, 128, 137, 406
ヴィルンガ山地 montagnes des Virunga → ムフンビロ山地
ウィンゼグル山 Winzegour 284
ウィンダミア湖 lac Windermere（ルシュワ湖）124, 125, 126
ウヴマ島、ウ・ヴマ島 Ou-Vouma 59, 60
ウェイクフィールド Wakefield 53
ウェッド・アル・メク Oued el-Mek 402
ウェビ川 Webi 328
ウェフニ Whoni, Wehni 251
ウェリ Welli（ロール川別称）73
ウェルステッド Wellsted, James R. 417
ウェルディヤ Waldia, Weldiya 261
ヴェルネ Werne, Ferdinand 374
ウェレイル Woreïlle, Were Ilu 320, 326, 328
ウエレ川 Ouellé 32, 127
ウォイト人 Woït 227
ヴォイナ voïna 218, 328
ヴォイナ・デガ voïna-dega 199, *214-216, 218, 220, 248, 281, 323, 328
ウォジェラト Wodjerat 281
ウォチョ山 Wocho 285
ウォッガラ地方 Wagara, Woggara 209, 281
ウォッロ人 Wollo 320, 328
ウオトアッデル wottoadder 245
ウォド・マディーナ Wod-Medineh 382
ウォボ wobo（マロジ）222
ウォボ族 Wobo 322
ウォルカイト Wolkaït 281
ウォルド・アル・アラブ Wold el-Arab 351
ヴォルニー Volney, comte de 26

ウオレブ Woreb 79
ウ・カヴァ島 île d'Ou-Kava 137
ウ・ガナ地方 Ou-Gana 137
ウ・ガンダ地方 Ou-Ganda 23, 55, 58, 60, 61, 63, 117, 118, 119, 121, *127-137（二章二節三項）, 138, 139, 140, 141, 142, 145, 162, 175
ウグル Ougoul（ジュール川別称）73
ウ・ケレウェ Ou-Kerewé, Ukéréoué（ヴィクトリア湖）55
ウケレウェ島 île Oukéréoué 57, *121-122, 137
ウ・サヴァラ Ou-Savara 137
ウ・サガラ地方 Ou-Sagara 127
ウシュル地 ouchouri 504
ウ・ジンザ Ou-Zinsa 122-124
ウ・ジンジャ Ou-Zindja 122
ウ・スイ地方 Ou-Soui 119, 123, 124, 128
ウ・スクマ地方 Ou-Soukoûma 120, 122
ウスブ・オマネ山 Oussoub-Ommané 425
ウ・ソガ地方 Ou-Soga 128, 134
ウッドゥ地方 Ouddou 128
ウ・ドゥ地方 Ou-Dou 128, 135
ウナス Ounas 550
ウマル Omar ibn al-Khattâb, calife Omar 457, 508, 512
ウニャマ川 Unyama river 157
ウ・ニャムウェジ Ou-Nyamouêzi, Wanyamwezi 52, 117, *120-121
ウ・ニョロ地方 Ou-Nyoro 63, 134, *139-146（二章二節五項）, 185
ウラガッラ Oullagalla 137
ウラカム山 djebel-Ourakam 463
ウラル山脈 monts ouraliens 2
ウランニェルフィ川 Oranjerivier 11
ウ・リマ Ou-Rima 121
ヴルカーノ島 isola di Vulcano 283
ウレド・アッバス族 Ouled-Abbas 354
ウンム・アル・キティフ Oumm el-Ketef 460
ウンム・ウバイダ Oum-Obeìda, Umm 'Ubeida, Umm Ubayd 469, 544
ウンム・バドル Om-Bedr, Umm Badr 409, 413

え

エイファグ Eïfag 252
英領インド Inde anglaise 479, 601
エイレイティア Eilethia, Eileithyiapolis 527
エウクレイデス Euclide, Eukleidēs 587
エウテュケス Eutychès 239
エウノストス Eunostos 590
エオリエ諸島 îles Eoliennes, isole Eolie → リーパリ諸島
エガン山 Egan 285
エグジアベヘル神 Egziabeher, Igziabeher 229
エザナ王 Aeïzanas, Ezana 265
エジプト Égypte（アフリカ総説）2, 11, 15, 22, 23, 28, 30, 34, 35, 36, 38, 40, 49;（ナイル川流路）52, 64, 66, 67, 71, 76, 82, 83, 85, 89, 91, 92, 99, 100, 103, 105, 109, 111, 112, 115;（大湖沼地方）131, 134, 135, 137, 140, 144-145;（河川地方）150, 151, 152, 154, 155, 156, 157, 159, 164, 166, 167, 168, 169, 175, 176, 182, 183, 184, 186, 187;（エチオピア）216, 223, 224, 236, 239, 242, 261, 263, 269, 273, 276, 277, 293, 294, 308, 309, 311, 320;（上ヌビア地方）330, 331, 332, 337, 341, 345, 353, 359, 360, 361, 362, 364, 365, 367, 368, 369, 370, 373, 374, 376, 377, 381, 382;（コルドファン地方）384, 395, 397, 400, 403, 404, 407, 411, 413;（ヌビア地方）416, 418, 420, 421, 428, 429, 430, 432, 433, 438, 439, 440, 441, 443, 444, 445, 447; *448-604（二章十節）
エジプト・エチオピア戦争 guerre égypto-éthiopienne 242, *269
エジプト遠征（ナポレオン）expédition d'Égypte 40, 101, 104, 107, 109, 412, 536
エジプト学士院 Institut égyptien 590
エジプト語 égyptien 30, 97, 489, 510, 524, 548, 549
エジプト人 Égyptiens 27, *28-30, 38, 83, 96, 107, 108, 142, 145, 180, 182, 271, 273, 309, 310, 331, 332, 345, 362, 365, 367, 377, 390, 392, 393, 400, 407, 409, 413, 431, 432, 433,

436, 441, 448, 449, 451, 452, 453, 455, 457, 460, 479, 481, 483, 485, *488-521（二章十節四項）, 525, 527, 533, 534, 538, 541, 547, 562, 588, 593, 597, 599, 600, 601
エジュ・オロモ人 Edjou Galla 306
エジュ人 Edjou 303
エスケラク＝ド＝ロテュール Escayrac de Lauture, Pierre H. S. d’ 359, 386
エスカティア Eskhatie 1
エチオピア Éthiopie 3, 5, 15, 35, 36, 41, 71, 73, 76, 77, 82, 109, 123, 130, 179, 180, 181, 182, 183, 185, *189-328（二章五節）, 329, 331, 337, 338, 343, 344, 347, 350, 362, 367, 368, 369, 370, 373, 374, 377, 379, 429, 439, 485, 527, 529
エチオピア語 éthiopien 298, 377
エチオピア高原 hauteurs d’ Éthiopie 5, 14, 75, 81, 182, 190, 192, 193, *195-214（二章五 — 二節一項）, 216, 217, 220, 231, 235, 237, 238, 239, 263, 267, 268, 269, 270, 273, 276, 279, 282, 306, 331, 332, 334, 335, 339, 346, 354, 360, 372, 407, 415, 416, 428, 466
エチオピア人 Éthiopiens 30-31, 52, 82, 83, 182, 189-190, 192, *224-237（二章五 — 二節三項）, 238, 240, 241, 258, 272, *290-304（二章五 — 三節二項～三項）, 321, 331, 338, 344, 346, 347, 348, 353, 436, 489, 529, 530
エチャゲ etchaghé *243, 250, 260, 265
エドク Edkou 583
エード港 havre de Edd 211, 279, 292
エトジュ Etjou 328
エトナ山 Etna 476
エトバイ山地 Etbaï, Atbay, Itbay 416, 417, 422, 459
エドフ Edfou, Idfū 460, 481, *526-527, 528
エトルリア人 Étrusques 439
エブ＝アグダ王 Eb-Agouda 276
エファト州 province d’Efat 308, 328
エフェス Efes、エフェソス Éphèse 50
エフラタ Efrata 328
エーベルス・パピルス papyrus d’Ebers 450, 534
エマムレト地方 Emamret 290
エマンブレト Emanbret 306
エミン＝ベイ（エミン＝パシャ）Emîn-bey, Emin Pasha 48, 65, 143, 150, 159, 161, 162
エムカ Emka 444
エメムレト Ememret 306
エラトステネス Ératosthène, Eratosthenes 456, 525, 587
エリアブ族 Eliab 163
エリー＝ド＝ボーモン Élie de Beaumont, Jean-Baptiste A. L. L. 103
エリト村 Elit 376
エリトリア Érythrée 82, 83, 191, 201-203, 217, 227, *268-279, 315, 329, 334, 353, 376, 510, 518
エル・オベイド el Obeïd → アル・ウバイド
エルググ川 Ergougou 140, 141
エルサレム Jérusalem 50, 193, 202, 225, 244, 261, 265, 425, 538
エルタ・アレ山 Ortoalé, Erta Ale 211, 285
エルバ山 mont Irba, jebel Erba 417, 418
エルバ地方 Elba（エトバイ山地）418
エルハルト Erhardt 53
エルミナ la Mina, Elmina 43
エルメチョ Ermetcho 281
エレクテイオン神殿 Érechthéion 523
エレノア号 the Eleanor 121
エレファント島 île Éléphantine 89, 108, *525
エーレンベルク Ehrenberg, Christian G. 441
エンセーテ Ensete 20, *35, 130, 136, 218, 256, 325, 326
エンソール Ensor, F. Sidney 410, 411, 413, 441
エンテベ Entebbe 137
エンデルタ Enderta 281
エンドット endot 238
エントト山 Entotto, Entoto, Int'ot'o Terara 284, 321
エンナレア地方 Ennarea（インナルヤ地方）304, *323-324
エンニウス Quintus Ennius 1
エンフラス県 Emfras 252

お

オイノス oïnos 218
オヴァ人 Ova 23
オーヴェルニュ人 Auvergnats 497
黄金海岸 Côte de l'Or 41
オクシュリンコス Oxyrrhinchos, Oxyrhynchos 547
オクソス川 Oxus 565
オクタウィアヌス Octave 511
オグリエ神 Oglié 301
オクレ・クサイ Okoulé-Kousaï 281
オゴウェ川 Ogôwé, Ogooué 11, 32, 36, 38, 48, 127
オシュマンデュアス王 Osymandias 532
オシリス神 Osiris 522, 538, 539, 541, 552
オーストラリア Australie 3, 34, 343, 448
オーストリア Autriche 164; オーストリア・ハンガリー Austro-Hongrie 598
オーストリア人 Autrichiens 455
オソル・アピス神 Osor-apis 552
オッケラ Okkela 162
オッジエ oggié 289
オッボ Obbo 156
オティオン川 Authion 95
オピストダクティル人 Opistodactyles 46
オビ湾 golfe de l'Ob' 2
オベイド el Obeïd → アル・ウバイド
オボック村 Obok,Obock 43, 315, 316, 317, 328
オボンゴ人 Obongo 32, 127
オムシャンガ Omchanga 413
オムダ omdeh 603
オムドゥルマン Omdourman 367
オモ川 Ouma, Omo 285, 291, 303
オラービー＝パシャ Arabi-pacha, Orabi Pacha 583
オランダ Pays-Bas 105, 329, 520
オランダ人 Hollandais 32, 42, 43
オルゲサ川 Orghesa（ディデサ川）323
オルトアレ山 Ortoalé 285
オルドイニョ・レンガイ Ol Doinyo Lengaï 53
オルバ山 djebel-Olba 417
オレホネス Orejones 163, 227
オレンジ川 Oranje, Orange 11, 22
オロモ・ウォッロ人 Galla Wollo 209, 259, 301, 303
オロモ・カテロ人 Galla Katelo 321
オロモ語 galla, oromo 30, 42, 124, 143, *297-298, 310, 326
オロモ人 Galla, Orômo, Oromo 123, 161, 162, 180, 184, 185, 191, 201, 218, 231, 233, 236, 240, 248, 258, 259, 261, 273, 280, 282, 284, 285, 288, 289, 290, 291, 292, *295-304, 308, 310, 311, 314, 319, 320, 321, 322, 323, 325, 326, 328, 332, 338, 345, 356, 362
オロモ・フィンフィネ人 Galla Finfini 284
オロモ・リベン人 Galla Liben 258
オンガカエル Ongakaer（パンゴ川別称）73
オンボス Ombos（ナガダ希語名）112
オンボス Ombos（コム・オンボ古称）485, 526

か

カアバ神殿 Kaaba 563
カイストロ川 Caïstre 2
カーイトバーイのモスク mosquée de Kaït-bey 564, 566
カイノポリス Kaïnopolis 535
カイバル Kaïbar 87, 88
カイマル Kaïmar 400
カイヨー Cailliaud, Frédéric 361, 370, 443, 460, 465, 470, 473, 479, 543
カイロ le Caire 71, 72, 84, 100, 101, 109, 112, 117, 150, 152, 284, 308, 416, 430, 432, 433, 454, 459, 463, 465, 478, 479, 491, 497, 498, 499, 513, 515, 524, 528, 536, 545, 551, 556, *558-571, 577, 581, 591, 598, 602, 604
カインテ Kaïnté 281
ガヴァシュ Gavaches 498
カヴィロンド人 Kavirondo → ワ・カヴィロンド
カヴィロンド地方 Kavirondo 137-139（二章二節四項）

ガヴシギヴラ山 Gavzigivla, Gavsigivla 209
カウワース kavas 603
カエサル Caesar 587
カカ Kaka 188
カグマル Kagmar 400
カゲイ村 Kagheyi, Kageï 121
カゲラ川 Kagera *54-55, 57, 60, 116, 124, 125, 126, 127, 128
ガザ Gaza 2
カサム川 Kasam 287
カジャ山 djebel-Kadja 385
ガジャル Ghagar, ghájar 497-498
ガシュ Gach（カッサラ）374
ガシュ川 Gach, Gash 82, 353, 354, 374, 376, 377
カシュギル川 khôr Kachgil, Kashgil 400
ガシュ・ダ Gach-da 82
カジュバル Kadjbar 88
カジュマル Kadjmar 400
カスピ海 mer Caspienne 2, 452
カスビ・ヒル Kasubi hill 137
カスル・カールーン Kasr-Keroun 549
カスル・ダハラ Kasr-Dakhel 591
カスル・ドンゴラ Kasr-Dongola 440
カセイル岬 Raas Caseyr 4, 15, 264
カゼン Kazen 270
河川地方 pays des Rivières 35, *72, 74, *147-178（二章三節）, 362, 367, 395, 407, 434
カタバスモス Katabathmus 592
ガダブルシ人 Gadiboursi, Gadabuursi 294, 311, 328, 337
ガダム山 Gadam 210
カタワナ・ルワジャリ川 Katawana-Louadjerri 135
カッサイ侯 prince Kassaï 264 → ヨハンネス四世
カッサ侯 prince Kassa（テオドロス二世）241
カッサラ Kassala 337, 353, 354, 368, *374-376, 382
カッサラ・アッ・ルーズ Kassala el-Louz 374
カッファ王国 royaume du Kaffa 182, 184, 191, 195, 323, 328
カッファ地方 Kaffa, Kefa 32, 219, 258, 282, 285, 289, 291, 296, 304, 323, *325-326, 327, 333
ガッラ語 galla 30 → オロモ語
ガッラ人 Galla 297 → オロモ人
ガッリ Garri 85
ガッレ川 Garré 180
カディア Kadia 61
カーティヤワル半島 presqu’île de Kathyawar 18
カテキロ katekiro 135
カデジャト人 Kadejat（ゴディアト人）389
カデシュ Kadech 445
カテリーナ山 djebel-Katherin 461
カトゥル山 dejebel-Katoul 385
カトゥワク人 Katouak 166
カトリック catholique（大湖沼地方）133;（河川地方）159, 164;（エチオピア）192, 231, 240, 241, 258, 268, 271, 301;（エジプト）492, 498, 566, 602
カトンガ川 Katonga 55, 57
カトンダ Katonda 133
ガナ山 Gana 210
カナダ dominion du Canada 55, 85, 445
カナート kanat 471
カナラ村 Kanara 372
カナリアス諸島 les Canaries（カナリア諸島）14, 45, 219, 484
カノプス Canope 584, 586
カノプス分流 branche Canopique du Nil 584
カバイル kabaïl 292
ガバ・シャンベ Gaba Chambé（シャンベ）149, 166
ガバチョス Gabachos 498
カバビシ族 Kababich, Kababish 388, *394, 400, 429, 437, 442
カビル人 Kabyles 28, 430
カビレト kabilet 292
カーブ el-Kab 527
ガファト Gafat 253
カファレッリ砦 fort Cafarelli 588
カーフィラ kafilah 411
カフカス山脈、地方 Caucase 7, 223, 270,

452
カフ川 Kafou, Kafu, Kabi 61, 135, 145
カプチン修道会 ordre capucin 301, 575
カフラー王 Khephren, Khafrê 555, 556, 557, 566
カフラー王神殿 Valley Temple of Khafre 451, 557
カフル kafr 522
カフル・アル・ザイヤート Kafr el-Zaïat, Kafr El-Zayat 581
カフル・アル・ダッワール Kafr-douar, Kafr el Dawwar 583
カフル人 Cafres 32
カブレト山 Djebel-Kabrêt 287
カフロ Kafouro 126
カペキ Kapeki（キオガ湖）61
カベナ人 Kabena 322, 328
カーボヴェルデ諸島 archipel du Cap-Vert 14
カボンド Kabondo 139
カマルグ地方 la Camargue 594
カマロインシュ半島 presqu'île de Camarãos 14
カマント人 Kamant *226-227, 251
カム Kam（アフリカ人古称）459
カム族 Kam 262
カムニン Kamnin、カムリン Kamlin, Kamlin Sharq 365
カムルレ Kamrelé 137
カメルーン山 Monte Camarões, Monte Camaroun 14
カラー khalah（ステップ地帯）335
ガラ Gala（乳）299
ガラー Gara'a 96
ガーラ Gara 545
カラーイム Karaïm 573
ガーラ・オアシス oasis de Gara, Qara 470, 545
カラカ Kalaka 414
カラグエ地方 Karagoué, Karagwe 118, 119, *124-127, 128, 129, 142
カーラジ Kaladj 437
カラーチー Karatchi 117
カラネオ Karaneo 257
ガラバト州、地方 province de Galabât 216, 242, 251, 343, 346, 364, 372-373
カラハリ沙漠 Kalahari 11, 18, 19, 20
カラブシャ神殿 temple de Kalabcheh, Kalabsha 447
カラブリア地方 Calabres 434
ガラン人 Galen, Galaan 320
カリカ人 Kalika 156
カーリーズ khariz（カレーズ）471
カリチャ kalitcha 302
ガリニエ Galinier, Joseph G. 193, 265
カリフ calife（イスラーム指導者）418, 535
カリフ kharif（雨季）334, 335, 373, 386, 399
カリフ kharif（砂塵）217
カリフォルニア州 état de Californie 418, 512
カリブ海 mer des Caraïbes 20, 51
ガーリブ山 djebel-Gharib 461
カリボイ人 Chalybes 35
カリマコス Callimaque de Cyrène 587
カリユービーヤ Kalioubieh 604
カリユーブ Kalioub 591, 604
カルア Al Qalah 559 → シタデル地区
カルカッタ Calcutta 36, 54
カルケドン公会議 concile de Chalcédoine 239
カルコジ Karkodj, Karkoj 364, 382
カルタゴ Carthage 1, 38
カルデア時代 ère chaldéen 449
カルデア地方 Chaldée（メソポタミア）8
ガルデッサ Galdessa 311
カルトゥーム Khartoum（ハルトゥーム）74, 75, 76, 77, 81, 84, 100, 109, 140, 145, 150, 173, 174, 186, 242, 248, 308, 332, 335, 360, 364, 366, *367-369, 373, 377, 382, 397, 400, 423, 428, 429, 434, 440
カルナク Karnac, Karnak 107, 276, *529, 533
ガルビーヤ県 province de Garbieh 580, 604
ガルフ・ホサイン Garf Hossaïn 447
カルマの滝、早瀬 rapides de Karouma, Karuma falls *61, 66, 134, 145
カレ Karré（ナイル別称）73, 274

カロ山 Kalo 285
ガワーズィー Ghawâzi 498
漢族 Chinois 123
ガンダ Ganda 58-59, 128-129, 137 → ウ・ガンダ地方
カンダケ女王 reine Candace 358
ガンダ語 ganda 133
ガンダ人 Wa-Ganda 118, 133, 142 → ワ・ガンダ
カンタラ el-Kantara 510, *574-575
カンタラ・シャルキーヤ el-Qantara el-Sharqîya 493
カントン Canton（広州）117
カンバニーヤ族 Kambanieh 408
カンパラ Kampala 117 → ルバガ
ガンバラガラ山 Gambaragara（スピーク山）5, 48, 116, 127, 133
ガンビア川 Gambie 13, 41
カンビュセス二世 Camyuse II 543, 581
ガンビル人 Gambil *180-181, 182
ガンボ人 Gambo 180

き

キアリーニ Chiarini, Giovanni 285, 291, 306, 320, 326, 327
キヴィラ川 Kivira（ヴィクトリア・ナイル川）*60-61, 73, 128, 129, 134, 137, 139, 143, 144, 156, 157, 185
キエティ Kieti（ソバト川別称）73
キオガ湖 lac Kyoga 61 → ギタ・ンジゲ
キオジャ Kiodja（キオガ湖）61
キ・ガンダ Ki-Ganda 128
ギーザ Gizeh, al-Gizah *553-557, 567, 591, 604
キジ族、人 Kidj 163, 164, 182
キシャル川 Kichar（ヤヴァシュ川別称）179
ギーシュ・アッバイ Gich Abâï, Gish Abay 77
キスム kism 603
北アフリカ Afrique septentrionale 13, 14, 18, 27, 34
北ギニア Guinée septentrionale 7
キタングレ Kitangoulé 54
ギタ・ンジゲ Gita-N'zigé（キオガ湖）61, 140
キチ族 Kitch 163
キッリ Kirri 160
キディ Kidi（ソバト川別称）73
キディス・ヤレド山 Kidis-Yared 205
キトワラ王国 royaume de Kitwara 139
ギニア Guinée 43
ギニア湾 golfe de Guinée 4, 13, 14, 42, 45
キニッサ kinissa 339
キバンガ山 Kibanga 127
キビロ Kibero, Kibiro 146
キフト Gouft, Qift 479, 488, *535
キブレアレ山 Kibrealé 211
キプロス島 Cypre 2
ギベ川 Ghibé, Gībē 322
ギベ地方 Gibe 323
喜望峰 cap de Bonne-Espérance 5, 18, 46
ギミラ国 Ghimira 323, 328
ギムシャ岬 râs el-Gimsah 536
キャニオン cañones 199
キャメロン Cameron, Verney L. 46
旧カイロ Vieux Caire 553, *559, 565, 566, *567
キュニ Cuny, Charles 401, 429
キューバ Cuba 43
共同財政管理（エジプト）condominium 600
キラーゲ kirâgé 433
キラディド Kiradid（ソバト川別称）73
ギリシャ Grèce 3, 14, 34, 192, 200, 239, 265, 370, 408, 449, 456, 497, 525, 538, 552, 555, 573, 584, 588, 590
ギリシャ語 grec 107, 218, 265, 276, 299, 430, 433, 445, 447, 489, 525, 549, 599
ギリシャ人 Grecs 1, 34, 35, 192, 273, 368, 374, 380, 391, 399, 430, 455, 488, 498, 512, 526, 527, 528, 533, 535, 537, 540, 546, 547, 568, 571, 572, 573, 578, 581, 584, 593
キリスト Jésus Christ 240, 325, 370
キリスト教、教徒（アフリカ総説）40, 41;（河川地方）150, 159;（エチオピア）192, 222, 227, 228, 229, 231, 234, 239, 241,

242, 244, 245, 250, 261, 265, 269, 271, 274, 290, 301, 303, 304, 319, 322, 323, 325, 326:（上ヌビア地方）350, 353, 365, 367, 377;（コルドファン地方）390, 399;（ヌビア地方）433, 440;（エジプト）450, 474, 488, 489, 492, 497, 498, 500, 509, 528, 534, 535, 538, 563, 566, 577, 580, 588, 590, 600, 601
キリッサ kilissa 339, 367
ギリフ山地 jebel-Gilif 423
キリマンジャロ山（キリマ・ンジャロ）Kilima N'djaro 5, 24, 53, 227
キリム人 Kirim 180
キリヤキ kyriaké 433
キリン村 Kirin 343
ギルガー Girgeh, Girga 538, *540, 591, 604
キル川 Kir, Kîr（白ナイル川別称）65, 68, 73, 115
ギレダト人 Gilledat（ゴディアト人）389
キレナイカ Cyrénaïque 14, 18, 468, 469, 473, 474, 475, 543, 544, 592
キロタ Kirota 145
ギンジャル人 Ginjar, Gindjar 343, 346
ギンプ gimp 248, 249

く

グアダルキビル川 Guadalquivir 595
クアラ州 province de Kouarra 281, 346
グアルダフイ岬 cap Guardafui, Gwardafuy 4, 15, 264
クアンザ川 Koanza, Cuanza 11
グエンダール Gouendar 248
クグ Kougou 163
ググサ川 Gougsa（オモ川）285, 291, 303, 322, 323, 324, 328
クク山 mont Koukou 157
クース Kous, Qus、グース Gous, Gesa 535
クセイル Kosseïr, al-Qusair 93, 436, 437, 460, 479, 496, *536-537, 604
グダビルシ人 Goudabirsi（ガダブルシ人）311
クチュク・アリ Koutchouk-Ali 173
クッソ kousso 219, 235, 324
グッダ・グッディ Goudda-Gouddi（グンデト）269
クッターブ kouttâb 598
クッバ el-Koubbeh, al Qubbaah 567
クッラ koulla（クワッラ）199
クッルク koullouk 171
クテル Coutelle, Jean-Marie-Joseph 556
クデル koudel 217
グドゥル人 Goudrou 298, 303
グドゥル地方 Goudrou 258, 322, 328
グナ山 Goûna, mont Gouna, Guna Terara 209, 252
グナ州 province de Gouna 281
クナマ人 Kounama, Kunama *346-351, 353, 357, 376, 377, 415
グヌマ人 Gnouma 392
クネネ川 Kounêné, Cunene, Kunene 11
クネフ神 Kneph 528
グバ山 Guba 333, 360
クバ地方 pays de Kouba 337
クバン Kouban 419
クフィト Koufit 377
クフ王 Khoufou, Khnum-Khuf 452, 464, 547, 553, 555, 556, 557
クブティ Koubti、クフト Kouft（キフト）535
クブト Koubt（コプト）488
クフラ・オアシス oasis de Koufra 475
クブリ川 Koubouli 145
クフロ Koufro 126
グベト・アル・カラブ湖 Ghoubbet-el-Kharab 286
クマイリ Koumaïli, Kumayli 200, 268
グマラ川 Goumara 254, 255
クミン Shmin, Kmin 540
クーム・アル・スルターン kôm el-Soultan 539
グムズ人 Goumous, Gumuz 210, 332, 343
クムヌ Khmounou, Khemenu 546
グラ Goura, Gura 261, 269
クラウディウス帝 Claudius 460
グラゲ人 Gouragé, Gouragués 322
グラゲ地方 Gouragé 224, 285, 287, 296, 320, *321-322, 328

クラー人 Krâ, Krou 38
クラプフ Krapf, Johann L. 193, 290, 297, 325, 326
クラール kraal 48
グラント Grant, James A. 54, 55, 76, 118, 119, 123, 124, 135, 144, 529
クリュスマ Clysma 571
クリュンツィンガー Klunzinger, Carl B. 437
クルクル・オアシス oasis de Kourkour, Kurkur 467
グルゲイ山 Gourger, jabal-Gurgei 405
グルジア人 Géorgians 496
クルジュ・ナポカ Cluj-Napoca 421
クルズーム Kolzim 571
クルディスタン Kurdistan 270
クルデバ couldeba 343
クルナ Kournah, Kurna 533
クルム湖 Lake Karum, Karum 212, 213, 279, 286
クルメン人 Kroomen 38
クレオパトラ女王 Cléopâtre VII Philopator 511, 523, 538
クレオパトラの針 aiguille de Cléopâtre 588
クレオパトラの浴場 Bains de Cléopatre 105, 585
クレオパトリス Cleopatris 571
グレ山 Djebel-Goulé 333, 344, 345
クレジ人 Kredj（クレシュ人）174
クレシュ人 Kresh *174, 176
クレタ島 Crète 14
クレディ人 Kredi（クレシュ人）174
グレートビター湖 Great Bitter Lake（大ムッラ湖）487 → 苦い湖群
クレベール Kléber, Jean-Baptiste 455, 569
クロ国 Koullo 323
クローマー Cromer, Evelyn 600
クワッラ koualla *199, 200, 214, 216, 218, 222, 281, 323, 328, 346
クワッラ・ウォッガラ地方 Koualla Wagara, Koualla Woggara 209, 221
クワラ語 kouara 225
グワリマ川 Gwalima 208
クワン Kouan（トンジ川別称）73
クンジャラ族 Koundjara 389, *390, 408, 409
グンデト Goundet 269
グンバリ Goumbali 339
グンマ王国 royaume de Gouma, Gumma 323, 328

け

ケイラク川 Keïlak 385
ゲエズ語 ghez, guèze, ge'ez 229, 233, 234, 287
ケオプス Chéops（クフ王希語名）553
ゲクドゥル山地 djebel-Gekdoul 423, 425
ゲザン Ghezan 362
ゲシャ山地 monts Ghecha 73
ゲダレフ地方 province de Gedâref 216, 251, *333, 364, 373
ゲッセン Gessen 572
ゲデム gedem（駆け込み先、アジール）265
ゲデム山 Gedem 210
ゲデム州 Gedem 328
ケデル人 Kederou 166
ケトゥトゥ Ketoutou 61
ケナー Keneh, Qena, Kénèh 92-93, 460, 479, *535-537, 591, 604
ケニア山 le Kenia, mont Kenya 5, 297
ケニッセ kenissé 367
ケヌジ人 Kenouzi, Kenuzi 434
ゲバデイ族 Gebadéi 436
ケピエル Kepiel 181
ゲビソ Ghebisso 322, 326
ケファ地方 Kefa 182 → カッファ地方
ケープ植民地 colonie du Cap 22, 32
ケープ地方 le Cap 5, 18, 22, 42, 49, 118
ケフレン Khephren（カフラー王希語名）555
ゲヘナの谷 val de la Géhenne 425
ゲマ Gema（バッガラ族自称）394
ケム Kem、ケミ Kemi 459
ゲラウデウォス帝 Claude, Gelawdewos 241
ケラケリ Kerakeri 405
ゲラ国 Gera 323, 328
ゲラシェブ Geracheb 85

ゲラルタ Geralta 281
ケルブ Kelb 364
ゲルマナ川 Germana 287
ゲルミシル ghermisir 199
ケレウェ Kerêwé 57 → ウ・ケレウェ（ヴィクトリア湖）
ケレン Keren 203, 204, *270-271, 277
ゲレンディド Gerendid 85
ケンス人 Kens 434
ケンタウロス centaure 23

こ

コアラタ Koarata 252, *255-257, 259
ゴアング川 Goang 82, 251
コイェ Koyeh 444
コイコイ人 Khoïkhoï, Koïkoïn 27, 32, 48
コヴァリエフスキィ Kovalevsky, Egor P. 361
コヴィリャ Covillão, Pedro 193
紅海 mer Rouge 2, 14, 189, 190, 191, 195, 200, 211, 212, 213, 216, 217, 218, 239, 269, *272-279（沿岸の集落）, 294, 305, 306-308, 315, 316, 382, 416, 427, 477, 478, 487, 510, 513, 515, 518, 519
香料海岸 côte des Aromates 478, 529
コキ Koki 128
黒人のナイル川 Nil des Noirs（ニジェール川）12
コク・ファラ Kok fara 306, 328
ゴジェブ川 Godjeb, Gojeb 285, 291
コスコアム宮殿 palais de Koskoam, Kusquam 239, 251
コスマス＝インディコプレウステス Cosmas Indicopleustès 276
ゴス・レジェブ Gos-Redjeb, Goz Regeb, Qauz Ragab 374, 377, 382
古ソバ vieux Soba（イースト・ソバ）366
黒海 Pont-Euxin 2
ゴッジャム地方、王国 Godjam, Gojjam 199, 209, 219, 220, 221, 257-258（集落）, 279, 281, 282, 291, 300, 303, 320, 324, 327
コッファル coffâr 179
コッラ kolla（クワッラ）199
コッラ・ウォガラ Kolla Wogara 281
ゴッロ人 Golo, Gollo 174
ゴディアト人 Ghodiat *389, 396
ゴデラ Goudera, Godera *258, 259
コドク Kodok 187 → ファショダ
コド・フェラッシ Kodo Felassi、ゴド・フェラシエ Godo Gelassié, Godofelasie 270, 277, 281
ゴドフロワ＝ロス Godefroi Roth 545
ゴードン Gordon, Charles G. 24, 65, 151, 159, 186, 331, 367, 454, 503
古ドンゴラ Dongola le Vieux,Dongola el-Adjousa, Dunqulā al-ʿAjūz 440
コプト教徒、コプト人 Coptes 239, 242, 345, 487, *488-492, 498, 502, 528, 540, 547, 549, 562, 566, 569, 580, 602
コプト語 copte 30, *489, 502, 540
コプトス Coptos（キフト古称）479, 488, 535
コープ＝ホワイトハウス Cope Whitehouse, Frederick 549
コベ Kobé 405, *413
コベシュ Kobech 414
コボ Kobbo, Kobo 261, 281
コホス Kohs 162
ゴボ村 Gobo 340
ゴマ Goma 328
ゴマシャ Gomacha 362
コマ人 Koma 181-182
コマンジ川 Komandji 180
コマンジョク Komandjok 181
コム・オンボ Kôm Ombo 485, 526, 593
コムコム Komkom（バフル・アル・アラブ川別称）73
コモロ諸島 Comoroes 15, 32, 274
コラリマ korarima 289
コーラン Coran 41, 301, 310, 311, 350, 354, 357, 391, 395, 410, 522, 543, 565, 598
ゴリエノ Gorieno 322, 326, 328
ゴリマ川 Golima 208, 307
ゴール ghor 212
コルカタ Kolkata → カルカッタ
ゴルグル Gorgour 371-372
コルクワル kolkoual 219

ゴルゴラ Gorgora 251
コルシカ島 Corse 14
コルティ Korti 440
コルドファル地方 Kordofal（コルドファン地方）384
コルドファーン山 djebel-Kordofân 385, 389, 399
コルドファン人 Kordofânais 389
コルドファン地方 Kordofân 52, 68, 120, 148, 149, 151, 152, 335, 344, 345, 353, 359, 367, 369, *384-401（二章七節）, 402, 403, 405, 406, 407, 409, 410, 411, 413, 428, 429, 431, 434, 437, 445, 462, 466, 502
コロエ・パリュス Coloe Palus 77
コロジュヴァール Koloszvár 421
コロスコ Korosko 37, 85, 332, 419, 422, 434, 437, 438, 445
コロスコ沙漠 désert de Korosko 421-422, 428
ゴロ・チェン山 Goro Tchen, Garochan 285
ゴワメ人 Gowameh（ゴディアト人）389
ゴンガ語 gonga 304
コンゴ川 Congo（ザイール川）5, 7, 8, 9, 11, 12, 19, 26, 48, 51, 127, 147, 156, 166, 269
コンゴ - ナイル分水界 the Congo-Nile Divide 19, 65, 127, 147
コンスタンティノス帝 Constantin VII Porphyrogénète 246
コンスタンティノープル Constantinople 50, 239, 454, 513, 599, 602
コンスル広場 place des Consuls 588
ゴンダール Gondar 205, 216, 219, 226, 227, 239, 240, 242, 243, *248-251, 255, 259, 260, 263, 281, 290, 322, 324, 327
ゴンドゥ Gondou 176
ゴンドコロ Gondokoro 67, 68, *159-160
コンブ Combes, Jean A. E. 193, 290, 319

さ

サー Sâ 581
サアディーヤ要塞 forteresse de Saadieh 569
サイス Saïs 581
サーイス saïs 432, 562
サイタン Saïtan 301
サイード地方 Saïd（上エジプト地方）455, 595
サイード＝パシャ Saïd Pacha 361, 517
サインテ Saïnté 281
ザウ Zau 581
ザーウィヤ・アル・ディール Zaouïet el-Deïr 540
サウラト人 Saourat 437
サオルタ人 Saorta 293
サカ Saka 281, 323, 324, 326, 328
ザカーズィーク Zagazig *572, 577, 591, 604
サカラヴァ人 Sakalava 23
サガル Sagalo, Sagallou 314
ザガワ人 Zoghawa, Zaghawa 390, 409
サーキーヤ sâkîyé, sakieh 114, 432, 441, 443, 506, 595
ザクシシェ・シュヴァイツ地方 Suisse saxonne, Sächsische Schweiz 196
ザクセン地方 Saxe 196
サッカラ Saggarah, Saqqarah 439, 451, 481, 487, 550, 551, *552
サッカラの王名表 table de Saqqarah 552
サッコーニ Pietro Sacconi 44
サッルスティウス Salluste, Sallustius 3
サーティ Saati 272
サード・アッ・ディン諸島 Sa'ad Ad-din islands 311
サヌーシー教団 ordre Senoûsiya, Sanusiyya 40, 500-502, 543, 545
サヌレス Sanhourès 591
サバイティコン Sabaïtikon 273
サハラ沙漠 Sahara 7, 11, 18, 19, 20, 22, 23, 24, 28, 117, 221, 430, 464
ザバーラ山 djebel-Zabarah 460
ザバラト人 Zabalat 351-352
ザバリヤド島 Jazrat Zabarryad 418
サハレ＝セラシエ Sehla Sellasié, Sahle Selassié 290, 305
サブデラト Sabderat 376, 377

サブワ Saboua, el-Saboua 447
サペト Sapeto, Giuseppe 193
サヘル地方 Sahel 201, 217, 227, 229, 230, 237, 417
サホ人 Saho 231
サマセット川 Somerset（サマセット・ナイル川）61, 62, 66, 71, 73, 74
サマラ Samara（デブラ・タボル）199, 209, *252-253, 259
サマンヌード Samanhoud, Samannoud 578, 591
サムハル地方 Samhar 217, 230, 234, 237, 272
サムーム（シムーン）simoun 478
サムレ Samré 267, 277, 281
サメーン地方 Samên（シメーン地方）204
サラウエ州 province de Saraoué 235, 270, 281
サラディン 567 → ユースフ＝サラーフ＝アッ＝ディーン
サラマ Sarama 281
ザール zar 302
サルゼック Sarzec, Ernest de 262
サルデーニャ人 Sardes 530
サルデーニャ島 Sardaigne 14
サルハド sarhad 199
サワウト Saout, Səyáwt（アシュート古称）540
サワキン Souakin, Sawákin, Sawākīn 7, 82, 191, 331, 336, 353, 354, 359, 376, 378, *379-382, 383, 415, 416, 428
サワキン州 province de Souakin 360
サーン San, Sân、サーン・アル・ハジャル Sa el-Hagar, San al Hajar, Ṣān al-Ḥağar 493, 548, *576-577, 581
サンカ Sanka 300
ザンジバル Zanzibar 38, 59, 116, 118, 124, 126, 131, 134, 139, 152, 308
ザンジバル島 île de Zanzibar 15
サン・シモン主義者 Saint-Simoniens 515
サン人 San 32
サーン・ストーン pierre de Sân, Sân Stone 577
サンタクローチェ Santa-Croce 164
サンタレン Santarem, Santarém 193
ザンデ人（族） → ニアムニアム人
サントメ島 Sâo-Tome 14
サンバル sambar 196
ザンベジ川 Zambézi 5, 8, 11, 12, 13
山脈峡谷 défilé des Chaînes 112
サン・ルイ Saint-Louis（ンダール）13
サンルカル・デ・バラメダ Sanlucar de Barrameda 595

し

シアブ assiab 477
シウート Siout, Syowt 405, 540 → アシュート
ジェイムズ James, Frank L. 351
シェカ地方 Cheka、シエカ地方 Sieka 326
ジェセル王のピラミッド pyramid de Djéser（五段のピラミッド）451, 550
シェッカ Chekka（シャック・アル・カーディル Shaqq el Khadir）406, 413
ジェッシ Gessi, Romolo 48, 63, 65, 71, 119, 151, 173, 175, 176, 362, 454
ジェッダ Djeddah 244, 379, 416
ジェッラービ djellabi 362, 414
ジェッレル山 Djerrer 320
シエネ Syène 523, 525
シェブ cheb 536
シェファル人 Chefalou 144, 185
シェプスセスカフ Shepseskaf 550
ジェマ川 Djemma 201, 305
ジェミド Djemid（イェイ川別称）73
シェムノ Chemno 540
ジェライアド人 Djeraïad 437
シエラ・ネバダ sierra Nevada 3
シェリフ川 oued Chélif 13
シェール川 Cher 95
ジェルクブーブ Jerkboûb 545
ジェルジェ Girgeh 540 → ギルガー
ジェルバ島 île Djerba 14
シェロタ山 Chelota 263
ジエング人 Djeng, Jieng, Jieeng 163 → ディンカ人
ジェンコリ・ガルボ Djenkoli-Garbo 66

ジェンダ Djenda, Genda 251, 259
シェンディ Chendi, Shendi *369, 370, 374, 382, 438
死海 Mer Morte 212
ジガ・ウォディアム川 Ziga-Wodiam 319
ジ川 Dji（パンゴ川別称）73, 174
シクル山 djebel-Chikr 420
ジクワラ山 mont Zikouala 288
ジゲ半島 péninsule de Zighé 255, 256
シ山 djebel-Si 405
ジスル le Gisr 510, 513, 518, 519
シタデル地区 citadelle 559, 565, 600
シダマ人 Sidama 304, 323
シチーリア島 Sicile 3, 14, 434, 484
シッス川 Cisse 95
ジッバ人 Djibba 182
ジッベルティ djibberti 325
シッルク語 chiloûk, shilluk 153, 171
シッルク人 Chillouk, Chiloûk, Shilluk 26, 30, 138, 144, 154, 156, 161, 165, 166, 173, 180, 182, 183, *184-188, 341, 344
シナイ山 Mont Sinaï 203, 225
シナイ半島 péninsule de Sinaï 334, 461, 536
シバの女王 reine de Saba 225, 246, 265
ジバラ djibara 219
シビーン・アル・カナーティル Chibîn el-Kanater, Shibin el Qanater 572
シビーン・アル・クーム Chibîn el-Kôm, Shibin el Kom 580, 591
ジプシー Gypsies 143, 497
ジブラルタル海峡 détroit de Gibraltar 3
シベリア Siberie 2, 50
ジベルティ djiberti 250, 290
シミエネ地方 Semiené（シメーン地方）204
シミエン地方 Semiên, Simien 199, 204 → シメーン地方
シムファ Chimfah 365 → ラハド川
シムリエ山地 djebel-Simrié 425
シメユ川 Simeyou 120
シメーン地方 Simên 199, *204-206, 207, 209, 221, 224, 260, 281
下エジプト地方 basse Égypte 91, 100, 477, 478, 500, 506, 516, 558, 569, 604
下テーバイド地方 basse Thébaïde 547
シャイエ＝ロング Chaillé-Long, Charles 23, 60, 61, 119
シャイキーヤ人 Chaïkieh, Shaigiya 230, 231, 437
シャイフ cheikh 355, 359, 362, 367, 373, 389, 578
シャイフ・アブダッラー島 île de Cheikh-Abdallah 379
シャイフ・アブド・アル・クルナ Cheikh Abd-el-Kournah, cheikh Abd-el-Gournah 490, 534
シャイフ・アル・イスラーム Cheik-el-Islam 602
シャイフ・アル・バラド cheikh-el-beled 566, 603
シャイフ・イバーダ Cheikh-Abadeh, el-Shaikh Ebada 546
シャヴァンヌ Chavanne, Josef 7, 13, 18
ジャウ川 Bahr Djaou 169
ジャグブーブ Djaraboûb, al-Jaghboub 500-502, 545
ジャズィーラ Djezireh、ジャズィーラ・アル・ローダ Djeziret el-Raoudah, al Rawda 567
ジャズィーラ・アル・ジャズィーラ Djezirat el-Djeziret 365
シャッカ Chakka（シェッカ）413, 414
シャッカ山脈 Chakka 282-283
ジャッガラ人 Djaggara 303
シャック・アル・カーディル Shaqq el Khadir（シェッカ）406, 413
シャッラーラ chellâla 90, 524
シャッラーラ山 djebel-Chellalla 462
シャードゥーフ châdoûf, chadouf 113, *114, 432, 506, 595
シャバ山 mont Chaba 334
シャバス Chabas, François J. 450, 456
ジャバライン Djebalaïn 340
シャバル chabal 486
ジャバル el-Djebel 459, 462
ジャバル・アブー・アフラズ djebel-Aboû-Ahraz 405
ジャバルタ Djabarta 290

ジャバル・メレカト Djebel Melekhat 85
ジャファーリク地 al-jafālik 603
シャーフィイー学派 rite chaféite 565
ジャマイカ Jamaïque 42
ジャマーリーヤ Gemileh, el-Gamaleya 486
シャマール chemal 477
ジャーミウ djâma 567
シャム Cham（アフリカ人）459
シャラガニーヤ島 île de Chalaganeh 569
ジャリン族 Djalin, Ja'alin *352, 354, 367, 369, 390, 399
ジャールー（ジャロ）・オアシス oasis de Djalo 473
ジャル川 Djal（ヤル川別称）179
シャルキーヤ Salkieh 493, 604
シャルキーヤ水路 canal de Charkieh 569
シャワ地方 Chawâ 282 → ショア地方
シャンガラ人 Changalla、シャンカラ人 Chankalla 182, *231-233, 338, 340, 346, 351, 372
ジャンゲ人 Djanghé（ディンカ人）163
ジャンジェロ地方 Djandjero（ヤンガロ地方）324
シャンデルナゴル Chandernagor 54
シャンベ Shambe 149
シャンポリオン Champollion, Jean-François 30, 456, 523, 529, 577, 583
シャンマ chama, chamma, shamma 238, 292
シューヴァー Schuver, Juan M. 44, 73, 179, 180, 181, 339, 343, 362
シュヴァインフルト Schweinfurth, Georg A. 19, 22, 31, 35, 48, 65, 147, 165, 166, 169, 170, 171, 173, 174, 186, 311, 377, 417, 462
シュクリーヤ族 Choukourieh, Choukrieh 354, 357, 437
ジュダ山 Djouda 286
シュテッカー Stecker, Anton 78, 205, 223, 255
ジューバ川 Djouba, Jubba 5, 11, 190, 191, 291
シューマ chouma 234, 247
シュマグリエ choumaglié 227-228
シュム choum 246, 270, 280
ジュメル Jumel 507, 593
ジュリアン砦 fort Julien 583
ジュリエッティ Giulietti, Giuseppe M. 311, 319
シュリ人 Choûli, Shooli（アチョリ人）145, *153-156, 157, 160
ジュール・ガッタース Dioûr Ghattâs 173
ジュール川 Dioûr, Jur 19, 72, 73, 169, 173
ジュール人 Dioûr（ルオ人）*171, 185
ショア地方、王国 Choa, Shewa 190, 191, 201, 218, 220, 221, 224, 226, 233, 237, 253, 259, 269, 280, *282- 291（二章五一三節一項～二項）, 293, 300, 303, 305-306, 308, 309, 313, 315, 317, 319-321, 326, 327, 328
ジョアマ族 Djoama 396
ショア・メダ Choa-meda 328
ショア・モル Choa-Morou 62
小アジア Asie mineur 14, 18, 19, 35, 223, 448, 449, 521, 535, 578
小アッバウィ川 lesser Abay, Gilgel Abay 77, 258 → アッバウィ川
上エジプト地方 haute Égypte 22, 52, 93, 449, 455, 481, 483, 487, 488, 496, 498, 506, 528, 535, 540, 577, 593, 595, 597, 604
小シルテ湾 petite Syrte（ガーベス湾）14
小ムッラ湖 al-Buhayrah al-Murra as-Sughra（スモールビター湖）487
諸王の王（エチオピア皇帝）83, 190, 231, 236, 240, 245, 253, 282, 327, 374
諸川のくびき Joug des Rivières, Joug des Courants 68, 69, 184
ジョーダンズ・ヌッラー Jordan's Nullah 121
ショナ山 piton de Chona 156
ショブラー Choubrah, Shobra 567
ジョフロワ＝サン＝ティレール Geoffroy Saint-Hilaire, Étienne 15
ショホ人 Choho 191, *231, 237, 292
ショラの木 chora 217
ショラ国 Chora 328
ショロダ山 Choloda 263
ジラール Girard, Pierre-Simon 107, 108
ジラル湖 Djilalou 287
シリア Syrie 2, 18, 114, 137, 239, 263, 353,

484, 497, 499, 578
シリア人 Syriens 28, 390, 492, 493, 529, 562, 596
ジリ族 Djiri, Djilli, Jiillee 169, 303
シルコ王 Silco, Silko 447
記された谷 val Écrit（ワーディ・ムカッタム）425
シル人 Chir 160, *176
シルテ湾 Syrtes 14, 470, 474
シレ Chiré 281
白ナイル川 Nil Blanc 62, 64-71, 72-76, 115, 154, 179, 329, 341, 364, 365, 385, 391
シーワ・オアシス oasis de Siouah, Siwa 430, 468, *469, 473, 475, 476, 479, *543-545, 546, 592, 604
ジワイ湖 lac de Zwaï, Ziway 287, 288, 321
ジン djinn（妖霊）436
シンカト Sinkat 381, 382
ジンザ Zinza 122, 123, 124
シンジェ Sindjé 362
ジンジェロ Zinjero 324, 325
ジンジャ Jindja 60
新世界 Nouveau Monde 3, 8, 42, 43, 88, 128, 227, 465, 509, 553, 588
新ソバ Soba neuf（ソバ・アル・ヒラ）366
新ドンゴラ Dongola la Neuf（ドンゴラ）85, 425, *440-441
シンファ川 Shimfa 210 → ラハド川
シンペル Schimper, Georg H. W. 218, 238, 241
ジンマ・カカ Djimma-Kaka、ジンマ王国 royaume de Jimma 323, 324, 325, 328
ジンマ族 Djimma 304
ジンマ・ラガラマ Djimma-Lagamara 322, 328

す

スィット・ダミヤーナ Setti-Damiana 580
スィトラー湖 lac Sittra, Stra 468
スィバーフ sebakh 522
ズィフタ Ziftah 578, 591
スィルスィラ Silsilé, Silsileh 92, 526, 595
スィルスィラ山 djebel-Silsileh, Gebel el-Silsila 462
スィンナーリ Senâri 346
スィンナール Senâr 364, 382
スィンナール王国 royaume de Senâr 331, *344, 360, 364, 367, 410
スィンナール地方 Senâr, Sennar 23, 35, 36, 133, 186, 216, 333, 335, *344-345, 350, 393, 428, 437, 445, 462, 466
スウェネト Syène, Swenett（アスワン古称）429, 523, 524
スエズ Suez 478, 513, *571-572, 591, 604
スエズ運河 canal de Suez 49, 99, 104, 105, 448, 454, 477, 482, 487, 498, 507, *515-521, 536, 571-576（沿線の集落）, 590
スエズ運河会社 Compagnie du canal de Suez 503, 517, 571, 573, 575, 576
スエズ運河橋 pont du Canal de Suez、エジプト - 日本友好橋 pont de l'amitié égypto-japonaise 575
スエズ地峡 isthme de Suez 2, 38, 482, 509-510, 513, 515, 604
スエズ地峡調査会社 Société d'études de l'Isthme de Suez 515
スエズ湾 golfe de Suez 2, 462, 477, 478, 515
スカンディナヴィア Scandinavie 4, 9, 85, 298, 458
スーク soûk（鰐）111
ズクァッラ山 Zikouala, mont Zuqualla 284
スクマ人 Soukoûma, Sukuma *120-121, 122
スコットランド Écosse 4, 553
スーダン Soudan, Nigritie 3, 18, 19, 20, 22, 23, 26, 34, 35, 36, 67, 68, 85, 134, 135, 140, 147, 151, 152, 157, 329, 330, 331, 332, 336, 344, 351, 359, 364, 371, 373, 374, 378, 483, 503, 601 → ニグリシア地方
スーダン人 Soudanais 35, 152, 601
スタンリー Stanley, Henry M. 9, 46, 52, 53, 54, 55, 57, 59, 119, 121, 127, 128, 137
スタンリー山 Stanley montain 116
スッレタ sourrèta 337
ストラボン Strabon 82, 101, 484, 509, 510, 552, 585
ストーン Stone, Charles P. 454
スニ Sni（イスナー古称）528

ズバイル＝ラフマ＝マンスール al-Zubayr Raḥma Mansūr 151, 175
スピーク Speke, John H. 8, 48, 52, 53, 54-55, 57, 60, 61, 65, 76, 119, 121, 123, 124, 126, 132, 133, 135, 144, 529
スピーク山 mont Speke 5, 116, 127
スピーク湾 golfe de Speke 57, 60, 120, *121, 138
スピナ・ムンディ Spina Mundi 200
スフィンクス Sphinx 92, 107, 306, 369, 451, 468, 491, 493, 529, 548, 552, 557-558（大スフィンクス）, 566, 577
スフィンクス参道 allée de sphinx 107, 369, 529
スペイン Espagne 1, 3, 7, 18, 38, 497, 498
スペイン人 Espagnols 23, 28, 42, 497
スペリオル湖 lac Supérieur 55
スマラグドゥス山 Smaragdus 460
スミス Smith 52
スミルナ Smyrne 50
スモールビター湖 Small Bitter Lake（小ムッラ湖）487
ズラ Zoulla 267, 268, *277-279
ズラ湾 Zula Bahir 210, 268, *276-279, 293 → アドゥリス湾
ズールー人 Zoulou 123, 143
スルタン・カラウーンのモスク mosquée du sultan Kalaoun 565
スルタン・ハサンのモスク mosquée du sultan Hassan 564
スレイマン Suleiman Zubayrr 151, 173, 362, 403
スロア Sloa 281
スロ人 Souro 182
スワキン Souakin 379 → サワキン
スワヒリ語 sawâhili, swahili 132
スワヒリ人 Souâheli, Sawahahili, Swahili 57, 326
スワーン Souân（スウェネト）524
スンダ列島 Sonde 15, 19
スント sount 352, 482

せ

聖アントニウス修道院 monastère Saint-Antoine, Deir Mar Antonios 547
セイシェル諸島 Seychelles 15
聖パウロ修道院 monastère de Saint-Paul 547
セイフィー sefi *505-507, 595
聖墳墓教会 Saint-Sépulcre 244
聖マカール僧院 monastère de Saint-Macaire（ディール・アル・アブー・マカール）580
ゼイラ Zeïla, Zeilah 191, 293, 294, 308, *311-312, 316, 319, 328
セイロン島 Ceylan 15, 20
ゼウス＝アモン神 Jupiter Ammon 468, 469, 543, 544
赤道ギニア Guinée équatoriale 11, 14
赤道州 province de l'Équateur 68
セクォタ Sokota, Sekota, Soqota *262, 263, 267, 281
セケト Seket 267
セセ群島 archipel de Sessé 58, 128, 137
セソストリス王 Sésostris（ラムセス二世希語名）535
セッド sedd（サッド）70
セティ一世 Séti Ier, Séthi Ier 529, 533, 535, 539, 540
セティ一世神殿 Memnonium de Séti I 539
セティ一世葬祭殿 temple de Séti Ier 533
セティト川 Setît, Bahr-Settit 82, 354, 374
セデブ Sedeb 281
セナフェ Senafé *268, 269, 277
ゼナ・マルコス修道院 monastère de Zena-Markos 320
セーヌ川 Seine 84
セヌレス Senhourès, Sinnuris 549
セネガル川 Sénégal 13, 22, 28
セネガル地方 Sénégal 40, 42, 45, 49, 221
セネガンビア地方 Sénégambie 7
セビーリャ Séville 42
ゼビルゲト島 Zebirget Island 418
セフ sef（乾季）387
ゼブー zébu, zebou 23, 300
ゼフィリオン Zephyrion 584
セプティミウス＝セウェルス帝 Septime Sévère, Lucius Septimius Severus 533

ゼブール地方 Zeboûl *207, 220, 261, 281, 283
セベク神 Sebek, Sobek 111, 526
セベクヘテプ四世 Sookhotpou IV, Sobekhotep IV 441
セベニュトス Sebennytos（サマンヌード古称）578
セマヤタ山 Semayata 204, 209, 263
セム語 sémitique 30, 297
セム人種 Sémites 22, 28, 30, 492, 493
セムナ Semné, Semna 91, *444
ゼメルジト島 Zemerdjit 418
セメーン地方 Semên 204 → シメーン地方
セラ・ド・クリスタル Serra do Cristal, Crystal Mountains 48
セラピス神 Sérapis、神殿 552, 588
セラペウム Sérapéum de Saqqarah *552, 588
ゼリーバ zerîba, zariba 150, 169, 173, 174
セリム一世 Selim I 496
セリメ・オアシス oasis de Selimeh 443
セルパ＝ピント Serpa Pinto, Alexandre A. da R. de 46
セルフブーブ Serhboûb 500
セレ人 Seré 174
セレベス島 Célèbes 15
セレンガ・アンガラ・エニセイ川 Selenga-Angara-Yeniseï 51
センウセレト一世 Sésostris, Senwosret I 509, 568
センデゲ Sendegé 139
センナヘイト Sennaheït 227
センヒト地方 Senhit 227, 270
センヒト要塞 forteresse de Senhit 271

そ

ソコタ Sokota 277, 326, 327
ソコトラ島 île Socotra 4, 15
ソタフル Sotahl 440
ソッド族、人 Soddo 303, 321, 322, 328
ソトゥルバ山 Sotourba 417
ソナ川 Sona 82
ソニンケ族 Soninkés 24
ソバ・アル・ヒラ Soba Al Hilla（新ソバ）366
ソハーグ Sohag 540, 591
ソバト川 Sobat *73-74, 161, *179-188（二章四節）, 190, 191, 311, 324, 329, 330, 333, 338, 339, 384
ソマ Soma 586
ソマリ人 Somal, Somali 38, 207, 269, 286, 292, *294-295, 297, 300, 302, 308, 310, 317, 328, 535, 563
ソリブ Solib 444
ゾーリンゲン Solingen 395
ソルト Salt, Henry 193, 265, 484
ソレイエ Soleillet, Paul 314, 326
ソレブ Soleb 443-444
ソロモン王 Salomon 225, 244, 245, 265
ゾンゴラ語 zongora 125

た

ター Tah（ソバト川別称）73
大湖沼地方 région des grands lacs 8, 11, 26, 30, 52, 67, 75, *116-146（二章二節）, 158, 335, 529
大スフィンクス grand sphinx 557-558
第一瀑流 premiére cataracte（アスワン）*88-90, 92, 415, 434, 444, 447, 522, 524
第二瀑流 seconde cataracte（ワーディ・ハルファ）*88, 444
第三瀑流 troisième cataracte（ハネク）85, *86-88, 91, 425, 429, 434, 438, 442, 443, 444
第四瀑流 quatrième cataracte *85, 438
第五瀑流 cinquième cataracte 85
第六瀑流 sixième cataracte *85, 369, 423
第七瀑流 septième cataracte（テレモ・ガルボ）67
第八瀑流 huitième cataracte（フォラ）66
大英博物館 British Museum 234, 492, 539, 583
ダイェル山 djebel-Deyer, djebel ed Dair, Jabal ad-Dayr 385, 386, 392
大オアシス Grande Oasis（ハルガ・オアシス）467, 471, 541

大図書館 bibliothèque d'Alexandrie（アレクサンドリア）587
第二次ポエニ戦争 deuxième guerre punique 1
大ムッラ湖 al-Buhayrah al-Murra al-Kubra（グレートビター湖）487 → 苦い湖群
タイモ湖 Taïmo 406
ダーイラ・サニーヤ daïrah sanieh 504-505
ダーイラ・サニーヤ管理機関 Daira-Sanieh Administration 504
大陸分水界 faîte continental *5, 52, 116, 156
タイリーヤ Teïrieh, al Tairyyah 580
ダウェ Daoué 306, 307
ダヴェズト滝 chute de Davezout 198, 199
ダウォント Dawont 281
タウカル Tawkar 201
タウフィキーヤ Taoufikiyah, el Tawfikeya 187, 507
タウフィーク＝パシャ Tewfik Pasha 187, 599
ダウリ人 Daouri 303, 307, 328
タウルド島 Taouloud 273
タオラ人 Taora 293
タカ地方、州 Taka 191, 337, 353, 360, 374
ダカハリーヤ Dakhalieh 604
ダ＝ガマ、ヴァスコ da Gama, Vasco 45
ダ＝ガマ、クリシュトーヴァン da Gama, Cristóvão 240, 257
タガラ山地 monts Tagala 386
タガラ人 Taqgala（テガリ人）393
タカリル人 Takârir *40-41, *346, 373, 409 → タクルール人
タクエ人 Takué 228
ダクッサ dakoussa 218
タクルール人 Takroûr *40-41, *346, 373, 391, 409, 411
タコシャ Tacocha 312
ダゴッサ Dagossa 281
タジュラ Tadjourah, Tadjoura 308, *314-315, 319, 328
タジュラ湾 golfe de Tadjourah 208, 286, 307, 308, *314-315, 321
タダ Tada 61
ダーダネルス海峡 détroit de Dardanelles 50
ダッカ Dakkeh, Dakka 447
タッカゼ川 Takkazê 81 → テケゼ川
ダッバ Dabbeh, ad-Dabba, Al Dabbah 332, 400, 411, 420, 423, 440
タッラーナ Terraneh, at Tarranah 472, *580
タッル Tell、タッル・アトリーブ Tell Atrib 578
タッル・アル・カビール Tell el-Kebir 521, 571, *573
タッル・アル・マスフータ Tell el-Makhouta 573
タッル・アル・ヤフード Tell el-Yahoud 572
ダッル・クルズーム Tell-Kolzoum 571
ダッル・バスタ Tell el-Bastah, Tell Basta 509, *573
タッル・ムンフ Tell Monf 552
ダナイデス Danaïdes 581
ダナエ人 Danaens 530
ダナガレ Danagalé 433
タナ川 Tana 11
ダナキル人 Danakil 208, 287, 291, 292 → アファル人
ダナキル低地、地方 Danakil depression 208, *211-212, 262, 267, 279, 282, 315
ダナグラ人 Danagla、ダナゲレ人 Danagelé 368, 390, 399, 400, 432, 434
タナ湖 lac Tana 77, *78-79, 190, 208, 209, 210, 219, 221, 227, 248, 251-257（流域の集落）, 262
タニース Tanis 493, 577
ダバイナ人、族 Dabaïna 346, 354, 372
ダバディ d'Abbadie d'Arrast, Antoine T. 31, 179, 180, 195, 205, 206, 210, 214, 227, 234, 237, 255, 262, 265, 285, 291, 297, 321, 326
ダハナブ Dahanab 281
ダハビーヤ船 dahabiehs, dhahabîyé, dahabîya 90, 100, 441, 523, 560
ダハラ・オアシス oasis de Dakhel, Dakheleh, Dakhla 467-468, 469, 470, 471, 473, 475, 479, 484, 541, *542-543, 545
タハリール広場 el-Tahrir square 588
タビ山 Djebel-Tabi, Tabi hills 333, 344

ダビデ王 David 244
タビバン派 Tabiban 290
ダーヒラ Dakhleh 467
ダーヒル Dakhel 542
ダファファング山 Dafafang 333
ダフシュール Dachour, Dahchour 550
ダブス川 Djabous, Yabus, Dabus 81, 323, 329, 332, 335, 338, 339, 340, 362
タフター Tahta, Tahtah 540, 591
ダブタラ dabtala, debtera 243
タフティーシュ地 teftich 603
タフラカ王 Tahraka 439
ダフラク諸島 îes de Dahlak 274-276
ダブロト山 Dablot、ダブルト山 Dablout 376
タポシリス Taposiris、タポシリス・マグナ Taposiris Magna 592
ダホメー Dahomey 34, 41
タボル山 Mont Thabor, mont-Tabor 209, 252
→ デブラ・タボル
タマニアト Tamaniàt 85
タマニーヤ Tamanieh 381
タマフ人 Tamahou 533
タ・マリアム Tha-Mariam 377
ダマンフール Damanhour 583, 591, 604
ダマンフール水路 fosse de Damanhour 583
タミアティス Tamiathis 578
ダミエッタ Damiette 484, 499, 576, *578-580, 591, 604
ダミエッタ川、ダミエッタ分流 rivière de Damiette 101, *102, 104, 507, 577-578（沿岸の集落）, 580
タミシエ Tamisier, Victor N. M. 195, 290, 319
ダムベラ人 Dambelas 228
ダモト地方 Damot 220, 258, 281, 304, 320, 340, 343
ダラ Dara 413
タラビル tarabil 370
タラボ Talabot, Paulin 515
タランゴレ Tarrangolé 162
タランタ地方 Talanta, Dalanta 199, 281
タランビシ tarambich 341
ダリタ Darita 252, 259
ダール dâr 364, 412, 413, 414
ダール・アル・ガルブ dâr el-Gharb 412
タルク talc, talq 335
タール沙漠 Thar 18
ダール・ダリ dâr Dali 412
タルタル人 Taltal 212, 262, 267, 285, 293, 307
ダール・ディマ dâr Dima 412
ダール・トカナヴィ dâr Tokanavi 412
ダール・ヌバ dâr-Nouba（ヌバ地方）386
ダルノー → アルノー
タルバ・ワハ山地 Talba Waha *209-210, 257, 258
ダール・フェルティート dâr Fertît, Dār Fertit 174 → フェルティート地方
ダルフール地方 Darfour（フール地方）72, 145, 335, 388, 390, *402-414（二章八節）, 425, 434, 440, 443, 540, 593
ダール・フール Dâr Fôr（ダルフール）402
ダルミ峠 col de Darmi 311
ダレイオス大王 Darius Ier, Dareios I 510, 512, 541
ダロル Dallol 211
タンガニーカ湖 lac Tanganyka 9, 53, 63, 122, 123, 127
タングレ川 Tangouré 54
タンクワ舟 tankoua 79, 255
ダンゴ山 djebel-Dango 406
タンタ Tanta、テンタ Tenta（エチオピア）259
タンター Tantah, Tanta（エジプト）*580, 581, 591, 604
ダンバル湖 Dambal 287 → ジワイ湖

ち

チェッキ Cecchi, Antonio 222, 287, 288, 291, 306, 320, 322
チェラプンジ Tcherra-Pondji 479
チェルガ Tchelga, Chilga *251, 259, 281
地中海 Méditerranée 2, 3, 9, 13, 14, 27, 28, 50, 73, 101, 102, 105, 116, 216, 449, 460, 464, 466, 470, 474, 477, 478, 484, 485, 487, 510, 513, 515, 518, 575

チッペンダル Chippendall 65
チャデ湖 lac Tzâdé（チャド湖）7
チャド湖 lac Tsâd, Tzâdé 7, 13, 14, 26, 38, 171, 176, 402, 411, 475
チャリクト Tchalikout *267, 277, 281
チャンダンナガル Chandannagar 54
チャンガール Tchangar 251
中央アフリカ Afrique centrale 9, 19, 23, 36, 49, 57, 58, 61, 63, 124, 130, 134, 164, 222, 297, 337, 389, 406, 412, 431
中国 Chine 2, 8, 32, 123, 410
チュニジア Tunisie 2, 3, 14, 46, 49, 394
チュニス Tunis 117
チョピ人 Chopi, Wa-Tchopi 144, 186
チョラ Tchora, Chora 323, 326
チリモ山 Tchillimo 285

つ

ツァガ tsaga 356
ツァガデ Tsagadé 281
ツァツァリア tzatzalia 337
ツァド・アンバ山 Tsad Amba, tsaeda emba 202-203
ツァド・アンバ修道院 monastère de Tsad Amba, Gedam tsaeda emba Slasie 203
ツァナ湖 Tsana 77, 251 → タナ湖
ツィガン人 Tsiganes（ロマ人）143
ツィッテル Zittel, Karl A. von 464, 465, 475
ツェツェバエ tsétsé 23-24, 148, 337
ツェラリ川 Tzellari, Tselari 209, 262
ツェラン人 Tsellan 227
ツェレムト Tselemt 281

て

ティイ Tiyi 552
ディエップ人 Dieppois 45
ディオクレティアヌス帝 Dioclétien, Diocletianus 431, 488, 535, 584, 586, 588
ディオスコルス Dioscore, Dioscorus 239
ディオドロス Diodore de Sicile, Diodooros 418, 510, 532
ディオニュシアス Dionysias 549
ディオリ・バ Dhiôli-ba（ニジェール川）8, 26
ティキティキ人 Tikki-Tikki 32
ディグサ Digsa、ディグサン Digsan, Dixan 268, 277
ティグライ語 tigraï、ティグリエ語 tigrié 233 → ティグレ語
ティグリニャ語 tigriña, tigrigna 233-234
ティグリニャ人 Tigréens, Tegréens 233, 236, 251
ティグレ tigré（平民）227-228
ティグレ語 tigré 229, 230, 233, 234, 274, 293, 347
ティグレ人 Tigrés 229, 320
ティグレ地方 Tigré 190, 204, 206, 233, 253, 260, 262, 263, 266, 269, 270, 277, 281, 295, 300
ディシ Dichi（パンゴ川別称）73
デイジー号 the Daisy 121
ティス This 538
ティス・エサト This Esat 79
ディスミー Desam 479
ディセ島 île de Dissehi, Disei 276, 277
ディデサ川 Didesa, Didessa 323
ティーナ湾 Halig at-Tina（ペルシウムの湾）477, 510, 512, 515
ティニス Thinis 538
ティネ Tinne, Alexandrine 70
ティブル tibre 362
ティベスティ山地 Tibesti 7
ティベリウス帝 Tiberius 522
ディマ Dima 257, 258, 259
ティムサーフ湖 lac de Timsâh, Buḩayrat at Timsāḩ 2, 510, 511, 518, 519, 573, 574
デイム・ズベイル Deim az-Zubeir 175
テイラー Taylor, Bayard 493
ティランゴレ Tirangore 162
ディリコ山 Diriko 285
ディール deïr 489
ディール・アル・アブー・マカール Der el Abou Makar 473
ディール・アル・バカラ Deïr el-Bakara 547
ディール・アル・バフリー Deïr el-Bahâri

534
ディール・アル・マディーナ Deïr el-Medineh, Deir el-Medina 532
ティルタイオス Tyrtée, Tyrtaîos 239
ディルディラ村 Dildilla 321, 326
ティルフィ Tilfi（ソバト川別称）73
ティロス Tyr 1, 50
ディンカ語 denka, dinka 153
ディンカ人 Denka, Dinka 30, 68, 152, *163-166, 167, 169, 170, 171, 178, 180, 185, 186, 333, 339, 341, 347, 391
ディンデル川 Dender, Dinder 81, 231, 351, 365
テオクリトス Théocrite, Theokritos 587
テオドシウス一世 Flavius Theodosius 588
テオドロス二世 Théodoros, Téwodros II 83, 219, 226, 234, 235, 241, 242, 246, 248, 252, 253, 256, 257, 258, 259, 260, 268, 372
デガ dega *199, 216, 219, 220, 281, 323, 328
デガ島 îlot de Dega 257
テガリ丘陵 Tegali Hills 393
テガリ人 Tegali, Tegale 393-394
デカン高原 Dekkan 204
デク島 île de Dek 256
テクラ＝ハイマノト Tekla-Haïmanot, Takla Haymanot 319
テクルール人 Tékrour, Tekrour, Tekrur 40 → タクルール人
テグレト Tegoulet 283, *305, 328
テグレト・ワト Tagoulet-Wat, Tegoulet-Wat 283
デグレル deglel 393
テケゼ川 Tekezé *81-82, 83, 201, 204, 207, 208, 209, 221, 222, 224, 253, 259, 260, 261, 262, 263, 266, 273, 277, 281, 320, 346, 351, 374
テゲレ人 Tégélé 393 → テガリ人
テスカル teskar 245
デスーク Dessouk 581, 591
デーツ腫 datte de Bagdad 500
デナブ Denab 187
テハマ tehama 199, 417
デハラク島 île Dahlak, Dehalak Desēt 213
デバルク Dobarik, Debarq 260
デバルワ Debaroa, Debarwa 270
テフ tef、ティエフ tief 218
テブ Teb（エドフ古称）526
デブラ・ウェルク Debra-Werk, Debra Wark, Debre Work *257, 259
デブラ・シナ Debra Sinâ 203
デブラ・タボル Debra-Tabor, Debre Tabor 199, 209, *252-254, 259, 267, 282
デブラ・ダモ Debra-Damo, Debre Damo 267
デブラ・ベルハン Debra-Berham, Debra Berhan, Debre Berhan 305, 319
デブラ・マリアム Debra-Mariam 256, 259, 261
デブル・アビ Debr-Abi 202
デブレ・リバノス修道院 monastère de Debra Libanos, Debré Libanos *319, 320
テーベ Thèbes 92, 108, 112, 430, 449, 452, 500, 528, *530-533, 535, 538
デボノ Debono, Andrea 74, 179
デム Dêm 174, 175
デム・イドリス Dem Idris 174
デム・ジベル Dèm Ziber 175
デム・スレイマン Dêm Souleïman 168, 173, *175, 413
テムラ temoura 422
デムル村 Dämölö 276
デュヴェリエ Duveyrier, Henri 24, 44
テュポーン神 Typhon 549
デュミヘン Dümichen, Johannes 456
デュ＝ルル du Roule, Lenoir 364
デュロー＝ド＝ラ＝マル Dureau de la Malle, Adolphe J. C. A. 12
デラーン人 Derân（ボンゴ人）169
デリバ・カルデラ Deriba caldera 405, 406
デル der（ディール）489
テル・アル・アザミーヤ Tell el-Odameh 581
テル・アル・アマルナ Tell el-Amarna 545
デルカ delka 345
デル村 Derr 445
デルタ・バラージュ Delta Barrage 568, *569-571, 595
テル地方 Tell 2

テルモピュライ Thermopyles 201
テレヌシス Terenuthis 580
デレブ deleb, delêb 20, 179, 407, 428
テレモ・ガルボ Teremo-Garbo 66
デロル Delol 211
デンカ人 Denka → ディンカ人
デングイヤ山 Dengoũiya 77
デング・ウル Deng-our 440
デング熱 dengue 499
テンティリス Tentyris 537
テンティリス人 Tentyrites 537
デンデラ Dendérah 500, *537-538
テンデルティ潟 ètang Tendelti 413
テンナ島 île de Tenneh 577
デンハルト Denhardt, Gustav 53
テンビエン州 province de Tembien 263, 281
デンビ地方 Dembi 284, 328
デンベア地方 Dembea 249, 251, 252, 281
デンベシャ Dambadcha 258, 259
テンベレ山 Tembellé 202

と

ドイツ Allemagne 105, 357, 520
ドイツ人 Allemands 238, 337, 475
ドーヴァー Douvre 594
トゥアレグ人、族 Touâreg, Touareg 28, 421, 430
トゥイチュ族 Touitch, Twic 163
トゥエシャ Touecha 414
ドゥエム Douèm 174
トゥキュディデース Thucydide, Thoukudídēs 549
ドゥグラ島 île Dougla 85
ドゥゼ Desaix de Veygoux, Louis C. A. 91
トゥチェク Tutschek, Karl 298
ドゥッハーン山 djebel-Dokhan 460-461
ドゥッラ dourrah 34, 36, 171, 221, 365, 372, 388, 429, 432, 437, 443, 491, 508, 593
トゥナースィブ山 Tenaseb 462
トゥーナ島 île de Tounah 577
ドゥニェ・ムブロ Dounyé M'bouro 53
ドゥニェ・ンガイ Dounyé Ngaï 53
ドゥファラ Doufalla 169
ドゥフィレ Doufilé, Dufile 65, 66, 67, 152, 156, 157, 163
トゥブー人 Tobboû 410
トゥマト川 Toumat 81, 231, 329, 332, 340, 360-362
ドゥミヤート Doumiât 578 → ダミエッタ
トゥミーラート族 Toumilât 572
ドヴヤク Dovyak 68
トゥラ峰 Toura 405
トゥール Tor, el-Tor 461
トゥル・アマラ山 Toulou Amara 285
トゥルカナ湖 lac Turkana 291
ドゥル山 Djebel-Doul 362
トゥル・ソギダ Toulou-Soghida 332
トゥル・ワレル山 Toulou-Wallel 338
トゥロマ Touloma 328
トゥワ人 Twa 127
トゥンジュル人 Toundjour、トゥンゼル人 Toundzer 410
ドカ Doka 373, 382
トカル Tôkar, Tokar 201, 378, 381, *382
トクル tokoul（藁小屋）187, 372, 389, 399, 413
ドグルグル Doghourgourou（イェイ川別称）73
ドクン dokhn 386, 387, 388, 399, 432
トゴイ人 Togoï 176
ド＝ゴットベルク de Gottberg, E. 84, 91
ドゴレ人 Dogolé（テガリ人）393
ドゼー Desaix de Veygoux, Louis C. A. 455, 523
トチ川 Tochi river 145
特許協約 capitulations 600
ドッコ人 Doko, Dokko 32, *326
ドッゴル Doggorou（トンジ川別称）73
トッラ Torra 412, 413
ドティ doti 134
トトメス三世 Toutmès III, Thoutmôsis III 90, 276, 534, 535
ドバレク Dobarek 277
ドファネ山 Dofané、ドフェン山 Dofen 283, 287
ド＝ベタンクール de Béthencourt, Jean 45

ドボアン doboan 337
トマト Tomat 374
トムソン Thomson, Joseph 66, 137
トラ Torah, Tora al Asmat *413, 463, 556, 559
ドラー川 oued Draa 13
トラヤヌス帝 Trajan, Trajanus 511, 513, 522
トラヤヌス帝の大河 fleuve de Trajan 460, *510-513
トラン Toran 413
トリーノ・エジプト博物館 Museo Egizio di Torino 419
トリポリ Tripoli 399
トリポリタニア地方 Tripolitanie 40
ドルカ Dolka 277, 377
ドルグ droug 196
トルコ Turquie 131, 272, 274, 353, 361, 441, 502, 569, 584, 598
トルコ語 turc 502, 599
トルコ人 Turques, Osmanlis 28, 40, 169, 181, 272, 344, 368, 380, 387, 397, 428, 430, 440, 489, *496-497, 502, 503, 585, 586
ドール山 djebel-Dor 405
ドール人 Dôr（ボンゴ人）169
トレ Tolé 328
奴隷海岸 côte des Esclaves 42
奴隷交易 traite d'esclaves 31, *42-43, *150-151, 168, 247, 312, 320, 322, 373, 414
トレモー Trémaux, Pierre 361
ドロヴェッティ Drovetti, Bernardino M. M. 484
ドロ人 Dollo 326
ドングル Dongour 372
ドンゴラ・アッ・ジェディダ Dongola ed-Djedidé（新ドンゴラ、現ドンゴラ）385, 429, 440, 443, 444
ドンゴラ・アル・アジョーズ Dongola el-Adjousa, Dunqulā al-ʿAjūz（古ドンゴラ）440
ドンゴラ地方 Dongola 135, 150, 356, 390, 411, 433, 434
トンジ川 Tondj 72, 73, 169
ドンデロボ donderobo 24
トンブクトゥ Tombouctou 38

な

ナイル川 Nil 2, 5, 8, 9, 13, 19, 20, 22, 25, 26, 28, 30, 34, 46, 49, 50-604（第二章、目次参照）
ナイル腫 bouton du Nil 500
ナヴィル Naville, Henri É. 573
ナーエブ naïb（代官）272
ナガー Naga, Naga'a, an-Naq'a 369-370
ナガダ Nagada 112, 281
ナガリト nagarit 327
ナグウ nag 522
ナクファ Nakfa 201
ナクファ山地 montagnes de Nakfa 334
ナコニ Nakoni 61
ナース・アル・ベリド Nâs el-Belid 409
ナーズィル nazir 603
ナース人 Naath 70 → ヌエル人
ナズル nazleh 522
ナセル Nasser（エジプト）547
ナタル川 Natal 20
ナタール地方 Natal 32, 49
ナッセル Nasser（スーダン）183
ナトゥルーン el-Natroun 471
ナトゥルーン湖群 lacs de Natron 471-473
ナトロン湖 lac Natron 53, *287
ナパタ Napata 438, 439
ナハティガル Nachtigal, Gustav 403, 405, 409
ナーヒヤ nahieh 522
ナフカ台地 plateau de Nafka 229, 230
ナフト島 Naft 440
ナフビート Nekhbet 527
ナブラガラ Naboulagala, Nabulagala 137
ナヘス人 Nahésou 533
ナボナッサル王 Nabonassar, Nabû-nāṣir 449
ナポレオン Napoléon Bonaparte 40, 101, 107, 412, 455, 556, 569, 584
ナム・ゲル Nam Gel（ロール川別称）73
ナム・ロール Nam Rohl（ロール川別称）73
ナルバーレ水力発電ダム Nalubaale Power Station 60

ナンダ Nanda 137
ナント Nantes 279
南米 Amériquem méridionale 3, 8, 19, 24, 235
南洋州（オーストラレーシア）Australasie 15

に

ニアムニアム人 Niam-Niam（ザンデ人）30, 147, 152, 154, 156, 166, 169, 171, 174, 185
ニアンバラ人 Niambâra, Nyangbara、ニアム・バリ人 Niam-bâri *162-163, 168
ニウェ・アムステルダム Niew-Amsterdam, Nieuw Amsterdam（ニューヨーク古称）43
ニエナム Nyenam（ジュール川別称）73
苦い湖群 lacs Amers（ムッラ湖群、ビター湖群）487, 511, 518, 571
ニグリシア人 Nigritiens 138, 145, 166, 180, 182, 185, 297, 329, 347, 392, 393, 409, 430, 431, 434
ニグリシア地方 la Nigritic 3, 26, 35, 40, 41, 43
ニコポリス Nicopolis 591
西アフリカ Afrique occidentale 41, 341, 346, 347, 397, 409, 498
ニジェール川 Niger 7, 8, *12-13, 26, 36, 38, 118, 402, 411, 565
ニネヴェ Ninive 449
日本 Japon 128, 496
ニムレ Nimule 157
ニヤサ湖 lac Nyassa 123
ニャムエジ Nyamêzi 120
ニヤモガ Nyamoga 145
ニヤンザ湖 lac Nyanza（ヴィクトリア湖）5, 9, 10, 11, 51, 53, 54, *55-60, 63, 65, 66, 68, 71, 78, 116-139（二章二節一項〜四項）, 153, 297
ニャンボ人 Nyambo 125 → ワ・ニャンボ
ニューオーリンズ Nouvelle-Orléans 117
ニューヨーク New York 588
ニョロ人 Wa-Nyoro *141, 143, 145, 146 → ワ・ニョロ
ニーリー nili *505-507, 595
ニロメートル nilomètre 567
ニワク人 Niwak 183

ぬ

ヌアー人 Nuer 70 → ヌエル人
ヌエ Nouet, Nicolas-Antoine 556
ヌエル人 Nouêr, Nuer 70, 152, 165, 176, *178, 182, 183, 341, 347
ヌクルス山 jabal Nuqrus 460
ヌバ語 langue nouba 344, 347, 392, 409
ヌバ山地 djebel-Nouba 386
ヌバ人 Nouba 120, 345, 386, 391, *392, 393, 394, 399, 409, 415, 431
ヌビア語 nubien 88
ヌビア人 Nubiens 29, 52, 91, 185, 345, 353, 362, 392, 432, 433, 434, 457, 497, 528, 533
ヌビア地方 Nubie 30, 35, 52, 84, 85, 86, 91, 100, 114, 117, 224, *329-383（二章六節上ヌビア地方）, 407, 409, 411, *415-447（二章九節）, 459, 460, 462, 466, 467, 478, 481, 483, 485, 486, 487, 496, 522, 524, 527, 542, 597
ヌボヴィ Noubovi（ヌバ人）392
ヌボタエ人 Nubotæ 431
ヌリ Nouri 439

ね

ネイト女神 Neïth 581
ネカウ二世 Nécos, Nékao II 44, 509, 511
ネカブ Nekhab 527
ネグサ・ネグスト négous-négest, negusä nägäst 245 → 諸王の王
ネクタボ一世 Nectabo I 552
ネコ Pharaon Necho, Necho II, Nekau（ネカウ二世）44
ネジド nedjid 199
ネフィシュ Nefich 573
ネフェルタリ Nofreari, Néfertari 447
ネブタブ人 Nebtab 230

ネルソン Nelson, Horatio 584
ネレ族 Néré 348
ネレ・ベナ語 nere bena 347
ネロ帝 Nero 70

の

ノ No（テーベ古称）528
ノ No、ノウ Nou（ビルカ・アル・ガザール） 68 → ノ湖
ノヴァ・ホランディア Nouvelle-Hollande （オーストラリア大陸古称）3
ノ湖 lac No 71, 75
ノラ島 Nora 274
ノンノ Nonno, Warra Nunnu 303, 328

は

パ・アメン Pa-Amen 528
ハイク湖 lac Haïk, Hayq 207, 208, 261
バイト・アル・マール beït-el-mâl 503
バイト・アル・ワリ Beït el-Oualli, Beit el-Wali 447
バイバルス Bibars, Baybars 578
バイブル村 Baïboul 319
ハイリゲン・クロイツ Heiligen-Kreutz 164
ハウイン人 Haouin 437
ハウサ人 Haousa 23
ハウセン Haoussen 267, 277, 281
バウル・ナガシュ Bahr-Nagach 270
パエス Páez Jaramillo, Pedro 77
バオバブ baobab 20, 148, 179, 210, *218, 333, 334, 335, 386, 387, 407, 428
バカ・ピグミー Baka 32
ハー・カ・プター Hâ-ka Ptah, Hout-ka-Ptah 488
バカラ族 Baqara 184 → バッガラ族
ハガル・アベイ・ネジラーン Hagar Abeï Nedjrân 201
パギ pagi、パギュス pagus 280
ハキム山 Hakim 309-310
バギルミ地方 Baghirmi, Baguirmi 176
パーク Park, Mungo 46
バグダード Bahdad 117, 500
瀑流 premiére cataracte 84-91 → 第一瀑流
瀑流山脈 chaîne des Cataractes 420, 459, 460, 496
バコ川 Bâko 180
バザ人 Baza 346 → クナマ人
ハサン Hassan Pacha 269
バシロ川 Bechto, Bashilo, Beshitta 77
バスク語 basque 297
バスケト人 Basketo 32, 326
バゼナ語 bazena 347
パ・セバク Pa-sebak 548
バゼーン人 Bazên 182, 346, 349, 357 → クナマ人
バダ湖 lac Bada（アッベ湖）287
ハダス川 Hadas 268
ハダ族 Hada 303
バーチ Birch, Samuel 456
バッガラ族、人 Baggâra, Baggāra 149, 152, 165, 176, *184, 187, 345, 386, 388, *394-395, 406, 408
ハッサ語 hassa 230, 234
ハッサニーヤ族 Hassanieh 354, 359, 396, 437
バッソ Basso, Baso 258, 259, 263, 324
バッダロッギエ山 Badda Rogghie 322
ハッラルゲ Harrarghé 308 → ハラル
パーディ Purdy, Erastus 405
パティコ Patiko 155
ハディド山地 djebel-Hadid 406
ハデンドワ人、族 Hadendoa 82, 230, 231, *353-354, 355, 356, 358, 359, *374-376（集落）, 381, 393, 415
ハートウ・ピーク Hurtow-peak 210
バドゥル Badour 383
バトゥン・アル・バカラ Batn el-Baqara 101
バトゥン・アル・ハガル Batn el-Hagâr 88
ハトシェプスト Hatshopsitou, Hatchepsout 534
ハトホル女神、神殿 génisse Hathor 445, 500, 527, 537-538
パドメートル padomètre 567
バドラシーン Bedracheïn, al Badrashin, el-

Badrasheen 503, 551
ハドラモート地方 Hadramaout, Ḥaḍramūt 4, 18, 311
ハドリアヌス帝 Adrien, Hadrianus 511, 546
バートン Burton, Richard F. 309, 310
バナース岬 râs-Benas, ra's Banās 416, 418, 460
ハナフィー学派 rite hanéfite 565
バニアン人 Banians 273, 274
パニャトリ Panyatoli 145
バヌー・アブス族 Banu Abs 493
ハネクの瀑流 cataracte de Hannek（第三瀑流）86-87, 91, 429, 442
パノポリス Panopolis 540
パノム Panom 164
パバスト Pabast 573
ハバナ le Havane 117
ハバニーヤ族 Habanieh 408, 409
ハバーブ人 Habâb, Habab *229-230, 233, 272, 377
バハリ・ヤ・ピラ Bahari ya Pila（ヴィクトリア湖）57
バハル・ダル Bahrdar,Bahir Dar 256, 259
バハレイヤ・オアシス oasis de Bakharieh, Bahariya 468, 473, *543, 545
バビロニア地方 Babylonie 24
バビロン Babylone、バベルン Babeloun 559
バーブ・アル・イアスムンド Bab el-Iasmund 468
バーブ・アル・カイヨー Bab el-Caillaud 468, 469
バーブ・アル・マンダブ海峡 détroit de Bab el-Mandeb 315, 316, 478
バフナサー Behneseh, al Bahnasa 547
バフビート・アル・ヒジャーラ Behbeït el-Hagar 578
パフラヴィー語 pehlvi 549
バフリーヤ Baharites 567
バフル・アズム Bahr Azoum 406
バフル・アッ・ザラーフ Bahr ez-Zarâf *68, 70, 166, 187
バフル・アッ・スガイヤル Bahr es-Sogheïr 578
バフル・アル・アスアド Bahr el-Aswad（アトバラ川）84
バフル・アル・アズラク Bahr el-Azraq（青ナイル川）*74-81, 115, 340
バフル・アル・アビアド Bahr el-Abiad（白ナイル川）73, 74, 76, 163, 179, 184, 187, 329, 340
バフル・アル・アラブ Bahr el-Arab 72, 73, 147, 148, 174, 176, 395, 402, 403, 405, 406, 407, 408
バフル・アル・ガザール川 Bahr el-Ghazâl 23, 68, *71-72, 115, 144, 145, 147, 163, 164, 173, 178, 385
バフル・アル・ガザール州 province de Bahr el-Ghazâl 41, *148-152, 153, 175, 413
バフル・アル・ジャバル Bahr el-Djebel 65, 68, 72, 73, 74, 147, 148, 156, 162, 163, 167
バフル・アル・フェルティト Bahr el-Fertit 406, 407
バフル・アル・ホムル Bahr el-Homr（パンゴ川別称）73
バフル・アル・モカテ Bahr el-Moqâte（ソバト川別称）73
バフル・インゴ Bahr Ingo 65
バフル・ジャウ Bahr Djaou（ロア川別称）73, 169
バフル・ビラー・マー Bahr belâ-mâ 96, 422, 468, 470, 471, 473
バフル・ユースフ Bahr-Yoûsef *93-95, 96, 97, 99, 100, 473, 475, 526, 545, 547, 548, 549
バフル・ラウ Bahr Laou（イェイ川別称）73
バフル・ワウ Bahr Waou（ジュール川別称）73
ハベシャ Habech, al-Habash, al-ḥabašah 189, 190, 192
バベル Babel 449
ハマセン地方 Hamasen *203-204, 228, 231, 269, 270, 281
バーミンガム Birmingham 36
ハム Ham 27, 262, 292, 347, 430, 436
ハムヴァ語 hamva 224

ハム語族 famille hamitique 30, 262, 297
ハムスィーン khamsin 477, *478
パムスジャト Pamsjat, Pemdje 547
ハムテンガ語 hamtenga 224, 262
ハムド山 Hamdo 285
ハムファレ Hamfalé 211
ハムラー港 port de Hamrah 540
ハムラン人、族 Hamran 337, 354
ハムル人 Hamr 409
ハメジ人 Hammedj 344
バユーダ地方 Bayouda, Bayuda 332, 421, *423-425, 426, 427, 429, 437, 438
バラ Bara, Barah 390, *400
ハライ Halaï 268, 277
バラカ川 Barka, Baraka 82-83, 201, 202, 203, 229, 230, 233, 281, 329, 330, 334, 346, 347, 353, 354, 360, 376, 377, 382, 415
バラガス川 Balagas 204
ハラザ山 djebel-Haraza 385, 400
ハラージュ kharadj, kharâj *504, 505
ハラトリ峠 col de Haratri 379
バラハ湖 lac Ballah 574, 575
バラブラ語 barabra 430, 433, 437
バラーブラ人 Barâbra 30, 32, 377, 409, *430-434, 437, 497, 525
バラーマカ Barmécides, Barmakides 498
ハラマト Haramat 281
バラームース el Baramous 473
ハラモヤ湖 Haramoya 308
ハラル Harrar, Harar *308-311, 312, 313, 319, 328
ハラル王国 royaume de Harrar 294, 308
ハラル地方 Harrar 191, 269, 294, 304
パラロ Palaro 157
ハリーグ Khalig 560
バリ語 bâri, bari 153
パリ国立文書館 Bibliothèque Nationale de Paris 538
バリ人 Bâri, Bari 30, 67, *157-160, 161, 162, 163, 164, 166, 167, 168, 170, 186, 341
ハリス Harris, William C. 284, 290
バーリース・オアシス oasis de Beris 467, 471, 541
バリンゴ湖 Baringo 65-66
バ・リンゴ人 Ba-Ringo 66
ハル・エム・ク神 Har-em-Khou 557
ハルガ el-Khargeh 467, 538, 541, 542, 591
バルカ・アル・ハムラ Barka el-Hamra 14
ハルガ・オアシス oasis de Khargeh, al-Kharga 467, 471, 473, 484, *540-542, 543, 544, 545
バルカ川 Barka 82, 83
バルカル山 mont Barkal, jebel Barkal 85, *439
バルカン半島 péninsule des Balkans 18
バル人 Bar 160
ハルディボ湖 lac Ardibbo, Hardibo 207
バルディーン Bordeïn, Izbat Burdayn 572
バルト Barth, Heinrich 48, 297
ハルトゥーム　→　カルトゥーム
ハルトマン Hartmann, Karl E. R. 185, 235, 297, 344, 354, 529
バルバドス諸島 Barbades 42
バルバラン人 Barbarins 345, 430, 497, 562
バルビ Balbi, Adriano 26
ハルファヤ Halfaya（ハルフィア・エムルク Halfia Elmouluk）*367, 369, 382
ハルフト神 Harhout 527
バールベック神殿群 temples de Baalbek 532
ハルポクラテス神 Harpokhrot, Harpocrate 527
ハールレム海 mer de Haarlem 73
バレア人 Barea *346-351, 377
バレアレス諸島 Baléares 14
パレスティナ Palestine 2, 225, 448, 484, 529, 576
ハレ・ヤベタ湖 Hare Yabeta Hayk’ 308
ハレン Halen 265
バーレーン Bahreïn 276
ハレンガ族 Hallenga 354, 374, 376, 393, 415
バレンシア Valence 14, 28
バロ川 Baro（ソバト川別称）73, 180
バロク人 Balok 183
バローチスターン地方 Baloutchistan 18
ハワキル湾 baie de Haouakil, Hawakil 217, *279
ハワーラ族 Hawarah 496

ハワーラのピラミッド pyramide de Howara, Hawara 548
ハ・ワル Ha-Ouar 577
ハンガリー Hongrie 421
バンクス Banks, Joseph 523
パンゴ川 Pango 72, 73, 174
バンダ Banda 135
バンド bando（王）184
バントゥー語 bantou 124, 125, 142, 143, 153
バントゥー人 Bantou 32, 120, 123, 138, 185, 227, 356, 437
ハンドゥブ Handoub 378
ハンノ Hannon 45
バンハー・アル・アサル Benhâ-l'Assal, Banhā el-'asal、バンハー Banha 577, 591
ハンバル学派 rite Hambalite 565
ハンフィラ Hanfila 211, 279
ハンマーマートの井戸群 puits de Hamamat（ワーディ・ハンマーマート）460

ひ

ピアソン Pearson 52, 53
ピアッジャ Piaggia, Carlo 48, 61, 147, 395
ビアラ山 Biala 209
ビアンキ Bianchi, Gustavo 285, 286, 307, 319
ビイル・ユースフ Bir Yûsuf 565
ビエル Biel（ソバト川別称）73
ヒエレル山 mont Hiérer 320
ビオ Biot, Jean-Baptiste 449
ビオコ島 Bioko 14
ピオム Piom（ファイユーム地方古称）97
東アフリカ Afrique orientale 5, 13, 27, 41, 132, 150, 292, 297, 389, 421
東インド Indes orientales 448, 509, 517, 519
東スーダン Soudan oriental 135, 329, 330, 331, 332, 359
東リフト・ヴァレー East African Rift 54, 208, 283
東ローマ帝国 Rome Oriental 239 → ビザンツ帝国
ピキテ Pictet, Raoul（スイス人化学者 (1846-1929)）478
ビーク Beke, Charles T. 179, 193, 257, 283, 296, 298, 324, 325
ヒクソス人 Hyksos 481, 485, *492-493, 527, 548, 566, 577, 578
ピグミー pygmées 32, 46
ビザン Bizan 271
ビザンツ帝国 Bysance 38, 192, 228, 238, 239, 246, 277, 418, 439, 457, 474, 489
ビザンティウム Byzance（イスタンブル）261, 460,
ビシェナ Bichana, Bichena 258
ビジャゴ諸島 Bissagos, Bijagós、ビシュラオ諸島 Bichlao 14
ヒジャーズ地方 Hedjaz 272, 354, 502
ビジャ島 Biggeh 523
ビシャリ人 Bichari 37, 38
ビシャリン人、族 Bichârin, Bisharin 331, 353, 354, 359, 378, 409, 416, 418, 423, 430, 431, *434-436
ビジャン Bidjan 271
ビスクラ Biskra 117
ビスクラ腫 bouton de Biskra 500
ヒタノ Gitanos 497-498
ビダヤト人 Bidayat 409
ヒックス Hicks, William 400
ヒッタイト人 Hittites 445, 529, 530
ピッツィガーニ Pizzigani, Marco 45
ヒッパルコス Hipparque, Hipparchus 587
ヒッフィ Hiffi 176
ヒッポレイ人 Hipporei 153
ビデヤト人 Bideyat 409
ピトム Pithom 573
ビーバーン・アル・ムルーク Biban el-Molouk 533
ヒビス神殿 temple of Hibis 541
ビヘイラ Beherah 604
ビヘイラ水路 canal de Behara 569
ピボル川 Pibor 73
ヒムヤル語 hymiaritiques 265, 377
ヒムヤル人 Hymiarites 265
ヒムヤル地方 pays hymiarite 225
ヒューロン湖 lac Huron 55
ピョートル大帝騎馬像 statue équestre de Pierre le Grand 532

ビーラーク Ilak、ビーラーフ Pilak 522
ピラミッド pyramides 34, 99, 100, 370, 371, 372, 439, 449, 451, 452, 463, 468, 475, 533, 548, 549-551, 553-557（ギーザ）, 559
ピラミッドの戦い bataille des Pyramides 569
ビリ川 Biri 174
ビリゴング Billigong 160
ビルカ・アル・ガザール Birket el-Ghazâl 68
ビルカ・アル・カールーン Birket el-Keroûn（カールーン湖）*96, 549
ヒルーシャ人 Heroucha 527
ヒルデブラント Hildebrandt, Johann M. 211
ビルビス川 Bilbis 262
ビルベイス Belbeïs, Bilbéis 572, 591
ビレン語 bilên 227, 228
ビレン人 Bilên 203, 216, *227, 228 → ボゴス人
ピンイン Pinyin（ソバト川別称）73
ピンカートン Pinkerton, John 26
ピンタドス Pintados 129
ヒンタロ Hintalo 266 → アンターロ
ヒンドゥー Hindous 24, 238, 497
ヒンドスタン Hindoustan（南アジア）118, 454, 565
ビンバシ Bimbachi *362, 382

ふ

ファイオム Phaïom（ファイユーム地方古称）97
ファイユーム地方 Fayoûm, Fayoum *95-100（干拓）, 483, 488, 493, *547-550（集落）, 593, 595, 604
ファウェイラ Faoueïra 66 → フォウェイラ
ファウエラ Faouera、ファウヴェラ Fauvera、フォヴェイラ Foveïra 145 → フォウェイラ
ファウテントゥーム Faoutenttoum 164
ファウラー Fowler, John 569
ファキ・エンドワ Faki Endoa 374
ファキーフ fakih, fakir（行者）359, 389, 395
ファコ山 Monte Fako 14
ファジェッロ Fadjello、ファジュリ Fadjouli 156
ファジェル人 Fadjellou 166
ファシュン Fechn, el Fashn 547
ファショダ Fachôda 187
ファゾグル地方、州 Fazogl 333, 335, *360-361, 369, 394
ファダシ県 district de Fadasi 362
ファッユーム fayyoûm 97
ファッラーヒーン fellâhîn, fallāḥīn、ファッラーフ fellâh, fallāḥ 30, 114, 237, 345, 432, 433, 437, 453, 456, 457, 482, 486, 489, *491-492（習俗）, 493, 500, 503-509（土地所有と賦役）, 521, 528, 543, 544, 552, 581, 593, 594, 603
ファティガル地方 Fatigar 283, 328
ファティコ Fatiko（パティコ）*155-156, 157
ファディベク Fadibek 156
ファーティマ朝 Fatimites 95
ファティーラ山 djebel-Fatireh 460
ファトニティク川 Phatonétique, Phatnitique（ダミエッタ分流古称）102
ファマカ Famaka *360, 362, 364, 382
ファミカム川 Famikam 72, 73
ファラゲ山 djebel-Farageh 417
ファラシャ人 Felacha *224-226, 235, 238, 290
ファラジョク Faradjok 156
ファラス・サベル Faras-Saber 260, 277
ファラフラ・オアシス oasis de Farafreh, Farafra 467, 468, 470, 471, 473, 484, *543, 545
ファラマー Farama 512
ファリ村 Farri、ファレ村 Farré, Fare 308
ファレジャ・オアシス oasis de Farêdgha 469, 473, 500, *545
ファロス島 île de Pharos 584-585
ファロロ Faloro 157
ファンシュレーブ Vansleb, Johann M. 488, 557
ファン人 Fân 36, 38

ファンタレ山 mount Fantale 284
ブイア Bouïa 317
フィショ Ficho 267
フィチェ Fitchè 319, 326
フィッシャー Fischer, Gustav A. 53
フィデミン・アル・ファイユーム Fidemin el-Fayoum 506
フィラエ島 île de Philae 12, 89, *522-523, 538
フィリク Filik 376, 382
フィルアウン Faroûn 488, 550
フィルフィル filfil 235
フィンフィネ Finfini, Finfinnee（アディスアベバ）287, *320-321
フィンフィネ族 Finfini 303
ブヴマ島 Buvuma 59 → ウヴマ島
フェケレ・ゲンブ Fekeré-Gemb 306
フェッザーン地方 Fezzân 23, 399, 475, 476
フェデ湖 Fèdé 14
フェニキア Phénice 1, 529
フェニキア語 phénicien 445
フェニキア人 Phéniciens 28, 38, 45, 449, 584
ソェラタ人 Fellata 391
フェリアル Ferial（ロール川別称）73
フェルカ・ベル Ferka-ber 252
フェルガン fergan（宿営地）394
フェルキン Felkin, Robert W. 41, 67, 128, 137, 149, 158, 167, 169, 176, 406
フェルティート地方 Fertît（ダール・フェルティート）148, 174, 176
フェルナンデス Fernandes, António 291
フェルナン・ド・ポー島 Fernâo do Póo（ビオコ島）14
フェレ Ferret, Pierre V. A. 193, 265
フェンジャ Fendja 251, 259
フェンジャ人 Fendja 224, 290 → ファラシャ人
フォウェイラ Foweïra, Foweira 66, 140, 143, *145, 156
フォゲラ地方 Fogara, Fogera 252
フォジェ Fojè、フォジャ Fodja 413
フォッラ Folla 325, 328
フォート・マウンテン Fort Mountain 195
フォラ Fola 66, 157
フォール人 Fôriens 407, 409
ブオンファンティ Buonfanti,. Maurizio 46
ブーガーズ boghâz 105, 106, 486
ブガンダ → ウ・ガンダ地方
ブキンド Boukindo, Bukindo 121
フーグリ川 Hougly 54
ブケレベ島 Boukerebé 59
ブコリク川 Bucolique（ダミエッタ分流古称）102
プサメティク一世 Psammétik, Psammétique Ier 509
プーシェ Pouchet, Charles H. G. 444
ブーシェフル Bouchir, Bouchehr 117
ブシャール Bouchard, Pierre-François-Xavier 583
ブーシュ・クラー Bouch-Cora 547, 548
フスタート el-Fostât 559, 564, 567
ブダ bouda（人狼）238, *302
フダイダ Al Hudaydah 311
プター神 Ptah 488
ブッシュマン Bushmen 32
プティ Petit 257
フテム人 Hötem 351
プトレマイオス Ptolémée, Claudius Ptolemaeus 45, 77, 82, 379, 548, 587
プトレマイオス一世ソーテール Ptolémée Ier Sôter 584
プトレマイオス二世 Ptolémée II, Ptolemaios Philadelphos 276, 449, 510, 578, 585
プトレマイオス三世エウエルゲテス、大王 Ptolémée III Évergète Ier 276
プトレマイオス四世フィロパトル Ptolémée Philopator 532
プトレマイオス五世 Ptolémée V Épiphane Eucharistos 523, 583
プトレマイオス朝 Ptolémées 192, 418, 453, 478, 488, 511, 512, 513, 526, 529, 572, 584, 586
ブニョロ Bunyoro 63, 139, 145
ブバスティス Bubaste, Bubastis 509, 573
フマ人 Houma *123, 125, 126, 127, 130, 139, 143, 162, 297, 338
フラー foulah（水飲み場）386

プラウデン Plowden, Walter C. M. C. 260
プラウト Prout, Henry G. 384, 386, 454
ブラウン Browne, William G. 403, 413, 443
ブラエル Brayer 219
ブーラーク Boulâq, Boulaq 101, 559, 563, *566, 569
ブーラーク博物館 musée de Boulaq 533, 548, 552, 557, *566
ブラジル Brésil 42, 43, 170
フラ人 Foula 409
フラース Fraas, Oscar F. von 334, 481
プラセレス placeres 418
フラッテル Flatters, Paul 44
フラ・マウロの世界図 mappamondo di Fra Mauro 284
ブラン Blanc, Charles 463, 553
ブランカリオーネ Brancalione 192, 193
ブランク Blanc, Henry J. 235, 320
フランク人 Franks 237, 430
フランシス Francis（フランク人）257
フランス France 11, 48, 95, 109, 128, 159, 191, 272, 277, 279, 296, 301, 314, 315, 316, 384, 412, 454, 455, 458, 474, 479, 498, 513, 515, 518, 520, 523, 575, 584, 594, 598
フランス語 français 189, 403, 559, 575, 599
フランス人 Français 28, 40, 42, 43, 52, 241, 290, 368, 455, 515, 536, 599
ブラン＝ロレ Brun-Rollet, Jacques-Antoine 394
ブリ Bouri, Buri 367
フーリエ Fourier, François M. C. 515
フリガ Friga 2
ブリギ湖 Ourigi, Burigi 124
ブリーク Bleek, Wilhelm H. I. 297
プリニウス Pline, Plinius 153, 436
ブリ半島 péninsule de Bouri 210, 211, 293
フリーメイスン franc-maçon 575
プリュスネレ Pruyssenaere, Eugène J. M. de 73, 344
プリンシペ島 Principe 14
フリンダーズ＝ピートリー Flinders Petrie, William M. 556
ブルガル Boulgar 328
ブルクシュ Brugsch, Heinrich K. 392, 527, 535
ブルクハルト Burckhardt, Johann L. 374
ブルース Bruce, James 75, 77, 192, 193, 205, 235, 249, 337, 344
ブルダル Bourdalouë, Paul-Adrien 515
プルタルコス Plutarque 511
フール地方 Fôr 72, 145, 148, 149, 151, 176, 335, 346, 353, 388, 389, 390, 396, 397, 399, *402-414（二章八節）, 540, 541 → ダルフール地方
ブルチャッタ Bourchatta 284
フルメンティウス Frumentius 273
ブルロス湖 lac Bourlos, Burullus *107, 580
ブルン人 Bouroun, Burun 341, 344
ブレ Bouri, Bure 258, 259
プレスター・ジョン Prêtre Jean 192, 239
ブレド・アッ・スーダーン Beled (Bled) es-Soudân 27
ブレムミュアエ人 Blemmyes 227, 352, 357, 370, 418, 431, 447, 523
フレモナ Fremona 263
プロヴァンス人 Provençeaux 28
プロヴァンス地方 la Provence 3, 18
プロクロス Proclus, Proclos 590
プロコピオス Procope de Césarée, Procopius 352
プロティノス Plotin, Plotinus 540, 590
プロテスタント protestant 40, 133, 240, 241, 253, 301, 498, 566
ブロンド brondo（祝宴）235
フーワ Fouah, Fuwwah *581, 591
ブワヒト山 Bouahit, Bwahit 205, 206
フワラ語 houara、フワラザ語 houaraza 225
フンジ人 Foundj, Funj 30, 333, *344-346, 353, 364, 365, 367, 373, 389, 393, 410, 431, 529
フンジ・スルタン国 sultanat Funj de Sennar → スィンナール王国
フン人 Fougn（フンジ人）333, 344
プント国 pays de Pount 535

へ

ベイカー Baker, Samuel W. 62, 64, 65, 76,

144, 155, 159, 454, 529
ベイルル Beylul 319
ヘウグリン Heuglin, Martin T. von 195, 204, 334
ベクの木 arbre de bek 483
ベゲメデル地方 Beghemeder 208, 209, 252, 260, 281, 303
ベケンナ川 Bekenna 207
ペザリック Petherick, John 147
ベジャヴィ語 bedjavi 354
ベジャ人 Bèdjas, Bedjas, Bejas 30, 230, 337, 343, 348, *352-359, 366, 367, 369, 370, 372, 373, 374, 381, 382, 418, 431, 434, 496, 528, 563
ベシュロ川 Bechlo（ベシロ川）208
ベシロ川 Bechilo, Beshilo 201, 207, 208, 259
ヘスペリア Hespérie 1
ベタ・イスラエル Beta Israel 224, 225 → ファラシャ人
ベダウィエ語 bedaouïé 354
ヘダルメ Hedarmeh 380
ベッデン Bedden 67, 160
ベッリ人 Berri 160
ベッリ族 Belli 169
ヘッレル Herrer（ハラル）308
ヘディーウ号 le Khédive（汽船）64
ベドウィン Bédouin 353, 394, 431, 453, *493-496, 499, 500, 545, 555, 556, 562
ベドウィン語 bédouin 230, 233, 354
ベト・マリエ族 Bet-Malié 229
ベナン湾 golfe de Bénin 19, 38, 41, 147
ベニ・アメル族 Beni-Amer 191, 222, *230-231, 234, 354, 356, 358, 359, 382, 393
ベニ・ショングル Beni-Chongoul 362
ベニ・スエフ Beni-Souef, Beni Suef 463, 465, *547-548, 591, 604
ベニ・ハサン Beni-Hassan, Bani Hasan 546
ベニ・ハムラン族 Beni-Hamran 409
ペネー Peney, Alfred 68, 147, 157
ベハイル Behâïr 73
ベハル・ビラー・マー Behâr belâ-mâ 96
ヘプタスタディオン Heptastades 584, 585
ベフル人 Behr 160
ヘユ heyou 300
ペー・ラー Pè-Rà 568
ベラウ族 Belaou 272
ヘラクレオポリス Héracléopolis 547
ヘラクレス Hercule 2
ヘラス Hellade 449
ベラベラタ Beraberata 430, 431
ベラリ地方 Berari 594, 603
ベランダ人 Belanda 171
ヘリオポリス Héliopolis 568, 569, 588
ペリシテ人 Philistins 530
ベル Bell, J. T. 260
ベルギー Belgique 26, 329, 457, 458
ベルコナ川 Berkona 207
ペルシア Perse 310, 544
ペルシアク Pelsiaque, Pelusiac 105
ペルシア語 persan 510
ペルシア人 Persans 274, 293, 310
ペルシウム Péluse, Pelusium 477, 510, 512, 515, 577
ペルシャ湾 golfe Persique 18
ヘルダー Herder, Johann G. von 451
ベルタ人 Berta 179, 210, 248, 322, 332, *340-343, 344, 362
ベルツォーニ Belzoni, Giovanni B. 523, 533
ベルトラーメ Beltrame. Giovanni 344, 351
ペル・バスト Per-Bast 509
ベルベッラ山 Belbella 285
ベルベラ Berbera 308
ベルベラン Berbérin 430
ベルベリ Berberi（ベルベル人）430
ベルベル Berber（都市）28, 85, 336, 353, 360, 367, 376, *377-379, 381, 382, 415, 428, 429, 437, 438
ベルベル語 berbère *30, 422, 544
ベルベル人 Berbères 1, 23, *27-28, 35, 38, 430
ベルムデイス Bermudes, João 240, 258
ヘルモポリス・マグナ Hermopolis magna 546
ヘルワーン Helouan, Helwan 567
ヘレ Heré（ジュール川別称）73
ベレッサ地方 Belessa 209, 260
ヘレト hellet 188
ベレド・アッ・スーダーン Beled es-Soudan

329
ベレニアーン Beleniân 160
ベレニケ Bérénice 416, 460, 478, 479, 535, 536
ヘロ Héro、ヘロオポリス Héroopolis 573
ヘロドトス Hérodote, Hēródotos 23, 44, 99, 100, 101, 105, 109, 189, 353, 438, 456, 457, 509, 510, 522, 543, 555
ペントダクティロス山 Pentodactyle 417
ペンバ島 Pemba 15

ほ

ポア poa 218
ボアス Boas 227
ボアスゴル人 Boasgor（ボゴス人）227
ボヴェンティチャ神 Boventitcha 301
ポー川 Pô 103, 105
北西アフリカ Afrique nord-occidentale 3, 11, 347
北東アフリカ Afrique nord-orientale 28, 50
ボゴス人 Bogos（ビレン人）191, 203, 216, 221, *227-228, 229, 230, 238, 263, 270, 271, 331, 350, 376
ボジャドール岬 cap Bojador 45
ボシュエ Bossuet, Jacques-Bénigne 457
ホスキンス Hoskins, George A. 370
ボスタン Bostan 445
ボスニア兵 Bosniaques 272, 473
ボスフォラス海峡 détroit de Bosphore 50, 515
ポタゴス Potagos, Panayotis 147
ボッシェスマネン Boschjesmannen, Bosjesmannen 32
ホッタ山 Hotta 285
ホッテントット人 Hottentots（コイコイ人）27, 32, 297
ホッロ族 Horro 304
ホデイダ Hodeïda 311, 319
ホトゥムル Hotoumlou 272
ボトゥン・アル・ハガール Botn el-Hagar 443
ボトクード人 Botocudos 170
ポート・サイード Port-Saïd 2, 105, 478, 518, 572, 574, *575-576, 577, 591, 604
ポート・タウフィーク Port Tewfik 571
ポート・フアド Port Fuad 512
ボトル Botor 328
ホフラ銅山 Hofrah、ホフラト・アン・ナハス Hofrat en-Nahas 406
ボヘミア人 Bohémiens 497
ホムラン族 Homran（ハムラン族）354
ホムル人 Homr 409, 410, 413
ホメロス Homère（古代ギリシャ詩人 Hômêros 前七世紀末）189, 584
ボラナ人 Borena, Boranas 303, 328
ボール Bôr 164
ホル・エム・アケト Hor-em-akhet 557
ホル＝シェス Hor-chesou 451
ホルス神 Horus 451, 526, 557
ボール族 Bôr 163
ポルトガル Portugal 42, 83, 240, 248, 265
ポルトガル人 Portugais 8, 35, 42, 45, 77, 79, 193, 239, 240, 241, 251, 252, 257, 271
ポルトサント島 Porto Santo 14
ボルヌー地方 Bournou, Bornou 41
ホルヌマン Hornemann, Friedrich C. 46
ボルビティネ川 Bolbitine 102
ポルピュリオス Porphyre de Tyr, Porphýrios 590
ボンガ Bonga 291, *326, 328
ボンカ人 Bonka、ボンガ人 Bonga 352-353
ポンゴ川 Pongo 13
ボンゴ川 Bongo 169
ボンゴ人 Bongo 35, 38, *169-171, 173, 174, 185, 391
ボンジャク人 Bandjak 183
ポンセ Poncet, Charles-Jacques 193, 271
ポンセ兄弟 frères Poncet, Ambroise et Jules 147
ボーンドルフ Bohndorff, Friedrich 147, 174
ポンベ pombé 120
ポンペイウスの円柱 Colonne de Pompée 461, *588
ボン岬 cap Bon 4
ホーン岬 cap Horn 5

ま

マアーザ族 Maazeh 496
マアサラ Masarah, el-Maasara 463, 556
マイエンドゥト Mayendout 176
マウター山 djebel el-Moutah, Gabal al-Mawta 544
マウレタニア Maurétanie 1, 3, 430, 502
マガーガ Maghâga, Maghaghah 547
マガガ山地 djebel-Magaga 423, 425
マカベラブ族 tribu des Makaberab 377
マカラカ人 Makaraka、マカラカー人 Makarakâ 166-167
マカラカリ湖 Makarakari、マカディカディ塩湖 Pan de Makgadhikgadi 13
マグダラ Magdala（アンバ・マリアム） 195, 199, 208, *259, 260, 267, 303, 320
マクラカ人 Makraka（ザンデ人） 51, 166
マクリーズィー Makrizi 511
マグリーブ Maghreb 1
マグリブ人 Maghrabin 399
マグリブ地方 Maghreb 1, 3, 7, 13, 14, 18, 24, 25, 28, 36, 38, 430, 502
マクロビオイ Macrobiens 189, 377
マグンゴ Magoungo 143, 145, 152, 157
マゲチ川 Magetch 251
マケド Makedo 66
マケドニア地方 Macédonie 497, 544, 584
マコ mako（棉） 593
マサイ人 Masaï 120, 134, 139, 161, 184, 190
マサバト族 Massabat 409
マサリト人 Massalit 409
マジウ族 Maziou 496
マジェッティエ Madjettié 306, 307
マシュラ・アッ・ラック Mechra er-Rek, Mashra' ar-Raqq 72, 173
マシンディ Masindi 145
マスウーディー Masoudi,ʃal-Masʿūdī 585
マスカット Mascat 117
マスカレーニュ諸島 Mascareignes（マスカリン諸島） 23, 25, 274
マスタバ mastaba 550, 566
マスタバ・アル・フィルアウン Mastaba el-Faraoun 550
マスペロ Maspero, Gaston C. C. 456, 481, 487, 496, 535, 539, 550, 555, 566
マスル Masr 491, 559
マスル・アル・アティーカ Masr el-Atikah 559
マソンヌ・ボン・ディユー maçonne-bon-Dieu 462
マダガスカル Madagascar 15, 22, 23, 32
マタニーヤ Matanieh 550
マタレイヤ Matarieh, el Matareya（カイロ近郊旧ヘリオポリス） 568-569
マタレイヤ Matarieh（マンザラ湖畔） 493, 578
マーチソン滝 chute Murchison, Murchison Falls *62, 64, 134, 144, 145
マーチソン湾 Murchison-bay（ムワル・ルワジャリ湾） 58, 135, 137
マツェ・マレア人 Matze Malea 180
マッケイ Mackay, Alexander M. 55
マッサーヤ Massaia, Guglielmo 325
マッサーリ Massari, Alfonso M. 46
マッサワ Massaouah, Massaoua 7, 191, 202, 210, 213, 216, 231, 237, 260, 267, 270, *272-275, 277, 331, 360, 374, 376, 379
マッラウィー・アル・アリーシュ Mellaweh el-Arich 546
マッラ山地 monts Marrah, djebel Marra 7, 402, *404-405, 406, 409, 413
マディ Madi 167, 168
マディ人 Madi 153, 154, *156, 157, 166, 176
マディーナ・アル・ファイユーム Medinet el-Fayoum, Médinet el-Fayoum *549, 591, 604
マディーナト・ハーブー Medinét-Abou, Médinet Habou（テーベ） 530, 532
マデイラ諸島 Madêre 14, 83
マテウッチ Matteucci, Pellegrino 182, 362, 386
マテブ mateb 242
マテラハ島 Materaha、マトラハ島 Matraha（ミトラハ島） 78, *257
マニチ地峡 isthme de Manítch 2
マネト Manéthon de Sebennytos 449, 578
マハギ Mahagi、マハヒ Mahahi 145, 146

マハス人 Mahas 434
マハッタ Mahatta 522, 523
マハッラ・アル・クブラー Mahallet el-Kebir, el-Mahalla el-Koubra 580, 591
マハッラカ Maharrakah, Al-Maharraqa 447
マハデラ・マリアム Mahdera-Mariam, Mahdere Mariam *254-255, 257, 259
マハラ川 khôr Mahara 365
マフィア島 Mafia 15
マフディー Al-Mahdi, Muhammad Ahmad ibn Abd Allah、マフディーの乱 40, 152, 173, 174, 187, 332, 341, 353, 359, 365, 367, 374, 376, 377, 384, 392, 395, 397, 399, 400, 440, 441, 454;（アッ＝サヌースィー） 500-502, 545
マフマル mahmal 563
マフムーディーヤ疎水 canal Mahmoudieh *506-507, 581, 583, 585, 586, 591
マフムード＝ベイ Mahmoud-bey 585
マヘンディ Mahendi 447
マムルーク mamelouks 440, 492, 496, 523, 535, 549, 567, 600-601
マヤ・シニョーラ Mâya Signora 70
マヨット Mayotte 274
マラウィ Maraoui 425, *438-439
マラカ Marakah 440
マラ人 Mala 180
マラバール海岸 côte de Malabar 19
マラビエテ Marabiété 328
マリエット Mariette, François A. F. 276, 439, 450, 452, 456, 492, 526, 527, 529, 533, 534, 538, 540, 550, 552, 557, 566, 578
マーリク学派 rite malékite 565
マール mâl 150
マルカズ markaz 603
マルガブレ村 Margableh 317
マルゲリータ山 Margherita peak 116
マルコス Marcos 193
マルサ marsa 382
マルサ・マトルーフ Marsa Matruh 592
マルタ諸島 îles maltaises 3
マルタ人 Maltais 380
マルトラ・マリアム Martola-Mariam, Mertule Maryam 257
マルノ Marno, Ernst 68, 71, 333, 343, 344, 362
マルユート湖 lac de Marioût, Mariout, Qetaa at Tarik as Sahrawi 107, 583, *585-586, 589, 592, 594
マルユート水路 canal de Mariout 583
マレア人 Marea 228-229
マレオティス Maréotis（マルユート湖古称） 107, 585
マレー人種 Malais 32
マレブ川 Mâreb, Mareb *82-83, 200, 204, 263, 269, 270, 281, 330, 337, 346, 351, 374, 376
マロジ marozi 222
マンクサ Mankousa, Mankusa 258, 259
マングベトゥ人 Monbouttou, Mangbetu 30-31, 34, 42, 168
マンザラ Menzaleh 493, 578, 591
マンザラ湖 lac Menzaleh *105-106, 107, 486, 492, 493, 574, 575, 576, 577, 578, 594
マンシア menchât 522
満州族 Manchoux 123
マンス Mans 328
マンスーラ Mansourah *578, 591, 604
マンダブ海峡 Bâb el-Mandeb, Bâb al-Mandab 3, 315, 316, 478
マンダラ Mandarah, el-Mandara 584
マンダラ人 Mandara, Mandala 176
マンチェスター Manchester 36
マンドワ mandwa 133
マンファルート Manfalout, Manfalut 545, 591

み

ミオス・ホルモス Myos Hormos 478, 535, 536
ミキヤース mekyâs 567
ミクティナブ Miktinab 376
ミケリヌス Mycérinus 555, 557 → メンカウラー王
ミシガン湖 lac Michigan 55
ミズーリ・ミシシッピ川水系 Missouri-Mississippi 51, 82

ミスル el Misr 448
ミート・ガムル Mit Ghamr 578, 591
ミトラハ島 Mitraha 78, 257
ミート・ラヒーナ Mit-Rahineh 551
南アフリカ Afrique méridionale 14, 20-22, 23, 27, 32, 40, 51, 143, 356, 437
南アメリカ Amérique du Sud 19
南インド Inde méridionale 196, 204
南グマラ川 Goumara du sud 252, 254
南ヨーロッパ Europe méridionale 28, 478
ミニエト Miniet 547 → メニヤ
ミヌトーリ Minutoli, Heinrich M. von 484
ミヌーフィーヤ水路 raya Menoufieh, Menufeya 102
ミネルヴァ女神 Minerve 581
ミュラー Müller, Friedrich M. 310
ミルサ mirsa 382
ミレ川 Mellé, Mille 307
ミレト Milet 50
ミレトス Milet 50
ミンチャル Mintchar 284

む

ムーア人 Maures 28
ムアッディーヤ Maadieh, Al Mu'addiyah 584
ムエランゴ川 rivière de M'werango 135
ムカッタム山 djebel-Mokattam 463, 465, 509, 559, 565
ムガル帝国 Grand Mongol 454
ム・ガンダ M'Ganda 128
ムギ Mougi 157, 163
ムクサ Moukousa 133
ムグター mgheta 479
ムクル M'koulou 272, 273
ムーサ・アリ火山 volcan Moussali, Mousa Ali 286
ムサバト族 Mousabat 389-390
ムスキー Mouski, al Muski 562
ムスリム musulmans（アフリカ総説）38, 41, 44;（大湖沼地方）131, 133, 139, 145;（河川地方）150, 151, 166, 176;（ソバト川、ヤル川流域）186;（エチオピア）222, 226, 227, 228, 229, 235, 238, 239, 240, 241-242, 247, 255, 258, 262, 274, 290, 308, 310, 319, 320, 321, 322, 323;（上ヌビア地方）331, 332, 341, 343, 345, 346, 350, 351, 353, 374, 381;（コルドファン地方）391, 392, 395, 399;（ダルフール地方）404, 410, 414;（エジプト）488, 489, 492, 493, 498, 499, *500, 503, 528, 562, 563, 578, 580, 601, 602
ムーゼイオン Muséum 587
ムタガタ M'tagata 125
ムダル Moudar 592
ムタン・ンジゲ M'outan-Nzîgé, M'vouta-N'zighé（アルバート湖）55, 61, *62-64, 68, 71, 72, 116, 117, 119, 134, 139, 140, 141, 145, 146, 147, 148, 153, 269
ムッサウワー Moûssaouah（マッサワ）273
ムディーリーヤ moudirieh, moudirîyé 167, *603
ムディール moudir 413, 603
ムテサ一世 M'tesa, Muteesa I 131, 135, 136
ムドゥン moudoun 196
ムトニャ Moutogna（マッサワ）273
ムナート・クフ Mounât-Khoufou, Men'at Khufu（メニヤ古称）547
ムバコヴィア M'bakovia 146
ムハーフィズ mohafez 603
ムバリンゴ湖 Mbaringo 65-66
ムパロ Mparo 145
ムハンマド Mahomet, Muḥammad（イスラーム開祖）38, 187, 225, 228, 241, 242, 301, 352, 395, 489, 500, 567, 569
ムハンマド＝アフマド（マフディー）Muhammad Ahmad ibn Abd Allah, Al-Mahdi 392, 440, 502
ムハンマド＝アリー Mohammed-Ali, Méhémet Ali 345, 360, 361, 367, 369, 384, 418, 421, 440, 482, 497, 507, 528, 540, 569, 585, 588, 593, 598, 599
ムハンマド＝アリーのモスク mosquée de Mohammed-Ali 463, 565, 600
ムハンマド＝アル＝トゥンシー Mohammad al Tounsy 403, 409, 410
ムハンマド＝イブン＝アリー＝アッ＝サ

ヌースィー Mohammed ben Ali El-Senussi（サヌーシー教団創立者）500, 545
ムハンマド＝ベイ＝デフテルダル Mohamed Bey Defterdar 369, 376, 384
ムハンマド＝ヘル Mohammed Her 186
ムハンマド岬 râs Mohammed 536
ムブグ mbougou 131
ムフンビロ山地 Mfoumbiro（ヴィルンガ山地）5, 48, 54, 116, 124, 126, 127
ムポロロ地方 M'pororo 127
ムラー mourâh 165
ムル Moullou, Mulu 308
ムルウィーヤ川 oued Moulouya 13
ムルズク Mourzouk 117
ムルリ M'rouli, Mruli 137, 140, 141, *145
ムロンゴ Morongo, Murongo 125
ムワル川 Mwarou 53
ムワル・ルワジャリ湾 baie de Mwarou-Louadjerri 135
ムワンザ湾 Mwanza gulf 122
ムンシンガー Munzinger, Werner 82, 195, 202, 211, 212, 238, 273, 285, 293, 346, 347, 350, 351, 353, 389, 392, 394, 397, 454

め

メイソン Mason, Alexander M. 63, 403, 405
メイダム Meïdam 310
メイドゥーム・ピラミッド pyramid de Meïdum *549, 551
メク mek, makk 343
メクス Meks, al Meks 592
メゲゼズ山 Megezes 283
メケレ Makalé *267, 277, 281, 282, 285, 307
メサウラト Mesaourat 370
メジェルダ川 oued Medjerda 13
メジナ虫 ver de Médine 150
メシャレ川 Mechareh 372, 373
メタティテ山 Metatité 283, 305
メタメ Metameh 369
メッカ la Mecque 40, 244, 346, 377, 379, 381, 396, 412, 512, 536, 563, 597
メッサラミーヤ Messalamieh *365, 382
メッセダーリャ Messedaglia, Giacomo B. 405, 407
メッタ族 Metta, Warra Meettaa 303
メディア・スキタイ語 médo-scythique 510
メテンマ Metammeh, Métemma, Metemma Yohannes *372-373, 382
メテンマ地方、州 Metammeh, Métemma 41
メドサワ Medsaoua（マッサワ）273
メトチャ州 province de Metcha 233, 281
メトチャ人 Metcha 303
メドブ山 djebel-Medob 405
メナ Mena 538、メナス Menas 491
メニヤ Minieh, al-Maniya, al-Minya 463, 468, 474, *547, 591, 604
メヌーフ Menouf, Menuf 580, 591, 604
メヌフィーヤ県 Menoufieh 604
メヌフィーヤ水路 canal Menoufieh 569, 580
メネス王 Ménès 451, 538, 540, 551
メネリク一世 Menelik I 225, 245, 265
メネリク二世 Menelik II（アンゴララ生まれエチオピア皇帝（1844–1913））279, 305, 306, 315, 320, 321
メノヴァチ村 Menovatchi 413
メムノニウム Memnonium 539
メムノン Memnon 108, 533
メムノンの巨像 colosses de Memnon 107, 108, 533
メラウェ Mellaweh 591
メリ Meri（ナイル別称）65, 73
メリッディ Meriddi（ロア川別称）73
メル Merou、メルア Meroua（メロエ古称）370
メルキ melkite（カルケドン派キリスト教徒）566, 602
メルベイス Melbeïs 399
メレク川 Ouâdi-Melek 385, 402, 405, 411, 425, 440
メロウェ・ダム Merowe dam 85
メロエ Meroë, Méroé 353, *370-371, 372, 374, 436, 438, 439
メロエ王国 royaume de Méroé 52, 330, 358, 433
メンカウラー王 Mycérinus, Menkerâ 450, 452, 555, 557
メンサ人 Mensa, Menza 191, 227, 228, 229,

230, 270, 271, 331
メンフィス Memphis 50, 448, 463, 488, 500, 504, 533, 538, 549, *551-552, 556, 558, 559, 567

も

モイリス湖 lac Moeris *96-100, 548, 549
モカダト mokadat 364
モガル Mogar 322, 326, 328
モグラート Mogrât 85, 438
モゴレブ族 Mogoreb 348
モザンビーク Mozambique 15, 20
モタ Mota, Motta *257, 259
モダイト族 Modaïto *292, 293, 313, 328
モハメド＝ムクタール Mohammed-Moukhtar 310
モムル川 Momoul 173
モラド Morad 422
モリ川 Mori 137
モリヤの丘 Morijah 225
モル人 Morou, Moru 167-168
モルディヴ諸島 Maldives 15, 36
モロッコ Maroc 13, 25, 28, 38, 409, 545, 565
モロンゴ Morongo 54
モンコレル Monkorer 258, 281
モンス・クラウディアヌス mont Claudien, Mons Claudianus *460, 511
モンタナ州 State of Montana 466

や

ヤヴァシュ川 Yavach 179, 343 → ヤル川
ヤガマ川 Yagama 66
ヤコポ派 jacobite 602
ヤフード Yahoud（ユダヤ人）497
ヤボ Yabo（ロール川別称）73
ヤル川 Yal 179, 181, 182, 183, 339, 343
ヤンガロ地方 Yangaro、ヤンマ地方 Yamma 323, *324-325, 326, 328
ヤンファンゲラ Yanfangera 281
ヤンボ人 Yambo 180

ゆ

ユスティニアヌス帝 Justinien, Justinianus I 246
ユースフ＝サラーフ＝アッ＝ディーン Yousoûf Salah ed-din 565, 567
ユダヤ教、教徒、人 Juifs 36, 95, 192, 224-226, 238, 239, 250, 251, 265, 290, 300, 350, 489, 497, 498, 562, 566, 572, 573
ユンケル Junker, Wilhelm 65, 147, 174

よ

揚子江 Yangtze-kiang 50, 51
ヨセフ Joseph 451, 504
ヨセフの井戸 puits de Joseph, Bir Yûsuf 565
ヨハンネス四世 Yohannes IV 246, 264, 267, 320
ヨルダン Jordan, Wilhelm 473, 544
ヨルダン川 Jourdain 2, 121, 212
ヨルダン地溝帯 Jordan Rift Valley 212
ヨーロッパ Europe（アフリカ総説）2, 3-4, 5, 7, 14, 18, 19, 22, 26, 27, 28, 31, 34, 35, 36, 38, 40, 42, 46, 49;（ナイル川流路）88, 115;（大湖沼地方）118, 126, 127, 128, 131, 132, 134;（河川地方）149, 151, 164, 171, 175;（ソバト川、ヤル川流域）184;（エチオピア）192-193, 195, 218, 219, 220, 221, 226, 234, 235, 238, 245, 248, 249, 252, 279, 291, 302, 311, 316, 319;（上ヌビア地方）368, 379;（コルドファン地方）395, 397;（ダルフール地方）404, 411;（ヌビア地方）433, 439;（エジプト）448, 449, 450, 454, 455, 465, 476, 481, 483, 484, 485, 497, 503, 504, 535, 560, 566, 571, 575, 596, 598, 601, 603
ヨーロッパ人 Européens（アフリカ総説）22, 23, 24, 26, 27, 28, 31, 38, 44, 48, 49;（ナイル川流路）58, 59, 62, 74, 79;（大湖沼地方）116, 117, 120, 121, 122, 130, 132, 134;（河川地方）151, 152, 154, 164, 176;（ソバト川、ヤル川流域）179;（エチオピア）193, 195, 206, 234, 236, 238, 240, 241, 259, 267, 268, 269, 272, 292, 296, 305,

307, 308, 321;（上ヌビア地方）329, 332, 333, 346, 347, 361, 365, 368, 369;（コルドファン地方）387, 399, 400;（ダルフール地方）403, 406;（ヌビア地方）431, 432;（エジプト）457, 468, 479, 497, 498-499, 502, 503, 543, 562, 563, 586, 593, 600, 603

ら

ライニッシュ Reinisch 347
ライプチヒ図書館 bibliothèque de Leipzig 450
ライプニッツ Leibniz. Gottfried W. 453
ライン川 Rhin 402, 443
ラヴェンスタイン Ravenstein, Ernst G. 137
ラガート Ragât 67
ラガド Râgad 211, 212
ラガラマ Lagarama 328
ラキ湖 Laki 287
ラグレ川 Ragoulé 212, 287
ラグワリ川 Ragouâli 212
ラコーティス Rhacôtis 584
ラザリスト会 lazariste 271
ラサーン王 La Sân 265
ラシード al Rachîd, Rachid 102, *581-583
→ ロゼッタ
ラス râs（侯）259, 270, 279-280, 291, 292, 321, 327
ラス・アル・カルトゥーム Râs el-Khartoum 367
ラス・アル・ビル râs el-Bir 315
ラス・アル・フィール Râs el-Fîl 210, 372
ラス・ダシャン山 Ras Dajan, Ras Dashan 205
ラスタ地方、州 Lasta 190, 199, 209, 214, 224, 227, 258, 262, 281, 284, 307
ラゾー Razaud 103
ラッヤ人 Raya, Warra Rayyaa 303
ラデシーヤ Radesieh 419
ラド Lado（ラルド）68, *159, 168
ラトゥカ人 Latoûka *160-162, 338
ラトポリス Latopolis（イスナー古称）528
ラトメ Latomé 162
ラバ山 mont Raba 258
ラハド rahad 157, 432
ラハド川 Rahad 81, 210, 231, 333, 354, 365, 373
ラハド湖 Rahad 406
ラバブ島 Labab 440
ラビ rabbin（ユダヤ教聖職者）226
ラフィト Lafit 162
ラプラス Laplace, Pierre-Simon de 515
ラフレ Raffray, Achille M. J. 195, 255, 262
ラーフーン el-Lahoun 548-549
ラヘイタ Raheïta, Rahayta 292, 319
ラボレ Laboré 157
ラマディー用水 canal de Ramadi 595
ラマルモンの険路 pas de Lamalmon 205, 207, 260
ラムセス二世 Ramsès II 91, 419, 439, 445, 447, 453, 528, 532, 535, 539, 552, 573, 577
ラムセス三世 Ramsès III 530, 572
ラムセス四世 Ramsès IV 420
ラムル Ramleh, el-Raml 591
ラメセウム神殿 Ramesséum 532
ラヤ・メヌフィーヤ raya Menoufieh（メヌフィーヤ水路）580
ラリベラ Lalibala, Lalibela *261, 262, 277
ラリベラ帝 Lalibala, Lalibela 242, 261
ラルース Larousse 104
ラルド Lardo 68, *159
ランガノ湖 lac Langano 288
ランゴ人 Lango *143-144, 145, 153, 162
ラン島 Rann 18
ランド地方 landes françises 474

り

リアルイ Lialoui（バフル・アル・アラブ川別称）73
リヴィングストン Livingstone, David 24, 46, 48, 63
リウンバ川 Liwoumba 53
リエージュ Liège 395
リエバ・シアイ liéba-chiaï 302
リオ・グランデ Rio Grande, Rio Grande de Buba（ギニアビサウ内）13
リオデジャネイロ Rio-de Janeiro 117

リスボン Lisbonne 42, 193, 555
リゼガト族 Rizegat 406
リチェ Litché *305, 319, 320, 328
リナン＝ド＝ベルフォン Linant de Bellefonds, Louis M. A. 62, 98, 99, 119, 418, 455, 507, 515
リーパリ諸島 îles de Lipari, isole di Lipari（エオリエ諸島）283
「リビア」側 rive «libyque»（ナイル川西岸）92, 456, 459, 479
リビア沙漠 désert libyan, désert de Libye 18, 88, 92, 445, *463-476, 477, 496, 552
リヒテンシュタイン Lichtenstein, Martin H. C. 32
リビュア Libye 1, 2, 7, 26, 27, 45, 189
リベン人 Liben 258, 303, 322, 328
リポン滝 Ripon Falls, chutes de Ripon 60
リュコポリス Lycopolis 540
リュセロ Lucereau, Édouard H. 308
リュッペル Rüppell, Wilhelm P. E. S. 193, 249, 293, 392, 415
リワーク riwâk 565
リンポポ川 Limpopo 5, 11, 13, 14, 20
リンムー王国 royaume de Limmou, Limmu-Ennarea 323, 328
リンムー人 Limmou 298, 303, 324

る

ルアンダ Loanda 7
ルイ九世 Louis IX, Saint Luis 578
ルイ一四世 Louis XIV 364
ルイジアナ Louisiane 42, 70
ルウェルー湖 Ravérou, Rwérou 124, 126
ルウェンゾリ山地 monts Rwenzori 5, 48, 65, 116, 124, 127
ルヴマ川 Rovouma, Ruvuma 11
ルーヴル美術館 musée Louvre 529, 552
ルオ人 Louoh, Lwo, Luo *171-173, 185
ルカヌス Lucain, Lucanus 52
ルガルガ rouga-rouga, ruga-ruga 120
ルキアノス Lucien, Loukianòs 587
ルクソール Louqsor 528
ルゲシ水路 détroit de Rougechi 57
ルゴゴ川 Lugogo River 140
ルジェ Rougé, Olivier-Charles-Camille-Emmanuel de 449, 456, 552
ルジャン Lejean, Guillaume M. 147, 195, 352, 377, 400, 410
ルシュワ湖 Rushwa lake 124
ルシンガ島 Rusinga 59
ルチコ loutchiko 135
ルッセガー Russegger, Joseph R. von 73, 361, 392, 421, 425, 429, 436, 442, 465, 470, 479, 487
ルバガ Roubaga（カンパラ）117, 135, 136, 140, 141
ルバリ loubari 133
ルファー族 Roufaha 354
ルフィジ川 Loufidji, Rufiji 11
ルフェーヴル Lefebvre, Charlemagne T. 222, 261, 290, 471
ルフガティ川 Louhougati 124
ルプトン Lupton, Frank 149, 152, 174, 176
ル＝ペール Le Père, Jacques-Marie 513, 515
ルーベンス Rubens, Peter P. 563
ルールー loulou 148, 149
ルール人 Lour、ルーリ人 Louri 145, *153-154, 156
ルール地方 Lour 145
ルワジャリ川 Louadjerri, Lwajjali 61
ルワンダ Rouanda 127
ルワンベ川 Louwambé 53
ルンベク Roumbêk, Rumbek 169

れ

レアド湖 lac Leado 287
レイディ・アリス号 the Lady Alice 121
レヴァント人 Levantins 497, 562
レガ人 Lega 181, 332, *338-340
レク族 Rek 163
レクマラー Rekhmara 535
レシ族 Lesi 169
レジャフ Redjâf, Rejaf 67, 68
レジャフ山 Redjâf, Jebel Rejaf Kolye 67
レセップス Lesseps, Ferdinand M. Vicomte de *517, 571

レタマ retama 484
レダント redanto 293-294
レッシ Lessi（トンジ川別称）73
レッド川 rivière Rouge, Red river 70
レトゥ人 Rétou 28-30, 35, 431, 433, 456, 488, 492, 533, 596
レト・マレフィア Let-Marefia 306
レトロンヌ Letronne, Jean-Antoine 511
レニエ Reynier, Jean L. E. 484
レバノン山 Mont-Liban 319
レブ川 Reb 252, 253, 254, 255
レプシウス Lepsius, Karl R. 91, 370, 409, 444, 456, 548
レムリア大陸 Lémurie 15, 22
レラバ Relaba（ジュール川別称）73

ろ

ロア川 Roa 72, 73
ロギエ村 Rogié 320
ログヴェク山 Logvek 67
ロゲ村 Rogé *320, 322, 326, 328
ロケレ山 Rokelle 12
ロゴーヌ川 Logonê 171
ロコヤ Lokoya 160
ロサイレス Rosaïrès（ロセイレス）364
ロシェ＝デリクール Rochet d'Héricourt, Charles-Xavier 78, 193, 286, 290, 312
ロセイレス Roserès, Er Roseires 338, *364, 382
ロゼッタ Rosette, Rosetta, Rašīd 13, 103, 105, 472, *581-583, 586, 591, 604
ロゼッタ・ストーン pierre de Rosette, Rosetta Stone 30, 523, 577, *583
ロゼッタ分流、川 rivière de Rosette *102, 104, 107, 507, 578, 580, 583
ローダ Roda 545, 567
ロダノメートル rhodanomètre 567
ロッキー山脈 Montagnes Rocheuses 199
ロッジェ山 Roogé 285
ロッロ Lollo（バフル・アル・アラブ川別称）73
ロディ Rodi（イェイ川別称）73, 584
ロート L'Hôte, Nestor H. A. 533
ロトゥコ人 Lotuko 161 → ラトゥカ人
ロトゥ人 Rotou 30 → レトゥ人
ロドリゲス島 Rodriguez 15
ローヌ川 Rhône 103, 402
ロバタト人 Robatat 437
ロパロフン Loparohoun 548
ロフィト Lofit 162
ロ・フン Lo-Houn 548
ロベイト Lobeït 397
ローマ教会 église de Rome 240, 602 → カトリック
ロマ山 mont Loma 12
ロマ人 → ツィガン人
ローマ人 Romains 2, 28, 35, 77, 228, 457, 511, 526, 533, 577, 581
ローマ帝国 Rome 188, 234, 239, 261, 370, 431, 447, 460, 474, 478, 488, 512, 525, 535, 536, 538, 541, 543, 546, 565, 573
ロム人 Rom 228
ロラ rora 201
ロラ・アズゲデ Rora Azgedé 201, 202
ロラ・ツァッリム Rora Tsallim 201
ロリ族 Lori 169
ロール Rôl（ルンベク別称）169
ロル川 Lol, Loll 72, 73, 147
ロール川 Rôl 72, 73, *169
ロルフス Rohlfs, Friedrich G. 195, 204, 262, 293, 468, 475, 479, 543
ロロニオ Loronio 162
ロワール川 Loire 84, 95
ロンゴ人 Longo 143 → ランゴ人
ロンドン Londre 38, 588
ロンバルディーニ Lombardini, Elia 68, 84

わ

ワー Wah（ソバト川別称）73
ワイク Waïk（ソバト川別称）73
ワイサ川 Waïsa 321
ワーウ Waou, Wau 173
ワウワ人 Ouaoua 224
ワ・カヴィロンド Wa-Kavirondo（カヴィロンド人）138-139
ワカ神 Waka、ワカヨ神 Wakâyo 301

ワ・カラ人 Wa-Kara 138
ワ・ガンダ Wa-Ganda（ガンダ人）*128-133, 134, 138, 140, 144, 154
ワキール vekir 603
ワグ州 province de Wag 262, 281
ワク神 Wak 301
ワクフ wakf 504
ワグホーン Waghorn, Thomas F. 572
ワ・クリ人 Wa-Kouri 138
ワ・クワフィ人 Wa-Kwafi, Wa-Kouafi 120, 227
ワクング wakoungou 135
ワコピ wakopi 135
ワコレー人 Wakorê 24
ワサ族 Wasa 322
ワジ族 Wadj 163
ワシティ族 Wachiti 322
ワ・ジンザ Wa-Zinsa（ジンザ人）122
ワスタ el-Ouasta, Al Wasta 547-548
ワ・ソガ Wa-Soga（ソガ人）129, 137
ワダイ地方 Ouadaï 41, 346, 397, 403, 405, 409, 413
ワ・チョピ Wa-Tchopi 144 → チョピ人
ワッカラ Wakkala 162
ワッレガ Wallega 180
ワデ Wadé 61
ワーディ・アズム ouâdi-Azoum, Wadi Azum 406
ワーディ・アブー・ドゥム ouâdi Aboû-Doûm 439
ワーディ・アムル ouâdi Amour 406, 413
ワーディ・アラキ ouâdi-Allaki 418, 422
ワーディ・アル・クー ouâdi el-Kô, wadi el Ku 406
ワーディ・アル・ティーフ ouâdi el-Tih 462
ワーディ・アル・ナトゥルーン wadi el Natron 471-472, 580
ワーディ・カブ ouâdi-Kab 441-442
ワーディ・ケナー Ouâdi-Keneh 535
ワーディ・サラス ouâdi-Sarras 444
ワーディ・ジャハンナ ouâdi-Djehenna 425
ワーディ・トゥミーラート ouâdi-Toumilât 560, 571, *572-573, 583
ワーディ・ヌバ ouâdi-Nouba 415
ワーディ農場 ferme du “Ouâdi” 573
ワーディ・ハルファ Ouâdi Halfa 88, 91, 425, 428, 444-445, 457
ワーディ・バレ Ouâdi-Baré 410
ワーディ・ハンマーマート wadi Hammamat 460
ワーディ・ヒラール ouâdi Hilal 527
ワーディ・マッスール ouâdi-Massoûl 402
ワーディ・ミルク wādi al-Milk 402 → メレク川
ワーディ・ムカッタム ouâdi-Mokattam, Muqaddam 425, 429, 440, 442
ワーディ・メレク ouâdi-Melek 402 → メレク川
ワーディ・リヤーン ouâdi Reyân 96, 549
ワデライ Wadelaï, Wadelai 155
ワデルカ Wadelka 394
ワト Wat 305
ワ・トゥシ Wa-Tousi（トゥシ人）123
ワ・トゥタ Wa-Touta（トゥタ人）123
ワド・メダニ Wod-Medhineh, Wad Madani *364, 367
ワドラ Wadla 281
ワトンゴリ watoungoli 135
ワ・ナンダ Wa-Nanda（ナンダ人）139
ワ・ニャンボ Wa-Nyambo（ニャンボ人）125, 129
ワ・ニョロ Wa-Nyoro（ニョロ人）130, 139, 140, *141-143, 144, 154, 185
ワーハ・アル・ガルビーヤ Ouâh el-Gharbieh 467, 542 → ダハラ・オアシス
ワビ川 Wabi 310, 321, 328
ワ・フマ Wa-Houma *123, 128, 297, 338 → フマ人
ワマ村 Wama 121
ワラタ人 Waratta 285
ワラハンジェ Warahandjé 126
ワリロ山 Wariro 285
ワルシャワ Varsovie 555
ワルデッバ山地、地方 Waldebba, Wali-dabba, Waldeba 210, 248; 州 province de Waldebba 260, 281

ワルド・メダニ Wold-Medineh 364
ワワ Ouaoua 430, 431
ワンジゲ Wanzighé 254
ワンゼ wanzé 219
ワンバルタ Wambarta 281

ん

ンガミ湖 Ngâmi, lac Ngami 13, 14
ンコレ Nkolé 127
ンタラガンヤ ntalaganya 131
ンダール Ndar（サン・ルイ）13
ンディエケン人 Ndieken 183
ンテッビ N'tebbi（エンテベ）137
ンヤワ N'yawa 139